경영정보시각화능력
실기 태블로

강승일 지음

2026 시나공
경영정보시각화능력
실기 태블로

초판 발행 · 2025년 10월 1일

지은이 · 강승일
발행인 · 이종원
발행처 · (주)도서출판 길벗
출판사 등록일 · 1990년 12월 24일
주소 · 서울시 마포구 월드컵로 10길 56(서교동)
대표전화 · 02)332-0931 | **팩스** · 02)323-0586
홈페이지 · www.gilbut.co.kr | **이메일** · gilbut@gilbut.co.kr

기획 및 책임편집 · 임은정(eunjeong@gilbut.co.kr)
제작 · 이준호, 손일순, 이진혁 | **영업관리** · 김명자 | **독자지원** · 윤정아 | **유통혁신** · 한준희 | **마케팅** · 조승모, 유영은
표지 및 본문 디자인 · 박찬진 | **교정** · 하윤정 | **전산편집** · 예다움 | **CTP 출력** · **인쇄** · 예림인쇄 | **제본** · 예림원색

· 이 책은 저작권법의 보호를 받는 저작물로 이 책에 실린 모든 내용, 디자인, 이미지, 편집 구성은
 허락 없이 복제하거나 다른 매체에 옮겨 실을 수 없습니다.
· 인공지능(AI) 기술 또는 시스템을 훈련하기 위해 이 책의 전체 내용은 물론 일부 문장도 사용하는 것을 금지합니다.
· 잘못 만든 책은 구입한 서점에서 바꿔 드립니다.

ⓒ 강승일, 2025

ISBN 979-11-407-1607-4(13000)
(길벗 도서번호 030957)

정가 35,000원

독자의 1초까지 아껴주는 길벗출판사
(주)도서출판 길벗 | IT단행본, 성인어학, 교과서, 수험서, 경제경영, 교양, 자녀교육, 취미실용 www.gilbut.co.kr
길벗스쿨 | 국어학습, 수학학습, 주니어어학, 어린이단행본, 학습단행본 www.gilbutschool.co.kr

시나공 홈페이지 | www.sinagong.co.kr
시나공 인스타그램 | study_with_sinagong

> **머리말**

No.1 전문가가 알려주는
자격 취득 노하우 및 실무 활용 방법 안내서

데이터는 더 이상 선택이 아니라, 모든 경영 활동의 핵심 자산이 되었습니다. 그러나 방대한 데이터를 단순히 모으는 것만으로는 경쟁력을 가질 수 없습니다. 데이터를 **어떻게 읽고, 해석하고, 시각화하여 전달하는가**가 진정한 차별화를 만듭니다.

저는 지난 수년간 **삼성전자, SK하이닉스, NH투자증권, 카카오** 등 국내 유수의 기업과 기관에서 **700회 이상 데이터 시각화 강의**를 진행해왔습니다. 또한 Tableau Ambassador(2025)로 선정되고, **국내 유일 Tableau 공인 인증 강사**로서 활동하며, 국내외 수많은 실무자와 학습자들이 데이터를 통해 성과를 만들어내는 과정을 함께했습니다.

더불어 저는 직접 **경영정보시각화능력 자격을 취득**하고, Tableau 관련 **여러 자격증**을 보유하며, 시험과 실무 양쪽 모두에서의 노하우를 축적해왔습니다. 이 경험을 바탕으로 시험 준비자뿐 아니라 현업에서 데이터를 다루는 분들이 가장 필요로 하는 지점이 무엇인지를 누구보다 잘 알고 있습니다.

본 도서는 『경영정보시각화능력 실기』라는 단순 시험 합격만을 위한 교재가 아닙니다.

주요 특징은 다음과 같습니다.

1. 자격 취득을 목표로 하시는 분들께는 **합격을 위한 체계적인 학습 로드맵**을 제공합니다.
   2017년 태블로 자격증을 처음 취득한 후에 Tableau Consultant, Tableau Data Analyst, Tableau Desktop Foundations, Tableau CA 등 10회 이상 합격 및 경영정보시각화능력 취득을 통한 태블로 기반 자격증 시험에 대한 노하우를 본 책에 담았습니다.

2. 실무자분들께는 **현장에서 바로 적용할 수 있는 실질적 분석·시각화 노하우**를 담았습니다.
   책 속 예제와 설명은 단순한 문제풀이가 아니라, 실제 업무 환경에서 자주 마주치는 데이터 사례를 중심으로 구성했습니다. 따라서 학습자 여러분은 **시험 합격과 실무 역량 강화라는 두 마리 토끼**를 동시에 잡을 수 있을 것입니다.

데이터를 통해 통찰을 얻고, 이를 시각적으로 설득력 있게 전달하는 능력은 이제 모든 분야에서 요구되는 기본기입니다. 이 책이 독자 여러분의 든든한 길잡이가 되어, 자격 취득의 성과와 더불어 실무에서의 자신감을 함께 얻으시길 바랍니다.

2025년 9월

강승일

이 책의 구성

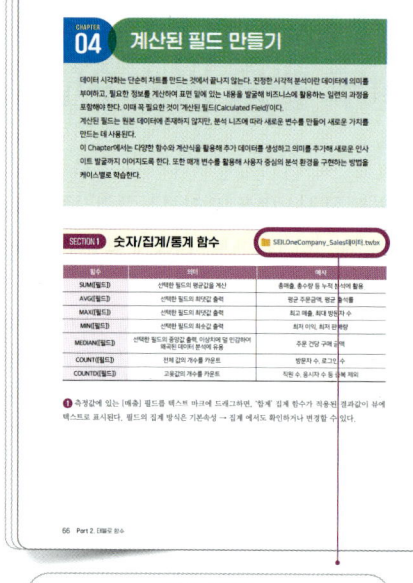

실습 파일
섹션마다 제공되는 실습 파일로 태블로의 기초를 다져가며 실전 연습이 가능합니다.

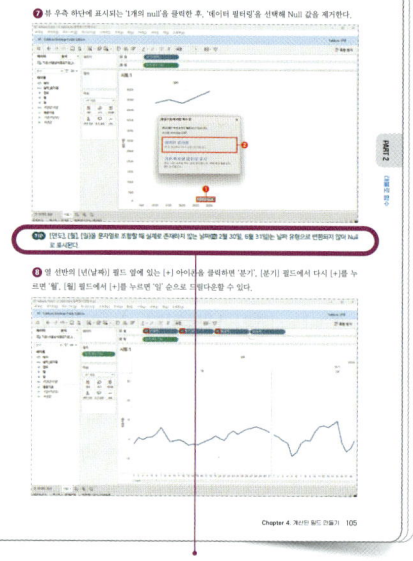

TIP
〈TIP〉은 필수 개념과 중요 포인트를 짚어주어, 효과적으로 내용을 이해할 수 있도록 도와줍니다.

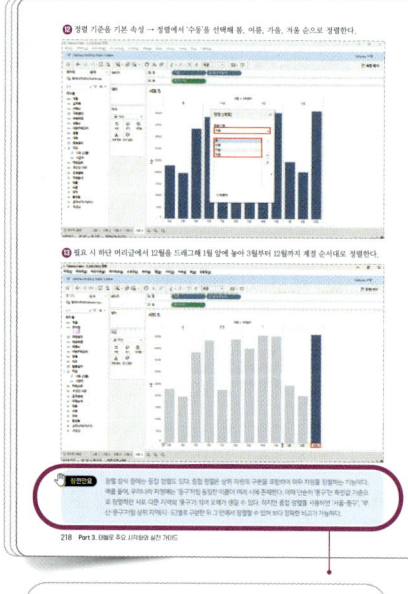

잠깐만요
〈잠깐만요〉는 학습의 깊이를 더해줍니다.

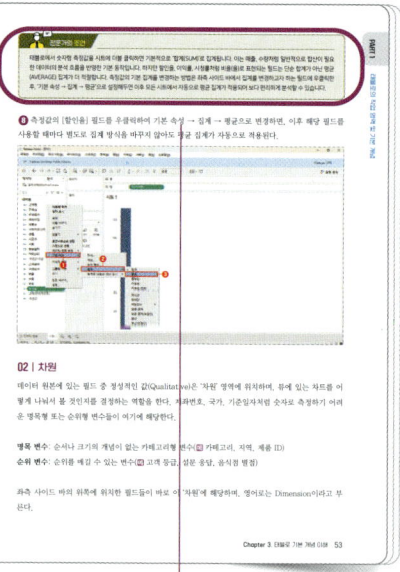

전문가의 조언
〈전문가의 조언〉은 학습 방향과 주의사항을 짚어주어 전략적인 시험준비를 가능하게 합니다.

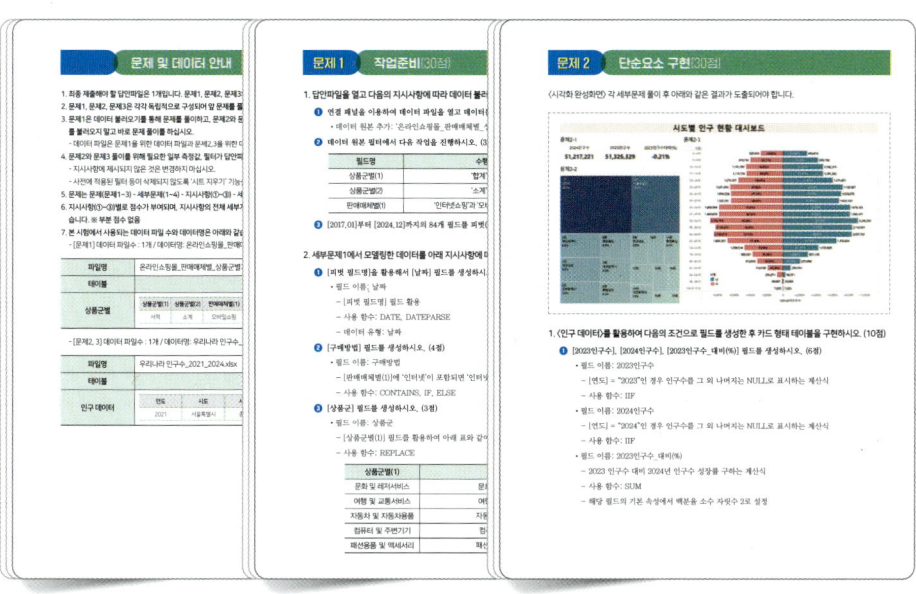

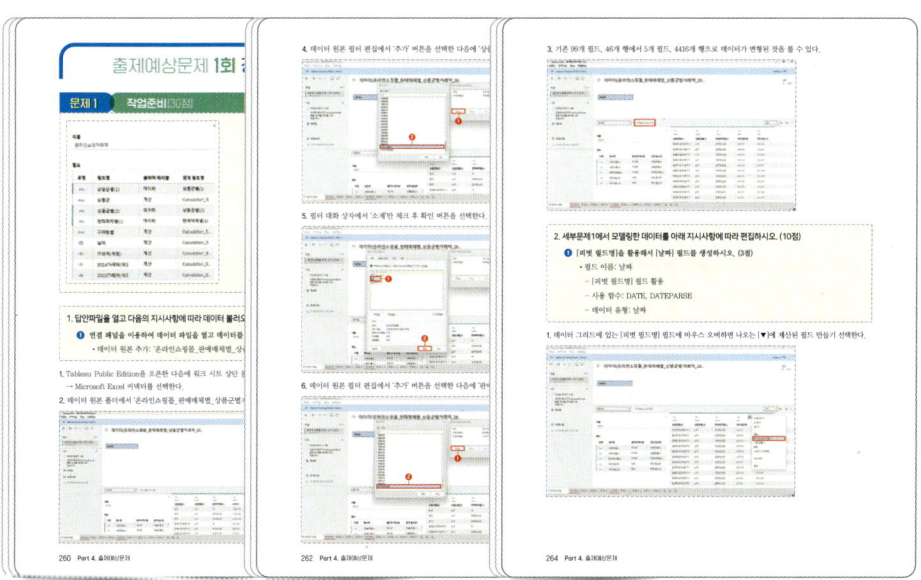

출제 경향을 반영한 출제예상문제 4회분을 수록하고, 난이도에 따라 단계적으로 연습할 수 있도록 구성했습니다. 따라하기 방식의 자세한 해설을 통해 풀이 과정을 익히다 보면, 어느새 정답에 도달하여 합격에 한 걸음씩 가까워집니다.

도서의 실습 파일은 시나공 홈페이지(sinagong.co.kr) 도서 [자료실]에서 다운받아 사용하세요.

경영정보시각화능력 (Business Intelligence Specialist) 개요

경영정보시각화능력은 기업 조직 내에서 발생하는 다양한 경영 데이터를 분석하고, 이를 의사결정에 효과적으로 활용하기 위한 시각화 도구 활용 능력을 평가하는 국가기술자격 시험입니다.

1. 시험 개요

자격명: 경영정보시각화능력
주관 기관: 상공회의소
응시 자격: 제한 없음(단, 실기 시험은 필기 합격 후 2년 이내 있는 실기 시험 응시 가능)

2. 시험 주요 내용

등급	구분	시험과목	문항수	시험시간
단일등급	필기시험	경영정보 일반	20	60분
		데이터 해석 및 활용	20	
		경영정보시각화 디자인	20	
	실기시험	경영정보시각화 디자인 실무	3~5	70분

3. 합격 기준

구분	합격 기준	과락 기준
필기시험	매과목 100점 만점에 과목당 40점 이상, 평균 60점 이상	40점 미만 과목 하나 이상
실기시험	100점 만점에 70점 이상	과락 기준 없음

4. 응시료

구분	응시료
필기	22,000원
실기	45,000원

자주하는 질문 FAQ

Q. 실기시험에서 지시사항과 다른 방법으로 문제풀이를 해도 정답과 동일하면 점수가 인정되나요?

A. 인정되지 않습니다. 경영정보시각화능력 실기시험은 지시사항에 따라 정확하게 풀이했는지 확인하여 채점을 진행합니다. 따라서 정답과 동일해도 지시사항을 따르지 않고 풀이했다면 오답처리가 됩니다.

Q. 실기 시험 문제는 어떻게 제공되나요?

A. 경영정보시각화능력 실기 시험에서 문제는 종이 시험지, 답안은 시험PC 모니터를 통해 작성하고 저장하는 방식으로 진행됩니다.

Q. 경영정보시각화능력도 학점 인정이 되나요?

A. 네 인정됩니다. 경영정보시각화능력 자격증이 학점 인정 대상 자격증으로 추가되어 취득시 전공학점 16학점으로 인정됩니다. 인정학점으로 비교하면 정보처리산업기사, 정보보안산업기사 등 산업기사 등급으로 학점을 인정해주고 있습니다.

Q. 실기 시험의 문항별 배점은 어떻게 구성되어 있나요?

A. 경영정보시각화능력 실기시험의 배점을 실제시험에 적용되는 출제기준으로 살펴보면 아래와 같이 100점으로 구성되어 있습니다.

문제1) 작업문제(30점) → 세부문제(1~3, 각10점) → 지시사항(①~③, 각3~4점)

문제2) 단순요소 구현(30점) → 세부문제(1~4, 각 5~10점) → 지시사항(①~④, 각2~4점)

문제3) 복합요소 구현(40점) → 세부문제(1~4, 각10점) → 지시사항(①~④, 각3~4점)

세부문제별 점수에 따라 지시사항(①, ②, ③, ④)별로 점수가 부여되며, 지시사항별로 최소 4~5개 세부지시사항(▶ 또는 –)이 있으며 이를 모두 올바르게 처리해야 점수가 부여됩니다. 즉, 지시사항(①, ②, ③, ④)의 세부지시사항(▶,–)을 모두 구현해야 정답 처리되며, 지시 사항별 부분점수는 없습니다.

이 책의 **목차**

Part 1. 태블로의 작업 영역 및 기본 개념

Chapter 1. 태블로 소개

- **Section 1.** Tableau 시작하기 — 12
- **Section 2.** Tableau Desktop Public Edition 소개 — 13
- **Section 3.** Tableau Desktop Public Edition 설치 — 13

Chapter 2. 작업 영역(데이터 모델링)

- **Section 1.** 데이터 연결 — 14
- **Section 2.** 데이터 원본 페이지 — 16
- **Section 3.** 데이터 원본 페이지 살펴보기 — 18
- **Section 4.** 데이터 결합(1) 관계 — 24
- **Section 5.** 데이터 결합(2) 조인 — 28
- **Section 6.** 데이터 결합(3) 유니온 — 32
- **Section 7.** 데이터 결합(4) 와일드카드 유니온 — 36
- **Section 8.** 데이터 변형 - 피벗 — 42

Chapter 3. 태블로 기본 개념 이해

- **Section 1.** 워크시트 안내 — 45
- **Section 2.** 사이드 바(1) 데이터 패널 — 46
- **Section 3.** 사이드 바(2) 분석 패널 — 48
- **Section 4.** 태블로 기본 컨셉 — 49

Part 2. 태블로 함수

Chapter 4. 계산된 필드 만들기

- **Section 1.** 숫자/집계/통계 함수 — 66
- **Section 2.** 반올림 및 정수 처리(ROUND/CEILING/FLOOR/INT/ABS/ZN) — 72
- **Section 3.** 논리 함수(IF/THEN/ELSEIF/ELSE/END/IIF) — 77
- **Section 4.** 조건 그룹핑(CASE/WHEN/IN) — 79
- **Section 5.** 문자열 함수 — 82
- **Section 6.** 날짜 및 시간 함수 — 93
- **Section 7.** 테이블 조작/계산 함수 — 118
- **Section 8.** LoD 함수 — 131
- **Section 9.** EXCLUDE & INCLUDE — 138

Part 3. 태블로 주요 시각화와 실전 가이드

Chapter 5. 기초 시각화

- Section 1. 막대 차트 — 146
- Section 2. 라인 차트 — 147
- Section 3. 영역 차트 — 153
- Section 4. 파이 차트 — 157
- Section 5. 도넛 차트 — 159
- Section 6. 누적 막대 차트 — 164
- Section 7. 트리맵 — 168
- Section 8. 텍스트 테이블 — 172
- Section 9. 하이라이트 테이블 — 180
- Section 10. 워드 클라우드 — 186
- Section 11. 히스토그램 — 190
- Section 12. 분산형 차트 — 194

Chapter 6. 시각화 구성 요소

- Section 1. 테이블/패널/셀 — 201
- Section 2. 총계 — 208
- Section 3. 정렬 — 213
- Section 4. 서식 — 220

Chapter 7. 심화 시각화

- Section 1. 캘린더 차트(Calendar chart) — 225
- Section 2. 범프 차트(Bump Chart) — 229
- Section 3. 폭포수 차트(Waterfall chart) — 235
- Section 4. 불릿 차트(Bullet chart) — 240
- Section 5. 스파크 라인(Sparkline) — 244
- Section 6. 슬로프 차트(Slope chart) — 248

Part 4. 출제예상문제

- 1회 출제예상문제 — 254
- 2회 출제예상문제 심화 — 320
- 3회 출제예상문제 — 382
- 4회 출제예상문제 심화 — 446

PART 1

태블로의 작업 영역 및
기본 개념

오늘날의 비즈니스 환경은 그 어느 때보다 빠르게 변화하고 있으며, 기업과 조직은 방대한 데이터를 실시간으로 분석하고 활용하는 능력을 요구받고 있습니다. 특히 현업 실무자들은 스스로 데이터에 접근하고, 의미 있는 인사이트를 도출해낼 수 있는 역량이 중요해지고 있습니다.

이러한 시대적 흐름 속에서 태블로(Tableau)는 가장 주목받는 데이터 시각화 및 분석 도구 중 하나로 자리 잡고 있습니다. 태블로는 복잡한 데이터를 직관적이고 시각적으로 표현해주며, 사용자는 코딩 없이도 다양한 데이터 소스를 연결하고 드래그 앤 드롭 방식으로 손쉽게 분석을 수행할 수 있습니다. 또한 실시간 대시보드 구성, 사용자 맞춤 분석, 웹 기반 공유 등 강력한 기능을 갖춘 BI(Business Intelligence) 도구로서, 데이터 중심 의사결정을 지원합니다.

특히 경영정보시각화능력 실기 시험은 단순한 그래프 작성 능력에 그치지 않고, 실무 중심의 문제 해결 능력, 데이터에 대한 해석력, 시각적 표현의 효과성 등을 종합적으로 평가합니다. 이에 따라 태블로의 기초 사용법은 물론, 실제 업무에 적용할 수 있는 심화 기능까지 폭넓게 이해하고 활용할 수 있어야 합니다.

이 Part에서는 Tableau Desktop Public Edition 설치부터 시작해, 데이터의 결합, 변형, 정리와 같은 기본 전처리 과정과 함께, Tableau의 주요 용어 및 메뉴 구성, 그리고 분석의 기본 단위인 워크시트의 개념을 체계적으로 학습합니다. 이를 통해 수험자는 시험 준비뿐만 아니라 실무에서도 활용 가능한 실전 역량을 쌓을 수 있을 것입니다.

CHAPTER 1. 태블로 소개
CHAPTER 2. 작업 영역(데이터 모델링)
CHAPTER 3. 태블로 기본 개념 이해

CHAPTER 01 태블로 소개

데이터 문해력을 높이기 위해서는 단순한 수치의 해석을 넘어, 데이터를 탐색하고 시각화하며 이를 기반으로 소통하고 협업하는 능력이 필수적이다. 이러한 과정에 최적화된 도구가 바로 태블로(Tableau)이다. 태블로는 직관적인 사용자 인터페이스와 강력한 시각화 기능을 통해 사용자가 복잡한 데이터를 쉽게 탐색하고, 효과적으로 전달할 수 있도록 지원한다.

본 Chapter에서는 태블로의 전반적인 개요를 시작으로, 설치 방법 및 기본 개념에 대해 알아본다.

SECTION 1 Tableau 시작하기

태블로 제품은 크게는 유료 제품과 무료 제품으로 나눌 수 있다.

기본 베이스는 유료 제품으로, 다양한 데이터 원본을 연결할 수 있고 기능도 파워풀한 반면에 무료 제품은 그 기능이 제한적이다.

Tableau Desktop은 데이터를 보기 좋게 시각화하고, 그 안에서 의미 있는 인사이트를 쉽게 찾을 수 있도록 도와주는 분석 도구이다. Excel, 데이터베이스, 클라우드 등 다양한 데이터 원본을 몇 번의 클릭만으로 연결할 수 있으며, 데이터를 불러온 후에는 드래그 앤 드롭 방식으로 그래프나 차트를 손쉽게 만들 수 있다.

Tableau Desktop은 인터페이스가 매우 직관적이어서, 복잡한 코딩 없이도 누구나 데이터를 시각화할 수 있다. 또한, 이렇게 만든 시각화 결과들을 하나로 모아 대시보드로 구성하면, 사용자가 직접 클릭하고 탐색할 수 있는 대화형 시각화도 가능하며, 이를 통해 현업 실무자는 데이터를 보다 직관적으로 이해하고, 빠르게 인사이트를 얻을 수 있다.

뿐만 아니라, 클러스터링 같은 기능을 통해 보다 깊이 있는 분석도 손쉽게 수행할 수 있다.

SECTION 2 | Tableau Desktop Public Edition 소개

Tableau Public은 무료 데이터 시각화 플랫폼으로, 누구나 태블로로 만든 시각화 결과물(Vizzes)을 공유하고, 다른 사람이 만든 작품을 찾아보고 배울 수 있는 공간이다.

> **TIP** Tableau Site의 설명을 참고한다. https://public.tableau.com/

Tableau Public은 또 다른 의미로 태블로의 무료 설치형 프로그램이자, Excel과 같은 flat file을 로컬(개인 PC)에 저장할 수 있다. 이름이 변경된 Tableau Desktop Public Edition은 태블로 데스크탑의 무료 버전이자, PC에서 라이트하게 시각화할 수 있는 제품으로 이 책에서는 시험 환경과 동일한 이 제품을 활용하고자 한다.

> **TIP** Tableau Desktop Public Edition은 2024년 버전부터 개인 PC에도 저장할 수 있게 되었다.

SECTION 3 | Tableau Desktop Public Edition 설치

태블로 데스크탑 퍼블릭 에디션은 다음 링크를 통해서 최신 버전을 설치할 수 있다.

▶ 태블로 데스크탑 퍼블릭 에디션 최신 버전 설치

https://www.tableau.com/ko-kr/products/public/download

> **TIP** 시험과 동일한 환경을 원한다면 시행처 홈페이지에서 관련 자료 메뉴 내 '경영정보시각화능력 실기 프로그램' 게시글에서 프로그램을 설치하는 것을 권장한다.
> https://license.korcham.net/co/examguide04.do?cd=0108&mm=28
> 다운로드 경로에 있는 태블로 링크를 눌러서 설치하면 된다.

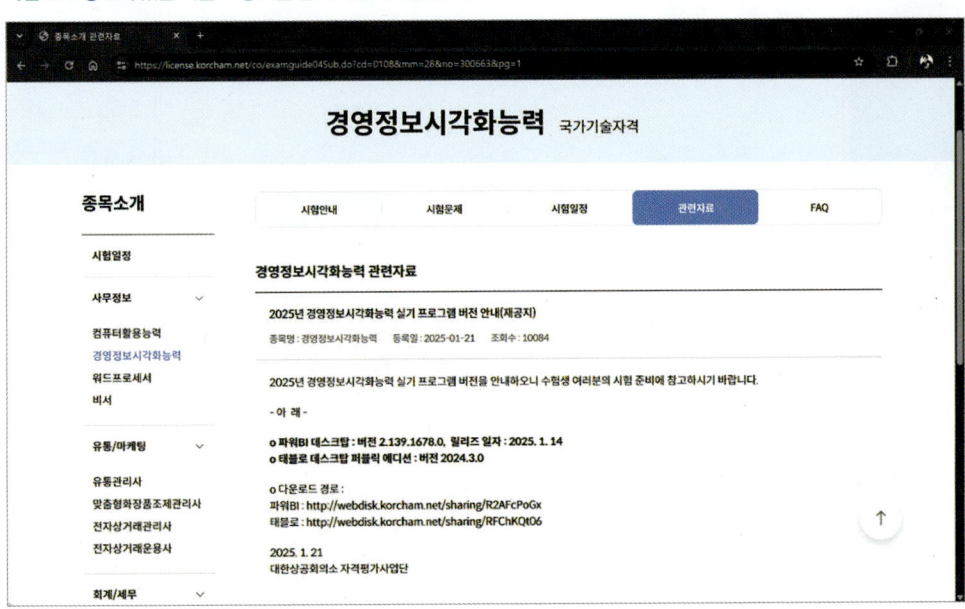

CHAPTER 02 작업 영역(데이터 모델링)

태블로를 단순 시각화 프로그램으로 알고 있는 사람들도 있지만 다양한 데이터 원본을 연결할 수 있고 모델링 및 전처리를 통해 데이터를 결합, 변형, 정리할 수 있다. 이 과정에서 유니온, 조인, 관계와 같은 결합과 피벗을 통한 변형, 그리고 계산식 및 사용자 지정 분할 등을 통해 데이터를 정리한다. 또한 불필요한 컬럼은 숨기거나 필터링하고 추가 필드가 필요한 경우 새로운 변수를 만든다. 이번 Chapter에서는 다양한 데이터 연결 및 전처리 과정을 다루는 작업 영역에 대해서 살펴본다.

SECTION 1 데이터 연결

태블로 퍼블릭 에디션에서 시작 페이지는 연결(Connect), 열기(Open), 검색(Discover) 영역으로 구성되어 있다.

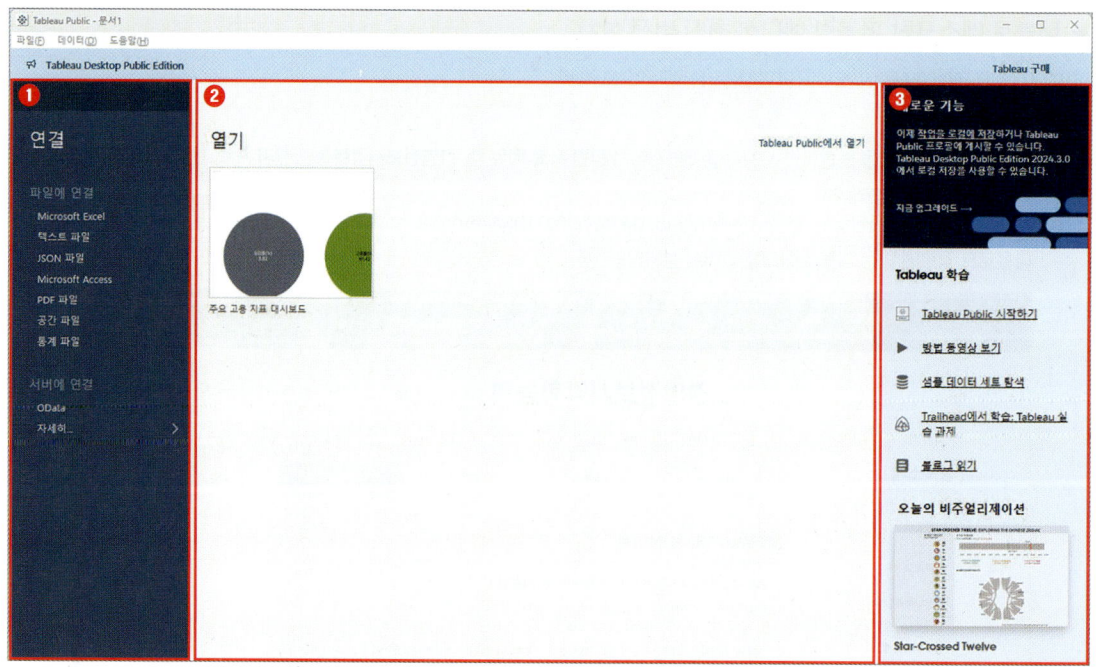

화면 기준 왼쪽이 데이터를 연결할 수 있는 ❶ '연결' 패널, 가운데는 태블로 퍼블릭 에디션에서 기존에 작업했거나 열어 본 워크북의 히스토리를 볼 수 있는 ❷ '열기' 패널, 그리고 오른쪽에는 태블로에서 제공하는 학습 안내 및 관련 링크를 볼 수 있는 ❸ '검색' 영역이 있다.

01 | 연결(Connect)

❶ 파일에 연결

태블로 퍼블릭 에디션 기준으로는 두 유형의 데이터 연결이 있으며, 첫 번째는 '파일에 연결'로서 PC에 있는 flat file(플랫 파일)을 연결하는 곳이다. Microsoft Excel이나 csv와 같은 텍스트 파일, PDF 파일과 공간 파일을 연결해서 시각화할 때는 각 커넥션을 활용하면 된다.

❷ 서버에 연결

태블로 데스크탑에서는 약 100여개의 커넥터들이 있지만 퍼블릭 에디션에서는 Google Drive와 같은 일부 커넥터만 이용할 수 있다. 만약 회사에서 운영 중인 서버나 클라우드 데이터를 연결하기 위해서는 유료 버전의 태블로 데스크탑을 활용해야 한다.

경영정보시각화능력에서는 PC에 저장해 놓은 플랫 파일 중 Excel 데이터를 기반으로 테스트하므로, '파일에 연결' → 'Microsoft Excel' 또는 '텍스트 파일' 커넥터 위주로 설명한다.

02 | 열기(Open)

열기 페이지에는 최근에 열어 본 통합 문서가 표시된다. 통합 문서 축소판 위에서 마우스로 이동하면 해당 통합 문서 내 시트들이 차례대로 미리보기 형식으로 보여진다. 자주 열람하는 통합 문서인 경우에 축소판 좌측 상단에 핀 모양의 아이콘을 선택하면 해당 통합 문서는 고정되어서 열기 영역에 계속 노출이 되며 반대로 축소판 우측에 있는 'X' 아이콘을 누르면 열기 영역에서 사라지게 된다.

03 | 검색(Discover)

검색 영역에는 교육 동영상과 태블로 블로그 게시글 및 새로운 버전을 다운로드할 수 있는 링크 등이 제공된다. 또한 금주의 비주얼리제이션(Viz of the week)이라고 해서 전 세계 태블로 유저들이 Tableau Public에 업로드한 데이터 시각화 중 인기 뷰를 소개하는 영역도 있다.

> **TIP** 새 버전이 출시되면 업데이트 알림이 있으나 본 시험 준비를 위해서는 최신 버전 업데이트는 하지 않는 것이 좋다.

SECTION 2 | 데이터 원본 페이지

태블로 퍼블릭(데스크탑)에서 '원본 페이지(Source Page)'는 데이터 원본을 관리하고 설정하는 매우 중요한 장소이다. 이 페이지는 사용자가 데이터를 미리보기할 수 있는 곳이자, 2개 이상의 데이터를 모델링하며, 필요한 필드를 편집, 정리하는 곳이다.

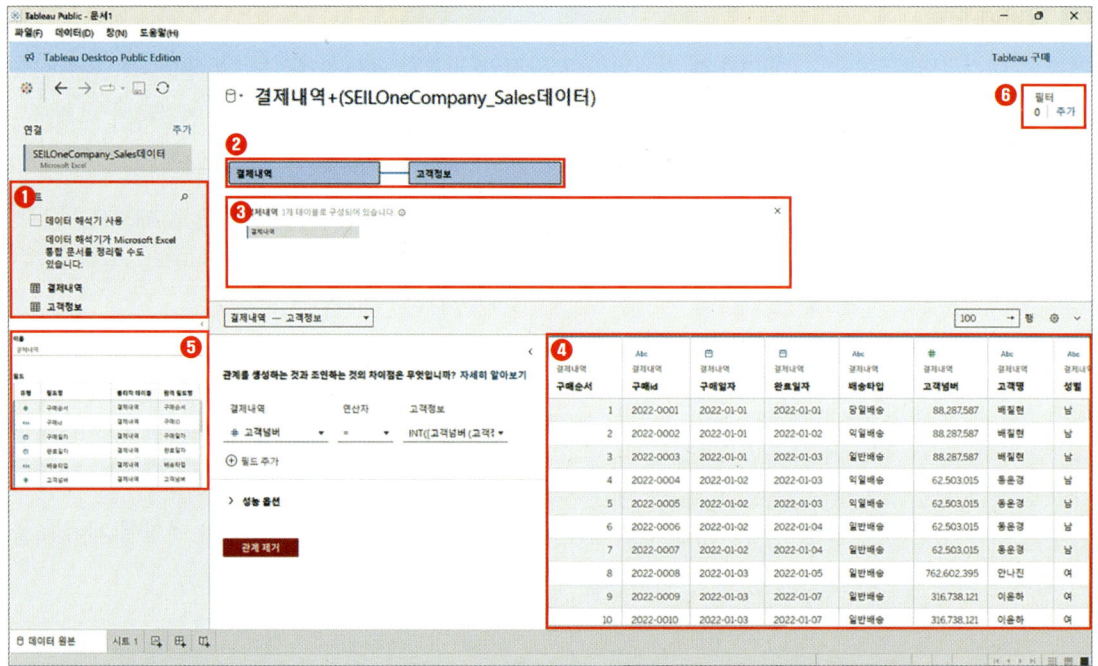

❶ **왼쪽 패널**: 연결한 데이터 원본 내 시트(테이블) 리스트를 보여주는 곳으로, 데이터 원본 페이지에서 왼쪽 영역을 왼쪽 패널이라고 한다. 연결된 데이터 원본과 그 데이터 원본 내 시트 리스트들이 표시된다.

❷ **캔버스(논리적 계층)**: 서로 다른 테이블의 논리적 결합을 볼 수 있는 곳으로, 가운데 중 상단 부분을 캔버스라고 하는데 데이터 원본의 결합으로 관계를 설정할 수 있다.

❸ **캔버스(물리적 계층)**: 서로 다른 테이블의 물리적 결합을 볼 수 있는 곳으로, 가운데 중 상단 부분을 캔버스라고 하는데 데이터 원본의 결합으로 조인과 유니온을 연결할 수 있다.

❹ **데이터 그리드**: 데이터 원본 내 첫 100개 행을 미리 볼 수 있는 곳으로, 우측 하단 영역이 데이터 그리드이다.

❺ **메타데이터 그리드**: 특정 테이블을 선택하면 테이블 내 필드들의 유형을 볼 수 있는 곳으로, 데이터 원본의 필드가 행으로 요약되어 표시된다. 태블로 데이터 원본의 구조를 빠르게 파악할 수 있으며, 시험 문제에서는 첫 번째 작업 영역 중 데이터 모델링 및 편집한 결과를 이미지 캡쳐해서 보여주는 곳이다.

❻ **데이터 원본 필터**: 특정 필드의 행의 개수를 조절하는 곳이다.

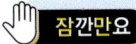 잠깐만요

우측 상단에 연결(Connection)이 있는데 이 영역이 보이는 사람도 있고 보이지 않는 사람도 있다. 경영정보시각화능력에서는 태블로 퍼블릭 에디션을 사용하므로, 연결에 라이브와 추출 옵션이 보이지 않는 것이 정상이다. 태블로 퍼블릭을 이용하는 경우에는 자동으로 추출 연결로 전환되기 때문에 이 영역은 없는 것이 맞다.

만약 시험 환경 또는 연습 과정 중에서 '추출 확인 메시지' 창이 나올 경우 반드시 '추출 만들기' 버튼을 누르기를 권장한다.

전문가의 조언

태블로 데스크탑에서 추출(Extract) 연결을 사용하면, 데이터가 현재 시점으로 고정(Freeze)되지만 압축되어 저장되므로 라이브 연결보다 가볍고 빠르게 작업할 수 있는 장점이 있습니다. 또한, 데이터 원본 화면 우측 끝에 있는 데이터 원본 필터를 활용하면, 분석 전 단계에서 특정 조건의 데이터만 미리 걸러낼 수 있습니다.

SECTION 3 　데이터 원본 페이지 살펴보기

📁 SEILOneCompany_HR데이터.xlsx
📁 SEILOneCompany_Sales데이터.xlsx

01 | 데이터 시트가 1개만 있는 경우

❶ 태블로 퍼블릭을 실행한 후 [홈] → [연결 패널] → [파일에 연결] → [Microsoft Excel] → [데이터 원본] 폴더 → [SEILOneCompany_HR데이터.xlsx] 파일을 선택한다.

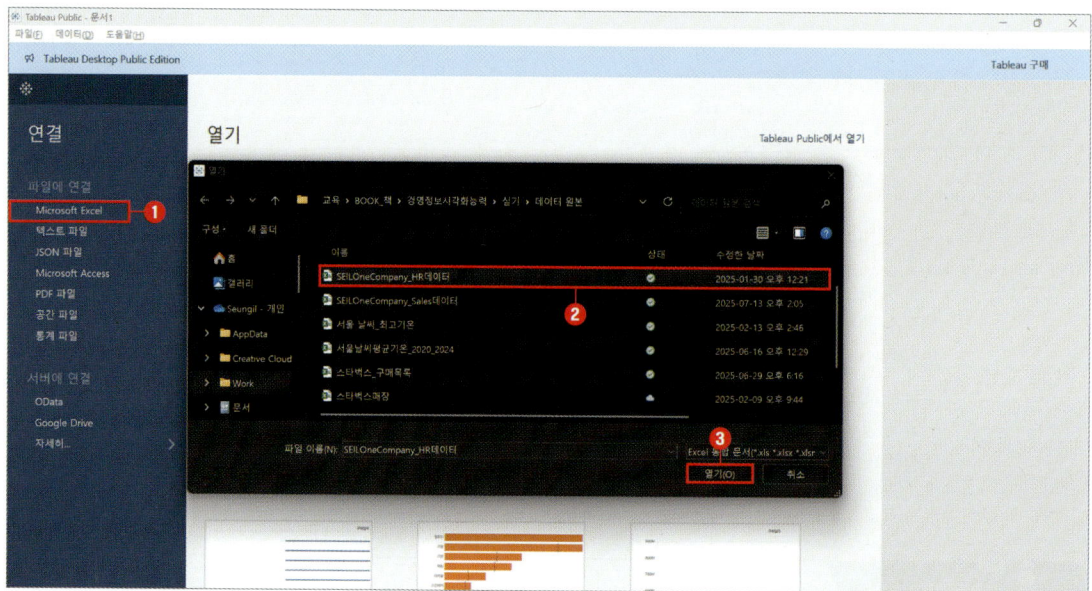

❷ 데이터 원본 페이지가 자동으로 오픈된다. 해당 파일 내 시트는 '직원현황' 1개만 있기 때문에 다음과 같이 바로 '직원현황' 시트가 캔버스에 배치되며 데이터를 미리 볼 수 있다.

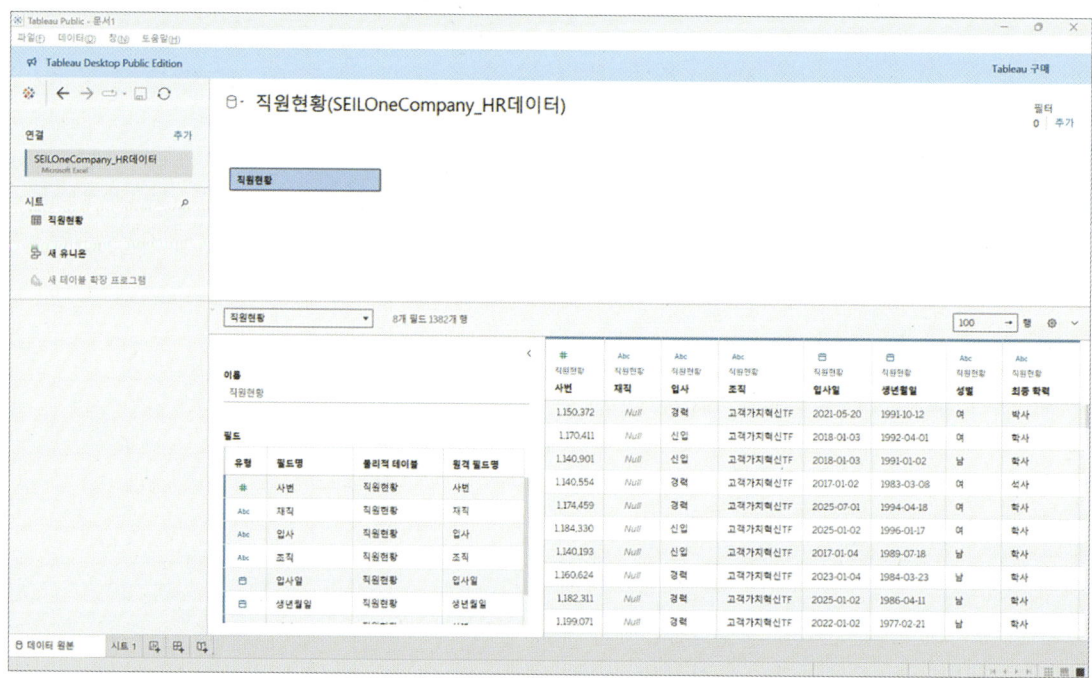

02 | 데이터 시트가 2개 이상인 경우

❶ 태블로 퍼블릭을 실행한 후 [홈] → [연결 패널] → [파일에 연결] → [Microsoft Excel] → [데이터 원본] 폴더 → [SEILOneCompany_Sales데이터.xlsx] 파일을 선택한다.

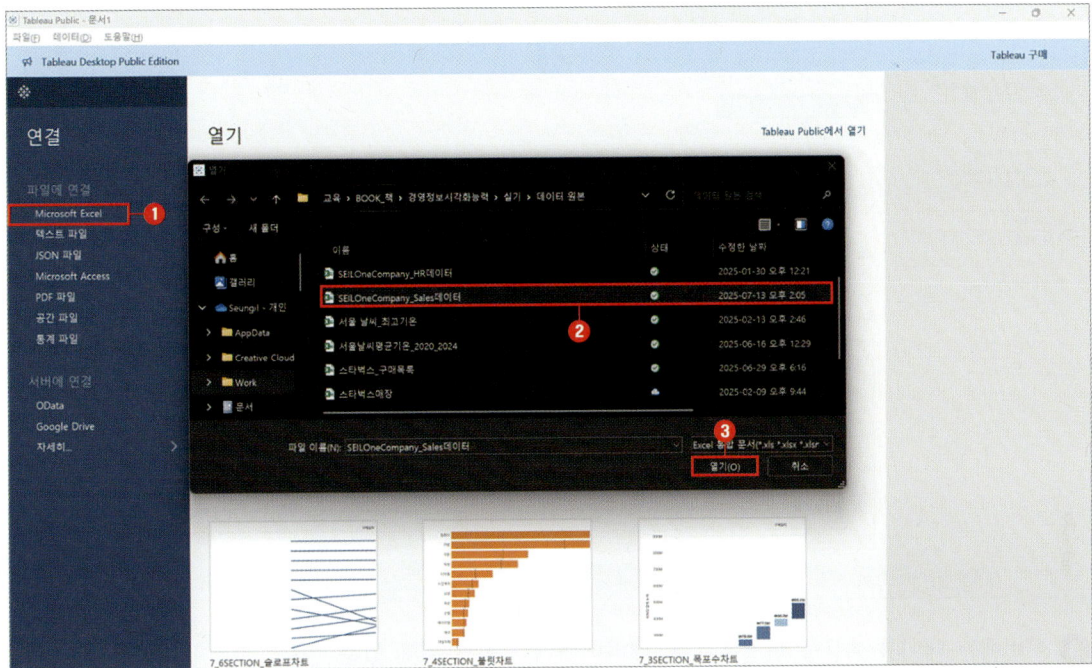

❷ 해당 파일에는 '결제내역'과 '고객정보' 두 개의 시트가 포함되어 있기 때문에, 태블로에서는 어떤 시트를 사용할지 알 수 없어 기본적으로 비어 있는 상태로 표시된다. 따라서 사용자가 직접 원하는 시트를 선택해 연결해 주어야 한다.

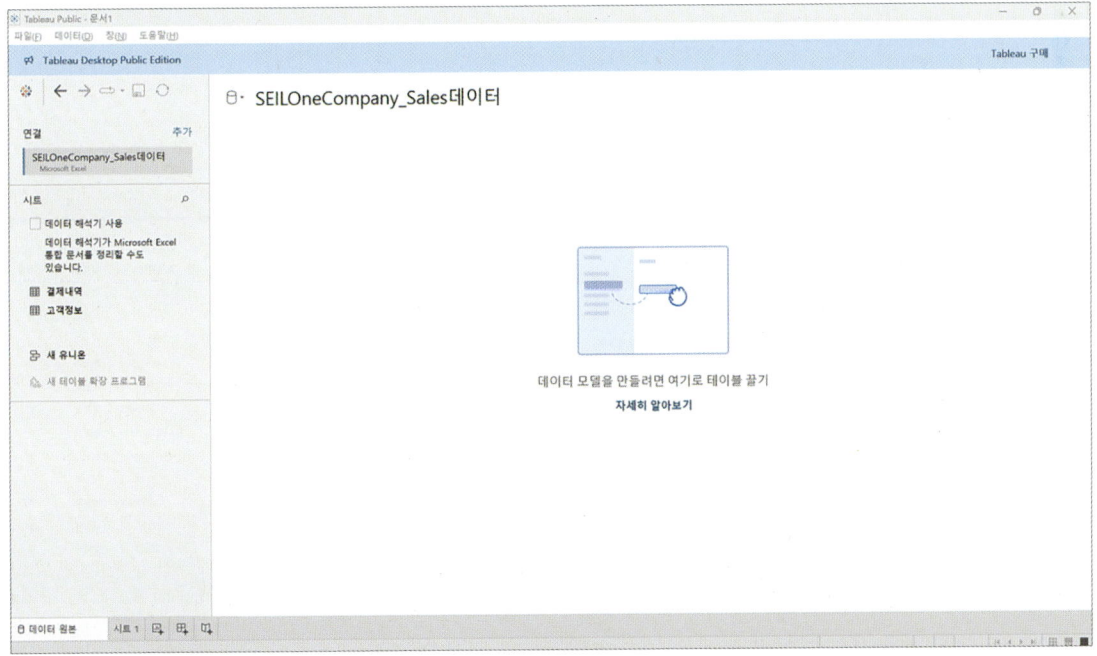

Chapter 2. 작업 영역(데이터 모델링) 19

❸ 이 중에서 '결제내역' 시트를 드래그해서 캔버스에 배치하면 '결제내역' 시트에 대한 데이터를 미리 볼 수 있다.

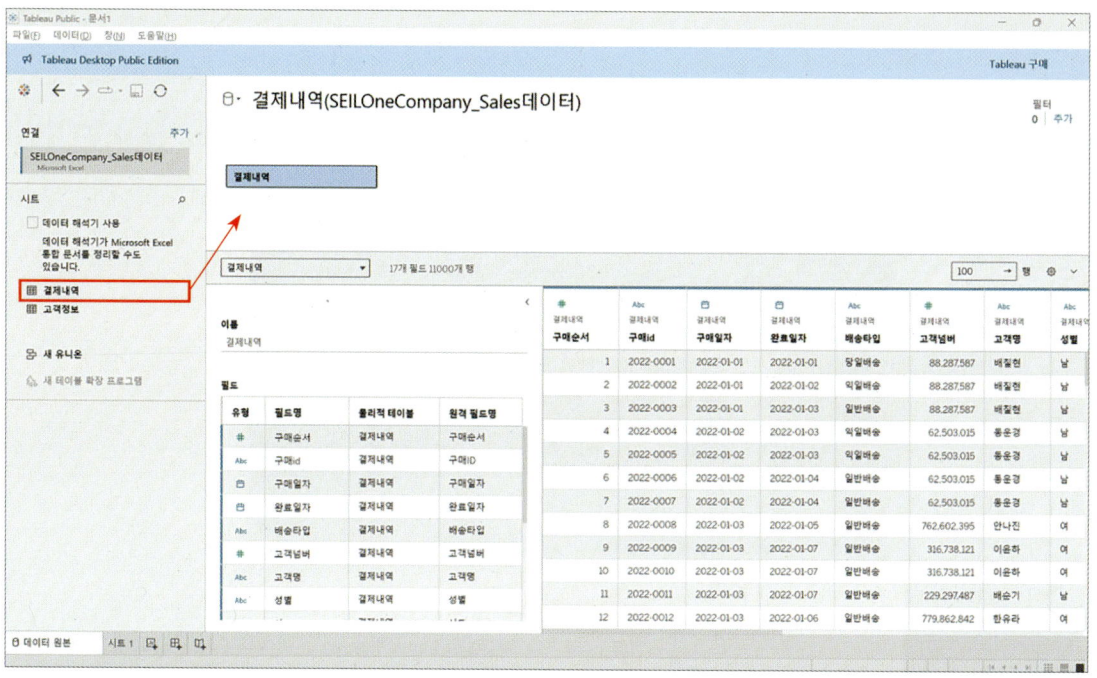

❹ 이번에는 테이블 이름을 변경해보자. 메타데이터 그리드 위에 있는 '이름' 영역이 논리적 테이블의 이름이며, 여기서 [결제내역]을 더블 클릭해 '결제히스토리'로 바꾸면 테이블 이름이 모두 '결제히스토리'로 변경된 것을 확인할 수 있다.

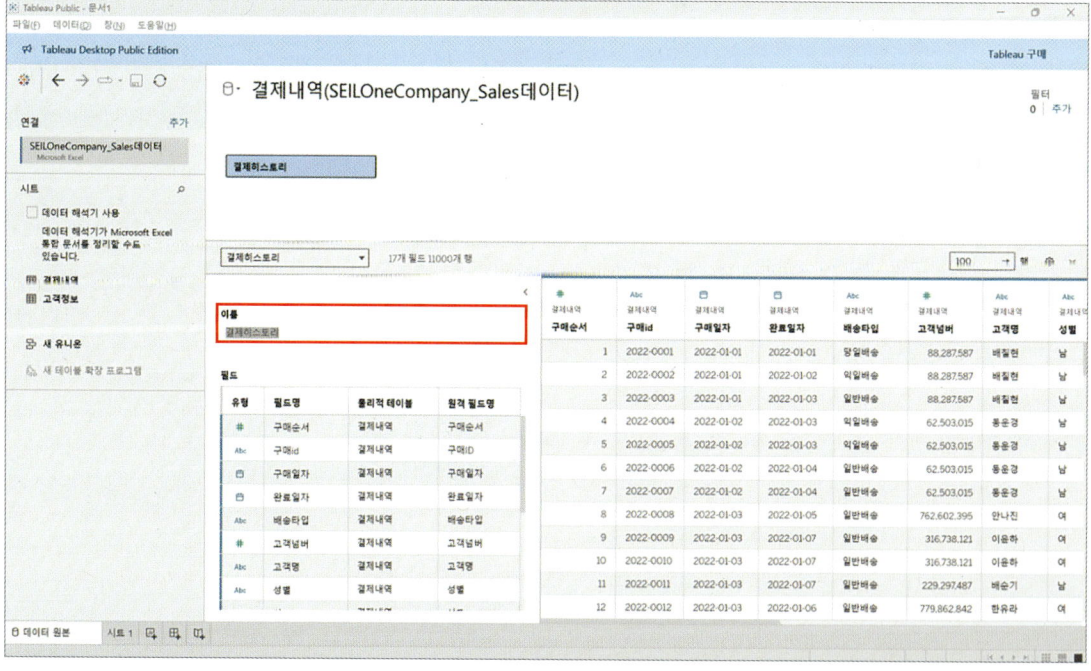

❺ 이번에는 화면 상단 가운데에 있는 데이터 원본의 이름을 변경해보자. 이름에서 괄호 안은 데이터 원본 자체의 이름으로, 여기서는 연결된 Excel 파일명을 나타낸다. 괄호 밖의 [결제내역]은 해당 Excel 파일 내에서 연결된 시트 이름을 의미한다.

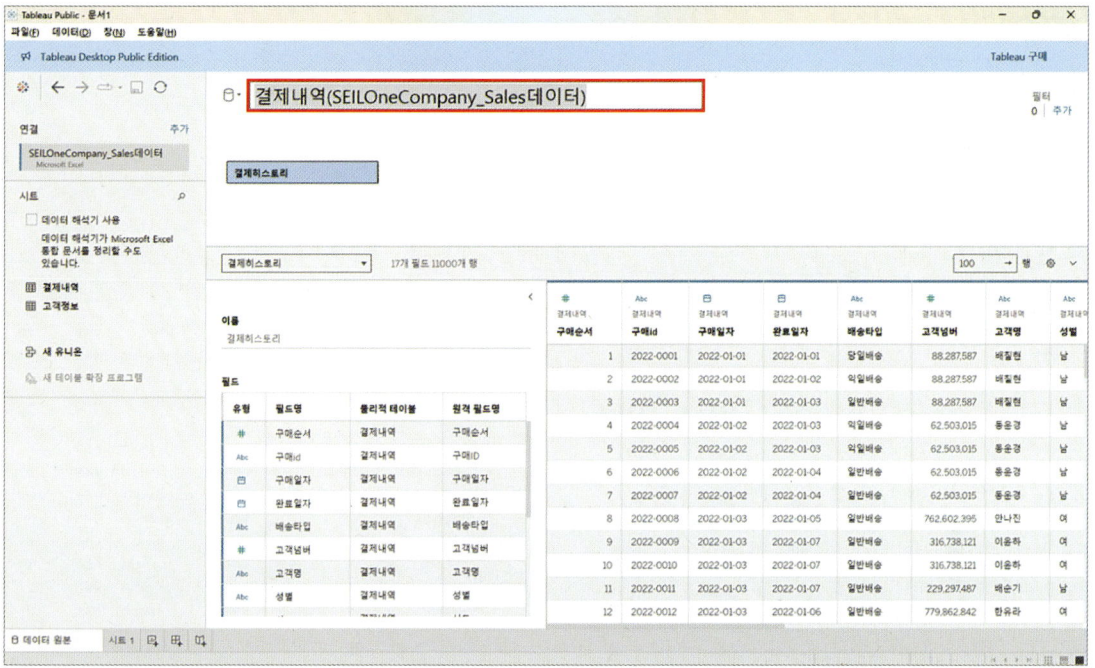

❻ 데이터 원본 이름을 더블 클릭해 '결제데이터'로 변경한 뒤, 필드명도 수정한다. 데이터 그리드에서 기존 [구매순서] 필드를 더블 클릭한 후 '결제순서'로 입력하면, 태블로에서 해당 필드명이 '결제순서'로 변경된 것을 확인할 수 있다.

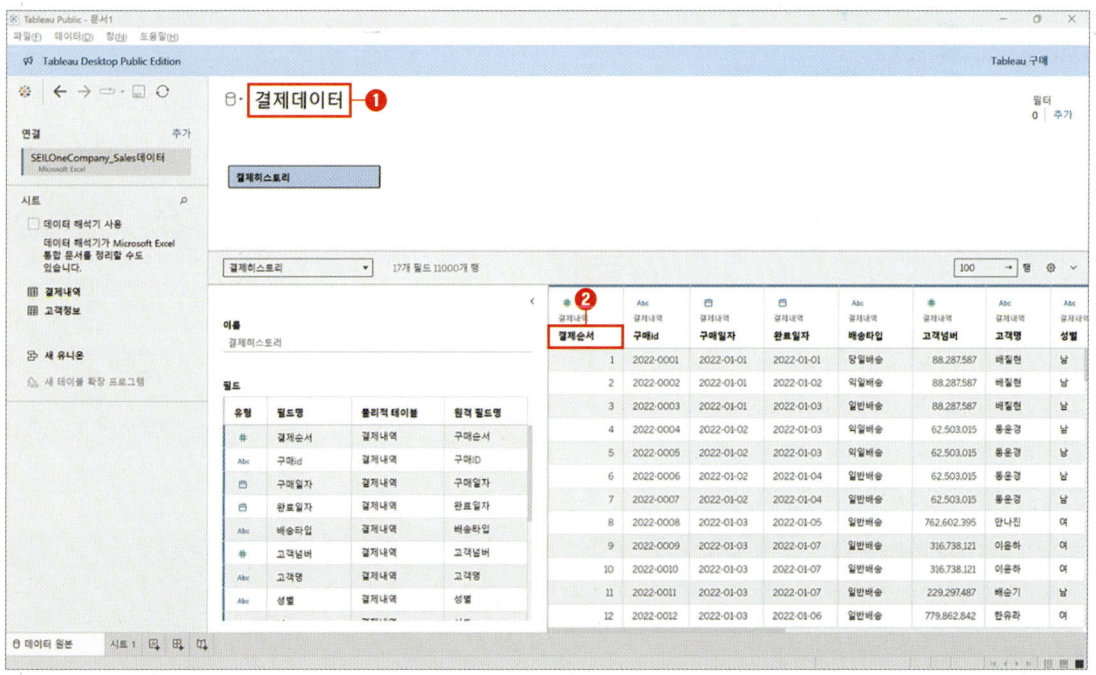

❼ 이번에는 기존 필드에 '사용자 지정 분할' 기능을 적용해 새로운 필드를 만들어보자. [구매id] 필드에 마우스를 올리면 우측 상단에 [▼] 버튼이 나타나는데, 이를 클릭한 뒤 '사용자 지정 분할'을 선택한다.

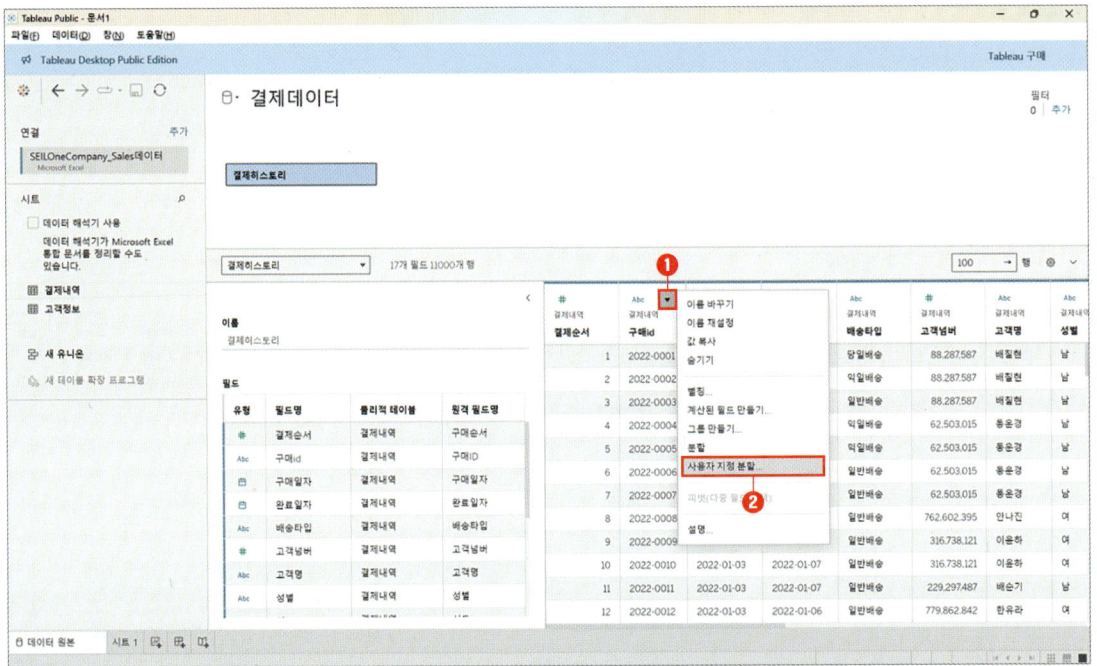

❽ 사용자 지정 분할 대화 상자에서 구분 기호는 '-'을 입력하고, 분할 범위는 '전체'를 선택한다.

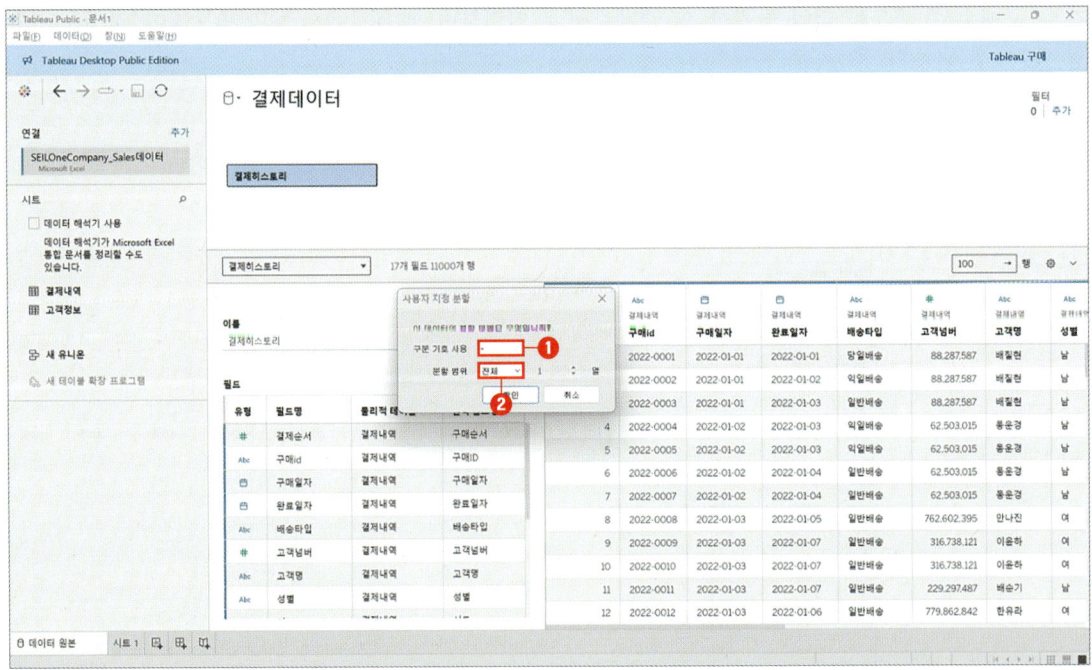

❾ 데이터 그리드 맨 오른쪽에서 문자열(Abc) 타입인 [구매id]가 분할된 [구매id – 분할 1]과 [구매id – 분할 2] 필드를 확인할 수 있다.

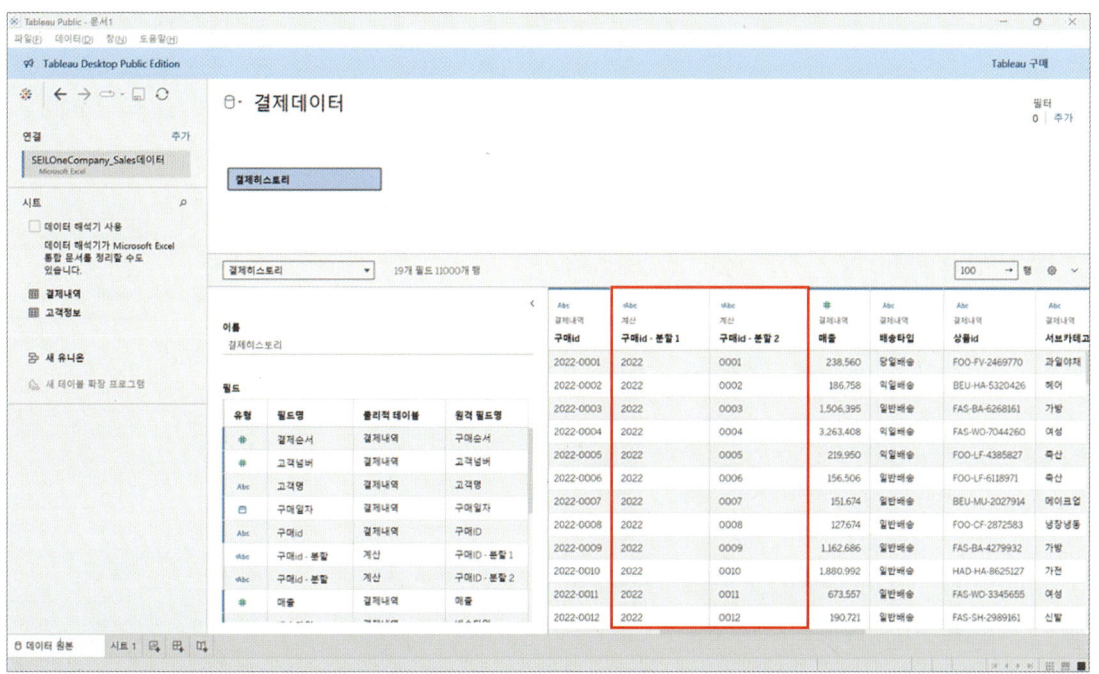

❿ 새로 생성한 필드의 이름을 변경하기 위해 각각의 필드명을 더블 클릭 후 다음과 같이 필드명을 변경한다.

[구매id – 분할 1] → [구매연도]

[구매id – 분할 2] → [구매순서]

⓫ 이번에는 필드 유형을 변경하고자 한다.

[구매순서] 필드 위에 있는 필드 유형 아이콘(=Abc)을 클릭한 다음에 '숫자(정수)'를 선택한다.

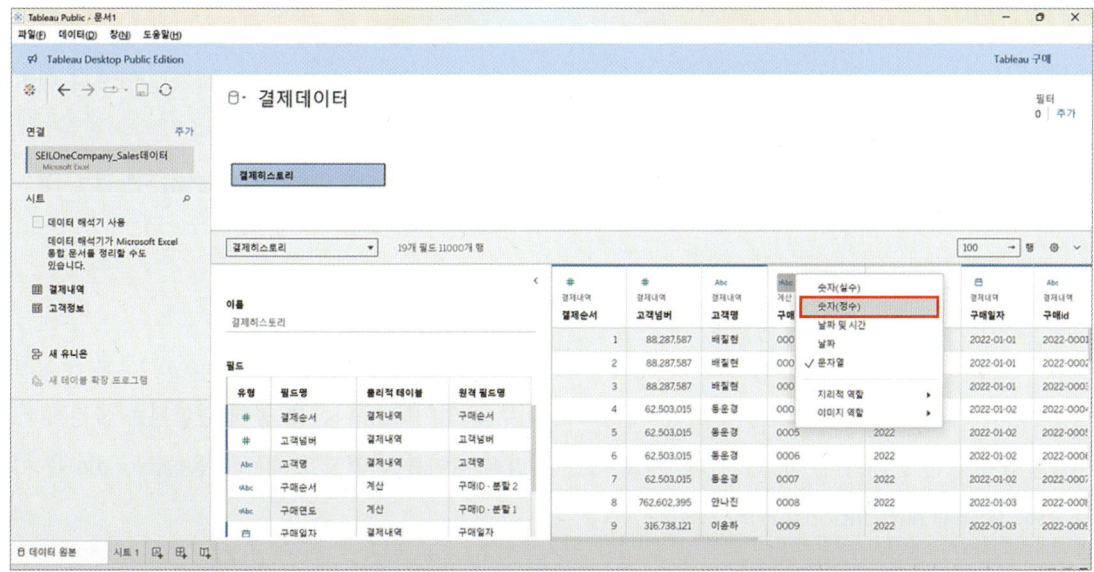

⓬ 사용자 지정 분할로 생성된 필드명과 변경된 필드명 그리고 변경된 필드 유형 결과까지 메타데이터 그리드에서 확인할 수 있다.

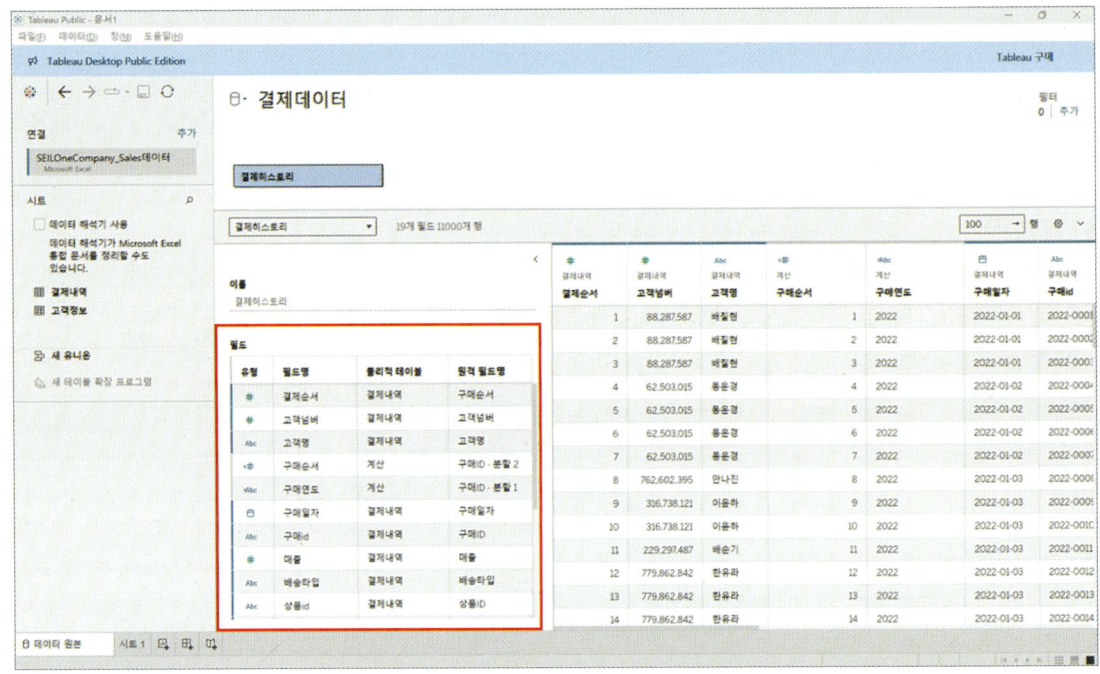

SECTION 4 데이터 결합(1) 관계

태블로에서 데이터를 연결하는 과정에서 단일 테이블을 이용할 것인지 여러 테이블을 이용할 것인지 결정해야 한다. 또한 여러 테이블을 연결할 때 여러 데이터 원본을 사용할 것인지도 검토해야 한다.
이번 섹션에서는 여러 테이블을 연결하기 위한 모델링 과정 중 관계에 대해서 먼저 살펴본다.

앞에서 살펴본 데이터 원본 페이지에서 단일 테이블(시트)만 연결해서 따로 설명은 하지 않았으나 데이터 원본 페이지 내 캔버스 영역에는 모델링 과정 중 논리적 계층과 물리적 계층이 있다.

> TIP Tableau 도움말 → Tableau Cloud 도움말 → 웹에서 뷰 만들기 및 데이터 탐색 → 다중 테이블 데이터 분석을 위한 관계 사용 → Tableau 데이터 모델의 논리적 및 물리적 계층에서 Tableau 데이터 모델을 참고한다.

논리적 계층

태블로 모델링 과정에서 테이블을 캔버스에 놓으면 자동으로 논리적 계층(Logical Layer)으로 구성된다. 논리적 계층은 데이터 모델링의 최상위 구조로, 이후 조인이나 유니온을 통해 결합되는 물리적 테이블들을 감싸는 컨테이너 역할을 한다. 서로 다른 논리적 테이블을 연결할 때는 이음줄(Noodle)을 이용하며, 이를 관계(Relationship)라고 한다.

✚ 관계 설정 방법 ✚

❶ 연결 패널에서 Microsoft Excel의 'SEILOneCompany_Sales데이터.xlsx' 파일을 선택한 뒤, '결제내역' 시트를 드래그하여 캔버스에 배치한다.

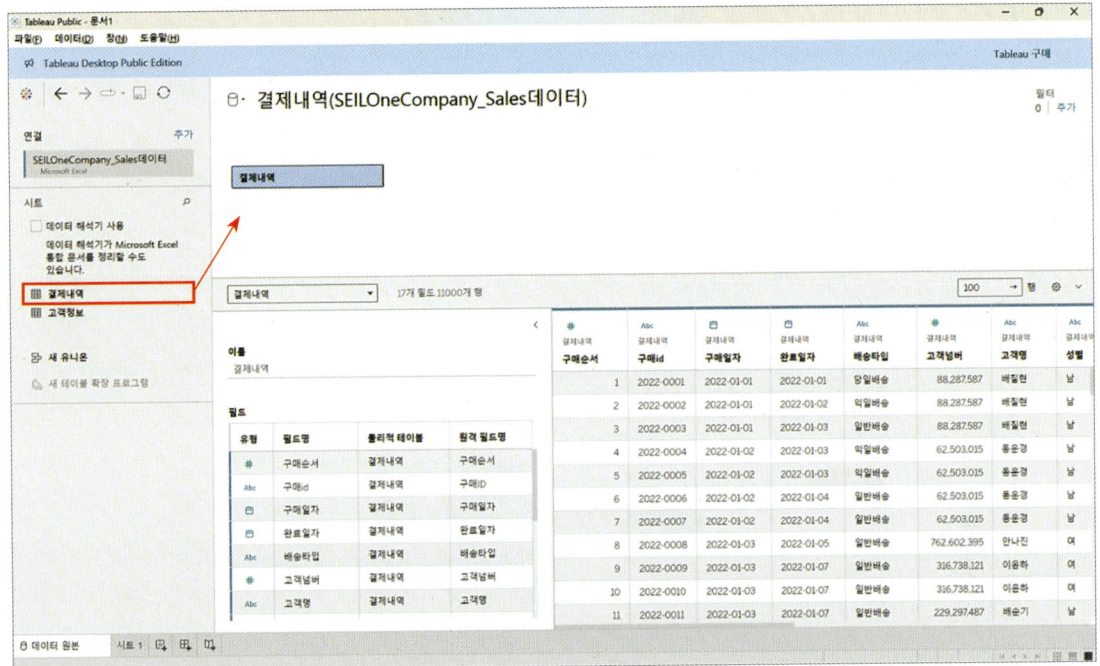

❷ '고객정보' 시트를 드래그해서 결제내역 오른쪽에 이음줄이 생겼을 때 놓는다.

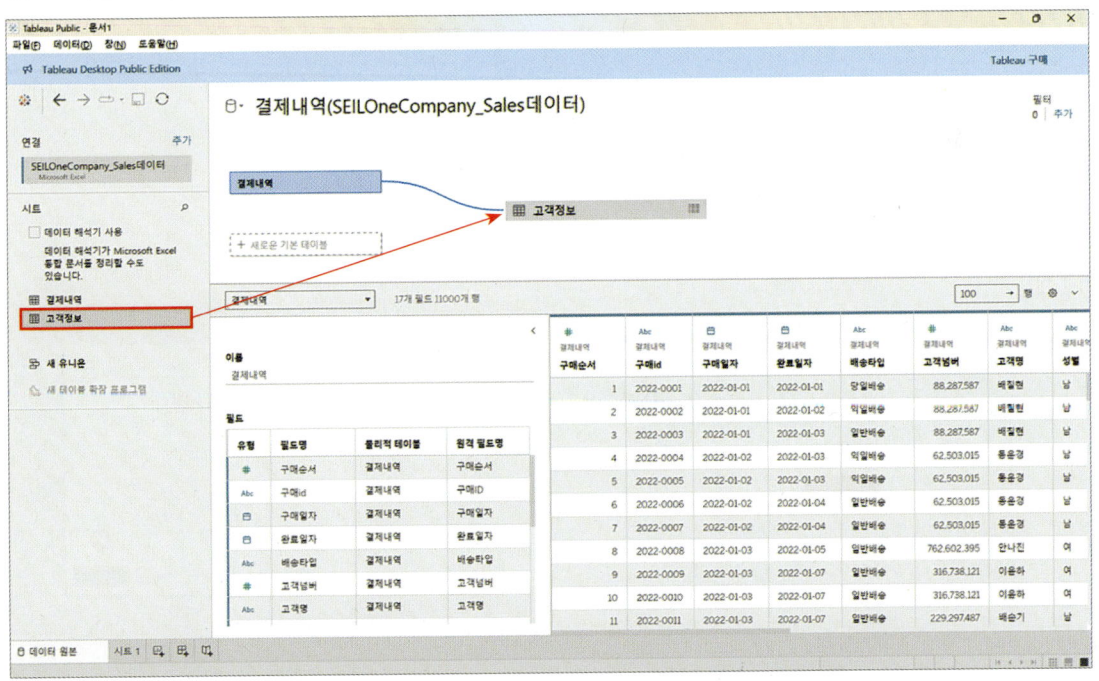

단, 이 경우 다음 그림처럼 연결 오류가 있는데 이유는 똑같은 필드 유형의 똑같은 이름이 없기 때문

Chapter 2. 작업 영역(데이터 모델링)

에 발생한다. '결제내역' 시트에서 [고객넘버]는 숫자 유형, '고객정보' 시트의 [고객넘버 (고객정보)]는 문자열이다.

❸ '결제내역' 시트에서 [고객넘버]를 선택하고, '고객정보' 시트에서는 [계산 편집]을 선택한다.

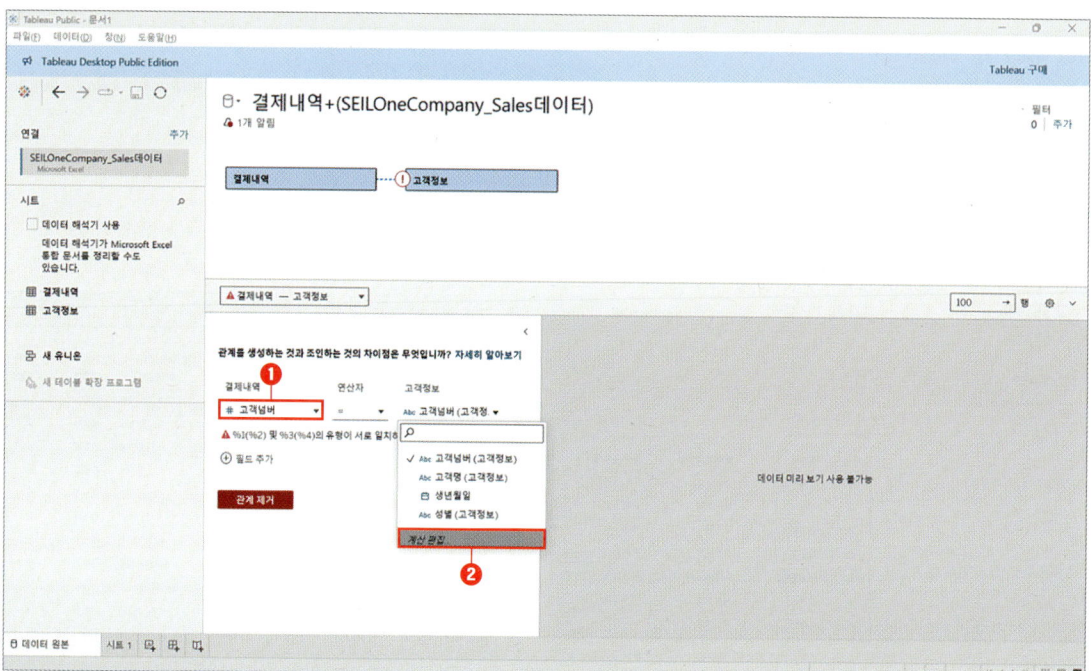

❹ 관계 계산 편집창에서 INT([고객넘버 (고객정보)])를 입력하고 확인 버튼을 선택한다.

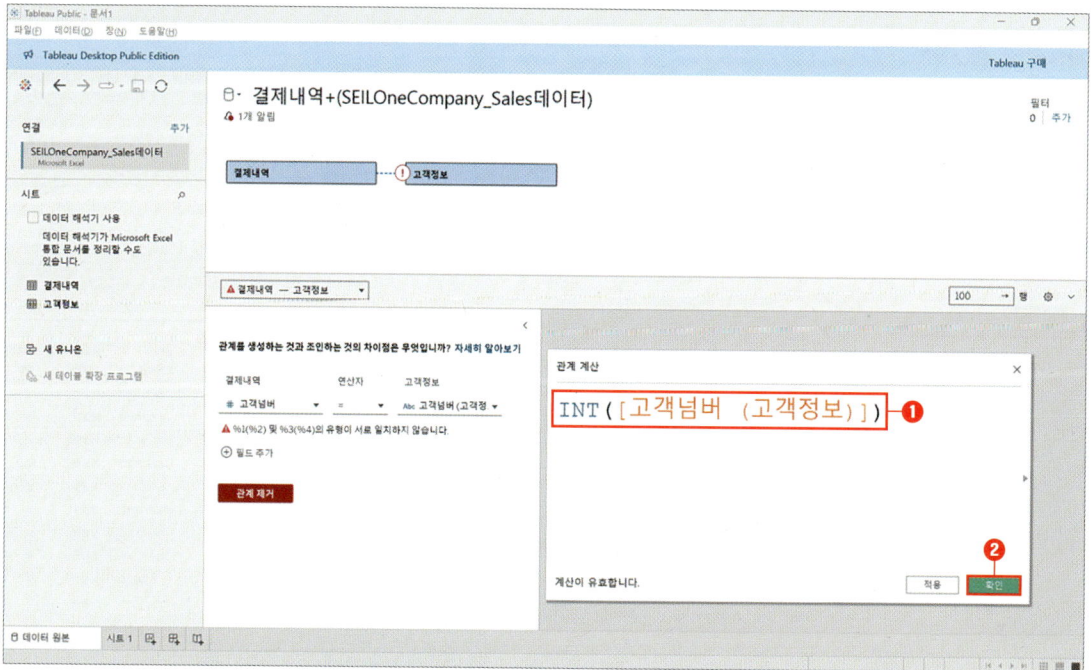

❺ 결제내역과 고객정보라는 서로 다른 두 테이블이 관계 설정된 것을 볼 수 있다.

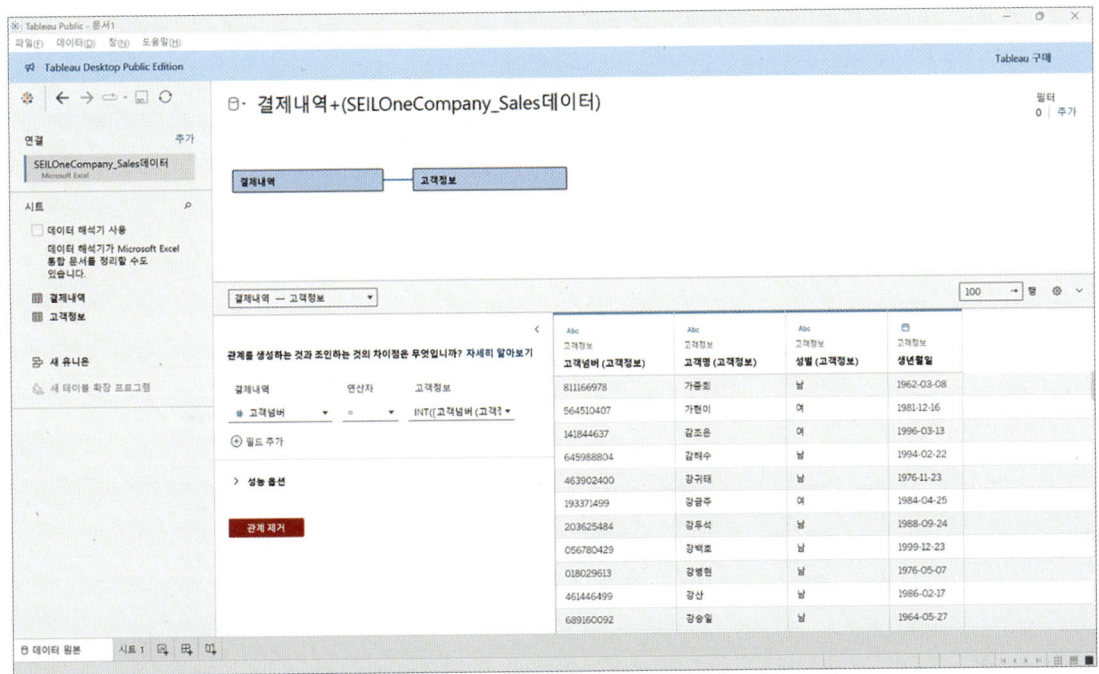

❻ 캔버스에서 '결제내역' 테이블을 선택하면 17개 필드와 11,000개 행으로 구성된 것을 볼 수 있다.

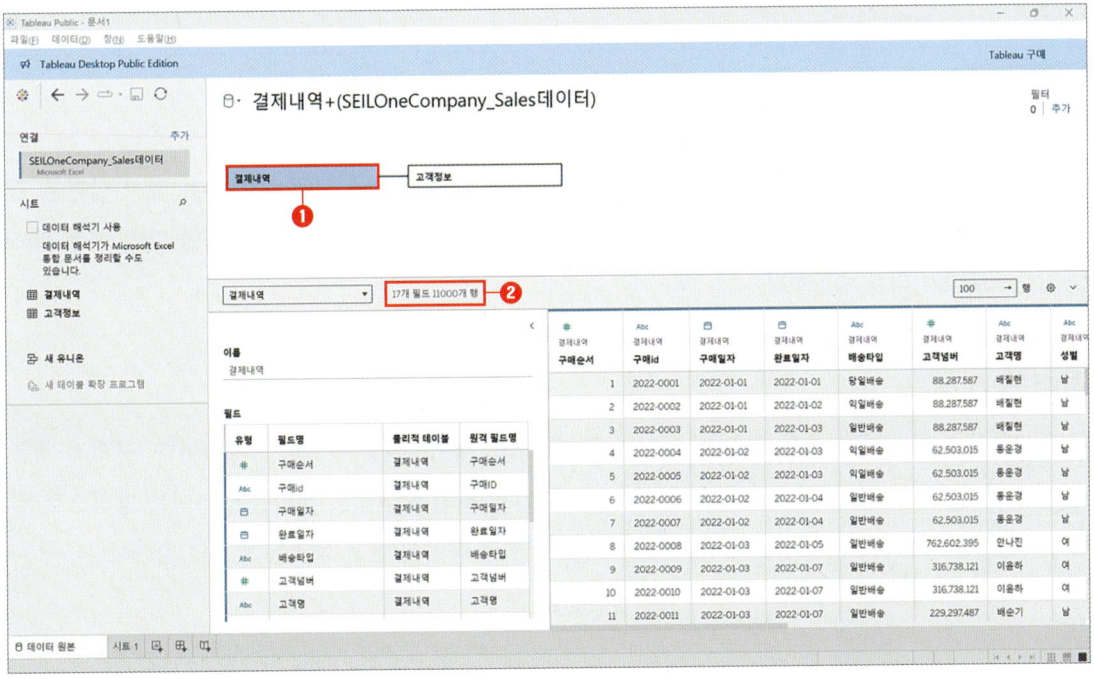

Chapter 2. 작업 영역(데이터 모델링) 27

❼ 캔버스에서 '고객정보' 테이블을 선택하면 4개 필드와 794개 행을 볼 수 있다.

즉, 관계는 각 테이블별 데이터의 세부 수준을 관리할 수 있다.

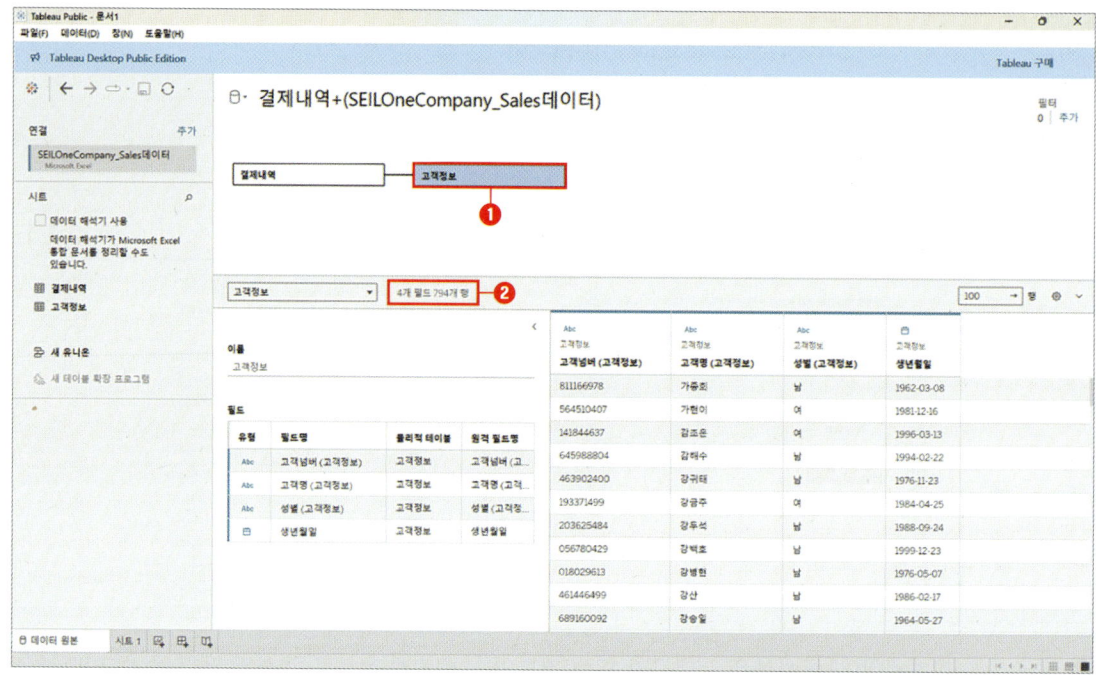

SECTION 5 데이터 결합(2) 조인

이 섹션에서는 여러 테이블을 하나로 결합할 때 사용하는 조인 방식에 대해 알아본다. 앞서 살펴본 관계와는 달리, 조인은 물리적 계층에서 데이터를 실제로 결합하는 방식으로, 각 테이블 간의 공통 필드를 기준으로 데이터를 병합한다.

물리적 계층

기본 계층인 논리적 계층에 한 뎁스 더 늘어가 물리적으로 테이블들을 결합하는 계층이다. 물리적 계층 내 결합 방식으로는 유니온(Union)과 조인(Join)이 있다. 조인은 옆으로 테이블을 붙이는 방식으로 컬럼(열)의 개수가 늘어나는 반면, 유니온은 테이블을 밑으로 붙여서 행을 늘리는 방식의 결합이다.

✚ 관계 설정 방법 ✚

❶ 연결 패널에서 Microsoft Excel의 'SEILOneCompany_Sales데이터.xlsx' 파일을 연결한 뒤, '결제내역' 시트를 캔버스에 드래그해 놓고 우클릭하여 '열기'를 선택한다.

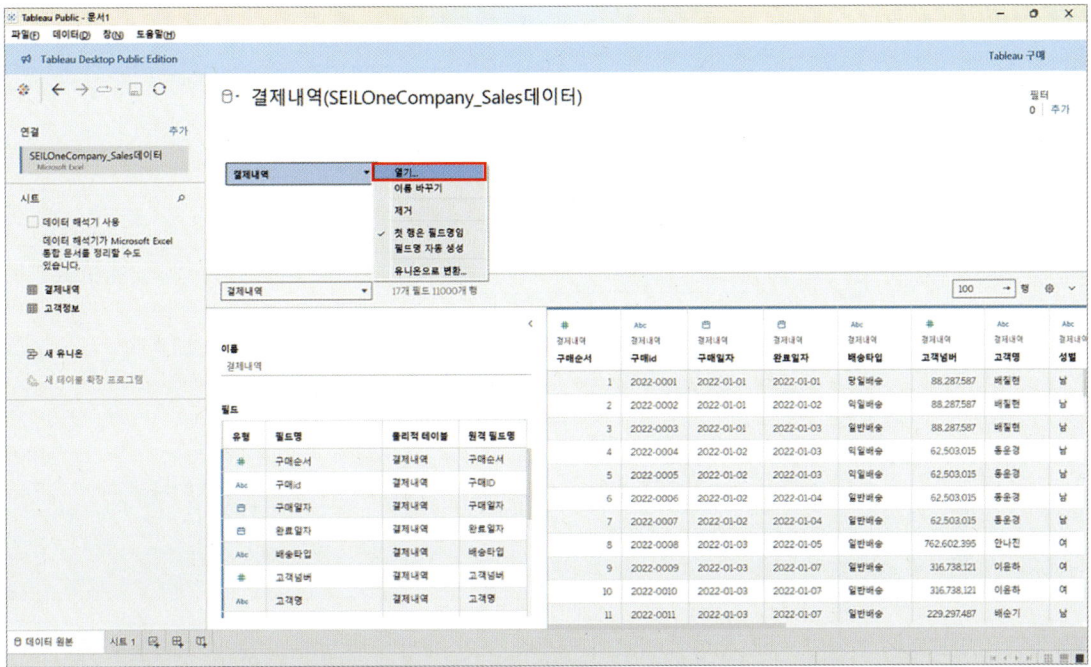

❷ 논리적 계층 하위의 물리적 계층이 오픈되는 것을 볼 수 있다.

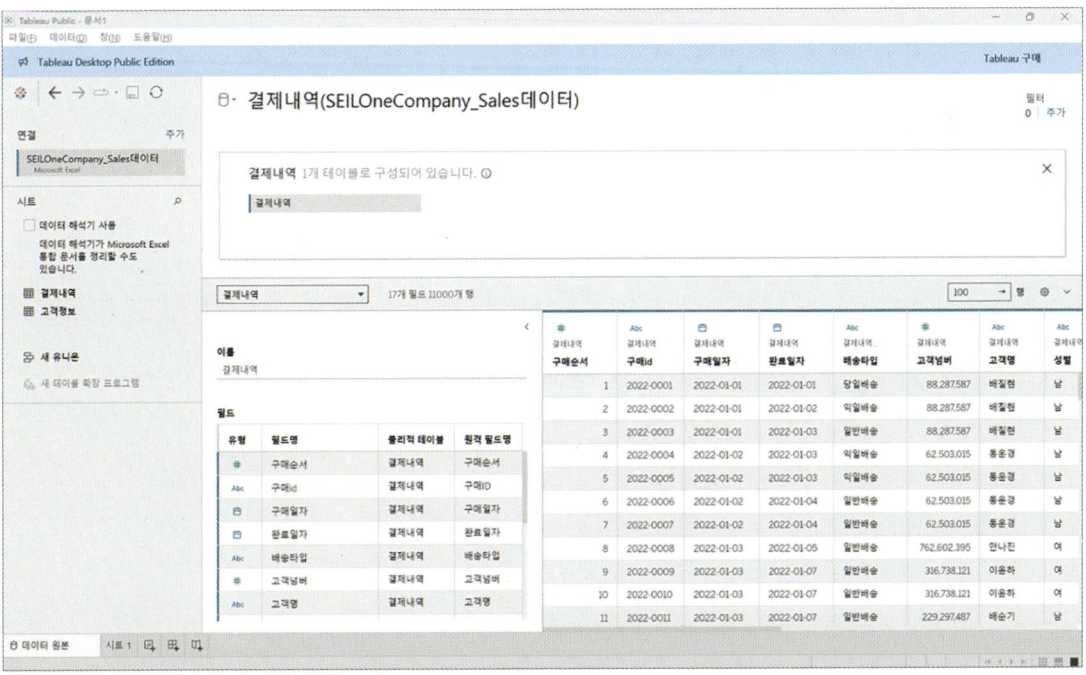

❸ '고객정보' 시트를 '결제내역' 시트 오른쪽에 드래그해서 놓으면 두 테이블이 조인으로 연결된다. 양쪽 시트에 이름과 데이터 유형이 같은 필드가 있으면 자동으로 조인이 만들어진다.

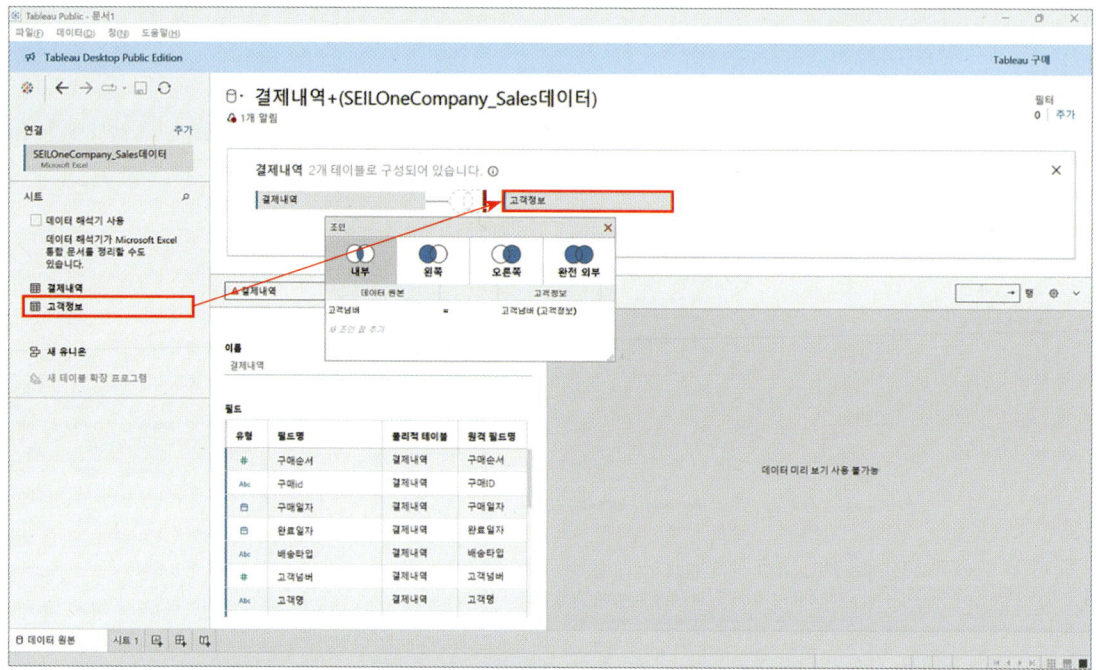

❹ 똑같은 필드명은 있지만 서로 유형이 다르기 때문에 조인 에러가 발생하고 있다. 고객정보 테이블에서 ▼ 버튼을 누른 다음에 '조인 계산 만들기'를 선택한다.

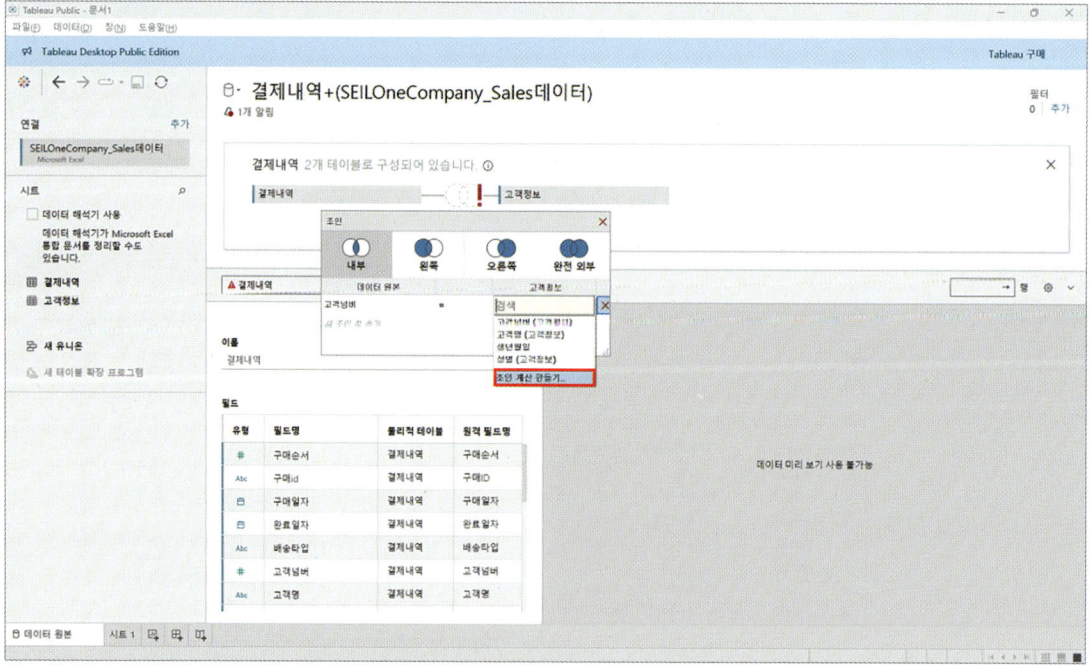

❺ 조인 계산 편집창에서 INT([고객넘버 (고객정보)])를 입력하고 확인 버튼을 선택한다.

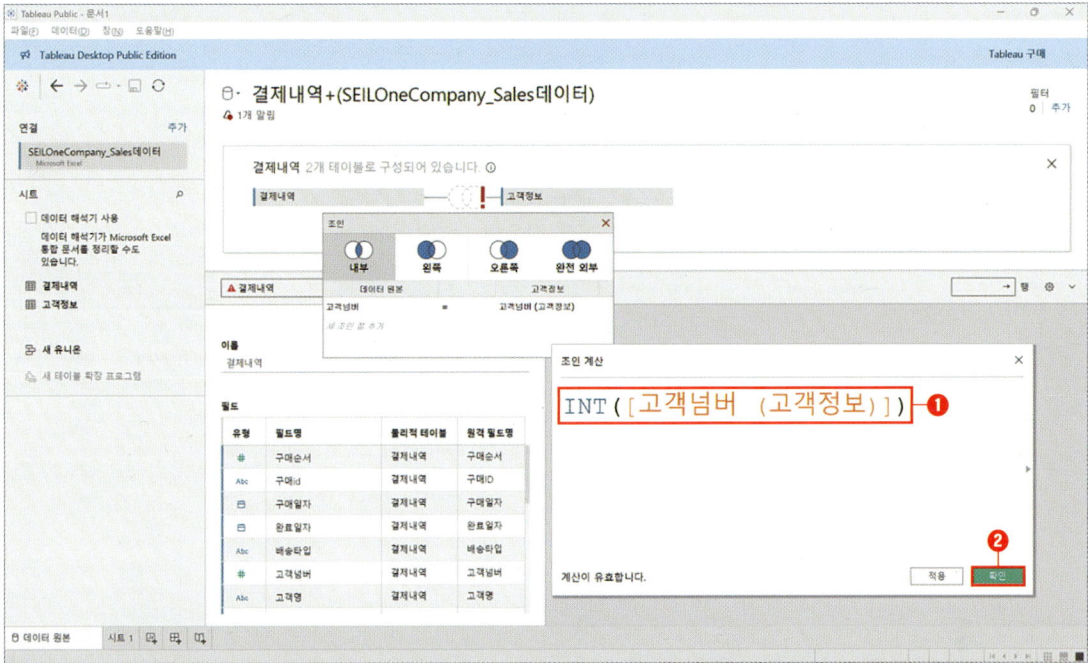

❻ 기본 조인 방식인 내부 조인(Inner Join)을 확인할 수 있다.

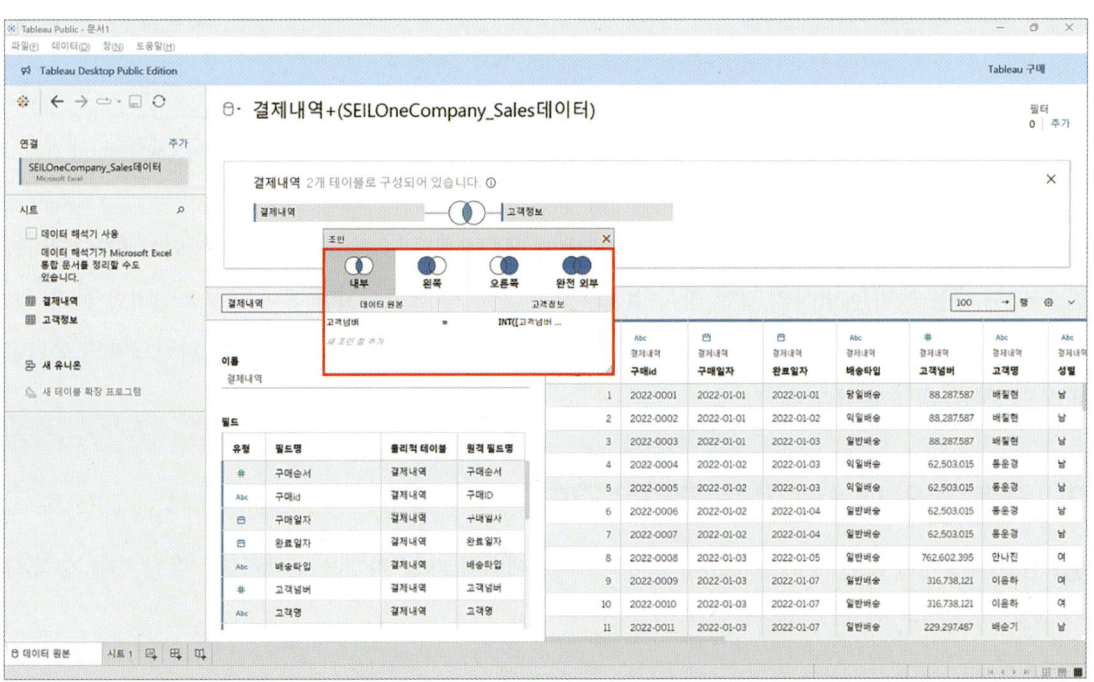

❼ 조인 편집이 끝났다면 물리적 계층 오른쪽에 있는 닫기 버튼을 눌러 물리적 계층을 닫는다.

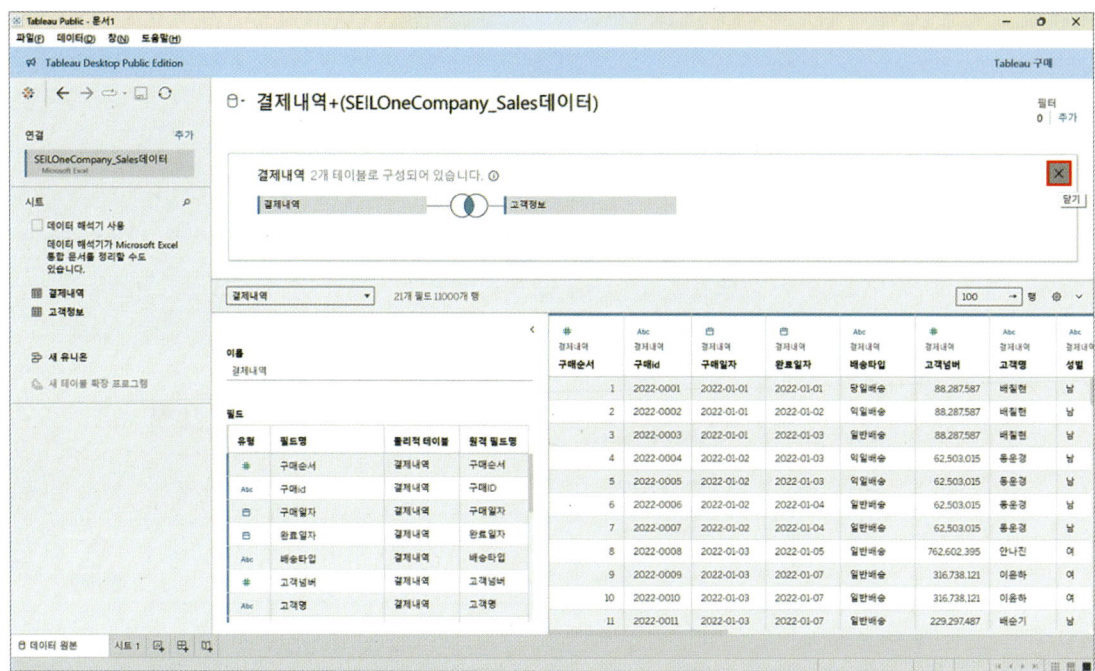

TIP 관계와 조인의 차이에 대한 내용은 영상을 참고한다.
https://youtu.be/wBDLUvHLh4k

SECTION 6 데이터 결합(3) 유니온 　📁 스타벅스매장데이터.xlsx

관계와 조인은 데이터를 옆으로 붙이는 방식이라면, 유니온은 비슷한 포맷으로 구성되어 있는 테이블을 아래로 행을 늘리는 방식의 결합 방식이다. 관계는 논리적 결합이지만 유니온은 조인처럼 물리적으로 결합되며, 테이블이나 Excel 파일 이름이 비슷할 경우 한 번에 결합할 수 있는 와일드카드 유니온 방식도 알아두면 도움이 된다.

01 | 같은 파일 내 시트 수동 유니온 결합

❶ 연결 패널에서 Microsoft Excel의 '스타벅스매장데이터.xlsx' 파일을 선택하면, '강원'부터 '충북'까지 총 17개의 시트가 있는 것을 확인할 수 있다.

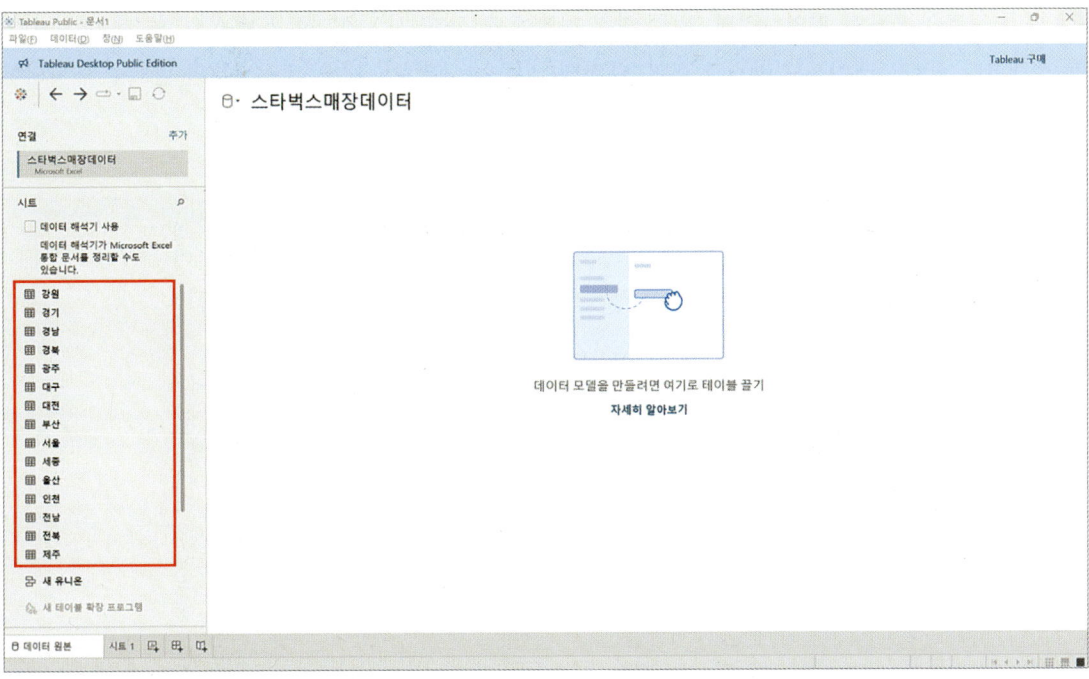

❷ 시트에서 '강원'을 드래그해 캔버스에 놓는다. 이 시트에는 [매장명], [주소], [위도], [경도]의 4개 필드가 있다.

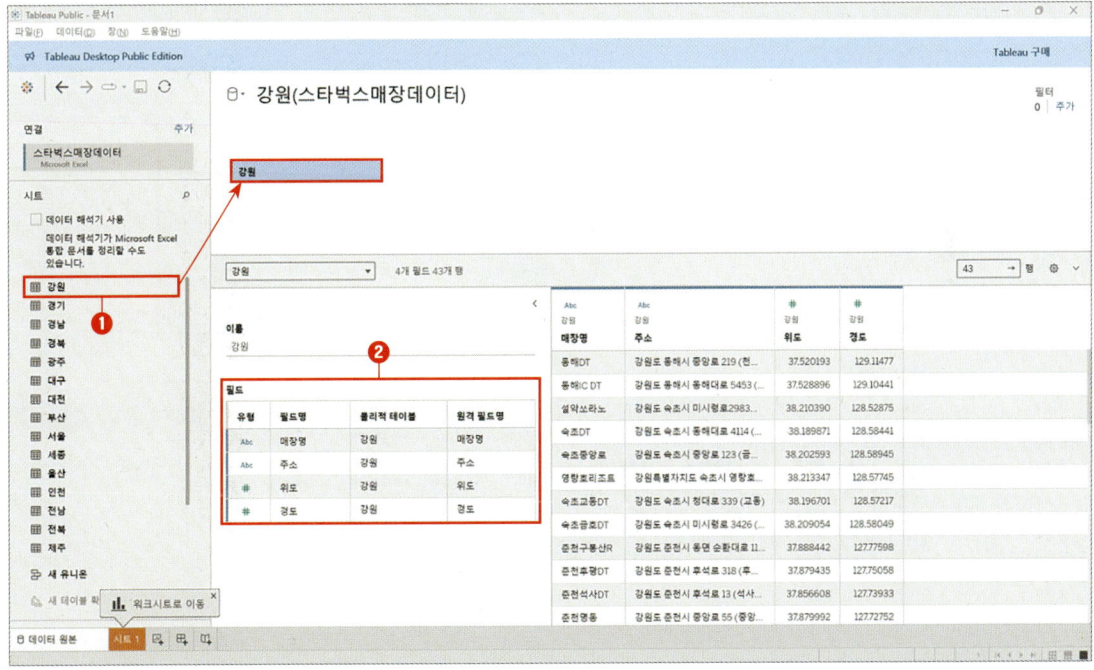

❸ 다른 시트의 필드를 확인하려면, 왼쪽 연결 패널에서 '경기' 시트에 마우스를 올린 후 '데이터 보기'를 선택한다. '경기' 테이블도 강원과 같이 [매장명], [주소], [위도], [경도]라는 4개의 필드로 구성되어 있는 것을 확인할 수 있다.

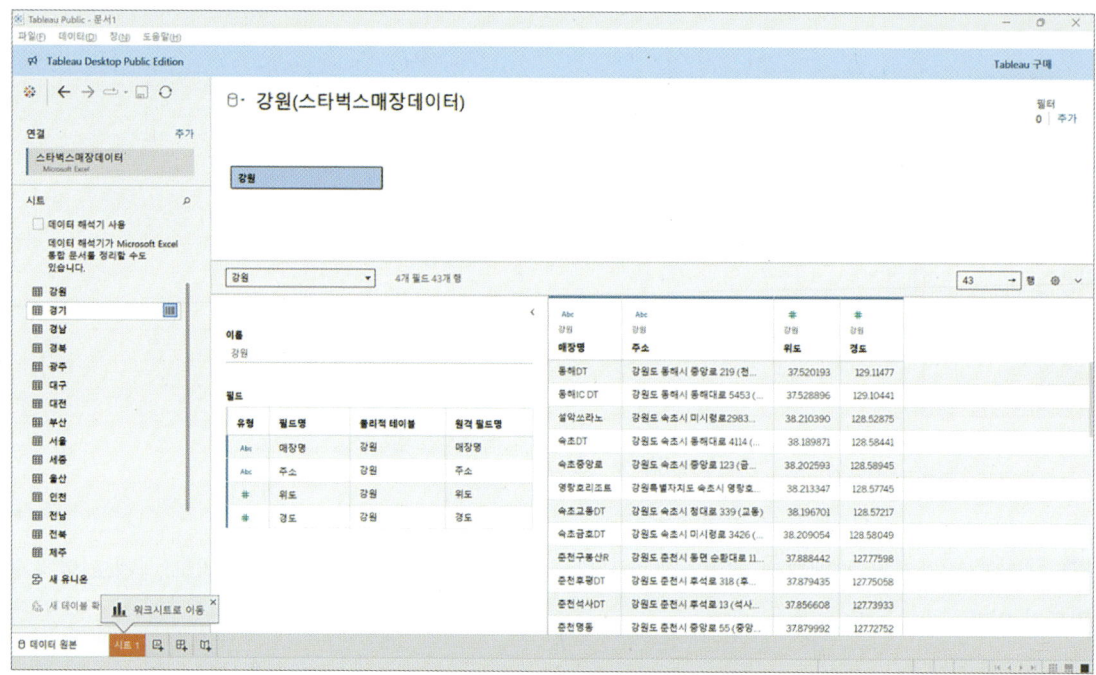

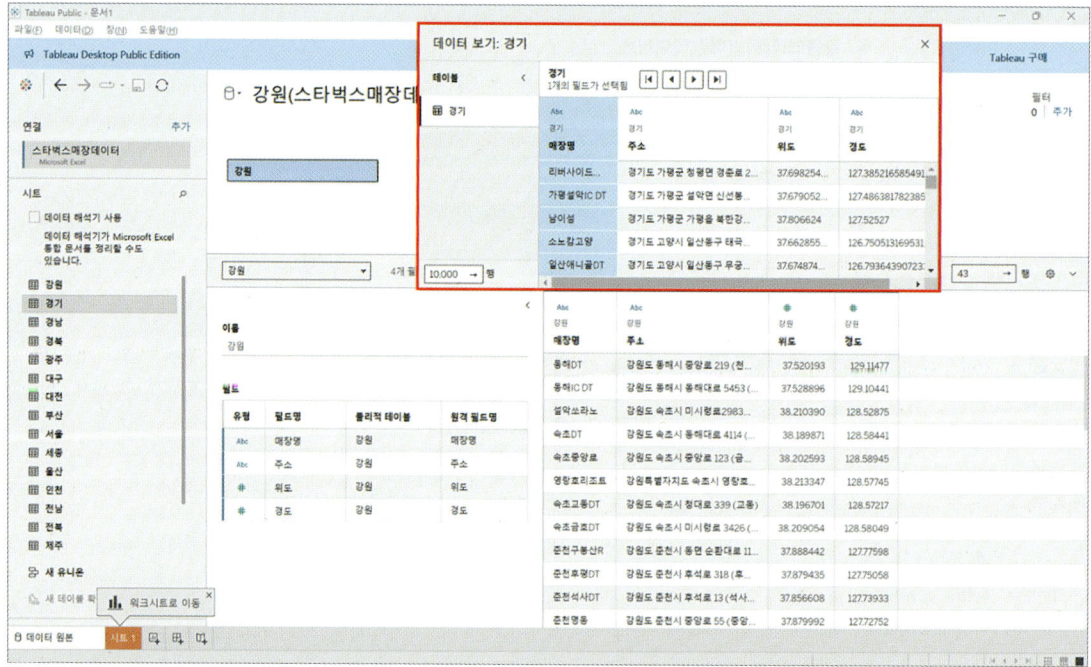

❹ 이렇게 구조가 동일한 여러 시트를 하나로 합치기 위해 유니온 결합을 사용한다. 왼쪽에서 '경기'를 선택한 뒤 Shift 키를 누른 상태로 '충북'까지 선택하고, 이를 '강원' 시트 아래쪽으로 드래그하면 빨간색 '유니온' 표시가 나타난다. 이때 놓으면 17개 시트가 유니온 결합된다.

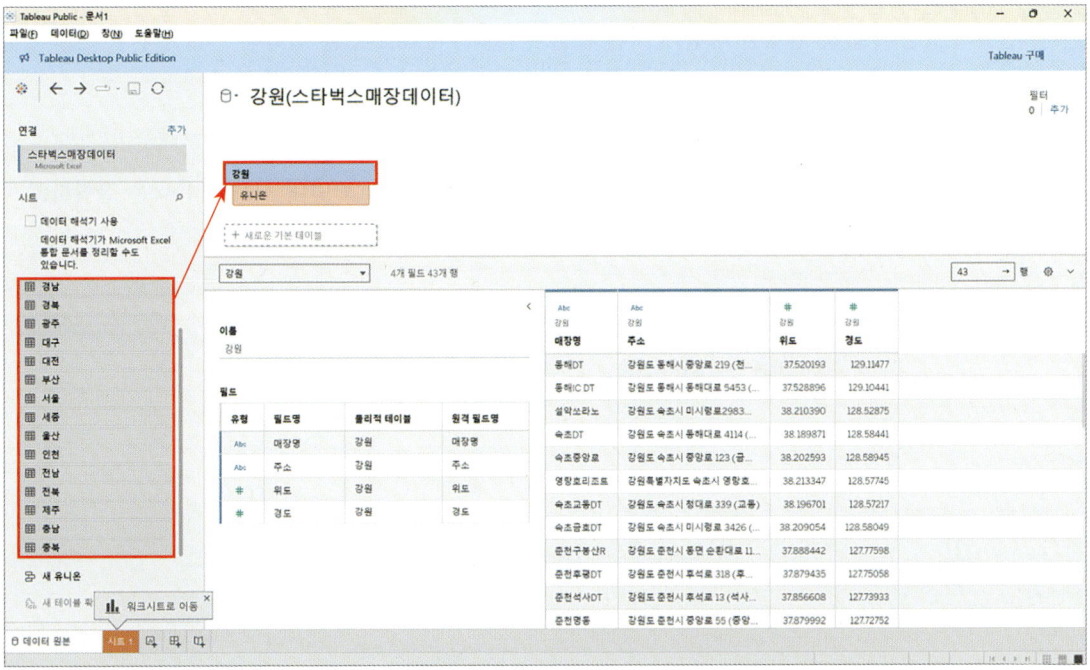

❺ 결합이 완료되면 기존 4개 필드 외에 자동 생성된 [시트]와 [테이블 이름] 필드가 추가되어 총 6개 필드로 구성된다. 전체 2,039행으로 구성되며, 이는 2,039개의 매장 정보가 포함된 것을 의미한다.

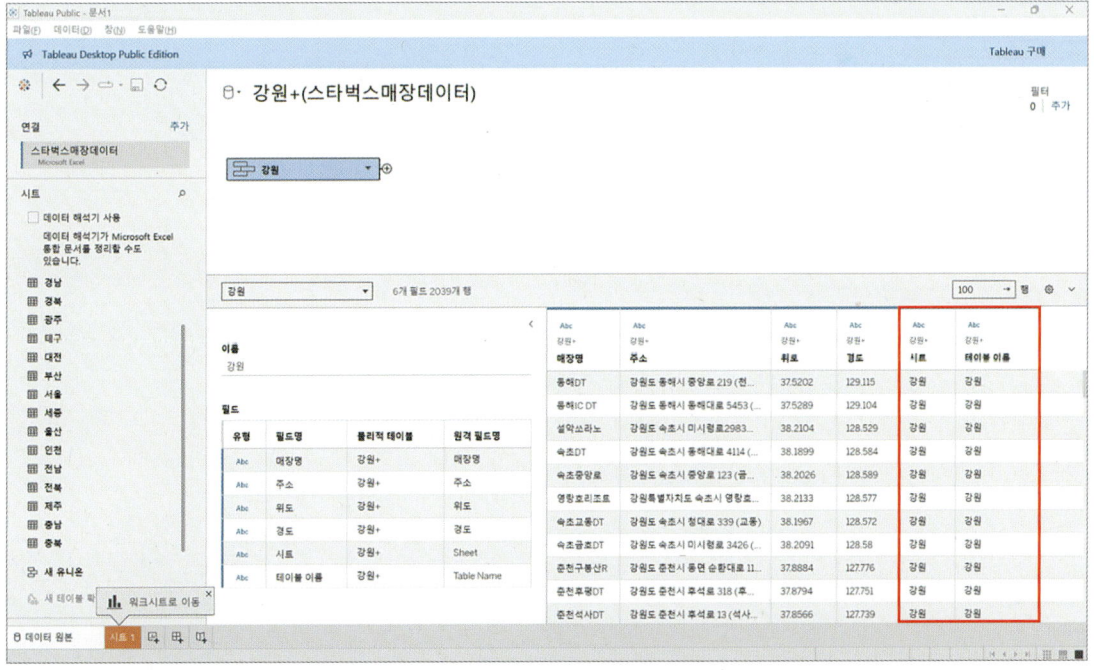

SECTION 7 데이터 결합(4) 와일드카드 유니온

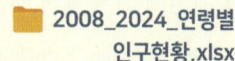
2008_2024_연령별 인구현황.xlsx

유니온 연결을 수동으로 연결하지 않고 특정한 패턴을 찾아 연결하는 방식을 와일드카드 유니온이라고 한다. 입력시 공통된 값을 입력한 다음에 다른 값을 '*'(별표, asterisk)를 입력해 연결한다.

❶ 연결 패널에서 Microsoft Excel의 '2008_2024_연령별인구현황.xlsx' 파일을 선택하면, '2008'부터 '2024'까지 총 17개의 시트가 있는 것을 확인할 수 있다. 이 중 2020년대 시트만 유니온 결합하고자 한다. 왼쪽 패널에서 맨 하단에 있는 '새 유니온'을 더블 클릭한다.

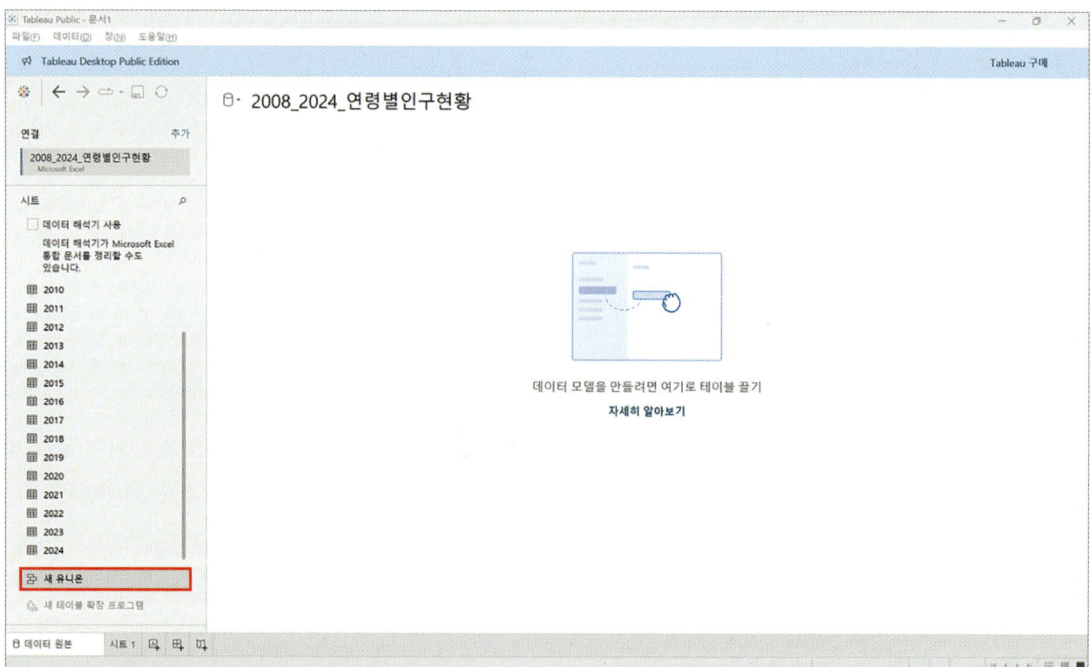

❷ 와일드카드에서 기본은 특정(수동) 탭이지만, 특정한 패턴으로 유니온 연결하기 위해 우측 상단에 있는 '와일드카드(자동)' 탭을 선택한다.

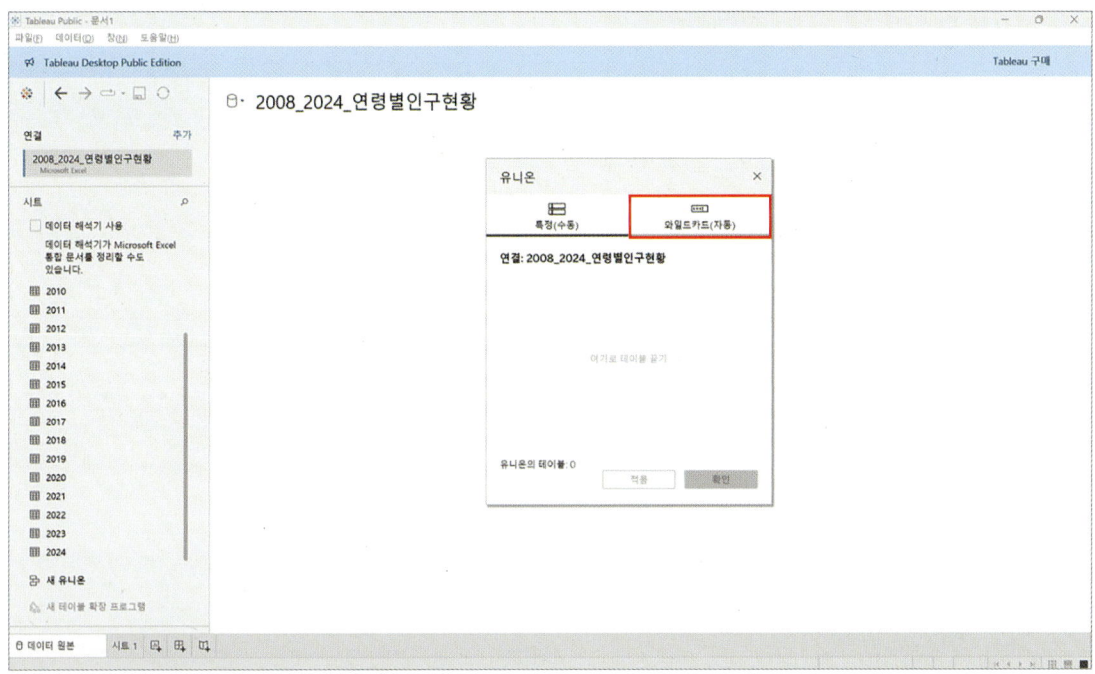

❸ 시트 이름이 '202'로 시작하는 2020년대 시트만 선택되도록, 패턴 입력란에 '202*'를 입력한 후 '확인'을 클릭한다.

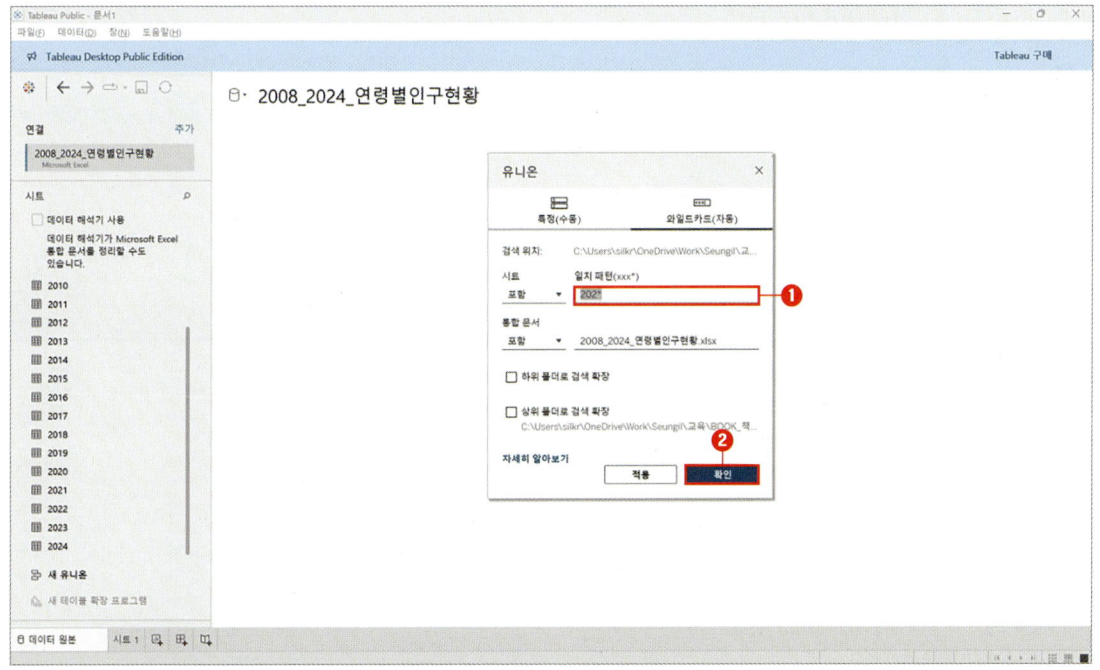

❹ 결합된 테이블 이름이 '유니온'으로 표시되며, 결합은 완료되었다. 필드명이 메타데이터와 데이터 그리드에 제대로 표시되지 않을 수 있다. 이 경우, 태블로의 '데이터 해석기 사용' 기능을 활용하면 문제를 해결할 수 있다.

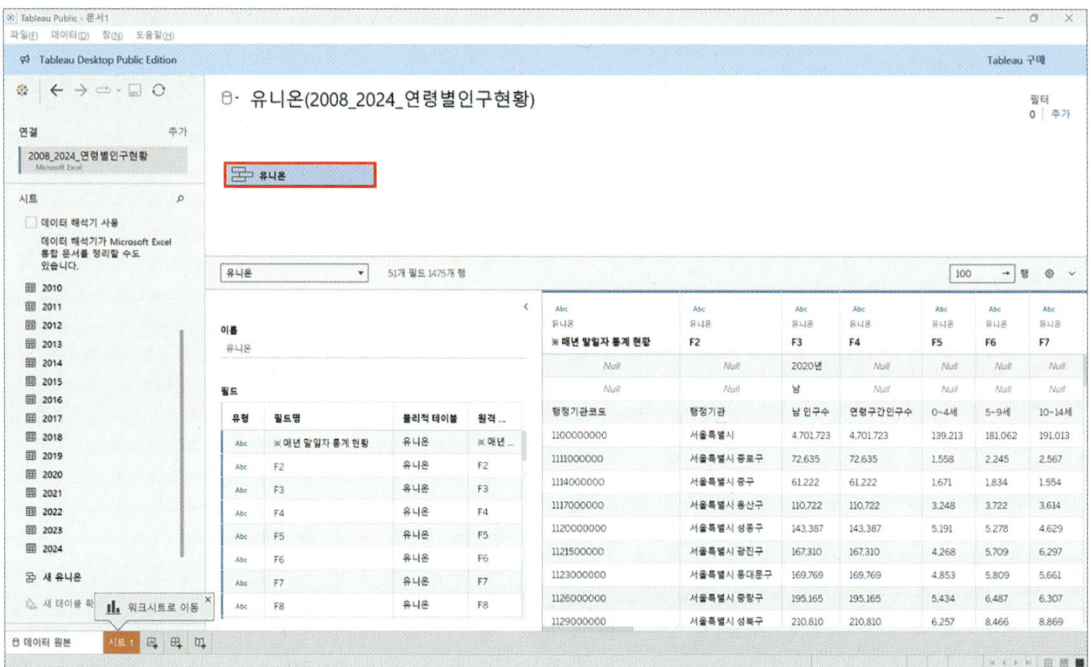

❺ 왼쪽 연결 패널에서 '시트' 아래에 있는 '데이터 해석기 사용' 체크박스를 선택하면, 잠시 로딩된 후 필드가 깔끔하게 정리되어 나타난다.

❻ 데이터 그리드에서 스크롤을 오른쪽 끝으로 이동하면, 자동 생성된 [경로]와 [시트] 필드를 확인할 수 있다. 와일드카드 유니온 연결을 하면 [경로]는 결합된 시트의 위치를, [시트]는 각 데이터가 어떤 시트에서 왔는지를 보여준다. 마지막으로, 데이터 그리드 상단에서 기본 행 수(100)를 1,460으로 변경하고 Enter 키를 누르면, 2020년대 시트('202*')만 유니온 결합되어 총 1,460개 행이 생성된 것을 확인할 수 있다.

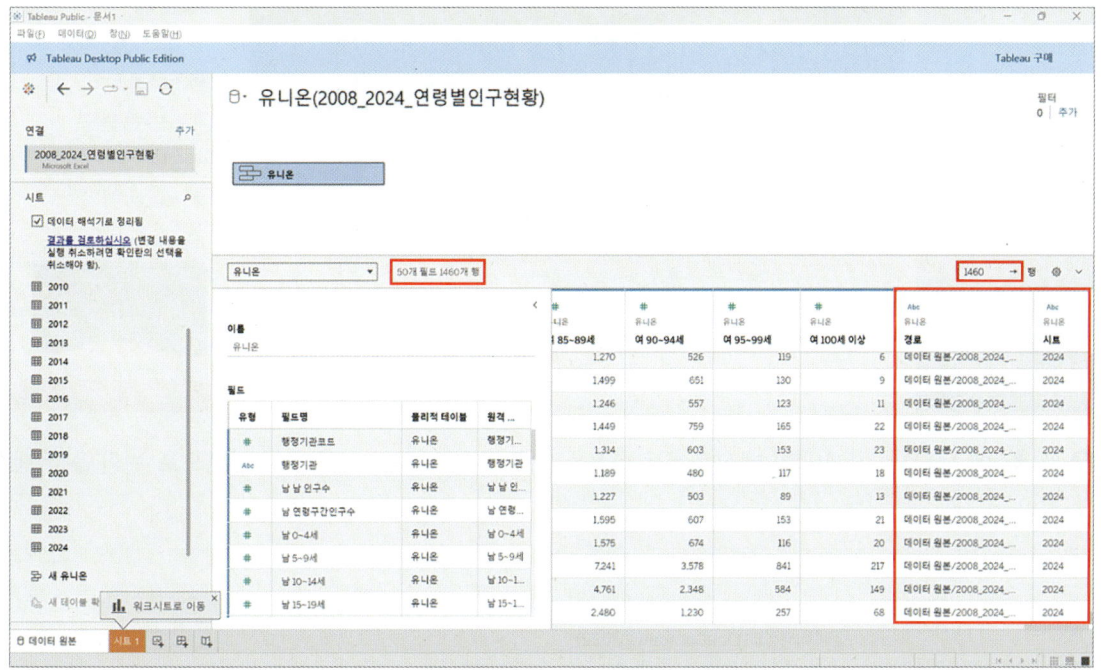

✚ 같은 폴더 내 여러 파일을 유니온 결합하기 ✚

와일드카드 유니온으로 데이터를 결합하는 경우 같은 데이터 원본 내 테이블들끼리 유니온 연결도 가능하지만, PC 내 폴더에 여러 파일들을 결합해 유니온 연결도 가능하다.

❶ 연결 패널에서 Microsoft Excel → '와일드카드유니온실습' 폴더로 이동하면, 'SEILOneCompany'라는 이름으로 연도가 다른 여러 파일이 있는 것을 확인할 수 있다. 이 중 4개의 파일을 모두 결합하고자 한다. 먼저 'SEILOneCompany_2022.xlsx' 파일을 선택한 후 '열기'를 클릭한다.

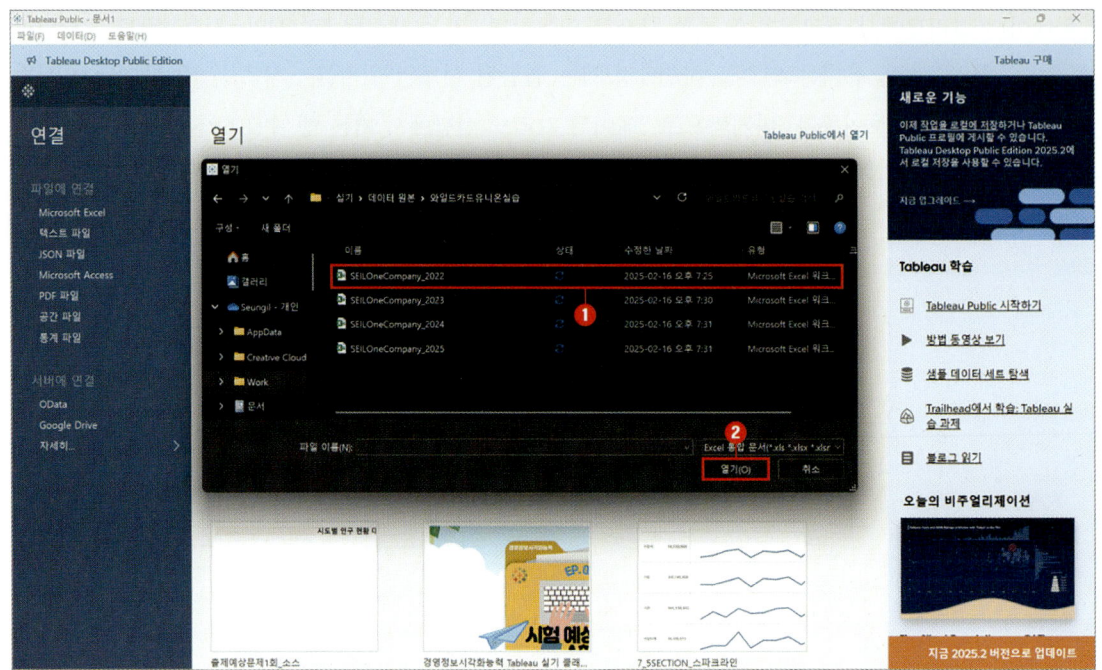

❷ 캔버스에 나타난 '결제내역' 테이블에서 마우스 오른쪽 버튼을 클릭하고 '유니온으로 변환'을 선택한다.

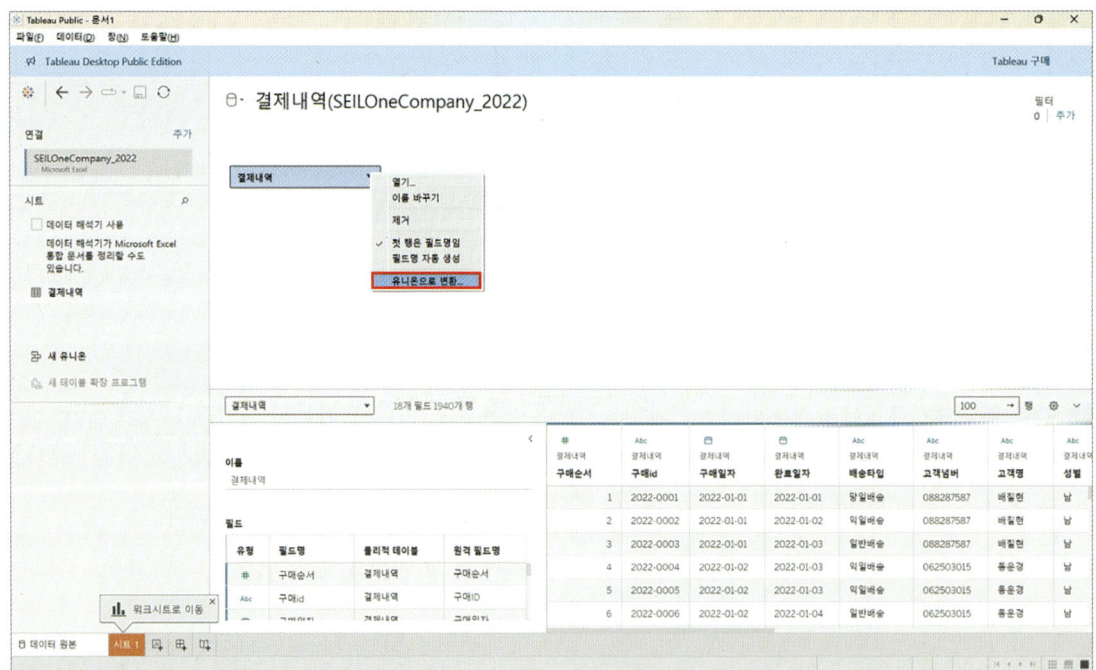

❸ 유니온 대화 상자에서 '와일드카드(자동)' 탭을 선택한다.

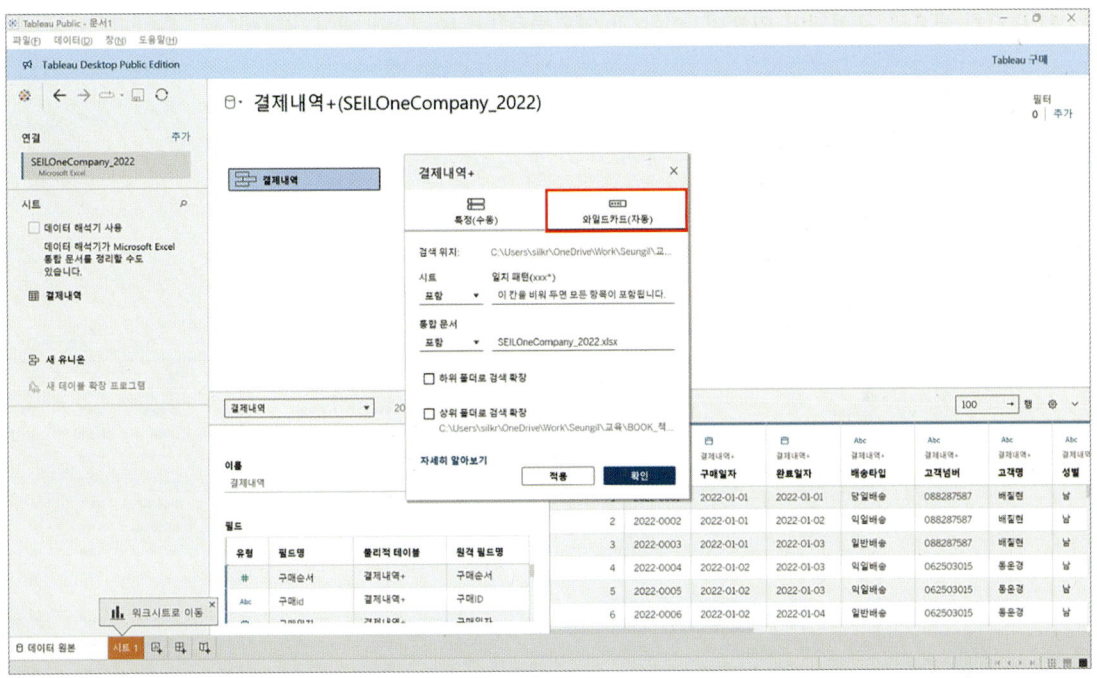

❹ 통합 문서 이름 입력란에는 기본값을 그대로 두고, 마지막 부분만 '202*'로 수정한다. 이는 'SEILOneCompany_202'로 시작하는 모든 파일을 자동으로 결합하겠다는 의미다.

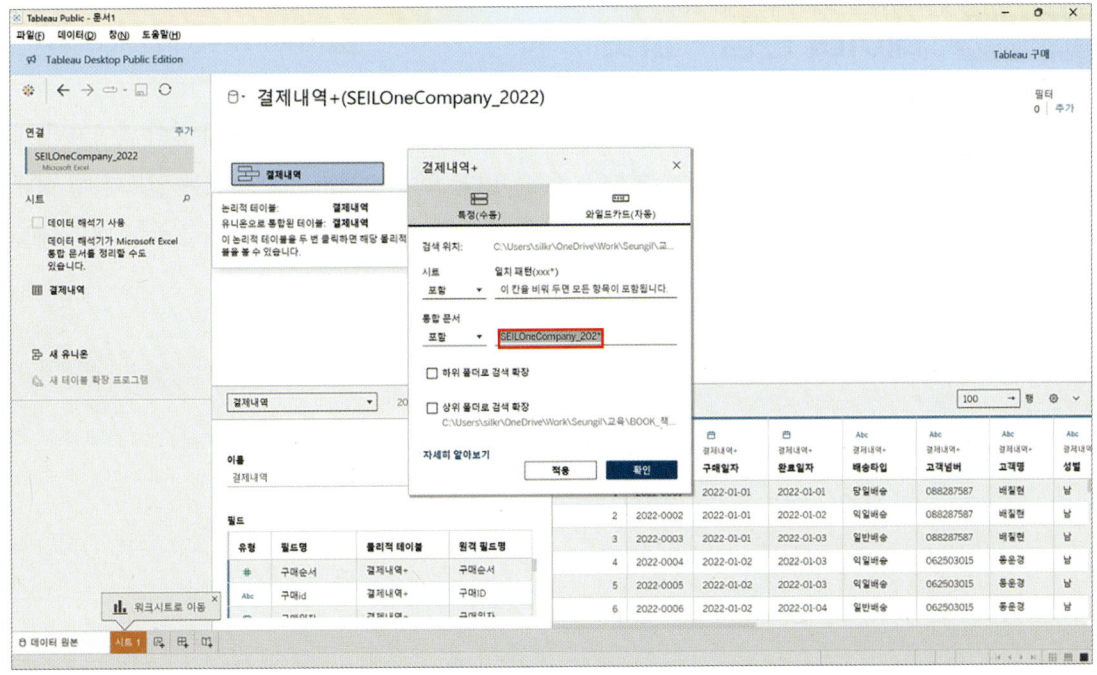

Chapter 2. 작업 영역(데이터 모델링)

❺ 캔버스에서 테이블에 마우스를 올려보면 여러 파일이 유니온으로 통합된 것을 확인할 수 있다. 총 11,000개 행으로 구성되어 있으며, 이는 각 연도별로 나뉘어 있던 데이터가 하나로 통합된 결과다.

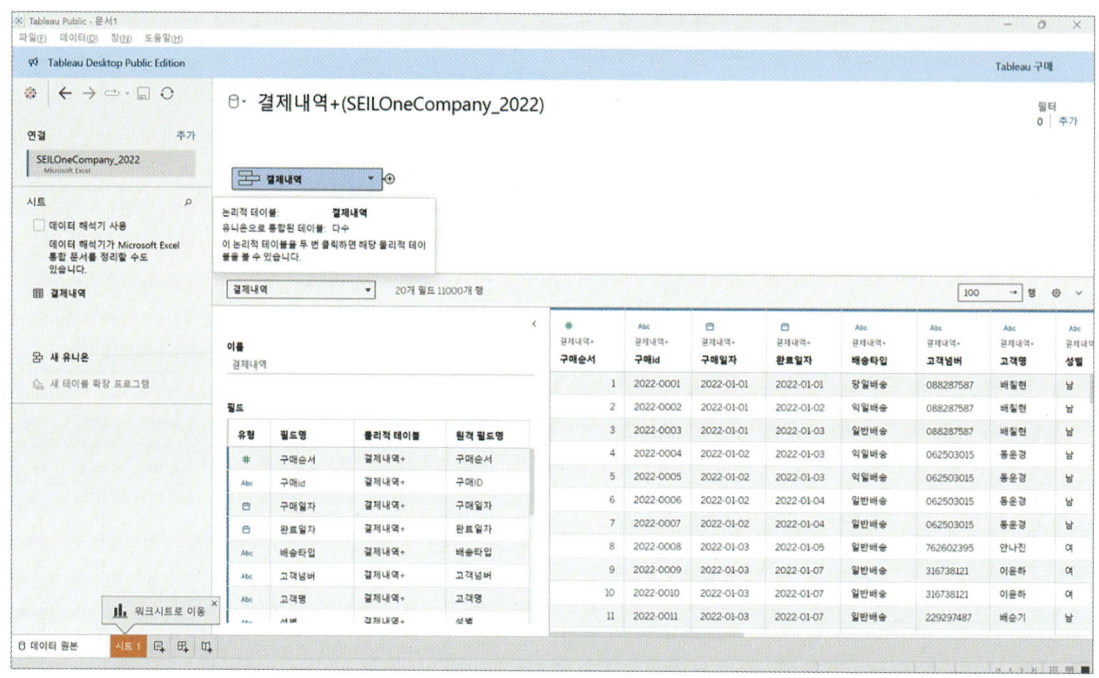

SECTION 8 데이터 변형 - 피벗

📁 인구동태건수_2019_2023.xlsx

Excel은 사람이 보기 편하도록 데이터를 주로 열(컬럼) 중심으로 구성하는데, 이렇게 열이 많아지면 태블로에서는 계산할 변수가 많아져 성능에 영향을 줄 수 있다. 또 변수끼리 비교할 때는 열보다 행 형태가 더 직관적이기 때문에, Excel, Google Sheets, .csv 같은 크로스탭 형식의 데이터를 다룰 때는 태블로의 피벗 기능을 활용해 열을 행으로 바꾸는 것이 좋다.

❶ 연결 패널에서 Microsoft Excel → 데이터 원본 폴더 → '인구동태건수_2019_2023.xlsx' 파일을 선택해 연결한다.

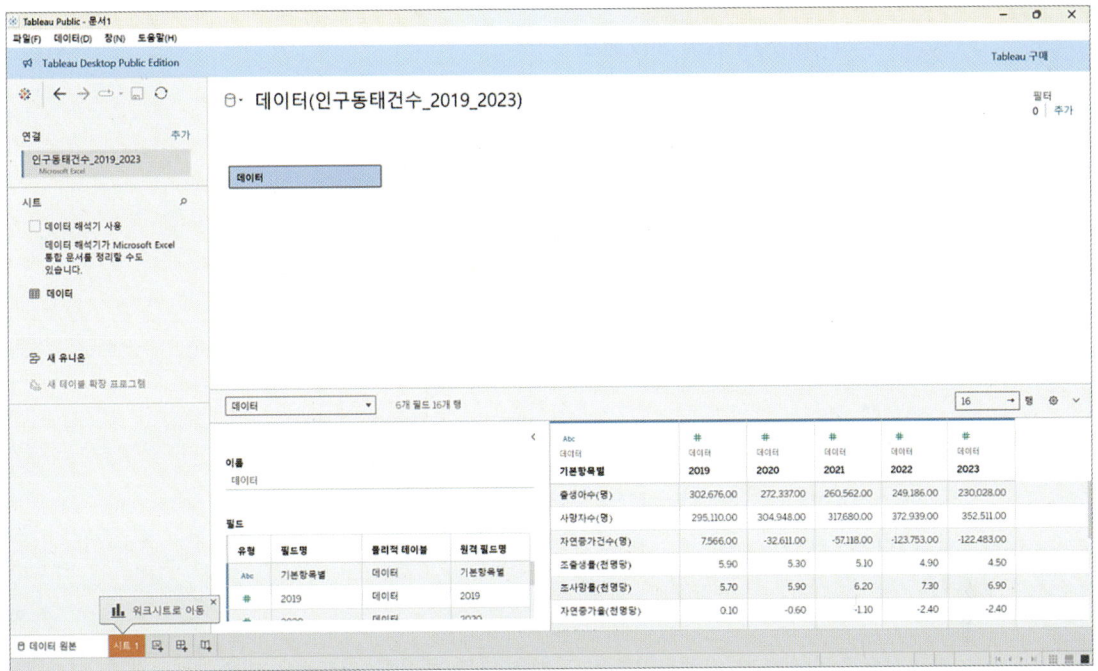

❷ 현재 데이터 구조는 연도별 수치가 각각의 열에 있어 연도 간 비교가 어렵다. 이를 해결하기 위해 피벗을 적용한다. 시트 내에서 '2019' 컬럼을 선택한 후 Shift 키를 누른 상태로 '2023'까지 선택하고, 선택된 열 중 하나에서 마우스 오른쪽 버튼을 클릭해 '피벗'을 선택한다.

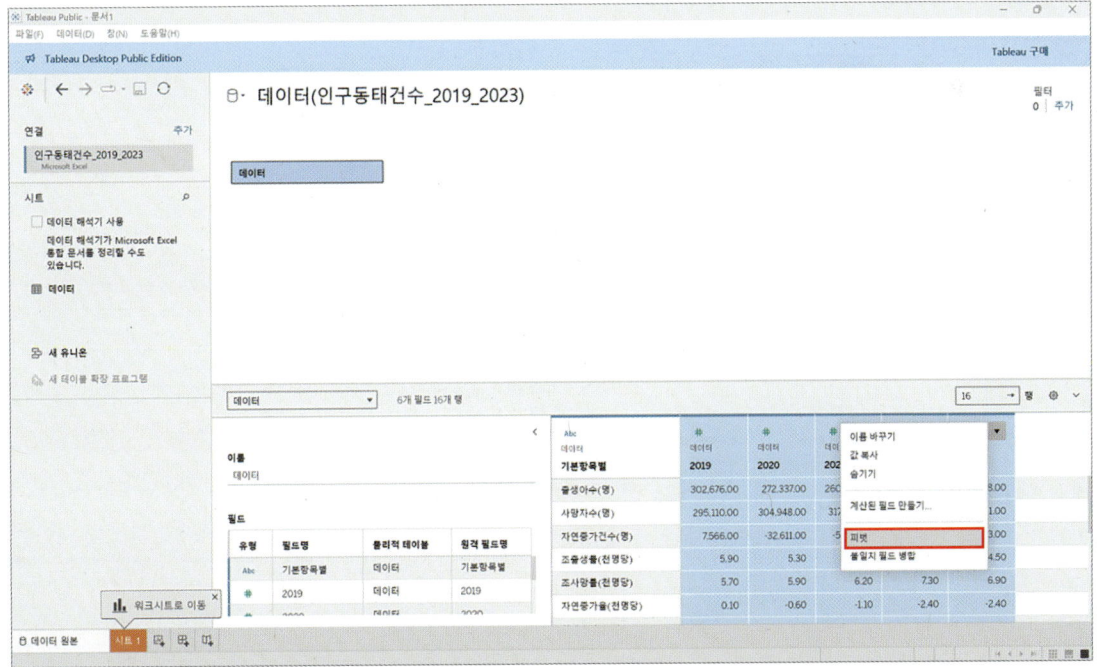

❸ 피벗이 적용되면 열에 있던 연도별 데이터가 행 방향으로 전환되어 보다 깔끔하게 정리된다.

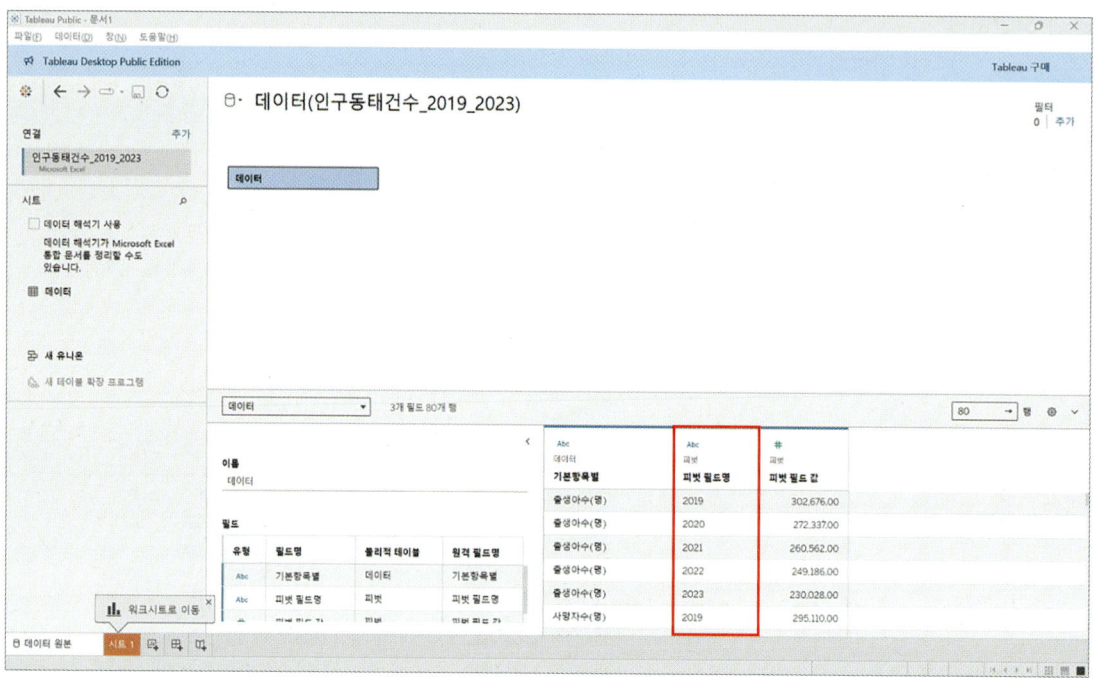

❹ 필드명을 직관적으로 수정하기 위해 '피벗 필드명'을 더블 클릭해 '연도'로, '피벗 필드 값'을 더블 클릭해 '넘버'로 변경한다.

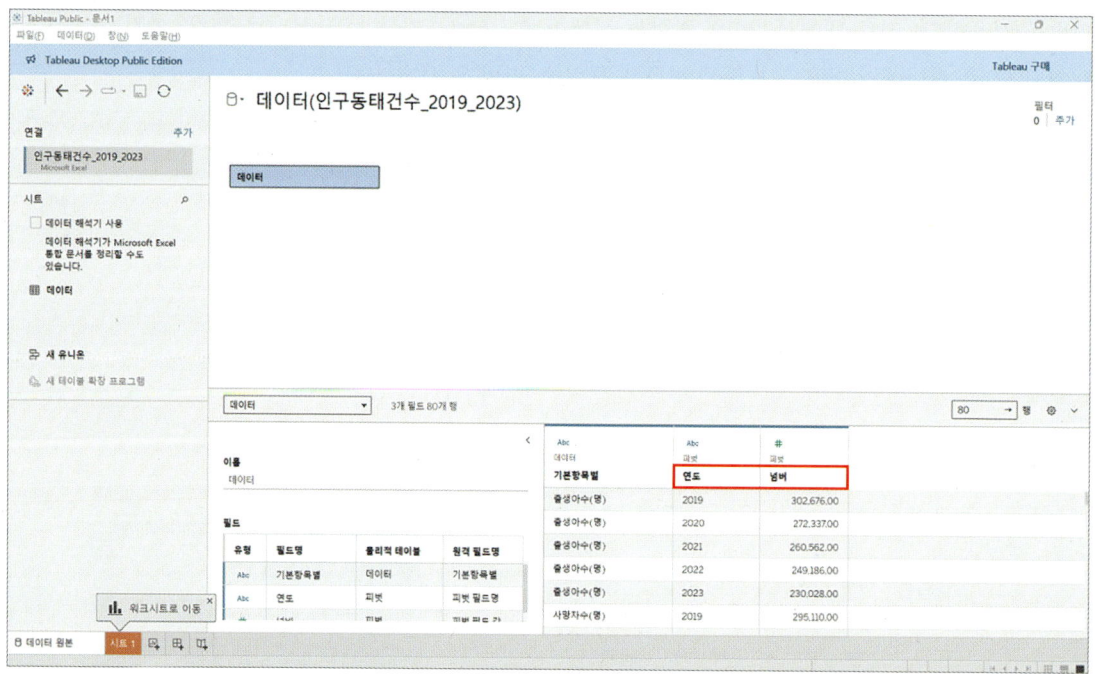

44 Part 1. 태블로의 작업 영역 및 기본 개념

CHAPTER 03 태블로 기본 개념 이해

이번 Chapter에서는 태블로의 기본 용어 및 기본 개념에 대해 이해하고자 한다. 태블로는 누구나 데이터를 쉽게 다루고 빠르게 인사이트를 도출할 수 있도록 설계된 도구다. 따라서 직관적인 인터페이스와 용어에 익숙해지면 기본 차트와 시각화를 손쉽게 구성할 수 있다.

SECTION 1 워크시트 안내

워크시트는 연결한 데이터의 변수들을 활용해 시각화할 수 있는 곳을 말한다. 주요 화면 구성 요소는 다음과 같다.

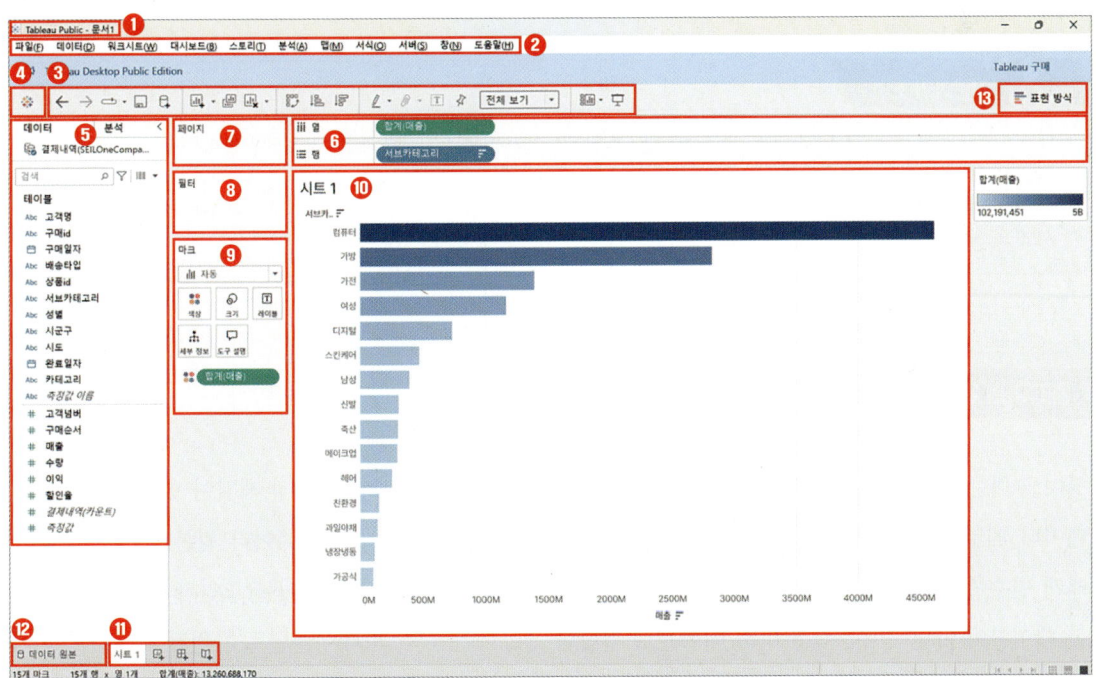

❶ **파일명**: 태블로 워크북의 맨 상단에 표시되는 통합 문서 이름이다.
❷ **메뉴**: 화면 구성을 위한 다양한 기능이 모여 있는 영역이다.
❸ **툴바**: 자주 사용하는 기능들이 아이콘 형태로 배치된 공간이다.
❹ **시작 페이지로 이동**: 태블로 아이콘을 클릭하면 시작 페이지로 이동하며, 데이터 연결과 최근 작업한 문서를 확인할 수 있다.

❺ **사이드 바**: 워크시트 왼쪽 영역으로, 데이터 패널과 분석 패널로 구성된다. 데이터 패널에는 필드, 계산된 필드, 매개변수 등이 있으며, 분석 패널에서는 참조선, 추세선 등 고급 분석 요소를 추가할 수 있다.

❻ **행/열 선반**: 가운데 상단에 위치하며, 필드를 드래그하여 데이터를 어떻게 나눌지 결정하는 공간이다.

❼ **페이지 선반**: 데이터를 순차적으로 표시하며 애니메이션 효과를 적용할 수 있는 영역이다.

❽ **필터 선반**: 필드를 추가하여 데이터의 범위를 제한할 수 있는 공간이다.

❾ **마크 카드**: 색상, 크기, 라벨 등 다양한 속성에 필드를 배치하여 시각화 세부 정보를 설정하는 곳이다.

❿ **뷰(View)**: 실제 시각화 결과가 표시되는 공간으로, 선반과 마크 카드에 올린 필드들의 시각적 결과가 나타난다.

⓫ **시트 탭**: 통합 문서 내 워크시트, 대시보드, 스토리를 구분하여 표시하는 탭이다.

⓬ **데이터 원본 페이지 이동**: 해당 탭을 클릭하면 데이터 원본 페이지로 이동한다.

⓭ **표현 방식**: 기본적으로 내장된 차트 유형을 선택할 수 있는 기능이다.

> **전문가의 조언**
>
> 태블로 워크시트는 데이터를 시각화하는 기본 단위입니다. 상단에는 주요 기능을 담은 메뉴와 툴바가 있으며, 왼쪽 사이드 바에는 필드를 활용하는 데이터 패널과 분석 도구가 있는 분석 패널이 있습니다. 중앙의 뷰(View) 영역에는 시각화 결과가 표시되며, 필드를 선반이나 마크 카드에 끌어다 놓으면 차트가 자동으로 생성됩니다. 추천 시각화는 우측 상단의 표현 방식을 기준으로 제시됩니다. 여러 워크시트를 대시보드로 모아 인터랙티브하게 구성할 수 있고, 여기에 설명을 더하면 스토리로 만들 수 있습니다.

SECTION 2 사이드 바(1) 데이터 패널

사이드 바는 워크시트에서 좌측에 있는 긴 영역을 말하며, 데이터 패널과 분석 패널이 있다.

데이터 패널은 연결한 데이터 원본에 대한 변수(필드)를 보여주는 곳으로 데이터 원본, 차원, 측정값, 매개 변수 등으로 나눠진다. 단, 데이터 원본이 단일 테이블이나 물리적 테이블(조인과 유니온)로 결합한 테이블이 아닌 경우, 즉 논리적 테이블로 결합한 경우에는 각각의 테이블별로 차원과 측정값이 존재한다.

01 | 데이터 원본

연결한 데이터 원본의 이름과 시트(테이블)의 이름이 표시되며 연결 방식에 따라 라이브와 추출로 아이콘이 별도로 표시된다.

데이터 원본은 데이터 시각적 분석을 위한 데이터 원본이 있는 곳이며, 원통이 하나만 있는 경우에는 라이브 연결, 원통이 두 개 있는 아이콘은 추출로 만들어진 데이터 원본이다.

02 | 라이브 연결

태블로에서는 데이터를 거의 실시간으로 확인할 수 있다. 다만 통신이 자주 발생하거나 여러 위치에서 데이터를 불러오는 경우 속도가 느려질 수 있으므로, 이러한 경우에는 추출 연결을 사용하는 것이 좋다.

- 라이브 연결 표시
- 라이브 연결 중 주 데이터 원본 표시
- 라이브 연결 중 보조 데이터 원본 표시

03 | 추출 연결

추출 설정을 하는 순간 데이터가 고정되고 PC RAM에 압축시켜서 저장하는 방식이다. 데이터는 실시간 반영되지는 않지만 추출 시점의 데이터를 압축시켜 용량을 줄여서 사용하기 때문에 성능을 높일 수 있다.

- 추출 연결 표시
- 추출 연결 중 주 데이터 원본 표시
- 추출 연결 중 보조 데이터 원본 표시

> **TIP** 태블로 퍼블릭 에디션은 기본으로 추출 연결을 사용하며, 파란색 체크 표시로 주 데이터 원본이 나타난다.

> **잠깐만요** **라이브 연결 vs 추출 연결 비교**
> Tableau Live connections versus Extract [태블로 수퀴즈]
> https://youtu.be/pi4UbFysKo8

원통 아이콘에 파란색 체크가 있으면 뷰에 사용 중인 주 데이터 원본을, 오렌지색 체크는 두 개의 데이터를 혼합(Blending)할 때 사용되는 보조 데이터 원본을 의미한다.

SECTION 3 사이드 바(2) 분석 패널

왼쪽 사이드 바에서 데이터 패널 오른쪽에 있는 탭이 분석 패널이다.

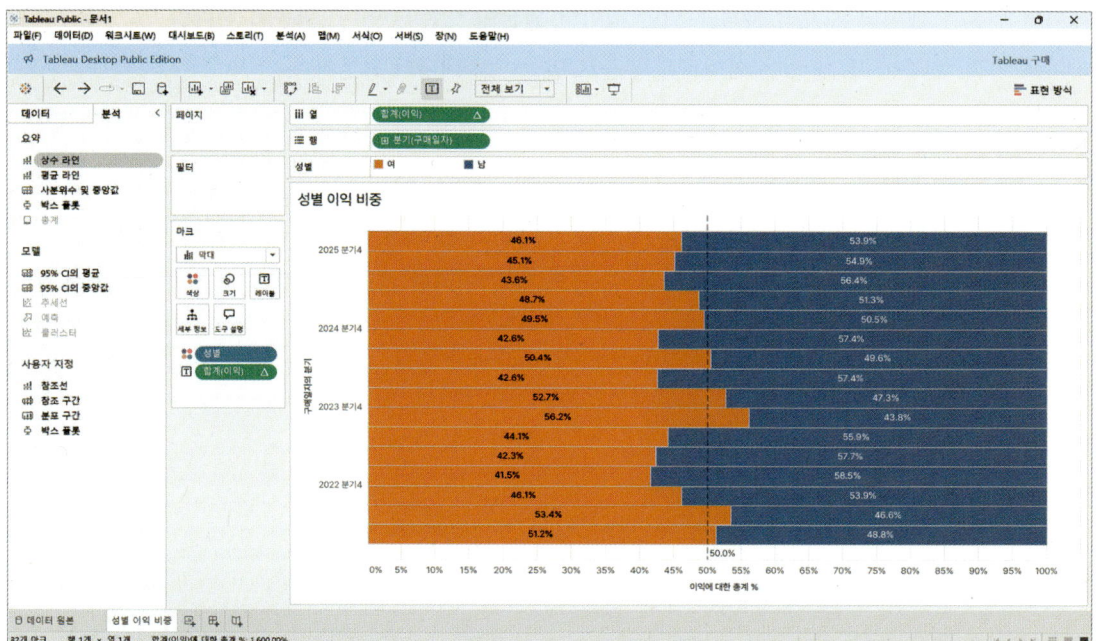

분석 패널(Analysis Panel)은 워크시트 내 뷰의 요소들을 활용해 통계적 요약이나 의미를 시각적으로 강조할 수 있게 도와주는 패널이다.

항목	설명
상수 라인(Constant Line)	특정 값 기준으로 선을 표시 예 투표율 10% 구간마다 상수라인 추가
평균 라인(Average Line)	집계된 마크들의 평균 라인을 표시 예 일간 주식 종가 평균 라인 추가
총계(Totals)	뷰에 세부적으로 구분되어 있는 값들을 모아서 전체 덩어리로 값을 표시 예 연간 매출 합계
추세선(Trend Line)	변화 패턴을 파악해 시작점과 끝점을 잇는 트렌드 라인 예 연초 대비 주가 추이
예측(Prediction)	지수평활법 기반의 예측 예 매년 7월 매출 감소 반영한 이후 연도 매출 예측
클러스터(Cluster)	뷰에 있는 마크들을 보고 태블로가 패턴을 판단해 군집을 만드는 메뉴 예 수익과 할인율 상관관계를 통한 군집
참조선(Reference Line)	차원 또는 전체에 대한 평균/최소/최대 등 기준선 추가 예 각 카테고리의 전년 대비 매출 비교
참조 분포(Reference Band / Distribution)	범위나 분포를 시각적으로 표현 예 평균 라인 이상과 최댓값 사이 범위 별도 관리

SECTION 4 ─ 태블로 기본 컨셉

태블로의 변수는 크게 두 가지로 나뉜다. 하나는 정량적 변수이고, 다른 하나는 정성적 변수이다.
정량적 변수는 숫자 데이터를 기반으로 집계가 가능한 변수로, 예를 들어 키, 몸무게, 시험 성적, 회사 매출 등이 해당된다. 워크시트의 좌측 사이드 바에는 회색 구분선이 있으며, 위쪽은 '차원', 아래쪽은 '측정값' 영역이다.

01 | 측정값

데이터 원본에 있는 필드 중 정량적인 값(예 체결 수량, 체결 금액 등)은 '측정값' 영역에 위치한다. 측정값은 일반적으로 숫자 형식이며, 드래그 앤 드롭 또는 더블 클릭을 통해 집계되어 차트를 구성하는 데 사용된다.

❶ 'SEILOneCompany_Sales데이터.xlsx'라는 데이터 원본을 연결한다.

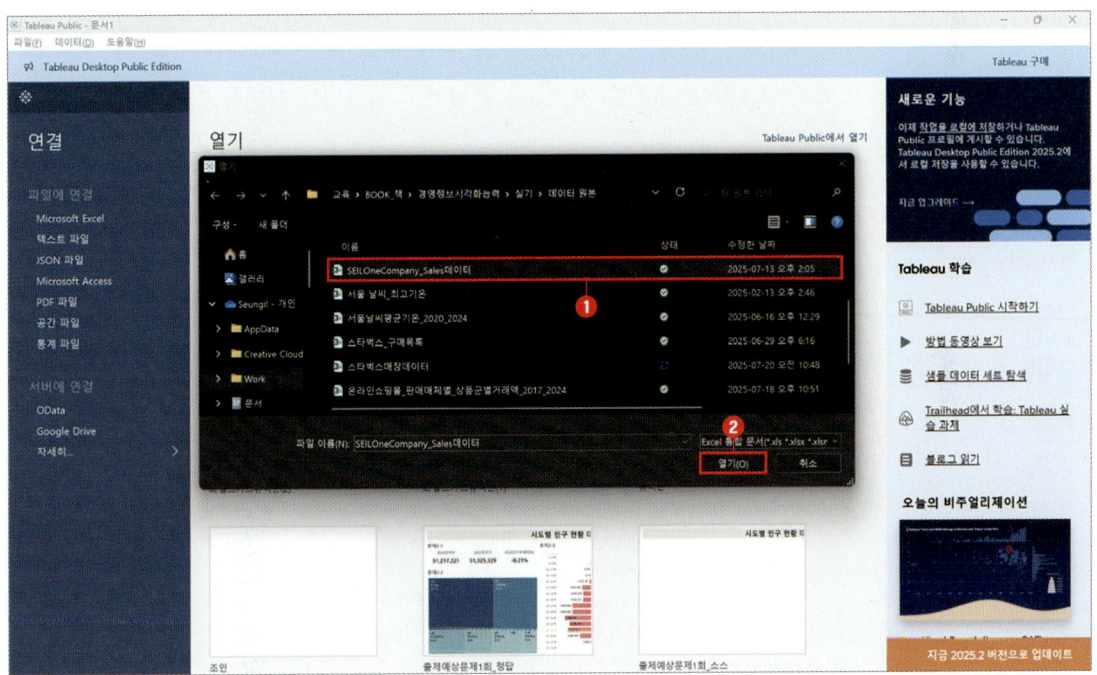

❷ '결제내역' 시트를 더블 클릭하면 캔버스에 시트가 추가된다. 해당 시트는 17개 필드와 11,000개의 행으로 구성되어 있다.

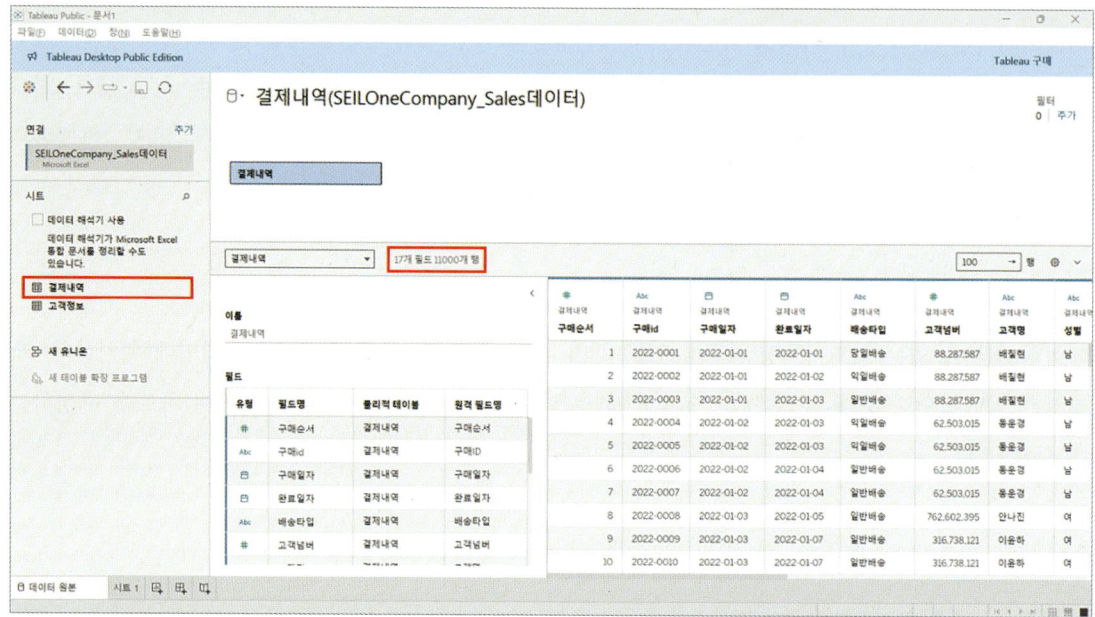

❸ 좌측 하단에 있는 임의의 워크시트 이름(예) 시트1)을 클릭하여 워크시트 화면으로 이동한다.

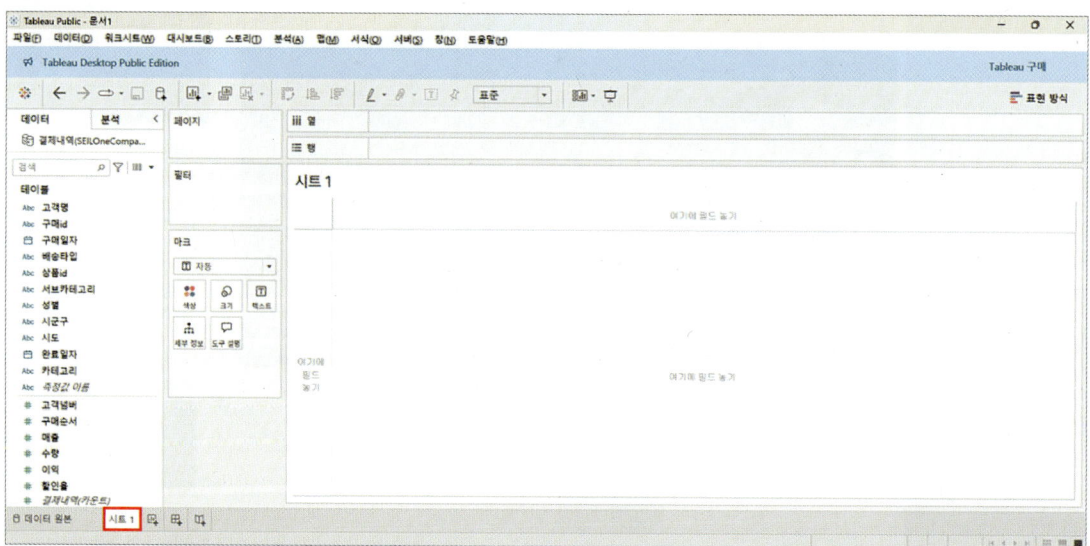

이제 화면 좌측의 사이드 바에서 연결한 데이터 원본인 '결제내역(SEILOneCompany_Sales데이터)'이 표시되며, 그 아래 '데이터' 패널은 필드들을 두 개의 영역으로 구분해서 보여준다. 이때, 중간에 회색 라인이 있고, 이 라인을 기준으로 필드들의 역할이 나뉜다.

회색 라인 아래에 있는 필드들은 매출, 수량, 이익, 할인율 등 숫자 데이터이며, 필드 유형 아이콘이 # 기호로 표시된다. 이 영역은 숫자형 필드가 위치하는 곳으로, 태블로에서는 이를 '측정값(Measures)' 이라 부른다.

❹ 측정값 중 [수량] 필드를 더블 클릭하면 뷰에 막대 차트가 생성되며, 막대 위에 마우스를 올리면 수량의 총합인 41,222가 표시된다.

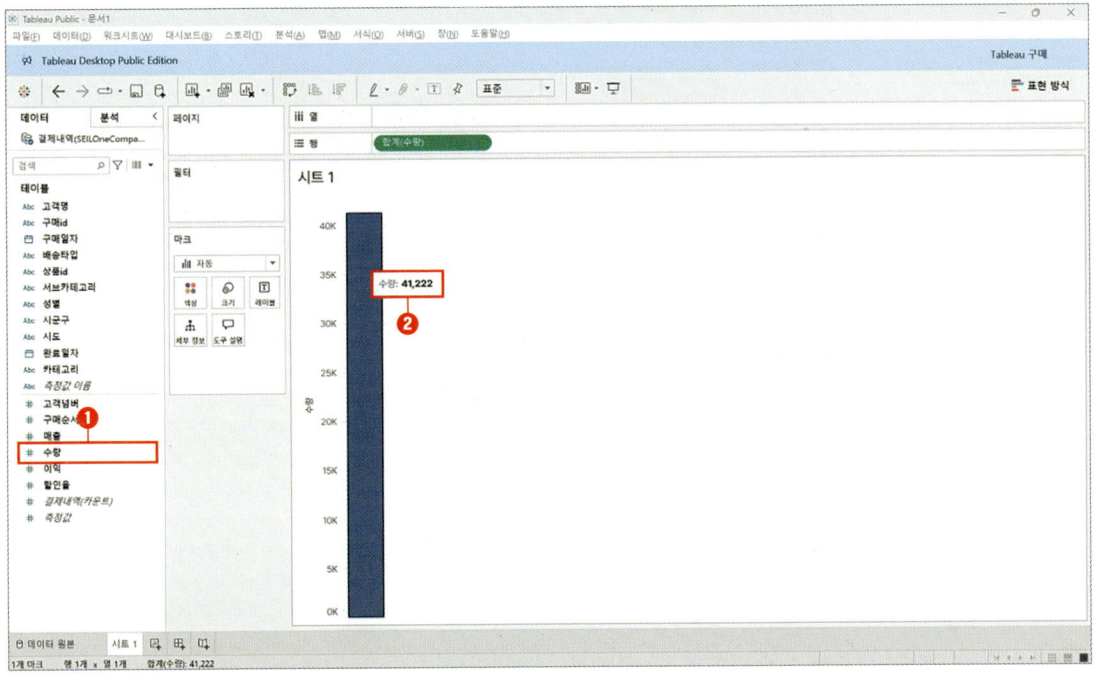

❺ 동일한 엑셀 데이터 원본에서 [수량] 열 전체를 선택해 보면 하단에 41,222가 표시되어, 태블로 차트에서 보이는 수치는 전체 수량의 합계임을 확인할 수 있다.

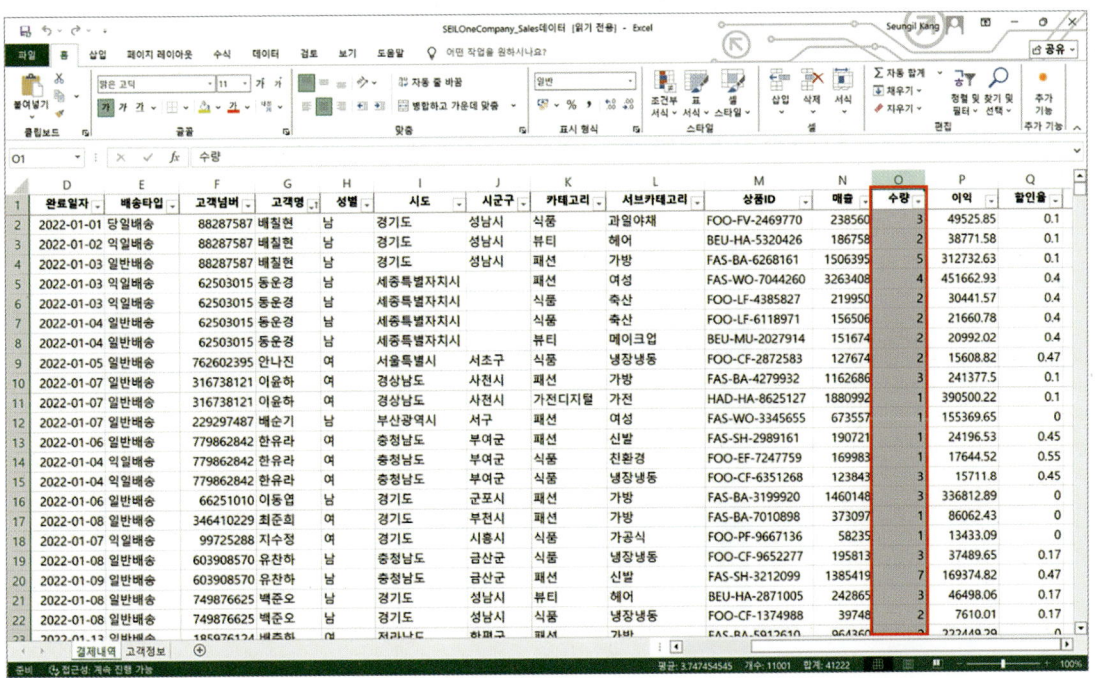

❻ 행 선반에 있는 합계(수량)를 드래그하여 선반 밖으로 이동하면 해당 필드는 제거된다.

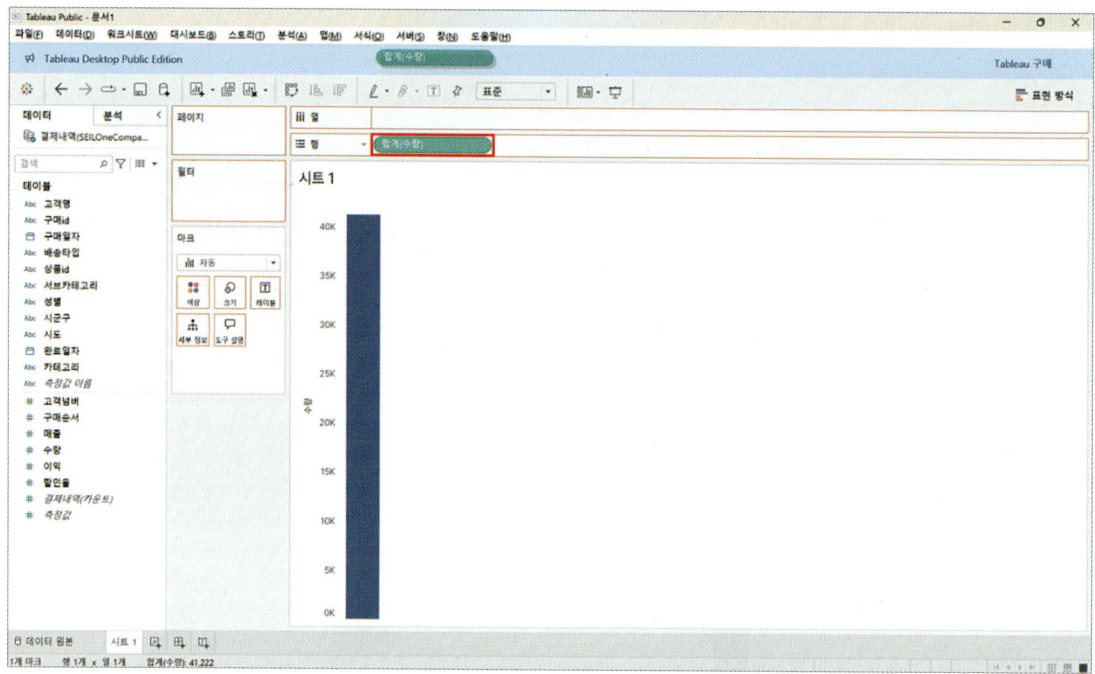

❼ 측정값의 [매출] 필드를 드래그하여 행 선반에 놓으면 앞서 더블 클릭했을 때와 동일한 방식으로 집계된 차트를 확인할 수 있다. 측정값의 필드는 더블 클릭하거나 드래그 앤 드롭으로 쉽게 집계 차트를 만들 수 있다.

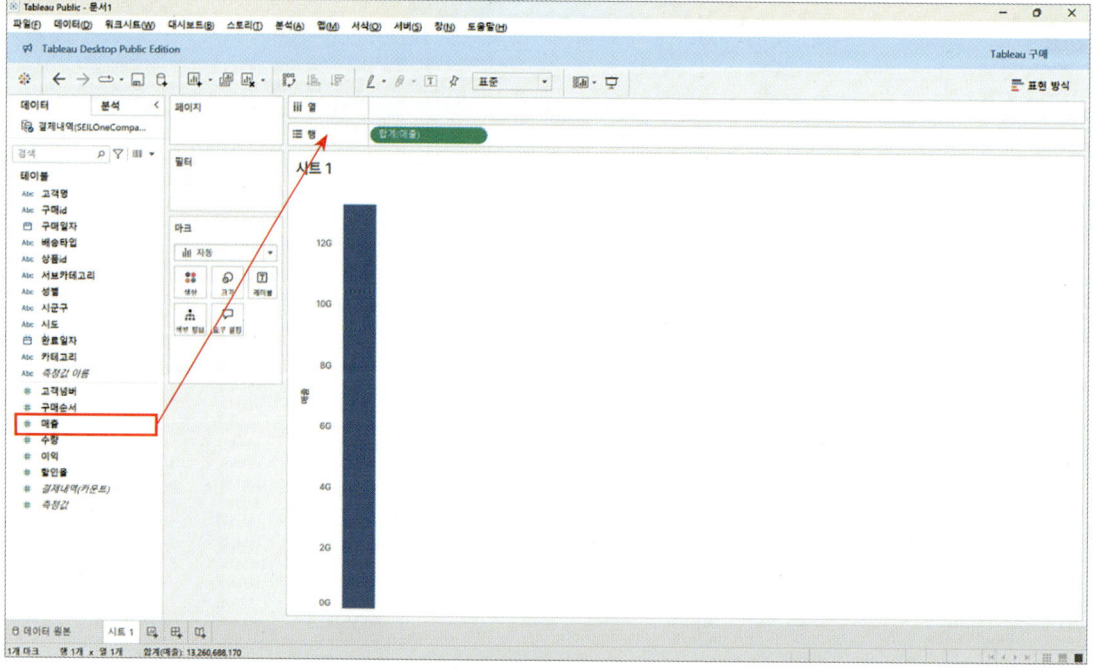

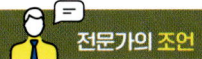 **전문가의 조언**

태블로에서 숫자형 측정값을 시트에 더블 클릭하면 기본적으로 '합계(SUM)'로 집계됩니다. 이는 매출, 수량처럼 일반적으로 합산이 필요한 데이터의 분석 흐름을 반영한 기본 동작입니다. 하지만 할인율, 이익률, 시청률처럼 비율(율)로 표현되는 필드는 단순 합계가 아닌 평균(AVERAGE) 집계가 더 적절합니다. 측정값의 기본 집계를 변경하는 방법은 좌측 사이드 바에서 집계를 변경하고자 하는 필드에 우클릭한 후, '기본 속성 → 집계 → 평균'으로 설정해두면 이후 모든 시트에서 자동으로 평균 집계가 적용되어 보다 편리하게 분석할 수 있습니다.

❽ 측정값의 [할인율] 필드를 우클릭하여 기본 속성 → 집계 → 평균으로 변경하면, 이후 해당 필드를 사용할 때마다 별도로 집계 방식을 바꾸지 않아도 평균 집계가 자동으로 적용된다.

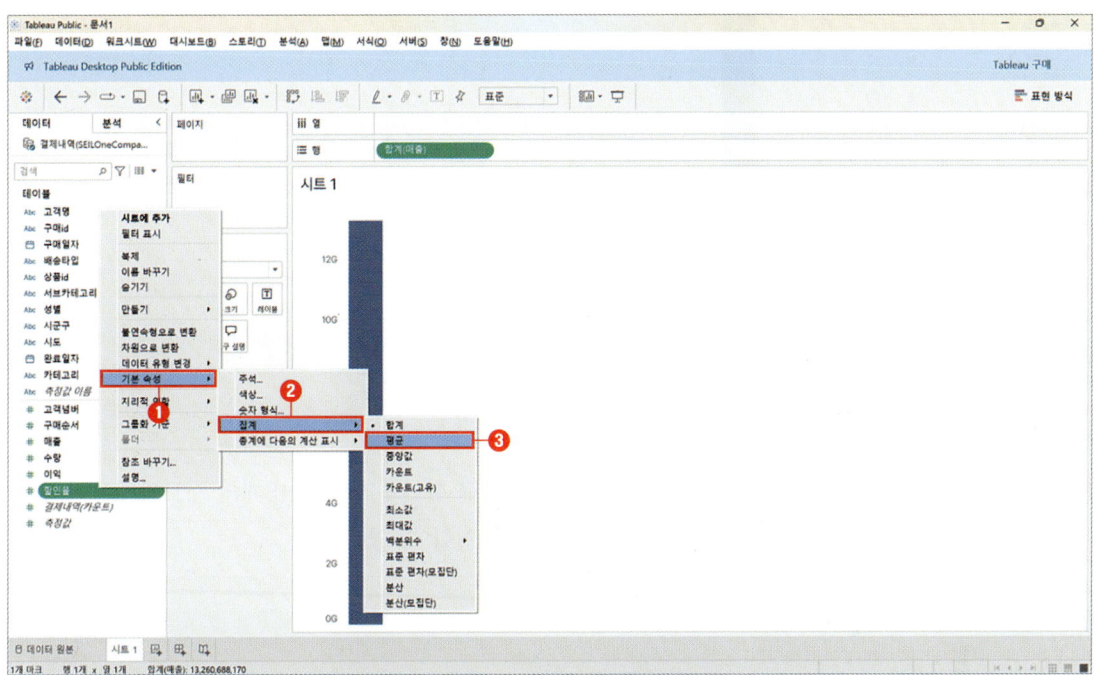

02 | 차원

데이터 원본에 있는 필드 중 정성적인 값(Qualitative)은 '차원' 영역에 위치하며, 뷰에 있는 차트를 어떻게 나눠서 볼 것인지를 결정하는 역할을 한다. 계좌번호, 국가, 기준일자처럼 숫자로 측정하기 어려운 명목형 또는 순위형 변수들이 여기에 해당한다.

명목 변수: 순서나 크기의 개념이 없는 카테고리형 변수(예 카테고리, 지역, 제품 ID)
순위 변수: 순위를 매길 수 있는 변수(예 고객 등급, 설문 응답, 음식점 별점)

좌측 사이드 바의 위쪽에 위치한 필드들이 바로 이 '차원'에 해당하며, 영어로는 Dimension이라고 부른다.

차원의 역할은 앞서 측정값으로 하나의 덩어리로 만들어진 차트를 여러 개의 구간으로 나누는 데 있다.

❶ 하단의 시트1 오른쪽에 있는 새 워크시트를 선택한다.

❷ 평균으로 기본 집계가 변경된 [할인율] 필드를 드래그해서 행 선반에 배치한다.

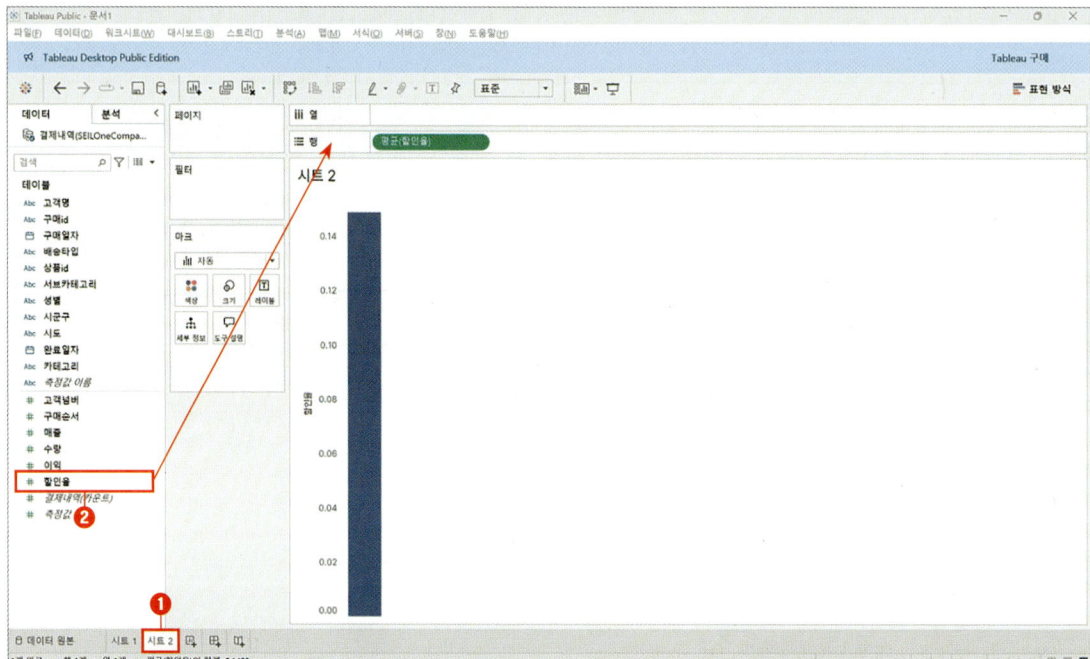

❸ 차원에 있는 [서브카테고리] 필드를 더블 클릭한다. 평균 할인율 막대가 15개의 서브카테고리로 나뉘어 표시되며 '친환경'의 평균 할인율이 가장 많은 것을 확인할 수 있다.

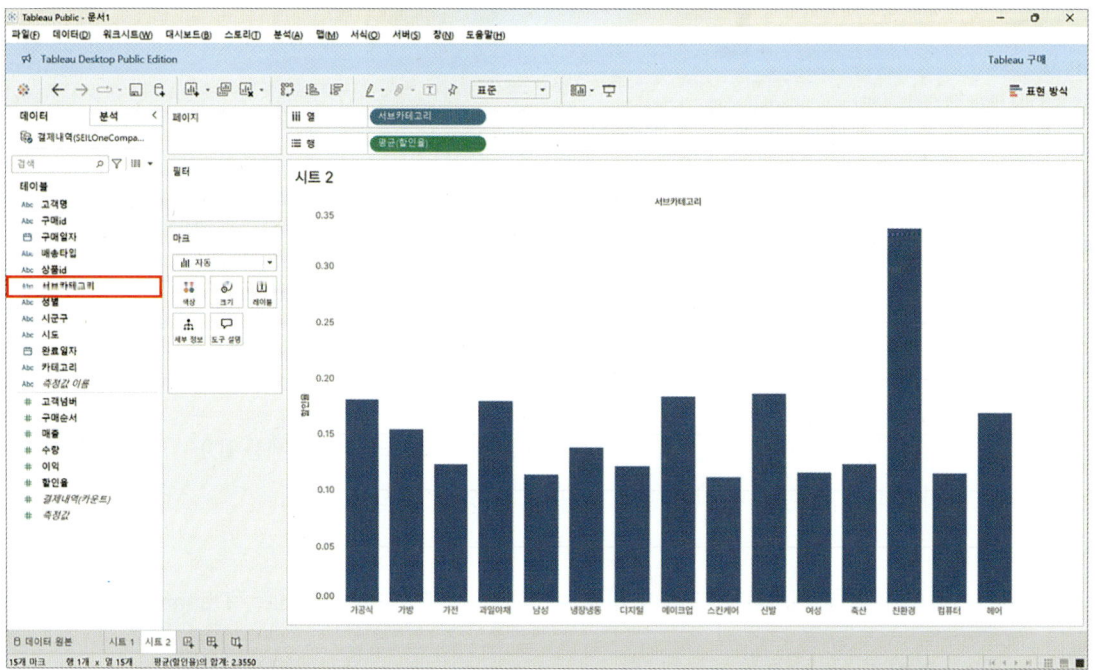

❹ 차원 [구매일자] 필드를 드래그해서 열 선반의 [서브카테고리] 필드 오른쪽에 놓으면 총 60개의 마크로 나뉘어 표시된다.

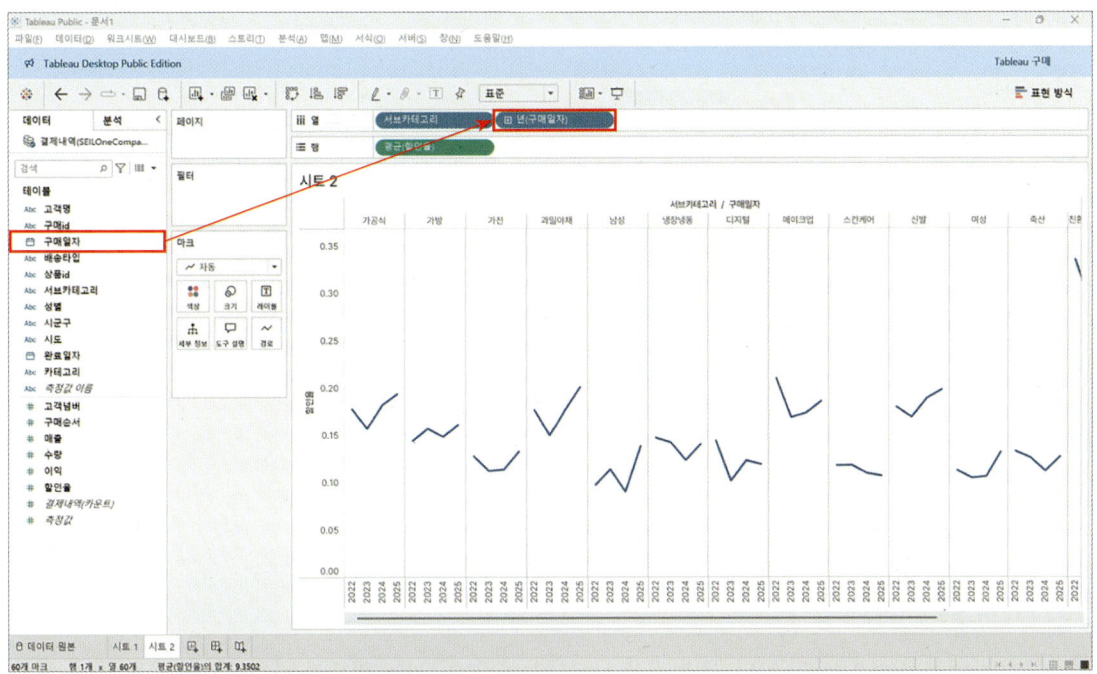

첫 번째: 할인율이라는 하나의 측정값이

두 번째: 서브카테고리별로 15개로 나뉘고

세 번째: 구매일자 4년 데이터를 기준으로 총 60개 덩어리로 구분됨을 확인할 수 있다.

❺ 선반에 있는 모든 필드를 밖으로 드래그하여 제거한다.

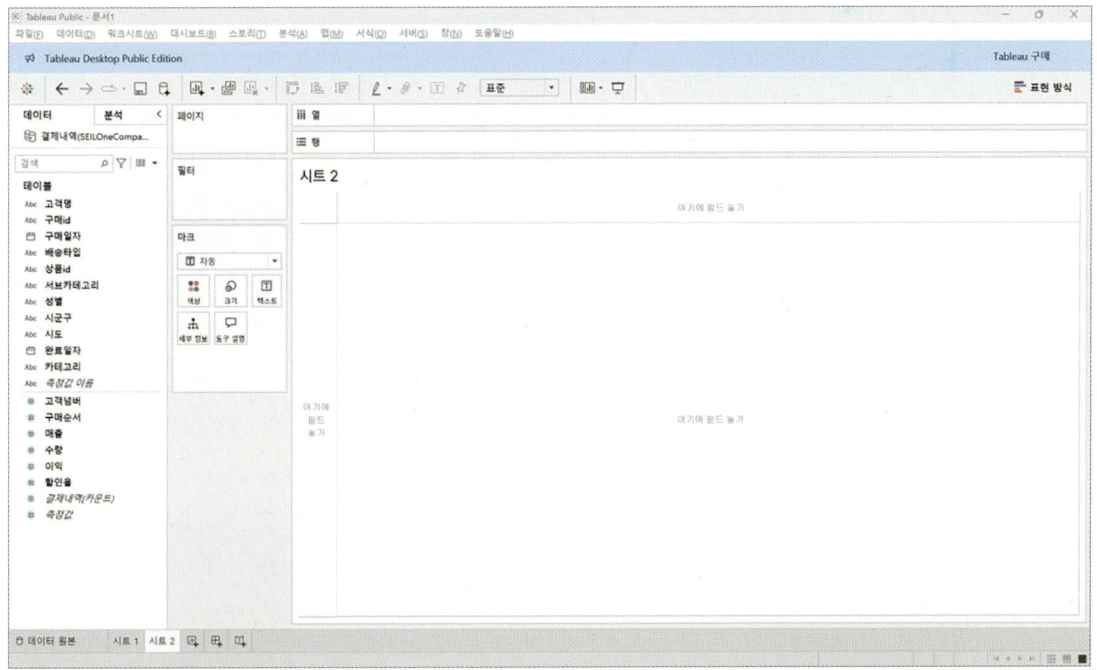

❻ 측정값에 있는 [구매순서] 필드를 드래그해서 행 선반에 드래그한다.

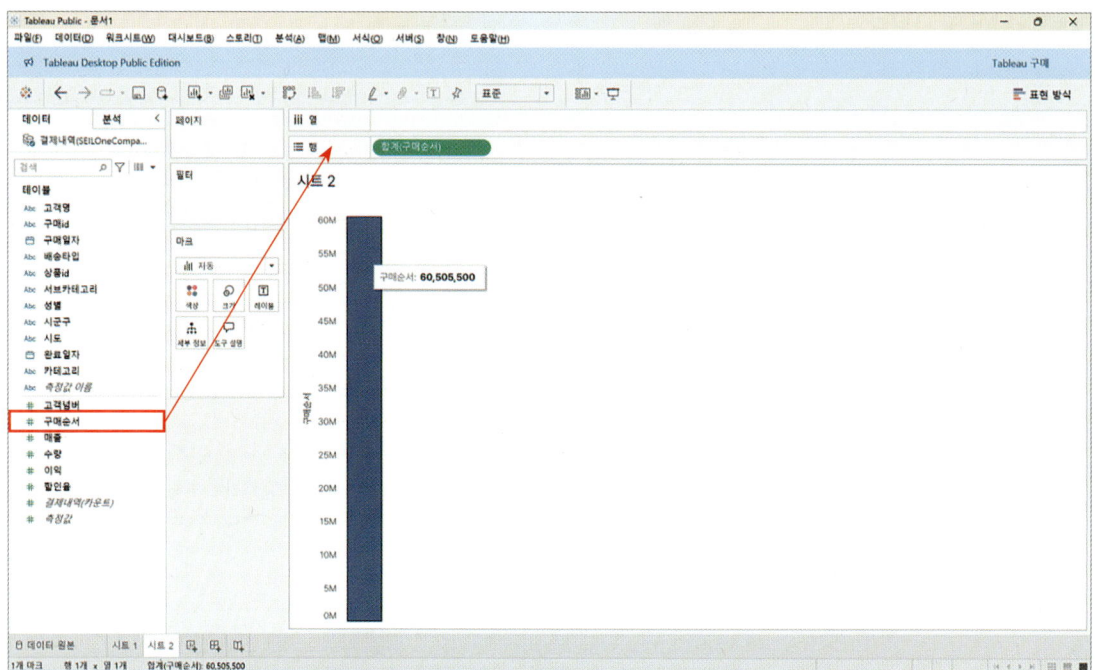

❼ [구매순서]는 집계 대상이 아닌 개별 건을 나타내는 숫자이므로, 필드를 차원 영역으로 이동해 역할을 변경한다.

❽ 기존 행 선반의 [구매순서]를 제거한 뒤, 측정값에서 [구매순서]를 차원으로 드래그하여 옮긴다.

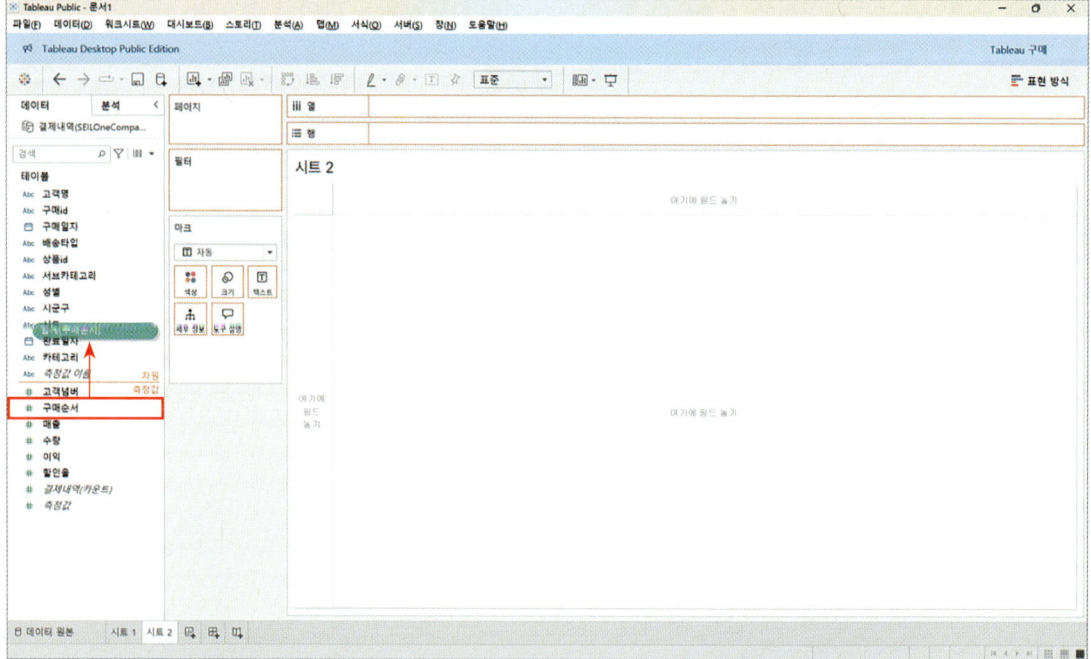

❾ 차원에 있는 [구매순서]를 더블 클릭한다.

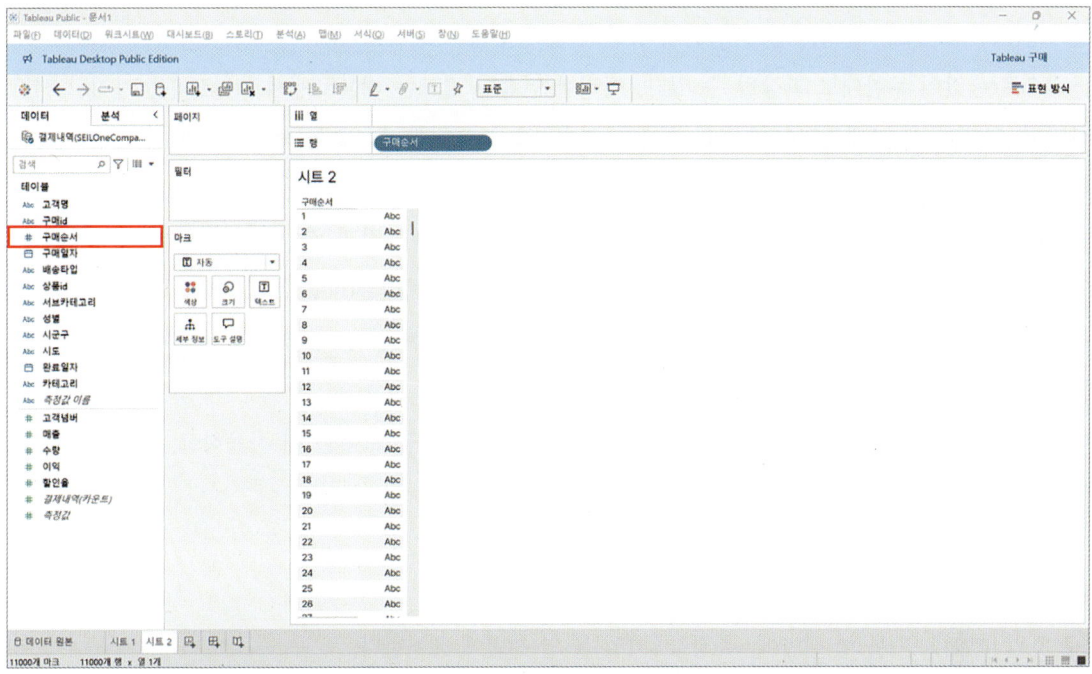

행 선반에 연속형으로 집계되어 차트 형태로 만들어지지 않고 구매순서에 따라 각각 1, 2, 3…과 같이 불연속형 차트가 만들어진다.

❿ 측정값 [수량]을 더블 클릭하면, 구매순서에 따른 수량이 막대 차트로 표시된다.

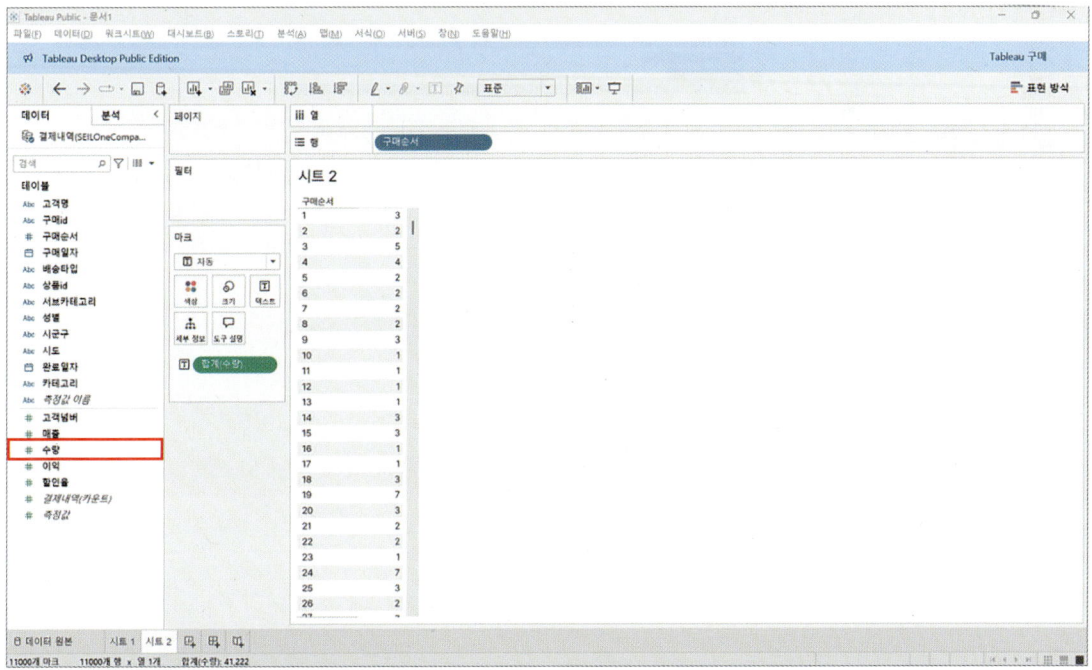

Chapter 3. 태블로 기본 개념 이해 57

03 | 연속형과 불연속형

연속형(Continuous) 필드는 값의 범위가 중간에 끊기지 않고 연속적으로 이어지는 특성이 있으며, 이론적으로는 값이 무한대로 확장될 수 있다. 이러한 연속형 필드는 태블로에서 축(axis)을 가지고 시각화되며, 막대나 선 그래프에서 수치의 흐름을 연속적으로 표현할 수 있다. 색상 마크에 연속형 필드를 넣으면 최솟값부터 최댓값까지 색상이 자연스럽게 그라데이션으로 이어진다.

반면에 불연속형(Discrete) 필드는 유한한 개별 값들로 구성되며, 값과 값 사이가 명확하게 분리되어 있는 것이 특징이다. 불연속형 필드는 시각화할 때 '축'이 아닌 '머리글(header)' 형태로 표시되며, 색상 마크에 적용할 경우 각 항목마다 서로 다른 색상이 분절되어 표현된다. 각 값은 고유하며, 이어지는 흐름이 아닌 독립된 그룹으로 인식된다.

따라서 연속형은 시간의 흐름이나 수치의 증가처럼 변화의 추이를 보여줄 때 사용하고, 불연속형은 항목별 비교나 분류 기준으로 나누어 볼 때 활용된다.

❶ 새 워크시트를 선택한다.
❷ 차원 [카테고리]를 행 선반에, 측정값 [이익]을 열 선반에 배치한다.

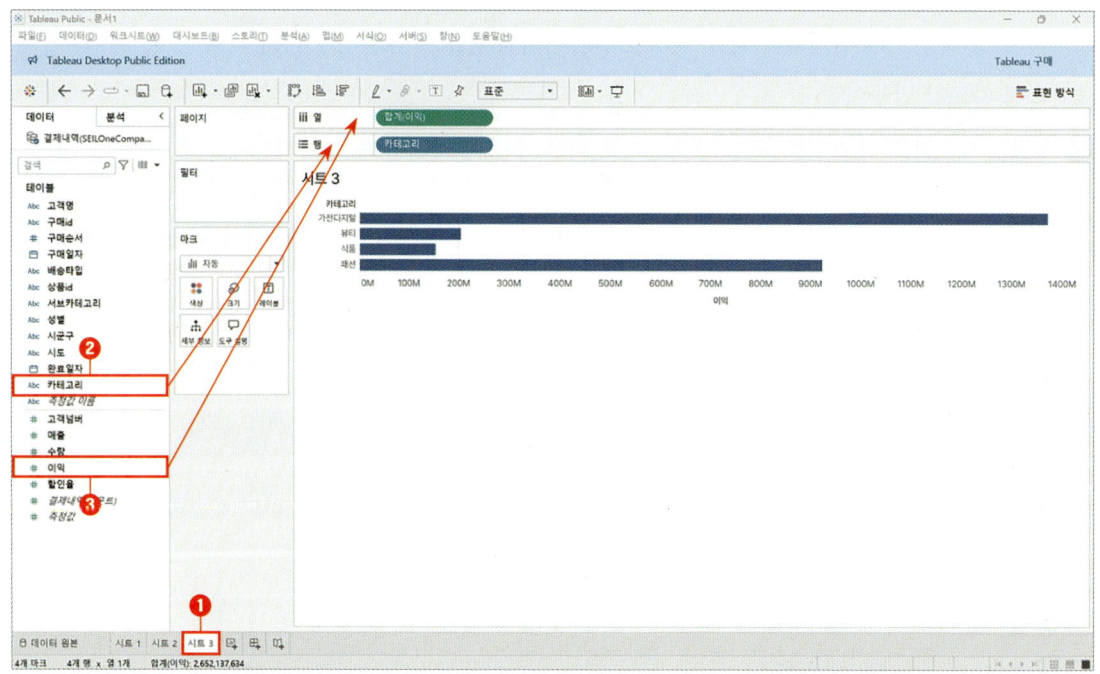

❸ 툴바에서 내림차순 정렬 아이콘을 클릭하고, 맞춤 보기를 전체로 변경한다.

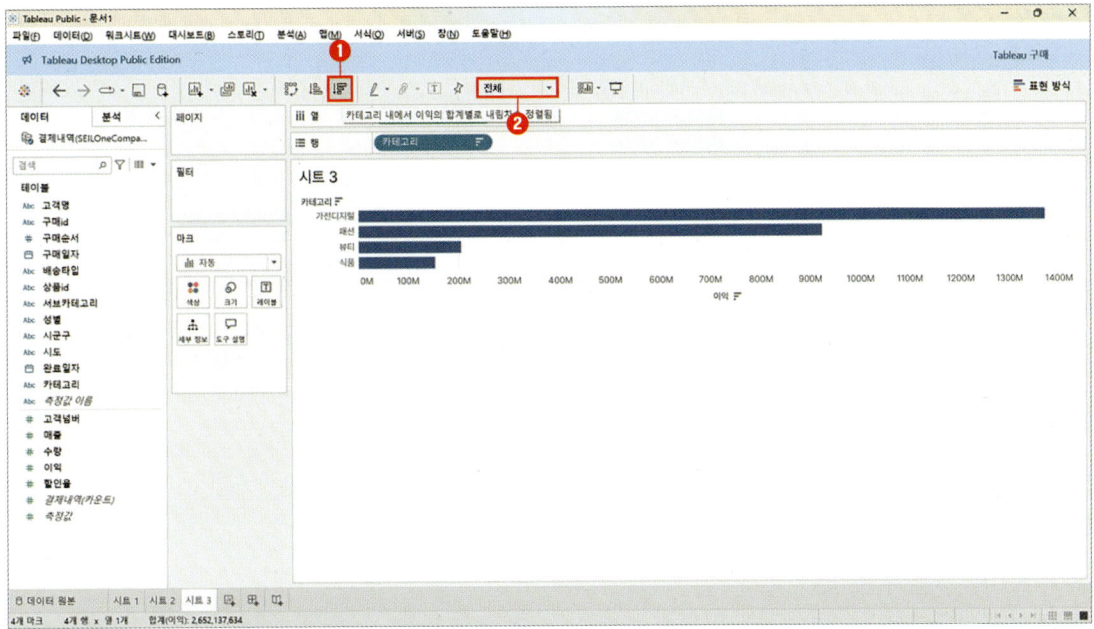

막대 차트에 색상을 입히는 방법은 2가지가 있다.

첫 번째는 각 카테고리별로 다르게 색상을 입히는 방법이 있고, 두 번째는 이익의 합계에 따라 색상을 입히는 방법이 있다.

❹ 차원 [카테고리]를 색상 마크에 드래그한다.

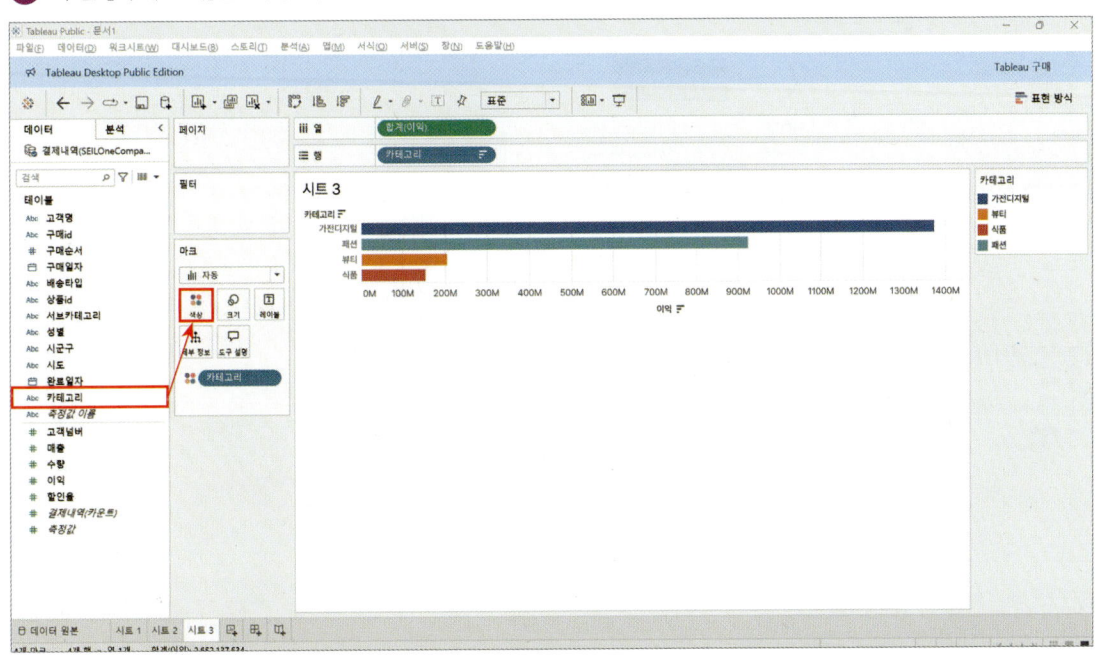

카테고리는 파란색 불연속형 필드이므로 각각의 멤버(가전디지털, 뷰티, 식품, 패션)에 대해 개별 색상이 적용된다.

❺ 색상을 변경하고 싶다면, 색상 범례에서 [▼] 아이콘 → [색상 편집]을 선택한다.

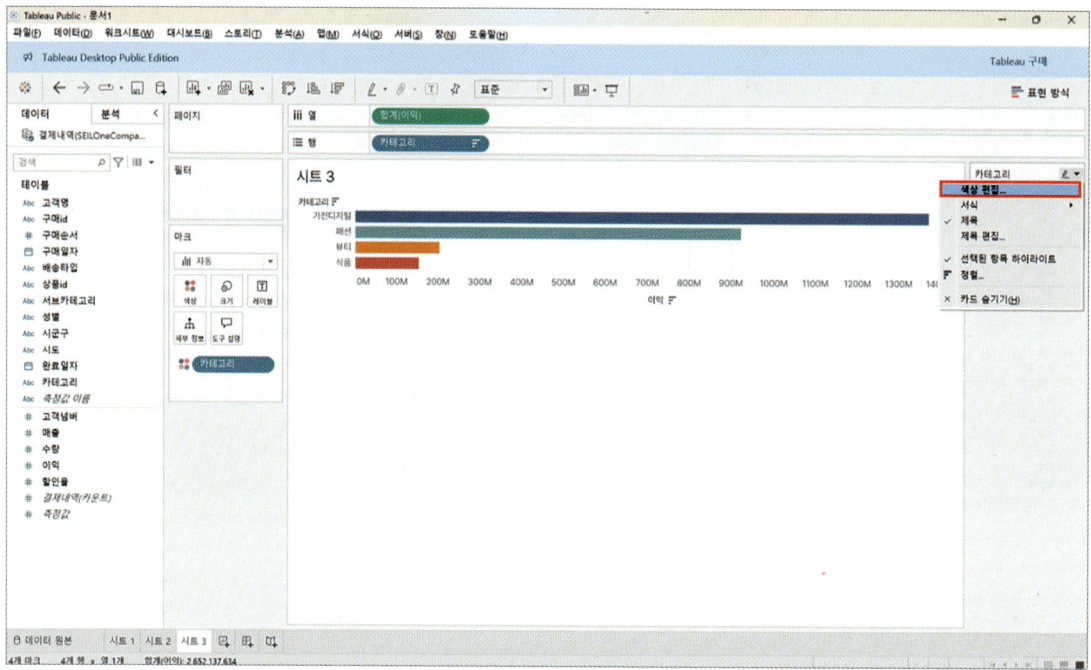

❻ 색상 편집 대화상자에서 원하는 항목을 선택하고 색상을 직접 변경하거나, 색상표를 변경할 수 있다.

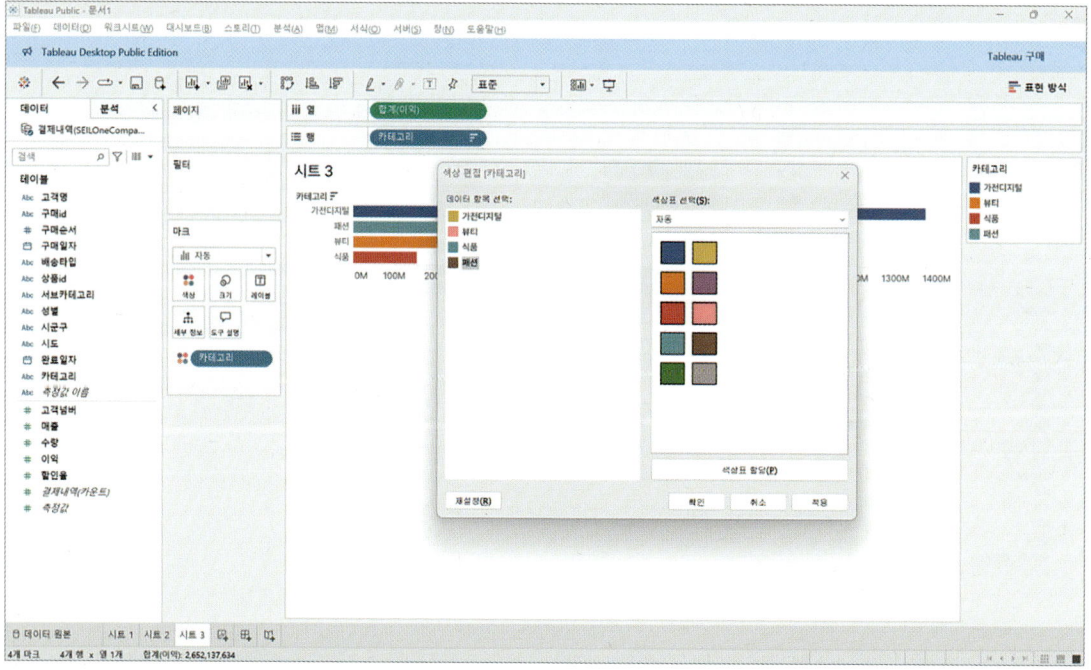

> **TIP** 원하는 색상이 색상표에 없다면, 왼쪽 색상 항목을 더블 클릭하여 RGB 값이나 HTML 색상 코드를 입력해 적용할 수 있다. 자주 쓰는 색상은 '사용자 정의 색상'에 추가해 두면 유용하다.

❼ 툴바 아이콘을 눌러 현재 시트를 복제한다.

❽ 색상 마크에 있는 [카테고리] 필드는 마우스 왼쪽 버튼으로 드래그해서 바깥으로 끌어내어 삭제한다.

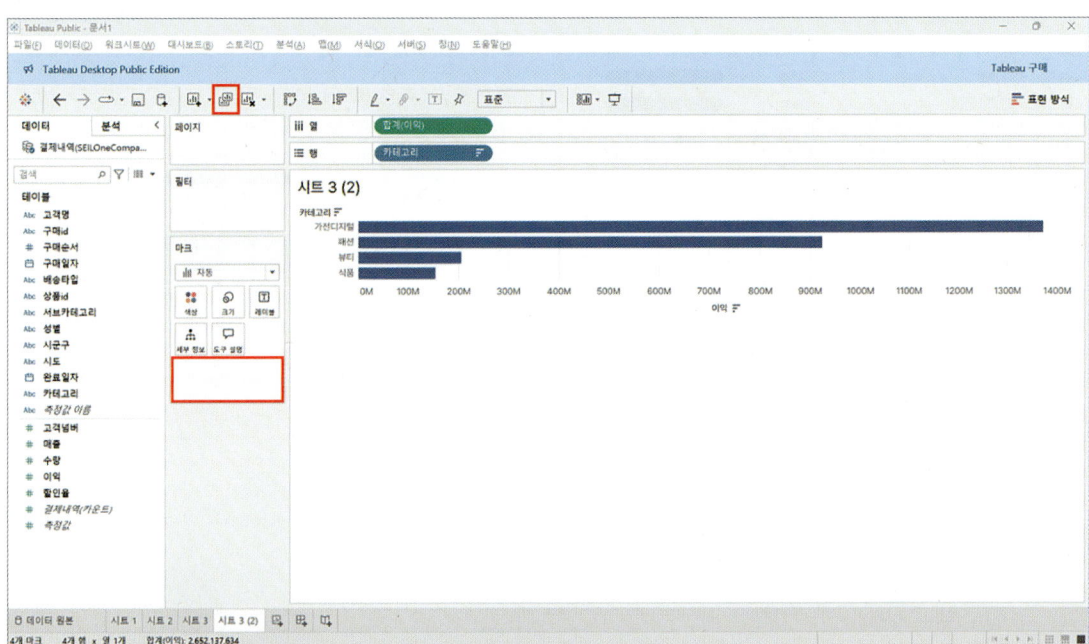

❾ [이익] 필드를 드래그해서 색상 마크에 배치한다.

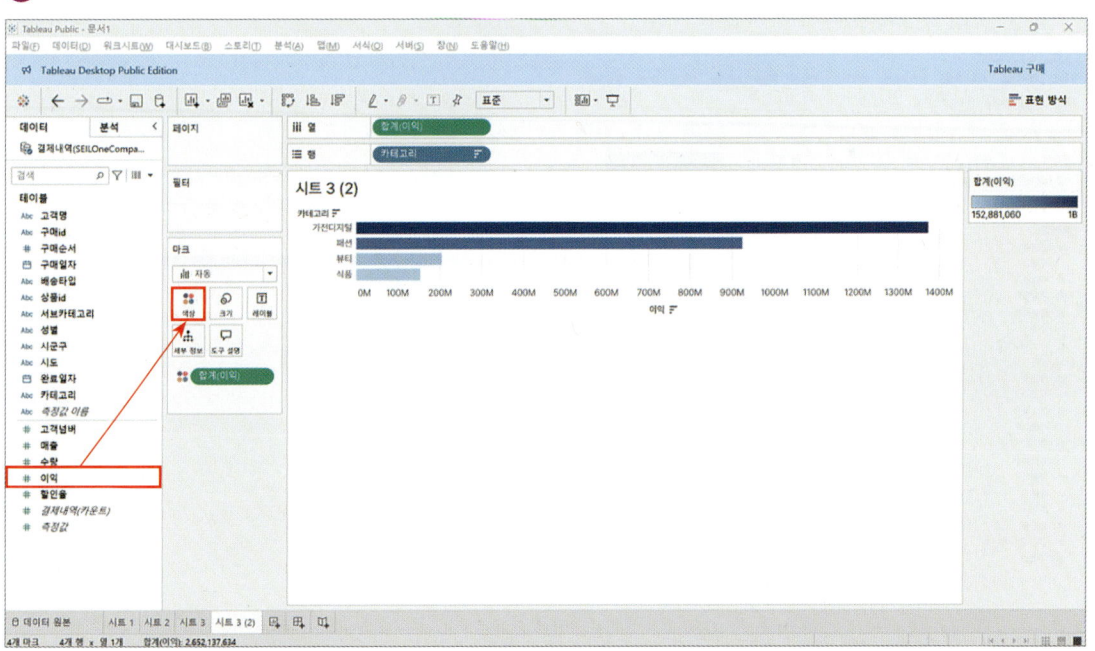

뷰 오른쪽에 있는 색상 범례를 보면 이전 시트에서는 각각의 색상 항목이 분리되어 있던 반면 지금은 이익 최솟값부터 이익 최댓값까지 색상이 중간에 끊어지지 않고 그라데이션으로 적용되어 있다. 이유는 색상 마크에 반영된 이익 필드는 초록색으로 연속형이기 때문이다.

❿ 뷰 하단 [이익] 머리글을 우클릭하면 축 편집 옵션이 표시된다. 이는 연속형 필드이기 때문에 축(Axis)이 존재함을 의미한다.

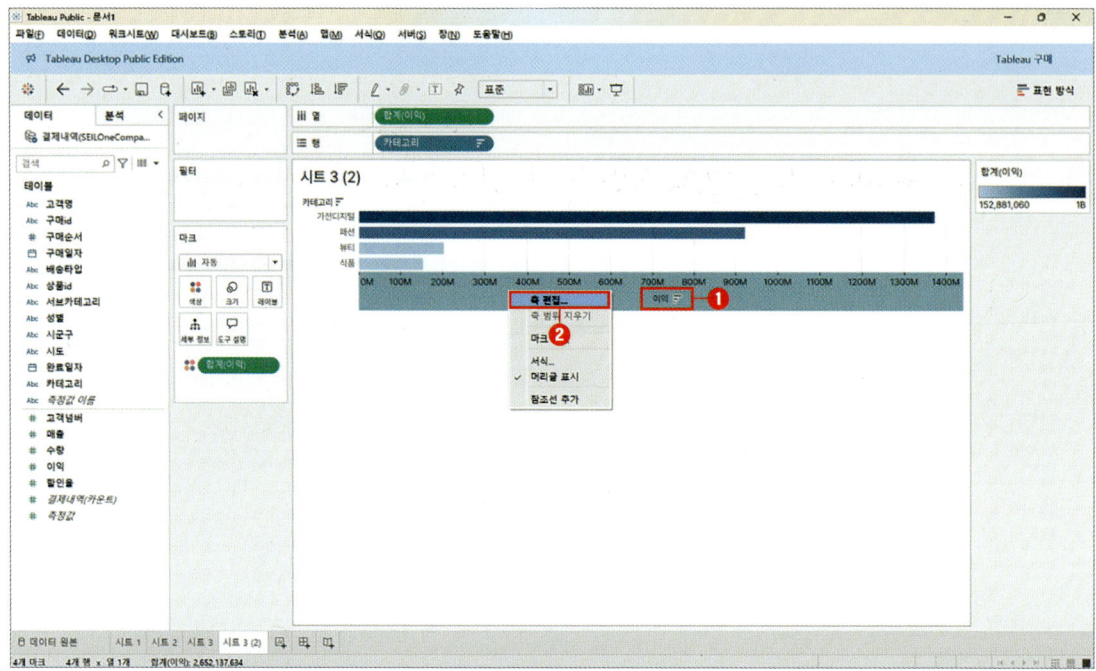

⓫ 반면, [카테고리] 멤버(예 가전디지털)를 우클릭하면 축 편집이 보이지 않는다. 이는 불연속형 필드는 축이 아닌 머리글로 표시되기 때문이다.

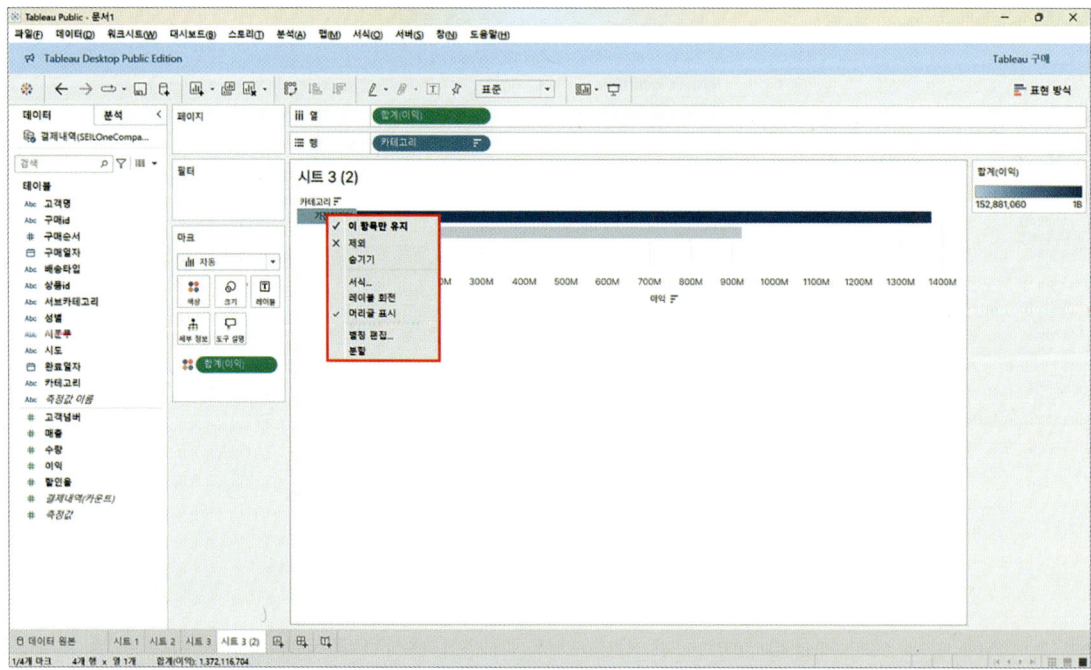

> **전문가의 조언**
>
> 태블로의 필드 색상을 보면 파란색은 불연속형, 초록색은 연속형을 의미합니다. 불연속형은 값의 범위가 유한해 각각의 값이 개별적으로 구분되고, 뷰에서는 머리글로 표시됩니다. 반대로 연속형은 값의 범위가 무한해 중간이 끊기지 않고 이어지며, 뷰에서는 축으로 나타납니다. 많은 사용자들이 차원은 반드시 불연속형, 측정값은 반드시 연속형이라고 생각하지만 이는 오해입니다. 실제로 차원에서도 연속형 필드를 만들 수 있고, 측정값에서도 불연속형 필드를 배치할 수 있습니다. 결국 불연속형과 연속형을 구분하는 핵심은 값의 범위가 유한한가, 무한한가라는 점입니다.

PART 2

태블로 함수

Tableau에서는 데이터를 보다 깊이 있게 분석하고 유연하게 시각화하기 위해 다양한 계산 유형을 제공합니다. 이 계산들은 분석 목적과 데이터 처리 방식에 따라 구분되며, 기본적인 수치 계산부터 고급 분석까지 폭넓게 활용됩니다.

먼저 기본 계산은 데이터 원본의 각 행을 기준으로 실행되는 계산으로, 간단한 수식이나 함수 적용에 유용합니다. 반면, 집계 계산이나 세부 수준 집계(LOD) 표현식은 시각화 수준이나 분석 목적에 맞게 데이터의 집계 단계를 조정하여 더욱 정교한 분석을 가능하게 합니다. 예를 들어 FIXED, INCLUDE, EXCLUDE를 통해 원하는 집계 수준을 직접 제어할 수 있습니다.

또한 문자열, 날짜, 논리, 유형 변환 함수 등을 통해 데이터의 다양한 속성을 가공하고 변형할 수 있으며, 이를 통해 기본 데이터를 확장하거나 조건별 분류 및 필터링도 용이해집니다.

이와 별도로 테이블 계산은 Tableau의 로컬 데이터에 기반하여 시각화된 뷰 내에서 계산이 이루어지며, 누적 계산, 순위, 구성비율 등 뷰의 구조에 따른 다양한 계산이 가능합니다. 이때 계산 범위(테이블, 셀, 패널)와 방향(행/열 기준)이 매우 중요하며, 필요한 경우 2차 계산을 통해 파레토 차트와 같은 복합 분석도 수행할 수 있습니다.

이처럼 태블로의 계산 기능은 단순한 수치 연산을 넘어, 데이터의 구조와 표현 방식을 유연하게 조절할 수 있도록 돕는 강력한 도구입니다. 각 계산의 특성과 사용 목적을 이해하면, 보다 정밀하고 설득력 있는 데이터 분석을 수행할 수 있습니다.

경영정보시각화능력 실기시험에서는 계산 기능을 통해 데이터를 가공하고, 요구된 분석 결과를 정확히 시각화하는 능력이 평가됩니다. 따라서 태블로의 다양한 계산 기능을 이해하고, 각 기능이 실전 문제에서 어떻게 적용될 수 있는지 연습하는 것이 합격을 위한 핵심 전략입니다.

CHAPTER 4. 계산된 필드 만들기

CHAPTER 04 계산된 필드 만들기

데이터 시각화는 단순히 차트를 만드는 것에서 끝나지 않는다. 진정한 시각적 분석이란 데이터에 의미를 부여하고, 필요한 정보를 계산하여 표면 밑에 있는 내용을 발굴해 비즈니스에 활용하는 일련의 과정을 포함해야 한다. 이때 꼭 필요한 것이 '계산된 필드(Calculated Field)'이다. 계산된 필드는 원본 데이터에 존재하지 않지만, 분석 니즈에 따라 새로운 변수를 만들어 새로운 가치를 만드는 데 사용된다.

이 Chapter에서는 다양한 함수와 계산식을 활용해 추가 데이터를 생성하고 의미를 추가해 새로운 인사이트 발굴까지 이어지도록 한다. 또한 매개 변수를 활용해 사용자 중심의 분석 환경을 구현하는 방법을 케이스별로 학습한다.

SECTION 1 숫자/집계/통계 함수

📁 SEILOneCompany_Sales데이터.twbx

함수	의미	예시
SUM([필드])	선택한 필드의 합계 계산	총매출, 총수량 등 누적 분석에 활용
AVG([필드])	선택한 필드의 평균값 출력	평균 주문금액, 평균 출석률
MAX([필드])	선택한 필드의 최댓값 출력	최고 매출, 최대 방문자 수
MIN([필드])	선택한 필드의 최솟값 출력	최저 이익, 최저 판매량
MEDIAN([필드])	선택한 필드의 중앙값 출력, 이상치에 덜 민감하여 왜곡된 데이터 분석에 유용	주문 건당 구매 금액
COUNT([필드])	전체 값의 개수를 카운트	방문자 수, 로그인 수
COUNTD([필드])	고윳값의 개수를 카운트	직원 수, 응시자 수 등 중복 제외

❶ 측정값에 있는 [매출] 필드를 텍스트 마크에 드래그하면, '합계' 집계 함수가 적용된 결과값이 뷰에 텍스트로 표시된다. 필드의 집계 방식은 기본속성 → 집계에서도 확인하거나 변경할 수 있다.

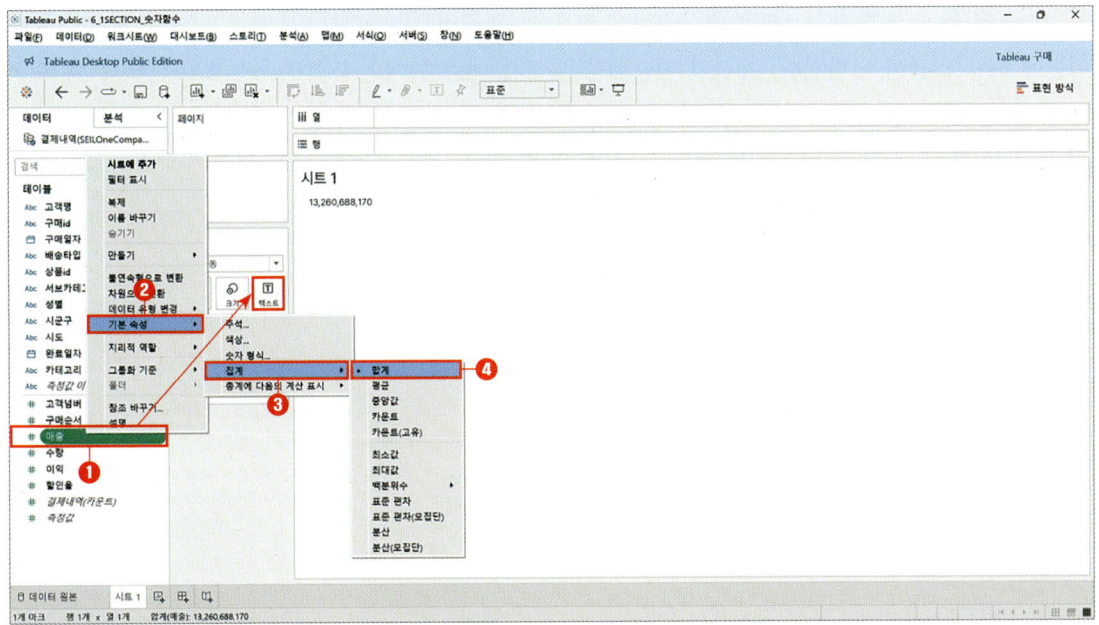

> **전문가의 조언**
>
> 측정값이 기본적으로 '합계'로 집계되는 이유는 태블로는 숫자형 측정값을 시각화할 때 '합계(SUM)'로 집계하며, 필드의 [기본 속성] → [집계] 설정이 '합계'로 지정되어 있기 때문입니다.

 상단 분석 메뉴 → 계산된 필드 만들기로 새로운 변수를 만든다.

필드명 - 평균매출
AVG([매출])

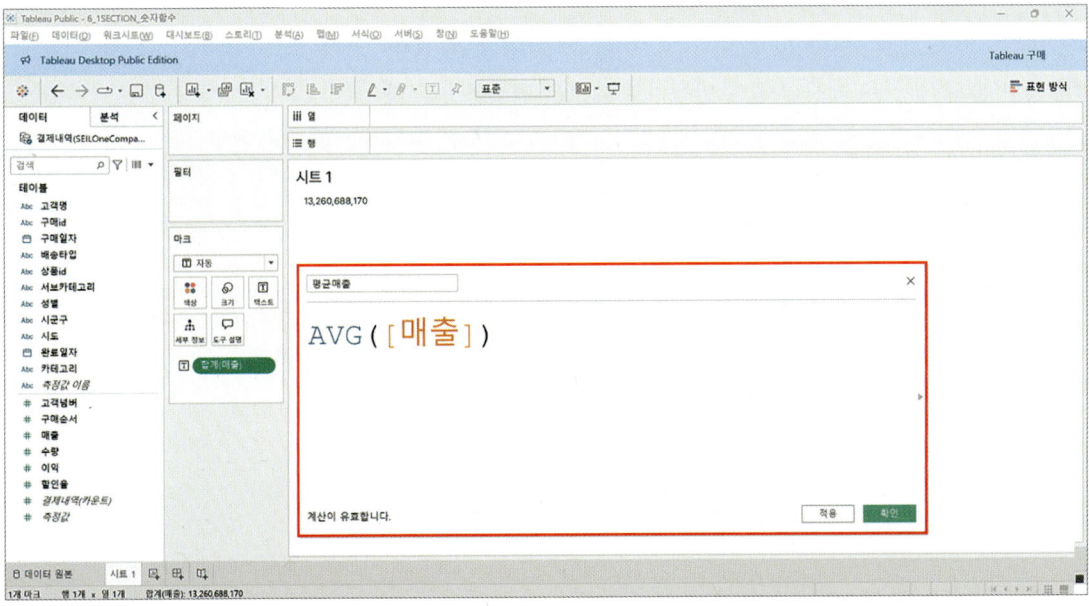

Chapter 4. 계산된 필드 만들기 67

❸ [평균매출] 필드를 더블 클릭하면, 측정값 카드에 [평균매출]과 [매출]의 합계가 함께 표시되며 테이블에 해당 값들이 나타난다. 계산된 평균매출은 전체 매출 합계인 13,260,688,170을 전체 행 수인 11,000으로 나눈 값으로, 이는 상품 ID 1건당 평균 매출이 1,205,517이라는 의미이다.

❹ 상단 분석 메뉴 → 계산된 필드 만들기로 새로운 변수를 만든다.

필드명 - 최고매출
MAX([매출])

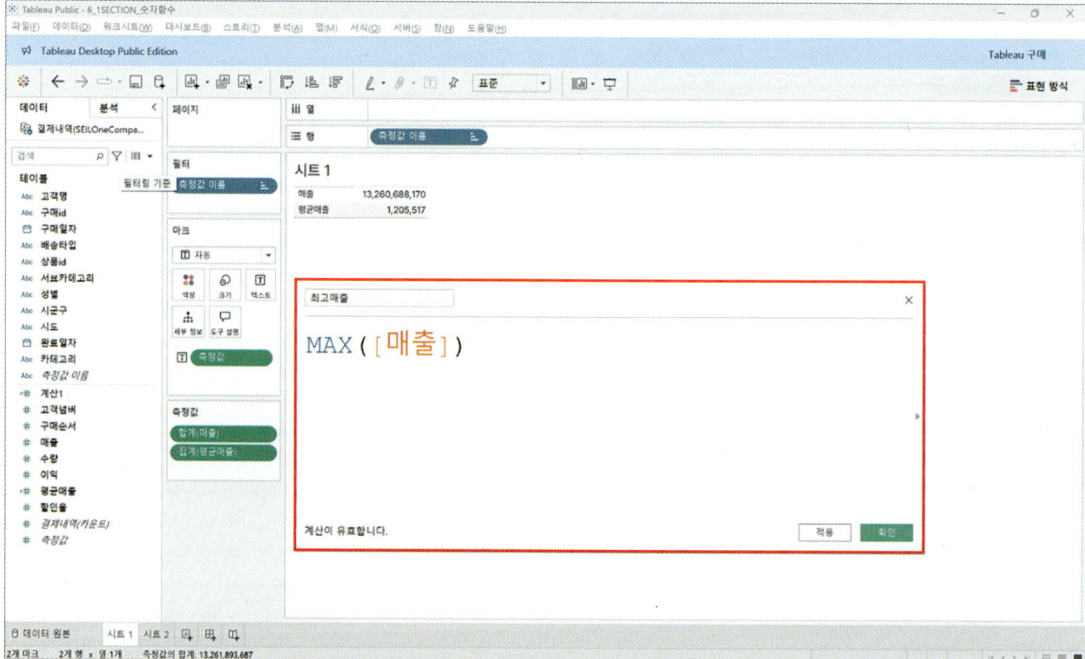

❺ [최고매출] 필드를 더블 클릭한다. [최고매출] 필드도 측정값 카드에 표시되면서 테이블 안에 값이 표시된다. 최고 매출 28,090,908은 전체 11,000의 상품id 중 매출을 제일 많이 기록한 값이다.

❻ 상단 분석 메뉴 → 계산된 필드 만들기로 새로운 변수를 만든다.

필드명 - 최저매출
MIN([매출])

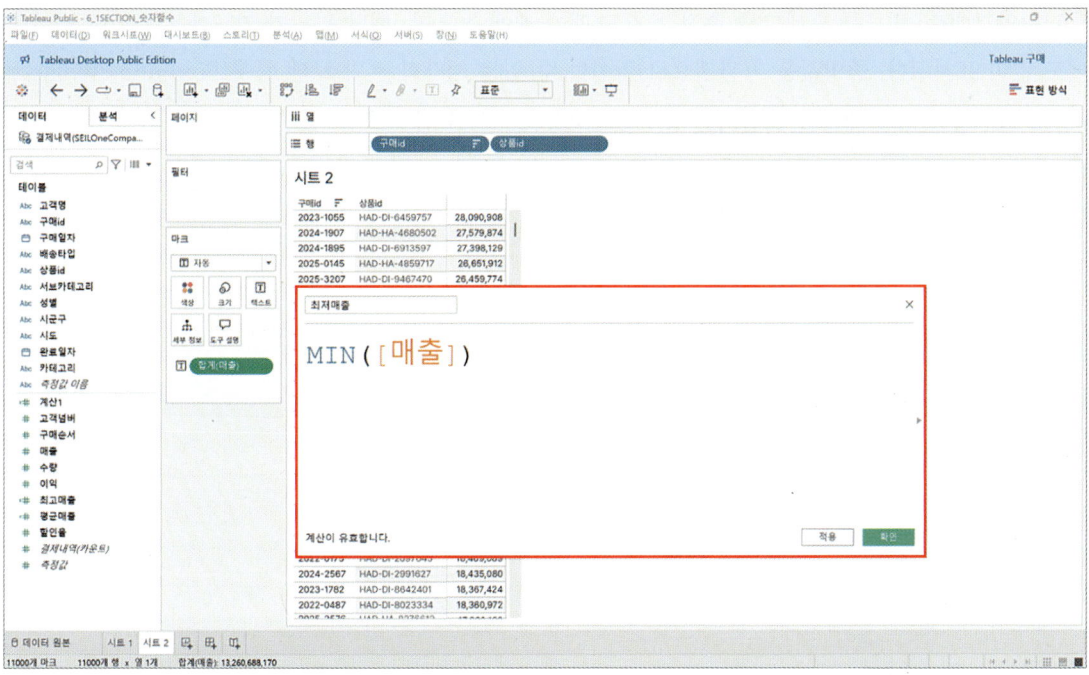

❼ [최저매출] 필드를 더블 클릭한다. [최저매출] 필드도 측정값 카드에 표시되면서 테이블 안에 값이 표시된다. 최저 매출 5,779는 전체 11,000의 상품id 중 매출이 가장 적은 값이다.

❽ 상단 분석 메뉴 → 계산된 필드 만들기로 새로운 변수를 만든다.

필드명 - 중앙값매출
MEDIAN([매출])

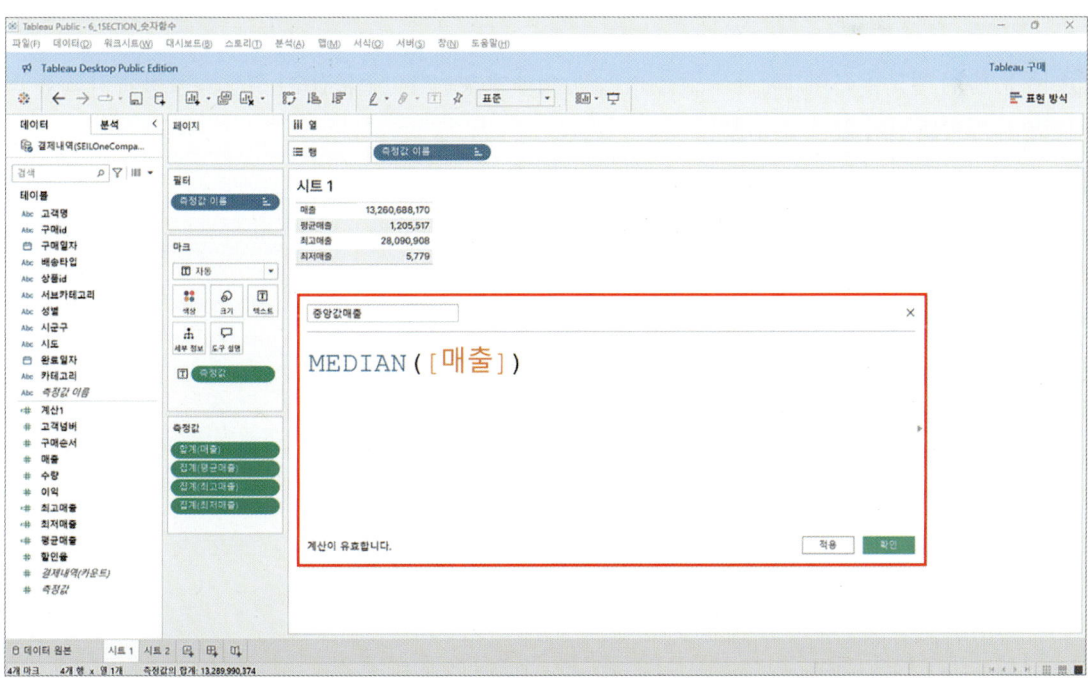

Chapter 4. 계산된 필드 만들기 69

❾ [중앙값매출] 필드를 드래그해 측정값 카드 맨 아래에 놓으면, 해당 필드가 카드에 추가되며 테이블에도 값이 표시된다. 중앙값을 직관적으로 확인할 수 있는 시각화는 박스 앤 플롯(Box-and-Whisker Plot)으로, 상품 id별 매출을 표현하면 중앙값이 433,639임을 확인할 수 있다.

❿ 상단 분석 메뉴 → 계산된 필드 만들기로 새로운 변수를 만든다.

필드명 - 주문건수
COUNT([구매id])

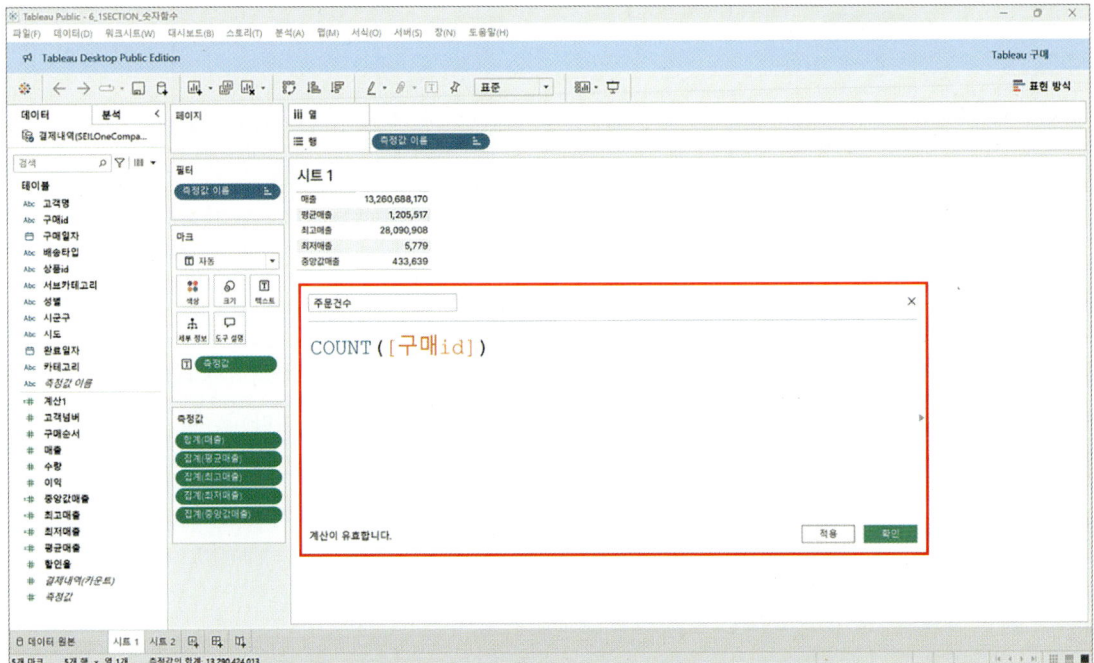

⓫ [주문건수] 필드를 드래그해서 측정값 카드 맨 아래에 놓는다. [주문건수] 필드도 측정값 카드에 표시되면서 테이블 안에 값이 표시된다.

⓬ 상단 분석 메뉴 → 계산된 필드 만들기로 새로운 변수를 만든다.

필드명 - 고객수
COUNTD([고객넘버])

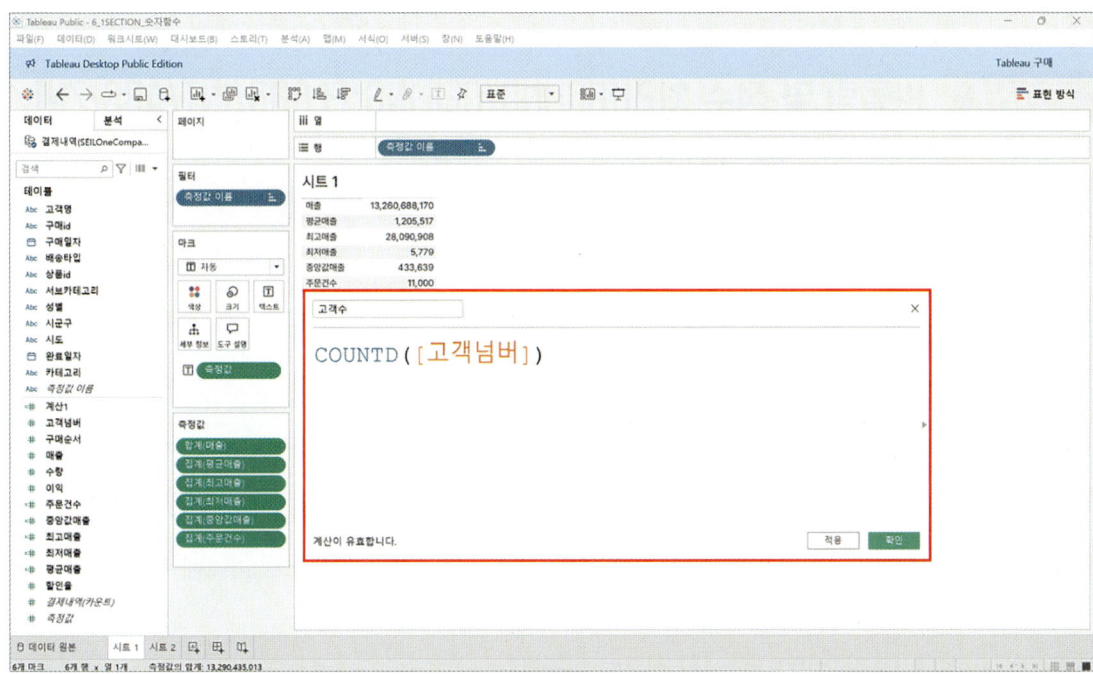

⓭ [고객수] 필드를 드래그해서 측정값 카드 맨 아래에 놓는다. [고객수] 필드도 측정값 카드에 표시되면서 테이블 안에 값이 표시된다. [고객넘버] 기준으로 고객 1명당 주문 및 상품을 여러 건 주문한 기록 데이터라도 고객 1명으로 고유 카운트한 결과가 표시된다.

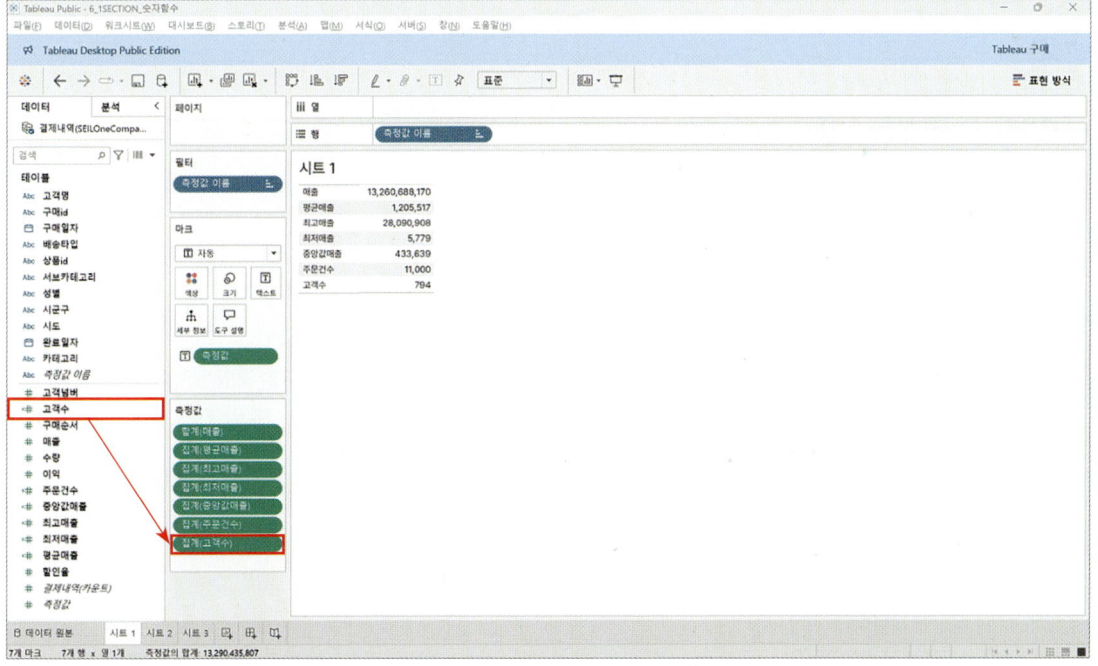

SECTION 2 반올림 및 정수 처리(ROUND/CEILING/FLOOR/INT/ABS/ZN)

함수	의미	예시
ROUND([필드], 자릿수)	지정된 자릿수로 반올림	ROUND([수익], 0) → 정수 반올림
CEILING([필드])	같거나 더 큰 값의 가장 근접한 값으로 올림 처리	CEILING(3.2) → 4
FLOOR([필드])	같거나 더 큰 값의 가장 근접한 값으로 내림 처리	FLOOR(4.6) → 4
INT([필드])	소수점 제거한 정수 반환	INT(5.3) → 5
ABS([필드])	절댓값 반환	ABS(-10) → 10
ZN([필드])	Null 값을 0으로 바꿈	ZN([할인]) → Null → 0 처리

❶ 새 워크시트를 선택하고 측정값에 있는 [할인율] 필드를 드래그해서 텍스트 마크에 놓는다. 측정값(할인율)의 기본 집계가 합계이므로 합계 할인율로 1,637이 표시된다. 텍스트 마크에 있는 [할인율] 필드를 우클릭한 후, [측정값(합계)] → [평균]으로 변경한다.

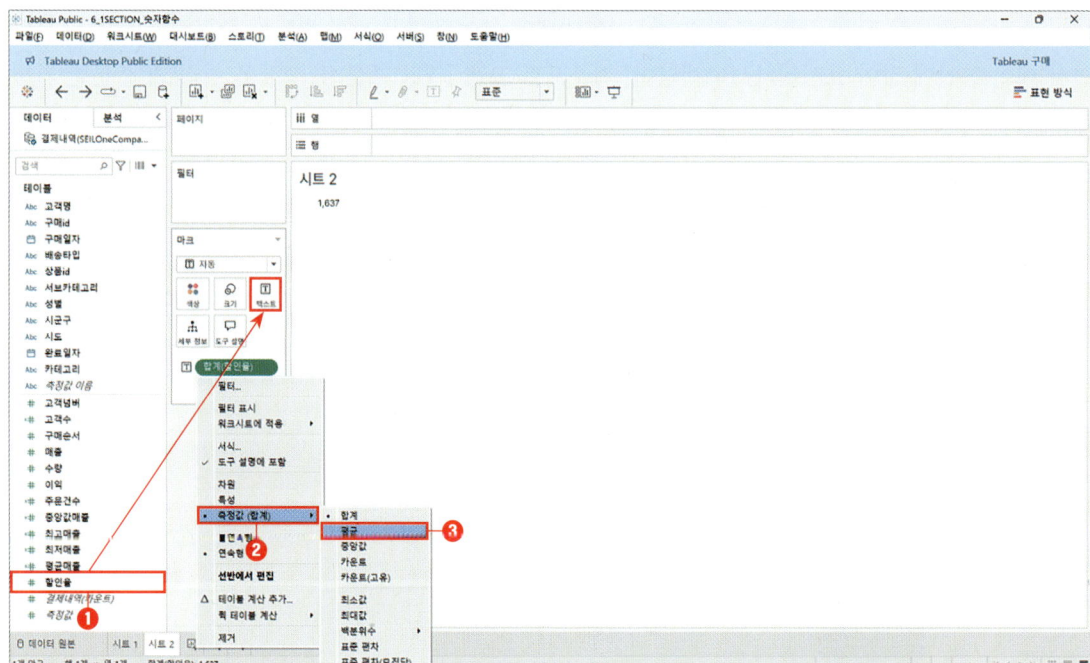

❷ 상단 분석 메뉴 → 계산된 필드 만들기로 새로운 변수를 만든다.

> 필드명 - 평균할인율_소수자릿수2
> ROUND(AVG([할인율]),2)

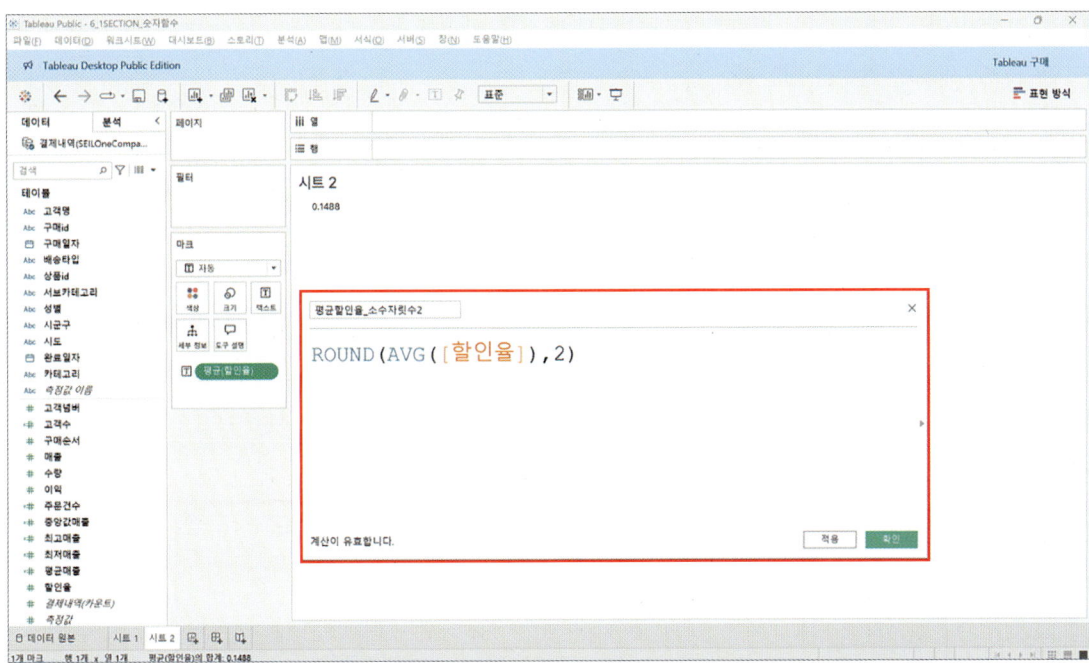

❸ [평균할인율_소수자릿수2] 필드를 더블 클릭하면, 해당 필드가 측정값 카드에 추가되며 테이블에 값이 표시된다. 기존에 0.148812로 보이던 평균 할인율이 소수점 둘째 자리에서 반올림되어 0.15로 표시되는 것을 확인할 수 있다.

❹ 새 워크시트를 선택한다. 상단 분석 메뉴 → 계산된 필드 만들기로 새로운 변수를 만든다.

필드명 - 평균수량
AVG([수량])

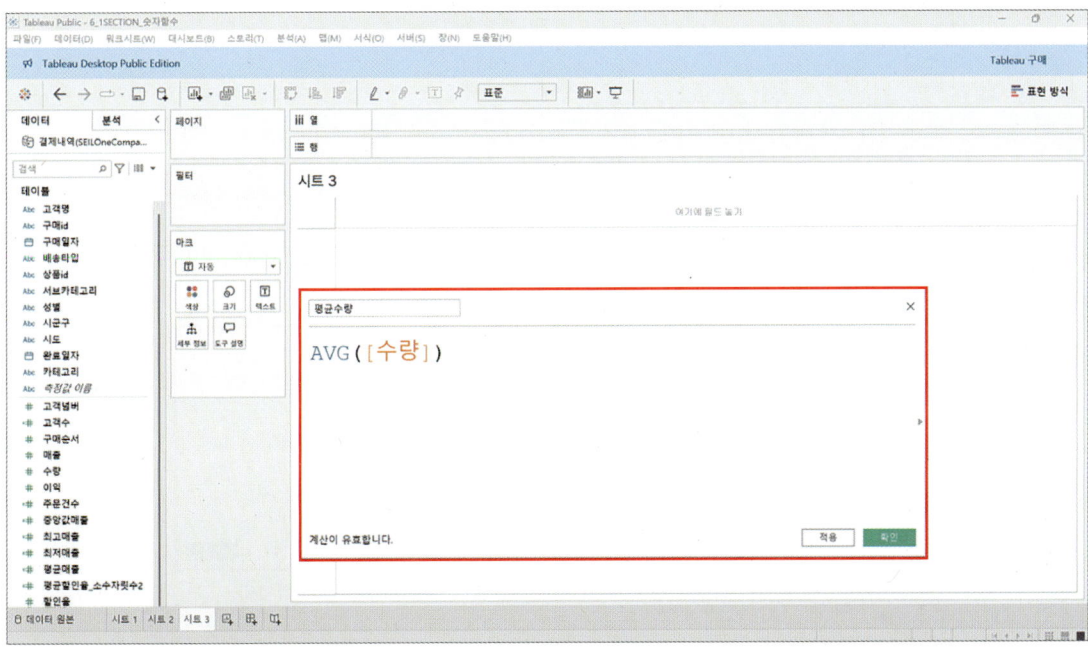

Chapter 4. 계산된 필드 만들기   73

❺ 측정값에 있는 [평균수량] 필드를 드래그해서 텍스트 마크에 놓는다. 상단 분석 메뉴 → 계산된 필드 만들기로 새로운 변수를 만든다.

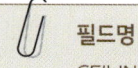
필드명 - 평균수량_올림
CEILING([평균수량])

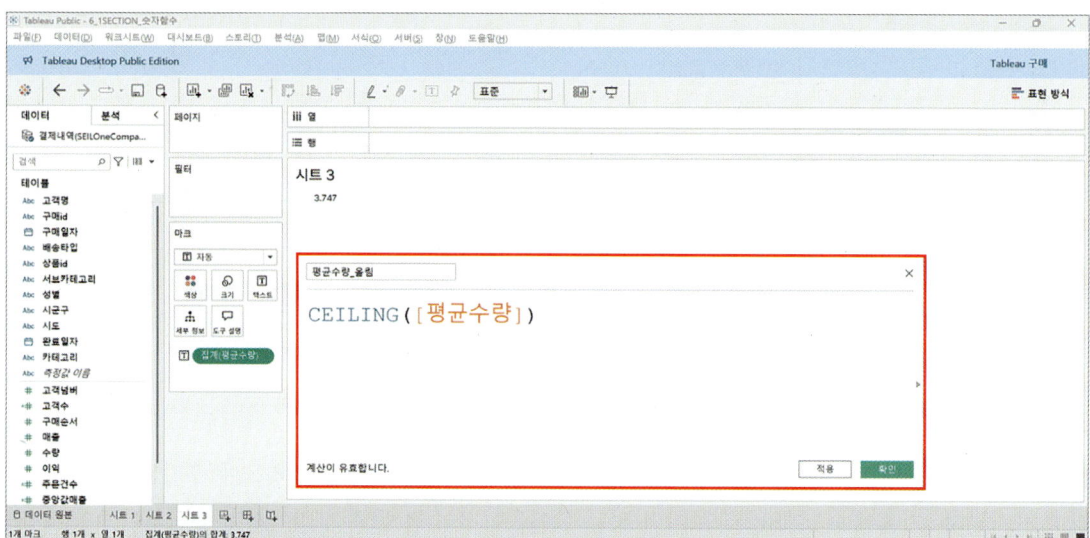

❻ [평균수량_올림] 필드를 더블 클릭하면, 해당 필드가 측정값 카드에 추가되며 테이블에 값이 표시된다. 기존 평균 수량이 3.7475였던 것이 올림 처리되어 가장 가까운 정수인 4로 표시된다.

❼ 상단 분석 메뉴 → 계산된 필드 만들기로 새로운 변수를 만든다.

필드명 - 평균수량_내림
FLOOR([평균수량])

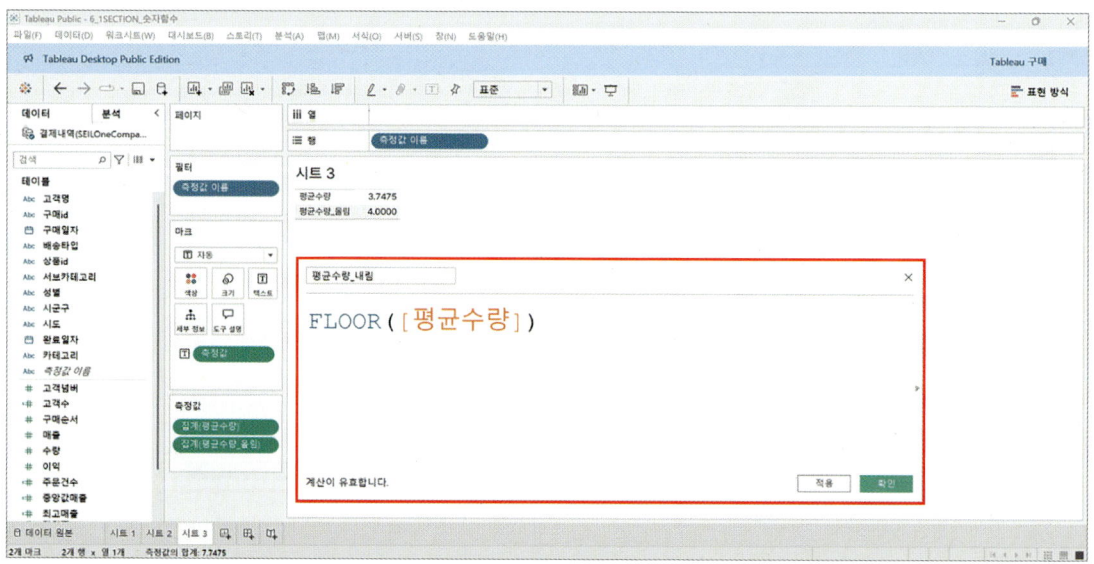

❽ [평균수량_내림] 필드를 드래그해 측정값 카드 맨 아래에 놓으면, 해당 필드가 카드에 추가되며 테이블에 값이 표시된다. 기존 평균 수량이 3.7475였던 것이 가장 근접한 값으로 내림 처리되면서 3으로 변경된다.

❾ 상단 분석 메뉴 → 계산된 필드 만들기로 새로운 변수를 만든다.

필드명 - 평균수량_정수
INT([평균수량])

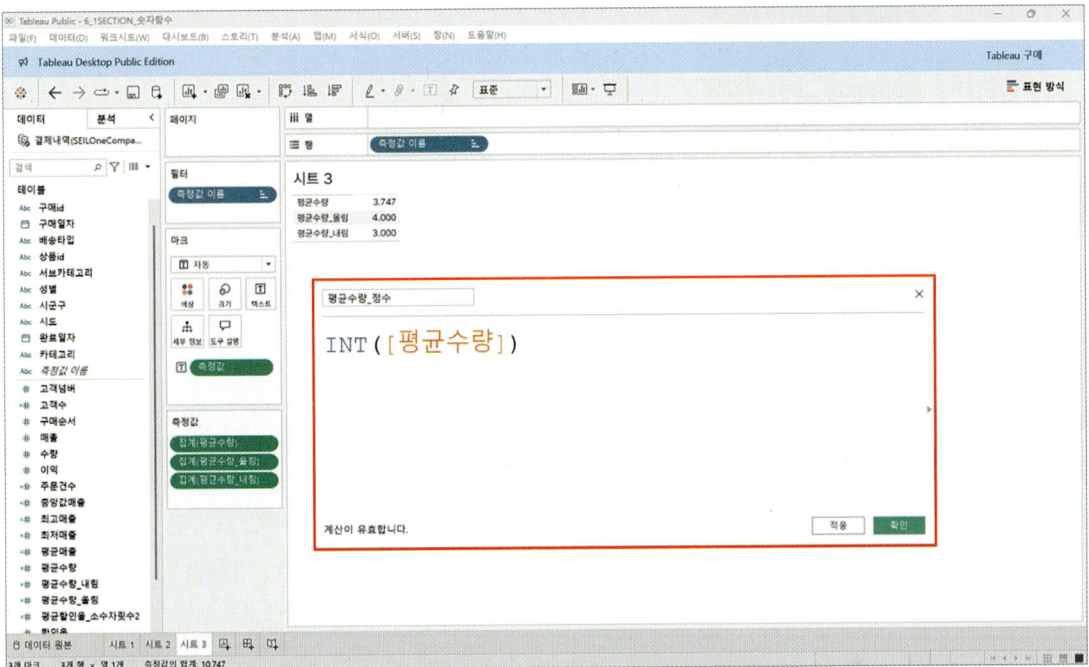

❿ [평균수량_정수] 필드를 드래그해 측정값 카드 맨 아래에 놓으면, 해당 필드가 카드에 추가되며 테이블에 값이 표시된다. 정수로 변환된 필드이므로 값은 3으로 표시된다.

⓫ [이익] 필드를 드래그해 측정값 카드에 놓은 뒤, 측정값 카드에 추가된 [합계(이익)] 항목을 우클릭하고 [퀵 테이블 계산] → [비율 차이]를 선택한다.

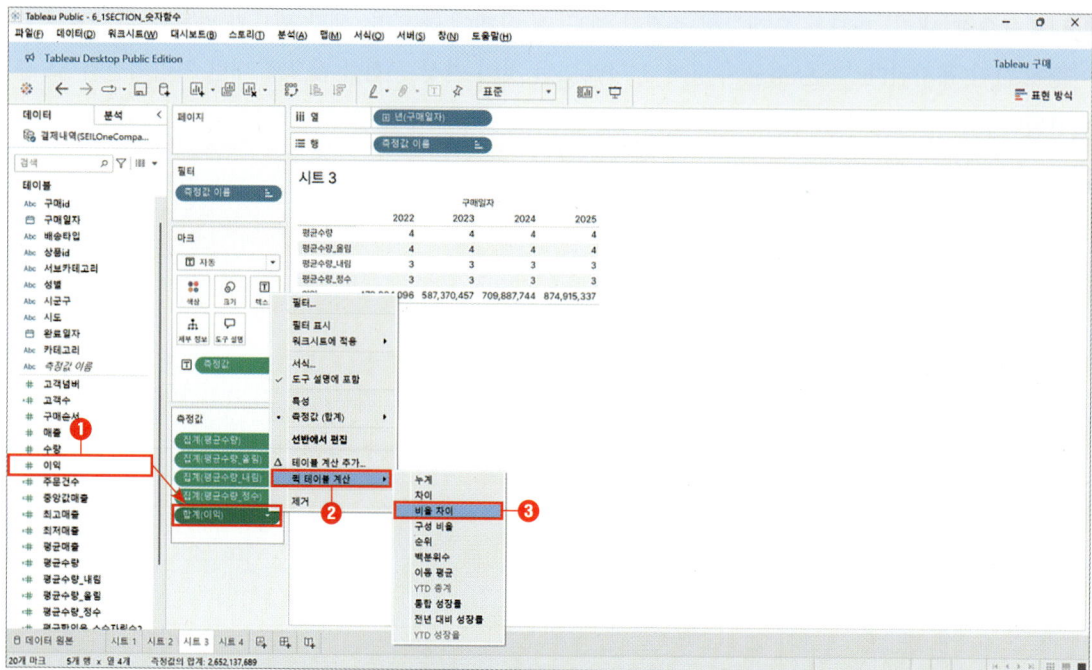

⑫ 측정값 카드에 있는 [합계(이익)]△을 드래그해 좌측 사이드 바로 이동시킨다.

⑬ 사이드 바에 생성된 필드의 이름을 '이익_전년대비'로 변경한다.

⑭ [이익_전년대비] 필드를 우클릭하고 [편집]을 선택한다.

⑮ '/' 슬래시 뒤에 있는 영역이 분모인데, 분모는 음수일 수가 없으므로 절대값 함수인 ABS가 자동으로 추가된 것을 볼 수 있다. 또한 중간마다 있는 ZN은 Zero Null 함수로 Null인 경우 0으로 처리해준다.

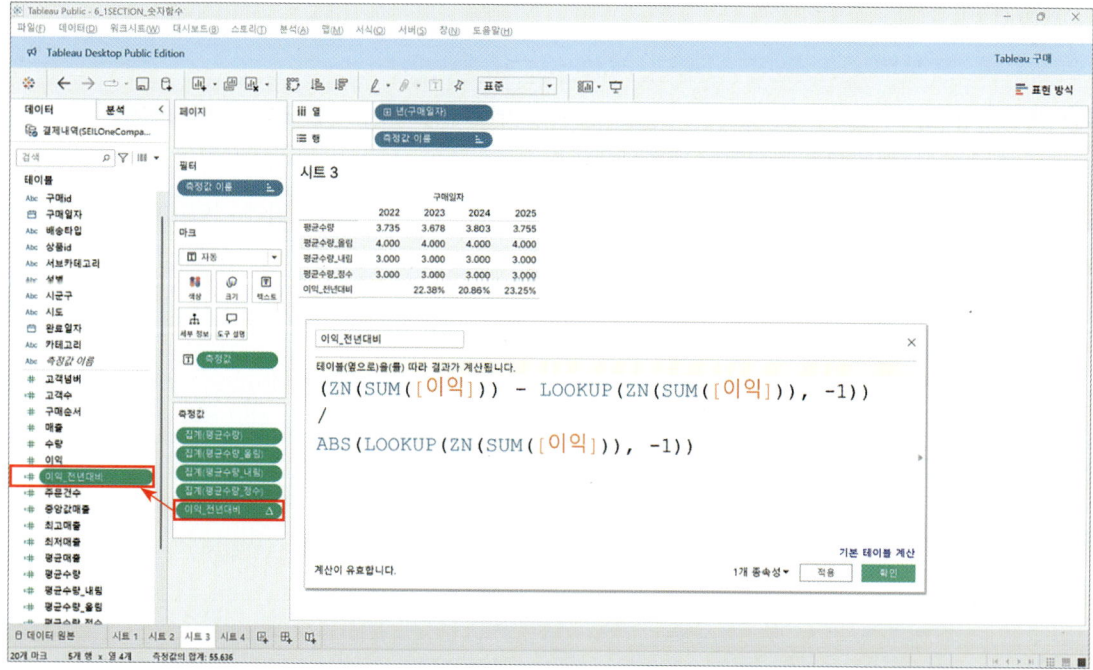

76 Part 2. 태블로 함수

SECTION 3 　논리 함수(IF/THEN/ELSEIF/ELSE/END/IIF)　📎 스타벅스_구매목록데이터.twbx

데이터 분석 시 단순 수치 계산만으로는 한계가 있어, 조건에 따라 기준을 설정해야 할 때가 있다. 예를 들어 고객 등급별 혜택 제공, 전년 대비 매출 비교, 목표 대비 달성률 계산 등에는 논리 함수를 활용한다. 태블로에서는 IF, THEN, ELSEIF, ELSE, END, IIF 같은 논리 함수를 사용해 조건을 설정하고 데이터를 분류해 다양한 시나리오 분석이 가능하다.

함수	의미
IF	첫 번째 조건을 판단
THEN	조건이 참일 때의 결과 지정
ELSEIF	다른 조건을 이어서 검사
ELSE	앞선 조건에 모두 해당되지 않는 경우
END	조건문 종료 선언

> **잠깐만요**
>
> **IF vs IIF**
>
> | | IF | IIF |
> |---|---|---|
> | 형태 | 여러 줄(Line) 가능 | 한 줄 |
> | 조건 분기 | 복잡한 조건, 다단계 | 2개로 나눔 |
> | 추천 | 복잡한 경우 추천 | 간단한 경우 추천 |

❶ 구매목록 테이블의 [Iced] 필드를 드래그해 행 선반에 놓으면, 값으로 "I"와 겉보기에는 비어 있는 ' '이 표시된다. 이 값을 다른 사람들도 이해하기 쉽게 안내하기 위해, 각각 "아이스"와 "일반"으로 표시되도록 계산식을 작성한다.

```
필드명 - 아이스/일반(IF)
IF [Iced] = "I"
    THEN "아이스"
    ELSE "일반"
END
```

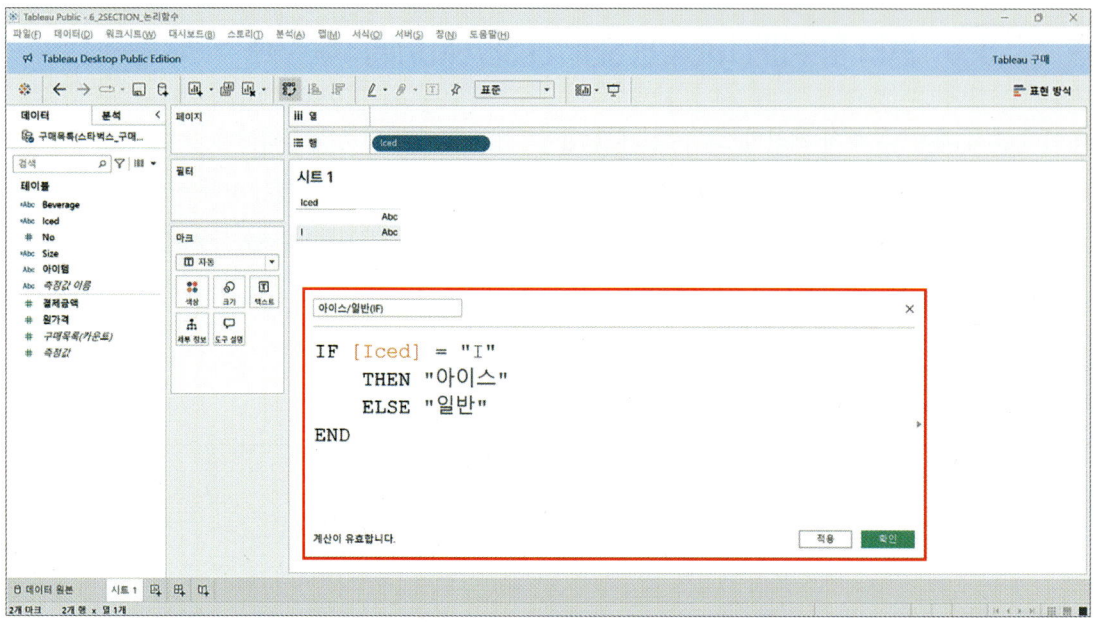

> **TIP** IF로 시작하는 함수에는 반드시 끝에 END를 넣어야 오류 없이 계산식을 완성할 수 있다.

❷ [아이스/일반(IF)] 필드를 드래그해서 행 선반에 [Iced] 필드 왼쪽에 배치한다. [Iced] 필드에서 "I"는 "아이스"로, 값이 없는 경우는 "일반"으로 표시된다.

❸ 상단 분석 메뉴 → 계산된 필드 만들기로 새로운 변수를 만든다. IF보다 더 간단한 계산식으로, [Iced]에서 "I"인 경우 "아이스"로, 아닌 경우는 "일반"으로 ","(콤마)를 기준으로 구분해서 작성한다.

필드명 - 아이스/일반(IIF)
IIF([Iced]="I","아이스","일반")

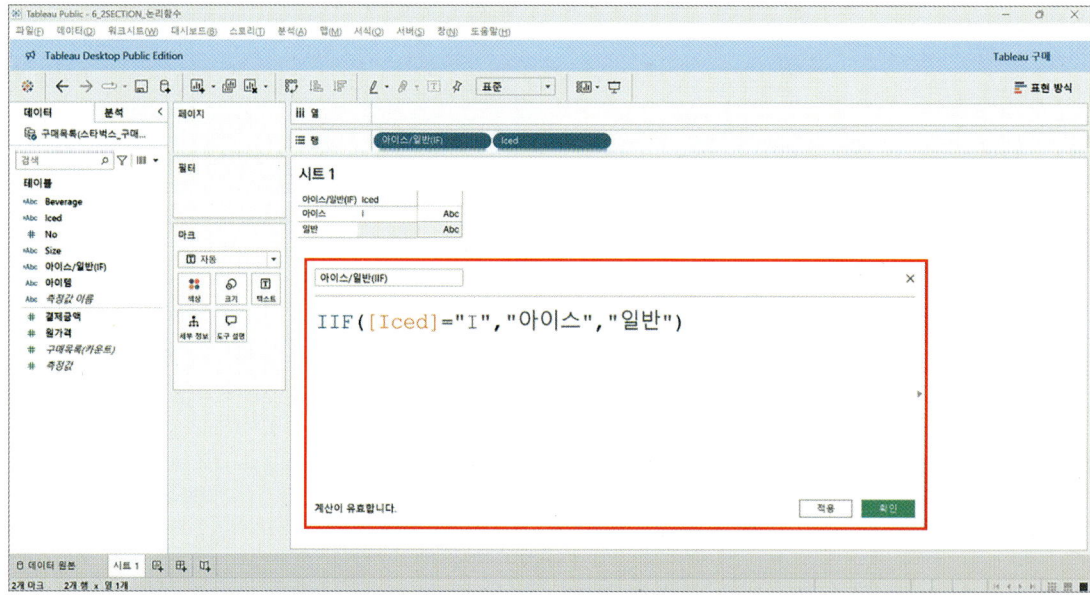

❹ [아이스/일반(IIF)] 필드를 드래그해서 행 선반에 [아이스/일반(IF)]와 [Iced] 필드 사이에 배치하면, IF와 동일한 결과를 볼 수 있다.

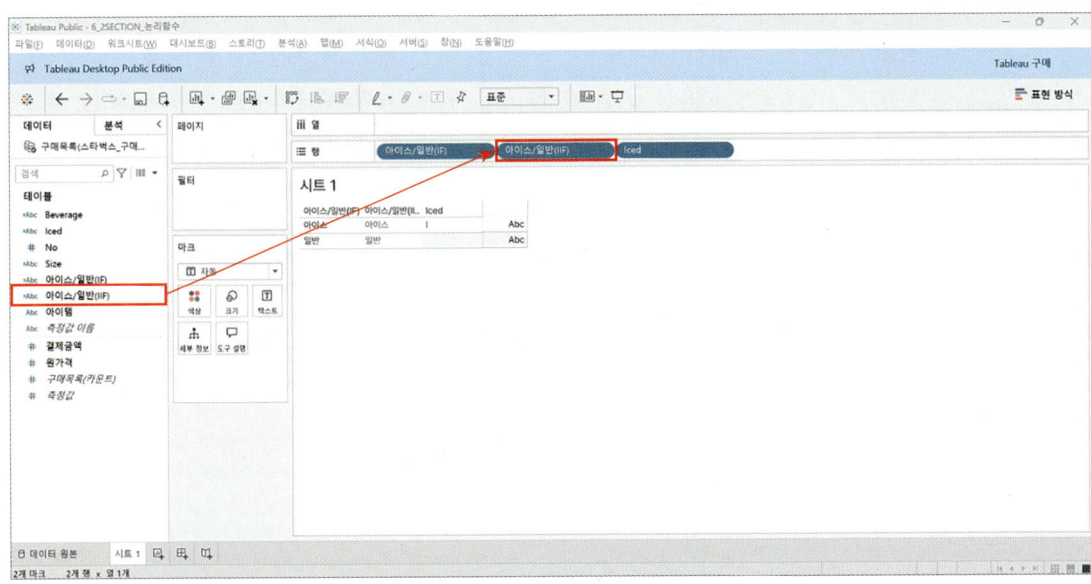

SECTION 4 조건 그룹핑(CASE/WHEN/IN) 📁 스타벅스_결제&구매목록데이터.twbx

CASE 함수는 여러 조건 중 하나에 해당하는 경우를 분기 처리할 때 사용하며, WHEN은 해당 조건이 일치하는 값을 찾을 때, IN은 여러 값을 묶어 조건을 설정할 때 활용된다.

기본 구문

```
CASE [분석할 필드]
WHEN 조건값1 THEN 결과1
WHEN 조건값2 THEN 결과2
ELSE 기본결과
END
```

조건 그룹핑 함수

함수	의미
CASE	어떤 필드를 비교할지 결정
WHEN	비교 값 조건 설정
THEN	조건 충족 시 결과 값 반환
ELSE	앞선 조건에 모두 해당되지 않는 경우
END	조건문 종료 선언
IN	하나의 값이 여러 값 중 하나와 일치하는지 확인

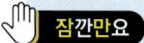 **CASE vs IF**

	CASE	IF
장점	값 비교가 쉬움	범위 조건, 복잡 조건 처리 가능
단점	범위 조건 어려움 (〉, =, 〈 과 같은 식)	조건을 매 라인마다 추가해서 계산식이 길어짐
추천	코드를 간단하게 작성할 때	범위 조건, 복잡한 경우 추천

TIP IN 함수는 여러 값을 OR 조건으로 묶어서 간결하게 표현하는 논리 함수로, 주로 CASE나 IF와 함께 활용된다.

❶ '결제' 테이블에 있는 [날짜] 필드를 마우스 오른쪽으로 드래그해서 열 선반에 배치한다.(Mac 은 Option 키 + 마우스 왼쪽으로 드래그해서 열 선반에 놓는다.)

❷ 필드 놓기 대화 상자에서 불연속형 월(날짜)을 선택한다.

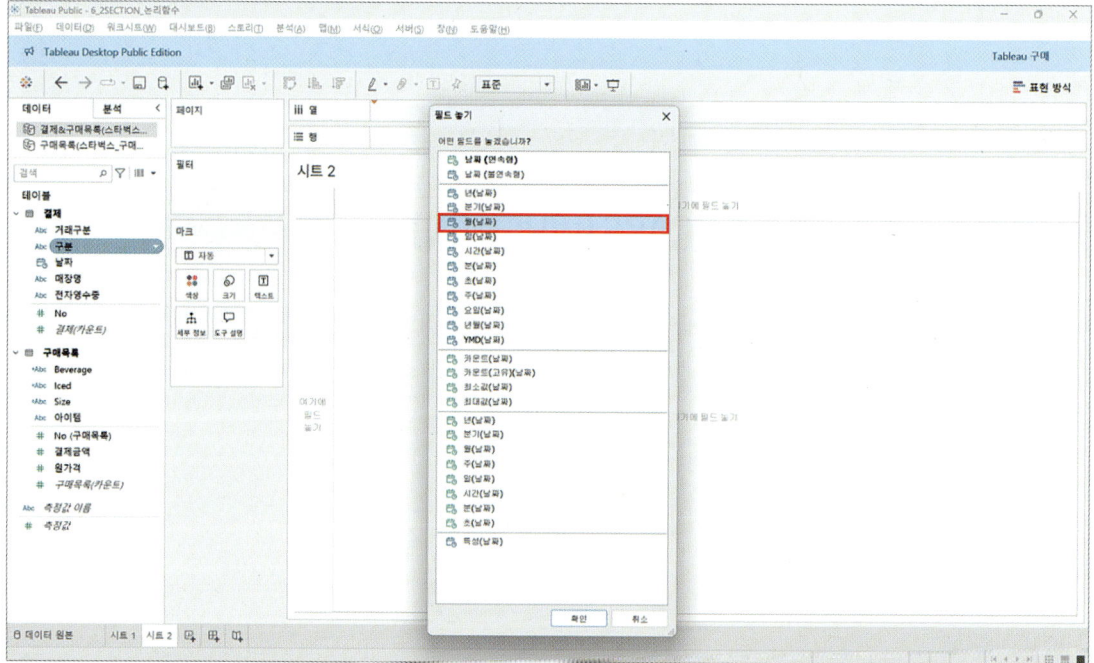

❸ '구매목록' 테이블 측정값에 있는 [구매목록(카운트)]를 드래그해서 행 선반에 배치한다.

❹ 마크를 '라인(자동)'에서 '막대'로 변경한다.

❺ 상단 분석 메뉴 → 계산된 필드 만들기로 새로운 변수를 만든다.

필드명 - 계절
CASE DATEPART("month", [날짜])
WHEN IN(3,4,5) THEN "봄"
WHEN IN(6,7,8) THEN "여름"
WHEN IN(9,10,11) THEN "가을"
ELSE "겨울"
END

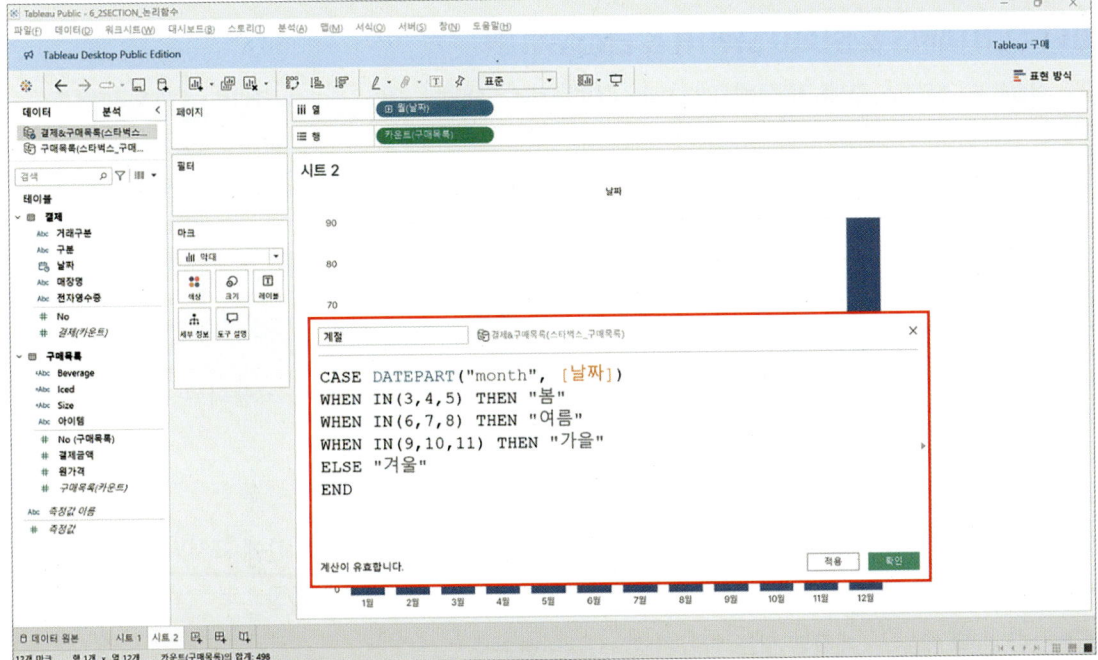

❻ '결제' 테이블에서 생성한 [계절] 필드를 드래그해 열 선반의 [월(날짜)] 왼쪽에 배치하면, 3개월 단위로 계절별 분류된 결과를 확인할 수 있다.

Chapter 4. 계산된 필드 만들기 **81**

SECTION 5 문자열 함수

태블로를 활용한 데이터 시각화 분석에서 가장 자주 사용하는 함수 중 하나가 문자열 함수이다. 제품명, 지역명, 카테고리, 고객 이메일, 회원 등급 등 많은 데이터가 문자 형태로 저장되기 때문이다. 이러한 문자열 데이터를 분할, 결합, 그룹화하거나 특정 조건을 제어하기 위해서는 다양한 문자열 함수의 활용이 필요하다. 태블로의 문자열 함수(String Functions)를 사용하면 특정 단어나 패턴을 찾아내거나, 문장의 앞이나 뒤에 있는 키워드를 추출하여 추가 정보를 분석하는 데 활용할 수 있다.

01 | CONTAINS & STARTSWITH & ENDSWITH

 실습파일 - 스타벅스_결제&구매목록데이터.twbx, 데이터 원본 - 스타벅스_구매목록.xlsx, 테이블 - 결제 & 구매목록

함수	의미
CONTAINS	문자열에 특정 문자가 포함되어 있는지 여부를 반환
STARTSWITH	문자열이 특정 문자로 시작하는지 여부를 반환
ENDSWITH	문자열이 특정 문자로 끝나는지 여부를 반환

이러한 함수를 활용하면 문자열에서 조건에 맞는 특정 부분을 추출하거나, 그룹화된 결과를 만들 수 있다.

❶ 구매목록 테이블에 있는 [아이템] 필드를 드래그해서 행 선반에 배치한다. 뷰에 표시되는 테이블에 아이템들이 ")"(괄호 닫기 구분 기호)를 포함한 사이즈 값을 갖고 있다. 이것을 기반으로 계산식을 만든다.

❷ 상단 분석 메뉴 → 계산된 필드 만들기로 새로운 변수를 만든다.

> 필드명 - 사이즈
> IF CONTAINS([아이템],"V)") THEN "벤티"
> ELSEIF CONTAINS([아이템],"G)") THEN "그란데"
> ELSEIF CONTAINS([아이템],"T)") THEN "톨"
> ELSEIF CONTAINS([아이템],"S)") THEN "숏"
> END

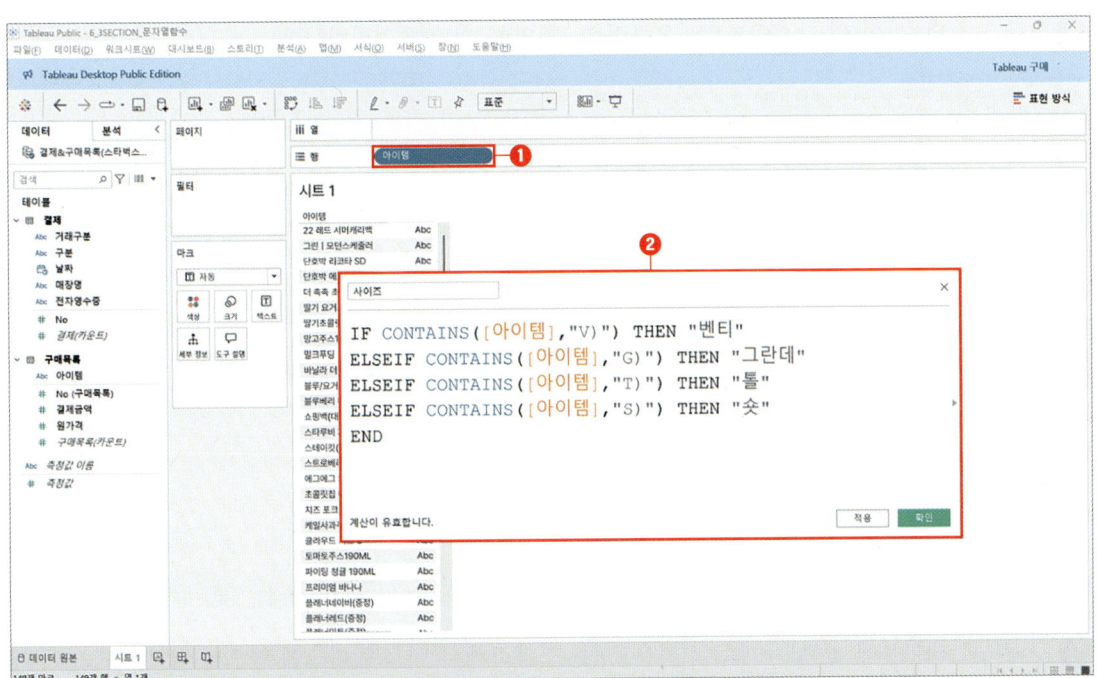

❸ 구매목록 테이블에 새로 생성된 [사이즈] 필드를 드래그해서 행 선반의 [아이템] 필드 왼쪽에 배치한다. "G)"를 포함하고 있는 아이템은 "그란데"로, "V)"를 포함하고 있는 아이템은 "벤티"로, "S)"를 포함하고 있는 아이템은 "숏"으로, "T)"를 포함하고 있는 아이템은 "톨"로, 나머지 값이 없는 것은 Null로 표시되는 것을 확인할 수 있다.

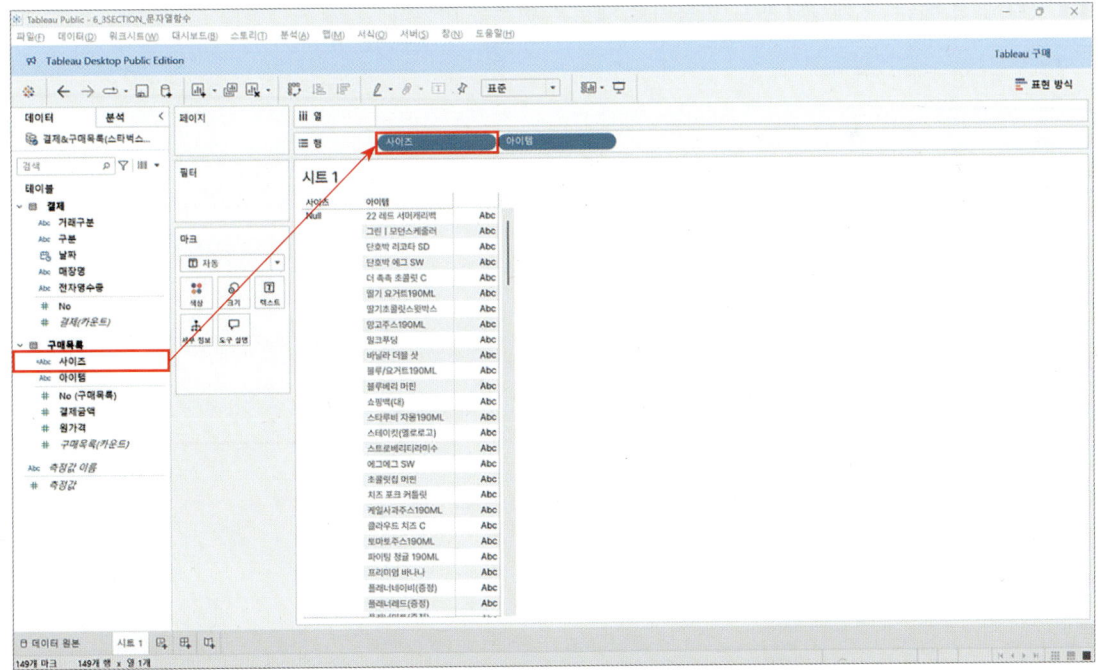

❹ 행 선반에 있는 [아이템] 필드는 드래그해서 선반 밖으로 던져서 제거한다.

❺ 뷰에 표시된 [아이템] 값 중 Null은 우클릭 후 '제외'를 선택해 필터링한다.

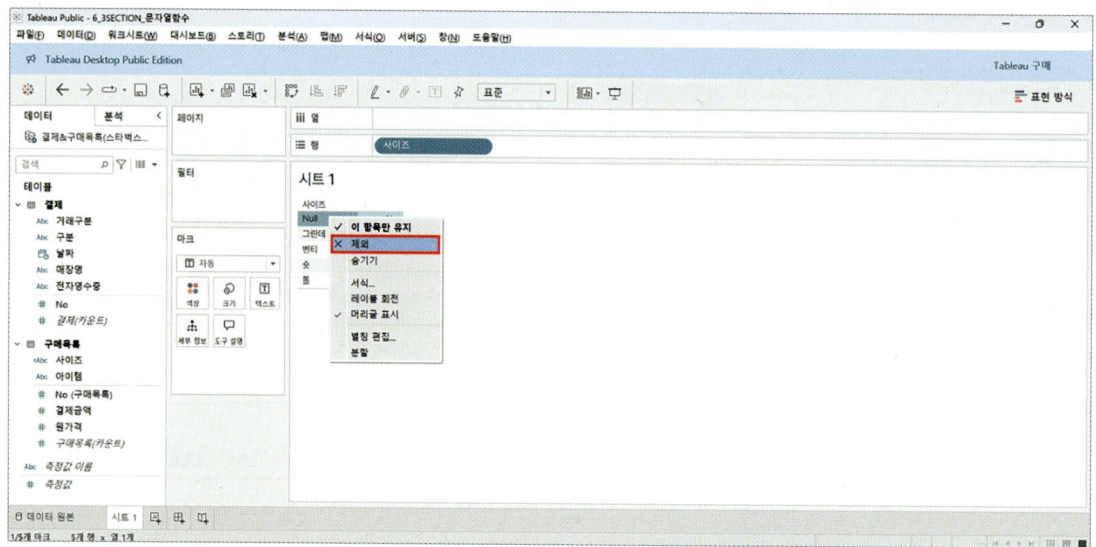

❻ 구매목록 테이블에 있는 [구매목록(카운트)]를 드래그해서 텍스트 마크에 놓으면 각 사이즈별 구매 건수를 확인할 수 있다.

❼ 새 워크시트를 선택한다.

❽ 구매목록 테이블에 있는 [아이템] 필드를 드래그해서 행 선반에 배치한다.

맨 앞에 'I'가 있는 음료를 '아이스'로 부르는 필드를 만들고자 한다.

❾ 상단 분석 메뉴 → 계산된 필드 만들기로 새로운 변수를 만든다.

필드명 - 아이스/일반
IIF(STARTSWITH([아이템],"I"), "아이스", "일반")

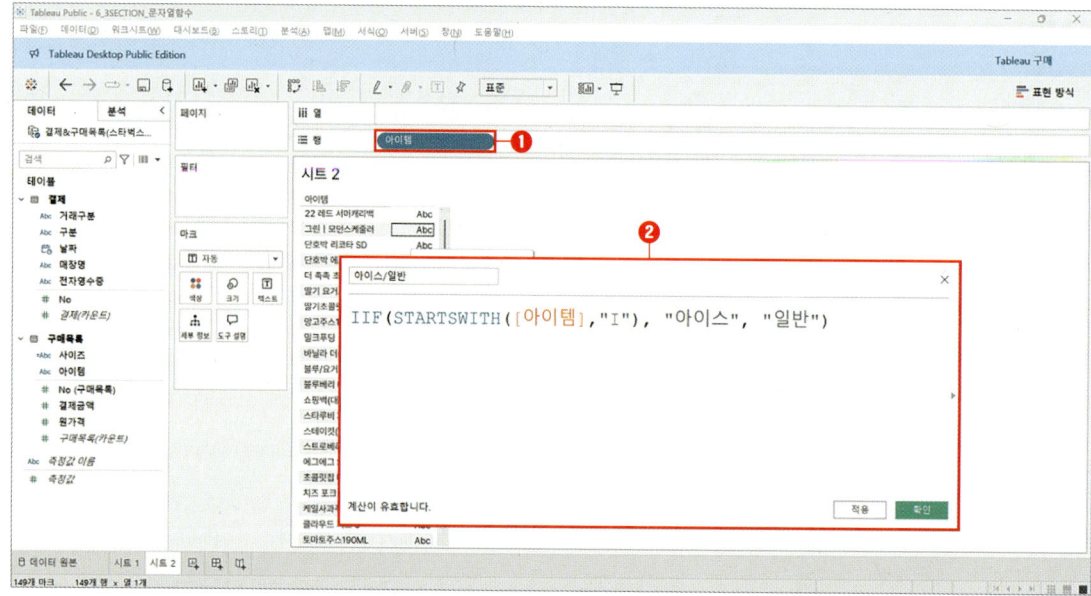

⑩ 구매목록 테이블에 새로 생성된 [아이스/일반] 필드를 드래그해서 행 선반의 [아이템] 필드 왼쪽에 배치한다.

⑪ 테이블의 스크롤을 아래로 내리면 [아이템]의 시작이 "I"로 시작하면 "아이스", 그 외 나머지는 모두 "일반"으로 표시되는 것을 확인할 수 있다.

⑫ 새 워크시트를 선택한다.

⑬ 결제 테이블에 있는 [매장명] 필드를 드래그해서 행 선반에 배치한다.

⑭ 상단 분석 메뉴 → 계산된 필드 만들기로 새로운 변수를 만든다.

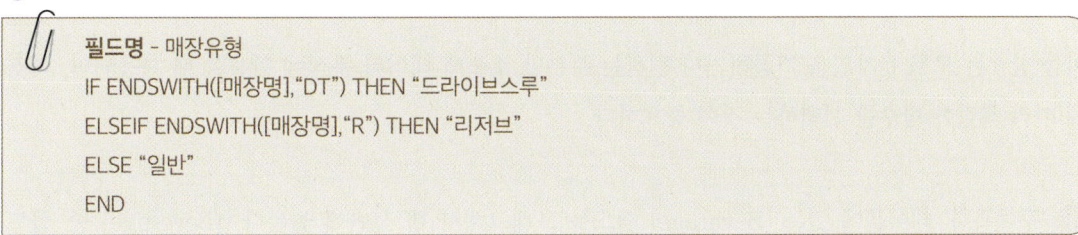

필드명 - 매장유형
IF ENDSWITH([매장명],"DT") THEN "드라이브스루"
ELSEIF ENDSWITH([매장명],"R") THEN "리저브"
ELSE "일반"
END

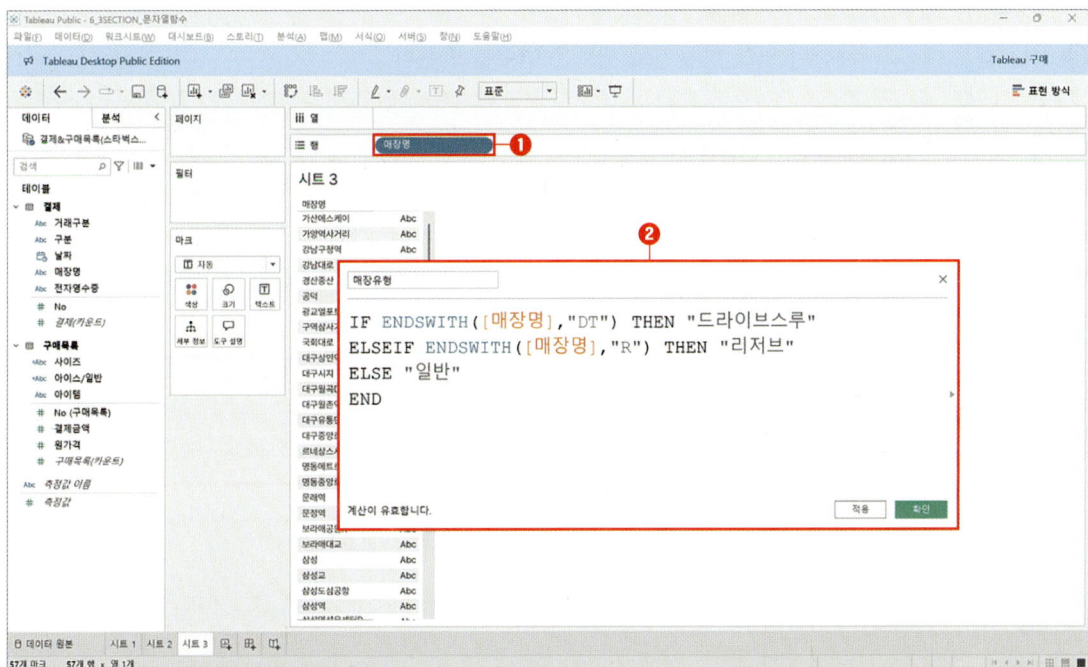

⑮ 결제 테이블에 새로 생성된 [매장유형] 필드를 드래그해서 행 선반의 [매장명] 필드 왼쪽에 배치한다. 매장유형에 따라 '드라이브스루', '리저브', '일반'으로 그룹핑된 것을 확인할 수 있다.

02 | REPLACE & SPLIT & LEFT & MID & RIGHT

 스타벅스_결제&구매목록데이터.twbx

함수	의미
REPLACE	문자열 내 특정 문자를 다른 문자로 대체
SPLIT	문자열을 구분자를 기준으로 나누고 지정한 위치의 값을 반환
LEFT	문자열의 왼쪽부터 지정한 길이만큼 추출
MID	문자열의 특정 위치에서 시작해 원하는 범위 추출
RIGHT	문자열의 오른쪽 끝에서 지정한 길이만큼 추출

이들 함수는 모두 문자열을 가공하거나 원하는 부분만 추출해 데이터 분석에 활용할 때 사용되며, 목적에 따라 적절한 함수를 선택하는 것이 중요하다.

❶ '구매목록' 테이블에 있는 [Beverage] 필드를 드래그해서 행 선반에 놓는다. [Beverage] 중 '콜드 브루'라는 텍스트를 '콜드브루'로 변경하기 위해 텍스트 대체 함수인 REPLACE를 생성한다.

❷ 상단 분석 메뉴 → 계산된 필드 만들기로 새로운 변수를 만든다.

> 필드명 - Beverage_REPLACE
> REPLACE([Beverage], "콜드 브루", "콜드브루")

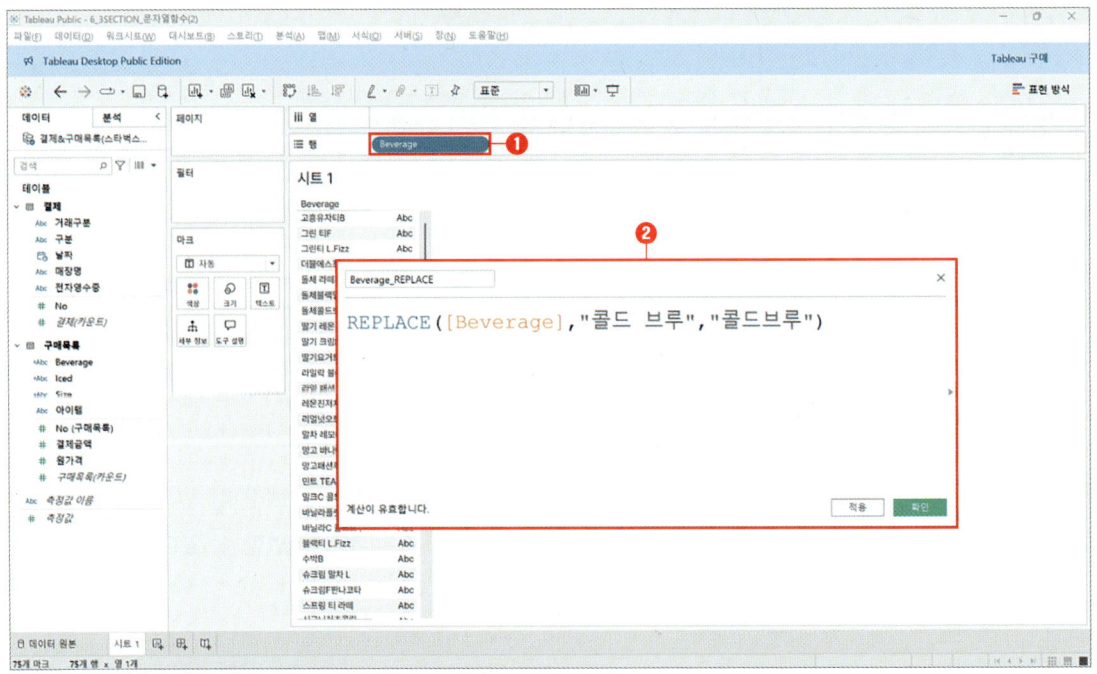

[Beverage_REPLACE] 필드를 드래그해서 행 선반의 [Beverage] 왼쪽에 배치한다. "콜드 브루" → "콜드브루", "콜드 브루 라떼" → "콜드브루 라떼", "콜드 브루 오트L" → "콜드브루 오트L"로 각각 변경된 것을 확인할 수 있다.

❹ 새 워크시트를 선택한다.
[아이템] 필드를 분할하여 [아이스&사이즈] 필드를 생성한 뒤, 다시 한번 분할하여 [아이스여부] 필드를 생성한다. 이때 텍스트 분할에는 SPLIT 함수를 활용한다.

❺ '구매목록' 테이블에 있는 [아이템] 필드를 드래그해서 행 선반에 놓는다.

❻ 상단 분석 메뉴 → 계산된 필드 만들기로 새로운 변수를 만든다.

> 필드명 - 아이스&사이즈
> SPLIT([아이템], ")", 1)

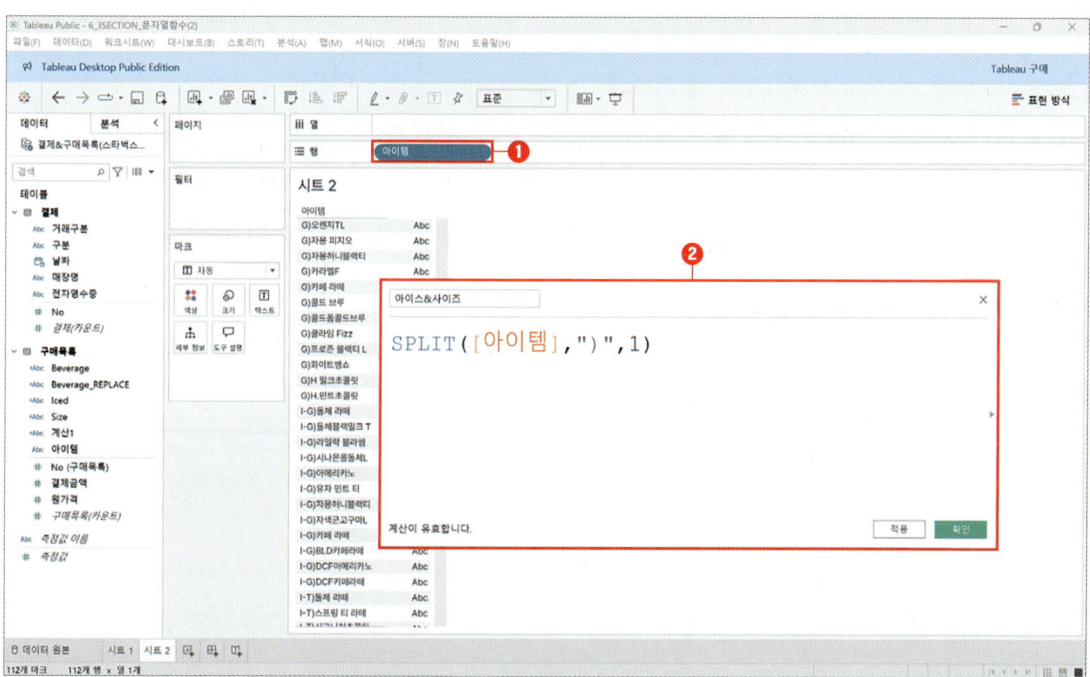

❼ [아이스&사이즈] 필드를 드래그해서 행 선반에 [아이템] 왼쪽에 배치한다.

❽ [아이스&사이즈] 필드에서 "I"가 있는지 아닌지 확인하기 위해 새로운 필드를 생성한다.

> 필드명 - 아이스여부
> SPLIT([아이스&사이즈], "-", -2)

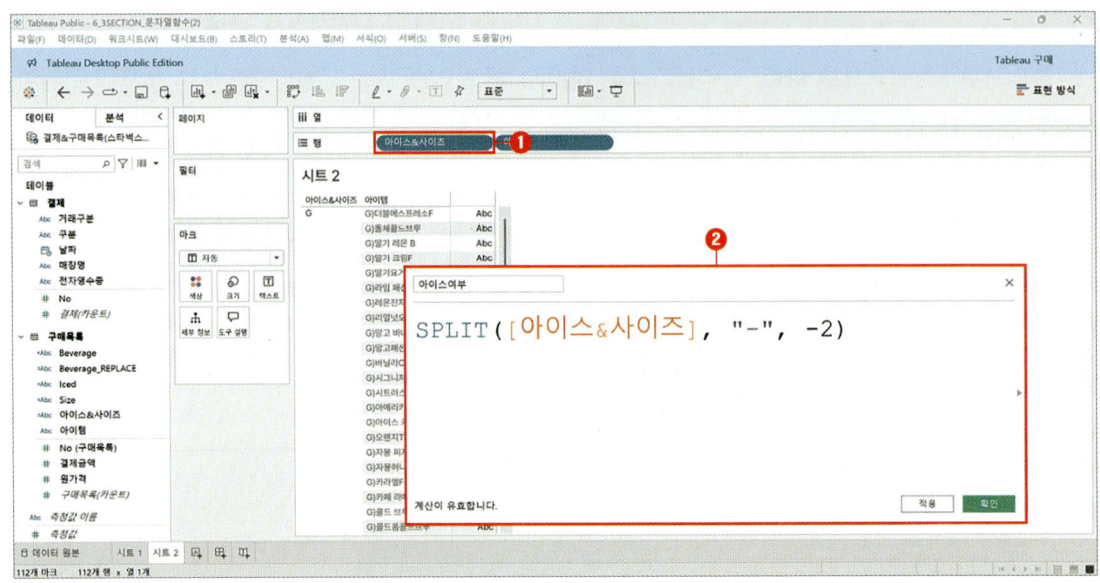

❾ [아이스여부] 필드를 드래그해서 행 선반에 [아이스&사이즈] 필드 왼쪽에 배치한다.

❿ 스크롤을 아래로 내려 [아이스여부]에는 아이스 음료에 해당하는 "I"가 보이는지 확인한다.

'날짜 및 시간' 유형의 [날짜] 필드에서 연도, 월, 일 데이터를 추출하기 위해 각각 LEFT, MID, RIGHT 함수를 활용한다. 본격적으로 추출을 진행하기 전에, 먼저 [날짜] 필드의 유형을 '날짜 및 시간'에서 '날짜'로 변경해야 한다.

⓫ 새 워크시트를 선택한다.

⓬ '결제' 테이블에 있는 '날짜 및 시간' 유형인 [날짜] 필드를 '날짜' 유형으로 변경하기 위해 새로운 필드를 만든다.

필드명 - 날짜_DATE
DATE([날짜])

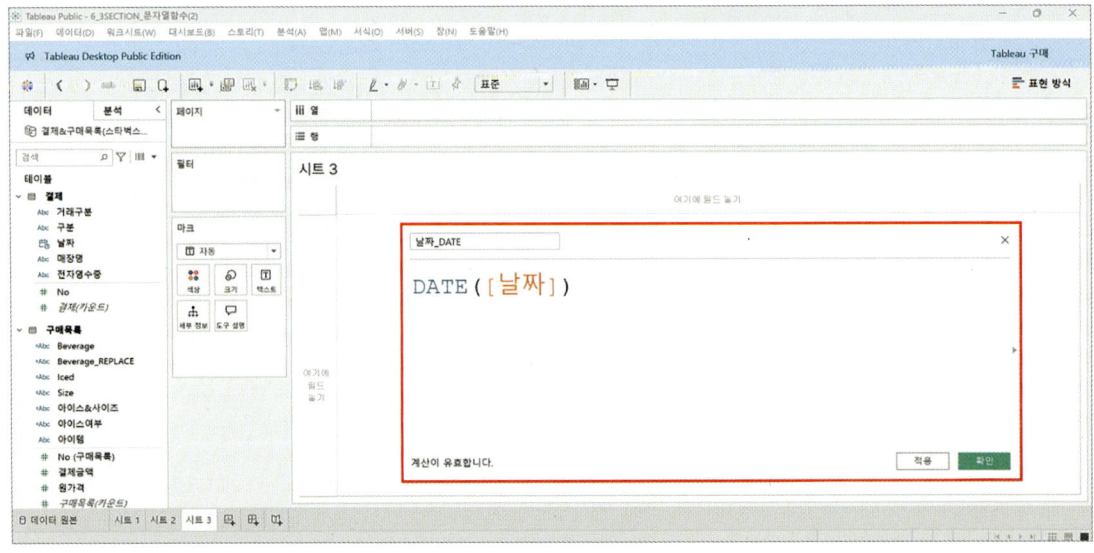

88　Part 2. 태블로 함수

⓭ [날짜_DATE] 필드를 마우스 오른쪽(Mac은 Option 키 + 마우스 왼쪽)으로 드래그해서 행 선반에 배치한다.

⓮ 필드 놓기 대화 상자에서 두 번째에 있는 '날짜_DATE(불연속형)'을 선택한다. [날짜_DATE]는 연도 4자리, 월 2자리, 일 2자리로 구성되어 있다.

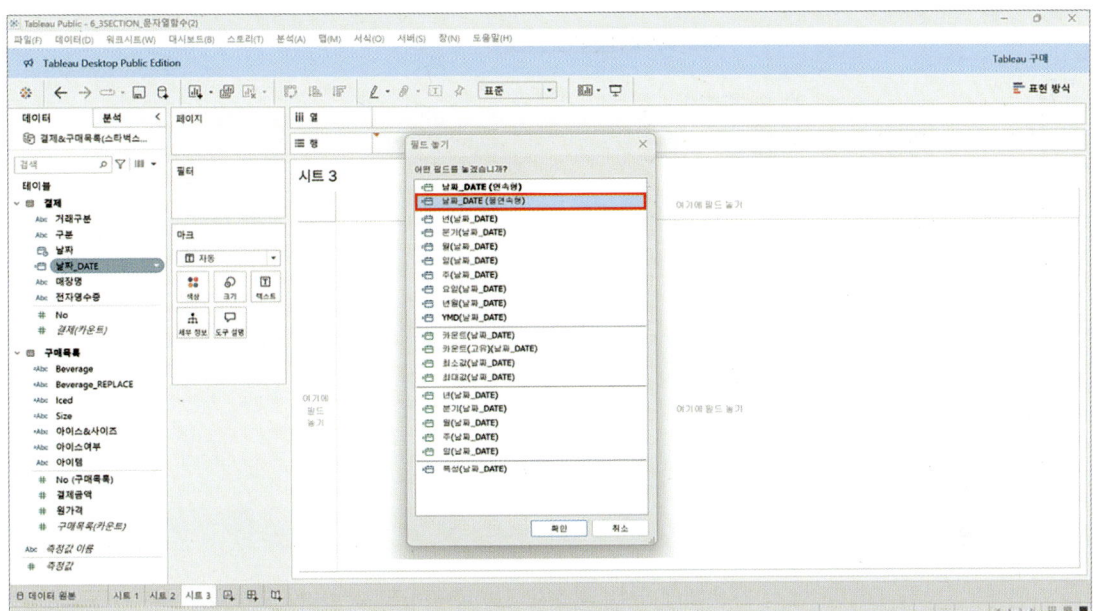

⓯ 연도 4자리를 추출하기 위해 다음과 같이 계산식을 만든다.

> 필드명 - 날짜_LEFT연도
> LEFT(STR([날짜_DATE]), 4)

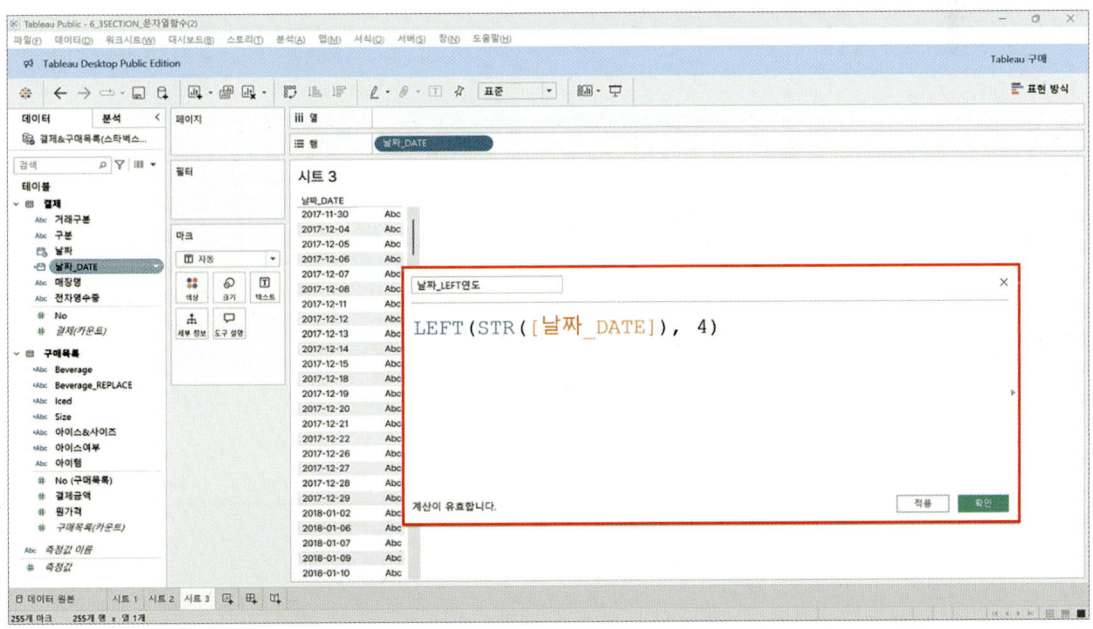

⑯ [날짜_LEFT연도] 필드를 드래그해서 행 선반의 [날짜_DATE] 필드 오른쪽에 배치한다. [날짜_DATE] 중 앞에 4자리인 연도를 추출한 것을 확인할 수 있다.

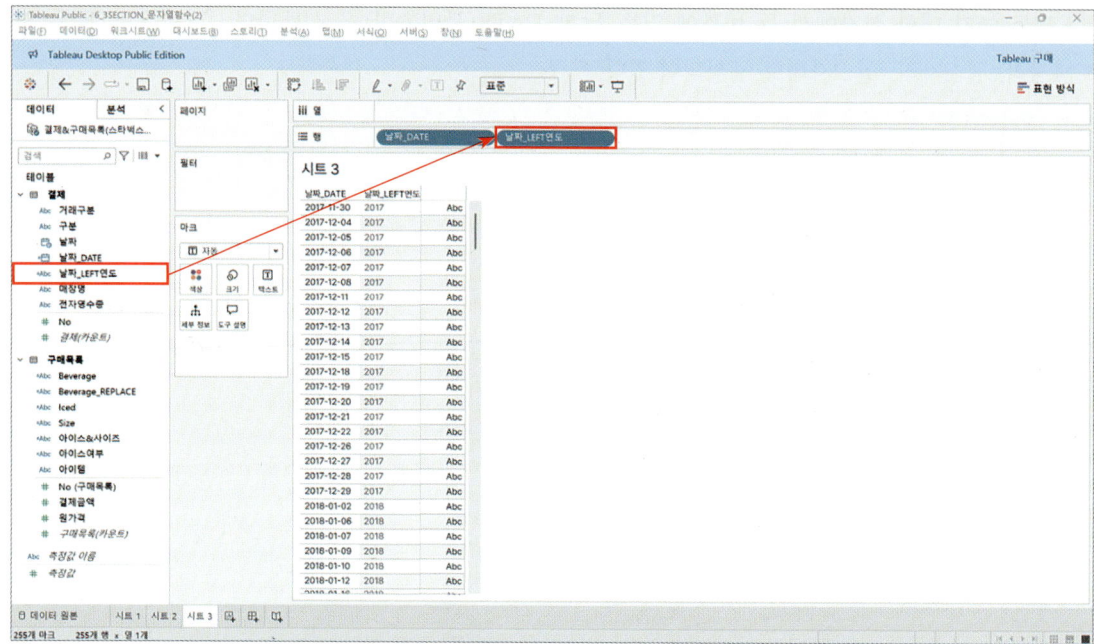

⑰ 이번에는 [날짜_DATE]에서 가운데에 있는 월 2자리를 추출하고자 한다. 상단 분석 메뉴 → 계산된 필드 만들기로 새로운 변수를 만든다.

필드명 - 날짜_MID_월
MID(STR([날짜_DATE]), 6, 2)

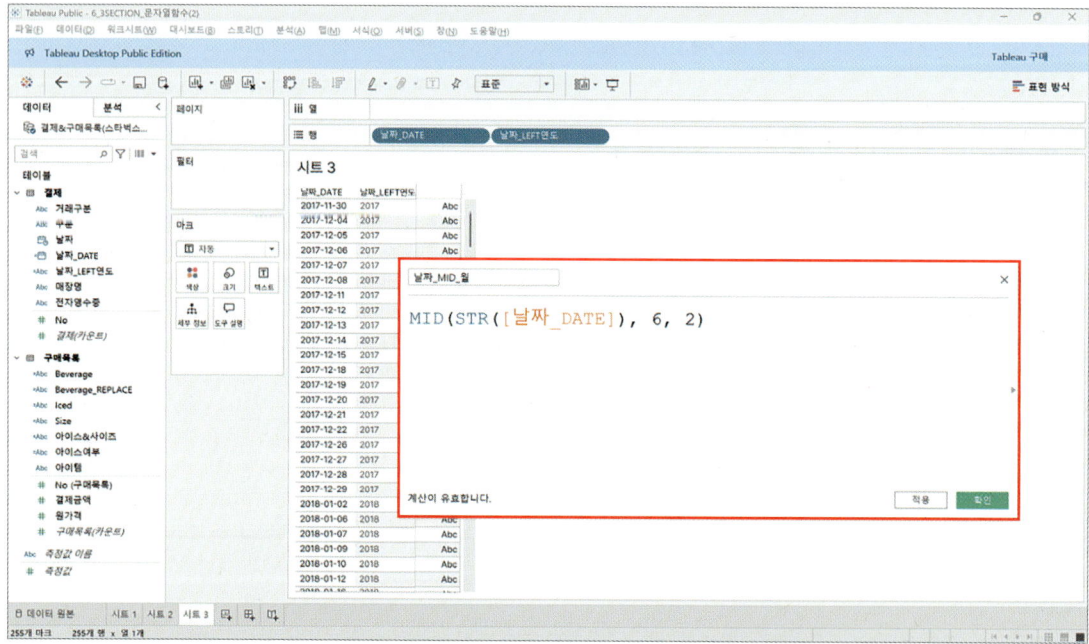

90 Part 2. 태블로 함수

⑱ [날짜_MID_월] 필드를 드래그해서 행 선반의 [날짜_LEFT연도] 필드 오른쪽에 배치한다. [날짜_DATE] 필드에서 가운데에 있는 2자리 월을 추출한 것을 확인할 수 있다.

이번에는 [날짜_DATE]에서 끝에 있는 일 2자리를 추출하고자 한다.

⑲ 상단 분석 메뉴 → 계산된 필드 만들기로 새로운 변수를 만든다.

필드명 - 날짜_RIGHT_일
RIGHT(STR([날짜_DATE]), 2)

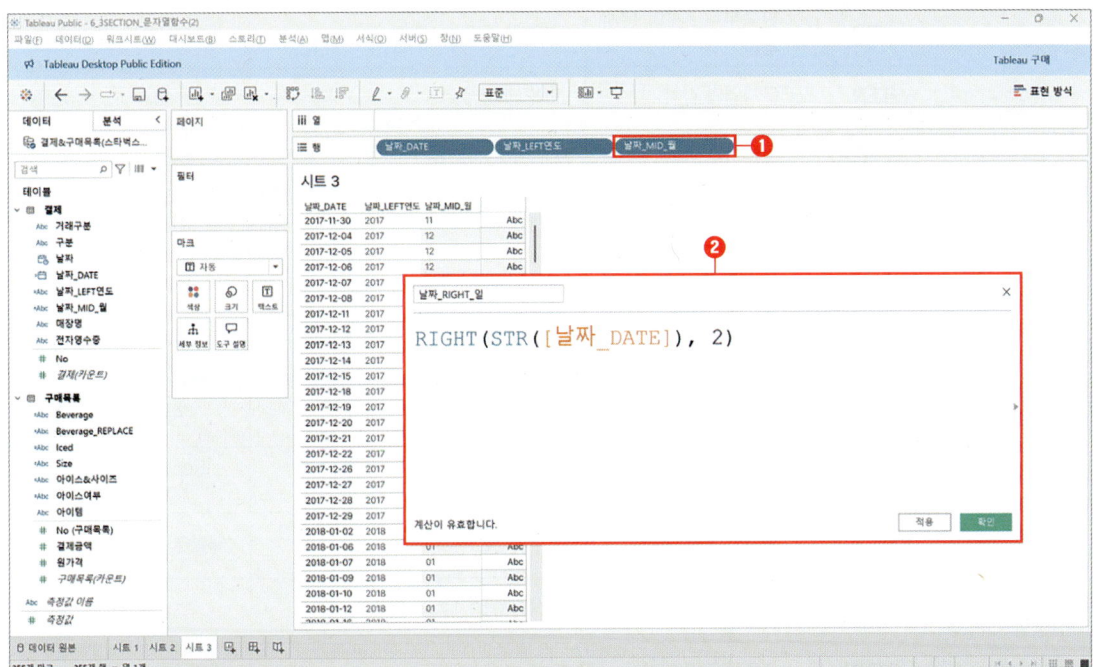

⑳ [날짜_RIGHT_일] 필드를 드래그해서 행 선반에 [날짜_MID_월] 필드 오른쪽에 배치한다. [날짜_DATE] 필드에서 끝에 있는 2자리 일을 추출한 것을 확인할 수 있다.

잠깐만요

함수	설명	예시	결과
CONTAINS	특정 문자열 포함 여부 (TRUE/FALSE)	CONTAINS("노트북 Pro", "Pro")	TRUE
ENDSWITH	특정 문자열로 끝나는지 확인	ENDSWITH("보고서.pdf", ".pdf")	TRUE
FIND	특정 문자열이 처음 나타나는 위치 반환	FIND("Tableau 시각화", "시")	9
FINDNTH	특정 문자열이 N번째로 나오는 위치 반환	FINDNTH("a,a,b,a", "a", 2)	3
LEFT	왼쪽부터 n개의 문자 추출	LEFT("서울특별시", 2)	"서울"
LEN	문자열의 길이	LEN("데이터")	3
LOWER	소문자로 변환	LOWER("Tableau")	"tableau"
LTRIM	왼쪽 공백 제거	LTRIM(" 데이터")	"데이터"
MAX	문자열 중 가장 큰 값 반환 (사전순)	MAX("Apple", "Banana")	"Banana"
MID	지정 위치에서 n개 문자 추출	MID("ABCD", 2, 2)	"BC"
MIN	문자열 중 가장 작은 값 반환 (사전순)	MIN("Apple", "Tesla")	"Apple"
PROPER	각 단어의 첫 글자 대문자로	PROPER("republic of korea")	"Republic Of Korea"
REPLACE	문자열 일부 대체	REPLACE("태블로 온라인", "온라인", "클라우드")	"태블로 클라우드"
RIGHT	오른쪽부터 n개의 문자 추출	RIGHT("010-1234-5678", 4)	"5678"
RTRIM	오른쪽 공백 제거	RTRIM("빅스데이터 ")	"빅스데이터"
SPACE	지정한 개수의 공백 반환	SPACE(3)	" "
SPLIT	구분자로 나눈 뒤 특정 위치 반환	SPLIT("user@domain.go.kr", "@", 2)	"domain.go.kr"
STARTSWITH	특정 문자열로 시작하는지 확인	STARTSWITH("Samsung Electronics", "Samsung")	TRUE
TRIM	앞뒤 공백 제거	TRIM(" 시각화 ")	"시각화"
UPPER	대문자로 변환	UPPER("bigxdata")	"BIGXDATA"

SECTION 6 날짜 및 시간 함수

시계열 분석은 시간의 흐름에 따른 데이터 추이를 파악하는 데 활용되며, 비즈니스 데이터 분석의 핵심 요소다. 태블로에서는 날짜를 연도, 월, 일 등으로 세분화하거나 기간 차이 계산, 특정 시점 이동 등을 통해 정밀한 시계열 분석이 가능하다. 매출, 고객 수, KPI 등 주요 지표는 대부분 시간 흐름에 따라 비교되므로 시계열 분석은 필수적인 기능이다.

01 | YEAR & QUARTER & MONTH & DAY
📁 SEILOneCompany_Sales데이터.twbx

❶ [구매일자] 필드를 마우스 오른쪽으로 드래그해서 열 선반에 놓는다.
❷ 필드 놓기 대화 상자에서 불연속형 월(구매일자)을 선택한다.

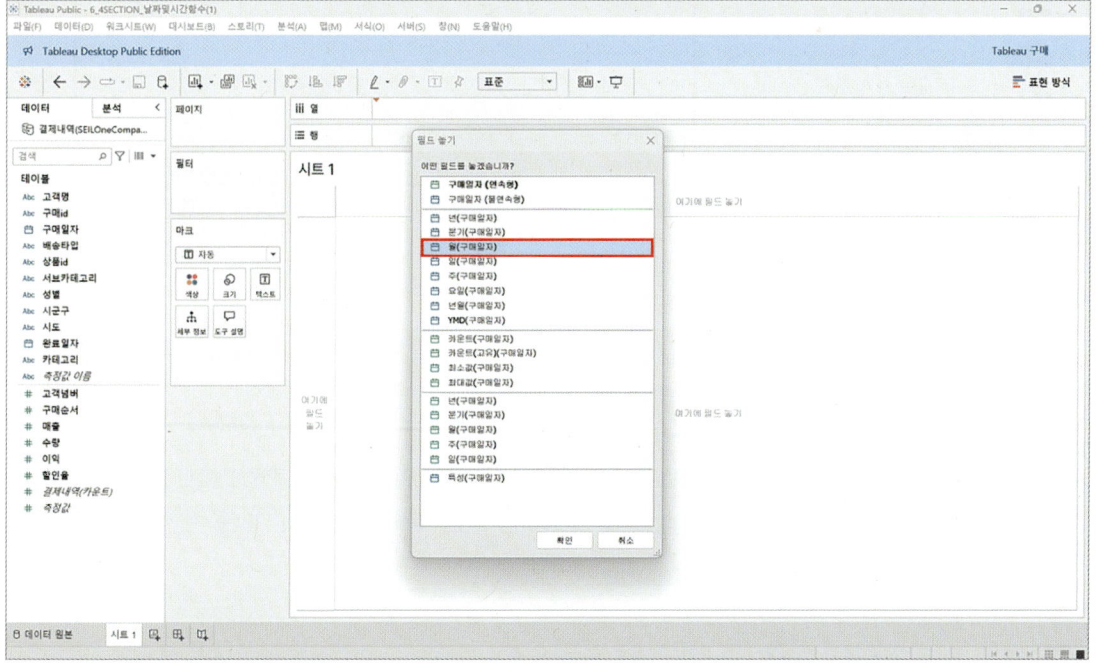

❸ '2024매출'이라는 계산된 필드를 만든다.

> 필드명 - 2024매출
> IF YEAR([구매일자]) = 2024 THEN [매출] END

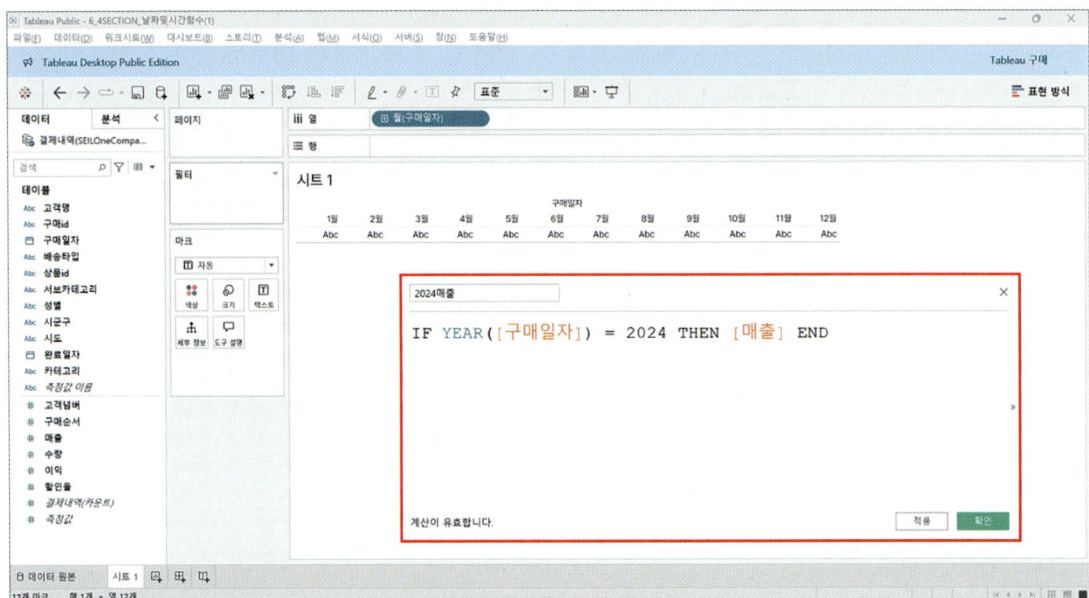

 ❹ '2025매출'이라는 계산된 필드를 만든다.

> 필드명 - 2025매출
> IF YEAR([구매일자]) = 2025 THEN [매출] END

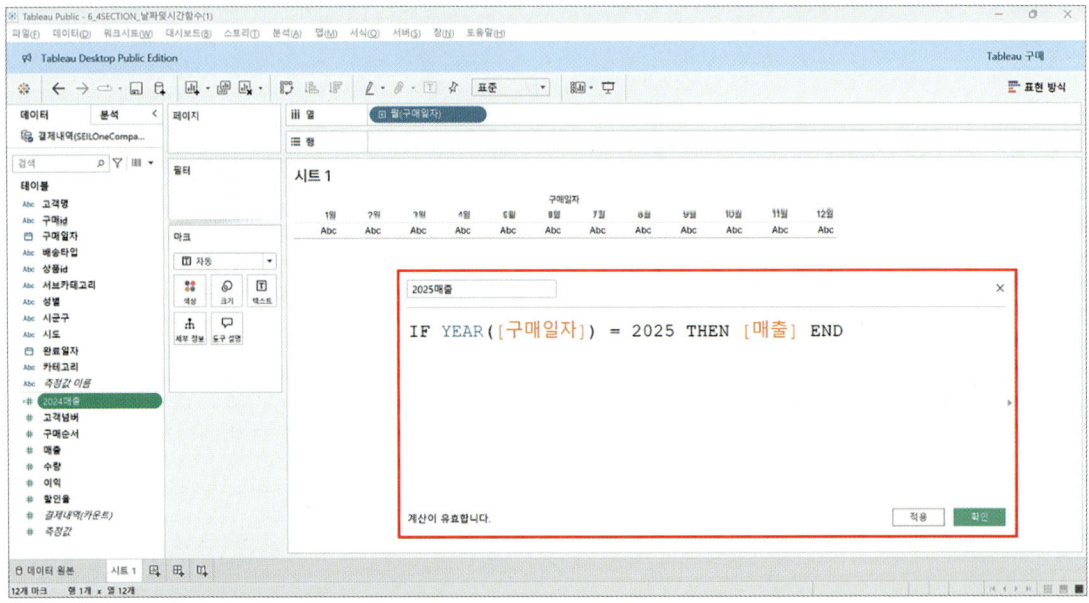

❺ [2024매출] 필드를 행 선반에 놓는다.

❻ [2025매출] 필드를 드래그해서 [2024매출] 축에 두어 결합된 축을 만든다.

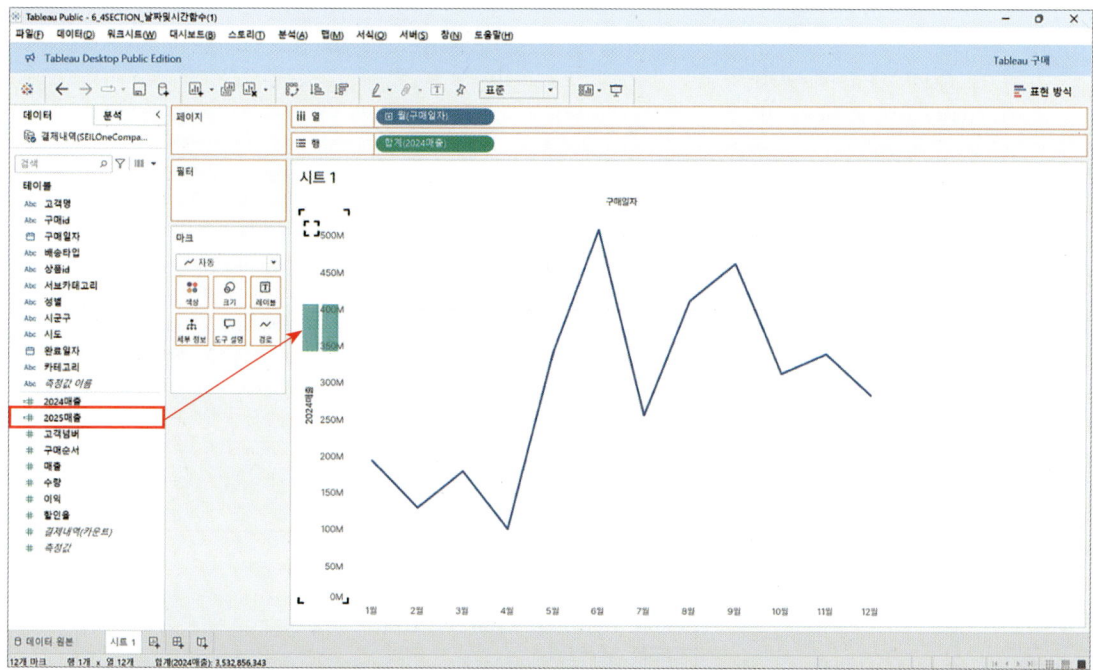

❼ 레이블 마크 → '마크 레이블 표시' → '라인 끝'을 선택한다. 각 연도별 연초와 연말의 매출을 비교할 수 있다.

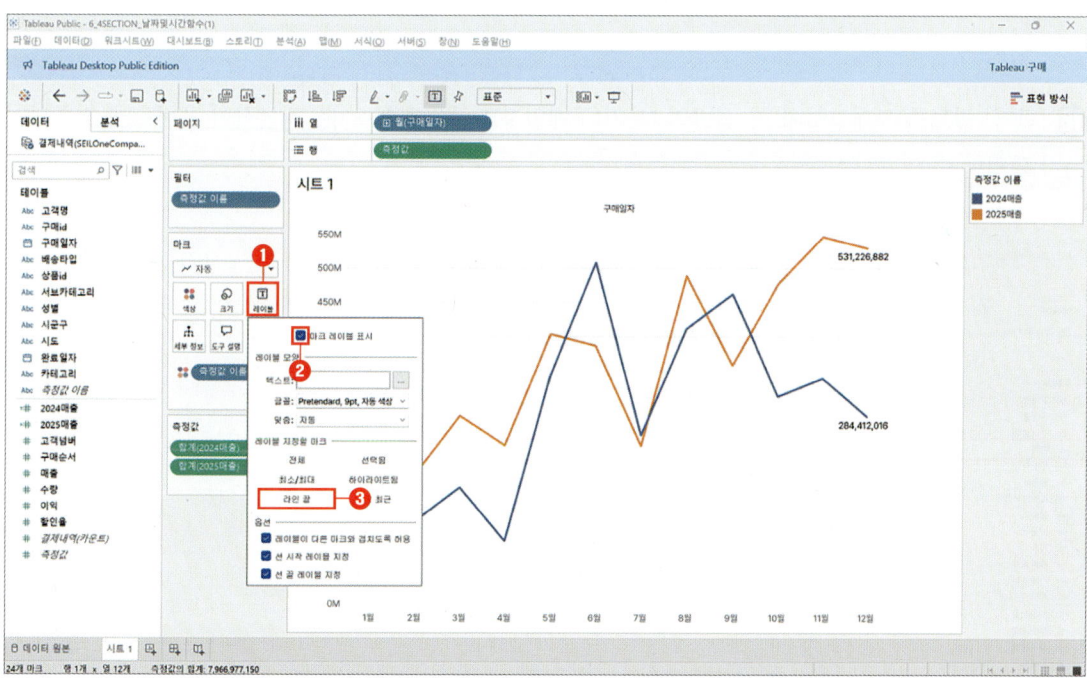

❽ 새 워크시트를 선택한다.

❾ [구매일자] 필드를 마우스 오른쪽으로 드래그해서 행 선반에 놓는다.

❿ 필드 놓기 대화 상자에서 불연속형 분기(구매일자)를 선택한다.

⓫ '반기'라는 계산된 필드를 생성한다.

필드명 - 반기
CASE QUARTER([구매일자])
　　WHEN IN(1,2) THEN "상반기"
　　ELSE "하반기"
END

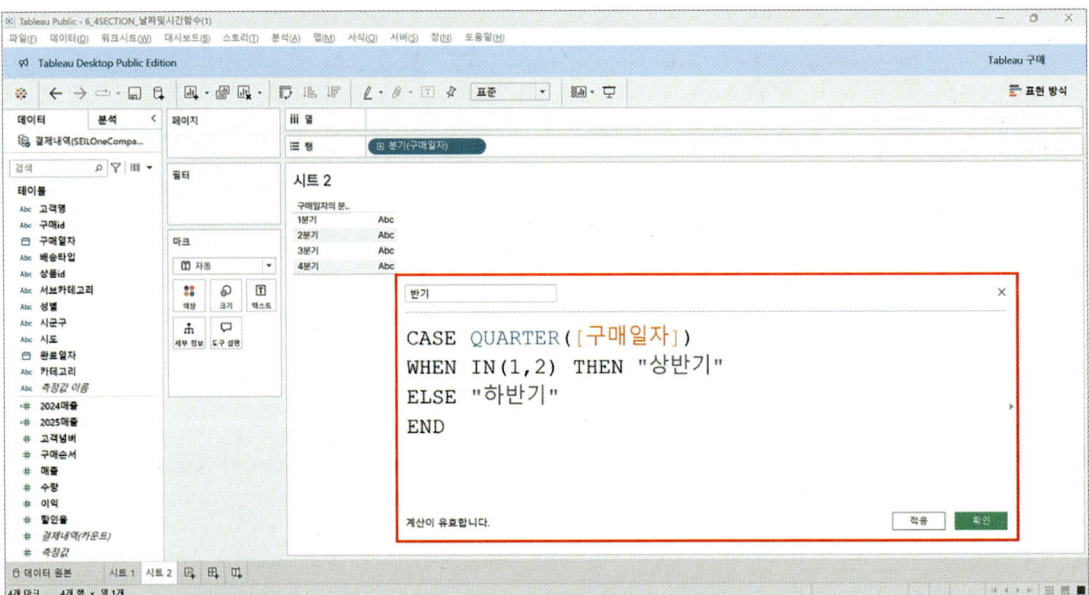

⓬ [반기] 필드를 드래그하여 행 선반의 [분기(구매일자)] 왼쪽에 놓으면, 계산식이 올바르게 적용되었는지 확인할 수 있다.

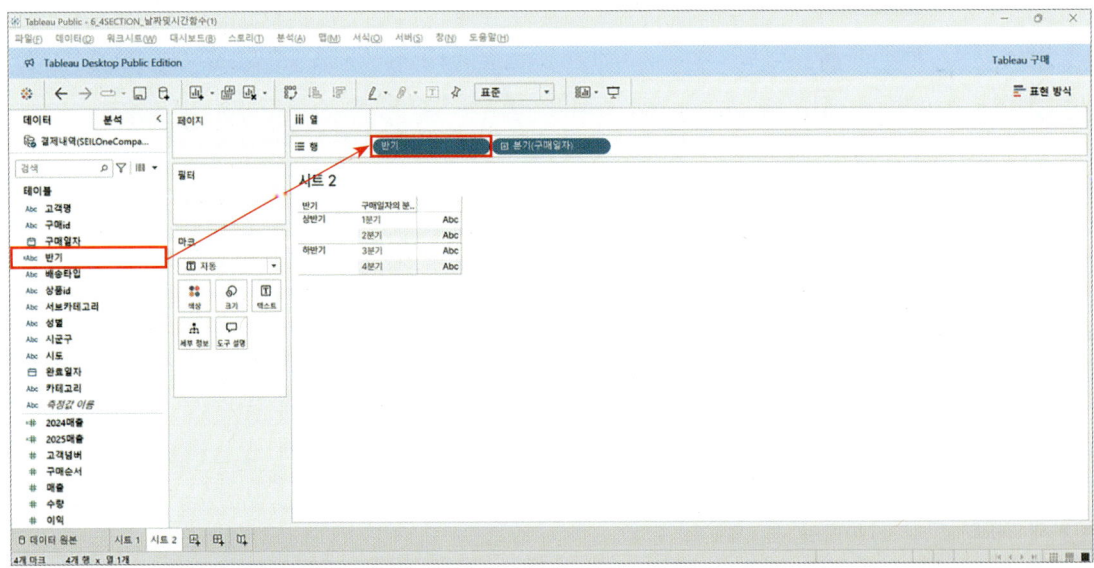

⓭ [매출] 필드를 텍스트 마크에 놓는다.

96　Part 2. 태블로 함수

⑭ 좌측 사이드 바를 '분석' 패널로 변경한 다음에 총계를 드래그해서 열 총합계 위에 놓는다.

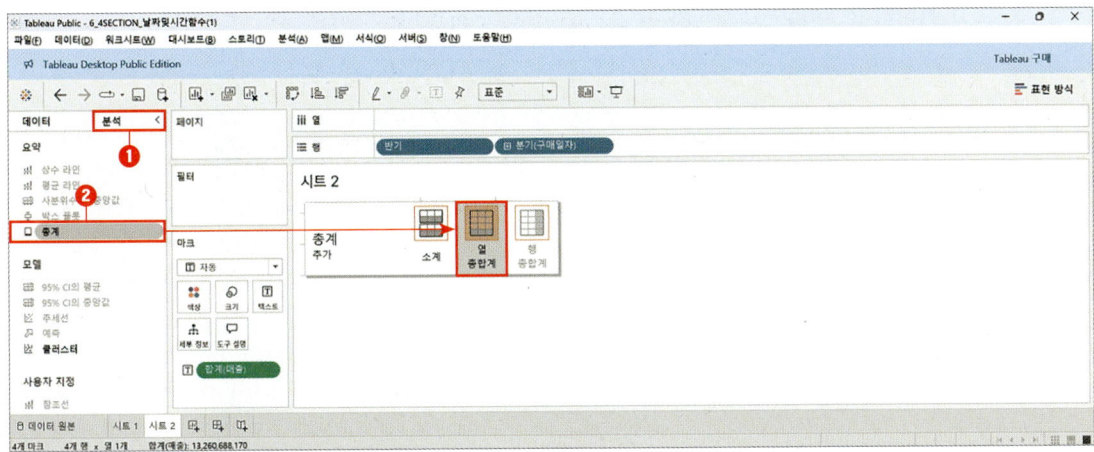

⑮ 좌측 사이드 바 '분석' 패널에서 총계를 드래그해서 '소계' 위에 놓으면 반기별 매출 총합을 확인할 수 있다.

⑯ 새 워크시트를 선택한다.

⑰ [구매일자] 필드를 마우스 오른쪽으로 드래그해서 열 선반에 놓는다.

⑱ 필드 놓기 대화 상자에서 불연속형 월(구매일자)을 선택한다.

⑲ '반기_MONTH'라는 계산된 필드를 생성한다.

필드명 - 반기_ MONTH
IF MONTH([구매일자]) < 7
    THEN "상반기"
    ELSE "하반기"
END

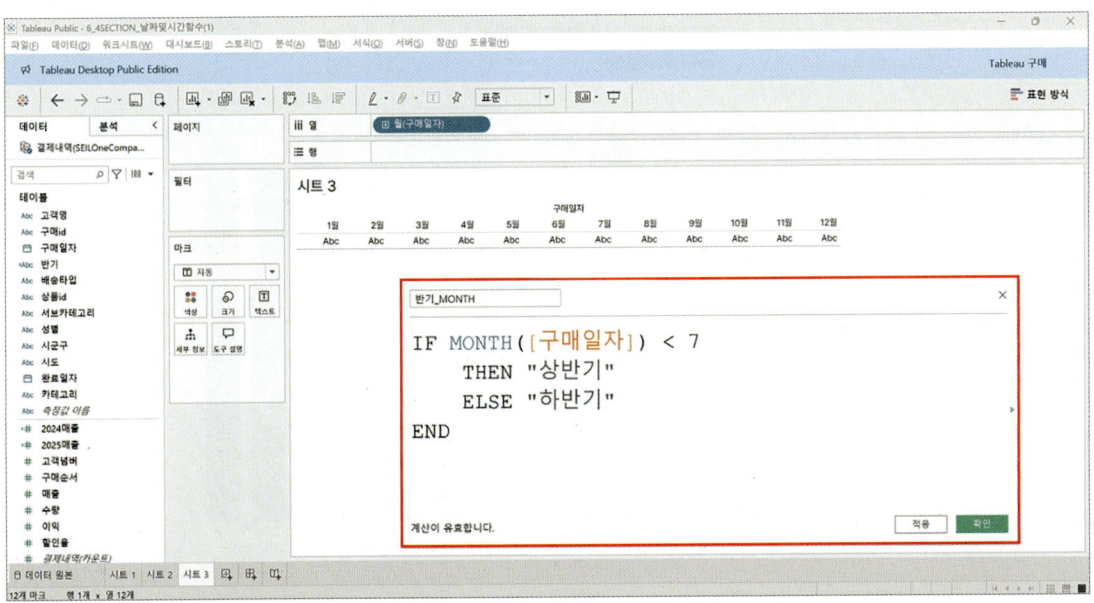

Chapter 4. 계산된 필드 만들기 97

㉠ [반기_MONTH] 필드를 드래그해서 열 선반의 [월(구매일자)] 왼쪽에 놓는다. 계산식이 올바르게 적용되었는지 확인할 수 있다.

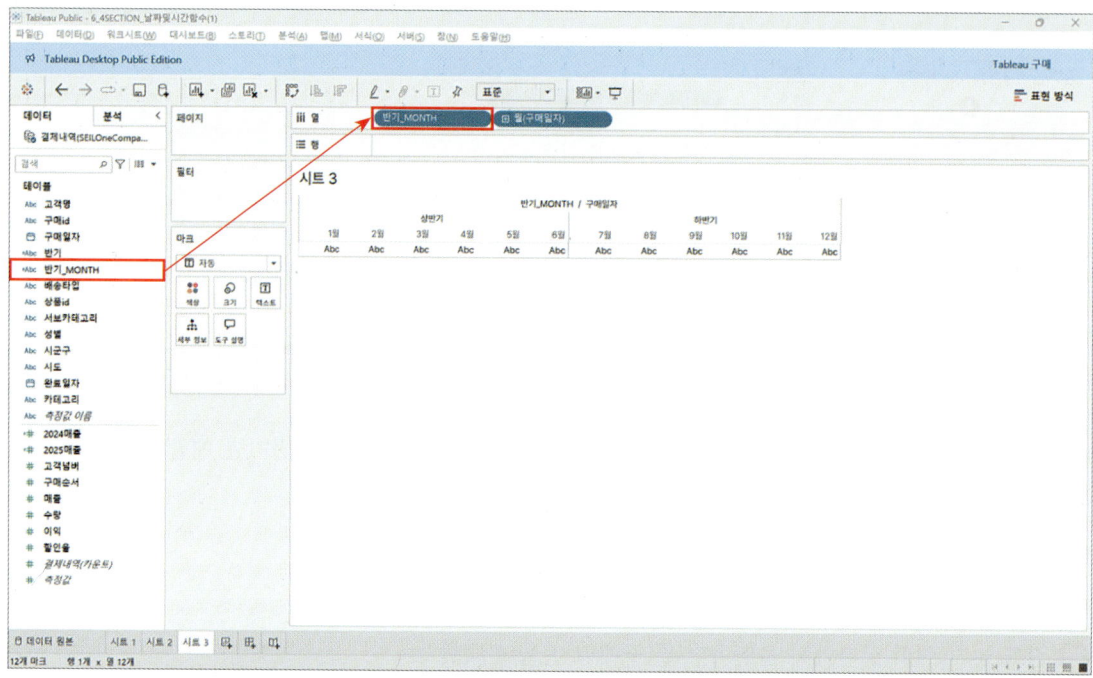

㉡ [매출] 필드를 드래그해서 행 선반에 놓는다.

㉢ 마크를 라인(자동) → 막대로 변경한다.

㉣ 좌측 사이드 바를 '분석' 패널로 변경한 다음에 평균 라인을 드래그해서 패널에 놓는다. 월별 합계 매출의 평균은 상반기보다 하반기가 높은 것을 볼 수 있다.

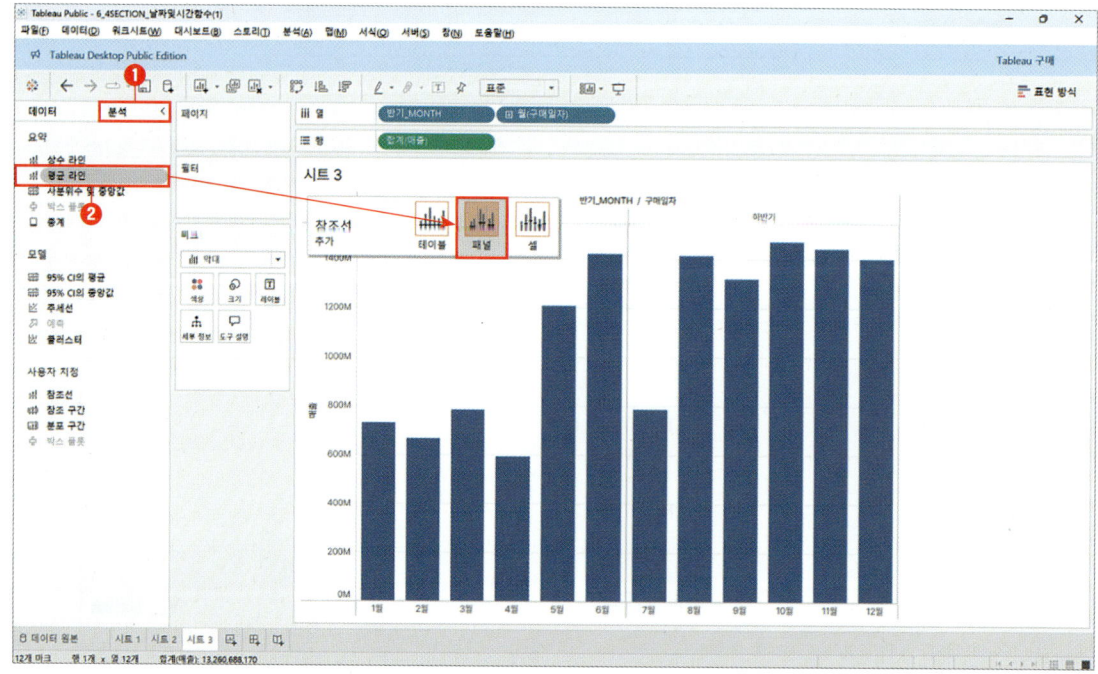

각 반기별 평균 라인 이상과 미만을 색상으로 구분하기 위한 계산식 '평균이상_TF'를 만든다.

> **필드명** - 평균이상_TF
> SUM([매출]) >= WINDOW_AVG(SUM([매출]))

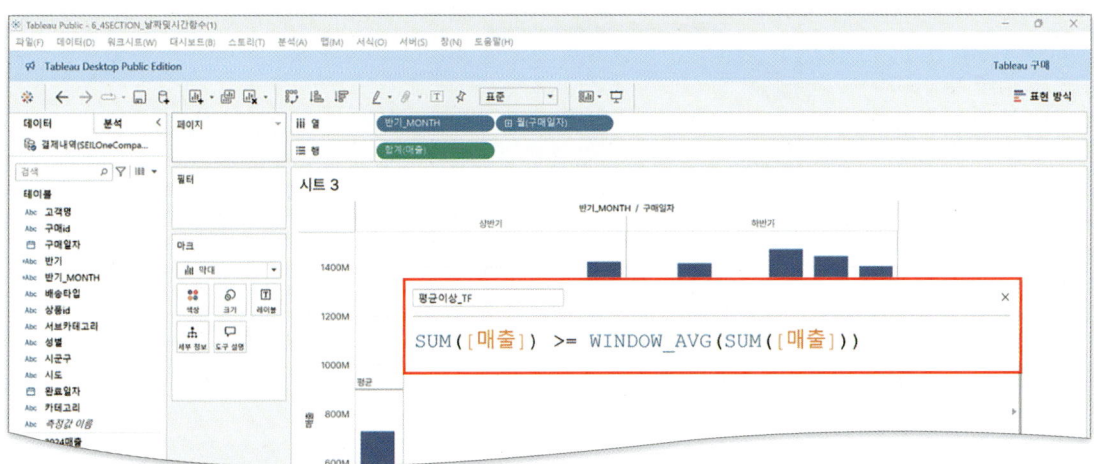

㉕ [평균이상_TF] 필드를 드래그해서 색상 마크에 놓으면, 평균 라인을 중심으로 상반기, 하반기의 결과를 확인할 수 있다.

㉖ 새 워크시트를 선택한다.

㉗ [구매일자] 필드를 마우스 오른쪽으로 드래그해서 열 선반에 놓는다.

㉘ 필드 놓기 대화 상자에서 불연속형 일(구매일자)을 선택한다.

㉙ '상순중순하순'이라는 계산된 필드를 만든다.

> **필드명** - 상순중순하순
> IF DAY([구매일자]) < 11 THEN "상순"
> ELSEIF DAY([구매일자]) < 21 THEN "중순"
> ELSE "하순"
> END

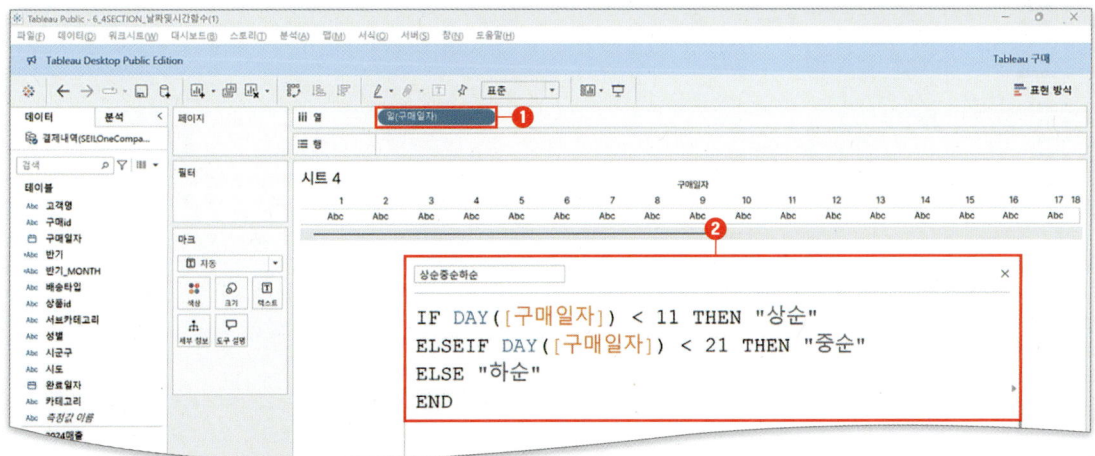

Chapter 4. 계산된 필드 만들기 99

30 [상순중순하순] 필드를 드래그해서 열 선반의 [일(구매일자)] 왼쪽에 놓는다. 필요하다면 툴바의 맞춤을 '너비 맞추기'로 설정해 계산식을 제대로 만들었는지 확인한다.

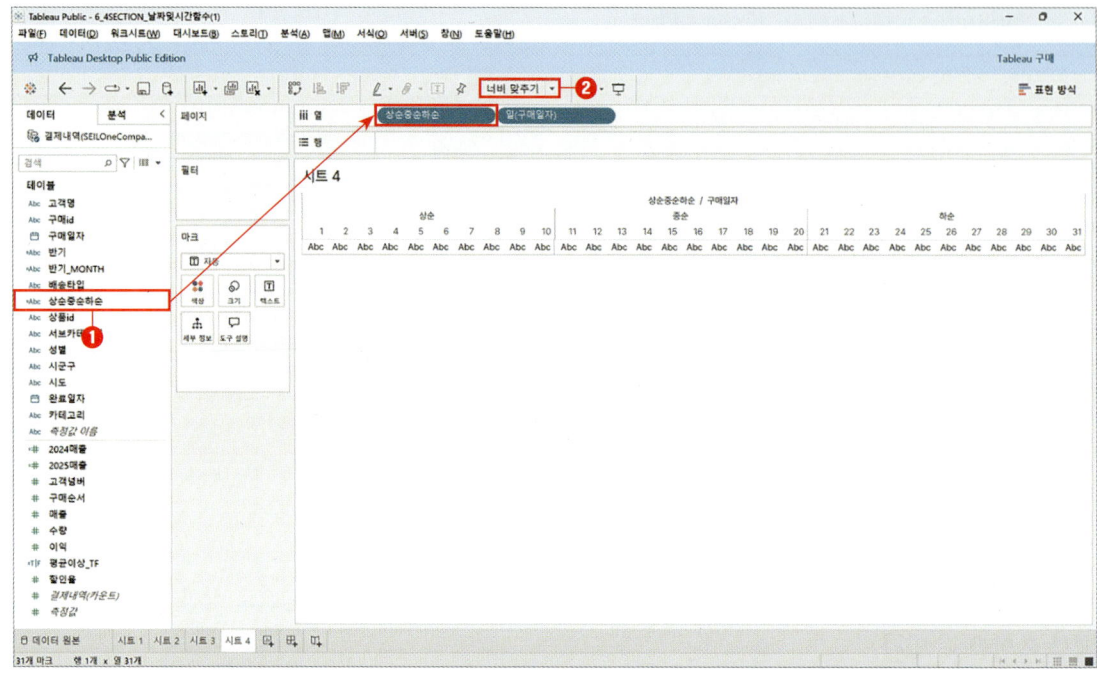

31 [매출] 필드를 드래그해서 행 선반에 놓는다.

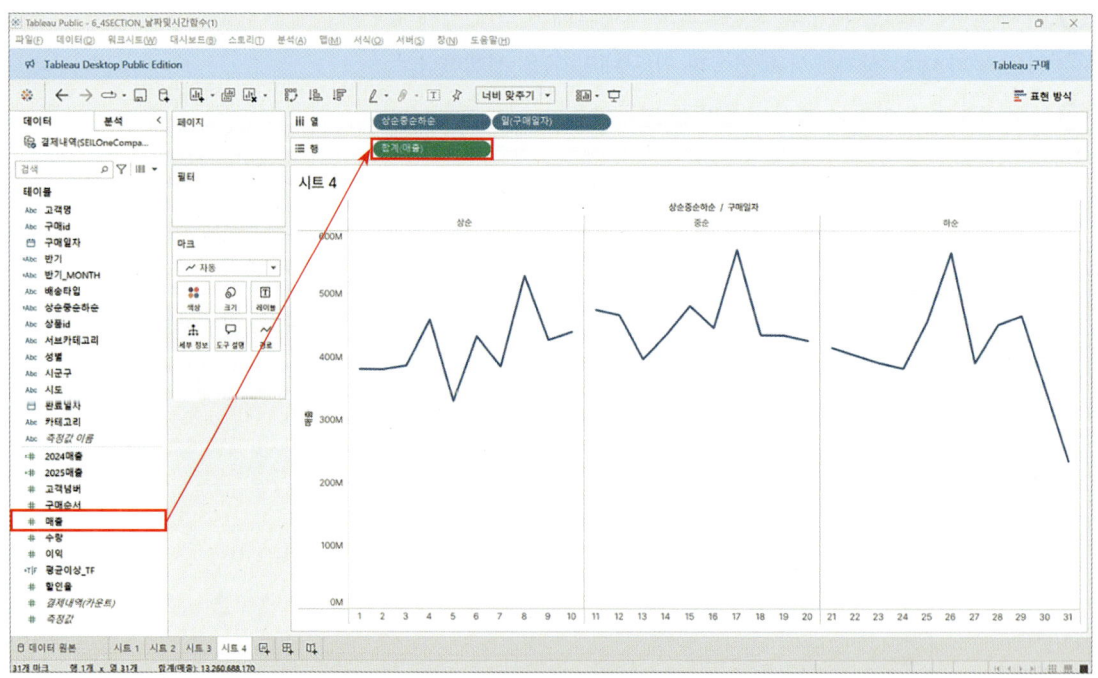

㉜ 레이블 마크 → 마크 레이블 표시를 선택하고 레이블 지정할 마크는 최소/최대, 범위는 패널로 설정한다.

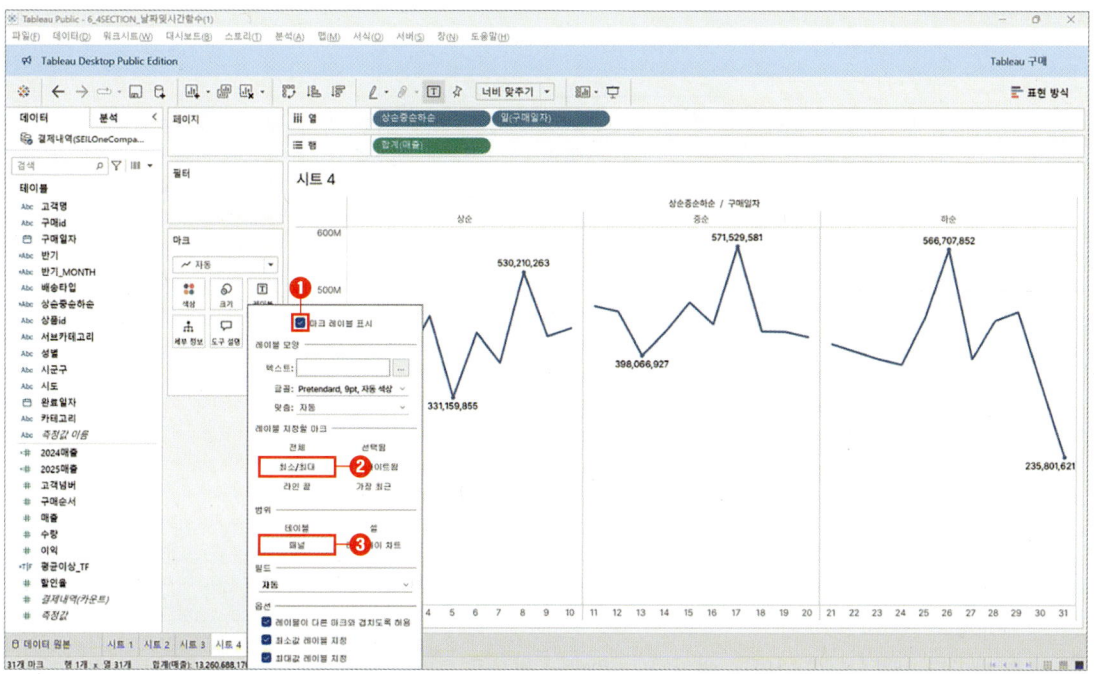

각 10일(순별) 중 매출이 많은 날과 적은 날을 별도 레이블로 표시할 수 있다.

㉝ 왼쪽 축에 마우스 우클릭 → 축 편집을 선택한다.

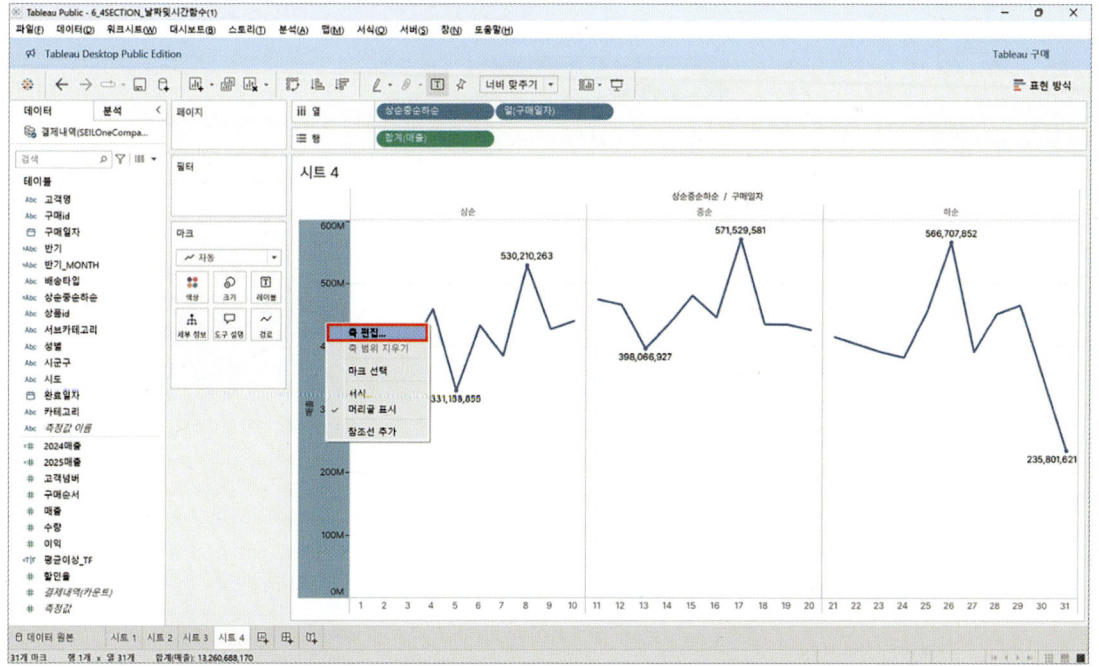

Chapter 4. 계산된 필드 만들기   101

㉞ '범위: 0 포함' 옵션의 체크를 해제한다.

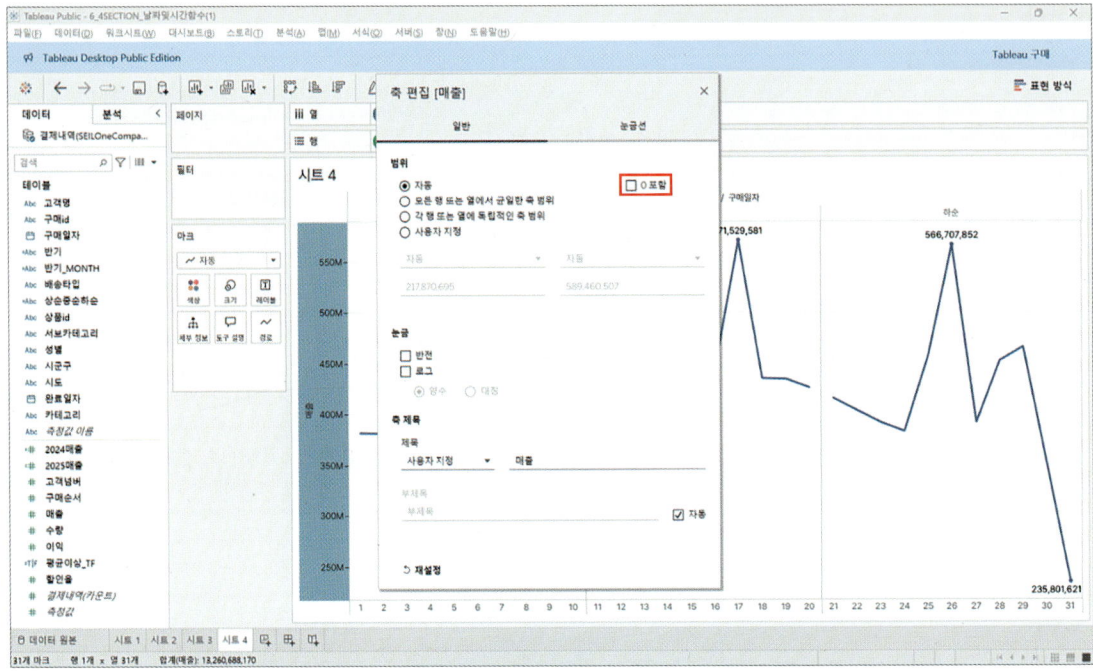

㉟ 좌측 사이드 바를 '분석' 패널로 변경한 다음에 추세선을 드래그해서 선형에 놓으면, 일별 매출 추이를 살펴볼 수 있다.

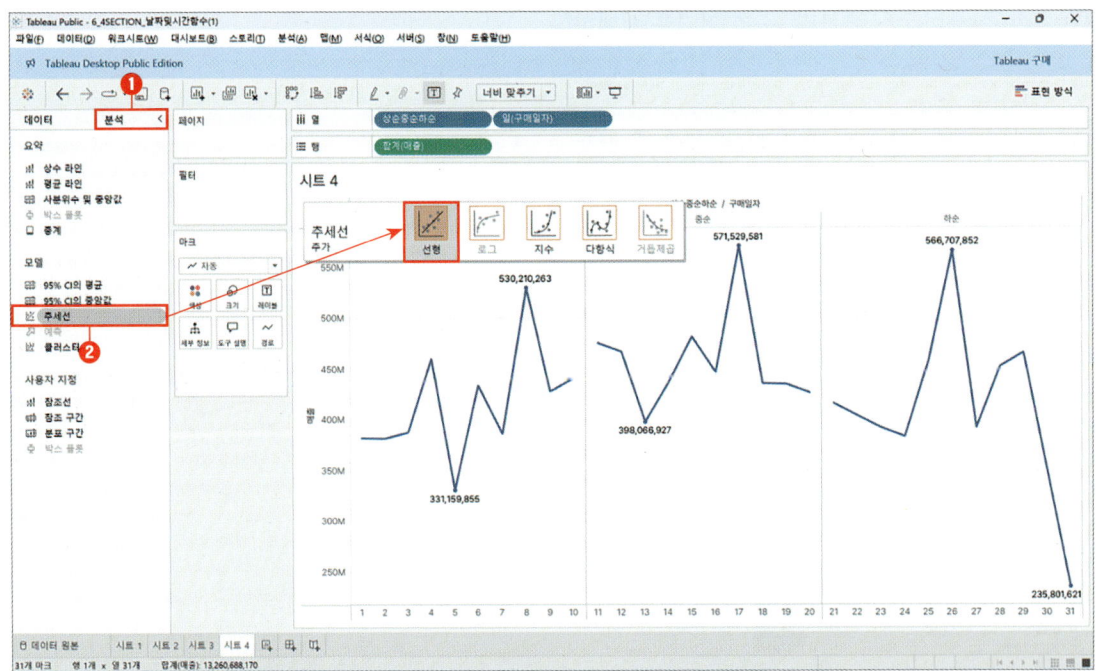

02 | DATEPARSE & DATE

📁 서울날씨_평균기온_2020_2024데이터.twbx

DATEPARSE 함수는 DATEPARSE("형식", [문자열필드]) 형태로 사용되며, 문자열을 지정한 형식(format)에 맞춰 날짜(Date) 또는 날짜 및 시간(Datetime) 유형으로 변환하는 함수다. 이 함수는 시간의 이동 흐름에 따른 추이를 분석하기 위해, 문자열로 되어 있는 데이터를 날짜 유형으로 바꿀 때 활용된다.

DATE 함수는 DATE([필드명]) 형태로 사용되며, 문자열, 숫자, 날짜 및 시간(Datetime) 등의 데이터를 날짜(Date) 유형으로 변환하는 함수다. 특히 DATEPARSE 함수를 사용하면 결과가 날짜 및 시간 유형으로 반환되는데, 이를 순수한 날짜 유형으로 바꾸기 위해 DATE 함수를 자주 활용한다.

❶ 차원에 있는 [연도], [월], [일] 필드를 순서대로 열 선반에 놓는다.
❷ [평균기온] 필드를 행 선반에 놓는다. [연도], [월], [일]이 각각 숫자 유형으로 존재하면 날짜를 유연하게 활용하거나 추이를 분석하기 어렵다. 따라서 이 세 가지 숫자형 필드를 조합해 하나의 날짜 유형으로 변환해야 한다.

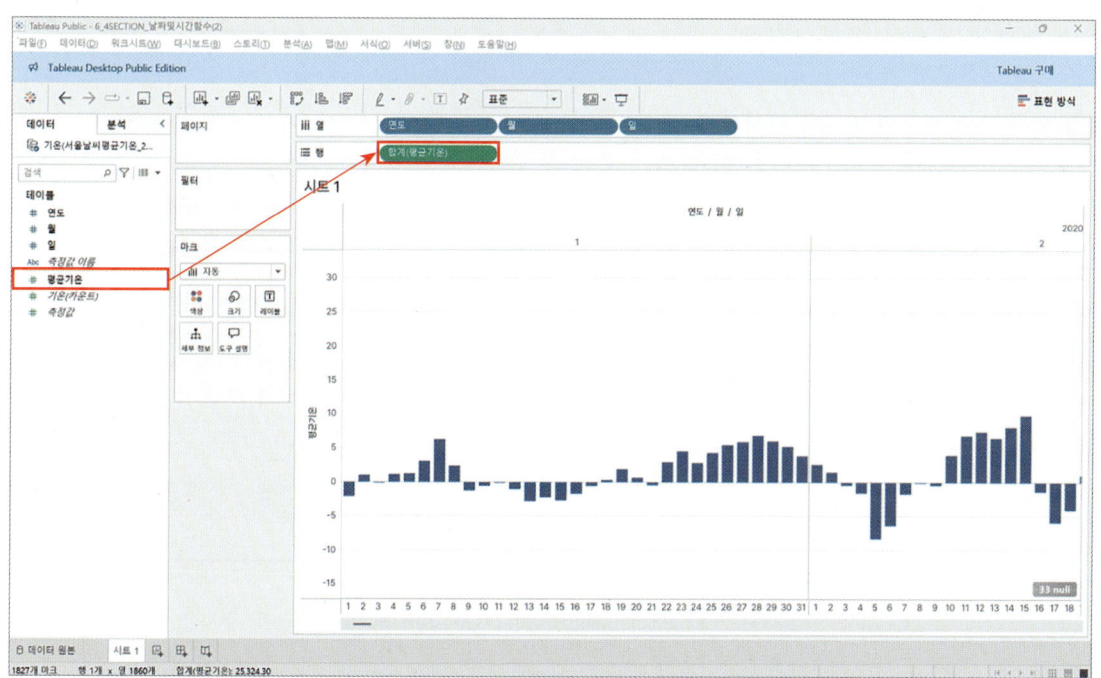

[연도], [월], [일] 필드가 모두 숫자형이므로, STR 함수를 사용해 문자열로 변환한 뒤 이를 이어붙이는 계산식을 만든다.

> 필드명 - 날짜_문자열
> STR([연도]) +"년" + STR([월]) +"월" + STR([일]) +"일"

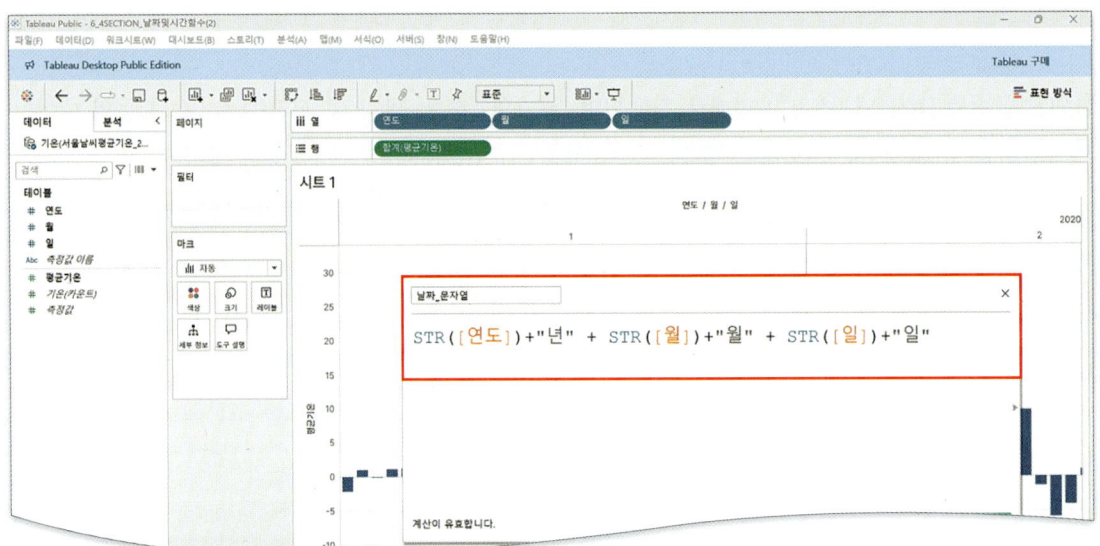

 '날짜'라는 계산된 필드를 생성한다.

> 필드명 - 날짜
> DATE(DATEPARSE('yyyy년M월d일', [날짜_문자열]))

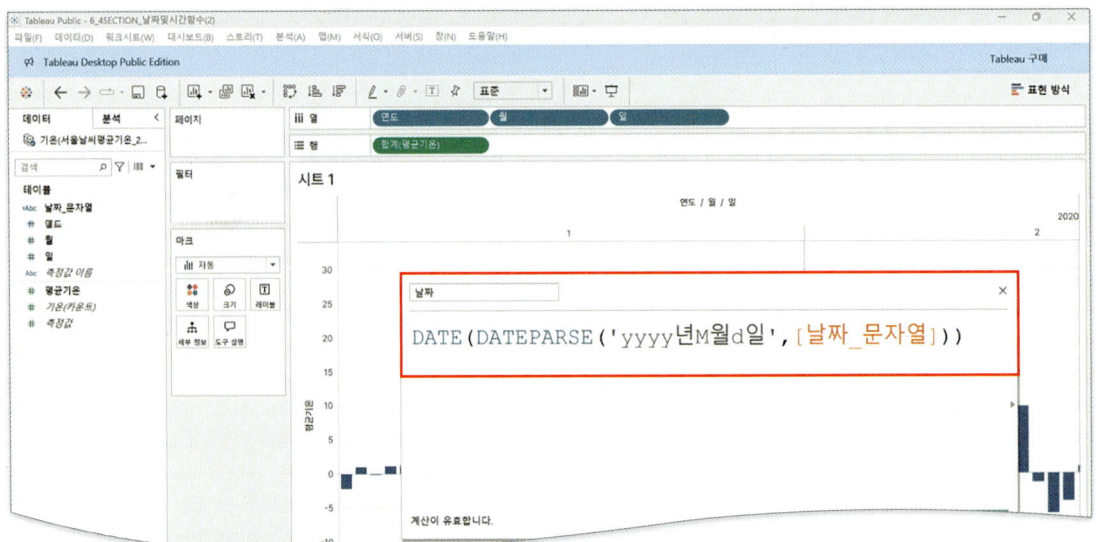

❺ 열 선반에 있던 [연도], [월], [일] 필드는 선반 밖으로 드래그해 제거한다.
❻ 새로 만든 [날짜] 필드를 열 선반에 놓는다.

❼ 뷰 우측 하단에 표시되는 '1개의 null'을 클릭한 후, '데이터 필터링'을 선택해 Null 값을 제거한다.

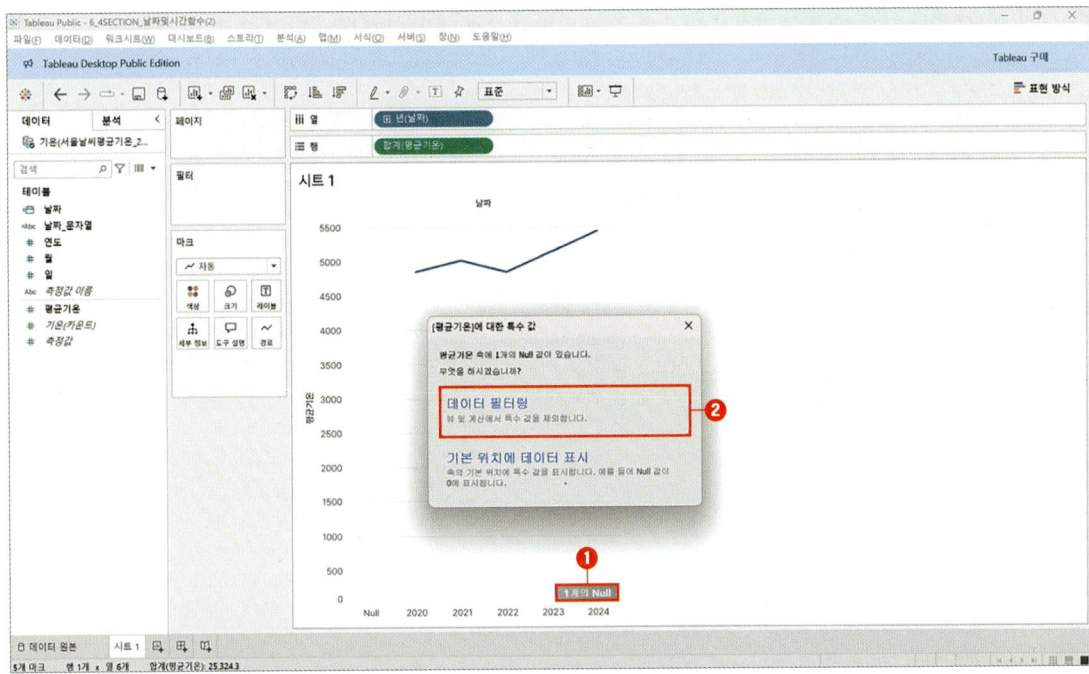

TIP [연도], [월], [일]을 문자열로 조합할 때 실제로 존재하지 않는 날짜(예 2월 30일, 6월 31일)는 날짜 유형으로 변환되지 않아 Null로 표시된다.

❽ 열 선반의 [년(날짜)] 필드 옆에 있는 [+] 아이콘을 클릭하면 '분기', [분기] 필드에서 다시 [+]를 누르면 '월', [월] 필드에서 [+]를 누르면 '일' 순으로 드릴다운할 수 있다.

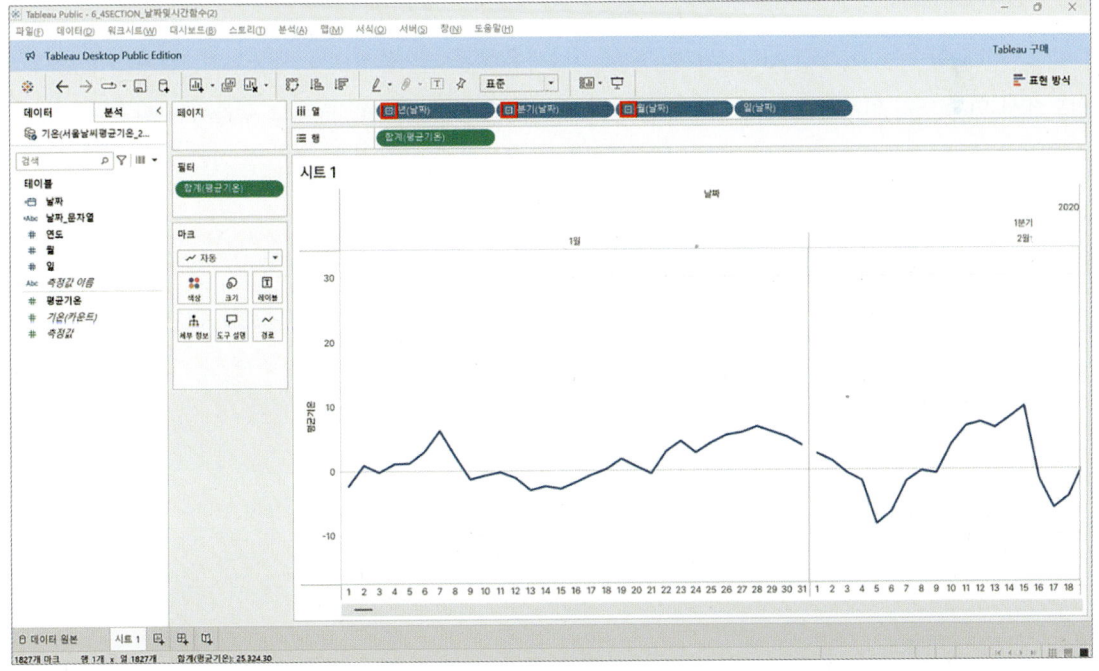

Chapter 4. 계산된 필드 만들기 105

⑨ 열 선반에는 [월(날짜)]만 남기고 다른 필드는 삭제한다.

⑩ 행 선반에 있는 [합계(평균기온)] 필드를 우클릭한 후 '측정값(합계)'를 '평균'으로 변경한다.

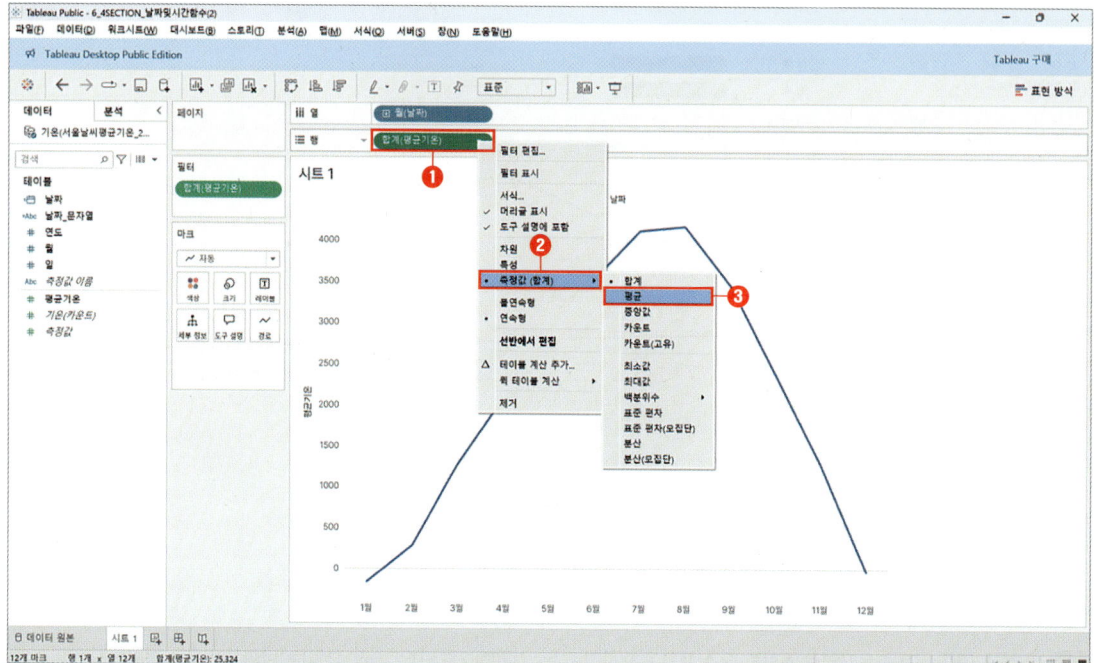

⑪ 행 선반의 평균(평균기온)을 Ctrl + 드래그하여 레이블 마크에 놓으면, 8월의 평균기온이 가장 높다는 것을 확인할 수 있다.

03 | DATEPART

DATEPART 함수는 DATEPART("날짜_부분", [날짜유형필드]) 형식으로 사용되며, 날짜(또는 시간) 필드에서 연도, 월, 일, 요일, 시간 등 특정 날짜 요소를 정수(Integer) 형태로 추출하는 함수다. 이 함수를 사용하면 날짜 필드 내 특정 부분을 숫자 값으로 변환하여 분석에 활용할 수 있다.

❶ '결제' 테이블의 [날짜] 필드를 행 선반에 드래그한다.

❷ [날짜] 필드의 [+] 아이콘을 눌러 '초'까지 드릴 다운이 가능한지 확인한다.

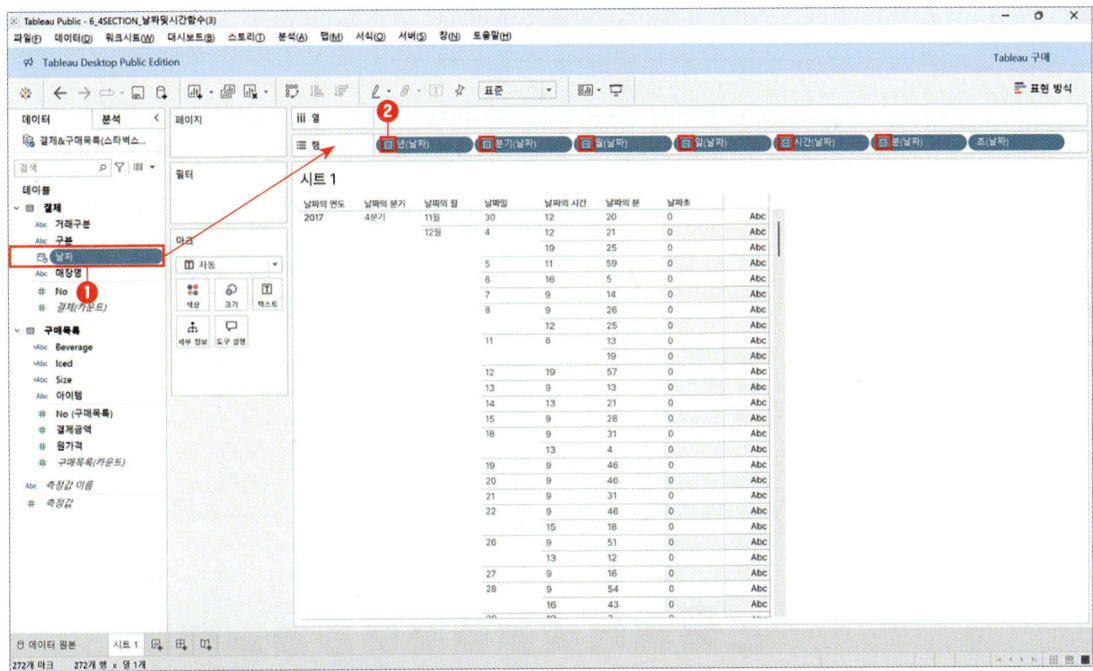

TIP 현재 [날짜] 필드에는 데이터가 '분'까지만 있기 때문에 초는 모두 0으로 표시된다.

❸ 행 선반의 [년(날짜)]부터 [초(날짜)]까지 Shift 키로 모두 선택한 뒤, 드래그하여 선반 밖으로 제거한다.

❹ 차원에 있는 [날짜] 필드를 마우스 오른쪽으로 드래그해서 열 선반에 놓는다.

❺ 필드 놓기 대화 상자에서 불연속형 시간(날짜) 항목을 선택한다.

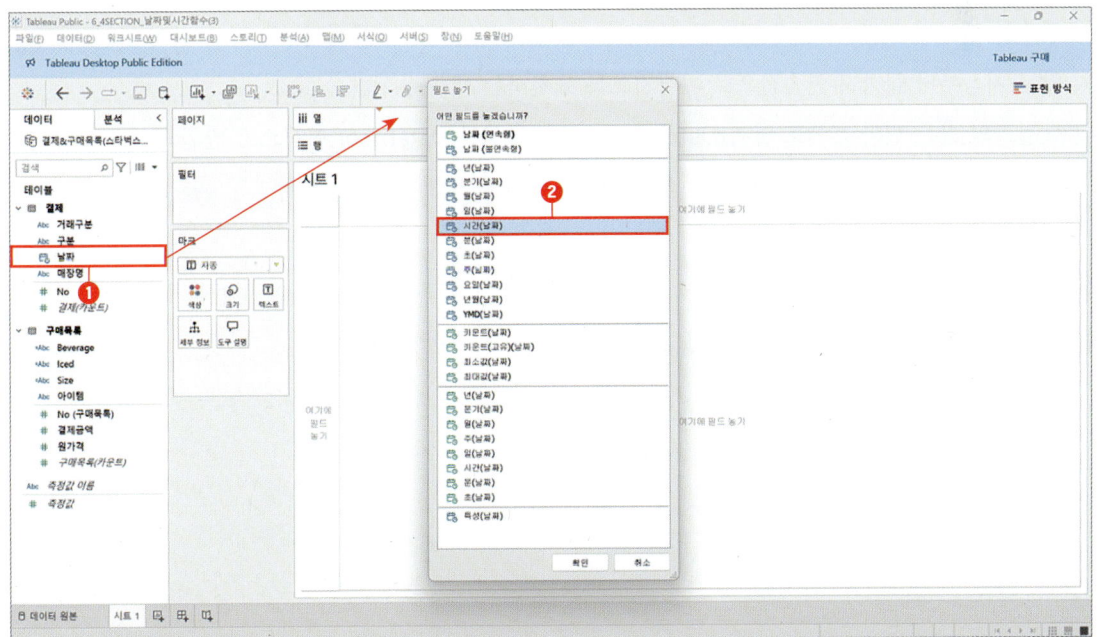

Chapter 4. 계산된 필드 만들기　107

❻ '결제' 테이블에 있는 [결제(카운트)]를 행 선반에 놓는다.

❼ 마크를 막대로 변경한다. 12시에 가장 많은 결제가 발생하는 것을 볼 수 있다.

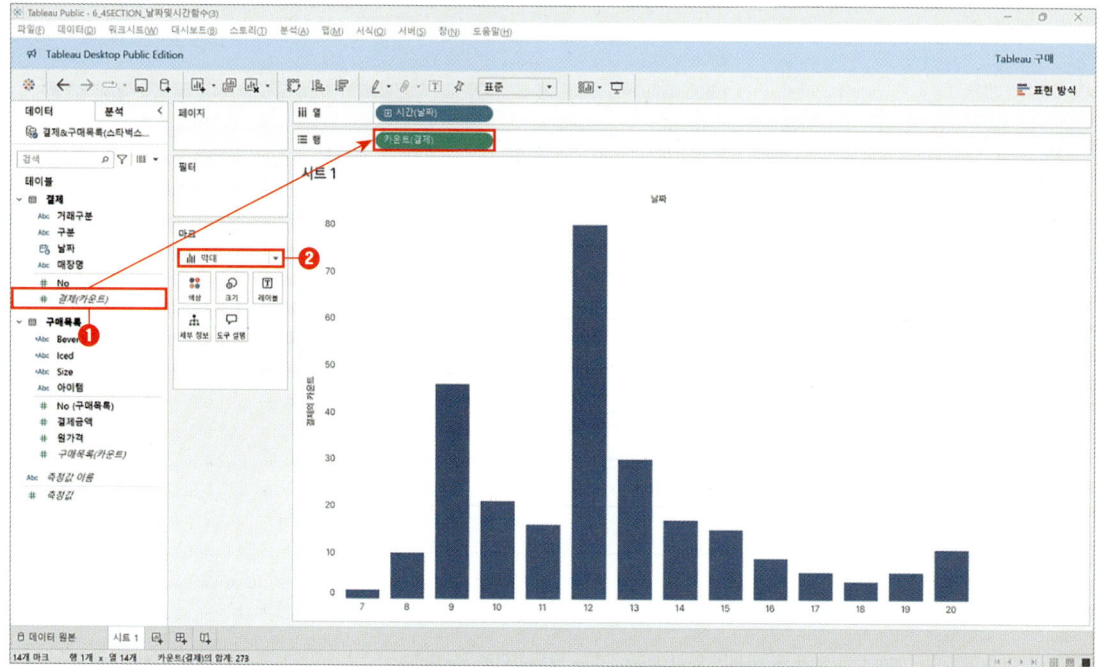

04 | DATETRUNC   📁 스타벅스_결제&구매목록데이터.twbx

DATETRUNC("날짜_부분", [날짜유형필드]) 함수는 날짜(Date)와 잘라내기(Truncate)의 개념이 결합된 함수로, 날짜 또는 시간 필드를 지정한 단위(예 연, 분기, 월, 주 등)까지 자른 뒤 해당 단위의 시작 시점으로 값을 변환하는 기능을 한다.

이 함수는 데이터 원본 내 날짜 필드를 연도, 분기, 월, 주 등으로 그룹화할 때, 각 구간이 중간에 끊기지 않고 처음부터 끝까지 연속적으로 이어지도록 표현하는 데 사용된다.

날짜 필드의 값은 변환 후에도 날짜(Date) 또는 날짜 및 시간(Datetime) 형식으로 반환되며, 시계열 데이터의 흐름을 일정한 단위로 나누어 분석하거나 누적 값을 구할 때 유용하다.

❶ '결제' 테이블의 측정값에 있는 [결제(카운트)] 필드를 드래그해서 행 선반에 놓는다.

❷ '결제' 테이블 차원에 있는 [날짜] 필드를 드래그해서 열 선반에 놓는다.

❸ 필드 놓기 대화 상자에서 연속형 년(날짜)를 선택한다.

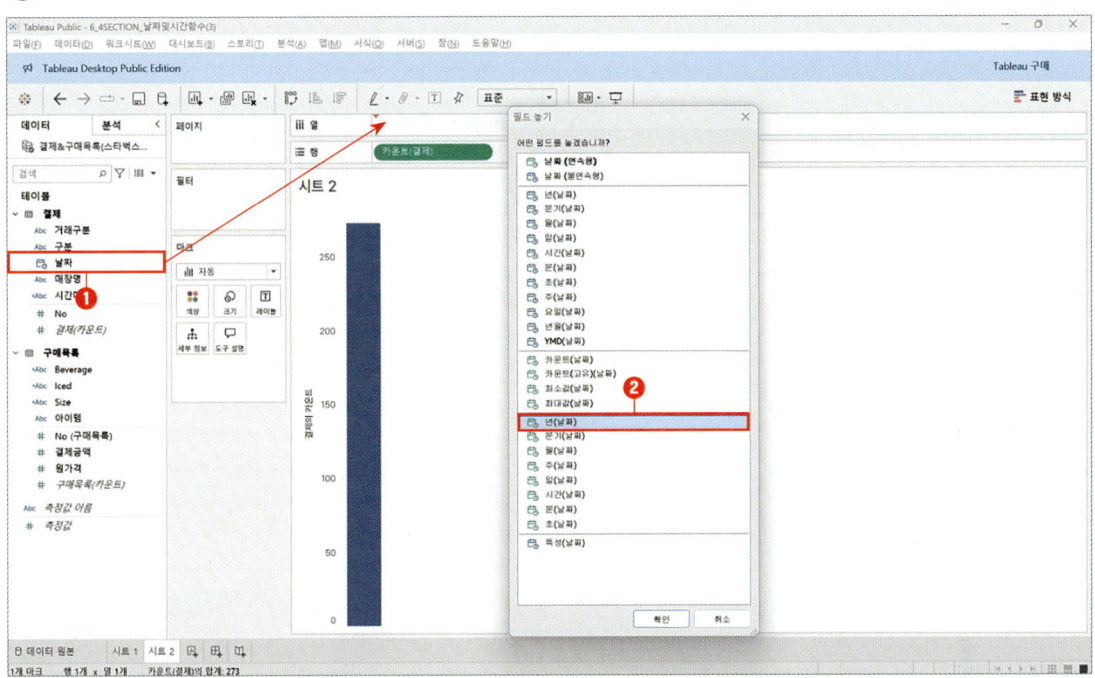

❹ 데이터 원본의 처음 연도인 2017년부터 마지막 연도인 2025년까지 중간에 라인이 끊어지지 않고 연결되어 표시된다. 열 선반에 있는 초록색 연속형 [년(날짜)] 필드를 더블 클릭하면, 내장된 계산식인 DATETRUNC('year', [날짜])를 확인할 수 있다.

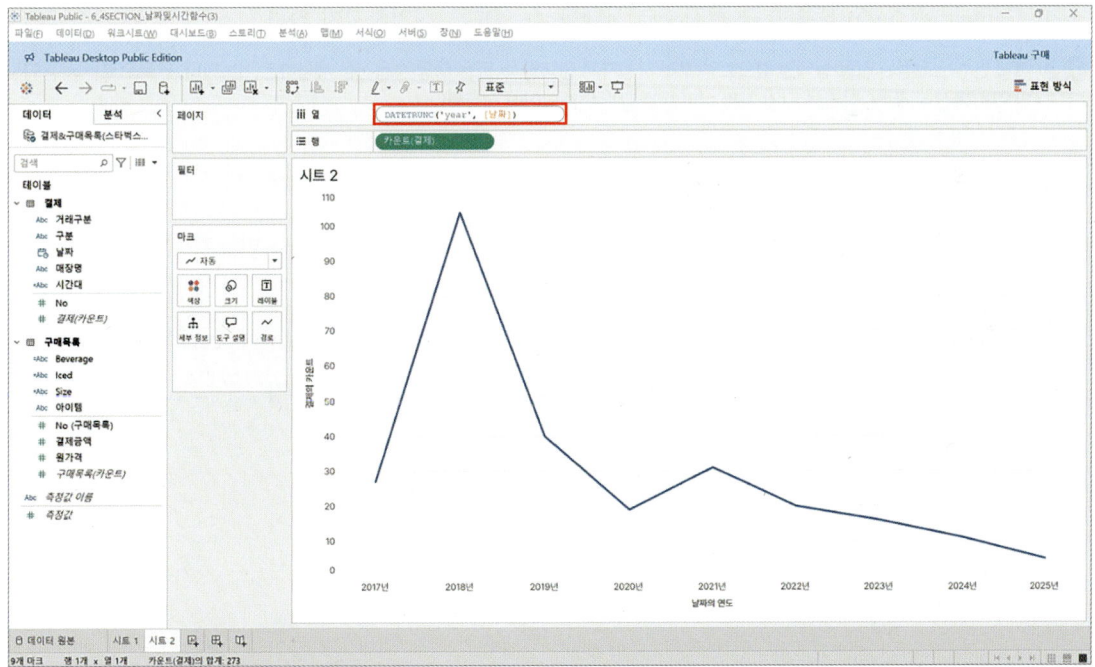

❺ 마찬가지로 [분기(날짜)] 필드를 더블 클릭하면 DATETRUNC('quarter', [날짜]) 계산식이 나타난다.

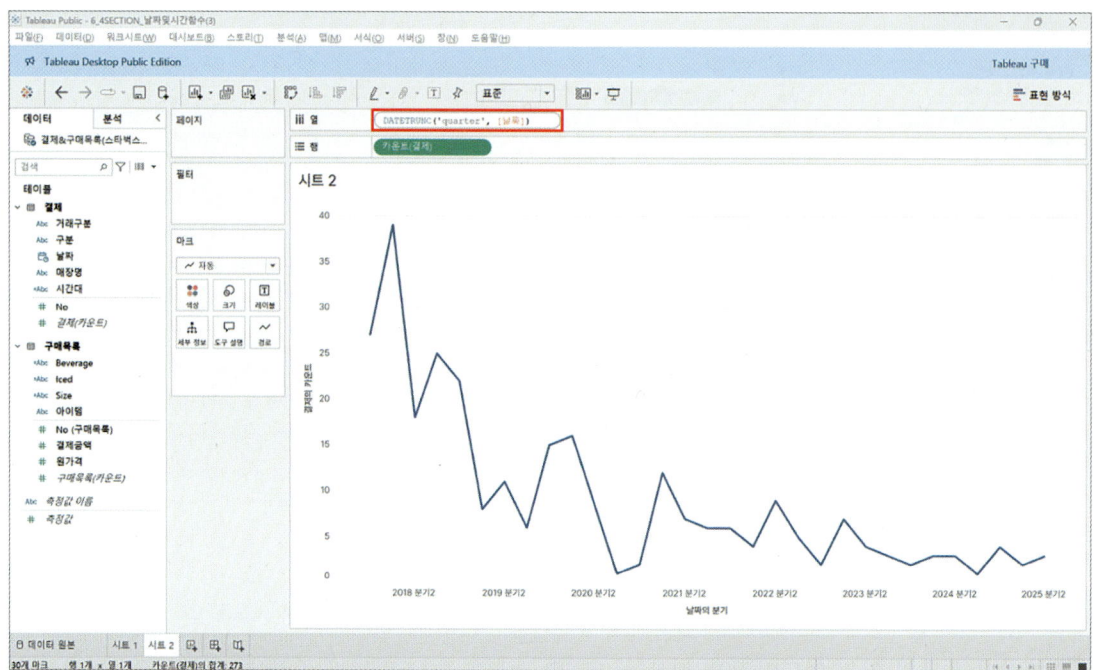

태블로의 연속형 날짜 필드는 기본적으로 DATETRUNC 함수를 사용해 특정 단위의 시작 날짜로 변환하여 시각화한다. 하위 날짜 수준으로 이동할 수는 있지만 번거롭기 때문에, 매개 변수를 만들어 'year', 'quarter', 'month'를 토글 형식으로 선택할 수 있도록 설정하고자 한다.

> **TIP** 매개 변수는 고정된 값을 동적인 값으로 바꾸어 사용자가 선택할 수 있는 다양한 옵션을 제공하는 기능이다. 단독으로는 사용되지 않으며, 계산식, 필터, 참조선, 구간 차원 너비 등과 함께 연계되어야 작동한다.

❻ 먼저, 열 선반에 있는 연속형 날짜 필드를 제거한다.

❼ 좌측 사이드 바 검색창 우측 맨 끝에 있는 [▼]을 선택한 다음에 '매개 변수 만들기'를 선택한다.
- **이름**: p.날짜부분선택
- **데이터 유형**: 문자열
- **허용 가능한 값**: 아래와 같이 값은 영어 소문자, 표시 형식은 임의로 지정

값	표시 형식
year	연간
quarter	분기
month	월간

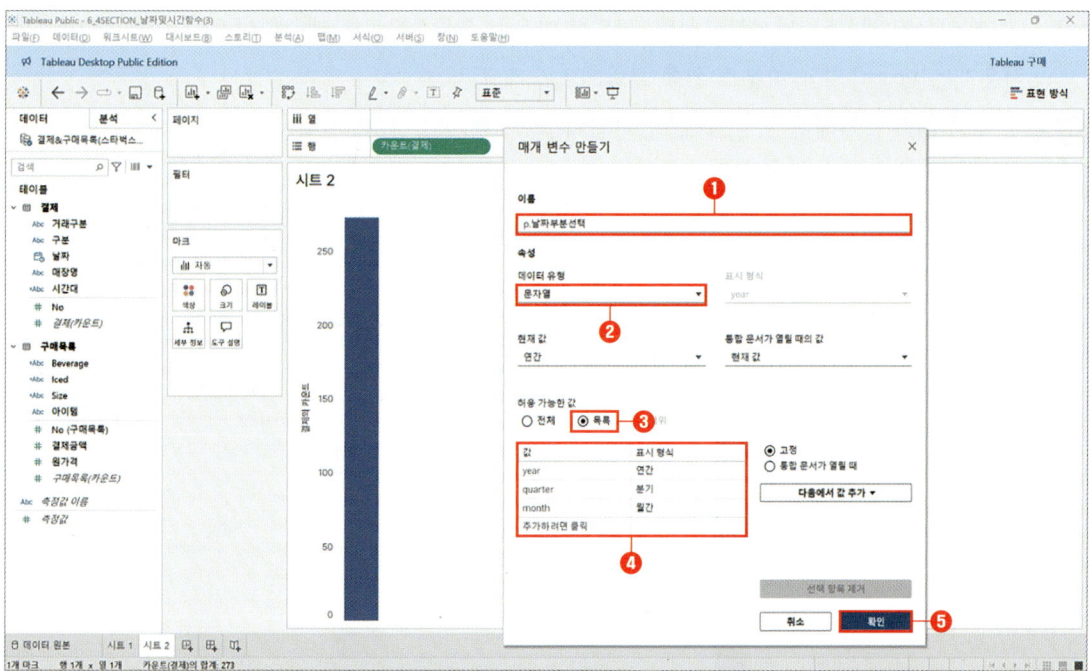

⑧ 매개 변수 섹션에 추가된 [p.날짜부분선택]에 마우스 우클릭 → '매개 변수 표시'를 선택한다.

⑨ 이 매개 변수와 연동되는 계산된 필드를 생성한다.

 필드명 - 날짜부분선택
DATE(DATETRUNC([p.날짜부분선택], [날짜]))

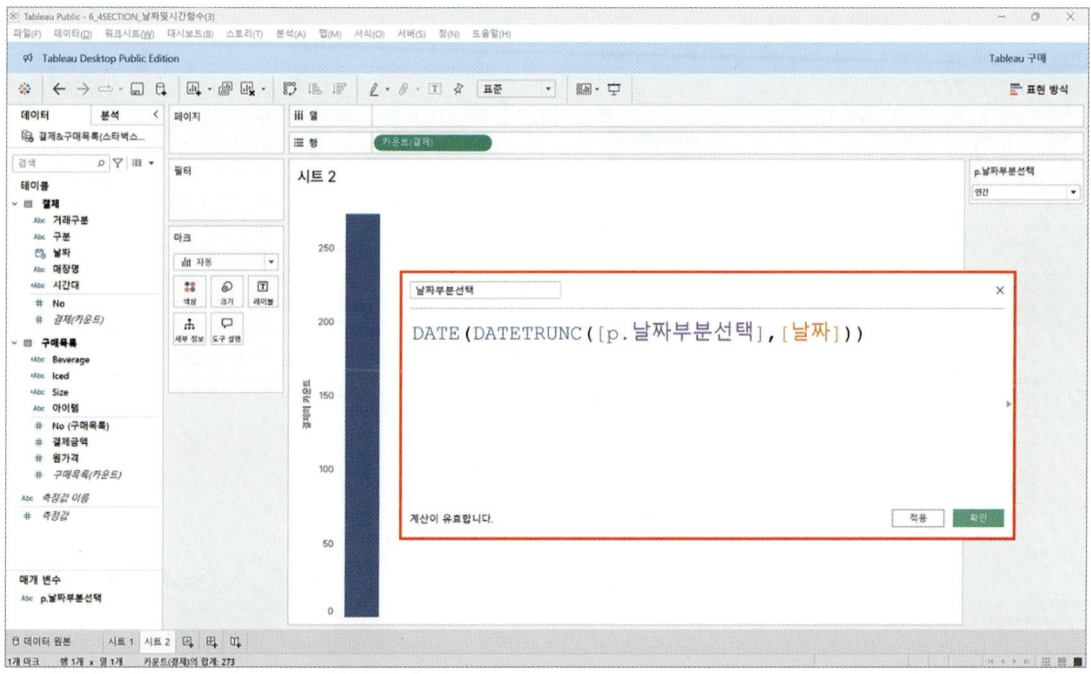

⓾ '결제' 테이블에 생성된 [날짜부분선택] 필드를 마우스 오른쪽으로 드래그하여 열 선반에 배치한다. (Mac 사용자는 Option 키 + 마우스 왼쪽 클릭으로 드래그)

⓫ 필드 놓기 대화 상자에서 첫 번째에 있는 '날짜부분선택(연속형)'을 선택한다.

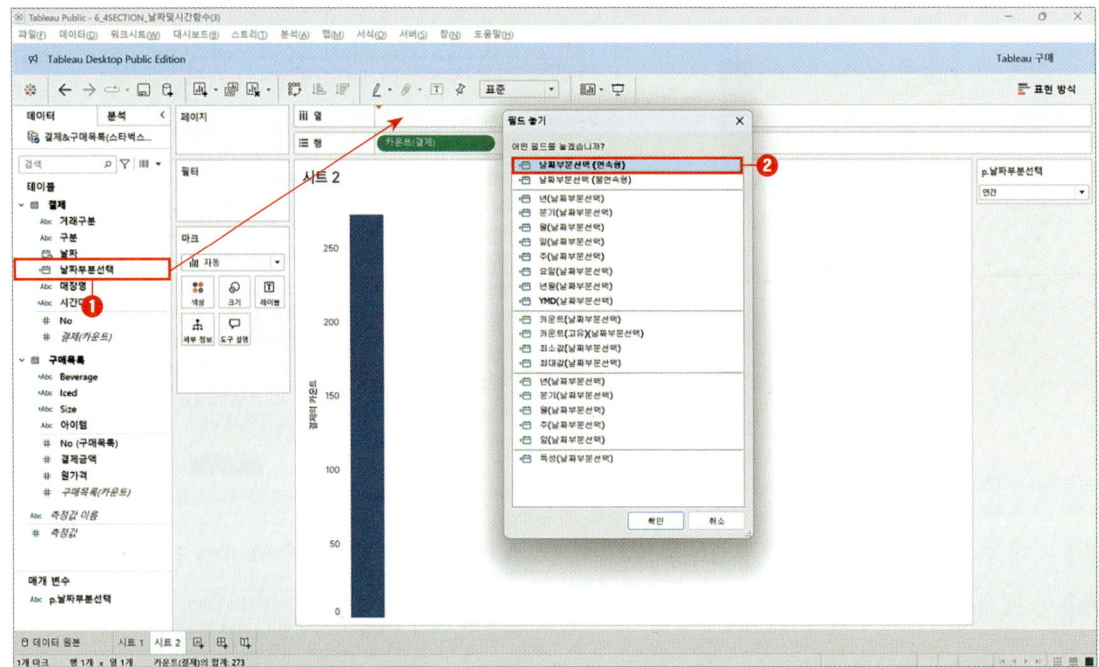

⓬ 이제 [p.날짜부분선택] 매개 변수에서 '분기'를 선택하면 라인이 분기별로 연속적으로 이어지며, '월간'을 선택하면 월 단위로 연속적인 흐름이 표현된다.

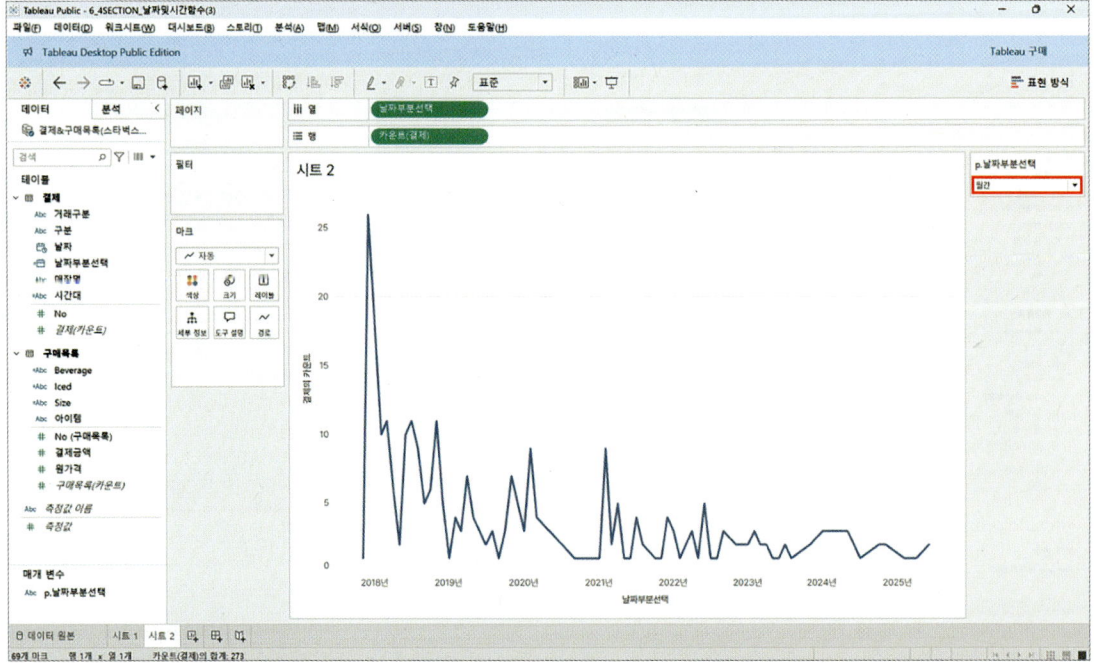

05 | DATEDIFF

📁 SEILOneCompany_HR데이터.twbx

DATEDIFF("날짜_부분", [시작날짜필드], [끝날짜필드]) 함수는 두 날짜 사이의 차이를 지정한 단위(예 연도, 분기, 월, 일 등)를 기준으로 계산하여 정수 값으로 반환하는 함수이다.

이 함수는 예를 들어 입사일과 오늘 날짜 사이의 연차, 주문일과 배송일 간의 일수 차이 등을 계산할 때 유용하게 사용되며 반환되는 값은 정수(Integer)형이며, 음수나 0이 나올 수도 있다.

날짜 간 간격을 수치화하여 분석하거나 필터 조건에 활용하고자 할 때 자주 사용되는 핵심 함수 중 하나다.

❶ 차원에 있는 [사번] 필드를 더블 클릭해서 행 선반에 배치한다.
❷ 차원에 있는 [입사일] 필드를 마우스 오른쪽으로 드래그해서 행 선반의 [사번] 오른쪽에 배치한다.
❸ 필드 놓기 대화 상자에서 위에서 두 번째에 있는 입사일(불연속형)을 선택한다.

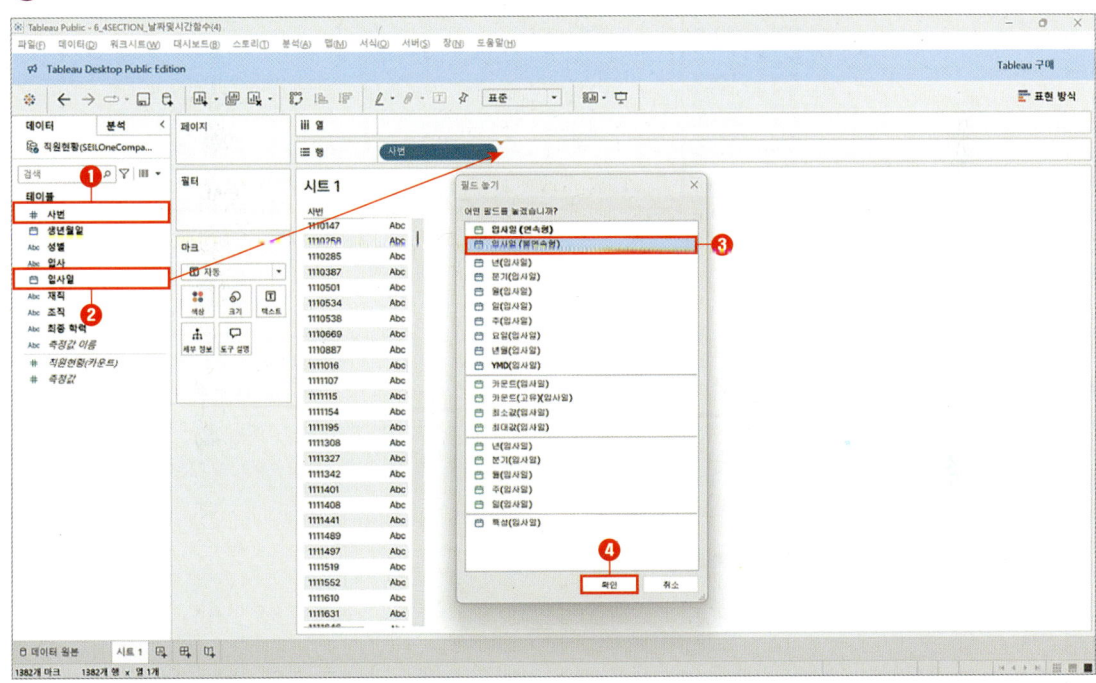

❹ 각 사번별 입사일자가 연도-월-일 형태의 불연속형으로 표시된다.

❺ 2025년 12월 31일 기준으로 각 직원(사번)의 입사 연차를 구하기 위해 새로운 필드를 생성한다. 이때 입사하자마자 1년차를 만들기 위해 맨 뒤에 +1을 넣는다.

> 필드명 - 입사연차
> DATEDIFF('year', [입사일], #2025-12-31#) + 1

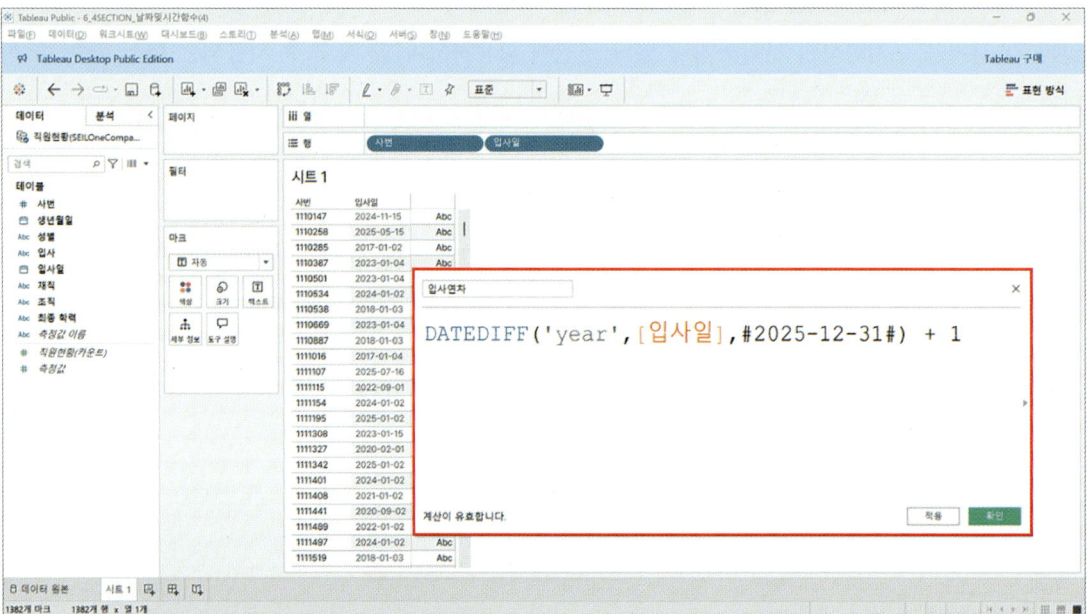

❻ [입사연차]를 드래그해서 텍스트 마크에 놓는다.

❼ 툴바에 있는 내림차순 정렬 아이콘을 클릭한다.

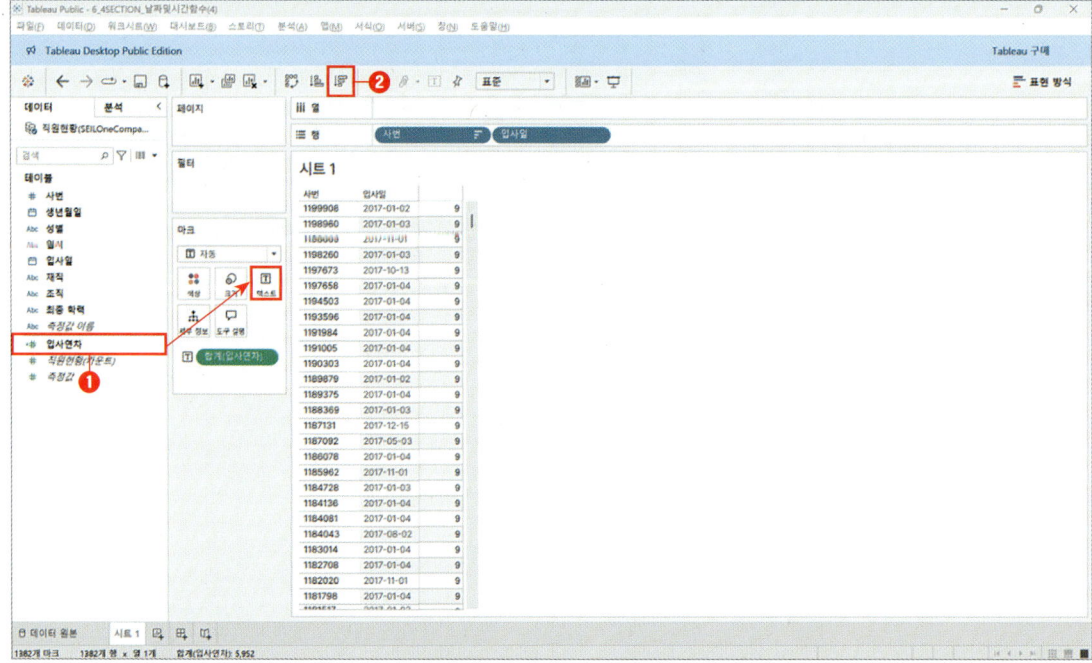

06 | DATEADD

📁 SEILOneCompany_HR데이터.twbx

DATEADD(date_part, interval, date) 함수는 기준이 되는 날짜에 대해 특정 날짜 단위(date_part)를 지정하여, 해당 단위만큼 날짜를 더하거나 빼는 함수이다.

이 함수는 주로 날짜 계산에 사용되며, 예를 들어 기준일로부터 7일을 더하거나, 6개월을 빼는 등의 작업을 할 수 있다. 결과는 날짜(DATE) 또는 날짜 및 시간(DATETIME) 형식으로 반환된다.

date_part는 변경할 날짜 단위를 의미하며, 'year', 'quarter', 'month', 'week', 'day' 등으로 지정할 수 있다. interval은 더하거나 뺄 양으로, 양수는 더하고 음수는 뺀다. date는 기준이 되는 날짜로, 고정된 날짜나 날짜 필드를 사용할 수 있다. 이 함수를 활용하면 날짜를 기준으로 특정 시점 이전이나 이후의 값을 계산하여 필터링, 비교, 분석 등의 작업을 유연하게 수행할 수 있다.

> **전문가의 조언**
> DATEADD가 DATE + ADD란 단어가 결합되어 있어 자칫 날짜를 양수로만 더한다고 생각할 수 있으나 음수도 가능합니다. 실제로 KPI 또는 실적 비교를 할 때 날짜 간격(interval)은 이전 기간과 비교하므로 양수보다는 대부분 음수로 설정합니다.

❶ 차원에 있는 [사번] 필드를 더블 클릭해서 행 선반에 배치한다.
❷ 차원에 있는 [입사일] 필드를 마우스 오른쪽으로 드래그해서 행 선반의 [사번] 오른쪽에 배치한다.
❸ 필드 놓기 대화 상자에서 위에서 두 번째에 있는 입사일(불연속형)을 선택한다.
❹ 2025년 12월 31일 기준으로 최근 2년(연도의 간격은 -2) 내 입사자를 구하기 위해 새로운 필드를 생성한다.

> 📎 **필드명** - 최근2년내입사자_TF
> [입사일] >= DATEADD('year', -2, #2025-12-31#)

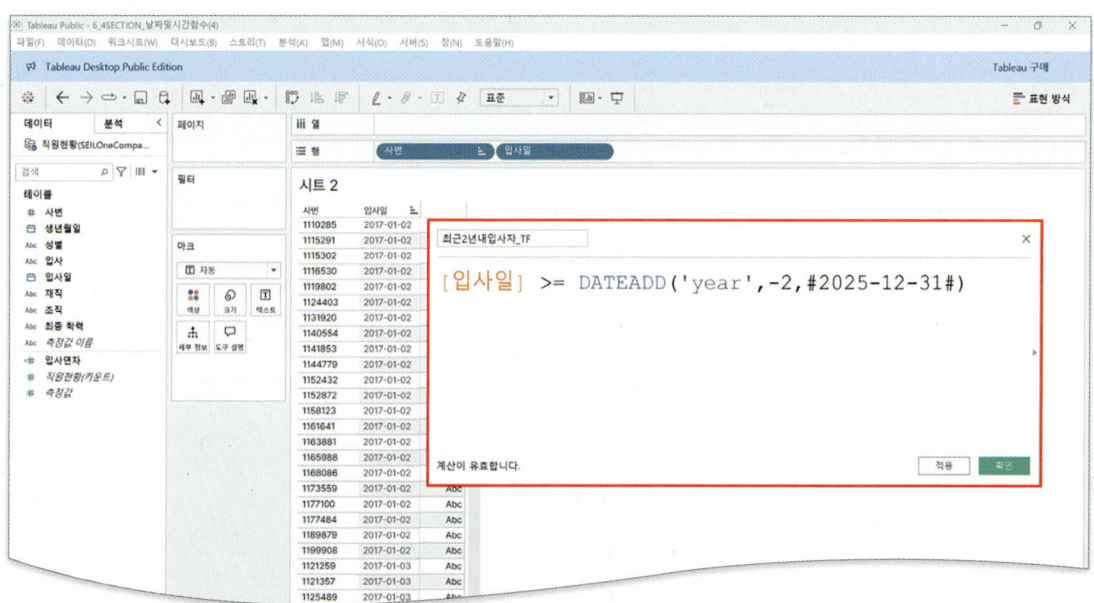

❺ [최근2년내입사자_TF] 필드를 필터 선반에 놓고, '참'을 선택한다.

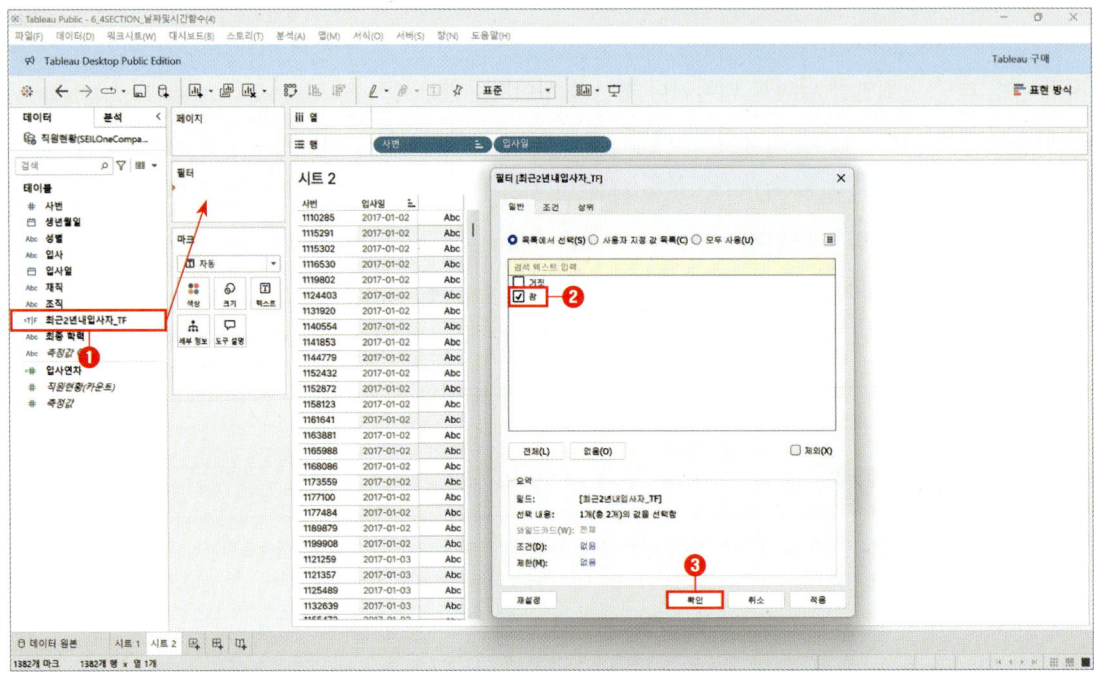

❻ 2025년 12월 31일을 기준으로 DATEADD 함수에서 연도(year) 단위로 −2를 적용하면 기준일은 2023년 12월 31일이 된다. 따라서 2024년 1월 1일 이후 입사한 사람들은 '최근 2년 이내 입사자'에 해당한다.

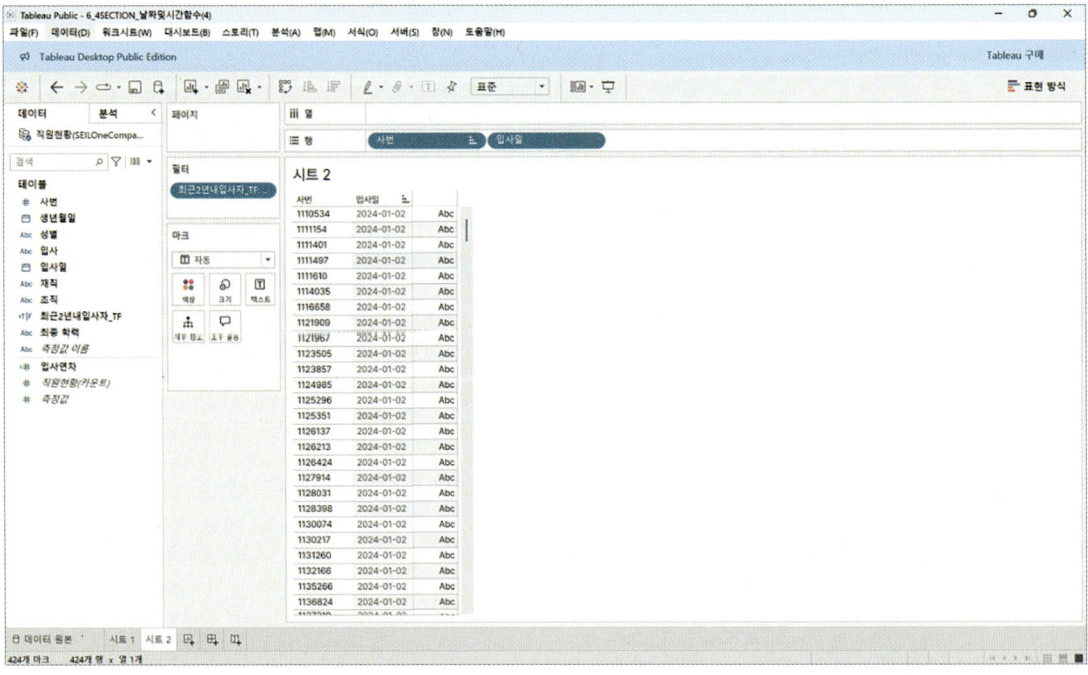

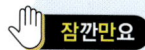

함수	설명	예시	결과
DATE	문자열이나 숫자를 날짜 형식으로 변환	DATE("2025-04-15")	2025-04-15
DATEADD	지정한 날짜 부분에 특정 수를 추가	DATEADD('day', 5, DATE("2025-04-15"))	2025-04-20
DATEDIFF	두 날짜 사이의 차이를 계산	DATEDIFF('day', DATE("2025-04-10"), DATE("2025-04-15"))	5
DATENAME	지정한 날짜 부분의 이름을 문자열로 반환	DATENAME('month', DATE("2025-04-15"))	"April"
DATEPARSE	특정 형식의 문자열을 날짜로 변환	DATEPARSE('yyyy-MM-dd', "2025-04-15")	2025-04-15
DATEPART	지정한 날짜 부분의 값을 정수로 반환	DATEPART('month', DATE("2025-04-15"))	4
DATETRUNC	지정한 날짜 부분으로 날짜 삭제	DATETRUNC('month', DATE("2025-04-15"))	2025-04-01
DAY	날짜에서 일을 추출	DAY(DATE("2025-04-15"))	15
ISDATE	문자열이 유효한 날짜인지 확인	ISDATE("2025-04-15")	TRUE
ISOQUARTER	ISO 8601 기준의 분기를 반환	ISOQUARTER(DATE("2025-04-15"))	2
ISOWEEK	ISO 8601 기준의 주를 반환	ISOWEEK(DATE("2025-04-15"))	16
ISOWEEKDAY	ISO 8601 기준의 요일을 반환	ISOWEEKDAY(DATE("2025-04-15"))	2(화요일)
ISOYEAR	ISO 8601 기준의 연도를 반환	ISOYEAR(DATE("2025-04-15"))	2025
MAKEDATE	연도, 월, 일을 사용하여 날짜를 생성	MAKEDATE(2025, 4, 15)	2025-04-15
MAKEDATETIME	날짜와 시간을 결합하여 날짜/시간을 생성	MAKEDATETIME(DATE("2025-04-15"), TIME(14, 30, 0))	2025-04-15 14:30:00
MAKETIME	시, 분, 초를 사용하여 시간을 생성	MAKETIME(14, 30, 0)	14:30:00
MAX	두 날짜 중 더 늦은 날짜를 반환	MAX(DATE("2025-04-15"), DATE("2025-04-10"))	2025-04-15
MIN	두 날짜 중 더 이른 날짜를 반환	MIN(DATE("2025-04-15"), DATE("2025-04-10"))	2025-04-10
MONTH	날짜에서 월을 추출	MONTH(DATE("2025-04-15"))	4
QUARTER	날짜에서 분기를 추출	QUARTER(DATE("2025-04-15"))	2
TODAY	현재 날짜를 반환	TODAY( )	2025-04-15
WEEK	날짜에서 주 번호를 추출	WEEK(DATE("2025-04-15"))	16
YEAR	날짜에서 연도를 추출	YEAR(DATE("2025-04-15"))	2025

SECTION 7 테이블 조작/계산 함수

테이블 계산 함수(Table Calculations)는 시각화된 테이블 내에서 특정 범위의 값을 비교하거나 누적, 순위, 비율 등의 계산을 수행하는 함수이다.

기존의 날짜 함수나 집계 함수는 특정 필드의 값을 기준으로 하나의 결과나 집계값을 산출하는 데 초점이 맞춰져 있는 반면, 테이블 계산 함수는 테이블 상에 표현된 여러 값들 간의 관계와 흐름을 분석하는 데 중점을 둔다.

이러한 함수는 특정 시점과의 비교, 전체 추이의 변화, 누적된 결과, 또는 전체 중 특정 그룹의 상대적인 비중 등을 분석할 때 활용된다. 특히 비즈니스 분석에서는 단일 수치보다 비교와 흐름 중심의 분석이 더 중요하기 때문에, 테이블 계산 함수는 실무에서 매우 유용하게 사용된다.

테이블 계산 함수는 시각화된 테이블(뷰) 안에서 계산이 수행되며, 행이나 열, 또는 특정 차원을 기준으로 계산 범위를 설정할 수 있다. 일반적인 계산식과 달리 시각화 이후의 데이터 구조에 따라 작동하는 '후처리 계산'이라는 점이 특징이다.

01 | FIRST & LAST & WINDOW_MAX & WINDOW_MIN & WINDOW_AVG

📁 SEILOneCompany_Sales데이터.twbx

함수	의미
FIRST( ) / LAST( )	현재 셀을 기준으로 테이블의 첫 번째 또는 마지막 위치까지의 상대적 위치 값을 반환
WINDOW_MIN( )	지정된 범위(Window) 내 최솟값을 계산
WINDOW_MAX( )	지정된 범위(Window) 내 최댓값을 계산
WINDOW_AVG( )	지정된 범위(Window) 내 값들의 평균을 계산

이러한 함수들은 모두 테이블 내에서 지정한 범위를 기준으로 연산이 수행되며, 시각화된 데이터의 흐름과 상대적 위치를 정량적으로 분석할 수 있도록 도와준다.

❶ 측정값에 있는 [이익] 필드를 드래그해서 행 선반에 놓는다.
❷ 날짜 유형인 [구매일자]를 마우스 오른쪽으로 드래그해서 열 선반에 놓는다.

필드 놓기 대화상자에서 연속형 '월(구매일자)'을 선택한다.

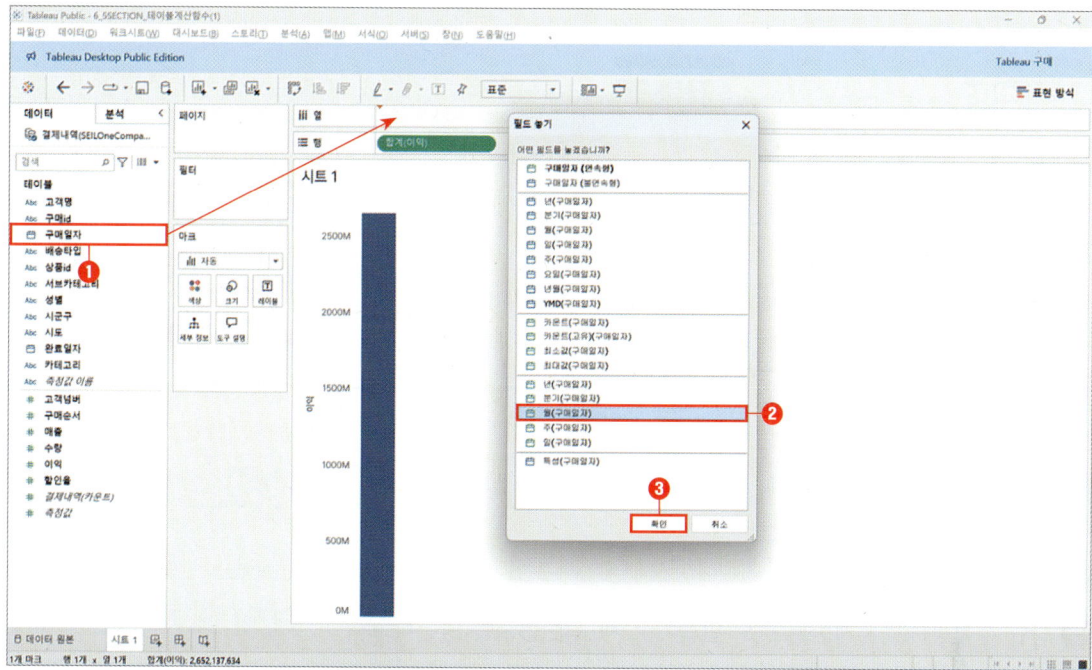

❸ 월별 이익 합계 추이를 연속 라인으로 이어볼 수 있다.

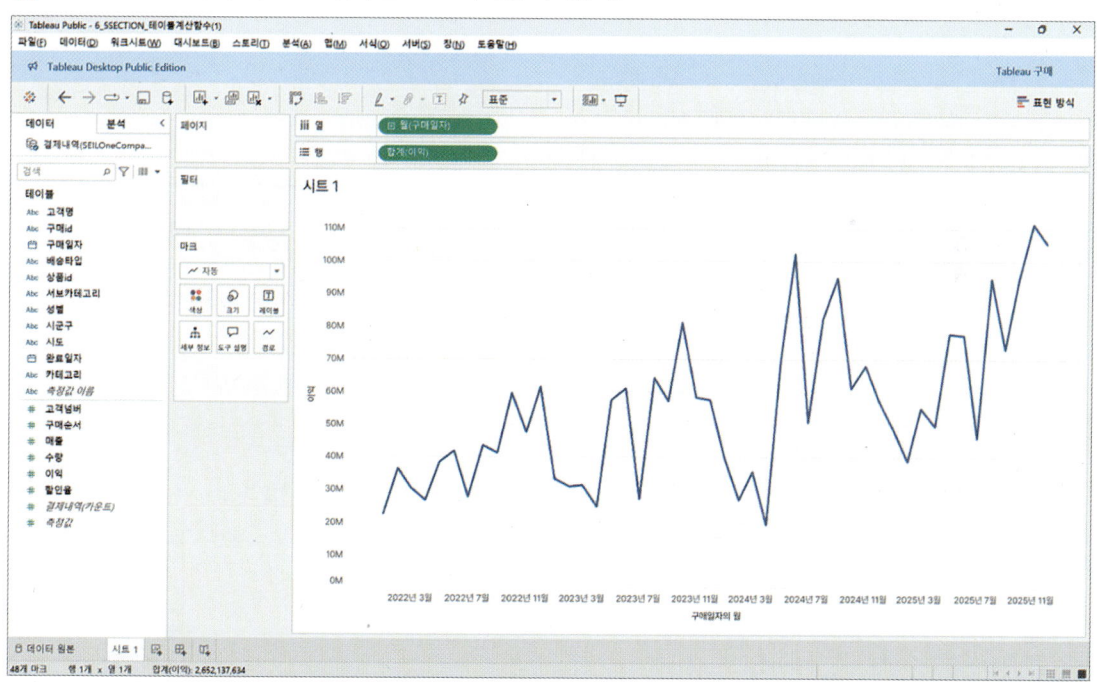

❹ 측정값에 있는 [이익] 필드를 레이블 마크에 놓는다. 대부분의 마크에 레이블이 표시되어 시각화가 복잡해 보이므로, 계산식을 활용해 특정 마크(예 연속형 월)에만 합계(이익) 레이블이 표시되도록 별도의 계산식을 설정한다.

Chapter 4. 계산된 필드 만들기 119

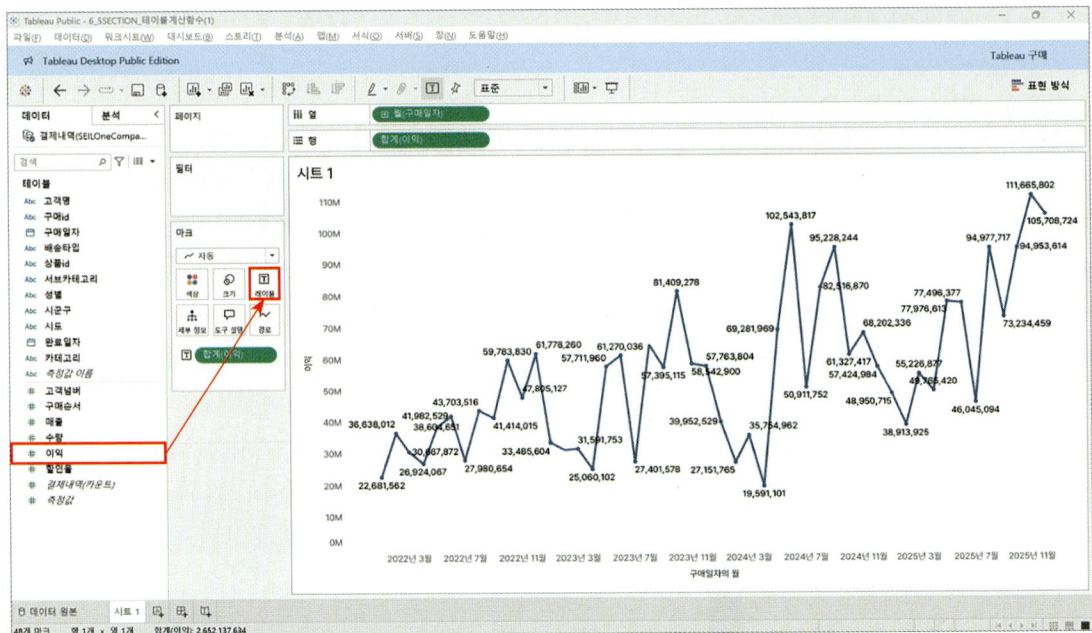

❺ 상단 분석 메뉴 → 계산된 필드 만들기로 새로운 변수를 만든다.

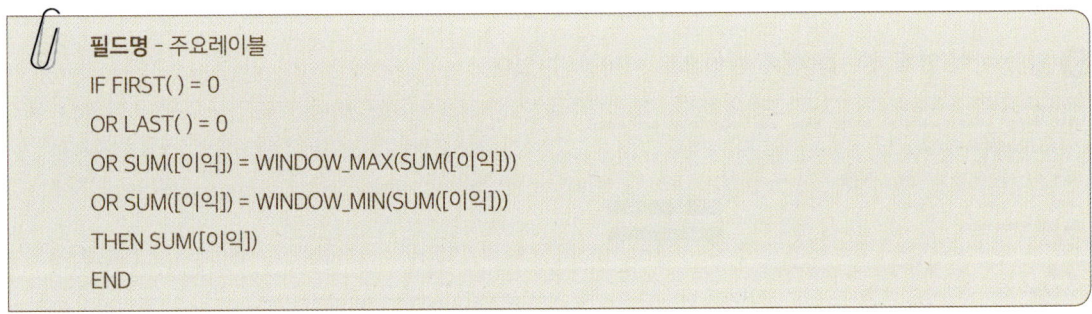

필드명 - 주요레이블
IF FIRST( ) = 0
OR LAST( ) = 0
OR SUM([이익]) = WINDOW_MAX(SUM([이익]))
OR SUM([이익]) = WINDOW_MIN(SUM([이익]))
THEN SUM([이익])
END

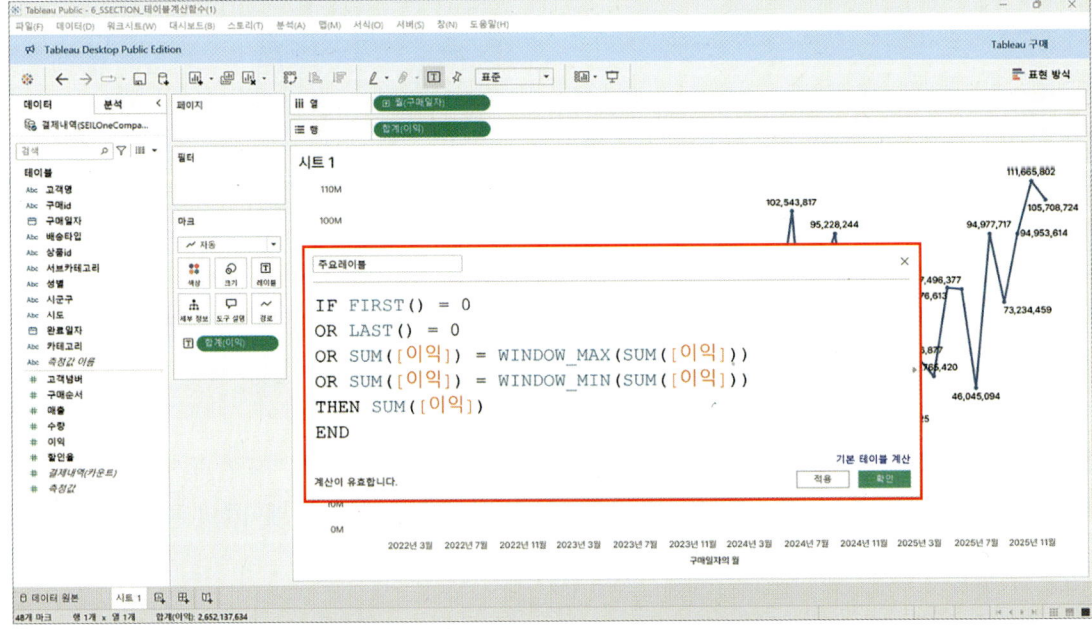

❻ 레이블 마크에 있는 [합계(이익)]을 제거한다.

❼ [주요레이블] 필드를 레이블 마크에 놓는다.

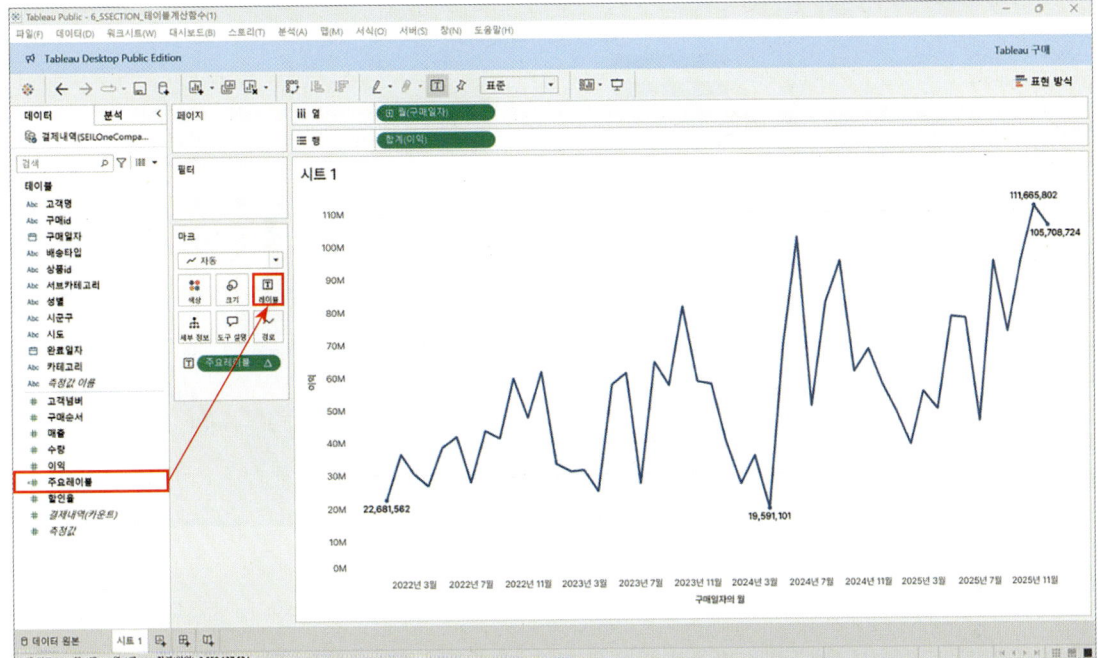

전체 월 중 첫 번째 월인 2022년 1월, 가장 마지막 월인 2025년 12월, 합계(이익) 중 가장 낮은 월인 2024년 4월, 가장 높은 월인 2025년 11월에 합계(이익)이 표시되는 것을 볼 수 있다.

> **전문가의 조언**
>
> 사용 중인 데이터에 따라 FIRST( ) = 0, LAST( ) = 0, WINDOW_MAX( ), WINDOW_MIN( ) 등 네 가지 계산식 중 동일한 값을 가진 마크가 존재할 경우, 해당 레이블은 중복으로 인식되어 하나만 표시되는 현상이 발생할 수 있습니다. 이럴 땐 중복 조건을 피하거나, 조건에 해당하는 마크를 명확히 구분할 수 있도록 추가 조건이나 고유 식별 기준을 활용해 계산식을 조정하는 것이 좋습니다.

❽ 현재 시트 이름을 우클릭 → 복제 선택한다.

❾ 레이블 마크에 있는 [주요레이블] 필드를 제거한다.

❿ 마크를 라인(자동) 대신 '막대'로 변경한다.

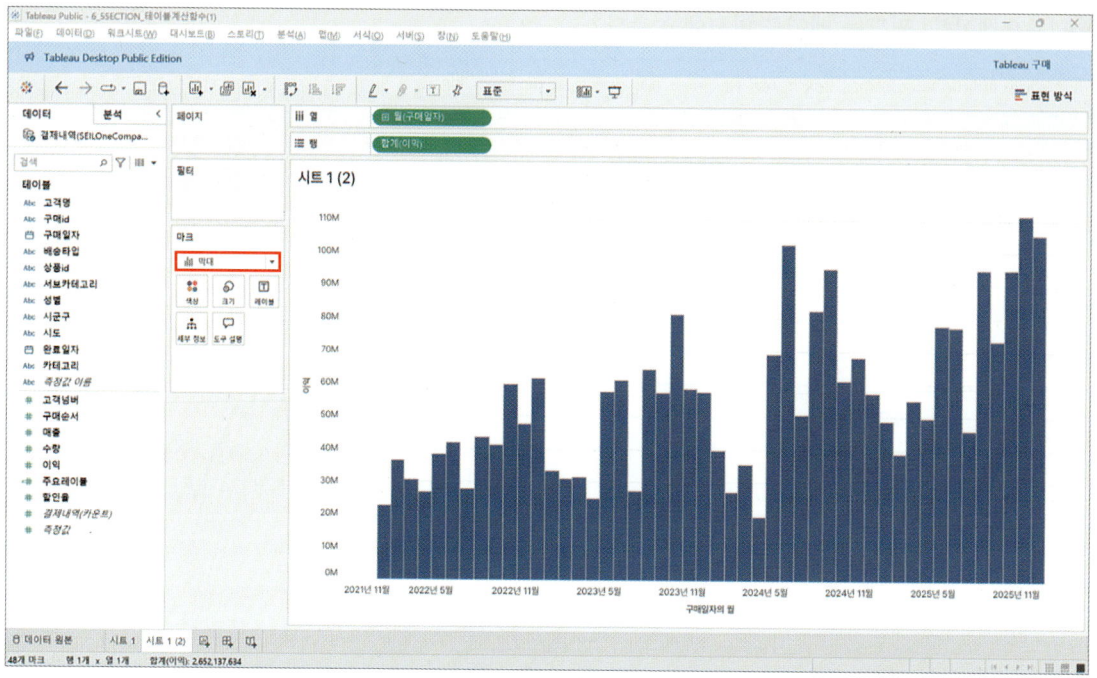

⓫ 좌측 사이드 바를 분석 패널로 변경한 다음에 평균 라인을 드래그해서 '테이블' 참조선에 놓는다.

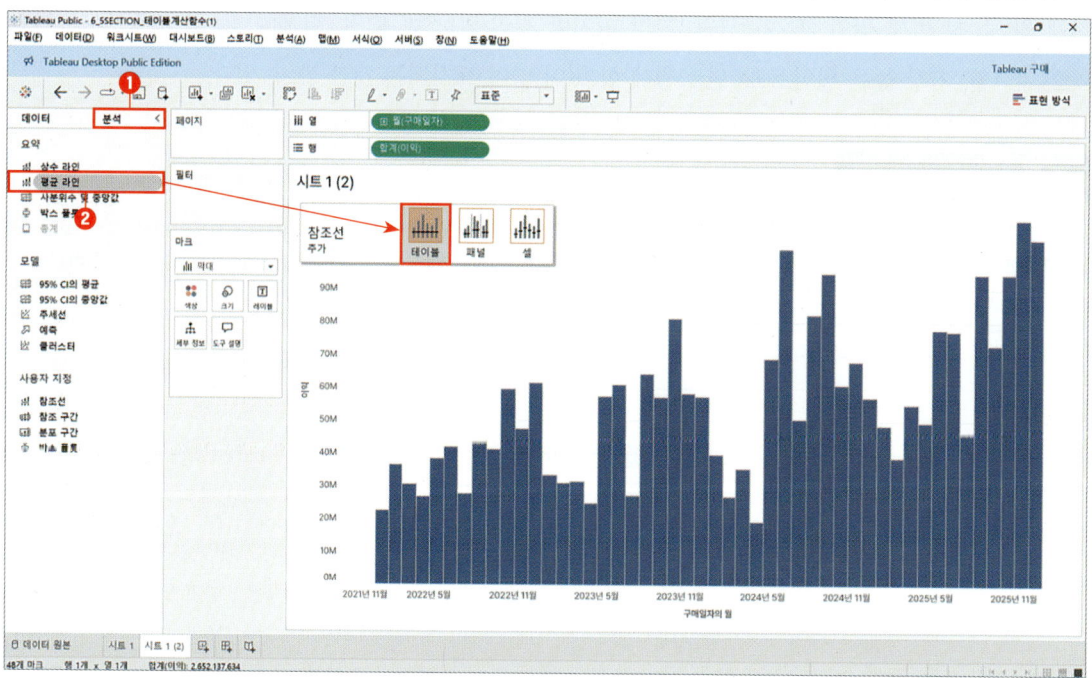

⑫ 월별 합계 이익의 막대를 처음부터 끝까지 연결하는 평균 라인이 추가되었다.

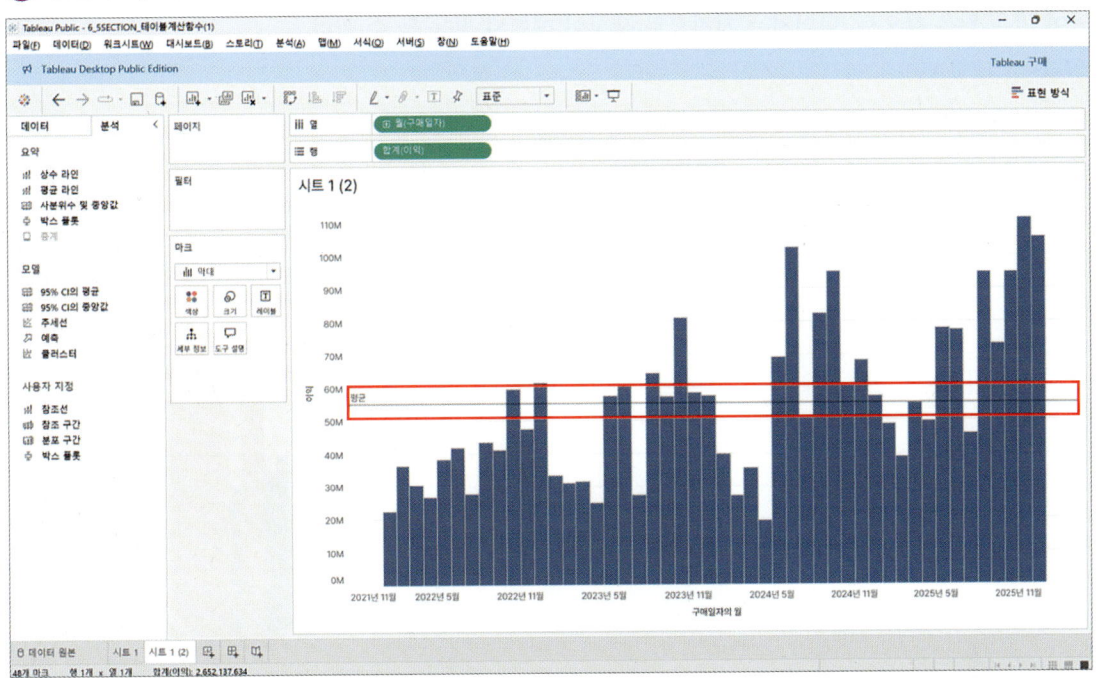

⑬ 이 평균 라인보다 이상과 미만으로 막대의 색상을 구분하는 계산식을 생성한다.

상단 분석 메뉴 → 계산된 필드 만들기로 새로운 변수를 만든다.

> 필드명 - 합계이익평균이상_TF
> SUM([이익]) >= WINDOW_AVG(SUM([이익]))

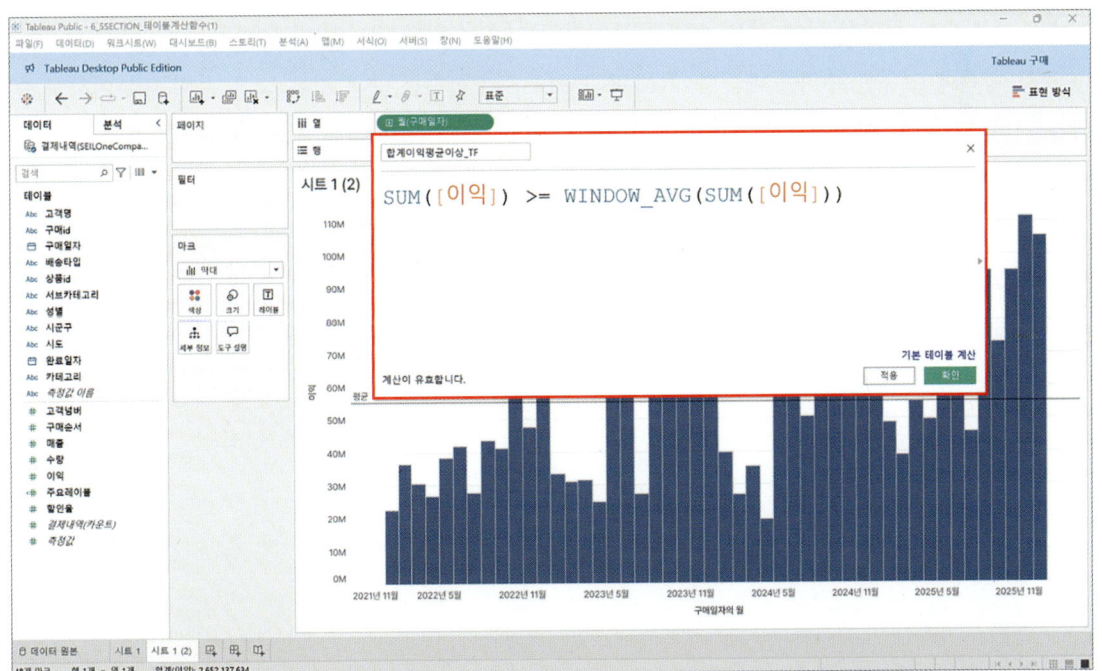

⑭ 측정값에 있는 [합계이익평균이상_TF] 필드를 드래그해서 색상 마크에 놓는다. 평균 라인보다 이익이 많은 월은 참으로, 나머지는 거짓으로 색상이 매칭된 것을 볼 수 있다.

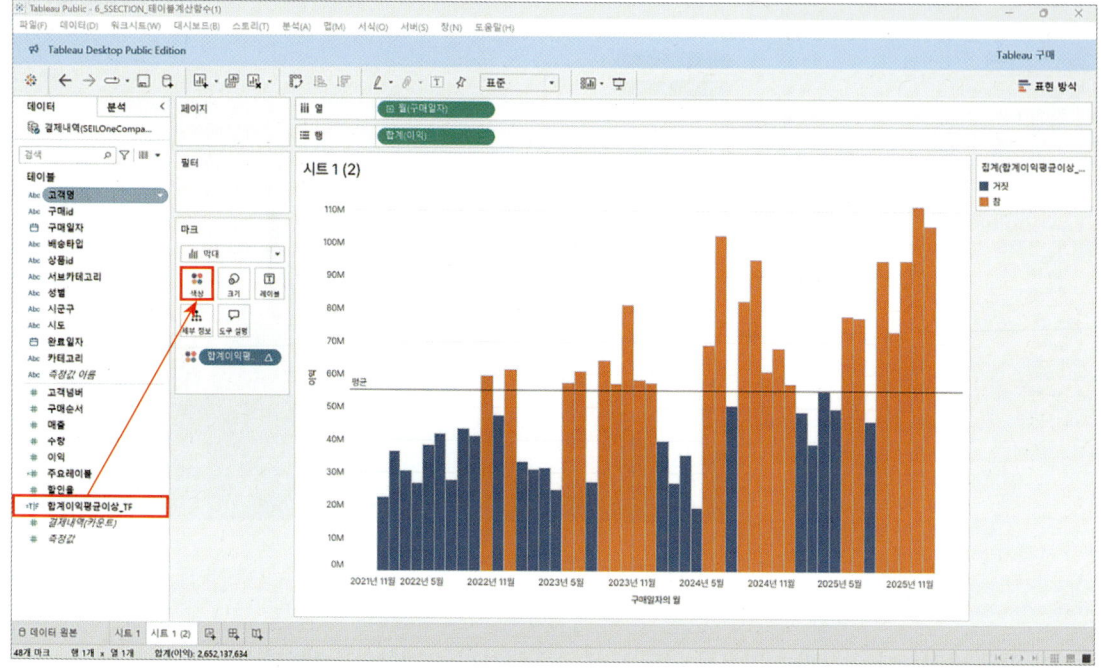

02 | RANK & RANK_DENSE & RANK_UNIQUE & RANK_MODIFIED & RANK_PERCENTILE

📁 스타벅스_결제&구매목록데이터.twbx

RANK( ) 함수는 동일한 값에 같은 순위를 부여하고 이후 순위를 건너뛰며, RANK_UNIQUE( ) 함수는 모든 항목에 고유한 순위를 매긴다. RANK_DENSE( ) 함수는 중복 값은 같은 순위를 부여하되 순위를 건너뛰지 않고 연속적으로 부여하며, RANK_MODIFIED( ) 함수는 사용자 정의 기준에 따라 순위를 조정하는 함수다.

❶ '구매목록' 테이블에 있는 [Beverage] 필드를 행 선반에 놓는다.
❷ '구매목록' 테이블에 있는 [구매목록(카운트)] 필드를 텍스트 마크에 놓는다.

❸ 툴바에 있는 [아이콘] 내림차순 정렬 아이콘을 클릭한다.

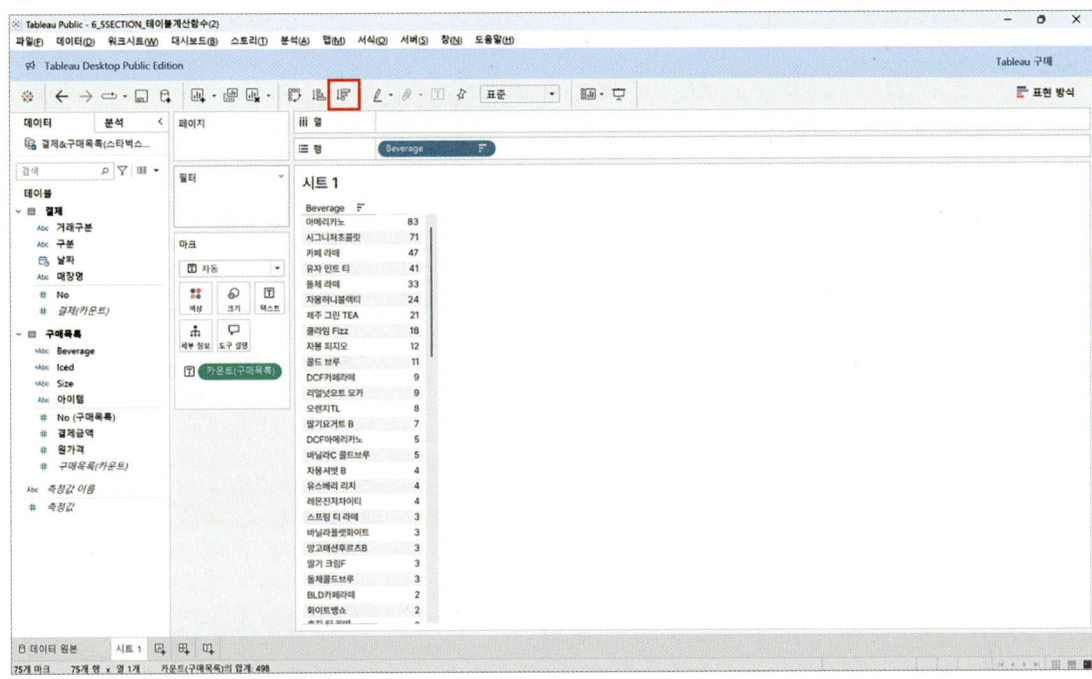

❹ 구매목록 카운트 기준으로 순위를 매기고자 한다.
상단 분석 메뉴 → 계산된 필드 만들기로 새로운 변수를 만든다.

> 필드명 - 순위(RANK)
> RANK(COUNT([구매목록]))

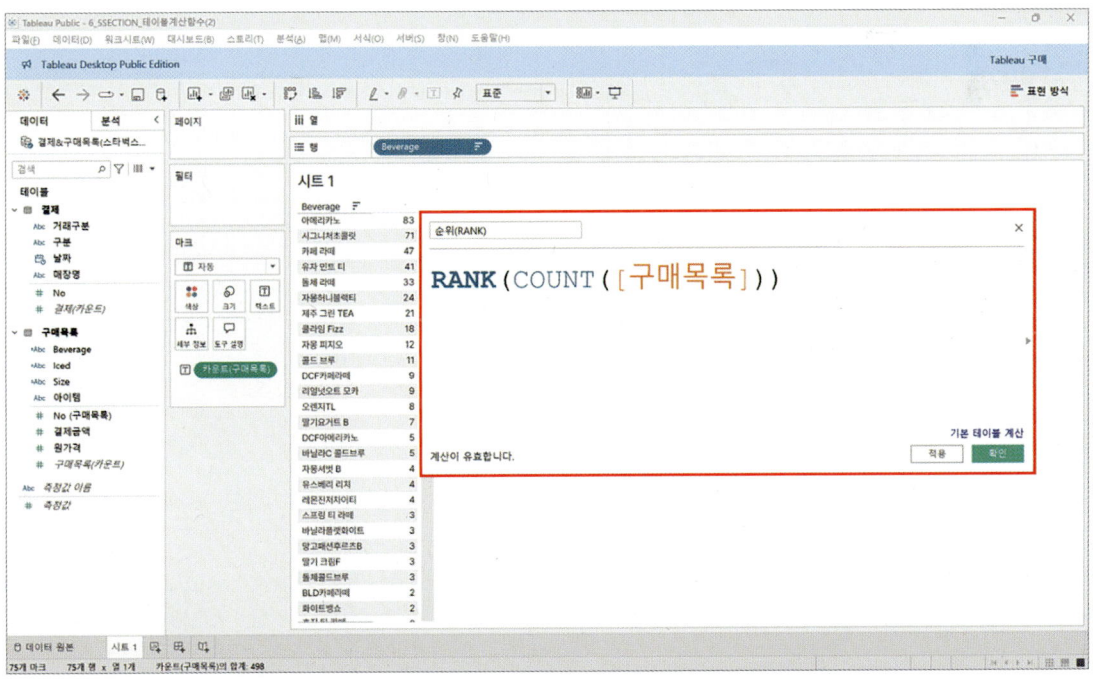

Chapter 4. 계산된 필드 만들기 125

❺ 좌측 사이드 바 측정값에 있는 [순위(RANK)]에 우클릭 → '불연속형으로 변환'을 선택한다.

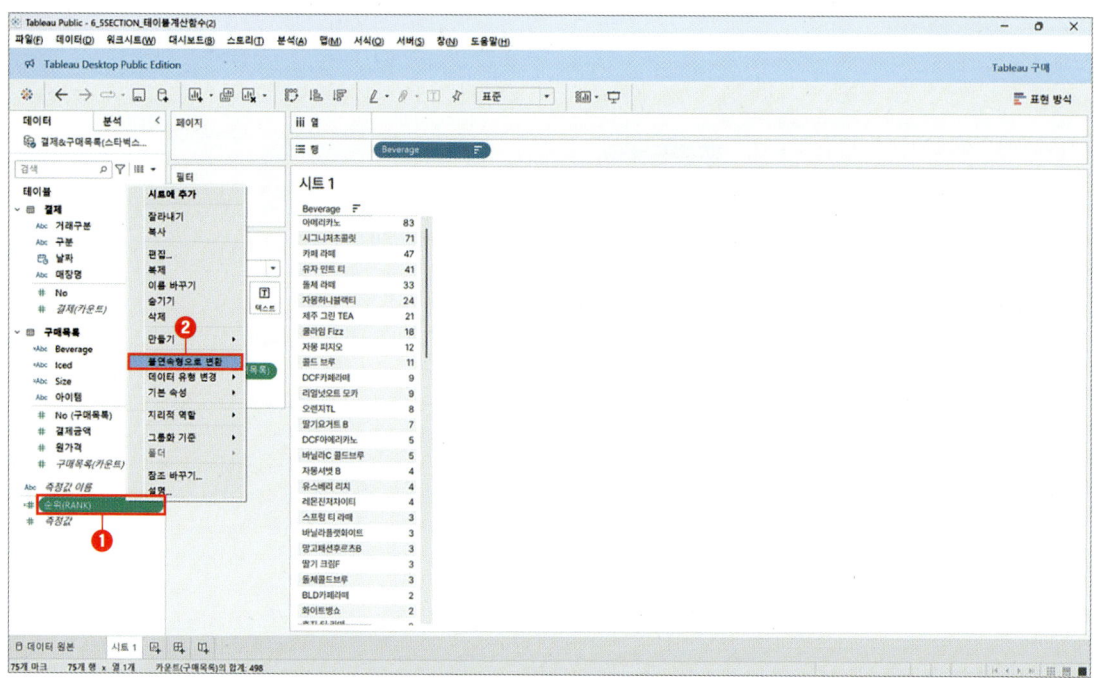

❻ [순위(RANK)] 필드를 [Beverage] 왼쪽에 드래그해 행 선반에 놓는다. 동일한 구매 수를 가진 항목은 같은 순위로 표시된다.

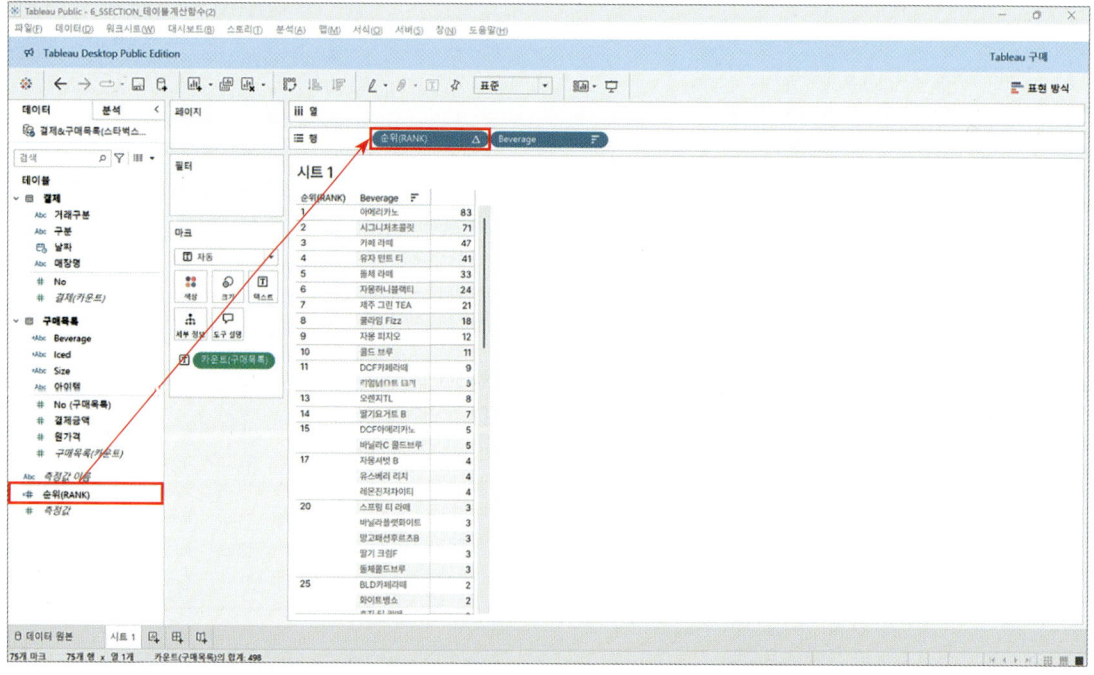

❼ 공동 순위 없이 고유 순위를 만들기 위해 [순위(RANK)] 필드를 복제한다.

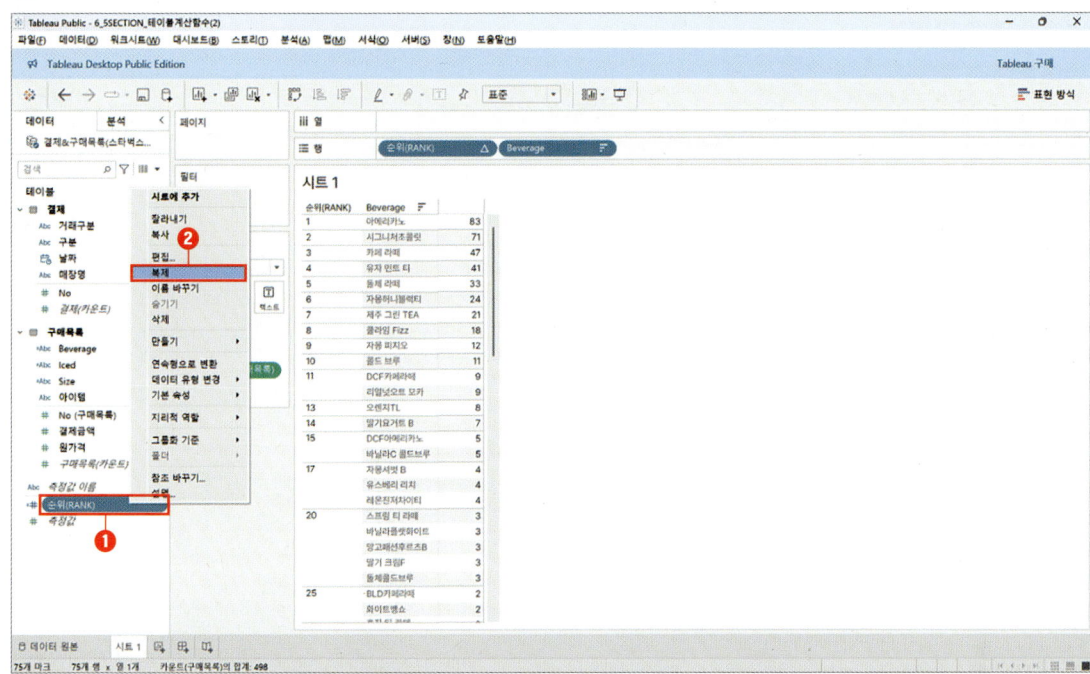

❽ [순위(RANK)(복사본)]에 우클릭 → 편집 선택하고 다음과 같이 편집한다.

필드명 - 순위(RANK_UNIQUE)

RANK_UNIQUE(COUNT([구매목록]))

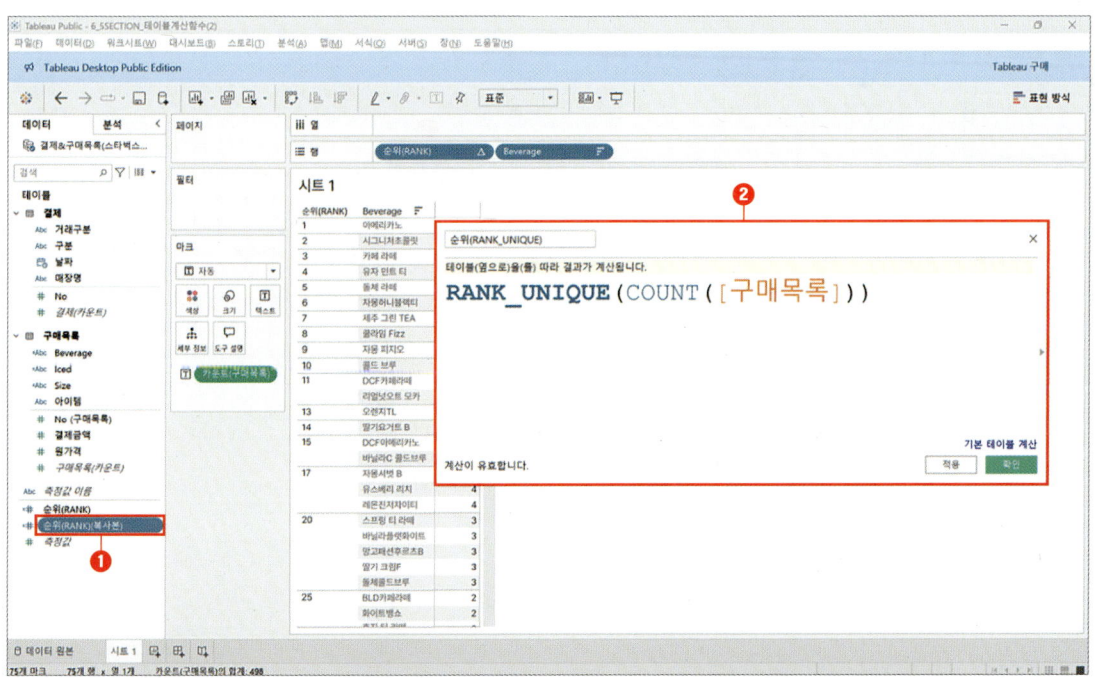

Chapter 4. 계산된 필드 만들기   127

❾ [순위(RANK_UNIQUE)] 필드를 [순위(RANK)] 왼쪽에 드래그한다.

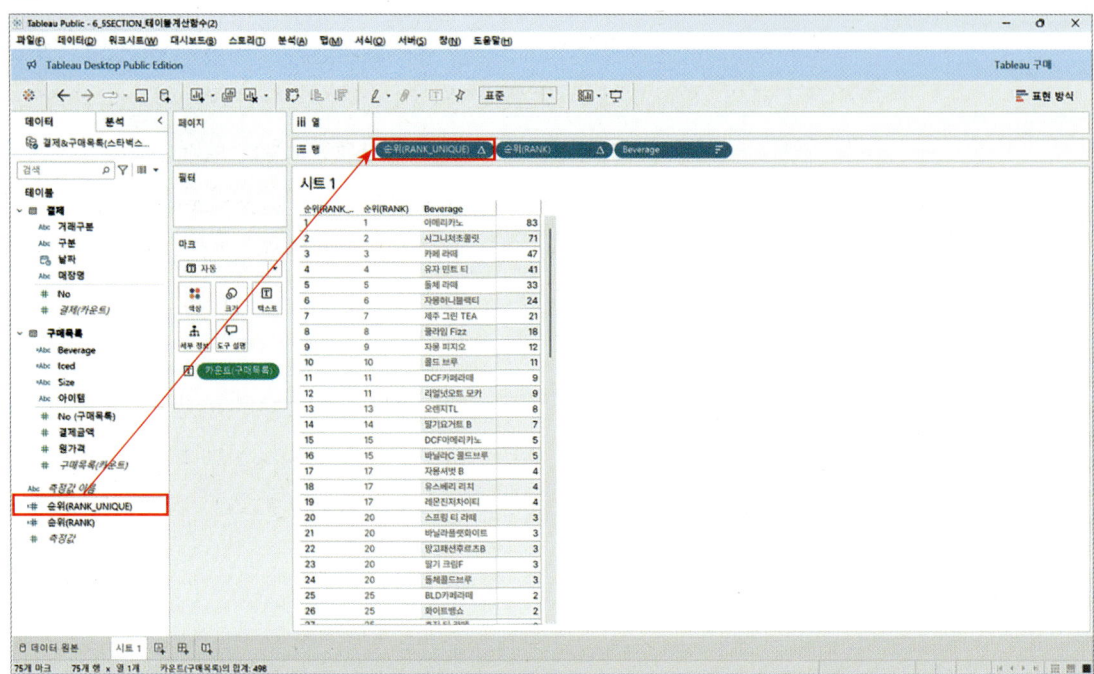

❿ 구매 카운트가 동일한 Beverage의 순위가 동일한 값이 없이 모두 다르게 표시되는 것을 볼 수 있다. 단, 같은 RANK인 경우에는 가나다(ABC, 또는 사전)순으로 정렬하기 위해 이전에 Beverage 필드에서 내림차순 정렬한 설정을 제거하고자 한다. 이를 위해 행 선반에 있는 [Beverage]에 우클릭 → 정렬 지우기를 선택한다.

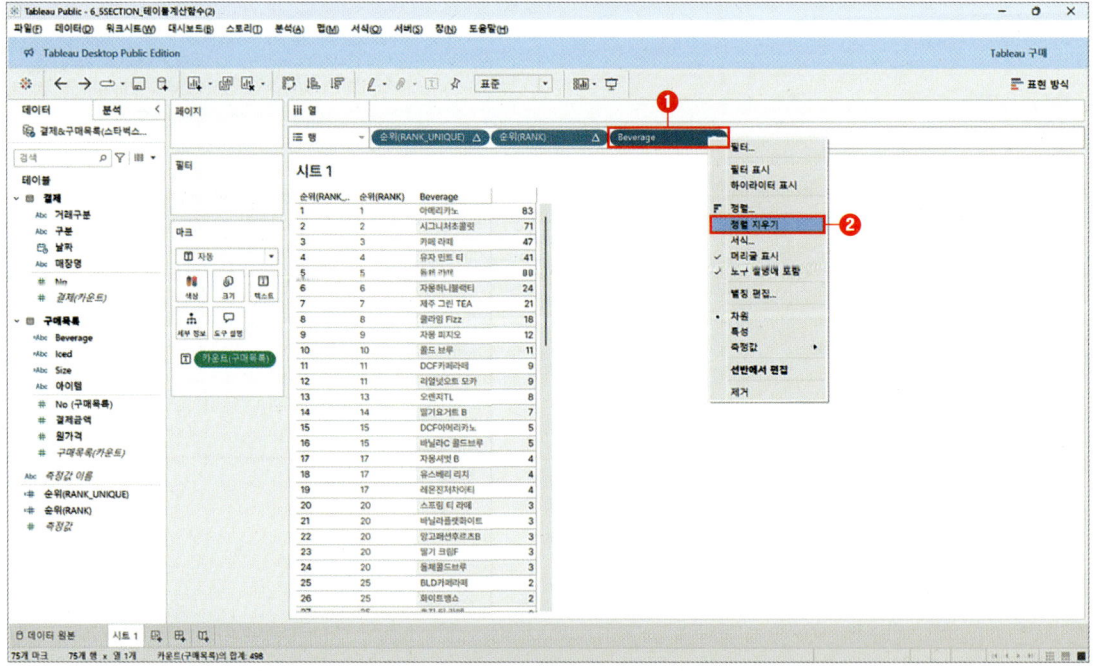

⑪ 순위(RANK_UNIQUE)의 순위는 Beverage의 구매목록 카운트가 동일한 경우 ABC(가나다)순으로 정렬된 것을 볼 수 있다.

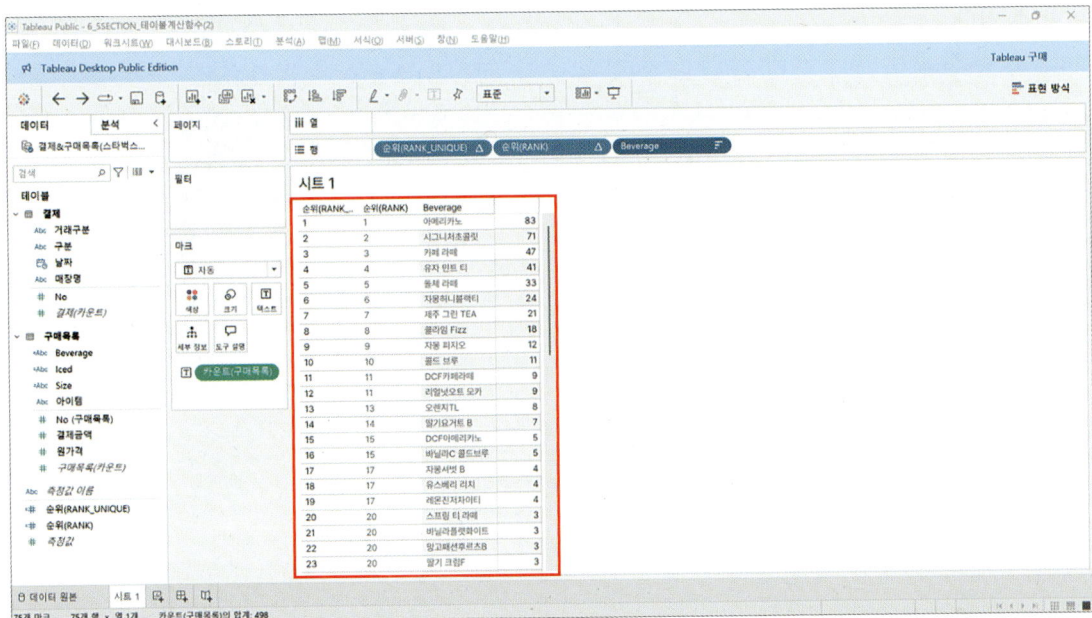

⑫ 이번에는 공동 순위가 없이 전부 Unique 순위가 나오도록 계산식을 만들고자 한다. 측정값에 있는 [순위(RANK)] 필드에 우클릭 → 복제를 선택한다.

⑬ [순위(RANK)(복사본)]에 우클릭 → 편집 선택하고 다음과 같이 편집한다.

필드명 - 순위(RANK_MODIFIED)
RANK_MODIFIED(COUNT([구매목록]))

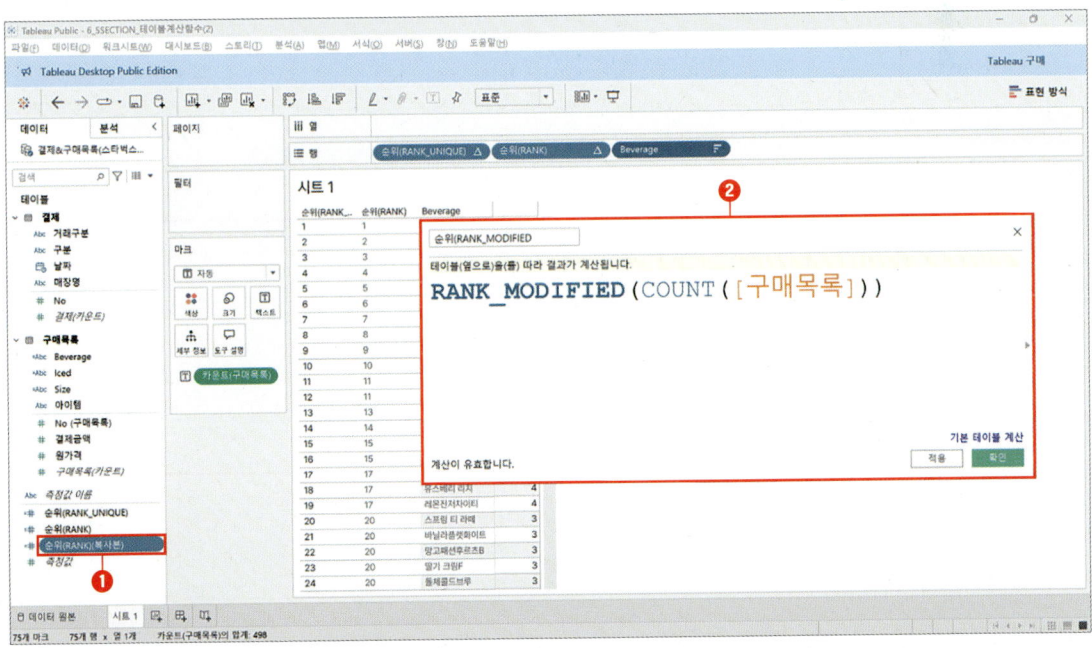

Chapter 4. 계산된 필드 만들기 **129**

⓮ [순위(RANK_MODIFIED)] 필드를 [순위(RANK_UNIQUE)]와 [순위(RANK)] 사이에 드래그해 배치하면, 같은 순위(RANK)가 있을 경우 중간 순위가 비워지고 이후 순위가 건너뛰어 표시되는 것을 확인할 수 있다.

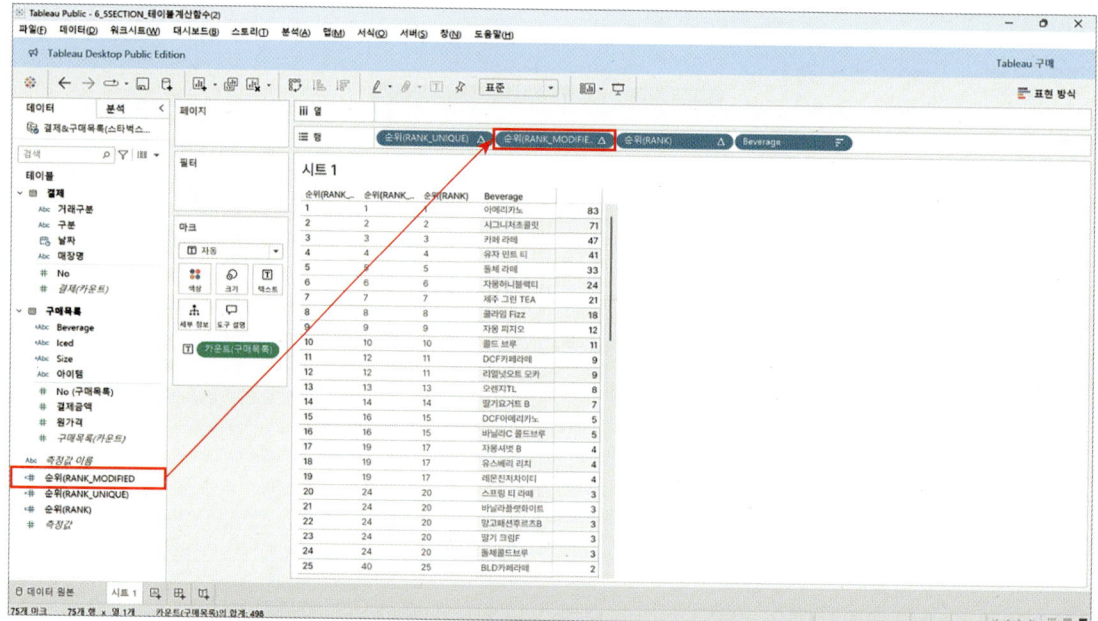

⓯ 측정값에 있는 [순위(RANK)] 필드에 우클릭 → 복제를 선택한다.

⓰ [순위(RANK)(복사본)]에 우클릭 → 편집 선택하고 다음과 같이 편집한다.

필드명 - 순위(RANK_DENSE)
RANK_DENSE(COUNT([구매목록]))

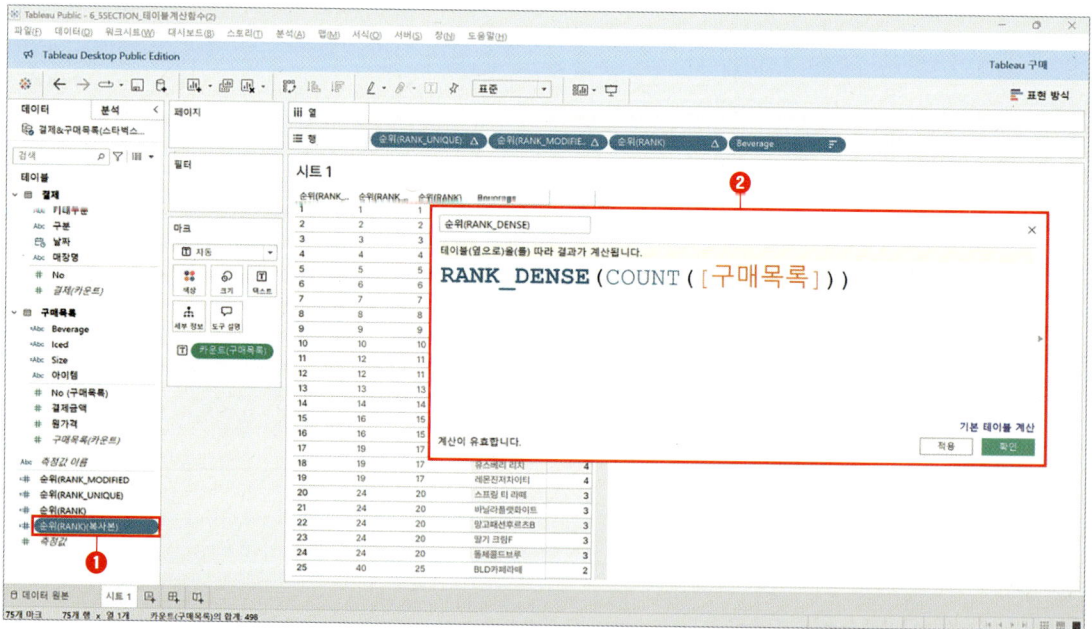

⑰ [순위(RANK_DENSE)] 필드를 [순위(RANK_MODIFIED)]와 [순위(RANK)] 사이에 배치하면, 중복 없이 연속된 순위가 표시된다.

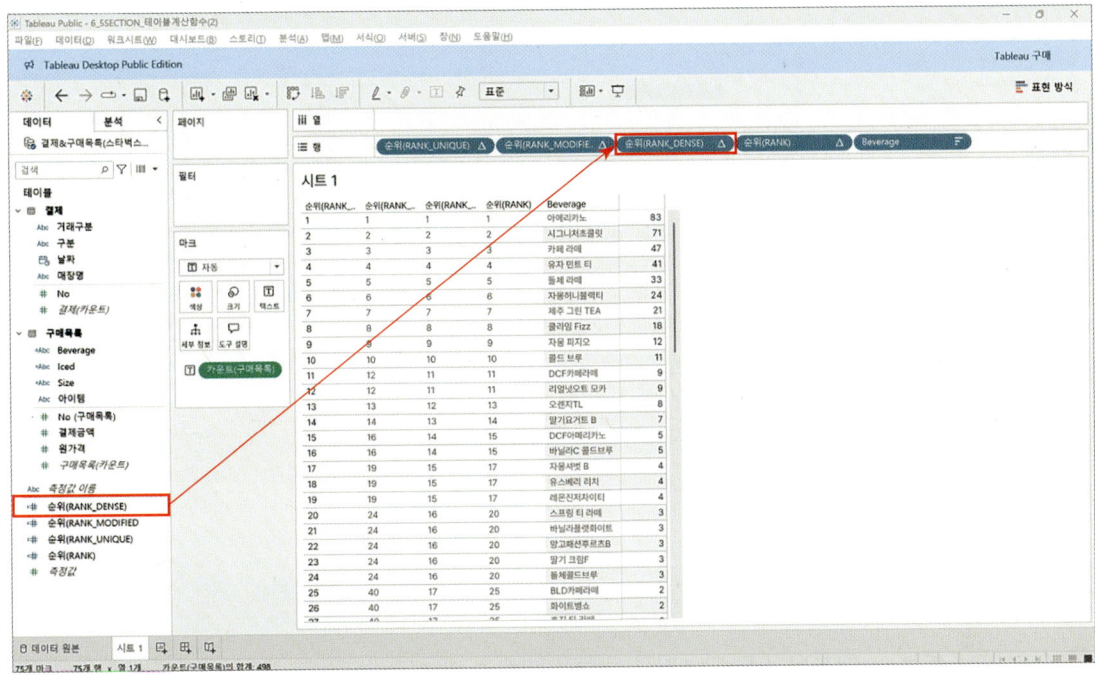

SECTION 8　LoD 함수

📁 SEILOneCompany_Sales데이터.twbx

기본 계산식은 현재 시각화에 사용된 차원을 기준으로 값을 집계한다. 하지만 LoD(Level of Detail) 표현식을 사용하면, 시각화에 사용된 차원과 관계없이 사용자가 원하는 집계 기준을 직접 지정할 수 있다. 즉, 계산의 기준이 되는 차원을 명시적으로 설정해 보다 정밀한 분석이 가능하다.

FIXED는 현재 뷰와 무관하게 지정한 차원 수준에서 집계를 수행하며, INCLUDE는 현재 뷰에 사용된 차원 외에 특정 차원을 추가해 그 기준으로 집계를 수행한다. 반면 EXCLUDE는 현재 뷰에 포함된 차원 중 일부를 제외하고 남은 차원을 기준으로 집계를 수행한다.

❶ [고객명] 필드를 더블 클릭해서 행 선반에 배치한다.
❷ [구매일자] 필드를 마우스 오른쪽으로 드래그해서 행 선반에 놓는다.

❸ 필드 놓기 대화상자에서 두 번째 '구매일자(불연속형)'을 선택한다.

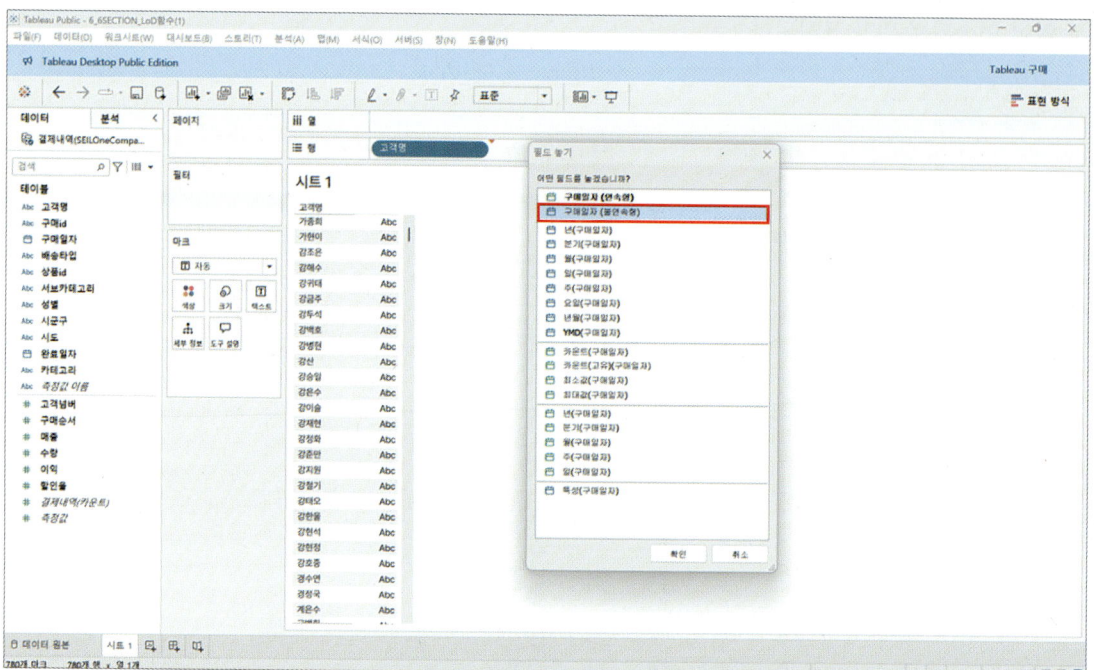

❹ 상단 분석 메뉴 → 계산된 필드 만들기로 새로운 변수를 만든다.

필드명 - 고객별첫구매일자
{ FIXED [고객명] : MIN([구매일자]) }

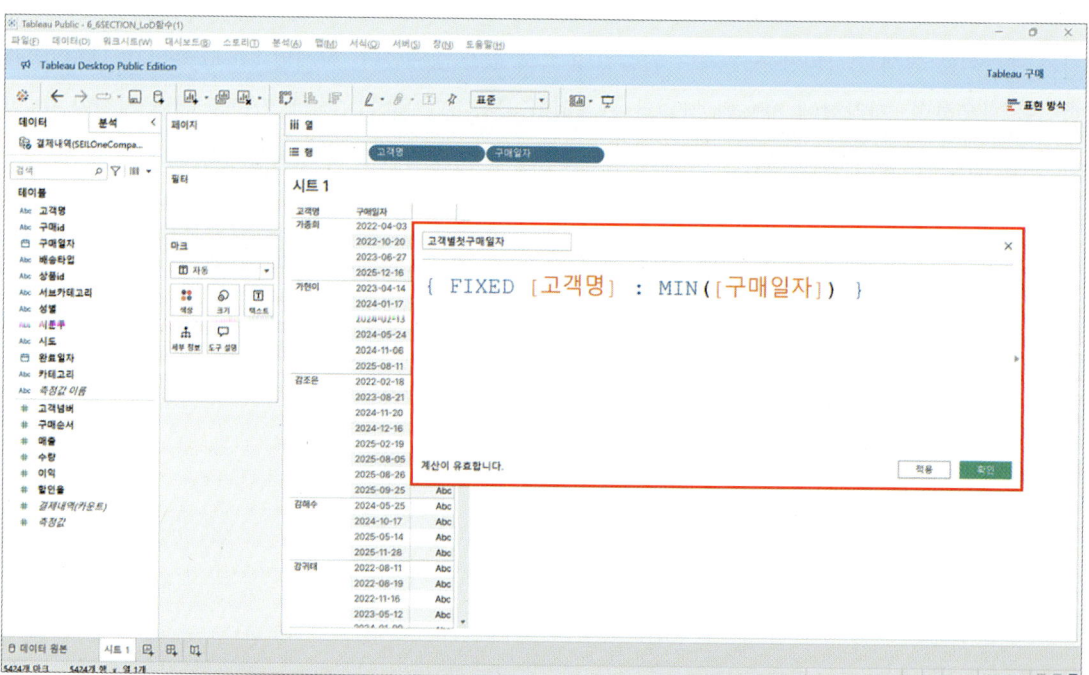

❺ [고객별첫구매일자] 필드를 마우스 오른쪽으로 드래그해서 행 선반에 놓는다.

❻ 필드 놓기 대화상자에서 두 번째 '고객별첫구매일자(불연속형)'을 선택하면, 각 고객별 구매일자 중 가장 작은 값인 첫 구매일자가 표시된다.

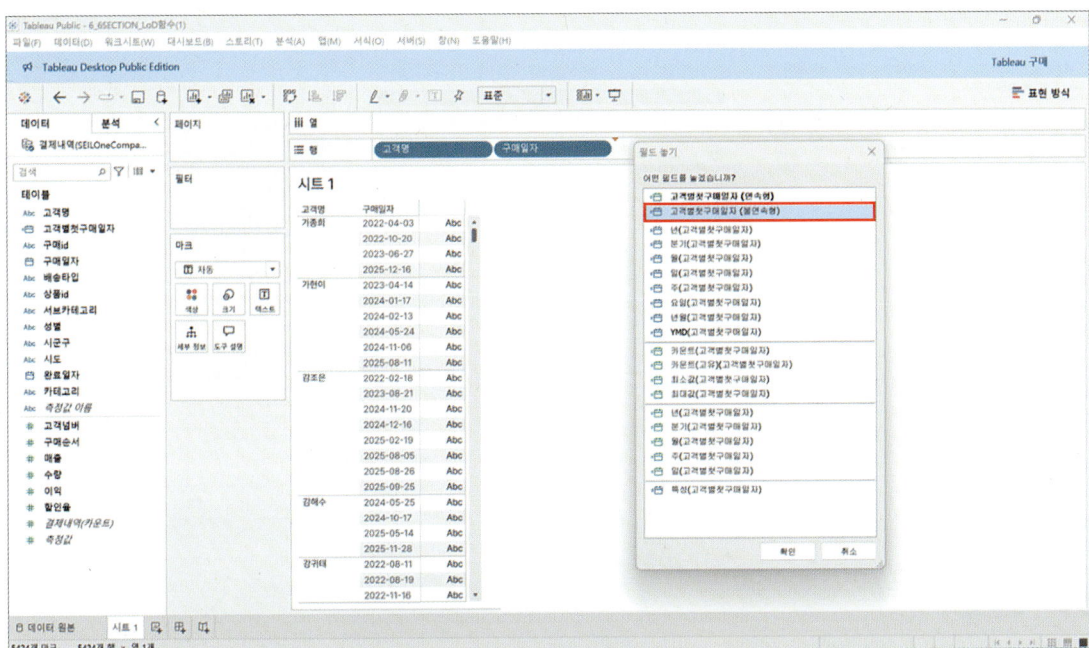

❼ 상단 분석 메뉴 → 계산된 필드 만들기로 새로운 변수를 만든다.

> 필드명 - 고객별최근구매일자
> { FIXED [고객명] : MAX([구매일자]) }

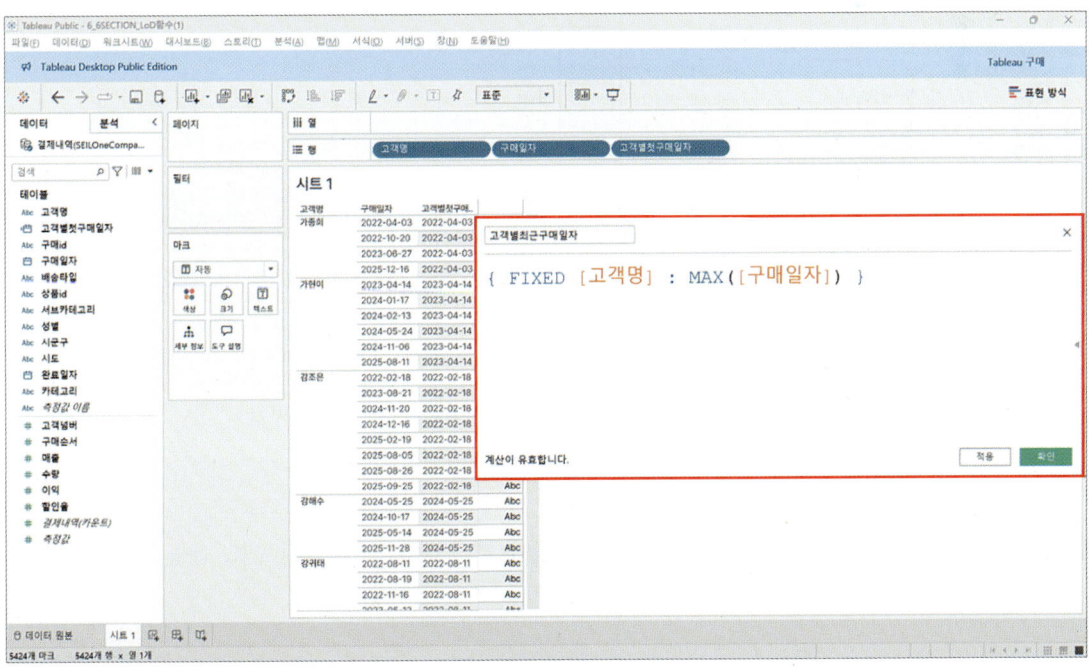

Chapter 4. 계산된 필드 만들기 133

❽ [고객별최근구매일자] 필드를 마우스 오른쪽으로 드래그해서 행 선반에 놓는다.

❾ 필드 놓기 대화상자에서 두 번째 '고객별최근구매일자(불연속형)'을 선택한다.

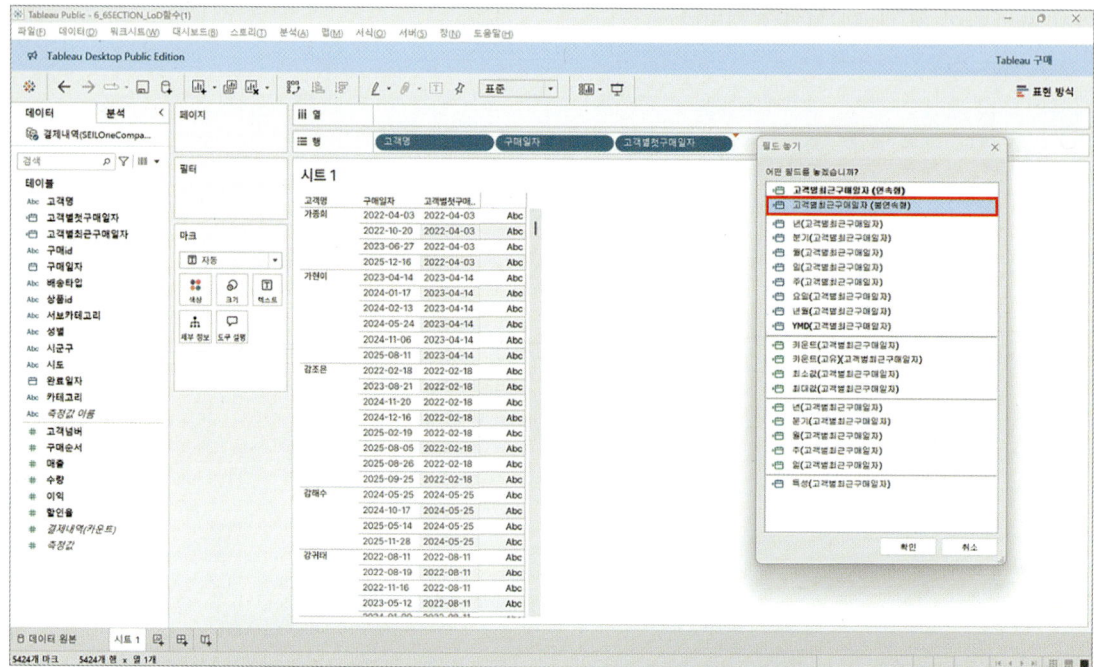

각 고객별 구매일자 중 가장 큰 값인, 최근 구매일자가 표시된 것을 볼 수 있다.

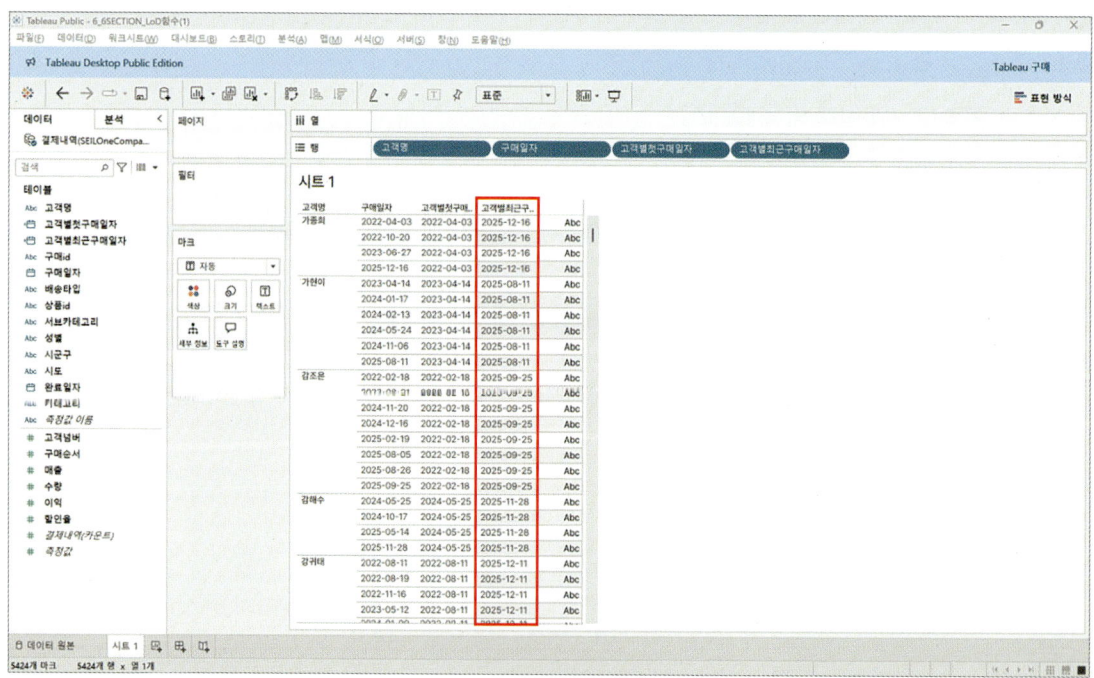

❿ 각 고객별 두 번째 구매일자를 구하고자 한다. 상단 분석 메뉴 → 계산된 필드 만들기로 새로운 변수를 만든다.

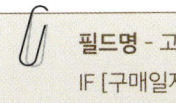
필드명 - 고객별첫구매일자이후날짜들

IF [구매일자] > [고객별첫구매일자]

    THEN [구매일자]

END

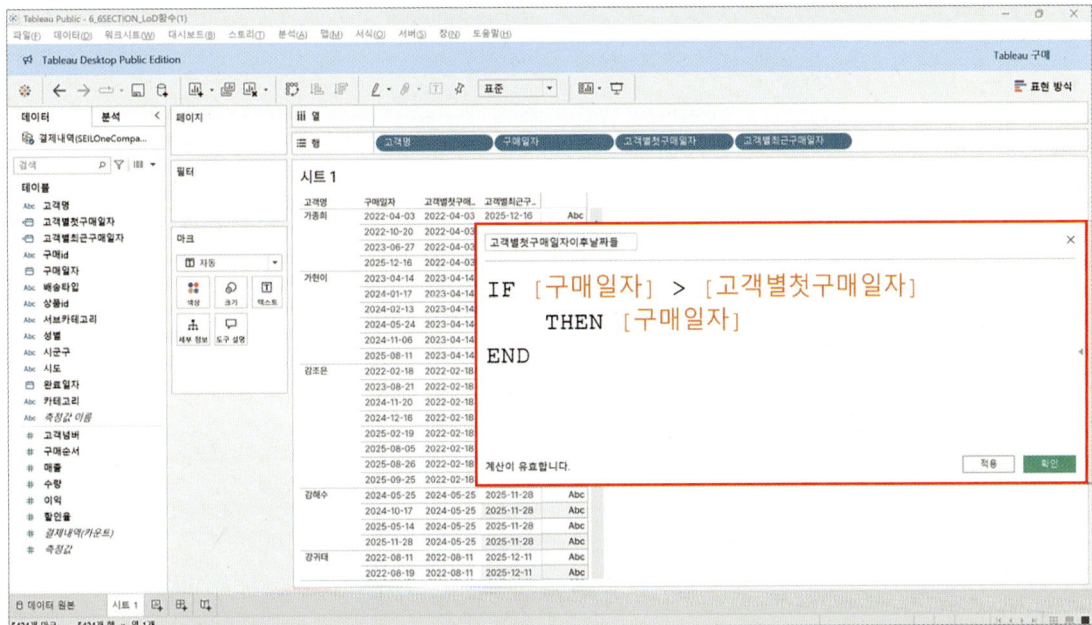

⓫ [고객별첫구매일자이후날짜들]을 마우스 오른쪽으로 드래그해서 행 선반에 놓는다.

⓬ 필드 놓기 대화상자에서 두 번째 '고객별첫구매일자이후날짜들(불연속형)'을 선택한다. 고객별 첫 구매일자를 제외하고 나머지 모든 날짜들이 표시된다.

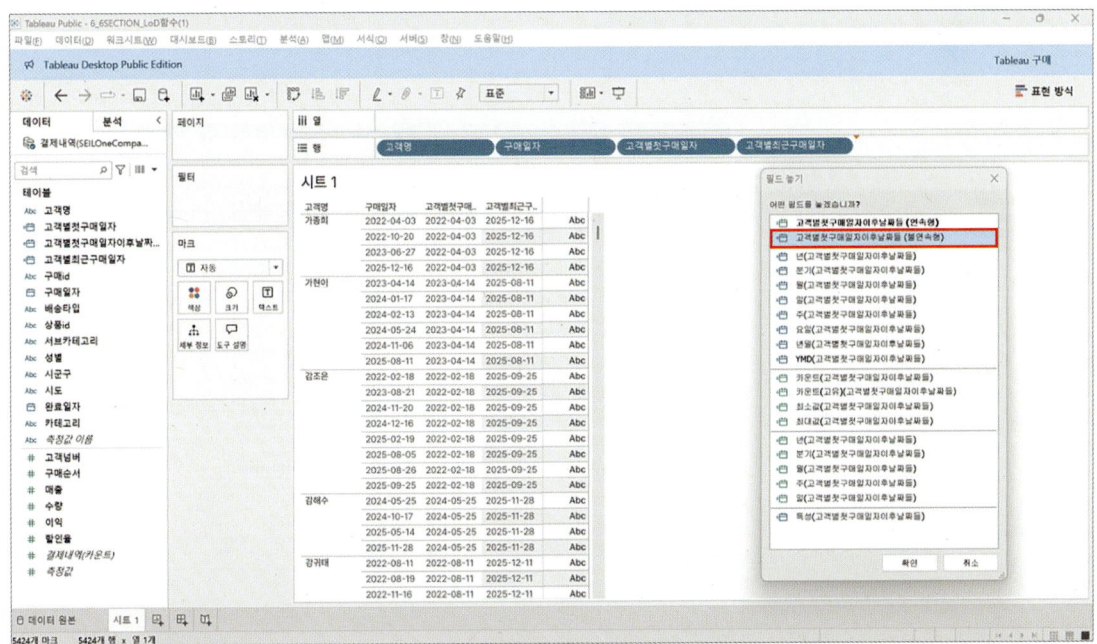

⑬ 상단 분석 메뉴 → 계산된 필드 만들기로 새로운 변수를 만든다.

 필드명 - 고객별두번째구매일자
{ FIXED [고객명] : MIN([고객별첫구매일자이후날짜들]) }

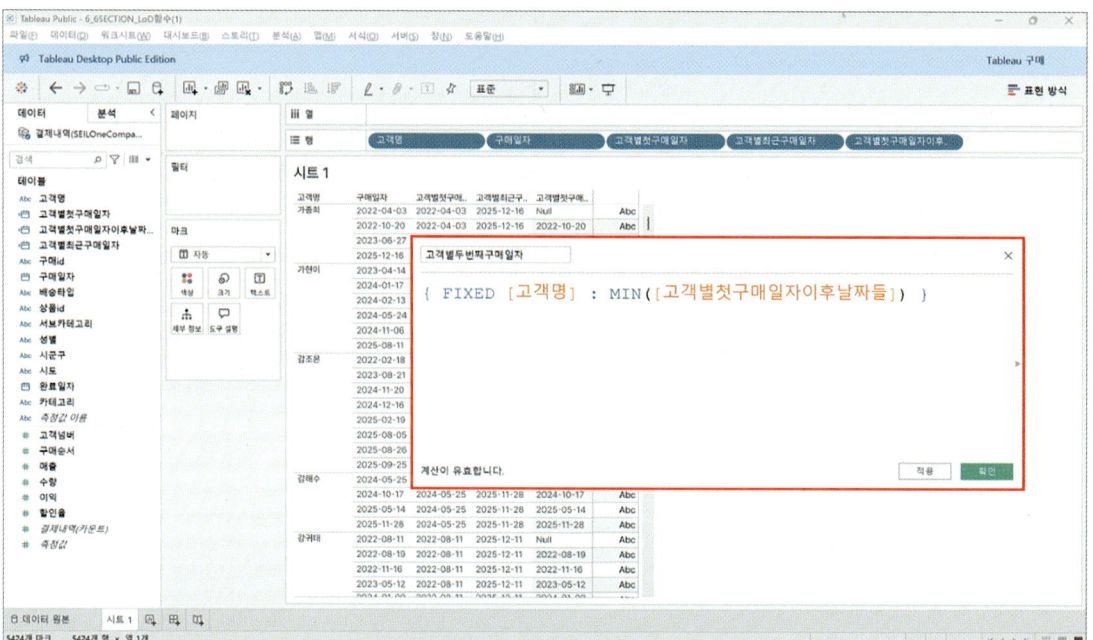

⑭ [고객별두번째구매일자]를 마우스 오른쪽으로 드래그해서 행 선반에 놓는다.
⑮ 필드 놓기 대화상자에서 두 번째 '고객별두번째구매일자(불연속형)'을 선택하면, 고객별 두 번째 구매일자가 표시된다.

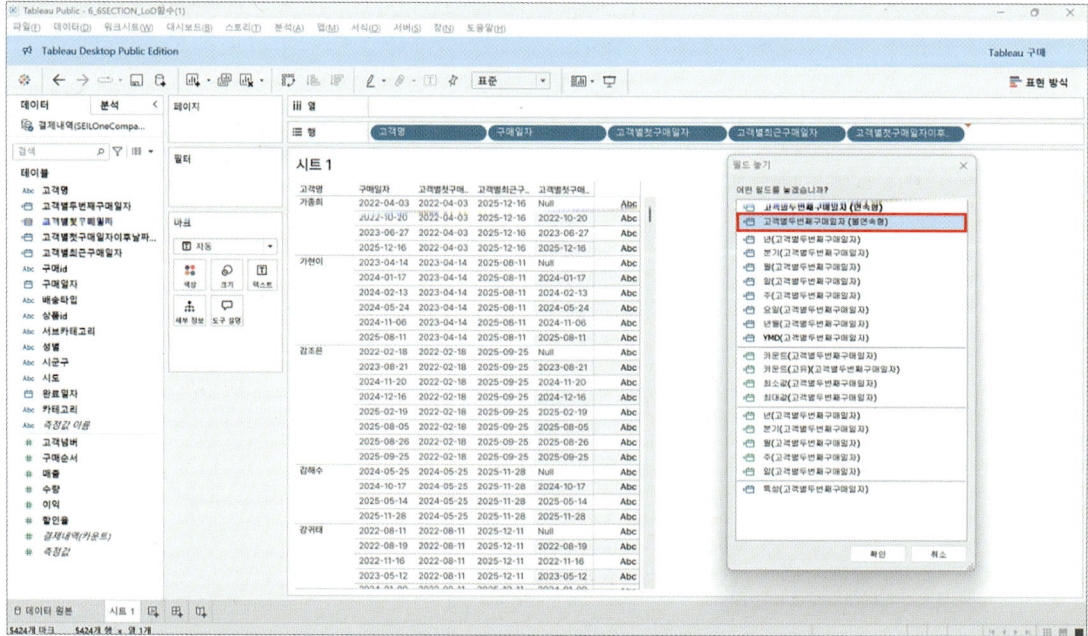

⑯ 행 선반에서 [고객명], [고객별첫구매일자], [고객별두번째구매일자]만 남기고 나머지 필드는 모두 제거한다.

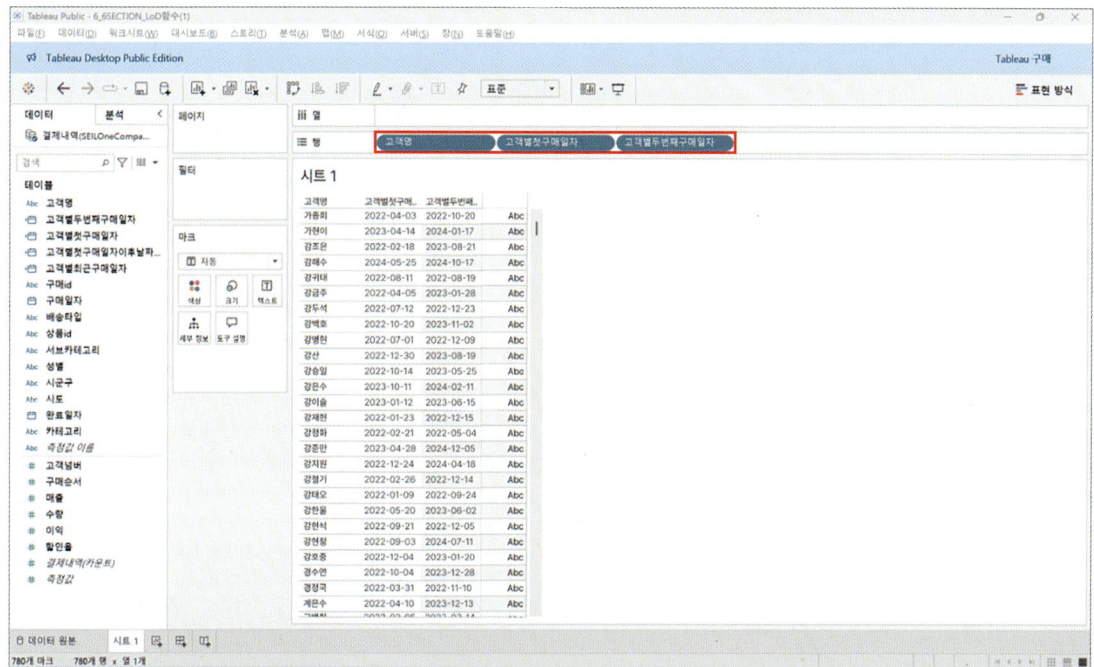

⑰ 상단 분석 메뉴 → 계산된 필드 만들기로 새로운 변수를 만든다.

> **필드명** - 첫재구매까지걸린기간
> DATEDIFF('day',[고객별첫구매일자],[고객별두번째구매일자])

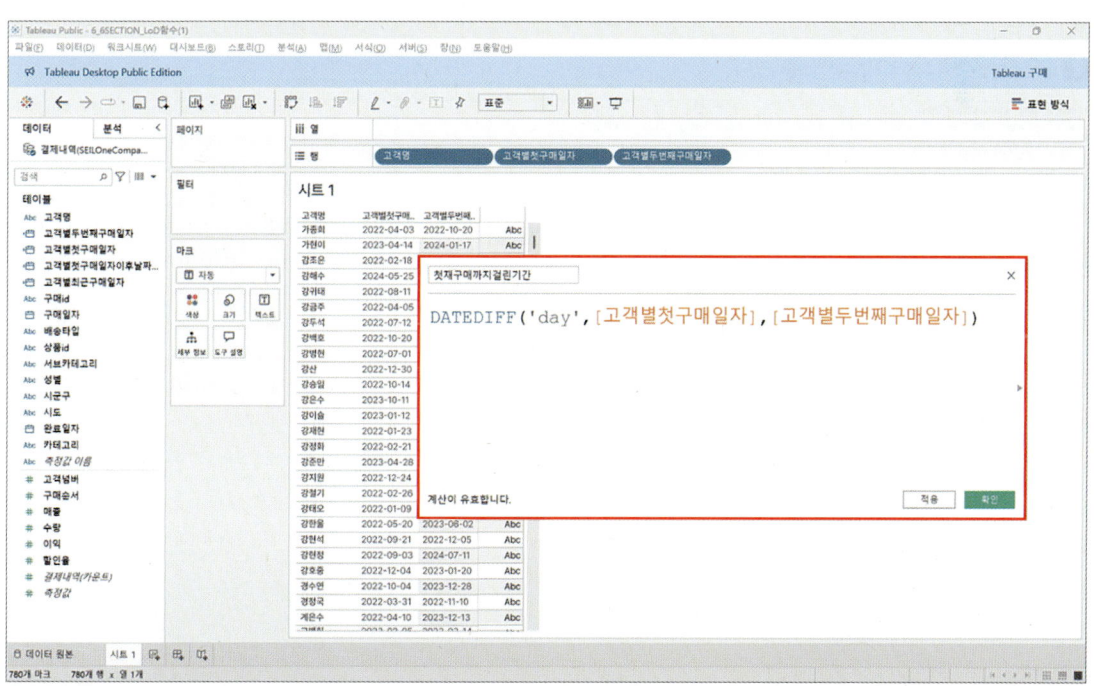

Chapter 4. 계산된 필드 만들기

⑱ [첫재구매까지걸린기간] 필드를 드래그해서 텍스트 마크에 놓는다. 각 고객별 첫 재구매까지 걸린 기간을 표시할 수 있다.

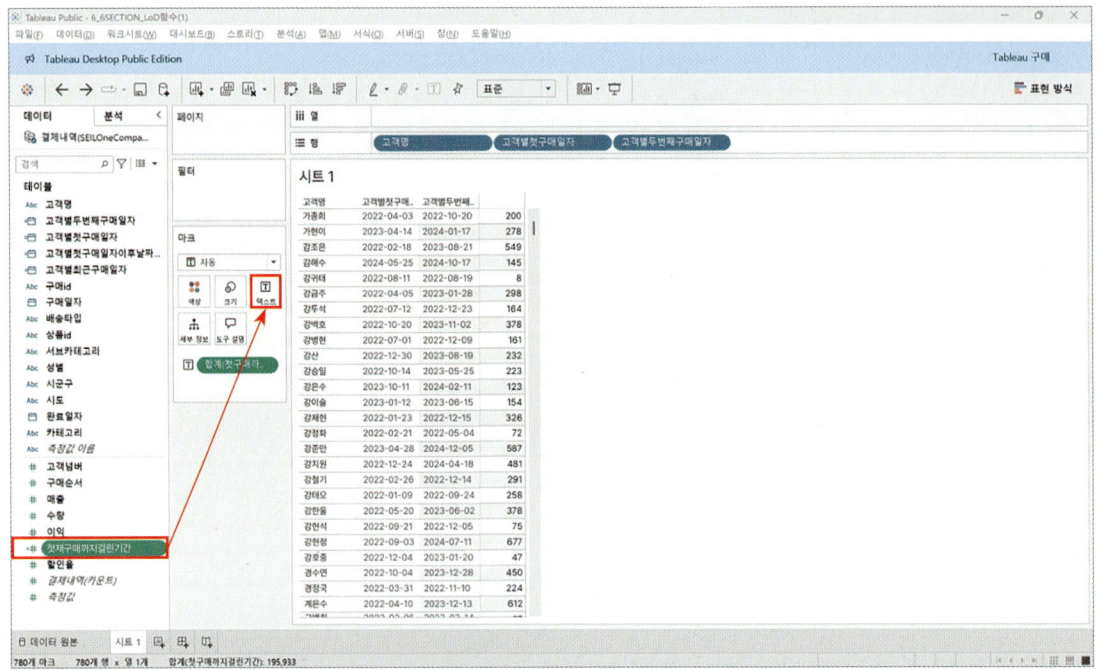

SECTION 9 EXCLUDE & INCLUDE　　📁 SEILOneCompany_Sales데이터.twbx

❶ 차원에 있는 [카테고리], [서브카테고리] 필드를 드래그해서 행 선반에 놓는다.

❷ [수량]을 텍스트 마크에 놓는다.

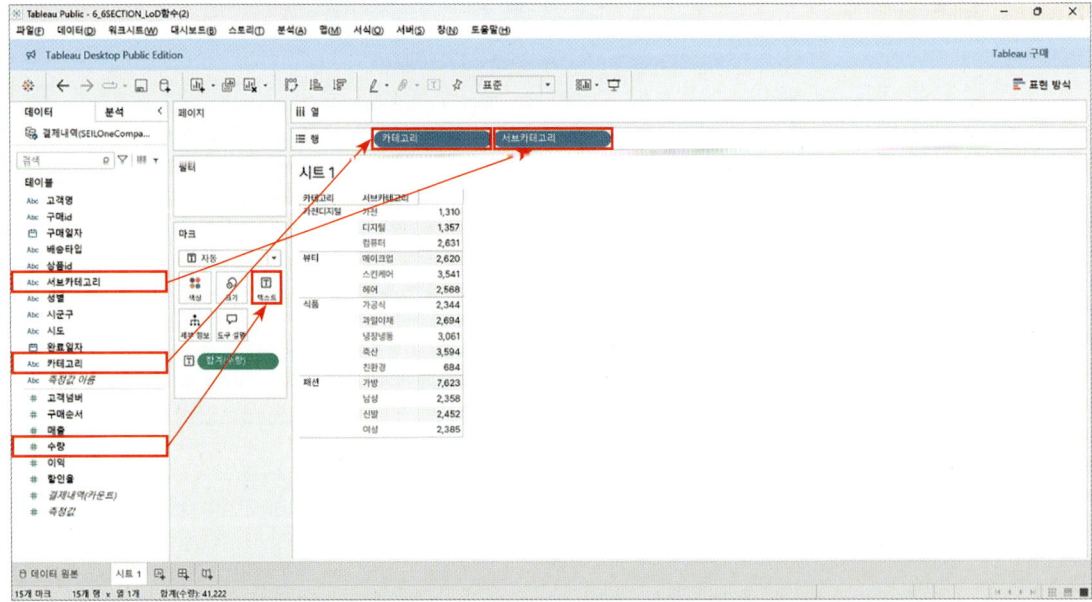

138　Part 2. 태블로 함수

❸ 새로운 계산식을 만든다.

> **필드명** - 카테고리별_수량(FIXED)
> { FIXED [카테고리] : SUM([수량]) }

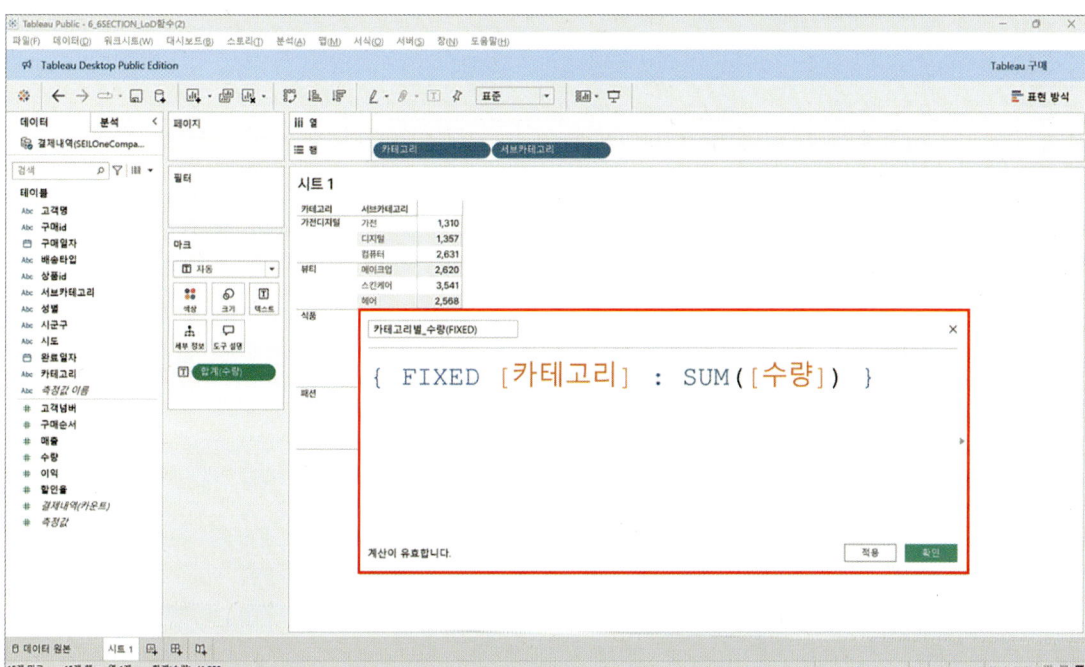

❹ [카테고리별_수량(FIXED)] 필드를 더블 클릭하여 측정값 카드를 생성한다. 현재 뷰에서 [서브카테고리]를 제외하면 데이터의 집계 수준은 [카테고리]가 되므로, 동일한 결과를 얻기 위해 이번에는 EXCLUDE LoD 함수를 활용한다.

❺ 새로운 계산식을 만든다.

> **필드명** - 카테고리별_수량(EXCLUDE)
> { EXCLUED [서브카테고리] : SUM([수량]) }

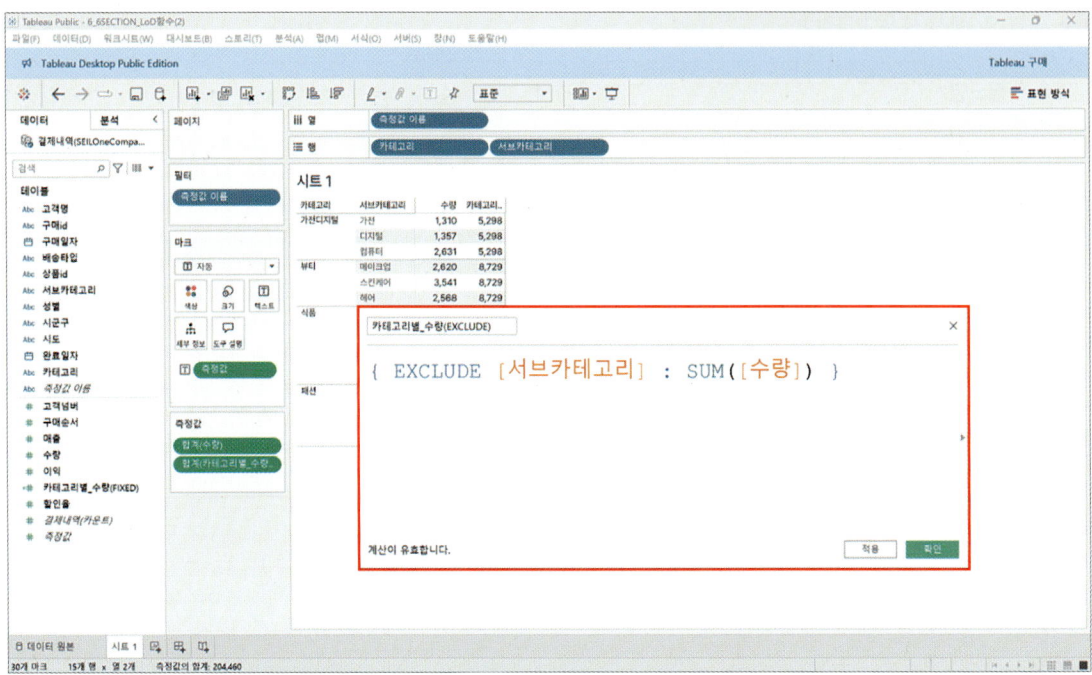

❻ [카테고리별_수량(EXCLUE)]를 더블 클릭해 측정값 카드를 생성한다.

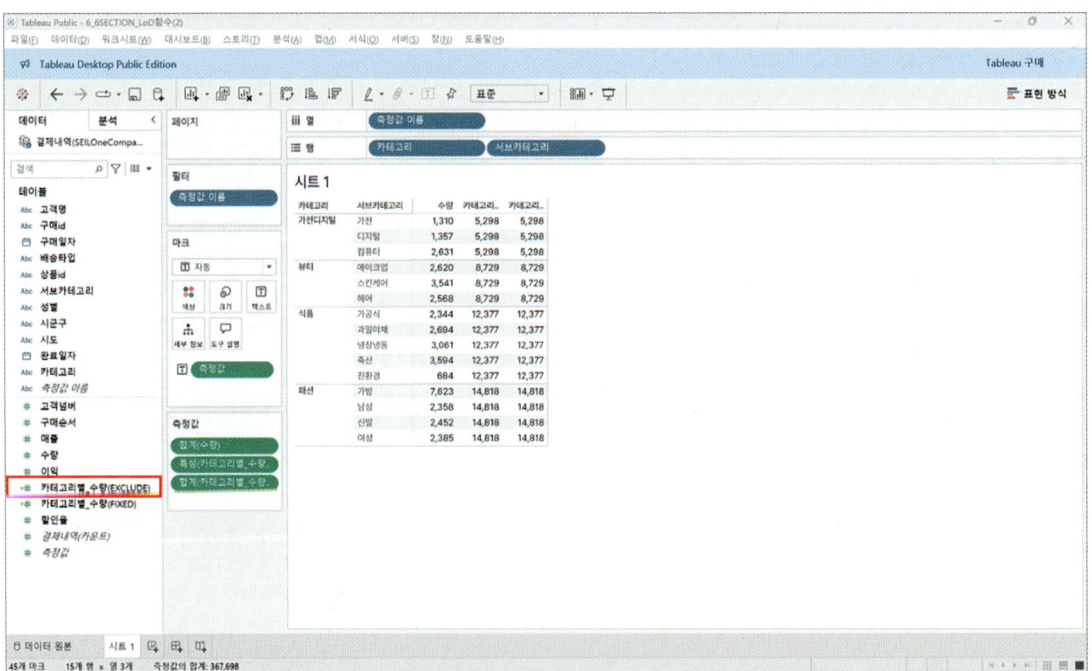

❼ 각 카테고리별 서브카테고리의 수량 비중을 구하기 위해 새로운 계산식을 만든다.

> **필드명** - 서브카테고리별_수량비중
> SUM([수량]) / SUM([카테고리별_수량(EXCLUDE)])

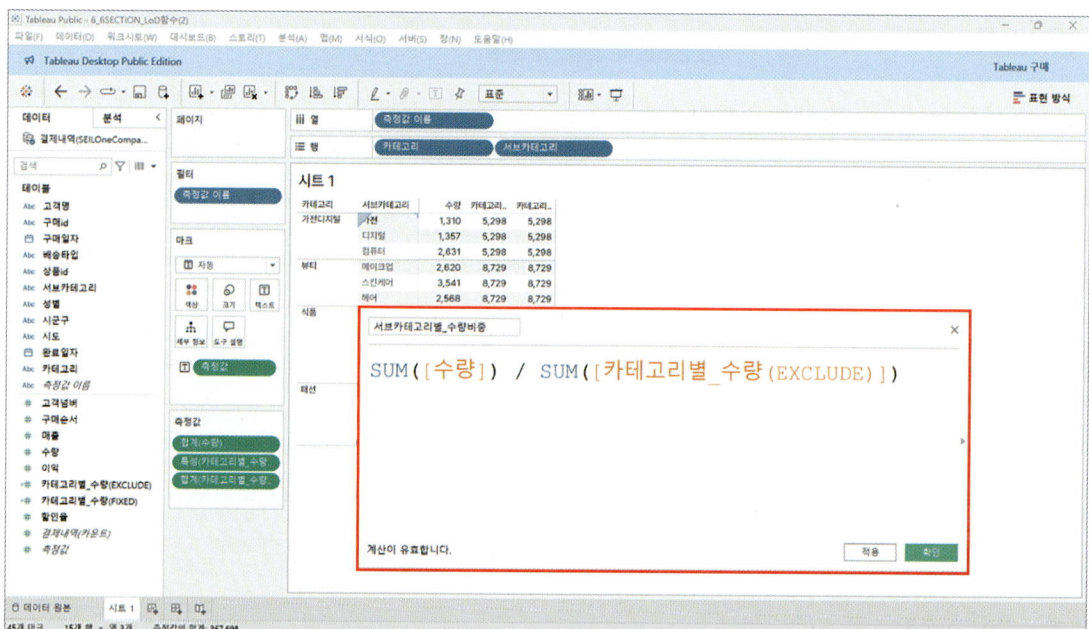

❽ 측정값에 있는 [서브카테고리별_수량비중] 필드에 우클릭한 후, 기본 속성 → 숫자 형식에서 백분율로 설정하고 소수 자릿수를 2로 지정한다.

❾ [서브카테고리별_수량비중] 필드를 드래그해서 측정값 카드 맨 아래에 배치한다. 각 카테고리별 서브카테고리들의 매출 비중(100% 기준)을 확인할 수 있다.

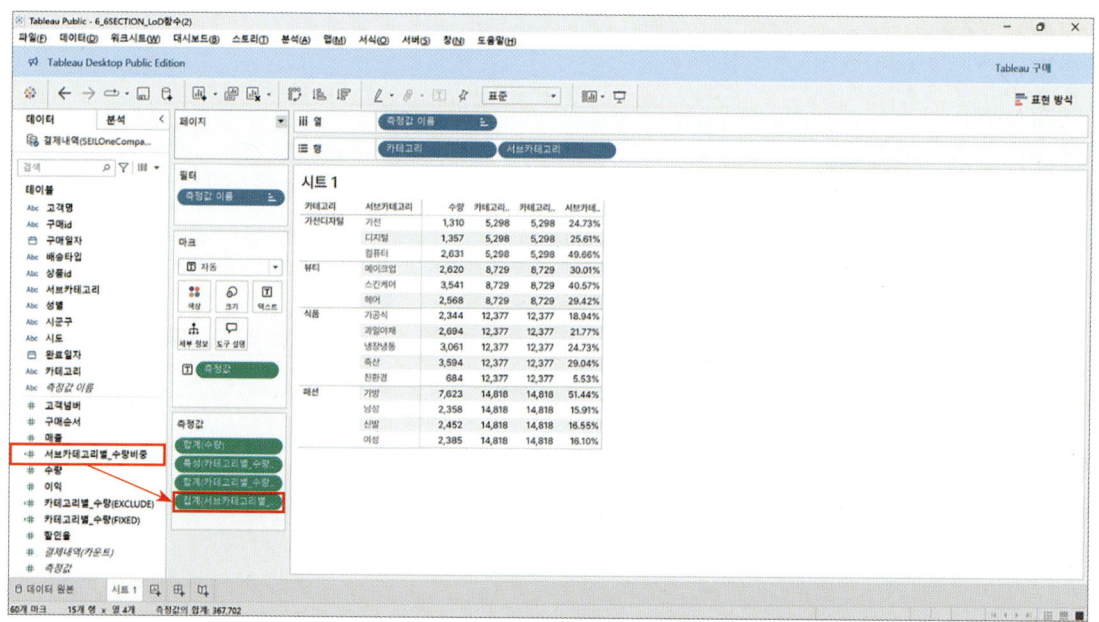

Chapter 4. 계산된 필드 만들기   141

⑩ 새 워크시트를 선택한다.

⑪ 차원에 있는 [카테고리], [서브카테고리], 측정값에 있는 [수량] 순서대로 더블 클릭한다.

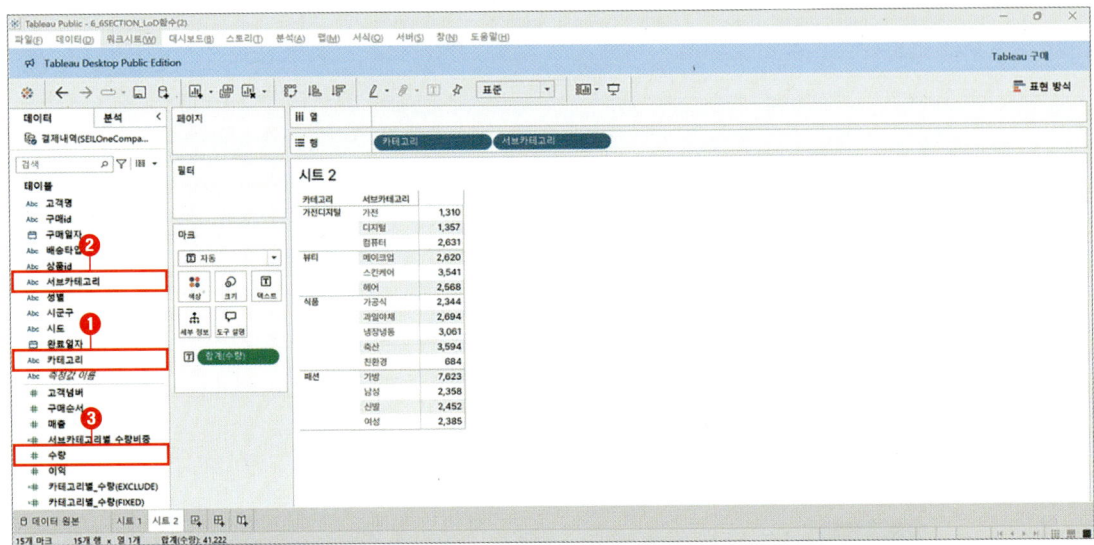

⑫ 새로운 계산식을 만든다.

필드명 - 고객별_수량
{ INCLUDE [고객명] : SUM([수량]) }

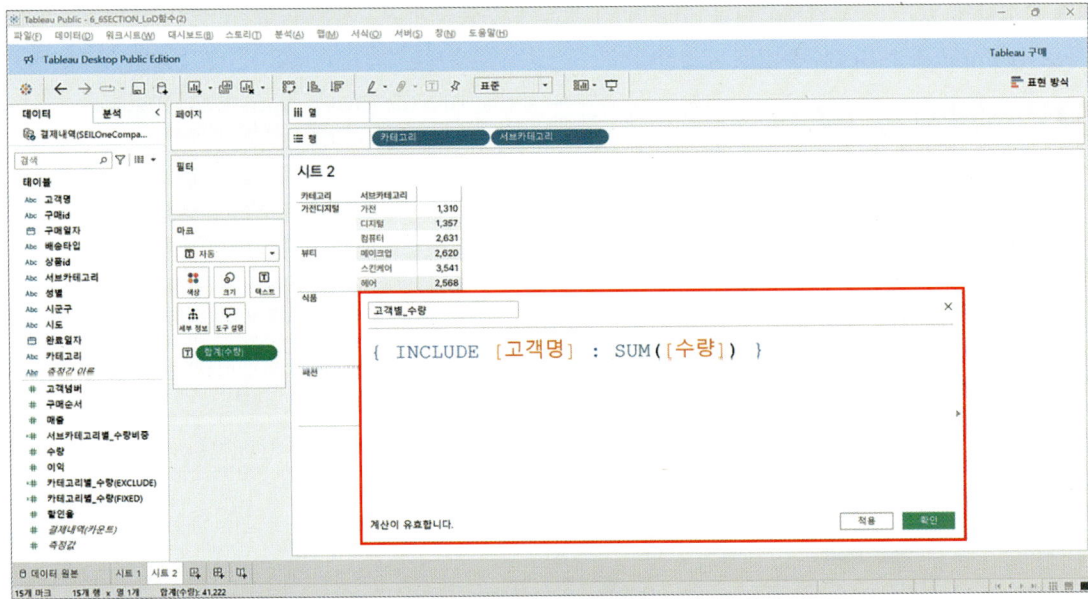

⑬ [고객별_수량] 필드를 더블 클릭해 측정값 카드에 넣는다.

⑭ 측정값 카드에 있는 [고객별_수량]의 집계를 평균으로 변경한다.

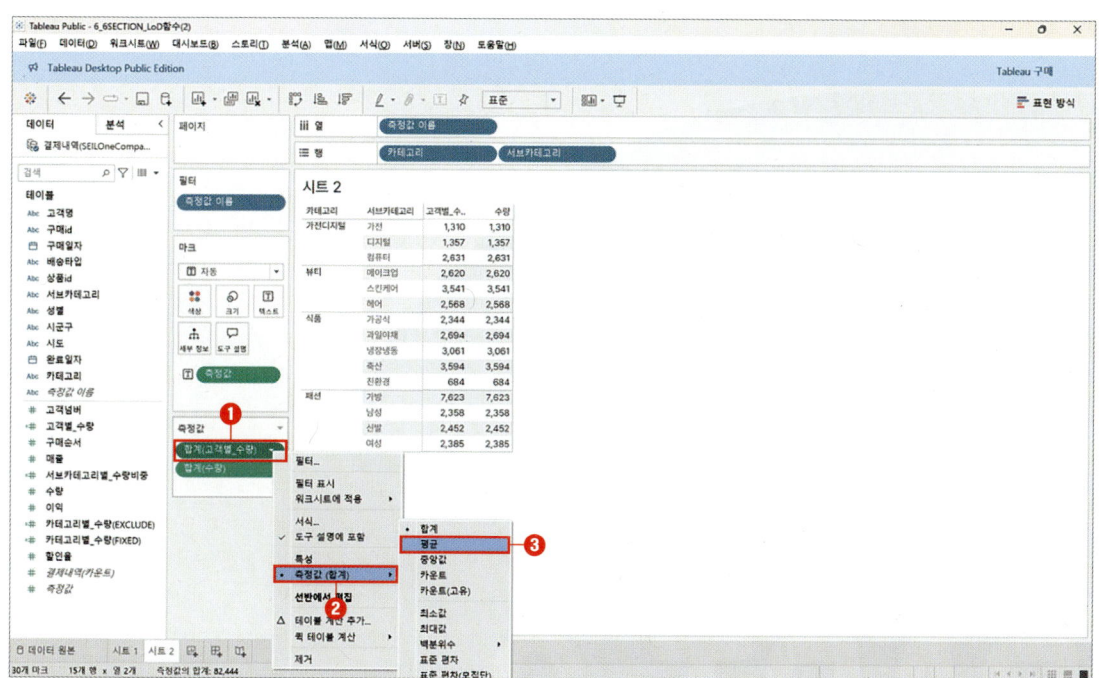

⑮ 측정값 카드에 있는 [고객별_수량]에 우클릭 → 서식 → 패널 탭 → 기본값 → 숫자 → 숫자 사용자 지정 → 소수 자릿수: 2로 설정하고 서식 메뉴 닫는다.

잠깐만요 — INCLUDE 계산식의 정확성 검증하기

① 새 워크시트를 열고 [카테고리] → [서브카테고리] → [고객명]을 행에 배치한다.
② [수량]을 텍스트 마크에 놓은 뒤, '가전디지털-가전'만 필터링한다.
③ 상단 [분석] 메뉴에서 '열 총합계 표시' → '총계를 맨 위로' 설정한다.
④ 총계 셀을 클릭해 집계 방식을 '평균'으로 바꾸면, 고객별 수량 평균이 4.87로 나타난다.

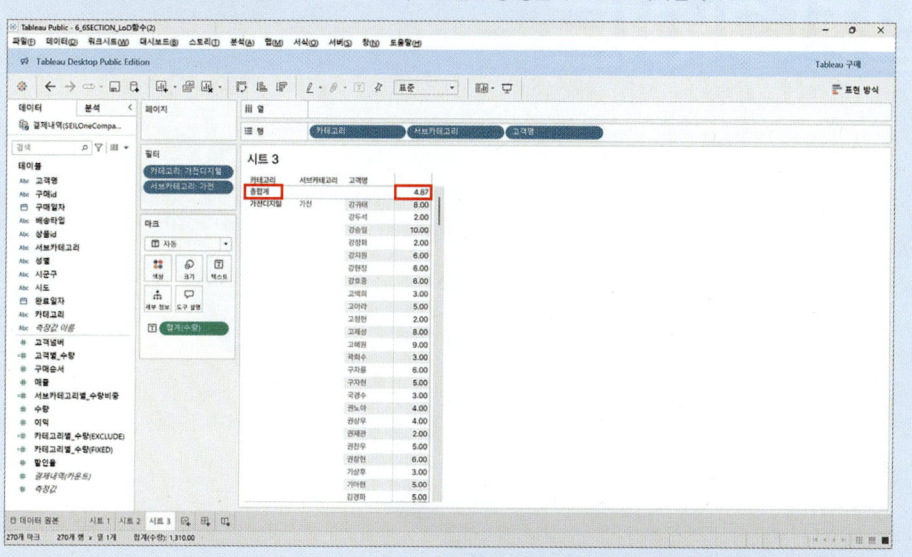

이 값은 앞서 INCLUDE 함수로 구한 평균과 동일하다. 즉, INCLUDE 함수는 현재 뷰에 표시되지 않은 차원(여기서는 고객명)을 기준으로 집계할 때 사용된다는 사실을 확인할 수 있다.

PART 3

태블로 주요 시각화와 실전 가이드

데이터를 시각적으로 분석하는 데 있어 단순 수치만 나열된 표 형태는 한계를 가집니다. 아무리 많은 정보가 담겨 있어도 한눈에 빠르게 읽히지 않는다면 효과적인 시각적 분석이라 할 수 없습니다.
이때 중요한 역할을 하는 것이 바로 직관적인 시각화입니다.

기본 시각화는 데이터 원본의 차원 필드와 측정값 필드 각각 하나만 사용하더라도, 청중에게 메시지를 빠르게 전달할 수 있는 단순하면서도 효과적인 형태입니다.

심화 시각화는 두 개 이상의 차원과 측정값을 결합하거나, 다양한 시각화 유형을 혼합해 데이터의 다층적인 패턴과 관계를 드러내는 고급 기법입니다. 예를 들어, 매출 추이를 시계열 그래프와 함께 누적 막대 차트로 비교하거나, 지도 시각화 위에 마크 크기와 색상을 동시에 활용해 지역별·기간별 변화를 입체적으로 표현할 수 있습니다. 또한 매개 변수, LoD 표현식, 이중축 그래프, 하이라이트 테이블 등 고급 기능을 활용해 데이터의 숨은 인사이트를 끌어내고, 비즈니스 의사결정에 직접적으로 도움이 되는 분석 결과를 제공합니다.

이를 통해 청중은 카테고리별 수치 비교, 시간 흐름에 따른 추이, 전체 매출에서의 부서별 기여도 등 복합적인 질문에도 빠르게 답을 얻을 수 있습니다.
태블로는 이러한 기본·심화 시각화를 직관적인 방식으로 구성할 수 있도록 설계되어 있어, 누구나 드래그 앤 드롭과 몇 번의 클릭만으로 설득력 있는 시각화를 구현할 수 있습니다.

또한, 태블로에는 시각화를 더욱 풍부하게 만드는 다양한 요소들이 있습니다. 특정 기간만 잘라 간소화하는 필터, 직관적으로 답을 찾게 돕는 정렬, 전체 합을 보여주는 총계 등은 기본 시각화를 보완하여 분석의 깊이를 더합니다.

이 Part에서는 실무와 시험에서 가장 많이 활용되는 기초 시각화부터 고급 분석에 활용되는 심화 시각화까지, 각 차트의 특성과 적절한 활용 맥락을 이해하고 실습합니다. 나아가, 다양한 보조 기능을 통해 직관적인 시각화를 구현하고, 상황별 분석에 적합한 시각화 전략을 익힙니다.

CHAPTER 5. 기초 시각화
CHAPTER 6. 시각화 구성 요소
CHAPTER 7. 심화 시각화

CHAPTER 05 기초 시각화

기초 차트는 데이터를 이해하고 통찰을 이끌어내는 기본 도구다.
차트의 특징과 활용 상황을 알면 실무와 시험 모두에서 완성도 높은 분석이 가능하다.

SECTION 1 막대 차트

 SEILOneCompany_Sales데이터.twbx

막대 차트는 항목별 비교, 카테고리 분석, 순위나 추세를 보기 적합하고 만들기도 쉬워 자주 사용된다. 태블로에서는 초록색 연속형 측정값을 더블 클릭하거나 행·열 선반에 올리면 자동으로 생성되며, 숫자형 측정값 선택 후 막대 차트 유형을 선택해도 쉽게 만들 수 있다.

01 | [측정값] 필드

태블로에서 측정값 필드를 더블 클릭하거나 드래그하여 열 또는 행 선반에 배치하면, 태블로는 해당 데이터를 자동으로 인식하여 기본적인 막대 차트를 생성한다.

❶ [결제내역] 테이블에 있는 [매출] 필드를 드래그해서 행 선반에 놓는다.
❷ 내장되어 있는 집계에 따라 (기본 집계: 합계) 막대 차트가 만들어진다.

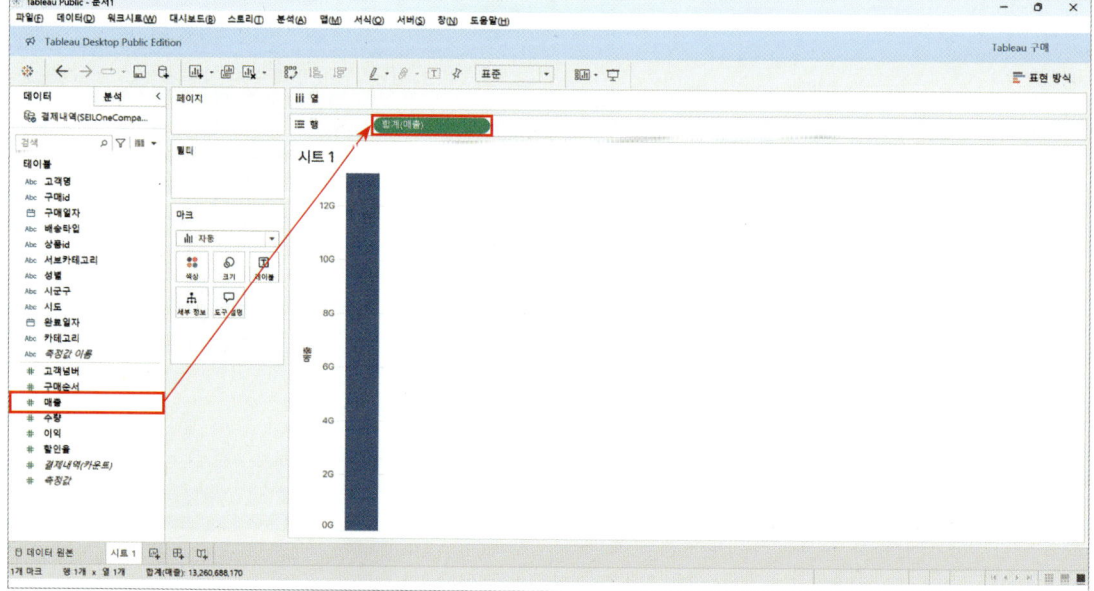

02 | [차원] 필드

막대 차트가 하나만 나타날 경우, 이를 여러 개의 막대로 나누고 싶다면 차원 필드를 열 선반 또는 행 선반에 추가하면 된다.

❸ 차원 [서브카테고리]를 열 선반에 배치한다.

❹ [매출]을 레이블에 배치하면 서브카테고리별 매출 합계가 숫자로 표시된다.

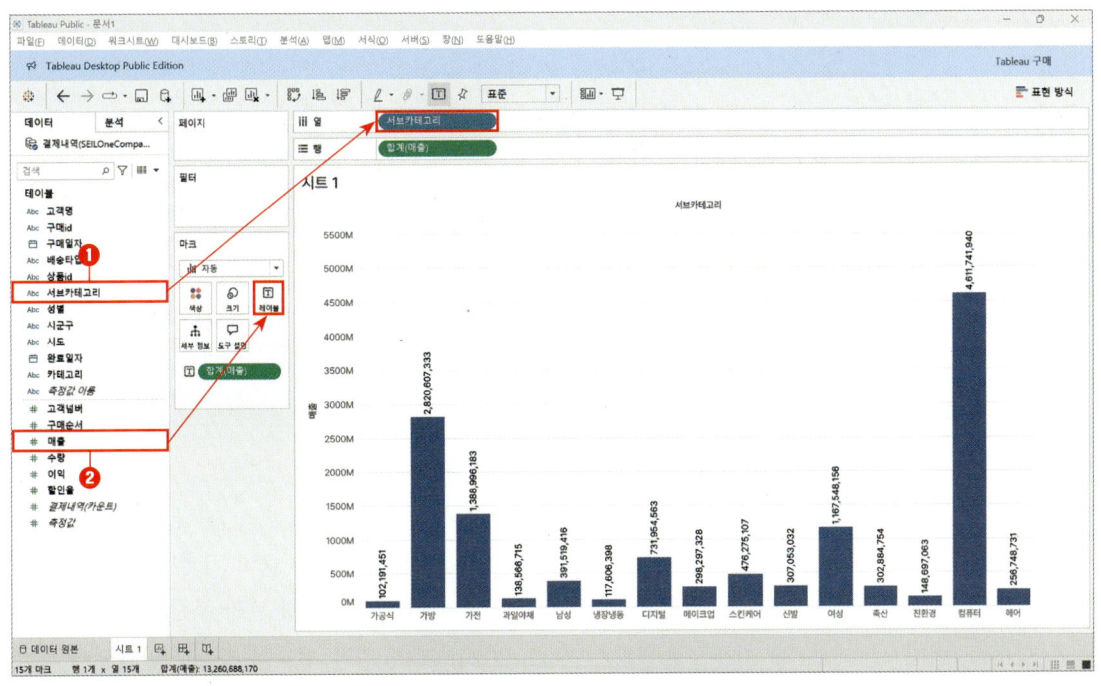

> **전문가의 조언**
>
> 멤버가 10개 이상 넘어가면 세로 막대보다 가로 막대를 권장합니다. 이유는 멤버들의 이름이 긴 경우 직관적으로 확인하기 어렵고, 해당 멤버의 값을 바로 확인하기 어렵기 때문입니다.

SECTION 2 라인 차트

📁 SEILOneCompany_Sales데이터.twbx

라인 차트는 [날짜] 또는 [날짜 및 시간] 필드를 열 선반에, 측정값을 행 선반에 배치해 쉽게 생성할 수 있으며, 시간의 흐름에 따른 데이터 변화를 시각화하는 데 유용하다. [날짜] 필드는 자동으로 년, 분기, 월, 일 등의 계층 구조를 가지며 드릴 다운이 가능하고, 불연속형은 중간중간 끊어서 특정 시점이나 시즌의 특징을 파악하는 데 적합하며, 연속형은 시간의 흐름에 따라 전체적인 추이를 한눈에 살펴보는 데 유용하다.

❶ 새 워크시트를 선택한 후 [이익]을 행 선반에, [구매일자]를 열 선반에 드래그하면 '(합계) 이익'이 연도별 라인 차트로 자동 생성된다.

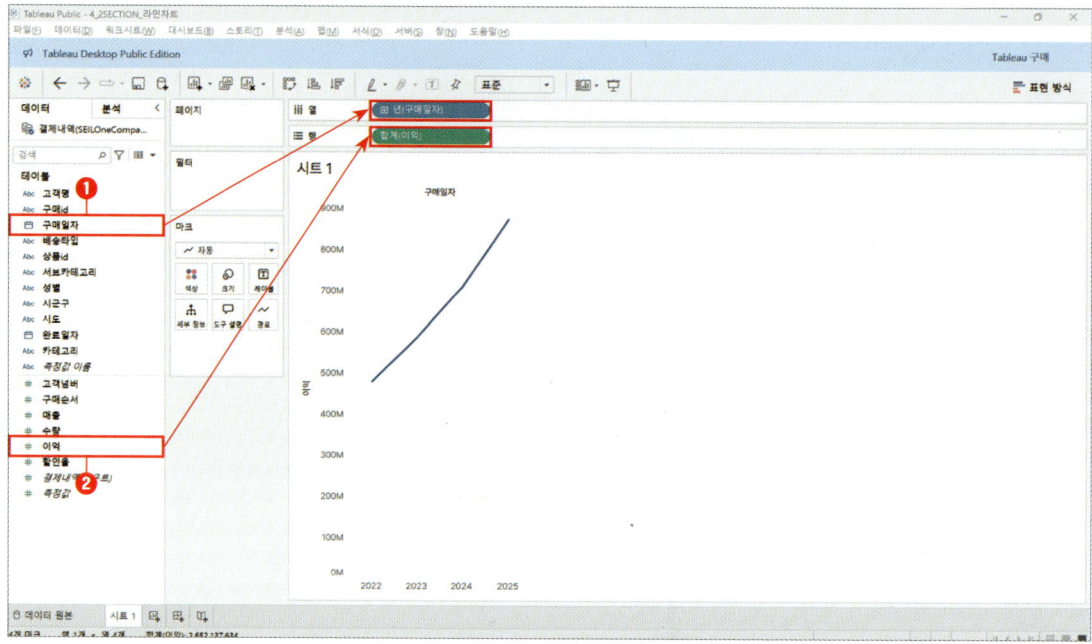

TIP   '날짜' 또는 '날짜 및 시간' 필드를 선반 또는 마크에 놓으면 가장 최상위 레벨이 표시된다.

❷ 열 선반의 '년(구매일자)'을 더블 클릭하면, 태블로가 이를 DATEPART('year', [구매일자]) 형태의 쿼리로 자동 변환한 것을 확인할 수 있다. DATEPART는 날짜 필드에서 특정 날짜 부분을 정수로 추출하는 함수로, 여기서는 'year'를 기준으로 2022, 2023, 2024, 2025 같은 연도가 정수로 반환된다.

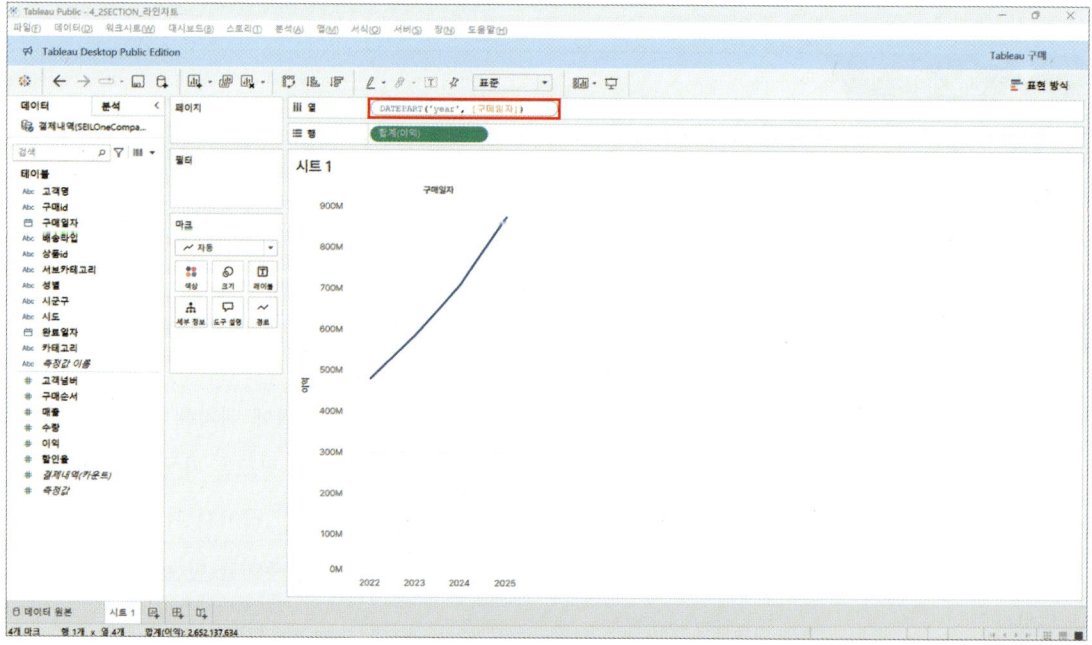

TIP 날짜 (또는 날짜 및 시간) 유형의 필드는 다른 필드들과 달리 미리 계층이 적용되어 있다. [+] 아이콘은 드릴-다운으로 더 세부 항목을 볼 수 있고, [-] 아이콘은 드릴-업으로 요약 항목을 볼 수 있다.

❸ 년(구매일자) 앞에 [+]를 누르면 분기 기준으로 이익 추이를 드릴 다운해서 볼 수 있다.

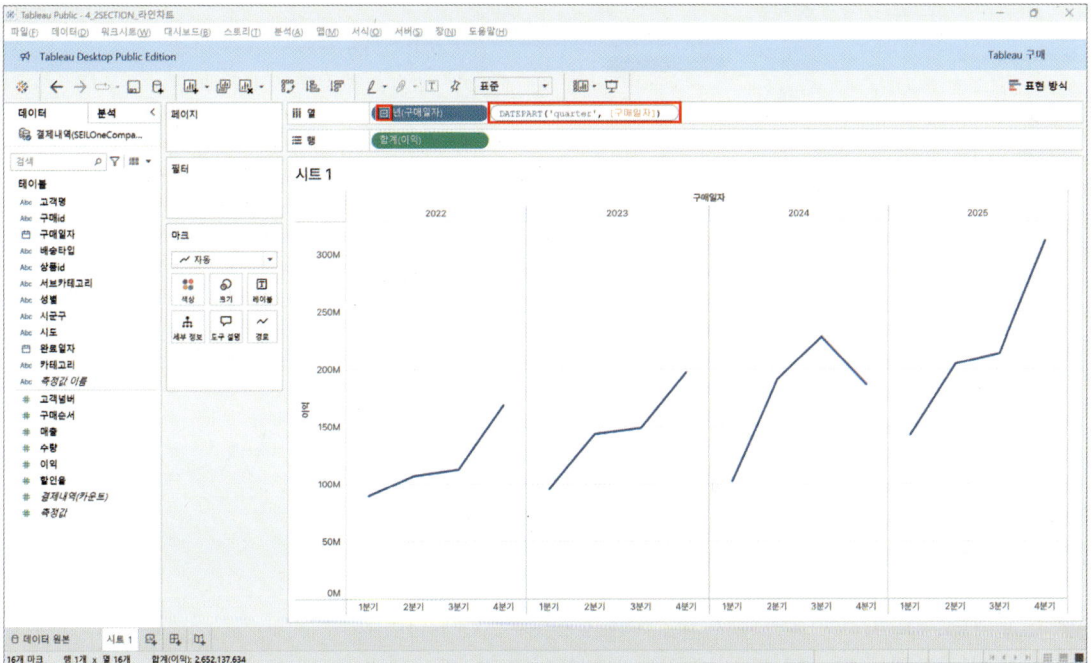

❹ 분기 앞에 있는 [+]를 누르면 이제는 날짜들 중 가장 세부 수준이 월이 되면서 연, 분기, 월 기준 이익 추이를 볼 수 있다.

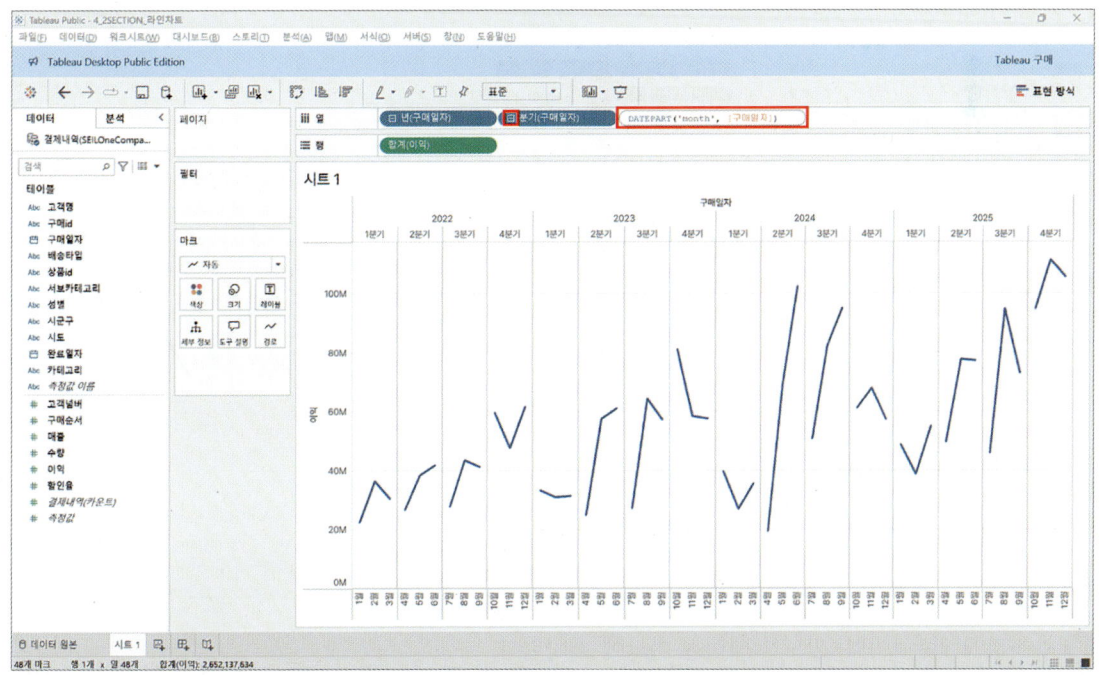

Chapter 5. 기초 시각화

❺ 다시 월 앞에 있는 [+]를 누르면 이제는 월보다 하위 날짜 기준인 일(day) 기준으로 날짜가 더 세부적으로 나눠지고, 더블 클릭하면 DATEPART('day', [구매일자])가 보인다.

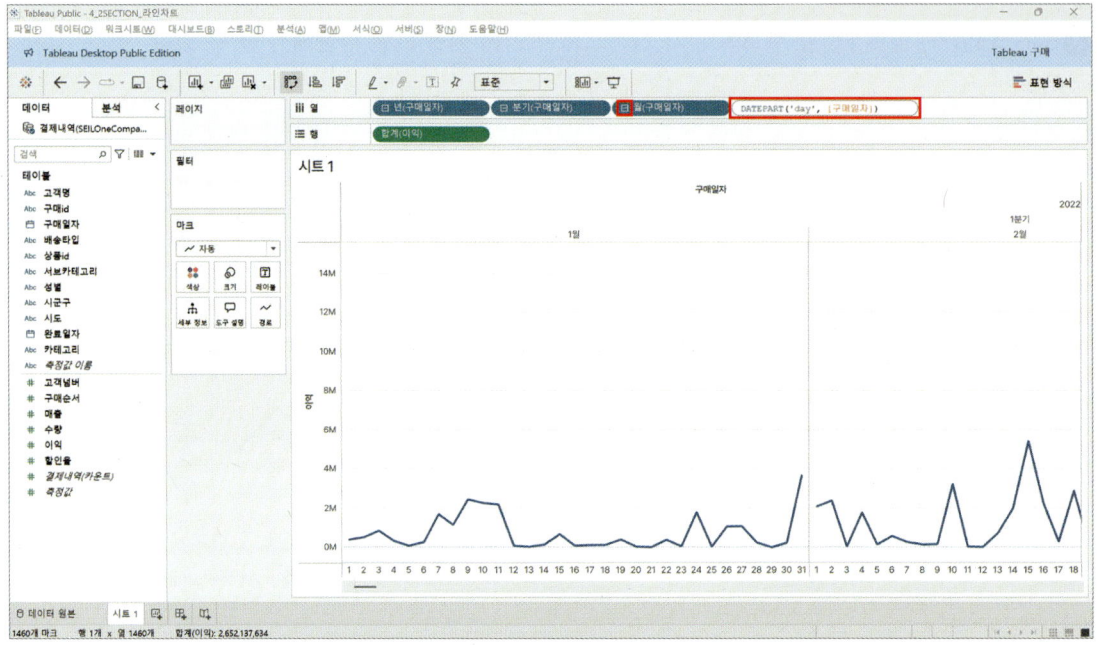

❻ 현재 시트 이름을 마우스 오른쪽으로 눌러서 복제를 선택한다.

❼ 두 번째 시트에서 열 선반 두 번째 있는 분기(구매일자) 앞에 있는 [-] 버튼을 눌러 '분기'보다 하위 범위인 '월', '일'의 알약 필드가 모두 '분기' 안으로 들어오게 한다.

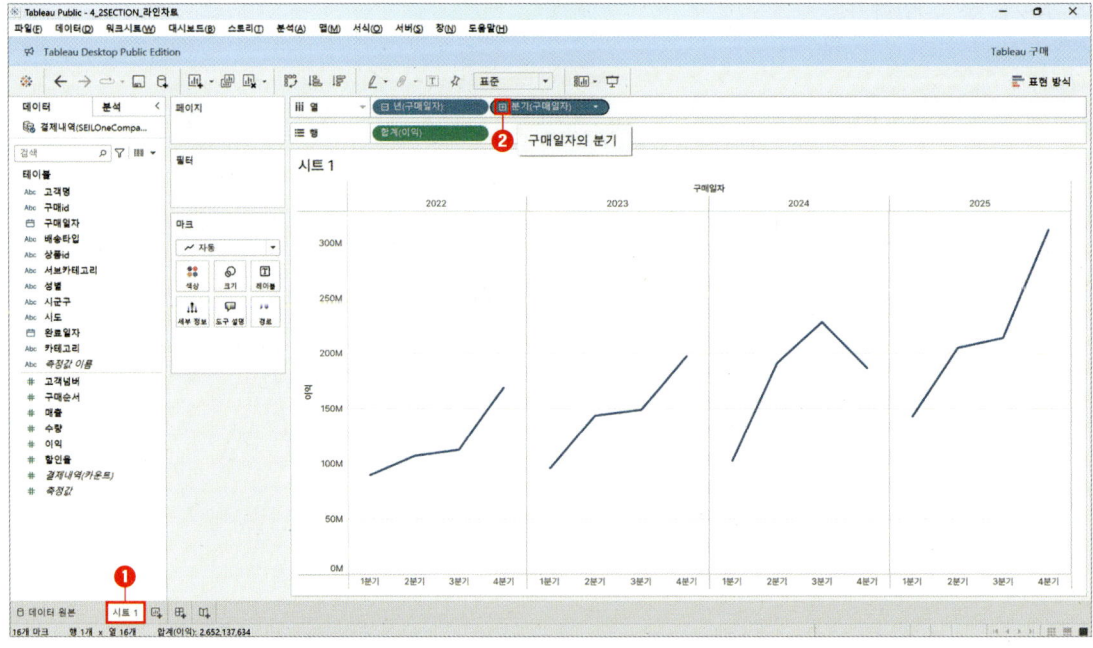

❽ 측정값에 있는 [이익] 필드를 레이블 마크에 배치한다.

150 **Part 3.** 태블로 주요 시각화와 실전 가이드

❾ 레이블 마크에 있는 [이익]에 우클릭 후 [퀵 테이블 계산] → [비율 차이]를 선택한다. 그러면 전분기 대비 이익의 증감을 확인할 수 있다.

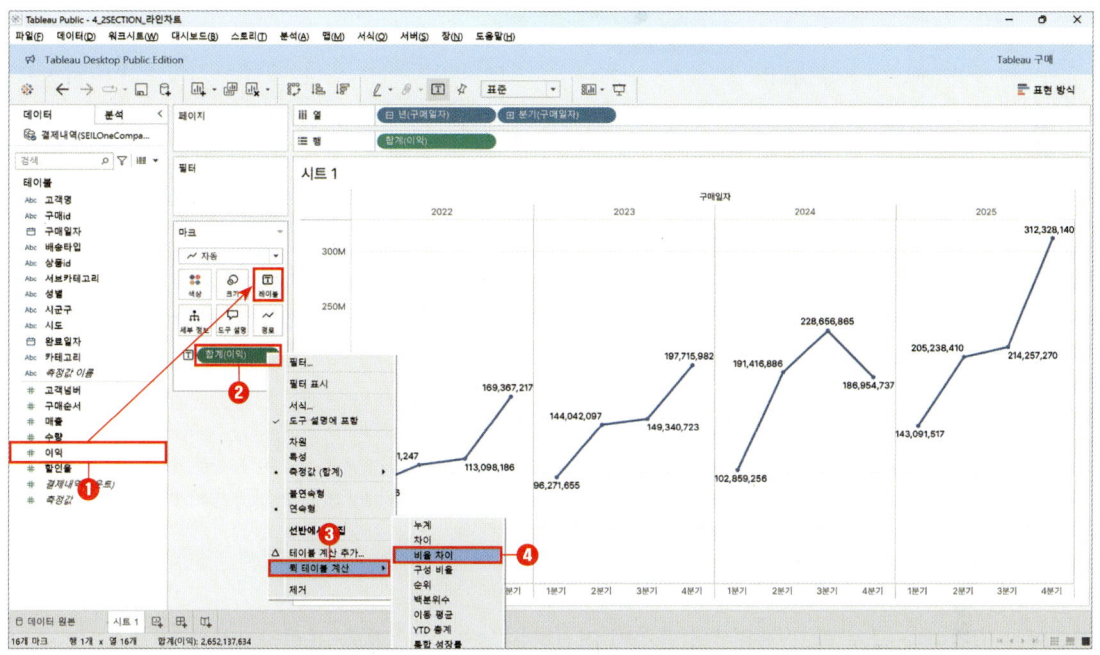

❿ 전월 대비 이익의 증감을 살펴볼 수 있도록 열 선반에 있는 분기(구매일자) 앞에 있는 [+]를 눌러 월(구매일자)까지 펼친 다음에 분기(구매일자)는 선반 위쪽으로 던져 제거한다.

⓫ 열 선반에 있는 [월(구매일자)]에 우클릭 → '하이라이터 표시'를 선택한다.

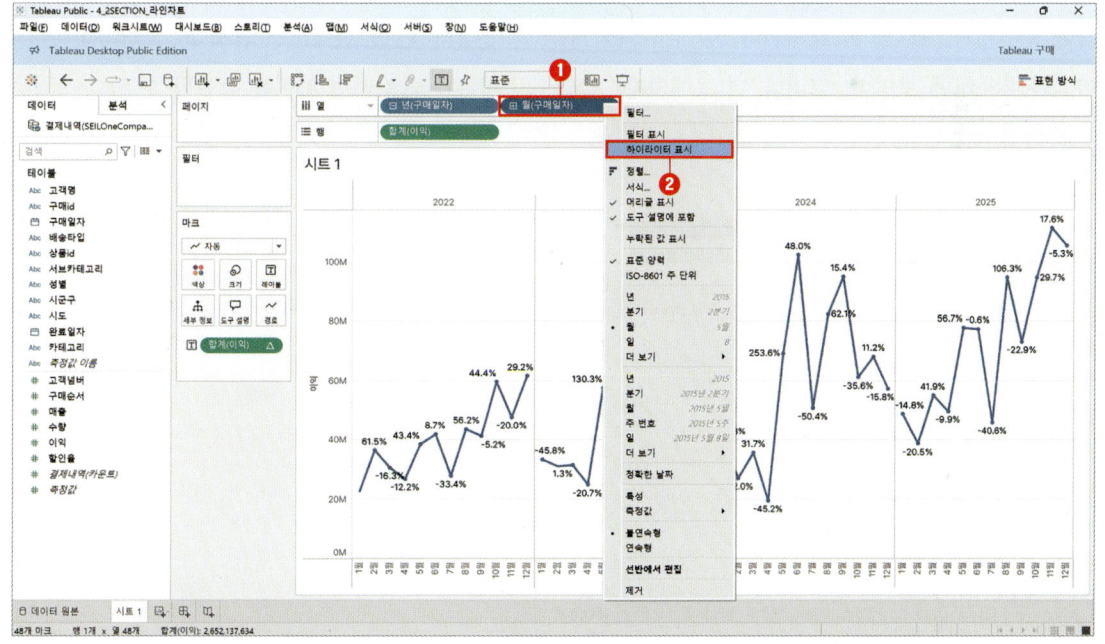

⓬ 하이라이터에서 '7월'을 선택한다. 이처럼 날짜를 년, 분기, 월, 일 형태로 별도의 필드로 나눠서 살펴보는 날짜 형태를 '불연속형'이라고 한다.

Chapter 5. 기초 시각화   151

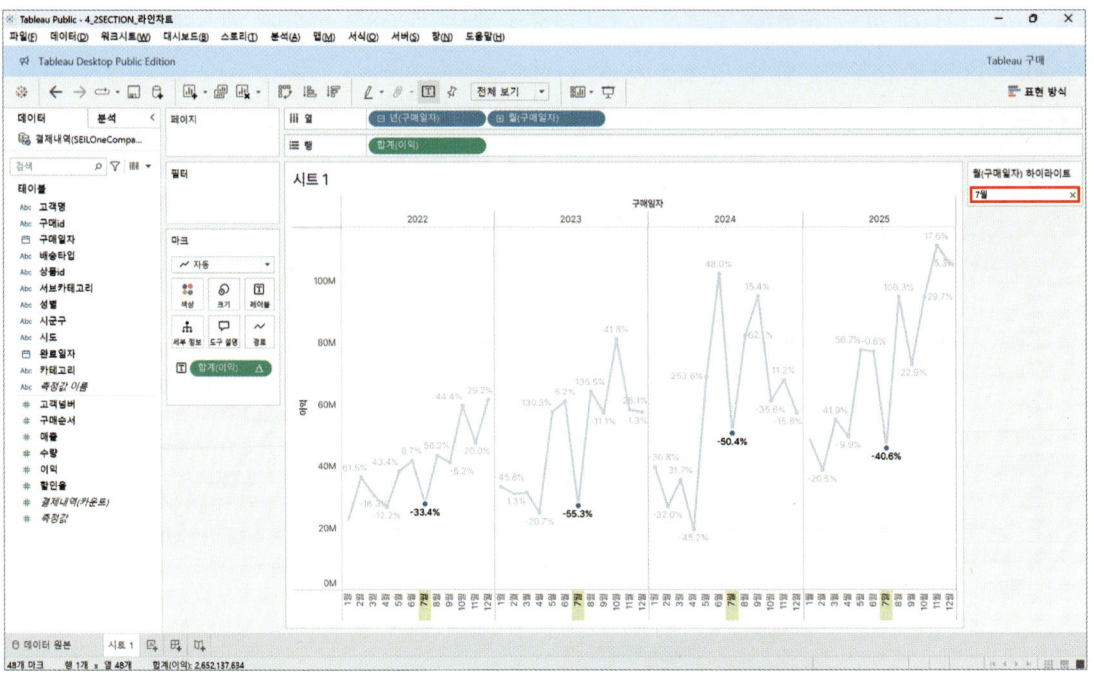

이번에는 중간마다 끊지 않고 처음부터 끝까지 연결하는 날짜 '연속형'을 표현하고자 한다.

⓭ 새 워크시트를 선택한 다음에 측정값에 있는 [이익]을 드래그해서 행 선반에 놓는다.

⓮ 차원에 있는 [구매일자] 필드를 드래그해서 열 선반에 놓는다.

⓯ 열 선반의 [구매일자] 필드를 마우스 오른쪽 클릭하면 가운데 회색 구분선이 보이며, 위와 아래 각각에 '년, 분기, 월, 일'이 표시된다. 여기서 회색 구분선 아래의 '년'을 선택하면 앞서 본 불연속형 연간 이익과 유사하게 보인다. 그러나 '년(구매일자)' 앞의 [+] 버튼을 클릭하면 차이를 확인할 수 있다

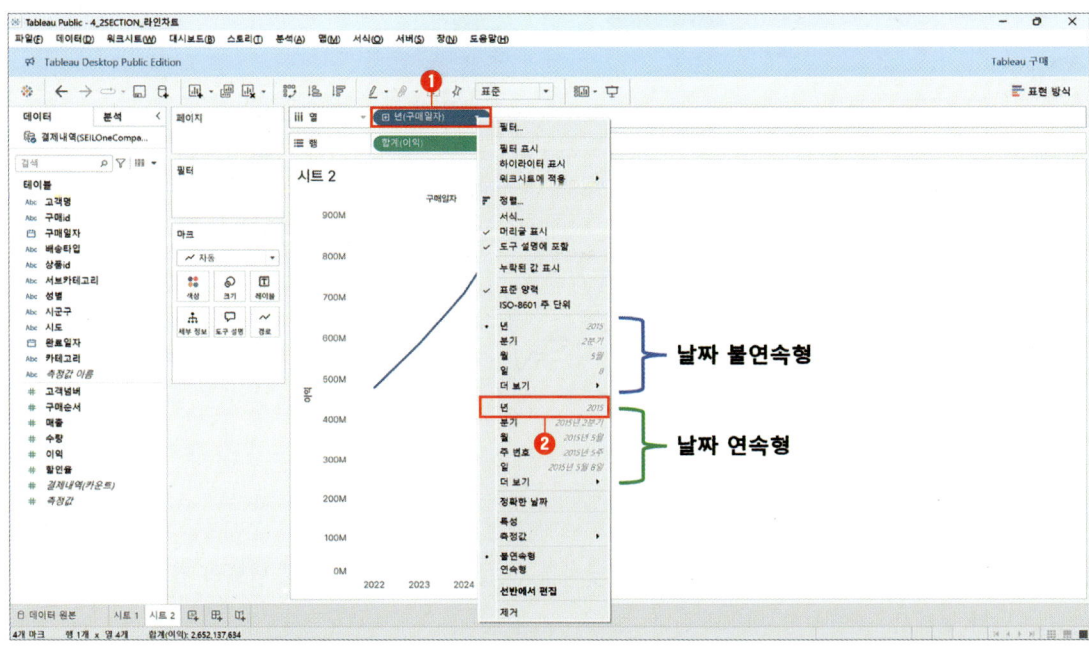

⑯ '2015년 2분기'의 예시가 있는 연속형 '분기'를 선택하면 '년(구매일자)'은 사라지고 '분기(구매일자)' 기준으로 뷰가 표시된다.

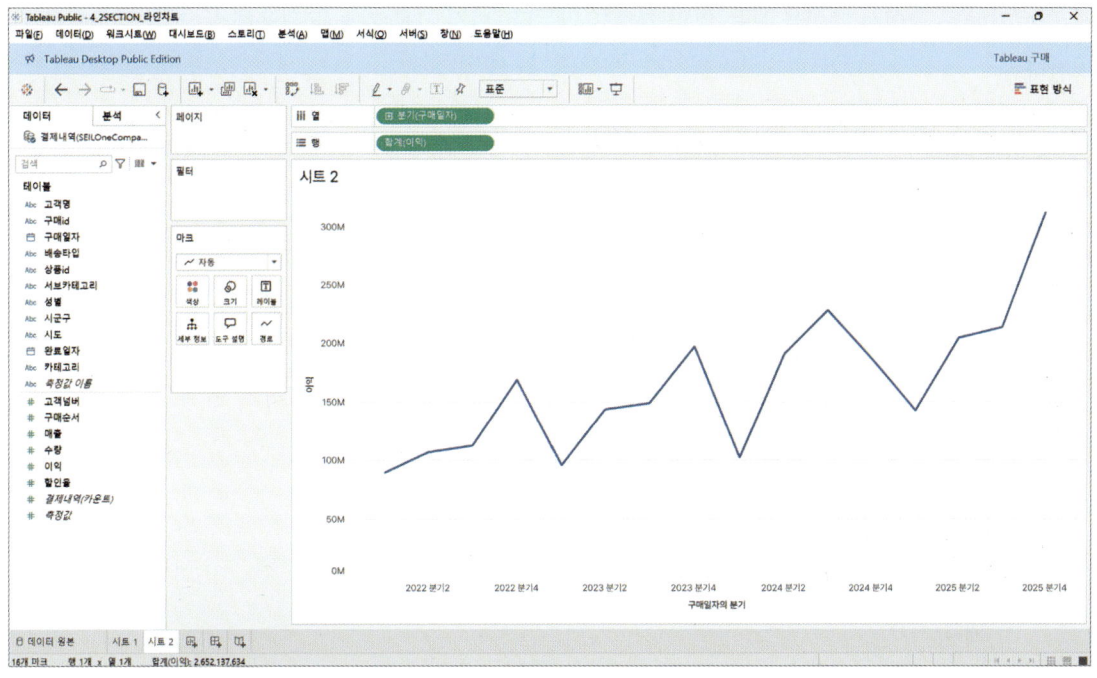

데이터 원본의 구매일자를 기준으로 2022년 1분기부터 2025년 4분기까지 끊김 없이 이어지는 연속형 분기가 표시된다.

SECTION 3 영역 차트

📁 SEILOneCompany_Sales데이터.twbx

영역 차트는 시간의 흐름에 따라 누적된 값을 시각적으로 표현하는 데 적합한 방식으로, 각 멤버별 측정값의 변화를 살펴보면서 전체에서 차지하는 비중을 동시에 파악할 수 있는 유용한 시각화 도구이다. 일반적으로 태블로에서는 첫 번째 행부터 마지막 행까지 값을 누적해 표현하지만, 필요에 따라 누적을 해제하여 개별 항목의 추이를 독립적으로 확인할 수도 있다.

❶ [시도] 필드를 드래그해서 행 선반에 놓은 후, 좌측 사이드 바에서 [시도] 필드에 [우클릭] → [만들기] → [그룹]을 선택한다. 시도 멤버 중에서 '경기도', '서울특별시', '인천광역시'는 수도권으로, 나머지 시도는 '기타'로 묶어서 추이를 보는 영역 차트를 만든다. 먼저 그룹 기능을 활용해 두 개의 그룹으로 설정한다.

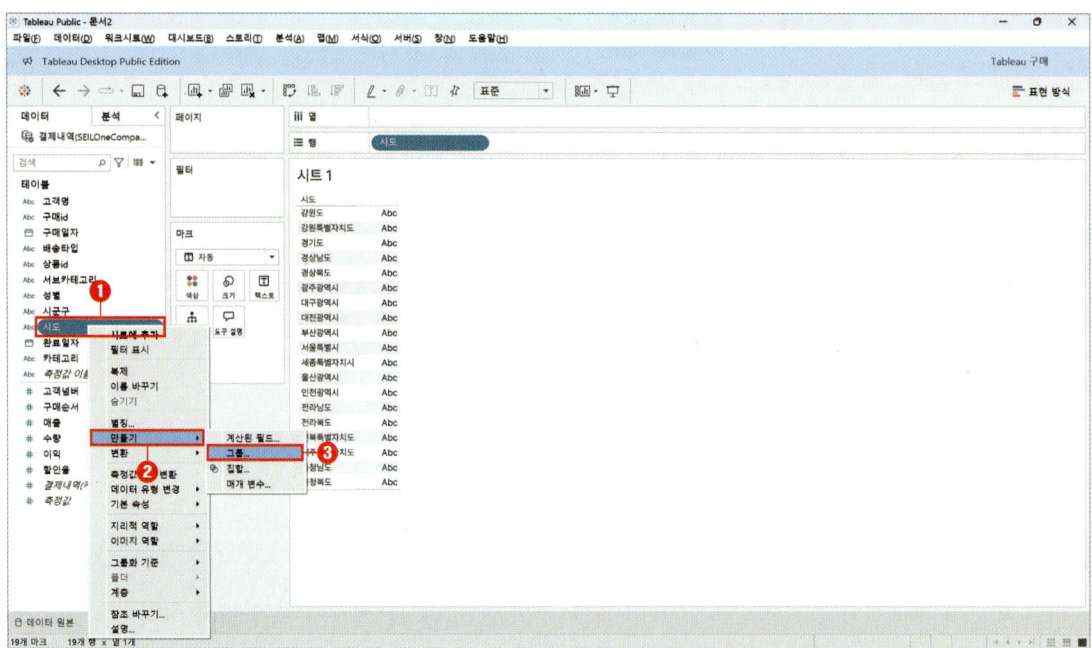

❷ 그룹 기능을 활용한 필드명을 '권역'이라고 한다. 멤버 중 '경기도'를 선택한 다음에 Ctrl 키 또는 Command 키를 누른 상태에서 '서울특별시', '인천광역시'를 각각 선택하고 하단에 있는 '그룹' 버튼을 선택한다.

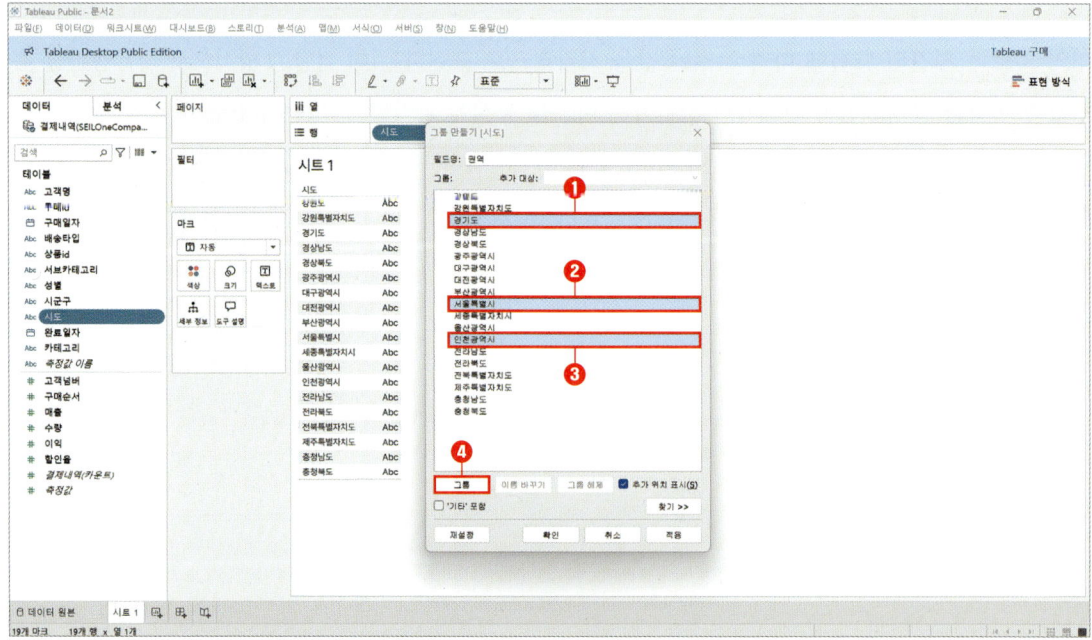

❸ 그룹 설정한 3개의 값을 '수도권'으로 이름을 변경한 후, 나머지 시도는 '기타'로 그룹을 설정한다.

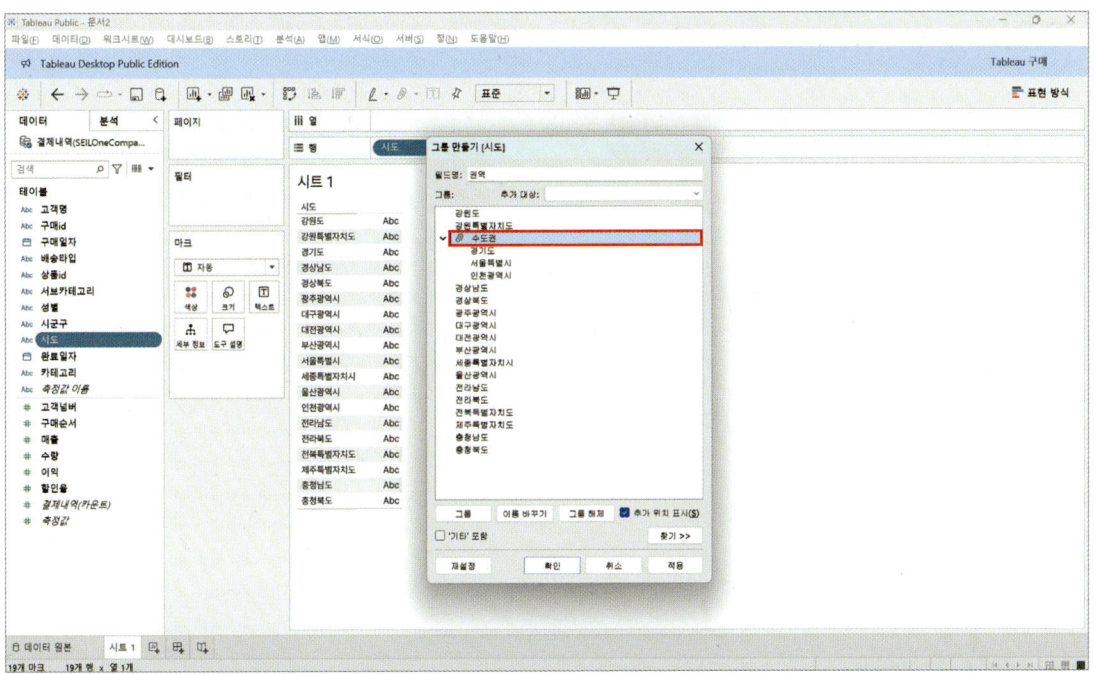

❹ 행 선반의 [시도] 필드를 선반 밖으로 던져 제거한 뒤, 차원에 있는 [구매일자] 필드를 드래그해서 열 선반에 놓는다.

❺ 열 선반에 있는 [년(구매일자)]에 우클릭 → '2015년 2분기'로 표시되어 있는 연속형 분기를 선택한다.

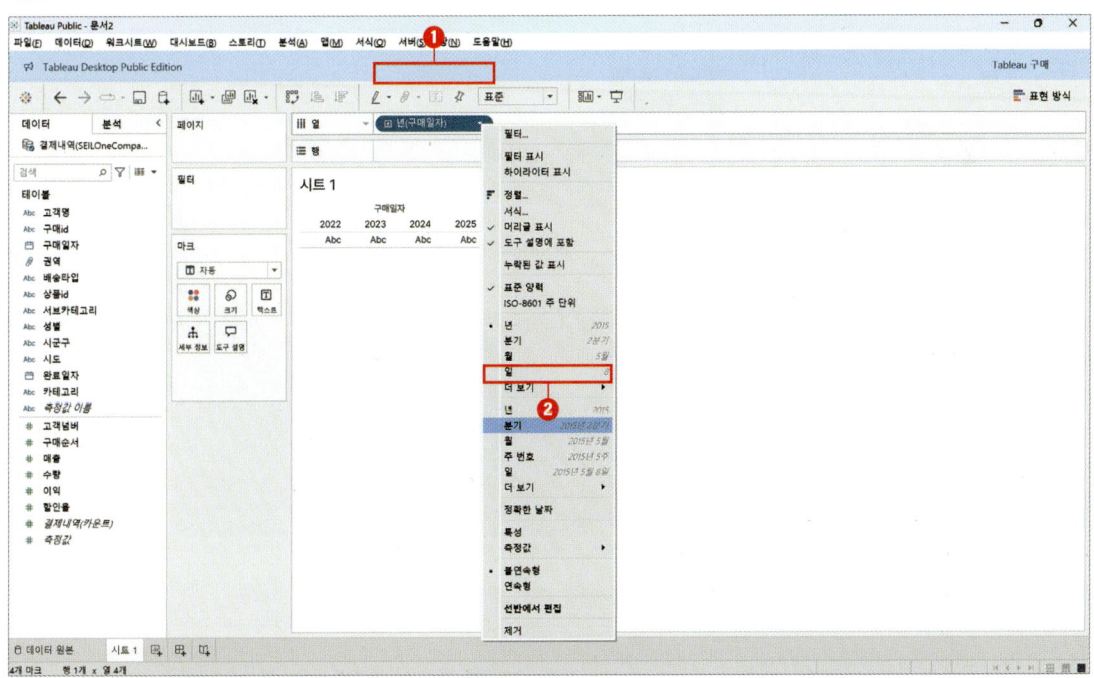

❻ 측정값 [이익]을 행 선반에 배치하면 분기별 이익 추이를 보여주는 라인 차트가 생성되며, 이를 영역 차트로 변경한다.

❼ 마크를 라인 자동에서 '영역'으로 변경한다.

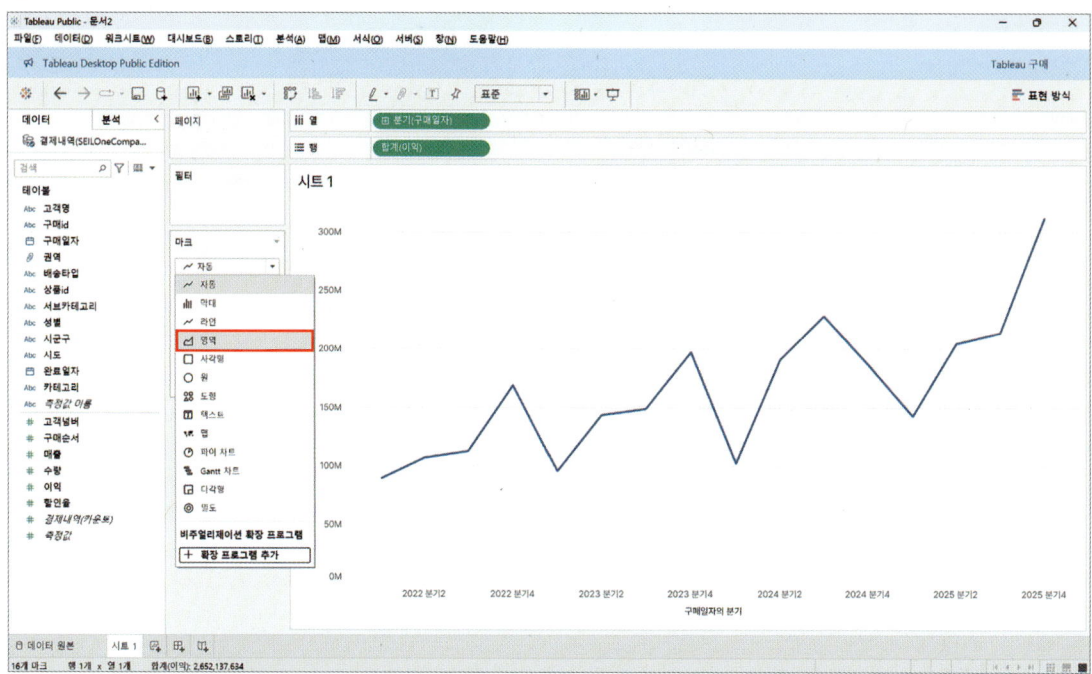

❽ 그룹 설정한 [권역] 필드를 드래그해서 색상 마크에 배치하면 하나의 영역 차트가 수도권과 기타 권역으로 나눠지는 것을 볼 수 있다.

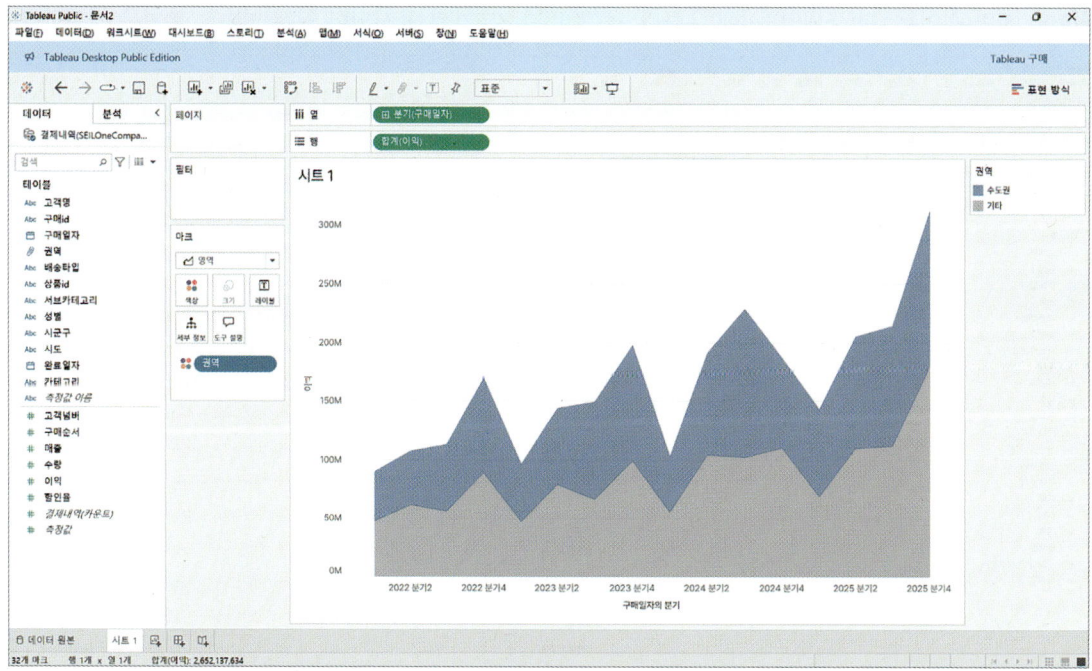

SECTION 4 파이 차트

📁 SEILOneCompany_Sales데이터.twbx

파이 차트는 전체 데이터에서 각 항목이 차지하는 비율을 한눈에 시각적으로 보여주기에 적합한 그래프이다. 전체를 하나의 원으로 보고, 이를 여러 조각으로 나누어 각 구성 요소의 비중을 나타내는 방식으로, '부분-전체 분석'에 자주 활용된다. 파이 차트는 문자열 데이터에서 COUNT 함수를 사용하여 각 항목의 개수를 집계한 후, 이를 바탕으로 마크를 파이로 바꾸면 파이 차트를 만들 수 있다.

❶ 먼저 워크시트 우측 상단에 있는 표현 방식을 오픈한다.(단축키는 윈도우 PC는 [Ctrl] + [1], Mac은 [Command] + [1]이다.)

❷ [카테고리] 필드를 행 선반에 놓는다.

❸ [매출] 필드를 더블 클릭하여 카테고리별 합계 매출을 표시한다.

❹ 표현 방식에서 파이 차트 아이콘을 선택한다.

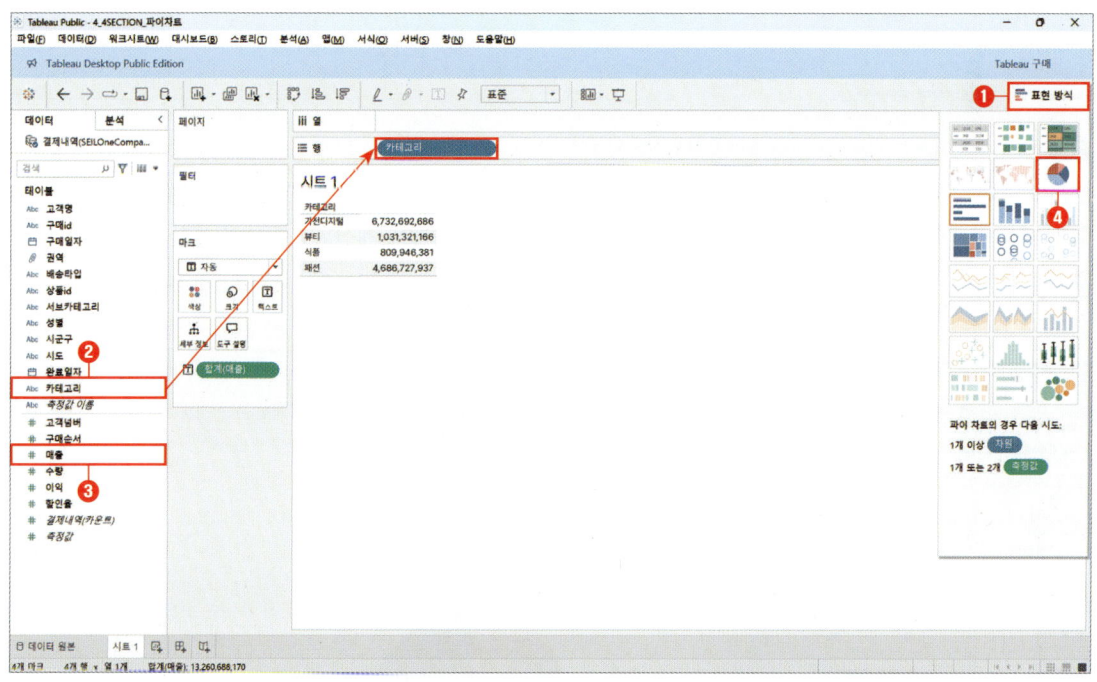

> **TIP** 파이 차트는 차원 1개 이상, 측정값 1개 또는 2개인 경우 표현할 수 있다.

❺ 뷰가 텍스트 테이블에서 파이 차트로 변경되는 것을 볼 수 있다.

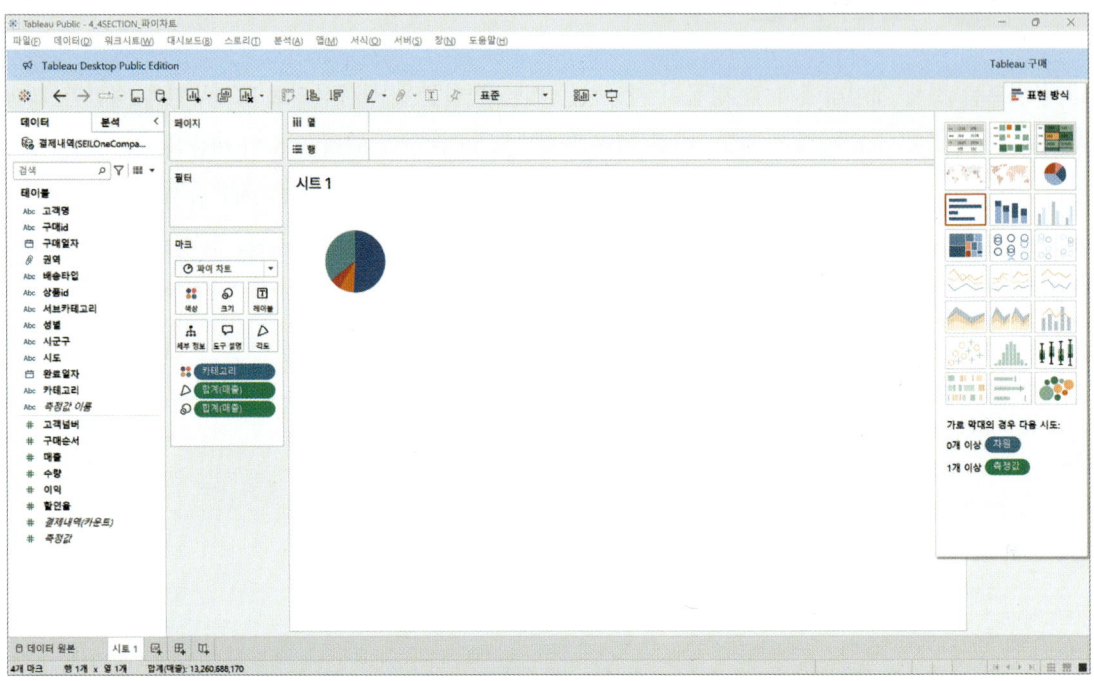

TIP Ctrl + 1 또는 Command + 1을 눌러 표현 방식은 닫는다.

❻ [매출]을 레이블 마크에 놓고, 마우스 오른쪽 클릭 → 퀵 테이블 계산 → 구성 비율을 선택한다.

❼ 필요 시 툴바에서 전체 보기로 변경해 차트를 확대하고, 정렬 아이콘 으로 내림차순 정렬한다.

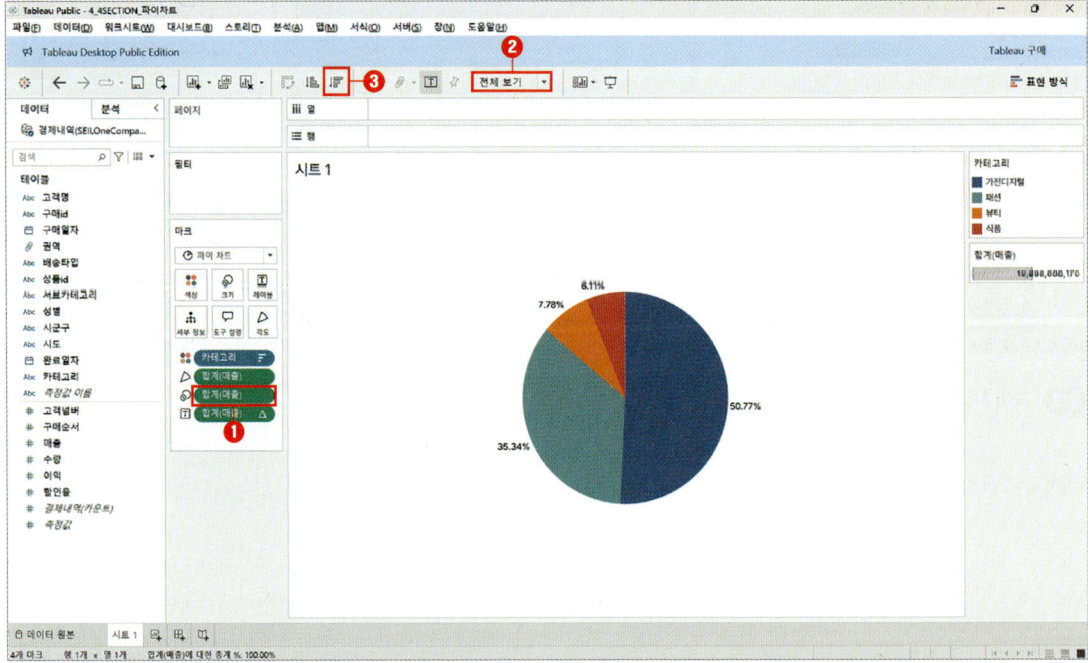

SECTION 5 도넛 차트

📁 SEILOneCompany_Sales데이터.twbx

도넛 차트는 파이 차트를 두 개 결합하여 만든 형태로, 가운데 공간에 요약 정보나 핵심 수치를 삽입할 수 있어 비즈니스 보고서나 대시보드에서 파이 차트보다 더 많이 활용된다. 도넛 차트를 만들기 위해서는 먼저 열 선반에서 빈 공간을 더블 클릭한 후 숫자 0을 임시 계산값으로 입력해 임의의 차트를 생성하고, 이때 숫자 측정값이기 때문에 기본적으로 막대 차트가 나타난다. 이후 마크 유형을 각각 파이로 변경한 후 이중 축 기능을 사용하여 두 개의 파이 차트를 겹쳐 도넛 형태로 결합한다.

❶ 열 선반의 빈 공간에 숫자 0을 입력해 임시 측정값을 만든다. 0을 기준으로 임의의 차트가 하나 만들어지는데 0이 숫자 측정값이라서 마크는 자동으로 막대로 표시된다.

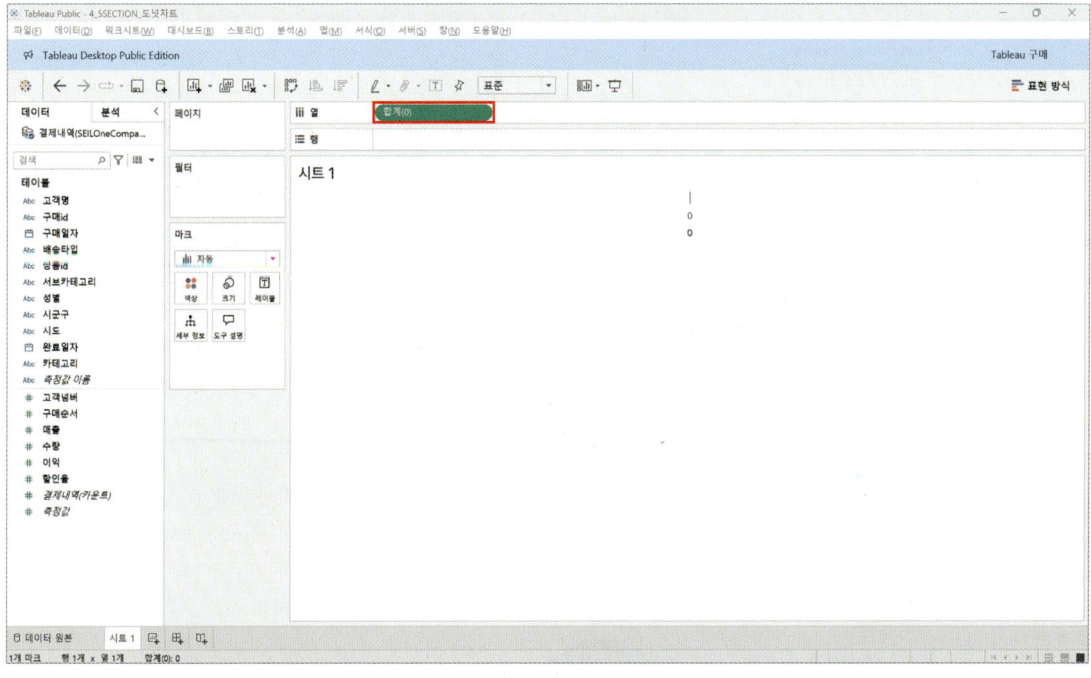

Chapter 5. 기초 시각화 159

❷ 먼저 마크를 막대 자동 대신에 '파이 차트'로 변경한다.

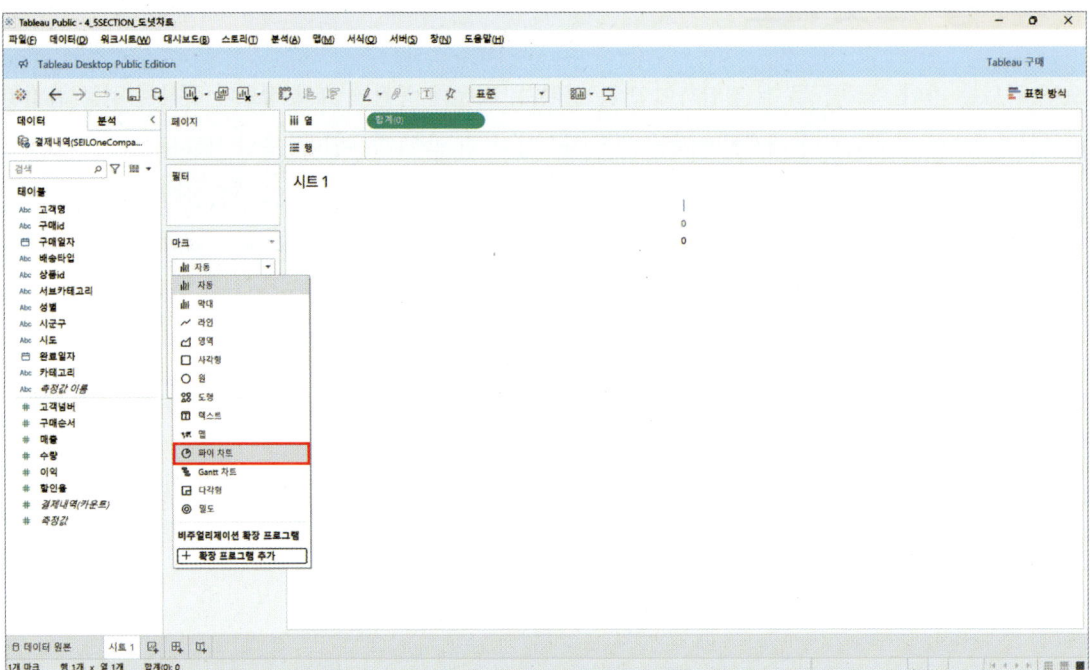

❸ 같은 방식으로 0 필드를 하나 더 추가해 첫 번째 파이와 두 번째 파이를 만든다. 첫 번째 파이는 크게, 두 번째 파이는 작게 설정한다.

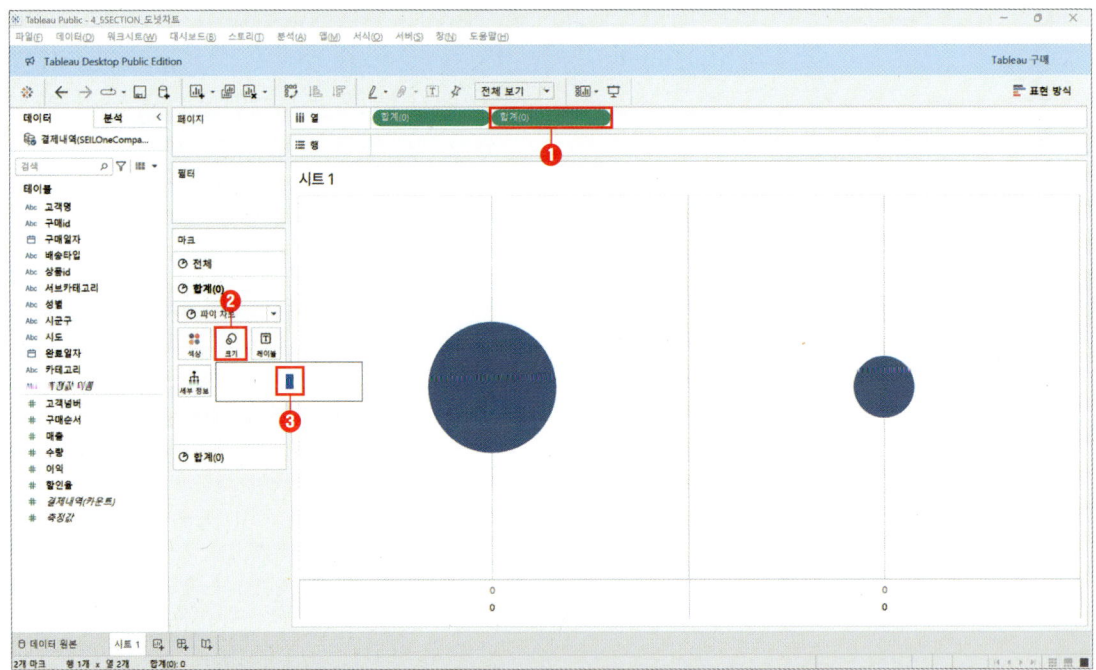

❹ 첫 번째 파이의 색상에 차원(예 [카테고리])을 배치하고, 각도에 측정값(예 [수량])을 적용해 데이터 값에 비례하도록 조각 크기를 설정한다. 필요 시 정렬과 레이블을 추가한다.

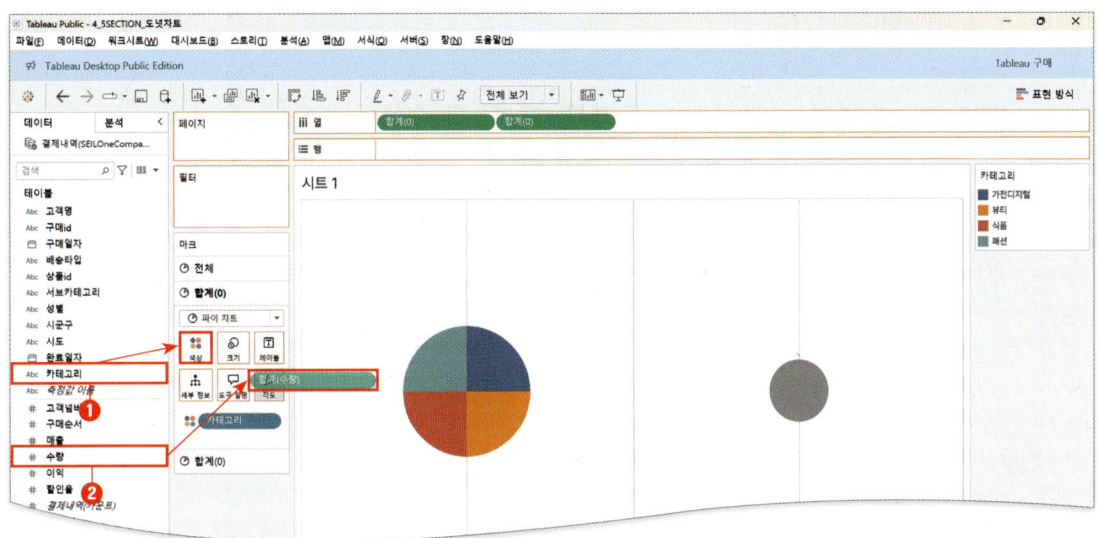

이번에는 파이의 순서를 시계 방향으로 [수량]의 합계에 따라 내림차순 정렬하고자 한다.

❺ 툴바의 내림차순 정렬 아이콘 대신, 마크의 [카테고리] 필드에서 우클릭 후 정렬을 선택한다.

정렬 기준: 필드
정렬 순서: 내림차순
필드명: [수량]

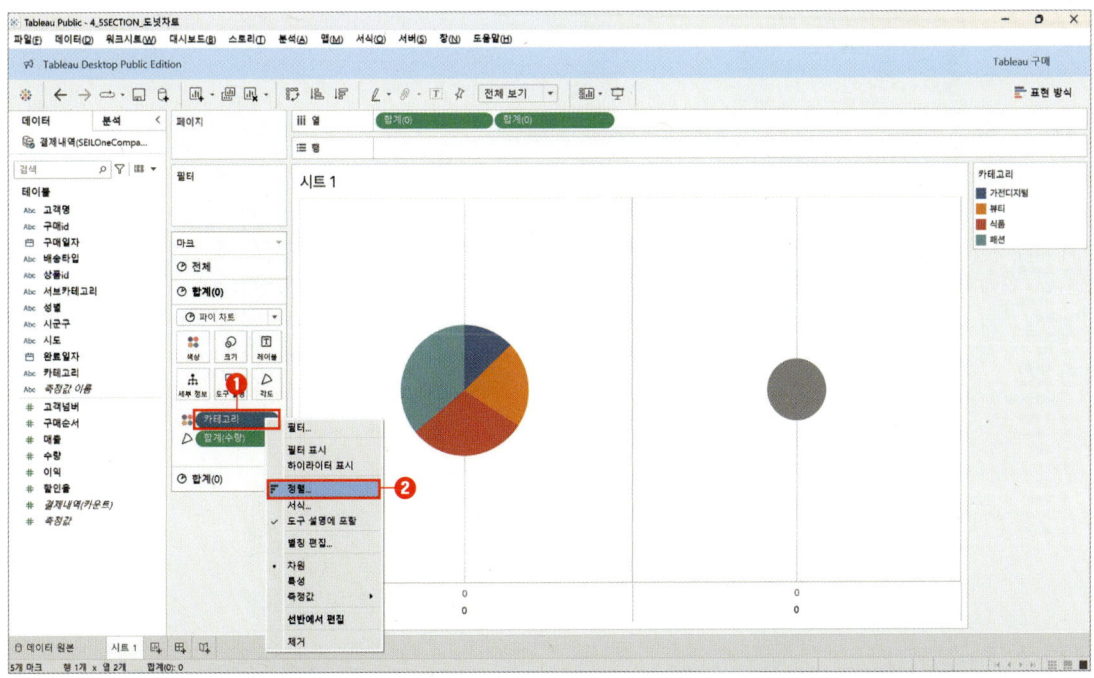

Chapter 5. 기초 시각화 161

❻ [수량] 필드를 드래그해서 레이블 마크에 놓는다.

❼ 열 선반의 두 번째 합계(0) 필드에서 우클릭 후 이중 축을 선택한다. 그러면 파이 차트 2개가 합쳐져서 도넛 차트가 된다.

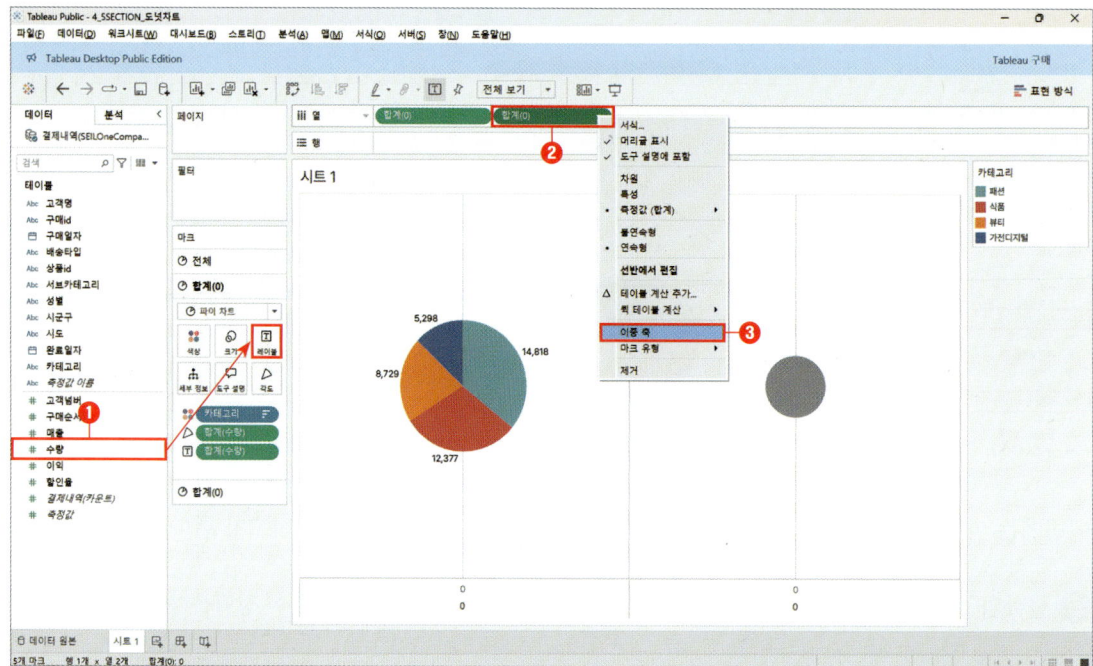

TIP 필요하다면 파이 각각 크기를 조정할 수 있으나, 파이 2번에 해당하는 합계 0 두 번째는 합계 0 첫 번째보다는 크기가 작아야 한다.

❽ 합계(0) 두 번째 마크에서 색상 마크를 선택한 다음에 흰색을 선택한다.

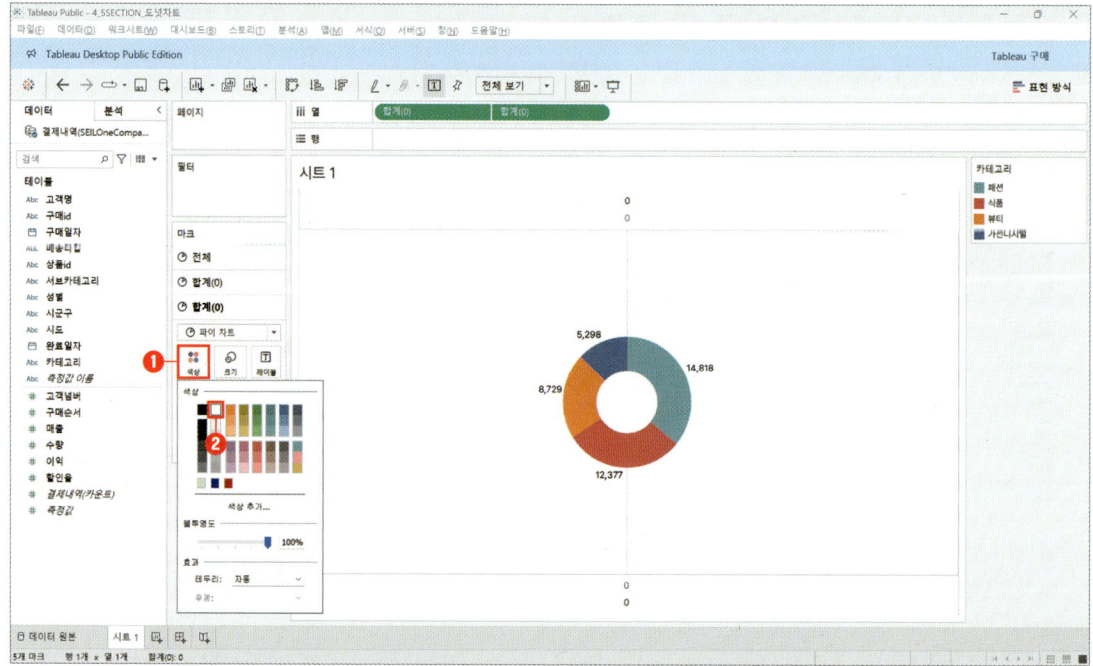

162 **Part 3.** 태블로 주요 시각화와 실전 가이드

❾ 도넛 차트 가운데에 전체 수량의 총합을 표현하고자 한다. 합계(0) 두 번째 마크에 [수량] 필드를 레이블로 추가하고, '수량'이라는 텍스트를 추가하고 전체 레이블 크기를 12pt로 편집한다.

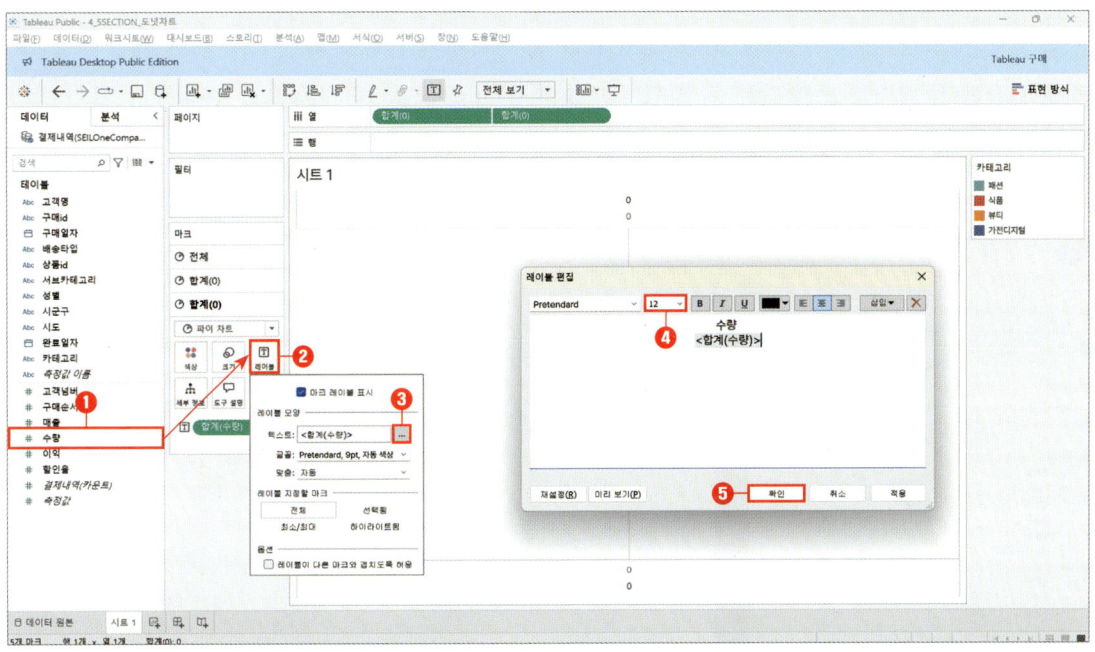

❿ 수량의 총합을 가운데에 표현할 수 있다.

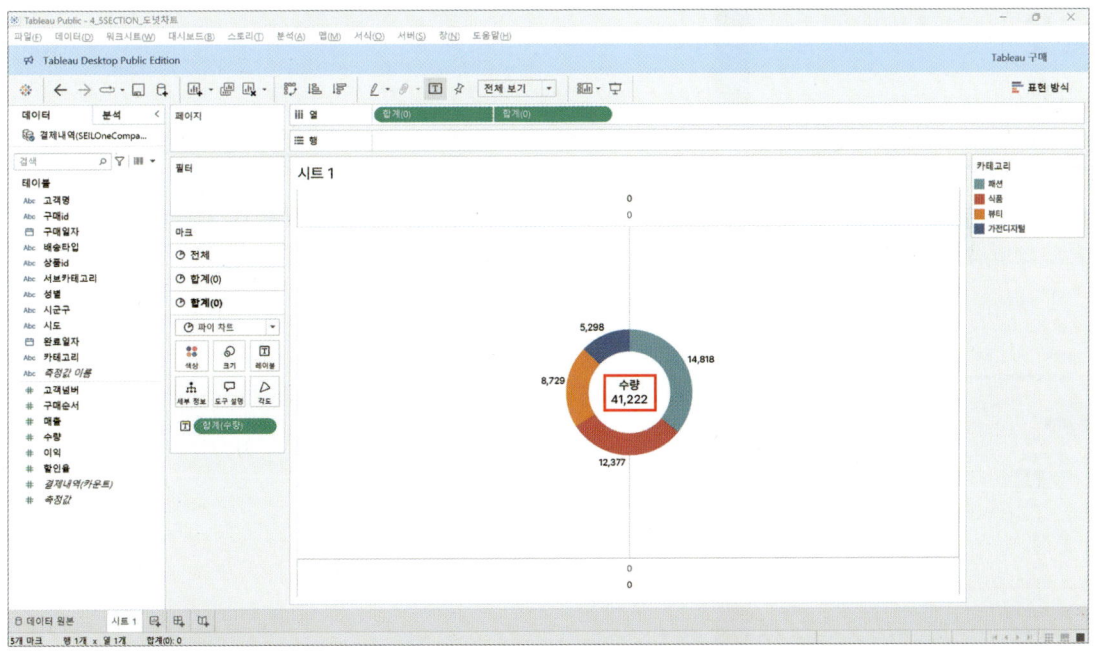

> **전문가의 조언**
>
> 도넛 차트가 완성되면, 필요에 따라 하단의 '0' 머리글을 숨기고, 격자선이나 0 기준선을 제거해 차트를 더 깔끔하게 표현할 수 있습니다. 이는 시각적 완성도를 높이는 작업으로, 필수 단계는 아닙니다.

Chapter 5. 기초 시각화

SECTION 6 누적 막대 차트

📁 SEILOneCompany_Sales데이터.twbx

누적 막대 차트는 파이 차트처럼 부분-전체 분석 중 하나이지만 멤버 수가 10개 이하일 때 사용하는 것을 권장한다. 막대 차트를 만든 뒤 차원 필드를 색상 마크에 올리면 자동으로 누적되며, '표현 방식'에서 누적 막대 차트를 선택해 쉽게 만들 수 있다.

❶ 측정값 [수량]을 더블 클릭해 행 선반에 배치한다.

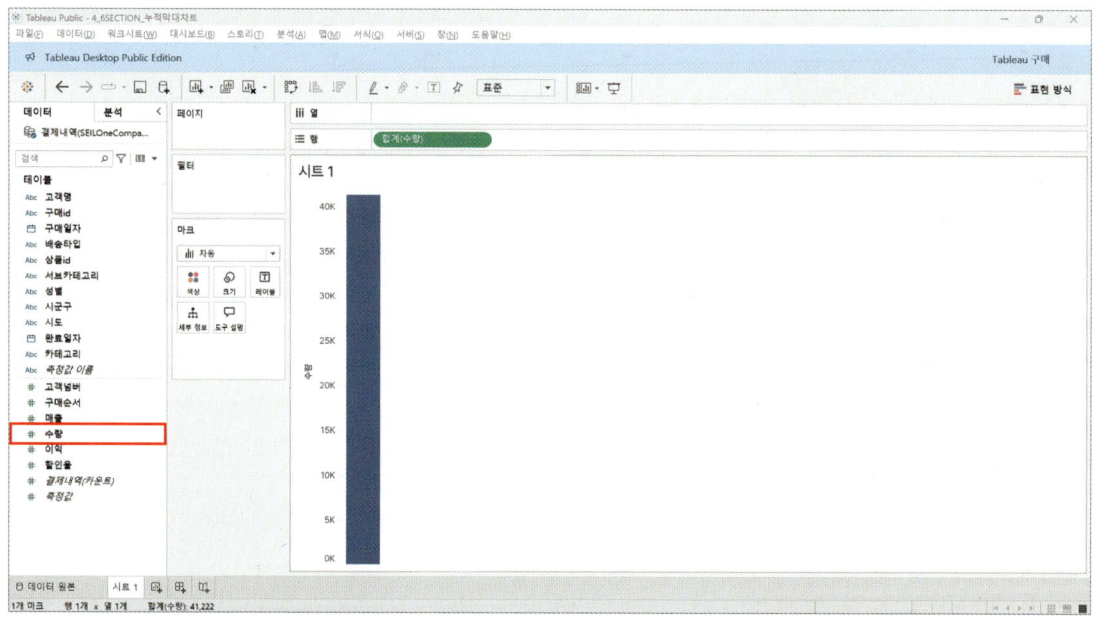

❷ 차원 [카테고리]를 색상 마크에 배치해 카테고리별로 색상이 구분된 누적 막대 차트를 만든다.

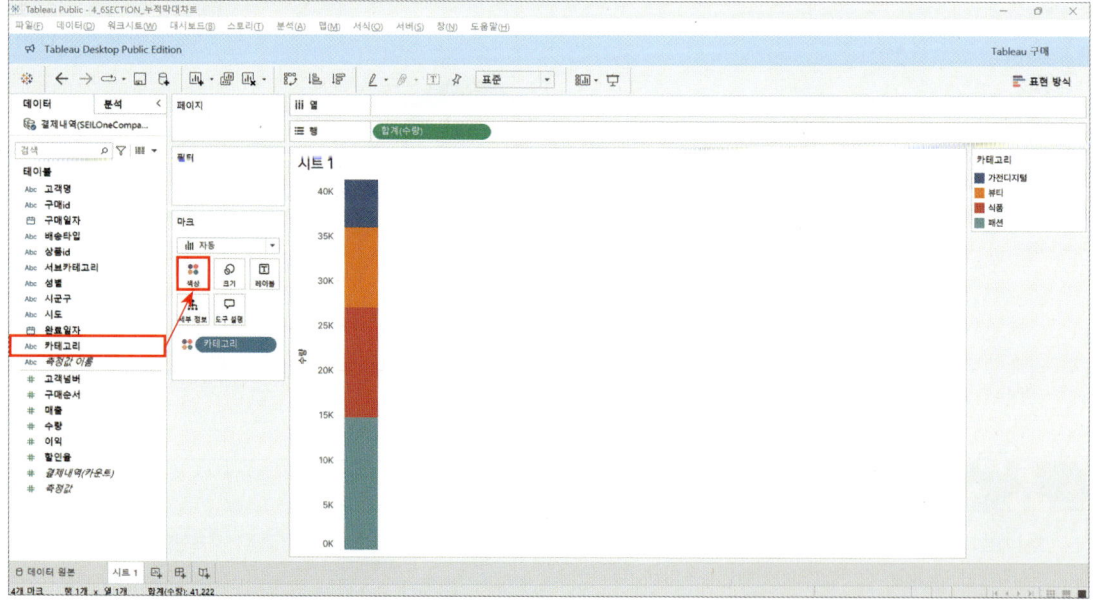

❸ 이번에는 차원 [구매일자]를 열 선반에 배치하고, 마크 유형을 '라인(자동)'에서 '막대'로 변경한다.

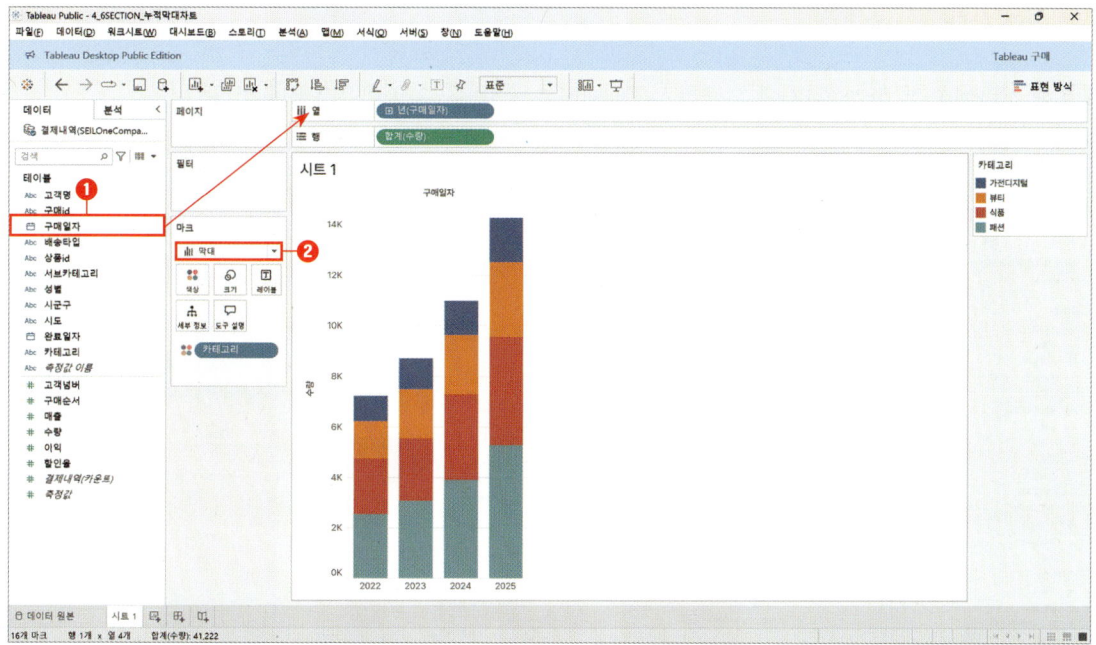

❹ 툴바에 있는 맞춤을 '전체 보기'로 변경한다.

❺ [수량]을 레이블 마크에 배치해 연도·카테고리별 합계를 표시한다.

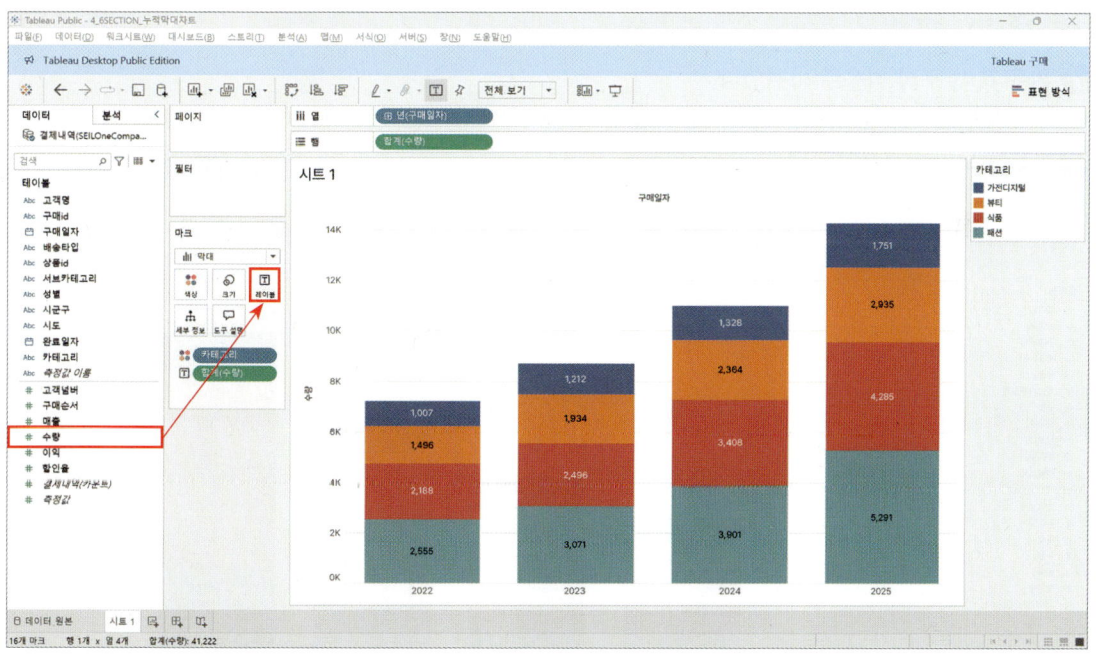

전문가의 조언

모든 마크에 수량 합계가 표시되지 않는 경우는 PC(또는 모니터) 해상도 차이 때문이며, 일부 레이블이 보이지 않아도 설정에는 문제가 없습니다. 시험에서도 샘플 이미지와 실제 환경이 다를 수 있으니, 레이블이 일부만 표시되더라도 당황하지 않고 진행하면 됩니다.

이번에는 축을 수량의 합계로 보지 않고 각 연도별 수량 합계를 100%로 보고 각 카테고리별 비중을 적용하고자 한다.

❻ 행 선반에 있는 합계(수량)에 우클릭 → 퀵 테이블 계산 → 구성 비율을 적용한다.

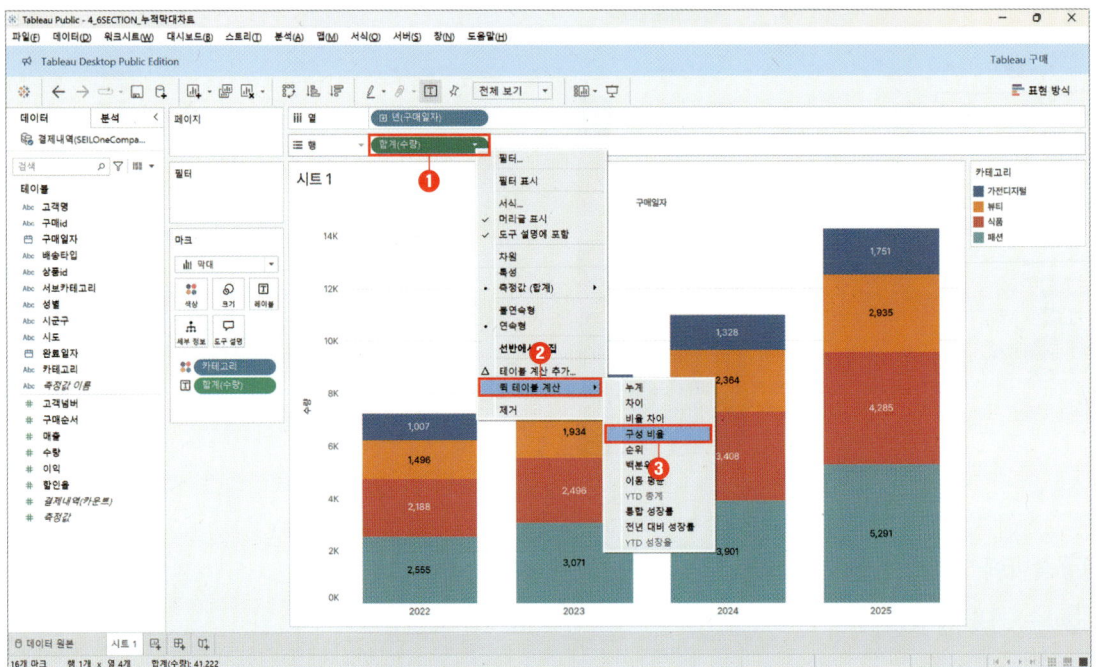

❼ 왼쪽 축이 구성 비율로 바뀌었다.

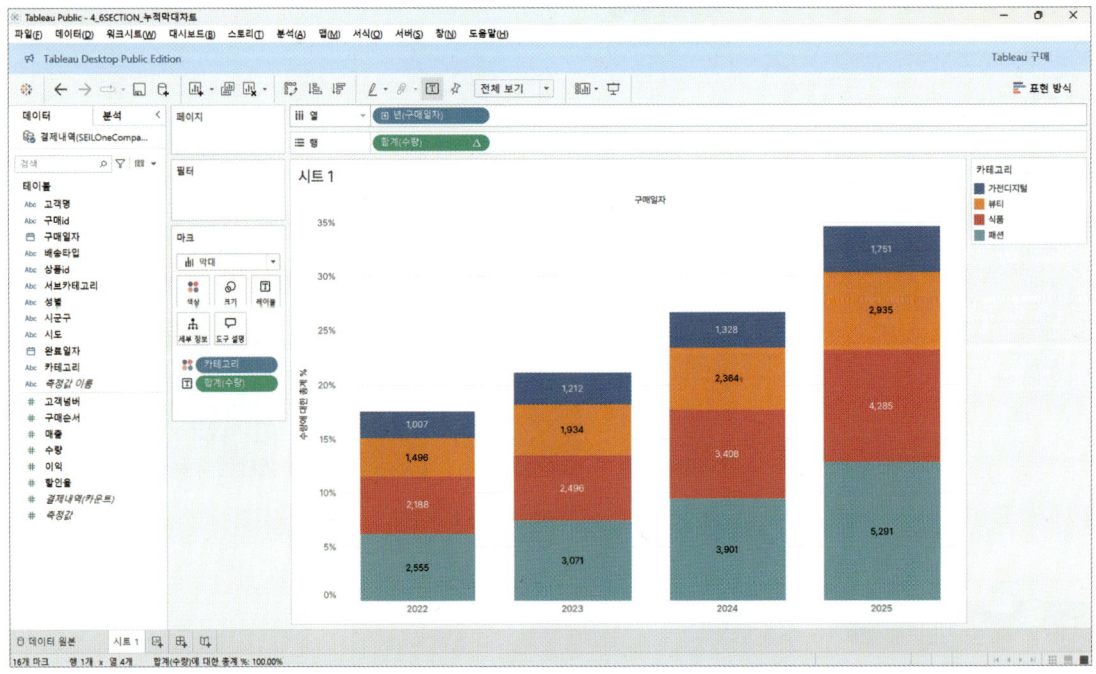

❽ 구성 비율을 전체가 아닌 각 연도별 100% 기준으로 표시하려면, 행 선반의 [합계(수량)△]에서 우클릭하여 테이블 계산 편집을 선택해 특정 차원에서 공통된 부분인 '구매일자의 연도' 체크를 해제한다. 이렇게 하면 각 연도별 카테고리 비중이 계산된다.

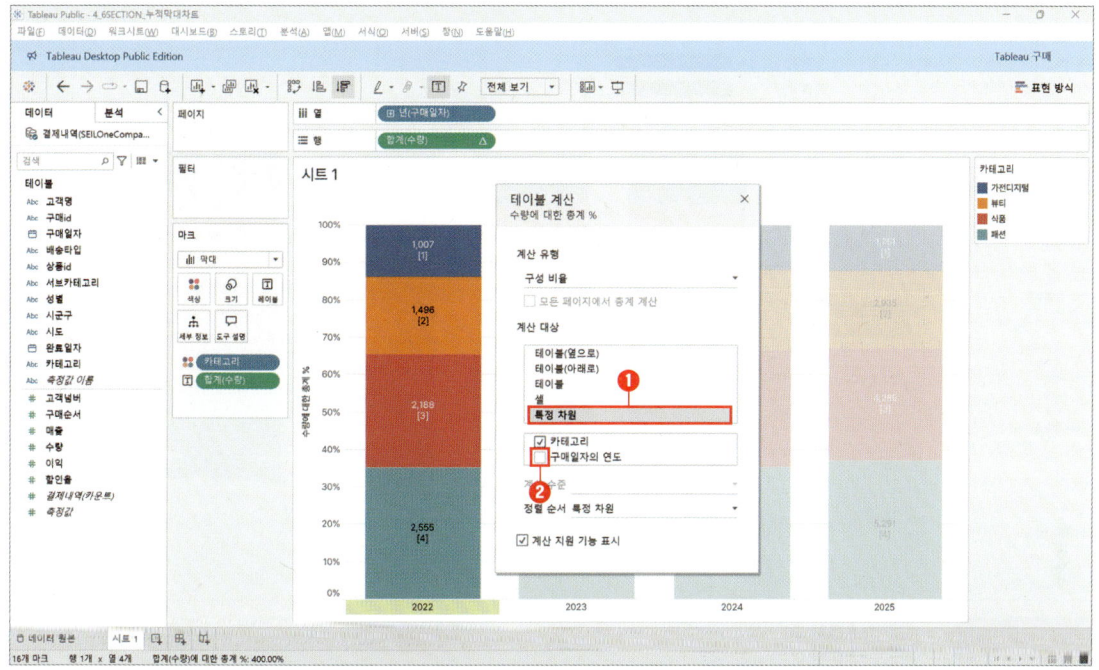

❾ 레이블 마크에서 [합계(수량)]를 제거한 뒤, 행 선반의 [합계(수량)△]을 Ctrl (또는 Command) 키를 누른 채 드래그하여 레이블 마크에 배치한다.

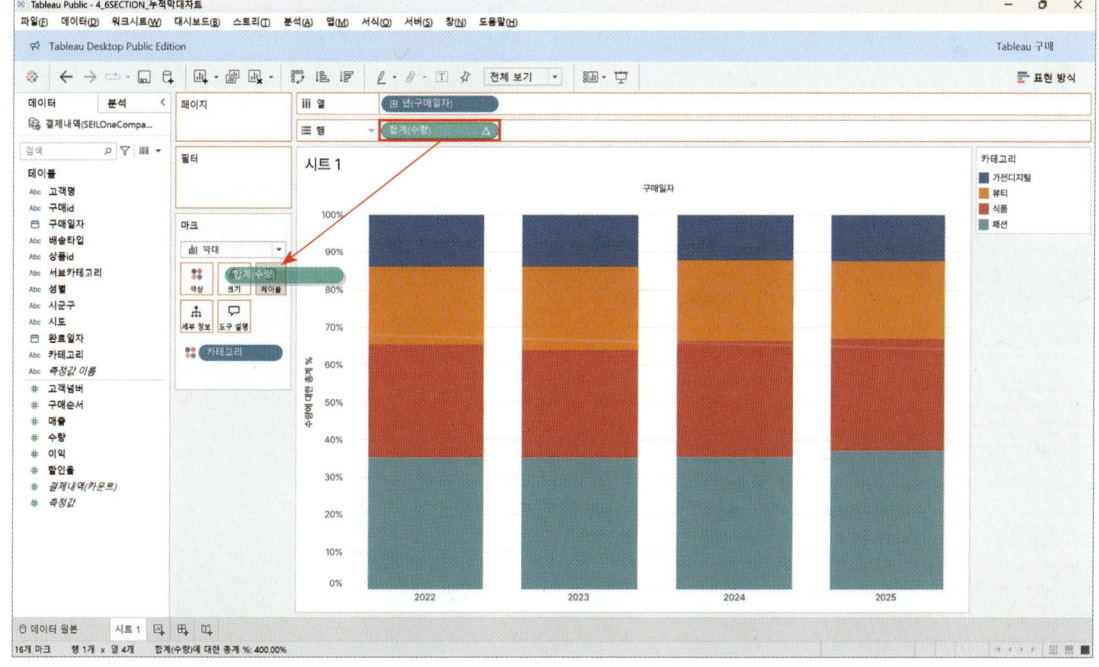

Chapter 5. 기초 시각화

⑩ 이렇게 하면 연도별 카테고리 비중이 각 막대에 표시된다.

⑪ [합계(수량)△]이 레이블 마크에 복제되어 각 막대에 비중 값을 표시할 수 있다.

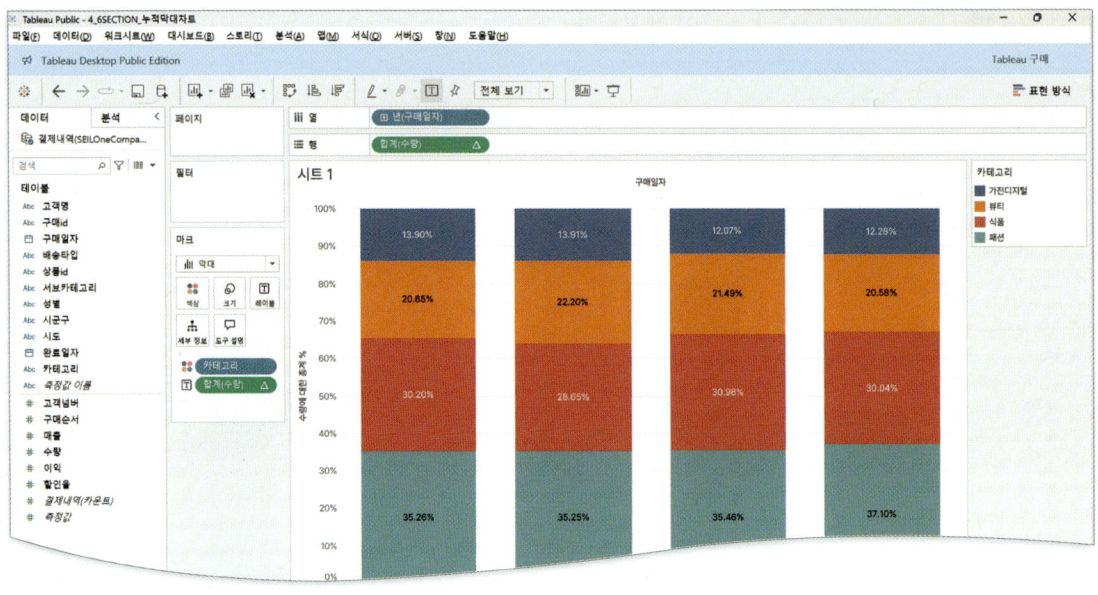

SECTION 7 트리맵 📁 SEILOneCompany_Sales데이터.twbx

트리맵은 값의 크기에 따라 사각형의 크기와 색상을 달리해 항목별 규모를 직관적으로 비교하는 시각화이다. '트리맵' 표현 방식을 선택하거나, 마크를 사각형으로 변경한 뒤 측정값을 크기와 색상에 설정해 제작한다. 크기로 주요 항목을 파악하고, 색상으로 추가 구분이 가능하다.

❶ [서브카테고리]를 행 선반에, [매출]을 텍스트 마크에 배치 후 트리맵 표현 방식을 선택한다.

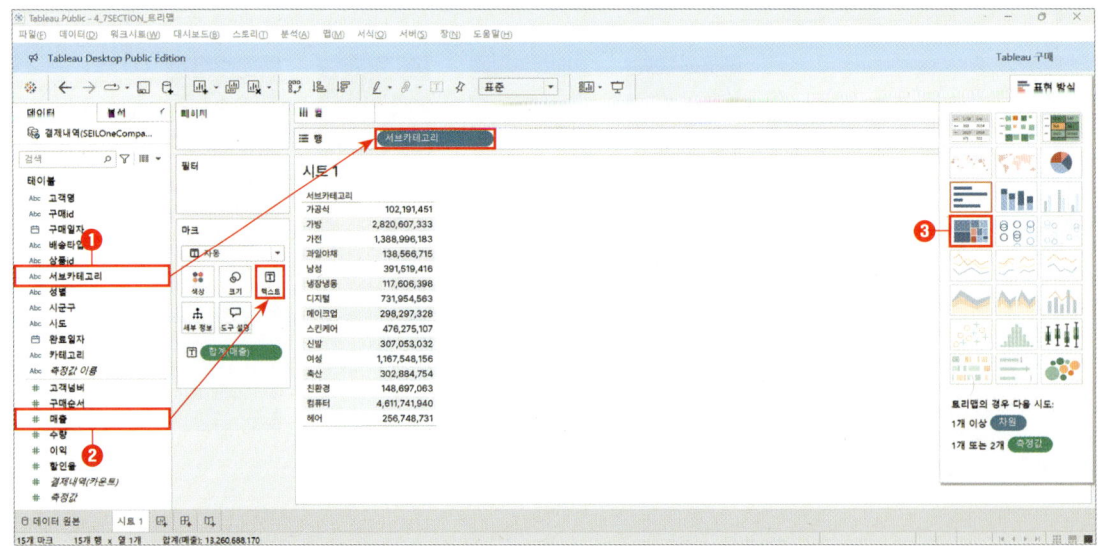

❷ [매출]을 레이블 마크에 추가하고 색상과 크기에 [매출]을 적용해 매출 규모를 직관적으로 비교한다.

❸ [매출] 필드를 레이블 마크에 놓는다.

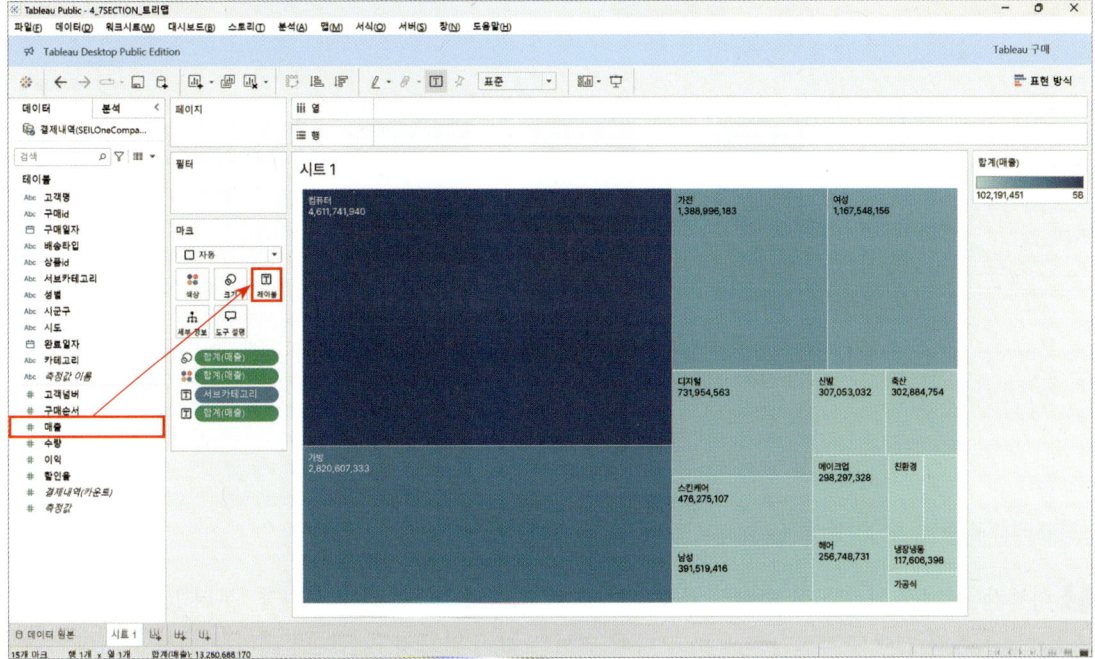

❹ [구매일자]를 열 선반에 배치해 연도별 트리맵을 만든다.

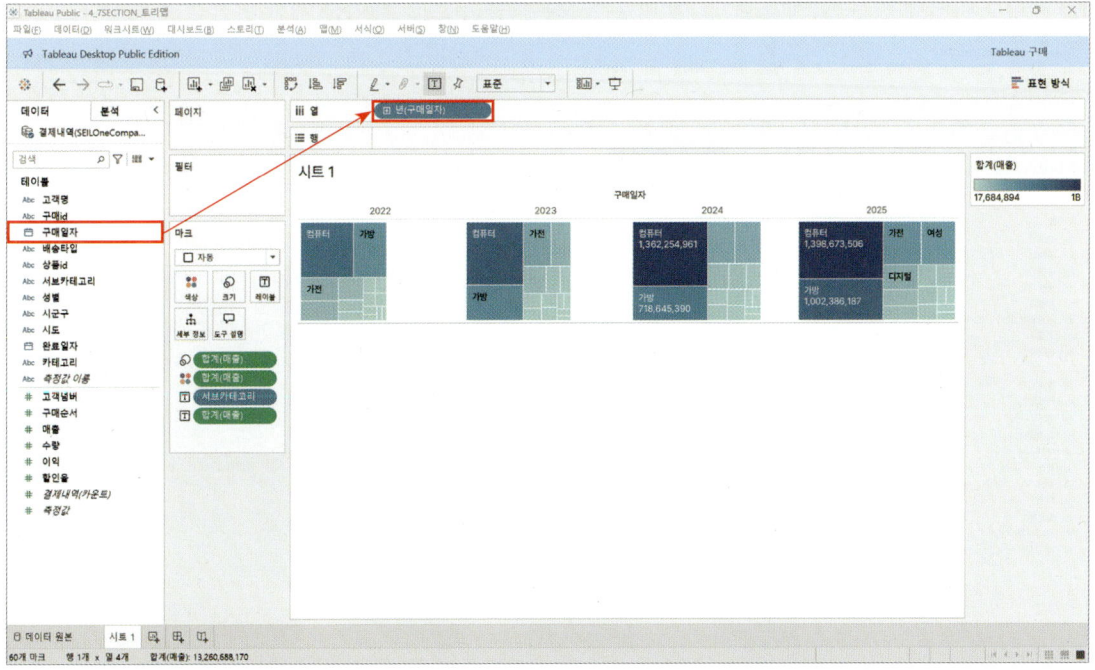

❺ 툴바의 맞춤을 '전체 보기'로 변경한다.

❻ 레이블 역할을 하고 있는 합계(매출)에 마우스 오른쪽 → 퀵 테이블 계산 → 순위를 선택한다.

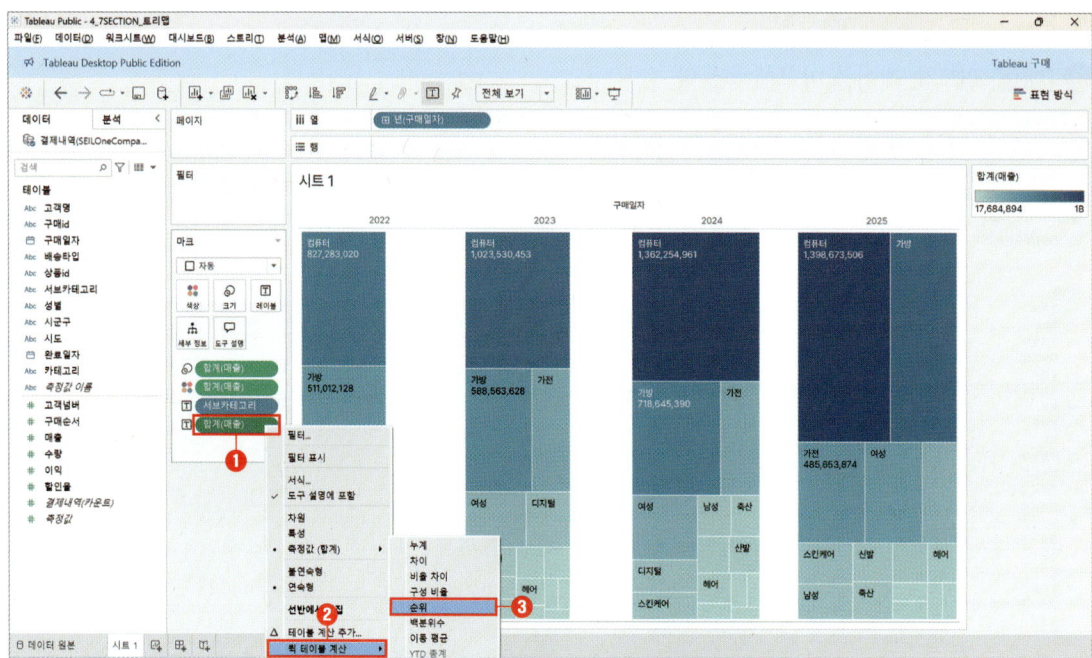

❼ 서브카테고리들의 연도간 순위가 표시되지만, 각 서브카테고리 15개 순위를 1부터 15까지 표시하고자 한다. 이처럼 테이블 계산을 적용하고 나서 원하는 값이 나오지 않는다면 테이블 계산 표시인 △(델타)를 찾아 편집하면 된다. △ 아이콘(테이블 계산 표시)을 클릭해 기준 차원을 조정한다.

❽ 레이블 마크에 있는 [합계(매출)△]에 마우스 오른쪽을 누르고 '테이블 계산 편집'을 선택한다.

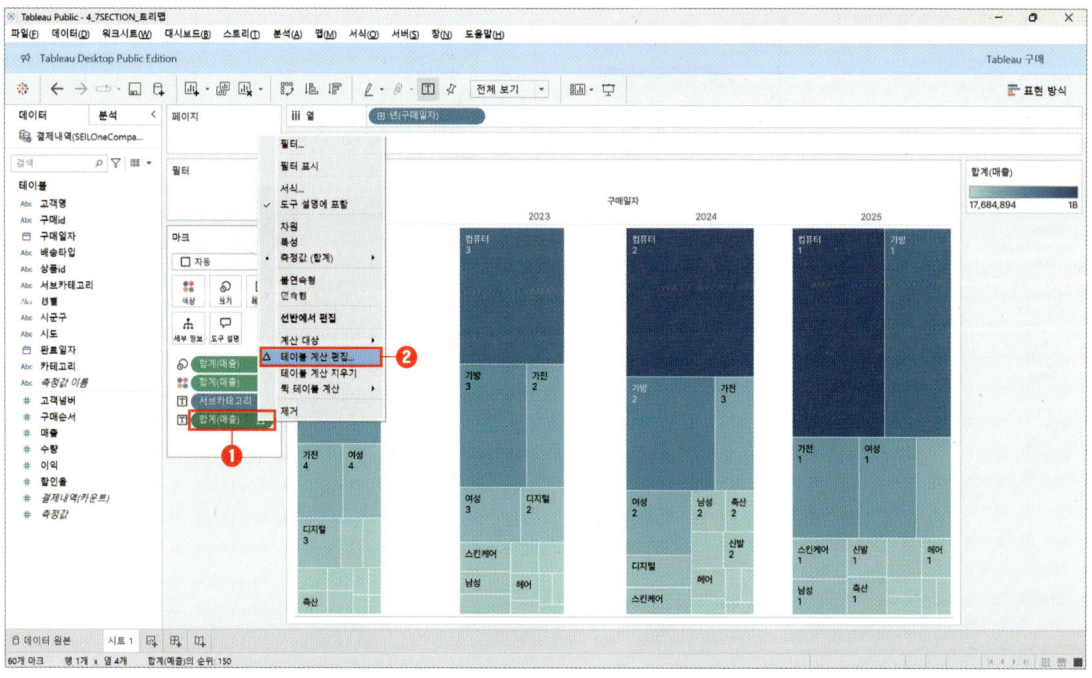

❾ 하단에 있는 '계산 대상'에서 특정 차원에 있는 '구매일자의 연도'는 체크 해제하고, '서브카테고리'만 체크한다. 그리고 테이블 계산 편집 대화 상자는 닫는다.

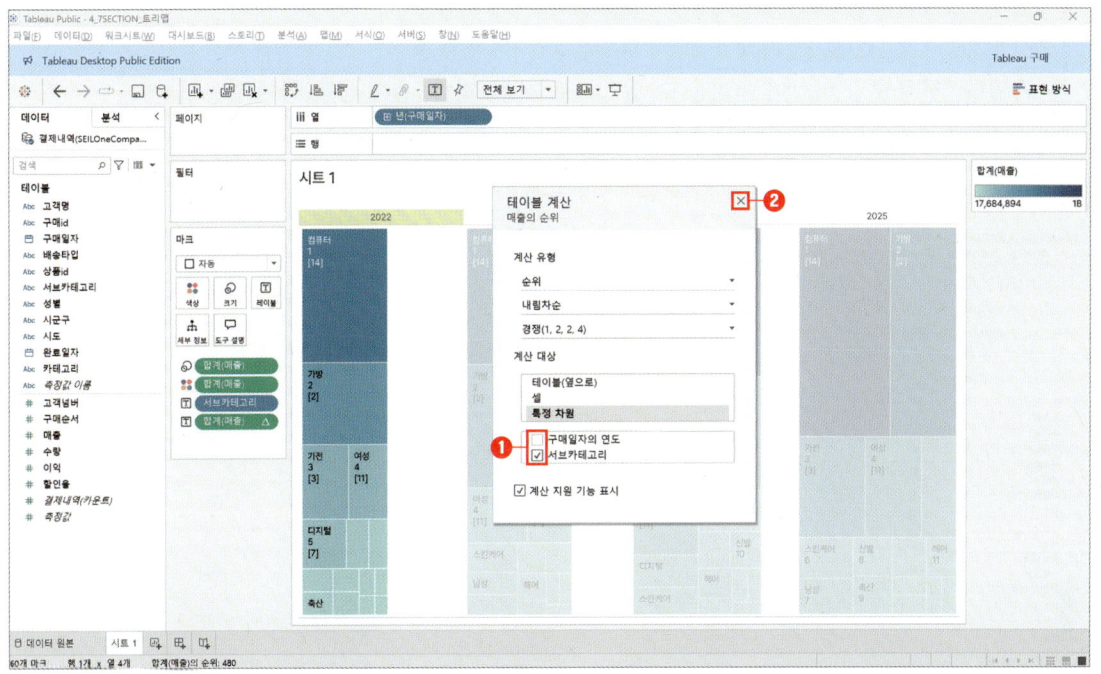

❿ '컴퓨터' 서브카테고리는 2022년부터 내년 1위를 유지하며, 색상이 점점 진해져 매출이 증가했음을 알 수 있다.

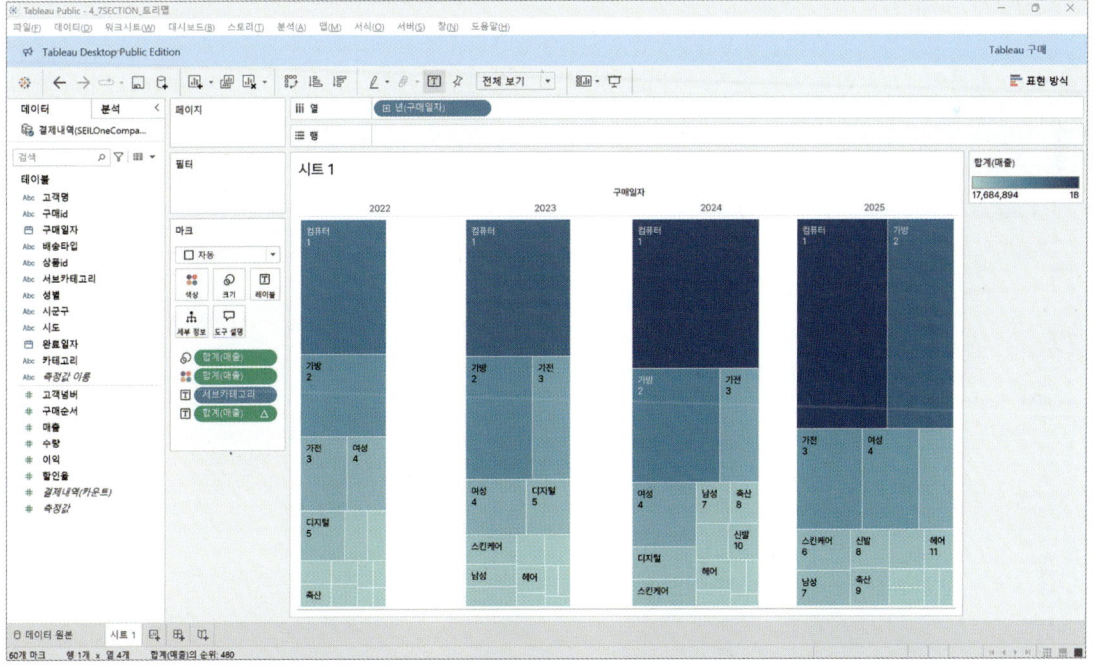

SECTION 8 텍스트 테이블

📁 SEILOneCompany_Sales데이터.twbx

텍스트 테이블은 데이터를 표 형태로 표시하는 방식으로, 표현 방식에서 '텍스트 테이블'을 선택해 쉽게 만들 수 있다. 전체 숫자 파악이 어려울 수 있으므로 계층, 정렬, 총계 등을 함께 활용한다.

❶ 차원에 있는 [시도]를 행 선반에 놓는다.

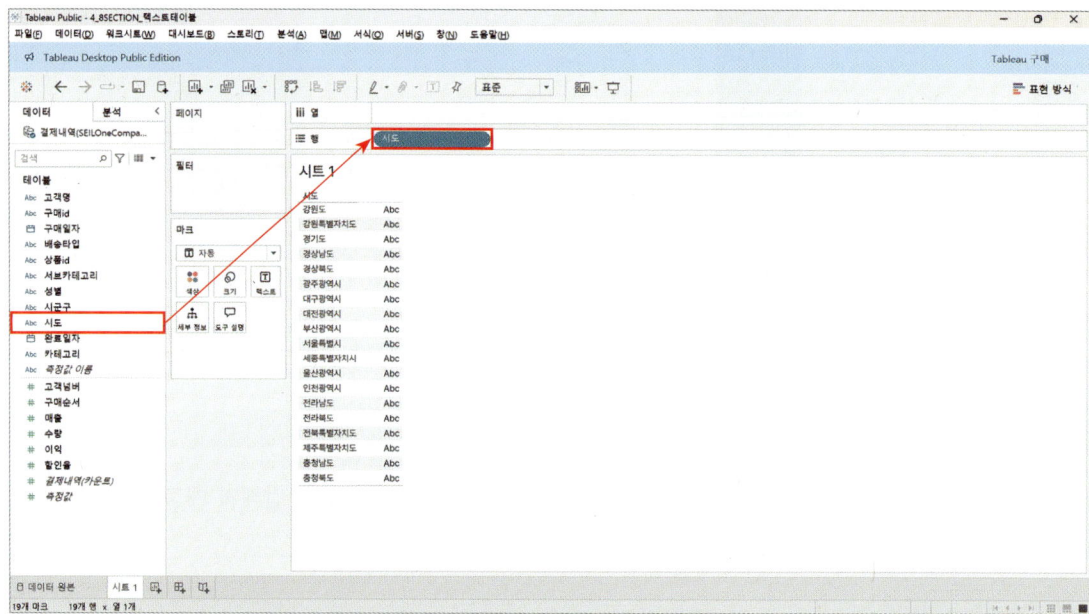

❷ 같은 항목이 다른 이름으로 존재하면(예) '강원도', '강원특별자치도') Ctrl / Command 키로 선택 후 그룹으로 묶는다.

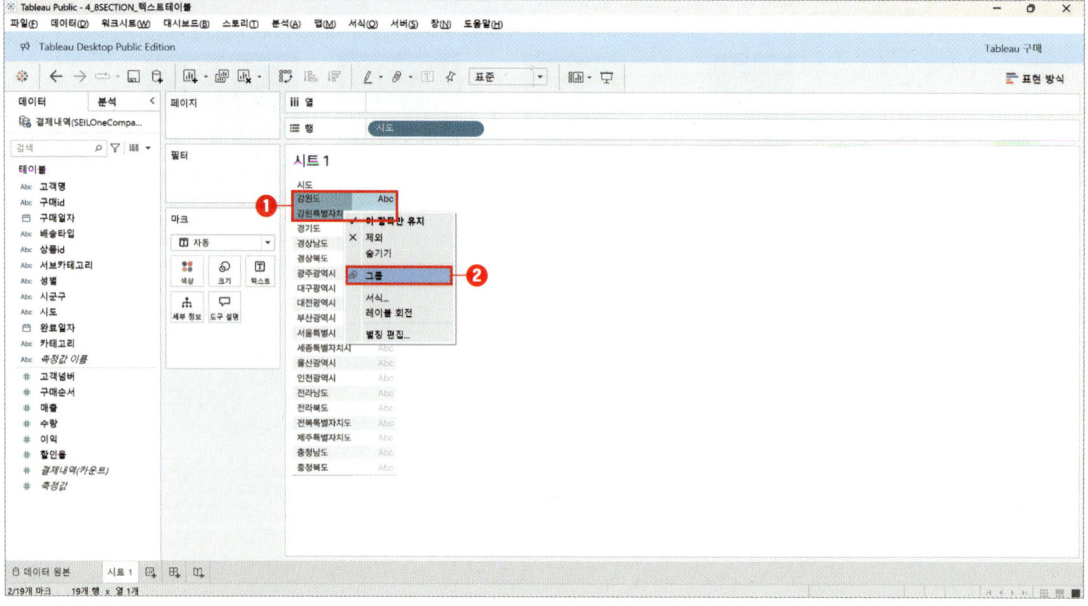

172 Part 3. 태블로 주요 시각화와 실전 가이드

❸ 같은 방식으로 '전라북도'와 '전북특별자치도'도 그룹 설정한다.

TIP 클립 모양의 아이콘은 그룹 설정된 필드를 의미한다.

❹ 좌측 사이드 바 차원 영역에 새로 생성된 [시도(그룹)] 필드에 마우스 우클릭 → '그룹 편집'을 선택한 다음에 그룹 설정된 멤버의 이름을 다음과 같이 바꾼다. 행 선반의 [시도]는 [시도 (그룹)]으로 변경되고, 뷰에 표시되는 시도는 17개 시도로 줄어든다.

변경 전	변경 후
강원도 및 강원특별자치도	강원도
전라북도 및 전북특별자치도	전라북도

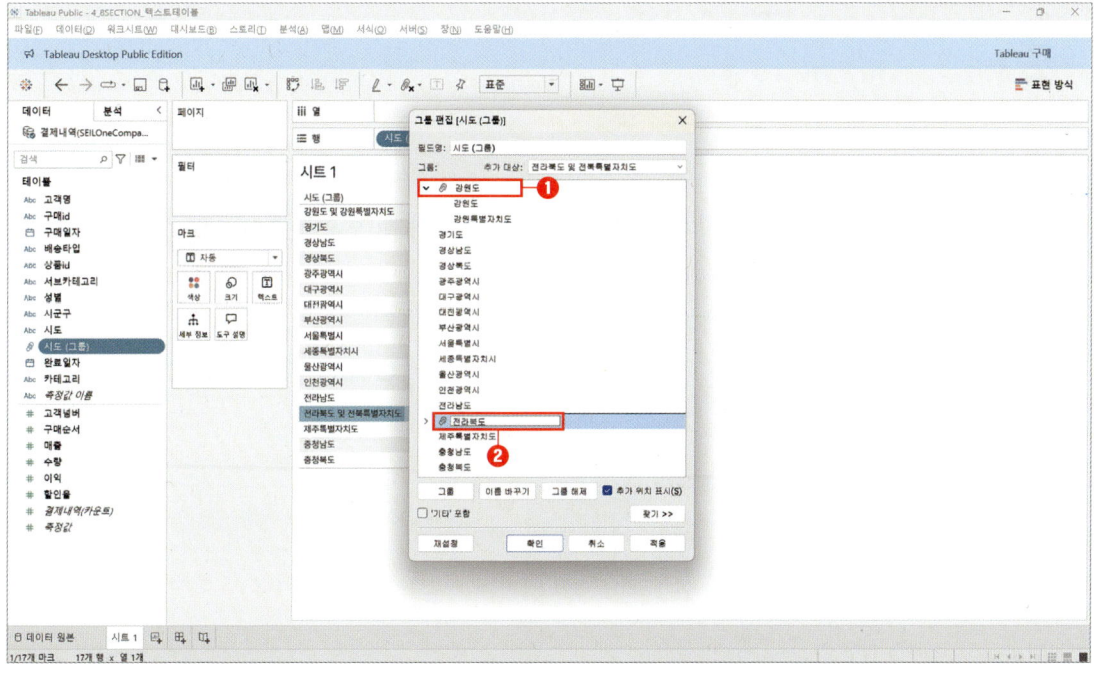

❺ [수량]을 텍스트 마크에 배치해 시도별 합계를 표시하고, 툴바에서 내림차순 정렬한다.

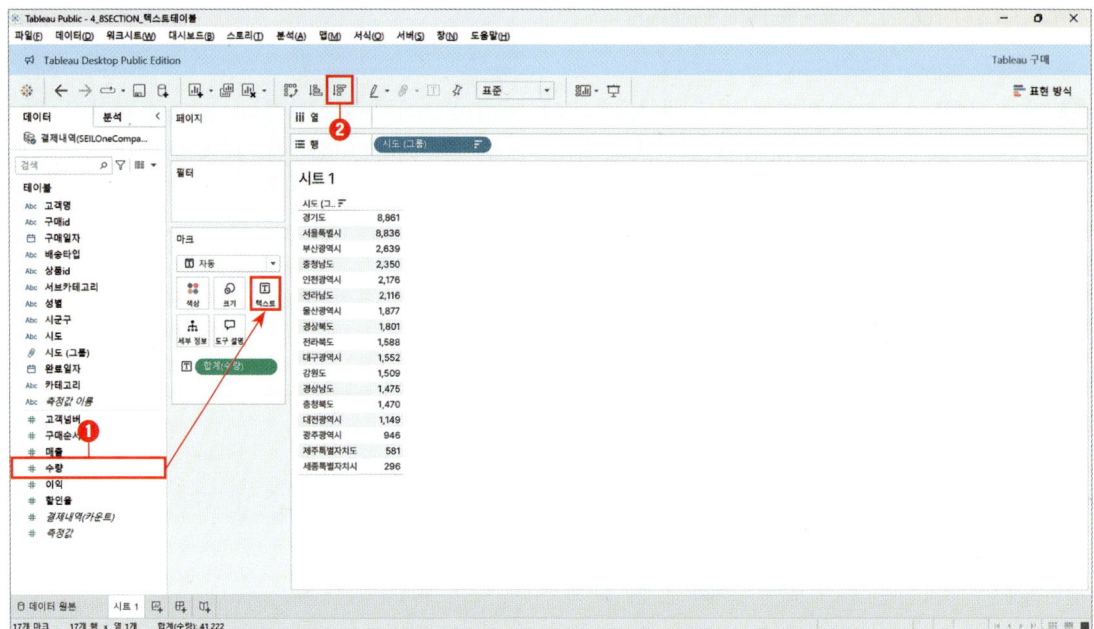

❻ 17개 시도별로 나눠져 있는 합계 수량을 표시하기 위해 '총계' 기능을 활용하고자 한다. 상단 '분석' 메뉴 → '총계' → '열 총합계 표시' 선택한다.

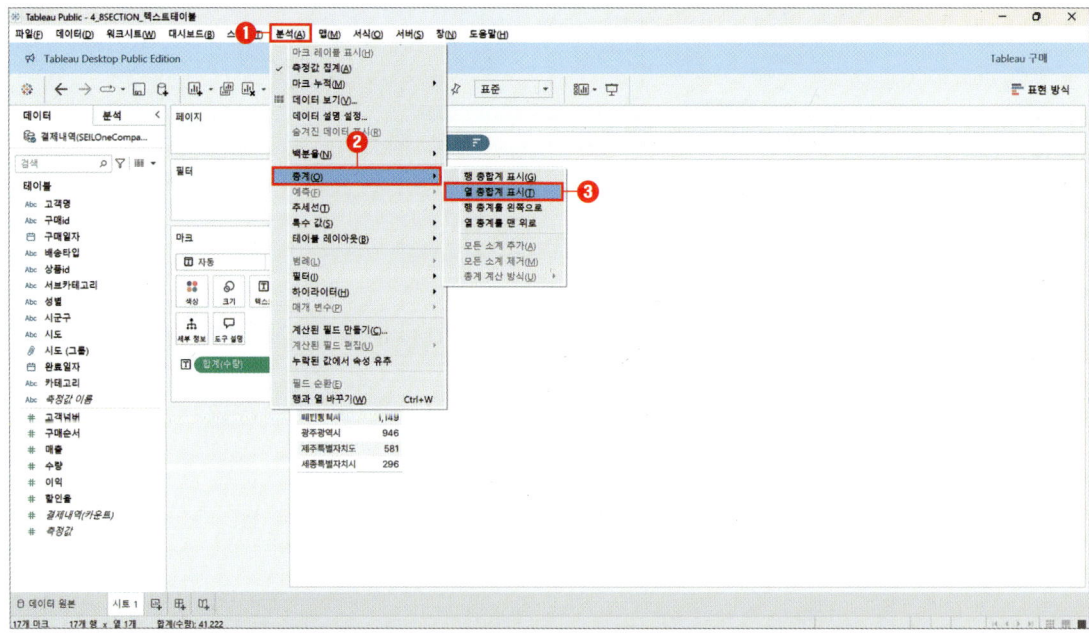

열 방향으로 시도별 수량 총합계를 맨 하단에서 볼 수 있다.

❼ [시군구]를 행 선반에 [시도(그룹)] 오른쪽에 추가한다.

❽ [시군구]로 나누기 전 [시도(그룹)]별 전체 합계 수량을 표시하기 위해, 상단 '분석' 메뉴에서 '총계' → '모든 소계 추가'를 선택하면 각 [시도(그룹)] 하단에 합계가 표시된다.

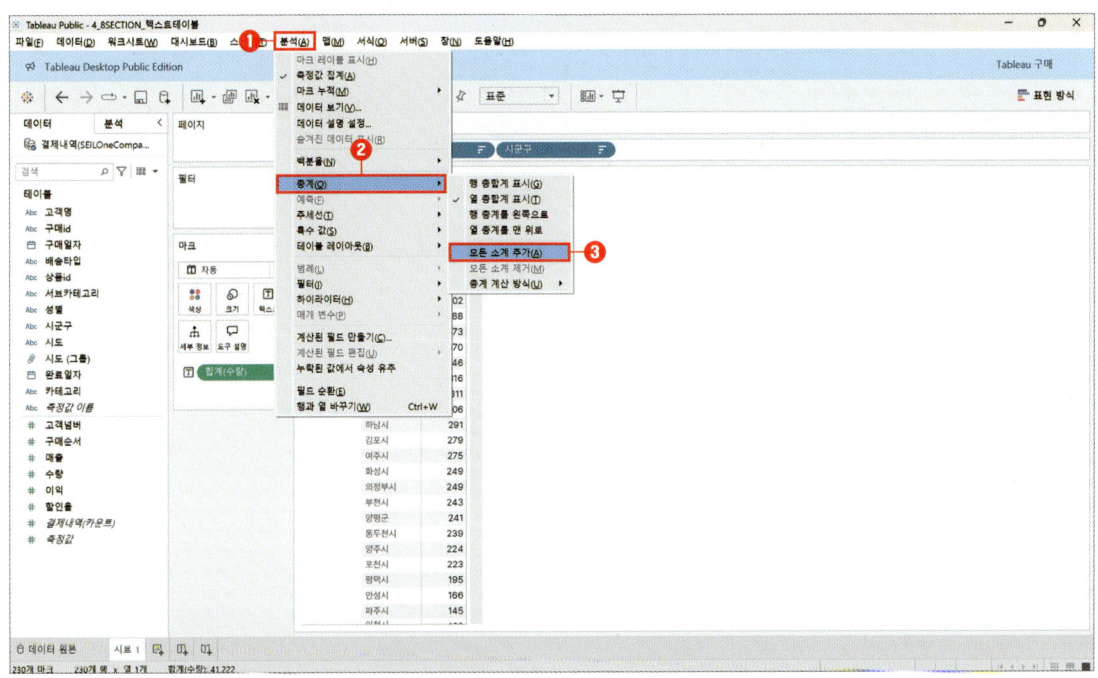

❾ 총계·소계 위치를 위쪽으로 변경하기 위해 상단 '분석' 메뉴 → '총계' → '열 총계를 맨 위로' 선택한다.

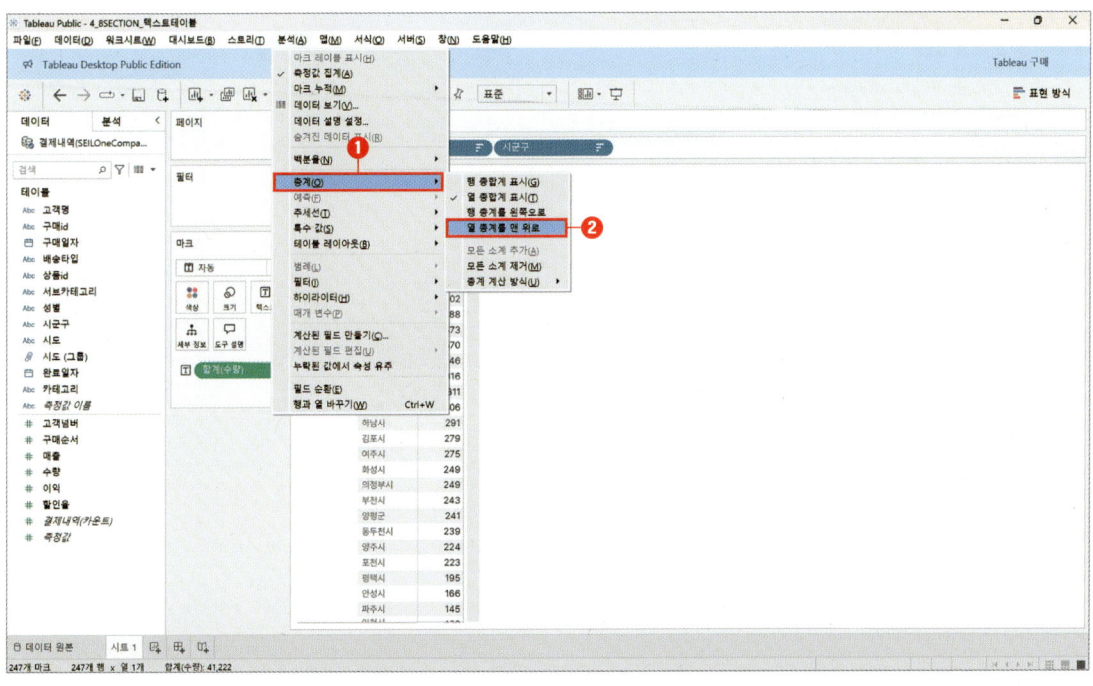

텍스트 테이블은 항목이 많으면 한눈에 파악하기 어려우므로, 범위를 접거나 펼칠 수 있도록 '계층' 기능을 활용한다.

Chapter 5. 기초 시각화   175

❿ [시군구]와 [시도(그룹)]을 Ctrl (또는 Command) 키로 함께 선택하고 마우스 오른쪽 클릭 → '계층' → '계층 만들기'를 선택한다.

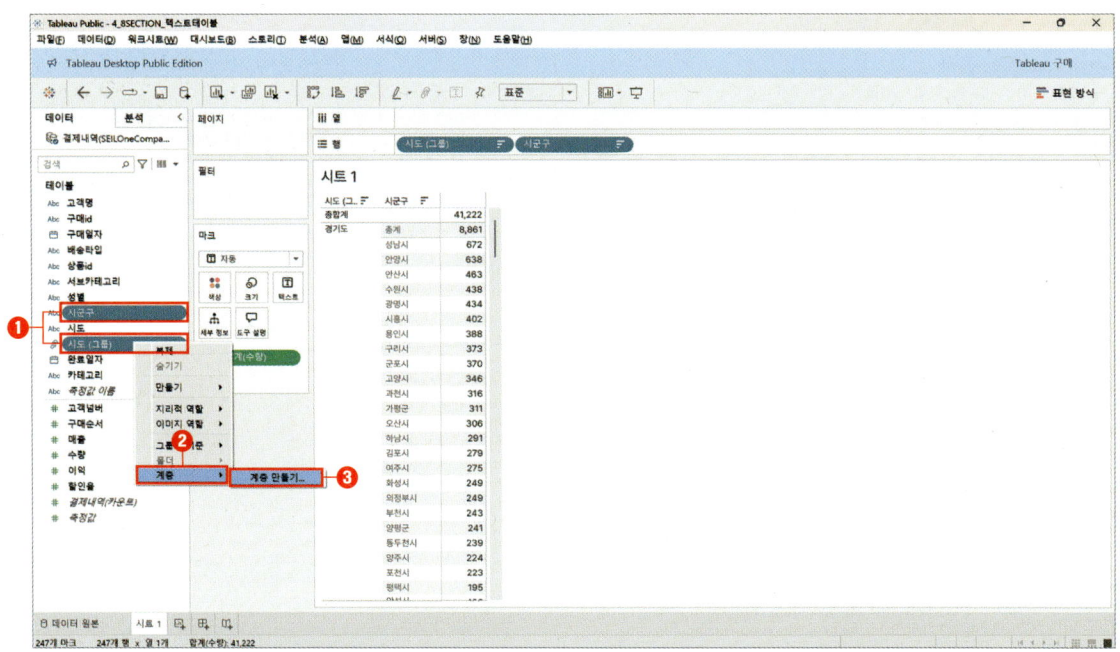

⓫ 계층 만들기 팝업에서 계층의 이름을 "지도"로 변경한 다음에 지도 계층 내에서 [시군구]를 드래그해서 [시도(그룹)]보다 아래에 배치한다.

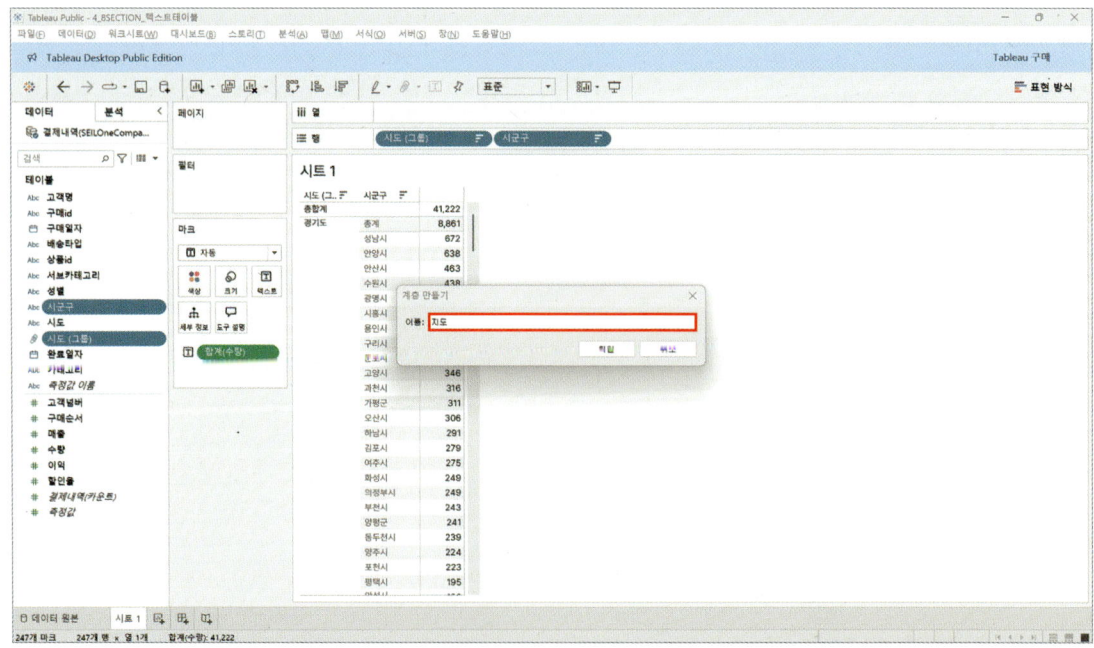

⓬ 차원에 있는 [구매일자] 필드를 드래그해서 열 선반에 놓는다. [시도(그룹)]과 [시군구]별 합계 수량이 구매일자 연도별로 구분되어 표시되며, 연도 추가 전의 총합은 확인할 수 없다. 따라서 행 방향으로 총계를 추가한다.

⑬ 상단 '분석' 메뉴 → '총계' → '행 총합계 표시'를 선택하면, 행 방향으로 각 시도별/시군구별 수량의 총합을 볼 수 있다.

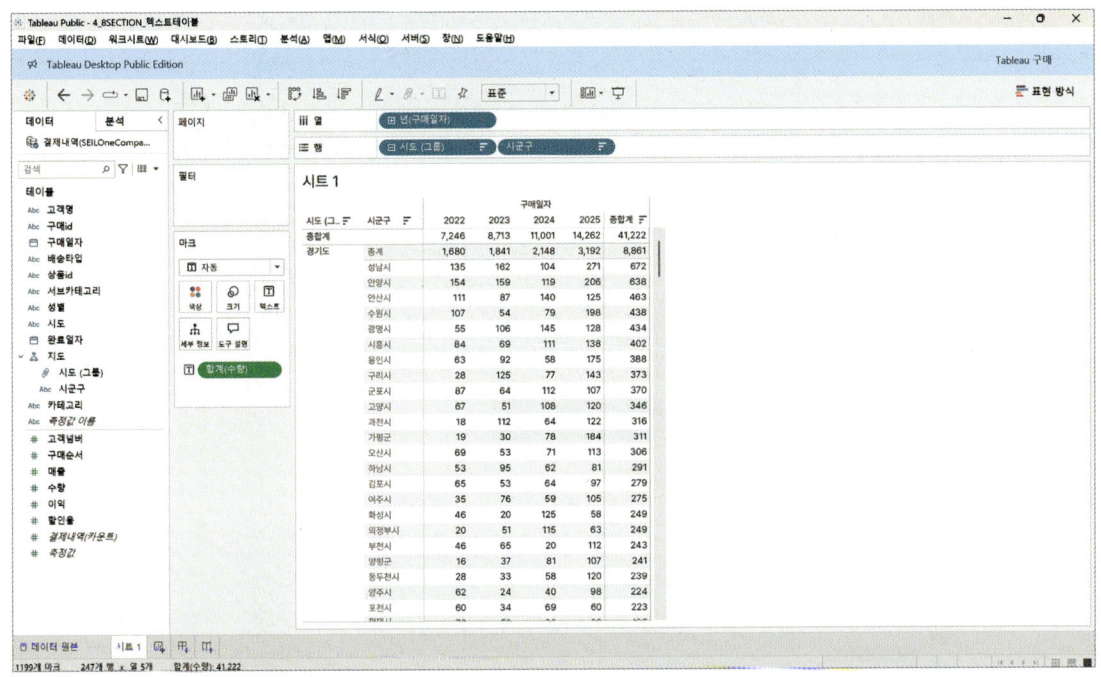

이번에는 열 선반에 있는 [년(구매일자)]을 세부적으로 보기 위해 [분기(구매일자)]를 추가한다.

⑭ 열 선반에 배치된 [구매일자]의 [+] 버튼을 눌러 분기까지 드릴 다운하면 불연속형 '년'의 하위 레벨 중 최상위인 '분기' 기준으로 뷰가 표시된다.

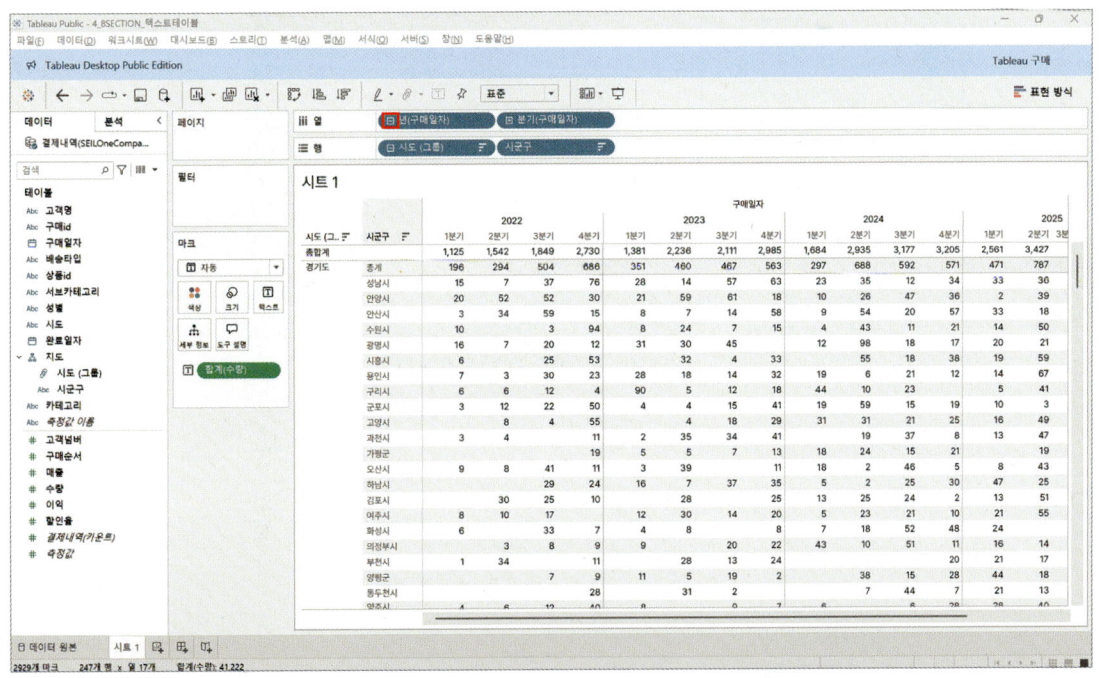

Chapter 5. 기초 시각화 177

전문가의 조언

[시도(그룹)]과 [시군구]는 사용자가 직접 계층을 추가해야 하지만, [년(구매일자)]과 [분기(구매일자)]는 날짜 필드에 기본 계층이 내장되어 있어 [+], [-] 버튼으로 바로 드릴 다운/업이 가능합니다.

이번에는 각 연도별 소계를 추가하고자 한다.

❶❺ 상단 '분석' 메뉴 → '총계' → '모든 소계 추가'를 선택하면, 연도별 총계가 행 방향으로 추가된 것을 볼 수 있다.

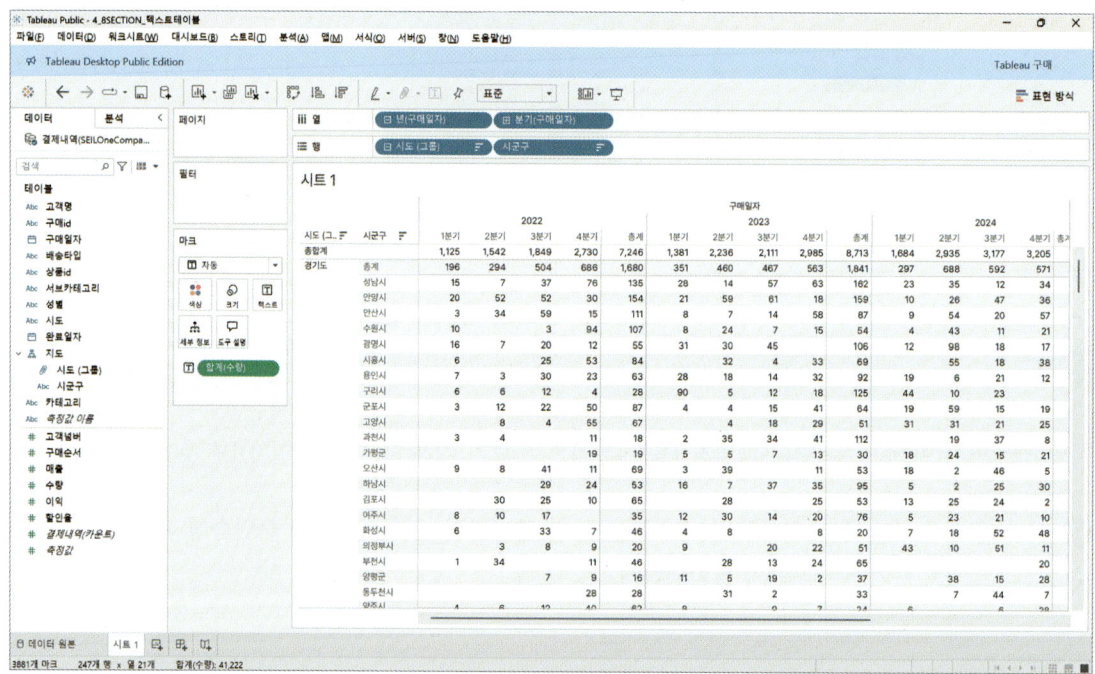

⓰ 행 방향의 소계와 총합계를 빠르게 확인하기 위해, 상단 '분석' 메뉴 → '총계' → '행 총계를 왼쪽으로'를 선택한다.

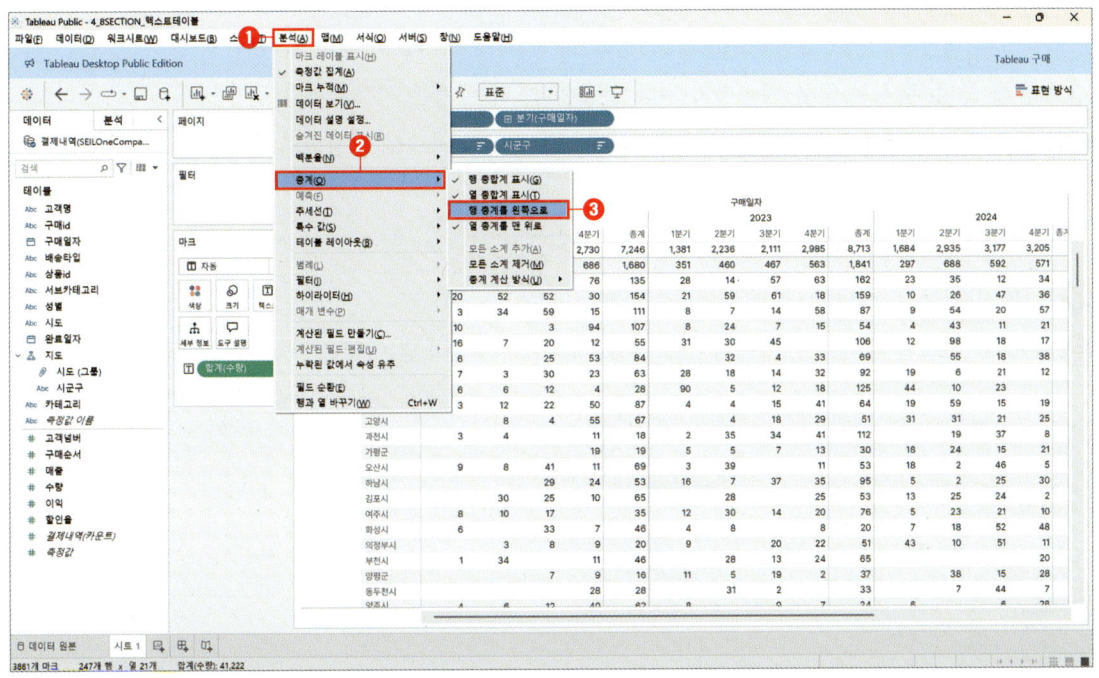

⓱ 데이터 레벨이 세부적으로 늘어나서 상하/좌우 스크롤이 생기더라도 주요 총계는 좌측 상단에서 확인할 수 있다.

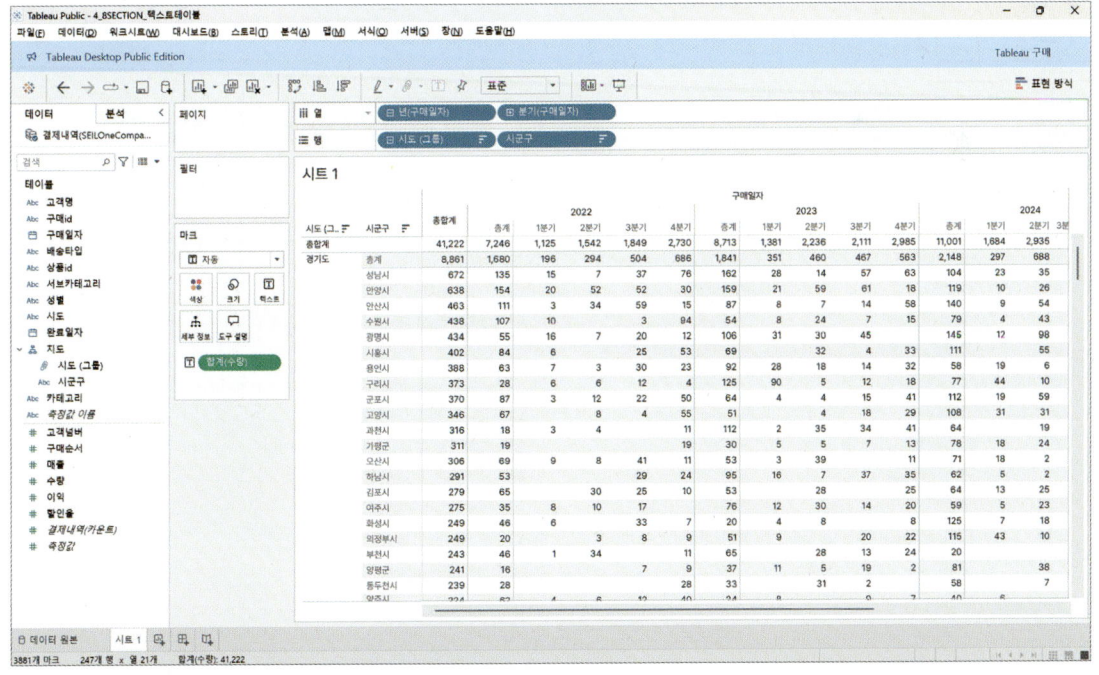

SECTION 9 하이라이트 테이블 　　📁 SEILOneCompany_Sales데이터.twbx

하이라이트 테이블은 테이블 시각화의 일종으로 테이블 내 숫자들의 크기에 따라 셀 안의 색상을 다르게 적용해 큰 값과 작은 값을 비교하기 위해 활용한다. 다른 기본 시각화처럼 표현 방식 중 '하이라이트 테이블'을 선택하면 빠르게 제작할 수 있으며 마크를 사각형 마크로 설정하고 측정값을 색상 마크로 활용해 표현할 수 있다.

❶ [구매일자]를 열 선반에, [이익]을 텍스트 마크에 배치한다.
❷ 우측 상단 표현 방식에서 '하이라이트 테이블'을 선택해 연도별 이익을 색상 강도로 표시한다.

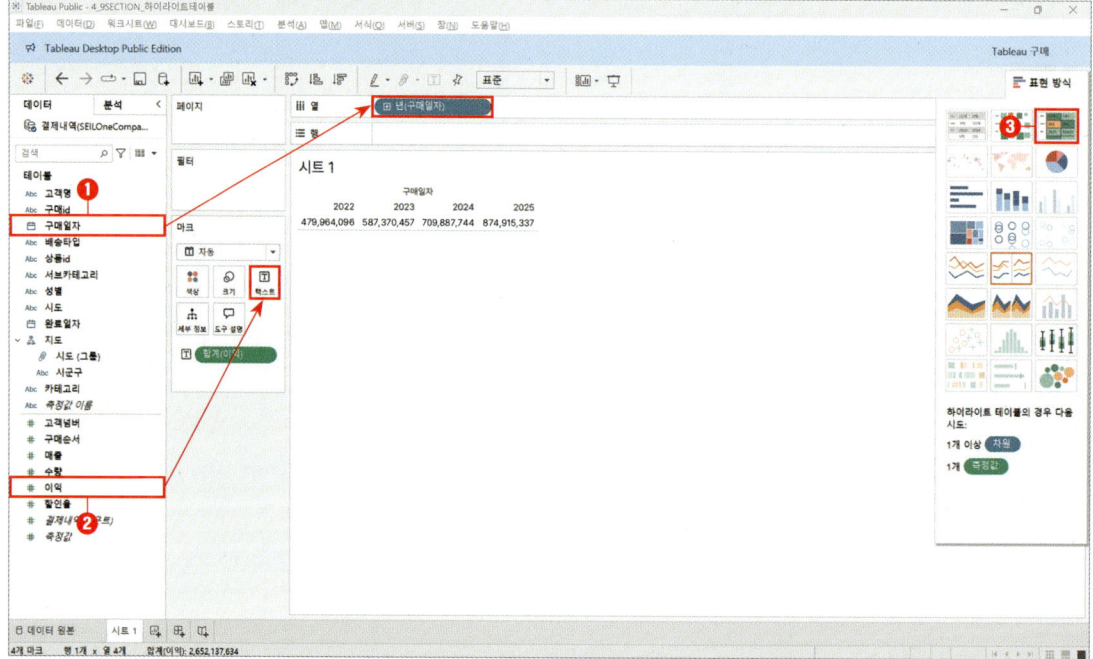

❸ [년(구매일자)]의 [+] 버튼을 두 번 눌러 월 단위까지 확장한 뒤, [분기(구매일자)]는 제거하고 [월(구매일자)]을 행 선반으로 이동한다.

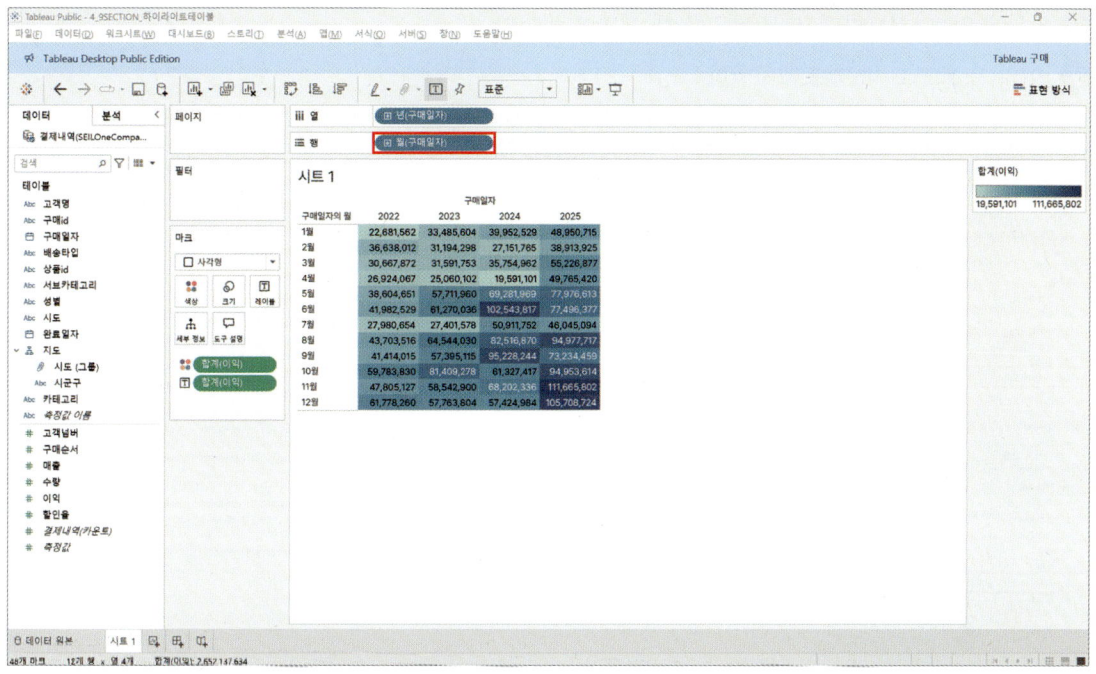

이번에는 분기·서브카테고리별 최댓값과 최솟값을 강조한다.

❹ 새 워크시트에서 [구매일자]를 불연속형 분기로 설정한다.
열 선반에 있는 [분기(구매일자)]에 우클릭하여 불연속형을 선택한다.

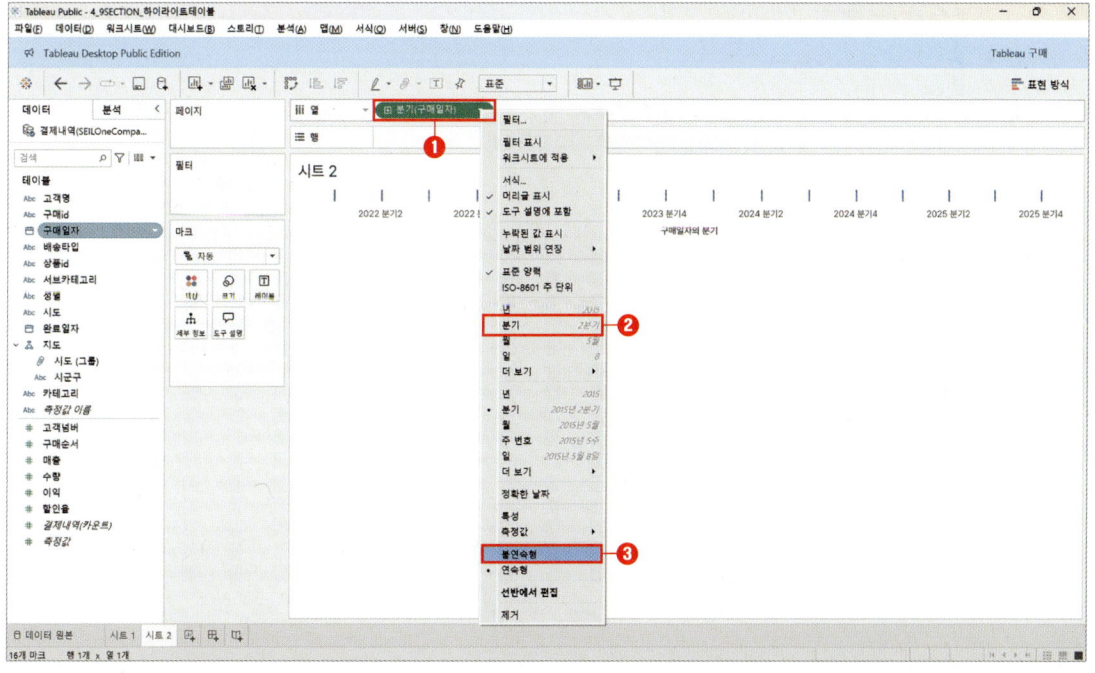

열 선반에 있는 초록색 연속형 [분기(구매일자)]는 파란색 불연속형 [분기(구매일자)]로 변경되고, 불연속형이므로 표현되는 형태가 연분기 기준으로 분리된다.

❻ 차원에 있는 [서브카테고리] 필드를 행 선반에 놓는다.

❼ [이익]을 텍스트 마크에 배치한다.

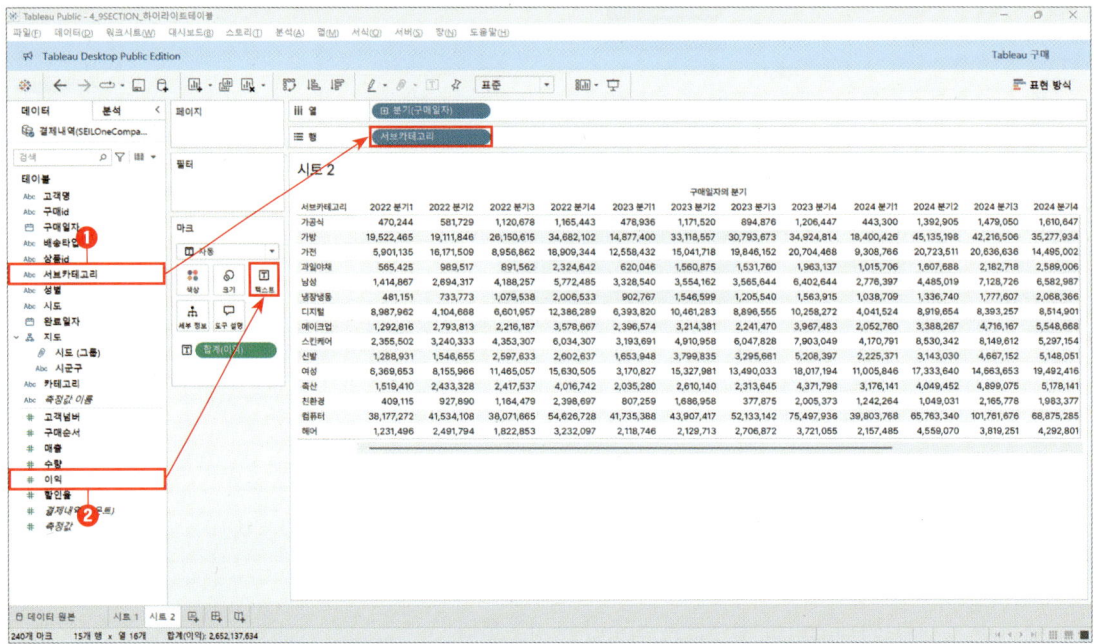

❽ 열 선반에 있는 [분기(구매일자)] 뒤에 있는 빈 여백을 더블 클릭한 다음에 'MIN(1)'을 넣어 임시 계산을 적용한다.

❾ 툴바의 맞춤을 '전체 보기'로 변경한다.

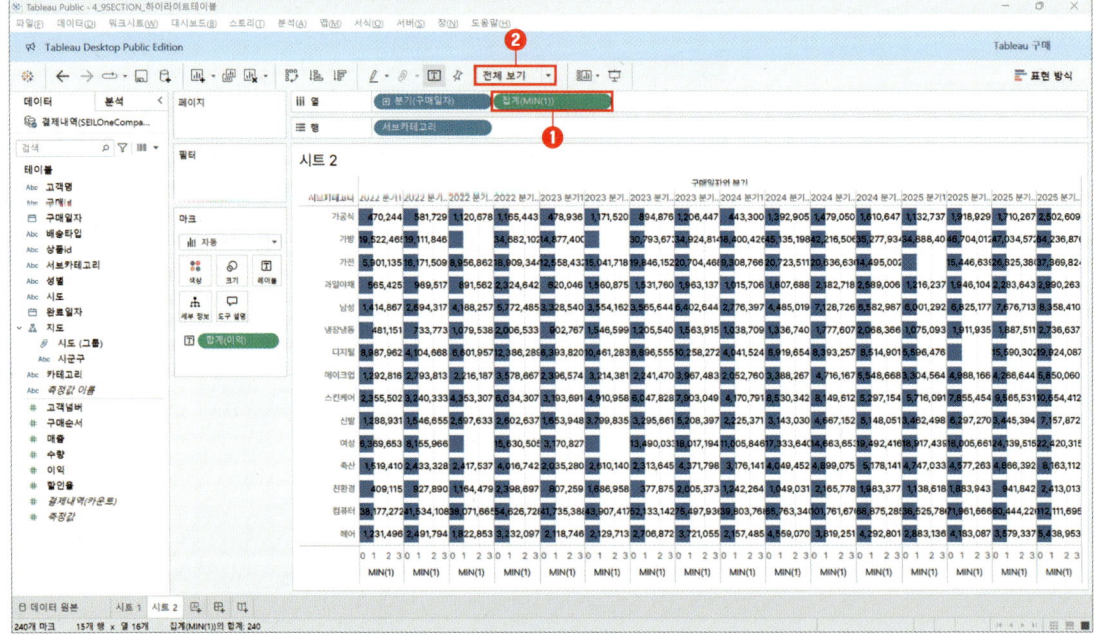

❿ 이 막대에 최소, 최대 그리고 기타라는 3가지 옵션으로 색상을 적용하고자 한다. 하단에 MIN(1)이라는 축의 머리글을 마우스 오른쪽으로 누른 다음에 축 편집을 선택한다.

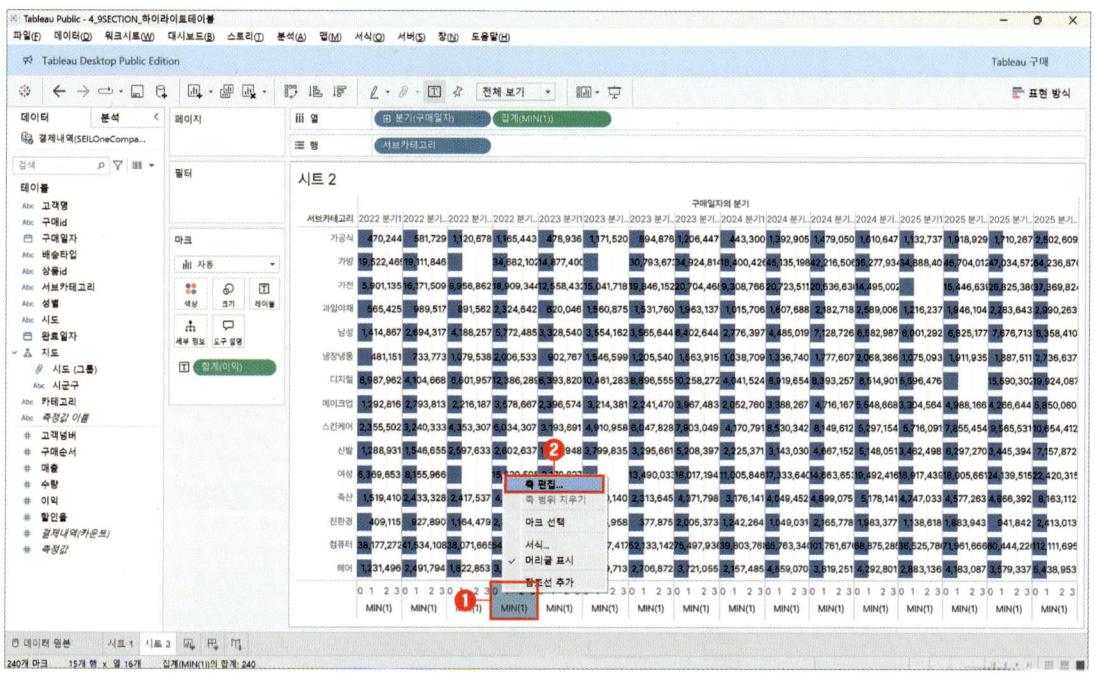

⓫ 범위에서 '사용자 지정'을 선택한 다음에 '고정된 끝'을 1로 변경하고, 축 편집 대화 상자는 닫는다.

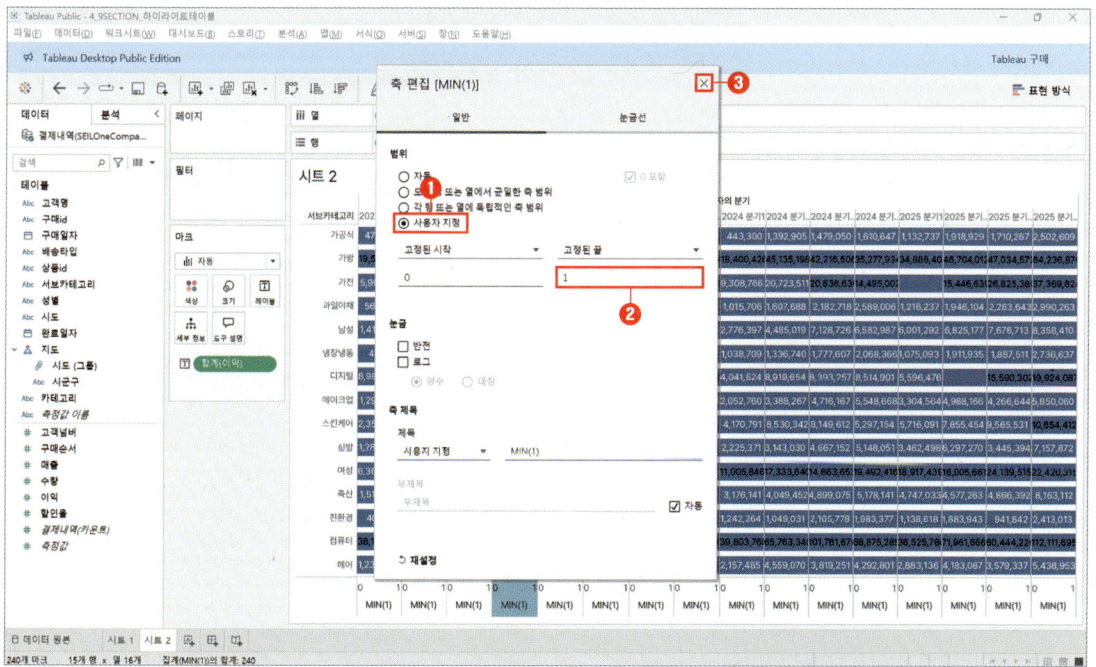

⑫ 색상을 구분하기 위한 계산식을 만들고자 한다. 상단 '분석' 메뉴에서 '계산된 필드 만들기'를 선택한다.

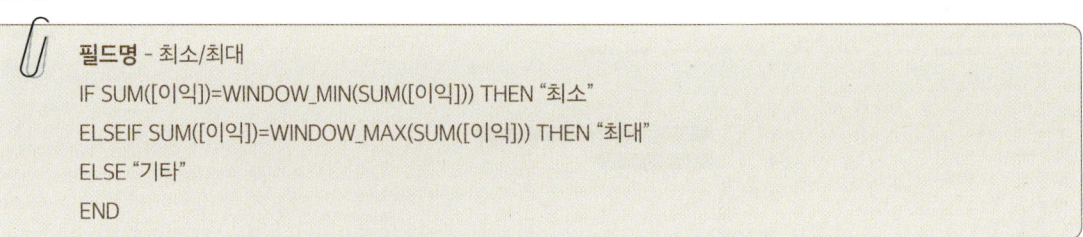

필드명 - 최소/최대
IF SUM([이익])=WINDOW_MIN(SUM([이익])) THEN "최소"
ELSEIF SUM([이익])=WINDOW_MAX(SUM([이익])) THEN "최대"
ELSE "기타"
END

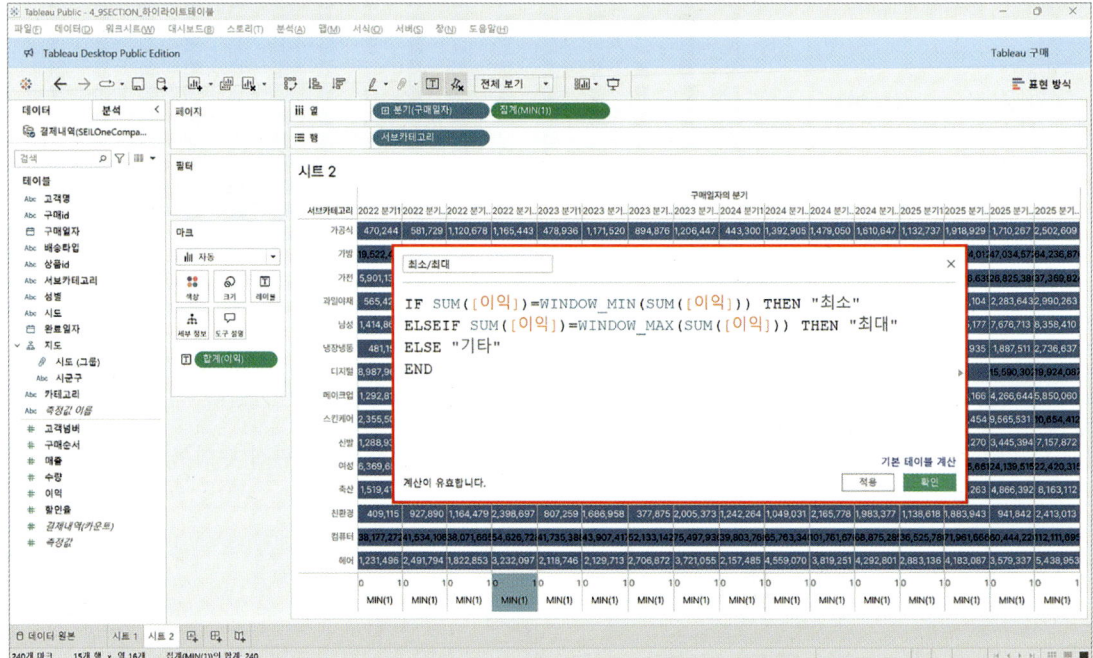

⑬ [최소/최대]를 색상 마크에 배치하고 색상을 편집한다.

- 최대: #76b7b2
- 최소: #ea002c
- 기타: #ffffff

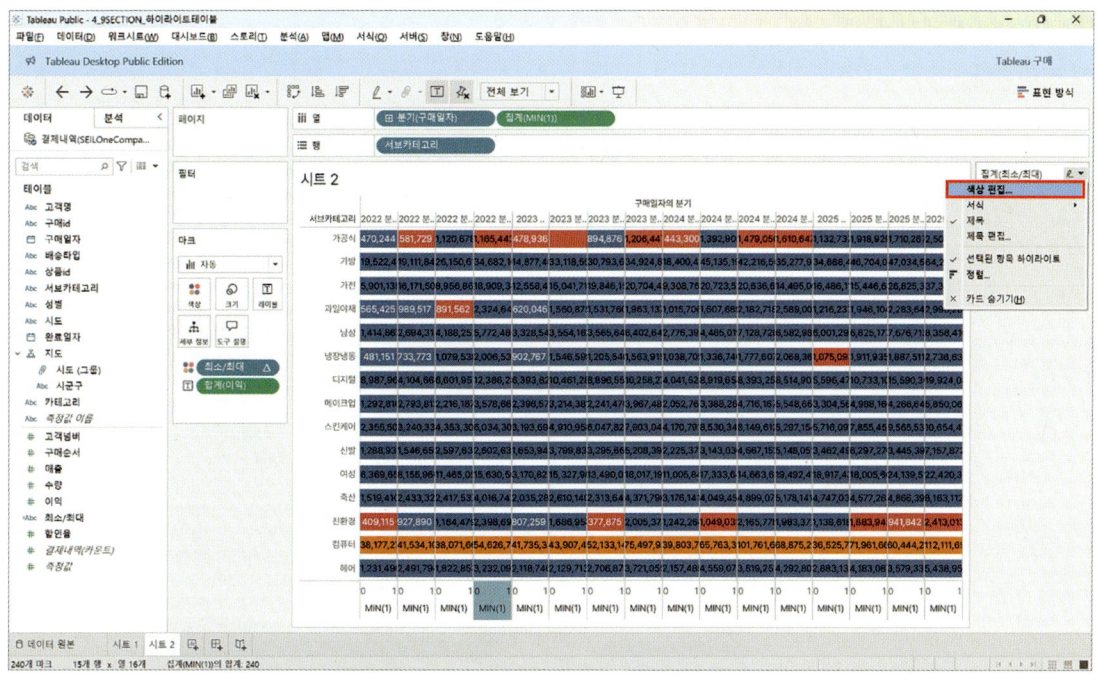

⓮ 편집이 끝났으면 확인 버튼을 눌러 색상 편집 대화 상자는 닫는다.

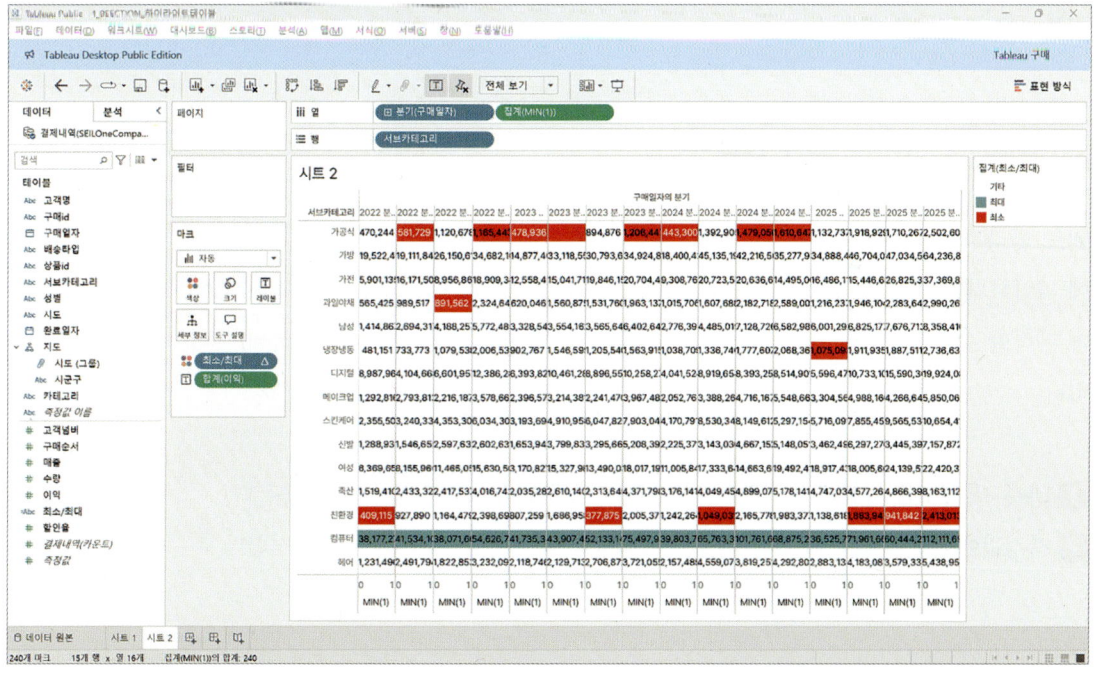

⑮ 하단에 MIN(1)이라는 축의 머리글은 마우스 오른쪽을 누른 다음에 머리글 표시를 해제하여 깔끔하게 정리한다.

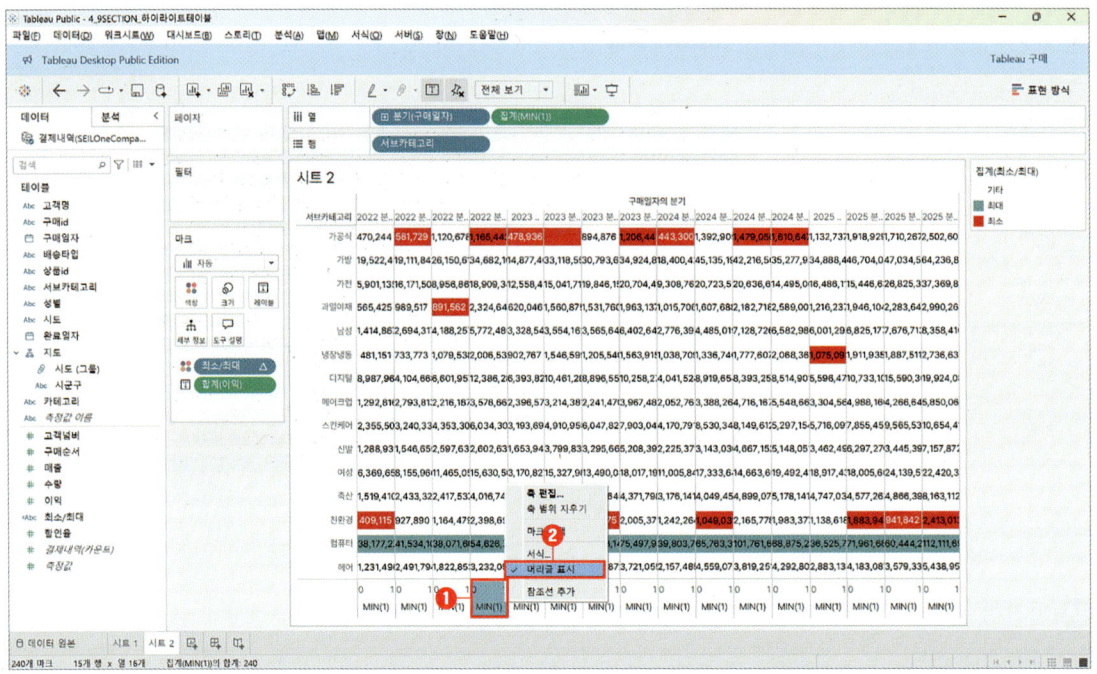

SECTION 10 워드 클라우드

📁 SEILOneCompany_Sales데이터.twbx

워드 클라우드는 문자열 텍스트를 강조하기 위한 시각화 방식으로서, 자주 언급되는 텍스트를 한눈에 파악하기 위해서 제작한다. 표현 방식 중 트리맵을 먼저 만든 다음에 마크를 '텍스트'로 변경하면 쉽게 제작할 수 있다. 또한 측정값을 크기 마크와 색상 마크에 배치해 많이 언급되는 텍스트를 강조할 수 있다.

❶ 좌측 사이드 바 차원에서 [서브카테고리] 필드를 드래그해서 행 선반에 놓는다.
❷ 측정값에 있는 [매출] 필드를 더블 클릭해서 테이블 안에 매출 합계를 표시한다.

❸ 뷰 우측 상단에 있는 '표현 방식'에서 트리맵을 선택한다.

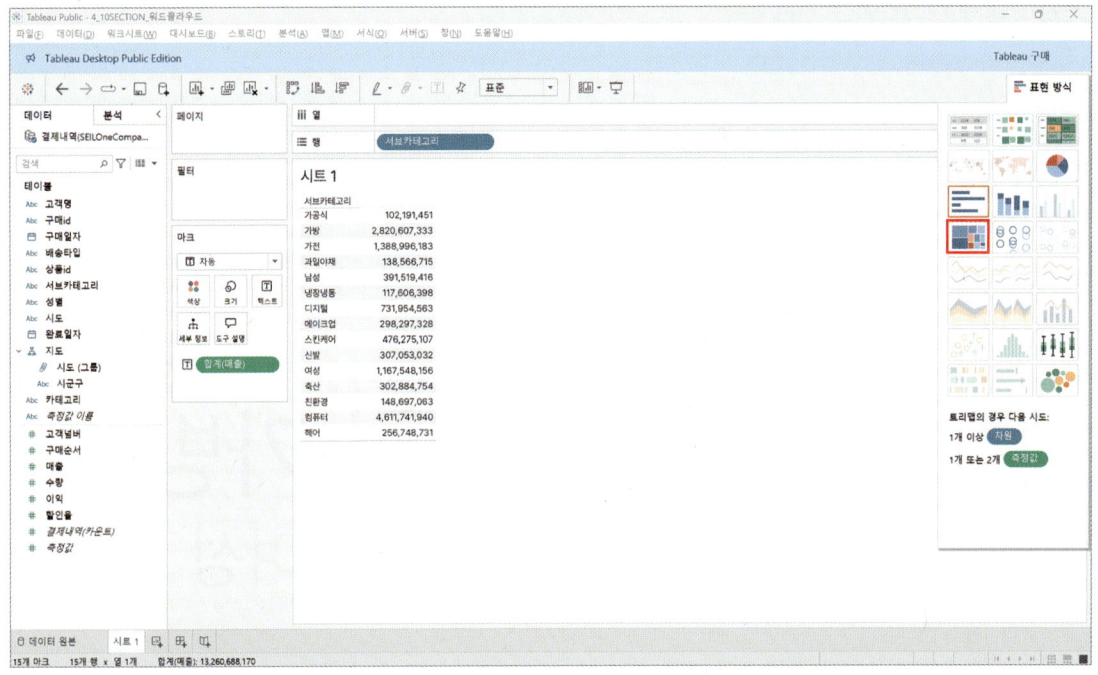

❹ 마크를 사각형(자동) 대신에 '텍스트'로 변경한다.

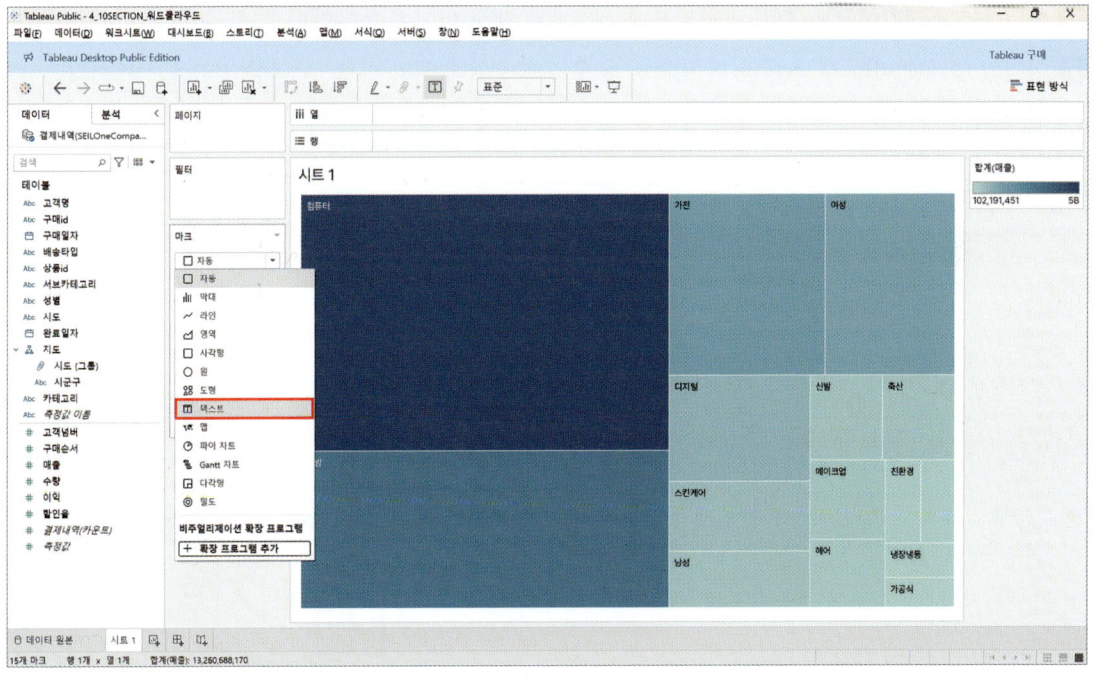

Chapter 5. 기초 시각화 187

❺ 마크에서 색상 마크에 있는 [합계(매출)]를 제거한다. 그러면 매출의 합계에 따라 텍스트 크기만 다른 워드 클라우드를 볼 수 있다.

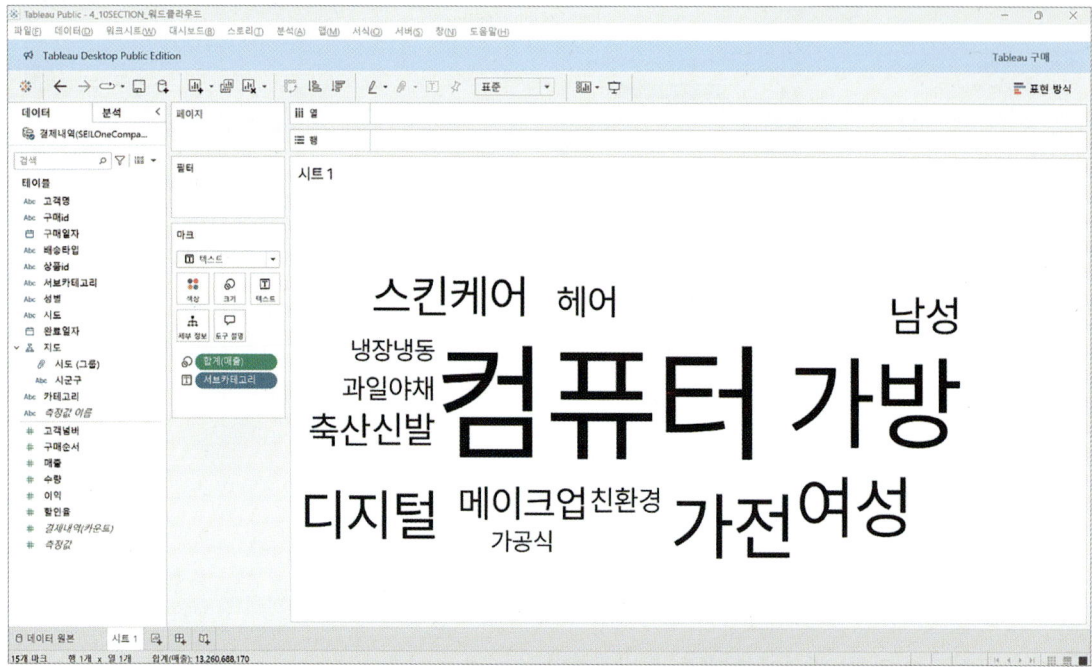

❻ 이번에는 측정값에 있는 [이익] 필드를 드래그해서 색상 마크에 놓는다.

❼ 이익의 합계에 따라 색상을 좀 더 명확하게 구분하기 위해 색상 마크 → 색상 편집을 선택한다.

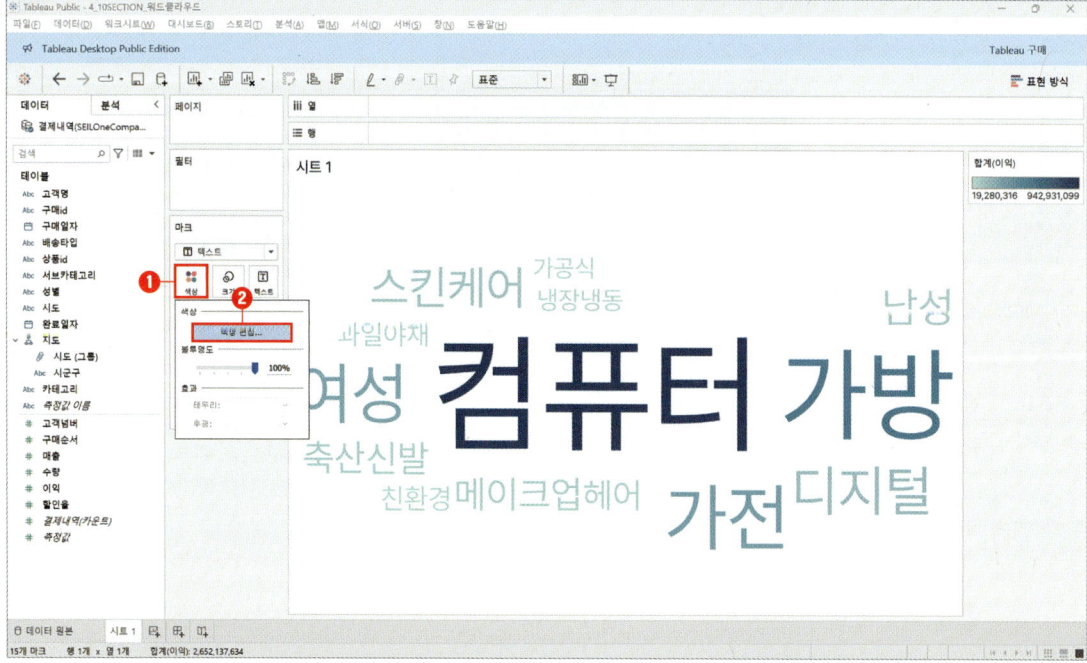

❽ 색상표에서 '빨간색-파란색 다중'을 선택하고, '반전' 옵션을 눌러 이익이 큰 값은 빨간색으로, 이익이 작은 값은 파란색 계열로 표시되도록 색상 기준을 변경한다.

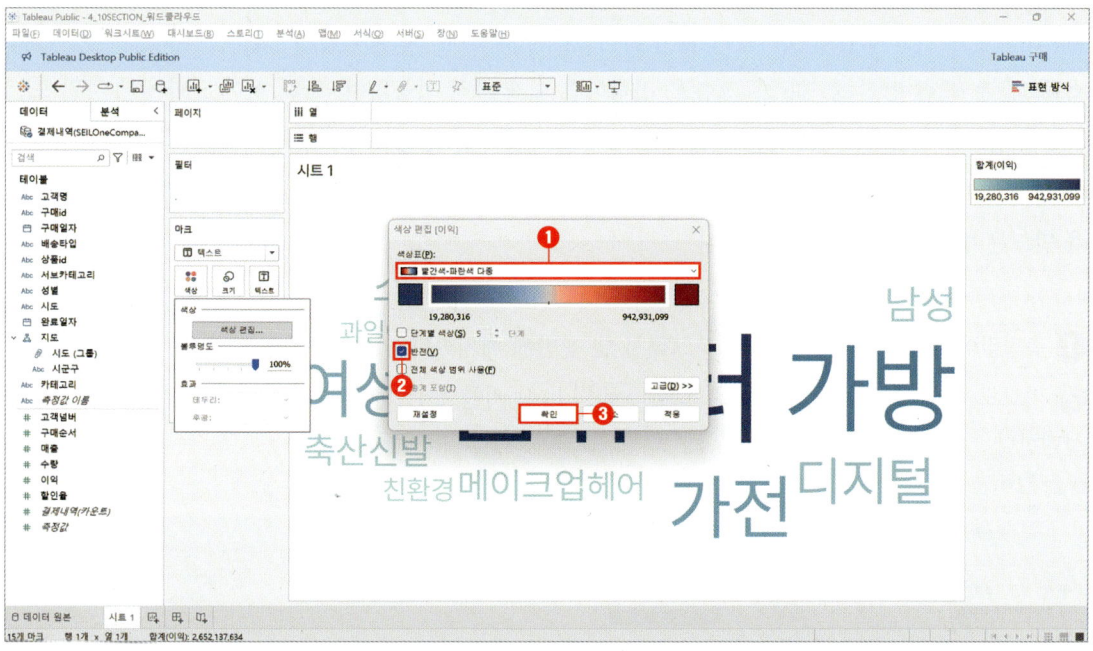

❾ 크기 마크에 있는 [합계(매출)]은 제거하고 대신 [수량] 필드를 크기 마크에 놓는다.

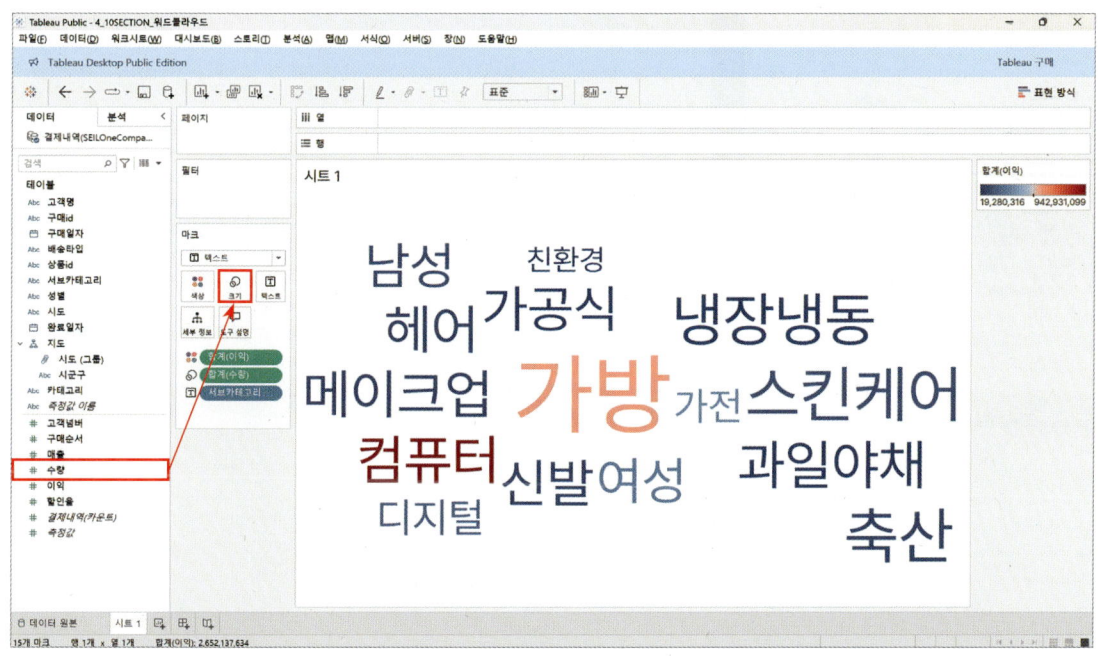

> **전문가의 조언**
>
> 태블로의 워드 클라우드는 텍스트가 자동 배치되므로 사용자가 임의로 위치를 조정하기 어렵습니다. 글자 크기나 색상은 변경할 수 있지만, 특정 단어를 원하는 위치에 고정하는 기능은 지원하지 않습니다.

Chapter 5. 기초 시각화 189

SECTION 11 히스토그램

SEILOneCompany_Sales데이터.twbx

히스토그램은 어느 구간대 숫자들이 많이 몰려있는지 직관적으로 확인할 수 있는 시각화 방식이다. 히스토그램은 표현 방식 중 '히스토그램'을 선택하면 쉽게 제작 가능하며, 또한 사이드 바에서 차원 또는 측정값 필드 → 만들기 → 구간 차원을 선택해서도 어렵지 않게 만들 수 있다.

이 SECTION에서는 표현 방식을 이용하는 방법과 직접 구간 차원을 나눌 필드를 지정해서 히스토그램을 만드는 방법 각각 소개하고자 한다.

❶ 측정값에 있는 [이익] 필드를 드래그해서 행 선반에 배치한다.

❷ 키보드에서 Ctrl + 1 (Mac은 Command + 1) 키를 누른 다음에 표현 방식에서 '히스토그램'을 선택한다.

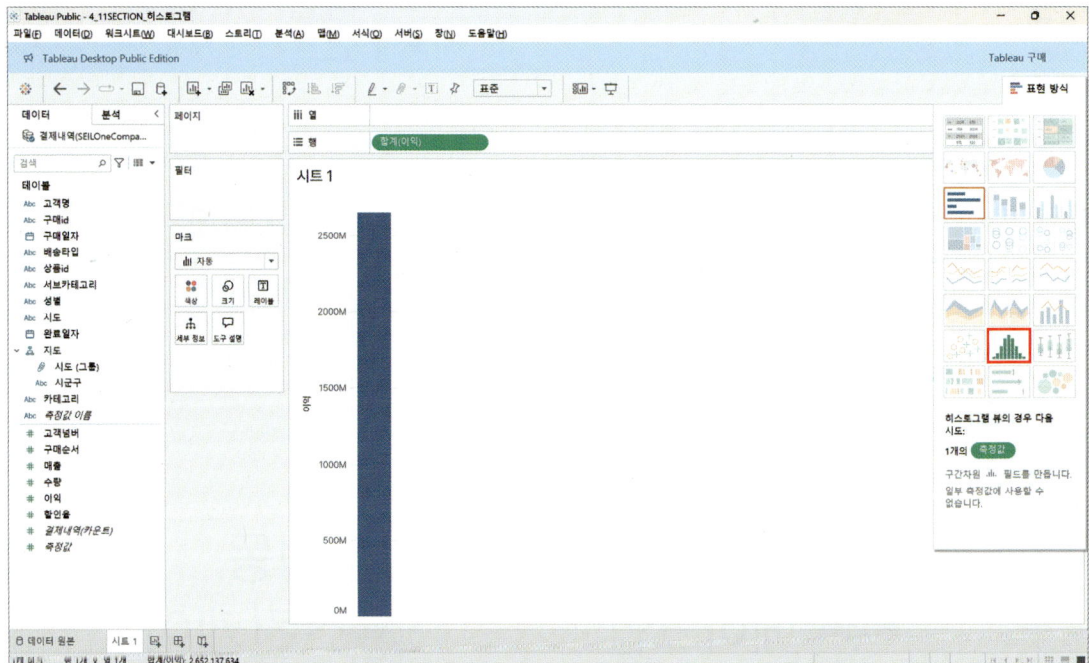

190 Part 3. 태블로 주요 시각화와 실전 가이드

❸ 자동으로 행 선반은 [카운트(이익)]로, 열 선반은 [이익(구간차원)]으로 변환되면서 뷰에 히스토그램이 적용되는 것을 확인할 수 있다.

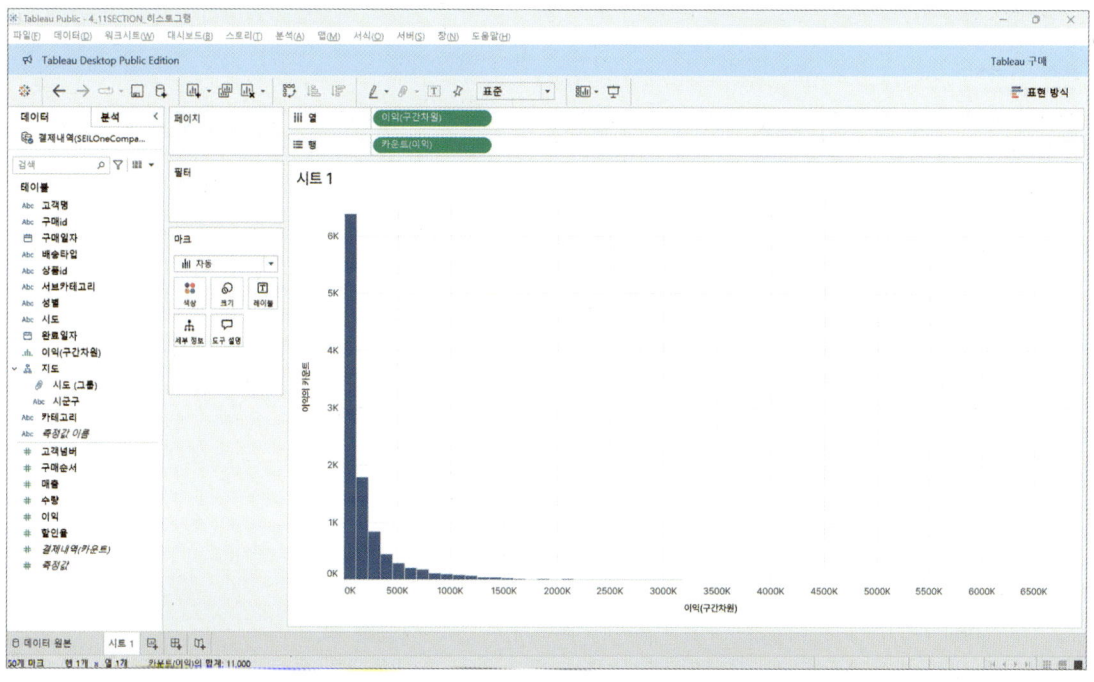

이번에는 표현 방식을 사용하지 않고 히스토그램을 만드는 방법을 확인한다.

❹ 새 워크시트를 선택한다. 측정값에 있는 [수량] 필드에 우클릭 → 만들기 → 구간차원을 선택한다.

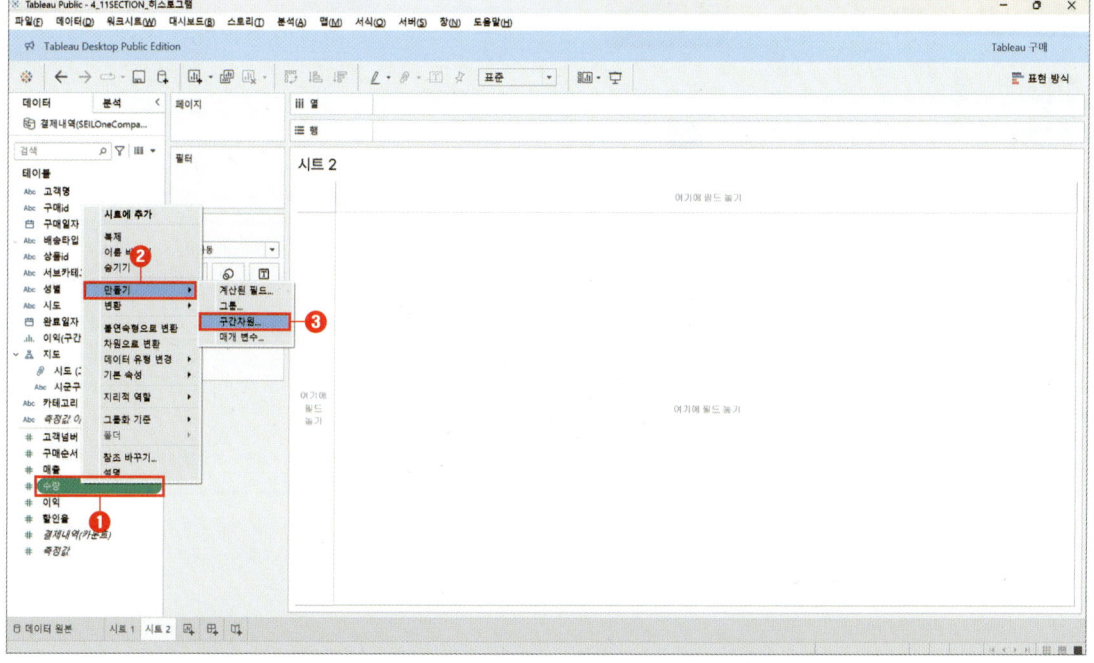

Chapter 5. 기초 시각화　191

❺ 구간차원 편집 대화 상자에서 구간차원 크기를 '1'로 변경하고 확인 버튼을 선택한다.

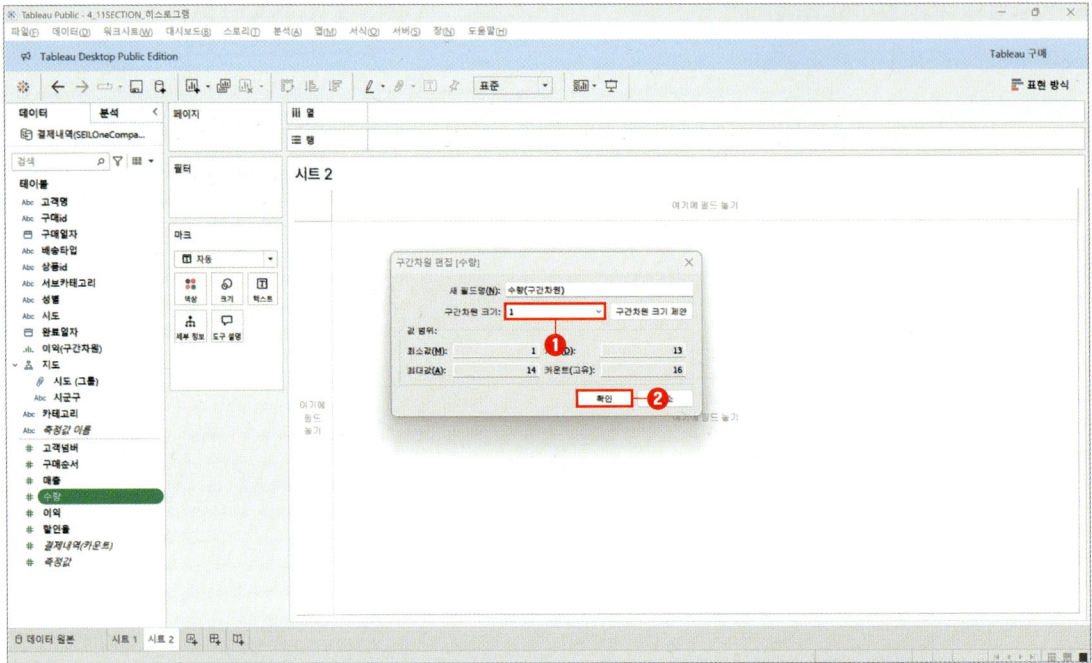

❻ 차원에 새로 생성된 [수량(구간차원)] 필드를 드래그해서 열 선반에 놓는다.

❼ 측정값에 자동으로 생성되어 있는 *[결제내역(카운트)]* 필드를 드래그해서 행 선반에 놓는다.

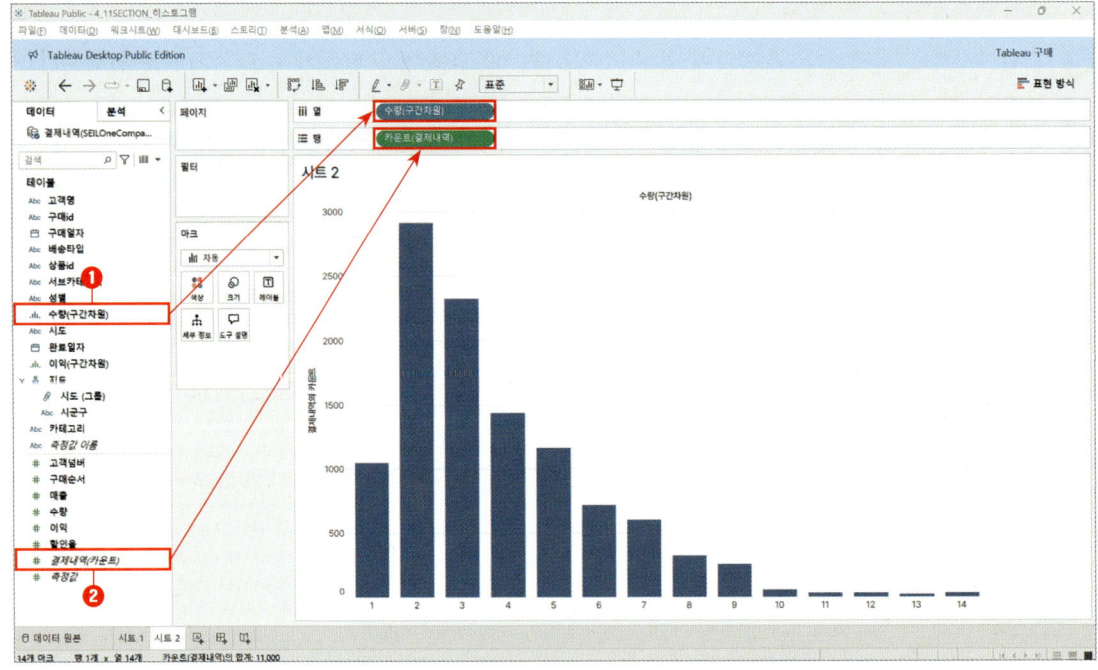

❽ *[결제내역(카운트)]* 필드를 색상 마크와 레이블 마크에 각각 배치한다.

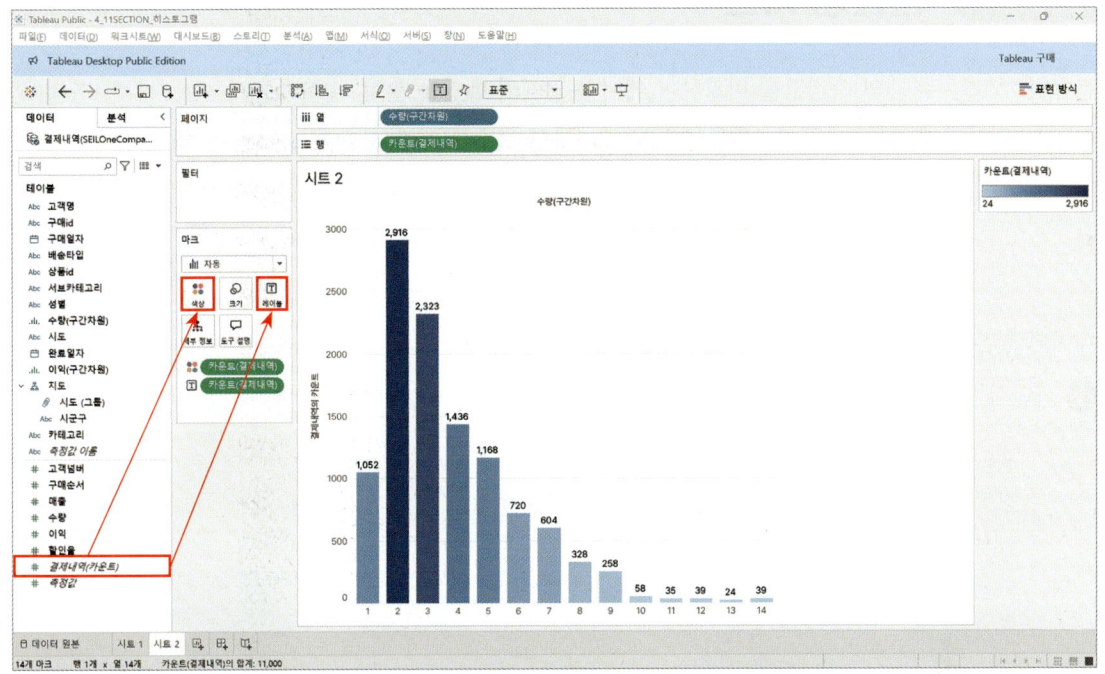

❾ 레이블 마크에 있는 [카운트(결제내역)]에 우클릭 → 퀵 테이블 계산 → 구성 비율을 선택하면, 각 구간별 결제 카운트 구성 비율을 확인할 수 있다.

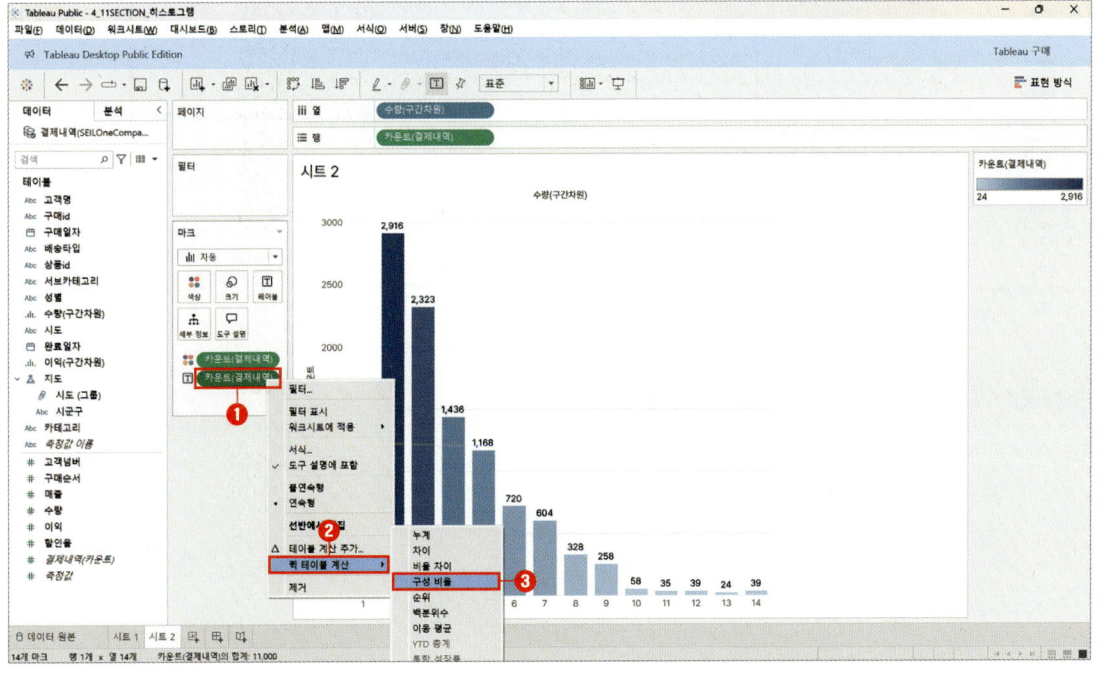

SECTION 12 분산형 차트

분산형 차트는 두 개의 측정값을 비교하여 데이터 전체의 패턴을 원형 기호로 표시하는 시각화다. 비교할 측정값을 각각 행 선반과 열 선반에 배치하고, 차원 변수를 세부 정보 마크에 놓은 뒤 표현 방식에서 '분산형 차트'를 선택하면 빠르게 제작할 수 있다. 필요 시 추세선을 추가해 양·음의 상관관계를 확인한다.

데이터 원본에 없는 새로운 변수인 [이익률]이라는 필드를 만들고자 한다.

❶ 상단 '분석' 메뉴 → '계산된 필드 만들기'를 선택하고 계산식을 입력한다.

> 필드명 - 이익률
> SUM([이익]) / SUM([매출])

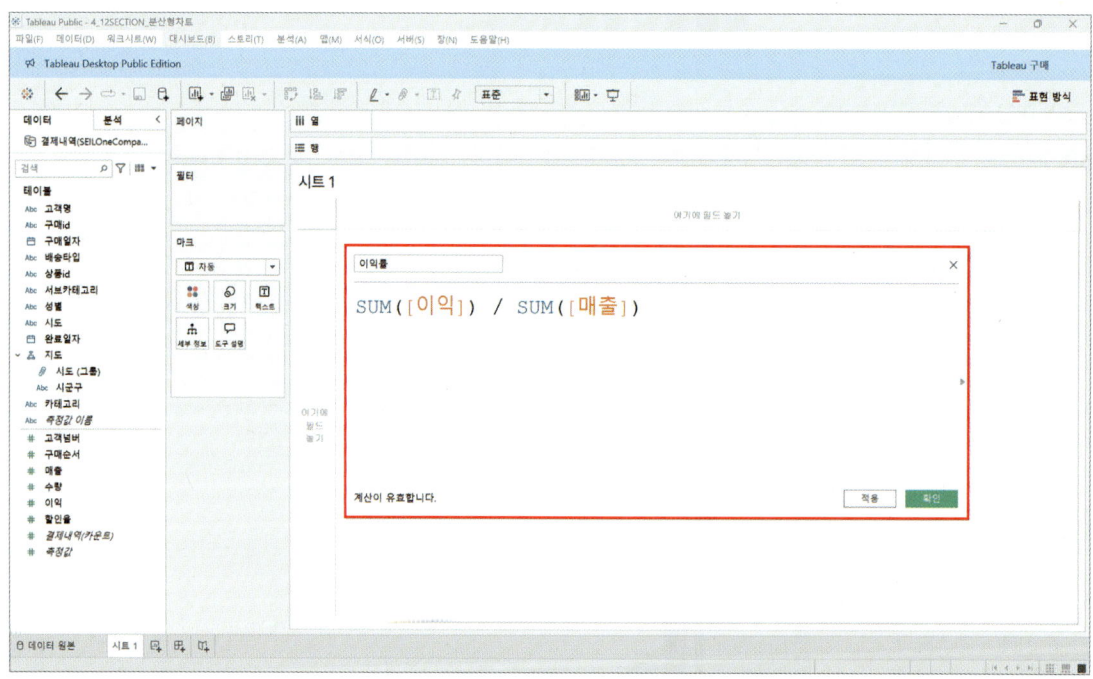

❷ [이익률] 필드를 드래그해 행 선반에 놓는다.

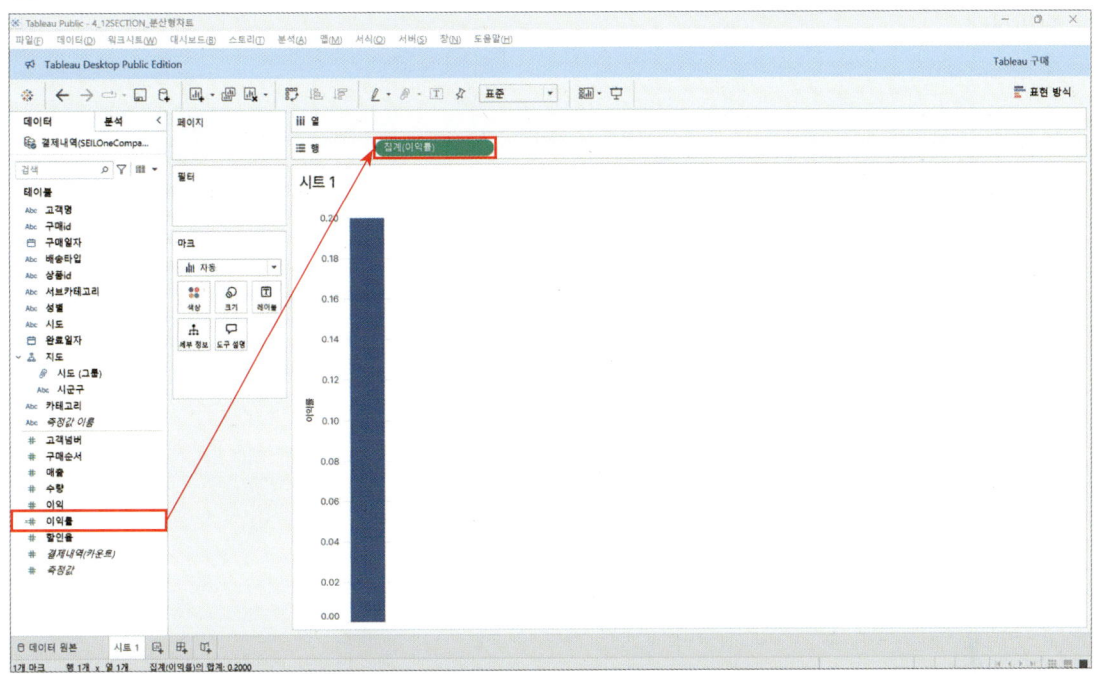

❸ 측정값에 있는 [매출] 필드를 더블 클릭하면 열 선반에 올라가면서 분산형 차트가 만들어진다.

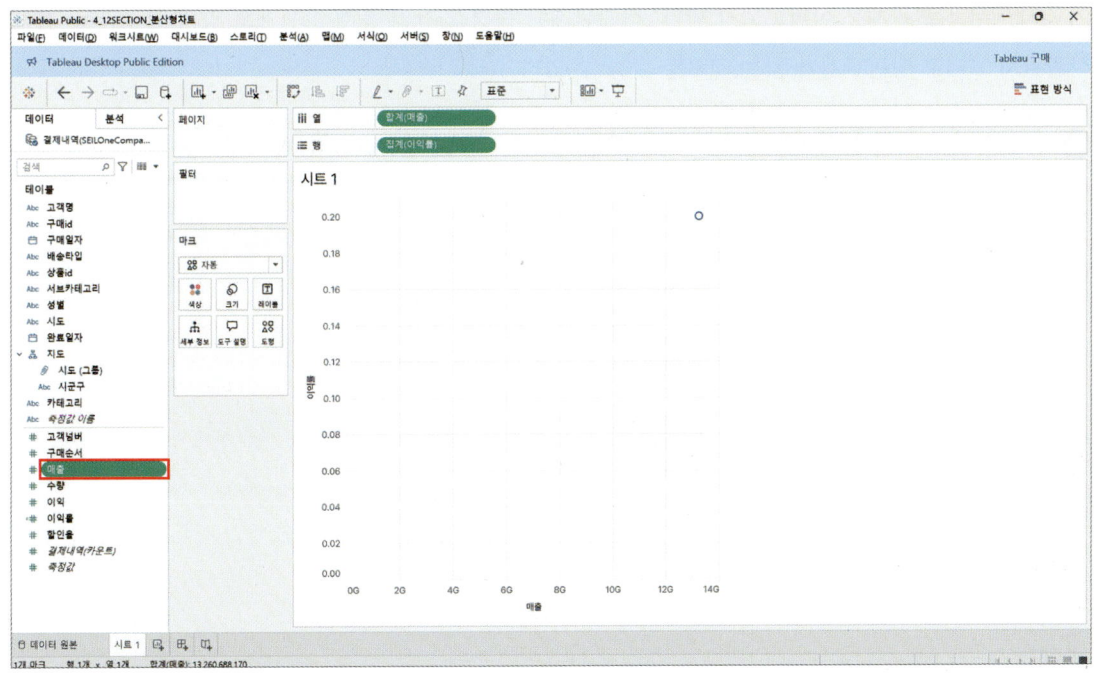

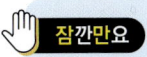 분산형 차트는 차원 없이도 만들 수 있으며, 측정값이 2~4개일 때 권장된다. 이번처럼 [이익률]과 [매출] 두 측정 값만으로도 텍스트 테이블, 막대 차트, 분산형 차트, 불릿 그래프를 만들 수 있으며, 태블로는 이 중 분산형 차트를 자동 추천했다.

Chapter 5. 기초 시각화 195

❹ 차원에 있는 [서브카테고리] 필드를 드래그해서 세부 정보 마크에 놓으면 서브카테고리 15개 마크로 나눠진다.

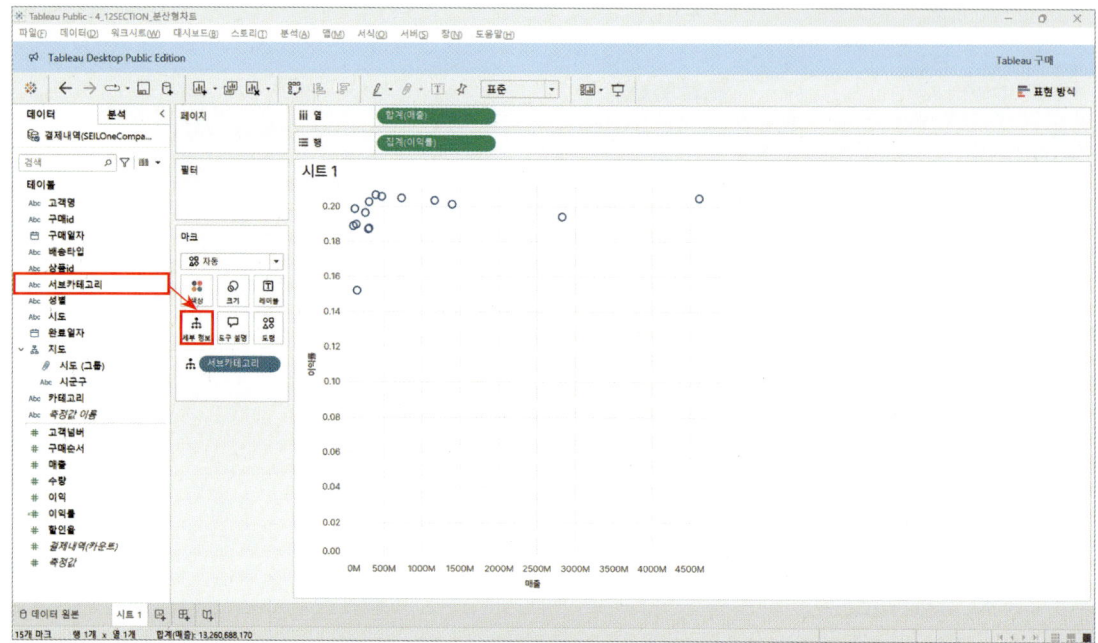

이 상태에서 상관관계를 살펴보고자 한다. 상관관계란 측정값 간의 통계적 관계로 양의 상관관계, 음의 상관관계 그리고 상관관계가 없는 것으로 나눌 수 있다.

❺ 좌측 사이드 바를 분석 패널로 변경하고 모델에 있는 추세선을 드래그해서 선형 추세선으로 추가하면 양의 상관관계가 확인된다.

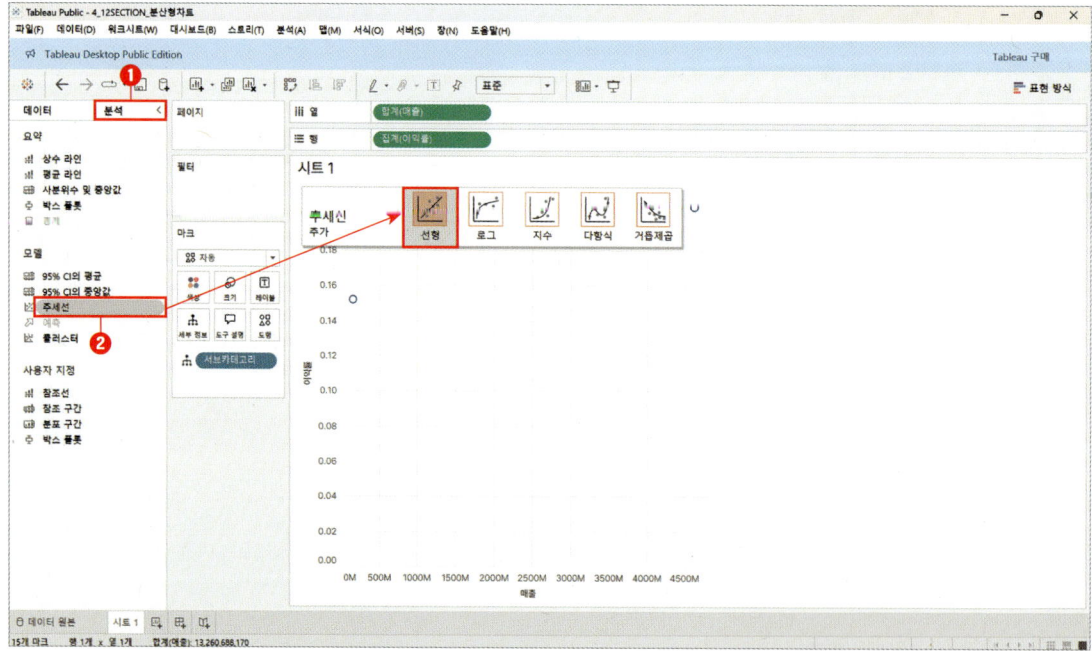

❻ 하단에 있는 매출 축에 마우스 우클릭 → 축 편집을 선택한다.

❼ 축 편집 대화 상자에서 범위 → '0 포함'을 클릭해 해제한다.

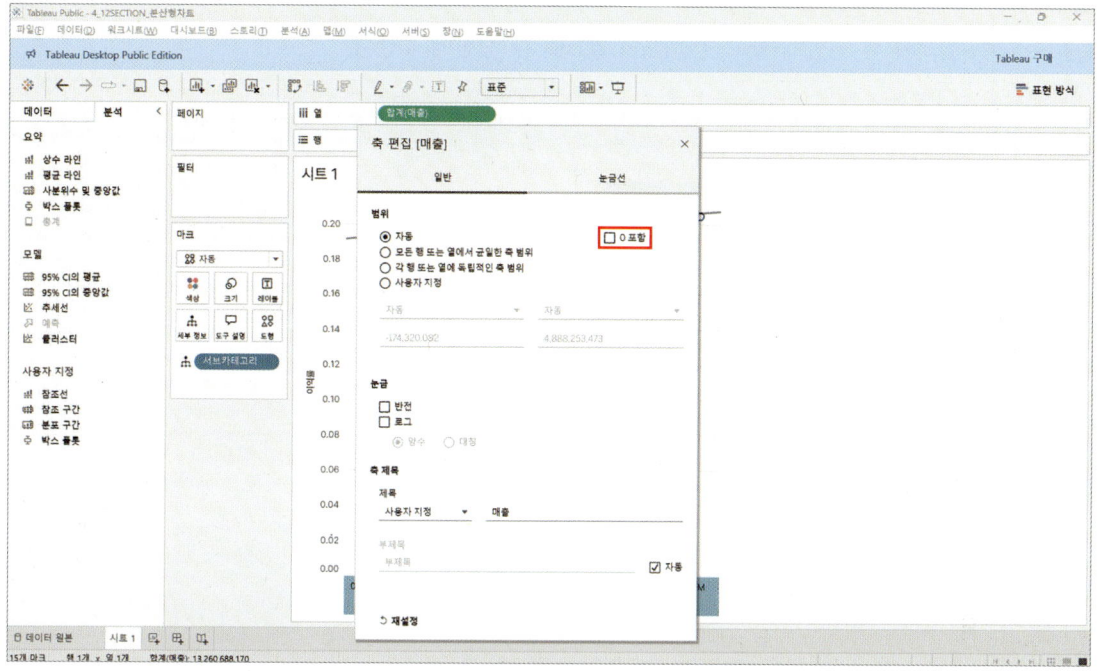

❽ 이번에는 왼쪽에 있는 이익률 축에 마우스 우클릭 → '축 편집'을 선택한다.

❾ 축 편집 대화 상자에서 범위 → '0 포함'을 클릭해 해제하면 양쪽 축을 좁혀서 모여 있던 마크들을 좀 더 넓게 확인할 수 있다.

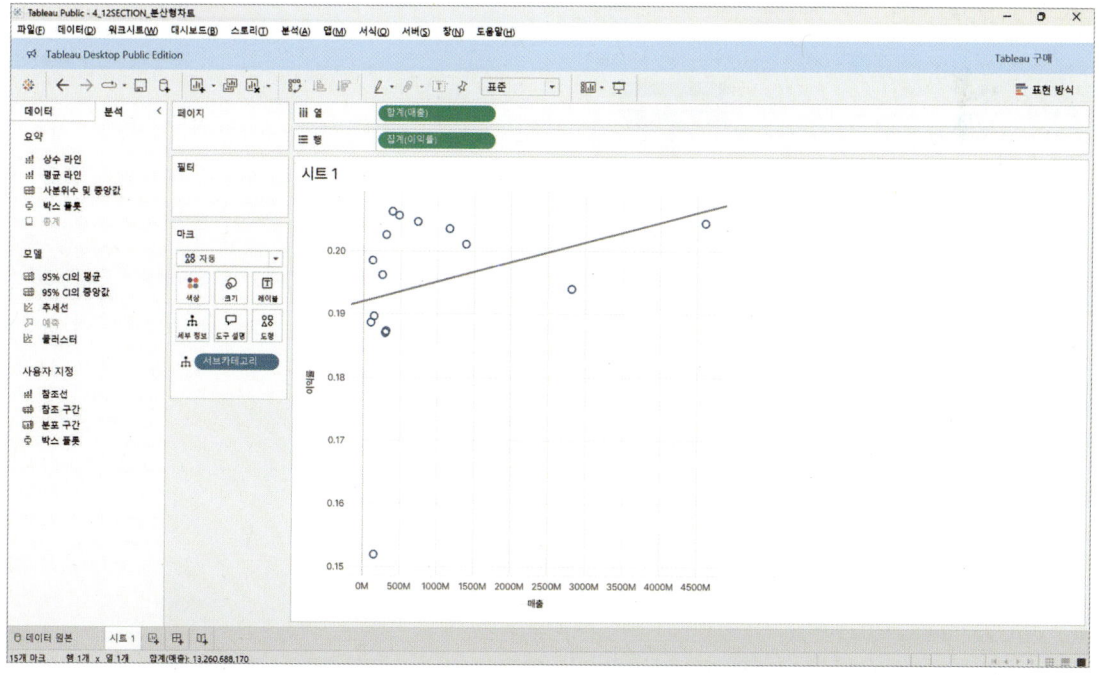

Chapter 5. 기초 시각화 197

이번에는 음의 상관관계 예시를 보고자 한다.

❿ 새 워크시트를 선택한다.

⓫ [이익률] 필드를 열 선반에 놓고, [할인율] 필드를 행 선반에 놓는다.

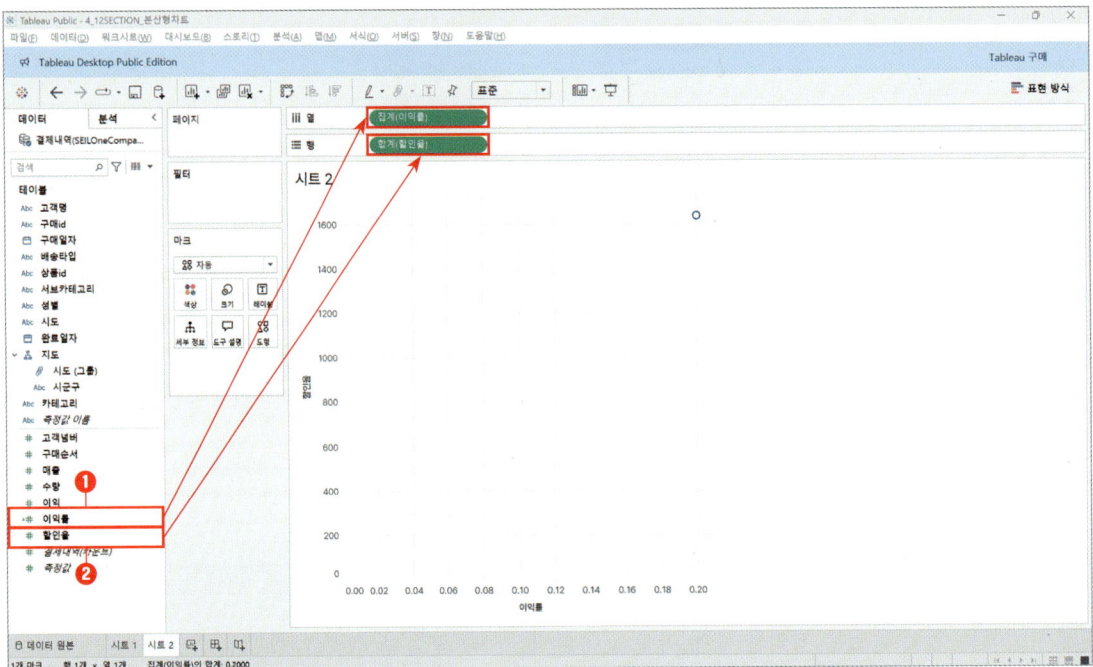

⓬ 행 선반에 있는 [합계(할인율)]에 우클릭 → 측정값 (합계)을 '평균'으로 변경한다.

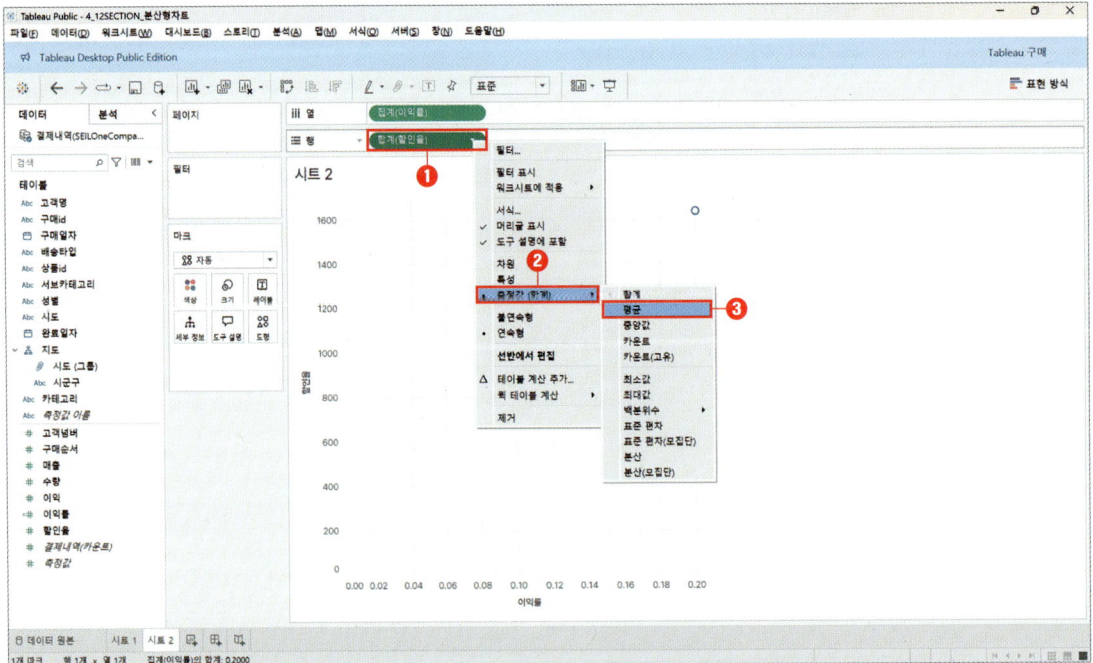

⑬ 행 선반에 있는 [평균(할인율)] 필드에 우클릭 → 서식을 선택한다.

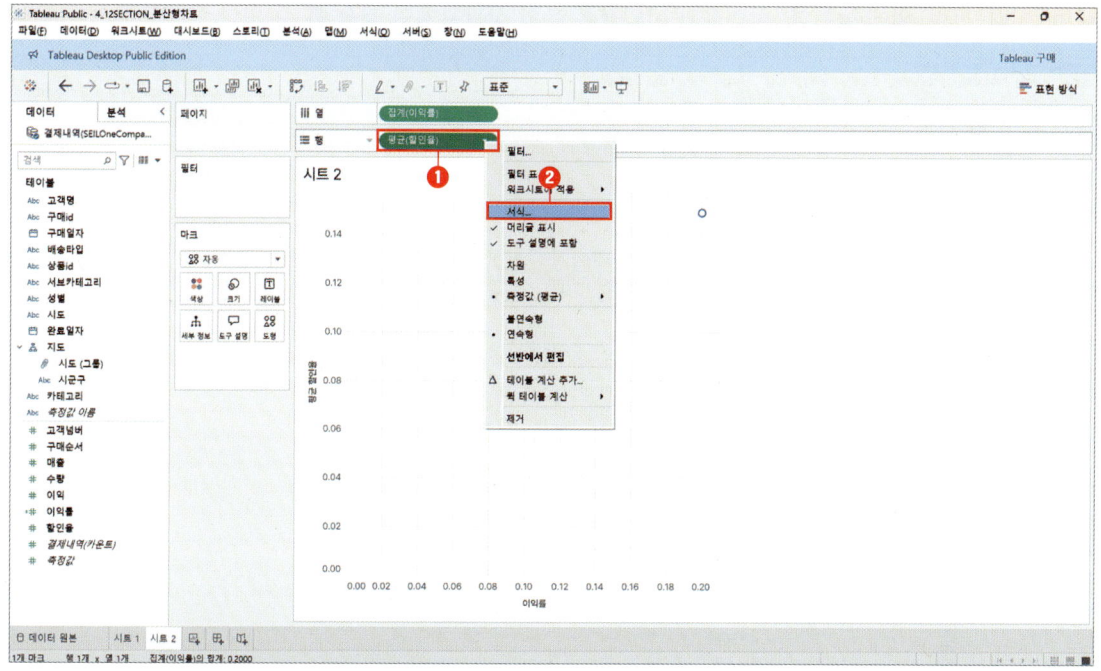

⑭ 서식 메뉴에서 축 탭 → 눈금 → 숫자: 백분율, '소수 자릿수 2'로 변경한 후 서식 메뉴를 닫는다.

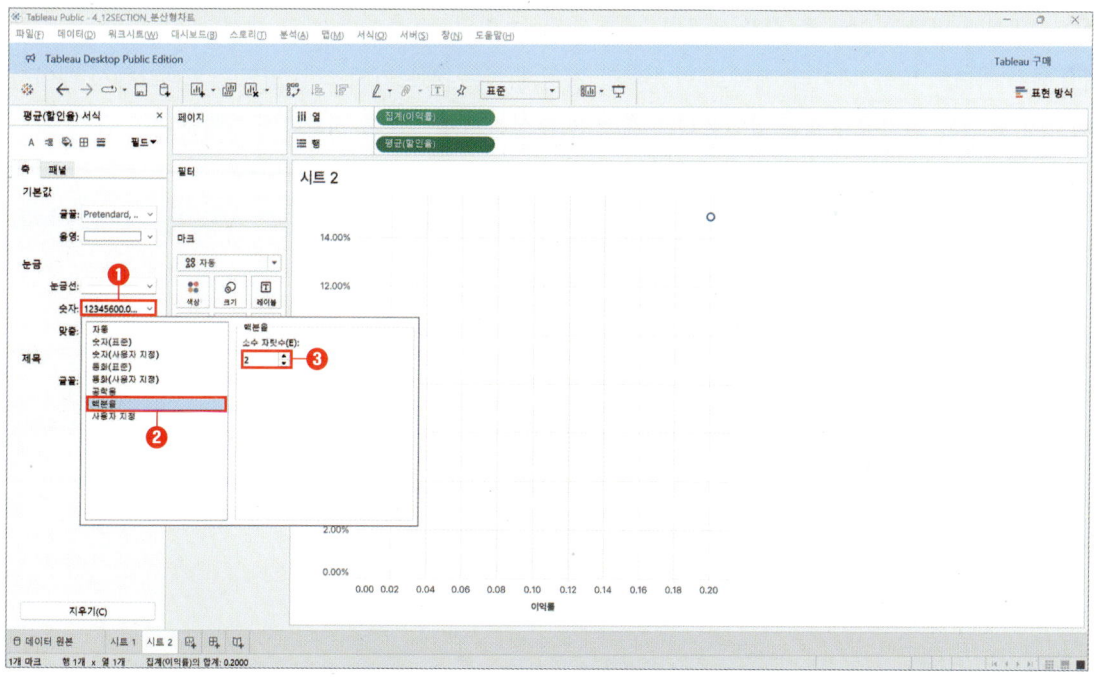

⑮ [서브카테고리] 필드를 드래그해서 세부 정보 마크에 놓는다.

⓰ 좌측 사이드 바를 '분석' 패널로 전환한 후, 추세선을 뷰로 드래그하면 '추세선 바꾸기' 옵션이 나타나며, 이때 '선형' 위에 놓는다. 할인율과 이익률은 음의 상관관계인 것을 볼 수 있다.

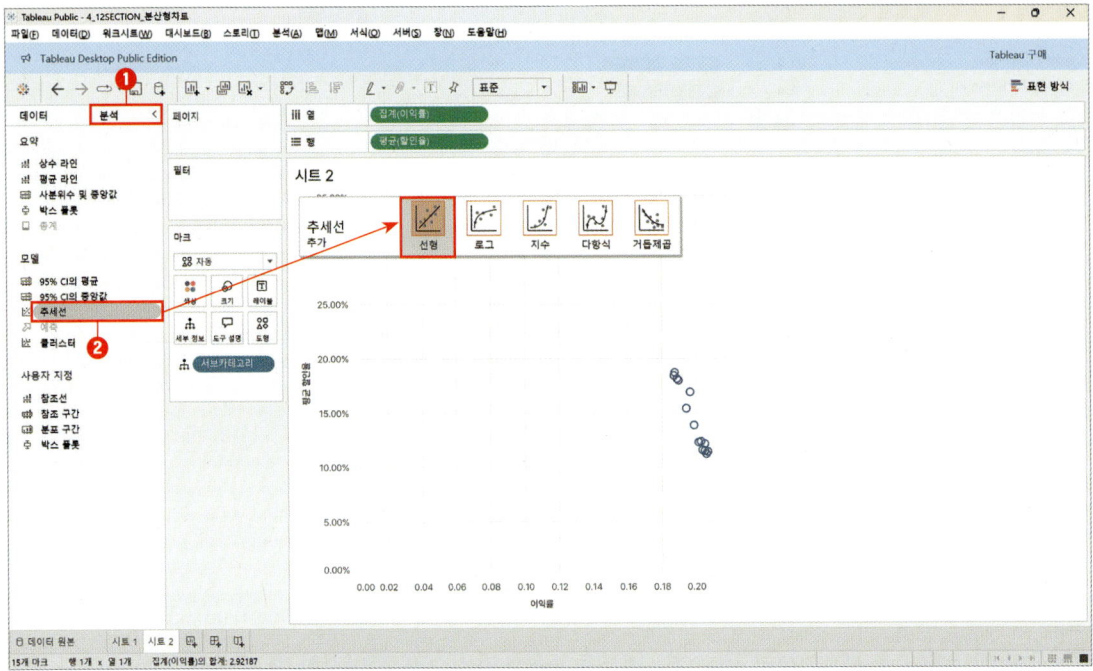

⓱ 이익률과 평균 할인율 축 각각 우클릭 → 축 편집 → 범위: '0 포함'을 체크 해제한다.

⓲ 좌측 사이드 바를 '데이터' 패널로 변경하고, 차원에 있는 [서브카테고리] 필드를 드래그해서 레이블 마크에 놓는다. 이익률과 평균 할인율의 관계는 음의 상관관계인 것을 명확하게 보여준다.

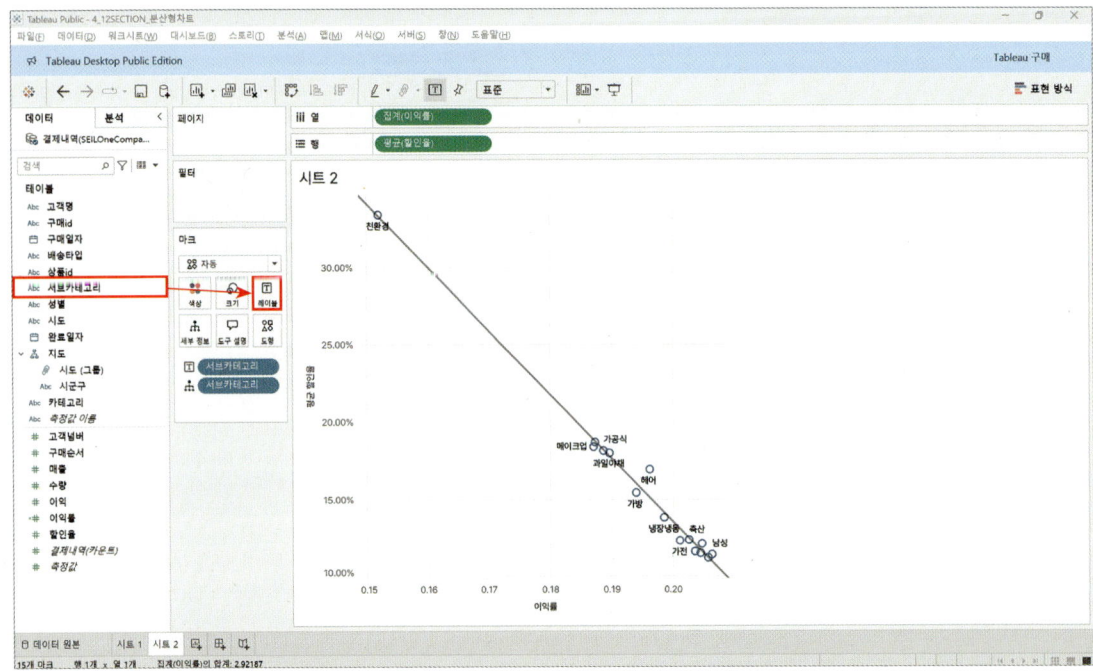

CHAPTER 06 시각화 구성 요소

Chapter 5에서 다룬 기초 시각화로 데이터 시각화가 끝나는 것은 아니다.
실제 업무나 시험에서 요구되는 것은 단순한 시각적 구현이 아니라, 데이터 리터러시 관점에서 정확한 해석과 의도에 맞는 커뮤니케이션이다. 이때 핵심 역할을 하는 것이 바로 시각화를 풍부하게 만드는 요소들이다.
계산 범위(테이블·패널·셀)의 차이, 정렬, 범례, 필터, 분석 패널 등의 기능은 데이터를 바라보는 관점과 흐름을 제어하고, 핵심 메시지를 효과적으로 전달한다.
이러한 요소들은 보기 좋은 차트를 만드는 데 그치지 않고, 분석 목적에 부합하는 설득력 있는 데이터 스토리를 구성하는 데 필수적이다.

SECTION 1 테이블/패널/셀

 SEILOneCompany_Sales데이터.twbx

테이블/패널/셀이라는 3가지 범위는 테이블 계산, 참조선 등을 활용할 때 반드시 알아두어야 한다.
- 테이블 – 전체 범위
- 패널 – 중간마다 있는 테두리 안쪽
- 셀 – 가장 낮은 레벨의 범위

테이블/패널/셀 범위 설정 방법은 좌측 사이드 바를 분석 패널로 변경한 다음에 참조선을 지정할 때 각각 테이블, 패널, 셀 중에서 하나를 지정한다. 또 다른 케이스로는 차원 변수들을 선반에 배치하면 뷰의 구조가 세부적으로 나눠지는데 이때 상황에 따라 테이블, 패널, 셀 중에서 계산 범위를 지정할 때 사용한다.

❶ [구매일자]를 열 선반에 배치한 뒤, 날짜 계층에서 '년' 앞의 [+]를 눌러 '분기'까지 확장하고, 다시 '분기' 앞의 [+]를 눌러 '월'까지 확장한다.

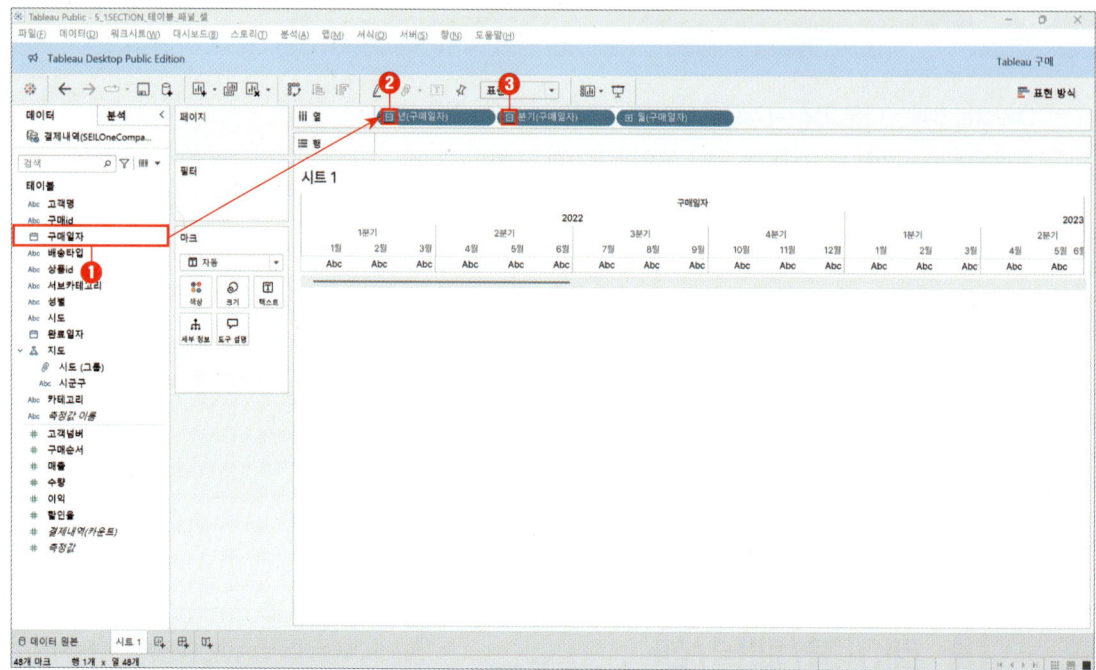

❷ [분기(구매일자)] 필드를 열 선반 밖으로 드래그해 제거한다.

❸ [수량]을 행 선반에 놓고, 마크 유형을 막대로 변경한다.

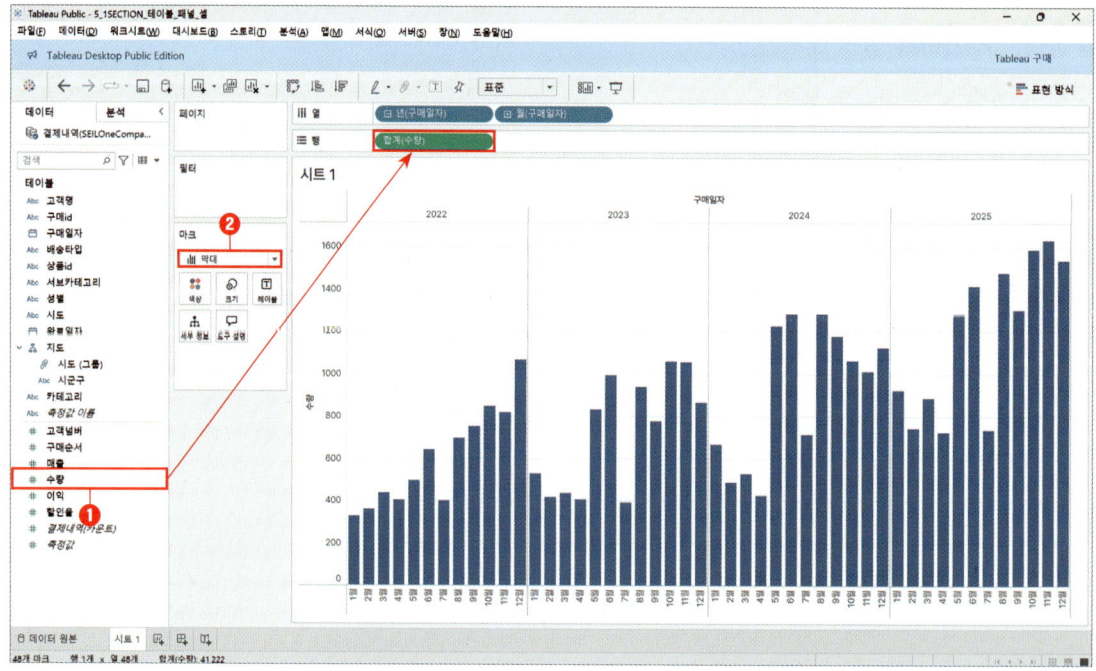

❹ 툴바의 맞춤을 전체 보기로 변경한다.

❺ 분석 패널에서 '평균 라인'을 드래그해 테이블 참조선에 추가하면 전체 평균 라인이 표시된다.

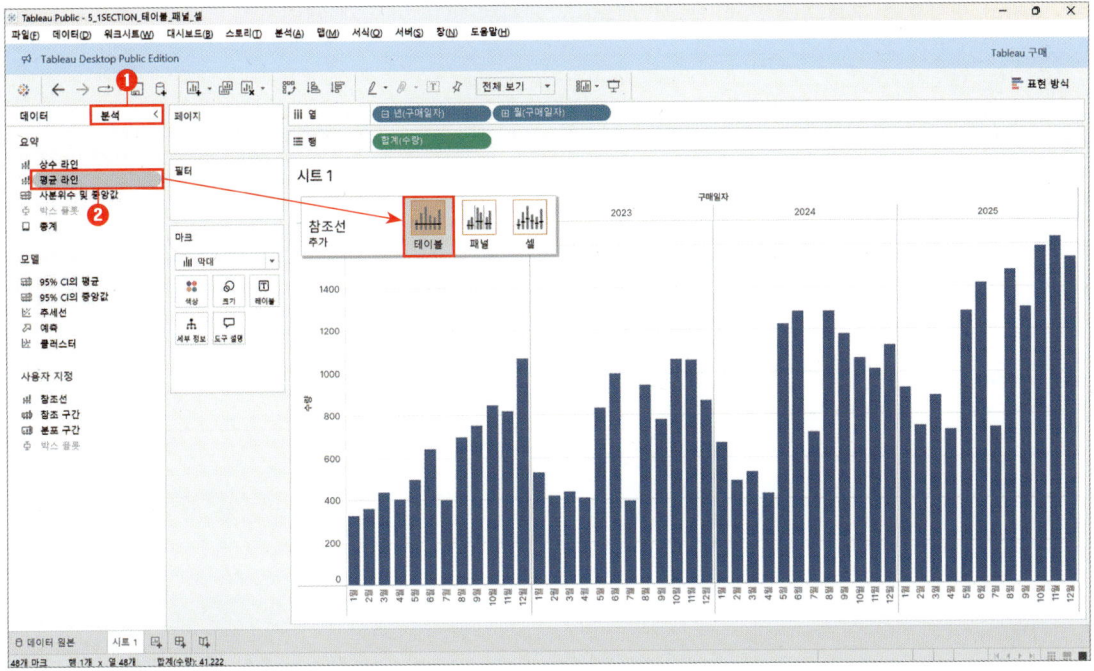

❻ 이번에는 연 평균 라인을 추가한다. 좌측 사이드 바의 분석 패널에서 평균 라인을 드래그해 패널 참조선 위에 놓는다. 현재 패널이 '연도'이므로, 각 패널에 표시되는 이 선은 곧 연평균 라인이 된다.

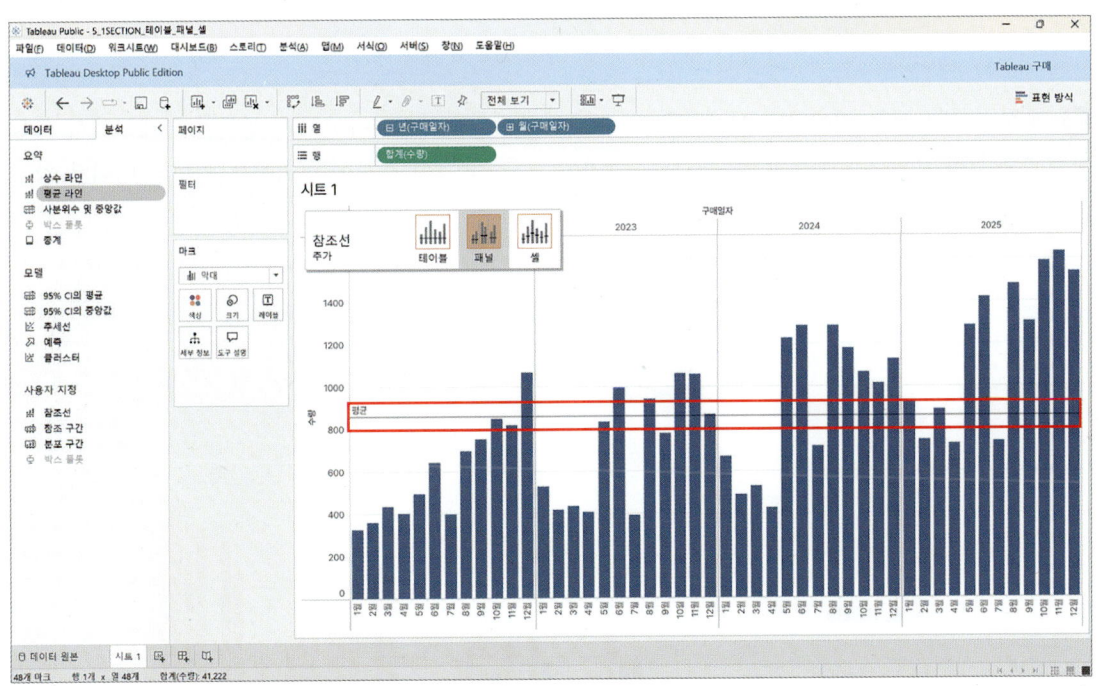

❼ 평균 이상·미만을 구분하기 위해 계산 필드를 만들고 색상 마크에 배치하면, 전체 평균 기준으로 참·거짓이 색상으로 구분된다. 상단 '분석' 메뉴 → '계산된 필드 만들기' 선택한다.

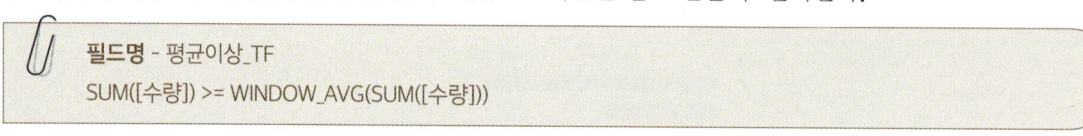

필드명 - 평균이상_TF
SUM([수량]) >= WINDOW_AVG(SUM([수량]))

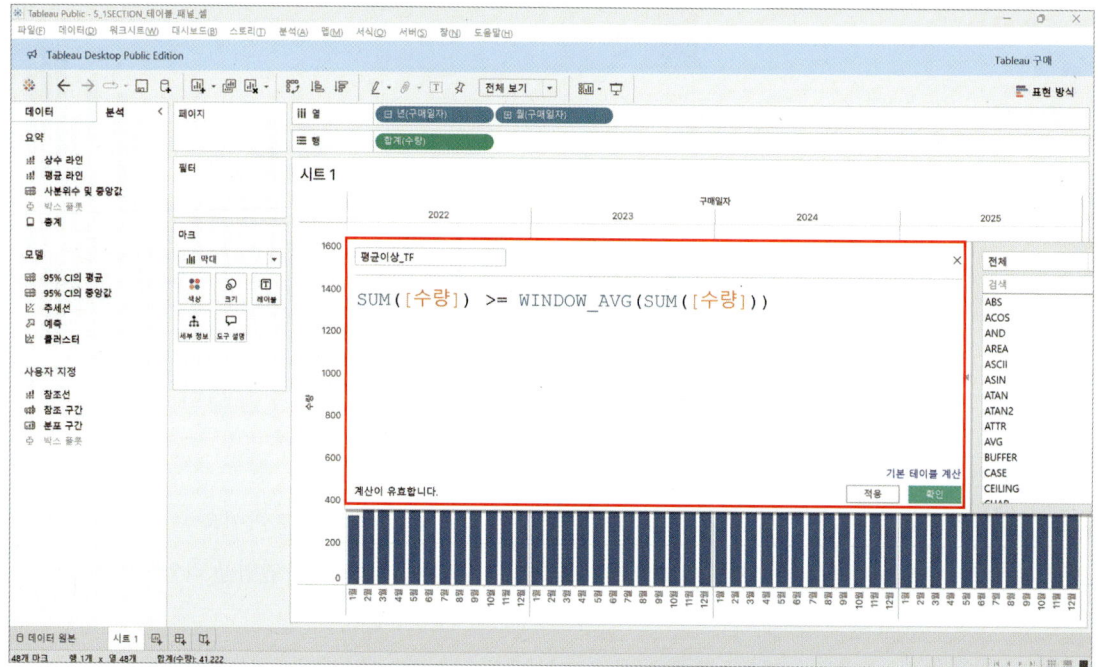

❽ 좌측 사이드 바를 '데이터' 패널로 변경하고 측정값에 있는 [평균이상_TF] 필드를 드래그해서 색상 마크에 놓는다. 평균 라인을 기준으로 참과 거짓이 구분되며, 이 색상이 바라보는 영역은 테이블 참조 선인 전체 평균 라인이 기준이다.

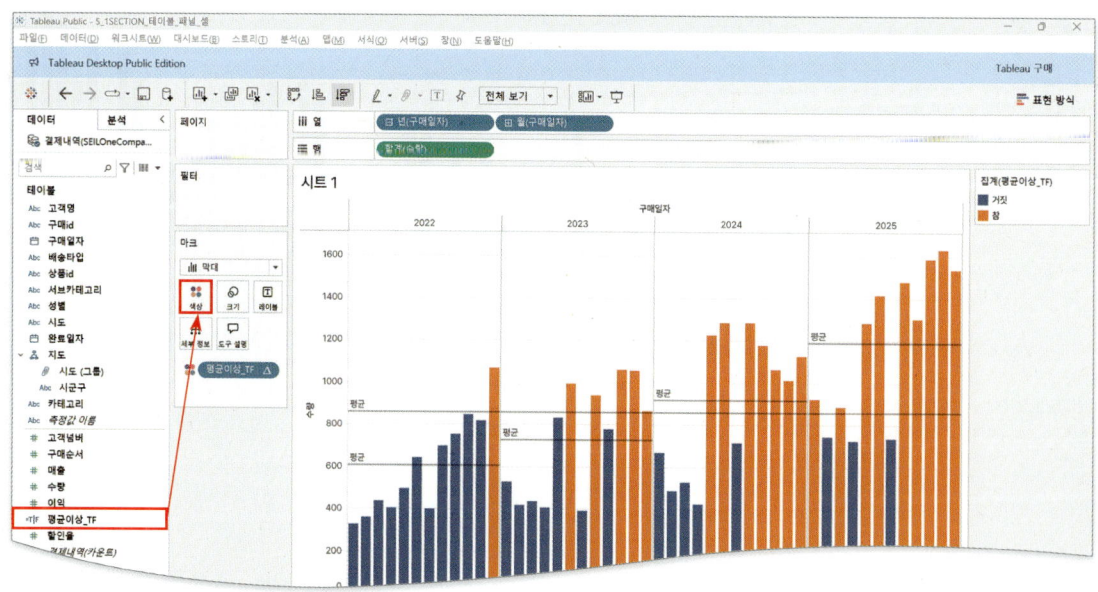

❾ 현재 워크시트 이름에 마우스 오른쪽을 누르고 복제를 선택한다. 이번에는 전체 평균이 아니라 각 연도별 평균 라인을 기준으로 그 이상과 미만으로 계산의 범위를 변경하고자 한다.

❿ 좌측 사이드 바를 분석 패널로 변경한 다음에 평균 라인을 드래그해서 패널 참조선에 추가하면 연도별 평균 라인이 표시되며, 계산 범위를 '패널(옆으로)'로 변경하면 연도별 평균 기준으로 색상이 구분된다.

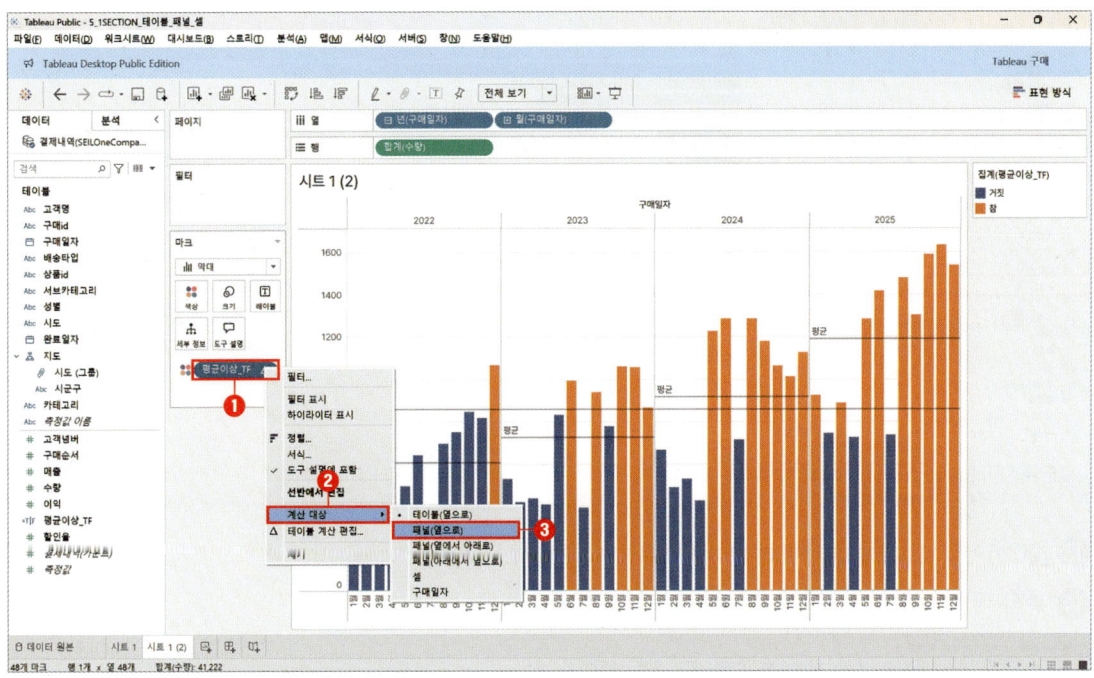

이번에는 '셀' 참조선에 대해 다루고자 한다.

⓫ 새 워크시트를 만든 뒤, 상단 '분석' 메뉴 → '계산된 필드 만들기' 선택하고 아래와 같은 필드를 생성한다.

 필드명 - 2024이익
IF YEAR([구매일자])=2024 THEN [이익] END

 필드명 - 2025이익
IF YEAR([구매일자])=2025 THEN [이익] END

⓬ [서브카테고리]를 행 선반에, [2025이익]을 열 선반에 배치하고 내림차순 정렬한다.

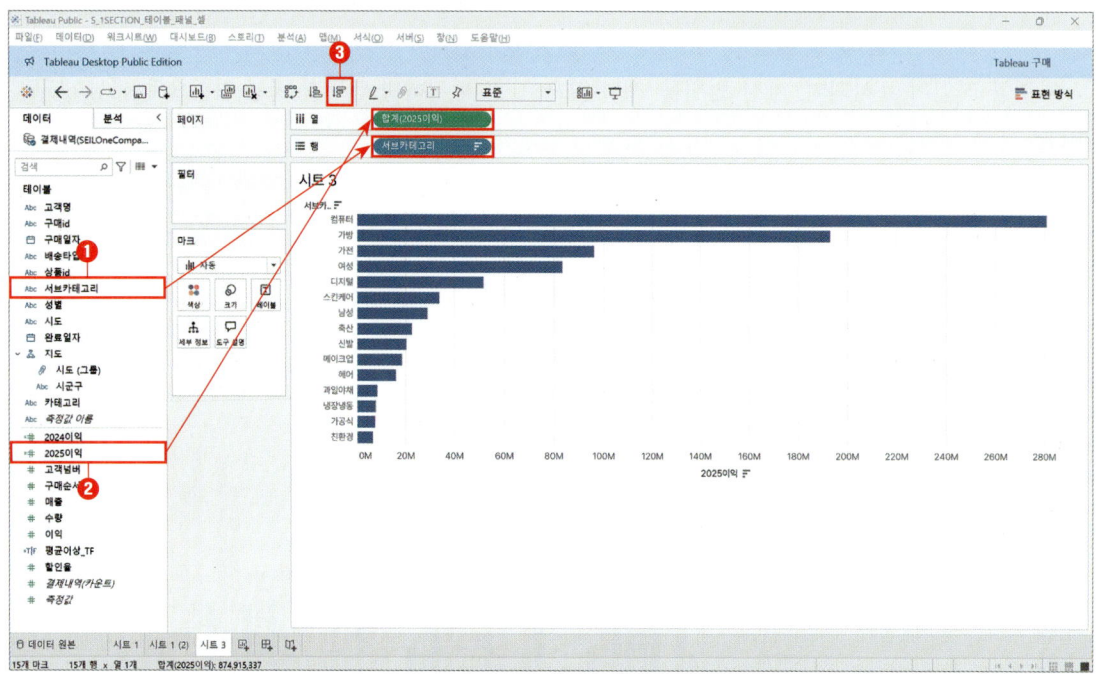

⓭ [2024이익] 필드를 드래그해서 세부 정보 마크에 놓는다.

⓮ 분석 패널에서 '참조선'을 드래그해 셀 참조선에 추가한다.

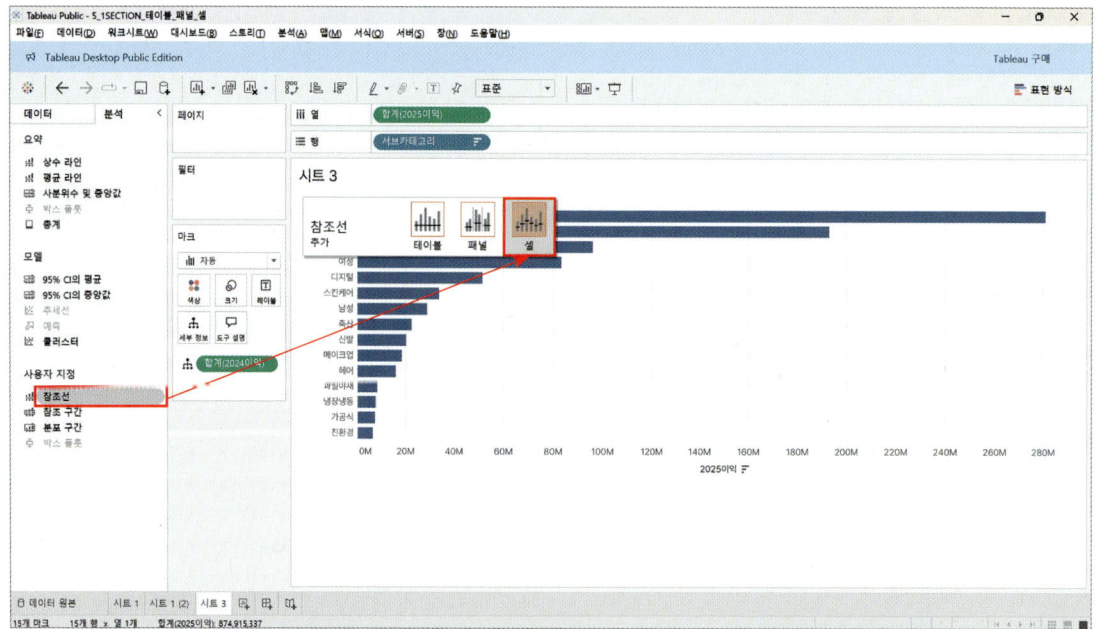

⓯ 참조선 편집 대화 상자를 다음과 같이 편집한다.

- 라인 값: '합계(2024이익)'로 변경
- 레이블: '없음'
- 서식 지정: 라인을 검은색 실선으로 변경

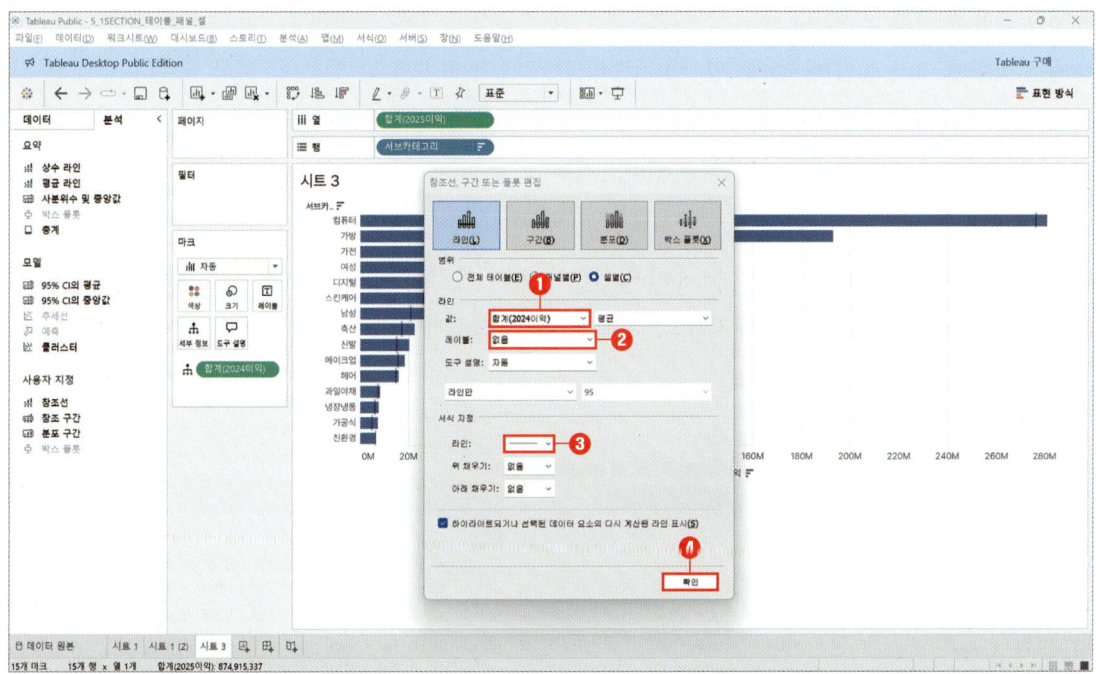

 전문가의 조언

테이블은 전체 기준, 패널은 중간 구분선 기준, 셀은 최소 단위 기준이라는 점을 반드시 기억해야 합니다.

SECTION 2 총계

📁 SEILOneCompany_Sales데이터.twbx

총계는 테이블 시각화에서 상위 레벨 집계 값을 확인하기 위한 필수 기능이다.

차원 변수를 선반이나 마크에 놓으면 뷰가 세부 수준으로 나뉘어 상위 집계 값을 확인하기 어려우므로, 총계를 활용해 이를 보완한다.

총계는 범위에 따라 총합계, 소계, 열·행 기준의 TOTAL을 표시할 수 있으며, 분석 패널의 '총계'나 상단 '분석' 메뉴에서 추가할 수 있다. 기본적으로 총계는 뷰의 하단과 우측에 배치되지만, 항목이 많을 경우 상단과 좌측으로 위치를 변경할 수 있다.

❶ [구매일자]를 열 선반에 배치한 뒤, [+] 아이콘을 눌러 '분기(구매일자)'까지 확장한다.

❷ [서브카테고리]를 행 선반에 배치하고, [수량]을 더블 클릭해 테이블에 추가한다.

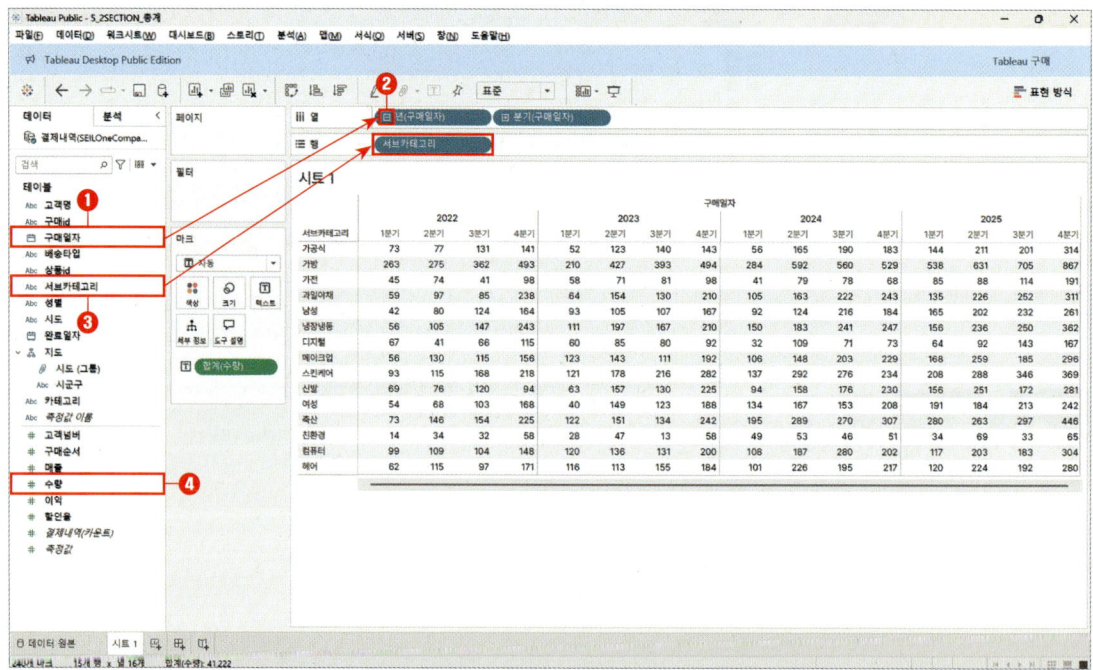

❸ 여기에서 분기별 총계와 서브카테고리별 총계를 추가하기 위해 분석 패널의 총계를 드래그해 열 총합계에 놓으면 연분기별 수량의 총합이 표시된다.

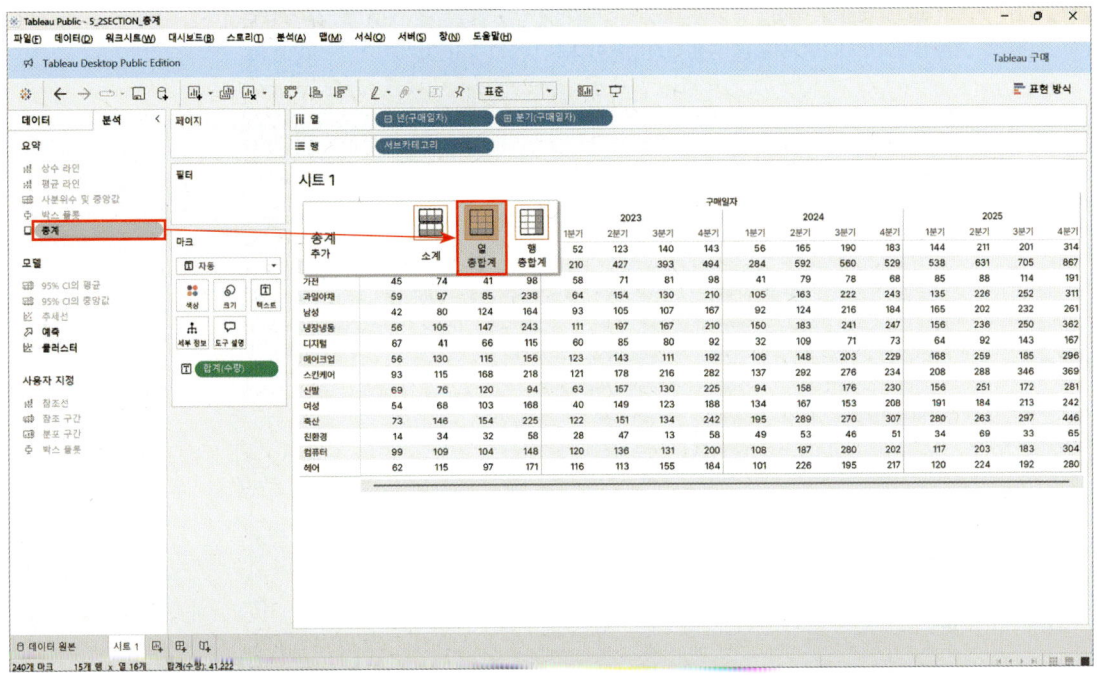

❹ 좌측 사이드 바에서 총계를 드래그해 행 총합계에 올리면 서브카테고리 전체 기간의 수량 합계가 적용되며, 총계는 기본적으로 뷰의 맨 아래와 오른쪽 끝에 표시된다.

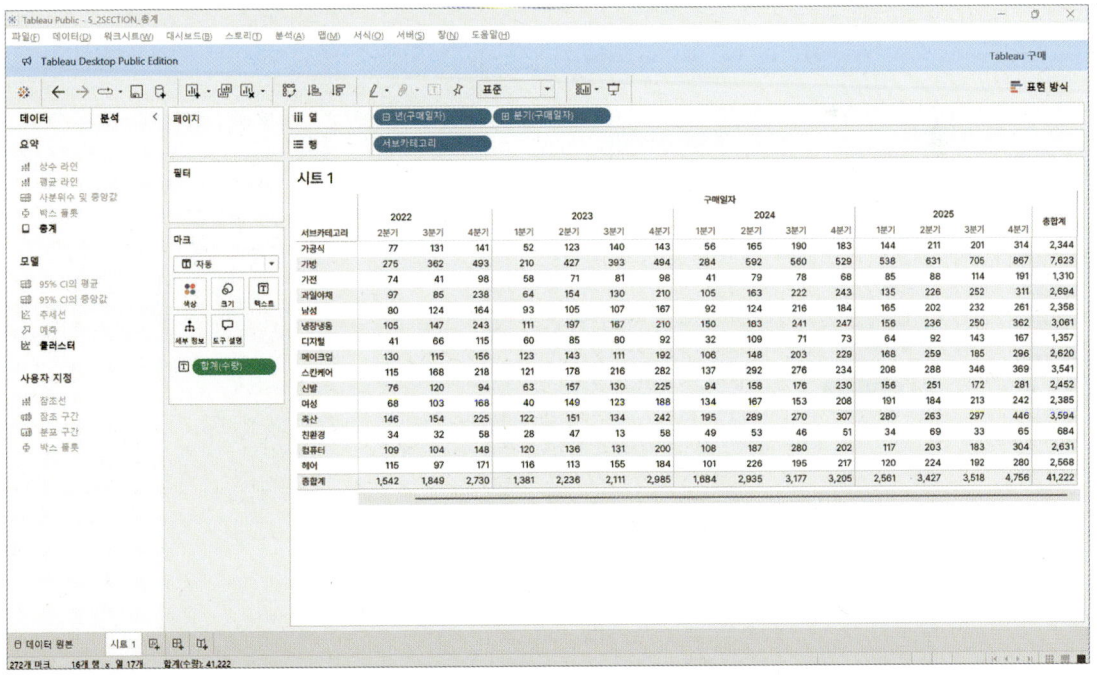

❺ 이번에는 총계를 구하면서 테이블 내 Null 값을 0으로 변경하고자 한다. 새 워크시트를 선택한다.

❻ [시도(그룹)], [시군구]를 행 선반에 놓고, [구매일자]를 열 선반에 배치한다.

TIP [시도(그룹)] 필드가 없다면, '강원도 & 강원특별자치도', '전라북도 & 전북특별자치도'를 그룹으로 묶어 각각 '강원도', '전라북도'로 만든다. 그룹 설정이 어렵다면 [시도] 필드를 대신 활용한다.

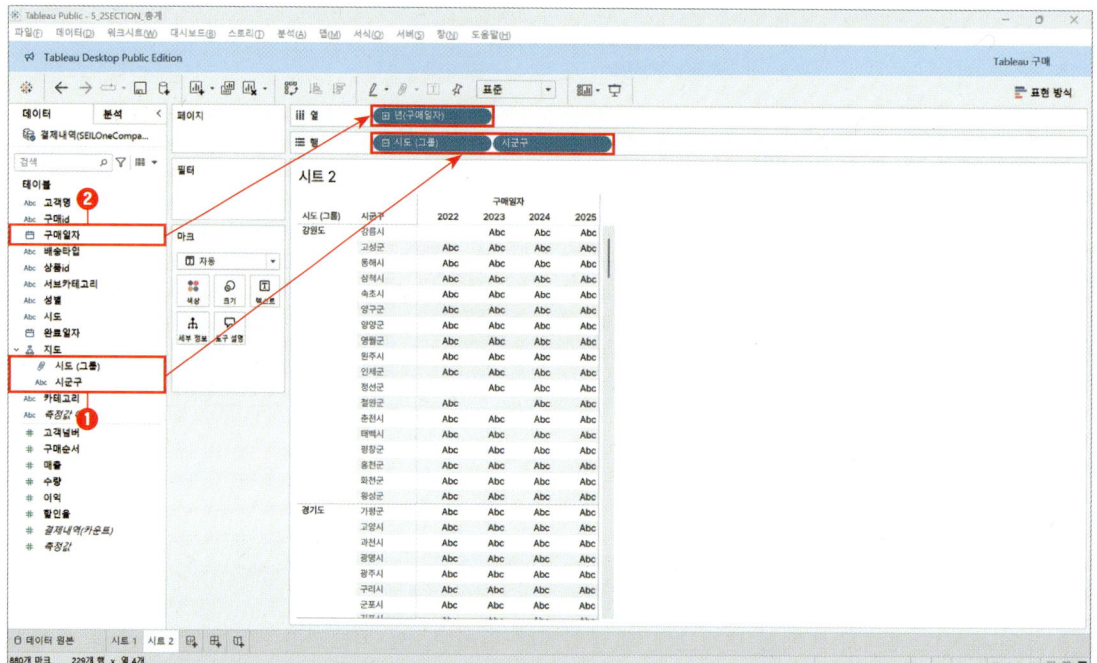

❼ [수량] 필드를 더블 클릭해 테이블에 추가한다.

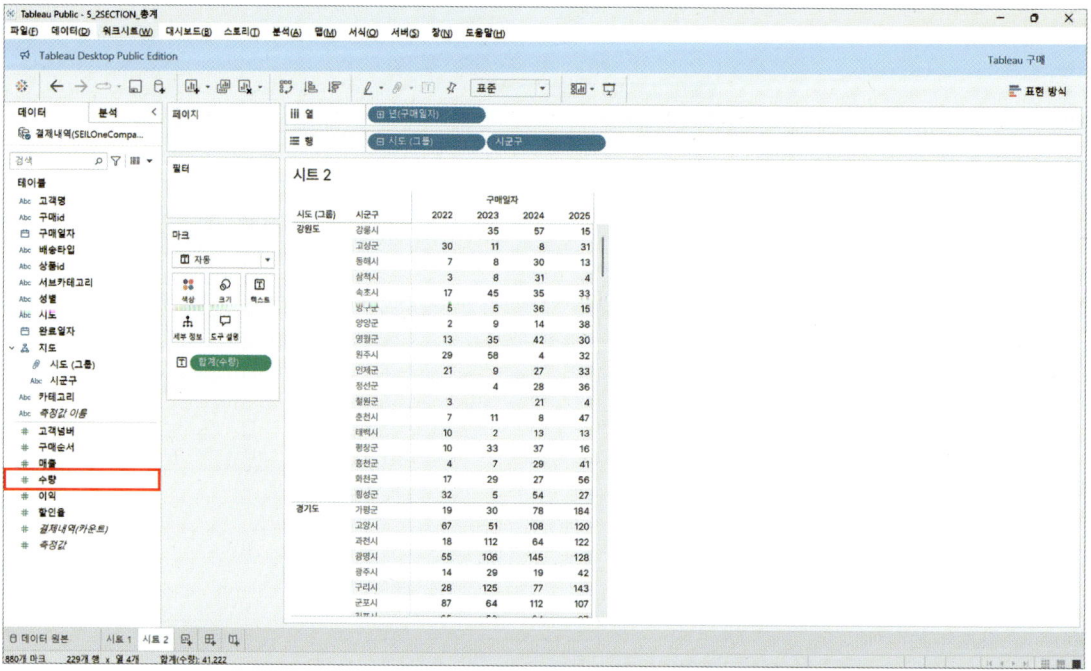

210 Part 3. 태블로 주요 시각화와 실전 가이드

❽ 상단 '분석' 메뉴에서 총계에 '행 총합계 표시' 그리고 '열 총합계 표시'를 각각 선택한다.

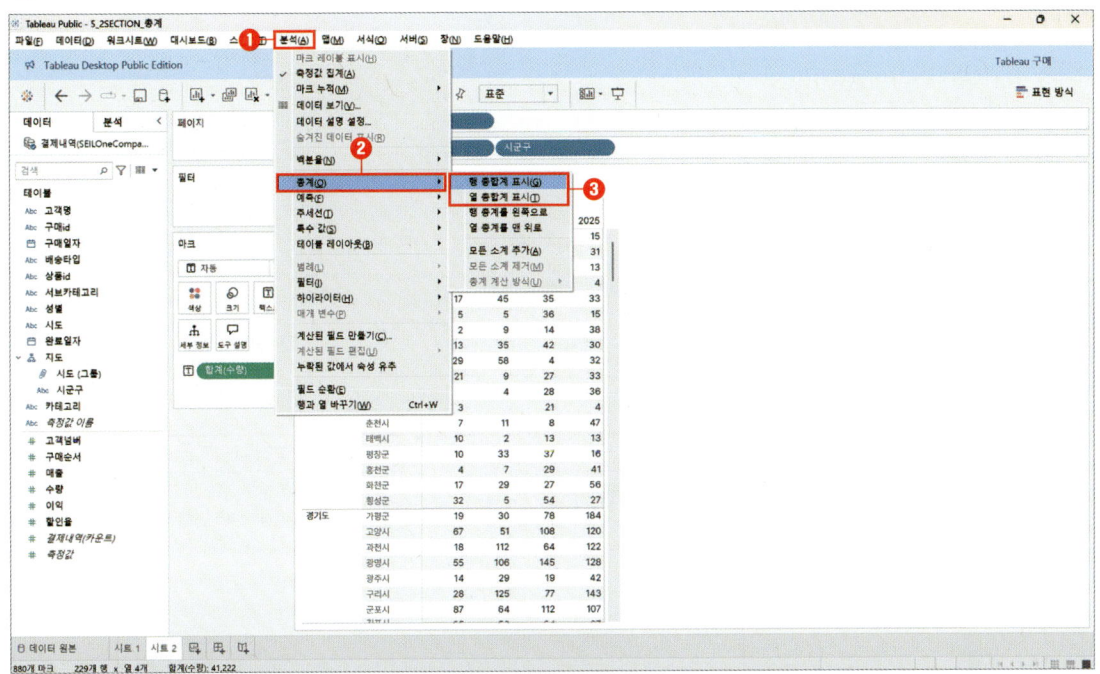

❾ 뷰 하단에 표시된 열 총계가 보이지 않는 경우, '분석 → 총계 → 열 총계를 맨 위로' 메뉴를 선택해 상단으로 위치를 변경한다.

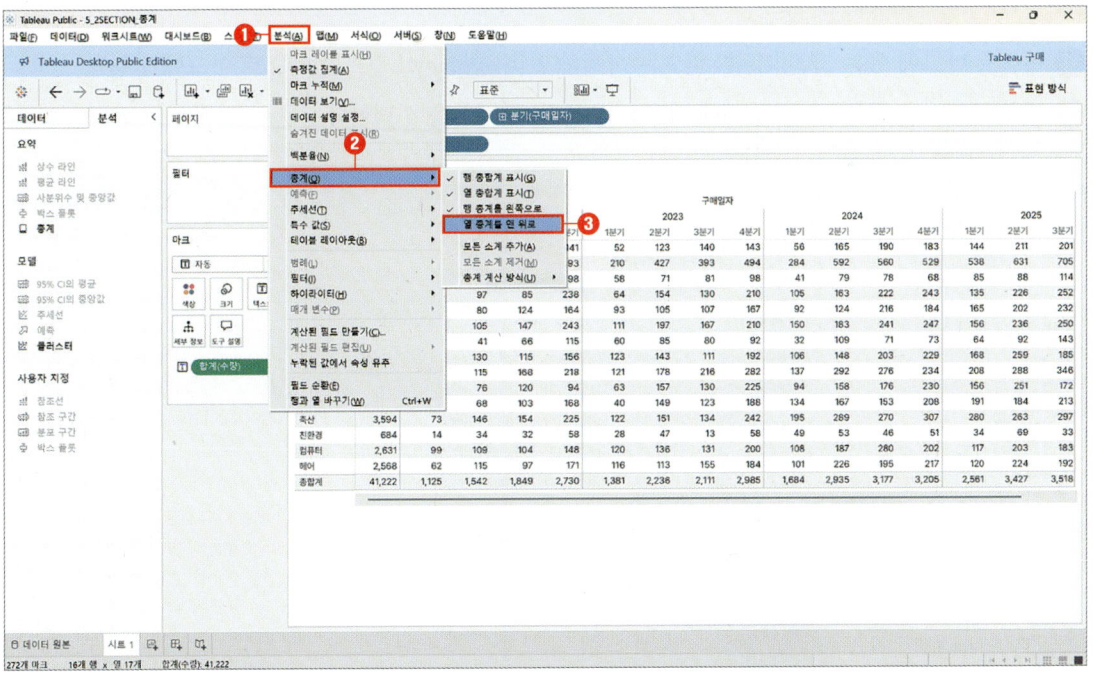

Chapter 6. 시각화 구성 요소   211

⑩ 상단 '분석' 메뉴 → 계산된 필드 만들기 선택 후 계산식을 작성한다.

> **필드명** - 수량New
> LOOKUP(SUM([수량]),0)

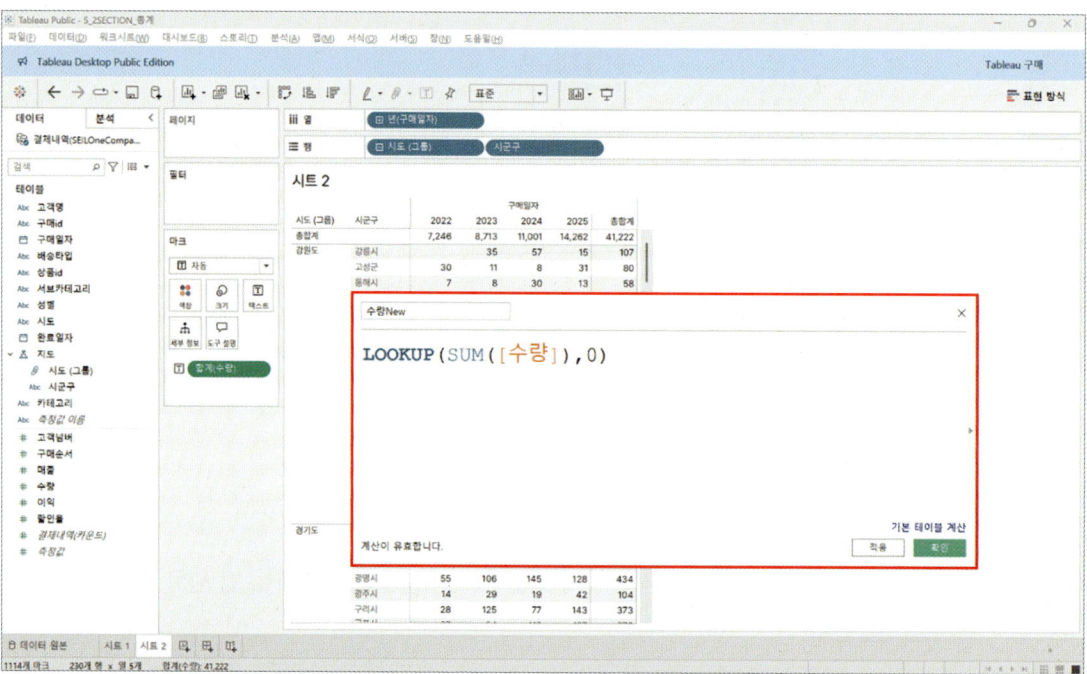

⑪ 텍스트 마크에 있는 기존 [수량] 필드는 삭제하고 [수량_New] 필드를 텍스트 마크에 놓는다.
⑫ 텍스트 마크에 있는 [수량New]에 마우스 우클릭 → 서식을 선택한다.

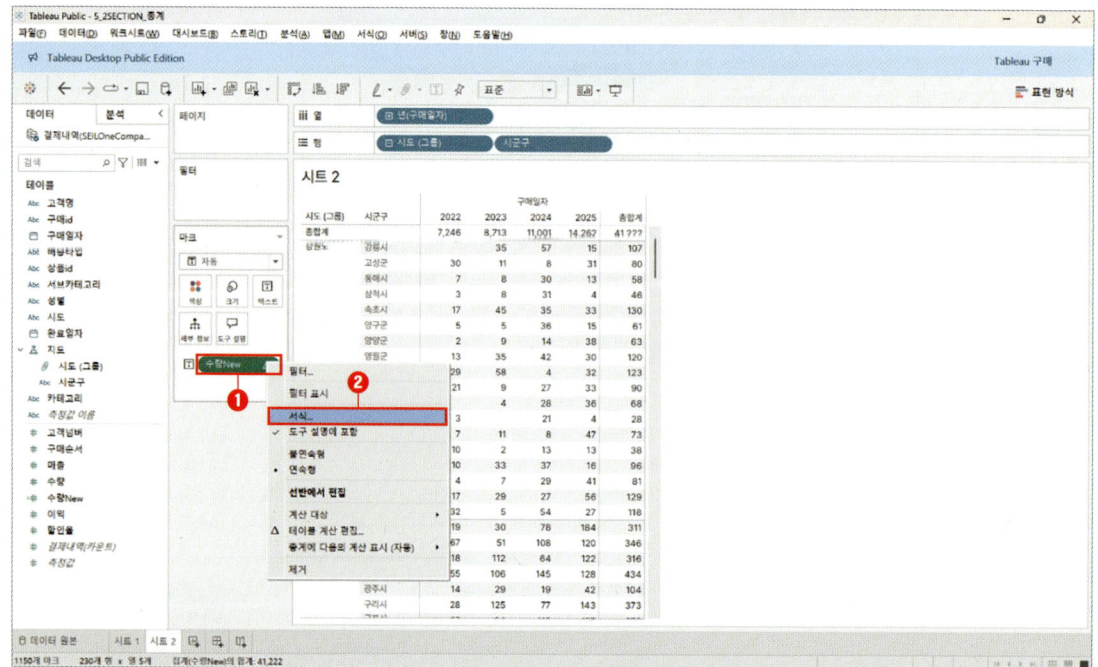

⑬ 패널 탭 맨 아래에 특수 값(예: NULL)이 현재 비어 있으므로 이 값에 0을 넣고 [Enter]를 입력한다.

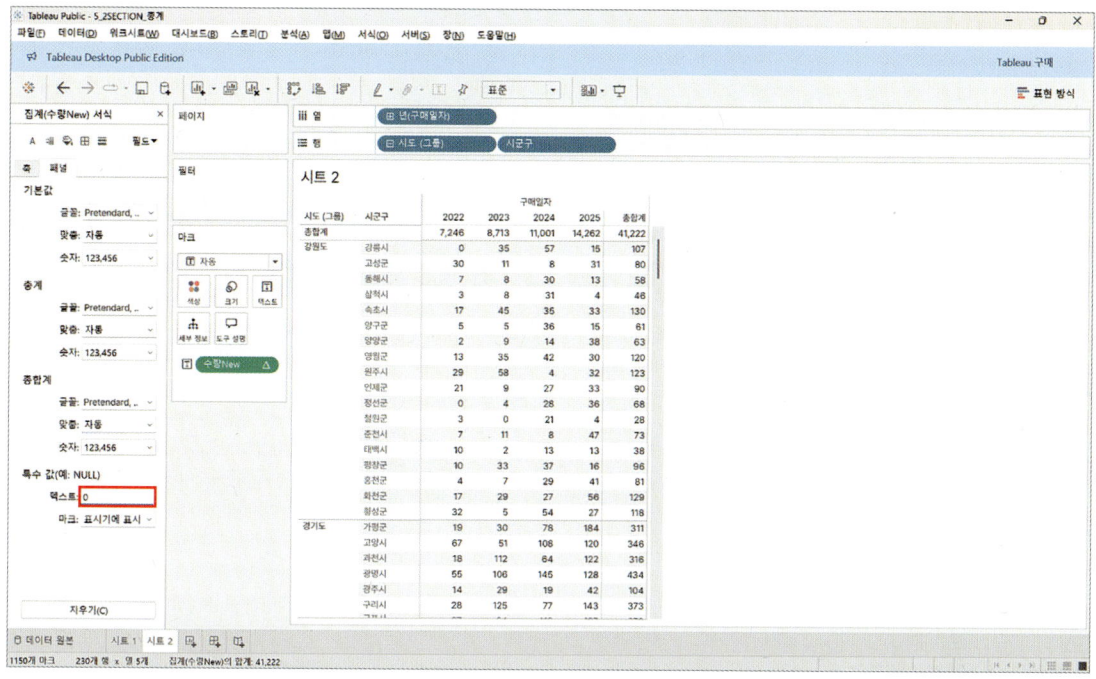

그러면 테이블 내 Null 값이 모두 0으로 표시되는 것을 볼 수 있다.

SECTION 3 정렬

태블로는 기본적으로 데이터 원본 순서나 사전순(가나다 순)으로 정렬되지만, 숫자 값이 큰 항목을 먼저 보거나 특정 대상을 우선적으로 확인해야 할 때 정렬 기능을 활용한다.

정렬은 보통 집계 기준 내림차순이 가장 많이 쓰이며, 필요에 따라 수동 정렬도 자주 활용된다. 정렬은 뷰에 배치한 차원 필드에서 마우스 오른쪽 클릭으로 적용하거나, 좌측 사이드 바의 해당 필드 속성에서 기본 정렬을 변경하는 방식으로 설정할 수 있다.

❶ [카테고리]를 행 선반에 배치하고, [매출]을 열 선반에 놓는다.

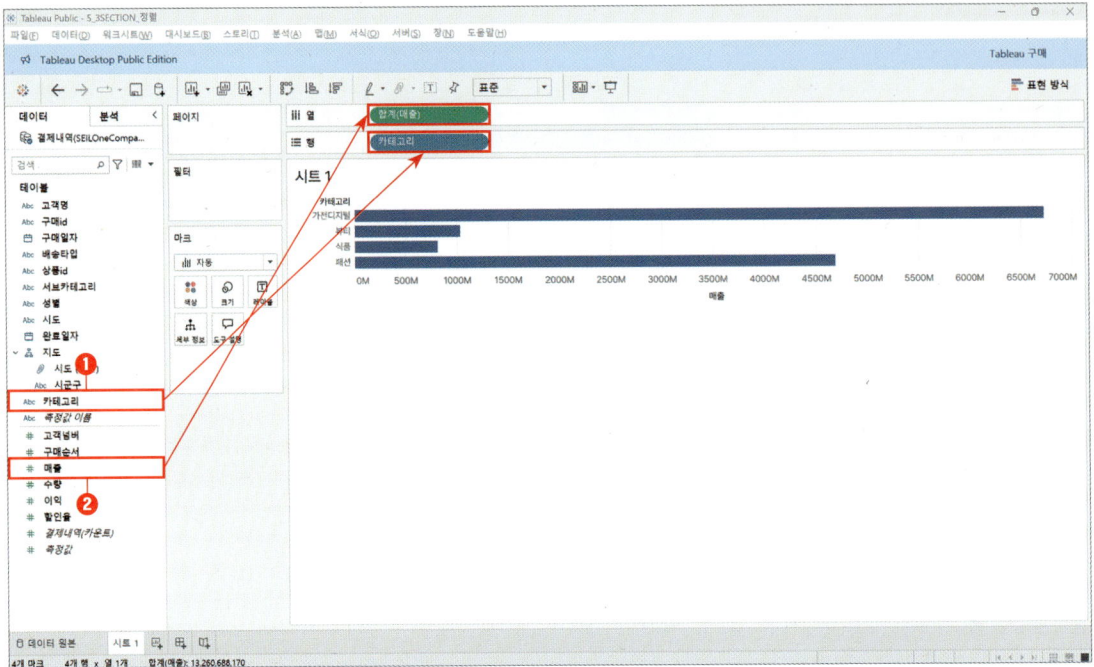

❷ 툴바의 내림차순 정렬 아이콘을 클릭해 매출 합계 기준으로 카테고리를 내림차순 정렬한다.

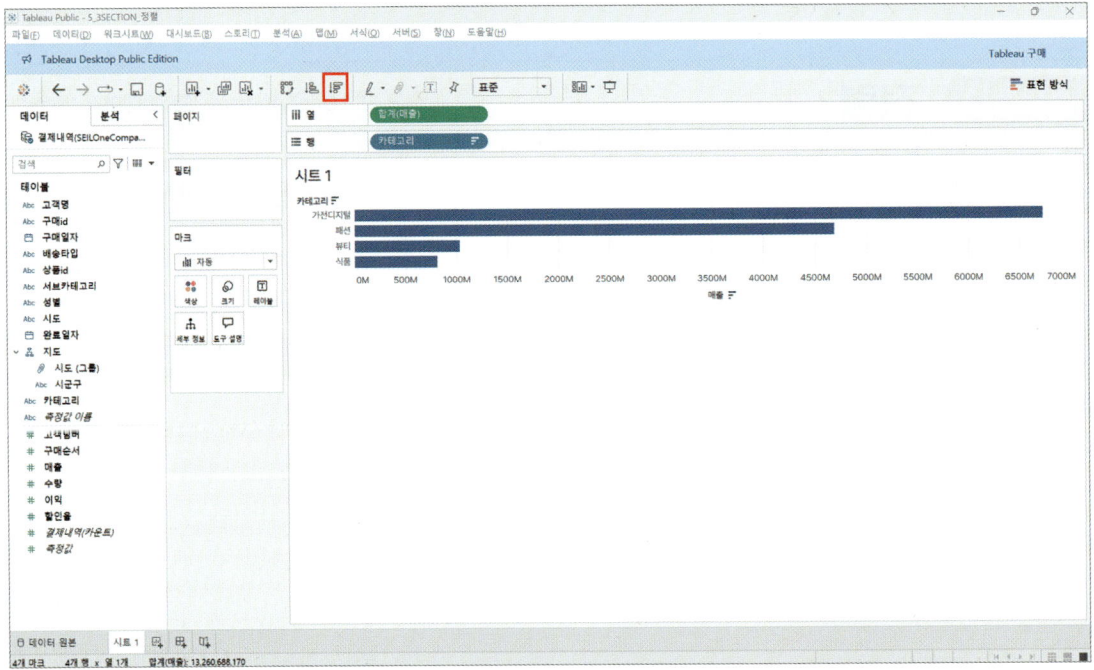

❸ 새 워크시트에서 [매출]을 열 선반에, [카테고리]와 [서브카테고리]를 행 선반에 배치한다.

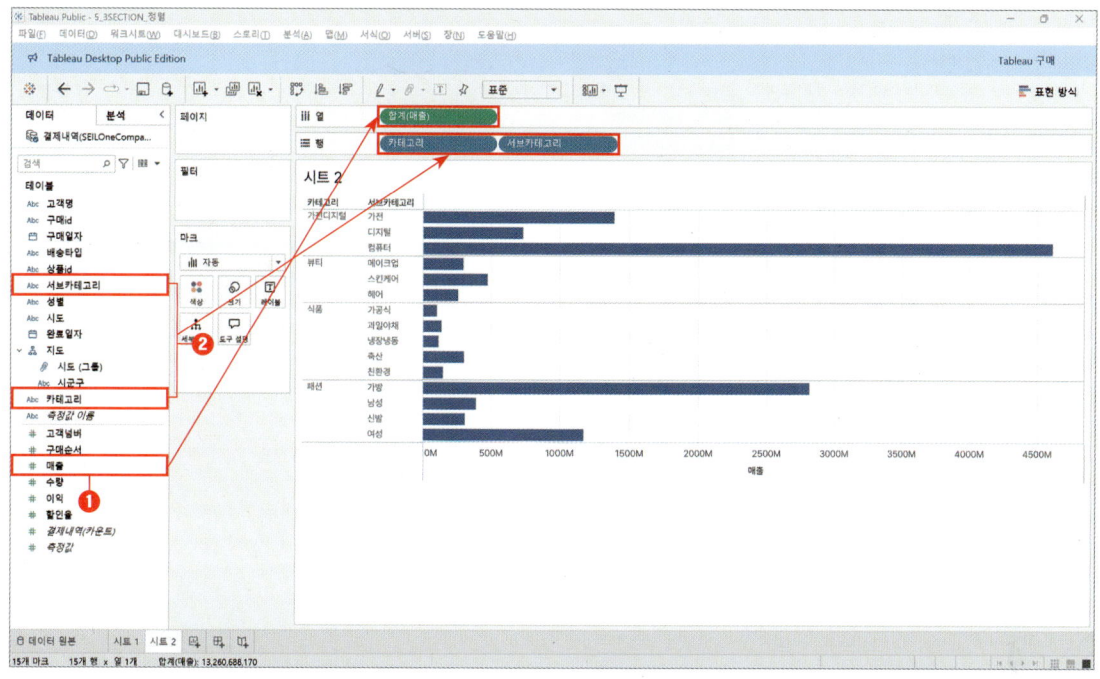

❹ 뷰 하단 축에서 내림차순 정렬 아이콘을 클릭해 같은 카테고리 내 서브카테고리를 매출 합계 기준으로 정렬한다.

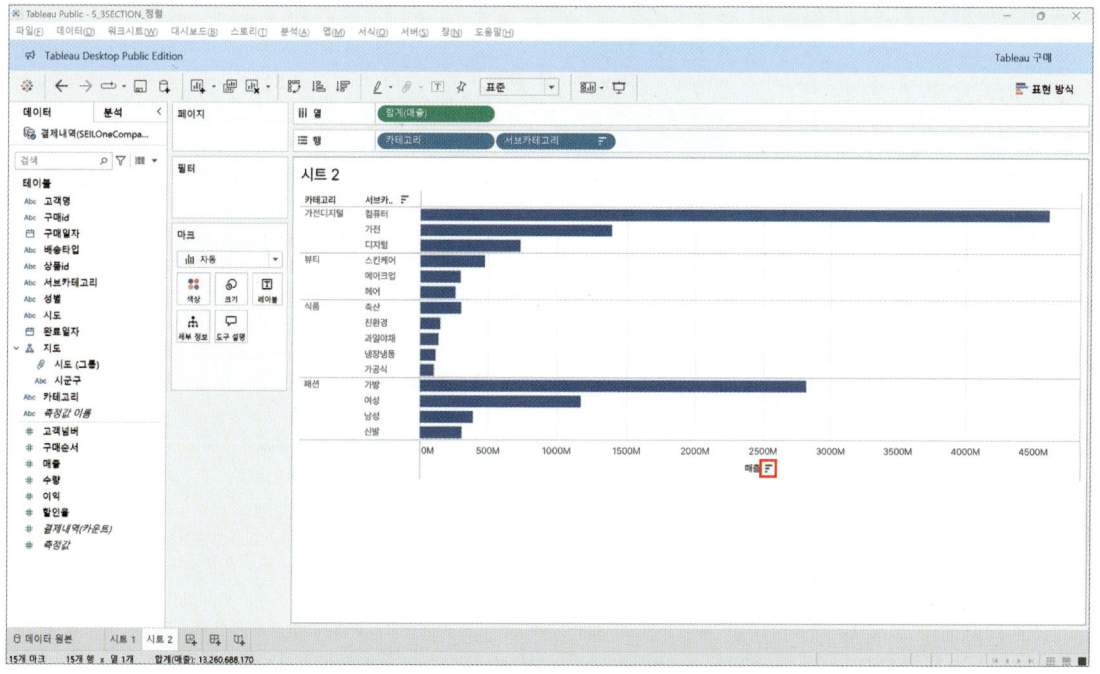

❺ 새 워크시트에서 [매출]을 열 선반에, [카테고리]와 [서브카테고리]를 행 선반에 놓는다.

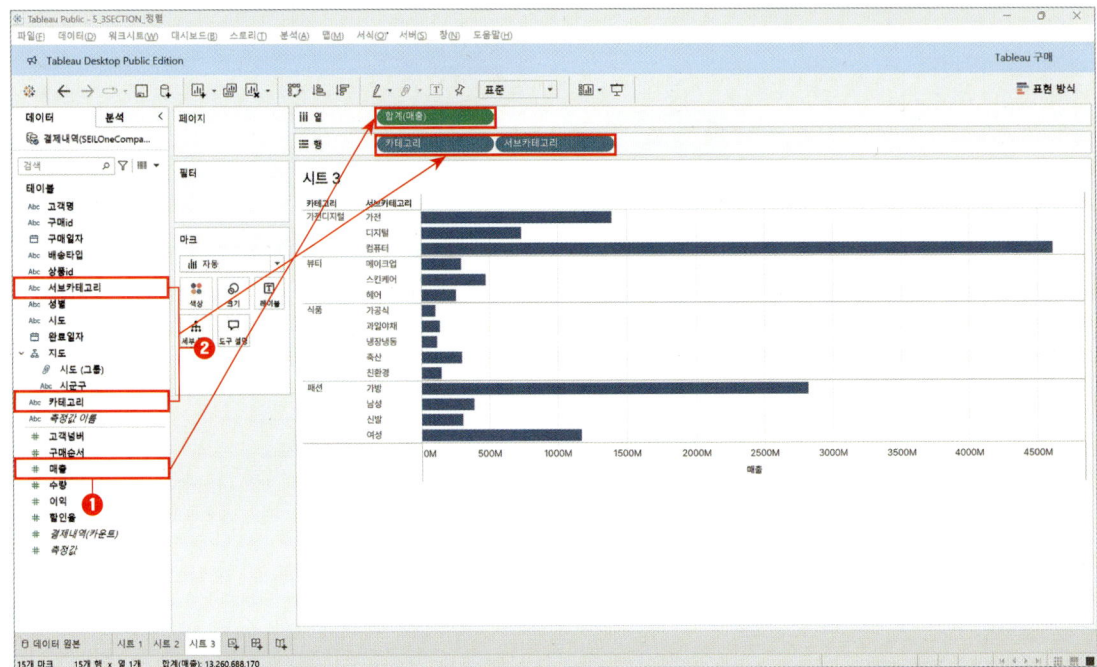

❻ [카테고리] 필드 레이블에서 정렬 기준을 '합계(매출)'로 변경해 카테고리들을 매출 기준 내림차순 정렬한다.

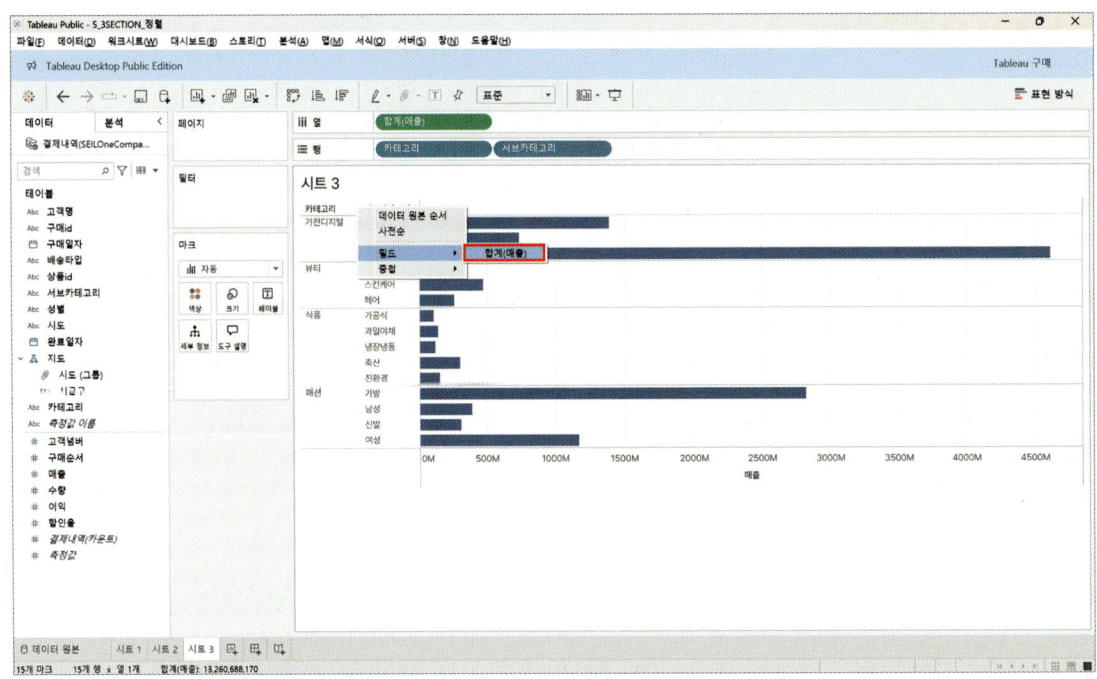

❼ 카테고리 내에서 매출 합계에 따라 가전디지털, 패션, 뷰티, 식품순으로 내림차순 정렬되는 것을 확인할 수 있다.

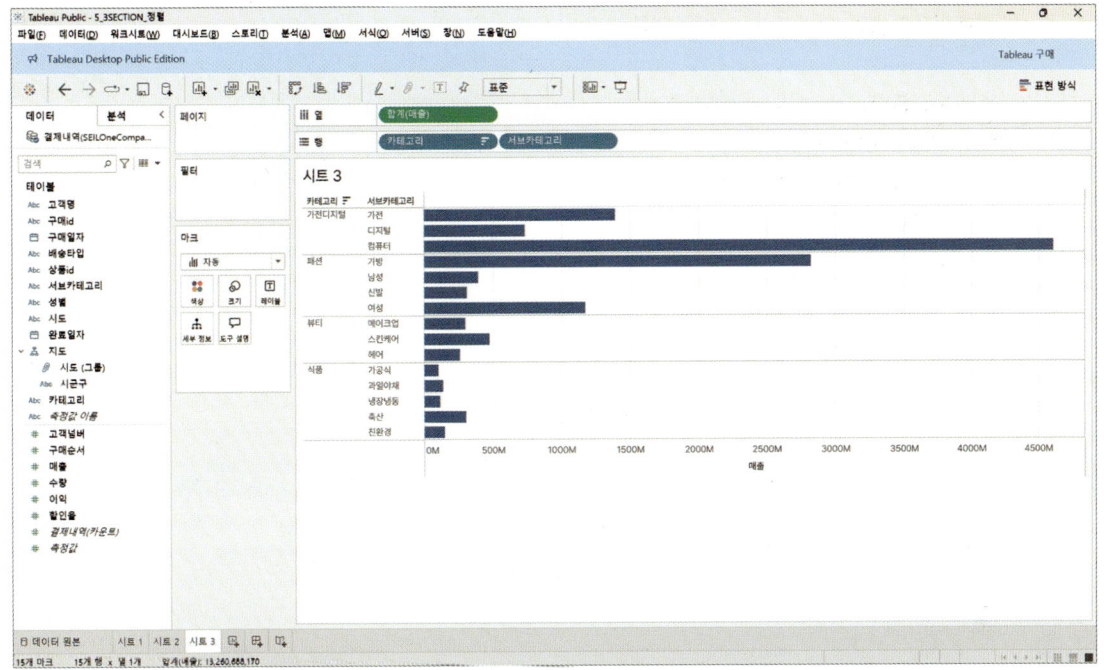

❽ 새 워크시트에서 [구매일자]를 불연속형 월로 열 선반에, [수량]을 행 선반에 배치하고 마크를 막대로 변경한다.

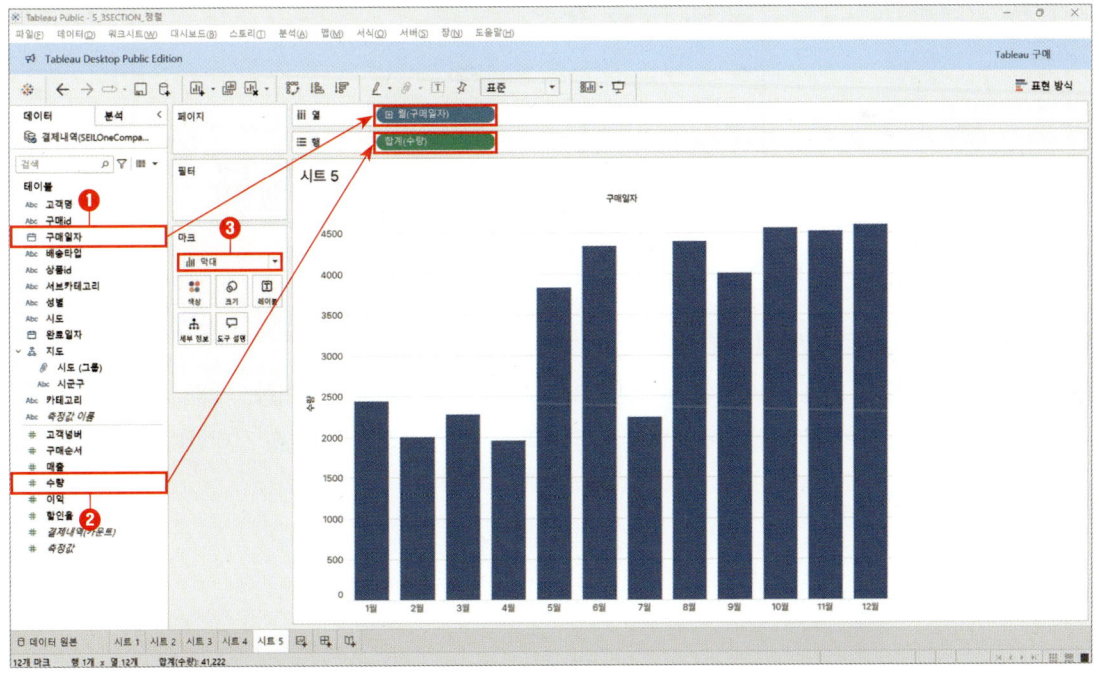

❾ 상단 '분석' 메뉴에서 '계산된 필드 만들기'를 선택한다.

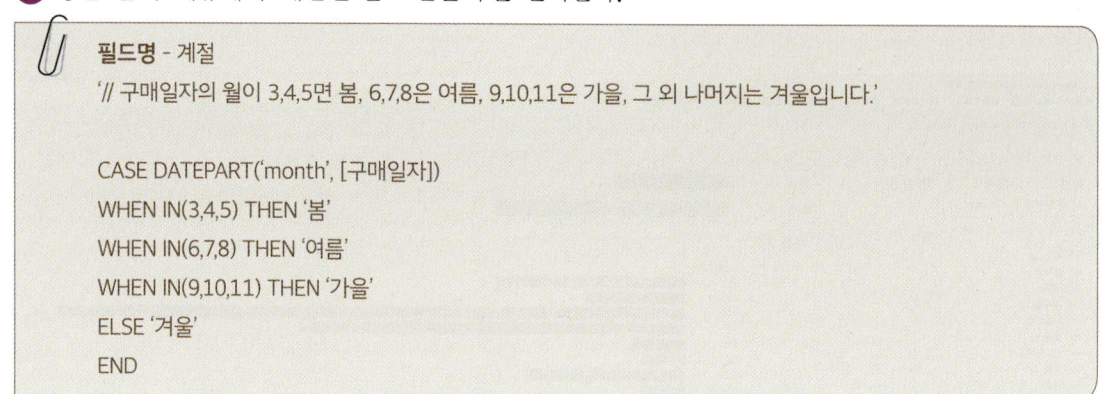

필드명 - 계절

'// 구매일자의 월이 3,4,5면 봄, 6,7,8은 여름, 9,10,11은 가을, 그 외 나머지는 겨울입니다.'

CASE DATEPART('month', [구매일자])
WHEN IN(3,4,5) THEN '봄'
WHEN IN(6,7,8) THEN '여름'
WHEN IN(9,10,11) THEN '가을'
ELSE '겨울'
END

TIP '슬래시 두 개'는 데이터 원본에 없는 새 필드를 만들 때, 계산식 작성 의도를 주석으로 남겨 다른 사람과 공유·협업하기 위함이다.

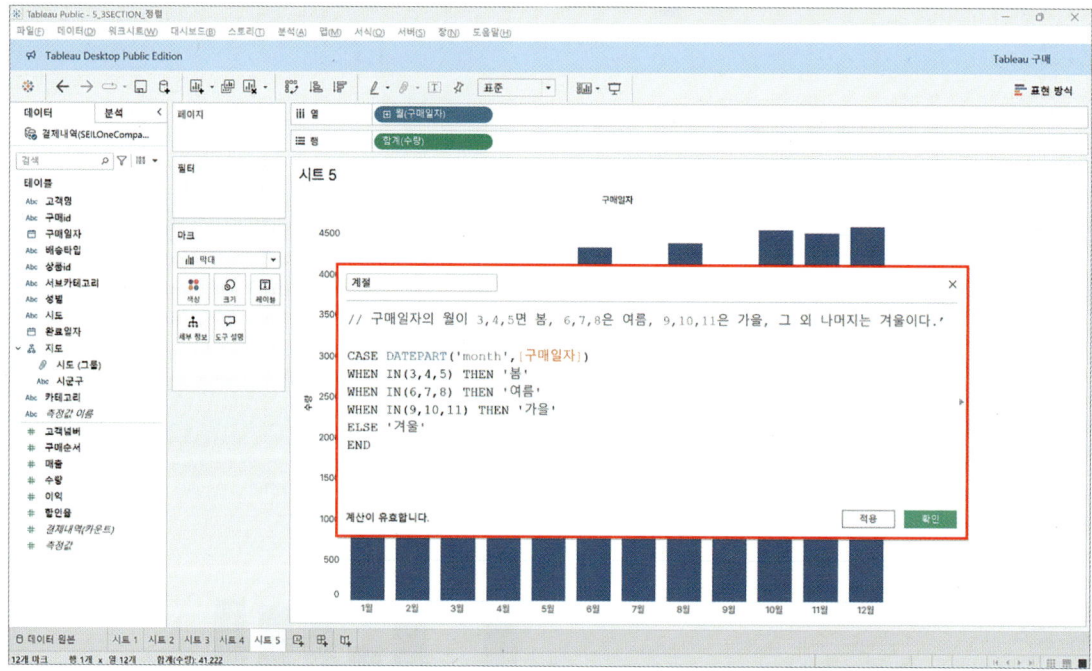

❿ [계절] 필드를 드래그해서 열 선반에 [월(구매일자)] 앞에 놓는다.

⓫ 계절이 기본값대로 가을, 겨울, 봄, 여름 순으로 정렬되므로, 이를 봄, 여름, 가을, 겨울 순으로 바꾸려면 좌측 사이드 바의 계절 필드에서 마우스 우클릭 → 기본 속성 → 정렬을 선택한다.

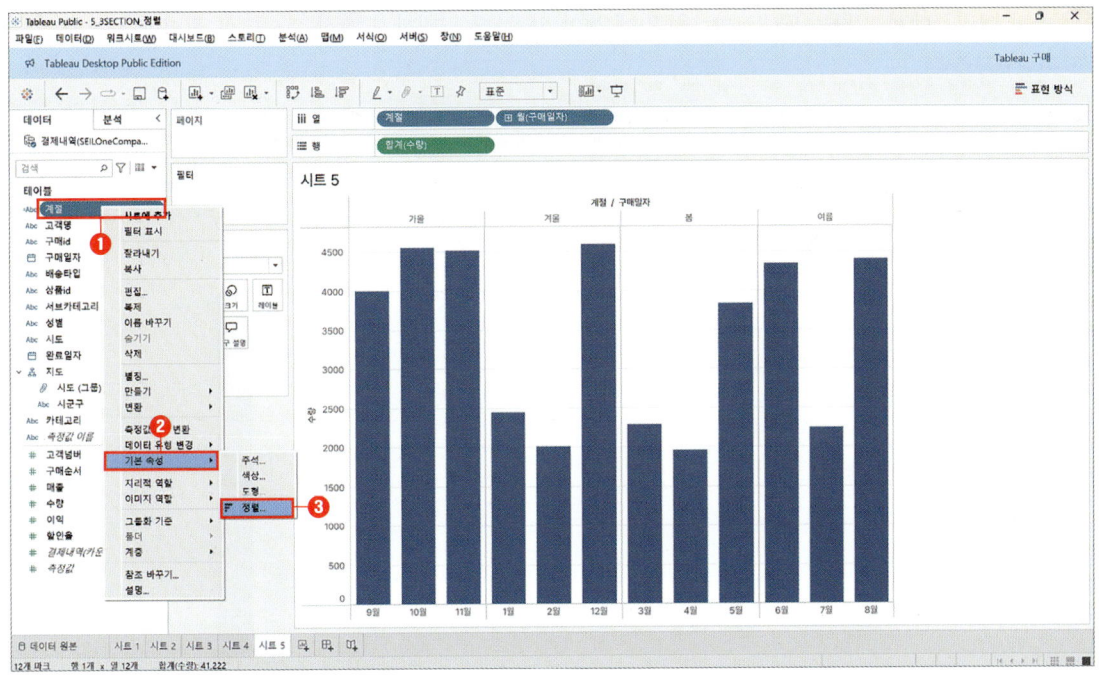

⓬ 정렬 기준을 기본 속성 → 정렬에서 '수동'을 선택해 봄, 여름, 가을, 겨울 순으로 정렬한다.

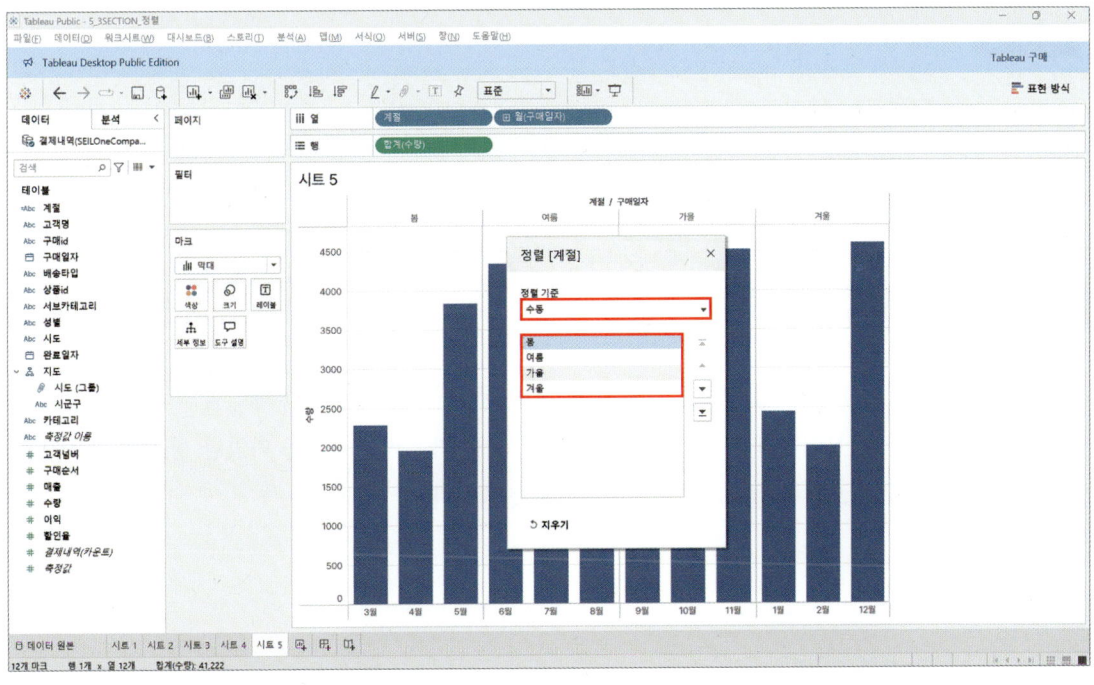

Chapter 6. 시각화 구성 요소 219

⑬ 하단 머리글에서 12월을 드래그해 1월 앞에 놓아 3월부터 12월까지 계절 순서대로 정렬한다.

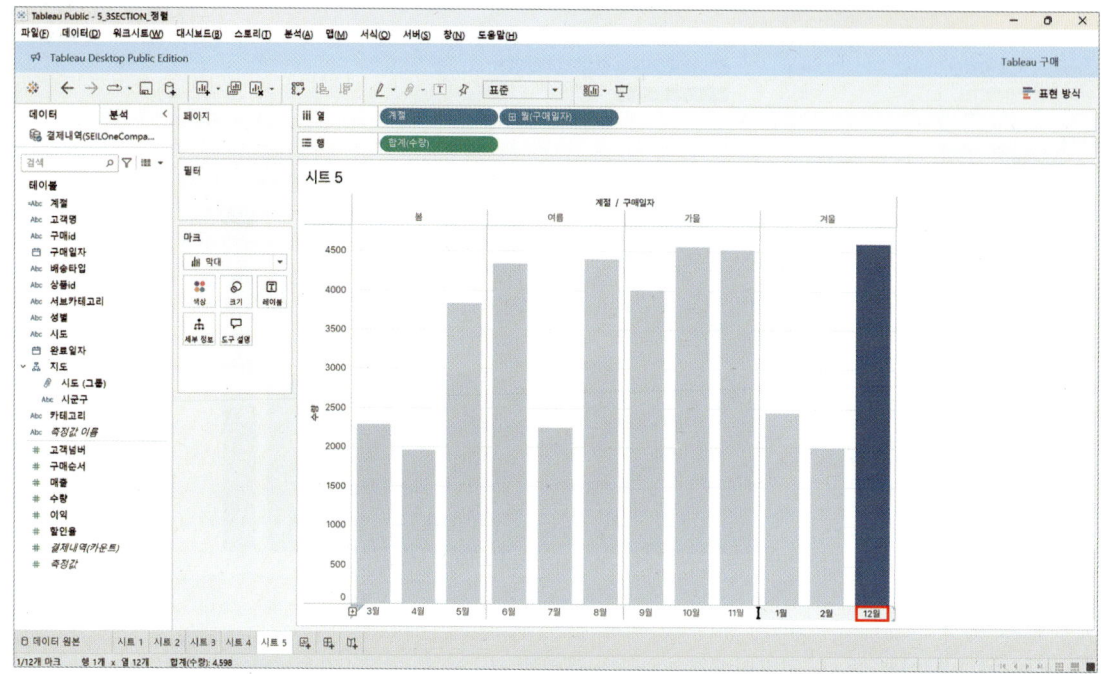

> **잠깐만요**
>
> 정렬 방식 중에는 중첩 정렬도 있다. 중첩 정렬은 상위 차원의 구분을 포함하여 하위 차원을 정렬하는 기능이다. 예를 들어, 우리나라 지명에는 '중구'처럼 동일한 이름이 여러 시에 존재한다. 이때 단순히 '중구'만 측정값 기준으로 정렬하면 서로 다른 지역의 '중구'가 섞여 오해가 생길 수 있다. 하지만 중첩 정렬을 사용하면 '서울-중구', '부산-중구'처럼 상위 지역(시·도)별로 구분한 뒤 그 안에서 정렬할 수 있어 보다 정확한 비교가 가능하다.

SECTION 4 서식

📁 SEILOneCompany_Sales데이터.twbx

서식은 시각화의 핵심 요소는 아니지만, 보는 이로 하여금 혼동 없이 결과를 해석할 수 있도록 완성도를 높여주는 기능이다. 태블로에서 서식은 글꼴, 숫자 단위, 테두리, 라인 등 다양한 항목에 적용할 수 있으며, 대상에 마우스 오른쪽 클릭 후 서식 메뉴에서 변경한다.

❶ [서브카테고리]와 [이익]을 더블 클릭해 테이블을 만든 뒤, 내림차순 정렬을 적용한다.

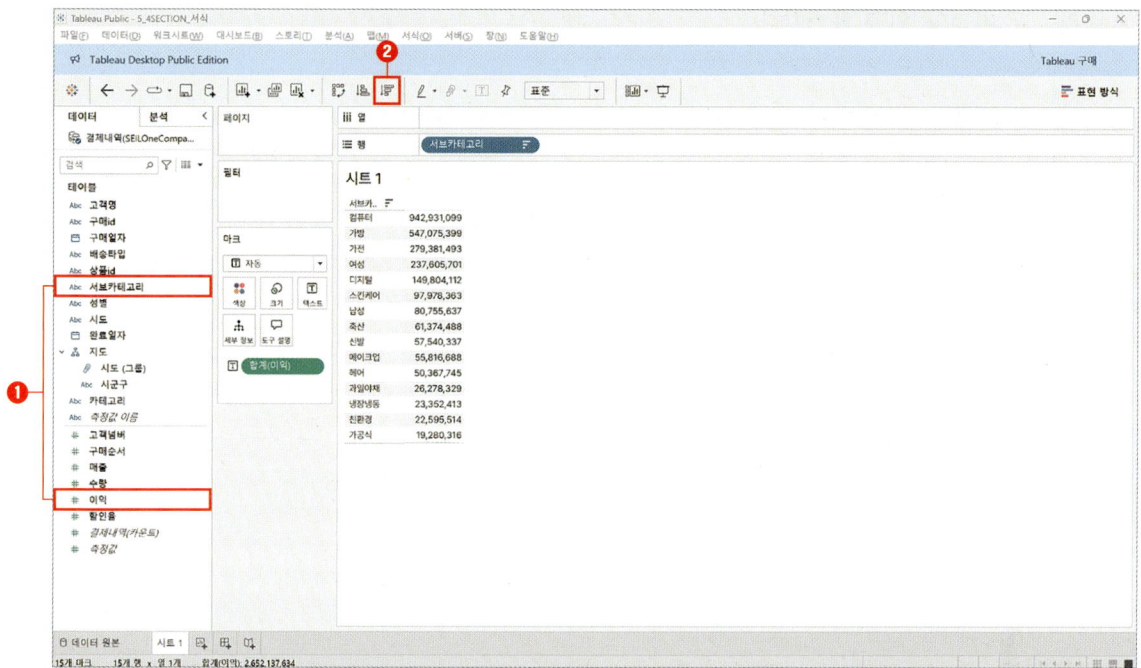

❷ 텍스트 마크에 있는 합계(이익)에 퀵 테이블 계산 → '순위'를 적용해 서브카테고리별 순위를 표시한다.

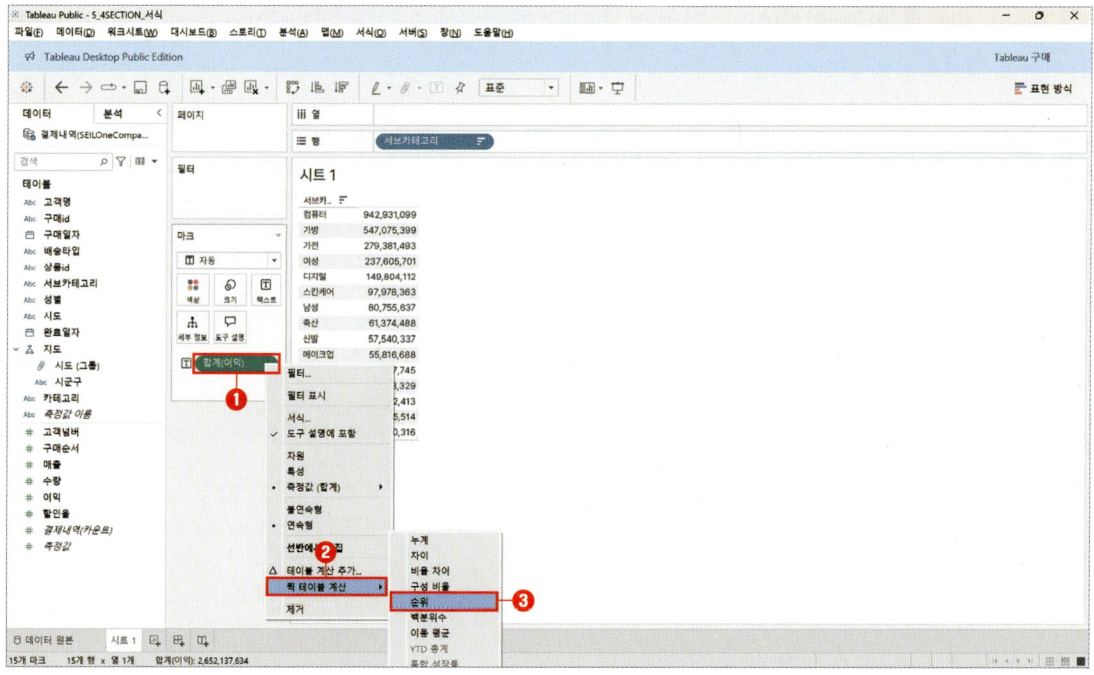

❸ 텍스트 마크에 있는 합계(이익)을 우클릭 → 서식 → 기본값 → 숫자 → 사용자 지정 '0#위'를 적용해 순위를 두 자리와 '위'로 표기한다.

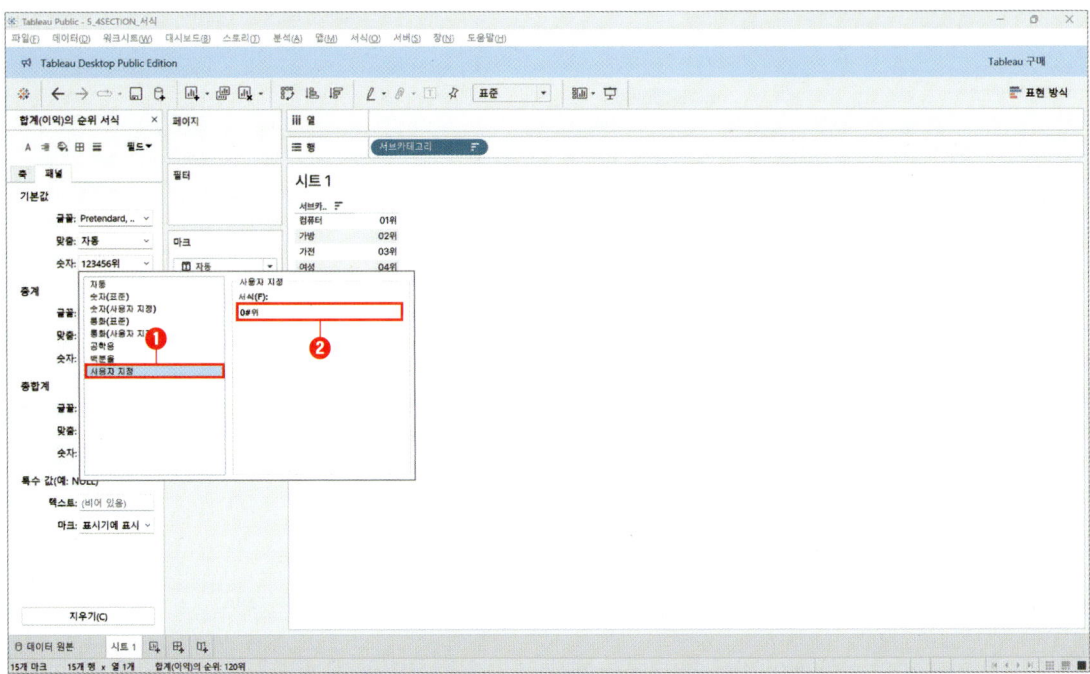

❹ 레이블 마크에 있는 [합계(이익)△] 순위 필드를 행 선반에 놓은 뒤, 합계(이익)에 마우스 오른쪽을 클릭하여 불연속형을 선택한다.

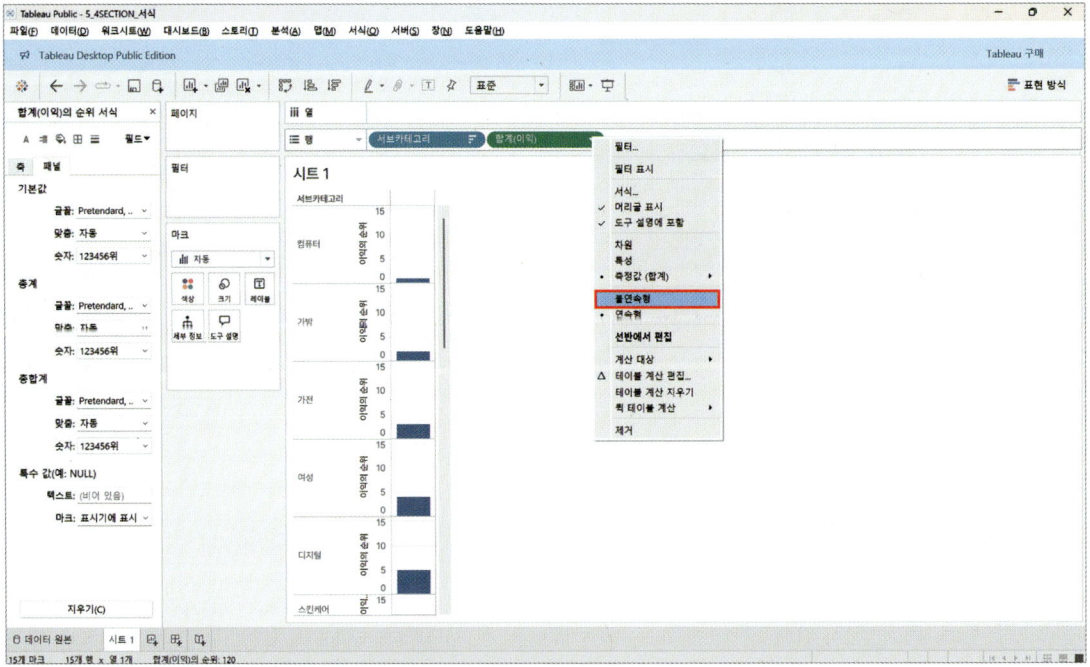

❺ 합계(이익)를 [서브카테고리] 필드의 왼쪽으로 이동한다.

❻ 이번에는 이익의 순위를 다시 서식 변경하기 위해 행 선반에 있는 합계(이익)에 마우스 오른쪽 누르고 서식을 선택한다.

❼ 머리글 탭 → 기본값 → 숫자 → 사용자 지정 '0#위'로 변경한다.

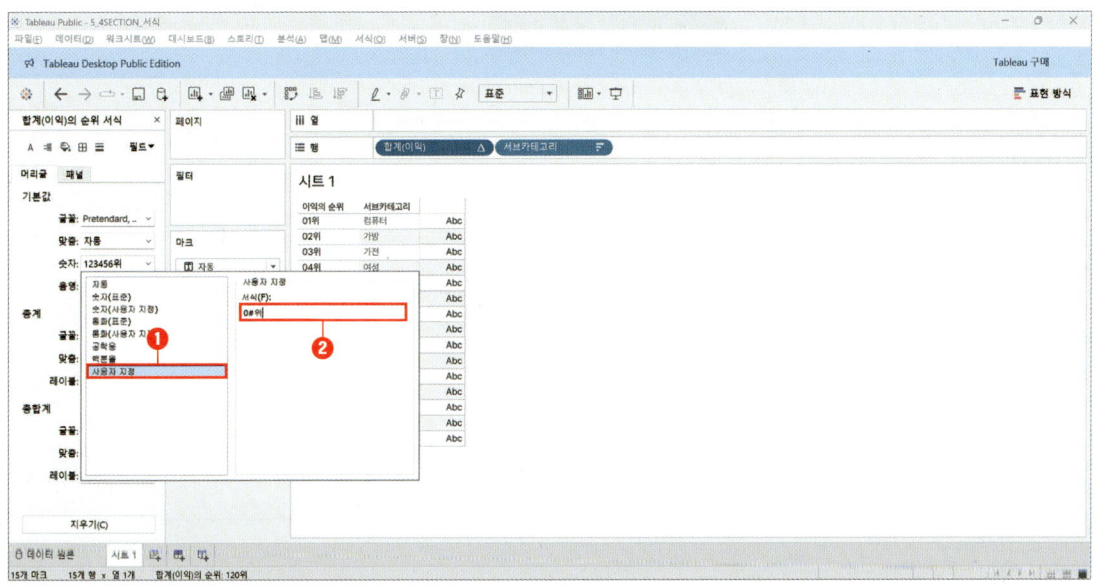

TIP 태블로에서 초록색 연속형은 축을, 파란색 불연속형은 머리글을 가져온다. 이제는 합계(이익)의 순위가 파란색 불연속형이기 때문에 '머리글' 탭에서 변경해야 한다.

❽ 새 워크시트를 선택한다. 이번에는 테이블 내 숫자 단위를 변경하고자 한다. [시도], [시군구]는 행 선반에 [구매일자] 년과 월을 열 선반에 배치한다.

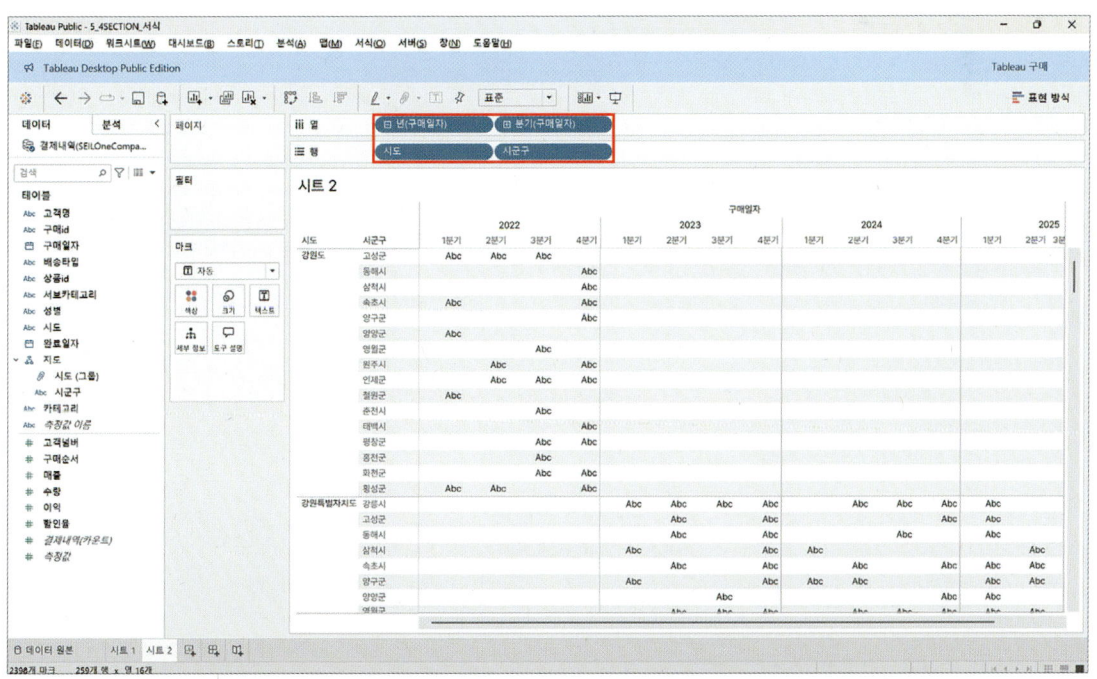

❾ [매출]을 텍스트 마크에 놓은 뒤, 서식 → 숫자(사용자 지정) → 디스플레이 장치에서 단위를 백만(M)으로 변경한다.

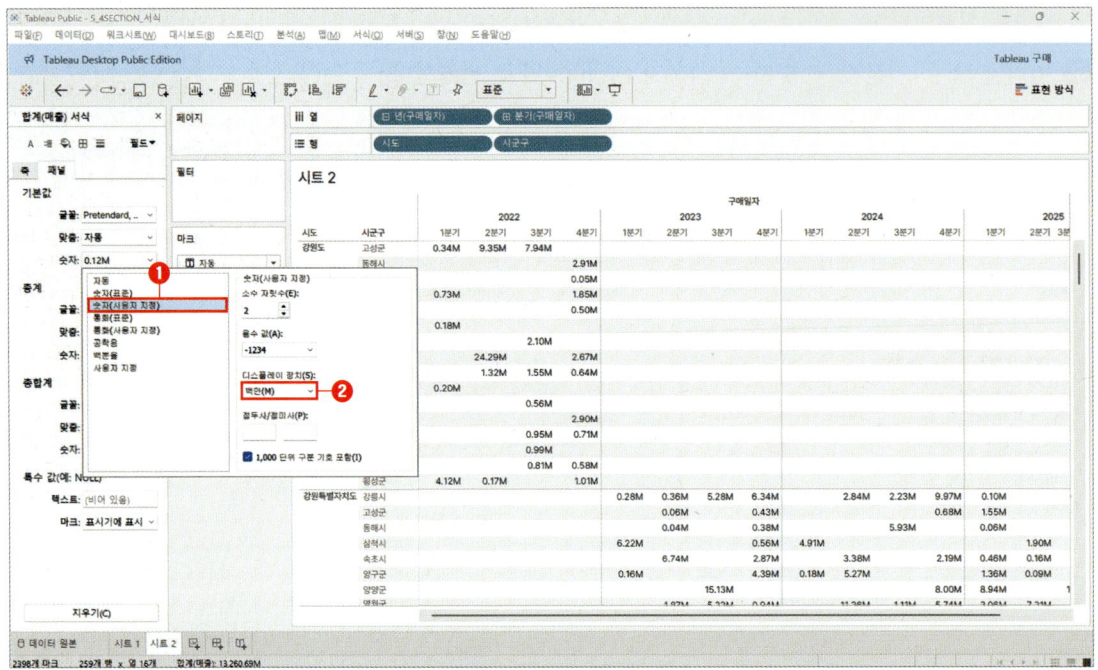

CHAPTER 07 심화 시각화

기초 차트만으로도 데이터를 표현할 수 있지만, 순위 변화, 상대적 비교, 목표 대비 실적처럼 시험에서 자주 출제되는 상황에서는 보다 적합한 심화 시각화가 필요하다. 예를 들어 이전 기간 대비 순위 변화, 누적 값 중 특정 기간의 기여도, 목표 대비 실적 비교 등은 기본 차트만으로는 한계가 있다. 이럴 때 심화 시각화를 활용하면 데이터의 맥락을 효과적으로 전달할 수 있다.

이번 Chapter에서 다루는 차트들은 시험에 이미 출제되었거나 모의고사, 그리고 실무 현장에서 자주 활용되는 유형이다. 따라서 시험을 준비하는 수험생이라면 반드시 여러 번 실습해 익숙해질 필요가 있다.

SECTION 1 캘린더 차트(Calendar chart)

SEILOneCompany_Sales데이터.twbx

캘린더 차트는 날짜를 월·주·요일·일 단위로 나눈 뒤, 각 일자에 해당하는 값을 색상으로 구분해 주별·요일별 패턴을 파악하는 시각화이다. 날짜 필드를 불연속형으로 설정해 연·월·주·일 단위로 나누고, 셀 안에 일별 값을 색상 크기에 따라 표시하며, 필요할 경우 날짜 필터를 활용해 범위를 조정한다.

❶ [구매일자] 필드를 마우스 오른쪽으로 드래그해서 열 선반에 배치한다.
❷ 필드 놓기 대화상자에서 '년월(구매일자)'를 선택한다.

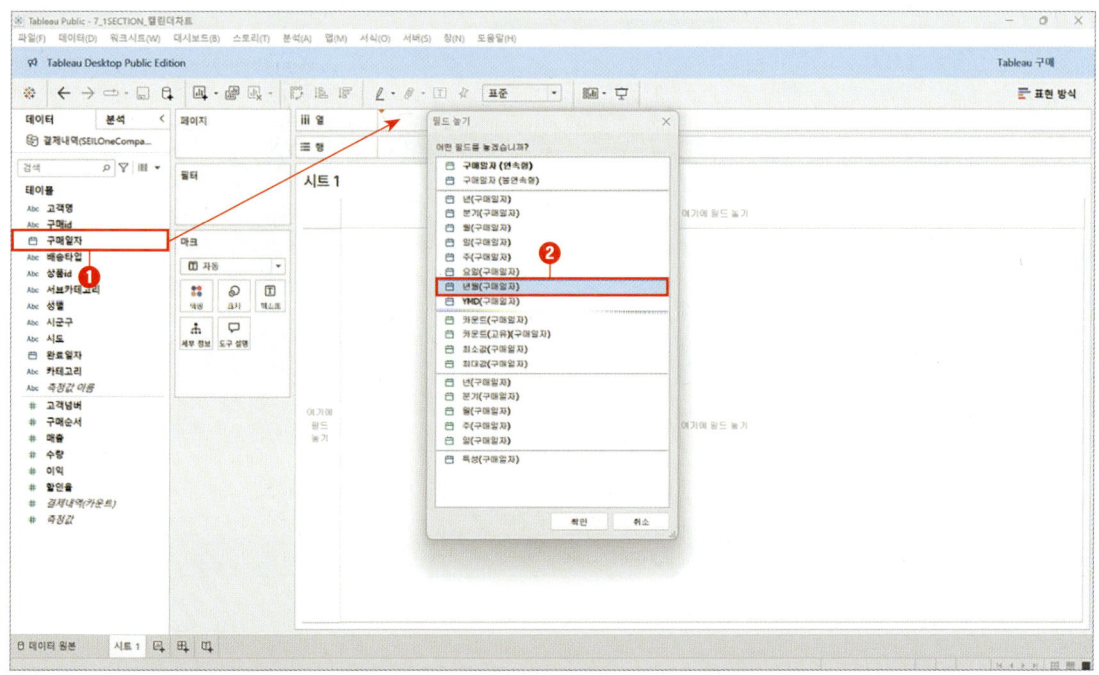

❸ [구매일자] 필드를 마우스 오른쪽으로 드래그해서 열 선반에 [년월(구매일자)] 오른쪽에 배치하고 필드 놓기 대화상자에서 '요일(구매일자)'를 선택한다.

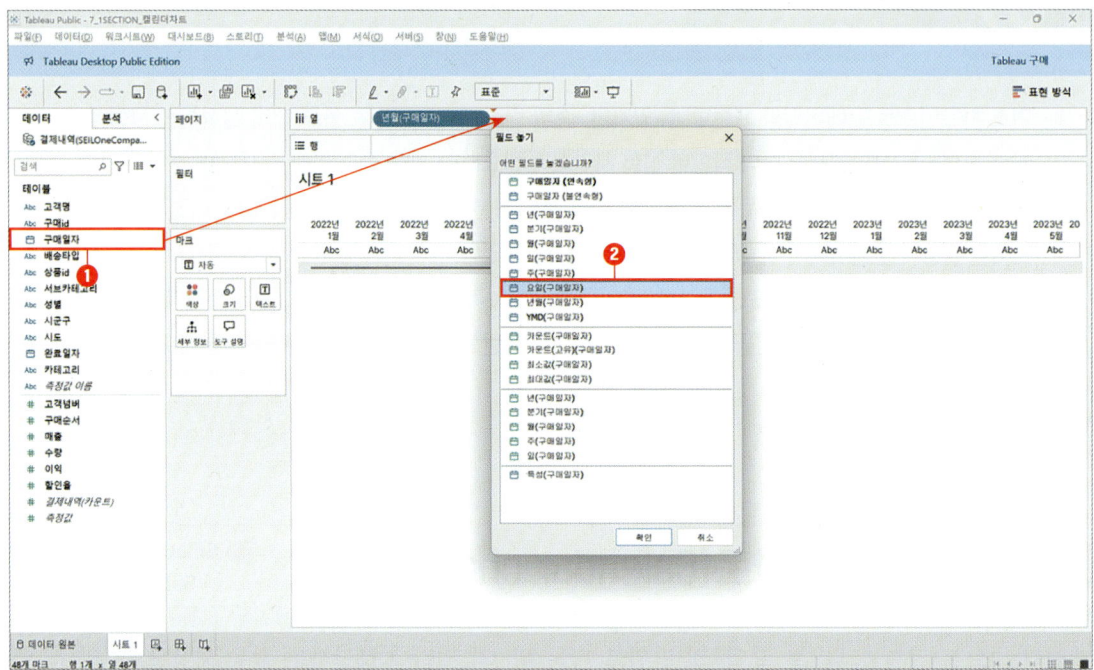

❹ [구매일자] 필드를 마우스 오른쪽으로 드래그해서 행 선반에 배치한다. 그리고 필드 놓기 대화상자에서 '주(구매일자)'를 선택한다.

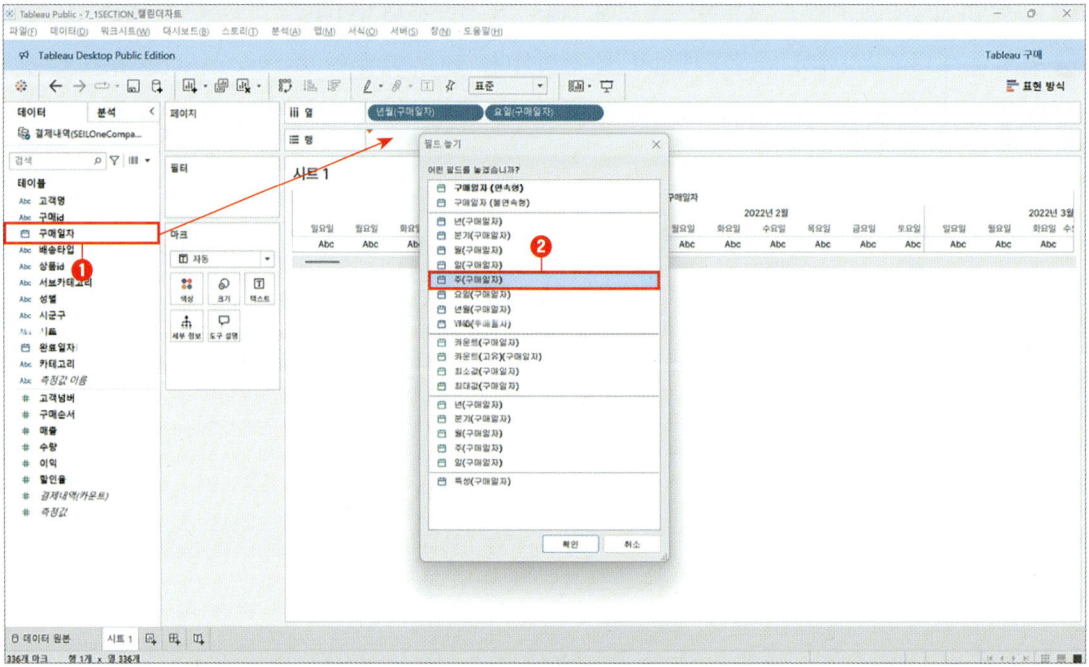

❺ [구매일자] 필드를 드래그해서 필터 선반에 놓은 다음에 '연도/월'을 선택한 다음에 '2025년 12월'만 선택한다.

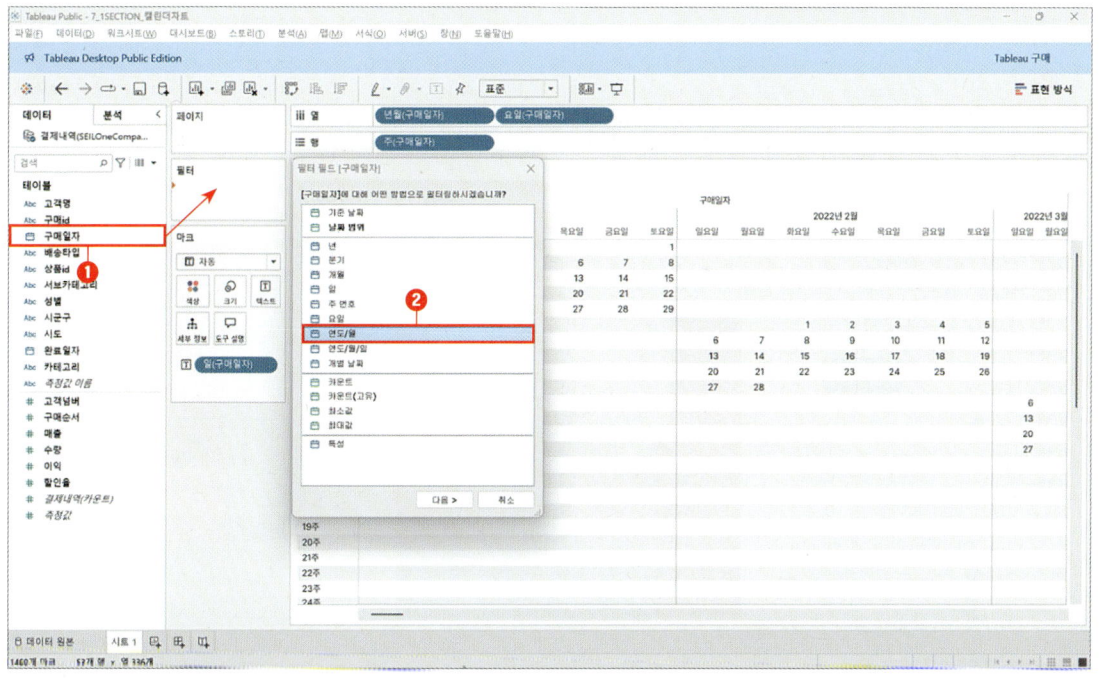

❻ 마크 유형을 사각형으로 변경하고, 툴바의 맞춤을 '전체 보기'로 변경한다. [수량]을 색상 마크에 배치하고 색상표는 '빨간색 – 파란색 다중'을 선택한다.

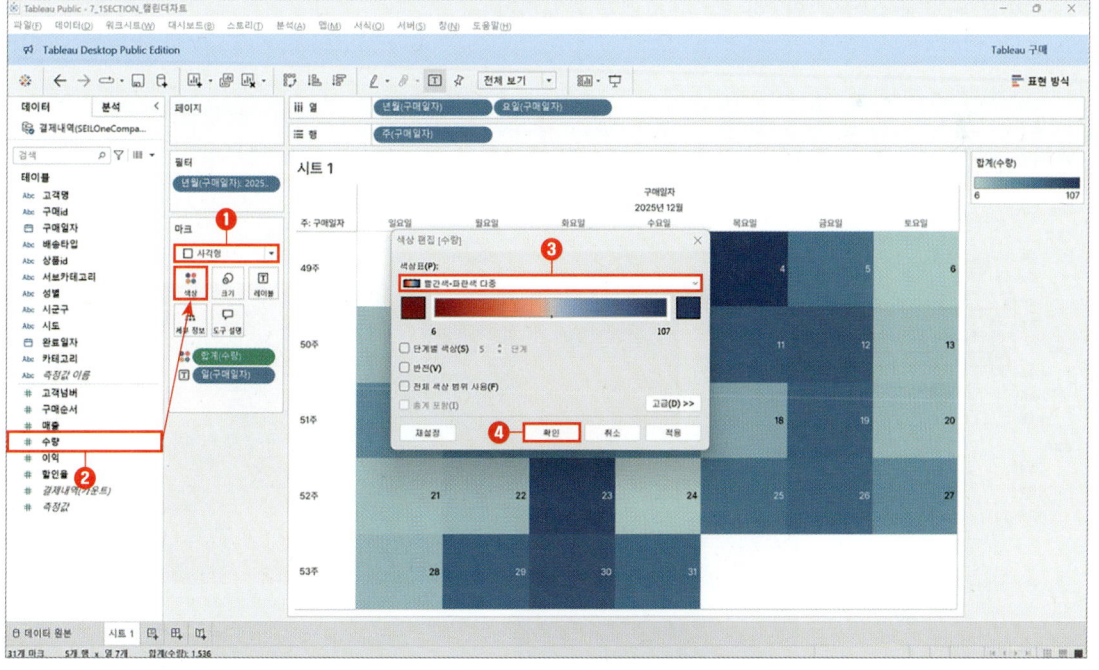

Chapter 7. 심화 시각화 227

❼ 좌측 사이드 바 데이터 패널에서 데이터 원본 이름에 우클릭 → 날짜 속성을 선택하고 주 시작을 '월요일'로 변경하고 확인 버튼 선택한다.

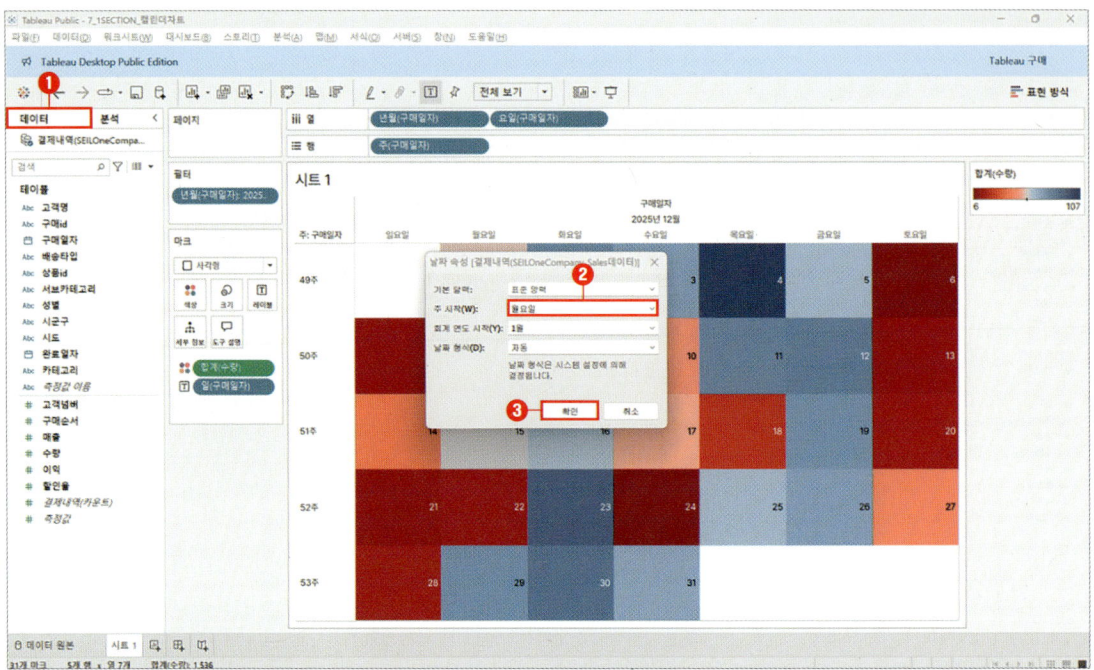

❽ 행 선반에 있는 [주(구매일자)] 마우스 우클릭 → 머리글 표시를 클릭해 해제한다.

❾ 열 선반의 [요일(구매일자)]에 우클릭 → 서식을 선택하고 머리글 → 기본값 → 날짜를 '약어' 또는 '첫 글자'로 변경해 요일을 '월, 화, 수…' 형태로 표시한다.

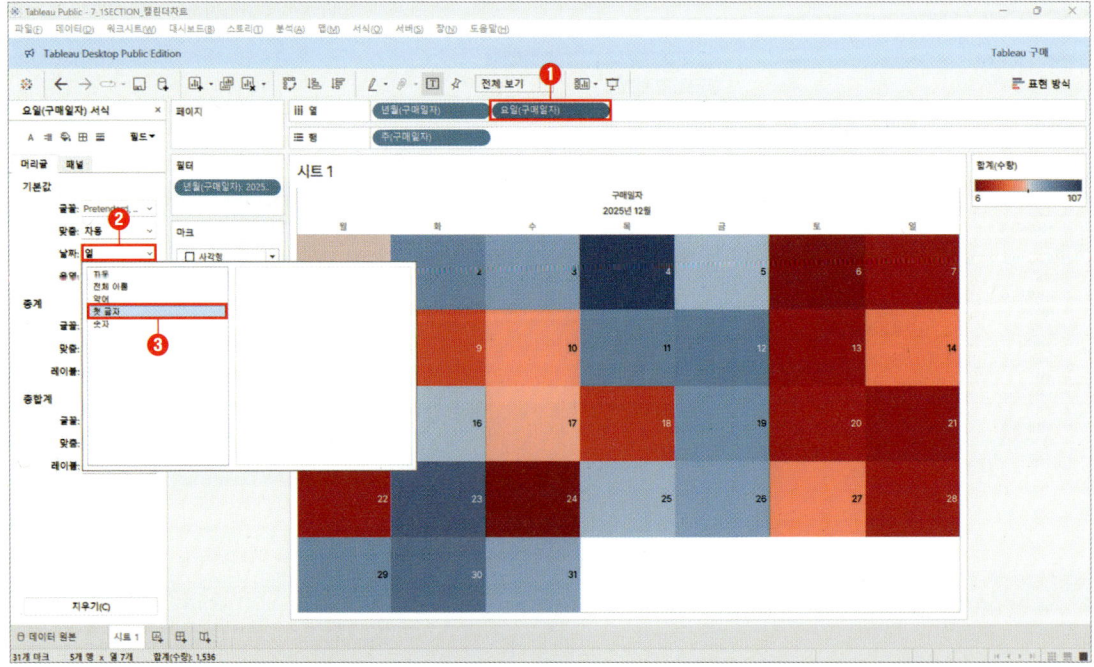

228 Part 3. 태블로 주요 시각화와 실전 가이드

SECTION 2 범프 차트(Bump Chart)

📁 SEILOneCompany_Sales데이터.twbx

범프 차트는 시간의 이동 흐름에 따른 추이를 보는 라인 차트의 일종인데 실제 값의 추이보다는 순위 변화를 보는 데 적합한 시각화 방식이다. 즉 연간 순위, 월간 순위를 차원 멤버별로 흐름을 보는 데 유용하다.

범프 차트는 간단하게 제작 가능하며 측정값 필드를 행 선반에, 날짜 차원을 열 선반에, 그리고 다른 차원 필드를 색상에 넣어 만들 수 있다.

❶ [구매일자]를 열 선반에 배치해 불연속형 '월'을 선택하고, [수량]을 행 선반에 놓는다. 필터에는 불연속형 '년'을 추가해 2025년만 선택한다.

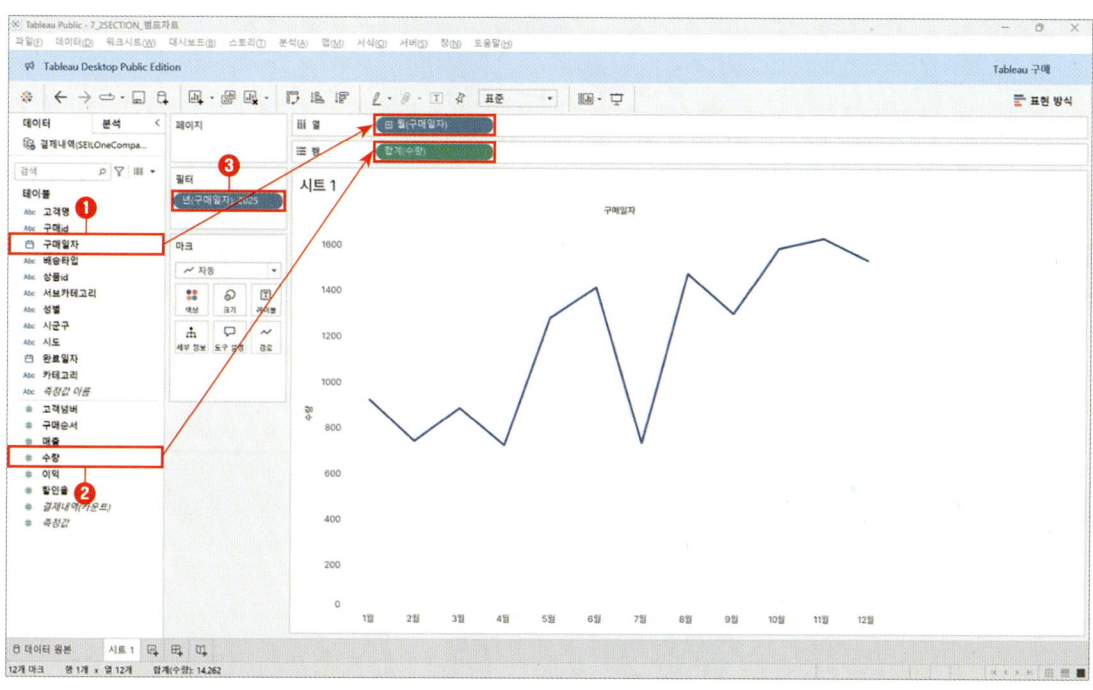

Chapter 7. 심화 시각화   229

❷ [서브카테고리]를 세부 정보 마크에 놓고, [합계(수량)]에 퀵 테이블 계산 → '순위'를 적용한다.

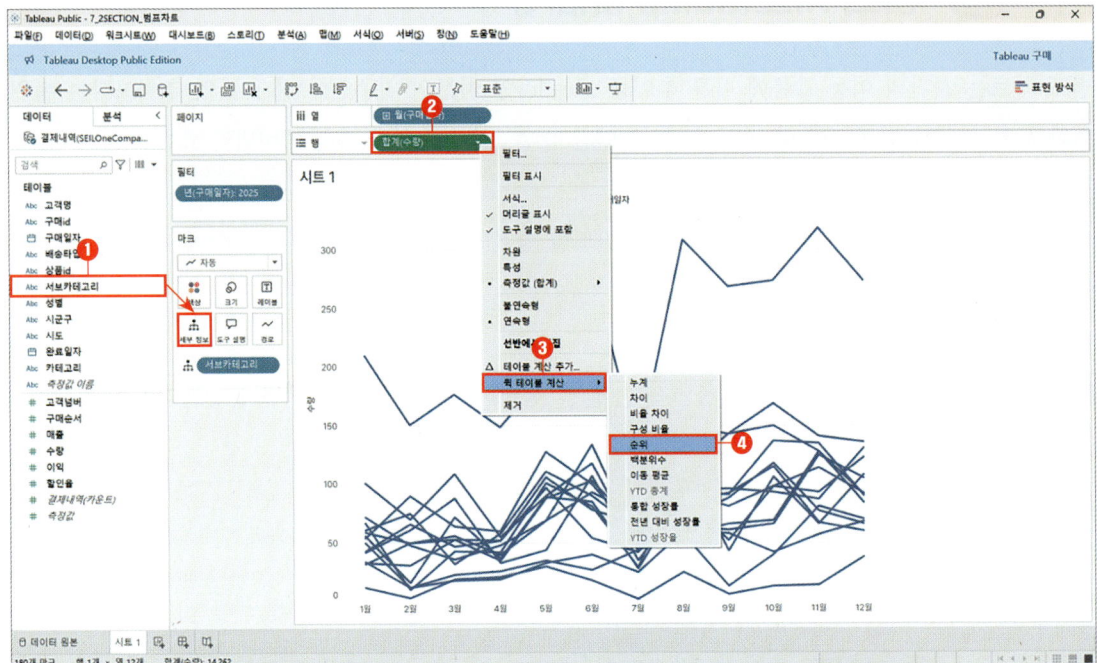

❸ 수량의 합계 순위의 계산 대상을 변경하기 위해 행 선반에 있는 [합계(수량)△]에 우클릭 → 테이블 계산 편집을 선택한다.

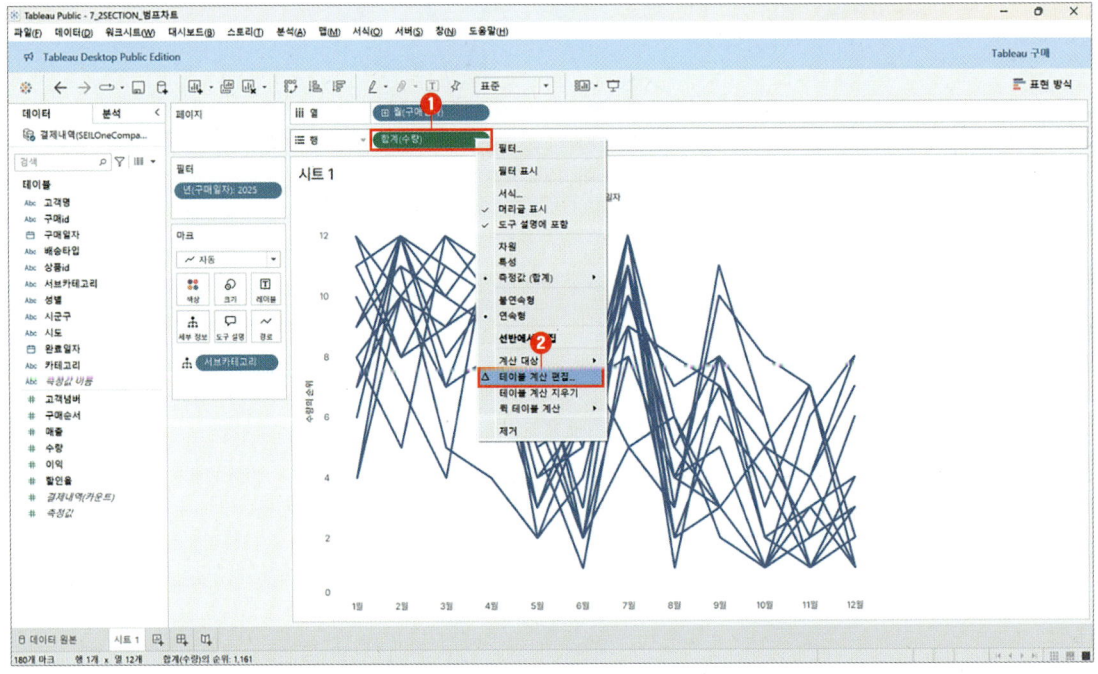

❹ 테이블 계산 편집 대화 상자에서 특정 차원에서 구매일자의 월은 체크 해제, 서브카테고리만 클릭하고 편집 창은 닫는다.

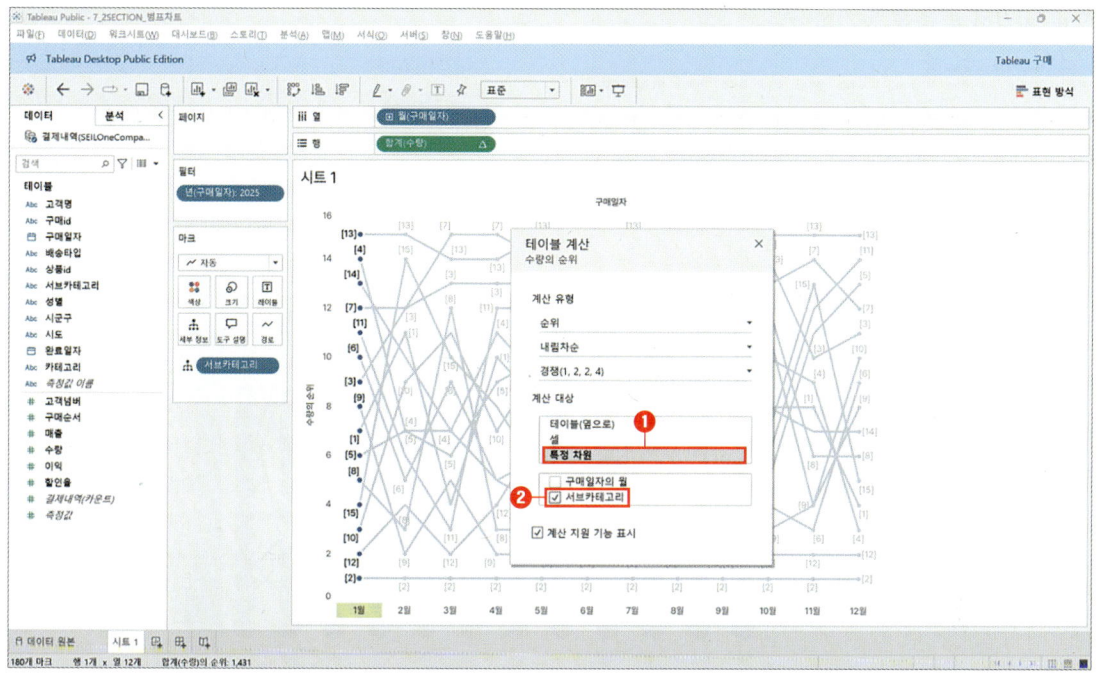

❺ 왼쪽 축에 우클릭 → 범위를 0~16으로 지정하고, 눈금을 반전시켜 1위가 위쪽에 오도록 한다.

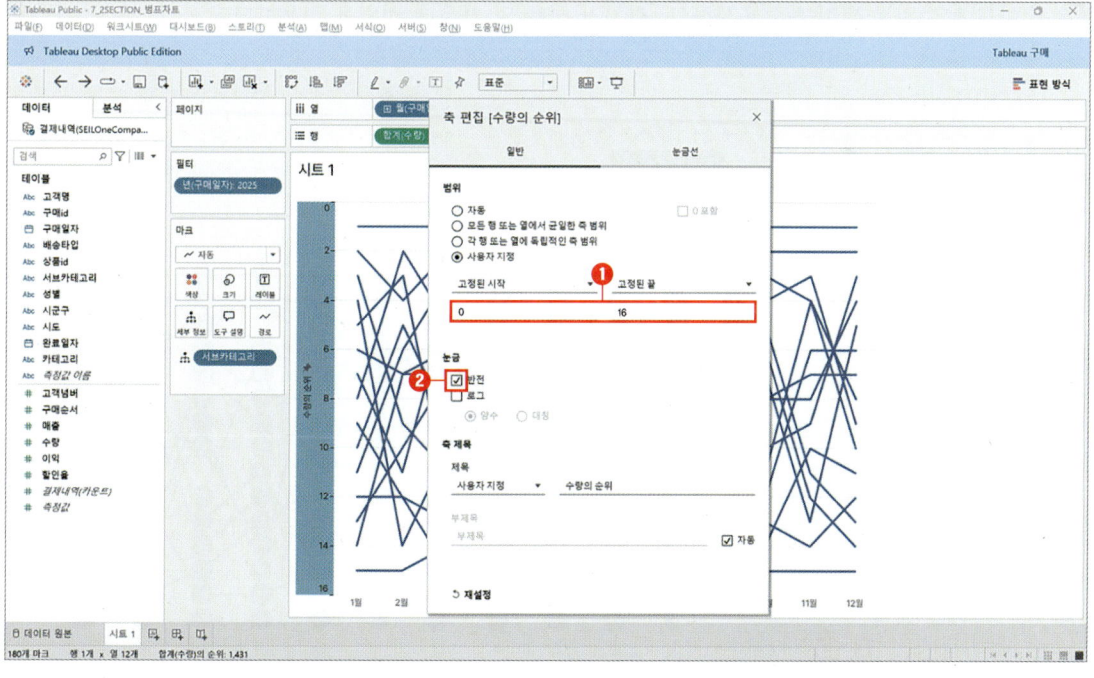

Chapter 7. 심화 시각화

❻ 행 선반에 있는 [합계(수량)△] 순위 필드를 `Ctrl` 키(Mac은 `Command` 키) 누른 다음에 드래그해서 오른쪽에 하나 더 복제한 다음, 하나는 '라인', 다른 하나(합계(수량)(2))는 '원'으로 바꾼 뒤 이중 축으로 설정하고 축을 동기화한다.

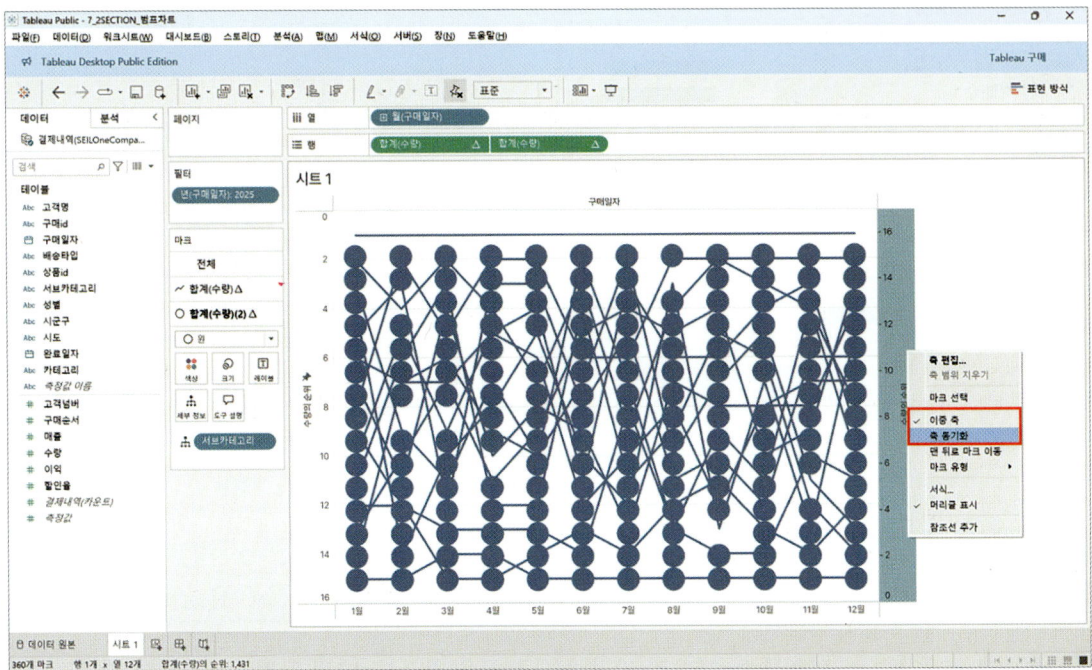

❼ 원 마크에 순위를 레이블로 표시하고, 겹치기 허용 및 가운데 정렬을 적용한다.

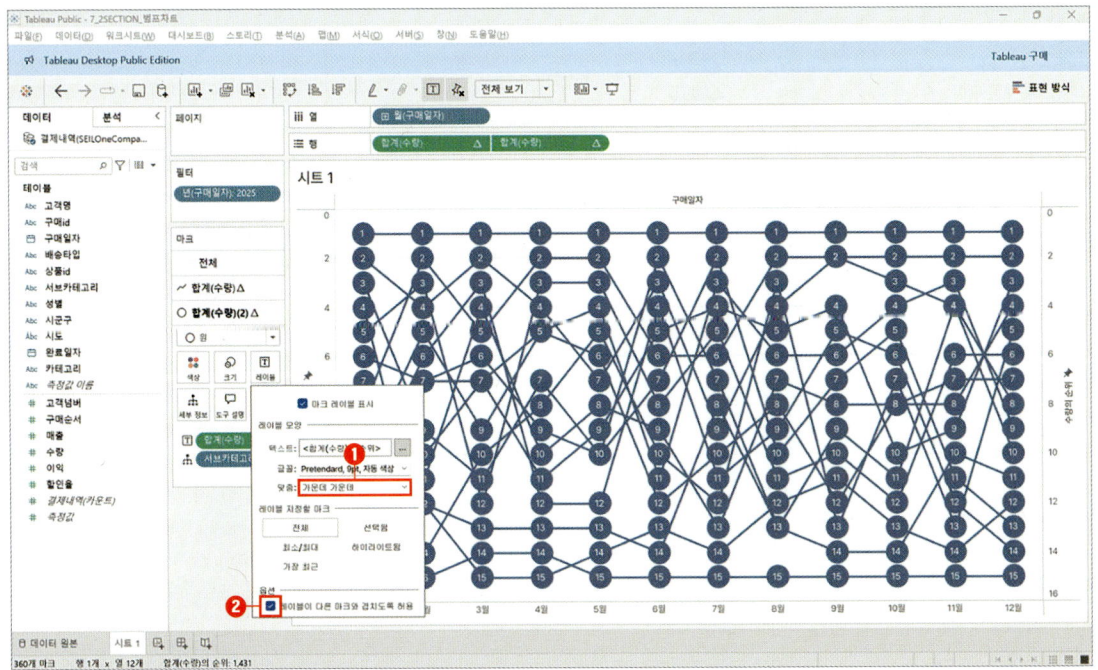

❽ [서브카테고리]를 전체 마크의 색상에 배치해 15개 항목별로 색상을 구분한다.

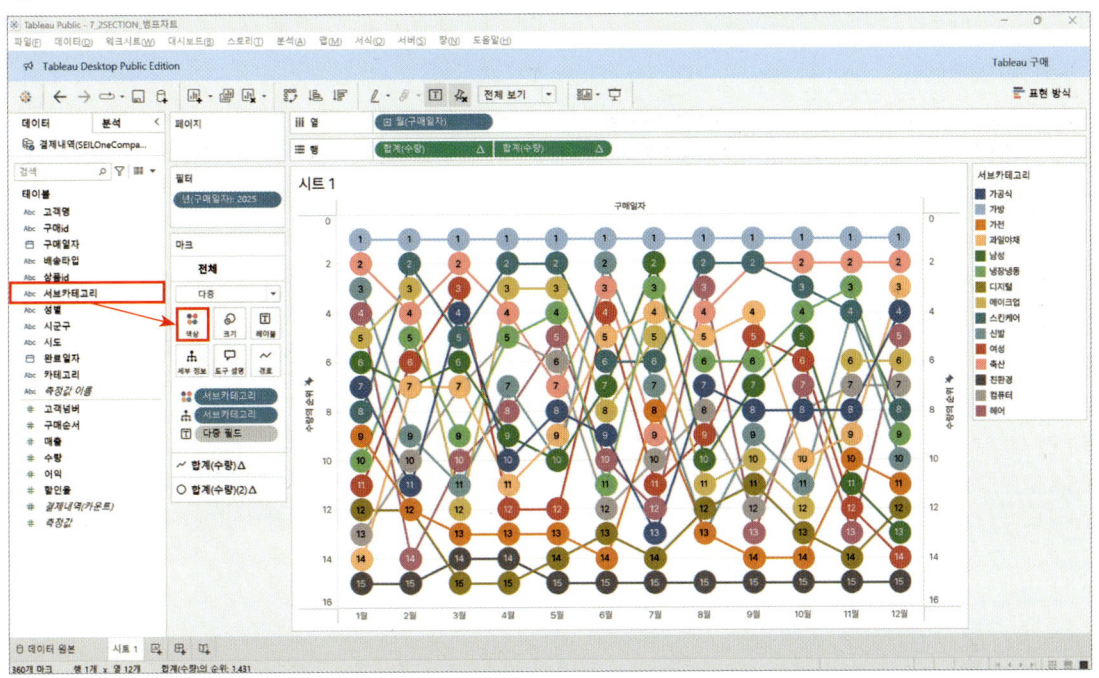

❾ 왼쪽 축에 마우스 오른쪽 → 머리글 표시를 클릭해 해제하면 양쪽 축의 머리글이 사라진다.

❿ 하단에 있는 월을 상단으로 위치 조정하기 위해 상단 '분석' 메뉴 → 테이블 레이아웃 → 고급을 선택하고, 테이블 옵션에서 '세로 축이 있을 때 보기 하단에 가장 안쪽 수준 표시 세로 축'을 체크 해제한다.

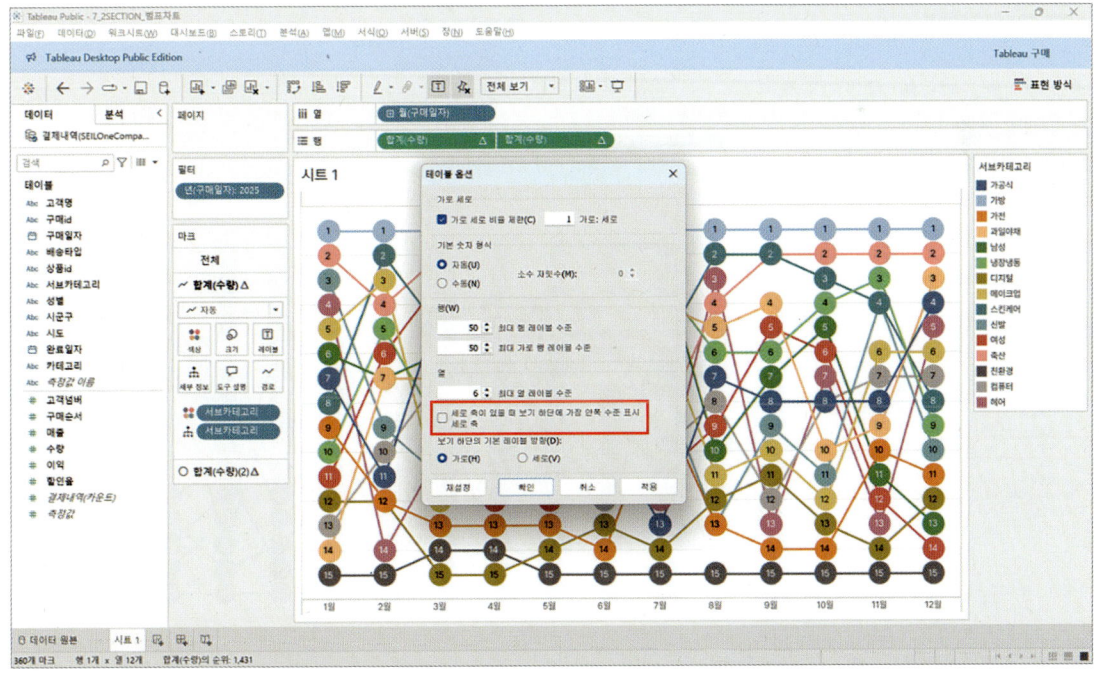

⑪ 특정 서브카테고리를 색상 범례에서 선택하면 해당 라인이 하이라이트된다.

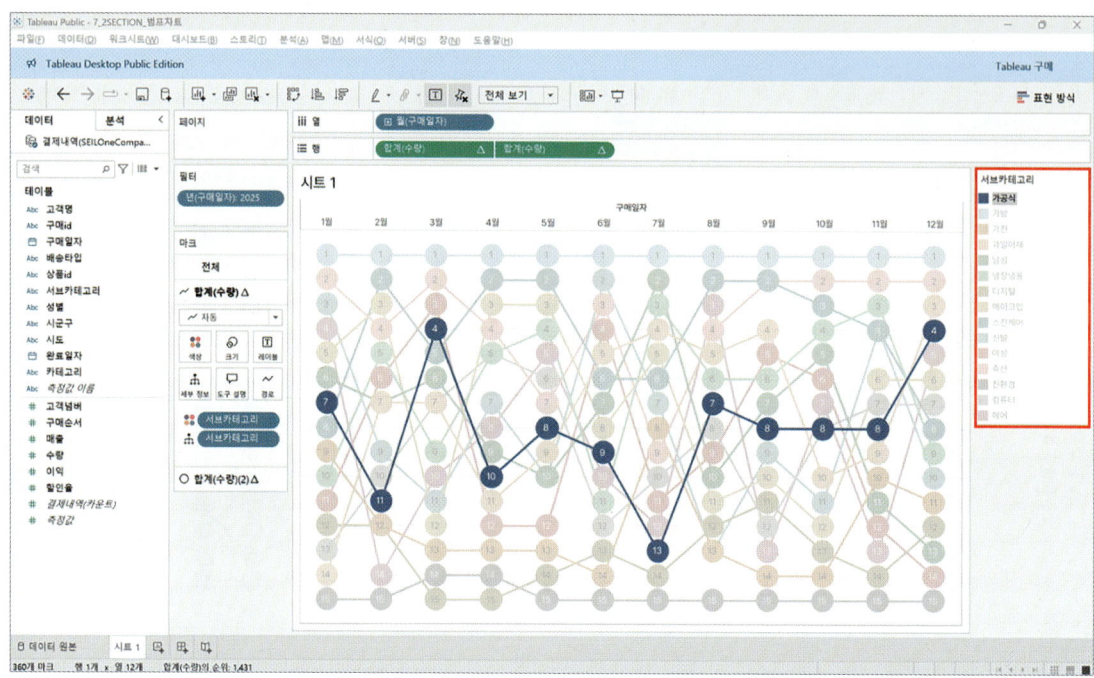

⑫ 시트 이름을 마우스 오른쪽 버튼으로 클릭해 '복제'를 선택한다. 복제된 시트에서는 전체 마크의 색상 마크에 있는 [서브카테고리] 필드를 제거하고, 행 선반의 [합계(수량) △] 순위 필드를 Ctrl 키를 누른 채 드래그하여 색상에 적용해 순위에 따라 색상 농도를 구분한다.

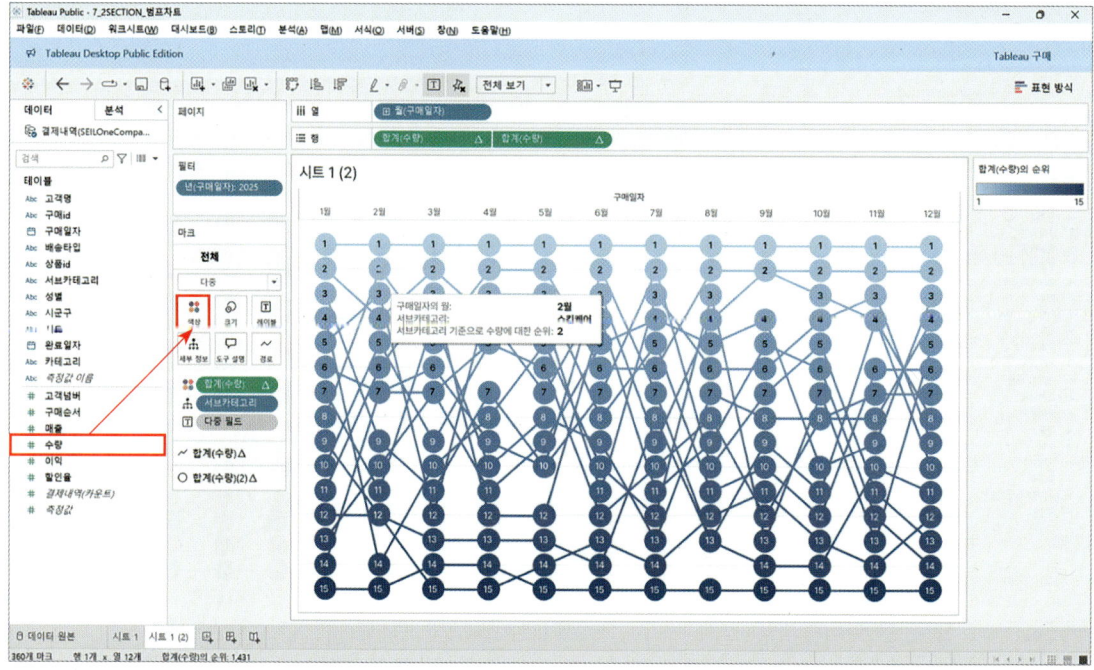

⑬ 색상 범례에 마우스 오버하면 나오는 [▼]를 클릭하고 색상 편집을 선택한다. 색상표 반전을 적용해 높은 순위일수록 진하게 표시한다.

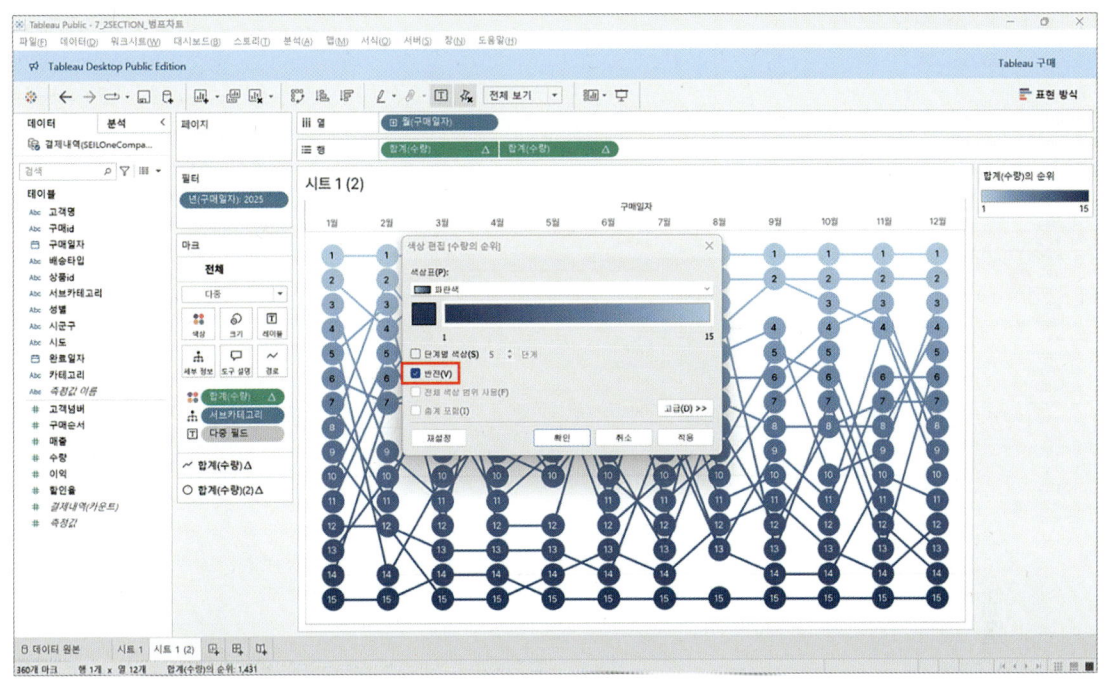

SECTION 3 폭포수 차트(Waterfall chart)

📁 SEILOneCompany_Sales데이터.twbx

폭포수 차트는 값의 증가 및 감소 과정을 단계별로 보여주는 시각화 방식이다. 임의의 측정값이 시작 지점부터 최종 지점까지의 변화를 보여줄 때 주로 사용한다.

폭포수 차트는 열 선반에 날짜 차원을 배치하고, 측정값을 행 선반에 배치하나 계산을 누계로 적용한다. 또한 마크는 간트 차트로 변경한 다음에 간트에서 음수(아래 방향)로 값의 크기를 설정하는 것이 핵심이다.

❶ [구매일자] 필드를 드래그해서 필터 선반에 놓고, 필터 필드 대화 상자에서 불연속형 '년'을 선택하고 '2025'만 선택한다.

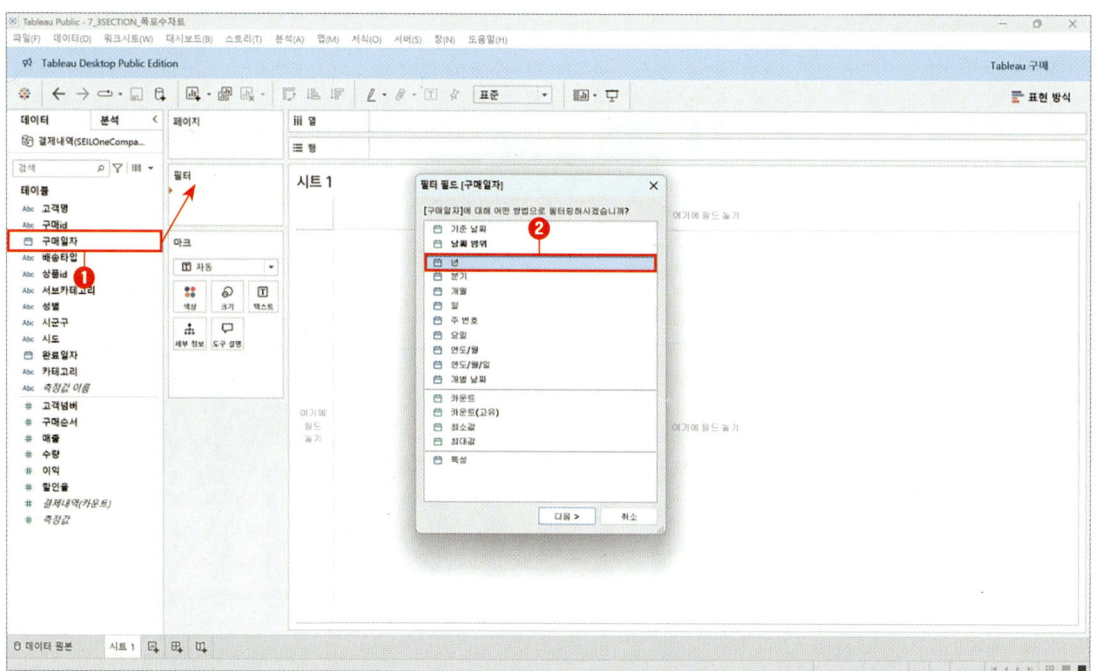

❷ [구매일자] 필드를 마우스 오른쪽으로 드래그해서 열 선반에 놓은 다음에 필드 놓기 대화 상자에서 불연속형 월(구매일자)를 선택한다.

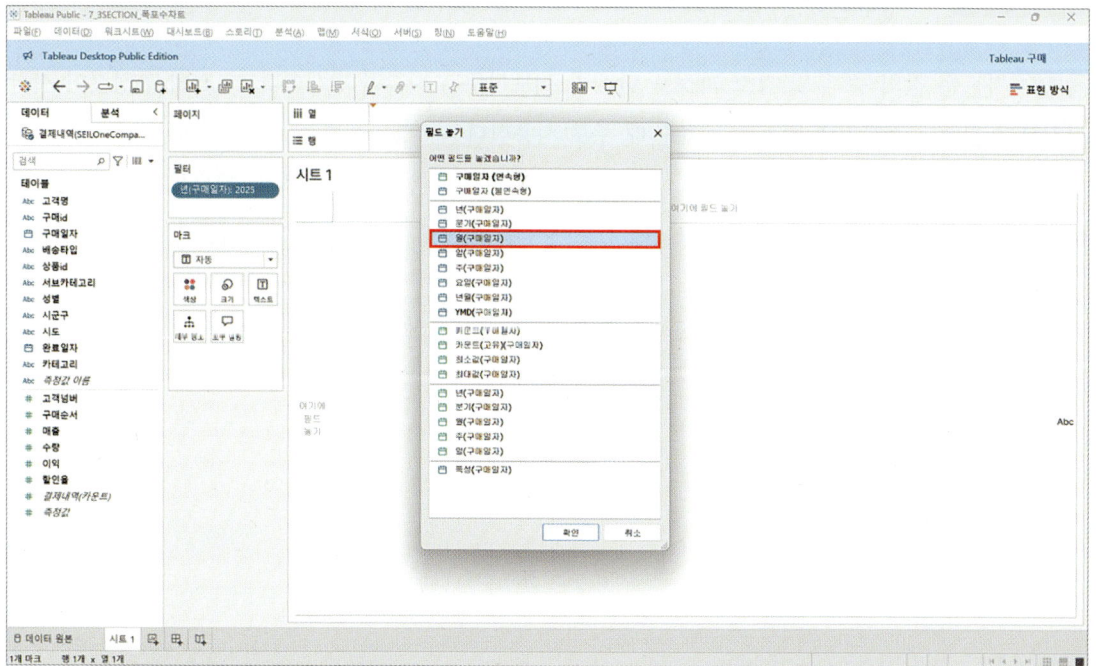

❸ [이익]을 행 선반에 놓은 다음에 마크를 '막대'로 변경한다.

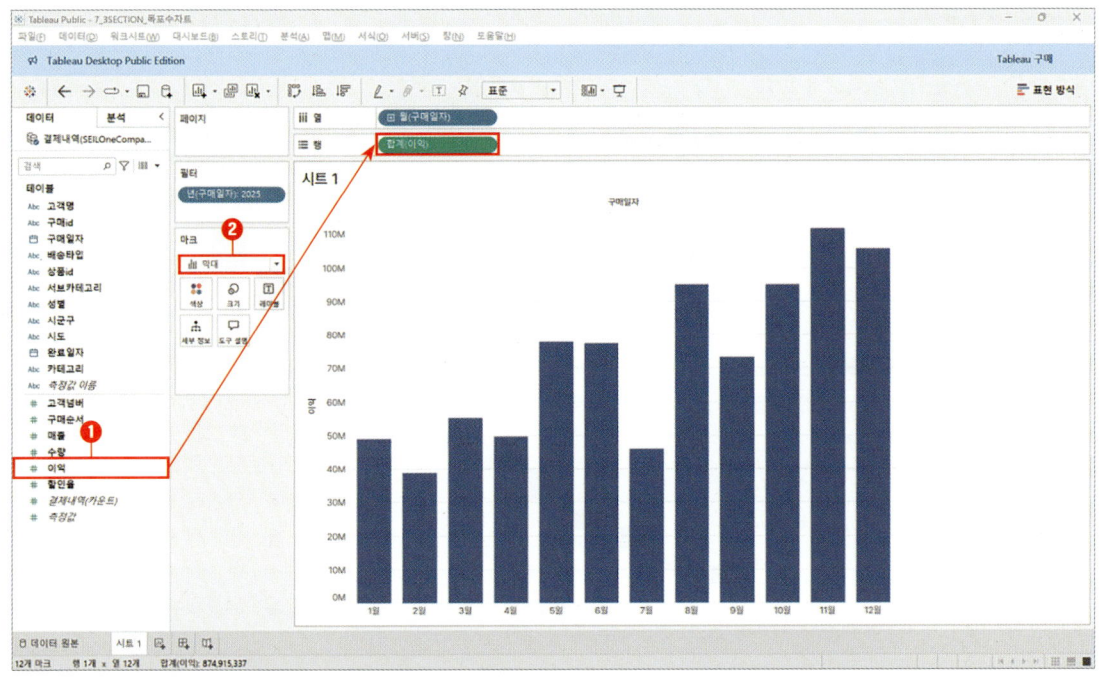

❹ 행 선반에 있는 [합계(이익)]에 우클릭 → 퀵 테이블 계산 → 누계를 선택한다.

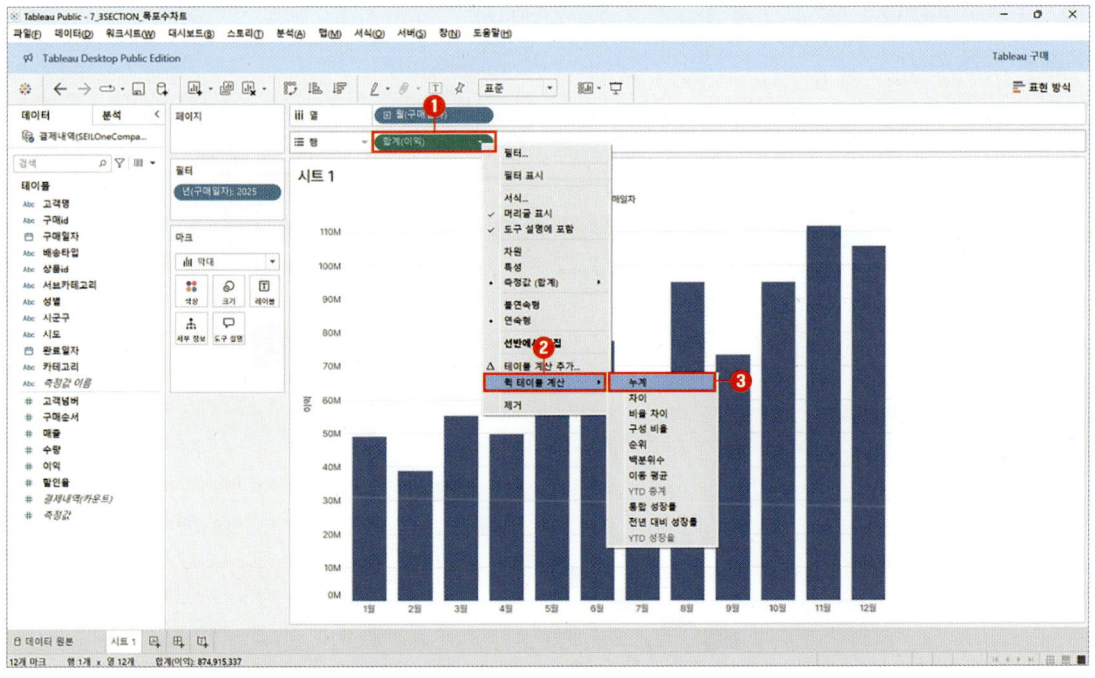

Chapter 7. 심화 시각화   237

❺ 마크를 'Gantt 차트'로 변경한 후, 측정값의 [이익]을 크기 마크에 놓는다.

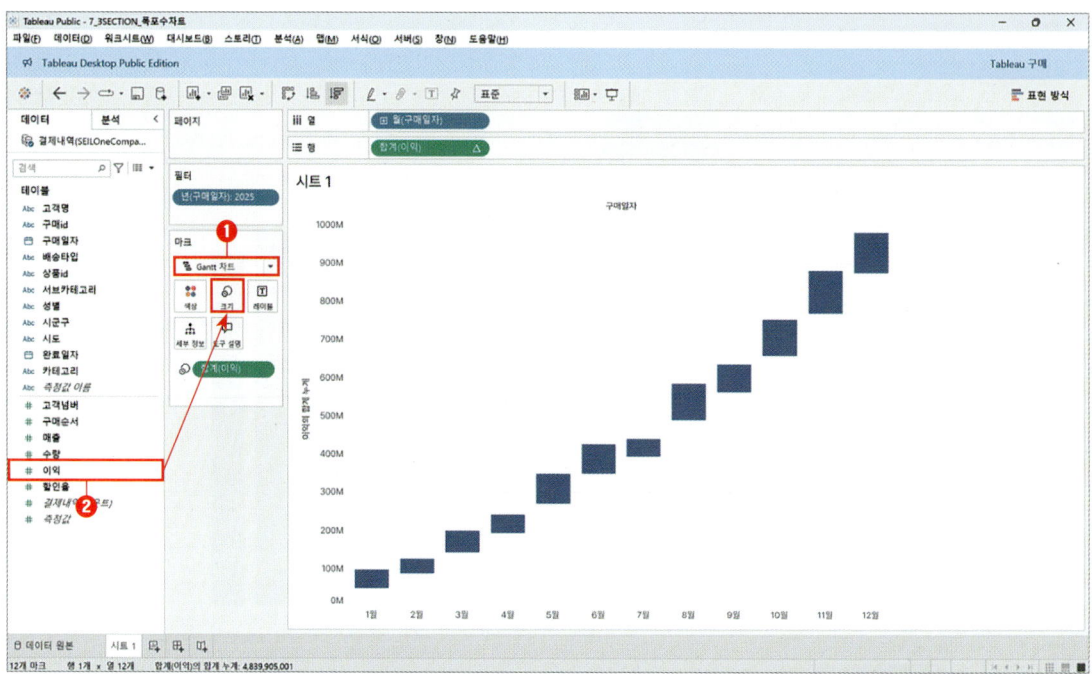

❻ 크기 마크의 합계(이익)를 더블 클릭한 다음에 'SUM([이익])' 앞에 '–'를 추가한다.

❼ 상단 '분석' 메뉴 → 총계 → 행 총합계 표시를 선택한다.

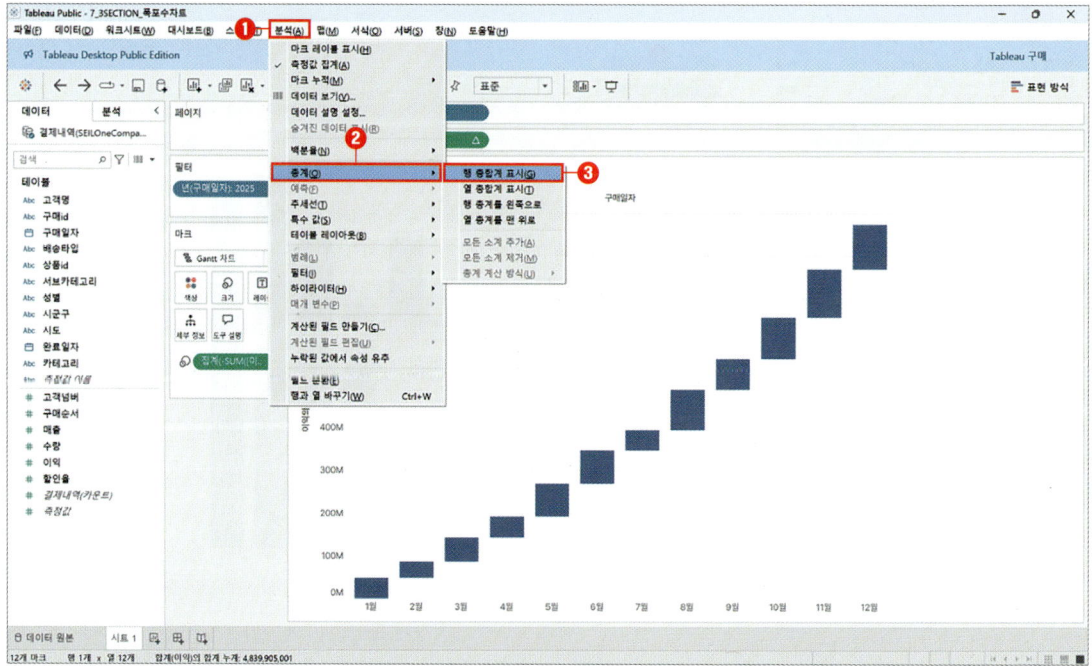

❽ [이익] 필드를 색상 마크와 레이블 마크에 각각 놓는다.

❾ 레이블 마크에 있는 [합계(이익)]에 우클릭 → 서식 → 패널 탭 → 기본값 → 숫자 → 통화(사용자 지정) → 소수 자릿수: 1, 디스플레이 장치: 백만(M)으로 설정한다.

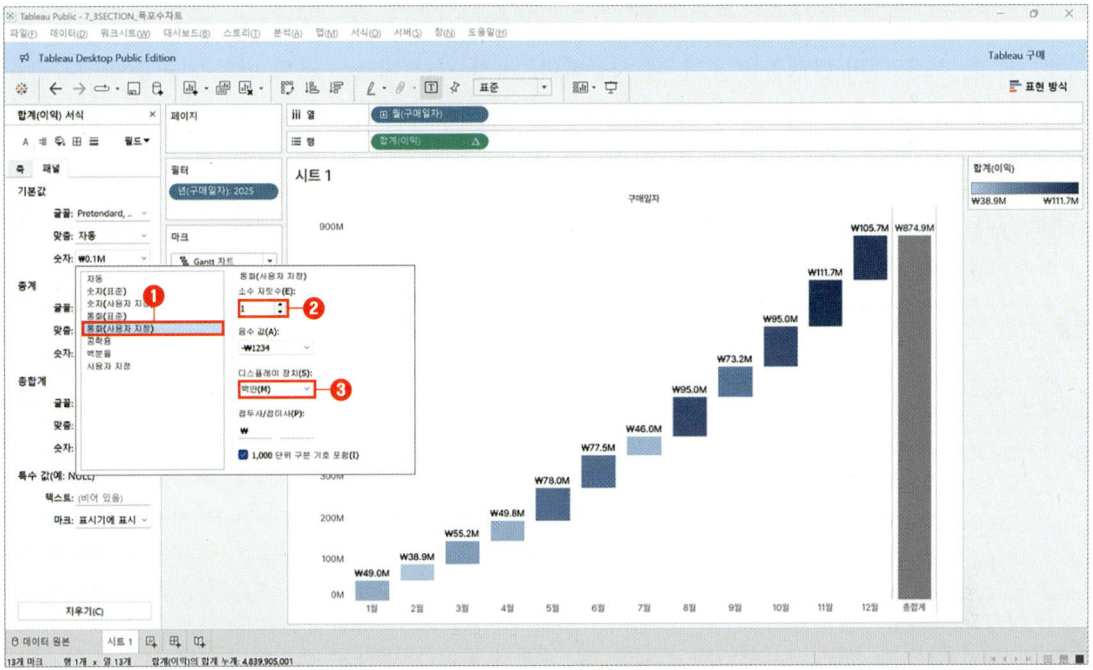

❿ 폭포수 차트가 다음과 같이 완성되었다.

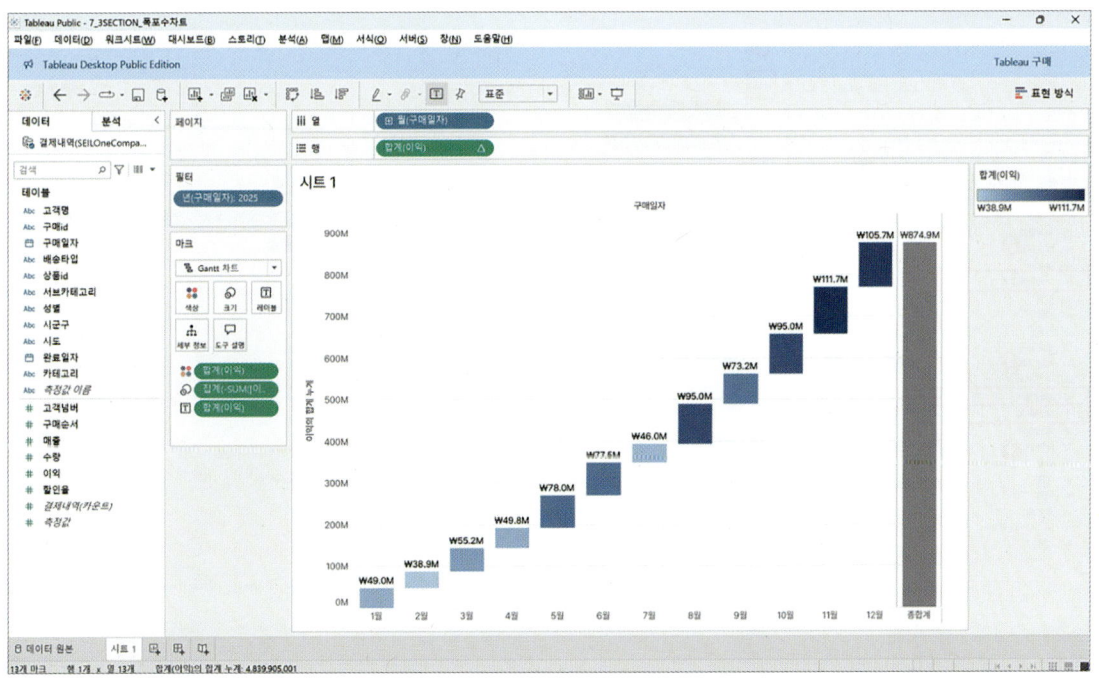

Chapter 7. 심화 시각화

SECTION 4 불릿 차트(Bullet chart)

📁 SEILOneCompany_Sales데이터.twbx

불릿 차트는 목표 대비 달성률을 구할 때 사용하며, 이전 기간 대비 숫자의 변화 차이를 볼 때 활용한다.

불릿 차트를 만드는 방법은 크게 두 가지이며 분석 패널에 있는 참조선을 활용해 표현하거나 측정값 2개를 각각 막대와 간트 차트로 제작한 다음에 이중 축으로 결합하는 방식이 있다.

❶ 상단 '분석' 메뉴 → 계산된 필드 만들기 선택한다.

> 필드명 - 2024이익
> IF YEAR([구매일자]) = 2024 THEN [이익] END

> 필드명 - 2025이익
> IF YEAR([구매일자]) = 2025 THEN [이익] END

❷ [2025이익]을 열 선반, [서브카테고리]를 행 선반에 놓고 내림차순 정렬한다. [2024이익]은 세부 정보 마크에 배치한다.

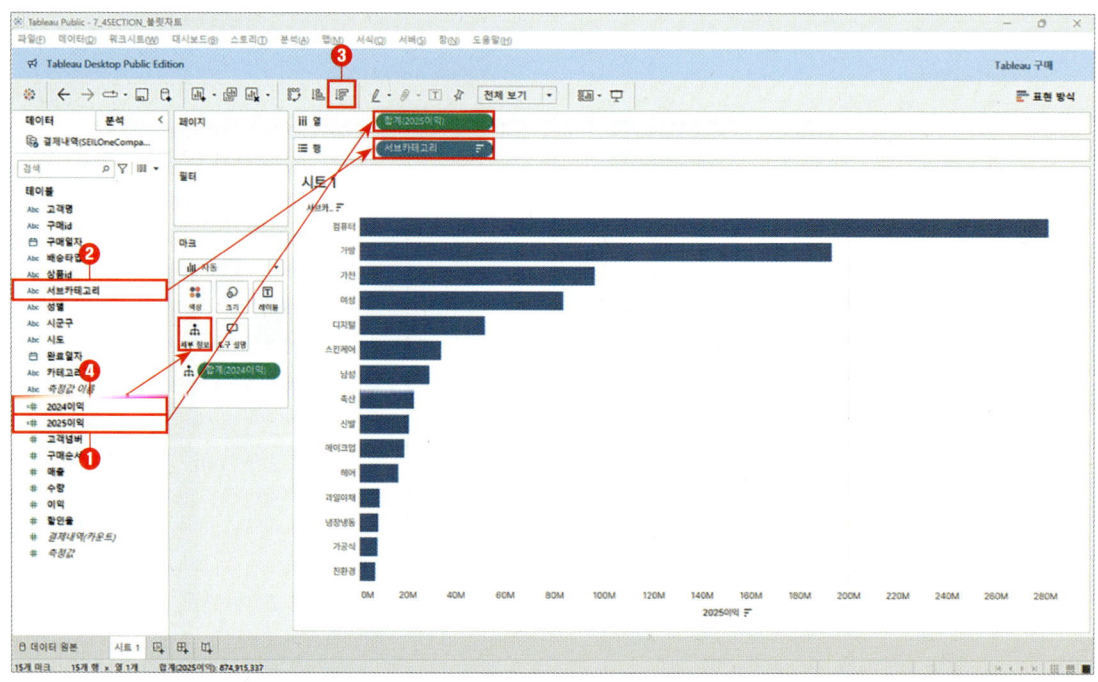

240 Part 3. 태블로 주요 시각화와 실전 가이드

❸ 분석 패널에서 셀 참조선을 추가하고 기준값을 [2024이익]으로 설정한다.

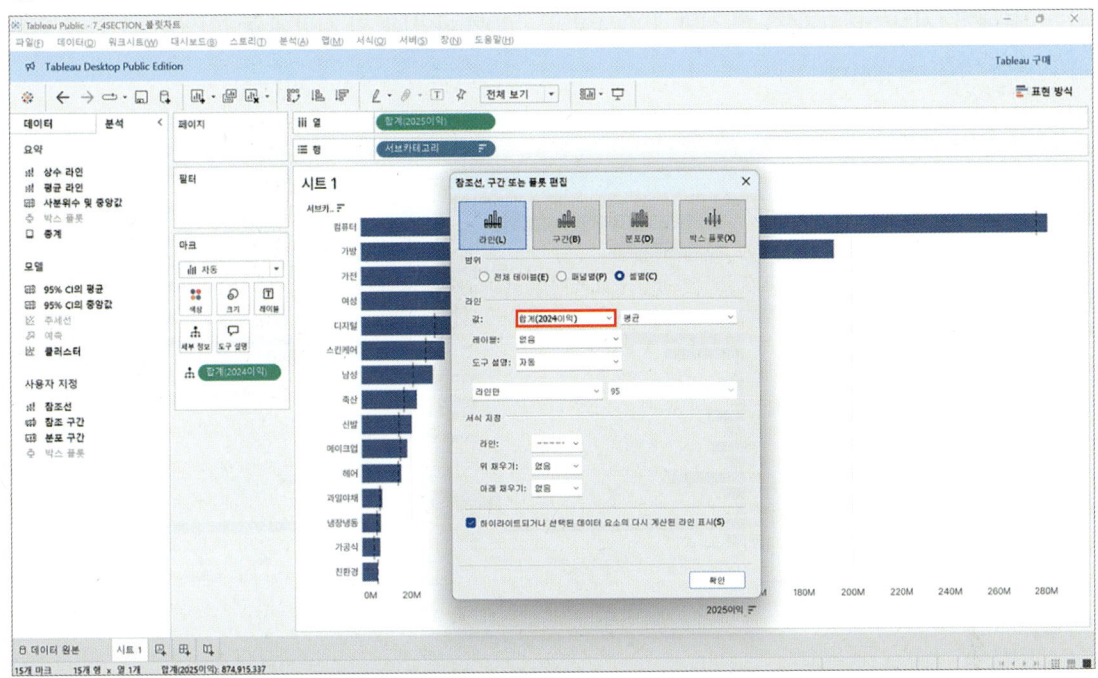

❹ 계산된 필드 [2024이익대비_TF]를 만든다.

SUM([2025이익]) >= SUM([2024이익])

❺ [2024이익대비_TF] 필드를 색상 마크에 놓는다.

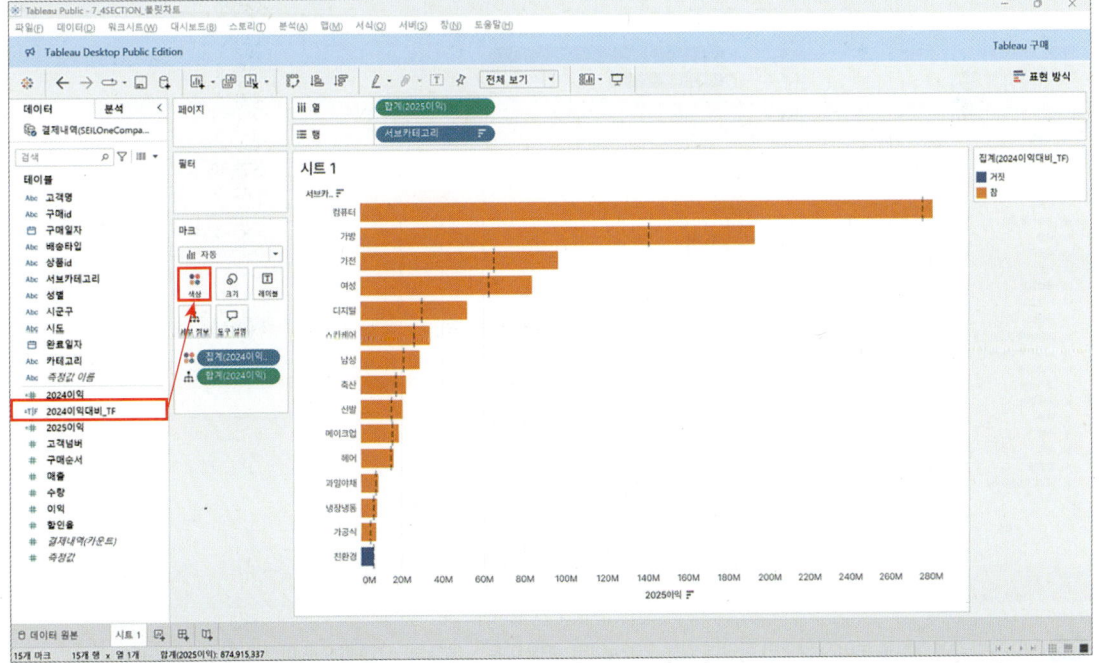

❻ 참조선을 이용하지 않고도 불릿 차트를 만들 수 있는데 이번에는 이중 축으로 생성하고자 한다. 새 워크시트에서 [서브카테고리]를 행 선반, [2024이익], [2025이익]을 열 선반에 놓고 [2025이익]에 우클릭 → 이중 축을 적용한다.

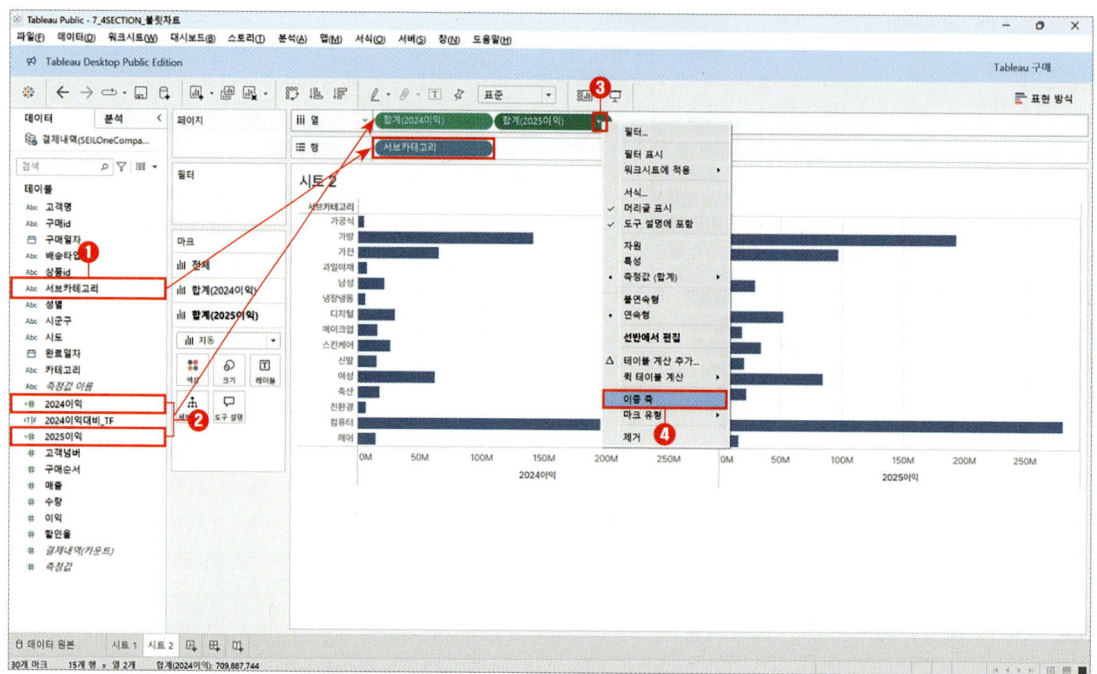

❼ [2024이익]은 간트 차트, [2025이익]은 막대 차트로 변경한다.

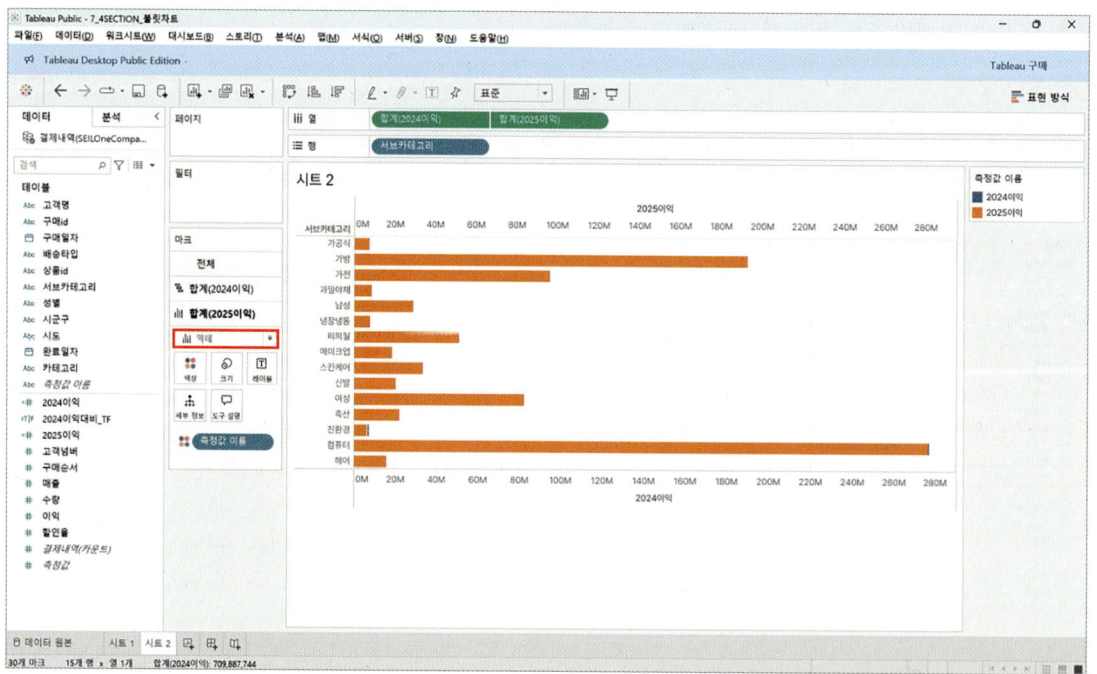

> **TIP** 2024이익이 대부분 보이지 않으면 하단에 있는 '2024이익' 축에 마우스 우클릭 → '맨 앞으로 마크 이동'을 선택한다.

❽ 양쪽 축의 범위가 서로 달라 하단에 있는 '2024이익' 축에 마우스 우클릭 → 축 동기화를 선택한다.

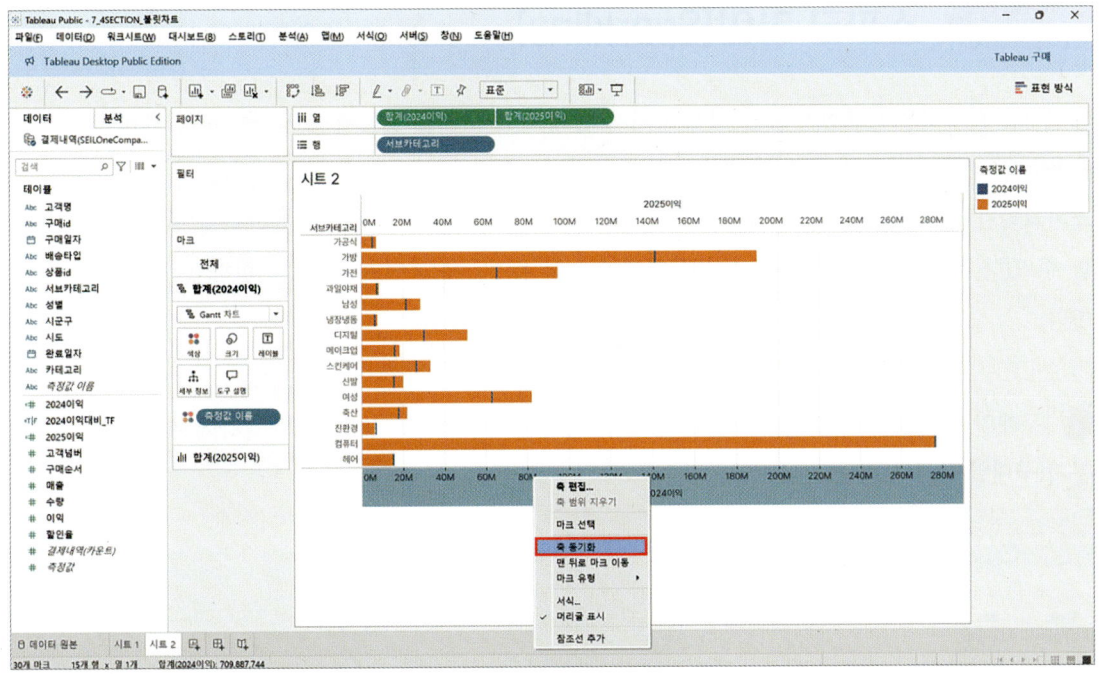

❾ 전체 마크의 색상을 제거한 뒤, [2025이익] 마크에 [2024이익대비_TF]를 색상 마크로 적용한다. 2024년보다 이익이 적은 서브카테고리는 '친환경'임을 확인할 수 있다.

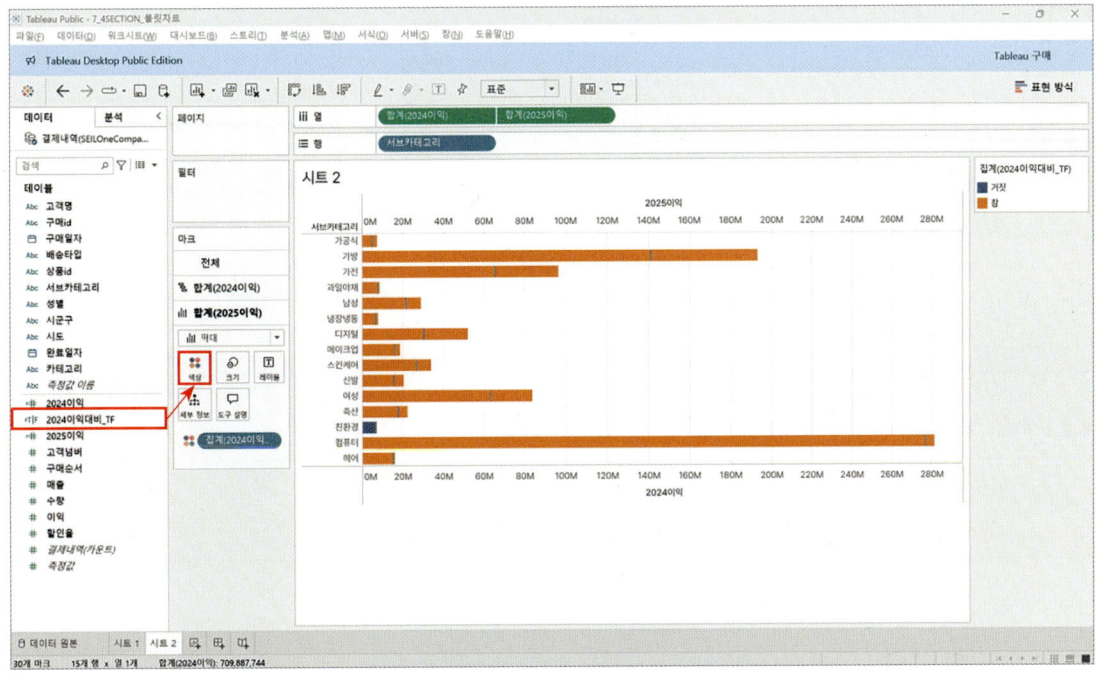

SECTION 5   스파크 라인(Sparkline)   📁 SEILOneCompany_Sales데이터.twbx

데이터를 시각적으로 표현할 때는 전체 흐름과 함께 최근 수치를 한눈에 보여주는 것이 중요하다. 이때 유용한 시각화 방식이 스파크라인(Sparkline)이다.

스파크라인은 텍스트 테이블 안에 삽입된 작은 선 그래프로, 차원별 추세나 흐름을 직관적으로 확인할 수 있다. 특히 최근 지표를 강조하기 위해 연속형 측정값을 불연속형으로 변환하고, 이중 축을 활용한다.

❶ [구매일자]를 마우스 오른쪽 드래그해서 열 선반에 놓고, 필드 놓기 대화 상자에서 초록색 연속형 분기(구매일자)를 선택한다.

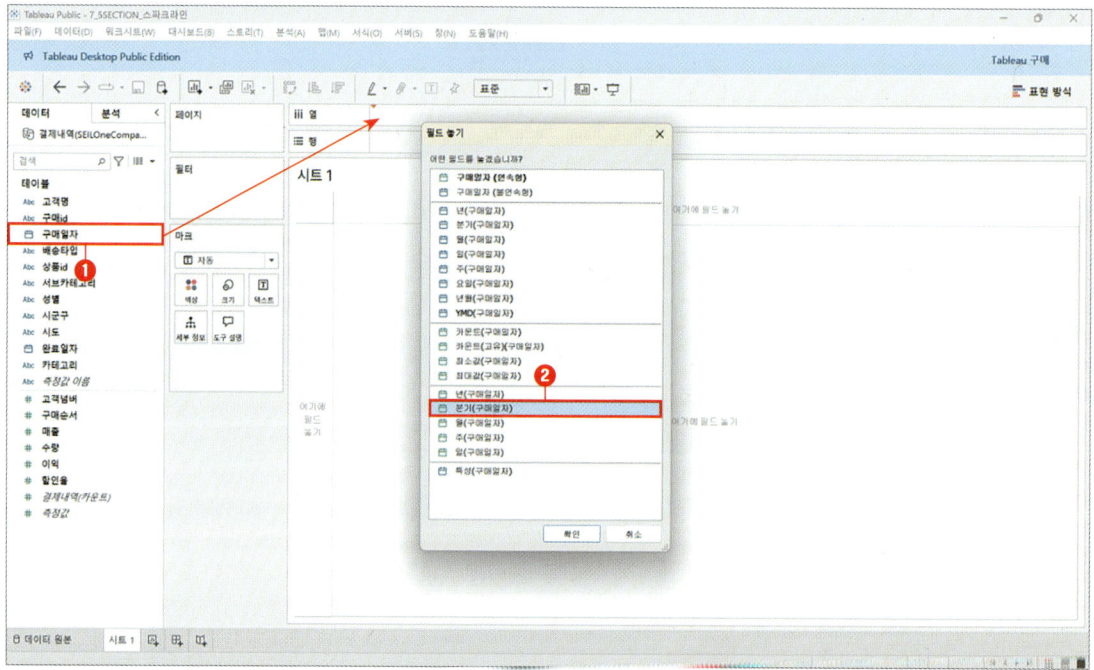

❷ [매출] 필드를 행 선반에 놓고, 새로운 계산식을 만든다.

필드명 - 최근분기매출
IF LAST( ) = 0 THEN SUM([매출]) END

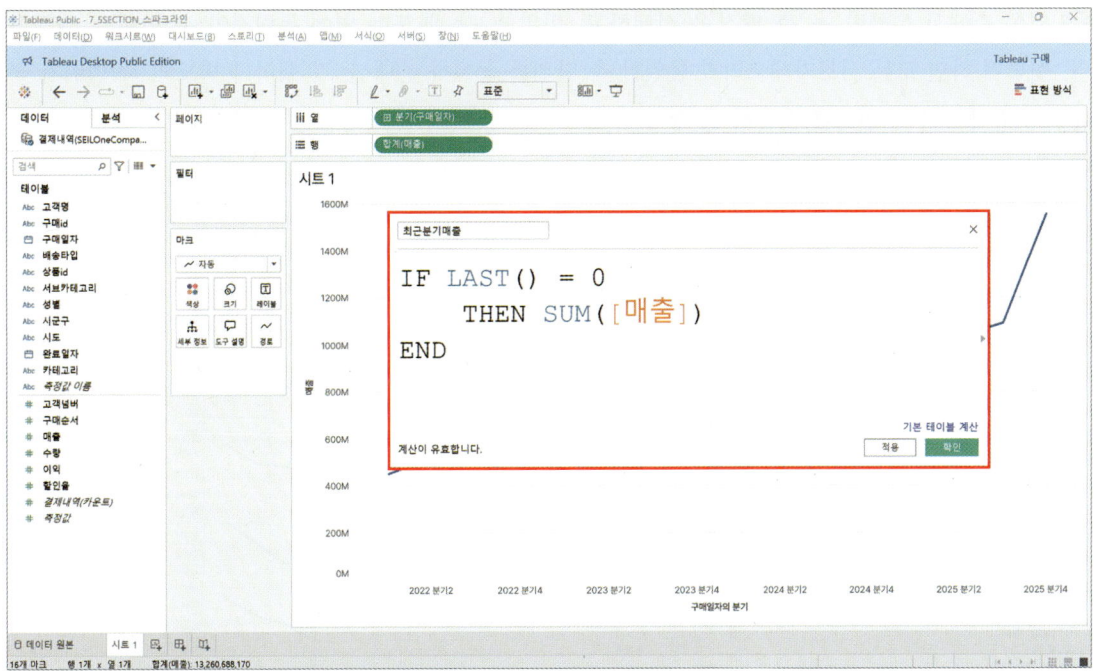

❸ [최근분기매출]을 드래그해서 행 선반의 [합계(매출)] 오른쪽에 놓는다.

❹ 행 선반에 놓은 [최근분기매출]에 우클릭 → 이중 축 선택한다.

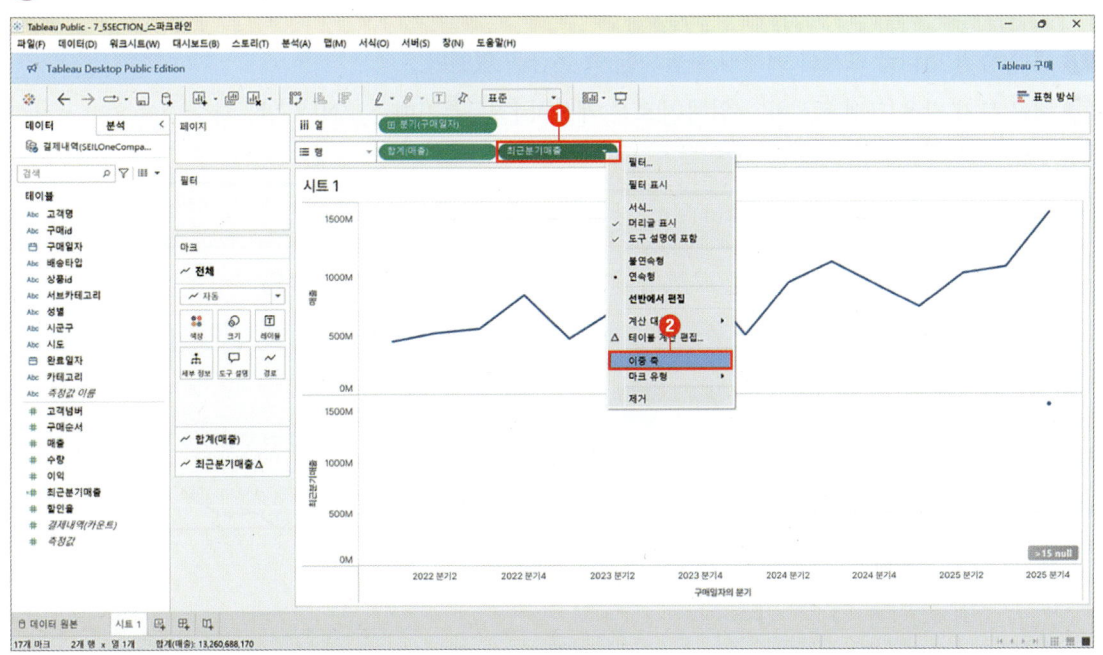

❺ 오른쪽 축에 우클릭 → 축 동기화 선택한 후, [서브카테고리]를 행 선반에 배치해 각 서브카테고리별로 스파크라인이 그려지도록 한다.

❻ 왼쪽 축에서 우클릭 → '축 편집'을 선택하고, 범위를 '각 행 또는 열에 독립적인 축 범위'로 설정한다. 이렇게 하면 모든 서브카테고리가 동일한 축 단위를 공유하는 대신, 각 행마다 별도의 축 범위가 적용되어 각각의 추세 변화를 명확히 볼 수 있다.

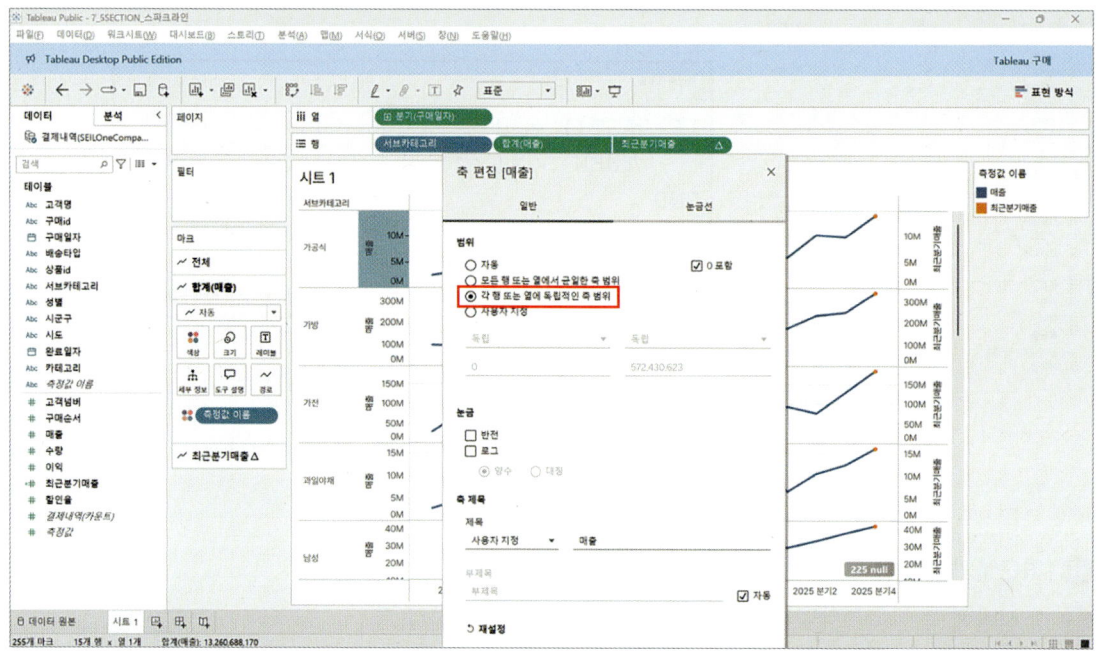

❼ 왼쪽 축의 머리글 표시를 해제해 불필요한 축 눈금을 없앤다.

❽ 최근 분기 값을 크게 표시하기 위해 새로운 계산식 [최근분기매출_ZN]을 만든다.

필드명 - 최근분기매출_ZN
ZN(LOOKUP(SUM([매출]), LAST( )))

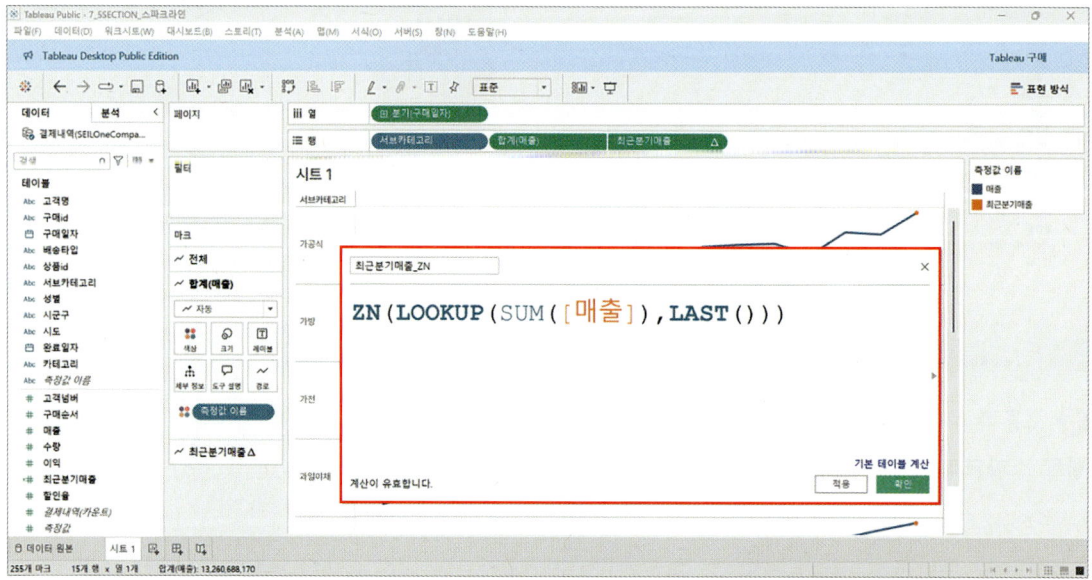

❾ [최근분기매출_ZN] 필드를 드래그해서 행 선반에 [서브카테고리] 필드와 [합계(매출)] 사이에 놓는다.

❿ 행 선반에 있는 [최근분기매출_ZN] 필드에 우클릭 → 불연속형을 선택하면, 각 서브카테고리명 바로 오른쪽에 숫자 형태로 최근 분기 매출이 크게 표시된다.

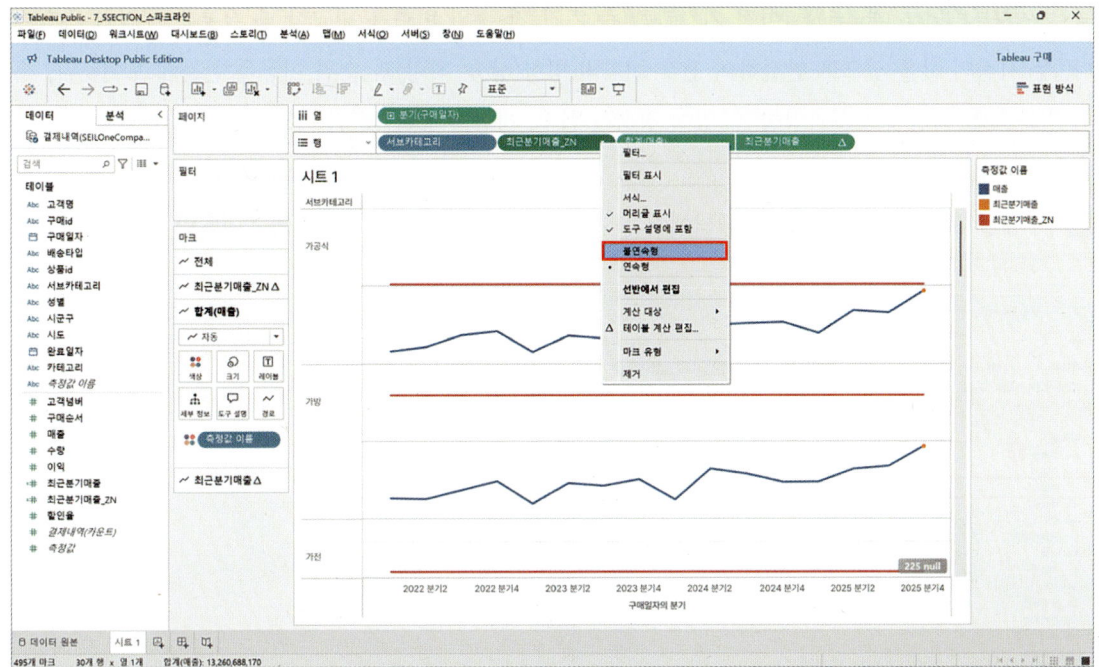

⓫ 뷰 오른쪽 하단에 나타나는 null 값(예 225 null)은 불필요하므로 우클릭 → 표시기 숨기기를 선택한다.

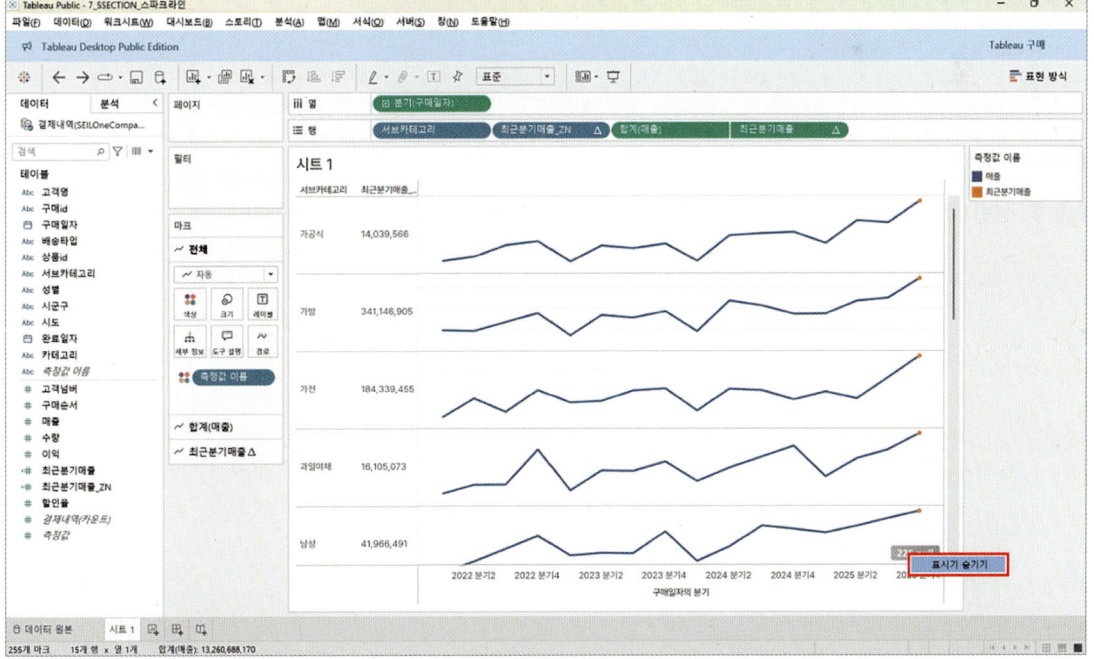

Chapter 7. 심화 시각화 247

SECTION 6 슬로프 차트(Slope chart) 📁 SEILOneCompany_Sales데이터.twbx

슬로프 차트(Slope Chart)는 이전 기간과 기준 기간 간 순위 변화를 비교할 때 유용한 시각화 방식이다. 두 시점의 값을 선으로 연결하여 전후 변화의 방향(상승·하락)과 순위 이동을 한눈에 보여준다. 특히 변화 폭을 직관적으로 파악할 수 있어 경쟁사 실적, 시장 점유율, 순위 비교 등에 적합하다.

❶ [구매일자]를 열 선반에 놓고, 필터에서 불연속형 '년'을 선택한 후 '2022'와 '2025'만 선택한다.

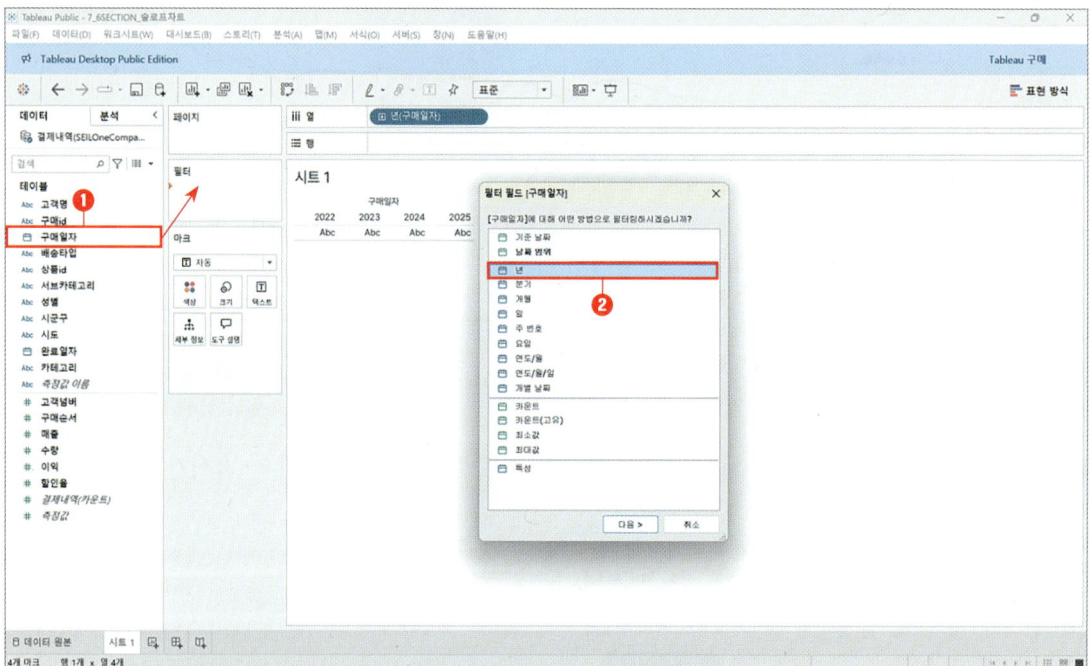

❷ [수량]을 행 선반에, [서브카테고리]를 세부 정보 마크에 놓는다.
❸ 행 선반에 있는 [합계(수량)]에 우클릭 → 퀵 테이블 계산 → 순위를 선택한다.

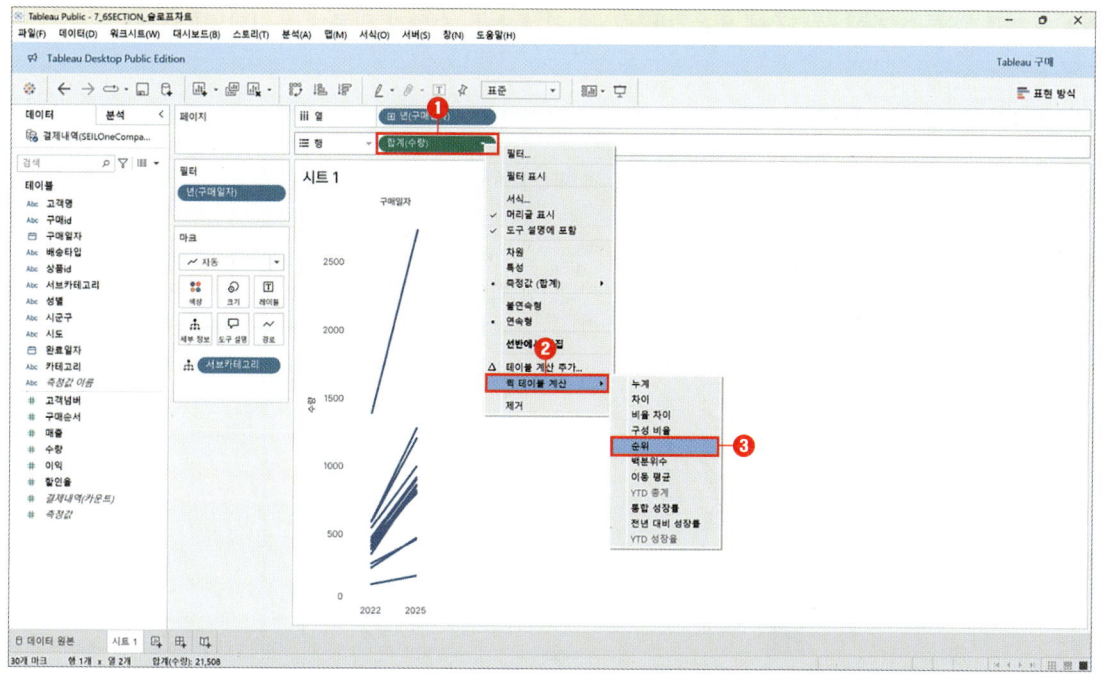

❹ 행 선반에 있는 [합계(수량) △]에 우클릭 → 테이블 계산 편집을 선택한다.

❺ 테이블 계산 편집 대화 상자에서 계산 대상을 '특정 차원'으로 지정하고, '구매일자의 연도'는 체크 해제한 뒤 '서브카테고리'만 체크한다.

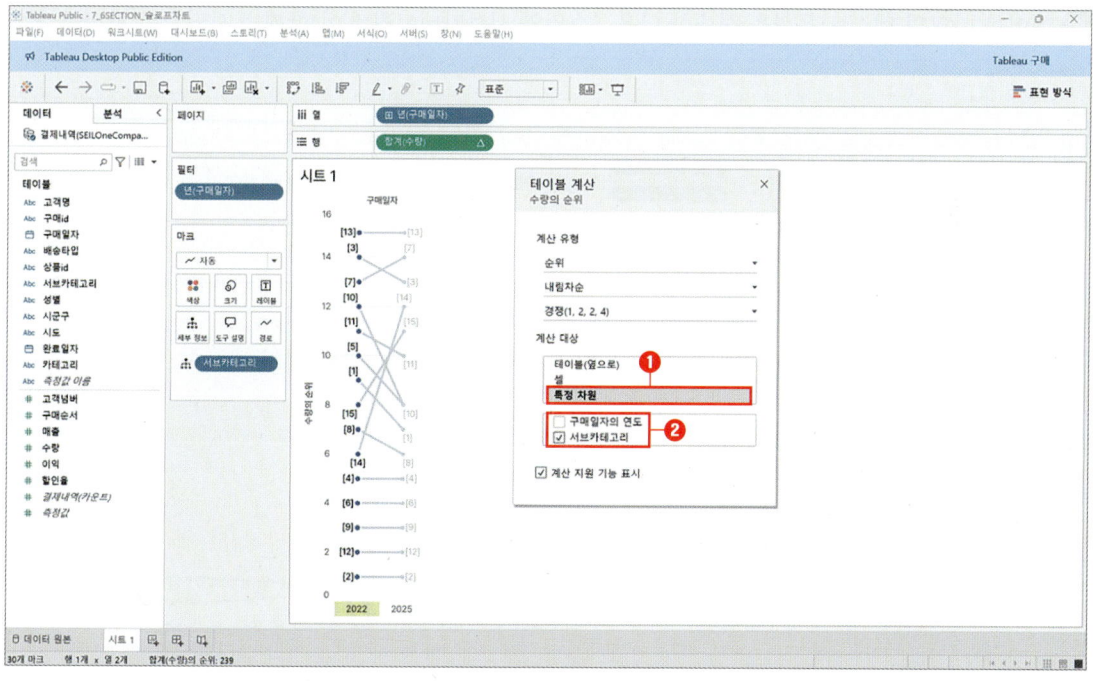

❻ 왼쪽 '수량의 순위' 축에 우클릭 → 축 편집 선택한다.

Chapter 7. 심화 시각화 249

❼ 축 편집 대화 상자에서 눈금에 있는 '반전'을 체크해 높은 순위가 위쪽에 표시되도록 한다.

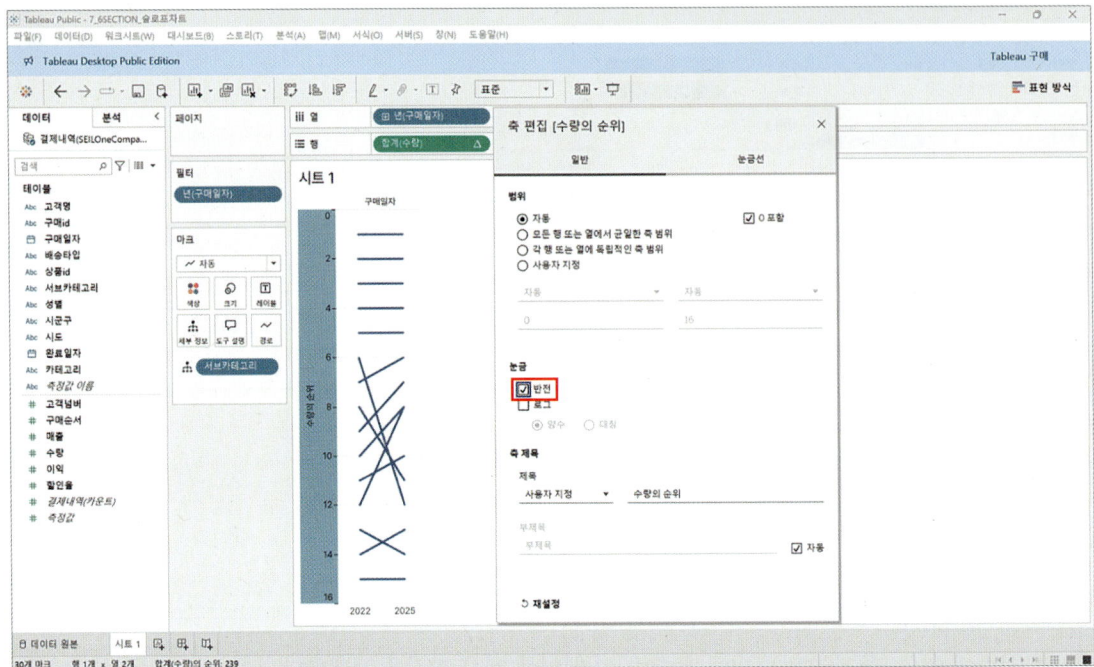

❽ 툴바의 맞춤을 전체 보기로 변경한 후, [서브카테고리] 필드를 드래그해서 레이블 마크에 놓는다.
❾ 행 선반에 있는 [합계(수량) △] 필드를 Ctrl 키 누른 다음 드래그해서 레이블 마크에 놓는다.
❿ 레이블 마크의 텍스트 옵션을 선택한 다음, '순위와 서브카테고리명'이 함께 표시되도록 편집한다.

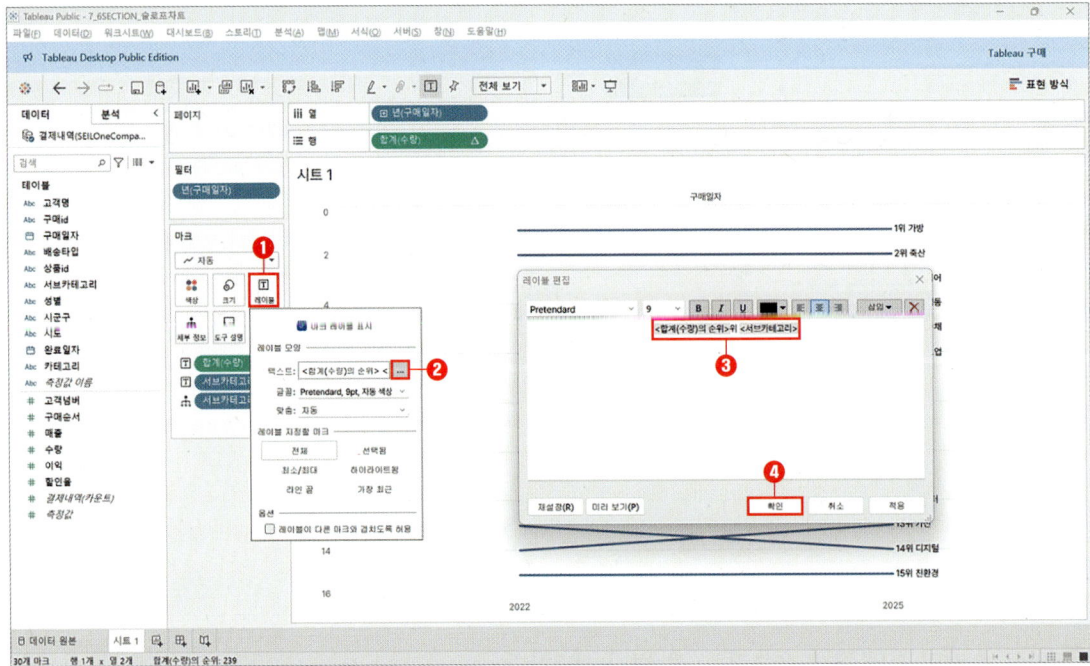

250   Part 3. 태블로 주요 시각화와 실전 가이드

⑪ 왼쪽 축에 우클릭 → 머리글 표시 해제한다. 이렇게 하면 2022년과 2025년 사이 순위 변화가 선으로 연결된 슬로프 차트가 완성된다.

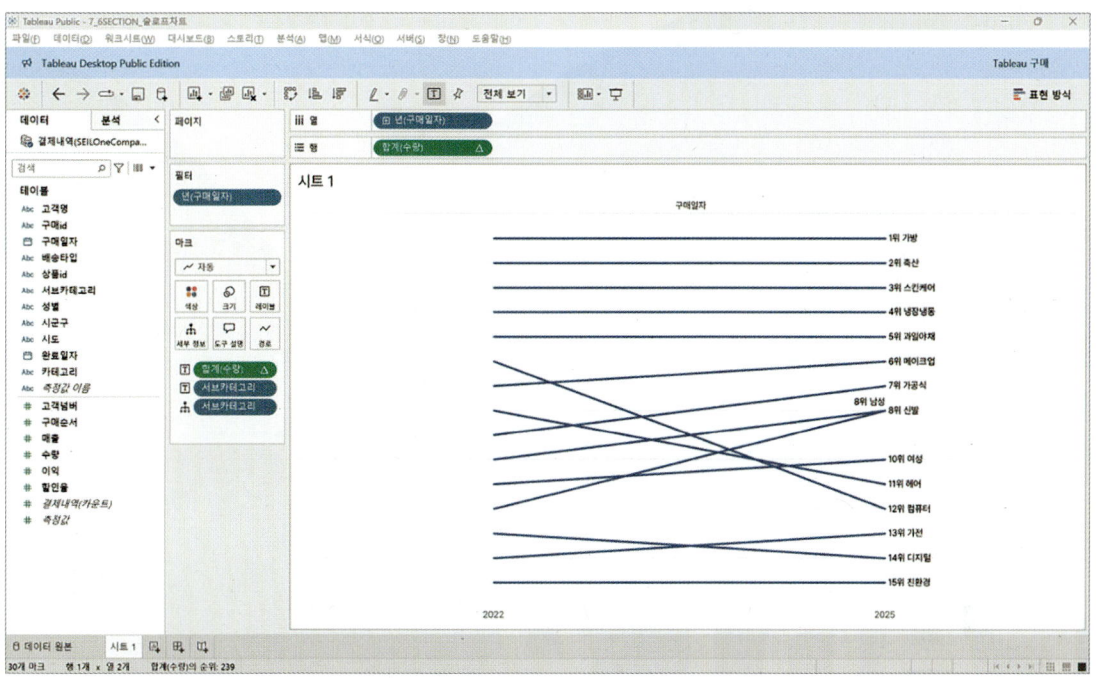

PART 4
출제예상문제

1회 출제예상문제
2회 출제예상문제 심화
3회 출제예상문제
4회 출제예상문제 심화

국 가 기 술 자 격 검 정
경영정보시각화능력 실기 시험

프로그램명	제한시간
태블로	70분

수험번호: _____

성　　명: _____

1회 출제예상문제

<유의사항>

◆ '문제 및 데이터 안내'에 따라 시험에 응시하여야 하며, 이를 소홀히 하여 발생한 불이익과 책임은 수험자 본인에게 있습니다.
◆ 데이터 추출이 안 된 상태에서 응시프로그램을 종료하는 경우 작성 답안이 훼손될 수 있으므로 데이터 추출 확인 후 응시프로그램을 종료하여야 합니다.
◆ 수험자의 올바르지 않은 작업으로 인하여 작성 답안 파일이 훼손된 경우 그에 대한 책임은 수험자 본인에게 있으며, 새 답안 작성 파일은 제공되지 않습니다.
◆ 시험이 시작되면 즉시 문제 데이터 파일 존재여부와 답안 작성 파일의 문제3-4 대시 보드에 차트, 표, 데이터가 보이는지 확인하시기 바랍니다.
　- 문제 데이터 파일 위치: [문제1] C:\TB\문제1_데이터 폴더/ [문제2,3] C:\TB\문제2,3_데이터 폴더
　- 문제 데이터파일은 존재여부만 확인하며 엑셀 등으로 열어보면 실격 처리
　- 답안작성 파일 위치: C:\TB\수험자번호.twbx
　- 화면에 띄워진 답안작성 파일의 문제3-4 대시보드 확인
◆ 시험 중 인터넷 통신 오류 팝업 메시지가 발생할 경우 엑스(X)를 클릭하여 팝업 메시지 창을 닫고 진행하시기 바랍니다.
◆ 아래는 답안의 저장 및 시험종료 관련 안내입니다.
　- 메뉴 '파일'-'저장'으로 저장(툴바 저장 아이콘(📁) 또는 'Ctrl+S' 사용금지)
　- 엑셀 데이터 추출 확인 메시지 창이 나올 경우 반드시 '추출 만들기' 버튼 누름
　- 데이터원본 화면에서는 저장이 안 되니 시트화면으로 전환하여 저장
　- 시험 진행 중 작성 답안은 수시로 저장
　- 시험종료 전 반드시 메뉴 '파일'-'저장'으로 저장하고 프로그램을 종료해야 합니다. 이외 방법으로 시험종료하여 발생하는 문제 [오류발생/저장불가]에 대한 책임은 수험자에게 있습니다.
◆ 별도의 지시사항이 없는 경우, 다음과 같이 처리할 때 [실격 처리]됩니다.
　- 제시된 파일, 페이지/대시보드, 데이터 원본의 이름, 차원/측정값 속성을 임의로 변경한 경우
　- 제시된 파일, 데이터 원본을 임의로 삭제, 추가, 변경한 경우
　- 시트/워크시트/대시보드를 임의로 삭제, 추가하거나 명칭을 변경한 경우
　- 제시된 작성 답안 파일의 경로 또는 파일명을 변경한 경우
　- 문제 데이터를 시험 시작 전에 열어보는 경우
　- 신기시험 프로그램 이외의 프로그램(엑셀 등)으로 데이터를 열어보는 경우
　- 작성한 답안 파일이 훼손되어 열리지 않거나 문제 풀이가 불가능한 경우
◆ 반드시 답안작성은 문제에서 지시한 위치에 작업해야 하며 다음과 같이 처리 시 해당 작업 또는 그 작업에 영향을 미치는 문제, 개체, 시트 등은 [오답 처리]됩니다.
　- 제시된 함수가 있으면 제시된 함수만을 사용해야 하며 그 외 함수를 사용해 풀이한 경우
　- 지시하지 않은 차트, 컨테이너, 매개변수 등을 임의로 이동, 수정(변경), 삭제 등으로 인해 위치 및 내용이 변경된 경우
　- 임의로 기본 설정값(Default)을 변경한 경우
　- 숫자데이터를 임의로 문자화하여 처리한 경우
　- 개체가 해당 영역을 벗어난 경우
　- 작업한 개체가 너무 작아 정보 확인이 어려운 경우
　- 지시사항과 띄어쓰기, 대소문자 등을 다르게 작업한 경우(계산식 제외)
◆ 문제지에 제시된 [완성화면] 그림 관련입니다.
　- 문제 상단에 있는 [완성화면] 그림은 각 문제의 세부문제 전체를 풀이했을 때 도출되는 것으로 개별 세부문제를 풀이한 후의 [완성화면] 그림과 다를 수 있음
　- 문제풀이 순서 또는 시각적 개체 작성 순서, PC 환경 등의 이유로 수험자가 작성한 개체의 모니터 화면과 모양, 색상, 위치 등이 다를 수 있음
◆ 본 문제와 용어는 태블로 데스크톱 퍼블릭 에디션(Tableau Desktop Public Edition) 2024.3.0 버전을 기준으로 작성되었습니다.

문제 및 데이터 안내

1. 수험자가 작성할 답안파일은 1개입니다. 문제1, 문제2, 문제3의 답을 하나의 답안파일(.twbx)로 저장하십시오.
2. 문제1, 문제2, 문제3은 각각 독립적으로 구성되어 앞 문제를 풀지 않아도 다음 문제 풀이가 가능합니다.
3. 문제1은 데이터 불러오기를 통해 문제를 풀이하고, 문제2와 문제3은 답안에 이미 데이터가 포함되어 있어 다시 데이터를 불러오지 말고 바로 문제 풀이를 하십시오.
   - 데이터 파일은 문제1을 위한 데이터 파일과 문제2, 3을 위한 데이터 파일로 구성되어 있습니다.
   - 엑셀 데이터 불러오기는 메뉴 → 데이터 → 새 데이터 원본을 선택하여 작업하시기 바랍니다.
4. 문제2와 문제3 풀이를 위해 필요한 일부 측정값, 필터가 답안파일에 미리 적용되어 있을 수 있습니다.
   - 지시사항에 제시되지 않은 것은 변경하지 마십시오.
   - 사전에 적용된 필터 등이 삭제되지 않도록 '시트 지우기' 기능을 절대 사용하지 마십시오.
5. 문제는 문제(문제1~3) - 세부문제(1~4) - 지시사항(①~③) - 세부지시사항(▶, –) 단위로 구성됩니다.
6. 지시사항(①~③)별로 점수가 부여되며, 지시사항의 전체 세부지시사항(▶, –)을 작업하지 않을 경우 점수가 부여되지 않습니다. ※ 부분 점수 없음
7. 본 시험에서 사용되는 데이터 파일 수와 데이터명은 아래와 같습니다.
   - [문제1] 데이터 파일 수: 1개 / 데이터명: 온라인쇼핑몰_판매매체별_상품군별거래액_2017_2024.xlsx

파일명	온라인쇼핑몰_판매매체별_상품군별거래액_2017_2024.xlsx							
테이블	구조							
데이터	상품군별(1)	상품군별(2)	판매매체별(1)	2017.01	2017.02	…	2024.11	2024.12
	합계	소계	계	7,301,479	7,148,849	…	22,630,651	22,869,664

   - [문제2, 3] 데이터 파일 수: 1개 / 데이터명: 우리나라 인구수_2021_2024.xlsx

파일명	우리나라인구수_2021_2024.xlsx					
테이블	구조					
인구	연도	시도	시군구	성별	나이	인구수
	2021	서울특별시	종로구	남	0~4세	1363

문제 1   작업준비 [30점]

이름
온라인쇼핑거래액

필드

유형	필드명	물리적 테이블	원격 필드명
Abc	상품군별(1)	데이터	상품군별(1)
=Abc	상품군	계산	Calculation_9...
Abc	상품군별(2)	데이터	상품군별(2)
Abc	판매매체별(1)	데이터	판매매체별(1)
=Abc	구매방법	계산	Calculation_9...
=📅	날짜	계산	Calculation_9...
=#	거래액(억원)	계산	Calculation_9...
=#	2024거래액(억원)	계산	Calculation_9...
=#	2023거래액(억원)	계산	Calculation_9...

1. 답안파일을 열고 다음의 지시사항에 따라 데이터 불러오기 및 편집을 수행하시오. (10점)

❶ 연결 패널을 이용하여 데이터 파일을 열고 데이터를 연결하시오. (3점)
- 데이터 원본 추가: '온라인쇼핑몰_판매매체별_상품군별거래액_2017_2024.xlsx'

❷ 데이터 원본 필터에서 다음 작업을 진행하시오. (3점)

필드명	수행 방법
상품군별(1)	'합계'만 제외
상품군별(2)	'소계'만 선택
판매매체별(1)	'인터넷쇼핑'과 '모바일쇼핑' 2개만 선택

❸ [2017.01]부터 [2024.12]까지의 84개 필드를 피벗(Pivot)하시오. (4점)

2. 세부문제1에서 모델링한 데이터를 아래 지시사항에 따라 편집하시오. (10점)

❶ [피벗 필드명]을 활용해서 [날짜] 필드를 생성하시오. (3점)
- 필드 이름: 날짜
  - [피벗 필드명] 필드 활용
  - 사용 함수: DATE, DATEPARSE
  - 데이터 유형: 날짜

❷ [구매방법] 필드를 생성하시오. (4점)
- 필드 이름: 구매방법

- [판매매체별(1)]에 '인터넷'이 포함되면 '인터넷'으로 표현, '모바일'이 포함되면 '모바일'로 표현
- 사용 함수: CONTAINS, IF, ELSE

❸ [상품군] 필드를 생성하시오. (3점)
- 필드 이름: 상품군
  - [상품군별(1)] 필드를 활용하여 아래 표와 같이 데이터 변경
  - 사용 함수: REPLACE

상품군별(1)	상품군
문화 및 레저서비스	문화 & 레저서비스
여행 및 교통서비스	여행 & 교통서비스
자동차 및 자동차용품	자동차 & 자동차용품
컴퓨터 및 주변기기	컴퓨터 & 주변기기
패션용품 및 액세서리	패션용품 & 액세서리

3. 세부문제2에서 편집한 데이터를 아래 지시사항에 따라 편집하시오. (10점)

❶ [피벗 필드값]의 이름을 [거래액(백만원)]으로 변경하시오. (1점)

❷ [거래액(억원)] 필드를 생성하시오. (3점)
- 필드 이름: 거래액(억원)
  - 백만원 기준으로 되어 있는 [거래액(백만원)]을 활용해 '억' 단위의 거래액으로 소수점 첫째자리까지 표현
  - 사용 함수: ROUND, INT

❸ [거래액(억원)] 필드를 활용해 [2023거래액(억원)], [2024거래액(억원)] 필드를 생성하시오. (3점)
- 필드 이름: 2023거래액(억원)
  - [날짜] 필드에서 연도가 2023인 경우 거래액(억원)으로 표시하고 나머지는 0으로 표현
  - 사용 필드: [거래액(억원)]
  - 사용 함수: IF, YEAR, ELSE, END
- 필드 이름: 2024거래액(억원)
  - [날짜] 필드에서 연도가 2024인 경우 거래액(억원)으로 표시하고 나머지는 0으로 표현
  - 사용 필드: [거래액(억원)]
  - 사용 함수: IF, YEAR, ELSE, END

❹ 데이터 그리드에서 다음 필드를 숨기시오. (1점)
- 피벗 필드명, 거래액(백만원)

❺ 논리적 테이블의 이름과 데이터 원본의 이름을 변경하시오. (2점)
- 논리적 테이블 이름: '온라인쇼핑거래액'
- 데이터 원본 이름: '온라인쇼핑거래액_2017_2024'

문제 2 단순요소 구현 [30점]

〈시각화 완성화면〉 각 세부문제 풀이 후 아래와 같은 결과가 도출되어야 합니다.

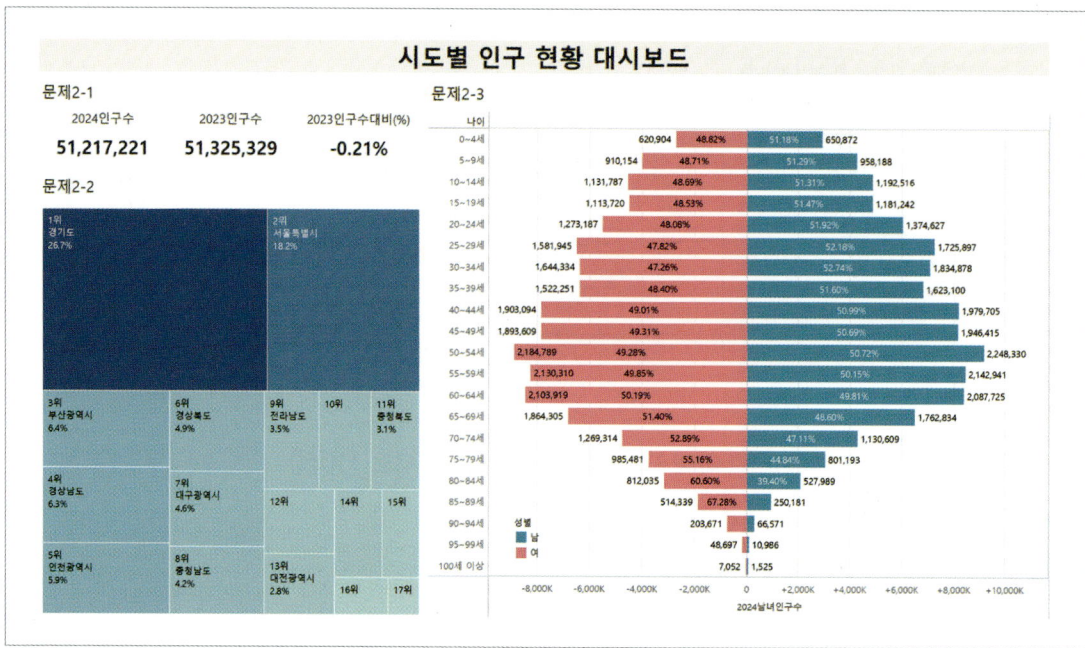

1. 〈인구 데이터〉를 활용하여 다음의 조건으로 필드를 생성한 후 카드 형태 테이블을 구현하시오. (10점)

   ❶ [2023인구수], [2024인구수], [2023인구수_대비(%)] 필드를 생성하시오. (6점)
   - 필드 이름: 2023인구수
     - [연도] = "2023"인 경우 인구수를 그 외 나머지는 NULL로 표시하는 계산식
     - 사용 함수: IIF
   - 필드 이름: 2024인구수
     - [연도] = "2024"인 경우 인구수를 그 외 나머지는 NULL로 표시하는 계산식
     - 사용 함수: IIF
   - 필드 이름: 2023인구수_대비(%)
     - 2023년 인구수 대비 2024년 인구수 성장률 구하는 계산식
     - 사용 함수: SUM
     - 해당 필드의 기본 속성에서 백분율 소수 자릿수 2로 설정

❷ 다음 설명대로 서식을 적용하시오. (4점)
- 맞춤 설정
  - 툴바의 맞춤을 '전체 보기'로 변경
- 서식 설정
  - 머리글: 글꼴 크기 '12', 정렬 '가운데'
  - 값: 글꼴 크기 '18', '굵게', 정렬 '가운데'
  - 테두리: 행 구분선을 모두 '없음'으로 변경
- 측정값 이름 정렬
  - 2024 인구수, 2023 인구수, 2023 인구수 대비(%) 순으로 정렬

2. '문제2-2' 시트에 다음의 작업을 수행하여 트리맵 차트를 구현하시오. (10점)

❶ 각 시도별로 2024년 인구수 기준 트리맵 차트를 만드시오. (4점)
- 사용 필드: [시도], [2024인구수]

❷ 각 시도별 [2024인구수] 구성 비율을 구하시오. (3점)
- 서식에서 백분율 소수 자릿수 1로 설정하시오.

❸ 각 시도별 [2024인구수] 기준 1위부터 17위까지 순위를 구하시오. (3점)
- 순위가 '#위' 형태로 표현되도록 서식에서 변경하시오.

3. '문제2-3' 시트에 다음의 작업을 수행하여 버터플라이 차트를 구현하시오. (10점)

❶ [성별]에 따라 0을 기준으로 양쪽으로 배치되는 버터플라이 차트를 구현하고 성별 색상을 설정하시오. (3점)
- 필드 이름: 2024남녀인구수
  - 0을 기준으로 [성별]에서 '남'은 오른쪽에 '여'는 왼쪽에 배치되도록 구성
  - 사용 함수: IF, SUM
  - 성별 색상: 남: #00a2b3, 여: #f1788d

❷ 각 나이별 남녀 인구수 구성 비율을 막대 안에 표시하시오. (2점)
- 같은 나이에서 성별에 따른 구성 비율을 적용하시오.

❸ 양쪽 막대 밖에는 각 나이별 2024인구수가 표시되도록 구현하시오. (3점)

❹ 다음 설명대로 축을 적용하시오. (2점)
- 상단 축 머리글 표시 해제
- 하단 축에서 음수(마이너스)로 표시되는 값 양수로 변경(단위 천(K), 소수 자릿수 0)

문제 3 복합요소 구현 [40점]

〈시각화 완성화면〉 각 세부문제 풀이 후 아래와 같은 결과가 도출되어야 합니다.

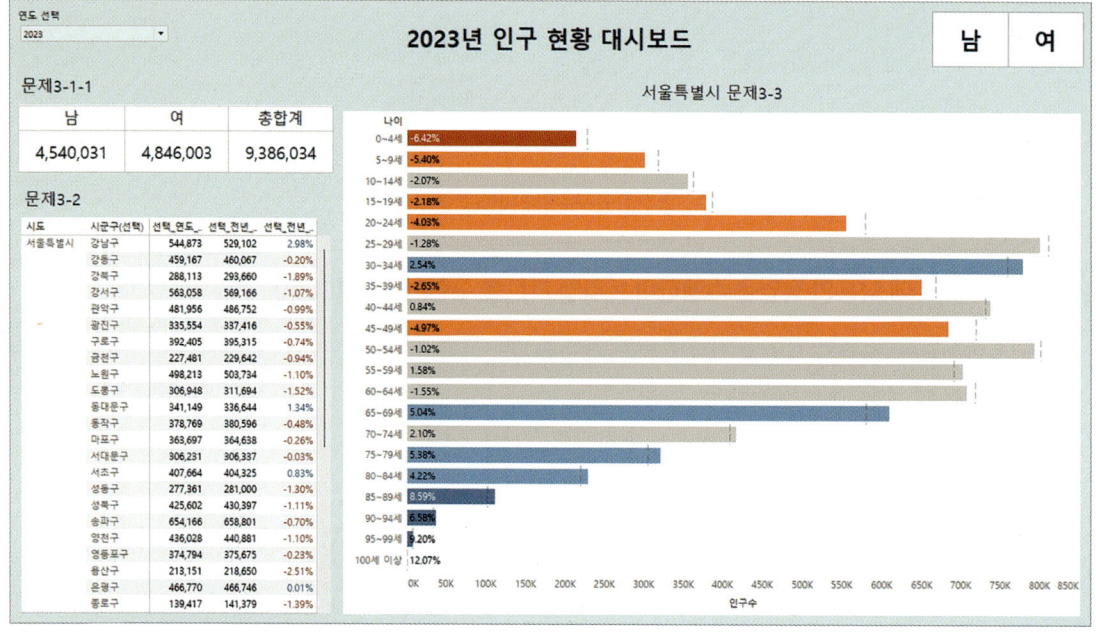

1. 〈인구 데이터〉를 활용하여 다음의 조건으로 필드를 생성한 후 카드와 필터 버튼을 구현하시오. (10점)

   ❶ '문제3-1-1' 시트에서 숫자 매개 변수 [p.연도선택]과 이를 활용한 [선택연도인구수] 필드를 생성하시오. (4점)
   - 매개 변수 이름: p.연도선택
     - 의미: 2023 또는 2024를 선택하면 각각 해당 연도의 인구수 값이 반환
     - 데이터 유형: 정수
     - 허용 가능한 값: 목록
     - 표시 형식: 1,000단위 구분 기호 포함 해제
   - 매개 변수가 적용되는 계산된 필드 이름: 선택연도인구수
     - 의미: 매개 변수에서 선택한 연도의 인구수 합계가 반환
     - 사용 함수: IF, INT, SUM
   - 선택 연도의 남, 여 인구수와 총합계를 카드 형태로 표시

- 서식 설정
  - 머리글: 글꼴 크기 '14', 정렬 가로 '가운데'
  - 값: 글꼴 크기 '16', '굵게', 정렬 가로 '가운데'
  - 총합계: 글꼴 '굵게'
  - 테두리: 행 구분선과 열 구분선이 머리글과 패널에 모두 적용

❷ '문제3-1-2' 시트에서 [성별] 필드를 사용하여 필터 버튼을 구현하시오. (3점)
- [성별] 필드를 기준으로 필터 버튼 구현
  - 성별이 '가로 방향'으로 배치되도록 구현
- 서식
  - 머리글 표시 해제
  - 텍스트 마크: 맞춤: 가로 '가운데', 글꼴 22, 볼드 처리
  - 테두리: 시트 – 행 구분선 – 패널 없음, 기본값 셀: 테두리 색상: #b4b4b4

❸ '문제3-1-2'가 '문제3' 대시보드에서 필터로 작동하도록 동작 기능을 구현하시오. (3점)
- 동작
  - 원본 시트: '문제3-1-2'에서 생성한 필터 버튼을 필터로 사용
  - 대상 시트: '문제3-2'와 '3-3' 시트에만 필터 적용이 됨
- 동작 이름: f.성별인구현황
- 동작 실행 조건: 선택
- 선택을 해제할 경우의 결과: 모든 값 표시
- 기본 선택: "남"

2. '문제3-2' 시트에 시도, 시군구별로 연도 선택 매개 변수 값에 따라 선택 연도 및 전년 인구수 비교 테이블을 구현하시오. (10점)

❶ [시도(집합)]라는 집합 필드를 생성하고, 이에 대한 조건을 설정하는 [시군구(선택)] 필드를 추가하시오. (4점)
- 필드 이름: 시도(집합)
  - [시도] 필드를 기준으로 생성
  - 임의로 '서울특별시'만 선택 후 확인
- 필드 이름: 시군구선택
  - 값이 [시도(집합)]이라는 집합 필드에 포함되면 [시군구] 필드를 반환하고, 아니면 "▶"를 반환
  - 사용 함수: IF문

❷ [선택전년인구수]와 [선택전년인구대비(%)]라는 계산된 필드를 작성하시오. (3점)
- 매개 변수가 적용되는 계산된 필드 이름: 선택전년인구수
  - 의미: 매개 변수에서 선택한 연도의 전년 인구수 합계가 반환
  - 사용 함수: IF, INT, SUM
- 추가 계산된 필드 이름: 선택전년인구대비(%)
  - 의미: 매개 변수에서 선택한 연도의 인구수를 전년 인구수와 비교
  - 기본 속성 〉 숫자 형식 〉 백분율: 소수 자릿수 2로 설정

❸ 테이블에서 인구수 관련 필드를 배치하고 각 측정값별 색상을 다르게 설정하시오. (3점)
- [시도(집합)], [시도], [시군구선택] 필드를 순서대로 행 선반에 배치
- 테이블 안에 [선택연도인구수], [선택전년인구수], [선택전년인구대비(%)] 필드 순서로 삽입
- 3개의 측정값에 대한 색상을 별도의 범례로 다르게 설정
  - 선택연도인구수: 모든 값을 검은색으로 설정(#000000)
  - 선택전년인구수: 모든 값을 검은색으로 설정(#000000)
  - 선택전년인구대비(%): 색상표에서 주황색-파란색 다중, 단계별 색상 2, 가운데 0으로 설정
- [시도], [시군구(선택)] 필드 모두 [선택연도인구수] 기준으로 내림차순 정렬
- 행 선반에 맨 앞에 있는 [시도 집합]의 머리글 표시 제외

3. '문제3-3' 시트에 성별로 전년과 인구수를 비교하는 불릿 차트를 구현하시오. (5점)

❶ 나이별로 [선택연도인구수]와 [선택전년인구수]를 함께 보여주는 불릿 차트를 생성하시오. 단, 이중 축을 사용하지 않고 불릿 차트를 생성하시오. (3점)
- 열 선반: [선택연도인구수]
- 행 선반: [나이]
- 세부 정보 마크: [선택전년인구수]
- 색상: [선택전년인구대비(%)]
- 레이블: [선택전년인구대비(%)]

❷ 불릿 차트를 완성하기 위해 참조선을 적용하고 테이블을 편집하시오. (2점)
- 참조선
  - 셀 범위
  - 레이블: 없음
  - 라인: 파선(색상 #555555)
- 레이블 [선택전년인구대비(%)]
  - 백분율로 표시하되 값이 양수면 +0.00%, 음수면 -0.00%, 0인 경우 0.00%로 표시
  - 정렬: 왼쪽 맞춤

4. '문제3-4'에서 대시보드 동작 및 서식을 설정하시오. (15점)

　❶ '문제3' 대시보드에 제목 편집 및 매개 변수를 배치하시오. (3점)
　　• 대시보드 제목 편집
　　　– 제목을 '인구 현황 대시보드'라고 작성하고 맨 앞에 매개 변수인 'p.연도선택'을 배치
　　　– 대시보드 제목을 가운데 정렬하고 볼드 처리
　　• 매개 변수인 p.연도선택을 대시보드 제목 왼쪽에 추가하고 너비를 200px로 편집

　❷ '문제3' 대시보드의 '문제3-2' 시트에서 [시도(집합)]이라는 집합에 값을 할당하는 대시보드 동작을 적용하시오. (4점)
　　• 동작 이름: 선택_시도인구수확인
　　　– 원본 시트: '문제3-2' 시트만 선택
　　　– 동작 실행 조건: 선택
　　　– 대상 집합: '시도(집합)'
　　　– 동작 실행 결과: 집합에 값 할당
　　　– 선택을 해제할 경우의 결과: 집합 값 유지
　　• 시도(집합) 머리글 표시 해제

　❸ '문제3-4' 대시보드의 '문제3-2' 시트에서 [시도]를 선택하고 '문제3-1-1', '문제3-3'에 해당 시도 필터 동작을 적용하시오. (3점)
　　• 동작 이름: 시도별인구현황필터
　　　– 원본 시트: '문제3-2' 시트만 선택
　　　– 동작 실행 조건: 선택
　　　– 대상 시트: '문제3-1-1', '문제3-3' 시트 선택
　　　– 선택을 해제할 경우의 결과: 필터링된 값 유지
　　　– 필터: 선택한 필드: '시도'만 설정

　❹ '문제3-1-2' 시트를 클릭하면 '문제3-3' 시트에 해당 성별에 따라 필터되도록 설정하시오. (3점)

　❺ 전체 통합문서의 서식을 변경하시오. (2점)
　　• 통합문서 서식 변경: 전체 글꼴 'Arial'로 변경

출제예상문제 1회 정답 및 해설

문제 1   작업준비(30점)

1. 답안파일을 열고 다음의 지시사항에 따라 데이터 불러오기 및 편집을 수행하시오. (10점)

   ❶ 연결 패널을 이용하여 데이터 파일을 열고 데이터를 연결하시오. (3점)
   • 데이터 원본 추가: '온라인쇼핑몰_판매매체별_상품군별거래액_2017_2024.xlsx'

1. Tableau Public Edition을 오픈한 다음에 워크 시트 상단 툴바에 있는 📑새 데이터 원본 → 파일에 연결 → Microsoft Excel 커넥터를 선택한다.

2. 데이터 원본 폴더에서 '온라인쇼핑몰_판매매체별_상품군별거래액_2017_2024.xlsx' 파일을 연결한다.

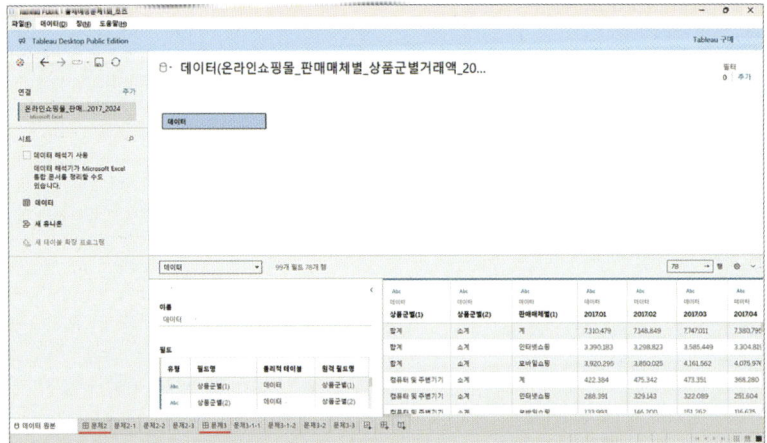

❷ 데이터 원본 필터에서 다음 작업을 진행하시오. (3점)

필드명	수행 방법
상품군별(1)	'합계'만 제외
상품군별(2)	'소계'만 선택
판매매체별(1)	'인터넷쇼핑'과 '모바일쇼핑' 2개만 선택

1. 데이터 원본 페이지 우측 상단에 있는 데이터 원본 필터 → '추가' 링크 선택한 다음에 '데이터 원본 필터 편집' 대화 상자에서 '추가' 버튼을 선택한다.
2. 필터 중 '상품군별(1)'을 선택한다.

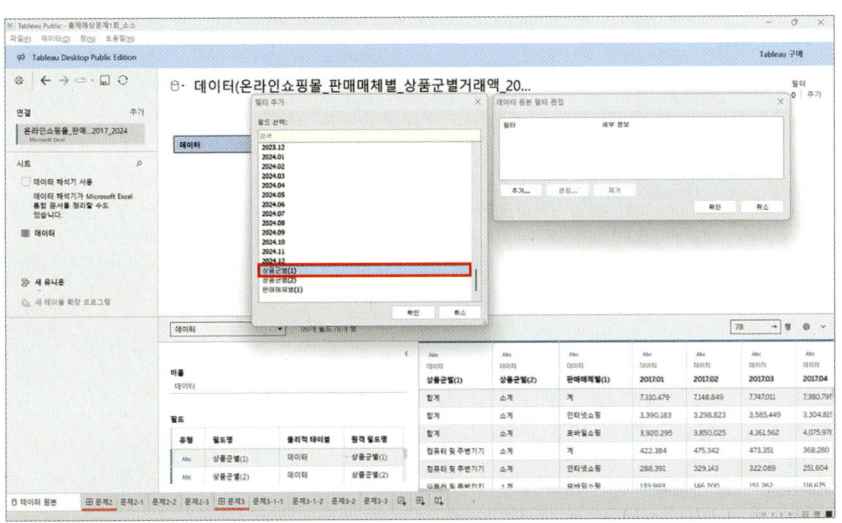

3. '합계'만 체크하고 '제외'도 체크 후 확인 버튼 선택한다.

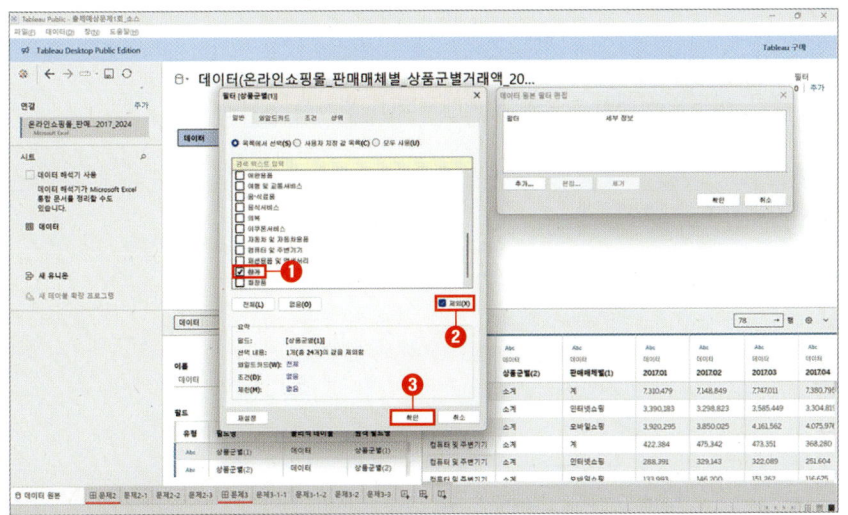

4. 데이터 원본 필터 편집에서 '추가' 버튼을 선택한 다음에 '상품군별(2)' 필드를 선택한다.

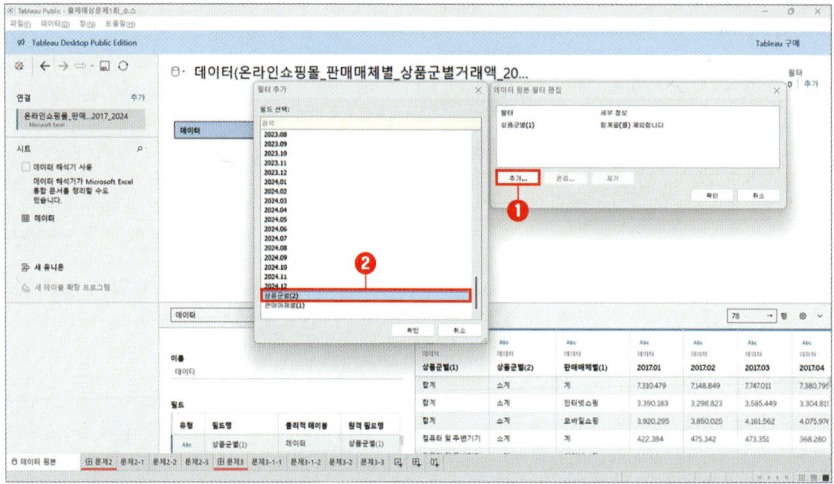

5. 필터 대화 상자에서 '소계'만 체크 후 확인 버튼을 선택한다.

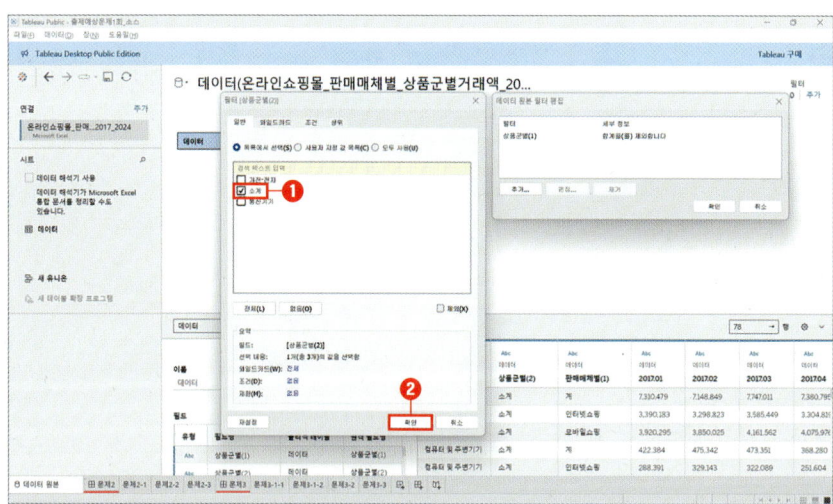

6. 데이터 원본 필터 편집에서 '추가' 버튼을 선택한 다음에 '판매매체별(1)' 필드를 선택한다.

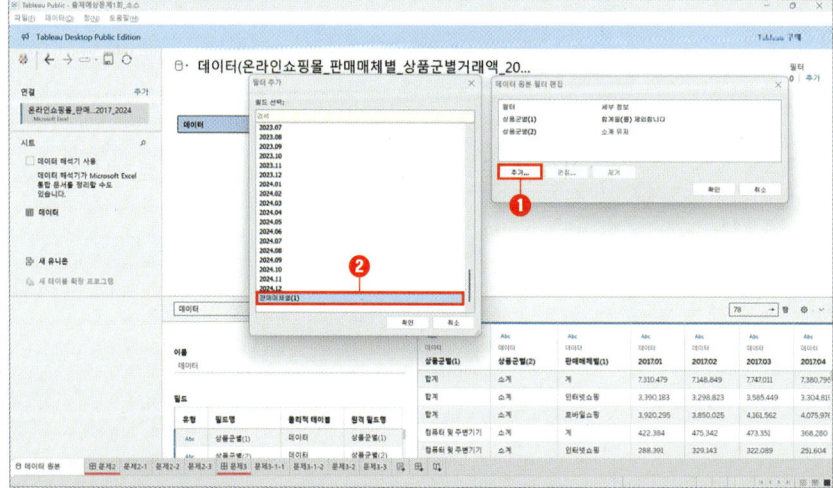

7. 필터 대화 상자에서 '모바일쇼핑'과 '인터넷쇼핑'만 체크 후 확인 버튼을 선택한다.

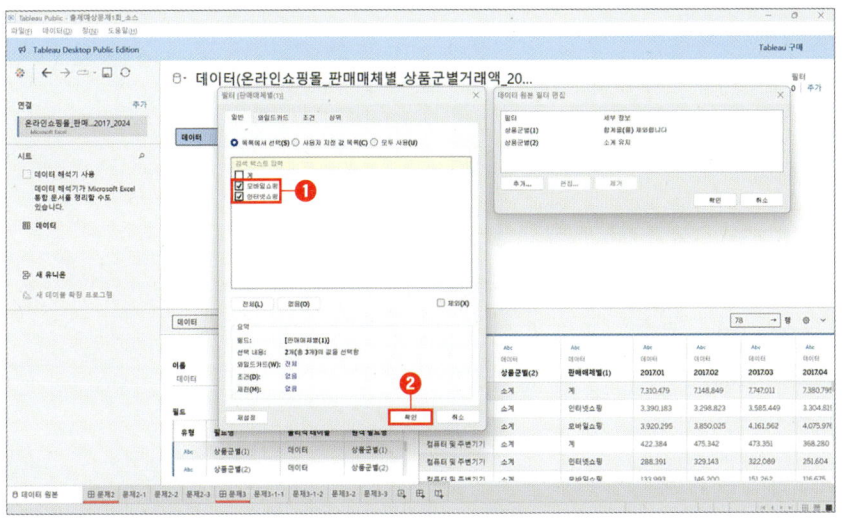

8. 데이터 원본 필터 편집 대화 상자에서 '확인' 버튼을 눌러 닫는다.

> ❸ [2017.01]부터 [2024.12]까지의 84개 필드를 피벗(Pivot)하시오. (4점)

1. 데이터 그리드에서 [2017.01]을 선택한 다음에 하단에 있는 스크롤을 우측 맨 끝으로 밀어서 이동한 다음에 Shift 키 누른 상태에서 [2024.12] 필드를 선택한다.
2. [2024.12] 필드 우측 상단에 있는 [▼] 버튼 클릭한 다음에 '피벗'을 선택한다.

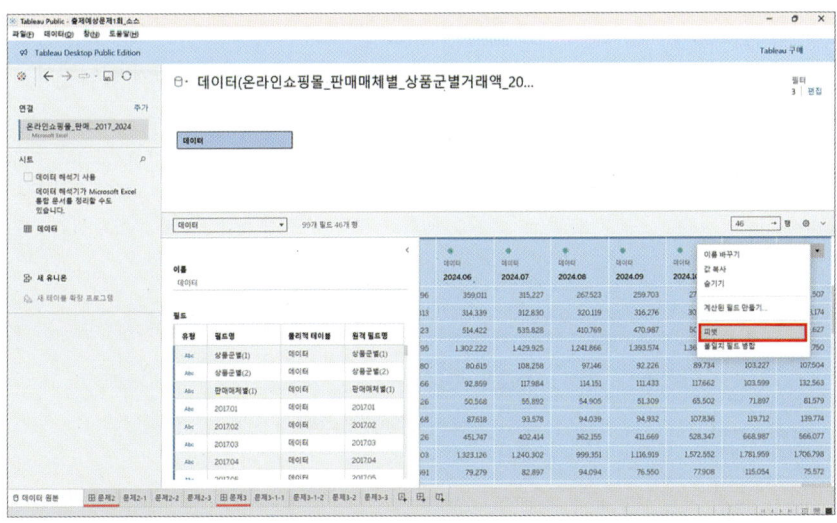

3. 기존 99개 필드, 46개 행에서 5개 필드, 4,416개 행으로 데이터가 변형된 것을 볼 수 있다.

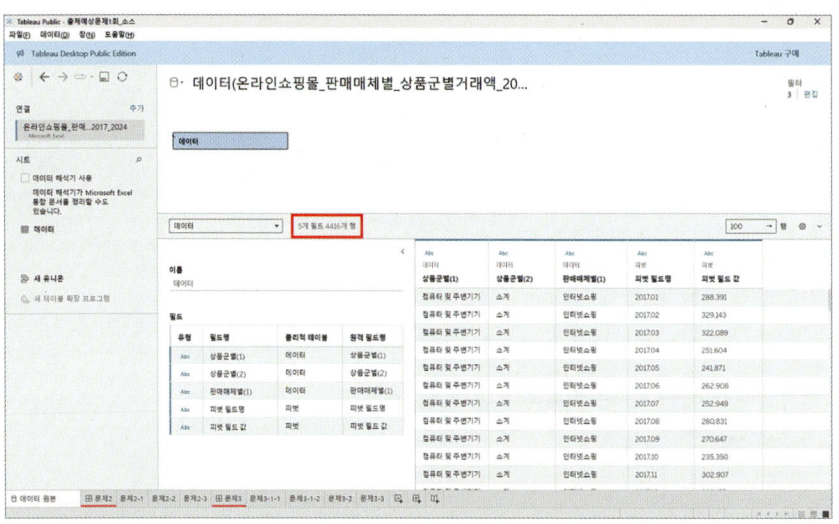

> **2. 세부문제1에서 모델링한 데이터를 아래 지시사항에 따라 편집하시오. (10점)**
>
> ❶ [피벗 필드명]을 활용해서 [날짜] 필드를 생성하시오. (3점)
>
> • 필드 이름: 날짜
>
> – [피벗 필드명] 필드 활용
>
> – 사용 함수: DATE, DATEPARSE
>
> – 데이터 유형: 날짜

1. 데이터 그리드에 있는 [피벗 필드명] 필드에 마우스 오버하면 나오는 [▼]에 계산된 필드 만들기 선택한다.

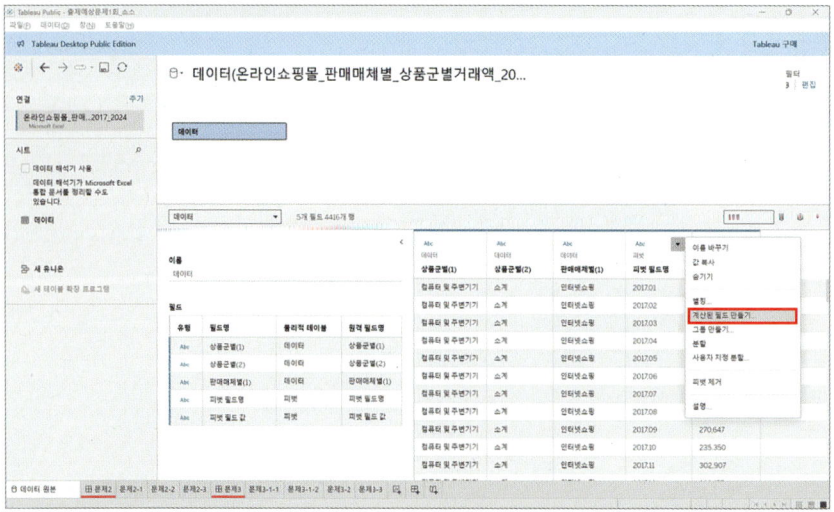

2. 다음과 같이 계산식을 작성하고 확인 버튼을 선택한다.

필드명 - 날짜
DATE(DATEPARSE("yyyy.MM",[피벗 필드명]))

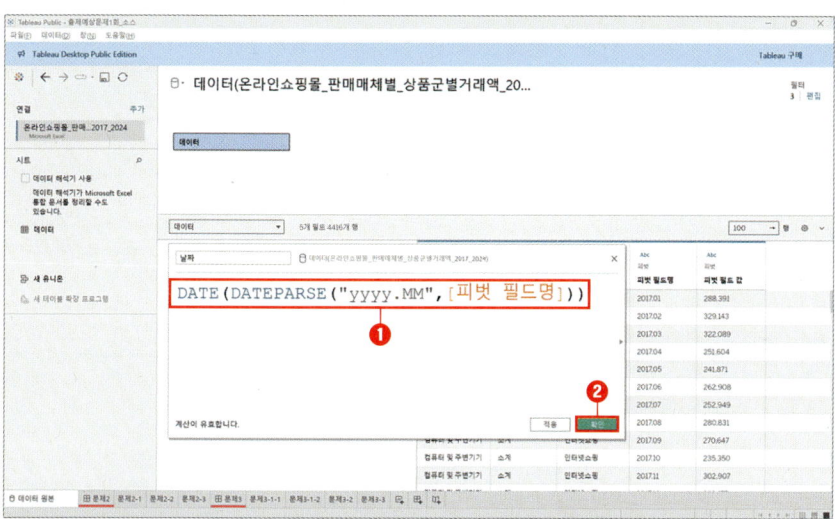

3. 날짜 유형의 [날짜] 필드가 생성된 것을 확인할 수 있다.

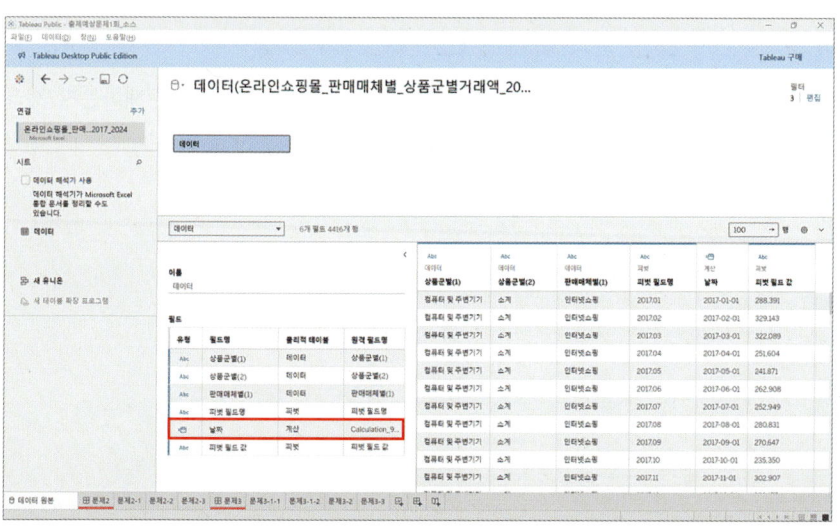

❷ [구매방법] 필드를 생성하시오. (4점)
- 필드 이름: 구매방법
  - [판매매체별(1)]에 '인터넷'이 포함되면 '인터넷'으로 표현, '모바일'이 포함되면 '모바일'로 표현
  - 사용 함수: CONTAINS, IF, ELSE

1. 데이터 그리드에 있는 [판매매체별(1)] 필드에 마우스 오버하면 나오는 [▼]에 계산된 필드 만들기 선택한다.

2. 다음과 같이 계산식을 작성하고 확인 버튼을 선택한다.

필드명 - 구매방법
IF CONTAINS([판매매체별(1)],"인터넷")
    THEN "인터넷"
    ELSE "모바일"
END

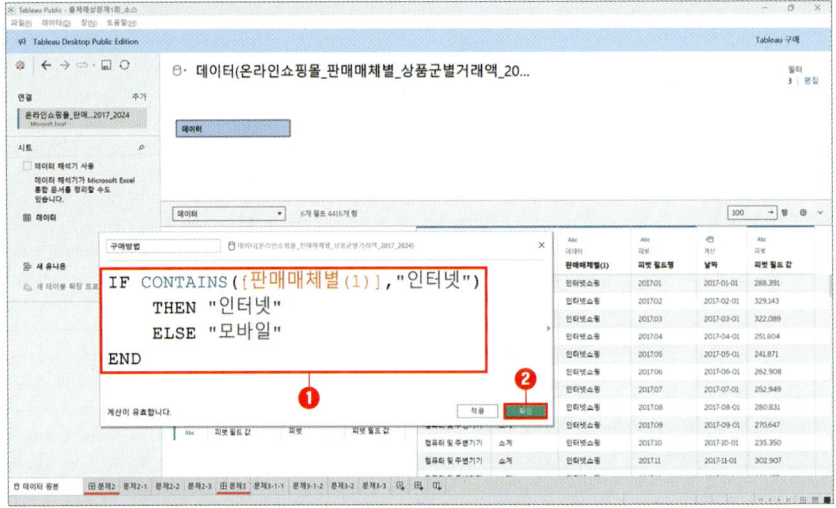

3. [구매방법] 필드가 새로 생성되었고, 상하 스크롤을 움직여 '인터넷'과 '모바일' 2개 값이 존재하는지 체크한다.

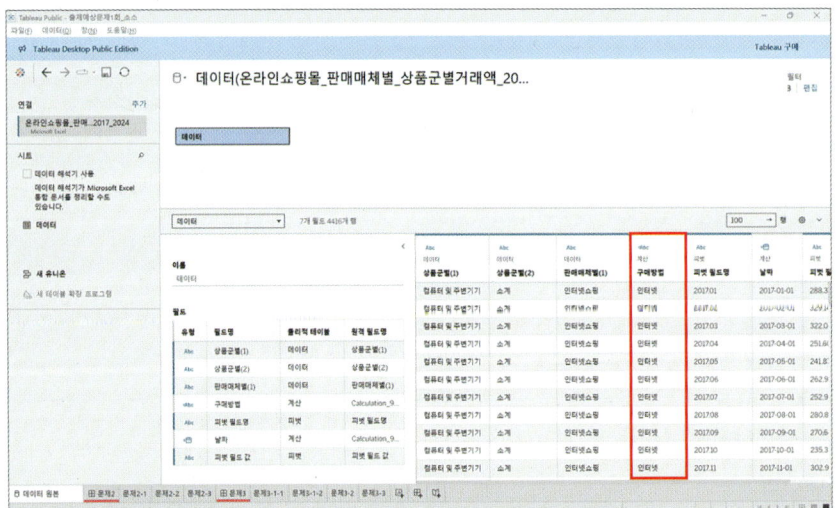

❸ [상품군] 필드를 생성하시오. (3점)
- 필드 이름: 상품군
- [상품군별(1)] 필드를 활용하여 아래 표와 같이 데이터 변경
- 사용 함수: REPLACE

상품군별(1)	상품군
문화 및 레저서비스	문화 & 레저서비스
여행 및 교통서비스	여행 & 교통서비스
자동차 및 자동차용품	자동차 & 자동차용품
컴퓨터 및 주변기기	컴퓨터 & 주변기기
패션용품 및 액세서리	패션용품 & 액세서리

1. 데이터 그리드에 있는 [상품군별(1)] 필드에 마우스 오버하면 나오는 [▼]에 계산된 필드 만들기 선택한다.
2. 다음과 같이 계산식을 작성하고 확인 버튼을 선택한다.

> 필드명 - 상품군
> REPLACE([상품군별(1)], "및", "&")

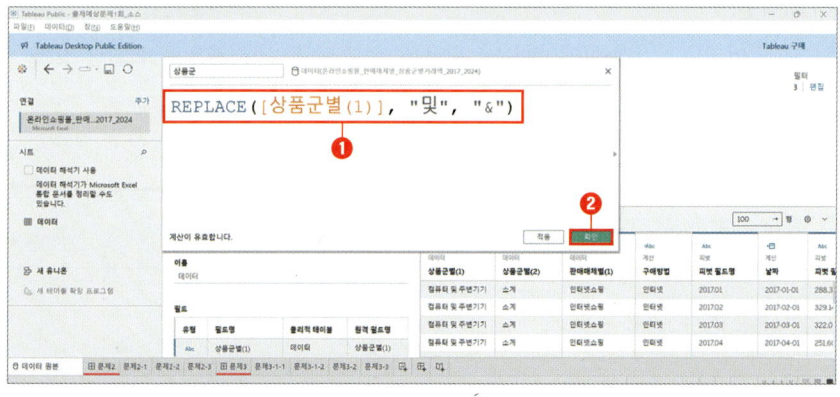

3. 기존 [상품군별(1)] 필드에서 "및"이라는 텍스트가 "&"로 변경된 것을 볼 수 있다.

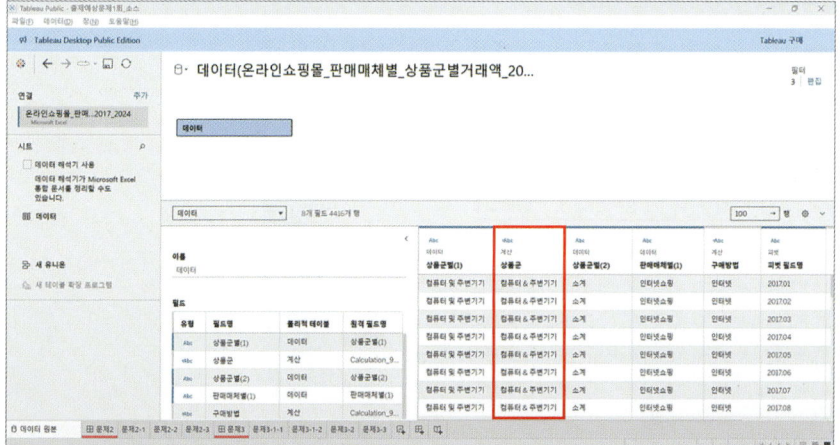

3. 세부문제2에서 편집한 데이터를 아래 지시사항에 따라 편집하시오. (10점)

❶ [피벗 필드값]의 이름을 [거래액(백만원)]으로 변경하시오. (1점)

1. 데이터 그리드에 있는 [피벗 필드값] 이름을 더블 클릭한 다음에 '거래액(백만원)'으로 이름을 변경한다.

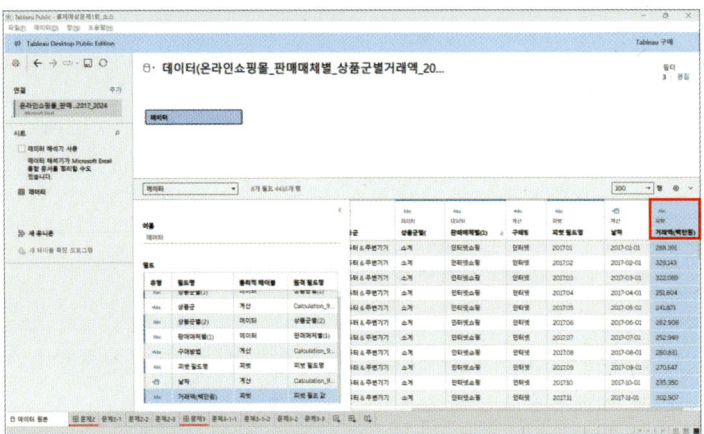

❷ [거래액(억원)] 필드를 생성하시오. (3점)

- 필드 이름: 거래액(억원)
  - 백만원 기준으로 되어 있는 [거래액(백만원)]을 활용해 '억' 단위의 거래액으로 소수점 첫째 자리까지 표현
  - 사용 함수: ROUND, INT

1. [거래액(백만원)]에 마우스 오버하면 나오는 [▼]에 계산된 필드 만들기 선택한다.

필드명 - 거래액(억원)
ROUND(INT([거래액(백만원)]) / 100, 1)

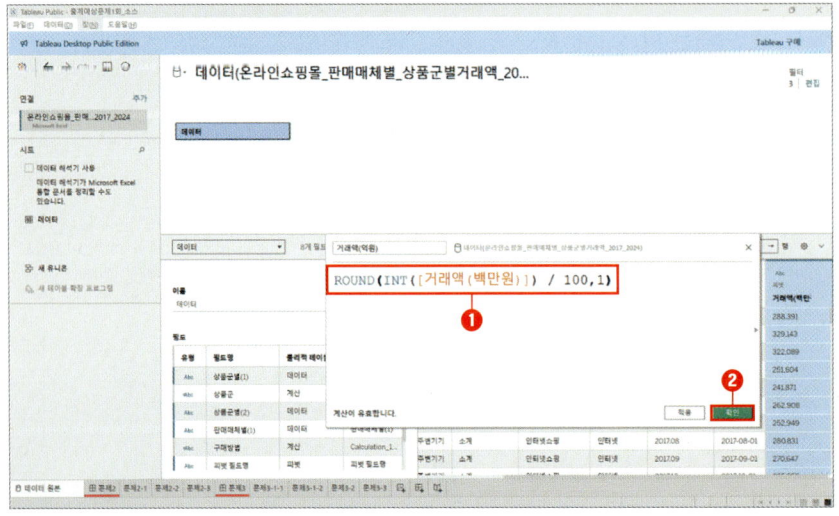

❸ [거래액(억원)] 필드를 활용해 [2023거래액(억원)], [2024거래액(억원)] 필드를 생성하시오. (3점)
- 필드 이름: 2023거래액(억원)
  - [날짜] 필드에서 연도가 2023인 경우 거래액(억원)으로 표시하고 나머지는 0으로 표현
  - 사용 필드: [거래액(억원)]
  - 사용 함수: IF, YEAR, ELSE, END
- 필드 이름: 2024거래액(억원)
  - [날짜] 필드에서 연도가 2024인 경우 거래액(억원)으로 표시하고 나머지는 0으로 표현
  - 사용 필드: [거래액(억원)]
  - 사용 함수: IF, YEAR, ELSE, END

1. [거래액(억원)]에 마우스 오버하면 나오는 [▼]에 계산된 필드 만들기 선택한다.

> 필드명 - 2023거래액(억원)
> IF YEAR([날짜]) = 2023
>   THEN [거래액(억원)]
>   ELSE 0
> END

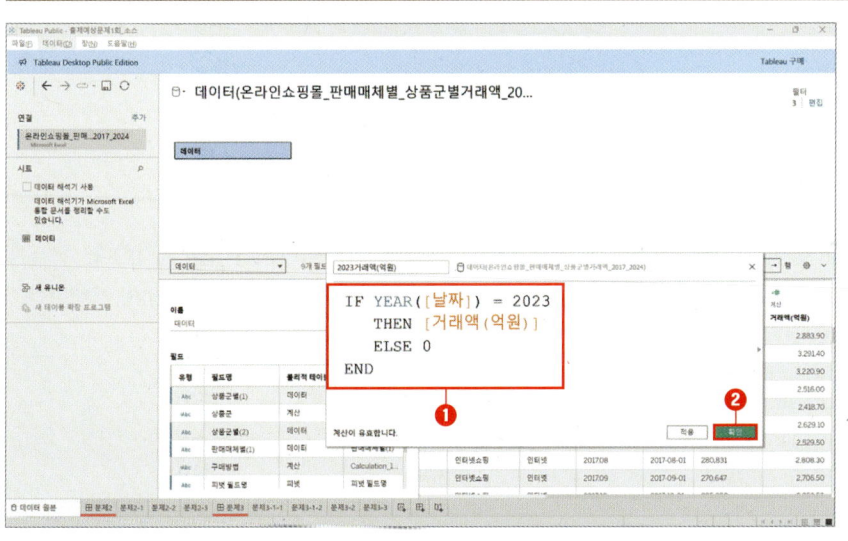

2. [거래액(억원)]에 마우스 오버하면 나오는 [▼]에 계산된 필드 만들기 선택한다.

필드명 - 2024거래액(억원)
IF YEAR([날짜]) = 2024
　　　THEN [거래액(억원)]
　　　ELSE 0
END

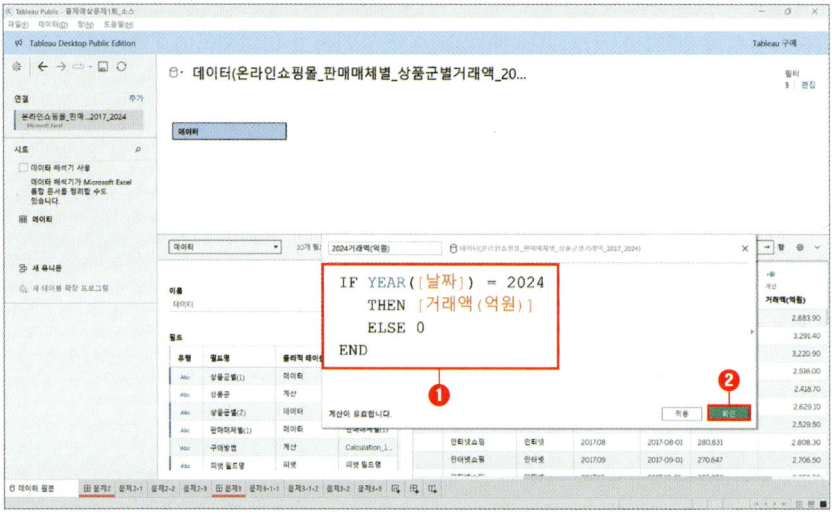

❹ 데이터 그리드에서 다음 필드를 숨기시오. (1점)
- 피벗 필드명, 거래액(백만원)

1. 데이터 그리드에 있는 [피벗 필드명]을 클릭한 다음에 Ctrl 키 눌러 [거래액(백만원)]을 클릭한다.
2. [피벗 필드명] 또는 [거래액(백만원)] 필드 둘 중에 우측 상단에 있는 [▼] 클릭한 다음에 '숨기기' 선택한다.

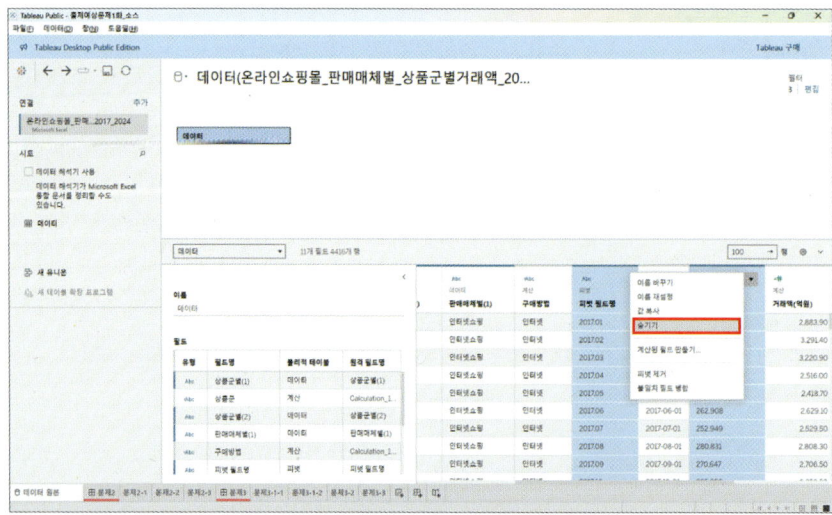

3. 불필요한 필드는 숨긴 것을 확인할 수 있다.

❺ 논리적 테이블의 이름과 데이터 원본의 이름을 변경하시오. (2점)
- 논리적 테이블 이름: '온라인쇼핑거래액'
- 데이터 원본 이름: '온라인쇼핑거래액_2017_2024'

1. 논리적 테이블 이름 영역을 더블 클릭한 다음에 이름을 '온라인쇼핑거래액'으로 변경한다.

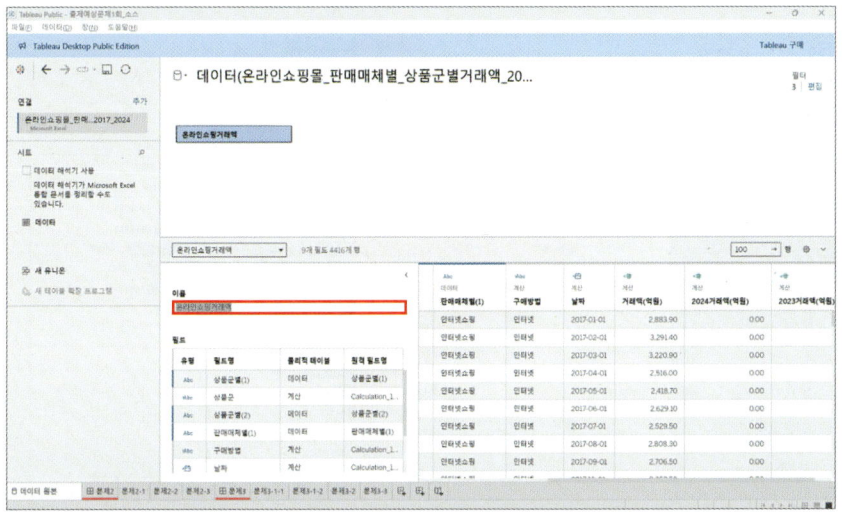

2. 데이터 원본 영역을 더블 클릭한 다음에 이름을 '온라인쇼핑거래액_2017_2024'으로 변경한다.

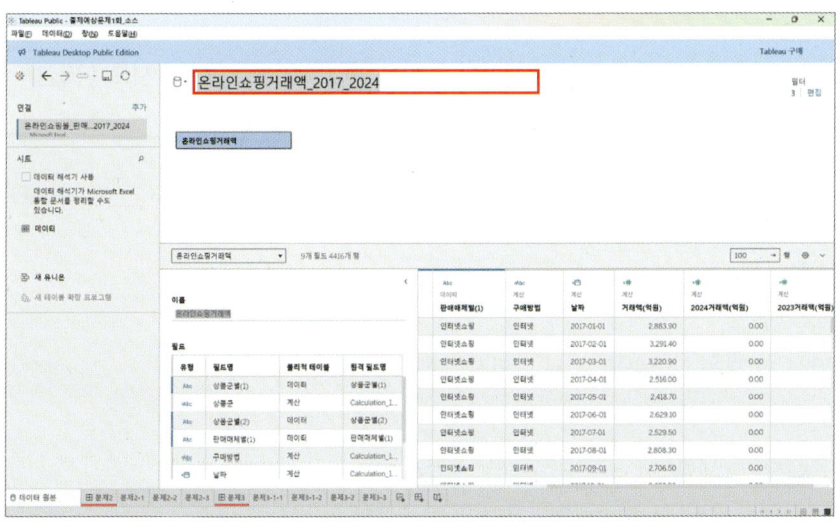

문제 2   단순요소 구현 (30점)

〈시각화 완성화면〉 각 세부문제 풀이 후 아래와 같은 결과가 도출되어야 합니다.

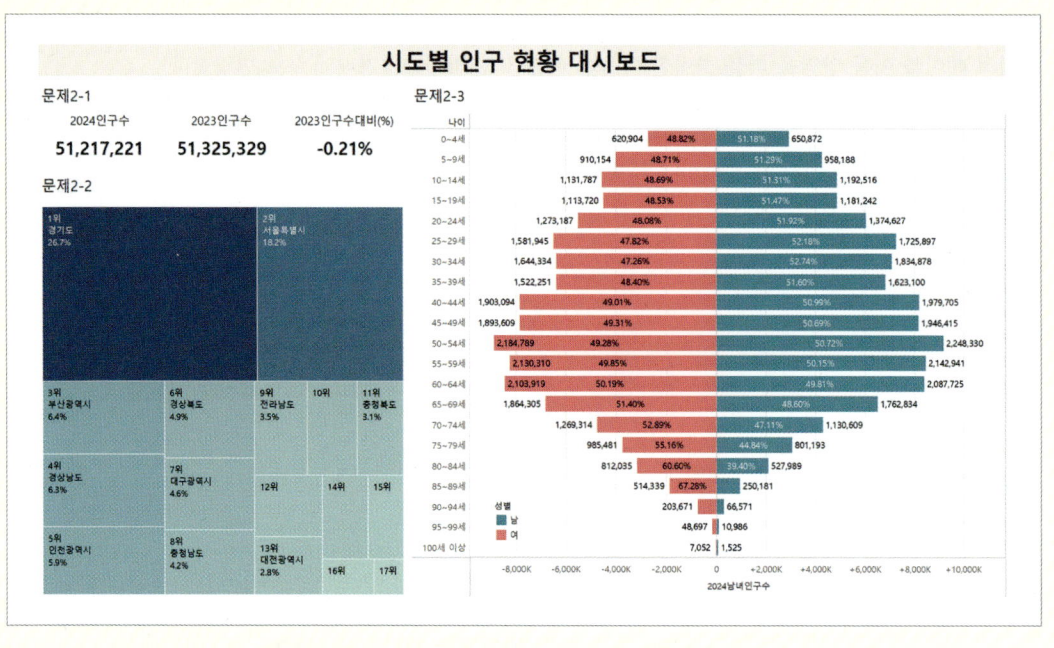

1. 〈인구 데이터〉를 활용하여 다음의 조건으로 필드를 생성한 후 카드 형태 테이블을 구현하시오. (10점)

   ❶ [2023인구수], [2024인구수], [2023인구수_대비(%)] 필드를 생성하시오. (6점)
   - 필드 이름: 2023인구수
     - [연도] = "2023"인 경우 인구수를 그 외 나머지는 NULL로 표시하는 계산식
     - 사용 함수: IIF
   - 필드 이름: 2024인구수
     - [연도] = "2024"인 경우 인구수를 그 외 나머지는 NULL로 표시하는 계산식
     - 사용 함수: IIF
   - 필드 이름: 2023인구수_대비(%)
     - 2023년 인구수 대비 2024년 인구수 성장률 구하는 계산식
     - 사용 함수: SUM
     - 해당 필드의 기본 속성에서 백분율 소수 자릿수 2로 설정

1. '문제2-1' 시트로 이동한다.
2. [연도] 필드를 드래그해서 행 선반에 놓는다.

3. 상단 분석 메뉴 → 계산된 필드 만들기로 새로운 변수를 만든다.

> 필드명 - 2023인구수
> IIF([연도]="2023",[인구수],NULL)

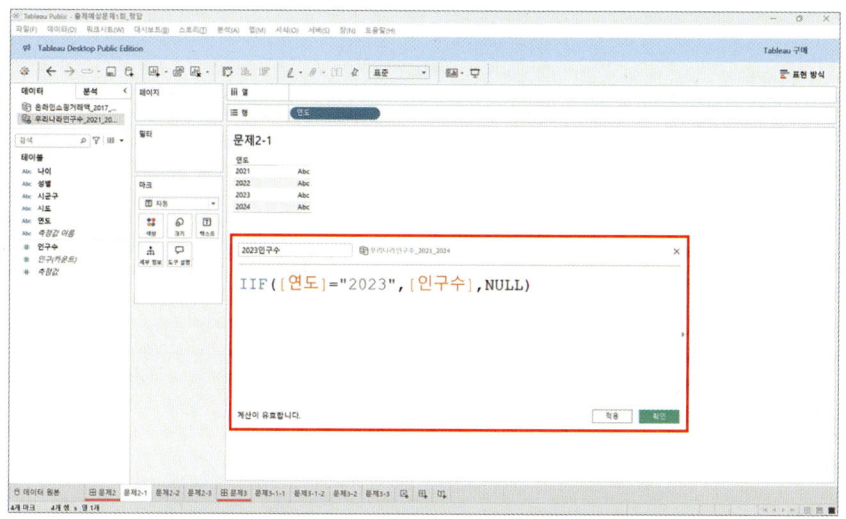

4. [2023인구수] 필드를 더블 클릭하면 2023년의 인구수만 표시되고, 다른 연도에는 값이 나타나지 않는다.

5. 측정값에 있는 [2023인구수]에 우클릭 → 복제를 선택한다.

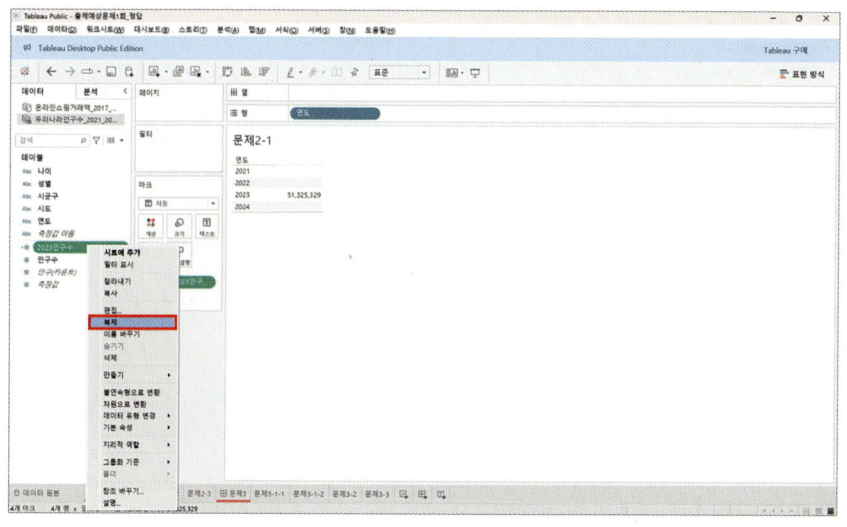

6. 측정값에 생성된 [2023인구수(복사본)]에서 우클릭 후 편집을 선택한 다음, 계산식을 다음과 같이 수정한다.

> 필드명 - 2024인구수
> IIF([연도]="2024",[인구수],NULL)

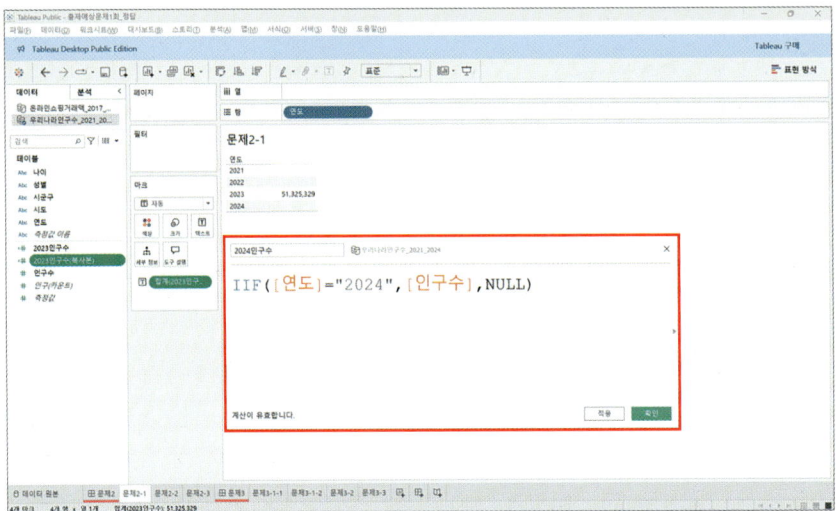

7. [2024인구수] 필드를 더블 클릭해 측정값 카드를 만든 후, 행 선반에 있는 [연도] 필드를 제거한다.

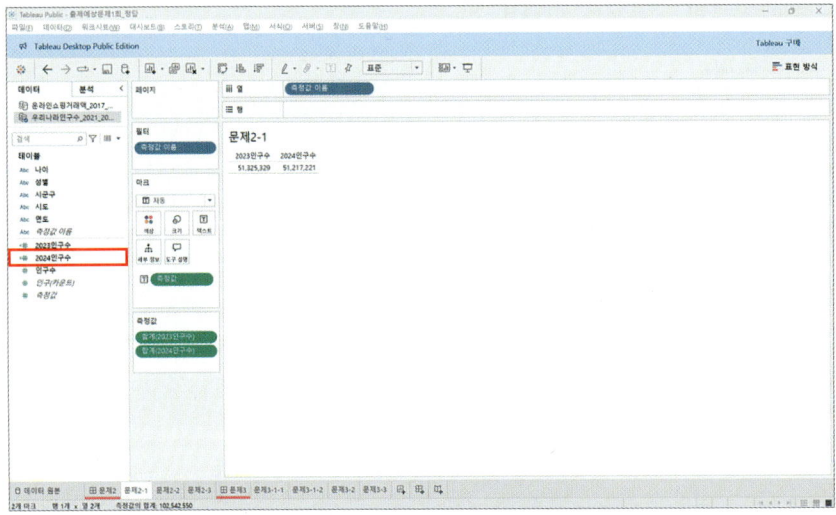

8. 상단 분석 메뉴 → 계산된 필드 만들기로 새로운 변수를 만든다.

> 필드명 - 2023인구수대비(%)
> (SUM([2024인구수]) - SUM([2023인구수]))
> /
> SUM([2023인구수])

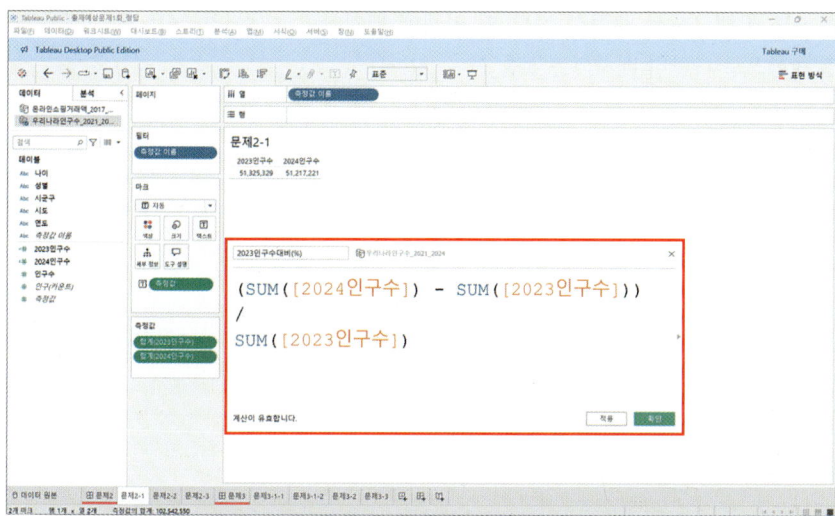

9. 측정값에 있는 [2023인구수대비(%)] 필드에 우클릭 → 기본 속성 → 숫자 형식을 선택한다.

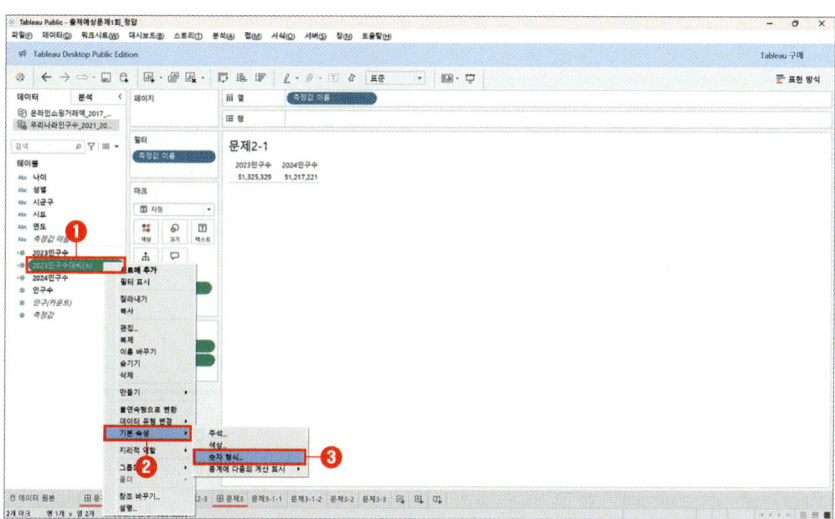

10. 기본 숫자 형식 대화 상자에서 '백분율' → 소수 자릿수: 2로 설정하고 확인 버튼 선택한다.

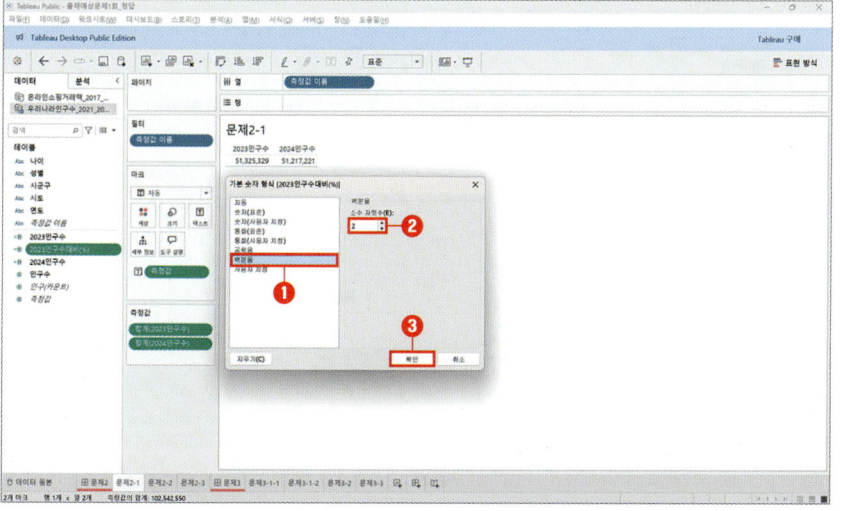

11. [2023인구수대비(%)] 필드를 드래그해서 측정값 카드 맨 아래에 배치하면, 2023인구수, 2024인구수, 2023인구수대비(%)가 열 방향으로 나란히 배치되는 것을 볼 수 있다.

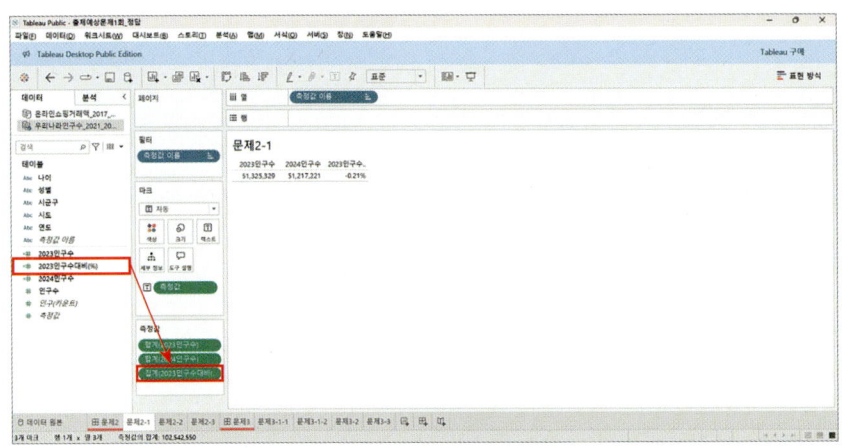

❷ 다음 설명대로 서식을 적용하시오. (4점)
  • 맞춤 설정
    – 툴바의 맞춤을 '전체 보기'로 변경
  • 서식 설정
    – 머리글: 글꼴 크기 '12', 정렬 '가운데'
    – 값: 글꼴 크기 '18', '굵게', 정렬 '가운데'
    – 테두리: 행 구분선을 모두 '없음'으로 변경
  • 측정값 이름 정렬
    – 2024 인구수, 2023 인구수, 2023 인구수 대비(%) 순으로 정렬

1. 툴바의 맞춤을 '표준' → '전체 보기'로 변경한 후, 2023인구수 머리글에 우클릭 → 서식을 선택한다.

2. 좌측 사이드 바의 서식 메뉴에서 머리글 탭을 선택한 후, 글꼴 크기를 12로 지정하고 가로 정렬은 가운데로 설정한다.

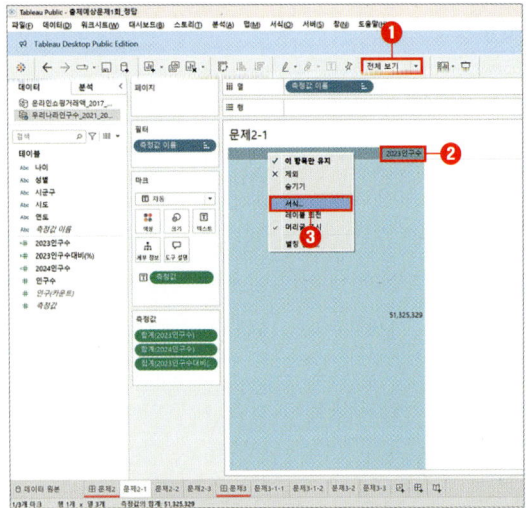

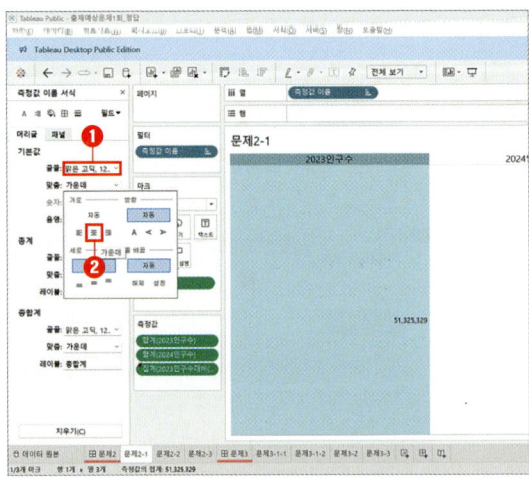

3. 레이블 마크에 있는 [측정값]에 우클릭 → 서식 선택한다.

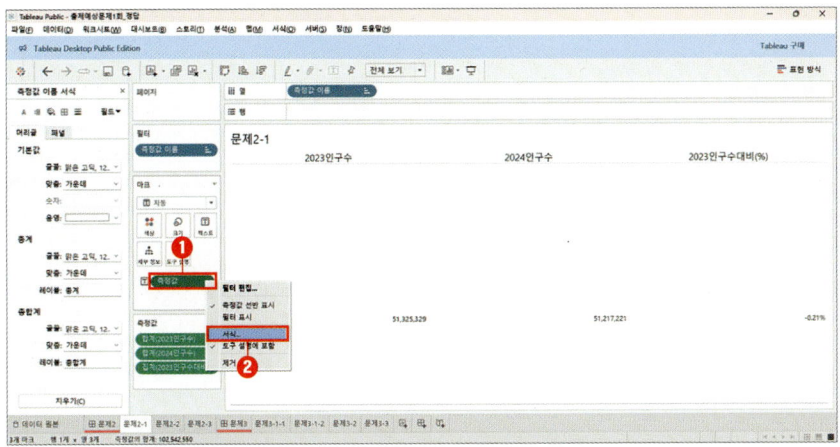

4. 측정값 서식에서 기본값 글꼴 크기를 '18', 'B(굵게)', 그리고 맞춤에서 가로는 '가운데' 정렬한다.

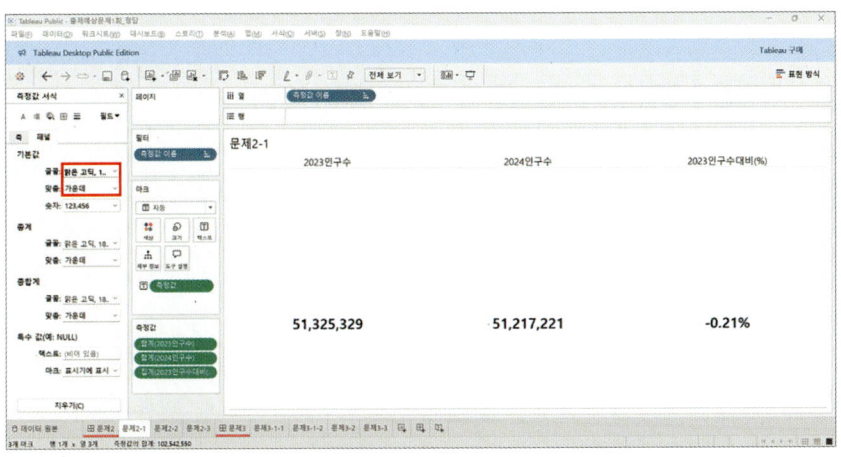

5. 뷰에서 우클릭 → 서식을 선택한다.

6. 상단 5개 서식 중 4번째에 있는 테두리 서식에서 시트 탭 → 행 구분선 → 패널: '없음'으로 설정한다.

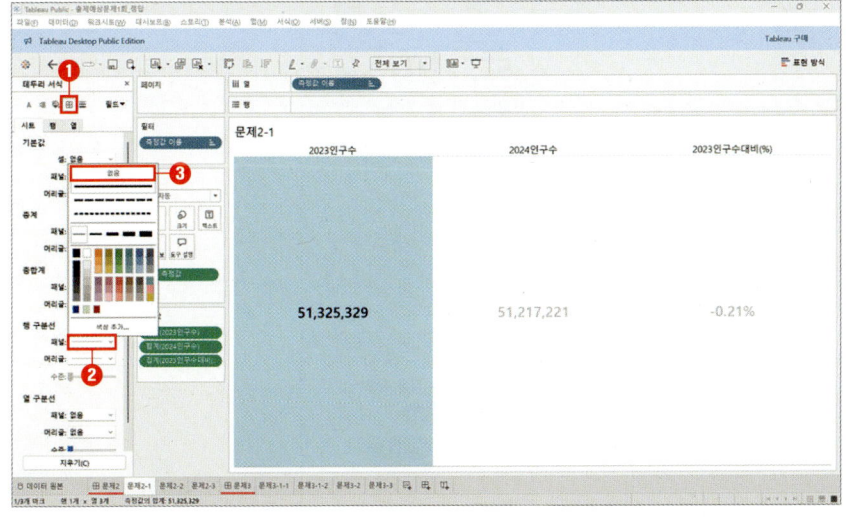

7. 측정값 카드에서 [2024인구수]를 드래그해서 맨 위에 배치한다.

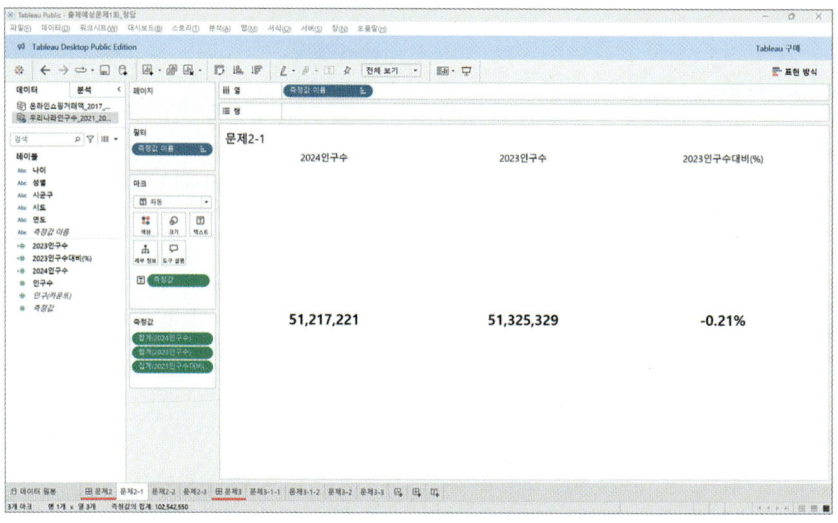

2. '문제2-2' 시트에 다음의 작업을 수행하여 트리맵 차트를 구현하시오. (10점)

　❶ 각 시도별로 2024년 인구수 기준 트리맵 차트를 만드시오. (4점)
　　• 사용 필드: [시도], [2024인구수]

1. 워크시트를 연 뒤 [시도] 필드를 행 선반에, [2024인구수] 필드를 테이블에 배치한다.

2. 같은 [2024인구수]를 한 번 더 마크 카드의 '색상'에 드래그한다.

3. 워크시트 우측 상단의 [표현 방식]을 열고, 네 번째 줄 첫 번째 아이콘인 '트리맵'을 선택한다.

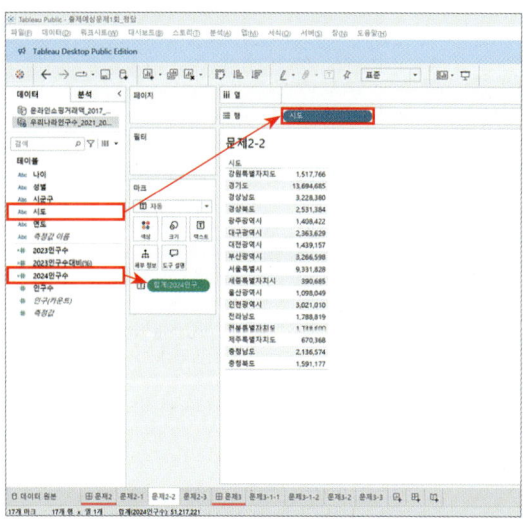

4. 워크 시트 우측 상단에 있는 '표현 방식'을 클릭해 닫으면, 트리맵 차트를 확인할 수 있다.

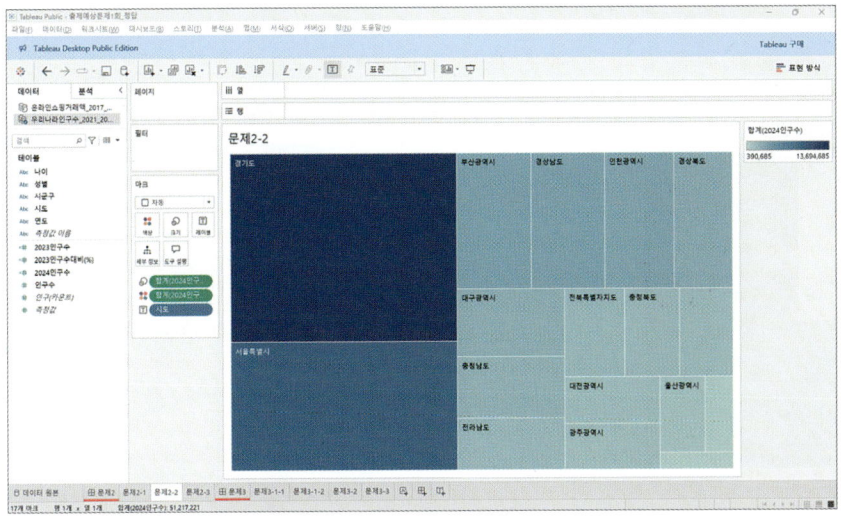

❷ 각 시도별 [2024인구수] 구성 비율을 구하시오. (3점)
- 서식에서 백분율 소수 자릿수 1로 설정하시오.

1. 측정값에 있는 [2024인구수] 필드를 드래그해서 레이블 마크에 놓는다.
2. 레이블 마크에 있는 [합계(2024인구수)]에 우클릭 → 퀵 테이블 계산 → 구성 비율을 선택하면, 2024년 전체 인구 중 각 시도별 인구 비중이 표시된다.

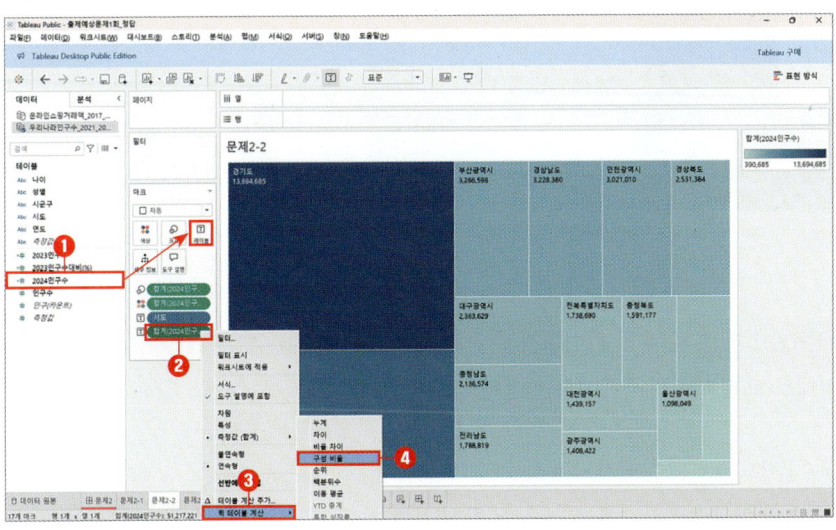

3. 레이블 마크의 [합계(2024인구수) △]에 우클릭 → 서식을 선택한다.

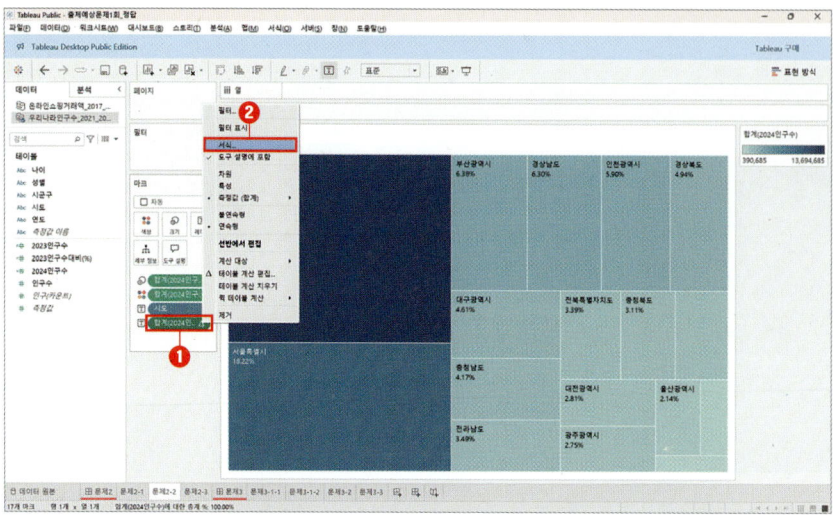

4. 서식 창 패널 탭 → 기본값 → 숫자 → 백분율(소수 자릿수 1)로 설정한다.

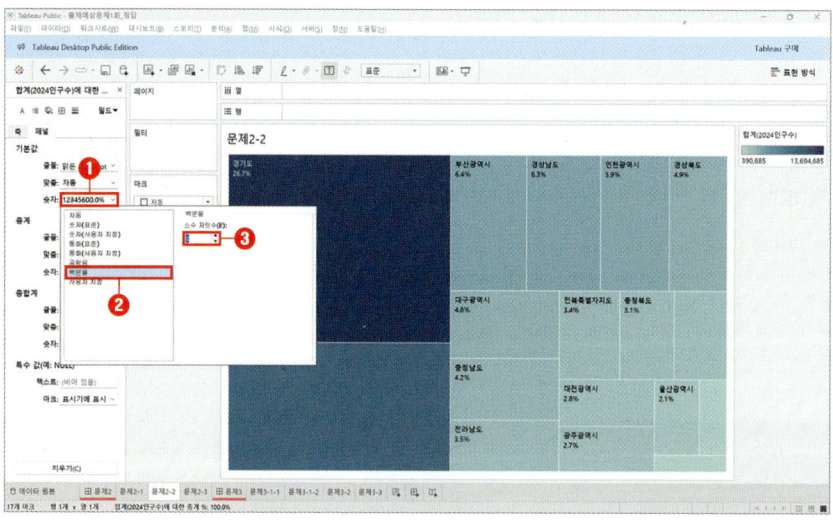

❸ 각 시도별 [2024인구수] 기준 1위부터 17위까지 순위를 구하시오. (3점)
• 순위가 '#위' 형태로 표현되도록 서식에서 변경하시오.

1. 측정값에 있는 [2024인구수] 필드를 드래그해서 레이블 마크에 놓는다.
2. 레이블 마크에 있는 [합계(2024인구수)] 필드에 우클릭 → 퀵 테이블 계산 → 순위를 선택한다.

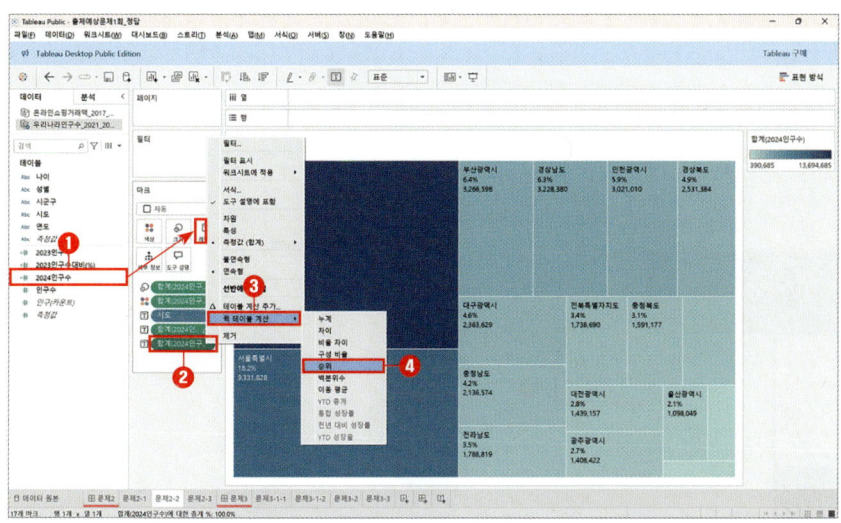

3. 레이블 마크 맨 아래의 [합계(2024인구수) △]에서 [▼] 옵션 클릭 → 테이블 계산 편집 선택한다.

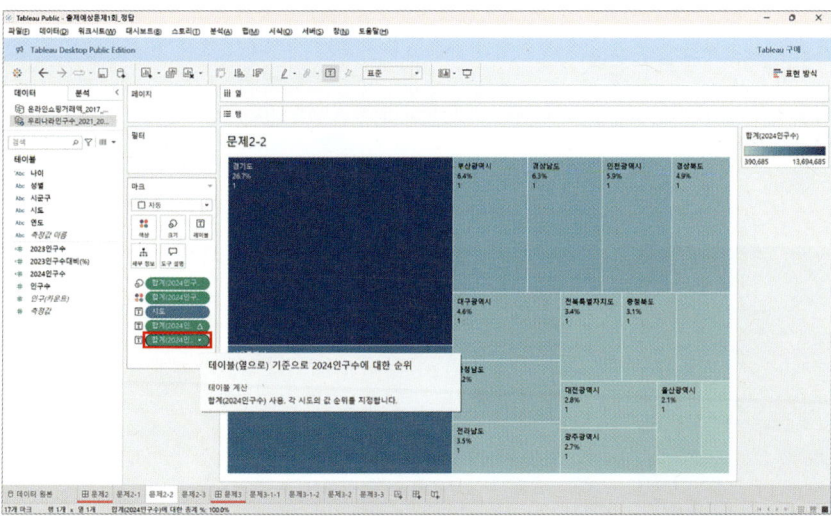

4. 테이블 계산 편집 대화 상자 → 특정 차원 → [시도] 선택 후 닫기를 선택한다.

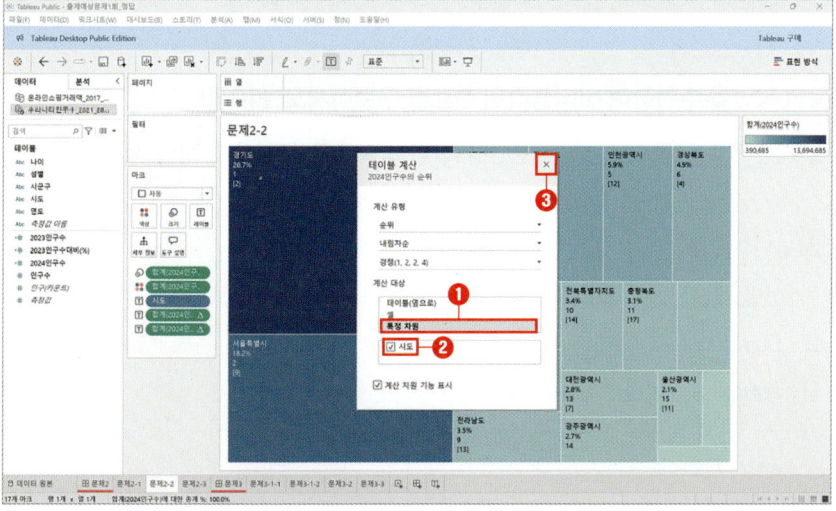

5. 레이블 마크 클릭 → 텍스트 편집 (…) 선택 → 순위, 시도, 구성비율 순서로 배치하고, 순위 숫자 뒤에 '위'를 추가한다.

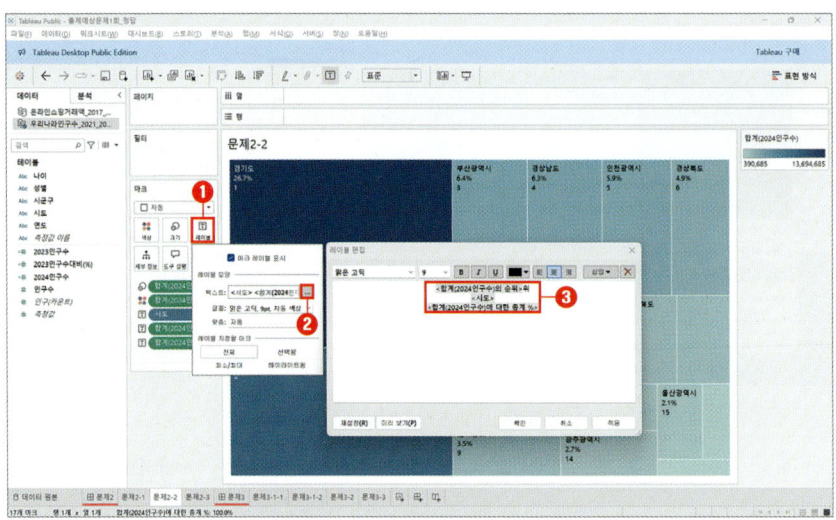

6. 레이블에 순위, 시도, 구성비율이 함께 표시된다.

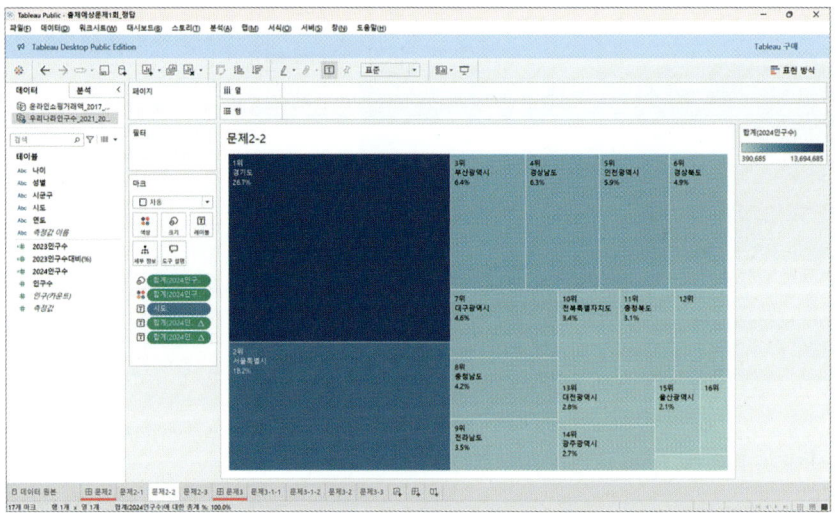

3. '문제2-3' 시트에 다음의 작업을 수행하여 버터플라이 차트를 구현하시오. (10점)

　❶ [성별]에 따라 0을 기준으로 양쪽으로 배치되는 버터플라이 차트를 구현하고 성별 색상을 설정하시오. (3점)

　　• 필드 이름: 2024남녀인구수

　　　- 0을 기준으로 [성별]에서 '남'은 오른쪽에 '여'는 왼쪽에 배치되도록 구성

　　　- 사용 함수: IF, SUM

　　　- 성별 색상: 남: #00a2b3, 여: #f1788d

1. 문제2-3 시트를 오픈하고 상단 분석 메뉴 → 계산된 필드 만들기 선택한다.

필드명 - 2024남녀인구수
SUM (IF [성별] = "남"
    THEN [2024인구수]
    ELSE - [2024인구수]
END)

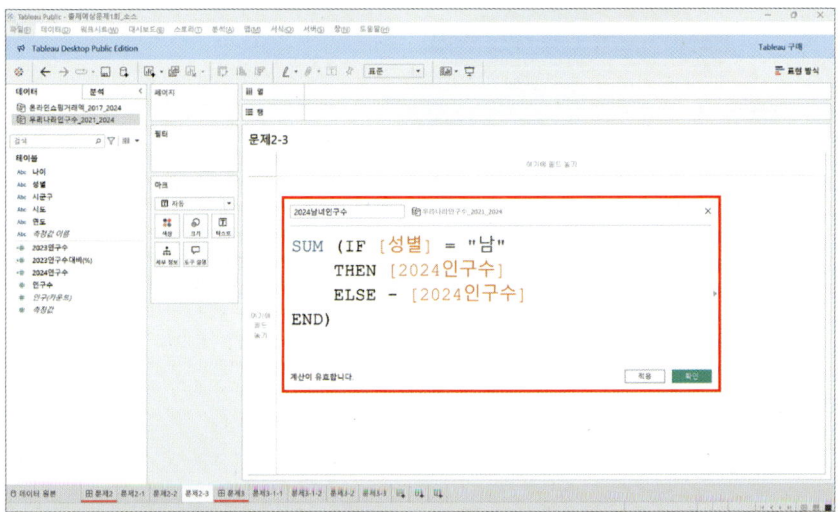

2. 차원에 있는 [나이] 필드를 드래그해서 행 선반에 놓는다.

3. 측정값에 있는 [2024남녀인구수] 필드를 드래그해서 열 선반에 놓는다.

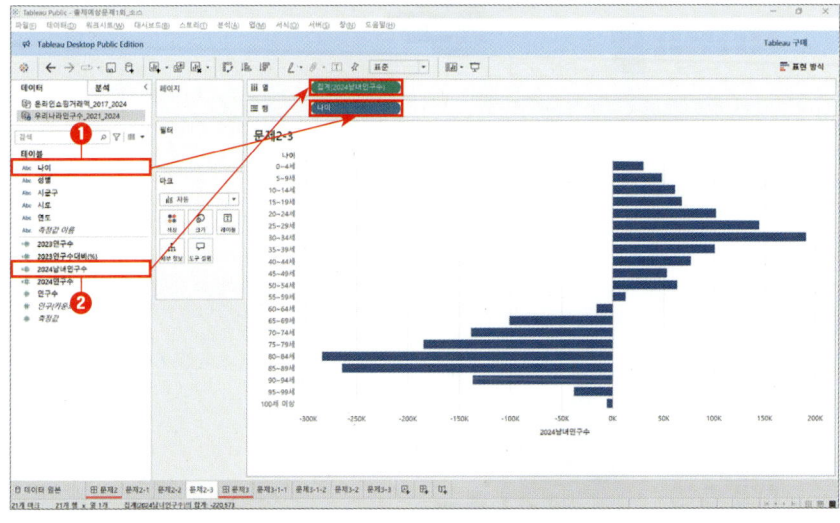

4. 차원에 있는 [성별] 필드를 색상 마크에 놓는다.

5. 색상 마크 → 색상 편집을 선택한다.

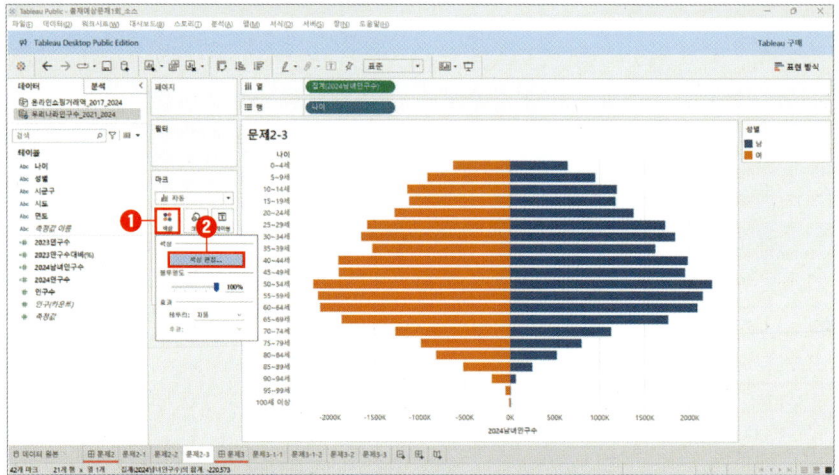

6. '남'의 색상은 #00a2b3으로 변경한다.

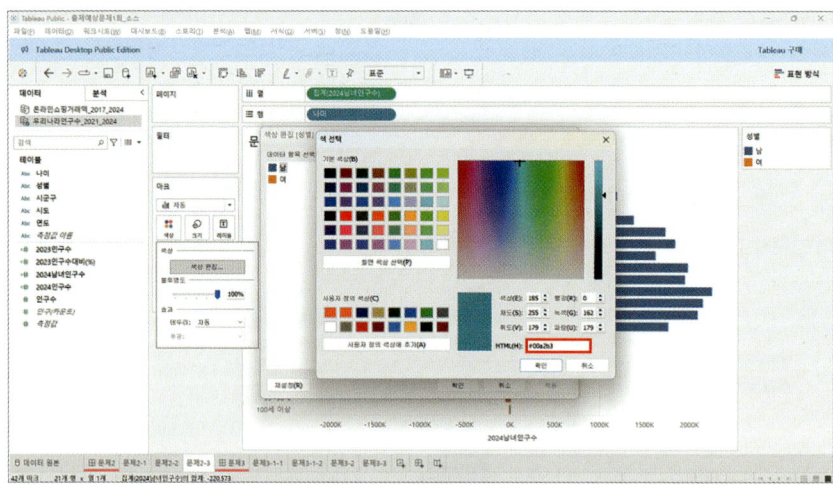

7. '여'의 색상은 #f1788d로 변경한다.

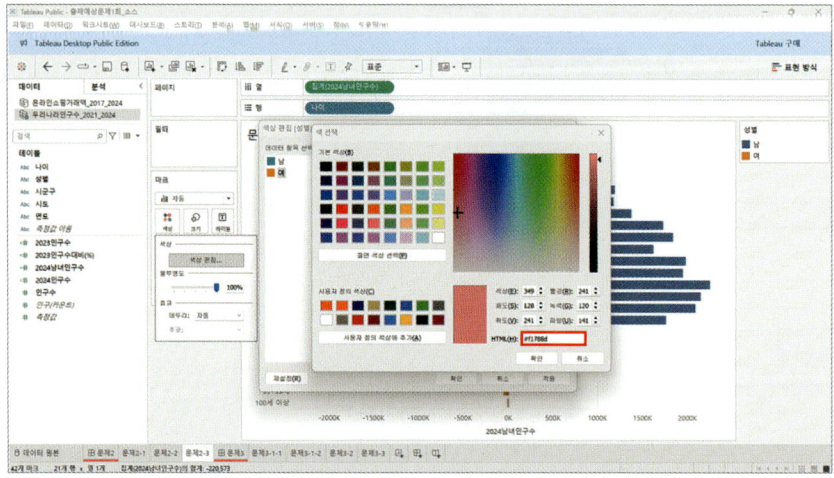

8. 변경된 색상 기준으로 버터플라이 차트를 표현할 수 있다.

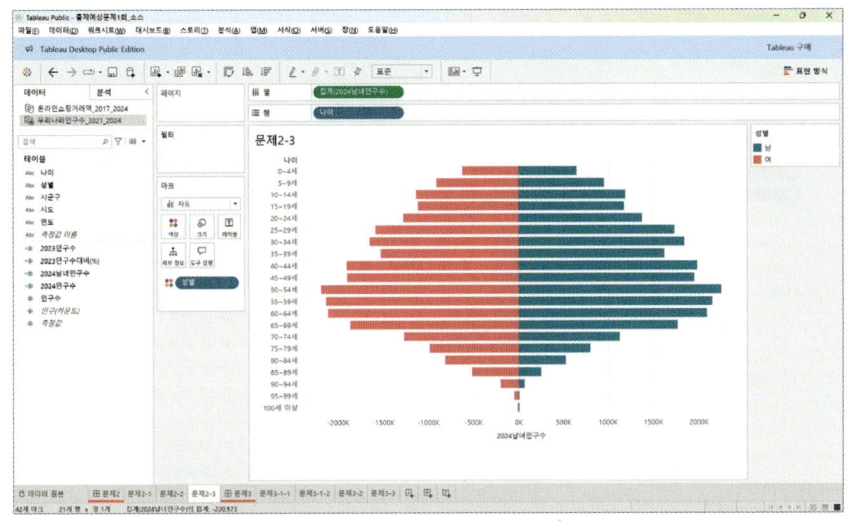

❷ 각 나이별 남녀 인구수 구성 비율을 막대 안에 표시하시오. (2점)
• 같은 나이에서 성별에 따른 구성 비율을 적용하시오.

1. 측정값에 있는 [2024인구수] 필드를 드래그해서 레이블 마크에 놓는다.

2. 레이블 마크에 있는 [합계(2024인구수)]에 우클릭 → 퀵 테이블 계산 → 구성 비율을 선택한다.

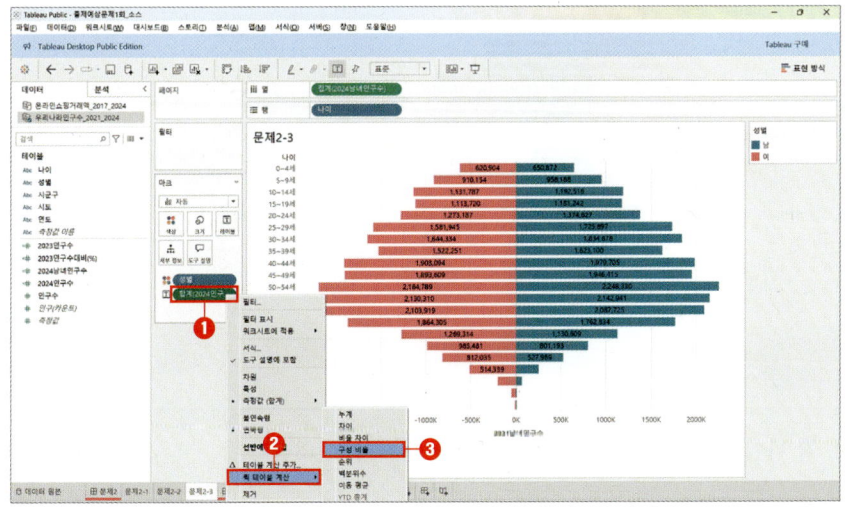

1회 출제예상문제 289

3. 레이블 마크에 있는 [합계(2024인구수) △]에 우클릭 → 테이블 계산 편집을 선택한다. 테이블 계산 편집 대화 상자에서 계산 대상에서 특정 차원을 선택한 다음에 '나이'는 체크 해제, '성별'은 체크하고 테이블 계산 편집 대화 상자는 닫는다.

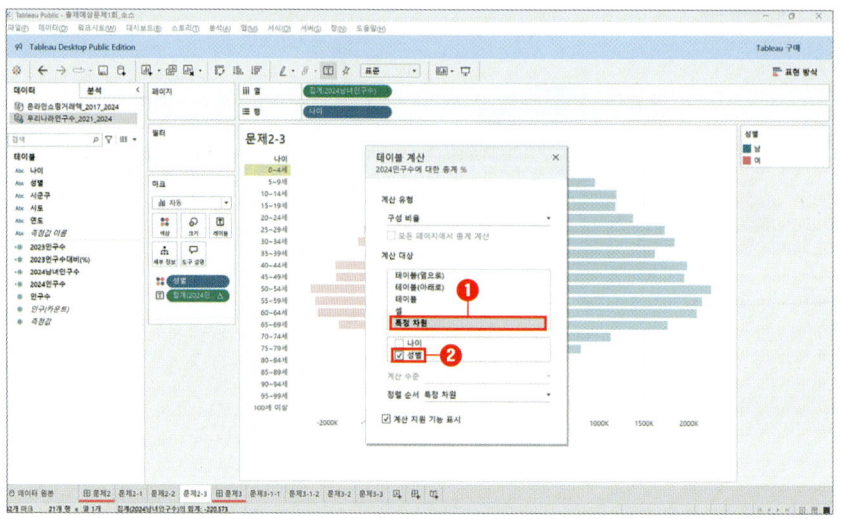

4. 각 나이 기준 성별 인구 비중을 막대 안에 표시한다.

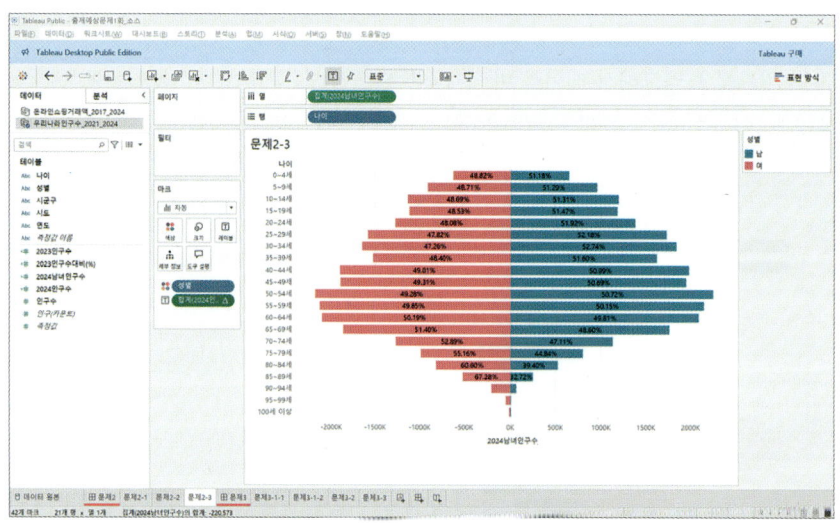

❸ 양쪽 막대 밖에는 각 나이별 2024인구수가 표시되도록 구현하시오. (3점)

1. 측정값에 있는 [2024남녀인구수] 필드를 드래그해서 열 선반의 [2024남녀인구수] 오른쪽에 배치한다.

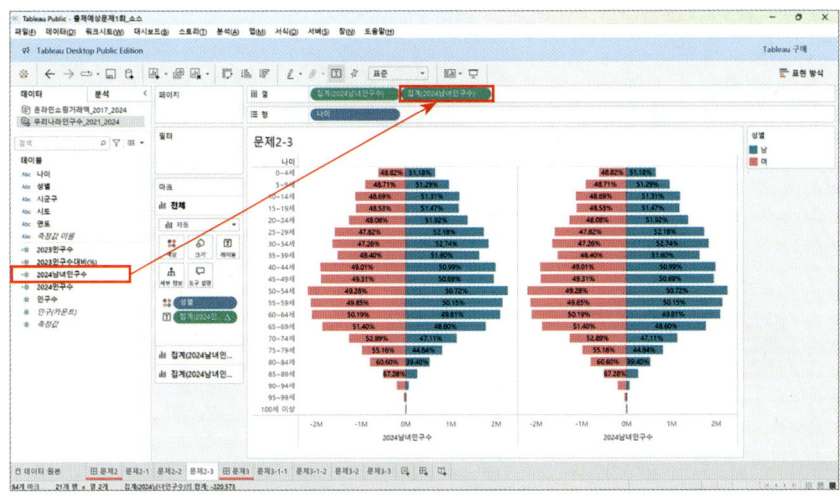

2. 열 선반 오른쪽에 있는 [집계(2024남녀인구수)](2) 필드를 클릭한다.

3. 마크 중 맨 아래에 있는 [집계(2024남녀인구수)](2) 마크를 'Gantt 차트'로 변경한다.

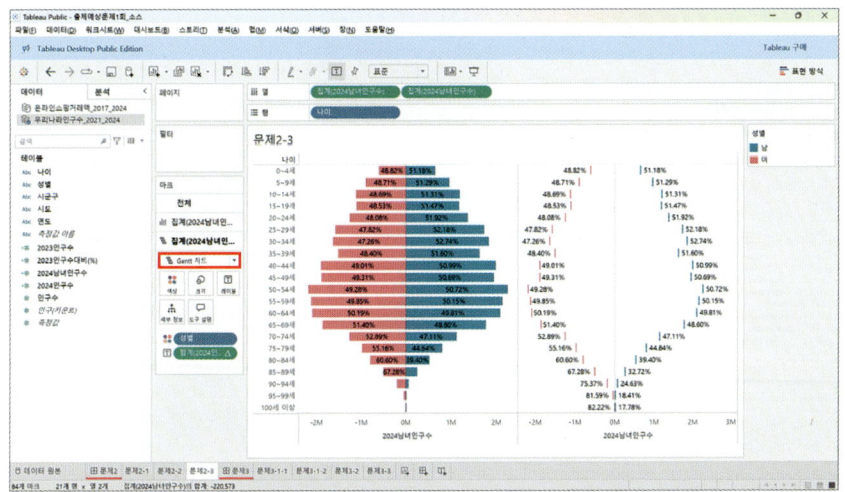

4. 레이블 마크에 있는 [합계(2024인구수) △]에 우클릭 → 테이블 계산 지우기 선택한다.

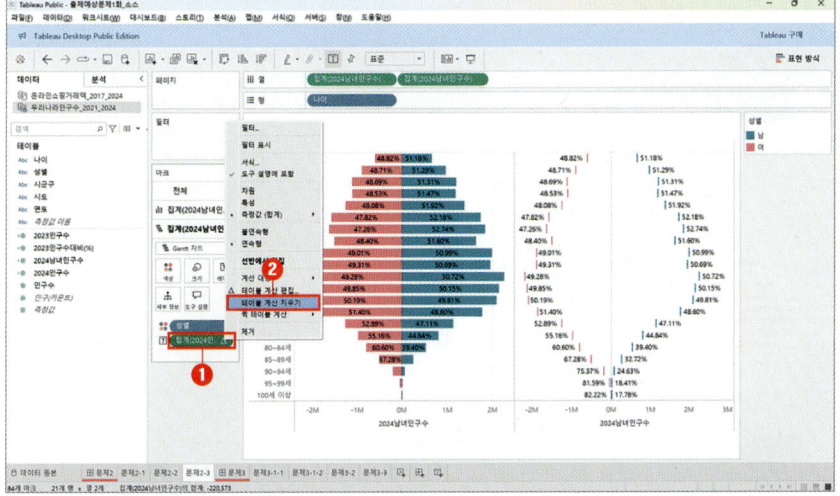

5. 열 선반에서 오른쪽에 있는 [집계(2024남녀인구수)](2)에 우클릭 → 이중 축 선택한다.

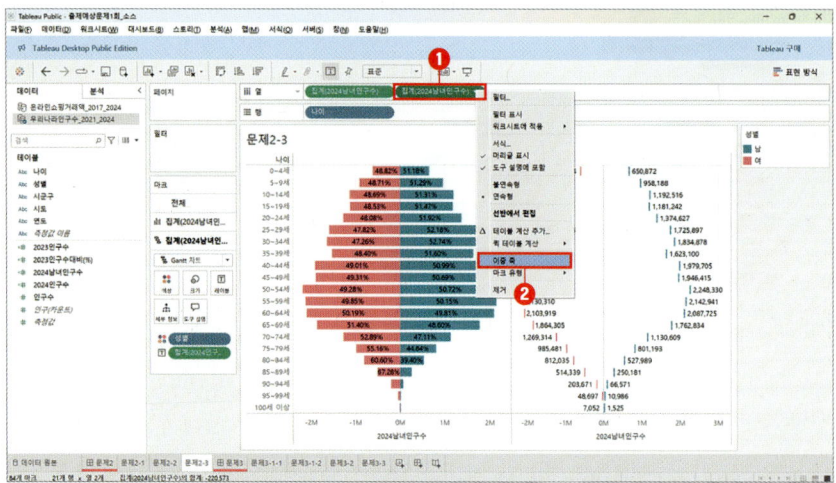

6. [집계(2024남녀인구수)](1)에 해당되는 마크가 자동으로 '원 마크'로 변경되었는데 '막대' 마크로 변경한다.

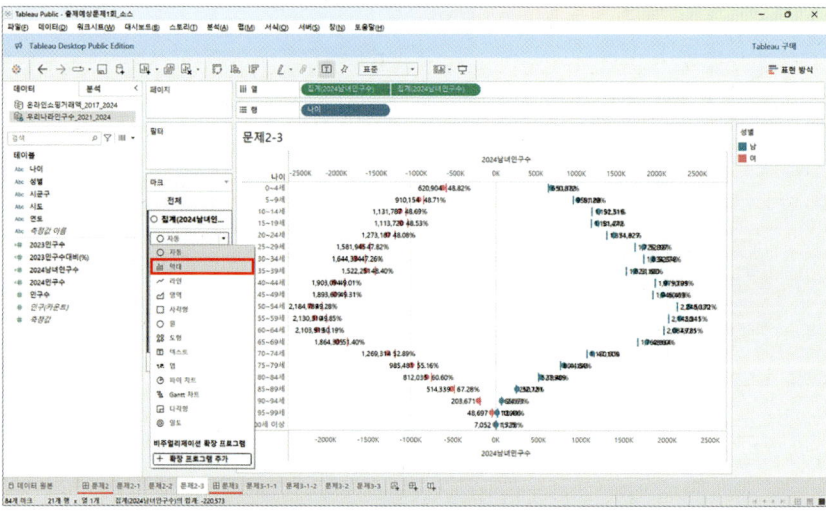

7. 하단 축에 마우스 우클릭 → 축 동기화 선택한다.

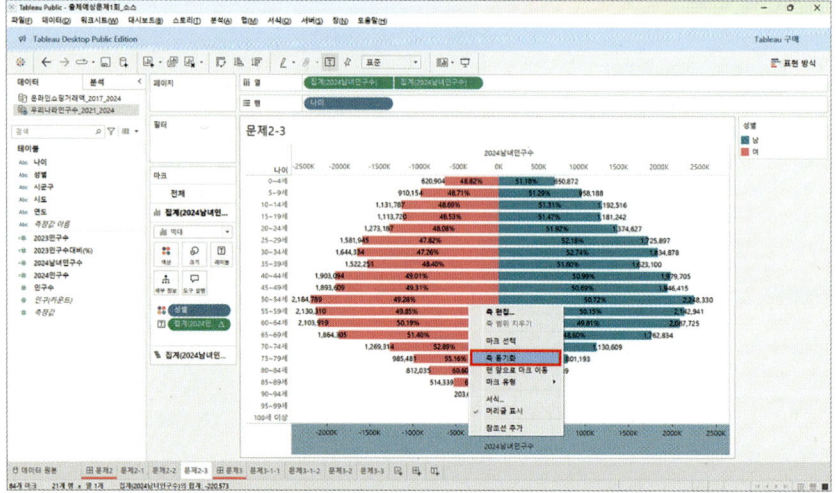

292 Part 4. 출제예상문제

8. 막대 안에는 성별 인구 비중이, 막대 밖에는 나이별·성별 인구수가 표시된다.

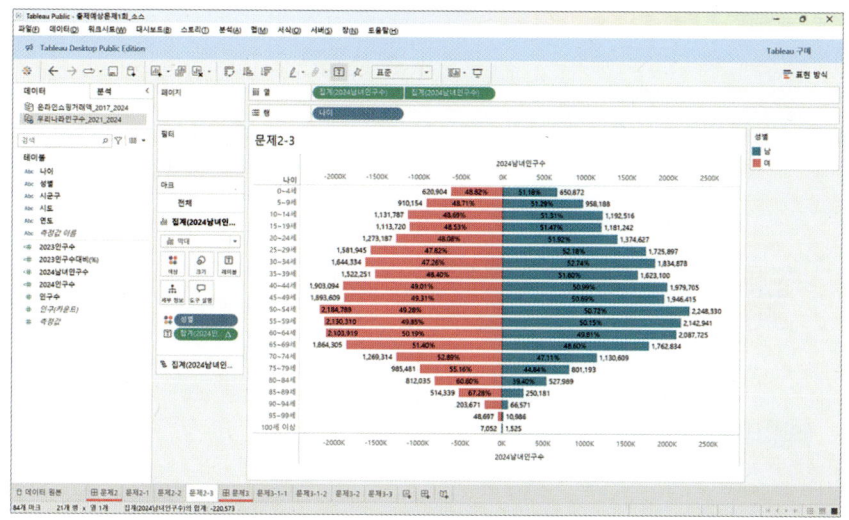

❹ 다음 설명대로 축을 적용하시오. (2점)
- 상단 축 머리글 표시 해제
- 하단 축에서 음수(마이너스)로 표시되는 값 양수로 변경(단위 천(K), 소수 자릿수 0)

1. 상단 축에 우클릭 → 머리글 표시를 해제한다.

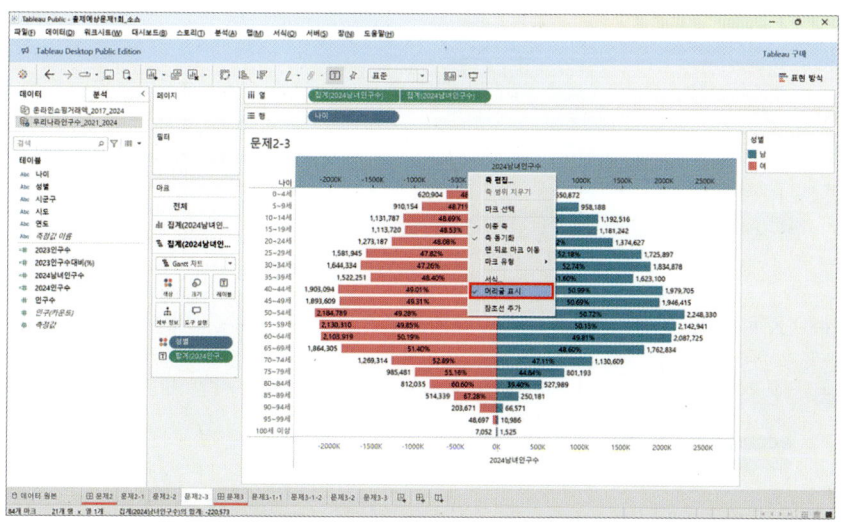

2. 하단 축에 우클릭 → 서식을 선택한다.

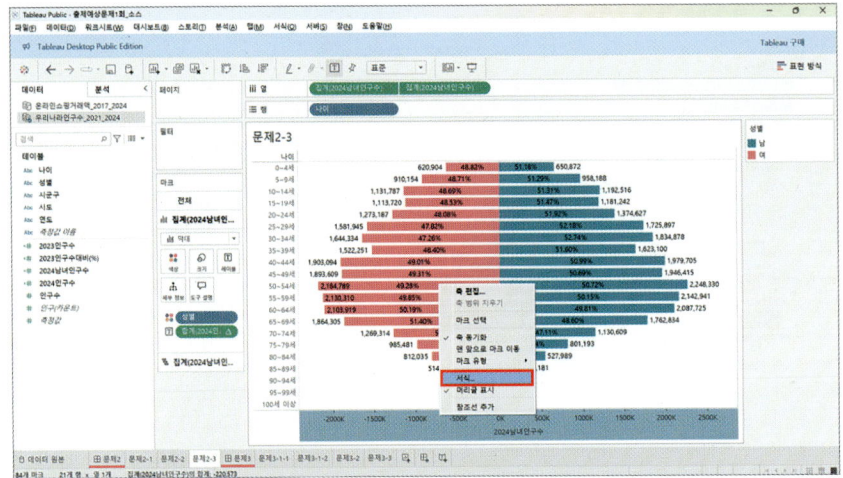

3. 서식 메뉴에서 축 탭 → 눈금 → 숫자를 선택한다. 그리고 숫자(사용자 지정)에 소수 자릿수는 0, 그리고 디스플레이 장치는 '천(K)'을 선택한다.

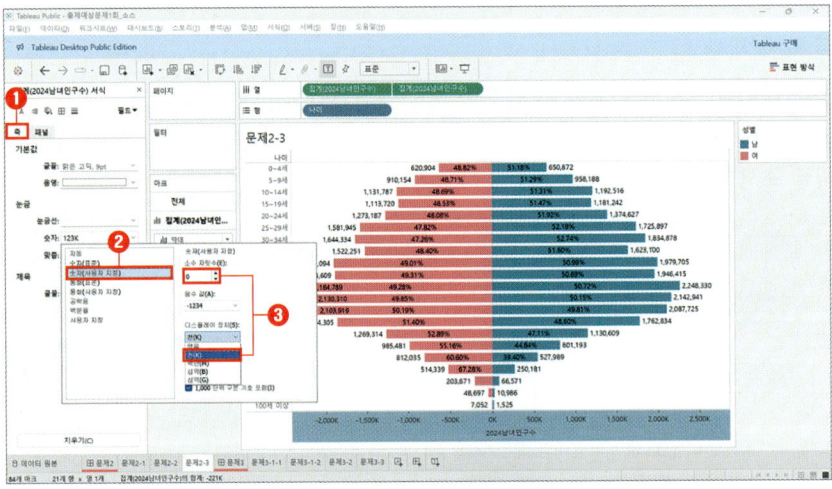

4. 사용자 지정 형식에 +#,##0,K;#,##0,K;0을 입력한다.(세미콜론 기준으로 양수, 음수, 0의 서식을 의미)

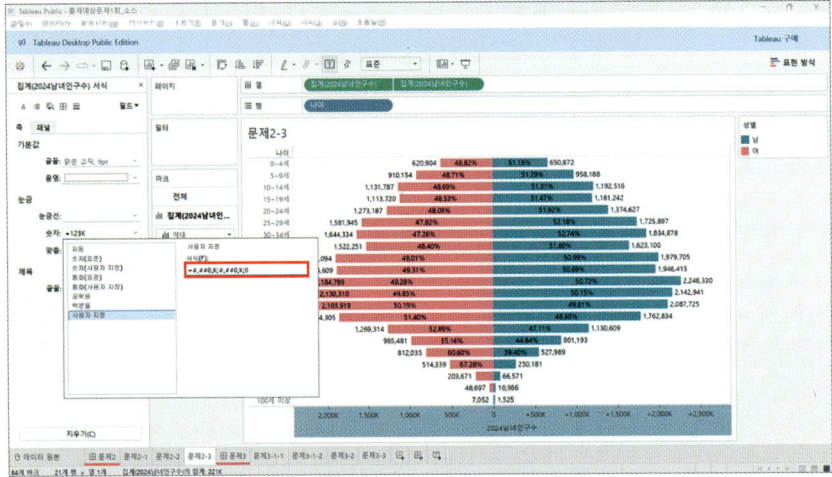

5. 서식 메뉴를 닫고, 툴바의 맞춤을 전체 보기로 변경한다.

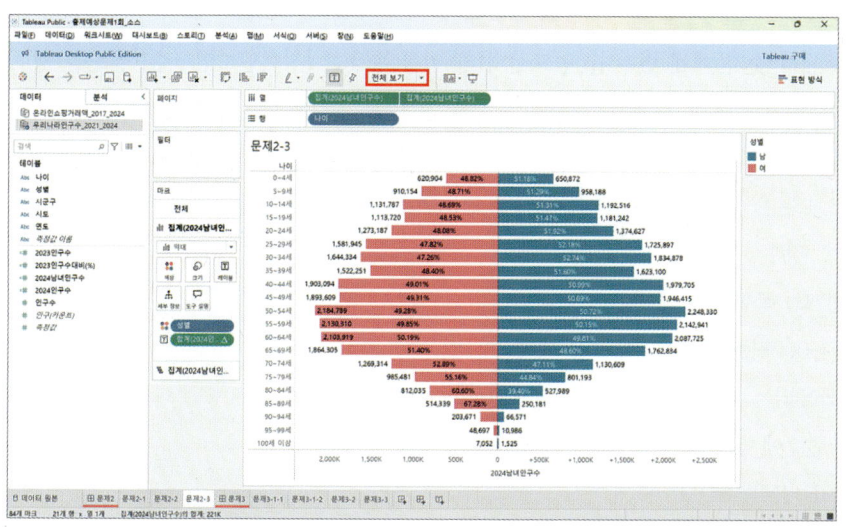

문제 3 복합요소 구현 (40점)

〈시각화 완성화면〉 각 세부문제 풀이 후 아래와 같은 결과가 도출되어야 합니다.

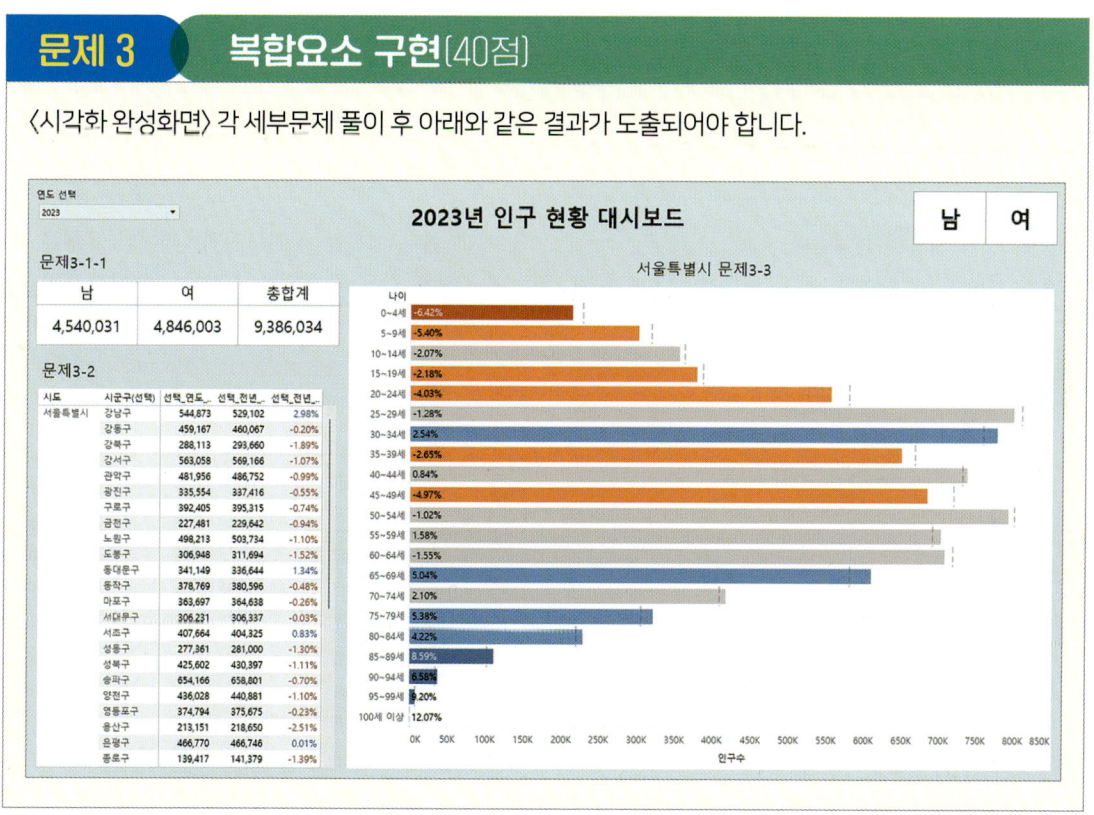

1. 〈인구 데이터〉를 활용하여 다음의 조건으로 필드를 생성한 후 카드와 필터 버튼을 구현하시오. (10점)

❶ '문제3-1-1' 시트에서 숫자 매개 변수 [p.연도선택]과 이를 활용한 [선택연도인구수] 필드를 생성하시오. (4점)

- 매개 변수 이름: p.연도선택
  - 의미: 2023 또는 2024를 선택하면 각각 해당 연도의 인구수 값이 반환
  - 데이터 유형: 정수
  - 허용 가능한 값: 목록
  - 표시 형식: 1,000단위 구분 기호 포함 해제
- 매개 변수가 적용되는 계산된 필드 이름: 선택연도인구수
  - 의미: 매개 변수에서 선택한 연도의 인구수 합계가 반환
  - 사용 함수: IF, INT, SUM
- 선택 연도의 남, 여 인구수와 총합계를 카드 형태로 표시
- 서식 설정
  - 머리글: 글꼴 크기 '14', 정렬 가로 '가운데'
  - 값: 글꼴 크기 '16', '굵게', 정렬 가로 '가운데'
  - 총합계: 글꼴 '굵게'
  - 테두리: 행 구분선과 열 구분선이 머리글과 패널에 모두 적용

1. 문제3-1-1 시트를 선택한다.
2. 좌측 사이드 바 검색창 우측 [▼]버튼 → 매개 변수 만들기 선택한다.
3. 매개 변수 이름은 p.연도선택, 데이터 유형은 정수, 허용 값은 목록으로 지정하고 2023, 2024를 입력한다.

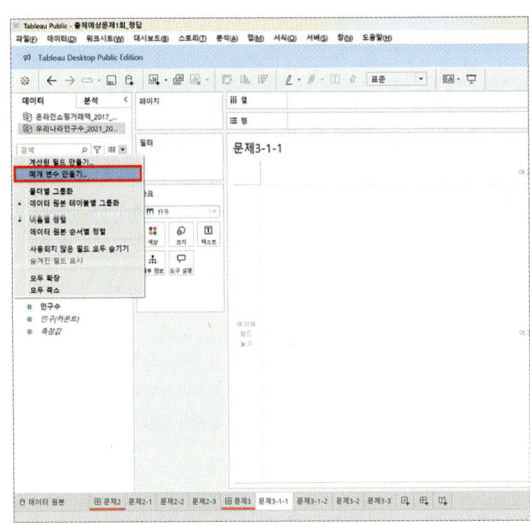
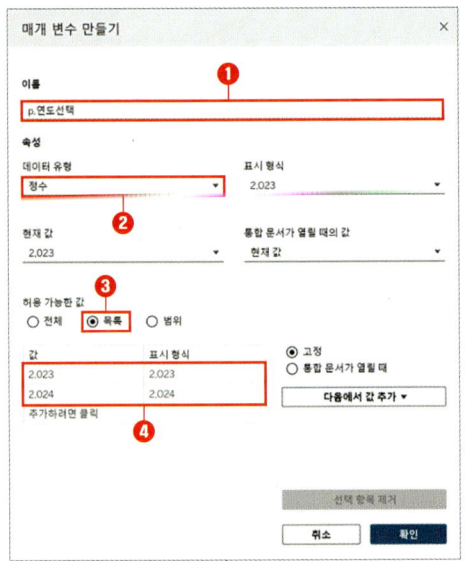

4. 매개 변수의 표시 형식 → 숫자(사용자 지정) → 소수 자릿수: 0, 1,000 단위 구분 기호 포함은 체크 해제한 후 확인 버튼을 클릭한다.

5. 매개 변수 섹션에 있는 [p.연도선택]에 우클릭 → 매개 변수 표시 선택한다.

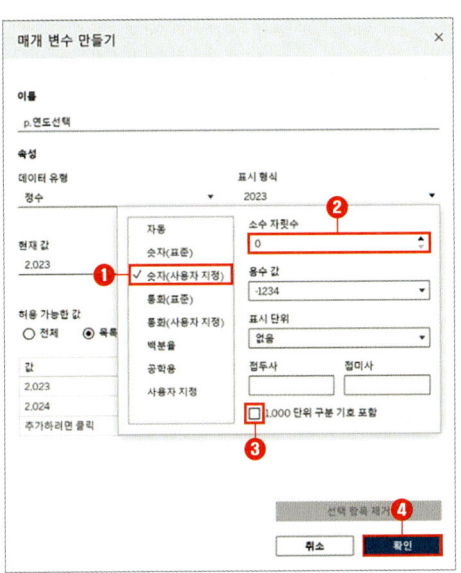
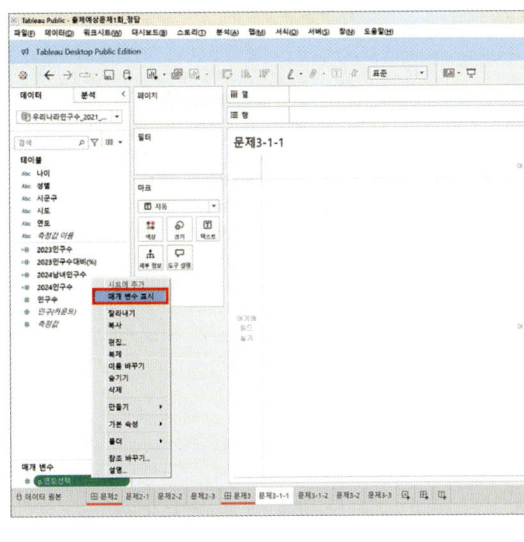

6. 상단 분석 메뉴 → 계산된 필드 만들기를 선택한다.

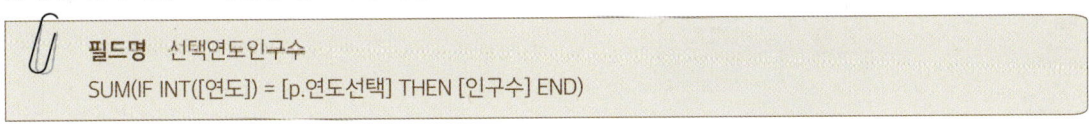

필드명 선택연도인구수
SUM(IF INT([연도]) = [p.연도선택] THEN [인구수] END)

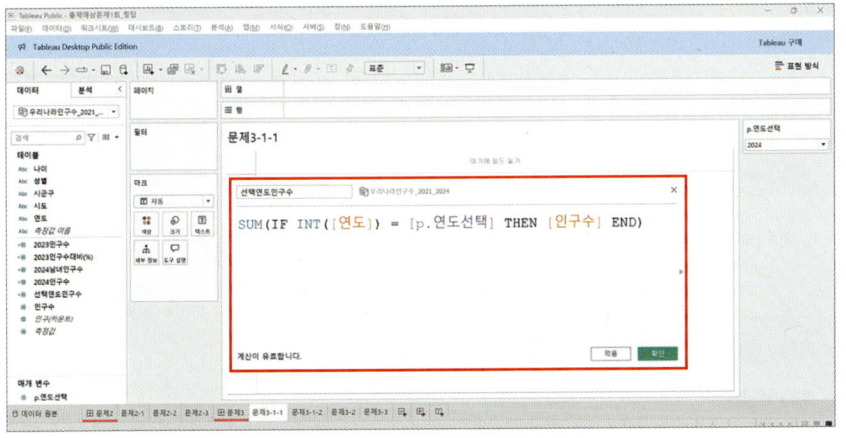

7. 차원에 있는 [성별] 필드를 드래그해서 열 선반에 놓는다.
8. 측정값에 있는 [선택연도인구수] 필드를 드래그해서 텍스트 마크에 놓는다.

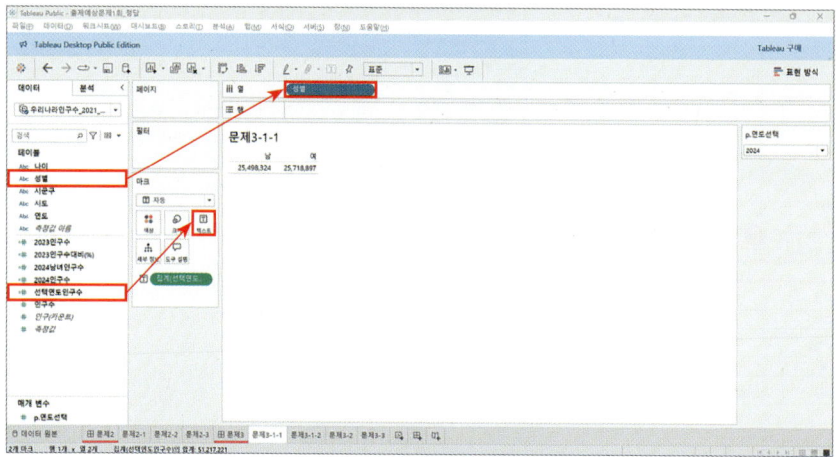

9. 상단 분석 메뉴 → 총계 → 행 총합계 표시를 선택한다.

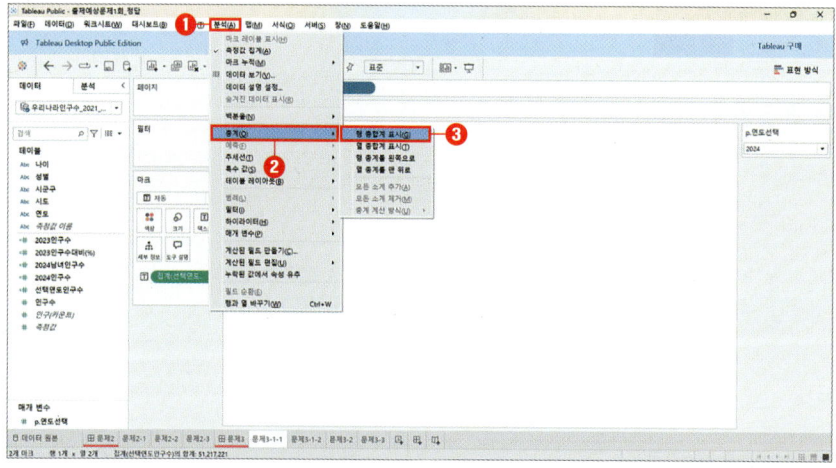

10. 성별 머리글에 우클릭 → 서식을 선택한다. 서식 메뉴 → 머리글 탭 → 기본값 → 글꼴: 14pt, 맞춤: 가로 → 가운데 설정한다.

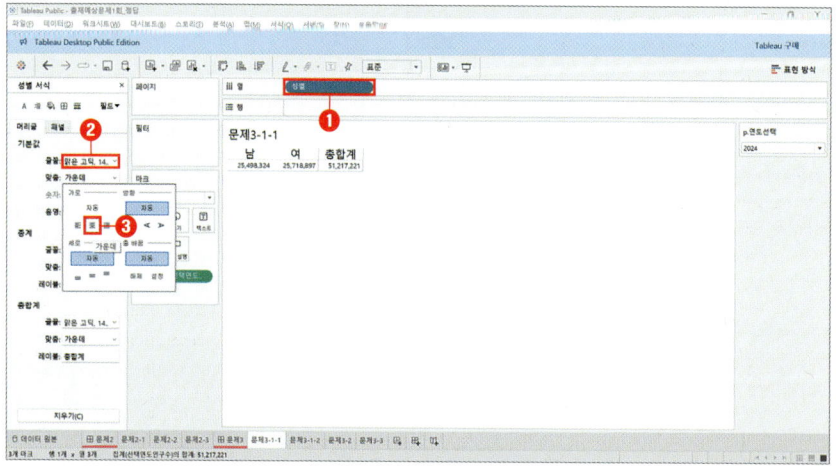

11. 텍스트 마크에 있는 [집계(선택연도인구수)]에 우클릭 → 서식을 선택한다. 서식 메뉴 → 패널 탭 → 기본값 → 글꼴: 16pt, B(볼드) 설정, 맞춤: 가로 → 가운데 설정한다.

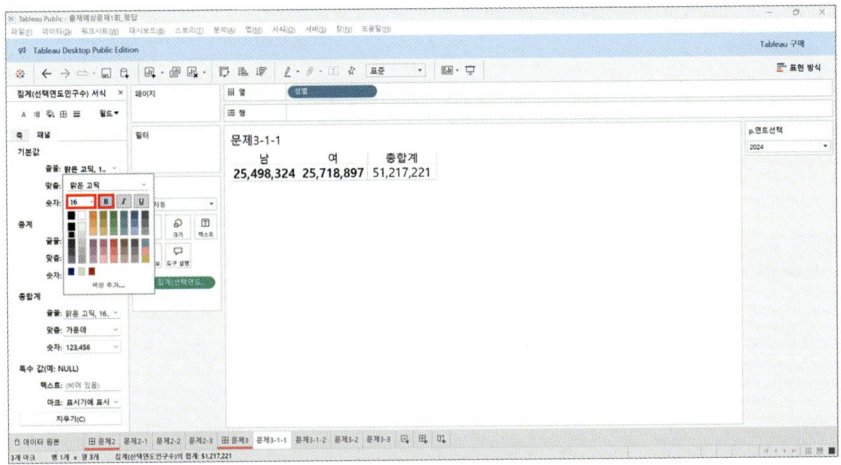

12. 총합계 서식의 글꼴 → B(볼드) 처리한다.

13. 상단 테두리 서식 → 열 구분선 → 패널: 실선을 추가한다.

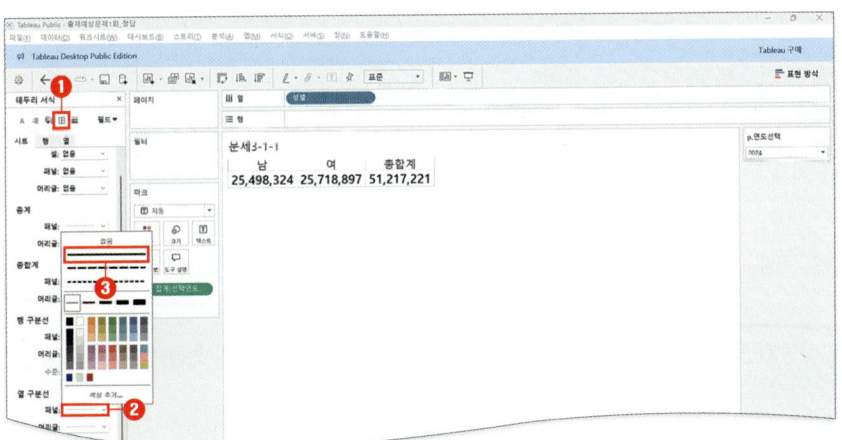

14. 열 구분선의 수준 슬라이더를 오른쪽으로 한 뎁스 이동한다.

15. 기본값의 머리글을 없음에서 실선으로 변경한다.

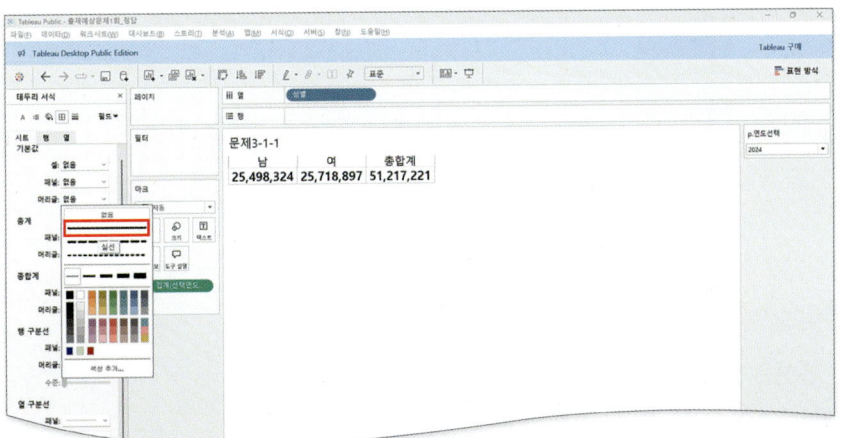

16. 서식 메뉴는 닫고, 툴바의 맞춤을 '전체 보기'로 변경한다.

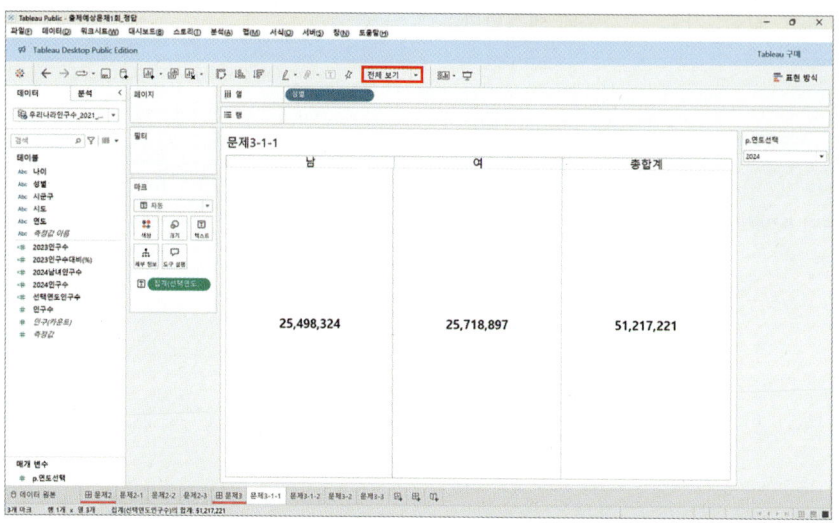

❷ '문제3-1-2' 시트에서 [성별] 필드를 사용하여 필터 버튼을 구현하시오. (3점)
- [성별] 필드를 기준으로 필터 버튼 구현
  - 성별이 '가로 방향'으로 배치되도록 구현
- 서식
  - 머리글 표시 해제
  - 텍스트 마크: 맞춤: 가로 '가운데', 글꼴 22, 볼드 처리
  - 테두리: 시트 – 행 구분선 – 패널 없음, 기본값 셀: 테두리 색상: #b4b4b4

1. 차원에 있는 [성별]을 열 선반과 텍스트 마크에 배치한 다음, 열 선반에 있는 [성별]에 우클릭 → 머리글 표시를 해제한다.

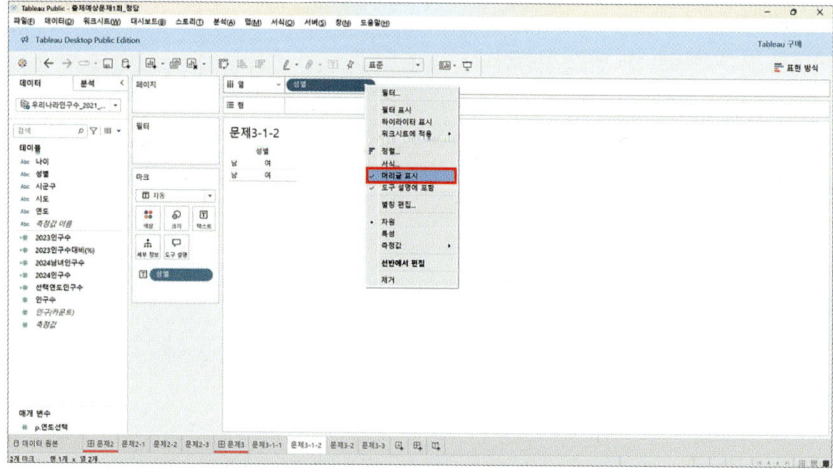

2. 텍스트 마크에 있는 (...) 옵션을 선택한다.

3. 레이블 편집 대화 상자에서 글꼴은 22pt, B(볼드) 처리한다.

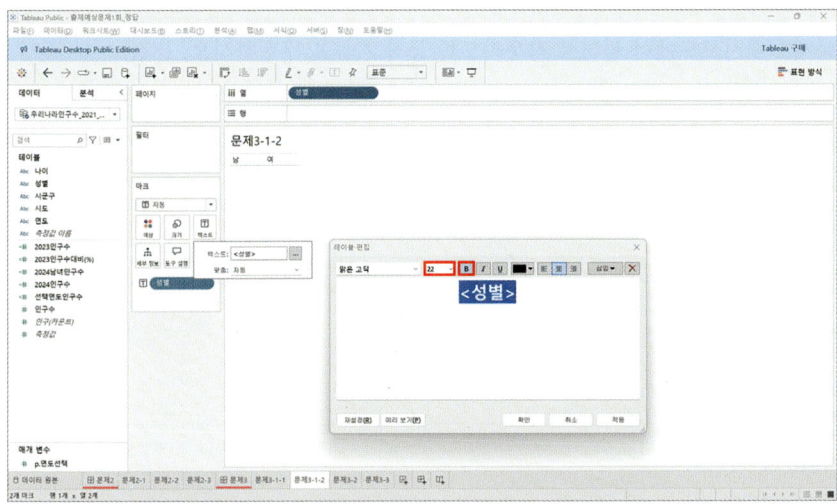

4. 텍스트 마크에 있는 맞춤: 가로 → 가운데 정렬한다.

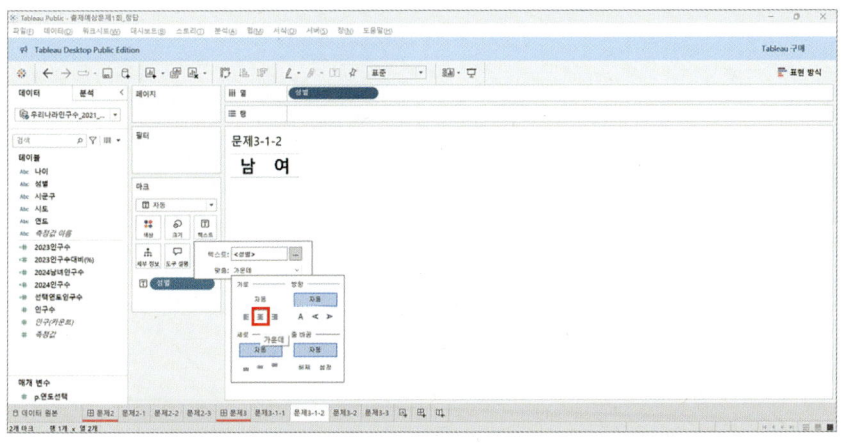

5. 툴바의 맞춤을 전체 보기로 변경한다.

6. 뷰에서 우클릭 → 서식 → 테두리 서식 → 시트 → 행 구분선 → 패널 없음 설정한다.

7. 기본값 → 셀: 테두리, 색상: #b4b4b4 설정한다.

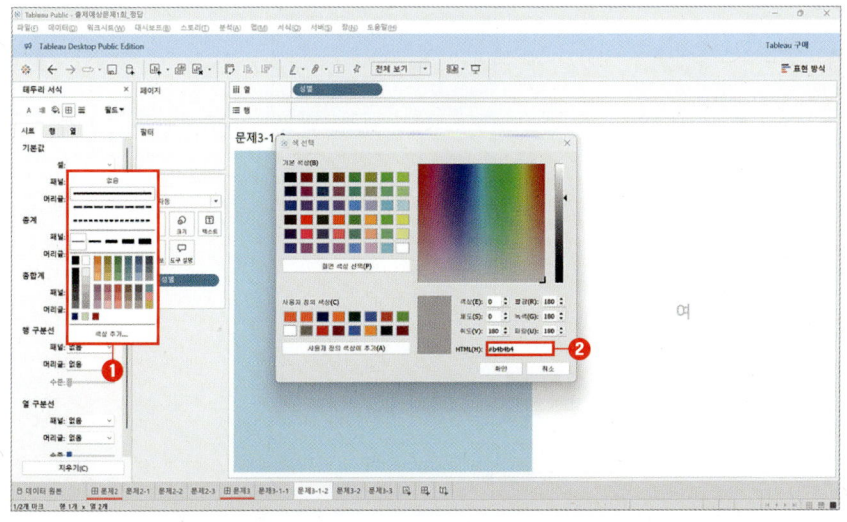

❸ '문제3-1-2'가 '문제3' 대시보드에서 필터로 작동하도록 동작 기능을 구현하시오. (3점)
- 동작
  - 원본 시트: '문제3-1-2'에서 생성한 필터 버튼을 필터로 사용
  - 대상 시트: '문제3-2'와 '3-3' 시트에만 필터 적용이 됨
- 동작 이름: f.성별인구현황
- 동작 실행 조건: 선택
- 선택을 해제할 경우의 결과: 모든 값 표시
- 기본 선택: "남"

1. 문제3 대시보드로 이동한다.
2. 상단 대시보드 메뉴 → 동작 → 동작 추가 → 필터를 선택한다.

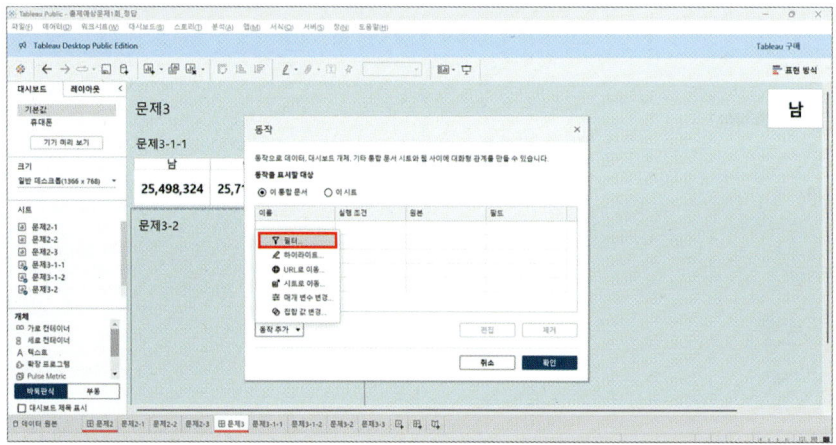

3. 원본 시트는 문제3-1-2, 대상 시트는 문제3-2·문제3-3으로 지정하고, 선택 해제 시 결과는 모든 값 표시로 설정한다.

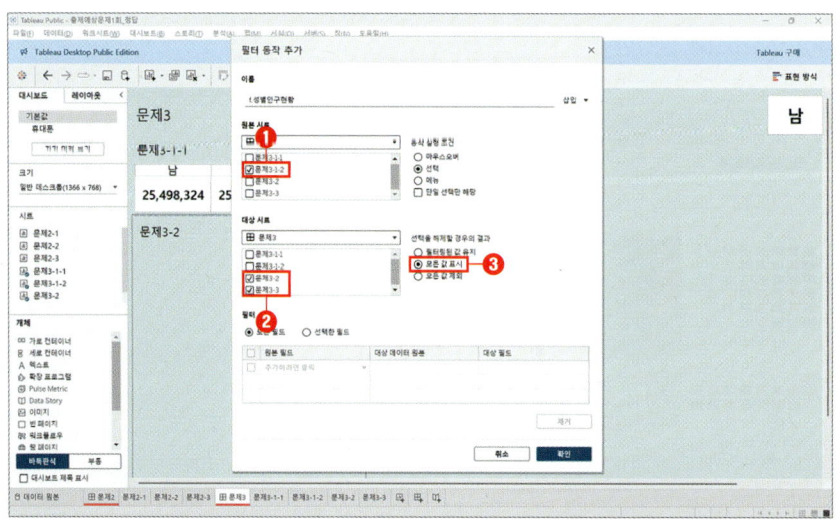

2. '문제3-2' 시트에 시도, 시군구별로 연도 선택 매개 변수 값에 따라 선택 연도 및 전년 인구수 비교 테이블을 구현하시오. (10점)

❶ [시도(집합)]라는 집합 필드를 생성하고, 이에 대한 조건을 설정하는 [시군구(선택)] 필드를 추가하시오. (4점)
- 필드 이름: 시도(집합)
  - [시도] 필드를 기준으로 생성
  - 임의로 '서울특별시'만 선택 후 확인
- 필드 이름: 시군구선택
  - 값이 [시도(집합)]이라는 집합 필드에 포함되면 [시군구] 필드를 반환하고, 아니면 "▶"를 반환
  - 사용 함수: IF문

1. '문제3-2' 시트로 이동한다.
2. 좌측 사이드 바 차원에 있는 [시도] 우클릭 → 만들기 → 집합 선택한다.

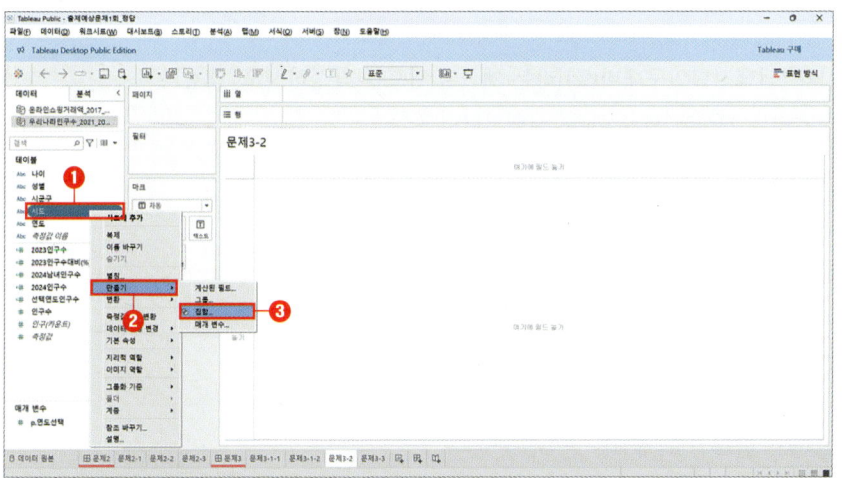

3. 집합 만들기 대화 상자에서 이름을 '시도(집합)'으로 변경하고 '서울특별시'만 체크하고 확인 선택한다.

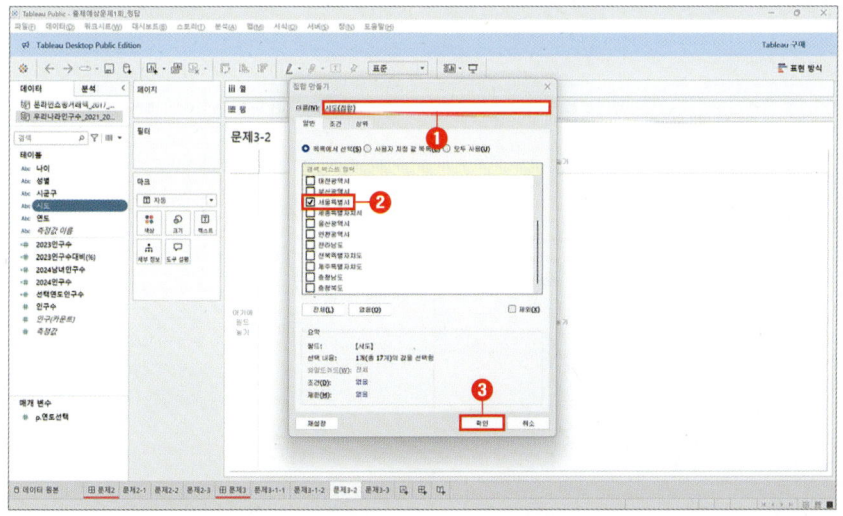

4. 상단 분석 메뉴 → 계산된 필드 만들기로 새로운 변수를 만든다.

필드명 - 시군구선택
IF [시도(집합)] THEN [시군구] ELSE "▶" END

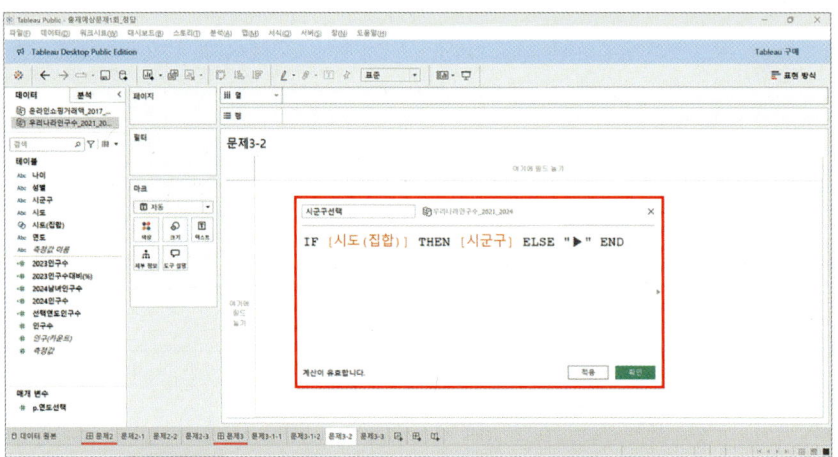

❷ [선택전년인구수]와 [선택전년인구대비(%)]라는 계산된 필드를 작성하시오. (3점)
- 매개 변수가 적용되는 계산된 필드 이름: 선택전년인구수
  - 의미: 매개 변수에서 선택한 연도의 전년 인구수 합계가 반환
  - 사용 함수: IF, INT, SUM
- 추가 계산된 필드 이름: 선택전년인구대비(%)
  - 의미: 매개 변수에서 선택한 연도의 인구수를 전년 인구수와 비교
  - 기본 속성 > 숫자 형식 > 백분율: 소수 자릿수 2로 설정

1. 상단 분석 메뉴 → 계산된 필드 만들기로 새로운 변수를 만든다.

필드명 - 선택전년인구수
SUM(IF INT([연도]) = [p.연도선택] -1 THEN [인구수] END)

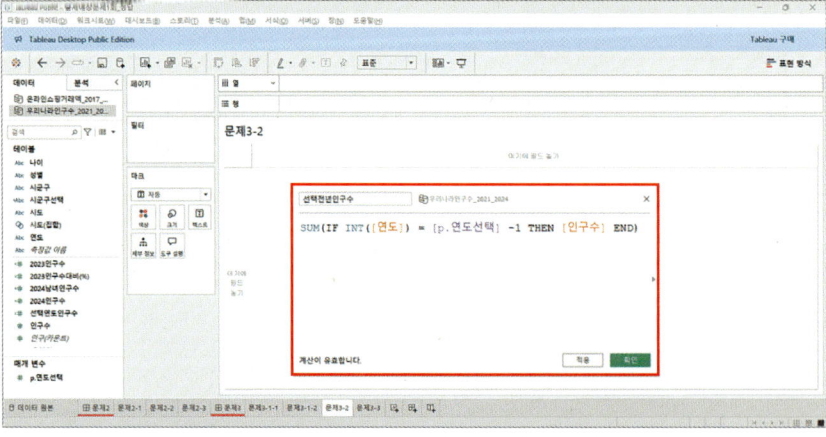

2. 상단 분석 메뉴 → 계산된 필드 만들기로 새로운 변수를 만든다.

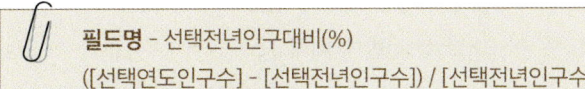

필드명 - 선택전년인구대비(%)

([선택연도인구수] - [선택전년인구수]) / [선택전년인구수]

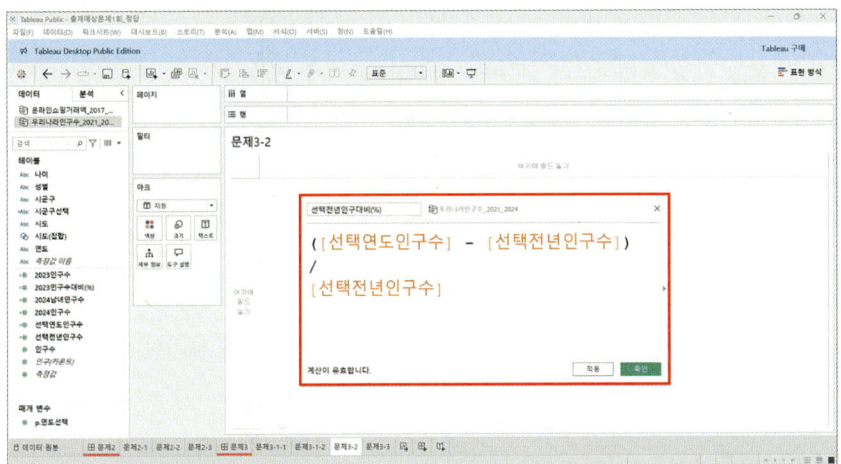

3. 측정값에 새로 생성된 [선택전년인구대비(%)] 필드에 우클릭 → 기본 속성 → 숫자 형식 선택한다.

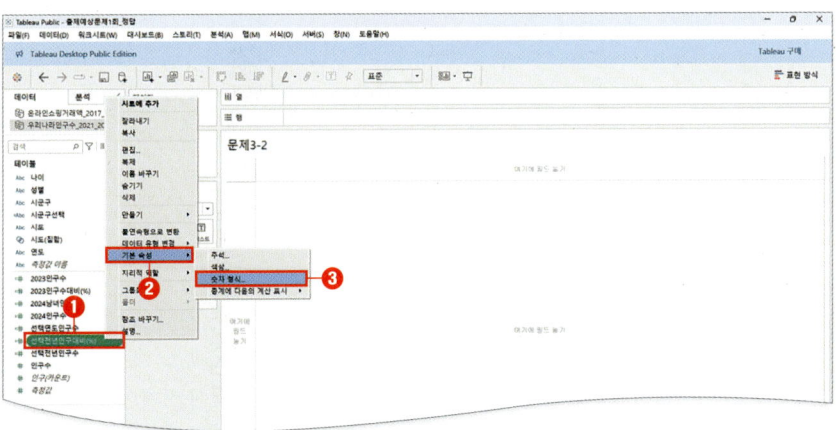

4. 숫자 서식에서 백분율 → 소수 자릿수: 2로 설정한다.

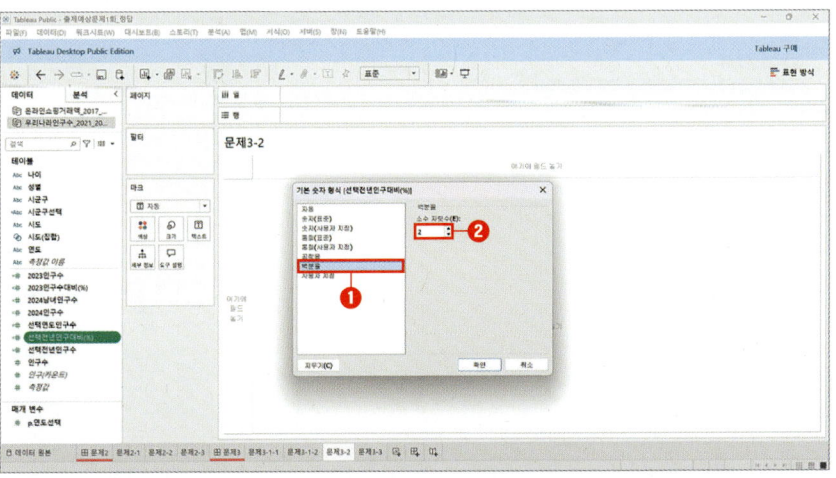

❸ 테이블에서 인구수 관련 필드를 배치하고 각 측정값별 색상을 다르게 설정하시오. (3점)
- [시도(집합)], [시도], [시군구선택] 필드를 순서대로 행 선반에 배치
- 테이블 안에 [선택연도인구수], [선택전년인구수], [선택전년인구대비(%)] 필드 순서로 삽입
- 3개의 측정값에 대한 색상을 별도의 범례로 다르게 설정
  - 선택연도인구수: 모든 값을 검은색으로 설정(#000000)
  - 선택전년인구수: 모든 값을 검은색으로 설정(#000000)
  - 선택전년인구대비(%): 색상표에서 주황색-파란색 다중, 단계별 색상 2, 가운데 0으로 설정
- [시도], [시군구(선택)] 필드 모두 [선택연도인구수] 기준으로 내림차순 정렬
- 행 선반에 맨 앞에 있는 [시도 집합]의 머리글 표시 제외

1. 차원에 있는 [시도(집합)], [시도], [시군구선택] 필드를 순서대로 드래그해서 행 선반에 배치한다.

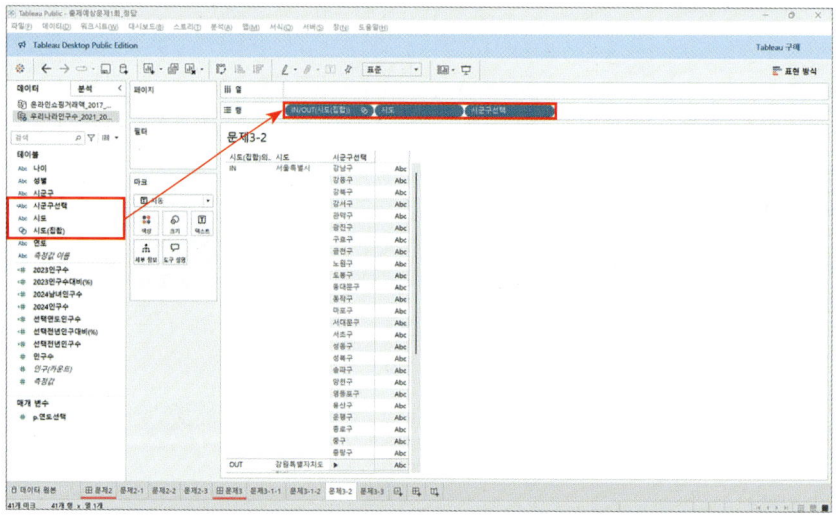

2. [선택연도인구수], [선택전년인구수], [선택전년인구대비(%)] 필드를 각각 더블 클릭해 테이블 안에 삽입한다.
3. 측정값 카드에서 [선택전년인구대비(%)]를 드래그해 두 번째 위치에 배치한다.

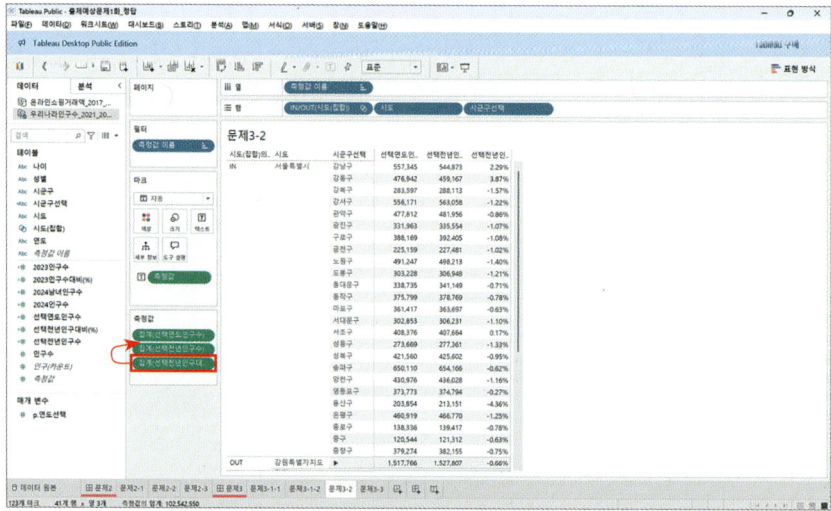

4. 텍스트 마크에 있는 [측정값]을 Ctrl 키 누른 다음에 드래그해서 색상 마크에 배치한다.

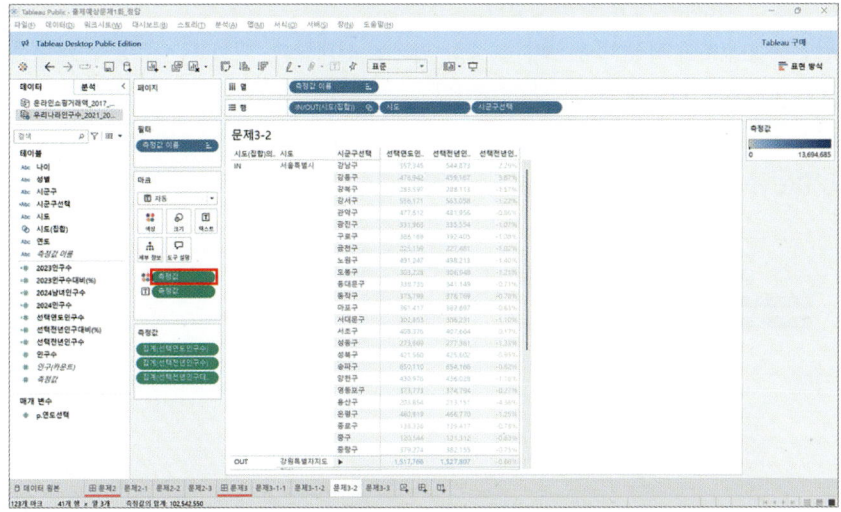

5. 색상 마크에 있는 측정값에 우클릭 → 별도의 범례 사용을 선택한다.

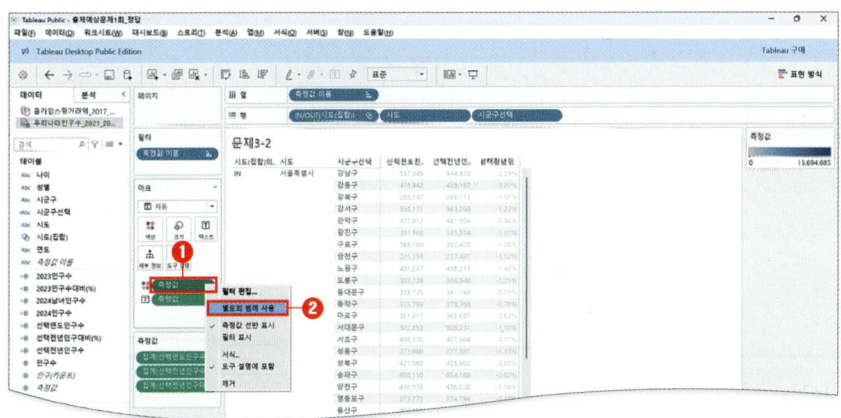

6. 뷰 오른쪽 [집계(선택연도인구수)] 색상 범례 [▼] → 색상 편집을 선택한다. 최솟값·최댓값 색상은 #000000, 단계별 색상은 2단계로 지정 후 확인한다.

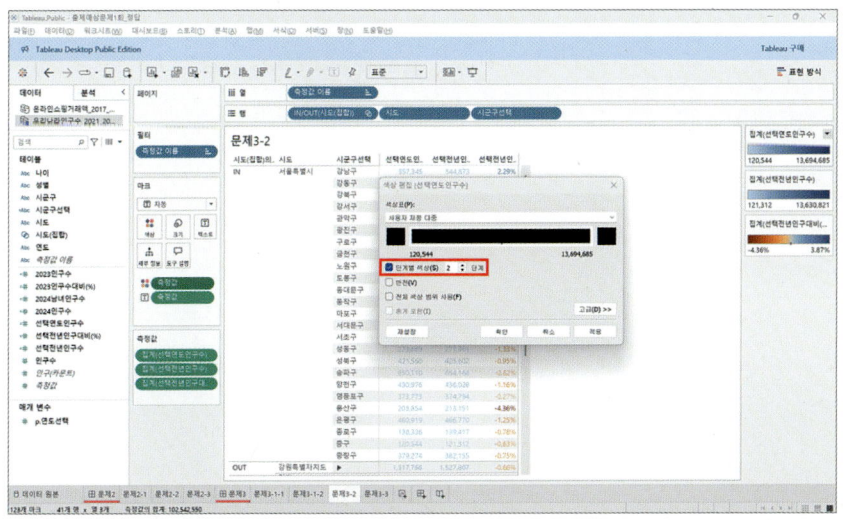

7. 같은 방법으로 뷰 오른쪽 [집계(선택전년인구수)] 색상 범례 [▼] → 색상 편집을 선택한다. 최솟값·최댓값 색상은 #000000, 단계별 색상은 2단계로 지정 후 확인한다.

8. 뷰 오른쪽 [집계(선택전년인구대비(%))] 색상 범례 [▼] → 색상 편집을 선택한다. 색상표는 주황색-파란색 다중, 단계별 색상은 2단계, 고급에서 가운데 값 0으로 지정한다.

   [선택연도인구수]와 [선택전년인구수]는 모든 값이 검은색으로 나오지만, [선택전년인구대비(%)]는 0을 기준으로 양수는 파란색, 음수는 주황색 2가지 색상만 표시되는 것을 볼 수 있다.

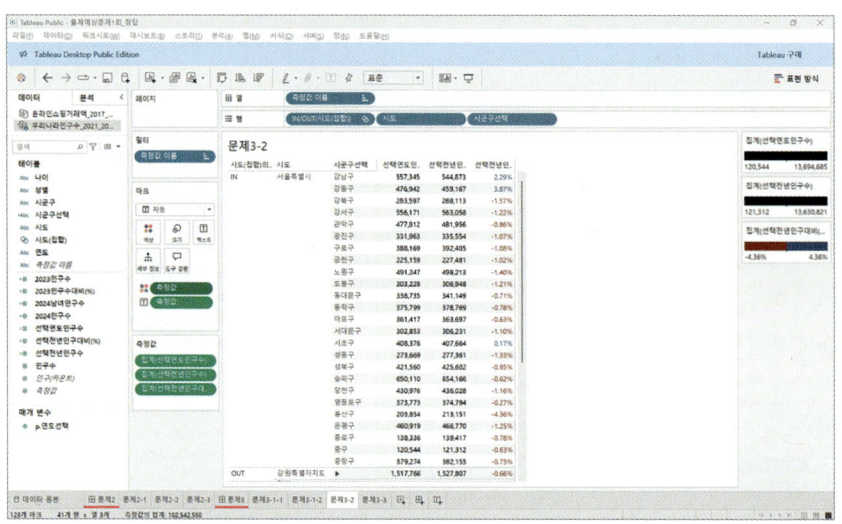

9. 시도 머리글 [▼] 버튼 → 필드 → 집계(선택연도인구수)를 선택한다. 그러면 정렬 순서는 집합 In(서울특별시)이 먼저, 그다음 Out 중 인구가 가장 많은 경기도가 표시된다.

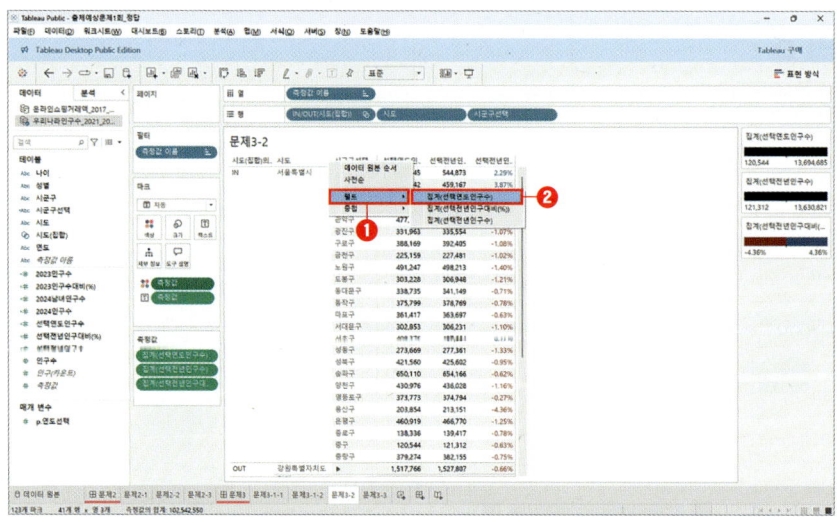

10. 시군구선택 머리글에 [▼] 버튼을 누른 다음에 중첩에서 '집계(선택연도인구수)'를 선택한다. 같은 시도 내에서 인구가 가장 많은 시군구부터 내림차순 정렬된다.

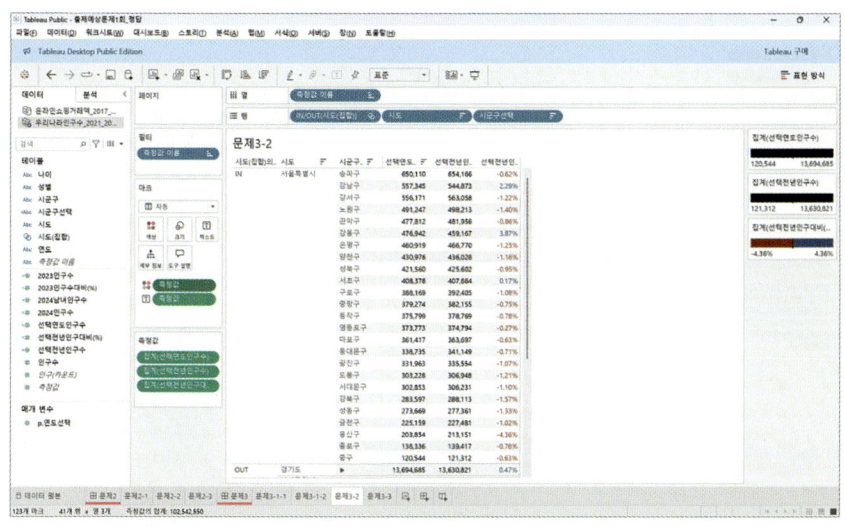

> 3. '문제3-3' 시트에 성별로 전년과 인구수를 비교하는 불릿 차트를 구현하시오. (5점)
>
> ❶ 나이별로 [선택연도인구수]와 [선택전년인구수]를 함께 보여주는 불릿 차트를 생성하시오. 단, 이중 축을 사용하지 않고 불릿 차트를 생성하시오. (3점)
>   - 열 선반: [선택연도인구수]
>   - 행 선반: [나이]
>   - 세부 정보 마크: [선택전년인구수]
>   - 색상: [선택전년인구대비(%)]
>   - 레이블: [선택전년인구대비(%)]

1. '문제3-3' 시트로 이동해 [선택연도인구수]를 열 선반, [나이]를 행 선반에 놓고, [선택전년인구수]는 세부 정보 마크에 배치한다.

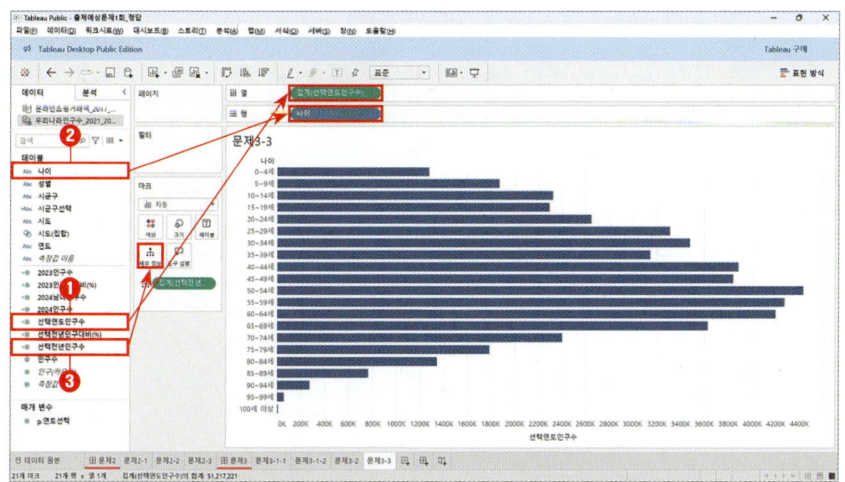

2. [선택전년인구대비(%)] 필드를 레이블과 색상 마크에 각각 배치한다.

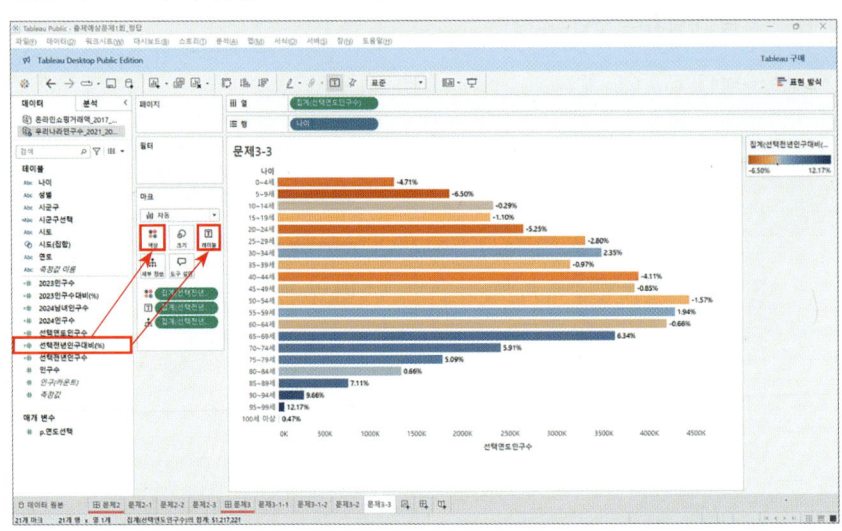

❷ 불릿 차트를 완성하기 위해 참조선을 적용하고 레이블을 편집하시오. (2점)
- 참조선
  - 셀 범위
  - 레이블: 없음
  - 라인: 파선(색상 #555555)
- 레이블 [선택전년인구대비(%)]
  - 백분율로 표시하되 값이 양수면 +0.00%, 음수면 -0.00%, 0인 경우 0.00%로 표시
  - 정렬: 왼쪽 맞춤

1. 좌측 사이드 바를 분석 패널로 변경한 뒤, 분석 패널 → 사용자 지정 → 참조선을 드래그해서 '셀' 참조선에 추가한다.

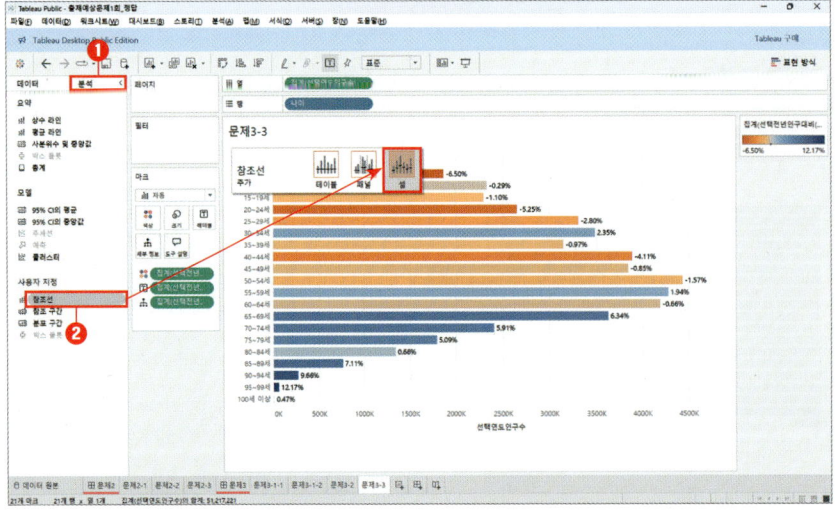

2. 참조선 편집 대화 상자에서 라인의 값을 '선택전년인구수'로 선택하고, 레이블은 '없음'으로 지정한다.

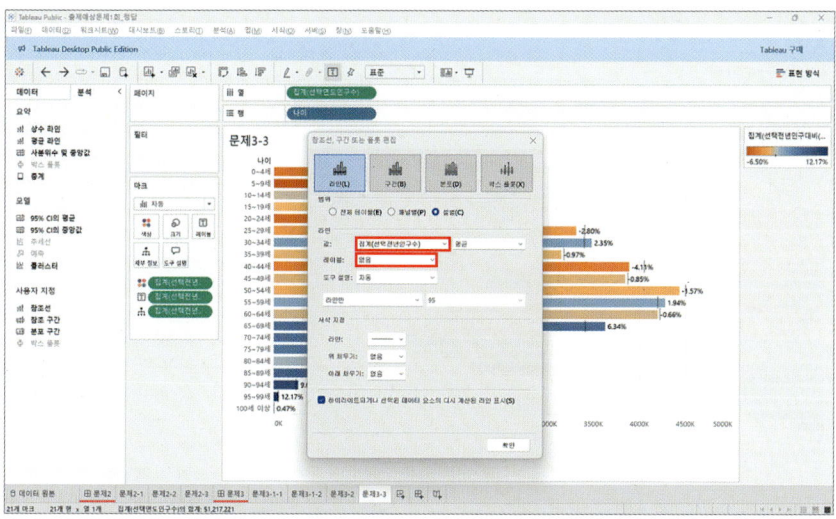

3. 서식 지정 → 라인: 파선으로 변경하고, 파선의 색상은 #555555으로 지정한다.

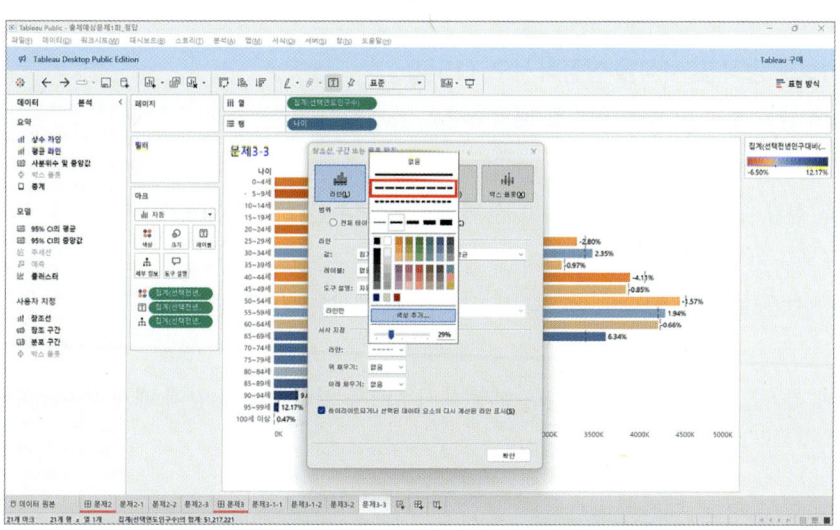

4. 레이블 마크 [선택전년인구대비(%)]에 우클릭 → 서식을 선택한다.
5. 서식 메뉴 패널 탭 → 기본값 → 숫자 → 사용자 지정 서식에 +0.00%;-0.00%;0.00%를 입력한다.

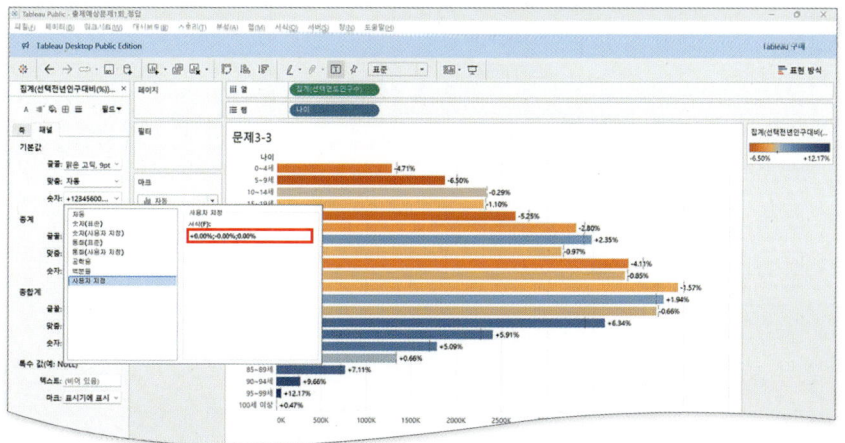

6. 패널 탭 → 기본값 → 맞춤 → 가로: 왼쪽 정렬 선택하면, 막대 왼쪽에 각 나이별 전년대비인구증감을 바로 확인할 수 있다.

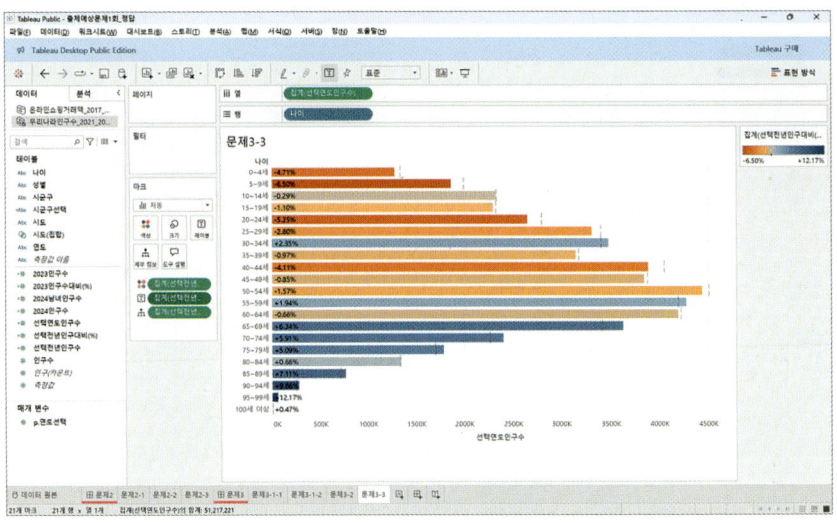

4. '문제3-4'에서 대시보드 동작 및 서식을 설정하시오. (15점)

❶ '문제3' 대시보드에 제목 편집 및 매개 변수를 배치하시오. (3점)

- 대시보드 제목 편집
  - 제목을 '인구 현황 대시보드'라고 작성하고 맨 앞에 매개 변수인 'p.연도선택'을 배치
  - 대시보드 제목을 가운데 정렬하고 볼드 처리
- 매개 변수인 p.연도선택을 대시보드 제목 왼쪽에 추가하고 너비를 200px로 편집

1. 문제3 대시보드로 이동해 제목을 더블 클릭한 후 '인구 현황 대시보드'를 입력하고 맨 앞에 매개 변수 p.연도선택을 삽입한다.

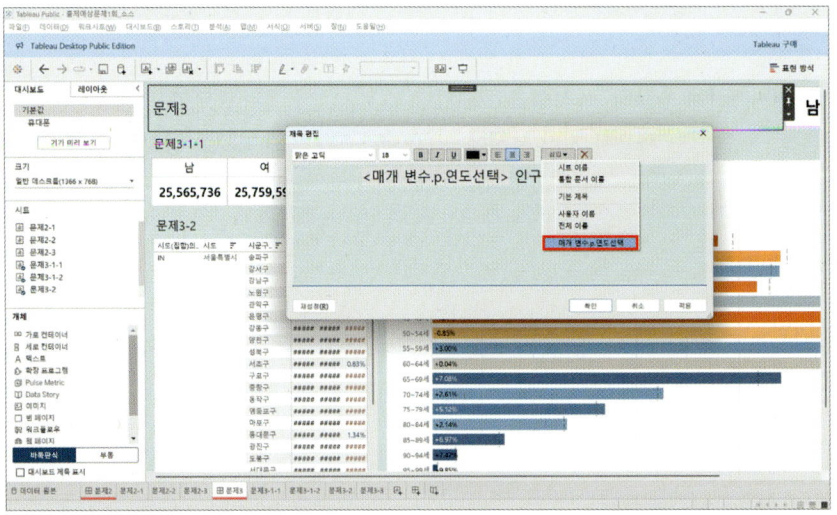

312 Part 4. 출제예상문제

2. 문제3-1-1 시트를 클릭한 후 오른쪽 툴바 맨 아래 [▼] 버튼 → 매개 변수 → p.연도선택을 선택한다.

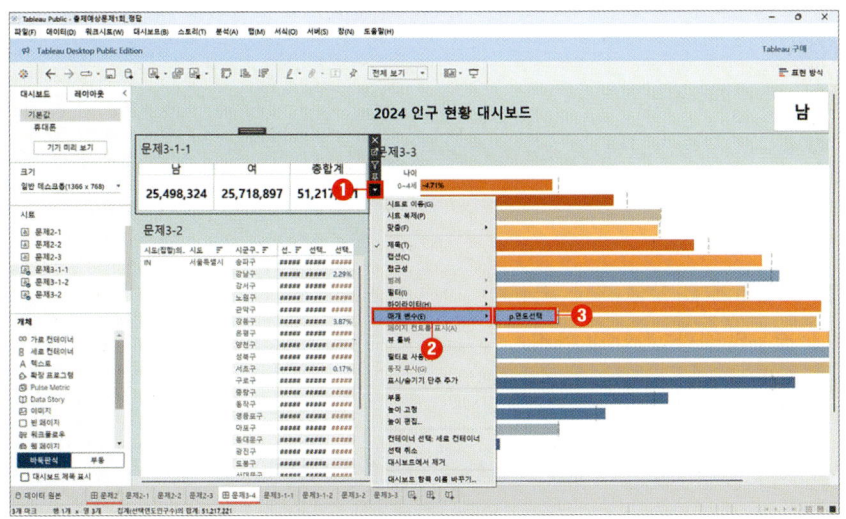

3. 대시보드 오른쪽에 표시된 'p.연도선택' 매개 변수를 드래그해 상단 가로 컨테이너의 제목 왼쪽에 배치한다.
4. p.연도선택 매개 변수 [▼] → 너비 편집을 선택한다.
5. 너비는 200px로 조정한다.

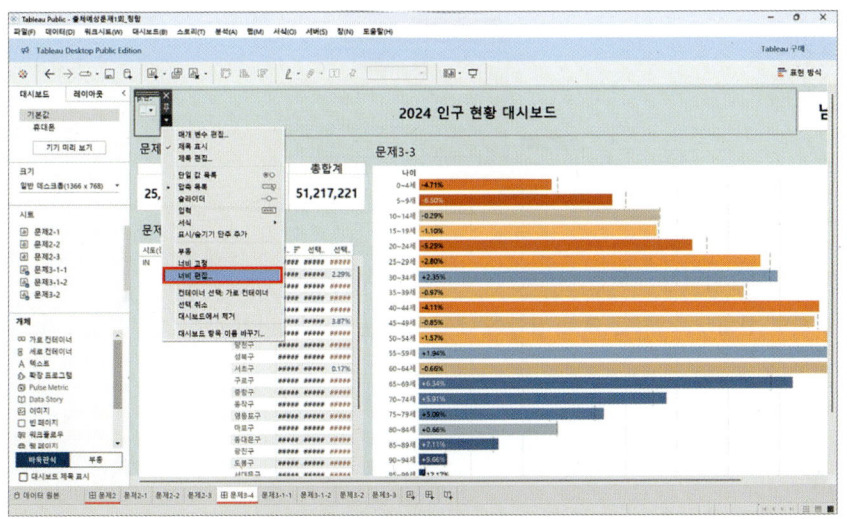

❷ '문제3' 대시보드의 '문제3-2' 시트에서 [시도(집합)]이라는 집합에 값을 할당하는 대시보드 동작을 적용하시오. (4점)
- 동작 이름: 선택_시도인구수확인
  - 원본 시트: '문제3-2' 시트만 선택
  - 동작 실행 조건: 선택
  - 대상 집합: '시도(집합)'
  - 동작 실행 결과: 집합에 값 할당
  - 선택을 해제할 경우의 결과: 집합 값 유지
- 시도(집합) 머리글 표시 해제

1. 상단 대시보드 메뉴에서 동작을 선택한 뒤, 동작 추가 → 집합 값 변경을 선택한다.

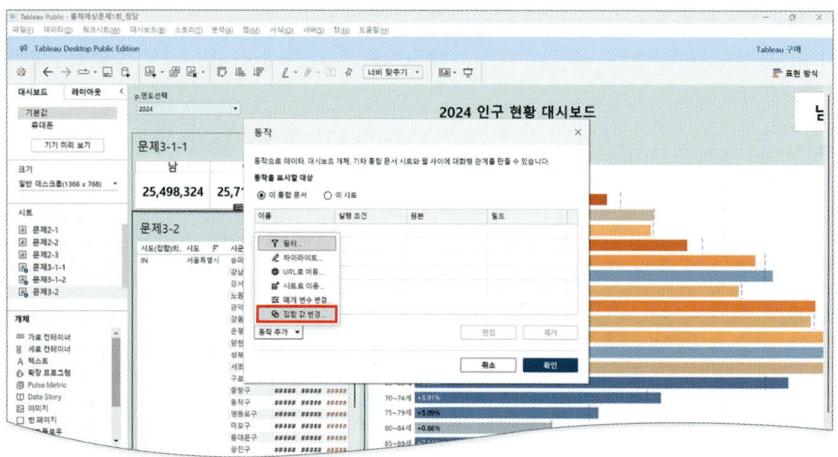

2. 동작 이름은 '시도인구수확인'으로 입력하고 원본 시트는 문제3-2만 선택한다.
3. 동작 실행 조건은 기본 옵션인 선택으로 두고, 대상 집합은 데이터 원본 '우리나라인구수_2021_2024'의 시도(집합)을 선택한다.

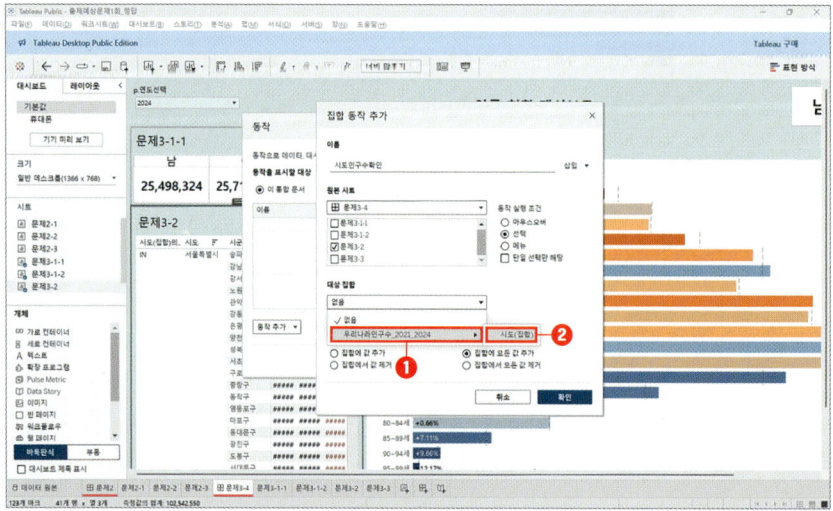

4. 동작 실행 조건은 기본 옵션인 '집합에 값 할당'을 선택하고, 선택을 해제할 경우의 결과는 '집합 값 유지'를 선택하고 확인 버튼을 선택한다.

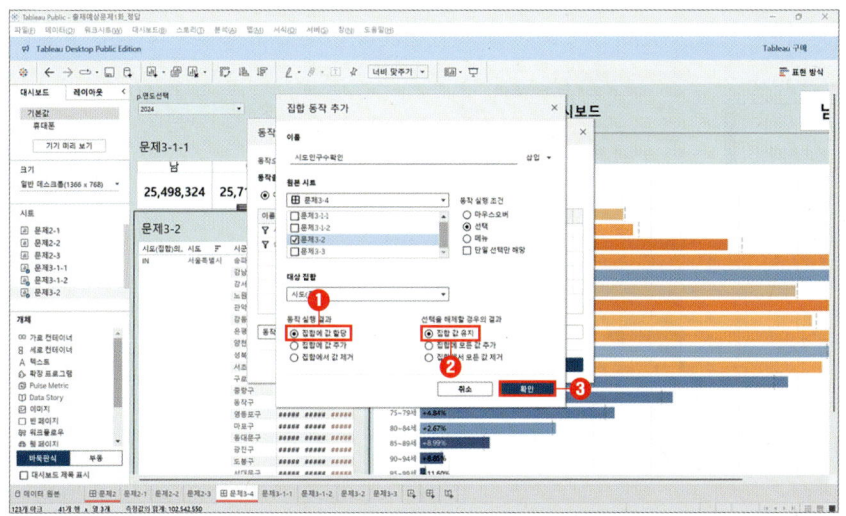

5. 문제3-2 시트에서 시도(집합) OUT에 있던 경기도를 선택한다. 경기도가 IN으로 바뀌며 하위 시군구가 펼쳐지고, 나머지 시도는 OUT으로 '▶'가 표시된다. 다른 시도를 클릭해 집합 변경 여부를 확인한다.

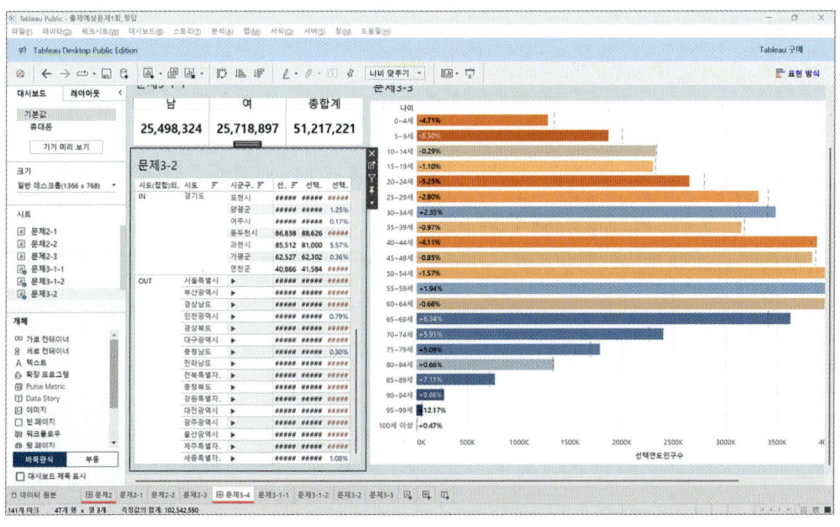

6. 문제 3-2에서 시도(집합)의 IN에 우클릭 후 머리글 표시를 해제하면, 테이블 내 숫자가 깔끔하게 표시된다.

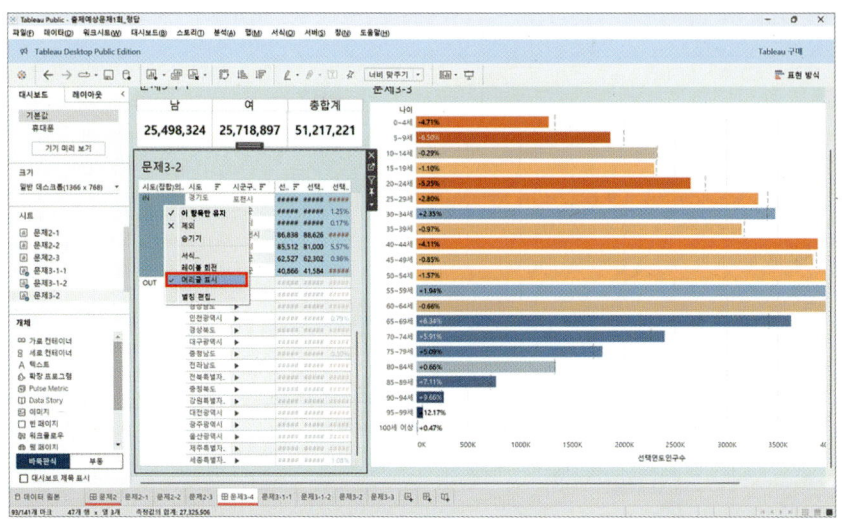

❸ '문제3-4' 대시보드의 '문제3-2' 시트에서 [시도]를 선택하고 '문제3-1-1', '문제3-3'에 해당 시도 필터 동작을 적용하시오. (3점)
  • 동작 이름: 시도별인구현황필터
  – 원본 시트: '문제3-2' 시트만 선택
  – 동작 실행 조건: 선택
  – 대상 시트: '문제3-1-1', '문제3-3' 시트 선택
  – 선택을 해제할 경우의 결과: 필터링된 값 유지
  – 필터: 선택한 필드: '시도'만 설정

1. 상단 대시보드 메뉴에서 '동작'을 선택한 뒤, 동작 추가 버튼을 눌러 맨 위의 '필터'를 선택한다.

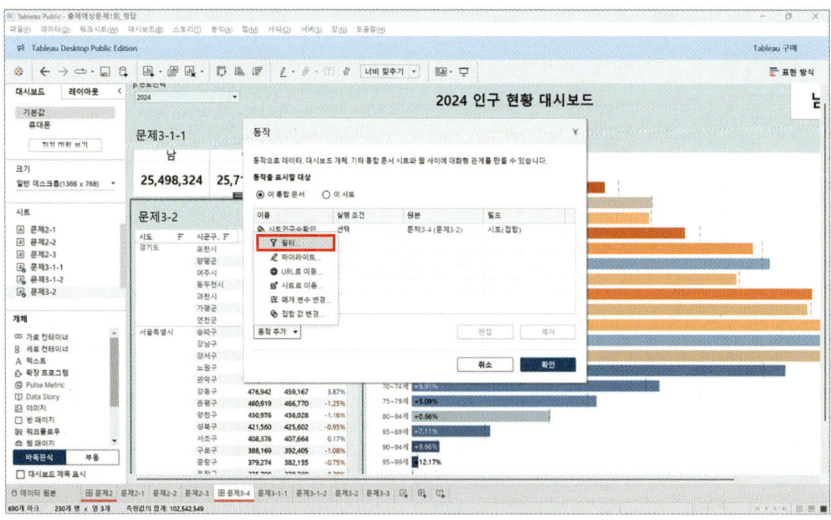

2. 동작 이름을 '시도별인구현황필터'로 입력하고, 원본 시트는 '문제3-2', 실행 조건은 '선택'으로 지정한다.
3. 대상 시트는 '문제3-1-1'과 '문제3-3'을 선택한 뒤, 선택 해제 시 결과를 '필터링된 값 유지'로 설정하고 필터에서 '선택한 필드' 중 원본 필드 '시도'를 지정한 후 확인 버튼을 누른다.

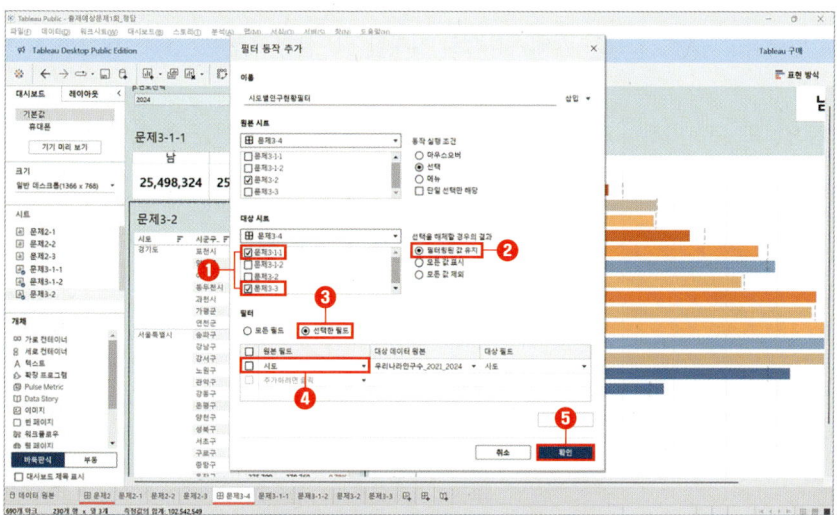

4. 문제3-2 시트에서 임의의 시트를 선택하면 문제3-1-1과 문제3-3 시트가 해당 지역 기준으로 값이 변경되는지 확인한다.

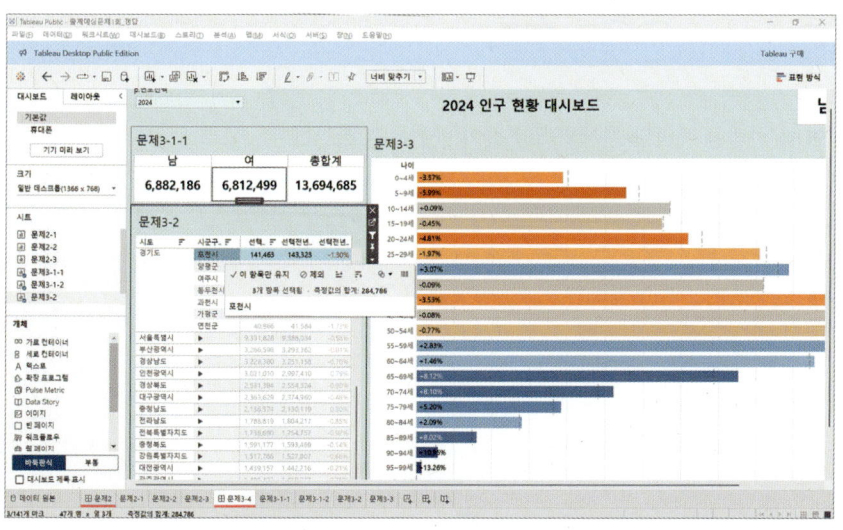

❹ '문제3-1-2' 시트를 클릭하면 '문제3-3' 시트에 해당 성별에 따라 필터되도록 설정하시오. (3점)

1. 상단 대시보드 메뉴에서 '동작'을 선택한 후, 동작 추가 버튼을 눌러 맨 위의 '필터'를 선택한다.
2. 동작 이름을 '성별필터'로 입력하고 원본 시트를 '문제3-1-2'로 지정한 뒤, 실행 조건은 '선택', 대상 시트는 '문제3-3'으로 설정한다.
3. 선택 해제 시 결과를 '모든 값 표시'로 지정하고 필터가 모든 필드로 설정된 것을 확인한 후 확인 버튼을 누른다.

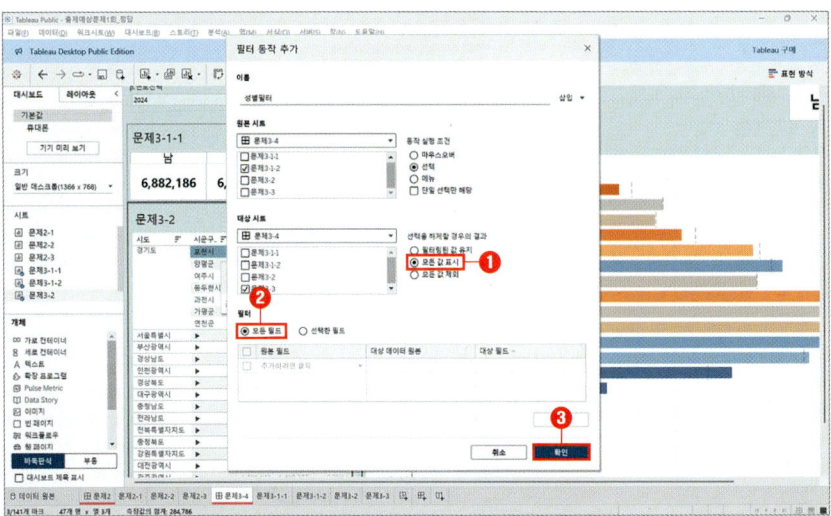

4. 문제3-1-2의 '남' 또는 '여'를 선택할 때마다 문제3-3의 값이 바뀌는지 확인한다.

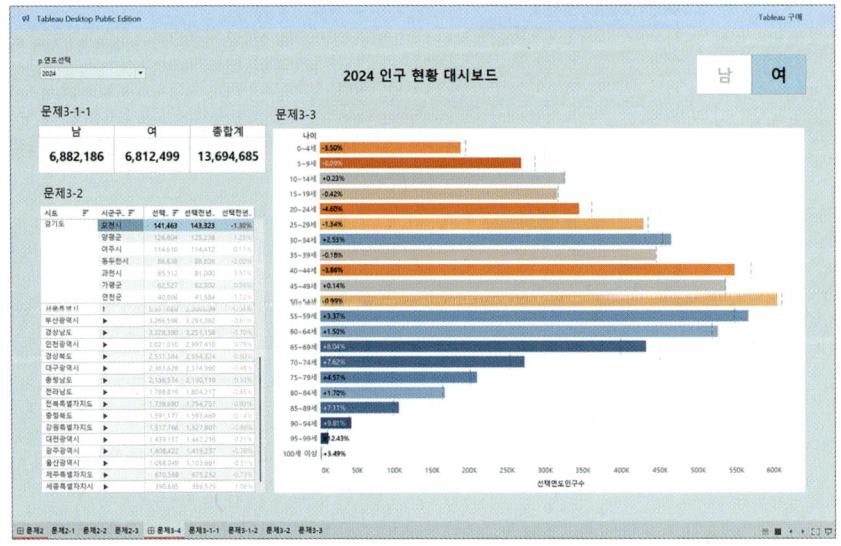

❺ 전체 통합문서의 서식을 변경하시오. (2점)
- 통합문서 서식 변경: 전체 글꼴 'Arial'로 변경

1. 상단 서식 메뉴 → 통합 문서를 선택한다.

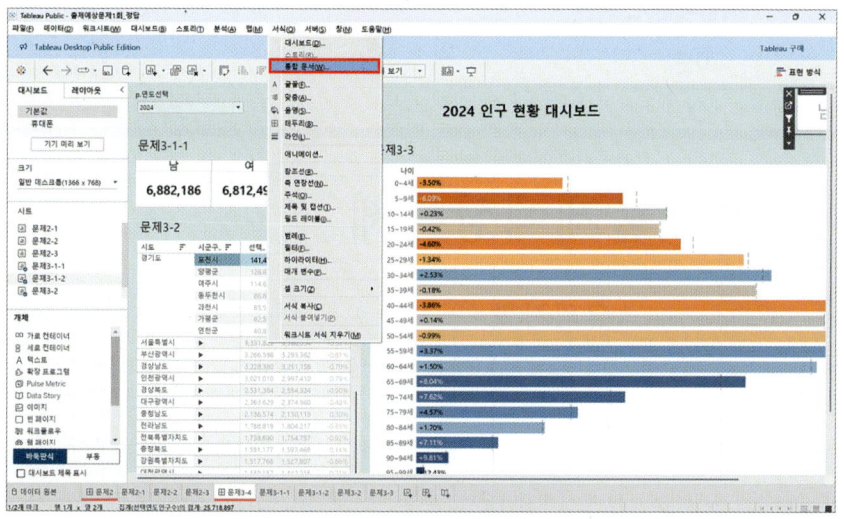

2. 통합 문서 서식 → 글꼴 → 전체 → Arial로 선택한다.

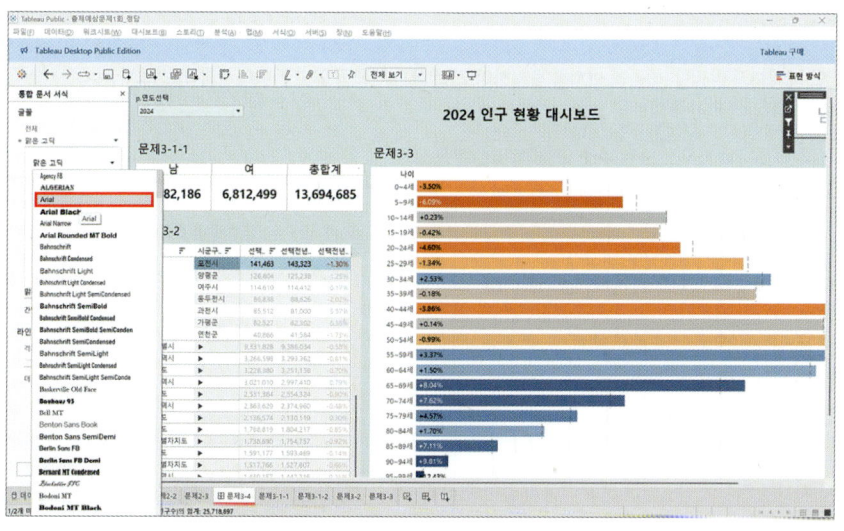

국가기술자격검정
경영정보시각화능력 실기 시험

프로그램명	제한시간
태블로	70분

수험번호: _____

성   명: _____

2회 출제예상문제

<유의사항>

◆ '문제 및 데이터 안내'에 따라 시험에 응시하여야 하며, 이를 소홀히 하여 발생한 불이익과 책임은 수험자 본인에게 있습니다.
◆ 데이터 추출이 안 된 상태에서 응시프로그램을 종료하는 경우 작성 답안이 훼손될 수 있으므로 데이터 추출 확인 후 응시프로그램을 종료하여야 합니다.
◆ 수험자의 올바르지 않은 작업으로 인하여 작성 답안 파일이 훼손된 경우 그에 대한 책임은 수험자 본인에게 있으며, 새 답안 작성 파일은 제공되지 않습니다.
◆ 시험이 시작되면 즉시 문제 데이터 파일 존재여부와 답안 작성 파일의 문제3-4 대시 보드에 차트, 표, 데이터가 보이는지 확인하시기 바랍니다.
   - 문제 데이터 파일 위치: [문제1] C:₩TB₩문제1_데이터 폴더/ [문제2,3] C:₩TB₩문제2,3_데이터 폴더
   - 문제 데이터파일은 존재여부만 확인하며 엑셀 등으로 열어보면 실격 처리
   - 답안작성 파일 위치: C:₩TB₩수험자번호.twbx
   - 화면에 띄워진 답안작성 파일의 문제3-4 대시보드 확인
◆ 시험 중 인터넷 통신 오류 팝업 메시지가 발생할 경우 엑스(X)를 클릭하여 팝업 메시지 창을 닫고 진행하시기 바랍니다.
◆ 아래는 답안의 저장 및 시험종료 관련 안내입니다.
   - 메뉴 '파일'-'저장'으로 저장(툴바 저장 아이콘(🖫) 또는 'Ctrl+S' 사용금지)
   - 엑셀 데이터 추출 확인 메시지 창이 나올 경우 반드시 '추출 만들기' 버튼 누름
   - 데이터원본 화면에서는 저장이 안 되니 시트화면으로 전환하여 저장
   - 시험 진행 중 작성 답안은 수시로 저장
   - 시험종료 전 반드시 메뉴 '파일'-'저장'으로 저장하고 프로그램을 종료해야 합니다. 이외 방법으로 시험종료하여 발생하는 문제 [오류발생/저장불가]에 대한 책임은 수험자에게 있습니다.
◆ 별도의 지시사항이 없는 경우, 다음과 같이 처리할 때 [실격 처리]됩니다.
   - 제시된 파일, 페이지/대시보드, 데이터 원본의 이름, 차원/측정값 속성을 임의로 변경한 경우
   - 제시된 파일, 데이터 원본을 임의로 삭제, 추가, 변경한 경우
   - 시트/워크시트/대시보드를 임의로 삭제, 추가하거나 명칭을 변경한 경우
   - 제시된 작성 답안 파일의 경로 또는 파일명을 변경한 경우
   - 문제 데이터를 시험 시작 전에 열어보는 경우
   - 실기시험 프로그램 이외의 프로그램(엑셀 등)으로 데이터를 열어보는 경우
   - 작성한 답안 파일이 훼손되어 열리지 않거나 문제 풀이가 불가능한 경우
◆ 반드시 답안작성은 문제에서 지시한 위치에 작업해야 하며 다음과 같이 처리 시 해당 작업 또는 그 작업에 영향을 미치는 문제, 개체, 시트 등은 [오답 처리]됩니다.
   - 제시된 함수가 있으면 제시된 함수만을 사용해야 하며 그 외 함수를 사용해 풀이한 경우
   - 지시하지 않은 차트, 컨테이너, 매개변수 등을 임의로 이동, 수정(변경), 삭제 등으로 인해 위치 및 내용이 변경된 경우
   - 임의로 기본 설정값(Default)을 변경한 경우
   - 숫자데이터를 임의로 문자화하여 처리한 경우
   - 개체가 해당 영역을 벗어난 경우
   - 작업한 개체가 너무 작아 정보 확인이 어려운 경우
   - 지시사항과 띄어쓰기, 대소문자 등을 다르게 작업한 경우(계산식 제외)
◆ 문제지에 제시된 [완성화면] 그림 관련입니다.
   - 문제 상단에 있는 [완성화면] 그림은 각 문제의 세부문제 전체를 풀이했을 때 도출되는 것으로 개별 세부문제를 풀이한 후의 [완성화면] 그림과 다를 수 있음
   - 문제풀이 순서 또는 시각적 개체 작성 순서, PC 환경 등의 이유로 수험자가 작성한 개체의 모니터 화면과 모양, 색상, 위치 등이 다를 수 있음
◆ 본 문제와 용어는 태블로 데스크톱 퍼블릭 에디션(Tableau Desktop Public Edition) 2024.3.0 버전을 기준으로 작성되었습니다.

문제 및 데이터 안내

1. 수험자가 작성할 답안파일은 1개입니다. 문제1, 문제2, 문제3의 답을 하나의 답안파일(.twbx)로 저장하십시오.
2. 문제1, 문제2, 문제3은 각각 독립적으로 구성되어 앞 문제를 풀지 않아도 다음 문제 풀이가 가능합니다.
3. 문제1은 데이터 불러오기를 통해 문제를 풀이하고, 문제2와 문제3은 답안에 이미 데이터가 포함되어 있어 다시 데이터를 불러오지 말고 바로 문제 풀이를 하십시오.
   - 데이터 파일은 문제1을 위한 데이터 파일과 문제2, 3을 위한 데이터 파일로 구성되어 있습니다.
   - 엑셀 데이터 불러오기는 메뉴 → 데이터 → 새 데이터 원본을 선택하여 작업하시기 바랍니다.
4. 문제2와 문제3 풀이를 위해 필요한 일부 측정값, 필터가 답안파일에 미리 적용되어 있을 수 있습니다.
   - 지시사항에 제시되지 않은 것은 변경하지 마십시오.
   - 사전에 적용된 필터 등이 삭제되지 않도록 '시트 지우기' 기능을 절대 사용하지 마십시오.
5. 문제는 문제(문제1~3) - 세부문제(1~4) - 지시사항(①~③) - 세부지시사항(▶, -) 단위로 구성됩니다.
6. 지시사항(①~③)별로 점수가 부여되며, 지시사항의 전체 세부지시사항(▶, -)을 작업하지 않을 경우 점수가 부여되지 않습니다. ※부분 점수 없음
7. 본 시험에서 사용되는 데이터 파일 수와 데이터명은 아래와 같습니다.
   - [문제1] 데이터 파일 수: 2개 / 데이터명: 배달앱이용현황.xlsx, 데이터명: 시도별연간인구수.xlsx

파일명	배달앱이용현황.xlsx					
테이블	구조					
2019	시점	지역별	배달앱 월평균 비용 5만원 미만 (%)	배달앱 월평균 비용 5만원~15만원 미만 (%)	배달앱 월평균 비용 15만원~50만원 미만 (%)	배달앱 월평균 비용 50만원 이상 (%)	배달앱 월평균 비용
2020						
2021						
2022						
2023	2019	서울권	6.2	26.7	52.2	14.9	338,523.9
2024						

（주: 위 표는 '배달앱 월평균 비용' 컬럼 포함 총 7개 컬럼）

파일명	시도별연간인구수.xlsx				
테이블	구조				
인구수	권역	시도	2021인구수	2022인구수	2023인구수	2024인구수
	서울권	서울특별시	9,509,458	9,428,372	9,386,034	9,331,828

- [문제2, 3] 데이터 파일 수: 1개 / 데이터명: 서울지하철승하차인원.xlsx

파일명	서울지하철승하차인원.xlsx				
테이블	구조				
지하철	사용일자	노선명	역명	승차총승객수	하차총승객수
	2024-10-01	2호선	잠실새내	16,544	16,380

문제 1 작업준비 [20점]

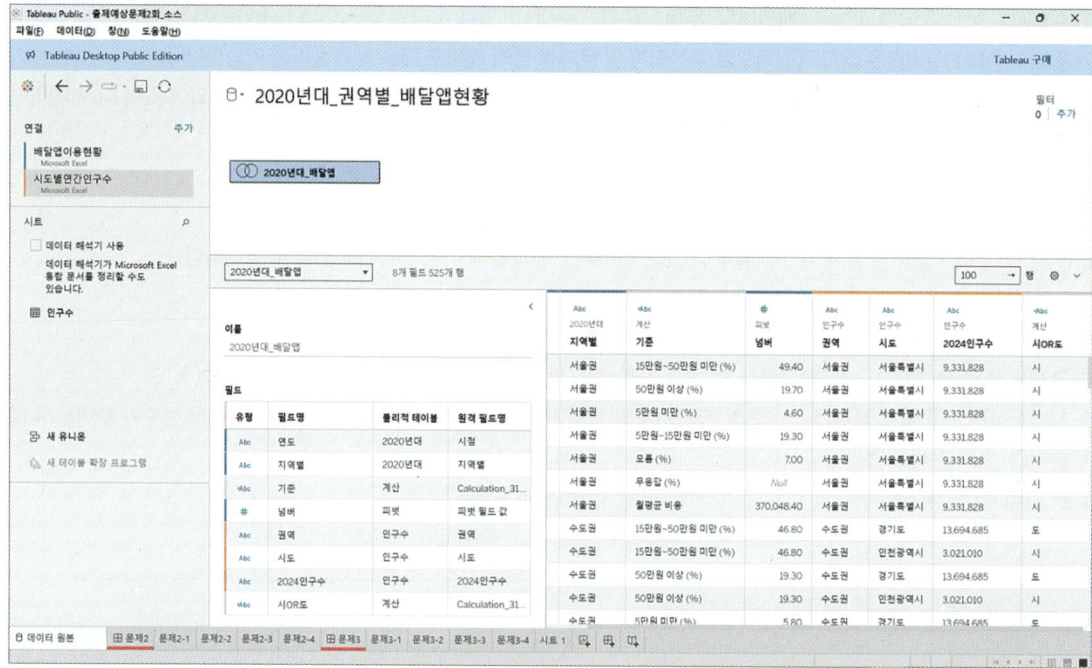

1. 답안파일을 열고 다음의 지시사항에 따라 데이터 불러오기 및 편집을 수행하시오. (10점)

   ❶ 연결 패널을 이용하여 데이터 파일을 열고 데이터를 연결하시오. (3점)
   - 데이터 원본 추가: '배달앱이용현황.xlsx'
   - '2020년대' 시트를 와일드카드 유니온(WILDCARD UNION)으로 결합
   - 논리적 테이블 이름 변경: 배달앱현황
   - 유니온 결합한 물리적 테이블 이름 변경: 2020년대

   ❷ 다음 7개 필드를 피벗(Pivot)하시오. (3점)
   - 배달앱 월평균 비용 5만원 미만(%)
   - 배달앱 월평균 비용 5만원~15만원 미만(%)
   - 배달앱 월평균 비용 15만원~50만원 미만(%)
   - 배달앱 월평균 비용 50만원 이상(%)
   - 배달앱 월평균 비용 모름(%)
   - 배달앱 월평균 비용
   - 배달앱 월평균 비용 무응답(%)

   ❸ [피벗 필드명]에서 [기준] 필드를 생성하시오. (2점)
   - 필드 이름: 기준
     – [피벗 필드명] 필드 활용

- 사용 함수: IF, LEN, SPLIT, THEN, ELSE, END
- 필드 유형: 문자열
- [피벗 필드명]에서 "배달앱 월평균 비용"을 기준으로 SPLIT한 다음에 토큰 번호가 2일 때 LEN이 0인 경우 "월평균 비용"으로 반환하고, 나머지는 "배달앱 월평균 비용"을 SPLIT한 이후의 값으로 반환한다. 그리고 앞뒤 공백을 없애기 위해 전체 계산식을 TRIM으로 정리한다.

피벗 필드명	기준
배달앱 월평균 비용 5만원 미만 (%)	5만원 미만 (%)
배달앱 월평균 비용 5만원~15만원 미만 (%)	5만원~15만원 미만 (%)
배달앱 월평균 비용 15만원~50만원 미만 (%)	15만원~50만원 미만 (%)
배달앱 월평균 비용 50만원 이상 (%)	50만원 이상 (%)
배달앱 월평균 비용 모름 (%)	모름 (%)
배달앱 월평균 비용	월평균 비용
배달앱 월평균 비용 무응답 (%)	무응답 (%)

❹ 데이터 그리드에서 다음 필드들을 정리하시오. (2점)
- [시점] 필드 이름 → "연도"로 변경
- [피벗 필드 값] 이름 → "넘버"로 변경
- [경로], [시트], [피벗 필드명] → 필드 숨기기

2. 세부문제1에서 모델링한 데이터를 아래 지시사항에 따라 편집하시오. (10점)

❶ 왼쪽 패널에서 새로운 데이터 파일을 열고 데이터를 연결하시오. (4점)
- '시도별연간인구수.xlsx' 파일 연결
- '시도별연간인구수.xlsx' 데이터의 '인구수' 테이블과 앞에서 연결한 배달앱현황 테이블을 안쪽 조인(INNER JOIN)
  - 유니온(UNION)의 [지역별] 컬럼과 〈인구수〉 테이블의 [권역] 컬럼을 안쪽 조인(INNER JOIN)

❷ [시도] 필드를 활용해서 '시'와 '도'를 구분하는 계산된 필드를 작성하시오. (3점)
- 필드 이름: 시OR도
- 사용 필드: 시도
- 사용 함수: IF, RIGHT, THEN, ELSE, END
- 필드 유형: 문자열
- [시도] 필드의 멤버 중 맨 우측에 있는 텍스트가 "시"로 끝나는 경우에 "시"로 반환, 그 외 나머지는 "도"로 반환

❸ 데이터 원본 편집 창에서 다음의 지시사항에 따라 데이터를 편집하시오. (3점)
- 모델링한 논리적 테이블 이름 변경: 2020년대_배달앱
- 데이터 원본 이름 변경: 2020년대_권역별_배달앱현황
- 필드 숨기기: [2021인구수], [2022인구수], [2023인구수]까지 3개 필드

문제 2   단순요소 구현(30점)

〈시각화 완성화면〉 각 세부문제 풀이 후 아래와 같은 결과가 도출되어야 합니다.

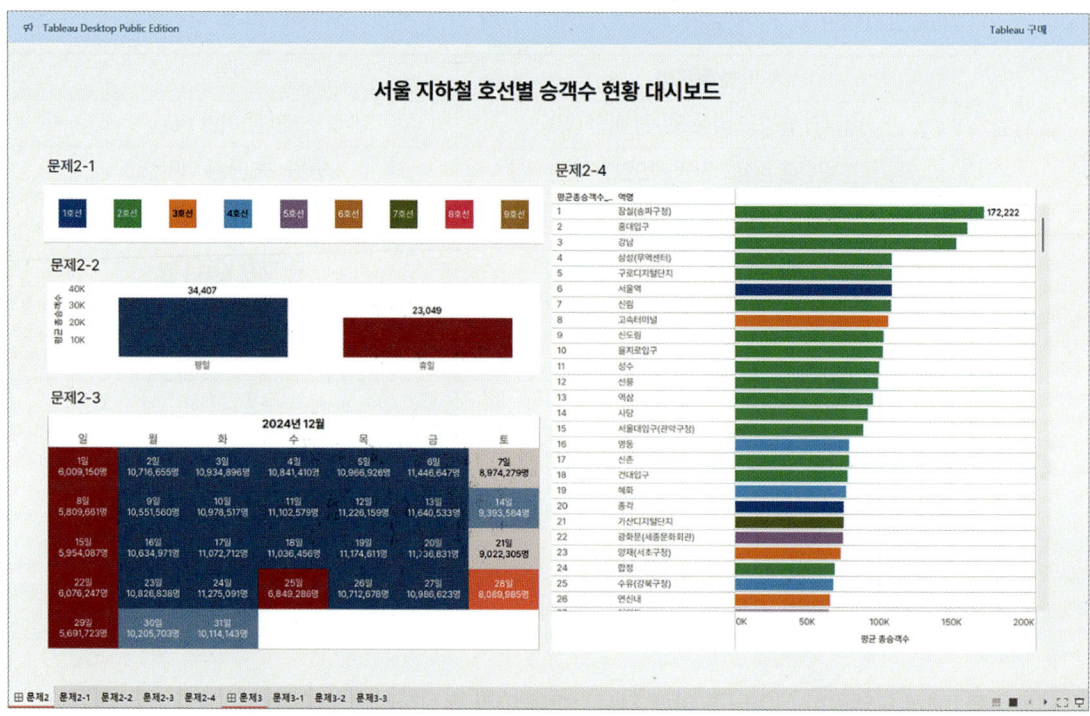

1. 〈서울시 지하철 호선별 역별 승하차 인원〉을 1~9호선 버튼 필터로 구현하시오. (5점)

   ❶ '문제2-1' 시트에서 9개 노선을 사각형으로 표시하고 별도의 색상을 지정하시오. (3점)
   - 열 선반: [노선명]
   - 마크: 사각형
   - 레이블 마크: [노선명], 가로 가운데 맞춤
   - 색상 마크

1호선	2호선	3호선	4호선	5호선	6호선	7호선	8호선	9호선
#0052a4	#00a84d	#ef7c1c	#00a5de	#996cac	#cd7c2f	#747f00	#e6186c	#bb8336

   - 노선명 머리글 표시 해제

   ❷ [사용일자]의 연도/월 필터를 설정하시오. (2점)
   - [사용일자] 연도/월(2024년 12월) 필터 기본 설정
   - 이 데이터 원본을 사용하는 모든 항목에 필터 적용

2. '문제2-2' 시트에서 평일과 휴일의 평균 총승객수 현황을 막대 차트로 구현하시오. (10점)

   ❶ 승차총승객수와 하차총승객수를 더한 총승객수 필드를 생성하시오. (2점)
   - 필드 이름: 총승객수
     – 사용 필드: 승차총승객수, 하차총승객수
     – 필드 유형: 숫자(정수)
     – 사용 함수: 없음

   ❷ 평일과 휴일을 구분하는 계산된 필드를 생성하시오. (5점)
   - 필드 이름: 평일OR휴일
     – 2024-10-01, 2024-10-03, 2024-10-09, 2024-12-25 휴일
     – 그 외 나머지 요일 중 토요일, 일요일은 휴일
     – 그 외 나머지는 평일
     – 사용 함수: IF, DATETRUNC, IN, THEN, ELSEIF, DATEPART, ELSE, END

   ❸ 평일과 휴일의 평균 총승객수를 비교하는 막대 차트를 생성하시오. (3점)
   - 열 선반: 평일OR휴일
   - 행 선반: 평균 총승객수
   - 레이블 마크: 평균 총승객수
   - 색상 마크: 평균 총승객수
     – 색상표: 빨간색-파란색 다중
     – 단계별 색상: 5단계
   - '평일OR휴일' 열에 대한 필드 레이블 숨기기

3. '문제2-3' 시트에 다음의 작업을 수행하여 캘린더 차트를 구현하시오. (10점)

   ❶ 월간 캘린더 차트를 구현하시오. (5점)
   - 마크: 사각형
   - 열 선반: [사용일자] 필드의 불연속형 "년월"과 그 오른쪽에 [사용일자] 필드의 불연속형 "요일"
   - 행 선반: [사용일자] 필드의 불연속형 "주", 머리글 표시 해제
   - 레이블 마크: [사용일자] 필드의 불연속형 "일", [총승객수] 합계
   - 툴바 맞춤: 툴바의 맞춤을 '전체 보기'로 변경
   - 색상 마크: [총승객수] 합계
     – 색상: 빨간색-파란색 다중
     – 단계별 색상: 5단계

   ❷ 캘린더 차트에 서식을 적용하시오. (5점)
   - '사용일자' 열에 대한 필드 레이블 숨기기
   - '년월(사용일자)' 서식 변경

- 머리글 글꼴 11pt
- 볼드 적용
- '요일(사용일자)'의 머리글 서식 변경
  - 글꼴: 11pt
  - 맞춤: 가로 가운데
  - 날짜: '첫 글자'(월, 화, … 일 형태로 표현)
- 레이블 마크
  - 맞춤: 가로 가운데
  - 레이블 편집 대화상자에서 〈일(사용일자)〉 뒤에 '일' 텍스트 추가
  - 〈합계(총승객수)〉 뒤에 '명' 텍스트 추가

4. '문제2-4' 시트에 다음의 작업을 수행하여 누적 막대 차트를 구현하시오. (5점)

  ❶ 평균총승객수_순위 필드를 생성하시오. (2점)
  - 새 필드 생성
    - 필드명: 평균총승객수_순위
    - 사용함수: RANK, AVG
    - 사용필드: 총승객수
  - 불연속형으로 변환

  ❷ 역명별 호선별 총승객수를 누적 막대 차트로 구현하시오. (3점)
  - 열 선반: 평균총승객수
  - 행 선반: 평균총승객수_순위, 역명
    - 평균총승객수_순위는 '역명' 특정 차원 계산으로 추가 편집
  - 색상 마크: 노선명
    - 평균총승객수_순위에 '노선명'도 특정 차원 계산으로 추가 편집
  - 레이블 마크: 평균 총승객수(평균 총승객수가 가장 많은 역명의 평균 총승객수만 표시)
    - 레이블 지정할 마크: 최소/최대
    - 레이블 범위: 테이블
    - 옵션: 최댓값 레이블 지정, 최솟값 레이블 지정 해제

문제 3 복합요소 구현 (50점)

〈시각화 완성화면〉 각 세부문제 풀이 후 아래와 같은 결과가 도출되어야 합니다.

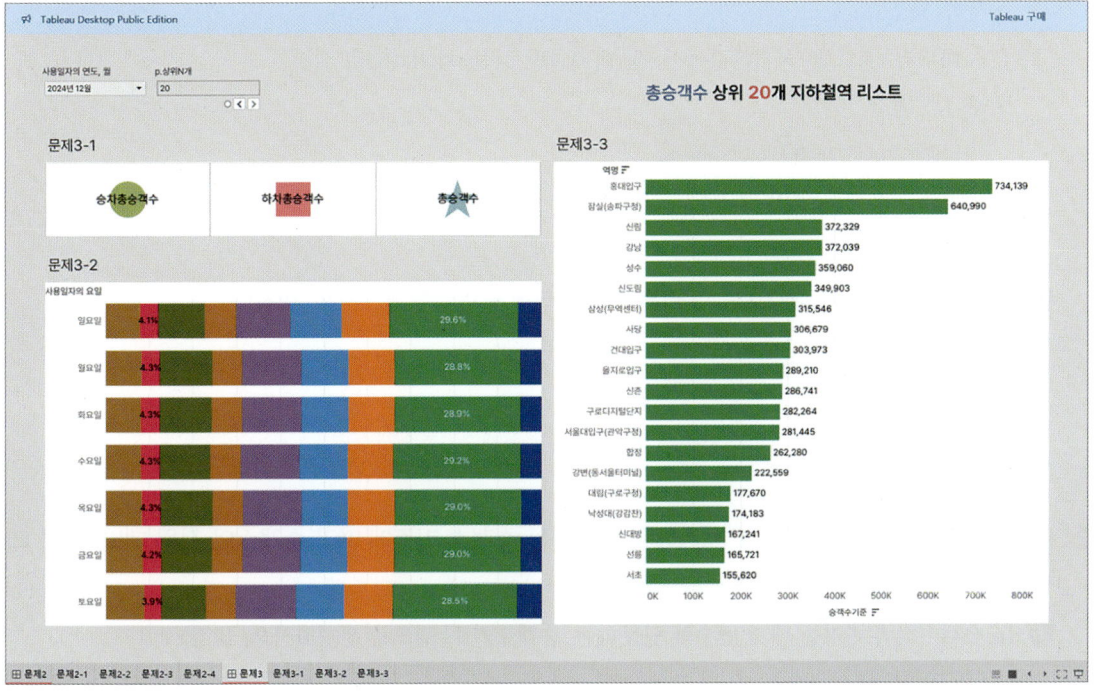

1. 〈지하철 데이터〉를 활용하여 다음의 조건으로 필드를 생성한 후 카드와 필터 버튼을 구현하시오. (10점)

   ❶ '문제3-1' 시트에서 측정값인 [승차총승객수], [하차총승객수], [총승객수]를 각기 다른 모양의 버튼으로 만드시오. (5점)
   - [승차총승객수], [하차총승객수], [총승객수]를 측정값 카드에 포함
     - 열 선반: 측정값 이름
     - 측정값: 세부 정보 마크
   - 측정값 이름: 도형 마크, 색상 마크, 레이블 마크
   - 툴바 맞춤: 전체 보기로 변경
   - 도형 편집: 도형표 선택 〉 채워짐
     - 승차총승객수: ●
     - 하차총승객수: ■
     - 총승객수: ★
   - 색상 편집
     - 승차총승객수: #b9ca5d
     - 하차총승객수: #f1788d
     - 총승객수: #97cfd0

❷ 불필요 요소들을 제거하고 편집하시오. (3점)
- 도구 설명 편집
  - 도구 설명 마크: 측정값 이름만 남기고 나머지 삭제
  - 명령 단추 포함, 범주로 선택 허용: 체크 해제
- 서식 설정
  - 테두리: 시트탭 → 기본값에서 셀, 머리글만 실선, #b4b4b4로 설정
- 레이블 편집
  - 글꼴 12pt로 변경
  - 가로 가운데 정렬 변경
- 측정값 이름 머리글 표시 해제

❸ '문제3-1' 시트가 이 대시보드 내 버튼이 되도록 매개 변수를 만드시오. (2점)
- 매개 변수 이름: p.승객수선택
  - 유형: 문자열
  - 허용 가능한 값: 목록(승차총승객수, 하차총승객수, 총승객수)

2. '문제3-2' 시트에서는 '문제3-1' 시트에서 선택하는 승객수 기준에 따라 승객수와 전월 대비(%)를 테이블 형태로 적용하시오. (10점)

❶ [p.승객수선택]이라는 매개 변수와 연동하는 '승객수기준' 필드를 생성하시오. (3점)
- 필드 이름: 승객수기준
  - 사용 필드: [승차총승객수], [하차총승객수], [총승객수]
  - 사용 함수: CASE, WHEN, THEN, ELSE, END

❷ 각 요일별, 노선별 [승객수기준] 비중을 표시하는 누적 막대 차트를 생성하시오. (4점)
- 열 선반: [승객수기준] 구성 비율(같은 요일에서 노선별 비중 적용)
- 행 선반: 불연속형 [요일(사용일자)]
- 색상 마크: [노선명]
- 레이블 마크: [승객수기준] 구성 비율
- 축 편집
  - 축 범위 중 고정된 끝은 1로 변경
  - 축 머리글 표시 해제

❸ 레이블이 잘 보이도록 편집하시오. (3점)
- 툴바의 맞춤을 전체 보기로 변경
- 레이블 마크 편집
  - [승객수기준] 구성 비율을 백분율 소수 자릿수 1로 변경
  - 각 요일별 최솟값과 최댓값에만 백분율 표시

3. '문제3-3' 시트에서는 특정 월별, 노선별 상위 N개 역을 필터 설정한 막대 차트를 구현하시오. (15점)

   ❶ 역별 승객수기준의 합계 기준으로 막대 차트를 생성하시오. (5점)
   - 열 선반: [승객수기준] 합계
   - 행 선반: [역명]
   - 색상 마크: [노선명]
   - 레이블 마크: [승객수기준] 합계
   - 정렬: [승객수기준] 합계 기준 내림차순 정렬

   ❷ [역명]을 [승객수기준] 합계 기준으로 상위 N개만 보여주는 매개 변수와 필터를 생성하시오. (5점)
   - 매개 변수 생성
     - 이름: p.상위N개
     - 유형: 정수
     - 허용 가능한 값: 범위
     - 값 범위: 최솟값 5, 최댓값 20, 단계 크기 5
     - 현재 값: 20
   - 역명 필터 적용
     - 행 선반에 있는 역명 기준 [p.상위N개] 매개 변수 연동

   ❸ 필터 선반의 우선 순위를 조정하시오. (5점)
   - 사용일자 년월 기준 컨텍스트 필터 적용
     - 년월(사용일자) 기준 상위 N개 역이 나오도록 설정

4. '문제3' 대시보드에서 매개 변수 변경에 따라 전체 기준을 적용하고 서식을 적용하시오. (15점)

   ❶ '문제3-1' 시트에서 필터와 매개 변수를 표시하시오. (3점)
   - 필터: '사용일자의 연도, 월' 표시
     - 다중 값(드롭다운) 설정
     - 사용자 지정 → '적용' 단추 표시
   - 매개 변수: 'p.상위N개' 표시
   - '사용일자의 연도, 월' 필터와 'p.상위N개' 매개 변수 위치 조정
     - 대시보드 제목 왼쪽에 배치
     - 필터, 매개 변수 너비 모두 150px로 편집

   ❷ '문제3-1' 시트를 선택하면 해당 승객수 기준으로 나머지 시트들의 값들이 모두 바뀌도록 대시보드 동작을 설정하시오. (5점)
   - 매개 변수 변경 이름: 승객수기준_선택
     - 원본 시트: 문제3-1
     - 동작 실행 조건: 선택

- 대상 매개 변수: p.승객수선택
- 원본 필드: 측정값 이름
- 선택을 해제할 경우의 결과: 현재 값 유지

❸ '문제3-2' 시트에서 '문제3-3' 필터 적용 및 컨텍스트 필터를 설정하시오. (5점)
- 필터 동작 이름: 선택_월_필터
  - 원본 시트: 문제3-2
  - 동작 실행 조건: 선택
  - 대상 시트: 문제3-3
  - 선택을 해제할 경우의 결과: 필터링된 값 유지

❹ '문제3' 대시보드 제목을 편집하시오. (2점)
- 제목: 〈매개 변수.p.승객수선택〉 상위 〈매개 변수.p.상위N개〉 지하철역 리스트
- 글꼴 18pt, 굵게 표시
- 색상 편집
  - 〈매개 변수.p.승객수선택〉: #4e79a7
  - 〈매개 변수.p.상위N개〉: #e15759
  - 그 외 나머지: #000000
- 정렬
  - 가운데 정렬

출제예상문제 2회 정답 및 해설

문제 1 작업준비 (20점)

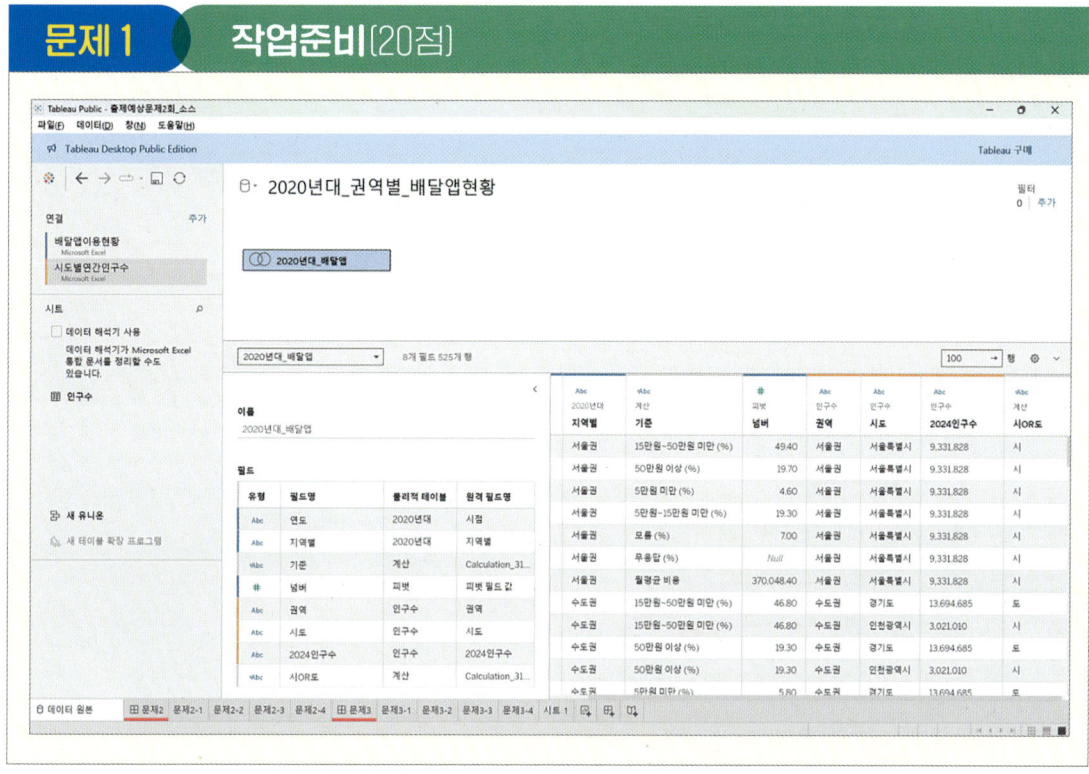

1. 답안파일을 열고 다음의 지시사항에 따라 데이터 불러오기 및 편집을 수행하시오. (10점)

① 연결 패널을 이용하여 데이터 파일을 열고 데이터를 연결하시오. (3점)
- 데이터 원본 추가: '배달앱이용현황.xlsx'
- '2020년대' 시트를 와일드카드 유니온(WILDCARD UNION)으로 결합
- 논리적 테이블 이름 변경: 배달앱현황
- 유니온 결합한 물리적 테이블 이름 변경: 2020년대

1. Tableau Public Edition을 오픈한 다음에 워크 시트 상단 툴바에 있는 새 데이터 원본 → 파일에 연결 → Microsoft Excel 커넥터를 선택한다.
2. 데이터 원본 폴더에서 '배달앱이용현황.xlsx' 파일을 연결한 뒤, 왼쪽 패널에서 '새 유니온'을 더블 클릭한다.

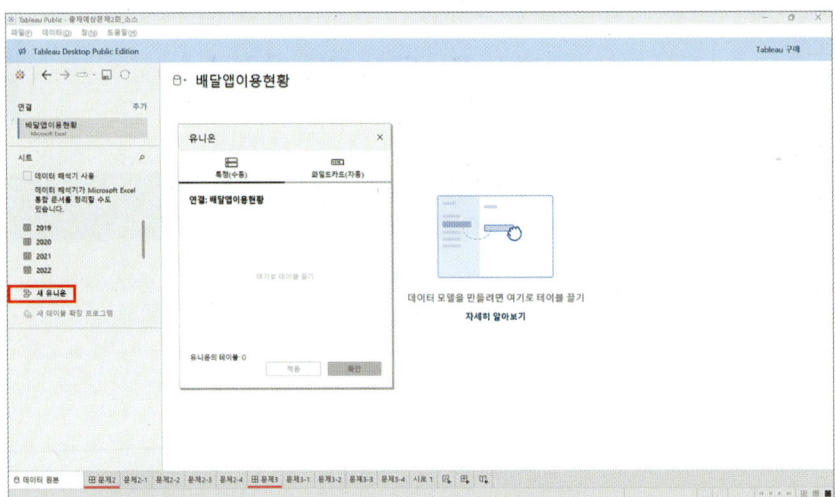

3. 와일드카드(자동) 탭을 선택한 뒤, 시트의 일치 패턴에 '202*'을 입력한다.

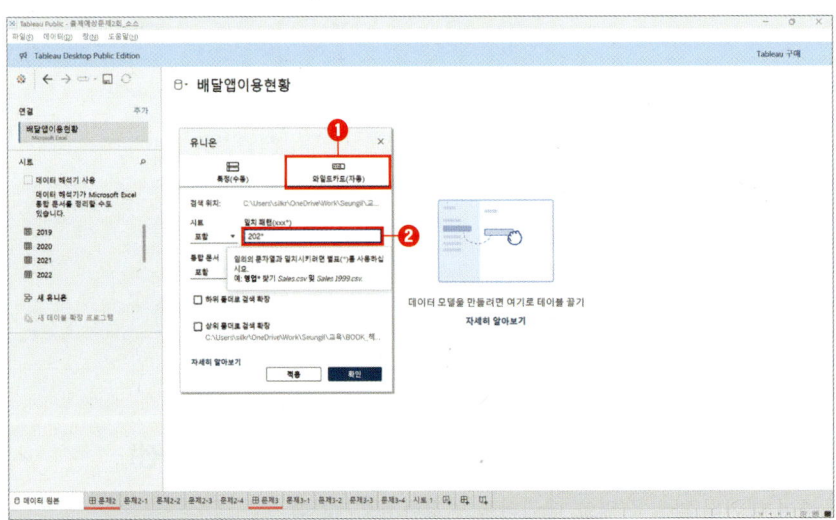

4. 논리적 테이블 이름을 '배달앱현황'으로 변경한다.

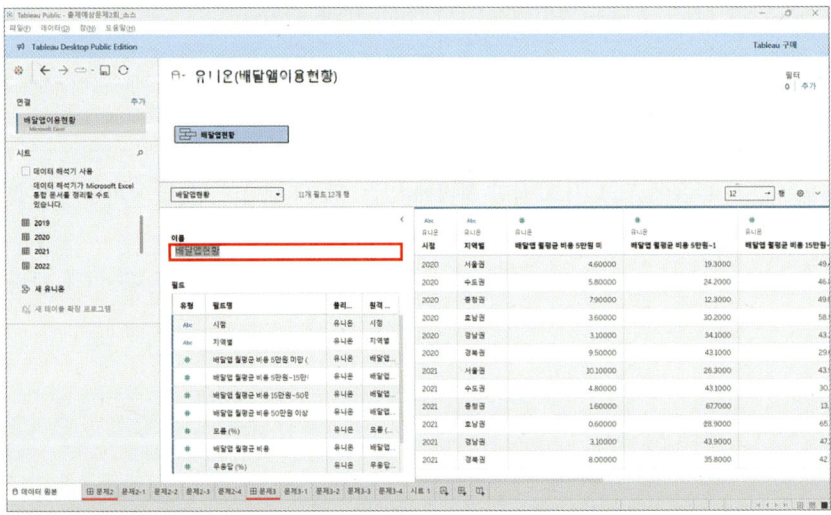

5. '배달앱현황' 논리적 테이블을 더블 클릭해 물리적 테이블로 이동한다.

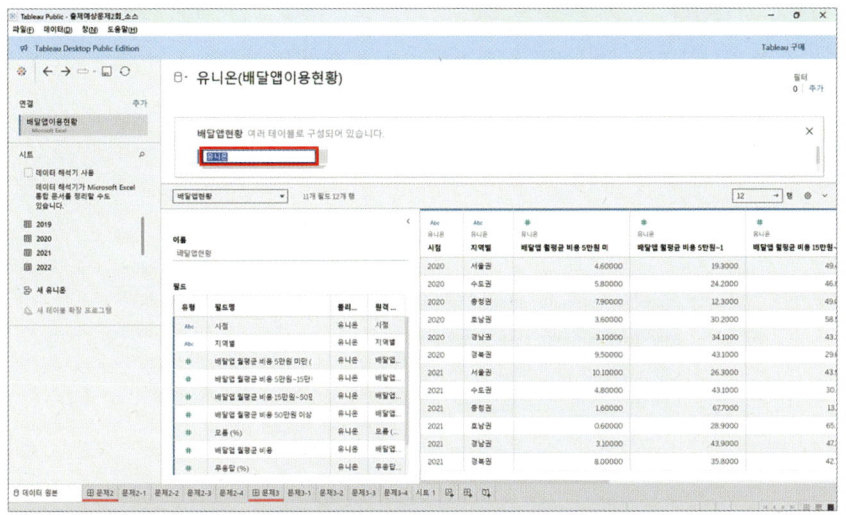

6. 유니온이라는 물리적 테이블 이름을 더블 클릭 후 '2020년대'로 변경한다.

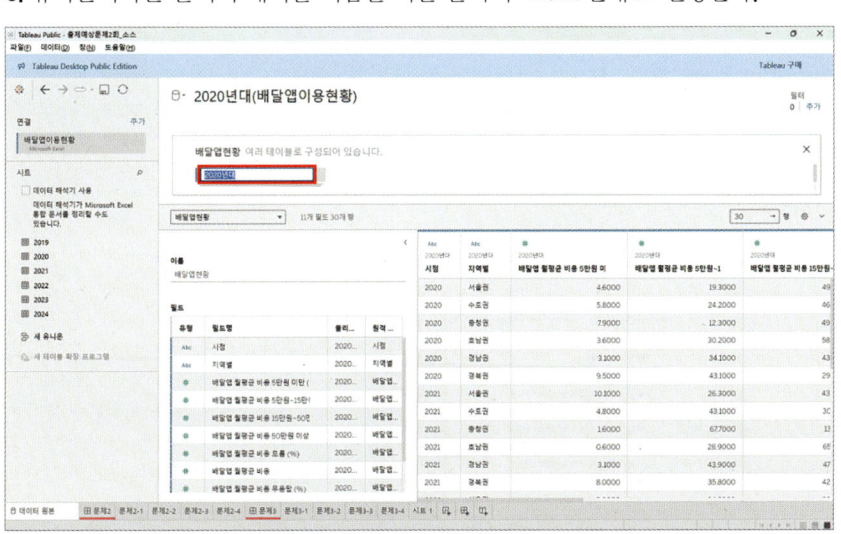

❷ 다음 7개 필드를 피벗(Pivot)하시오. (3점)
- 배달앱 월평균 비용 5만원 미만(%)
- 배달앱 월평균 비용 5만원~15만원 미만(%)
- 배달앱 월평균 비용 15만원~50만원 미만(%)
- 배달앱 월평균 비용 50만원 이상(%)
- 배달앱 월평균 비용 모름(%)
- 배달앱 월평균 비용
- 배달앱 월평균 비용 무응답(%)

1. [배달앱 월평균 비용 5만원 미만 (%)] 필드를 클릭한 다음에 Shift 키 누른 상태에서 [배달앱 월평균 비용 무응답 (%)]까지 총 7개 필드를 선택한다.

2. 7개 필드 중 임의의 필드 오른쪽 상단에 있는 [▼] 버튼을 클릭한 다음에 '피벗'을 선택한다.

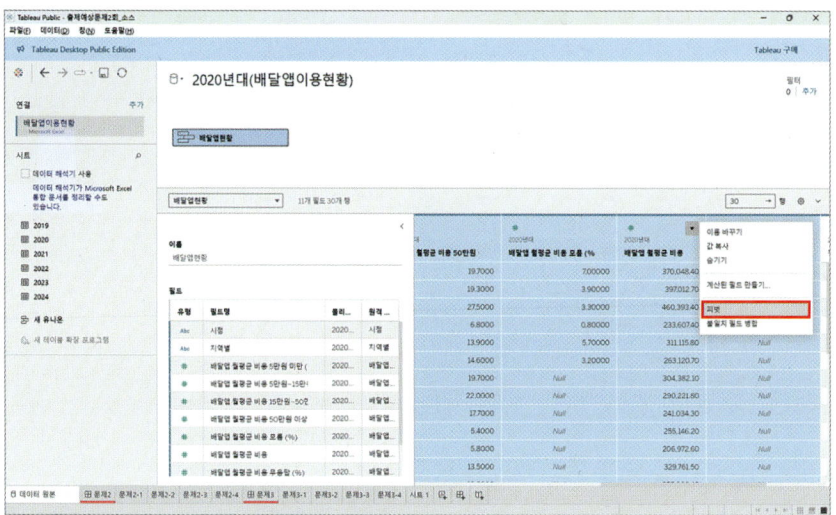

3. 7개 필드가 각각 [피벗 필드명]과 [피벗 필드 값]으로 변경되었다.

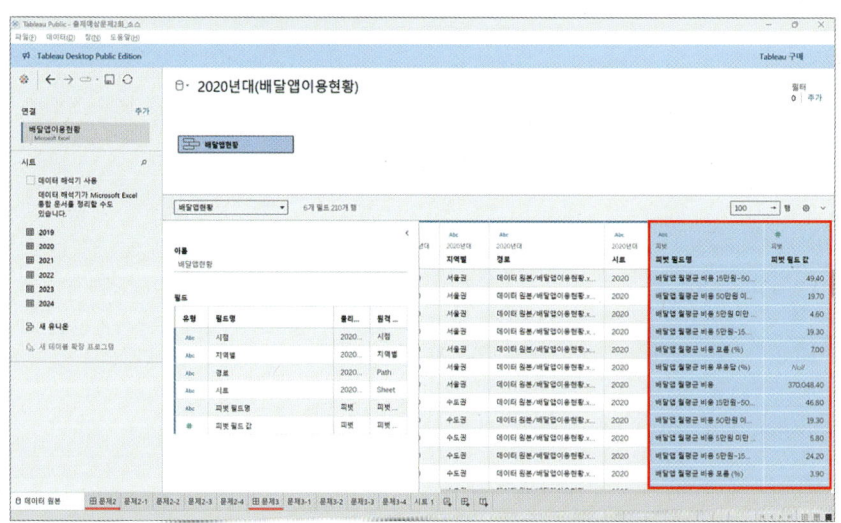

❸ [피벗 필드명]에서 [기준] 필드를 생성하시오. (2점)
- 필드 이름: 기준
  - [피벗 필드명] 필드 활용
  - 사용 함수: IF, LEN, SPLIT, THEN, ELSE, END
  - 필드 유형: 문자열

- [피벗 필드명]에서 "배달앱 월평균 비용"을 기준으로 SPLIT한 다음에 토큰 번호가 2일 때 LEN이 0인 경우 "월평균 비용"으로 반환하고, 나머지는 "배달앱 월평균 비용"을 SPLIT한 이후의 값으로 반환한다. 그리고 앞뒤 공백을 없애기 위해 전체 계산식을 TRIM으로 정리한다.

피벗 필드명	기준
배달앱 월평균 비용 5만원 미만 (%)	5만원 미만 (%)
배달앱 월평균 비용 5만원~15만원 미만 (%)	5만원~15만원 미만 (%)
배달앱 월평균 비용 15만원~50만원 미만 (%)	15만원~50만원 미만 (%)
배달앱 월평균 비용 50만원 이상 (%)	50만원 이상 (%)
배달앱 월평균 비용 모름 (%)	모름 (%)
배달앱 월평균 비용	월평균 비용
배달앱 월평균 비용 무응답 (%)	무응답 (%)

1. [피벗 필드명] 우측 상단에 있는 [▼] → 계산된 필드를 만들기 선택한다.

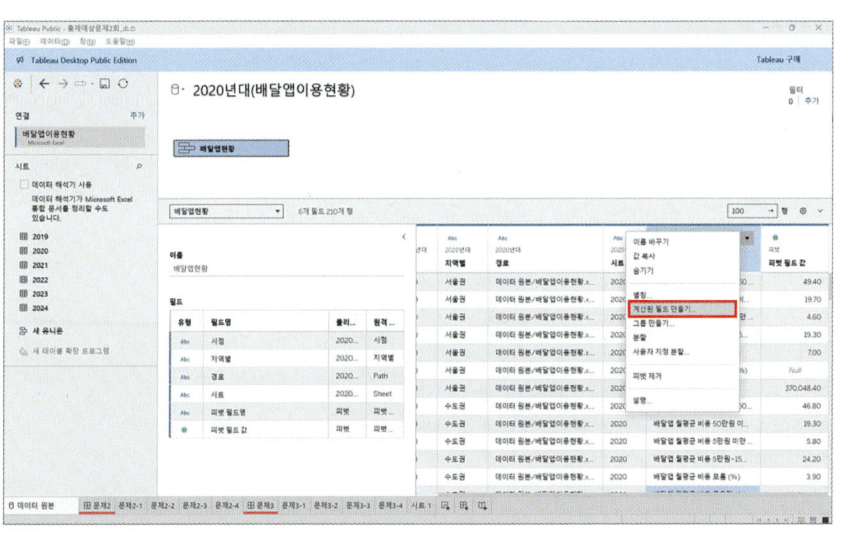

2. 다음과 같이 계산식을 작성한다.

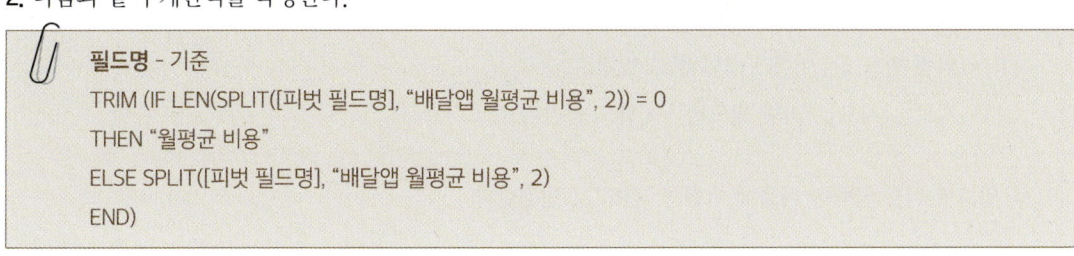

필드명 - 기준
TRIM (IF LEN(SPLIT([피벗 필드명], "배달앱 월평균 비용", 2)) = 0
THEN "월평균 비용"
ELSE SPLIT([피벗 필드명], "배달앱 월평균 비용", 2)
END)

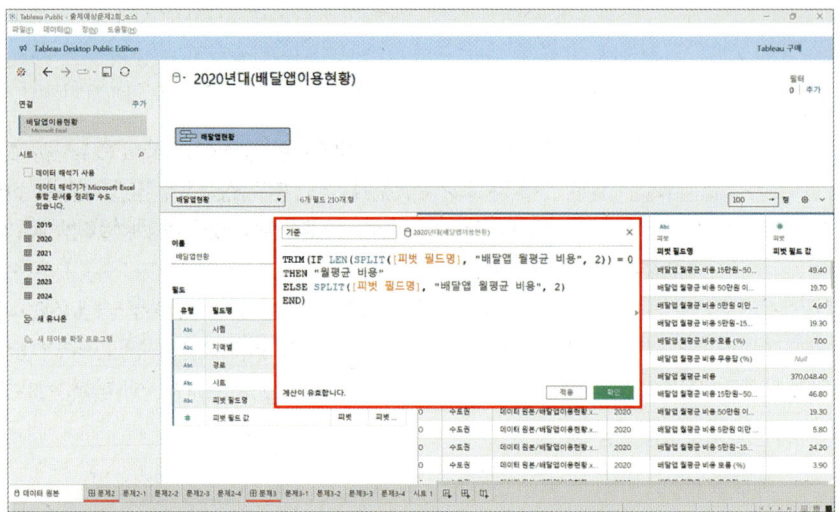

3. [기준] 필드가 생성되었다.

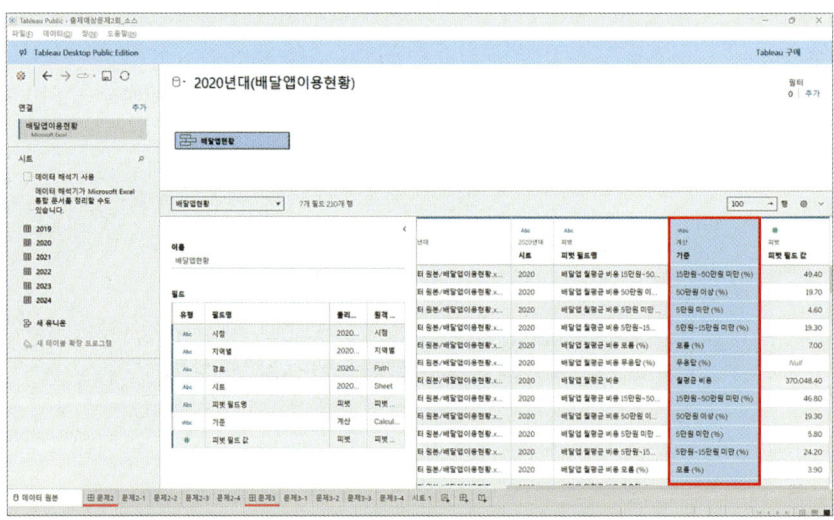

❹ 데이터 그리드에서 다음 필드들을 정리하시오. (2점)
- [시점] 필드 이름 → "연도"로 변경
- [피벗 필드 값] 이름 → "넘버"로 변경
- [경로], [시트], [피벗 필드명] → 필드 숨기기

1. [시점] 필드명 더블 클릭한 다음에 이름을 "연도"로 변경한다.

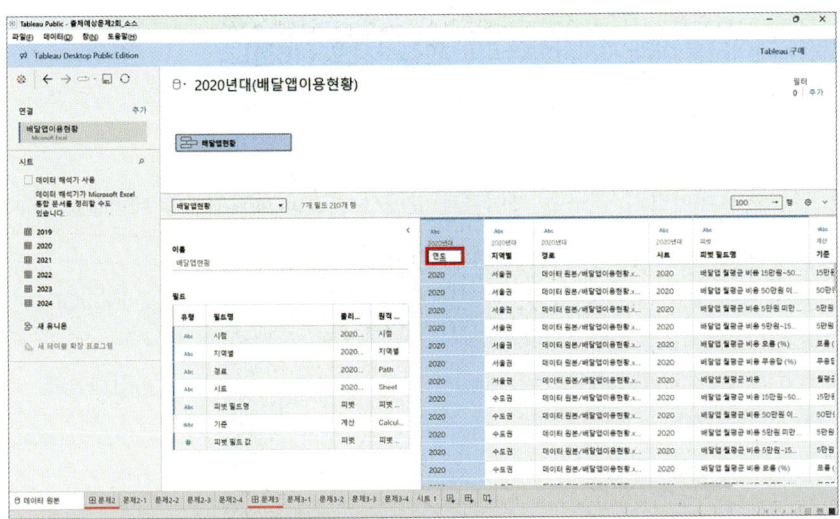

2. [피벗 필드 값] 필드명 더블 클릭한 다음에 이름을 "넘버"로 변경한다.

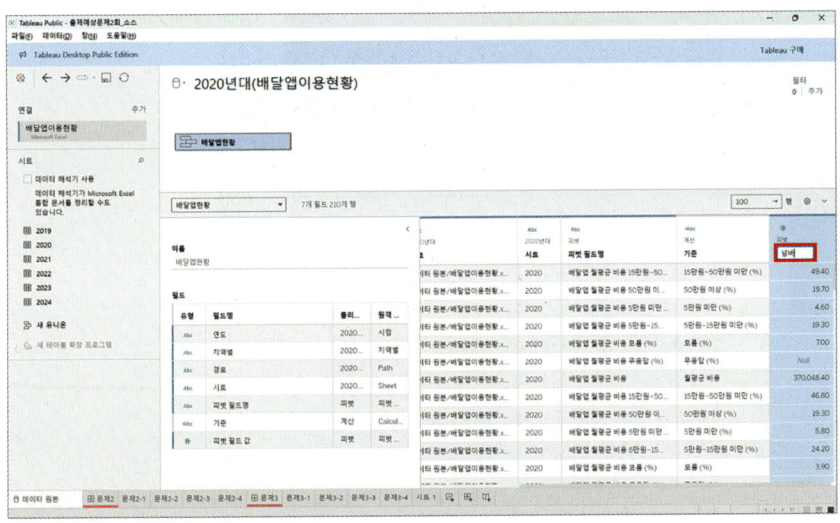

3. [경로], [시트], [피벗 필드명] 필드를 Ctrl (또는 Shift)키로 동시에 선택한 뒤, 우클릭하여 숨기기를 선택한다.

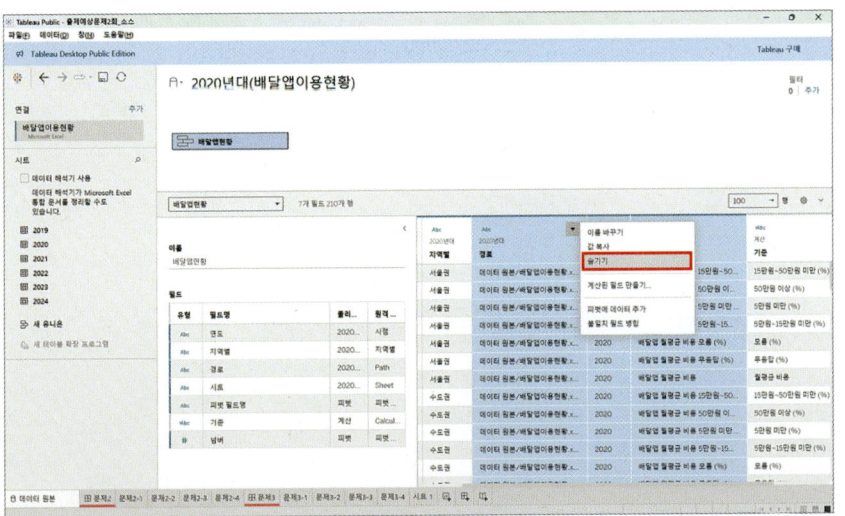

> ## 2. 세부문제1에서 모델링한 데이터를 아래 지시사항에 따라 편집하시오. (10점)
>
> ❶ 왼쪽 패널에서 새로운 데이터 파일을 열고 데이터를 연결하시오. (4점)
> - '시도별연간인구수.xlsx' 파일 연결
> - '시도별연간인구수.xlsx' 데이터의 '인구수' 테이블과 앞에서 연결한 배달앱현황 테이블을 안쪽 조인(INNER JOIN)
>   - 유니온(UNION)의 [지역별] 컬럼과 〈인구수〉 테이블의 [권역] 컬럼을 안쪽 조인(INNER JOIN)

1. 왼쪽 패널의 연결 오른쪽에 있는 '추가' 링크를 클릭한 후, 파일에 연결에서 Microsoft Excel을 선택한다.
2. '시도별연간인구수.xlsx' 파일을 선택한다.

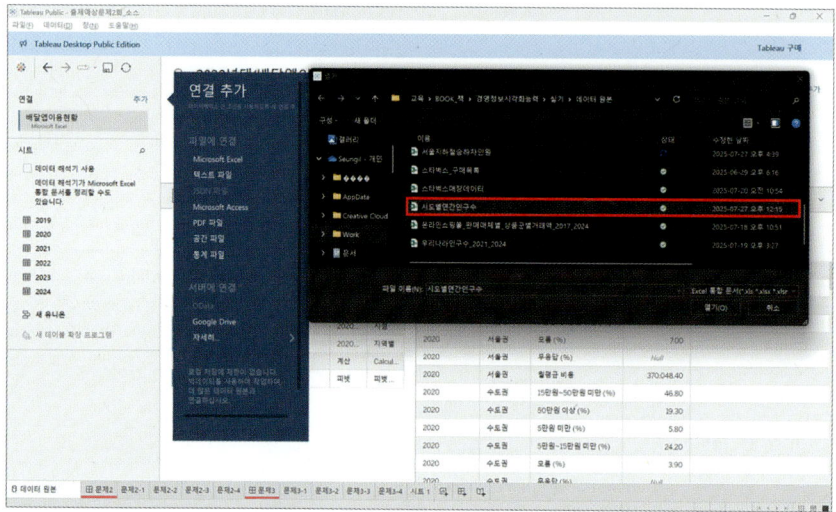

3. 캔버스에 있는 '배달앱현황' 논리적 테이블을 더블 클릭해 물리적 테이블을 오픈한다.

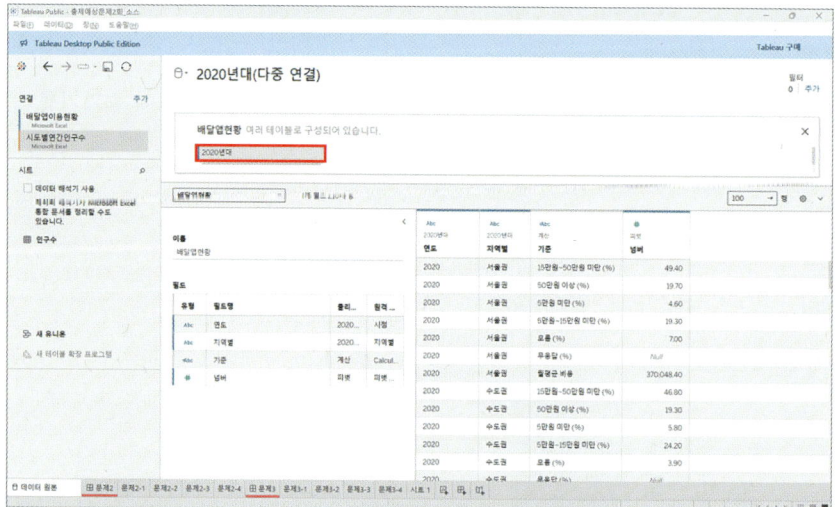

4. 왼쪽 패널에서 시도별연간인구수에 있는 '인구수' 테이블을 드래그해서 '2020년대' 물리적 테이블 오른쪽에 배치한다.

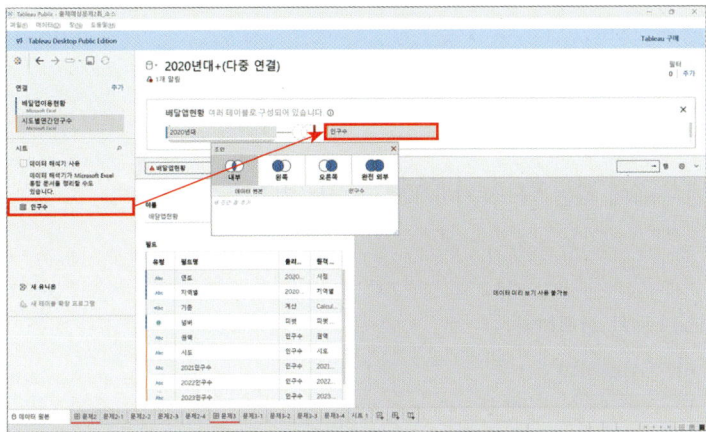

5. '2020년대' 테이블에서 [지역별]과 '인구수' 테이블에서 [권역] 필드를 선택한다.

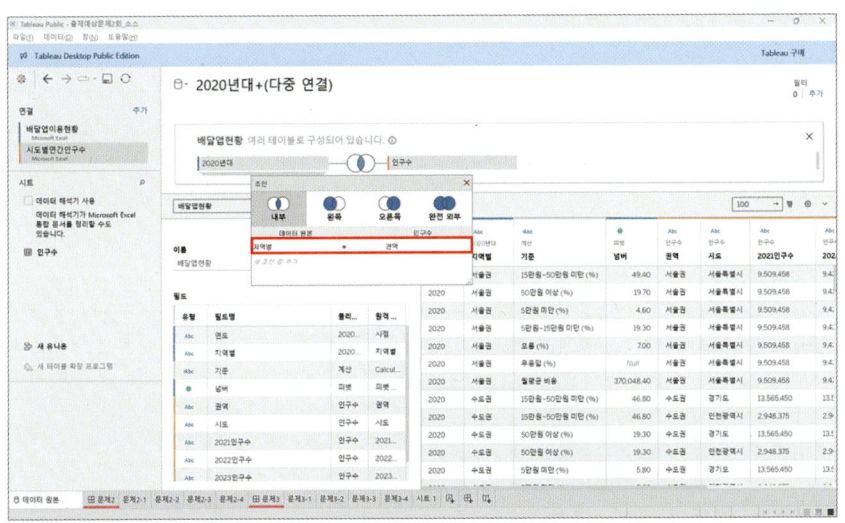

6. 안쪽 조인이 되면서 데이터 그리드에 필드들이 합쳐진 것을 확인한 뒤 물리적 계층을 닫는다.

❷ [시도] 필드를 활용해서 '시'와 '도'를 구분하는 계산된 필드를 작성하시오. (3점)
- 필드 이름: 시OR도
- 사용 필드: 시도
- 사용 함수: IF, RIGHT, THEN, ELSE, END
- 필드 유형: 문자열
- [시도] 필드의 멤버 중 맨 우측에 있는 텍스트가 "시"로 끝나는 경우에 "시"로 반환, 그 외 나머지는 "도"로 반환

1. [시도] 필드명에 우클릭 → 계산된 필드 만들기 선택한다.
2. 계산식을 다음과 같이 작성하고 확인 버튼 선택한다.

> 필드명 - 시OR도
> IF RIGHT([시도],1) = "시" THEN "시"
> ELSE "도"
> END

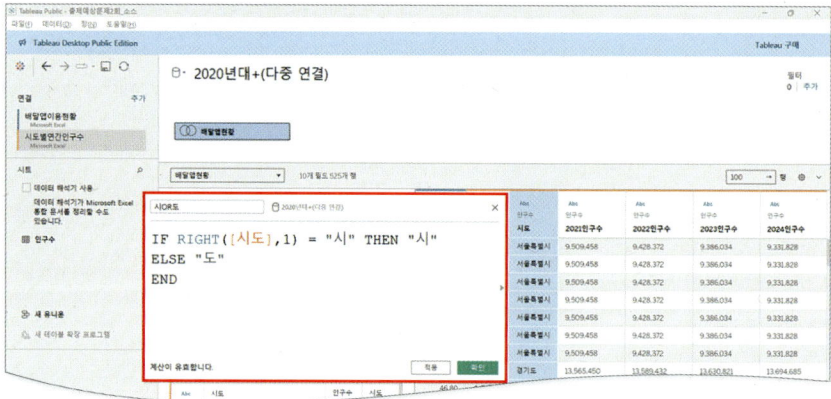

3. [시OR도] 필드가 제대로 생성되었다.

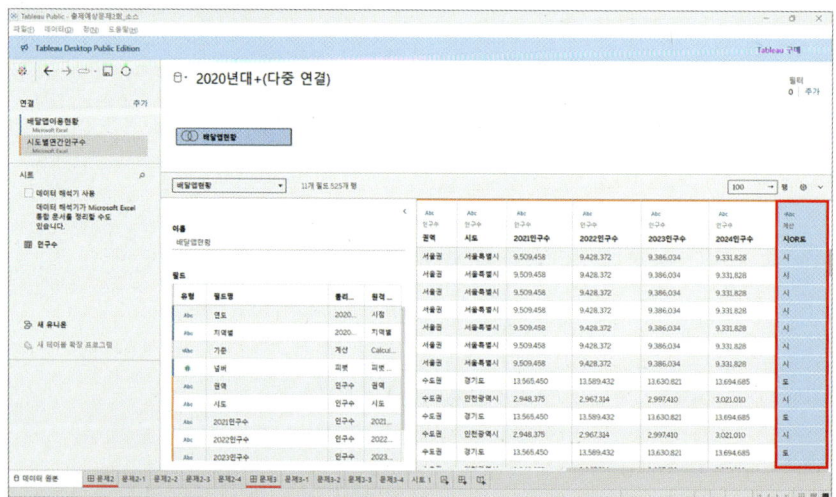

❸ 데이터 원본 편집 창에서 다음의 지시사항에 따라 데이터를 편집하시오. (3점)
- 모델링한 논리적 테이블 이름 변경: 2020년대_배달앱
- 데이터 원본 이름 변경: 2020년대_권역별_배달앱현황
- 필드 숨기기: [2021인구수], [2022인구수], [2023인구수]까지 3개 필드

1. 논리적 테이블 이름을 더블 클릭한 다음에 '2020년대_배달앱'으로 이름을 변경한다.
2. 데이터 원본의 이름을 '2020년대_권역별_배달앱현황'으로 변경한다.

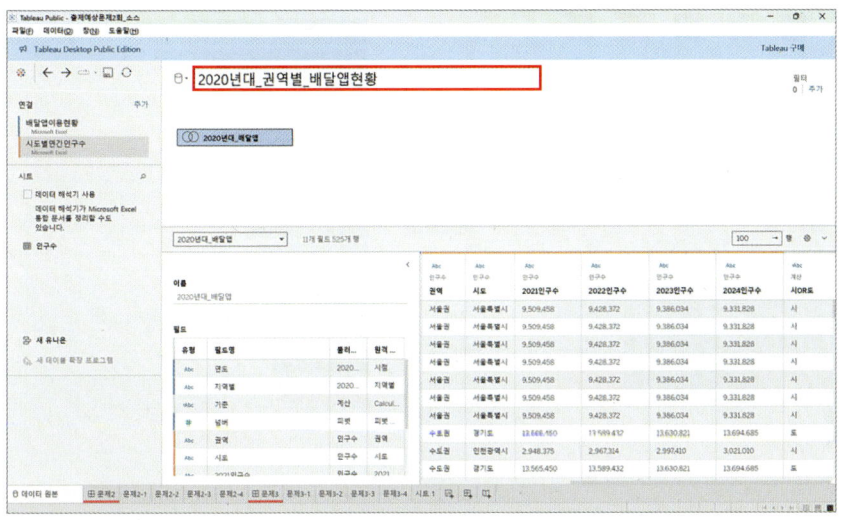

3. [2021인구수], [2022인구수], [2023인구수] 필드를 동시에 선택한 다음에 우클릭 → 숨기기 선택한다.
4. [2024인구수]만 남은 것을 확인한다.

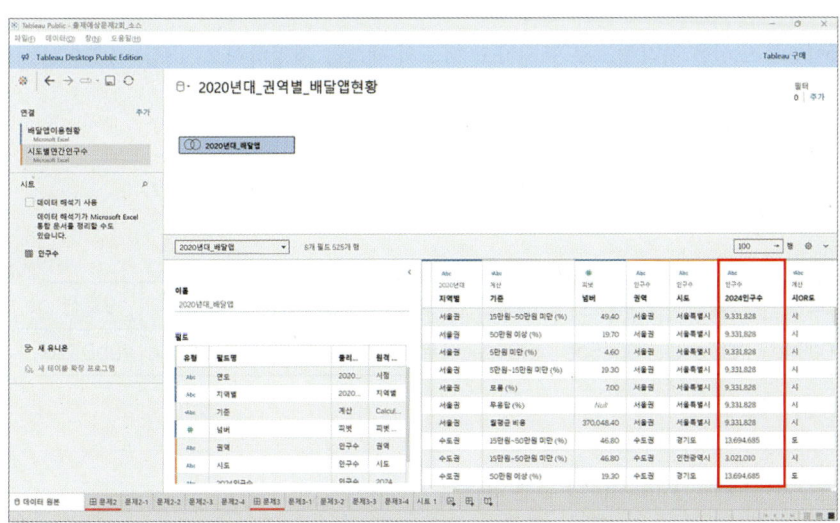

문제 2 　단순요소 구현 (30점)

〈시각화 완성화면〉 각 세부문제 풀이 후 아래와 같은 결과가 도출되어야 합니다.

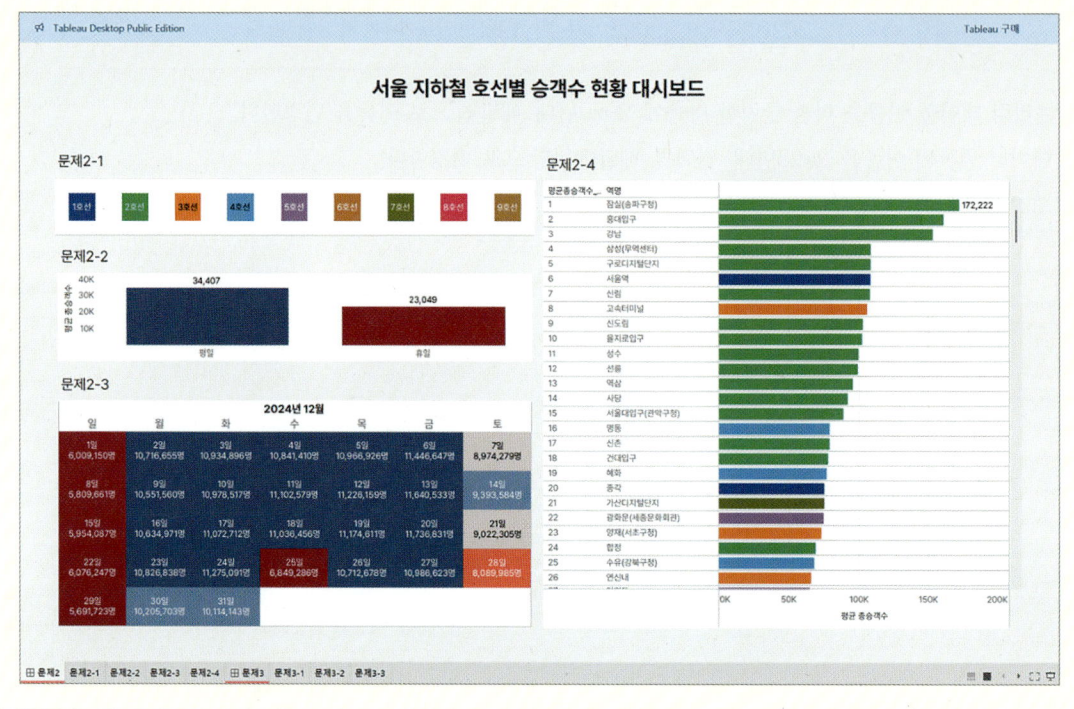

1. 〈서울시 지하철 호선별 역별 승하차 인원〉을 1~9호선 버튼 필터로 구현하시오. (5점)

   ❶ '문제2-1' 시트에서 9개 노선을 사각형으로 표시하고 별도의 색상을 지정하시오. (3점)
   - 열 선반: [노선명]
   - 마크: 사각형
   - 레이블 마크: [노선명], 가로 가운데 맞춤
   - 색상 마크

1호선	2호선	3호선	4호선	5호선	6호선	7호선	8호선	9호선
#0052a4	#00a84d	#ef7c1c	#00a5de	#996cac	#cd7c2f	#747f00	#e6186c	#bb8336

   - 노선명 머리글 표시 해제

1. '문제2-1' 시트로 이동해 [노선명] 필드를 열 선반에 놓고 마크를 사각형으로 변경한다.
2. [노선명]을 레이블 마크에 배치한 후 맞춤을 가로 가운데로 설정한다.

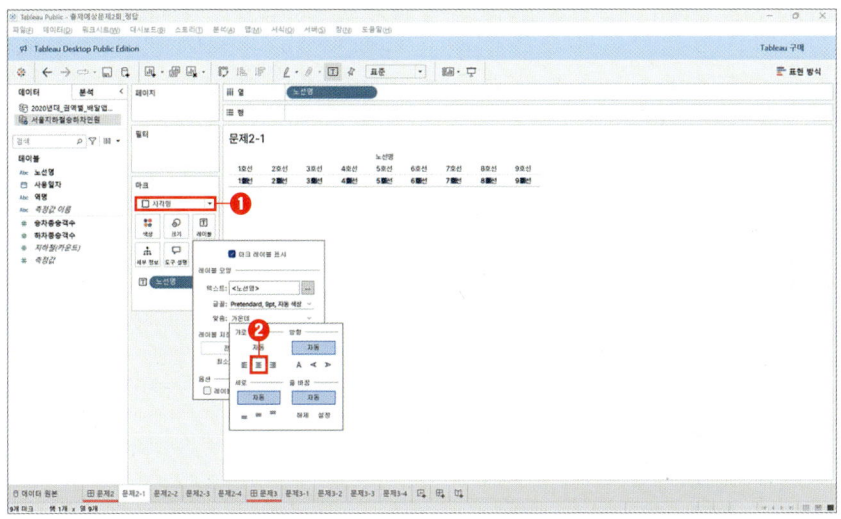

3. [노선명]을 드래그해서 색상 마크에 놓은 뒤, 색상 마크에서 '색상 편집'을 선택한다.

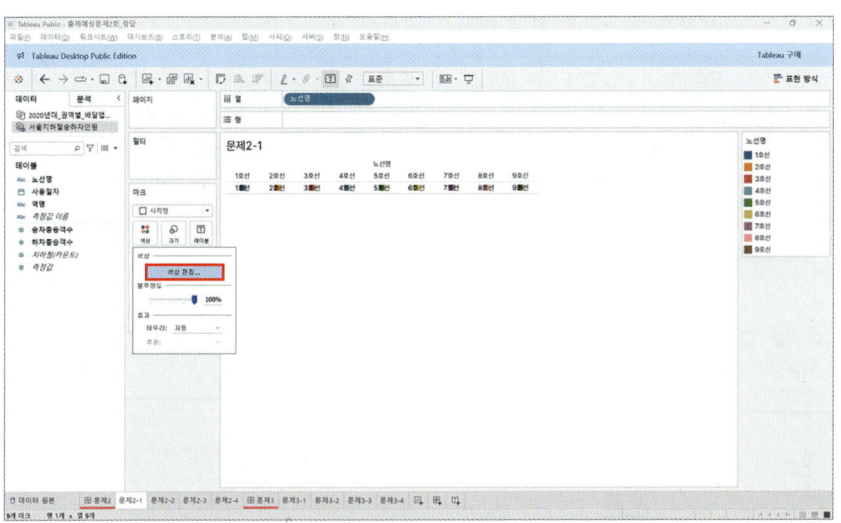

4. 색상 편집 대화상자에서 데이터 항목 선택 중 '1호선'을 더블 클릭한다.

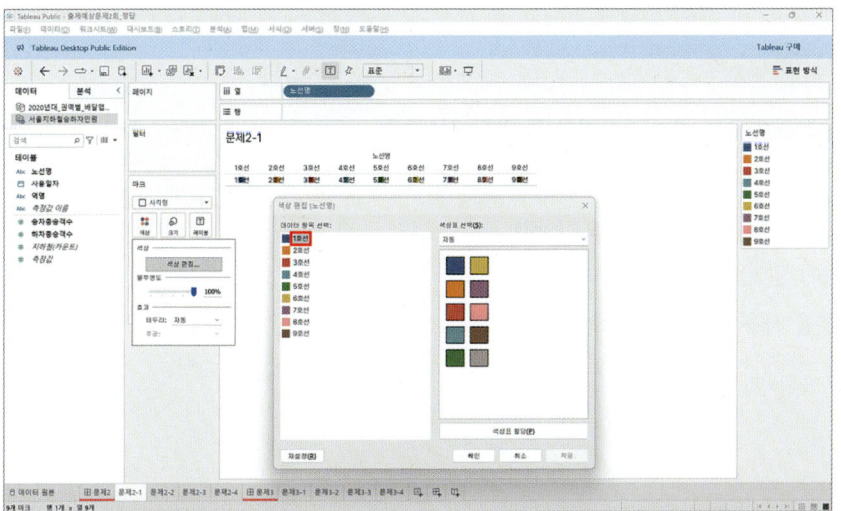

5. 색 선택 대화상자 우측 하단에 있는 HTML의 코드를 '#0052a4'로 변경 후 확인 버튼을 선택한다.

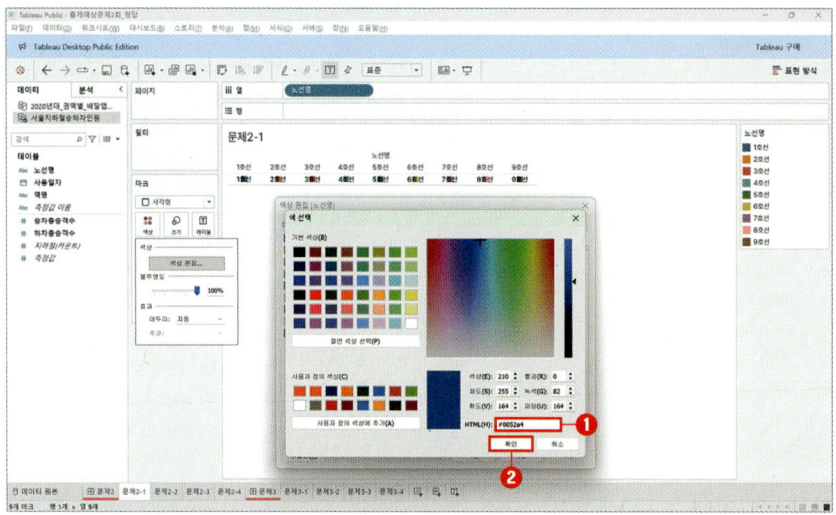

6. 나머지 2호선부터 9호선까지 각각 색상을 변경하고 확인 버튼 선택한다.

2호선	3호선	4호선	5호선	6호선	7호선	8호선	9호선
#00a84d	#ef7c1c	#00a5de	#996cac	#cd7c2f	#747f00	#e6186c	#bb8336

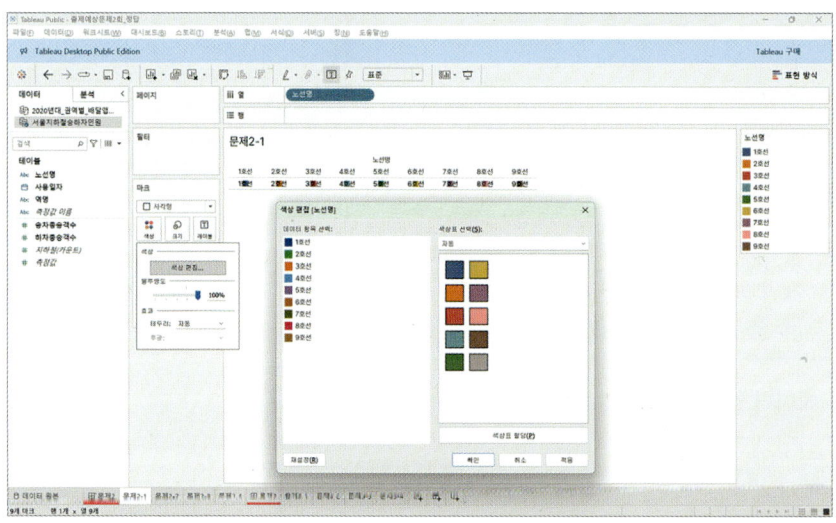

7. 열 선반에 있는 [노선명]에 우클릭 → 머리글 표시를 클릭해 해제한다.

❷ [사용일자]의 연도/월 필터를 설정하시오. (2점)
- [사용일자] 연도/월(2024년 12월) 필터 기본 설정
- 이 데이터 원본을 사용하는 모든 항목에 필터 적용

1. 차원에 있는 [사용일자] 필드를 필터 선반에 놓고, 필터 필드 대화 상자에서 '연도/월'을 선택한다.

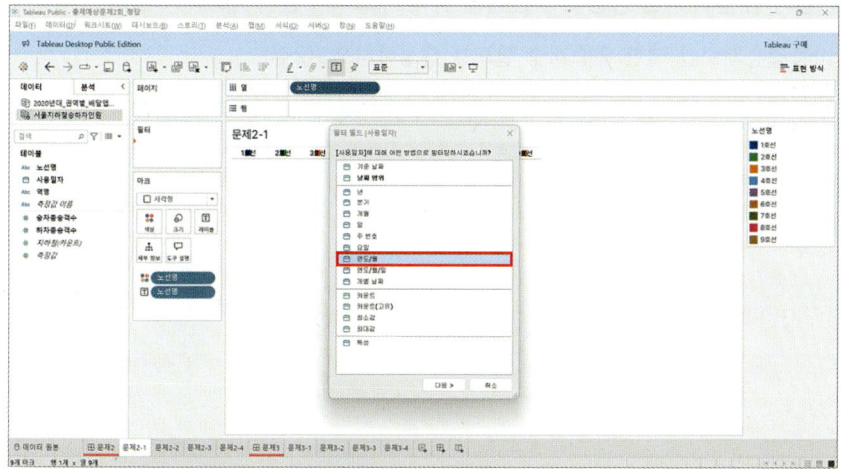

2. '2024년 12월'만 선택하고 '확인' 버튼 선택한다.

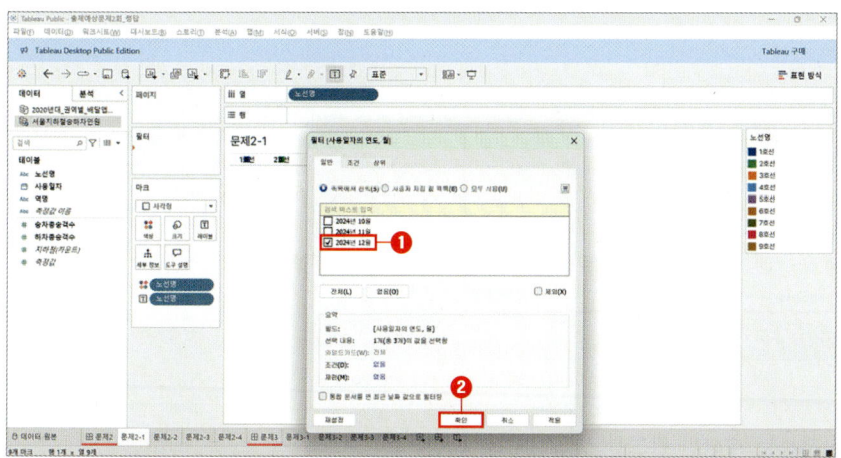

3. 필터 선반에 있는 '년월(사용일자)' 필터에 우클릭 → 워크시트에 적용 → '이 데이터 원본을 사용하는 모든 항목'을 선택한다.

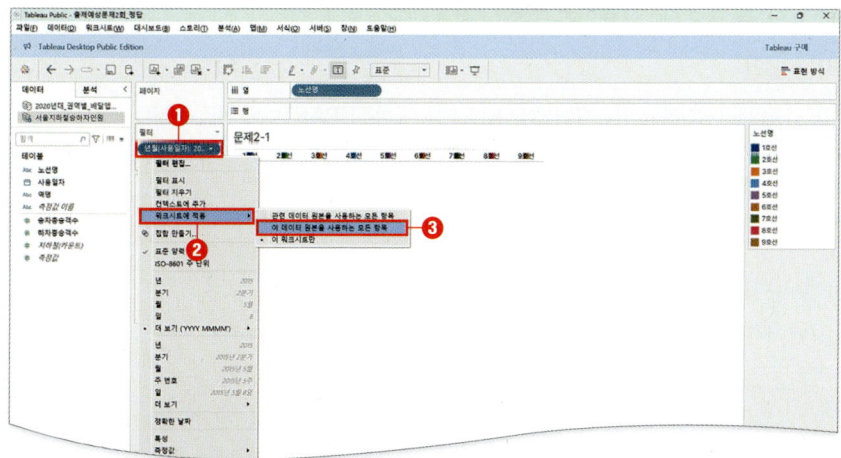

4. 필터 선반의 '년월(사용일자)' 앞 데이터 원본에 해당하는 🗄 원통 아이콘을 확인한다.

2. '문제2-2' 시트에서 평일과 휴일의 평균 총승객수 현황을 막대 차트로 구현하시오. (10점)

❶ 승차총승객수와 하차총승객수를 더한 총승객수 필드를 생성하시오. (2점)
- 필드 이름: 총승객수
  - 사용 필드: 승차총승객수, 하차총승객수
  - 필드 유형: 숫자(정수)
  - 사용 함수: 없음

1. 문제2-2 워크시트를 열고, 상단 분석 메뉴에서 계산된 필드 만들기를 선택한다.

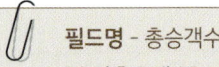
필드명 - 총승객수
[승차총승객수] + [하차총승객수]

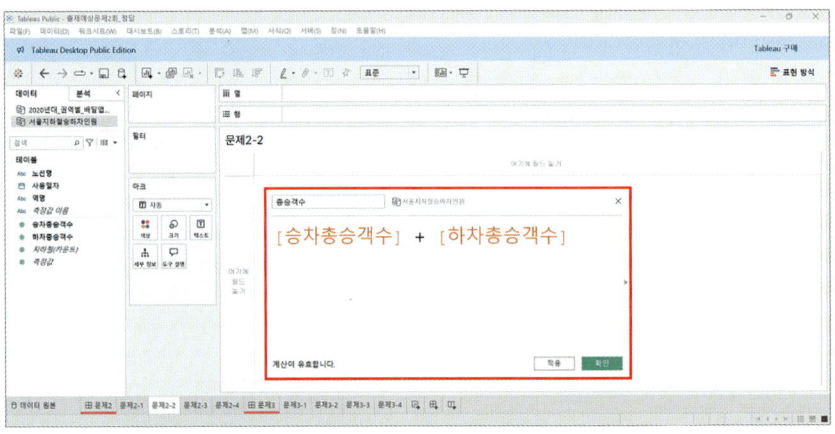

❷ 평일과 휴일을 구분하는 계산된 필드를 생성하시오. (5점)
- 필드 이름: 평일OR휴일
  - 2024-10-01, 2024-10-03, 2024-10-09, 2024-12-25 휴일
  - 그 외 나머지 요일 중 토요일, 일요일은 휴일
  - 그 외 나머지는 평일
  - 사용 함수: IF, DATETRUNC, IN, THEN, ELSEIF, DATEPART, ELSE, END

1. 상단 분석 메뉴 → 계산된 필드 만들기 선택한다.

필드명 - 평일OR휴일
IF DATETRUNC("day",[사용일자])
　　　IN (#2024-10-01#, #2024-10-03#, #2024-10-09#, #2024-12-25#)
　　　THEN "휴일"
　　　ELSEIF DATEPART("weekday", [사용일자]) IN (1,7) THEN "휴일"
　　　ELSE "평일"
END

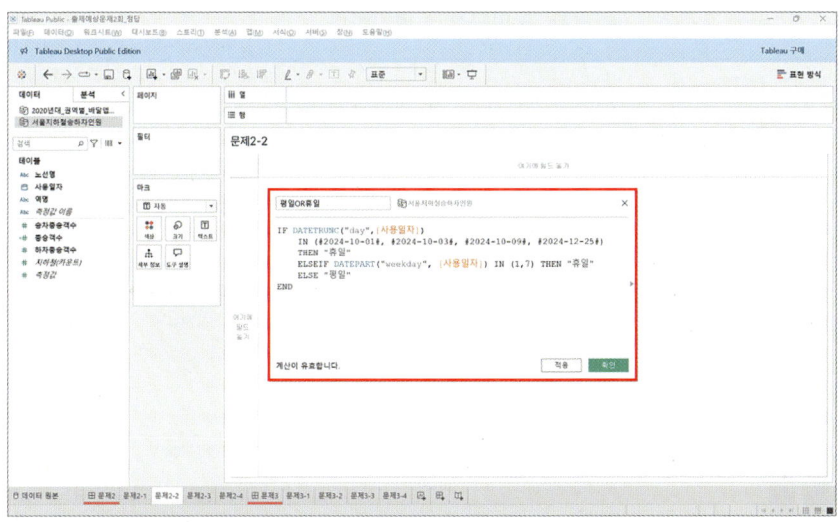

❸ 평일과 휴일의 평균 총승객수를 비교하는 막대 차트를 생성하시오. (3점)
- 열 선반: 평일OR휴일
- 행 선반: 평균 총승객수
- 레이블 마크: 평균 총승객수
- 색상 마크: 평균 총승객수
  - 색상표: 빨간색-파란색 다중
  - 단계별 색상: 5단계
- '평일OR휴일' 열에 대한 필드 레이블 숨기기

1. [평일OR휴일] 필드를 열 선반에, [총승객수] 필드를 행 선반에 드래그해 배치한다.

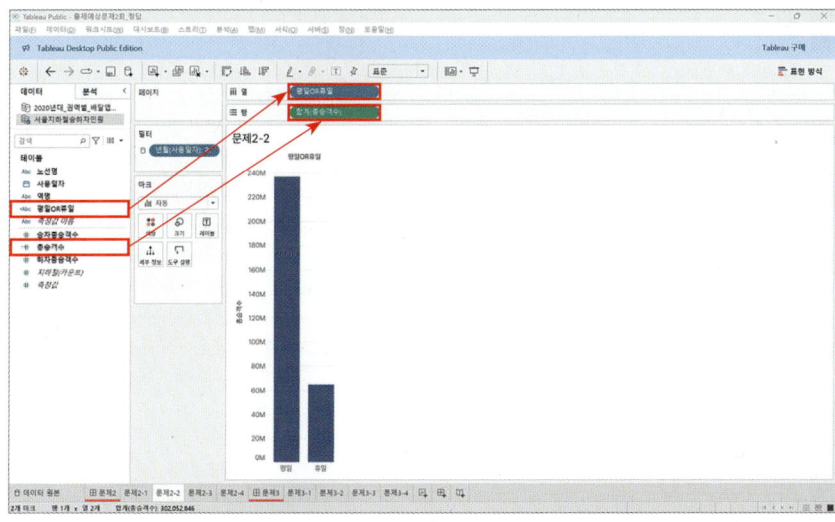

2. 행 선반에 있는 [합계(총승객수)]에 우클릭 → 측정값 → 평균으로 변경한다.

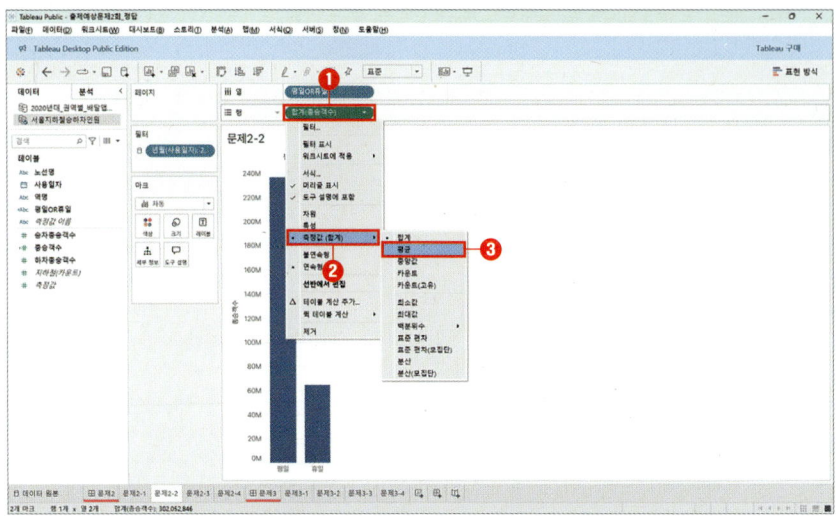

3. 행 선반의 [평균(총승객수)]를 Ctrl 키로 드래그해 레이블 마크와 색상 마크에 각각 배치한다.

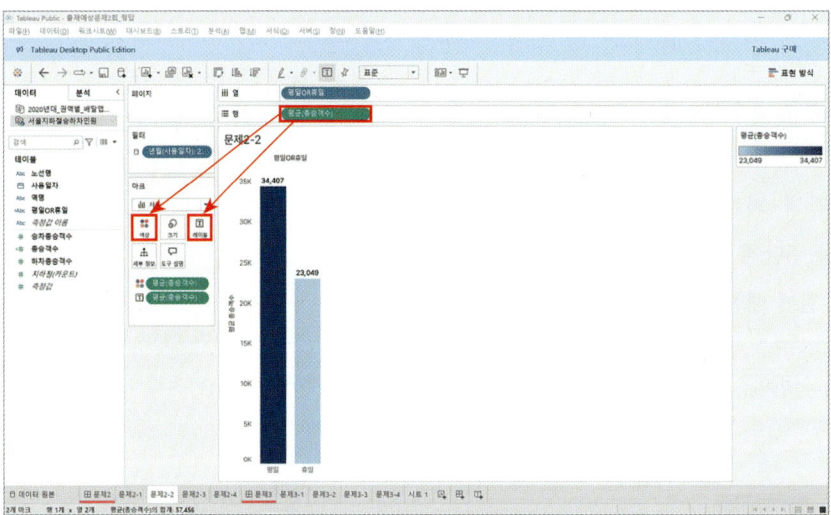

4. 색상 마크를 선택한 다음에 색상 편집을 선택한다.

5. 색상표를 '빨간색-파란색 다중'으로 시정하고, 단계별 색상을 5단계로 설정한 뒤 확인 버튼을 누른다.

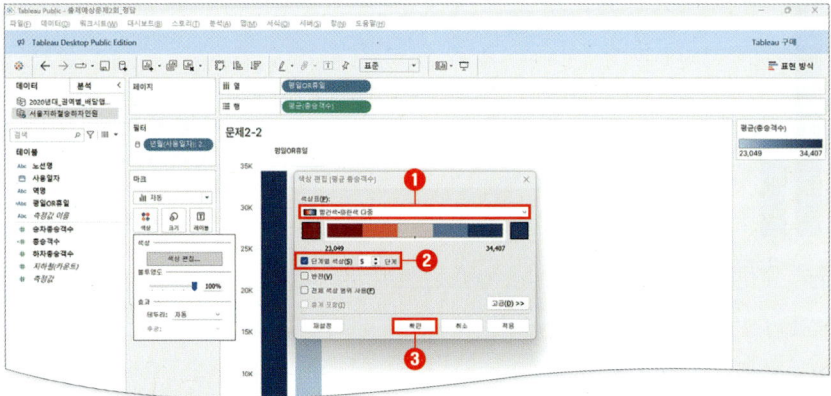

6. '평일OR휴일' 필드 레이블에 우클릭 → 열에 대한 필드 레이블 숨기기 선택한다.

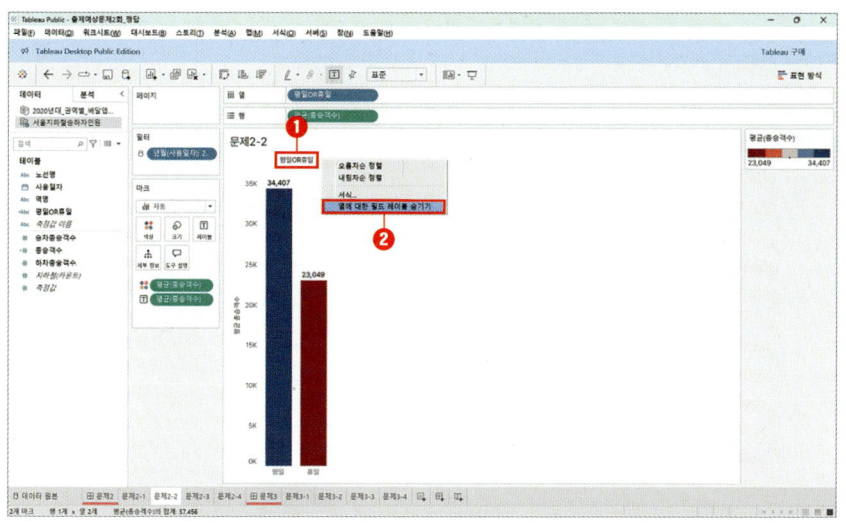

7. 필드 레이블 숨김 처리되었는지 확인한다.

---

3. '문제2-3' 시트에 다음의 작업을 수행하여 캘린더 차트를 구현하시오. (10점)

❶ 월간 캘린더 차트를 구현하시오. (5점)
- 마크: 사각형
- 열 선반: [사용일자] 필드의 불연속형 "년월"과 그 오른쪽에 [사용일자] 필드의 불연속형 "요일"
- 행 선반: [사용일자] 필드의 불연속형 "주", 머리글 표시 해제
- 레이블 마크: [사용일자] 필드의 불연속형 "일", [총승객수] 합계
- 툴바 맞춤: 툴바의 맞춤을 '전체 보기'로 변경
- 색상 마크: [총승객수] 합계
  - 색상: 빨간색-파란색 다중
  - 단계별 색상: 5단계

---

1. 문제2-3 시트를 열고 마크를 사각형으로 변경한 뒤, [사용일자] 필드를 마우스 오른쪽 드래그하여 열 선반에 놓고 불연속형 '년월(사용일자)'을 선택한다.

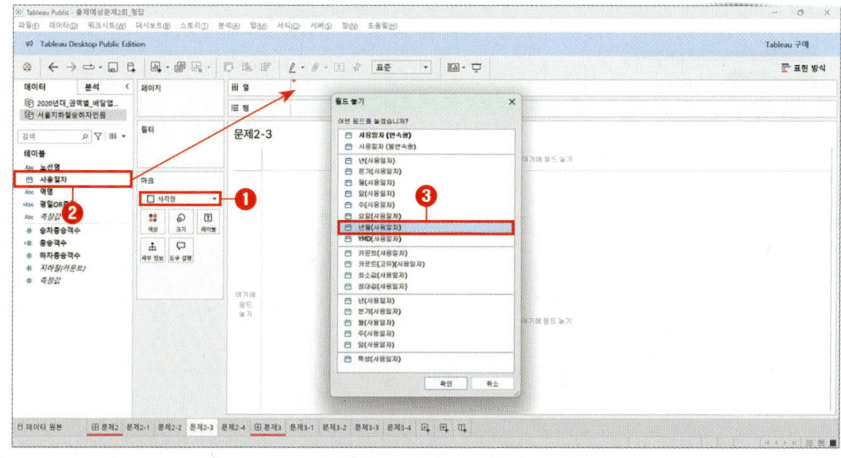

2. 차원에 있는 [사용일자] 필드를 마우스 오른쪽으로 드래그해서 열 선반에 놓은 다음에 불연속형 '요일(사용일자)' 선택한다.

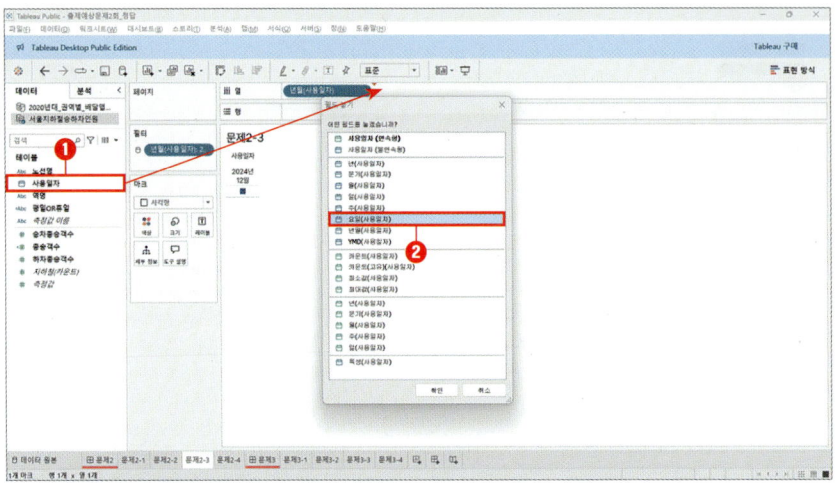

3. 차원에 있는 [사용일자] 필드를 마우스 오른쪽으로 드래그해서 행 선반에 놓은 다음에 불연속형 '주(사용일자)' 선택한다.

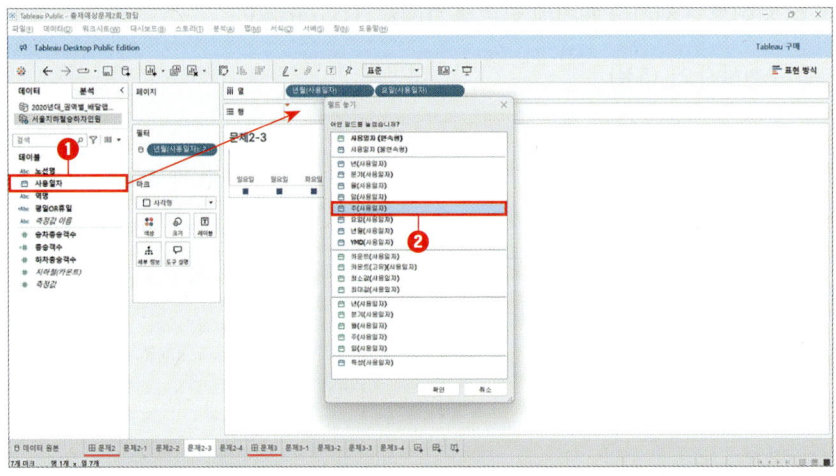

4. 차원에 있는 [사용일자] 필드를 마우스 오른쪽으로 드래그해서 레이블 마크에 놓은 다음에 불연속형 '일(사용일자)' 선택한다.

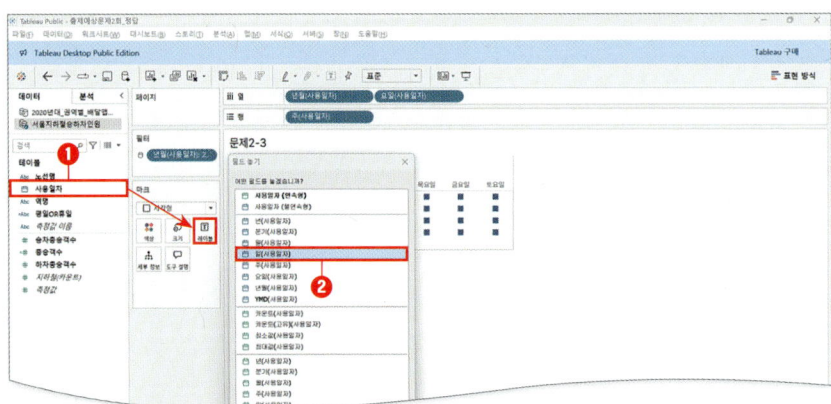

5. 행 선반에 있는 [주(사용일자)]에 우클릭 → 머리글 표시를 클릭해 해제한다.
6. [총승객수] 필드를 드래그해서 레이블 마크에 놓는다.
7. 툴바의 맞춤을 전체보기로 변경한다.

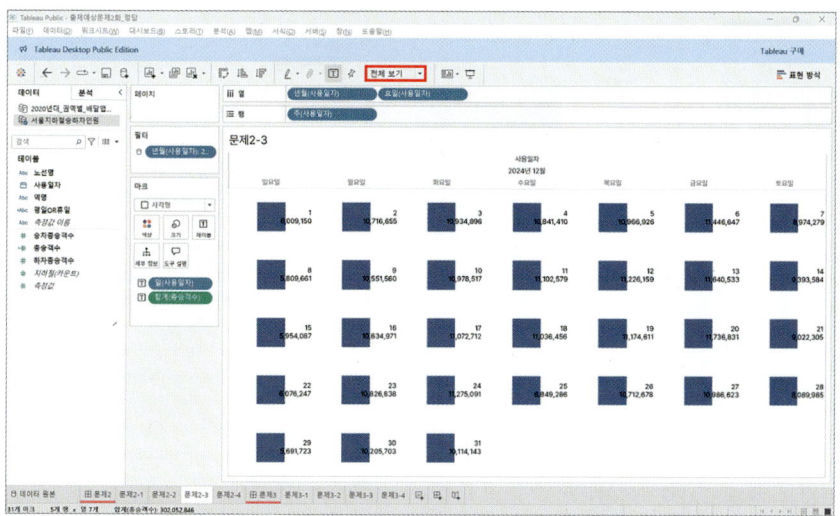

8. 측정값의 [총승객수]를 색상 마크에 놓는다.

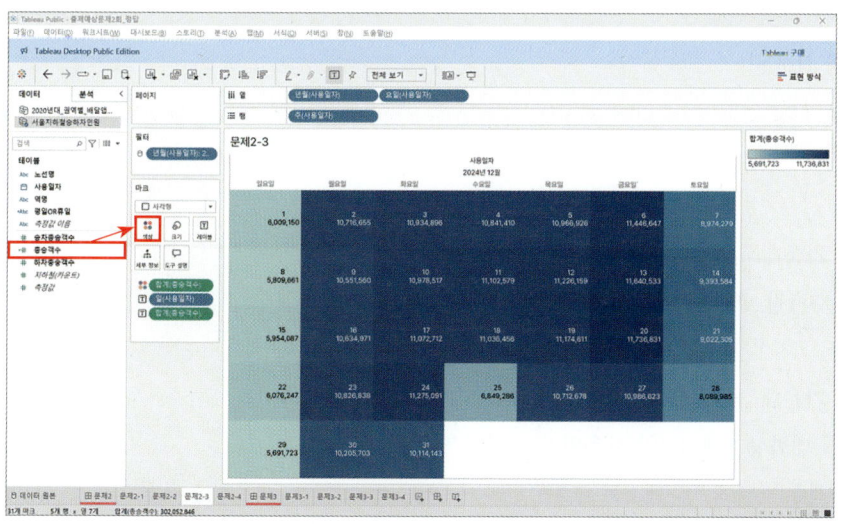

9. 색상 마크를 선택한 다음에 '색상 편집'을 선택한다.

10. 색상표에서 '빨간색-파란색 다중'을 선택한 다음에, 단계별 색상은 '5'단계를 선택하고 확인을 선택한다.

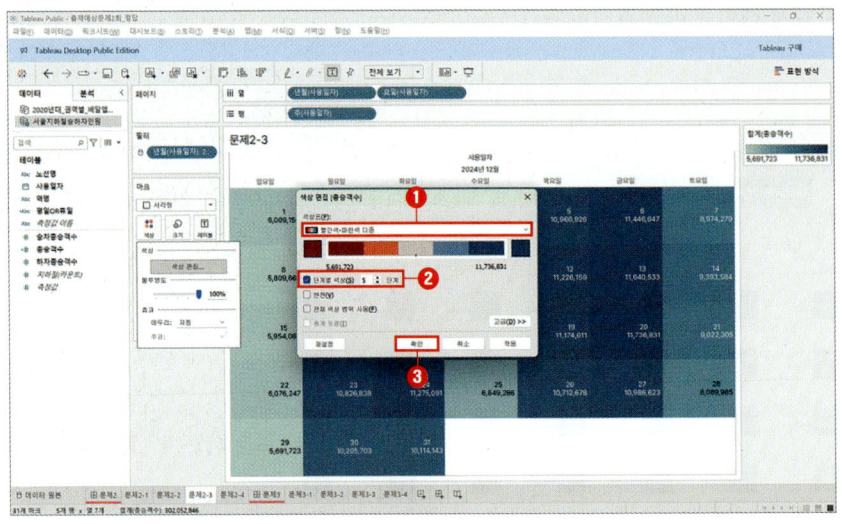

❷ 캘린더 차트에 서식을 적용하시오. (5점)
- '사용일자' 열에 대한 필드 레이블 숨기기
- '년월(사용일자)' 서식 변경
  - 머리글 글꼴 11pt
  - 볼드 적용
- '요일(사용일자)'의 머리글 서식 변경
  - 글꼴: 11pt
  - 맞춤: 가로 가운데
  - 날짜: '첫 글자'(월, 화, … 일 형태로 표현)
- 레이블 마크
  - 맞춤: 가로 가운데
  - 레이블 편집 대화상자에서 〈일(사용일자)〉 뒤에 '일' 텍스트 추가
  - 〈합계(총승객수)〉 뒤에 '명' 텍스트 추가

1. '사용일자' 필드 레이블에 우클릭한 다음에 '열에 대한 필드 레이블 숨기기' 선택한다.

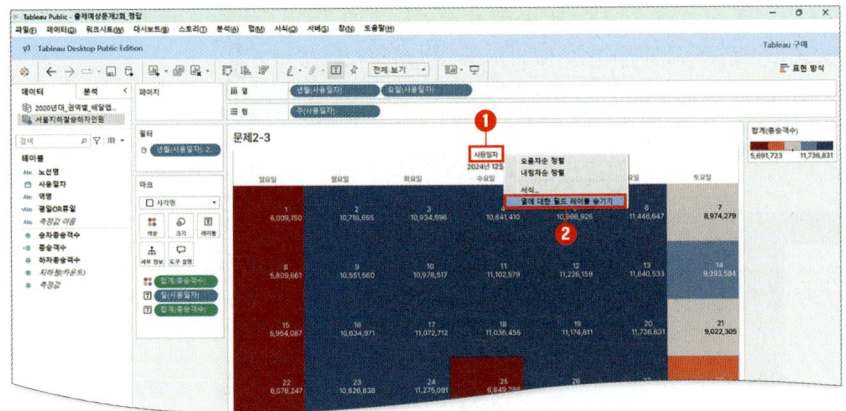

2. 열 선반에 있는 [년월(사용일자)]에 우클릭 → 서식을 선택한다.

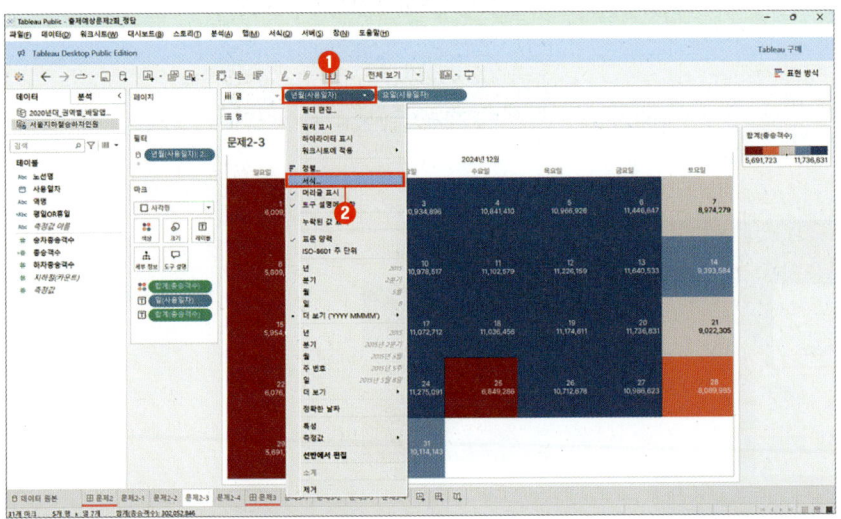

3. 서식 메뉴에서 머리글 탭 → 글꼴은 11pt, B(볼드) 선택한다.

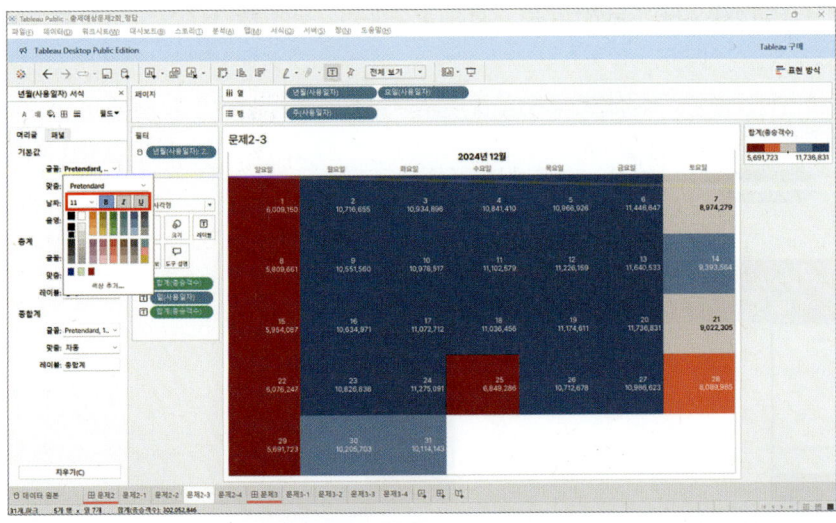

TIP 폰트는 이미지와 동일하게 적용할 필요 없다.

4. 열 선반의 [요일(사용일자)]를 우클릭해 서식을 선택한 뒤, 머리글 탭에서 글꼴을 11pt로 지정하고 가로 맞춤은 가운데 정렬, 날짜 표시는 '첫 글자'로 변경한다.

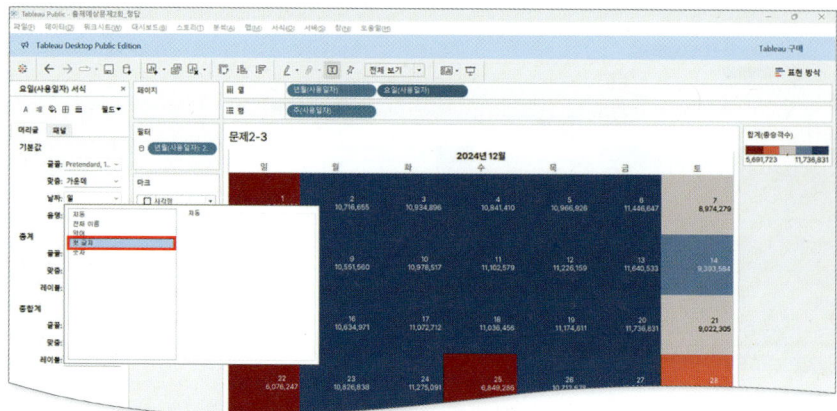

5. 레이블 마크에서 맞춤 중 가로는 가운데 설정한다.

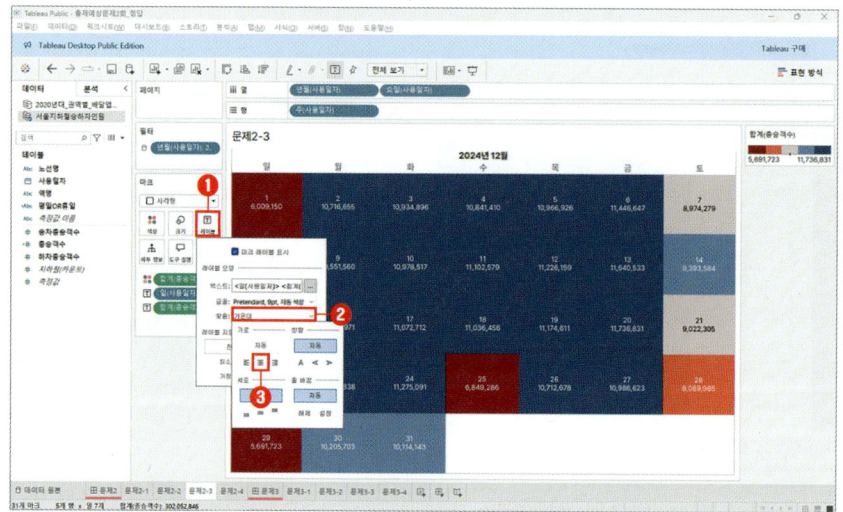

6. 레이블 편집 대화상자에서 '〈일(사용일자)〉' 뒤에 '일'을, '〈합계(총승객수)〉' 뒤에 '명' 텍스트 추가한 다음에 확인 버튼을 선택한다.

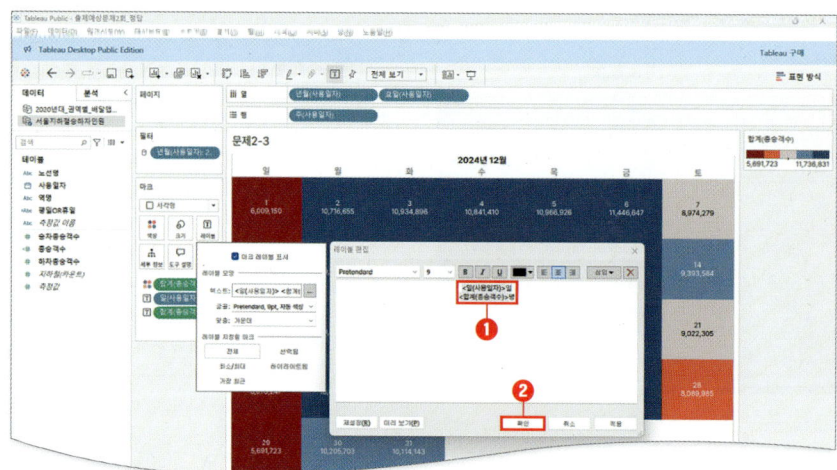

7. 서식 및 레이블 편집한 내용까지 모두 반영되었는지 확인한다.

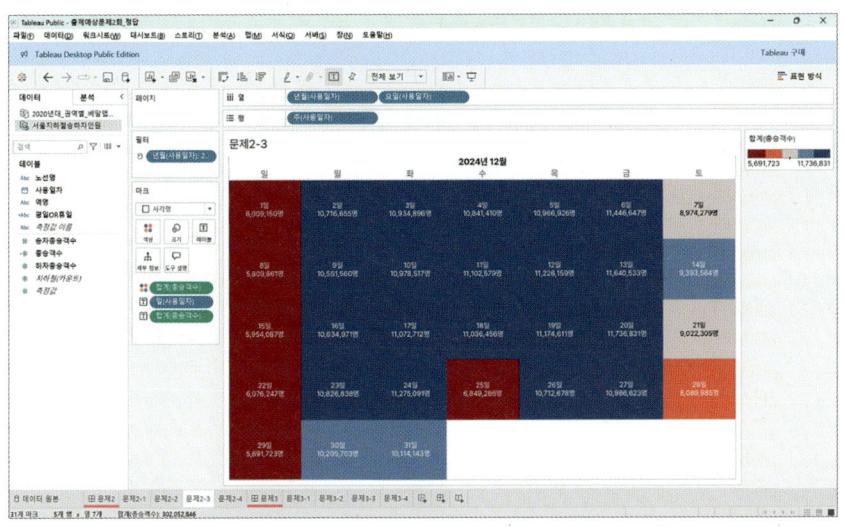

4. '문제2-4' 시트에 다음의 작업을 수행하여 누적 막대 차트를 구현하시오. (5점)

　❶ 평균총승객수_순위 필드를 생성하시오. (2점)

　　• 새 필드 생성

　　　– 필드명: 평균총승객수_순위

　　　– 사용함수: RANK, AVG

　　　– 사용필드: 총승객수

　　• 불연속형으로 변환

1. 문제2-4 워크시트를 열고 상단 분석 메뉴에서 계산된 필드를 만든다.

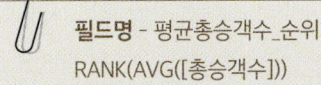

필드명 - 평균총승객수_순위
RANK(AVG([총승객수]))

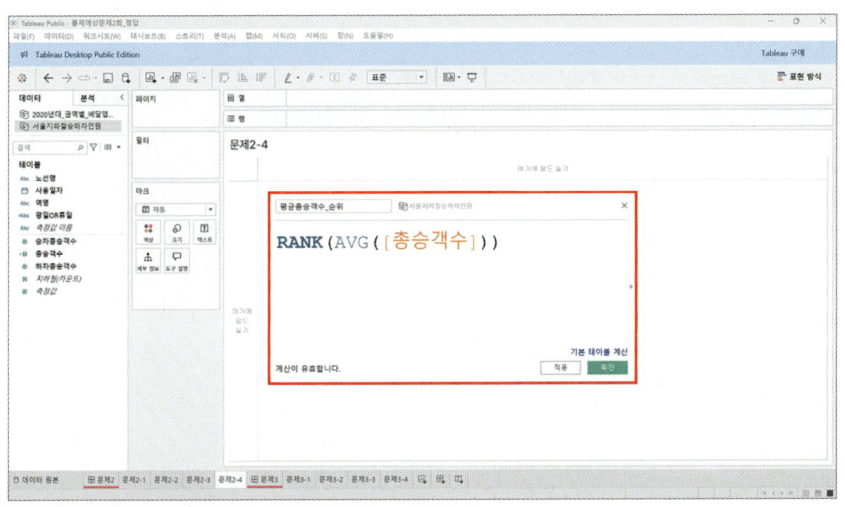

2. 측정값에 있는 [평균총승객수_순위] 필드에 우클릭 → 불연속형으로 변환 선택한다.

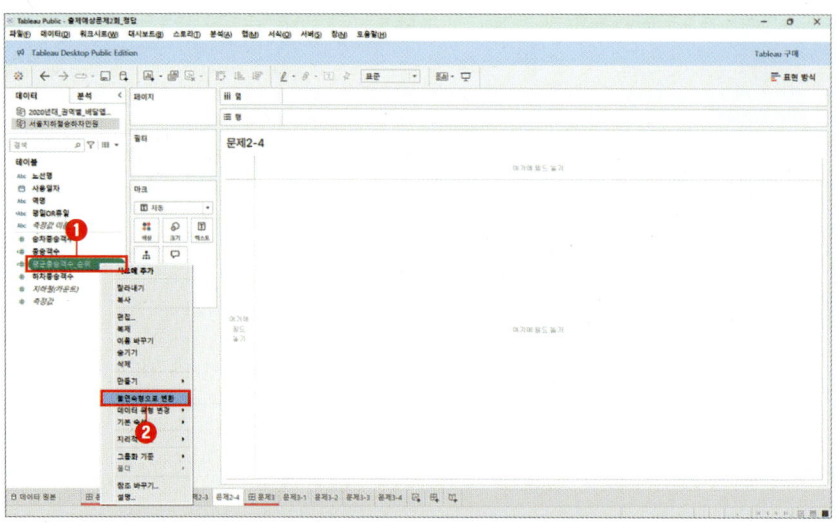

❷ 역명별 호선별 총승객수를 누적 막대 차트로 구현하시오. (3점)
- 열 선반: 평균총승객수
- 행 선반: 평균총승객수_순위, 역명
  - 평균총승객수_순위는 '역명' 특정 차원 계산으로 추가 편집
- 색상 마크: 노선명
  - 평균총승객수_순위에 '노선명'도 특정 차원 계산으로 추가 편집
- 레이블 마크: 평균 총승객수(평균 총승객수가 가장 많은 역명의 평균 총승객수만 표시)
  - 레이블 지정할 마크: 최소/최대
  - 레이블 범위: 테이블
  - 옵션: 최댓값 레이블 지정, 최솟값 레이블 지정 해제

1. 측정값에 있는 [총승객수] 필드를 마우스 오른쪽으로 드래그해서 열 선반에 놓은 다음에 필드 놓기 대화 상자에서 '평균(총승객수)'을 선택한다.

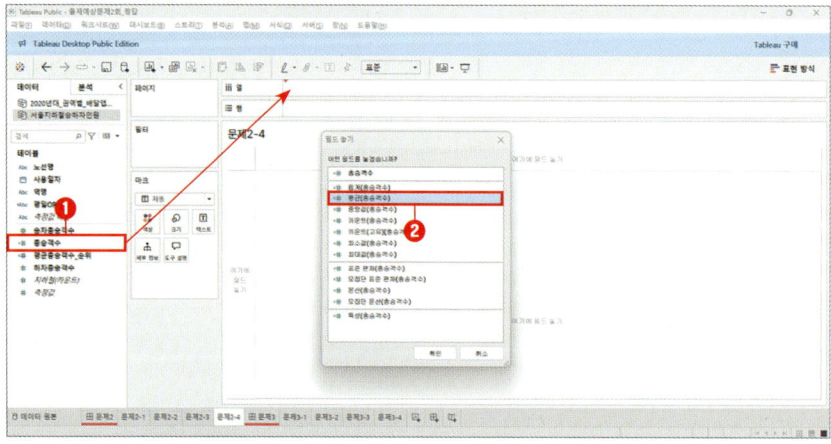

2. 측정값에 있는 [평균총승객수_순위] 필드를 드래그해서 행 선반에 놓는다.
3. 차원에 있는 [역명]을 드래그해서 행 선반 [평균총승객수_순위] 오른쪽에 배치한다.

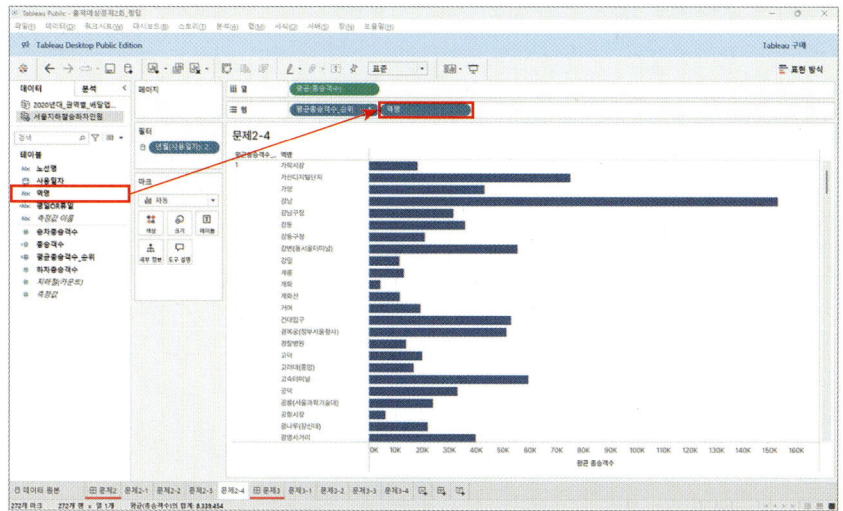

4. 행 선반에 있는 [평균총승객수_순위] 필드에 우클릭 → 테이블 계산 편집을 선택한다.

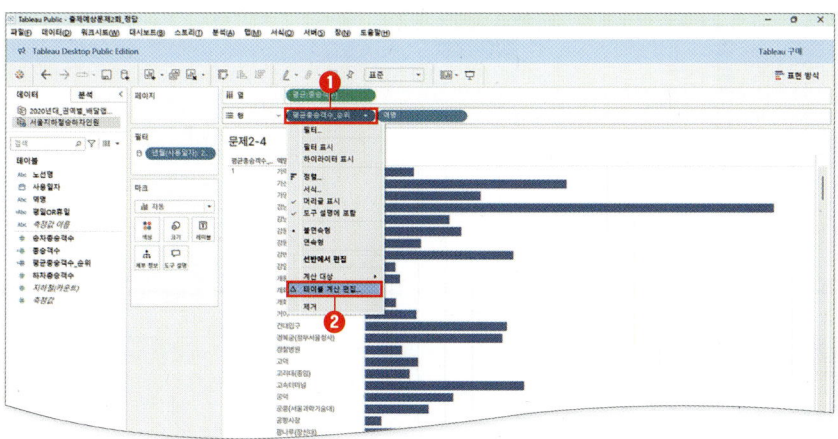

5. 테이블 계산 편집 대화 상자에서 특정 차원에 있는 '역명'을 체크한다.

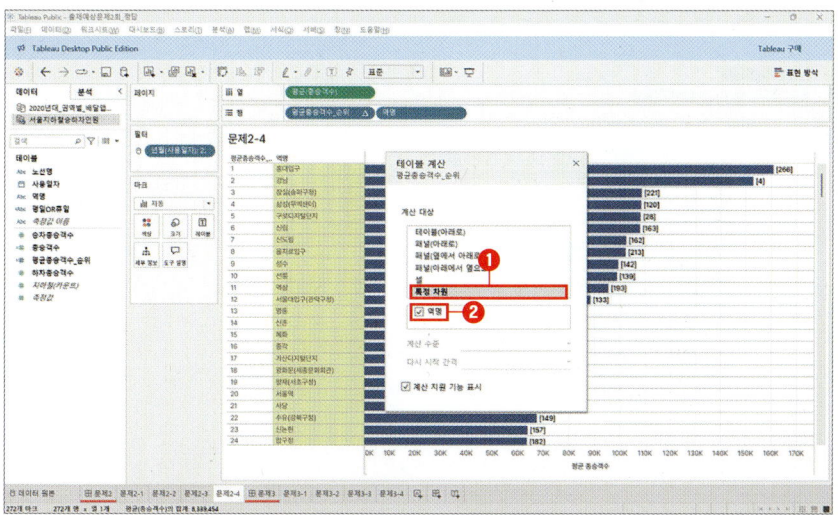

6. 차원에 있는 [노선명]을 드래그해서 색상 마크에 놓는다.

7. 행 선반에 있는 [평균총승객수_순위] 필드에 우클릭 → 테이블 계산 편집을 선택한다.

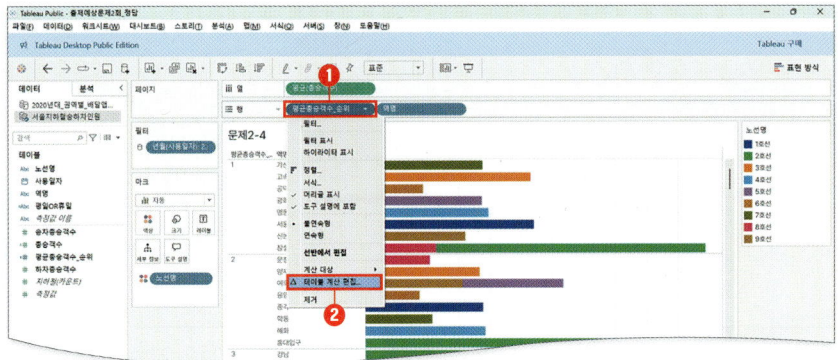

8. 테이블 계산 편집 대화 상자에서 특정 차원에 있는 '노선명'도 체크한다.

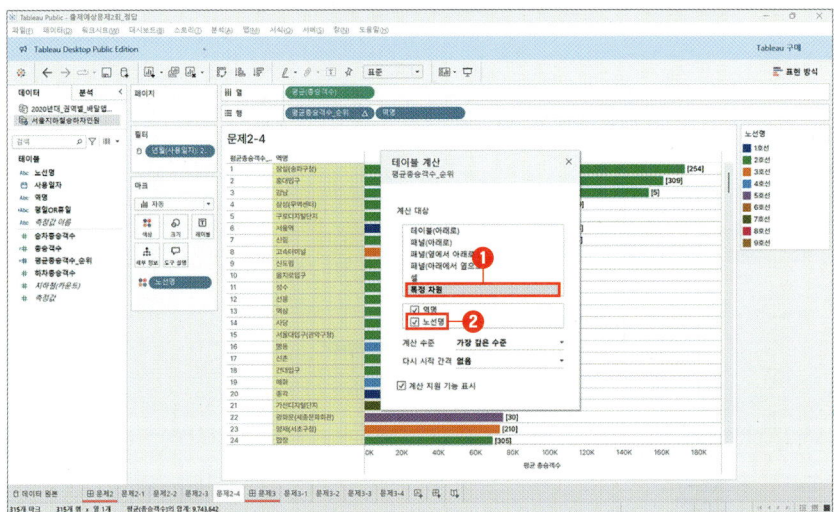

9. 열 선반의 [평균(총승객수)]를 Ctrl 키를 누른 채 드래그해 레이블 마크에 복사한다.

10. 레이블 마크 → 레이블 지정할 마크: 최소/최대, 범위: 테이블, 옵션: 최솟값 레이블 지정 체크 해제한다.

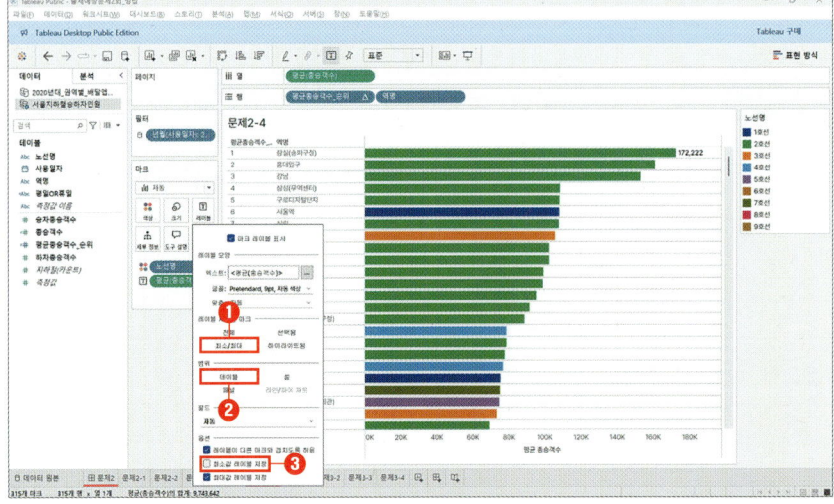

11. 역별·노선별 평균 총승객수 기준 순위가 반영된 가로 막대 차트를 확인한 뒤, 문제2 대시보드로 이동해 각 워크시트가 제대로 표현되는지 확인한다.

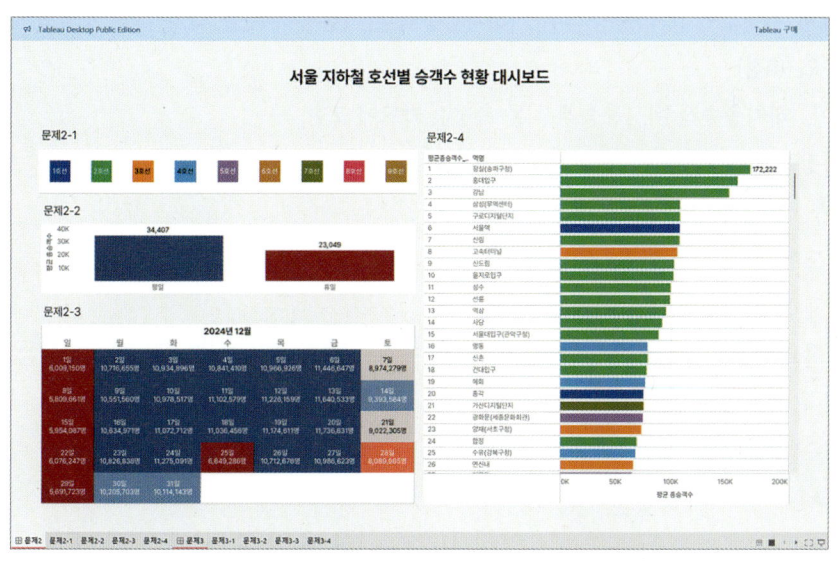

문제 3 복합요소 구현(50점)

〈시각화 완성화면〉 각 세부문제 풀이 후 아래와 같은 결과가 도출되어야 합니다.

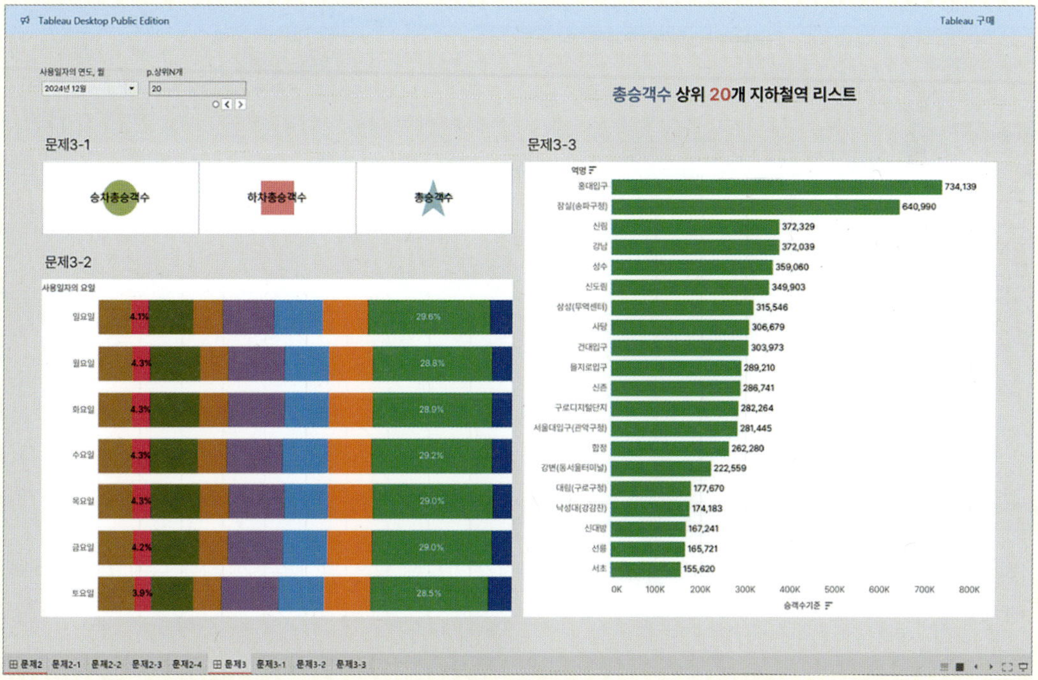

1. 〈지하철 데이터〉를 활용하여 다음의 조건으로 필드를 생성한 후 카드와 필터 버튼을 구현하시오. (10점)

❶ '문제3-1' 시트에서 측정값인 [승차총승객수], [하차총승객수], [총승객수]를 각기 다른 모양의 버튼으로 만드시오. (5점)

- [승차총승객수], [하차총승객수], [총승객수]를 측정값 카드에 포함
  - 열 선반: 측정값 이름
  - 측정값: 세부 정보 마크
- 측정값 이름: 도형 마크, 색상 마크, 레이블 마크
- 툴바 맞춤: 전체 보기로 변경
- 도형 편집: 도형표 선택 〉 채워짐
  - 승차총승객수: ●
  - 하차총승객수: ■
  - 총승객수: ★
- 색상 편집
  - 승차총승객수: #b9ca5d
  - 하차총승객수: #f1788d
  - 총승객수: #97cfd0

1. 문제3-1 시트를 선택해 [승차총승객수]를 텍스트 마크에 놓으면, 단순요소에서 설정한 월 기준 승차총승객수를 확인할 수 있다.

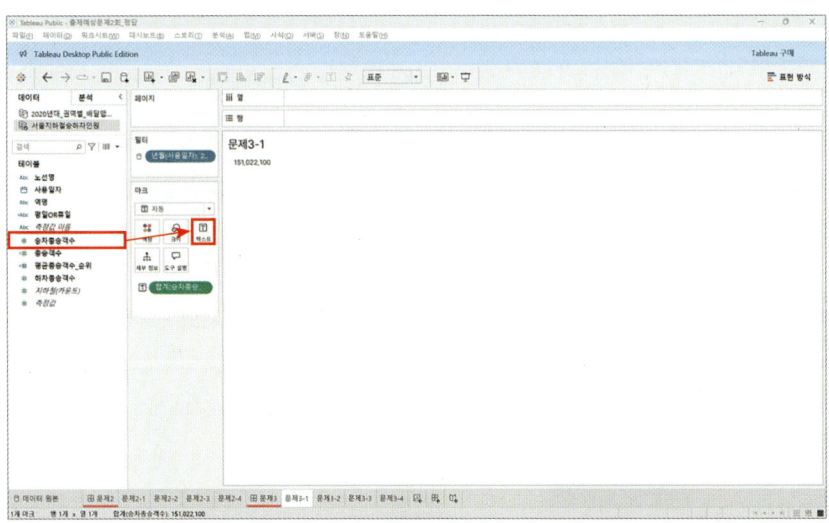

2. [하차총승객수]와 [총승객수]를 각각 더블 클릭해 측정값 카드에 넣은 뒤, [총승객수]를 드래그해 맨 아래로 배치한다.

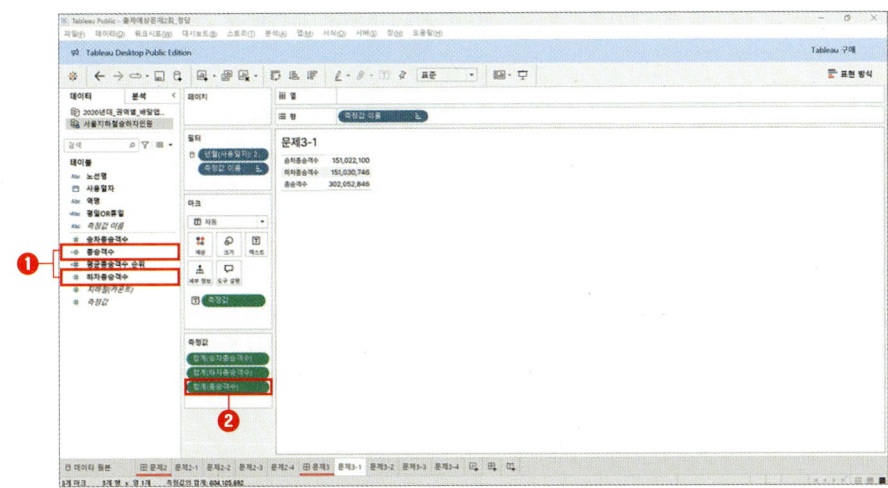

3. 행 선반에 있는 [측정값 이름]을 드래그해서 열 선반에 놓는다.

4. 텍스트 마크에 있는 [측정값] 왼쪽에 있는 아이콘을 눌러 역할을 '세부 정보'로 변경한다.

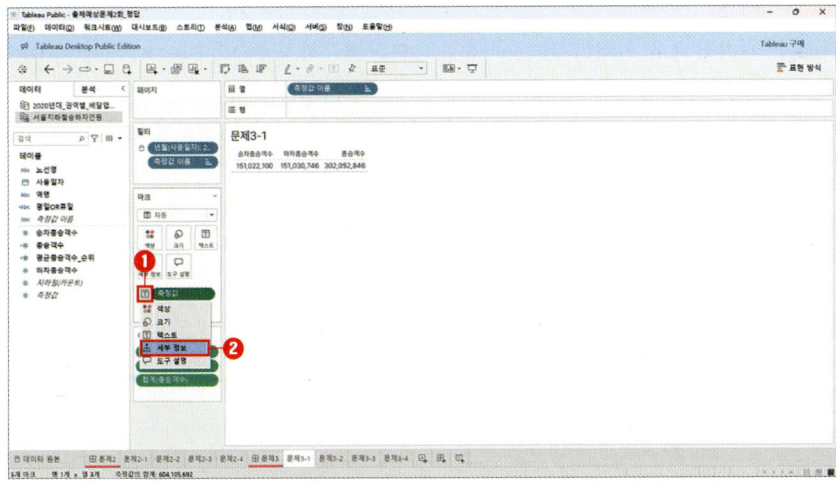

5. 마크를 '도형'으로 변경한다.

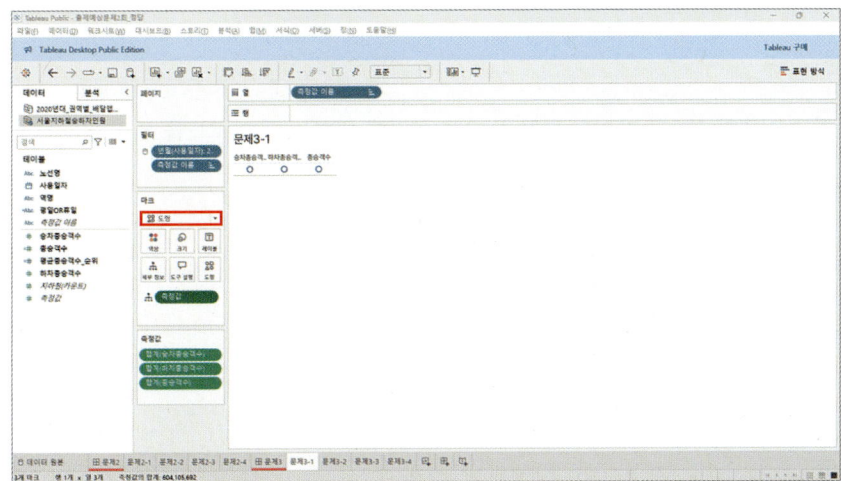

6. 차원에 있는 [측정값 이름]을 도형 마크에 놓고, 다시 [측정값 이름]을 색상 마크와 레이블에 각각 배치한다.

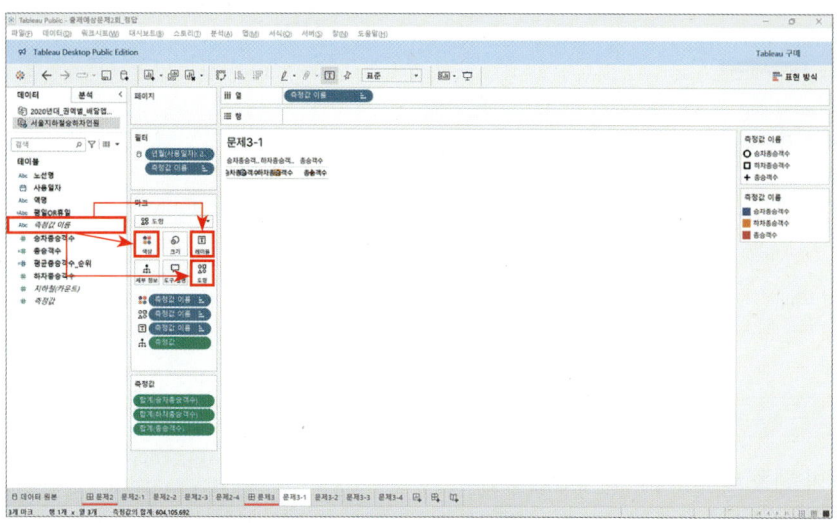

7. 툴바의 맞춤을 전체 보기로 변경한다.

8. 도형 마크를 클릭해 도형표를 '채워짐'으로 선택한 뒤, 승차총승객수는 ●, 하차총승객수는 ■, 총승객수는 ★로 지정하고 확인 버튼을 누른다.

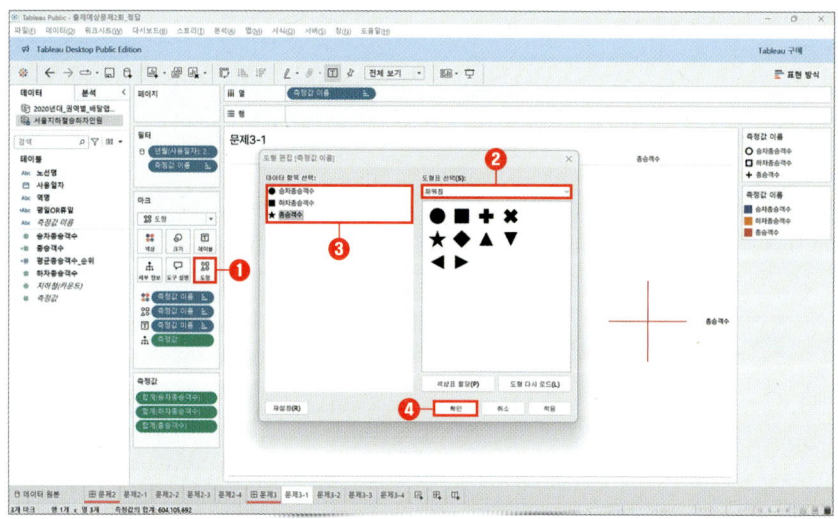

9. 색상 마크에서 '색상 편집'을 선택한 뒤, 각 데이터 항목을 더블 클릭해 원하는 색상 코드를 입력하고 확인 버튼을 누른다.

- 승차총승객수: #b9ca5d
- 하차총승객수: #f1788d
- 총승객수: #97cfd0

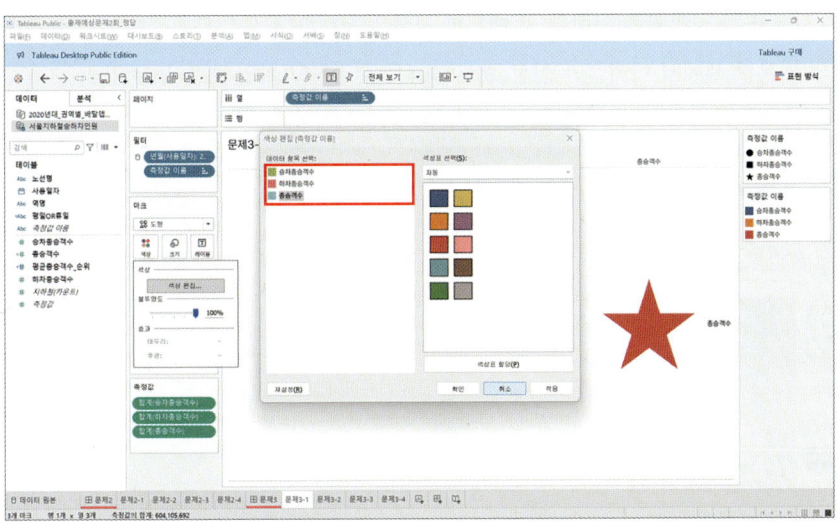

❷ 불필요 요소들을 제거하고 편집하시오. (3점)
- 도구 설명 편집
  - 도구 설명 마크: 측정값 이름만 남기고 나머지 삭제
  - 명령 단추 포함, 범주로 선택 허용: 체크 해제
- 서식 설정
  - 테두리: 시트탭 → 기본값에서 셀, 머리글만 실선, #b4b4b4로 설정
- 레이블 편집
  - 글꼴 12pt로 변경
  - 가로 가운데 정렬 변경
- 측정값 이름 머리글 표시 해제

1. 도구 설명 마크를 선택해 도구 설명 편집 대화 상자에서 〈측정값 이름〉만 남기고 나머지를 삭제한 뒤, 좌측 하단의 '명령 단추 포함'과 '범주로 선택 허용'을 체크 해제하고 확인 버튼을 누른다.

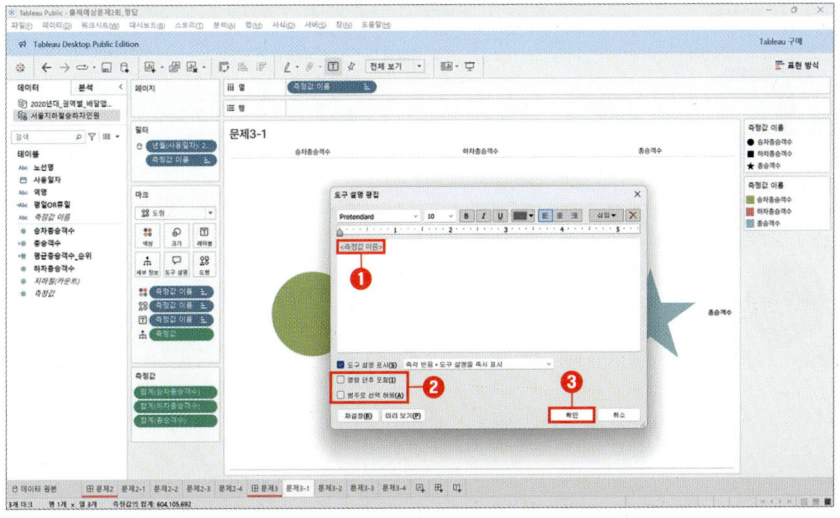

2. 뷰에서 우클릭 → 서식을 선택한 다음에 좌측 사이드 바 테두리 서식을 선택한다.

3. 테두리 서식에서 시트탭의 기본값 셀에서 머리글만 실선, #b4b4b4로 설정하고 확인 버튼 누른다.

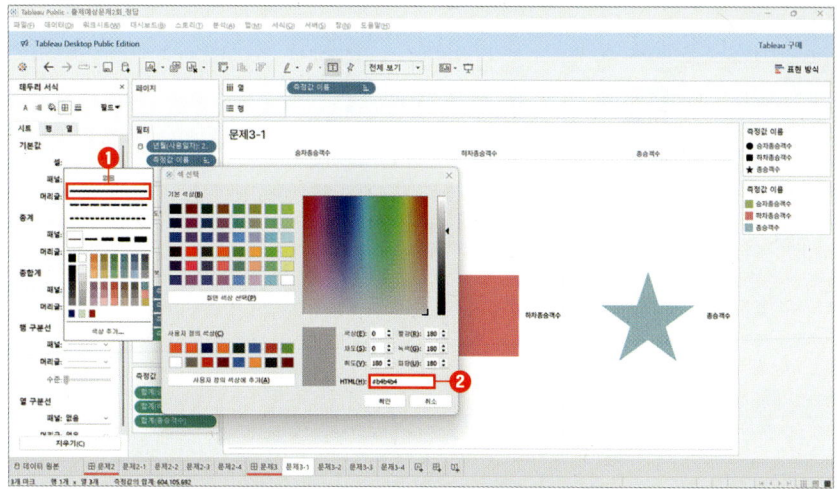

4. 레이블 마크에서 글꼴을 12pt, 맞춤은 가로 가운데 정렬한다.

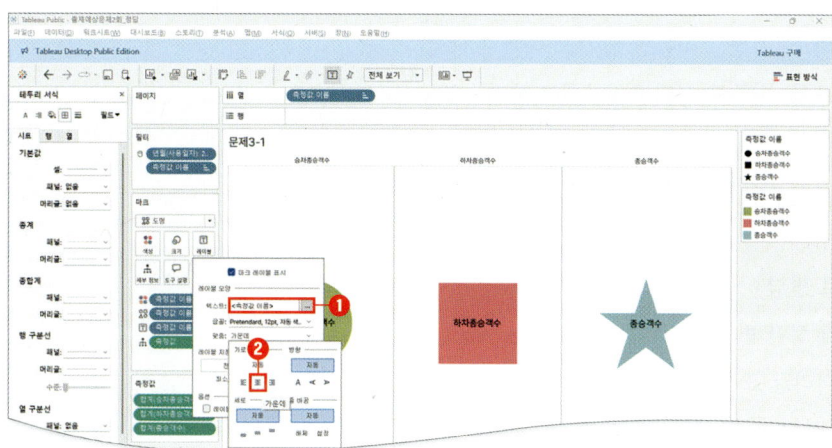

5. 머리글에 우클릭 → '머리글 표시'를 선택해 해제한다.

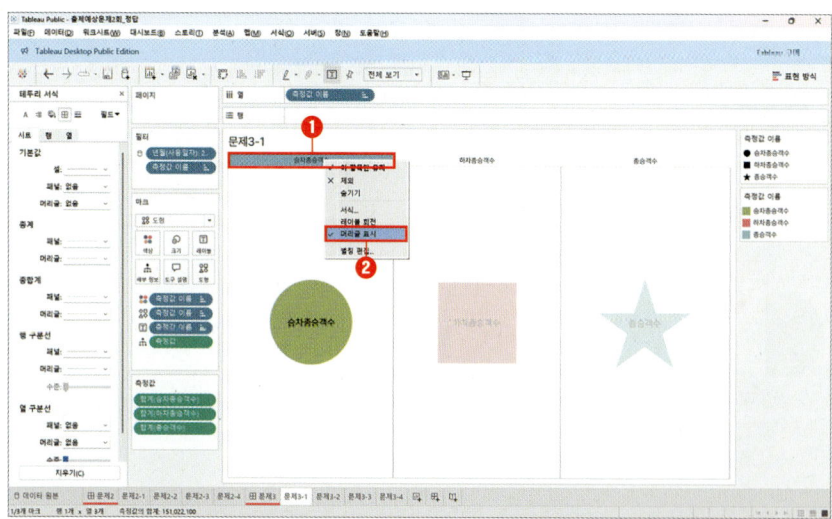

❸ '문제3-1' 시트가 이 대시보드 내 버튼이 되도록 매개 변수를 만드시오. (2점)
- 매개 변수 이름: p.승객수선택
  - 유형: 문자열
  - 허용 가능한 값: 목록(승차총승객수, 하차총승객수, 총승객수)

1. 좌측 사이드 바 검색창 우측 맨 끝에 있는 [▼] 누른 다음에 '매개 변수 만들기' 선택한다.

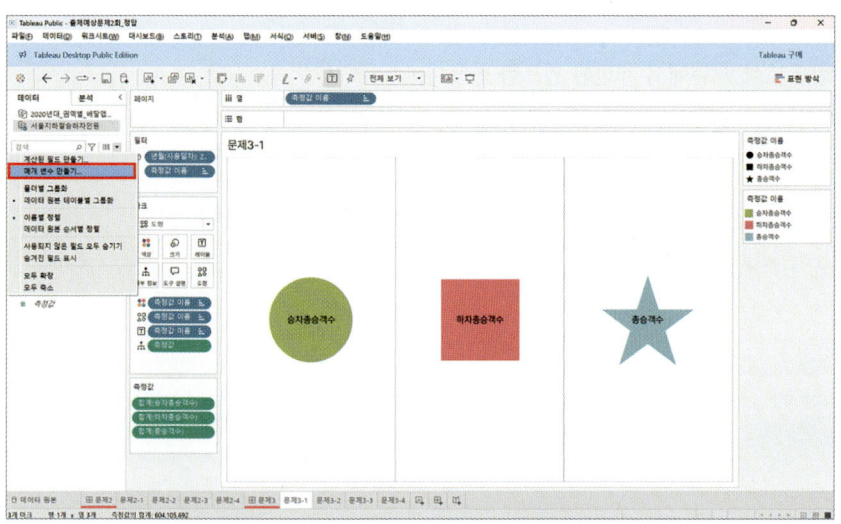

2. 매개 변수를 다음과 같이 생성하고 확인 버튼 선택한다.

- 이름: p.승객수선택
- 유형: 문자열
- 허용 가능한 값: 목록 (승차총승객수, 하차총승객수, 총승객수)

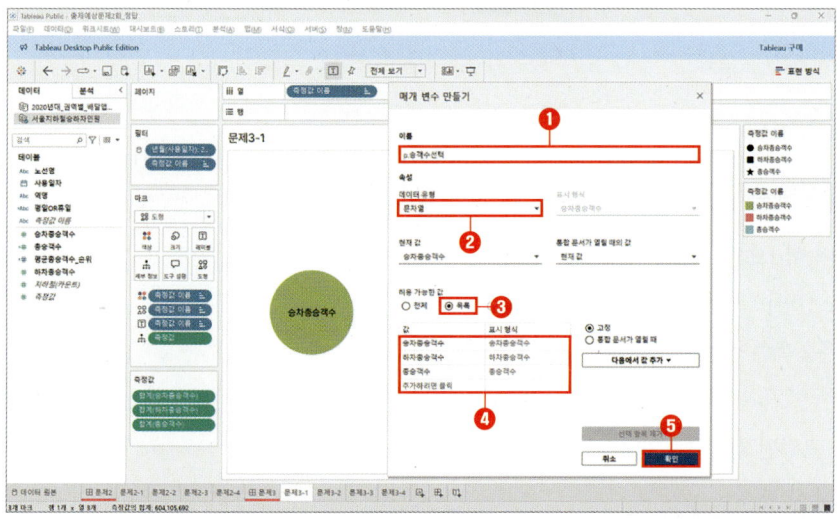

2. '문제3-2' 시트에서는 '문제3-1' 시트에서 선택하는 승객수 기준에 따라 승객수와 전월 대비(%)를 테이블 형태로 적용하시오. (10점)

 [p.승객수선택]이라는 매개 변수와 연동하는 '승객수기준' 필드를 생성하시오. (3점)
  - 필드 이름: 승객수기준
    – 사용 필드: [승차총승객수], [하차총승객수], [총승객수]
    – 사용 함수: CASE, WHEN, THEN, ELSE, END

1. 문제3-2 시트를 열고, 상단 분석 메뉴에서 계산된 필드를 만든다.
2. 다음과 같이 '승객수기준'이라는 이름의 필드를 생성한다.

```
CASE [p.승객수선택]
WHEN "승차총승객수" THEN [승차총승객수]
WHEN "하차총승객수" THEN [하차총승객수]
ELSE [총승객수]
END
```

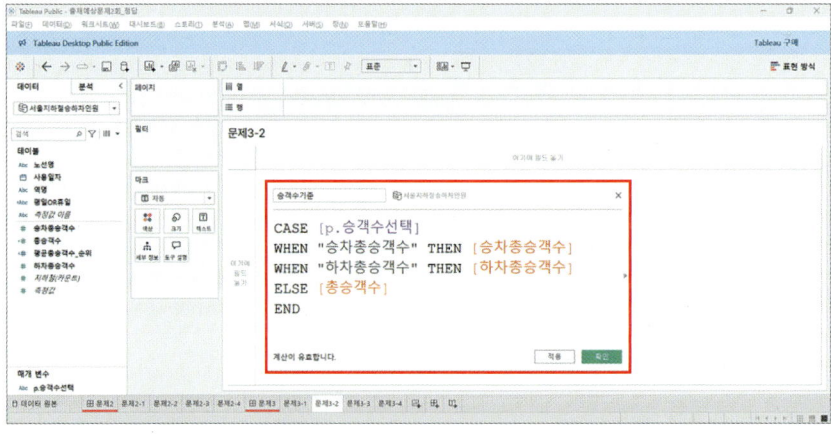

❷ 각 요일별, 노선별 [승객수기준] 비중을 표시하는 누적 막대 차트를 생성하시오. (4점)
  - 열 선반: [승객수기준] 구성 비율(같은 요일에서 노선별 비중 적용)
  - 행 선반: 불연속형 [요일(사용일자)]
  - 색상 마크: [노선명]
  - 레이블 마크: [승객수기준] 구성 비율
  - 축 편집
    – 축 범위 중 고정된 끝은 1로 변경
    – 축 머리글 표시 해제

1. 측정값의 [승객수기준]을 열 선반에 놓고, [사용일자]를 마우스 오른쪽 드래그해 행 선반에 배치한 뒤 필드 놓기 대화 상자에서 불연속형 '요일(사용일자)'을 선택한다.

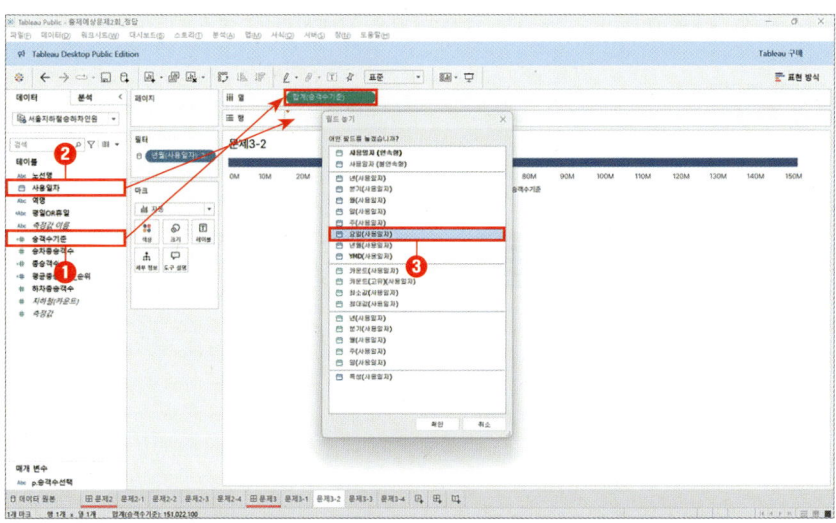

2. 마크를 라인 자동에서 막대로 변경한다.

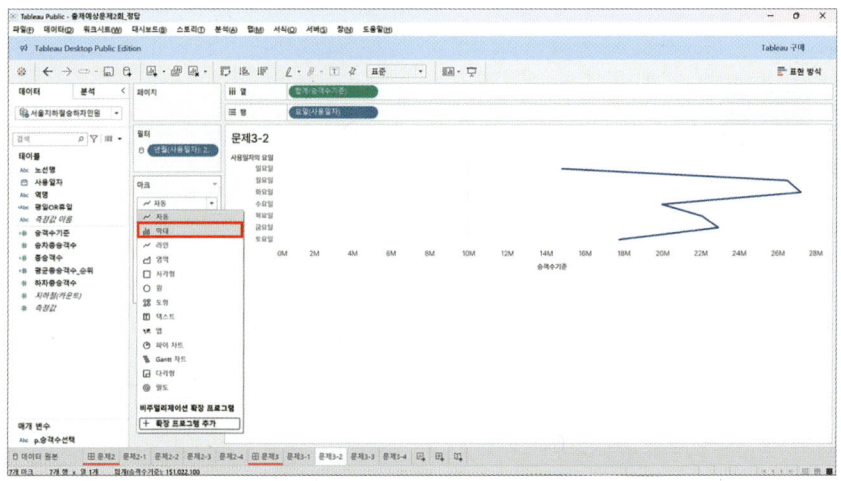

3. 차원에 있는 [노선명]을 색상 마크에 놓는다.
4. 열 선반에 있는 [합계(승객수기준)]에 우클릭 → 퀵 테이블 계산 → 구성 비율을 선택한다.

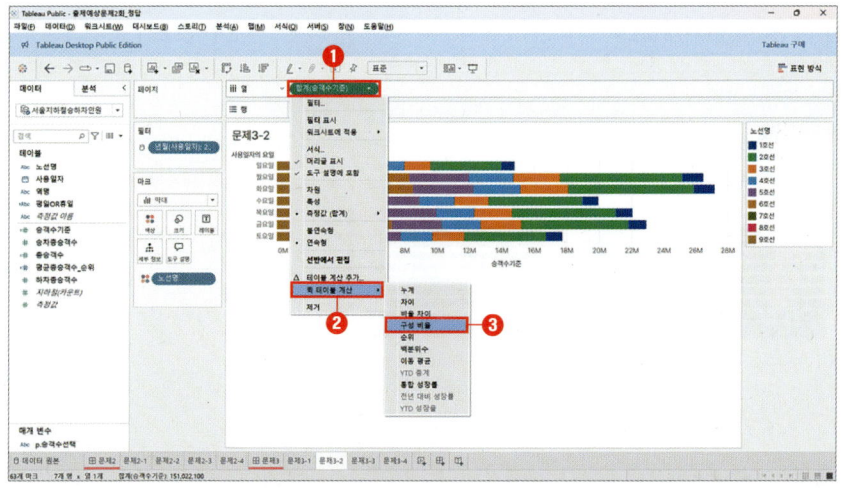

5. 열 선반에 있는 [합계(승객수기준) ▲]에 우클릭 → 테이블 계산 편집을 선택한다.

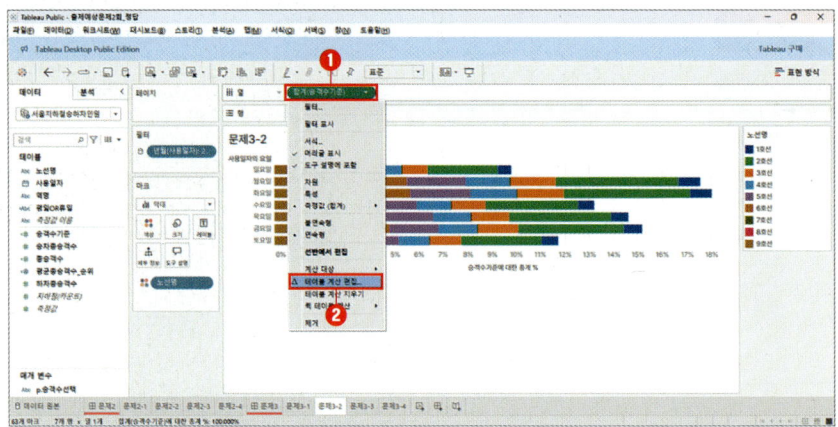

6. 테이블 계산 편집 대화 상자의 특정 차원에서 '노선명'은 체크, '사용일자의 요일'은 체크 해제한 다음에 닫기 버튼을 누른다.

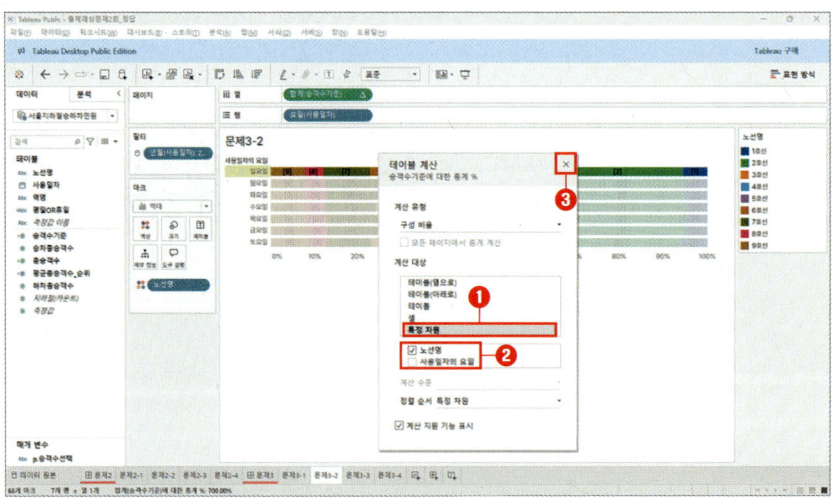

7. 열 선반에 있는 [합계(승객수기준) △] 구성 비율 필드를 Ctrl 키 누른 다음에 드래그해서 레이블 마크에 복제한다.

8. 하단 축에 마우스 우클릭 → 축 편집 선택하다

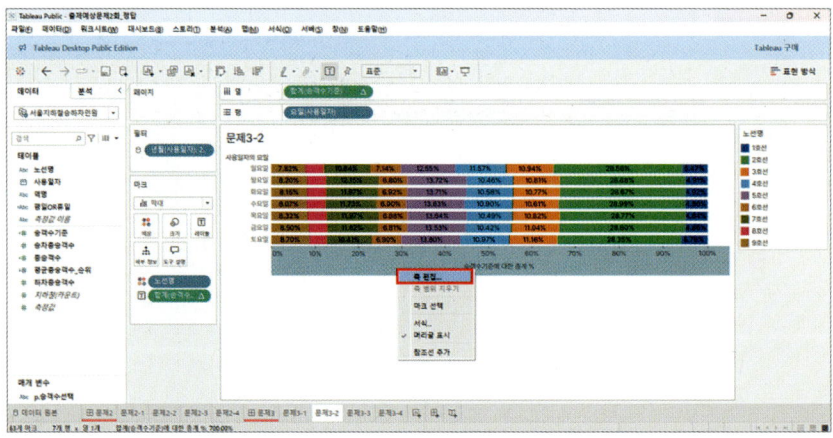

9. 축 편집 대화 상자에서 범위 → 사용자 지정 → 고정된 끝을 1로 변경한다.

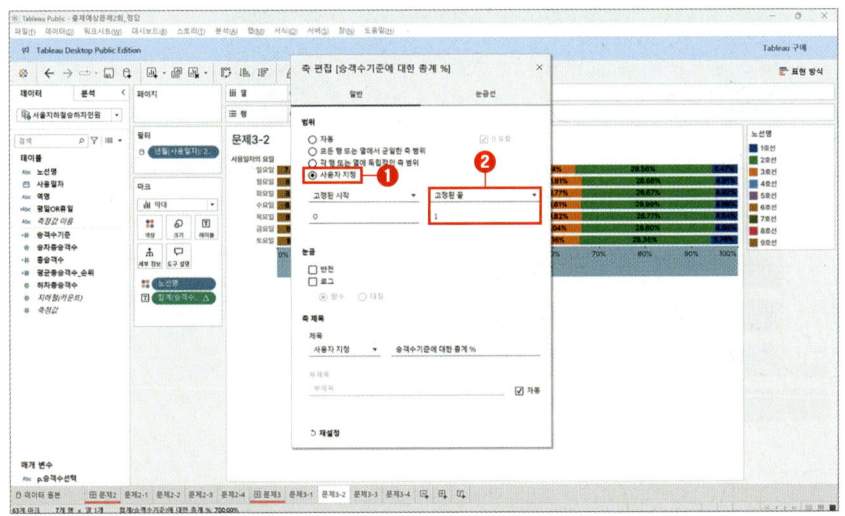

10. 하단 축에 우클릭 → 머리글 표시를 클릭해서 해제한다.

---

❸ 레이블이 잘 보이도록 편집하시오. (3점)

- 툴바의 맞춤을 전체 보기로 변경
- 레이블 마크 편집
  - [승객수기준] 구성 비율을 백분율 소수 자릿수 1로 변경
  - 각 요일별 최솟값과 최댓값에만 백분율 표시

---

1. 레이블 마크에 있는 [합계(승객수기준)△]에 우클릭 → 서식을 선택한다.

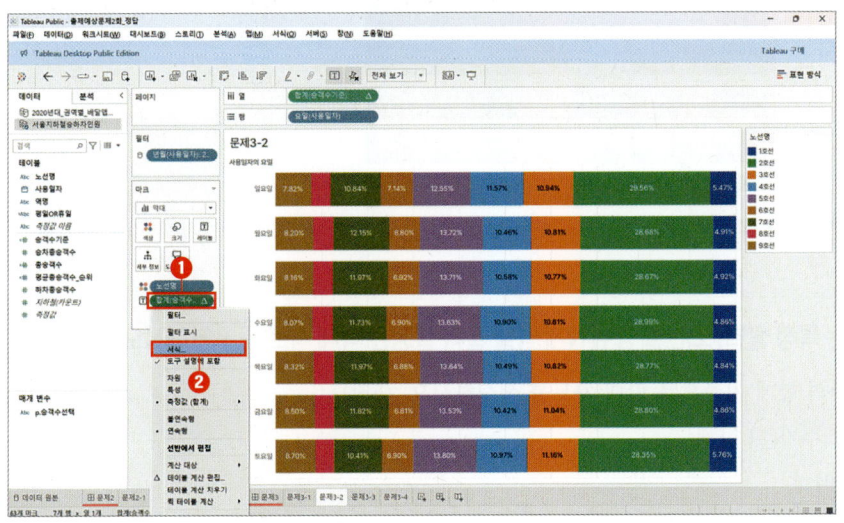

2. 서식 메뉴 → 패널 탭 → 기본값 → 숫자 → 백분율 → 소수 자릿수 1로 변경한다.

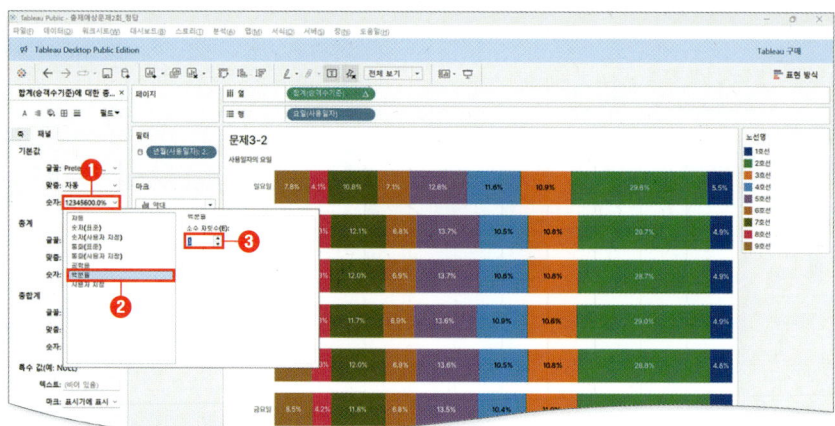

3. 레이블 마크를 선택한다.

- 레이블 지정할 마크: 최소/최대
- 범위: 셀
- 필드: 노선명 기준
- 표시할 값은 합계(승객수기준)에 대한 총계를 % 선택한다.

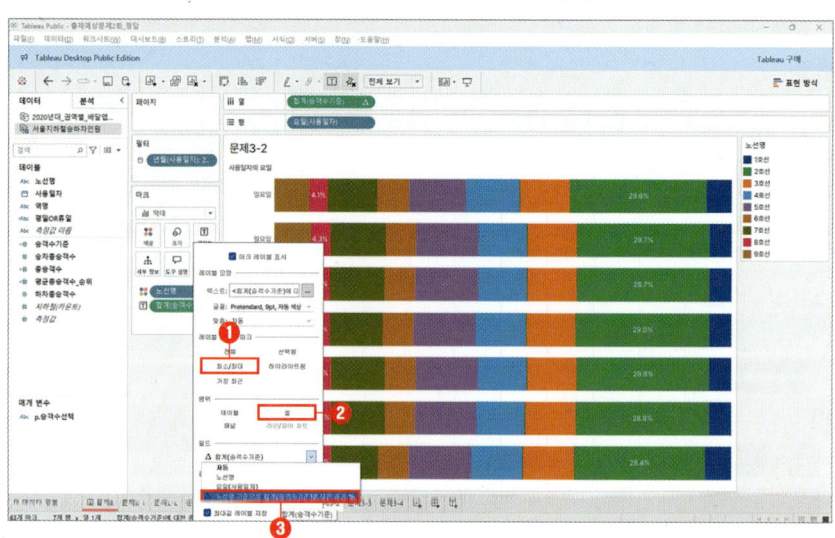

3. '문제3-3' 시트에서는 특정 월별, 노선별 상위 N개 역을 필터 설정한 막대 차트를 구현하시오. (15점)

❶ 역별 승객수기준의 합계 기준으로 막대 차트를 생성하시오. (5점)

- 열 선반: [승객수기준] 합계
- 행 선반: [역명]
- 색상 마크: [노선명]
- 레이블 마크: [승객수기준] 합계
- 정렬: [승객수기준] 합계 기준 내림차순 정렬

1. 문제3-3 시트를 열고 [역명]을 행 선반에, [승객수기준]을 열 선반에 배치한다.

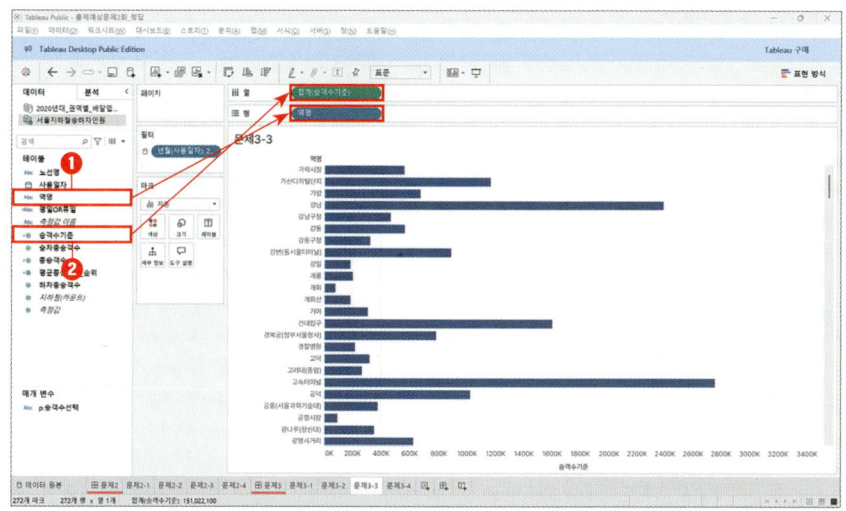

2. [노선명]을 색상 마크에 배치하고, 툴바에서 내림차순 정렬 아이콘을 클릭한 뒤, [승객수기준]을 레이블 마크에 놓는다.

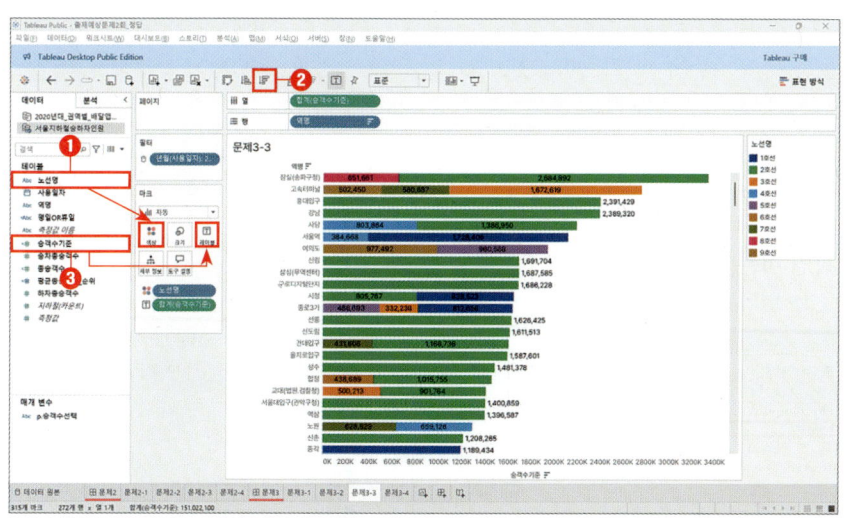

❷ [역명]을 [승객수기준] 합계 기준으로 상위 N개만 보여주는 매개 변수와 필터를 생성하시오. (5점)

- 매개 변수 생성
  - 이름: p.상위N개
  - 유형: 정수
  - 허용 가능한 값: 범위
  - 값 범위: 최솟값 5, 최댓값 20, 단계 크기 5
  - 현재 값: 20
- 역명 필터 적용
  - 행 선반에 있는 역명 기준 [p.상위N개] 매개 변수 연동

1. 행 선반의 [역명]을 우클릭해 필터를 선택한 뒤, 필터 대화 상자에서 '상위' 탭으로 이동해 필드의 기준 ▼ 버튼을 눌러 '새 매개 변수 만들기'를 선택한다.

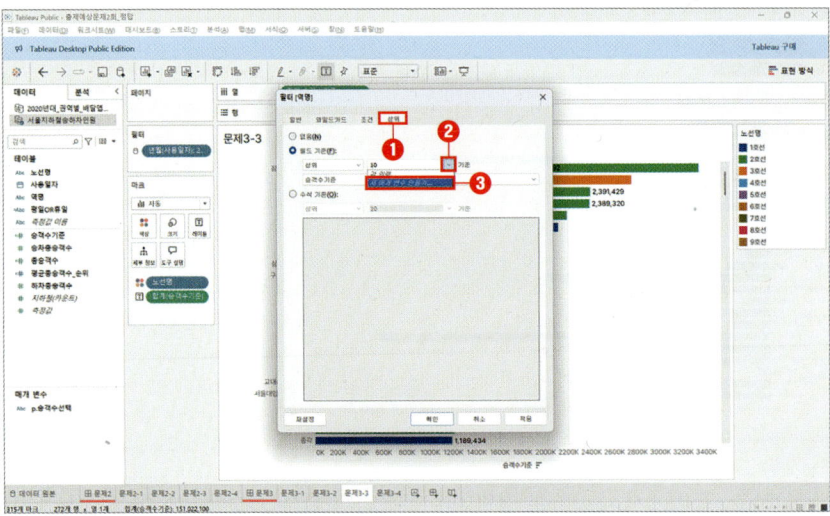

2. 다음과 같이 매개 변수를 생성한다.

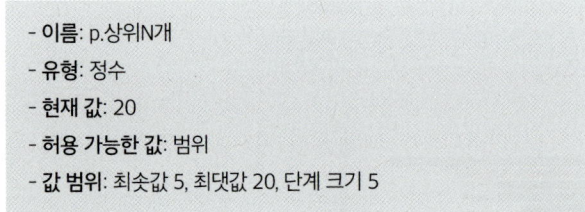

- 이름: p.상위N개
- 유형: 정수
- 현재 값: 20
- 허용 가능한 값: 범위
- 값 범위: 최솟값 5, 최댓값 20, 단계 크기 5

매개 변수 적용 후 필터도 확인 버튼 선택한다.

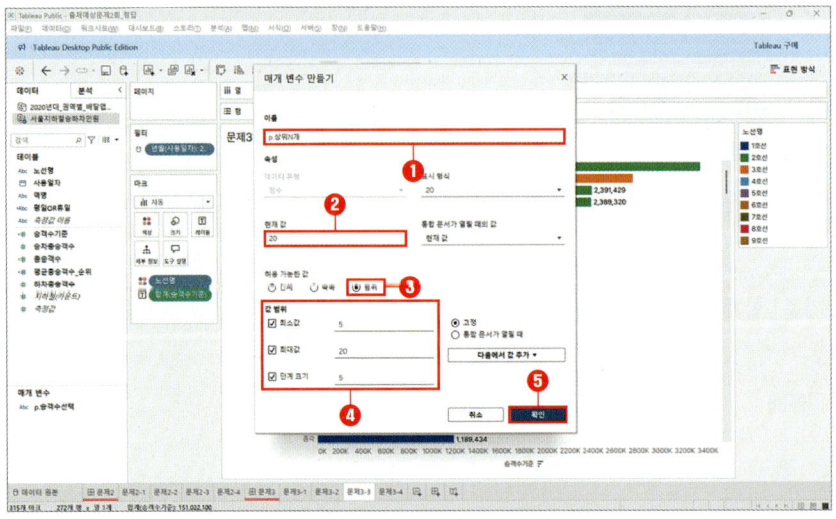

❸ 필터 선반의 우선 순위를 조정하시오. (5점)
- 사용일자 년월 기준 컨텍스트 필터 적용
  - 년월(사용일자) 기준 상위 N개 역이 나오도록 설정

1. 매개 변수 섹션에 생성된 [p.상위N개]에 우클릭한 다음에 '매개 변수 표시' 선택한다.
2. 필터 선반에 있는 [년월(사용일자)]에 우클릭 → 컨텍스트에 추가를 선택한다.

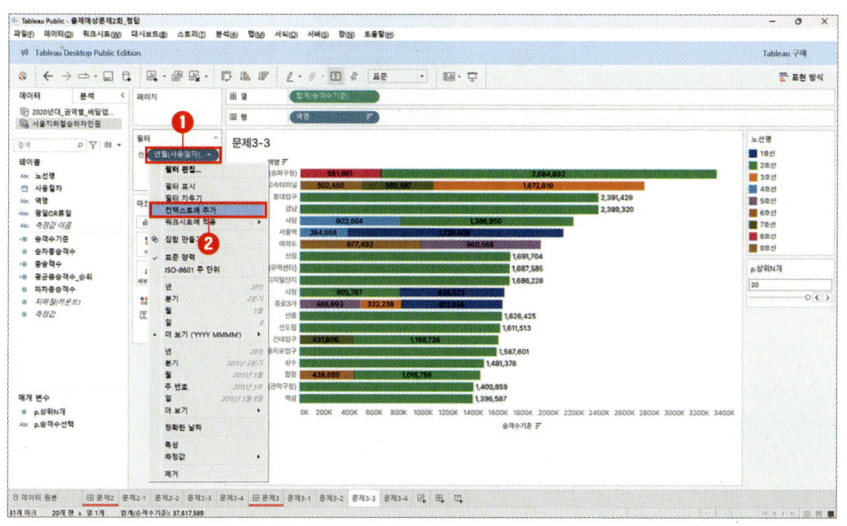

3. 컨텍스트 필터로 추가한 연월 기준으로 상위N개 역이 나오는지 확인한다.

4. '문제3' 대시보드에서 매개 변수 변경에 따라 전체 기준을 적용하고 서식을 적용하시오. (15점)
  ❶ '문제3-1' 시트에서 필터와 매개 변수를 표시하시오. (3점)
  - 필터: '사용일자의 연도, 월' 표시
    - 다중 값(드롭다운) 설정
    - 사용자 지정 → '적용' 단추 표시
  - 매개 변수: 'p.상위N개' 표시
  - '사용일자의 연도, 월' 필터와 'p.상위N개' 매개 변수 위치 조정
    - 대시보드 제목 왼쪽에 배치
    - 필터, 매개 변수 너비 모두 150px로 편집

1. '문제3' 대시보드로 이동해 '문제3-1' 시트를 선택한 뒤, 툴바의 [▼]에서 필터 → '사용일자의 연도, 월'을 선택한다.

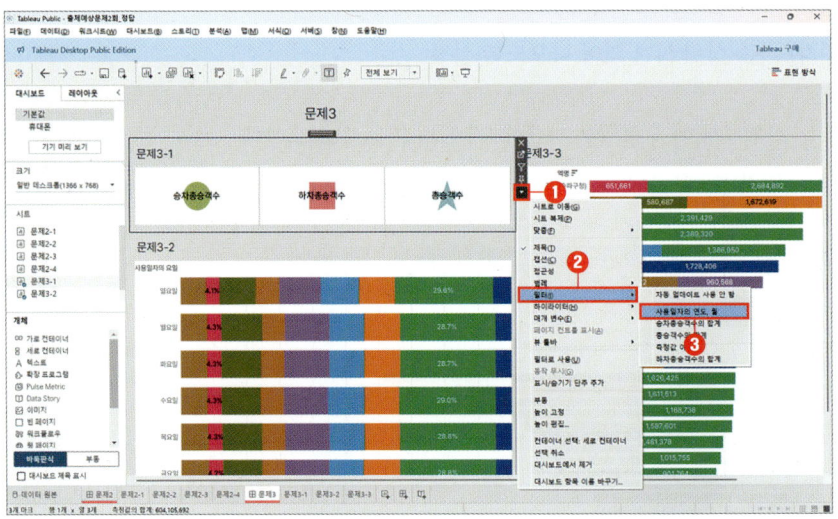

2. 사용일자의 연도, 월 필터 선택한 다음에 툴바에서 [▼]를 클릭한 다음에 '다중 값(드롭다운)' 선택한다.

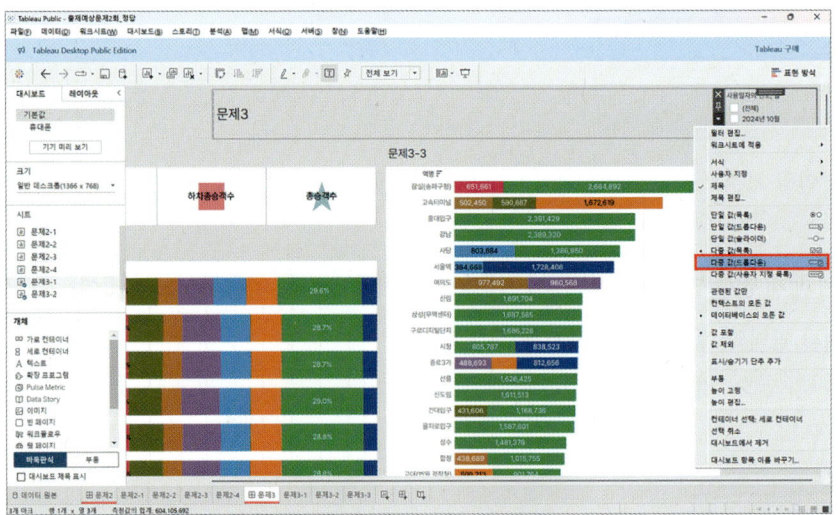

3. 사용일자의 연도, 일 필드 선택한 다음에 툴바에서 [▼]를 클릭한 다음에 '사용자 지정' → '적용 단추 표시' 선택한다.

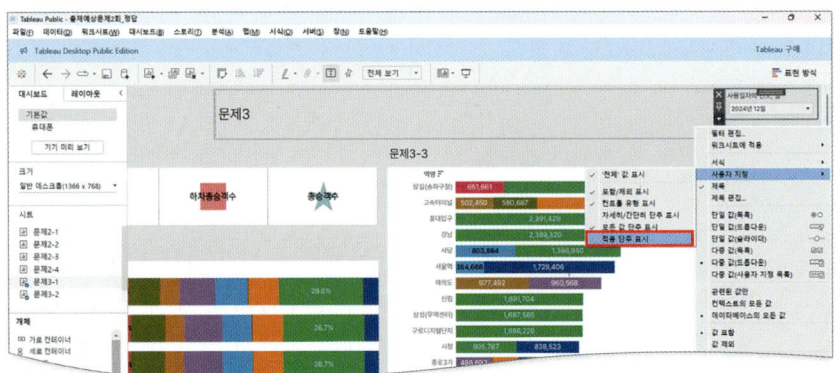

4. 사용일자의 연도, 월 필터 선택한 다음에 툴바에서 [▼]를 클릭한 다음에 '사용자 지정' → '전체 값 표시'를 체크 해제한다.

5. '문제3-1' 시트를 선택한 다음에 툴바에서 [▼]를 클릭한 다음에 매개 변수에서 'p.상위N개'를 선택한다.

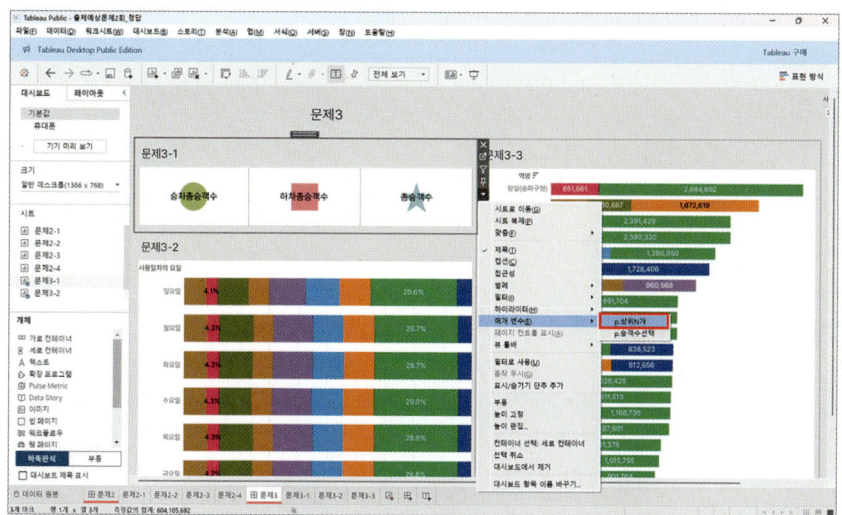

6. 사용일자의 연도·월 필터를 대시보드 제목 왼쪽 빈 공간으로 드래그해 놓고, 이어서 'p.상위N개' 매개 변수를 연도·월 필터와 대시보드 제목 사이에 배치한다.

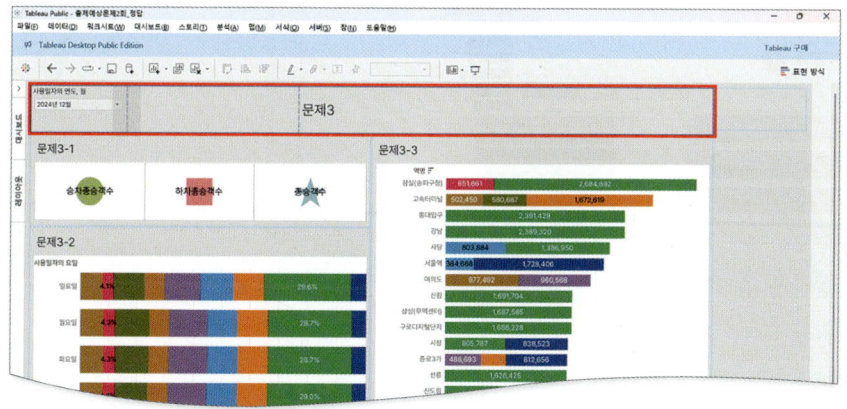

7. '사용일자의 연도, 월' 필터를 선택한 다음에 툴바에서 [▼]를 클릭하고 너비 편집을 선택해서 150px로 너비를 조정한다.

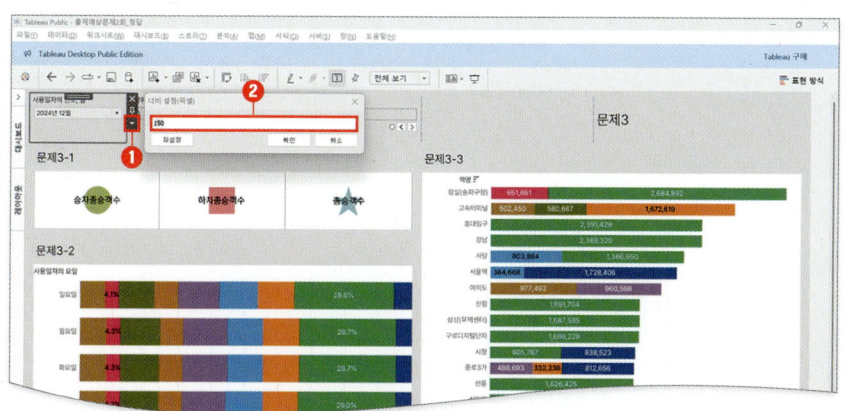

❷ '문제3-1' 시트를 선택하면 해당 승객수 기준으로 나머지 시트들의 값들이 모두 바뀌도록 대시보드 동작을 설정하시오. (5점)
- 매개 변수 변경 이름: 승객수기준_선택
  - 원본 시트: 문제3-1
  - 동작 실행 조건: 선택
  - 대상 매개 변수: p.승객수선택
  - 원본 필드: 측정값 이름
  - 선택을 해제할 경우의 결과: 현재 값 유지

1. 상단 대시보드 메뉴에서 동작을 선택한 뒤, 동작 추가 → 매개 변수 변경을 선택한다.

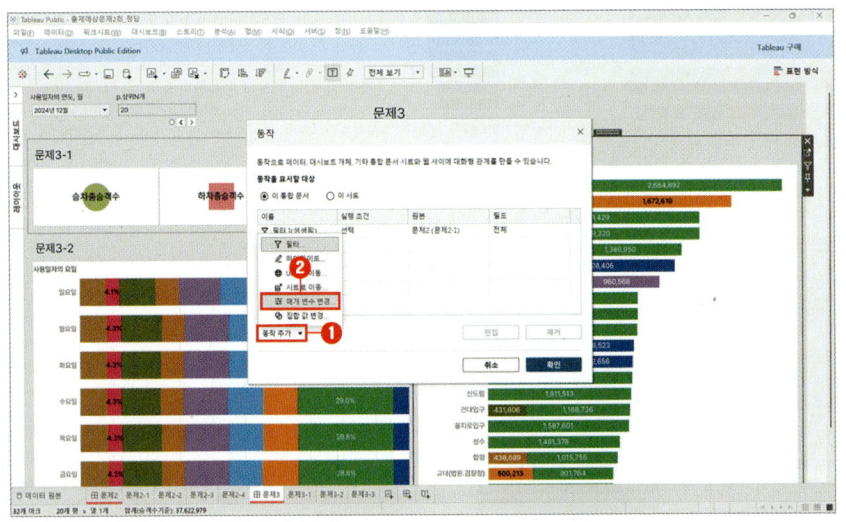

2. 다음과 같이 매개 변수 동작을 추가하고 확인 버튼을 선택한다.
   - 원본 시트: 문제3-1
   - 동작 실행 조건: 선택
   - 대상 매개 변수: p.승객수선택
   - 원본 필드: 측정값 이름
   - 선택을 해제할 경우의 결과: 현재 값 유지

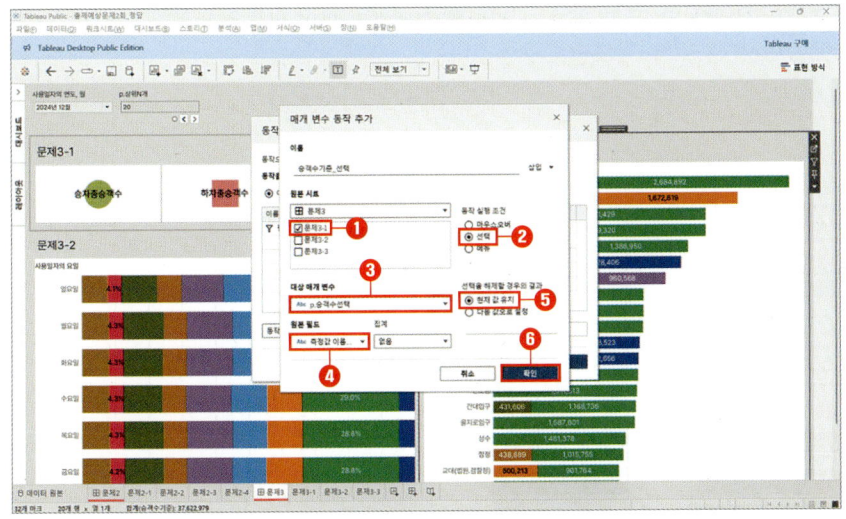

3. 문제3-1 시트에서 임의의 승객수기준을 선택해 나머지 시트들이 해당 기준으로 변경되는지 확인한다.

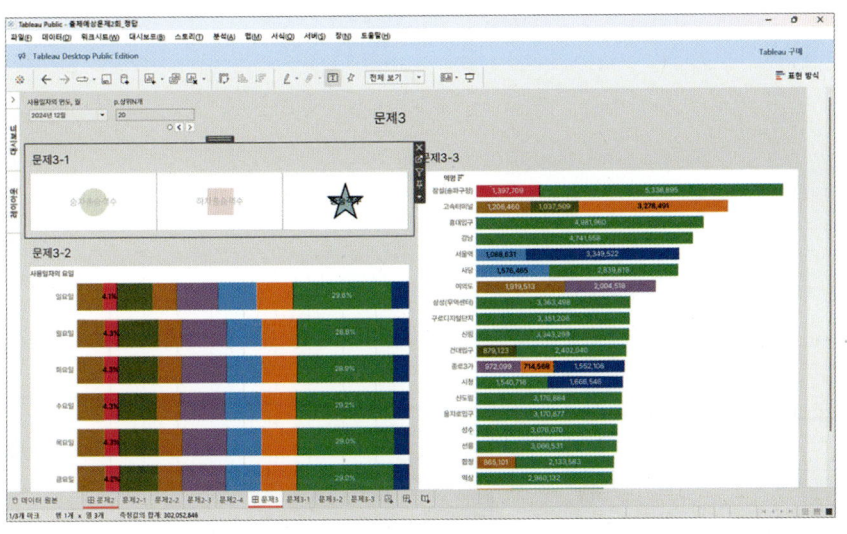

❸ '문제3-2' 시트에서 '문제3-3' 필터 적용 및 컨텍스트 필터를 설정하시오. (5점)

- 필터 동작 이름: 선택_월_필터
  - 원본 시트: 문제3-2
  - 동작 실행 조건: 선택
  - 대상 시트: 문제3-3
  - 선택을 해제할 경우의 결과: 필터링된 값 유지

1. 상단 대시보드 메뉴에서 동작을 선택한 뒤, 동작 추가 → 필터를 선택하고 확인 버튼을 누른다.

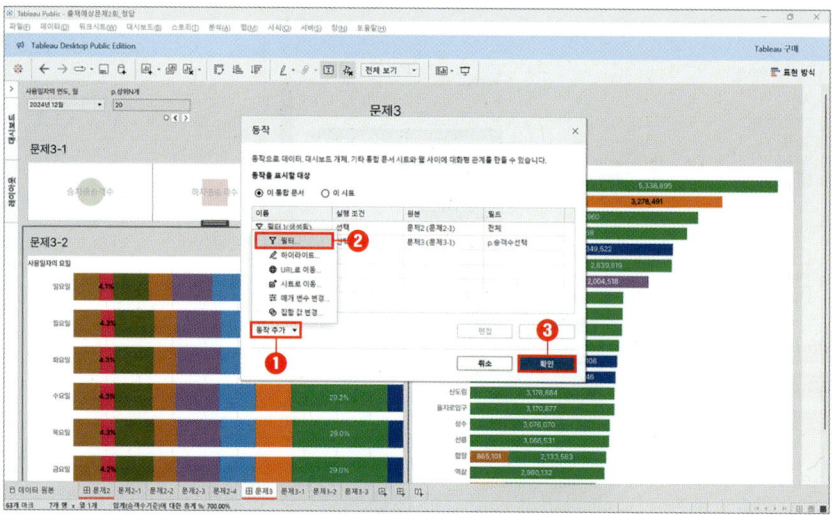

2. 다음과 같이 '선택_역_필터' 동작을 추가한다.

- 원본 시트: 문제3-2
- 동작 실행 조건: 선택
- 대상 시트: 문제3-3
- 선택을 해제할 경우의 결과: 필터링된 값 유지

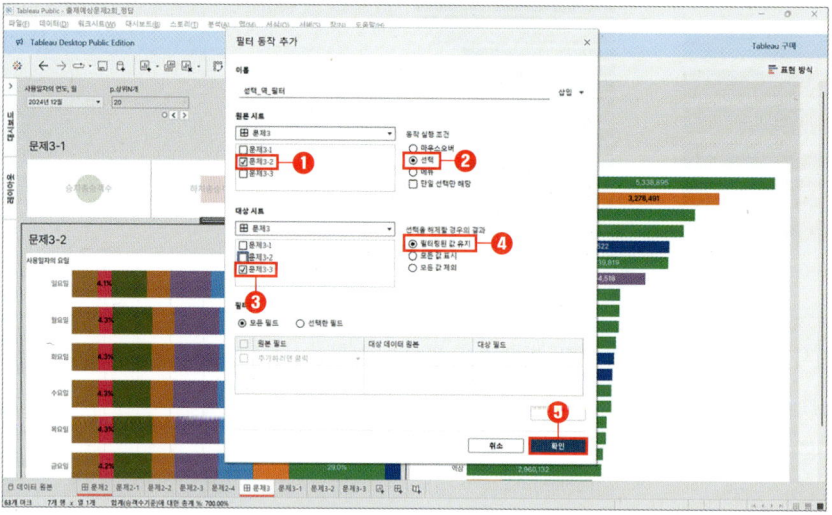

3. '문제3-2' 시트에서 일요일, 2호선을 선택한다.

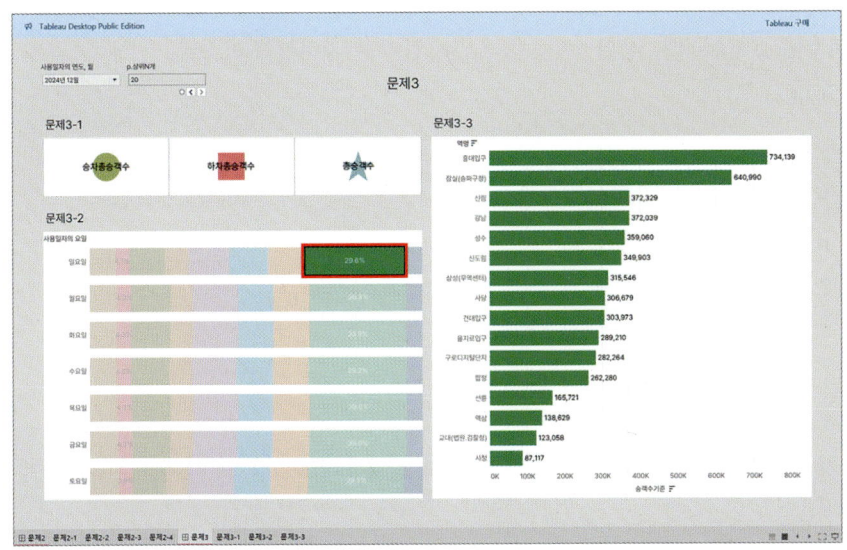

4. 필터 선반에 있는 '동작(노선명, 요일)'에 우클릭 → 컨텍스트에 추가 선택한다.

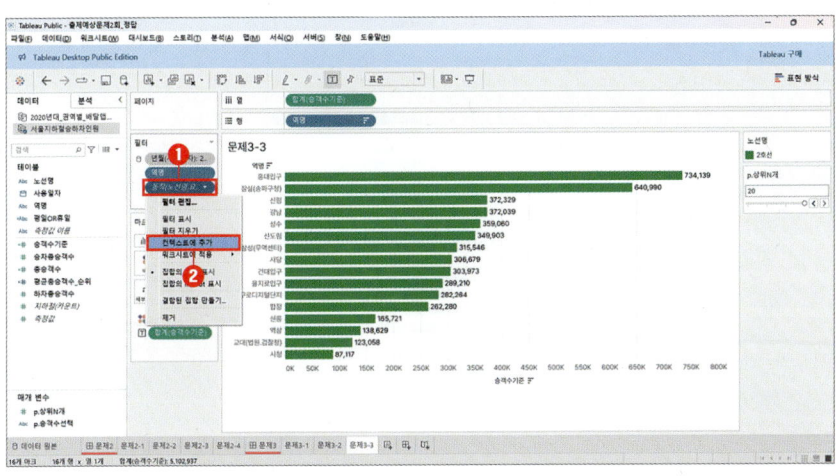

5. 년월(사용일자)을 2024년 12월, 노선명을 2호선, 요일을 일요일로 설정했을 때, 총승객수 기준으로 상위 20개 역이 표시되는지 확인한다.

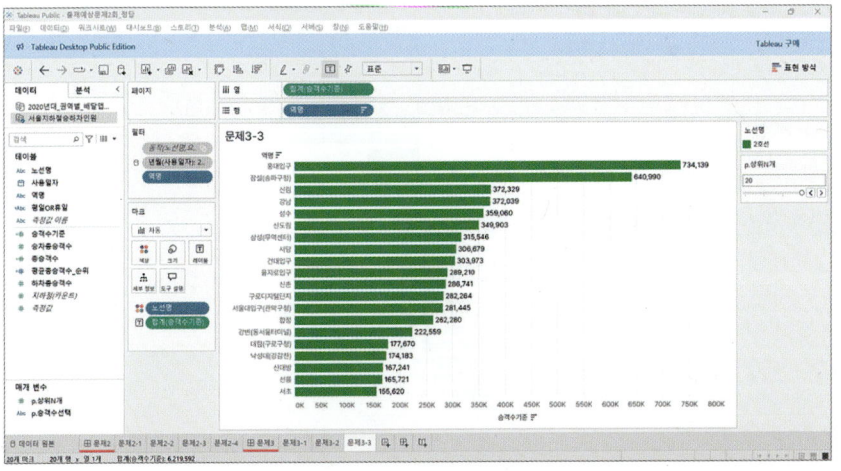

❹ '문제3' 대시보드 제목을 편집하시오. (2점)
- 제목: 〈매개 변수.p.승객수선택〉 상위 〈매개 변수.p.상위N개〉 지하철역 리스트
- 글꼴 18pt, 굵게 표시
- 색상 편집
  - 〈매개 변수.p.승객수선택〉: #4e79a7
  - 〈매개 변수.p.상위N개〉: #e15759
  - 그 외 나머지: #000000
- 정렬
  - 가운데 정렬

1. '문제3' 대시보드로 이동해 제목을 더블 클릭하여 제목 편집 대화 상자를 열고, 삽입 버튼에서 '매개 변수.p.승객수선택'을 선택한다.

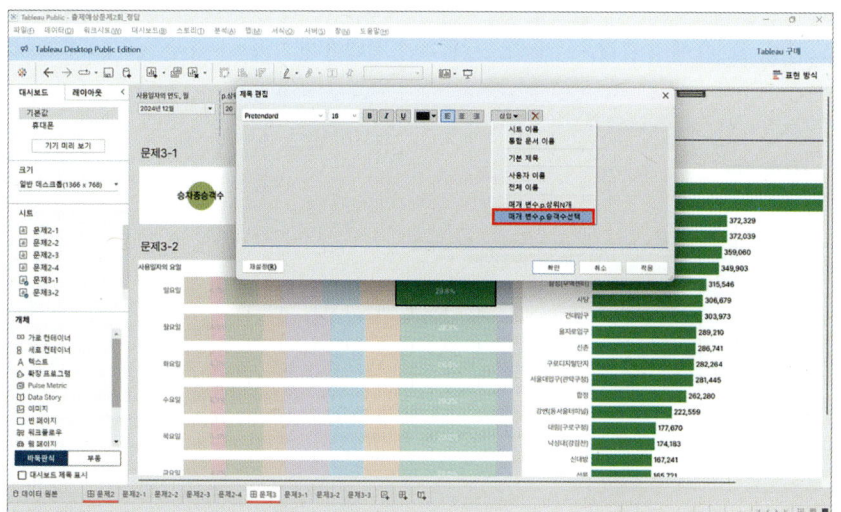

2. 제목에 '상위' 텍스트 추가한 다음에 삽입 버튼에서 '매개 변수.p.상위N개' 선택한다.

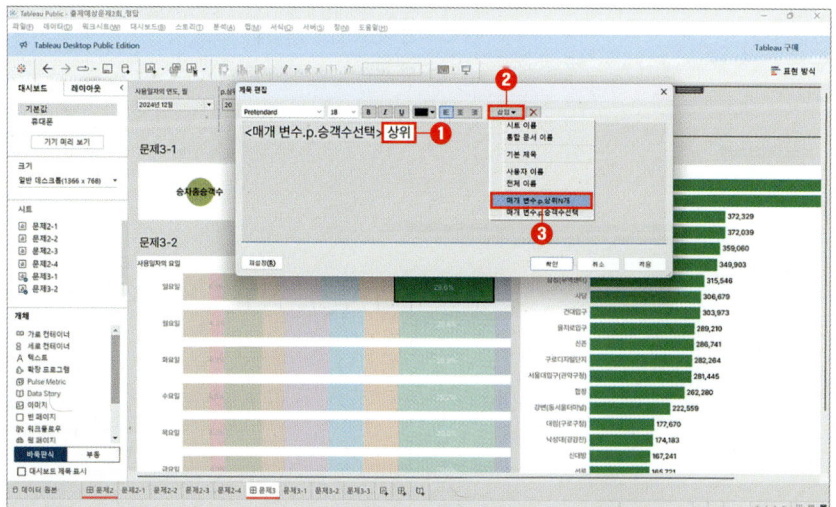

3. 제목 편집 대화 상자에서 '개 지하철역 리스트' 텍스트를 추가한 뒤, 매개 변수 영역에만 색상을 지정한다.

〈매개 변수.p.승객수선택〉: #4e79a7

〈매개 변수.p.상위N개〉: #e15759

4. 볼드(B) 처리 및 가운데 정렬하고 확인 버튼 선택한다.

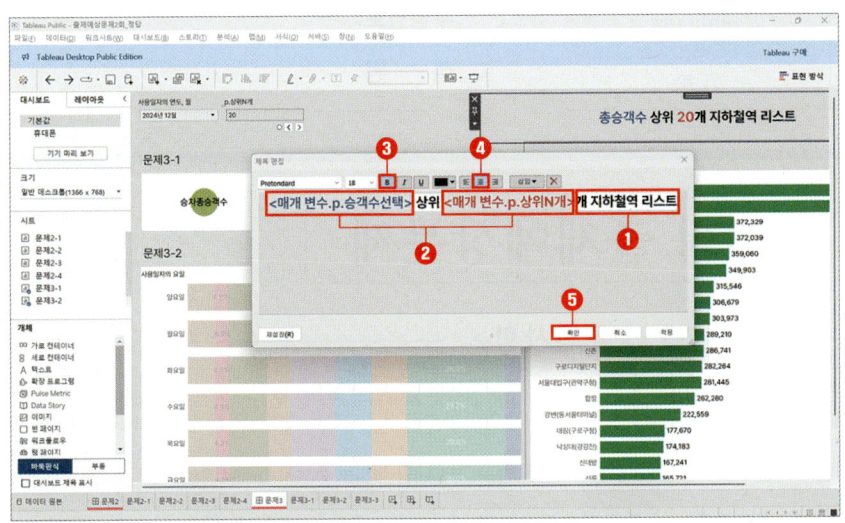

국가기술자격검정
경영정보시각화능력 실기 시험

프로그램명	제한시간
태블로	70분

수험번호:

성   명:

3회 출제예상문제

< 유의사항 >

- ◆ '문제 및 데이터 안내'에 따라 시험에 응시하여야 하며, 이를 소홀히 하여 발생한 불이익과 책임은 수험자 본인에게 있습니다.
- ◆ 데이터 추출이 안 된 상태에서 응시프로그램을 종료하는 경우 작성 답안이 훼손될 수 있으므로 데이터 추출 확인 후 응시프로그램을 종료하여야 합니다.
- ◆ 수험자의 올바르지 않은 작업으로 인하여 작성 답안 파일이 훼손된 경우 그에 대한 책임은 수험자 본인에게 있으며, 새 답안 작성 파일은 제공되지 않습니다.
- ◆ 시험이 시작되면 즉시 문제 데이터 파일 존재여부와 답안 작성 파일의 문제3-4 대시 보드에 차트, 표, 데이터가 보이는지 확인하시기 바랍니다.
  - 문제 데이터 파일 위치: [문제1] C:\TB\문제1_데이터 폴더/ [문제2,3] C:\TB\문제2,3_데이터 폴더
  - 문제 데이터파일은 존재여부만 확인하며 엑셀 등으로 열어보면 실격 처리
  - 답안작성 파일 위치: C:\TB\수험자번호.twbx
  - 화면에 띄워진 답안작성 파일의 문제3-4 대시보드 확인
- ◆ 시험 중 인터넷 통신 오류 팝업 메시지가 발생할 경우 엑스(X)를 클릭하여 팝업 메시지 창을 닫고 진행하시기 바랍니다.
- ◆ 아래는 답안의 저장 및 시험종료 관련 안내입니다.
  - 메뉴 '파일'-'저장'으로 저장(툴바 저장 아이콘(💾) 또는 'Ctrl+S' 사용금지)
  - 엑셀 데이터 추출 확인 메시지 창이 나올 경우 반드시 '추출 만들기' 버튼 누름
  - 데이터원본 화면에서는 저장이 안 되니 시트화면으로 전환하여 저장
  - 시험 진행 중 작성 답안은 수시로 저장
  - 시험종료 전 반드시 메뉴 '파일'-'저장'으로 저장하고 프로그램을 종료해야 합니다. 이외 방법으로 시험종료하여 발생하는 문제[오류발생/저장불가]에 대한 책임은 수험자에게 있습니다.
- ◆ 별도의 지시사항이 없는 경우, 다음과 같이 처리할 때 [실격 처리]됩니다.
  - 제시된 파일, 페이지/대시보드, 데이터 원본의 이름, 차원/측정값 속성을 임의로 변경한 경우
  - 제시된 파일, 데이터 원본을 임의로 삭제, 추가, 변경한 경우
  - 시트/워크시트/대시보드를 임의로 삭제, 추가하거나 명칭을 변경한 경우
  - 제시된 작성 답안 파일의 경로 또는 파일명을 변경한 경우
  - 문제 데이터를 시험 시작 전에 열어보는 경우
  - 실기시험 프로그램 이외의 프로그램(엑셀 등)으로 데이터를 열어보는 경우
  - 작성한 답안 파일이 훼손되어 열리지 않거나 문제 풀이가 불가능한 경우
- ◆ 반드시 답안작성은 문제에서 지시한 위치에 작업해야 하며 다음과 같이 처리 시 해당 작업 또는 그 작업에 영향을 미치는 문제, 개체, 시트 등은 [오답 처리]됩니다.
  - 제시된 함수가 있으면 제시된 함수만을 사용해야 하며 그 외 함수를 사용해 풀이한 경우
  - 지시하지 않은 차트, 컨테이너, 매개변수 등을 임의로 이동, 수정(변경), 삭제 등으로 인해 위치 및 내용이 변경된 경우
  - 임의로 기본 설정값(Default)을 변경한 경우
  - 숫자데이터를 임의로 문자화하여 처리한 경우
  - 개체가 해당 영역을 벗어난 경우
  - 작업한 개체가 너무 작아 정보 확인이 어려운 경우
  - 지시사항과 띄어쓰기, 대소문자 등을 다르게 작업한 경우(계산식 제외)
- ◆ 문제지에 제시된 [완성화면] 그림 관련입니다.
  - 문제 상단에 있는 [완성화면] 그림은 각 문제의 세부문제 전체를 풀이했을 때 도출되는 것으로 개별 세부문제를 풀이한 후의 [완성화면] 그림과 다를 수 있음
  - 문제풀이 순서 또는 시각적 개체 작성 순서, PC 환경 등의 이유로 수험자가 작성한 개체의 모니터 화면과 모양, 색상, 위치 등이 다를 수 있음
- ◆ 본 문제와 용어는 태블로 데스크톱 퍼블릭 에디션(Tableau Desktop Public Edition) 2024.3.0 버전을 기준으로 작성되었습니다.

문제 및 데이터 안내

1. 수험자가 작성할 답안파일은 1개입니다. 문제1, 문제2, 문제3의 답을 하나의 답안파일(.twbx)로 저장하십시오.
2. 문제1, 문제2, 문제3은 각각 독립적으로 구성되어 앞 문제를 풀지 않아도 다음 문제 풀이가 가능합니다.
3. 문제1은 데이터 불러오기를 통해 문제를 풀이하고, 문제2와 문제3은 답안에 이미 데이터가 포함되어 있어 다시 데이터를 불러오지 말고 바로 문제 풀이를 하십시오.
   - 데이터 파일은 문제1을 위한 데이터 파일과 문제2, 3을 위한 데이터 파일로 구성되어 있습니다.
   - 엑셀 데이터 불러오기는 메뉴 → 데이터 → 새 데이터 원본을 선택하여 작업하시기 바랍니다.
4. 문제2와 문제3 풀이를 위해 필요한 일부 측정값, 필터가 답안파일에 미리 적용되어 있을 수 있습니다.
   - 지시사항에 제시되지 않은 것은 변경하지 마십시오.
   - 사전에 적용된 필터 등이 삭제되지 않도록 '시트 지우기' 기능을 절대 사용하지 마십시오.
5. 문제는 문제(문제1~3) - 세부문제(1~4) - 지시사항(①~③) - 세부지시사항(▶, –) 단위로 구성됩니다.
6. 지시사항(①~③)별로 점수가 부여되며, 지시사항의 전체 세부지시사항(▶, –)을 작업하지 않을 경우 점수가 부여되지 않습니다. ※부분 점수 없음
7. 본 시험에서 사용되는 데이터 파일 수와 데이터명은 아래와 같습니다.
   - [문제1] 데이터 파일 수: 1개 / 데이터명: 경제활동인구_2013_2024.xlsx

파일명	경제활동인구_2013_2024.xlsx					
테이블 (6개)	구조(2013_2019와 나머지 2020, 2021, 2022, 2023, 2024의 데이터 구조가 다름)					
2013_2019	기간	남자취업자		여자취업자		
	2013/01	14303		9984		
	2013/02	14230		9984		
	⋮	⋮		⋮		
	2019/11	15609		11906		
	2019/12	15515		11638		
2020-2021 2022-2023 2024	기간	넘버	계정항목	기간	넘버	계정항목
	2020/01	15324	남자취업자	2021/01	14939	남자취업자
	2022/01	15494	남자취업자	2023/01	15543	남자취업자
	2024/01	15651	남자취업자			

- [문제2] 데이터 파일 수: 1개 / 데이터명: 에버랜드입장객데이터.xlsx

파일명	에버랜드입장객데이터.xlsx		
테이블	구조		
데이터	날짜	내국인	외국인
	2017년 1월	234,697	47,959
	2017년 2월	262,976	40,772
	⋮	⋮	⋮
	2023년 11월	439,128	37,290
	2023년 12월	310,788	35,633

- [문제3] 데이터 파일 수: 1개 / 데이터명: 경제활동인구_2019_2024.xlsx

파일명	경제활동인구_2019_2024.xlsx					
테이블	구조					
데이터	기간	넘버	계정항목	기간	넘버	계정항목
	2019/01	15,100	남자취업자	⋮	⋮	⋮
	2019/02	15,174	남자취업자	2024/11	63.2	고용률
	⋮	⋮	⋮	2024/12	61.4	고용률

문제 1 작업준비 [20점]

이름
남녀취업자수

필드

유형	필드명	물리적 테이블	원격 필드명
📅	날짜	계산	Calculation_1...
#	남자취업자_NEW	계산	Calculation_1...
#	여자취업자_NEW	계산	Calculation_1...

1. 답안파일을 열고 다음의 지시사항에 따라 데이터 원본 페이지 내에서 작업을 수행하시오. (20점)

❶ 연결 패널을 이용하여 데이터 파일을 열고 데이터를 연결하시오. (3점)

- 데이터 원본 추가: 경제활동인구_2013_2024.xlsx
- 유니온 연결
  - 새 유니온을 캔버스에 놓은 다음에 수동으로 "2013_2019" 시트와 나머지 "2020", "2021", "2022", "2023", "2024" 시트를 유니온 연결
- 유니온한 물리적 테이블 이름을 "2013_2024"로 변경

❷ 새로운 계산식을 생성하시오. (5점)

- 날짜 필드 생성
  - 필드명: 날짜
  - 사용 필드: 기간
  - 사용 함수: DATE, DATEPARSE
  - 필드 유형: 날짜
- [남자취업자_2020년대] 필드 생성
  - 필드 의미: 2020부터 2024 시트에서 [계정항목] 중 '남자취업자'인 경우 [넘버]를 가져오고 종결
  - 필드명: 남자취업자_2020년대
  - 사용 필드: 계정항목, 넘버
  - 사용 함수: IF, THEN, END
  - 필드 유형: 숫자

- [여자취업자_2020년대] 필드 생성
  - 필드 의미: 2020부터 2024 시트에서 [계정항목] 중 '여자취업자'인 경우 [넘버]를 가져오고 종결
  - 필드명: 여자취업자_2020년대
  - 사용 필드: 계정항목, 넘버
  - 사용 함수: IF, THEN, END
  - 필드 유형: 숫자

❸ 새로운 계산식을 생성하시오. (5점)
- 2013_2019 시트의 [남자취업자]와 2020부터 2024까지 [남자취업자_2020년대] 필드를 결합
  - 필드명: 남자취업자_NEW
  - 사용 필드: [남자취업자], [남자취업자_2020년대]
  - 사용 함수: ZN
  - 필드 유형: 숫자
- 2013_2019 시트의 [여자취업자]와 2020부터 2024까지 [여자취업자_2020년대] 필드를 결합
  - 필드명: 여자취업자_NEW
  - 사용 필드: [여자취업자], [여자취업자_2020년대]
  - 사용 함수: ZN
  - 필드 유형: 숫자

❹ 불필요한 데이터를 정리하시오. (5점)
- 9개 필드 숨기기
  - 필드명: [기간], [남자취업자], [여자취업자], [넘버], [여자취업자_2020년대], [남자취업자_2020년대], [계정항목], [시트], [테이블 이름]
- 데이터 원본 필터 설정
  - [날짜] 중 2021년 6월 1일 이후 데이터만 필터 설정

❺ 테이블 및 데이터 원본 이름을 정리하시오. (2점)
- 논리적 테이블 이름 변경: 남녀취업자수
- 데이터 원본 이름: 남녀취업자수_2021년6월이후

문제 2 · 단순요소 구현 (30점)

〈시각화 완성화면〉 각 세부문제 풀이 후 아래와 같은 결과가 도출되어야 합니다.

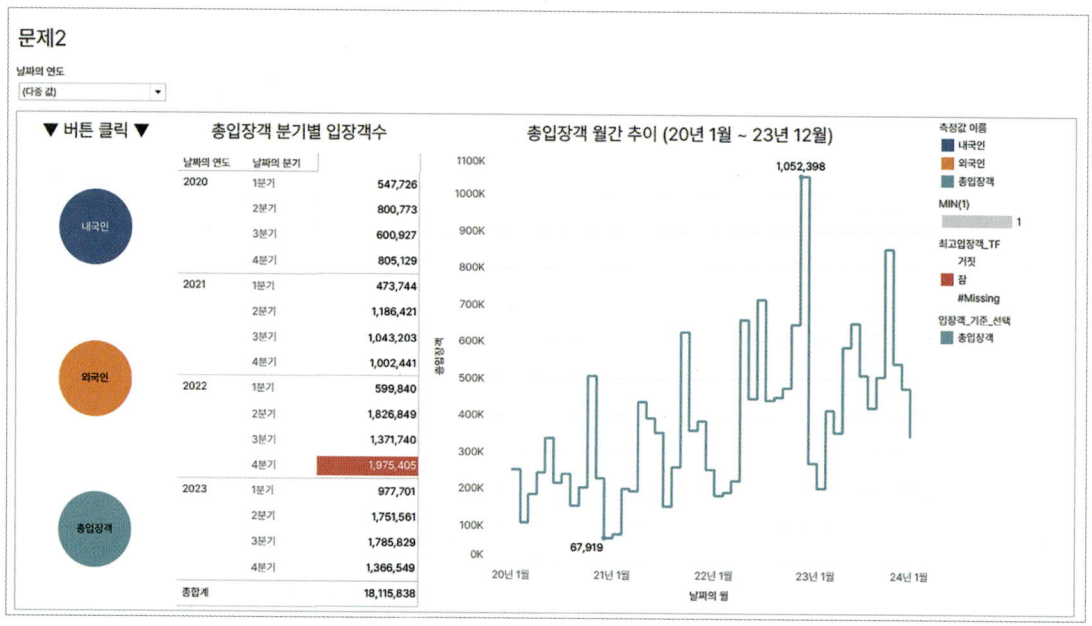

1. '문제2-1' 시트에서는 '내국인', '외국인', '총입장객' 매개 변수에 따라 대시보드 내 전체 값이 변경되는 버튼을 제작하시오. (10점)

    ❶ 측정값인 [내국인], [외국인], [총입장객] 필드와 연계하는 계산식 및 매개 변수를 생성하시오. (5점)
    - 매개 변수 이름: 입장객_기준_선택
      – 데이터 유형: 문자열
      – 현재 값: 내국인
      – 허용 가능한 값: 목록
      – 값은 다음과 같이 입력
        내국인
        외국인
        총입장객
    - 필드 이름: 입장객_선택
      – 사용 필드: [내국인], [외국인], [총입장객]
      – 사용 매개 변수: [입장객_기준_선택]
      – 사용 함수: CASE, WHEN, THEN, END
      – 필드 유형: 숫자

❷ 앞에서 만든 매개 변수와 연동하는 버튼을 제작하시오. (5점)
- 사용 필드: [내국인], [외국인], [총입장객]
  - 행 선반: 측정값 이름
  - 측정값: 세부 정보 마크
  - 마크: 원
  - 레이블 마크: 측정값 이름, 레이블 마크 맞춤 가로, 세로 모두 가운데 정렬
  - 색상 마크: 측정값 이름
- 측정값 이름이라는 색상 마크의 색을 다음과 같이 편집
  - 내국인: #4e79a7
  - 외국인: #f28e2b
  - 총입장객: #76b7b2
- 머리글 표시 해제
  - 행 선반에 있는 측정값 이름 머리글 표시 해제
- 테두리 행 구분선 없음
  - 뷰에서 우클릭 → 서식에서 행 구분선 패널 없음 적용
- 툴바 맞춤 편집
  - 전체 보기로 변경
- 도구 설명 편집
  - 도구 설명 마크: 측정값 이름은 그대로 두고 나머지는 삭제
- 워크시트 제목 편집
  - '▼ 버튼 클릭 ▼'로 편집
  - 글꼴: 15pt
  - 정렬: 가운데

2. '문제2-2' 시트에서는 년, 분기 기준으로 입장객_선택 필드를 활용해 각 연도별 입장객이 가장 많았던 분기에 별도로 색상을 입히는 테이블을 제작하시오. (10점)

❶ 다음 필드들을 활용해 텍스트 테이블 형태로 구현하시오. (4점)
- 행 선반: [년(날짜)], [분기(날짜)]
- 마크: 막대
- 크기 마크: MIN(1)
  - 마크 빈 여백에 임시 계산으로 MIN(1)을 입력해 만듦
  - 역할을 세부정보 → 크기로 변경
- 레이블 마크: [입장객_선택]
- 테이블 하단에 '총계' 추가
- 필터 선반에 년(날짜) 추가
  - 전체 선택

❷ 테이블 내 각각의 연도별 최고 입장객인 분기에 별도의 색상을 입히는 계산식을 생성하시오. (4점)
- [입장객_선택] 중 가장 큰 값과 동일한 경우 참, 아니면 거짓인 필드 생성
  - 필드 이름: 최고입장객_TF
  - 사용 필드: [입장객_선택]
  - 사용 함수: SUM, WINDOW_MAX
  - 필드 유형: 부울
- 색상 마크: [최고입장객_TF]
  - 총계에 다음의 계산 표시: 자동 → 숨기기
- 색상 편집
  - 참: #e15759
  - 거짓: #ffffff
  - Missing: #ffffff

❸ 워크시트 제목 및 맞춤 설정을 변경하시오. (2점)
- 제목 맨 앞에 매개 변수인 '입장객_기준_선택'과 연동
  - 〈매개 변수.입장객_기준_선택〉 분기별 입장객수
  - 글꼴: 15pt
  - 정렬: 가운데
- 툴바에 있는 맞춤 설정
  - 높이 맞추기로 변경

3. '문제2-3' 시트에서 월별 입장객 기준 선택의 추이를 볼 수 있는 라인 차트를 제작하시오. (5점)

❶ '문제2-3' 시트에 연속형 월 기준으로 입장객 기준 선택 추이를 볼 수 있게 차트를 제작하시오. (2점)
- 월별 입장객_선택 추이 볼 수 있는 라인 차트 제작
  - 가로축: 연속형 월(날짜)
  - 세로축: 입장객_선택
  - 경로 마크: 라인 유형 → '단계'
  - 레이블 마크: 입장객_선택(레이블 지정할 마크: 최소/최대)
  - 색상 마크: '입장객_기준_선택' 매개 변수
  - 색상 마크 편집
    내국인: #4e79a7
    외국인: #f28e2b
    총입장객: #76b7b2

❷ 축 제목 및 머리글을 편집하시오. (2점)
- 왼쪽 축 제목을 사용자 지정 대신에 '입장객_기준_선택' 매개 변수 선택
  - 매개 변수 값에 따라 축 제목이 변경되는지 확인

- 하단 축 머리글을 다음과 같이 변경
  - 축 눈금 날짜를 'yy년 M월'로 표시

❸ 워크시트의 제목을 다음과 같이 편집하시오. (1점)
- 제목 맨 앞에 매개 변수인 '입장객_기준_선택'과 연속형 월(날짜)을 삽입
  - 〈매개 변수.입장객_기준_선택〉 월간 추이(〈월(날짜)〉)
  - 글꼴: 15pt
  - 정렬: 가운데

4. '문제2' 대시보드에 '문제2-1' 시트의 버튼을 선택하면 해당 입장객 기준에 따라 전체 화면이 변경되도록 설정하고 연도 필터를 설정하시오. (5점)

❶ 연도 필터를 설정 및 편집하시오. (5점)
- 필터 설정
  - (다중 값) 드롭 다운
  - 2020, 2021, 2022, 2023만 선택
  - 전체 값 표시 해제
- 사용자 지정
  - 적용 단추 표시
- 워크시트에 적용
  - 선택한 워크시트: 문제2-2, 문제2-3

| 문제 3 | 복합요소 구현 [50점] |

〈시각화 완성화면〉 각 세부문제 풀이 후 아래와 같은 결과가 도출되어야 합니다.

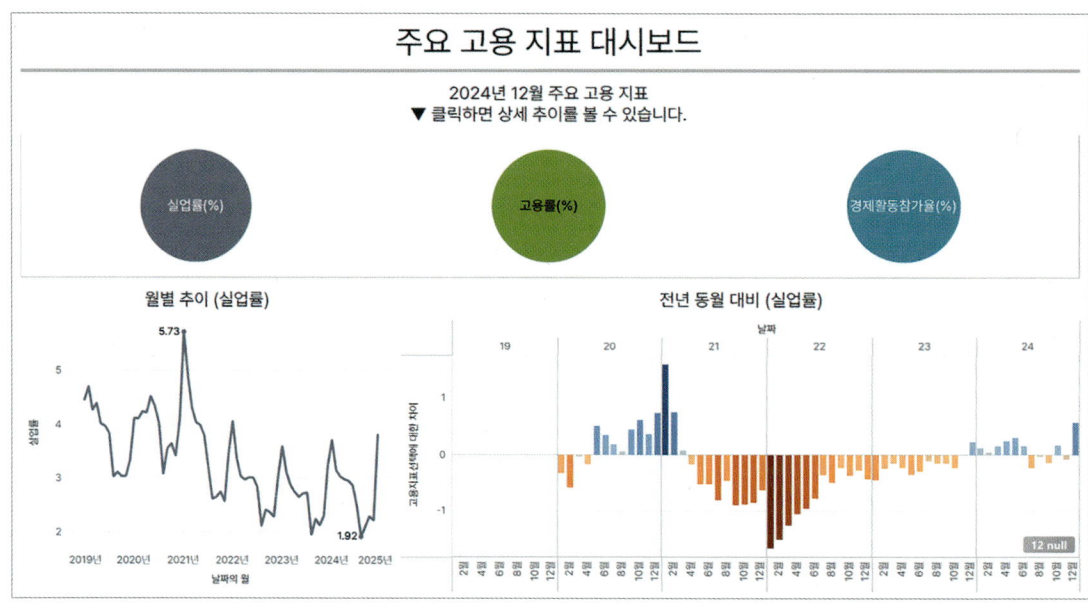

1. '문제3-1' 시트에서는 '데이터' 시트를 활용해서 '실업률(%)', '고용률(%)', '경제활동참가율(%)' 3개 지표 각각을 원으로 표시한 버튼으로 만드시오. (20점)

   ❶ [넘버]라는 필드를 활용해 [실업률(%)], [고용률(%)], [경제활동참가율(%)] 각각 계산식을 작성하시오. (10점)

   - 필드 이름: 실업자수
     - 계정항목에서 "실업자"인 경우 넘버를 구한 다음에 합계로 집계하는 계산식
     - 사용 필드: [계정항목], [넘버]
     - 사용 함수: IF, THEN, END, SUM
   - 필드 이름: 경제활동인구수
     - 계정항목에서 "경제활동인구"인 경우 넘버를 구한 다음에 합계로 집계하는 계산식
     - 사용 필드: [계정항목], [넘버]
     - 사용 함수: IF, THEN, END, SUM
   - 필드 이름: 실업률(%)
     - [실업자수] / [경제활동인구수] * 100
   - 필드 이름: 남자취업자수
     - 계정항목에서 "남자취업자"인 경우 넘버를 구한 다음에 합계로 집계하는 계산식
     - 사용 필드: [계정항목], [넘버]
     - 사용 함수: IF, THEN, END, SUM

- 필드 이름: 여자취업자수
  - 계정항목에서 "여자취업자"인 경우 넘버를 구한 다음에 합계로 집계하는 계산식
  - 사용 필드: [계정항목], [넘버]
  - 사용 함수: IF, THEN, END, SUM
- 필드 이름: 취업자수
  - [남자취업자수] + [여자취업자수]
- 필드 이름: 15세이상인구수
  - 계정항목에서 "15세이상인구"인 경우 넘버를 구한 다음에 합계로 집계하는 계산식
  - 사용 필드: [계정항목], [넘버]
  - 사용 함수: IF, THEN, END, SUM
- 필드 이름: 고용률(%)
  - [취업자수] / [15세이상인구수] * 100
- 필드 이름: 경제활동참가율(%)
  - [경제활동인구수] / [15세이상인구수] * 100

❷ 실업률(%), 고용률(%), 경제활동참가율(%)을 한눈에 볼 수 있는 화면을 구성하시오. (4점)
- 행/열 선반 및 필터 선반을 추가
  - 측정값 카드: 실업률(%), 고용률(%), 경제활동참가율(%) 순으로 배치
  - 열 선반: 측정값 이름
  - 필터 선반: [날짜]의 [연도/월](단, '통합 문서를 연 최근 날짜 값으로 필터링' 활용)

❸ 마크를 편집하시오. (4점)
- 마크: 원
- 원 안에 레이블을 각각의 필드로 표시
- 레이블: 가로를 가운데 맞춤, 12pt
- 마크 색상은 '측정값 이름'을 활용해 다음과 같이 설정
  - 실업률(%): #767f8b
  - 고용률(%): #8fb202
  - 경제활동참가율(%): #00a2b3
- 툴바 맞춤 전체 보기로 변경

❹ 다음 가이드에 따라 서식을 적용하시오. (2점)
- 테두리 서식에서 시트 → 기본값 → 패널 실선 추가
- 라인 서식에서 시트 탭의 축 눈금자의 색상을 '#b4b4b4'로 변경
- '측정값이름' 머리글 표시 해제

2. '문제3-2' 시트에서는 월별로 주요 고용 지표의 추이를 볼 수 있도록 라인 차트를 제작하시오. (10점)

　❶ 다음과 같이 매개 변수 생성 후 매개 변수를 표시하시오. (3점)
　　• 매개 변수 생성
　　　– 매개 변수 이름: [p.고용지표선택]
　　　– 데이터 유형: 문자열
　　　– 허용 가능한 값: 목록

값	표시 형식
실업률(%)	실업률
고용률(%)	고용률
경제활동참가율(%)	경제활동참가율

　　• 매개 변수 형태 변경
　　　– 매개 변수 표시한 다음에 '단일 값 목록' 형태로 변경

　❷ 앞에서 만든 매개 변수와 연동되는 계산식을 작성하시오. (3점)
　　• 계산된 필드 만들기 이름: 고용지표선택
　　　– 사용 필드: [실업률(%)], [고용률(%)], [경제활동참가율(%)]
　　　– 사용 함수: CASE, WHEN, THEN, END
　　　– 필드 유형: 숫자

　❸ 월별 고용 지표를 볼 수 있는 라인 차트를 제작하시오. (4점)
　　• 열 선반: 연속형 월(날짜)
　　• 행 선반: [고용지표선택]
　　• 색상 마크: [p.고용지표선택]
　　　– 실업률: #767f8b
　　　– 고용률: #8fb202
　　　– 경제활동참가율: #00a2b3
　　• 레이블 마크: [고용지표선택] (레이블 지정할 마크: 최소/최대) (숫자: 소수 자릿수: 2)
　　• 축 편집: 0 포함 해제
　　• 축 제목: [p.고용지표선택] 매개 변수에 따라 다르게 적용되도록 설정

3. '문제3-3' 시트에서 전년 동월 대비 증감을 볼 수 있는 추이를 막대로 표현하시오. (10점)

　❶ 전년 동월 대비 증감을 볼 수 있는 차트를 제작하시오. (전년 동월 대비란, 전년 같은 달과 차이 비교) (5점)
　　• 고용지표 추이 제작
　　　– 열 선반: 불연속형 년(날짜), 불연속형 월(날짜)
　　　– 행 선반: [고용지표선택]

- 테이블 계산 적용
  - 퀵 테이블 계산: 차이
  - 테이블 계산 편집: 특정 차원 편집(전년 동월 차이 값을 구하기 위해 연도는 이전, 월은 동일)

❷ 전년 동월 대비 증감 지표를 직관적으로 변경하시오. (5점)
- 마크 설정
  - 마크: 막대
  - 맨 왼쪽에 있는 2019년은 숨기기
  - 색상 마크: 행 선반에 적용한 [고용지표선택] 차이를 복제해 색상 적용
- 서식 변경
  - '연도' 머리글 서식: 2자리로 표시
  - '월' 머리글 서식: '날짜' 표시 형식: '숫자'로 변경
- 맞춤 설정
  - 툴바 '맞춤': 전체 보기

4. '문제3-4' 대시보드에서 대시보드 매개 변수 동작 및 콘텐츠 편집을 하시오. (10점)

❶ '문제3-1' 시트에 임의의 주요 고용 지표를 선택하면 '문제3-2'와 '문제3-3' 시트에 해당 지표 기준으로 변경되도록 대시보드 동작을 설정하시오. (4점)
- 매개 변수 동작 이름: p.고용지표선택_동작
  - 원본 시트: 문제3-1
  - 동작 실행 조건: 선택
  - 대상 매개 변수: p.고용지표선택
  - 원본 필드: 측정값 이름
  - 선택을 해제할 경우의 결과: 현재 값 유지

❷ 각 시트의 제목을 변경하시오. (3점)
- '문제3-1' 시트의 제목은 다음과 같이 편집
  - 첫 번째 줄: 필터 설정한 최근 '년월(날짜)'이 나오고 '주요 고용 지표' 추가함
  - 두 번째 줄: '▼ 클릭하면 상세 추이를 볼 수 있습니다.'
  - 제목 모두 가운데 정렬
- '문제3-2' 시트의 제목은 다음과 같이 편집
  - '월별 추이 ([p.고용지표선택] 기준)'
  - 가운데 정렬
- '문제3-3' 시트의 제목은 다음과 같이 편집
  - '전년 동월 대비 ([p.고용지표선택] 기준)'
  - 가운데 정렬

❸ '문제3-4' 제목과 제목 아래 언더라인을 추가하시오. (3점)
- 대시보드의 제목을 "주요 고용 지표 대시보드"로 편집
  - 글꼴: 28pt
  - 정렬: 가운데
- 대시보드 제목 아래 언더라인 추가
  - 대시보드 개체 중 '텍스트' 개체를 대시보드 제목과 '문제2-1' 제목 사이에 배치하면 텍스트 편집창이 나오는데 그냥 닫기
  - 대신 '레이아웃' 패널에서 백그라운드를 '#c0c0c0' 색상으로 편집
  - 텍스트 개체 높이를 '12px'로 변경

출제예상문제 3회 정답 및 해설

문제 1   작업준비 (20점)

이름
남녀취업자수

필드

유형	필드명	물리적 테이블	원격 필드명
📅	날짜	계산	Calculation_1...
#	남자취업자_NEW	계산	Calculation_1...
#	여자취업자_NEW	계산	Calculation_1...

---

1. 답안파일을 열고 다음의 지시사항에 따라 데이터 원본 페이지 내에서 작업을 수행하시오. (20점)

❶ 연결 패널을 이용하여 데이터 파일을 열고 데이터를 연결하시오. (3점)
- 데이터 원본 추가: 경제활동인구_2013_2024.xlsx
- 유니온 연결
  - 새 유니온을 캔버스에 놓은 다음에 수동으로 "2013_2019" 시트와 나머지 "2020", "2021", "2022", "2023", "2024" 시트를 유니온 연결
- 유니온한 물리적 테이블 이름을 "2013_2024"로 변경

---

1. Tableau Public Edition을 열고 워크시트 상단 툴바에서 새 데이터 원본 → 파일에 연결 → Microsoft Excel을 선택한 뒤, 데이터 원본 폴더에서 '경제활동인구_2013_2024.xlsx' 파일을 불러오면 데이터 원본 페이지에서 2013_2019부터 2024까지 총 6개의 시트를 확인할 수 있다.
2. 왼쪽 패널에서 '새 유니온'을 더블 클릭해 캔버스에 배치한다.

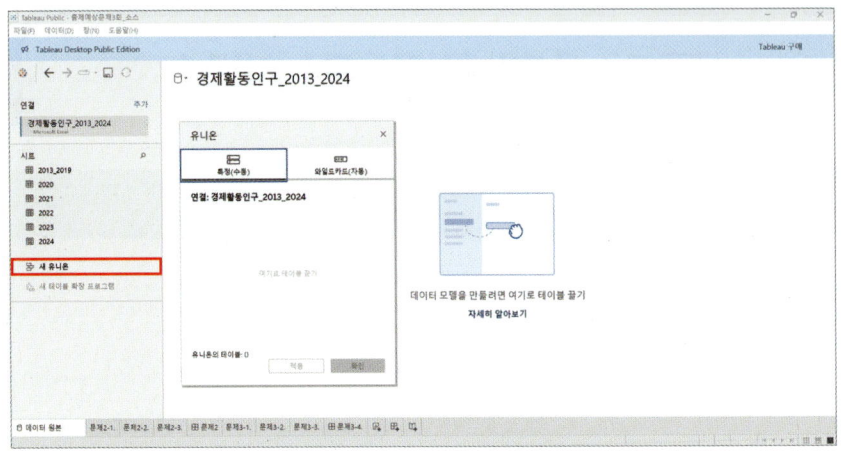

3. 왼쪽 패널에서 시트 '2013_2019'를 클릭한 뒤 [Shift] 키를 눌러 '2024'까지 선택하고, 이를 드래그해 유니온 연결 대화 상자에 배치한 후 확인 버튼을 선택한다.

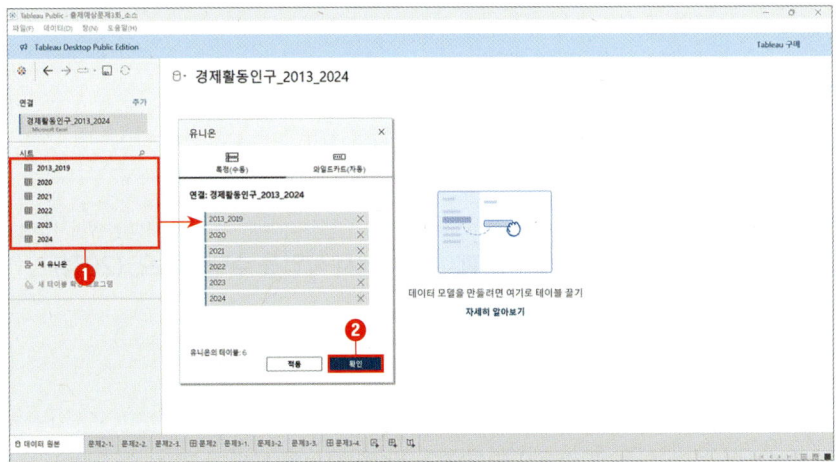

4. 캔버스에 있는 '유니온' 논리적 테이블에 [▼] 클릭 → 열기 선택한다.
5. 물리적 테이블의 이름을 더블 클릭해 '2013_2024'로 변경한다.

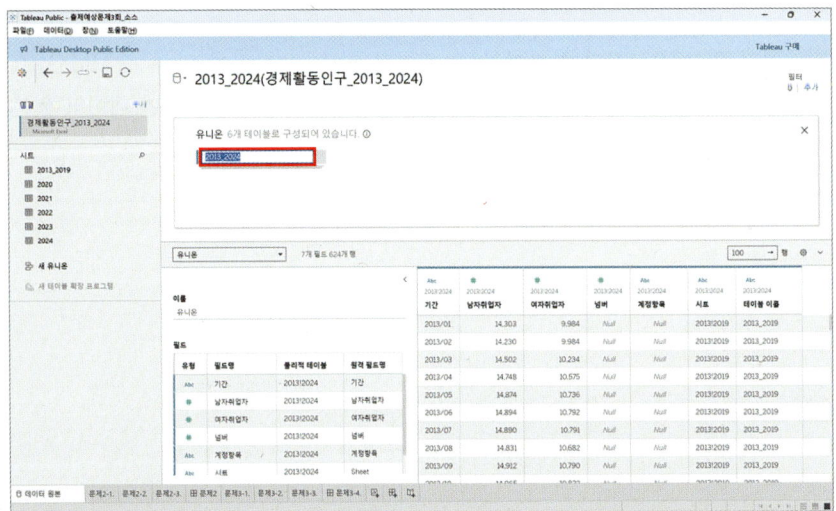

❷ 새로운 계산식을 생성하시오. (5점)
- 날짜 필드 생성
  - 필드명: 날짜
  - 사용 필드: 기간
  - 사용 함수: DATE, DATEPARSE
  - 필드 유형: 날짜
- [남자취업자_2020년대] 필드 생성
  - 필드 의미: 2020부터 2024 시트에서 [계정항목] 중 '남자취업자'인 경우 [넘버]를 가져오고 종결
  - 필드명: 남자취업자_2020년대
  - 사용 필드: 계정항목, 넘버
  - 사용 함수: IF, THEN, END
  - 필드 유형: 숫자
- [여자취업자_2020년대] 필드 생성
  - 필드 의미: 2020부터 2024 시트에서 [계정항목] 중 '여자취업자'인 경우 [넘버]를 가져오고 종결
  - 필드명: 여자취업자_2020년대
  - 사용 필드: 계정항목, 넘버
  - 사용 함수: IF, THEN, END
  - 필드 유형: 숫자

1. [기간] 필드에 우클릭 → 계산된 필드 만들기 선택한다.
2. 다음과 같이 '날짜'라는 계산식을 생성하고 확인 버튼 선택한다.

 DATE(DATEPARSE("yyyy/MM", [기간]))

3. [넘버] 필드에 우클릭 → 계산된 필드 만들기 선택한다.
4. 다음과 같이 '남자취업자_2020년대'라는 새로운 계산식을 만든다.

 필드명 - 남자취업자_2020년대
IF [계정항목] = "남자취업자" THEN [넘버] END

5. '여자취업자_2020년대'라는 새로운 계산식을 생성한다.

> IF [계정항목] = "여자취업자" THEN [넘버] END

❸ 새로운 계산식을 생성하시오. (5점)
- 2013_2019 시트의 [남자취업자]와 2020부터 2024까지 [남자취업자_2020년대] 필드를 결합
  - 필드명: 남자취업자_NEW
  - 사용 필드: [남자취업자], [남자취업자_2020년대]
  - 사용 함수: ZN
  - 필드 유형: 숫자
- 2013_2019 시트의 [여자취업자]와 2020부터 2024까지 [여자취업자_2020년대] 필드를 결합
  - 필드명: 여자취업자_NEW
  - 사용 필드: [여자취업자], [여자취업자_2020년대]
  - 사용 함수: ZN
  - 필드 유형: 숫자

1. [남자취업자] 필드에 우클릭 → 계산된 필드 만들기 선택한다.
2. [남자취업자_NEW] 필드를 만든다.

 ZN ([남자취업자]) + ZN([남자취업자_2020년대])

3. [여자취업자_NEW] 필드를 만든다.

 ZN ([여자취업자]) + ZN([여자취업자_2020년대])

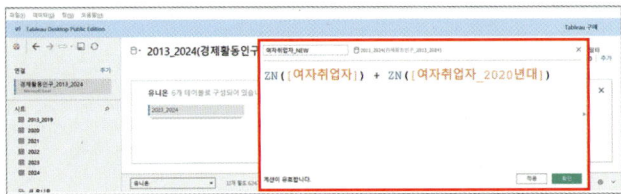

❹ **불필요한 데이터를 정리하시오. (5점)**
  • 9개 필드 숨기기
    – 필드명: [기간], [남자취업자], [여자취업자], [넘버], [여자취업자_2020년대], [남자취업자_2020년대], [계정항목], [시트], [테이블 이름]
  • 데이터 원본 필터 설정
    – [날짜] 중 2021년 6월 1일 이후 데이터만 필터 설정

1. [날짜], [남자취업자_NEW], [여자취업자_NEW] 3개 필드를 제외한 나머지 9개 필드를 Ctrl 키 눌러 각각 선택한 다음에 선택된 필드 중 임의의 필드에 우클릭 → 숨기기를 선택한다.

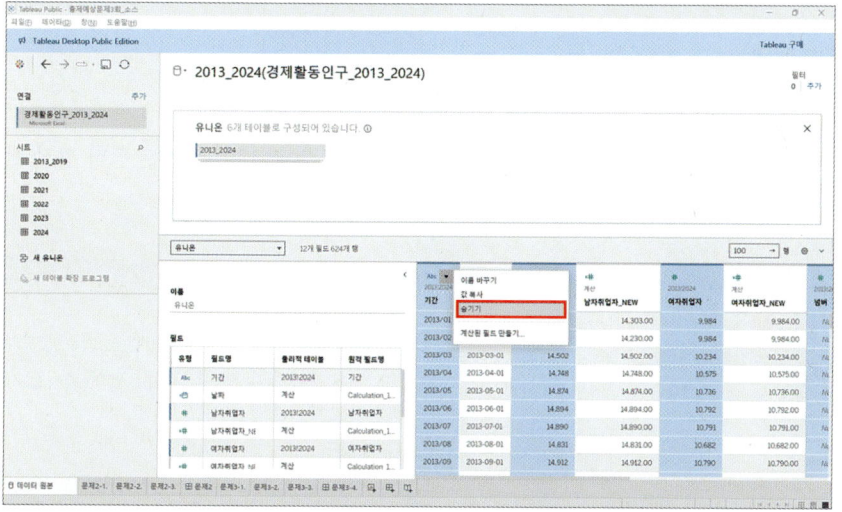

2. 데이터 원본 필터에서 '추가' 링크를 선택한 뒤, 편집 대화 상자에서 '추가' 버튼을 클릭하고 [날짜] 필드를 더블 클릭한다.

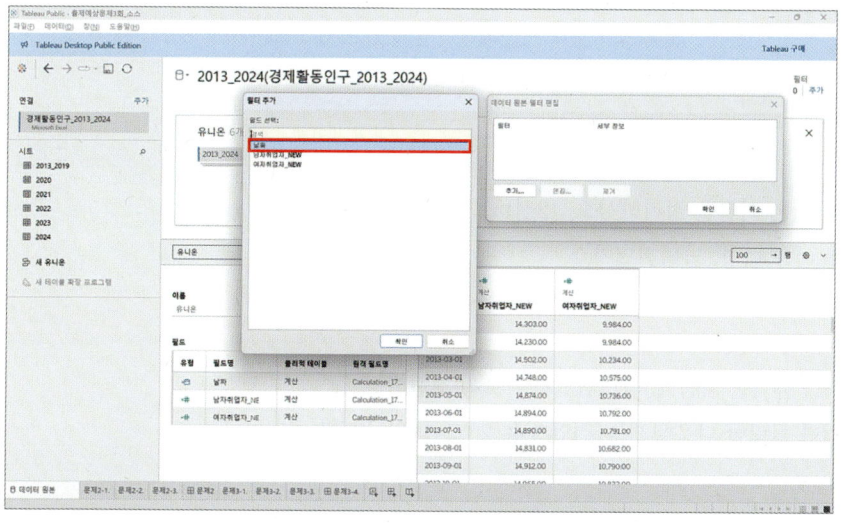

3. 필터 필드 대화 상자에서 '기준 날짜'를 선택한다.

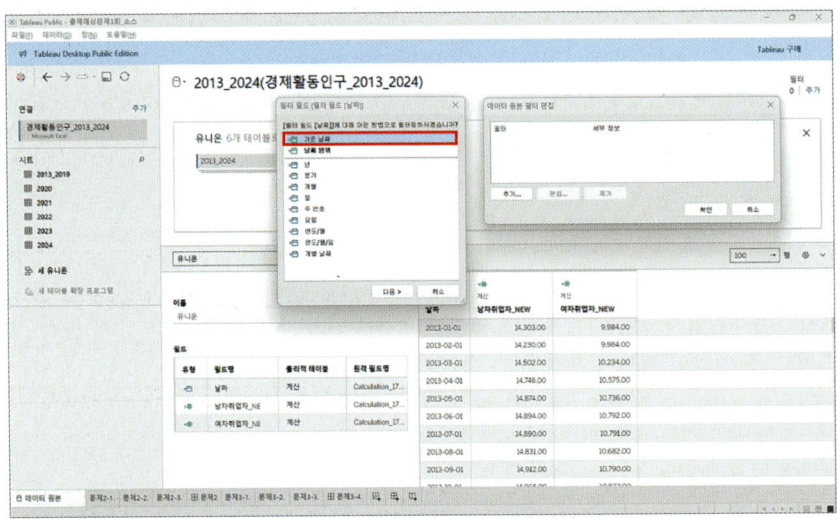

4. 시작 날짜 탭을 선택해 시작 날짜를 '2021-06-01'로 지정한 후 확인 버튼을 눌러 데이터 원본 필터 편집 대화 상자를 닫는다.

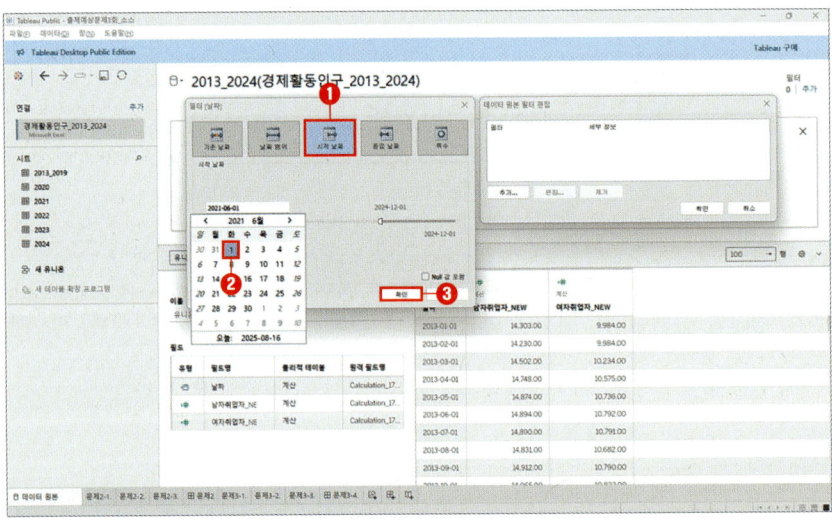

❺ 테이블 및 데이터 원본 이름을 정리하시오. (2점)
- 논리적 테이블 이름 변경: 남녀취업자수
- 데이터 원본 이름: 남녀취업자수_2021년6월이후

1. 논리적 테이블 이름을 더블 클릭한 다음에 '남녀취업자수'로 변경한다.
2. 데이터 원본의 이름을 더블 클릭한 다음에 '남녀취업자수_2021년6월이후'로 변경한다.

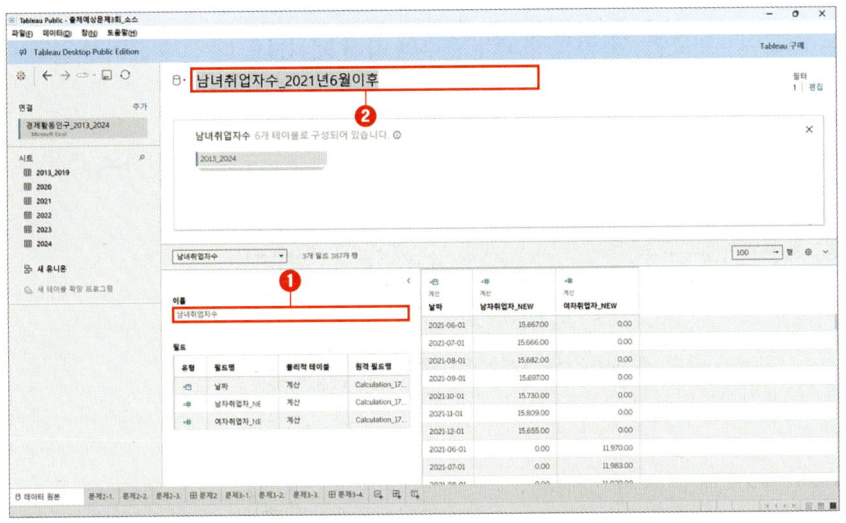

문제 2   단순요소 구현 (30점)

〈시각화 완성화면〉 각 세부문제 풀이 후 아래와 같은 결과가 도출되어야 합니다.

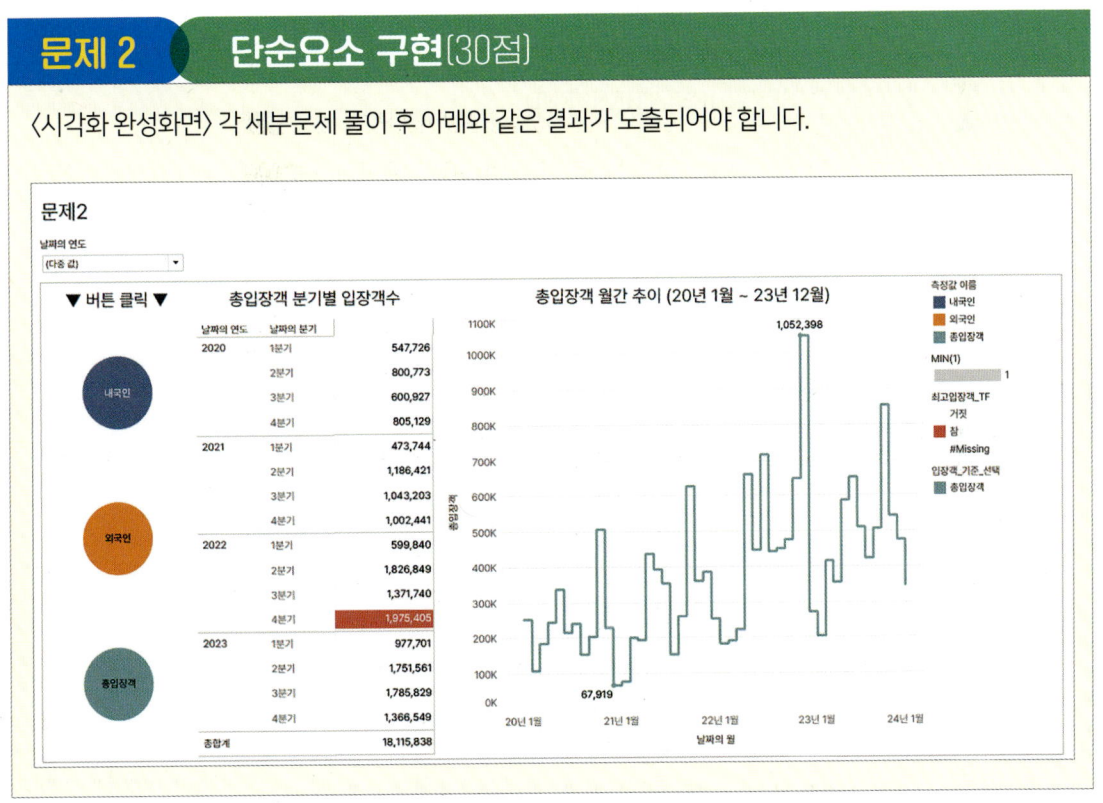

1. '문제2-1' 시트에서는 '내국인', '외국인', '총입장객' 매개 변수에 따라 대시보드 내 전체 값이 변경되는 버튼을 제작하시오. (10점)

  ❶ 측정값인 [내국인], [외국인], [총입장객] 필드와 연계하는 계산식 및 매개 변수를 생성하시오. (5점)
  - 매개 변수 이름: 입장객_기준_선택
    - 데이터 유형: 문자열
    - 현재 값: 내국인
    - 허용 가능한 값: 목록
    - 값은 다음과 같이 입력
       내국인
       외국인
       총입장객
  - 필드 이름: 입장객_선택
    - 사용 필드: [내국인], [외국인], [총입장객]
    - 사용 매개 변수: [입장객_기준_선택]
    - 사용 함수: CASE, WHEN, THEN, END
    - 필드 유형: 숫자

1. '문제2-1' 시트로 이동한 뒤, 좌측 사이드 바 검색 창 우측 맨 끝에 있는 [▼]를 클릭하고 '매개 변수 만들기'를 선택한다.

2. 다음과 같이 문자열 매개 변수를 생성한다.

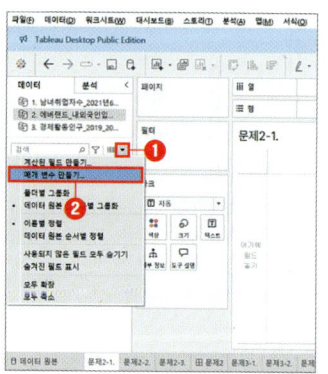

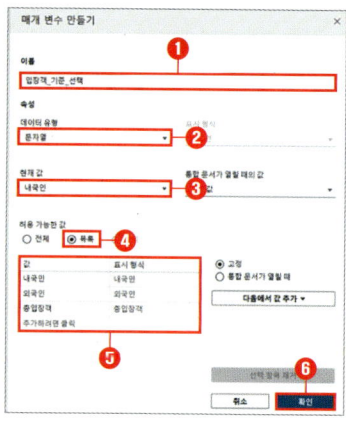

3. 앞에서 만든 매개 변수와 연동하는 계산식을 만들기 위해 상단 '분석' 메뉴 '계산된 필드 만들기' 선택한다.
4. [입장객_기준_선택] 매개 변수와 연계한 [입장객_선택]이라는 계산식을 작성한다.

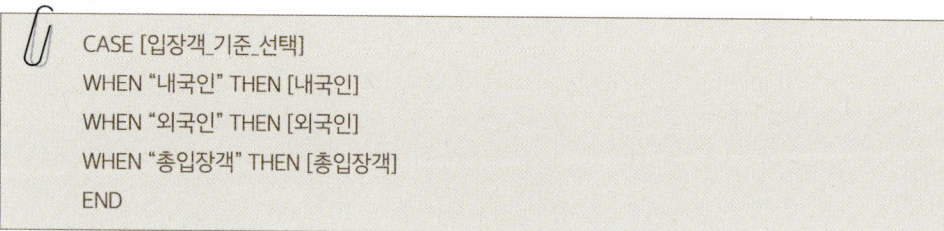

```
CASE [입장객_기준_선택]
WHEN "내국인" THEN [내국인]
WHEN "외국인" THEN [외국인]
WHEN "총입장객" THEN [총입장객]
END
```

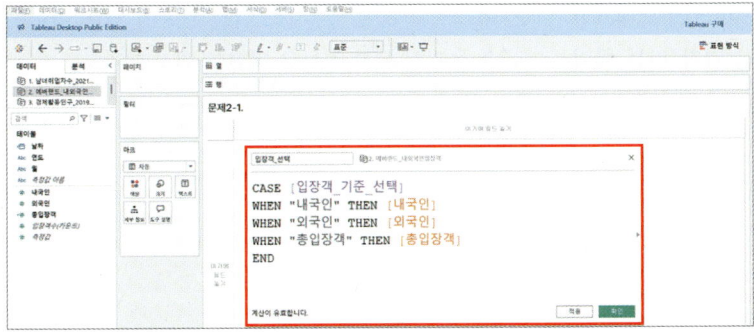

❷ 앞에서 만든 매개 변수와 연동하는 버튼을 제작하시오. (5점)
- 사용 필드: [내국인], [외국인], [총입장객]
    - 행 선반: 측정값 이름
    - 측정값: 세부 정보 마크
    - 마크: 원
    - 레이블 마크: 측정값 이름, 레이블 마크 맞춤 가로, 세로 모두 가운데 정렬
    - 색상 마크: 측정값 이름
- 측정값 이름이라는 색상 마크의 색을 다음과 같이 편집
    - 내국인: #4e79a7
    - 외국인: #f28e2b
    - 총입장객: #76b7b2
- 머리글 표시 해제
    - 행 선반에 있는 측정값 이름 머리글 표시 해제
- 테두리 행 구분선 없음
    - 뷰에서 우클릭 → 서식에서 행 구분선 패널 없음 적용
- 툴바 맞춤 편집
    - 전체 보기로 변경
- 도구 설명 편집
    - 도구 설명 마크: 측정값 이름은 그대로 두고 나머지는 삭제
- 워크시트 제목 편집
    - '▼ 버튼 클릭 ▼'로 편집
    - 글꼴: 15pt
    - 정렬: 가운데

1. 측정값의 [내국인] 필드를 텍스트 마크에 드래그한 뒤, [외국인]과 [총입장객] 필드를 각각 더블 클릭해 측정값 카드를 만든다.

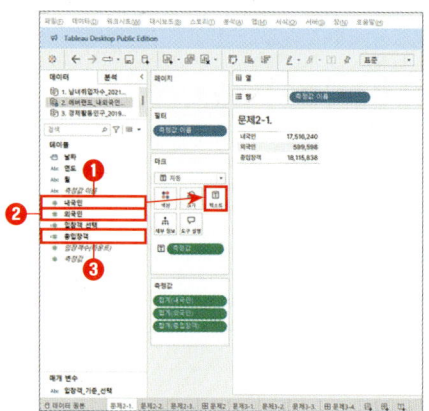

2. 텍스트 마크에 있는 [측정값] 왼쪽에 있는 아이콘을 눌러서 세부 정보로 역할을 변경한다.

3. 마크를 자동에서 '원'으로 변경한다.

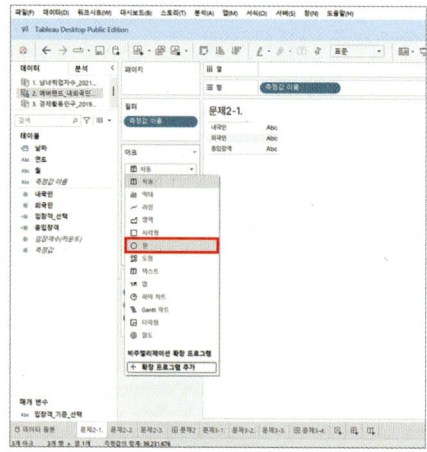

4. 행 선반의 [측정값 이름]을 Ctrl 키를 누른 채 드래그하여 레이블 마크에 복제한다.

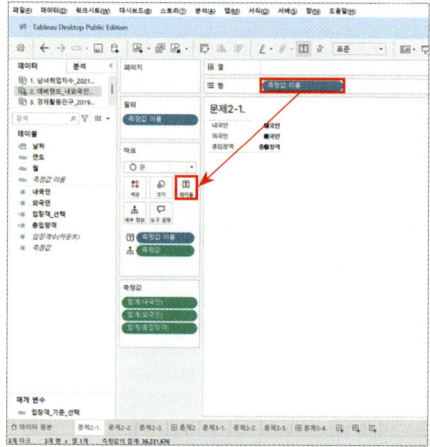

5. 레이블 마크에서 맞춤을 선택한 뒤, 가로와 세로 모두 가운데 정렬로 설정한다.

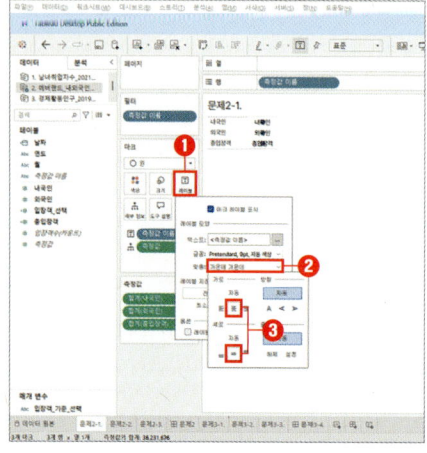

6. 레이블 마크의 [측정값 이름]을 Ctrl 키를 누른 채 드래그하여 색상 마크에 복제한다.

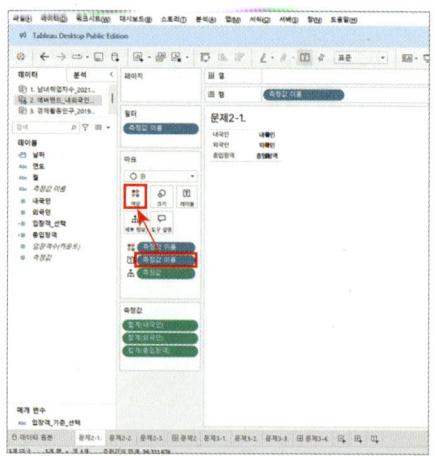

7. 색상 마크에서 색상 편집을 선택한 후, 색상 편집 대화 상자에서 데이터 항목 선택 영역의 각 항목을 더블 클릭한다.

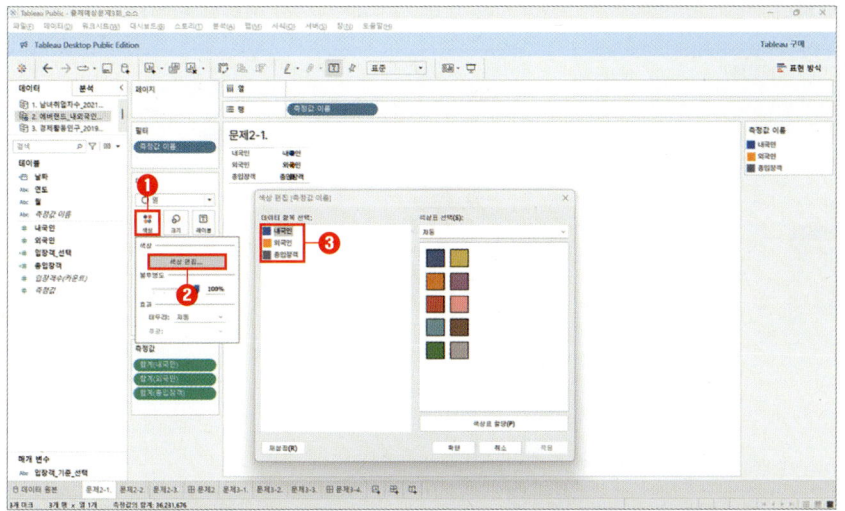

8. 다음과 같이 각각 항목의 HTML 색상 코드를 편집 후 확인 버튼 선택한다.

- **내국인**: #4e79a7
- **외국인**: #f28e2b
- **총입장객**: #76b7b2

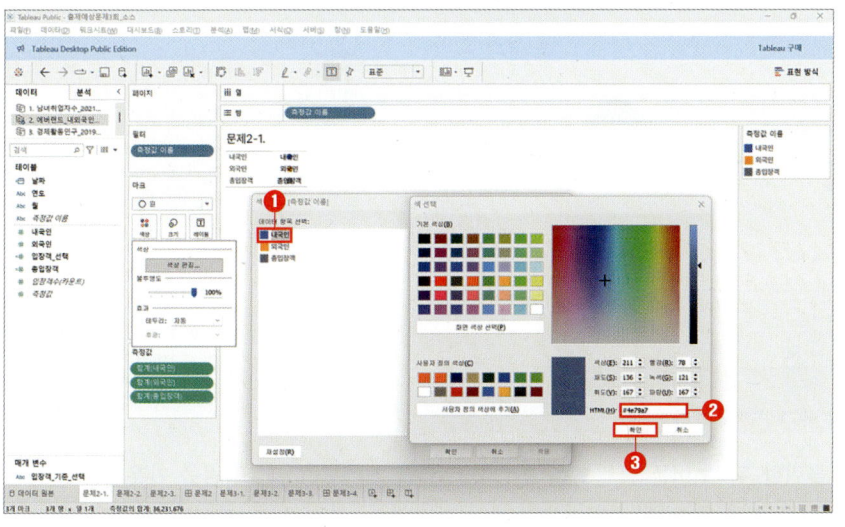

9. 행 선반의 임의 머리글을 마우스 오른쪽 클릭해 '머리글 표시'를 해제한 뒤, 뷰에서 다시 마우스 오른쪽 클릭해 '서식'을 선택한다.

10. 좌측 사이드 바 서식 메뉴에서 상단 네 번째인 테두리 서식을 선택한 뒤, 행 구분선 → 패널을 '없음'으로 설정하고 서식 메뉴를 닫는다.

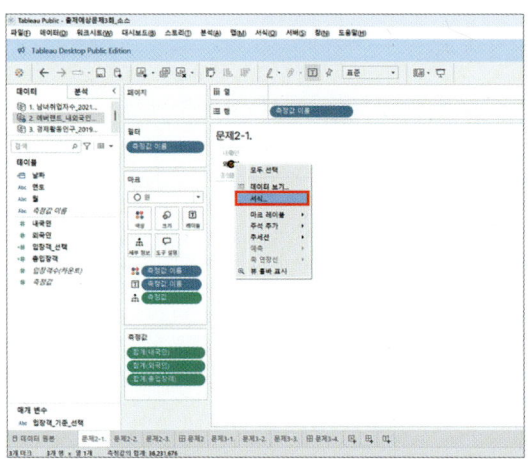
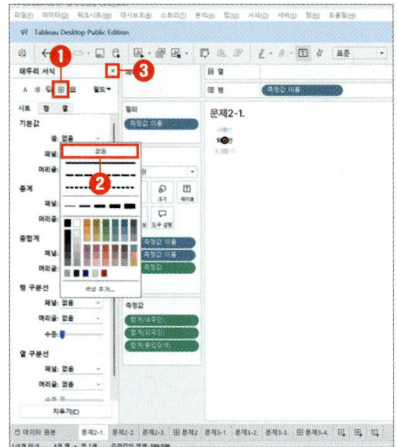

11. 툴바의 맞춤을 '전체 보기'로 변경한다.

12. 마크의 도구 설명 마크에서 도구 설명 편집 대화 상자를 열고, 〈측정값 이름〉만 남기고 나머지를 삭제한 뒤 확인 버튼을 선택한다.

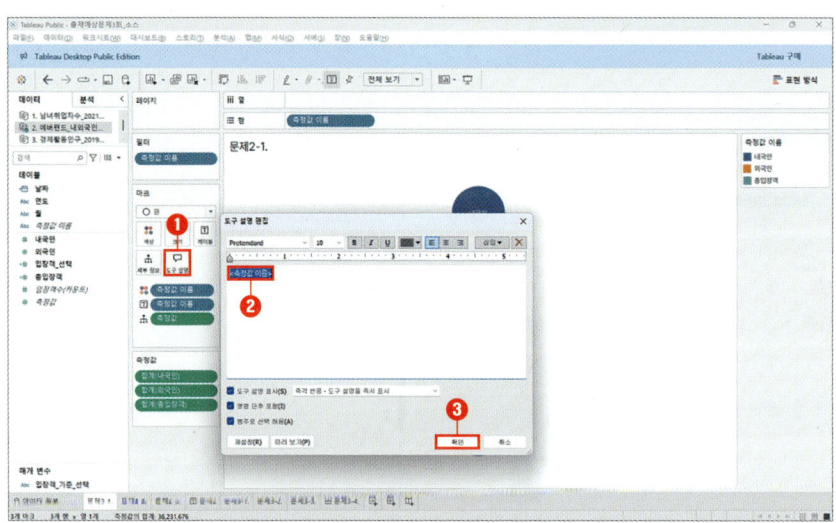

13. 워크시트 제목을 더블 클릭한 뒤 '▼버튼 클릭▼'를 입력하고 글꼴 크기를 15pt, 정렬을 가운데로 설정한 후 확인 버튼을 선택한다.

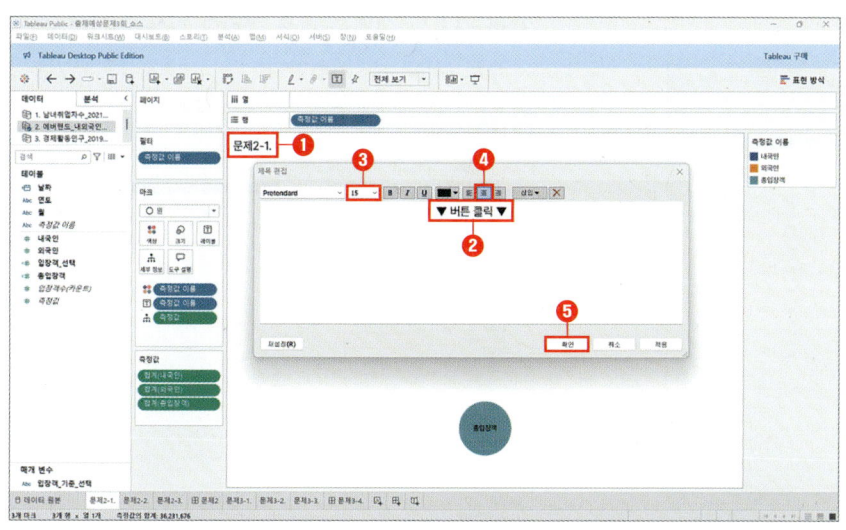

2. '문제2-2' 시트에서는 년, 분기 기준으로 입장객_선택 필드를 활용해 각 연도별 입장객이 가장 많았던 분기에 별도로 색상을 입히는 테이블을 제작하시오. (10점)

❶ 다음 필드들을 활용해 텍스트 테이블 형태로 구현하시오. (4점)
  • 행 선반: [년(날짜)], [분기(날짜)]
  • 마크: 막대
  • 크기 마크: MIN(1)
    – 마크 빈 여백에 임시 계산으로 MIN(1)을 입력해 만듦
    – 역할을 세부정보 → 크기로 변경
  • 레이블 마크: [입장객_선택]
  • 테이블 하단에 '총계' 추가
  • 필터 선반에 년(날짜) 추가
    – 전체 선택

1. '문제2-2' 시트로 이동한 뒤, 차원에 있는 [날짜]를 행 선반에 놓고 [년(날짜)] 앞의 [+] 아이콘을 눌러 [분기(날짜)]까지 펼친다.

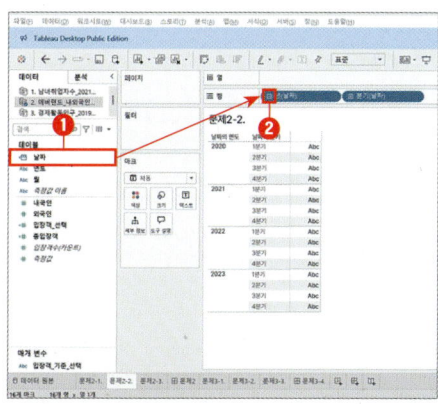

2. 마크를 막대로 변경한다.

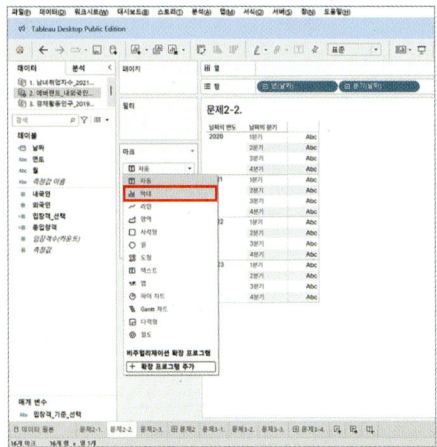

3. 마크의 빈 여백을 더블 클릭한 다음에 임시 계산으로 MIN(1)을 입력한다.

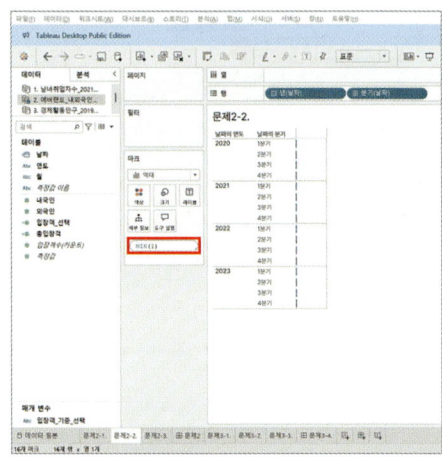

4. [집계(MIN(1))] 왼쪽에 있는 세부 정보 아이콘을 눌러서 '크기'로 역할을 변경한다.

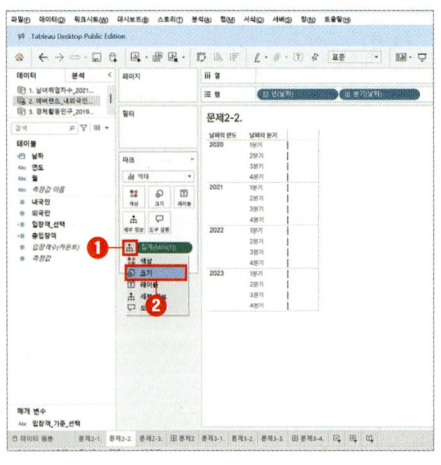

5. 측정값의 [입장객_선택] 필드를 레이블 마크에 놓은 뒤, 상단 '분석' 메뉴 → 총계 → 열 총합계 표시를 선택한다.

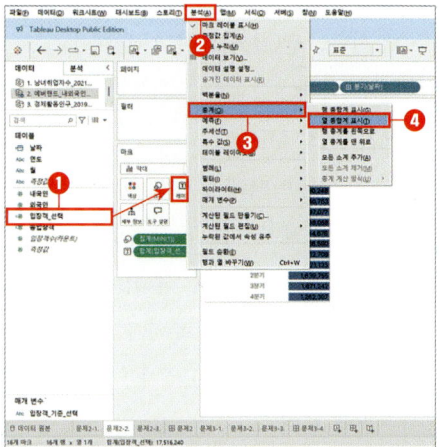

6. 차원에 있는 [날짜] 필드를 드래그해서 필터 선반에 놓은 뒤, '년' 선택하고 다음 버튼 클릭한다.

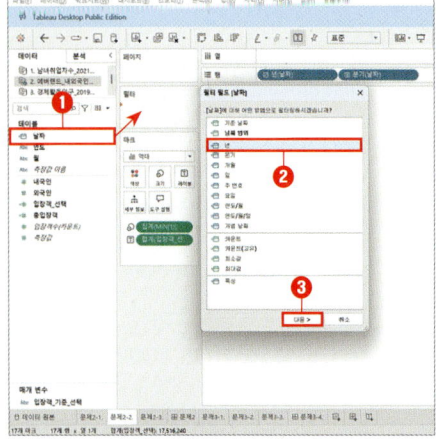

7. 2020, 2021, 2022, 2023 모두 체크되어 있는지 확인 후 확인 버튼 선택한다.

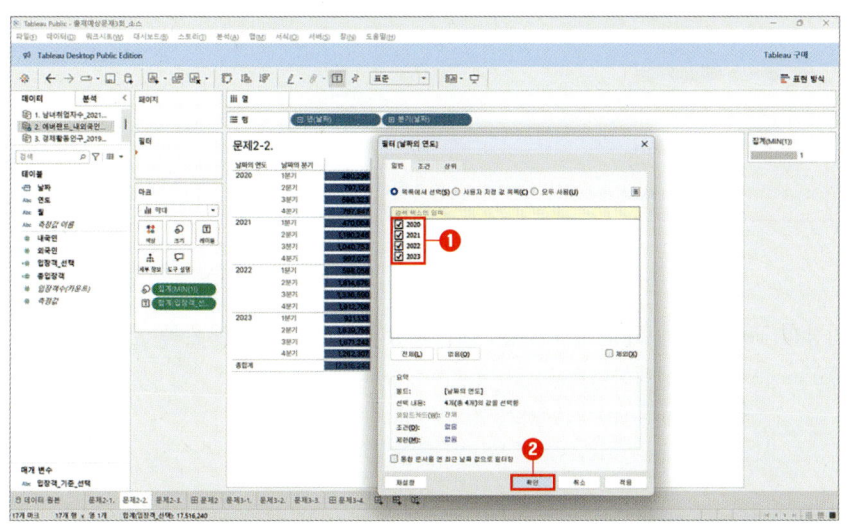

❷ 테이블 내 각각의 연도별 최고 입장객인 분기에 별도의 색상을 입히는 계산식을 생성하시오. (4점)
- [입장객_선택] 중 가장 큰 값과 동일한 경우 참, 아니면 거짓인 필드 생성
  - 필드 이름: 최고입장객_TF
  - 사용 필드: [입장객_선택]
  - 사용 함수: SUM, WINDOW_MAX
  - 필드 유형: 부울
- 색상 마크: [최고입장객_TF]
  - 총계에 다음의 계산 표시: 자동 → 숨기기
- 색상 편집
  - 참: #e15759
  - 거짓: #ffffff
  - Missing: #ffffff

1. 상단 '분석' 메뉴 → 계산된 필드 만들기를 선택해 '최고입장객_TF'라는 부울 계산식을 작성한 뒤 확인 버튼을 클릭한다.

 SUM([입장객_선택]) = WINDOW_MAX(SUM([입장객_선택]))

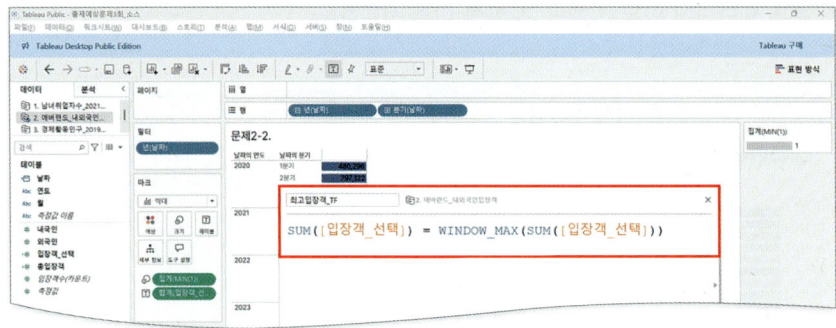

2. 측정값에 추가된 [최고입장객_TF] 필드를 색상 마크에 놓은 뒤, 해당 필드에 마우스 오른쪽 클릭하여 총계에 다음의 계산 표시(자동) → 숨기기를 선택한다.

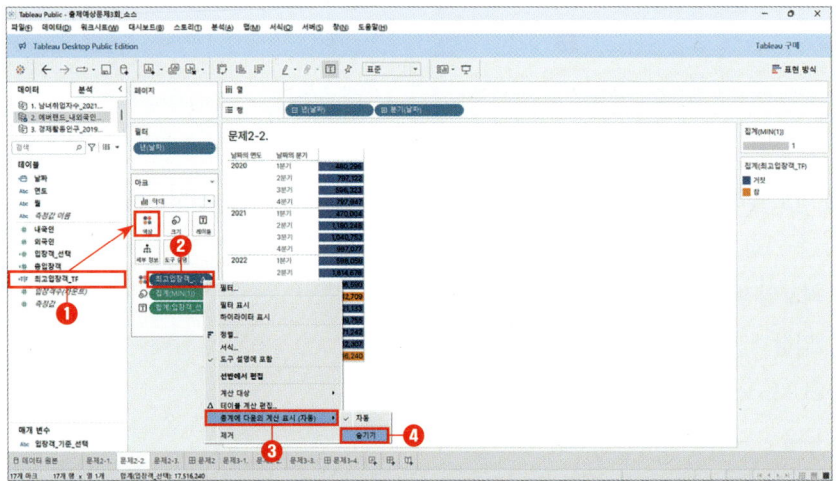

3. 색상 마크에서 색상 편집을 열어 데이터 항목 각각을 더블 클릭한 뒤, 항목별 HTML 색상 코드를 편집하고 확인 버튼을 선택한다.

- 참: #e15759
- 거짓: #ffffff
- Missing: #ffffff

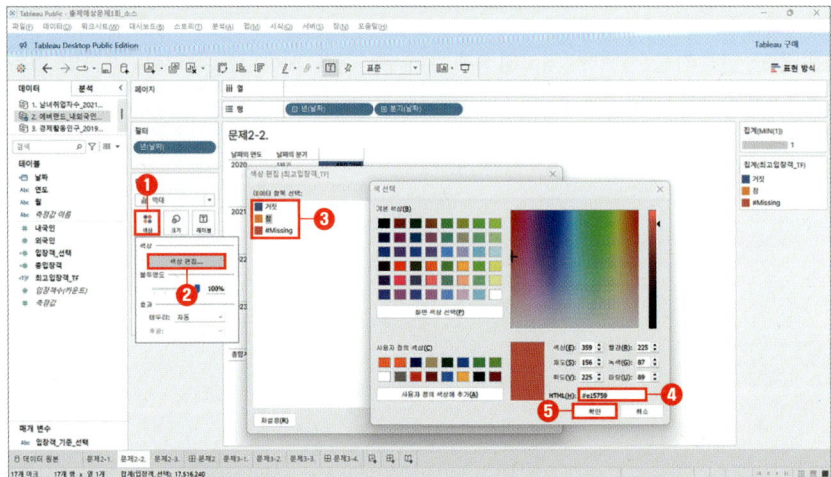

❸ 워크시트 제목 및 맞춤 설정을 변경하시오. (2점)
- 제목 맨 앞에 매개 변수인 '입장객_기준_선택'과 연동
  - 〈매개 변수.입장객_기준_선택〉 분기별 입장객수
  - 글꼴: 15pt
  - 정렬: 가운데
- 툴바에 있는 맞춤 설정
  - 높이 맞추기로 변경

1. 워크시트 제목을 더블 클릭해 기존 〈시트 이름〉을 삭제한 뒤, 우측 상단 '삽입'에서 '매개 변수.입장객_기준_선택'을 클릭한다.

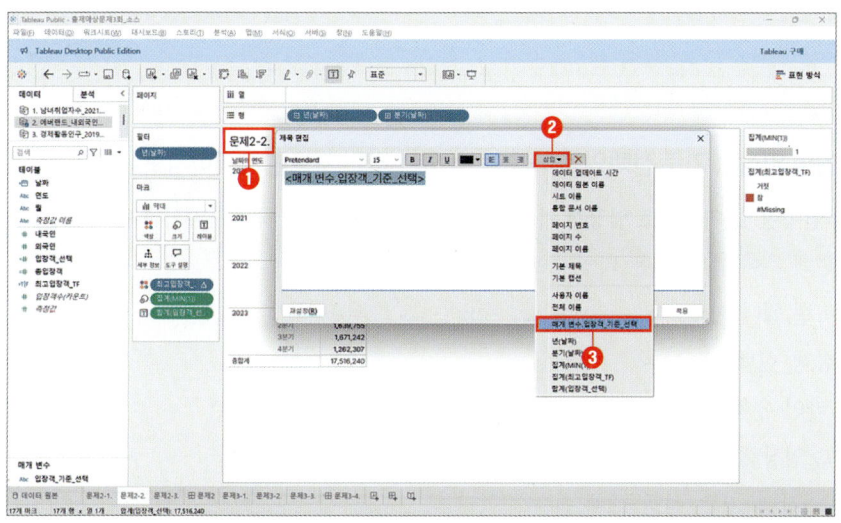

2. '분기별 입장객수'를 입력해 최종적으로 〈매개 변수.입장객_기준_선택〉 분기별 입장객수 텍스트를 15pt로 설정하고 가운데 정렬한다.

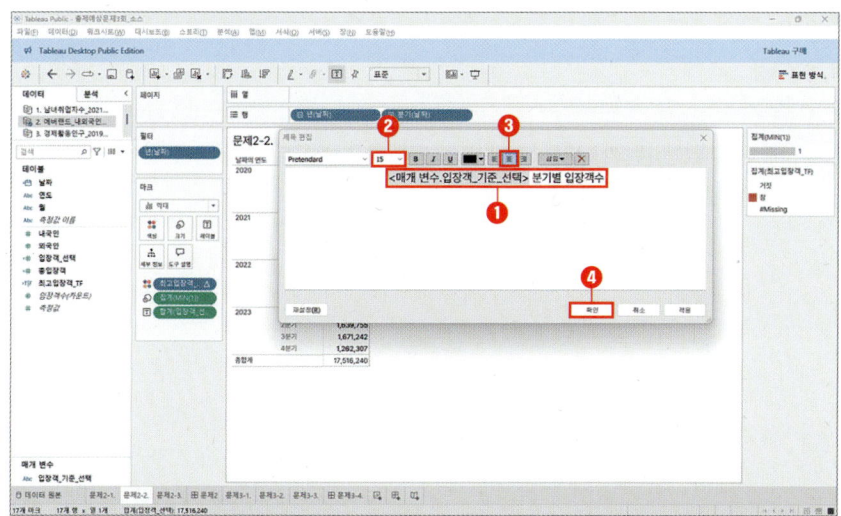

3. 툴바의 맞춤을 '높이 맞추기'로 변경한다.

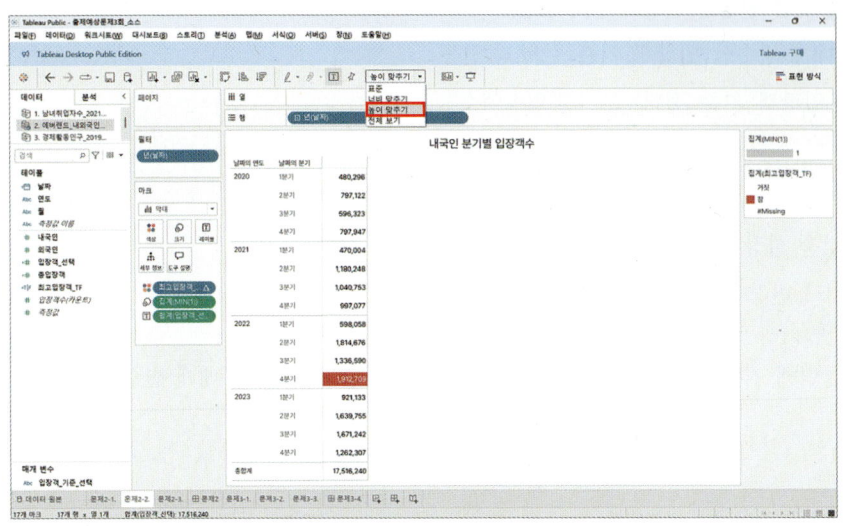

3. '문제2-3' 시트에서 월별 입장객 기준 선택의 추이를 볼 수 있는 라인 차트를 제작하시오. (5점)

❶ '문제2-3' 시트에 연속형 월 기준으로 입장객 기준 선택 추이를 볼 수 있게 차트를 제작하시오. (2점)

- 월별 입장객_선택 추이 볼 수 있는 라인 차트 제작
  - 가로축: 연속형 월(날짜)
  - 세로축: 입장객_선택
  - 경로 마크: 라인 유형 → '단계'
  - 레이블 마크: 입장객_선택(레이블 지정할 마크: 최소/최대)
  - 색상 마크: '입장객_기준_선택' 매개 변수
  - 색상 마크 편집
    내국인: #4e79a7
    외국인: #f28e2b
    총입장객: #76b7b2

1. '문제2-3' 시트로 이동한 후, 차원에 있는 [날짜] 필드를 마우스 오른쪽으로 드래그해 열 선반에 놓고 필드 놓기 대화 상자에서 밑에서 네 번째에 있는 초록색 연속형 월(날짜)을 선택한다.

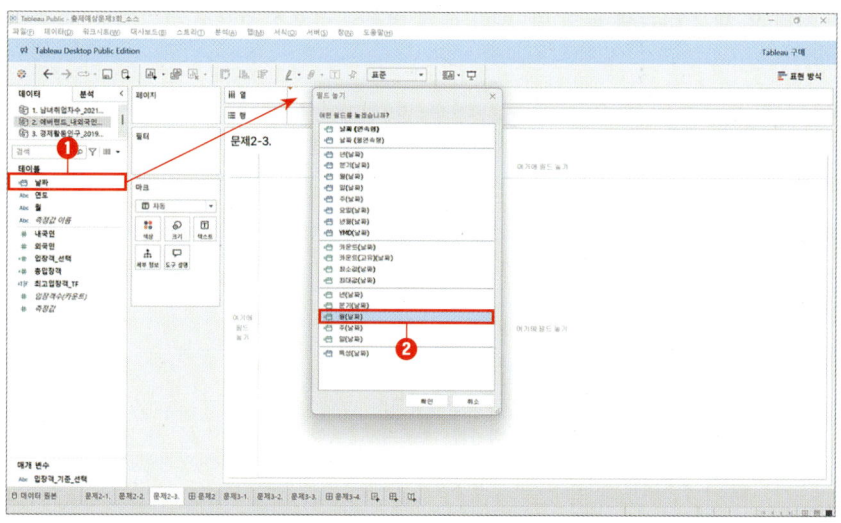

2. 측정값에 있는 [입장객_선택]을 행 선반에 놓은 뒤, 마크의 경로 마크에서 라인 유형을 '단계'로 선택한다.

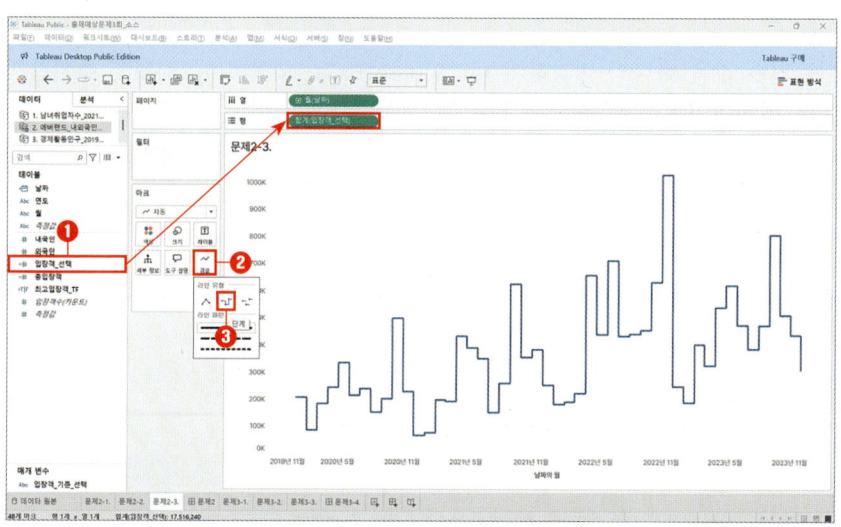

3. 측정값 [입장객_선택]을 레이블 마크에 놓고, 레이블 마크에서 레이블 지정할 마크를 '최소/최대'로 선택한다.

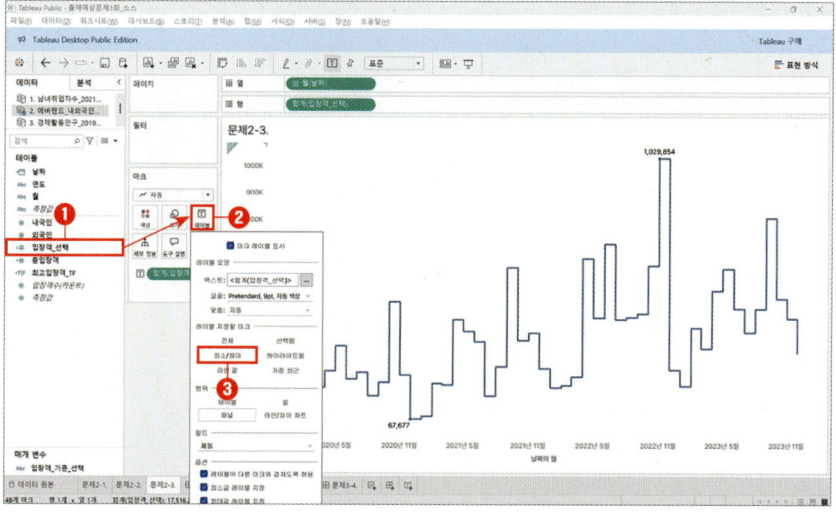

4. 매개 변수 [입장객_기준_선택]을 색상 마크에 놓은 뒤, 해당 매개 변수에 마우스 오른쪽 클릭하여 '매개 변수 표시'를 선택한다.

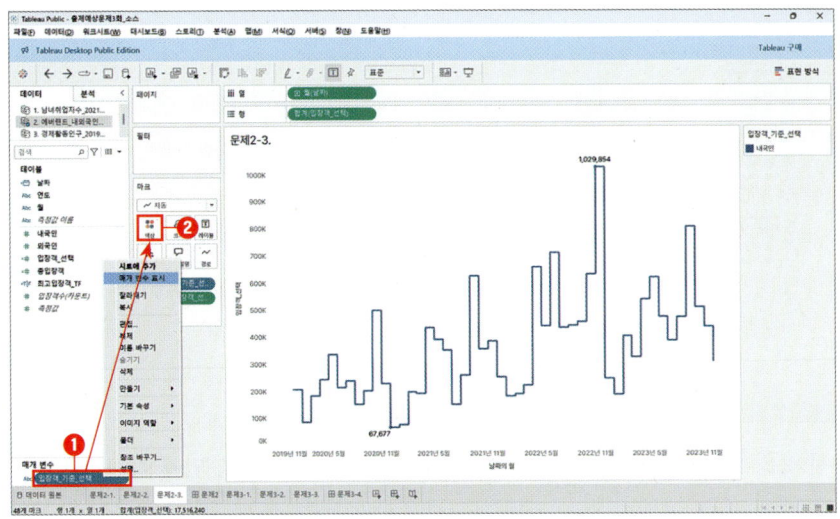

5. [입장객_기준_선택] 매개 변수 값을 하나씩 변경하며 내국인(#4e79a7), 외국인(#f28e2b), 총입장객 (#76b7b2) 색상으로 지정한 후 확인 버튼을 선택한다.

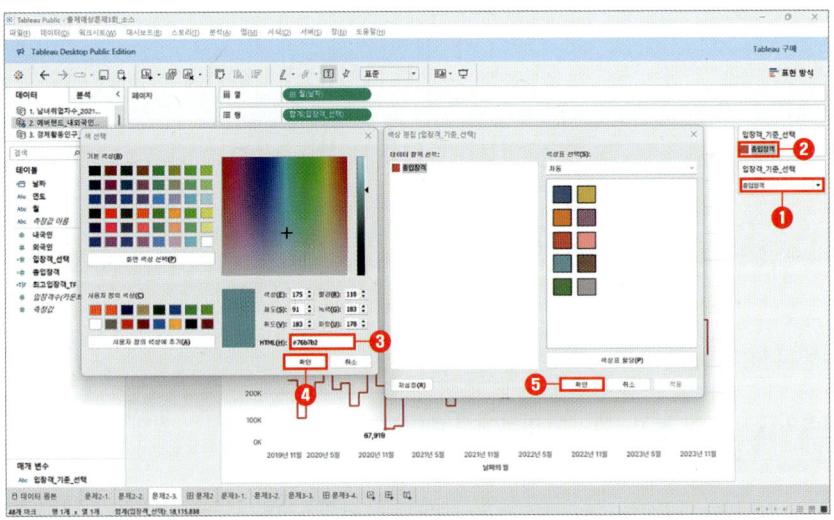

❷ 축 제목 및 머리글을 편집하시오. (2점)
- 왼쪽 축 제목을 사용자 지정 대신에 '입장객_기준_선택' 매개 변수 선택
  - 매개 변수 값에 따라 축 제목이 변경되는지 확인
- 하단 축 머리글을 다음과 같이 변경
  - 축 눈금 날짜를 'yy년 M월'로 표시

1. 왼쪽 축을 마우스 오른쪽 클릭해 축 편집을 선택한 뒤, 축 편집 대화 상자에서 축 제목을 사용자 지정에서 '입장객_기준_선택'으로 변경하고 대화 상자를 닫는다.

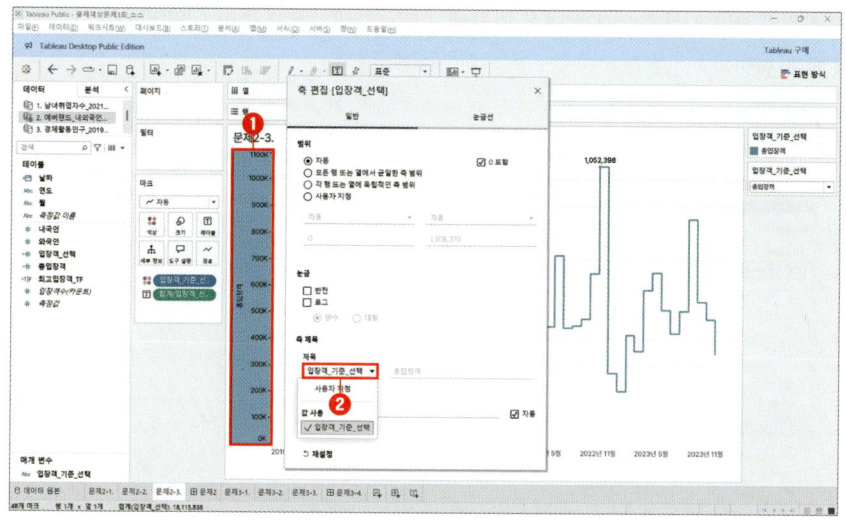

2. 하단 축을 마우스 오른쪽 클릭해 서식을 선택한 뒤, 서식 메뉴의 축 탭에서 눈금 → 날짜 → 사용자 지정 → 'yy년 M월'을 설정하고 서식 메뉴를 닫는다.

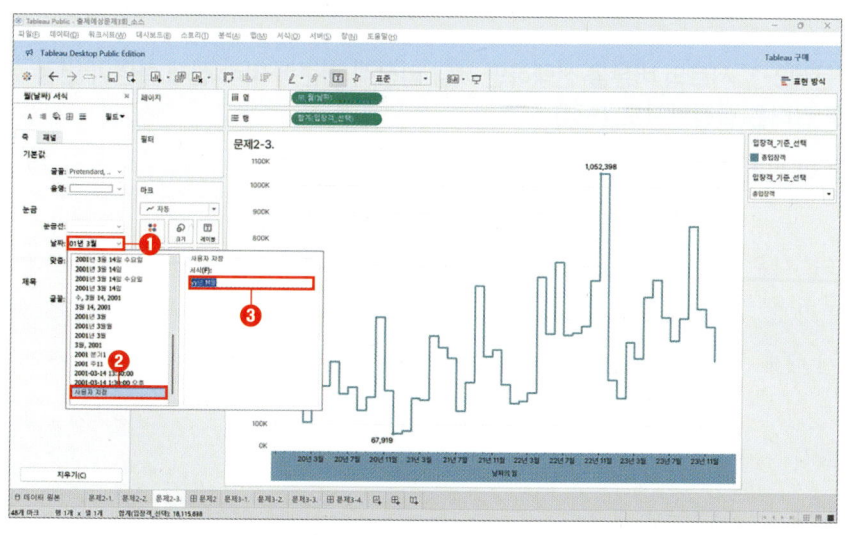

❸ 워크시트의 제목을 다음과 같이 편집하시오. (1점)
- 제목 맨 앞에 매개 변수인 '입장객_기준_선택'과 연속형 월(날짜)을 삽입
  - 〈매개 변수.입장객_기준_선택〉 월간 추이(〈월(날짜)〉)
- 글꼴: 15pt
- 정렬: 가운데

1. 워크시트 제목을 더블 클릭해 기존 〈시트 이름〉을 삭제한 뒤, 우측 상단 '삽입'에서 '매개 변수.입장객_기준_선택'을 클릭한다.
2. 월간 추이(〈월(날짜)〉)를 입력해 최종적으로 〈매개 변수.입장객_기준_선택〉 월간 추이 (〈월(날짜)〉) 텍스트를 15pt로 설정하고 가운데 정렬한다.

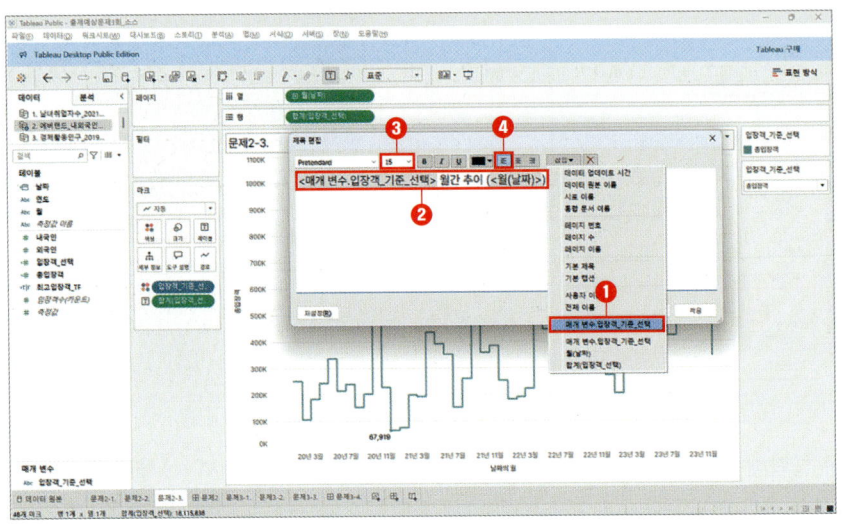

4. '문제2' 대시보드에 '문제2-1' 시트의 버튼을 선택하면 해당 입장객 기준에 따라 전체 화면이 변경되도록 설정하고 연도 필터를 설정하시오. (5점)

   ❶ 연도 필터를 설정 및 편집하시오. (5점)
   - 필터 설정
     - (다중 값) 드롭 다운
     - 2020, 2021, 2022, 2023만 선택
     - 전체 값 표시 해제
   - 사용자 지정
     - 적용 단추 표시
   - 워크시트에 적용
     - 선택한 워크시트: 문제2-2, 문제2-3

1. 날짜의 연도 필터의 툴바에서 [▼] 버튼 클릭한 다음에 필터의 모양을 '다중 값(드롭다운)'으로 변경한다.

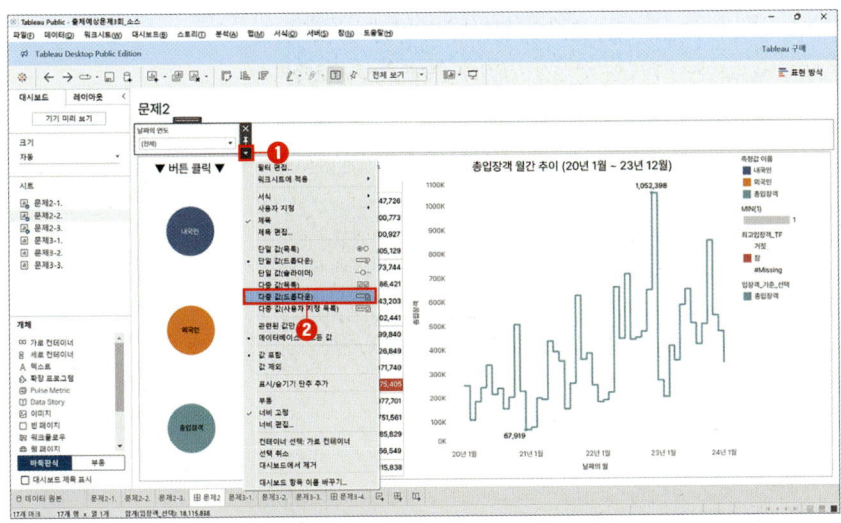

2. 날짜의 연도 필터의 툴바에서 [▼] 버튼 클릭한 다음 사용자 지정 → 전체 값 표시를 해제한다. 그리고 필터에 '2020', '2021', '2022', '2023'이 모두 체크되어 있는지 확인한다.

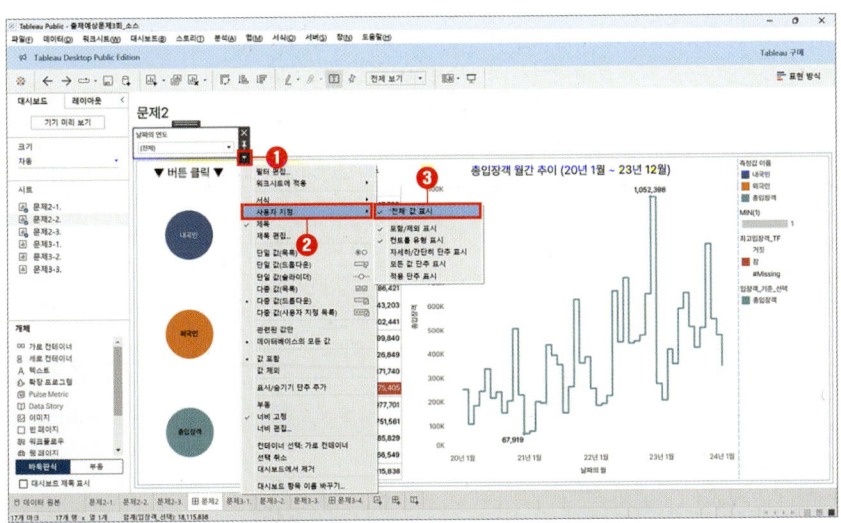

3. 날짜의 연도 필터의 툴바에서 [▼] 버튼 클릭한 다음 사용자 지정 → 적용 단추 표시 선택한다.

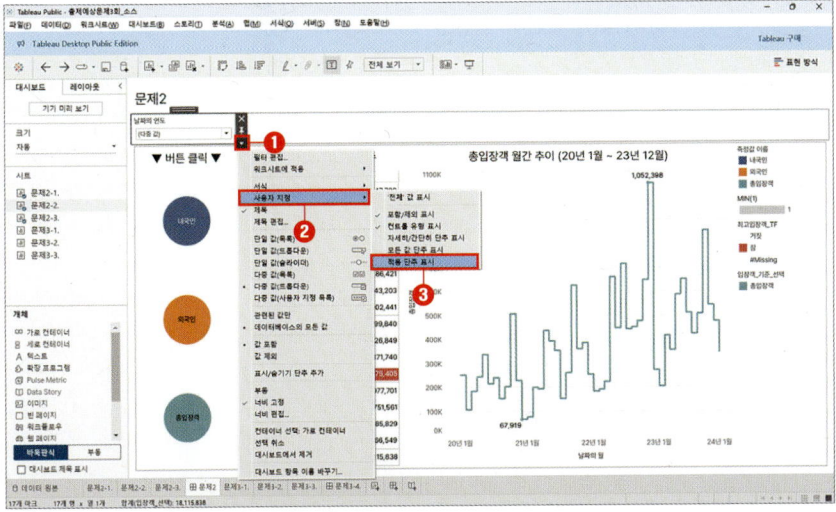

4. 날짜의 연도 필터의 툴바에서 [▼] 버튼 클릭한 다음 워크시트에 적용 → 선택한 워크시트 선택한다.

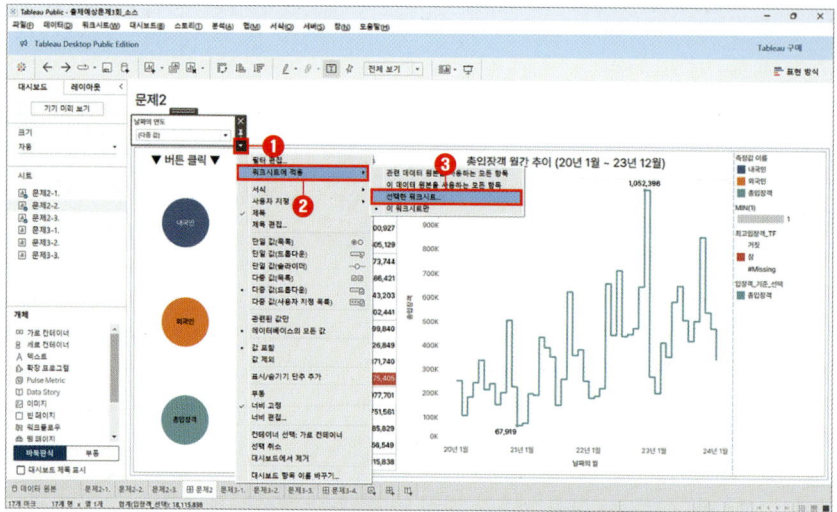

5. 워크시트에 필터 적용에 '문제2-2' 외에 '문제2-3'도 체크해서 해당 연도 필터가 문제2-3 시트에도 적용되도록 설정하고 확인 버튼 선택한다.

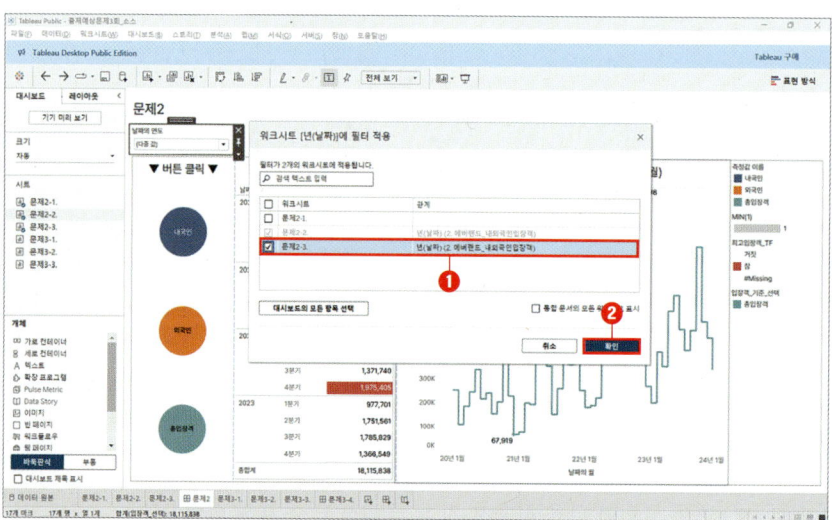

문제 3 복합요소 구현 (50점)

〈시각화 완성화면〉 각 세부문제 풀이 후 아래와 같은 결과가 도출되어야 합니다.

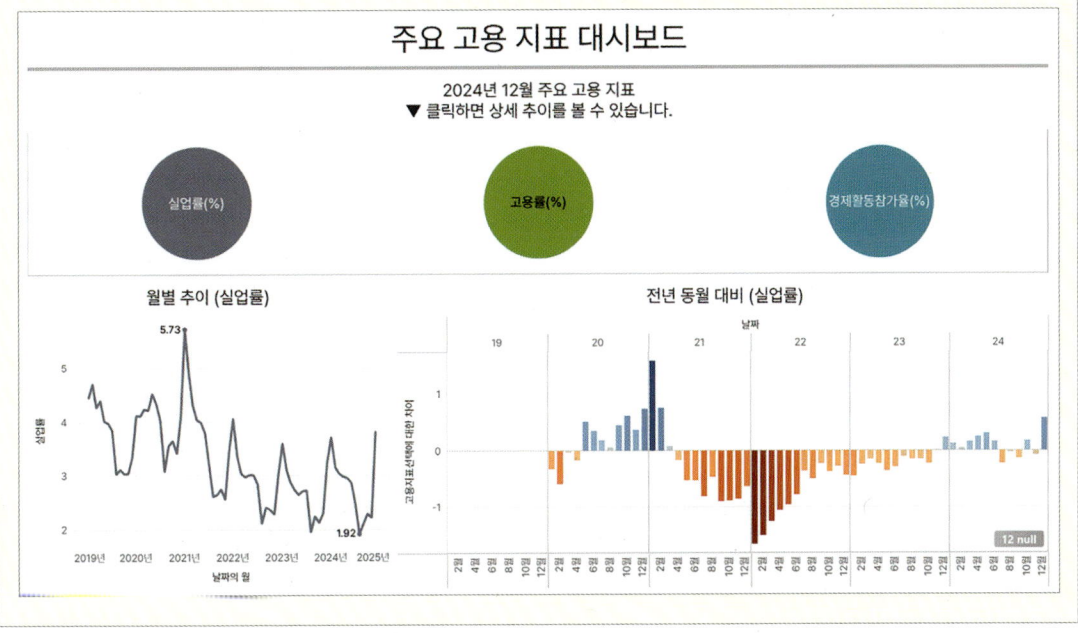

1. '문제3-1' 시트에서는 '데이터' 시트를 활용해서 '실업률(%)', '고용률(%)', '경제활동참가율(%)' 3개 지표 각각을 원으로 표시한 버튼으로 만드시오. (20점)

   ❶ [넘버]라는 필드를 활용해 [실업률(%)], [고용률(%)], [경제활동참가율(%)] 각각 계산식을 작성하시오. (10점)

   - 필드 이름: 실업자수
     - 계정항목에서 "실업자"인 경우 넘버를 구한 다음에 합계로 집계하는 계산식
     - 사용 필드: [계정항목], [넘버]
     - 사용 함수: IF, THEN, END, SUM
   - 필드 이름: 경제활동인구수
     - 계정항목에서 "경제활동인구"인 경우 넘버를 구한 다음에 합계로 집계하는 계산식
     - 사용 필드: [계정항목], [넘버]
     - 사용 함수: IF, THEN, END, SUM
   - 필드 이름: 실업률(%)
     - [실업자수] / [경제활동인구수] * 100
   - 필드 이름: 남자취업자수
     - 계정항목에서 "남자취업자"인 경우 넘버를 구한 다음에 합계로 집계하는 계산식

- 사용 필드: [계정항목], [넘버]
- 사용 함수: IF, THEN, END, SUM
• 필드 이름: 여자취업자수
  - 계정항목에서 "여자취업자"인 경우 넘버를 구한 다음에 합계로 집계하는 계산식
  - 사용 필드: [계정항목], [넘버]
  - 사용 함수: IF, THEN, END, SUM
• 필드 이름: 취업자수
  - [남자취업자수] + [여자취업자수]
• 필드 이름: 15세이상인구수
  - 계정항목에서 "15세이상인구"인 경우 넘버를 구한 다음에 합계로 집계하는 계산식
  - 사용 필드: [계정항목], [넘버]
  - 사용 함수: IF, THEN, END, SUM
• 필드 이름: 고용률(%)
  - [취업자수] / [15세이상인구수] * 100
• 필드 이름: 경제활동참가율(%)
  - [경제활동인구수] / [15세이상인구수] * 100

1. 문제3-1 시트를 선택한 후 상단 '분석' 메뉴에서 '계산된 필드 만들기'를 선택한다.
2. [실업자수]라는 계산된 필드를 만든다.

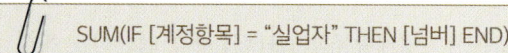

SUM(IF [계정항목] = "실업자" THEN [넘버] END)

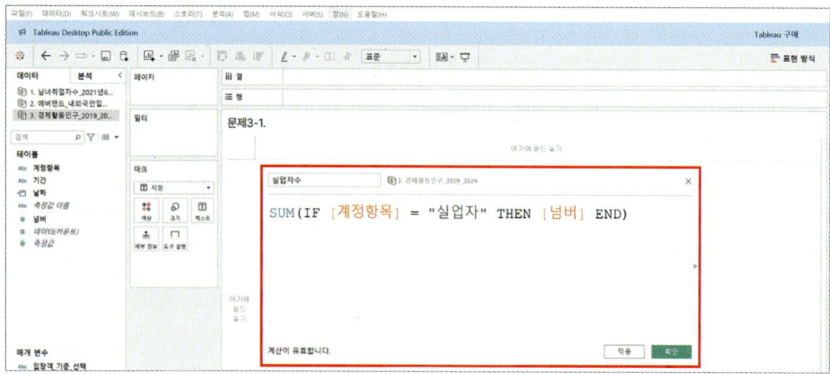

3. [경제활동인구수]라는 계산된 필드를 만든다.

 SUM(IF [계정항목] = "경제활동인구" THEN [넘버] END)

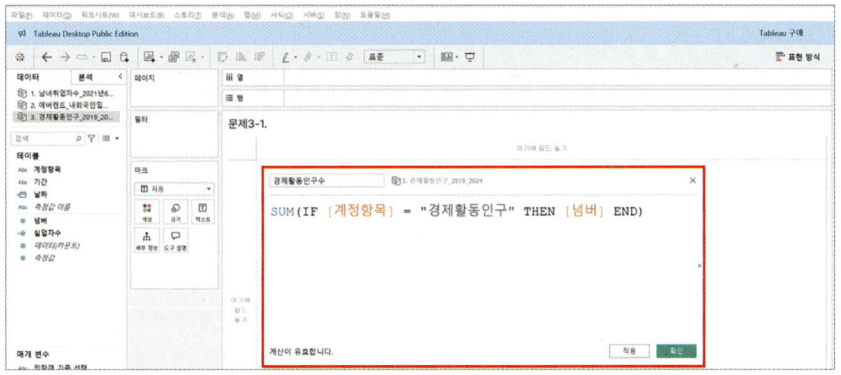

4. 실업률(%)이라는 계산된 필드를 만든다.

 [실업자수] / [경제활동인구수] * 100

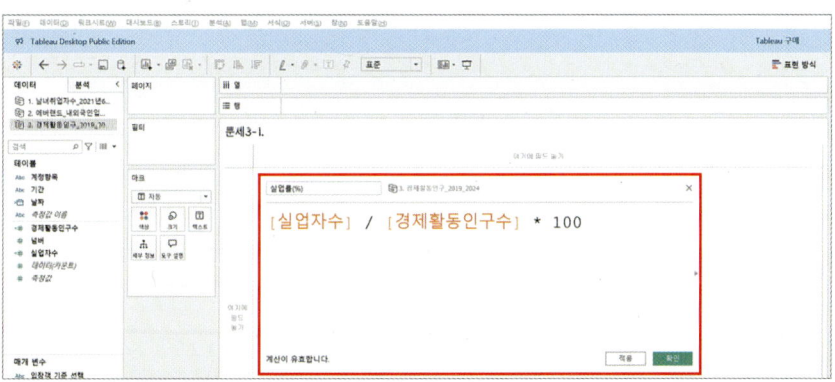

5. 남자취업자수라는 계산된 필드를 만든다.

 SUM(IF [계정항목] = "남자취업자" THEN [넘버] END)

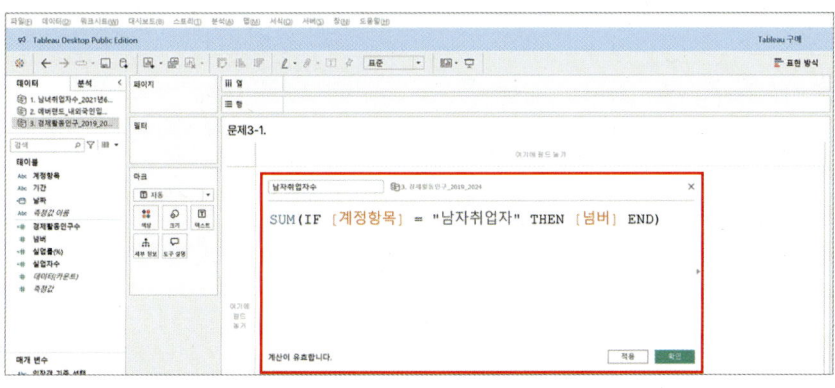

6. 여자취업자수라는 계산된 필드를 만든다.

 SUM(IF [계정항목] = "여자취업자" THEN [넘버] END)

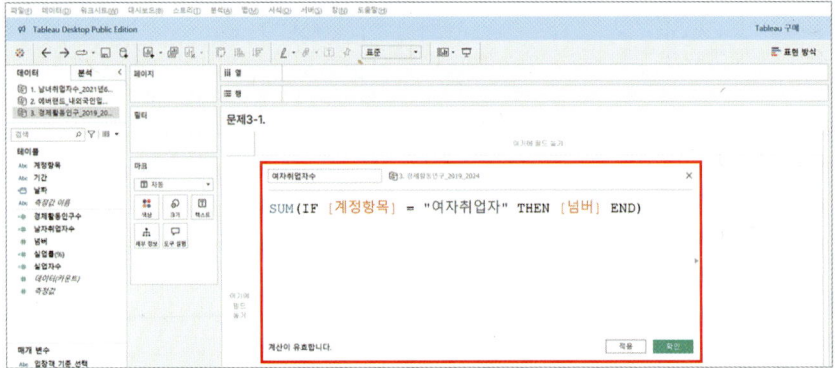

7. 취업자수라는 계산된 필드를 만든다.

 [남자취업자수] + [여자취업자수]

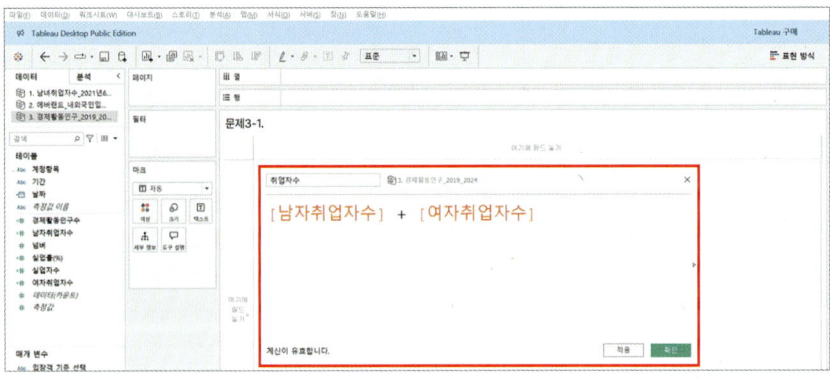

8. 15세이상인구수라는 계산된 필드를 만든다.

 SUM(IF [계정항목] = "15세이상인구" THEN [넘버] END)

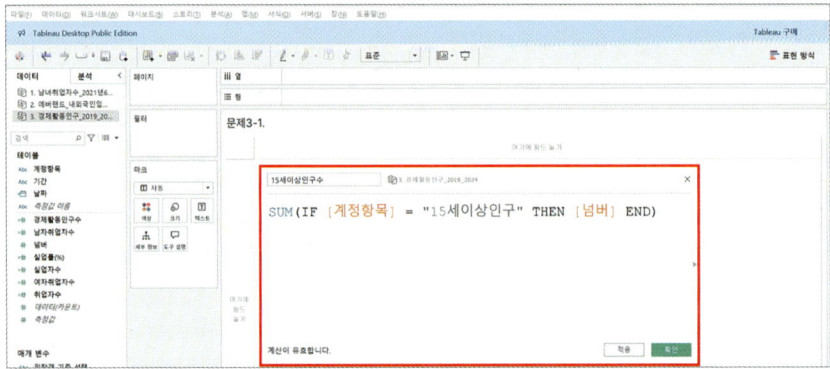

9. 고용률(%)이라는 계산된 필드를 만든다.

  [취업자수] / [15세이상인구수] * 100

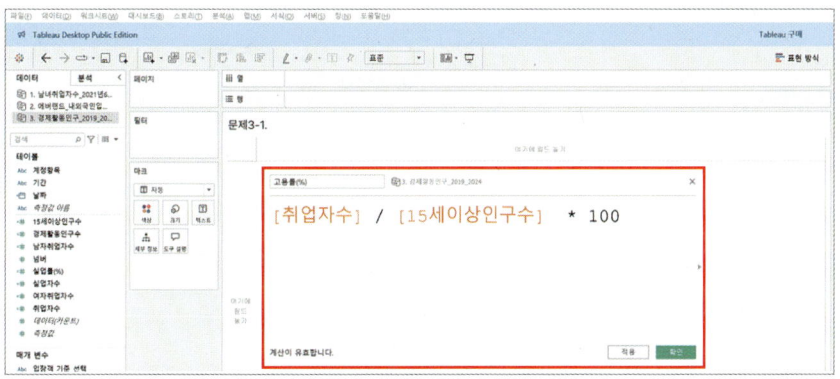

10. 경제활동참가율(%)이라는 필드를 만든다.

  [경제활동인구수] / [15세이상인구수] * 100

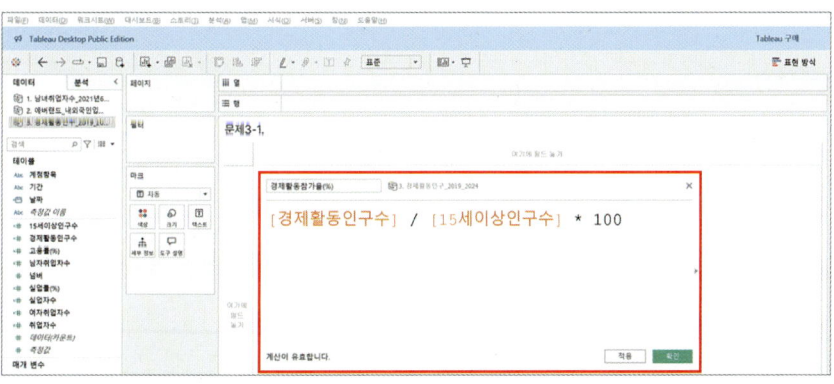

❷ 실업률(%), 고용률(%), 경제활동참가율(%)을 한눈에 볼 수 있는 화면을 구성하시오. (4점)
- 행/열 선반 및 필터 선반을 추가
  - 측정값 카드: 실업률(%), 고용률(%), 경제활동참가율(%) 순으로 배치
  - 열 선반: 측정값 이름
  - 필터 선반: [날짜]의 [연도/월](단, '통합 문서를 연 최근 날짜 값으로 필터링' 활용)

1. [실업률(%)] 필드를 텍스트 마크에 놓고, 측정값에 있는 [고용률(%)]과 [경제활동참가율(%)] 필드를 각각 더블 클릭해 측정값 카드를 만든다.

2. 측정값 카드에서 순서를 실업률(%), 고용률(%), 경제활동참가율(%) 순으로 배치한다.

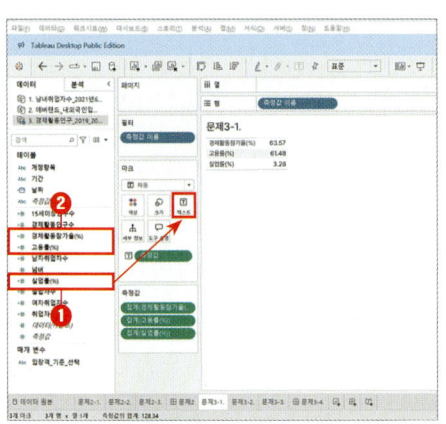

3. 행 선반에 있는 [측정값 이름]을 드래그해서 열 선반에 놓는다.

4. 차원에 있는 [날짜] 필드를 드래그해서 필터 선반에 놓는다. 그리고 '연도/월'을 선택하고 '다음' 버튼을 선택한다.

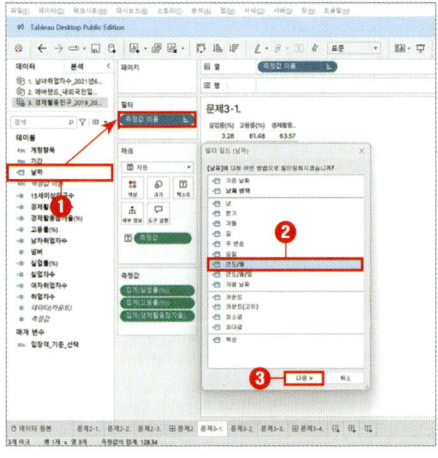

5. 필터 대화 상자에서 하단에 있는 '통합 문서를 연 최근 날짜 값으로 필터링'을 체크하고 확인 버튼 선택한다.

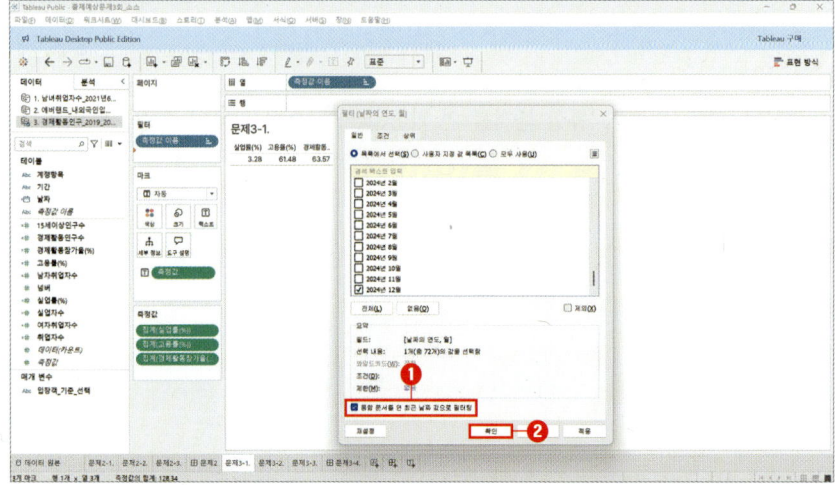

❸ **마크를 편집하시오. (4점)**
- 마크: 원
- 원 안에 레이블을 각각의 필드로 표시
- 레이블: 가로를 가운데 맞춤, 12pt
- 마크 색상은 '측정값 이름'을 활용해 다음과 같이 설정
  - 실업률(%): #767f8b
  - 고용률(%): #8fb202
  - 경제활동참가율(%): #00a2b3
- 툴바 맞춤 전체 보기로 변경

1. 마크를 원으로 변경한다.

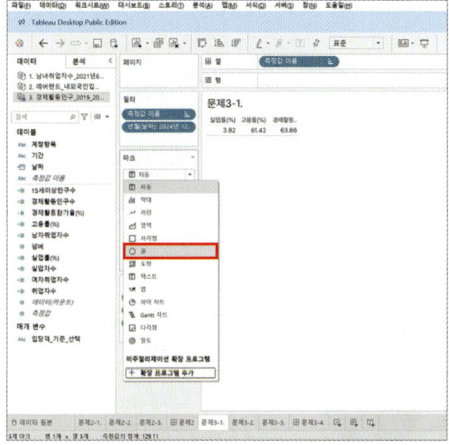

2. 레이블 마크에 있는 [측정값] 왼쪽에 있는 아이콘을 눌러서 세부 정보로 역할을 변경한다.

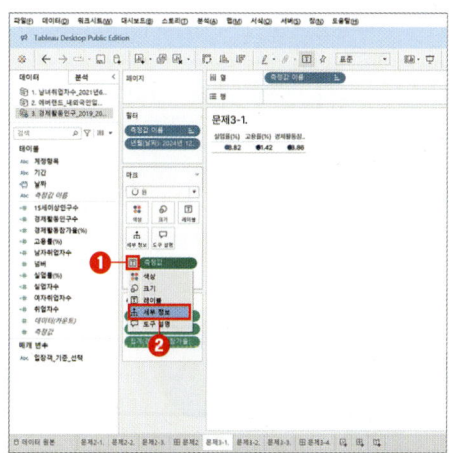

3. 열 선반에 있는 [측정값 이름]을 Ctrl 키 누른 다음에 드래그해서 레이블 마크에 복제한다.

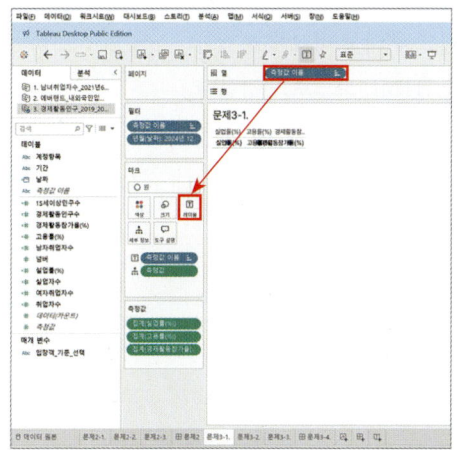

4. 툴바의 맞춤을 전체 보기로 변경한다.

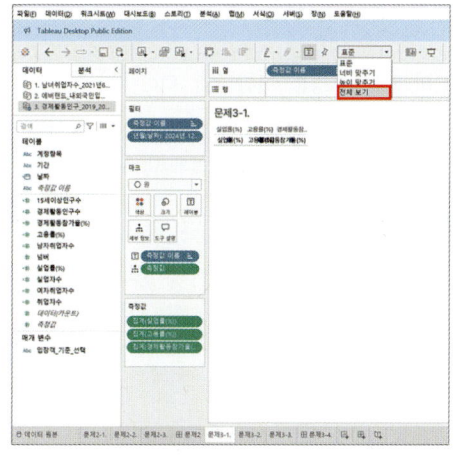

5. 레이블 마크에서 맞춤을 선택한 뒤 가로 정렬을 가운데로 설정한다.

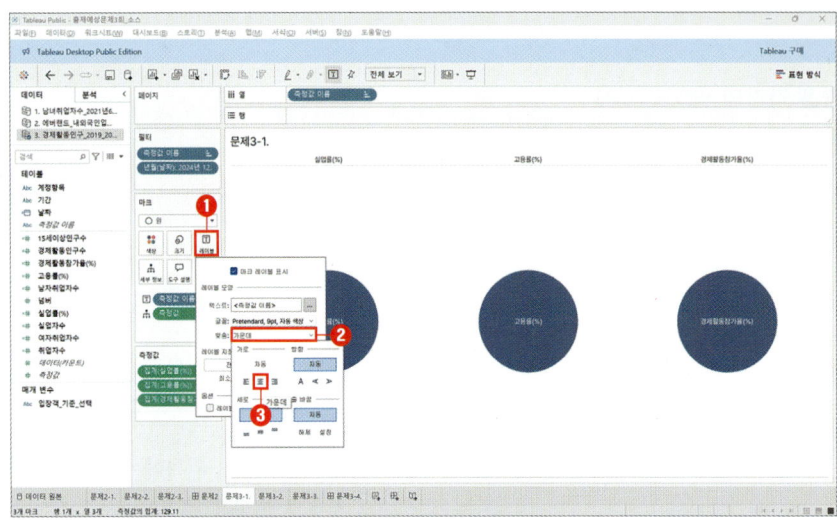

6. 레이블 마크에서 글꼴을 선택해 크기를 12pt로 변경한다.

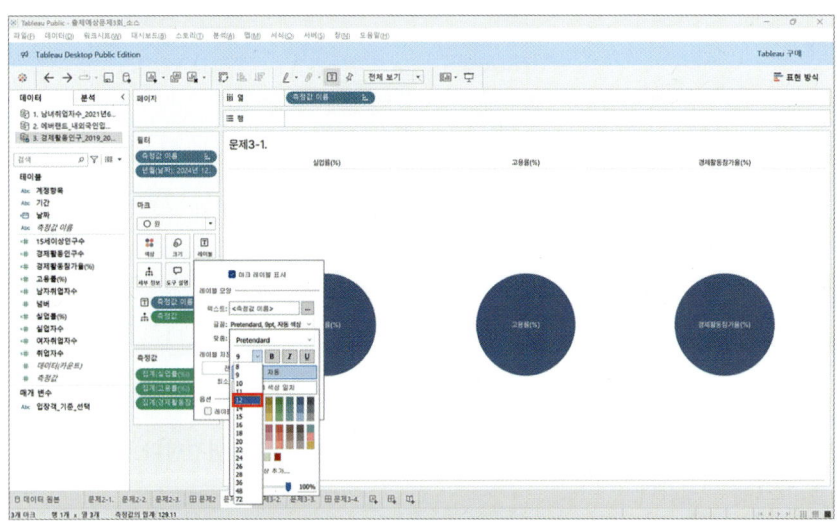

7. 레이블 마크의 [측정값 이름]을 Ctrl 키를 누른 상태에서 드래그해 색상 마크에 복제한다.
8. 색상 마크에서 색상 편집을 선택한 뒤, 각 데이터 항목의 색상을 HTML 코드로 변경한다.

- 실업률(%): #767f8b
- 고용률(%): #8fb202
- 경제활동참가율(%): #00a2b3

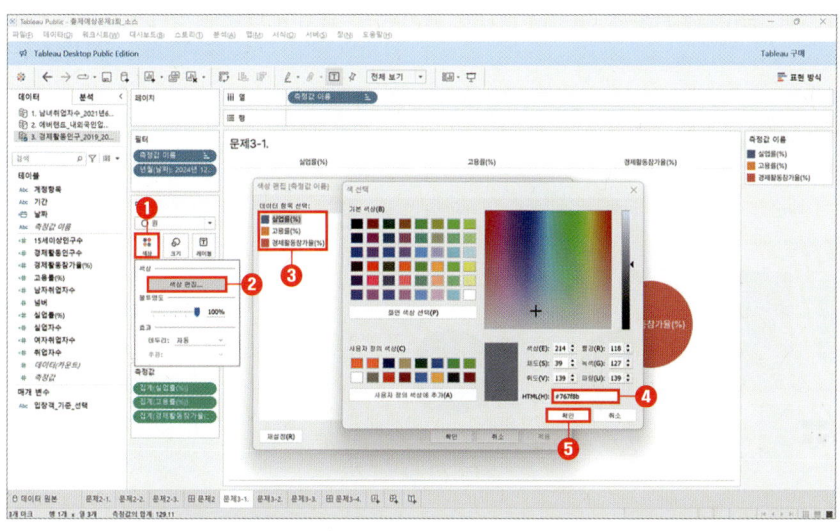

❹ 다음 가이드에 따라 서식을 적용하시오. (2점)
- 테두리 서식에서 시트 → 기본값 → 패널 실선 추가
- 라인 서식에서 시트 탭의 축 눈금자의 색상을 '#b4b4b4'로 변경
- '측정값이름' 머리글 표시 해제

1. 뷰에서 마우스 오른쪽 버튼을 눌러 서식을 선택한 후, 테두리 서식의 시트 탭에서 기본값 패널을 실선으로 변경하고 색상을 추가한다.

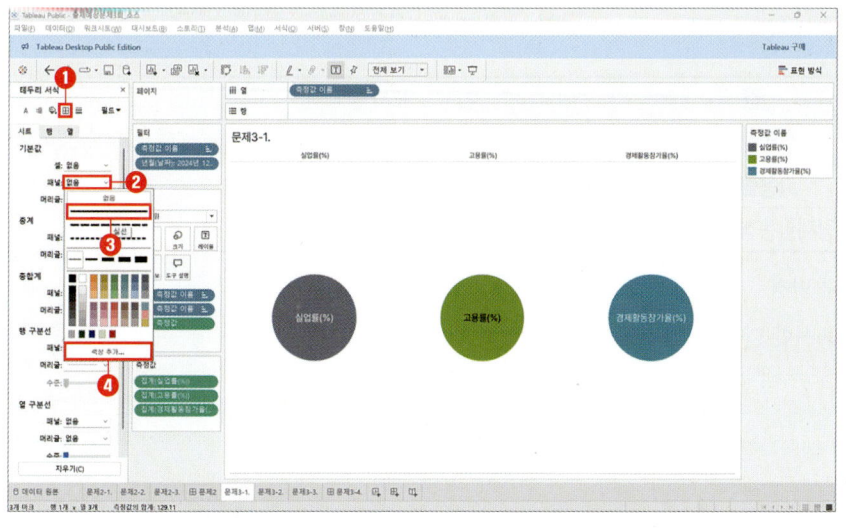

2. 색상 추가에서 HTML 코드 #b4b4b4를 입력한 뒤 확인 버튼을 클릭하고, 서식 메뉴를 닫는다.

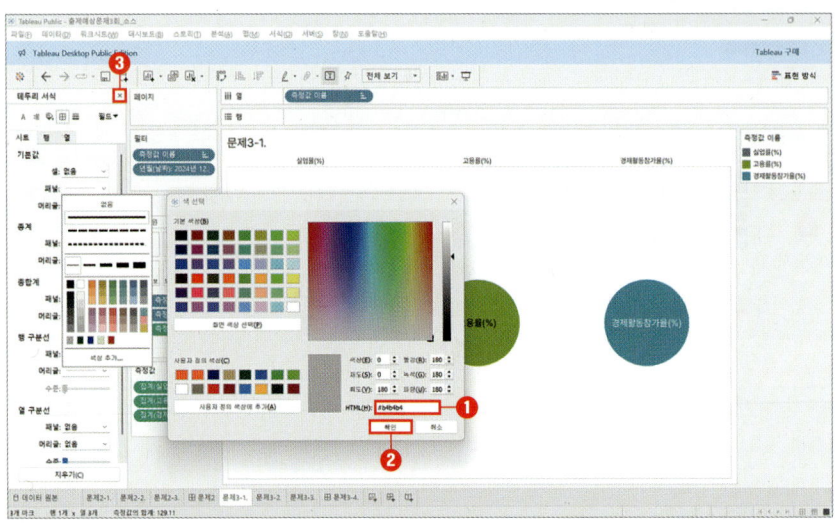

3. 열 선반에 있는 [측정값 이름]에 마우스 우클릭 → 머리글 표시를 클릭해 해제한다.

---

2. '문제3-2' 시트에서는 월별로 주요 고용 지표의 추이를 볼 수 있도록 라인 차트를 제작하시오. (10점)

❶ 다음과 같이 매개 변수 생성 후 매개 변수를 표시하시오. (3점)

- 매개 변수 생성
  - 매개 변수 이름: [p.고용지표선택]
  - 데이터 유형: 문자열
  - 허용 가능한 값: 목록

값	표시 형식
실업률(%)	실업률
고용률(%)	고용률
경제활동참가율(%)	경제활동참가율

- 매개 변수 형태 변경
  - 매개 변수 표시한 다음에 '단일 값 목록' 형태로 변경

1. 문제3-2 시트를 열고, 좌측 사이드 바 검색창 오른쪽 끝의 [▼] 버튼을 눌러 매개 변수 만들기를 선택한다.

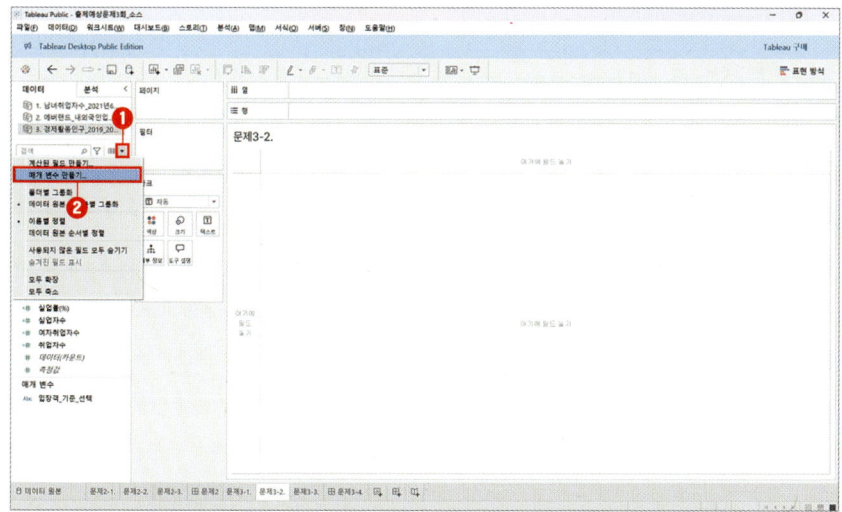

2. 'p.고용지표선택'이라는 문자열 매개 변수를 만들고 확인 버튼 선택한다.

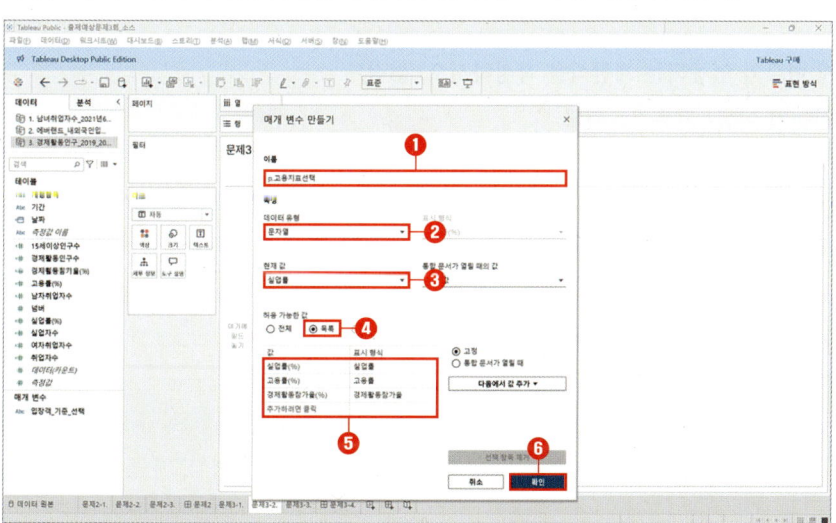

3. [p.고용지표선택]이라는 매개 변수에 마우스 우클릭 → 매개 변수 표시 선택한다.

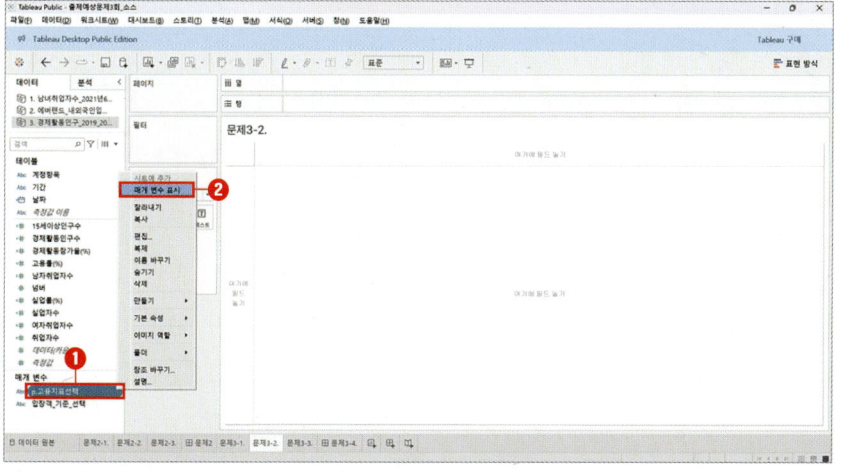

4. 뷰 오른쪽에 표시된 매개 변수인 [p.고용지표선택] 이름에 나타나는 [▼]를 클릭하고 '단일 값 목록'을 선택한다.

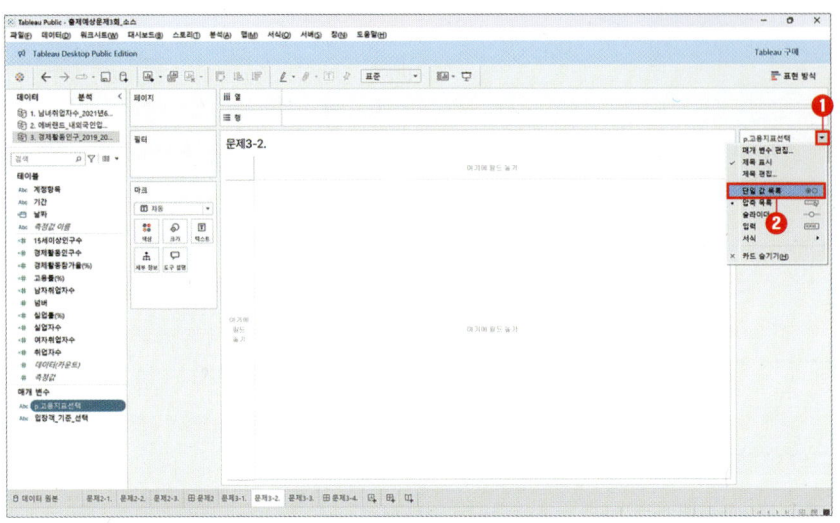

❷ 앞에서 만든 매개 변수와 연동되는 계산식을 작성하시오. (3점)
- 계산된 필드 만들기 이름: 고용지표선택
   – 사용 필드: [실업률(%)], [고용률(%)], [경제활동참가율(%)]
   – 사용 함수: CASE, WHEN, THEN, END
   – 필드 유형: 숫자

1. 고용지표선택이라는 새로운 계산식을 만든다.

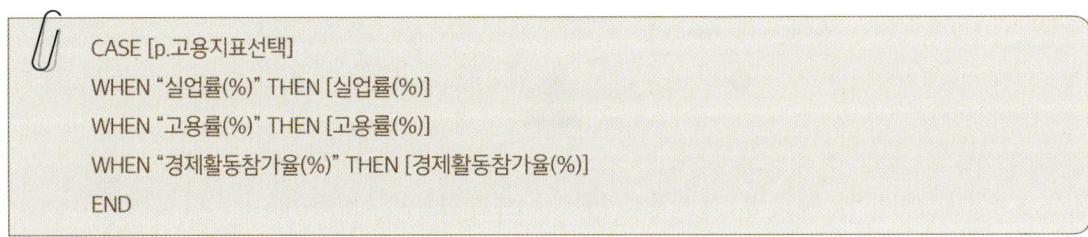

CASE [p.고용지표선택]
WHEN "실업률(%)" THEN [실업률(%)]
WHEN "고용률(%)" THEN [고용률(%)]
WHEN "경제활동참가율(%)" THEN [경제활동참가율(%)]
END

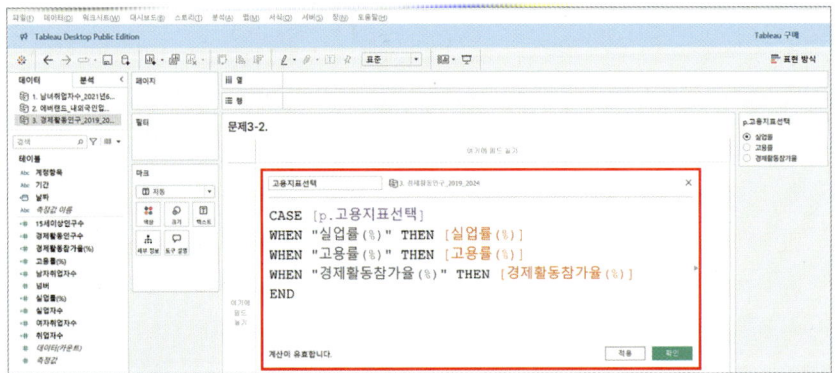

❸ 월별 고용 지표를 볼 수 있는 라인 차트를 제작하시오. (4점)
- 열 선반: 연속형 월(날짜)
- 행 선반: [고용지표선택]
- 색상 마크: [p.고용지표선택]
  - 실업률: #767f8b
  - 고용률: #8fb202
  - 경제활동참가율: #00a2b3
- 레이블 마크: [고용지표선택] (레이블 지정할 마크: 최소/최대) (숫자: 소수 자릿수: 2)
- 축 편집: 0 포함 해제
- 축 제목: [p.고용지표선택] 매개 변수에 따라 다르게 적용되도록 설정

1. 차원에 있는 [날짜] 필드를 마우스 오른쪽으로 드래그해서 열 선반에 놓은 다음에 연속형 월(날짜)을 선택하고 확인 버튼 선택한다.

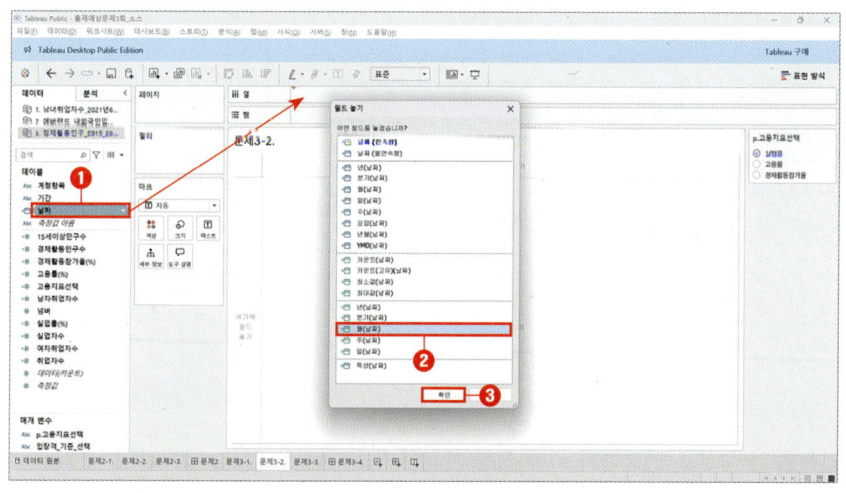

2. 측정값에 있는 [고용지표선택]을 드래그해서 행 선반에 놓는다.
3. 매개 변수 섹션에 있는 [p.고용지표선택]을 드래그해서 색상 마크에 놓는다.

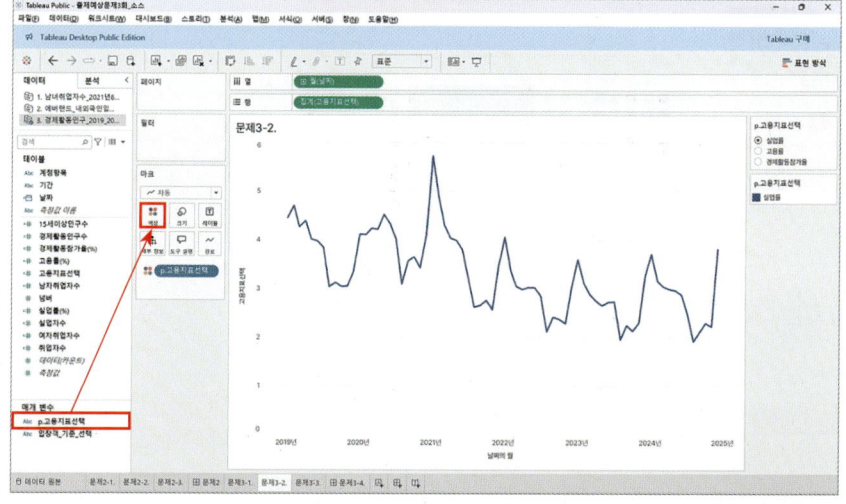

4. [p.고용지표선택]에서 '실업률'의 색상을 변경하기 위해 색상 마크의 색상 편집을 열고, 데이터 항목에서 '실
   업률'을 더블 클릭한 뒤 색상을 선택해 HTML 코드 #767f8b를 입력하고 확인 버튼을 클릭한다.

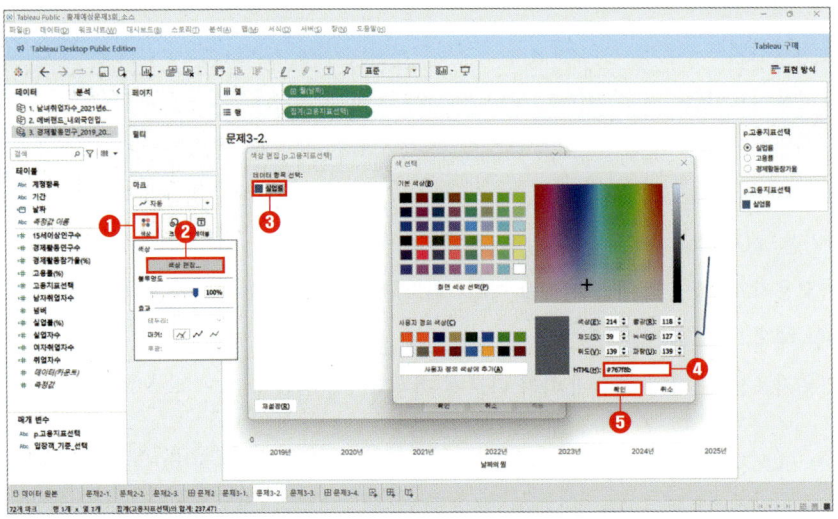

5. 뷰 오른쪽에 있는 [p.고용지표선택]의 값을 '고용률'로 변경한다.

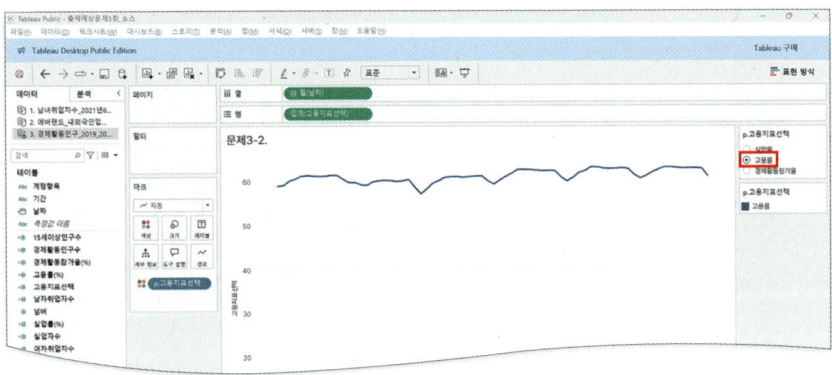

6. [p.고용지표선택]에서 '고용률'의 색상을 변경하기 위해 색상 마크의 색상 편집을 열고, 데이터 항목에서 '고
   용률'을 더블 클릭한 뒤 색상을 선택해 HTML 코드 #8fb202를 입력하고 확인 버튼을 클릭한다.

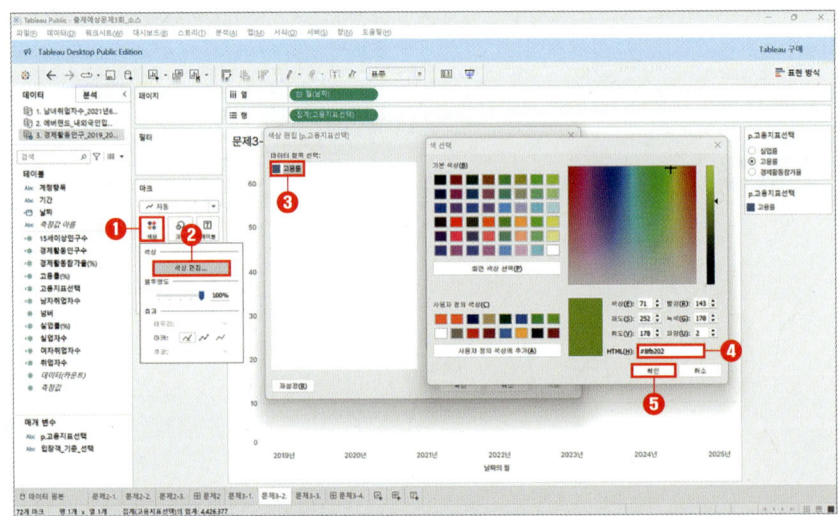

7. 뷰 오른쪽에 있는 [p.고용지표선택]의 값을 '경제활동참가율'로 변경한다.
8. [p.고용지표선택]에서 '경제활동참가율'의 색상을 변경하기 위해 색상 마크의 색상 편집을 열고, 데이터 항목에서 '경제활동참가율'을 더블 클릭한 뒤 색상을 선택해 HTML 코드 #00a2b3를 입력하고 확인 버튼을 클릭한다.

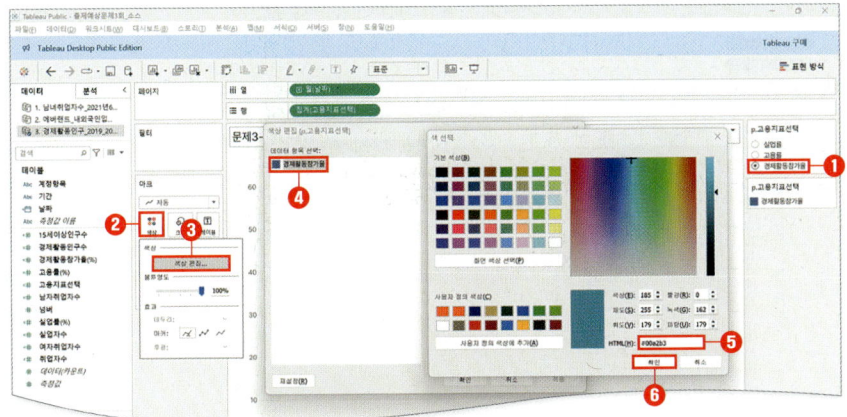

9. 측정값에 있는 [고용지표선택] 필드를 드래그해서 레이블 마크에 놓는다.

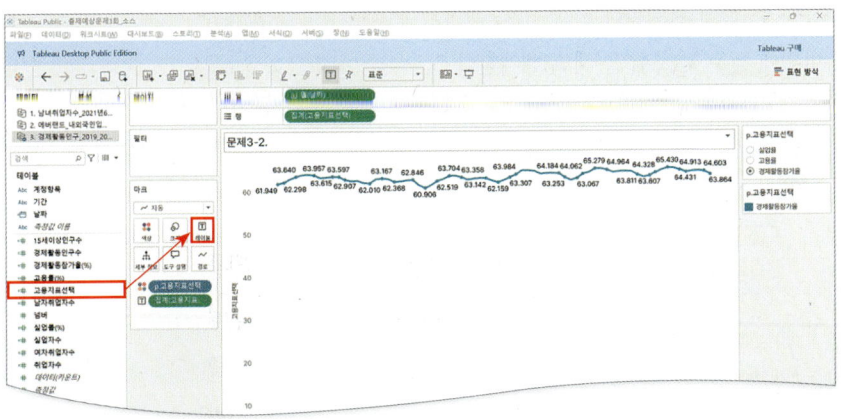

10. 레이블 마크를 선택한 다음에 레이블 지정할 마크를 '최소/최대'로 선택한다.

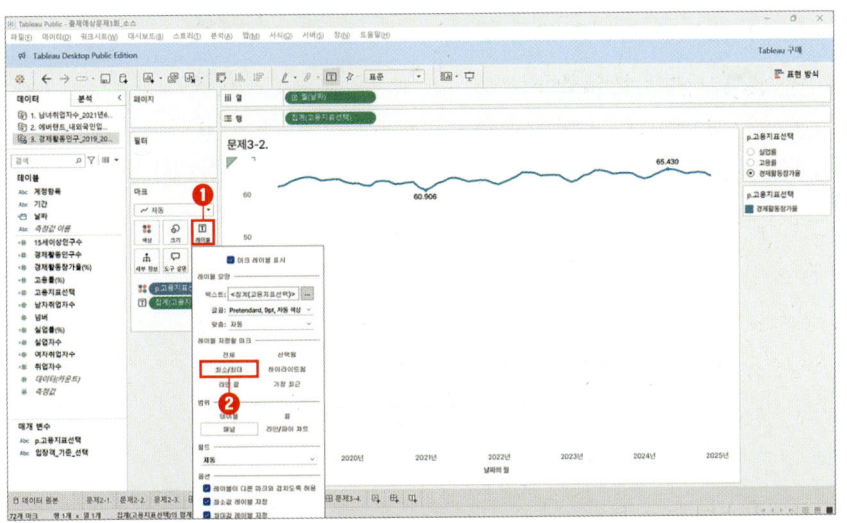

11. 레이블 마크 역할하고 있는 [집계(고용지표선택)]에 우클릭 → 서식을 선택한다.
12. 서식 메뉴의 패널 탭에서 기본값을 숫자(사용자 지정)로 설정한 뒤 소수 자릿수를 2로 지정하고, 서식 메뉴를 닫는다.

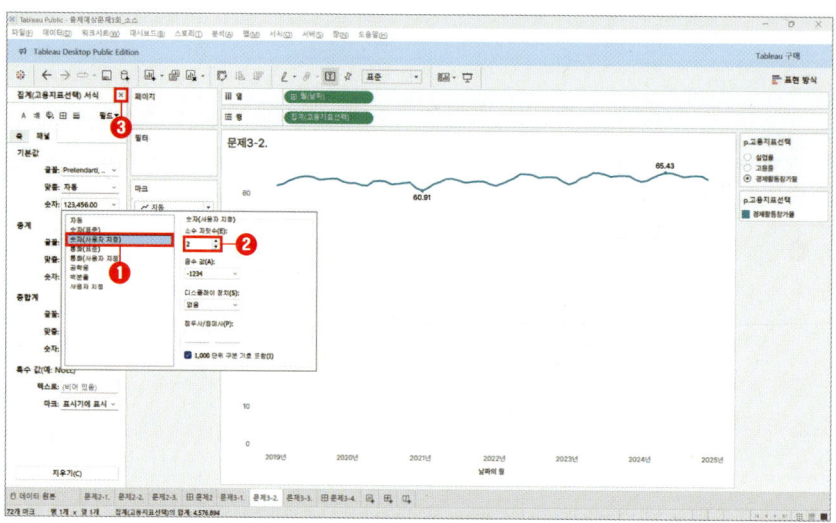

13. 왼쪽 축에 마우스 우클릭 → 축 편집 선택한다.
14. 축 편집 대화 상자에서 범위에 있는 '0 포함'을 체크 해제한다.

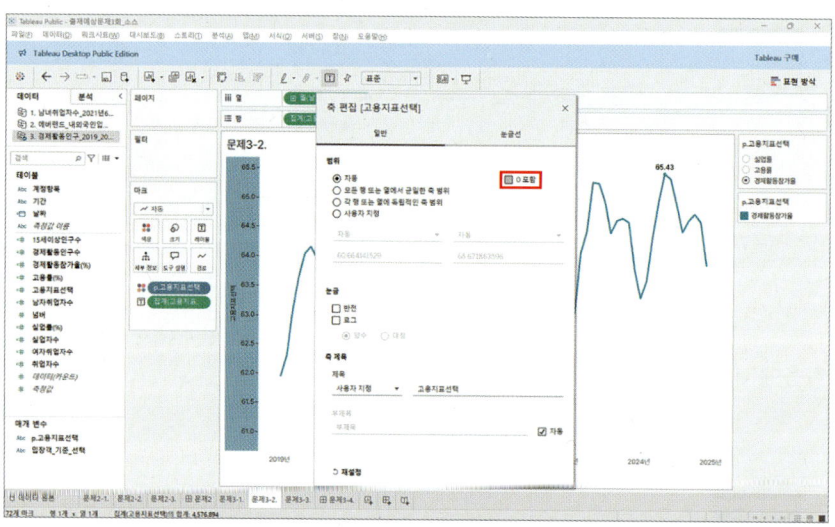

15. 축 편집 대화 상자에서 축 제목 → 제목 → 사용자 지정 → p.고용지표선택을 선택하고 편집 대화 상자는 닫는다.

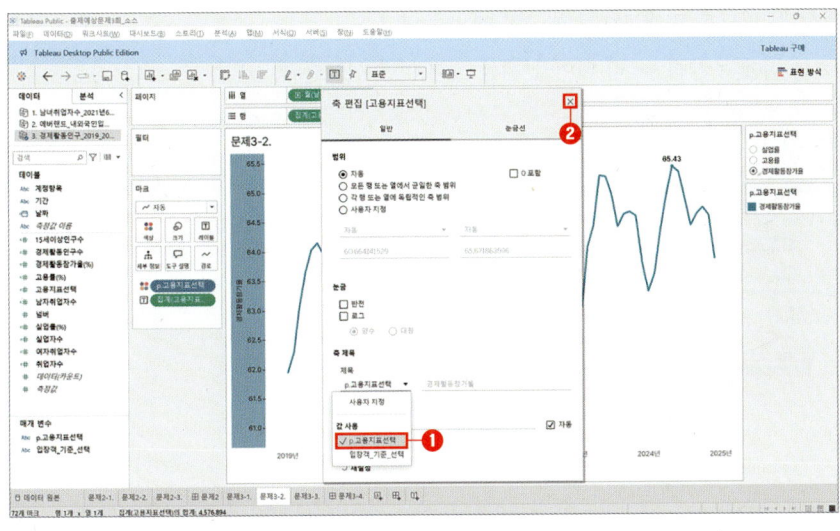

3. '문제3-3' 시트에서 전년 동월 대비 증감을 볼 수 있는 추이를 막대로 표현하시오. (10점)

❶ 전년 동월 대비 증감을 볼 수 있는 차트를 제작하시오. (전년 동월 대비란, 전년 같은 달과 차이 비교) (5점)

- 고용지표 추이 제작
  - 열 선반: 불연속형 년(날짜), 불연속형 월(날짜)
  - 행 선반: [고용지표선택]
- 테이블 계산 적용
  - 퀵 테이블 계산: 차이
  - 테이블 계산 편집: 특정 차원 편집(전년 동월 차이 값을 구하기 위해 연도는 이전, 월은 동일)

1. 차원에 있는 [날짜] 필드를 드래그해서 열 선반에 놓는다.
2. 열 선반의 [년(날짜)] 앞 [+] 버튼을 눌러 [분기(날짜)]까지, 다시 [+] 버튼을 눌러 [월(날짜)]까지 펼친 후 가운데 있는 [분기(날짜)]는 선반 밖으로 드래그해 제거한다.

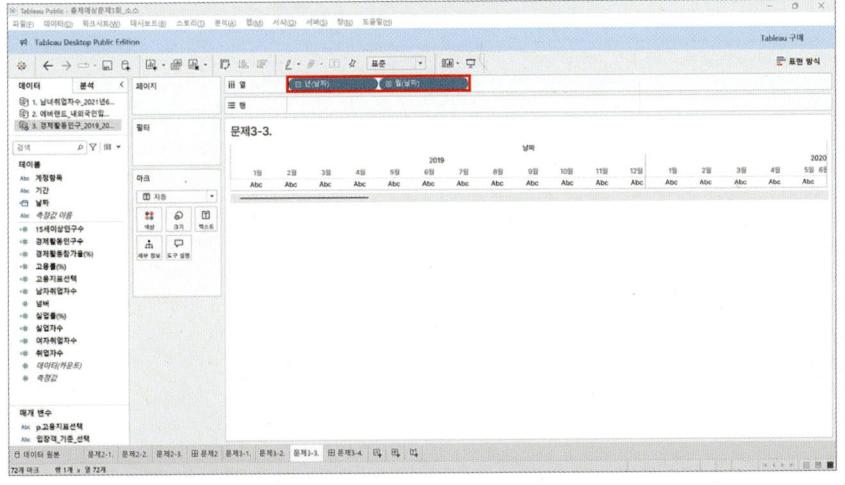

3. 측정값에 있는 [고용지표선택] 필드를 드래그해서 행 선반에 놓는다.

4. 행 선반에 있는 [고용지표선택]에 우클릭 → 퀵 테이블 계산 → 차이를 선택한다.

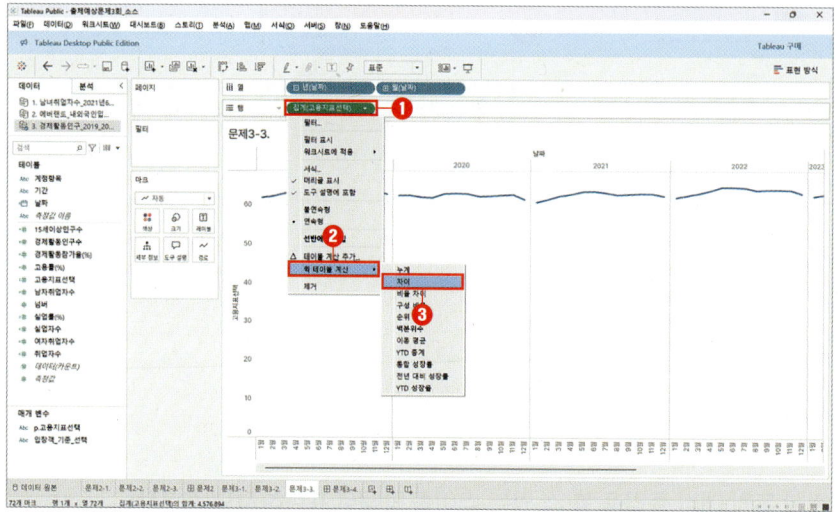

5. 행 선반에 있는 [고용지표선택]에 우클릭 → 테이블 계산 편집을 선택한다.

6. 전년 동월 대비 차이 설정을 위해 테이블 계산 편집 대화 상자에서 특정 차원 → 날짜의 월을 체크 해제하고 편집 대화 상자는 닫는다.

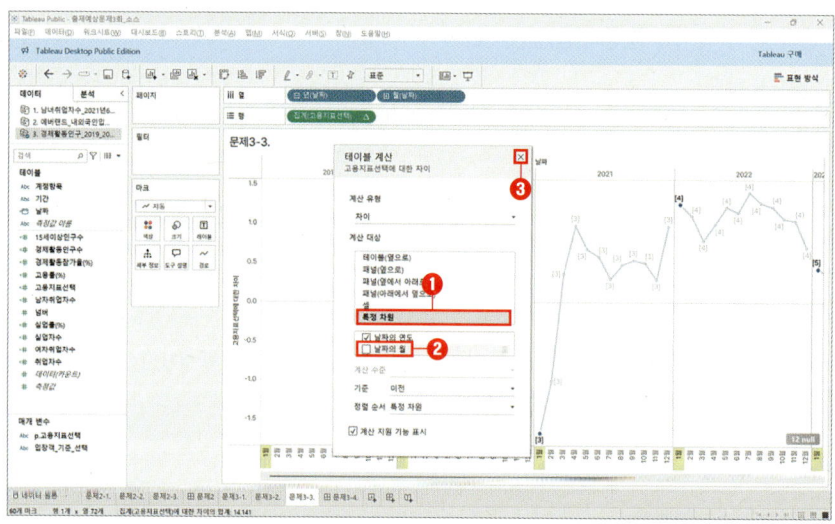

❷ 전년 동월 대비 증감 지표를 직관적으로 변경하시오. (5점)

- 마크 설정
  - 마크: 막대
  - 맨 왼쪽에 있는 2019년은 숨기기
  - 색상 마크: 행 선반에 적용한 [고용지표선택] 차이를 복제해 색상 적용

- 서식 변경
  - '연도' 머리글 서식: 2자리로 표시
  - '월' 머리글 서식: '날짜' 표시 형식: '숫자'로 변경
- 맞춤 설정
  - 툴바 '맞춤': 전체 보기

1. 마크 유형을 자동 설정된 '라인'에서 '막대'로 변경한다.

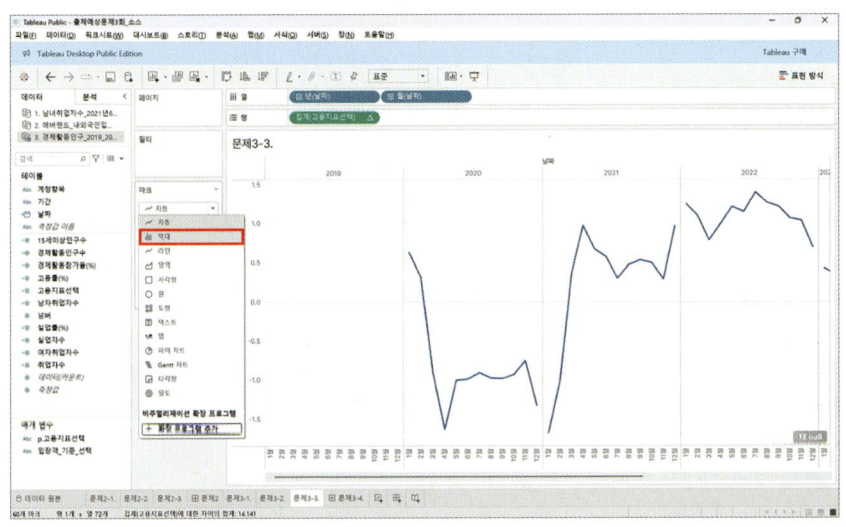

2. 2019 머리글에 우클릭 → 숨기기 선택한다.

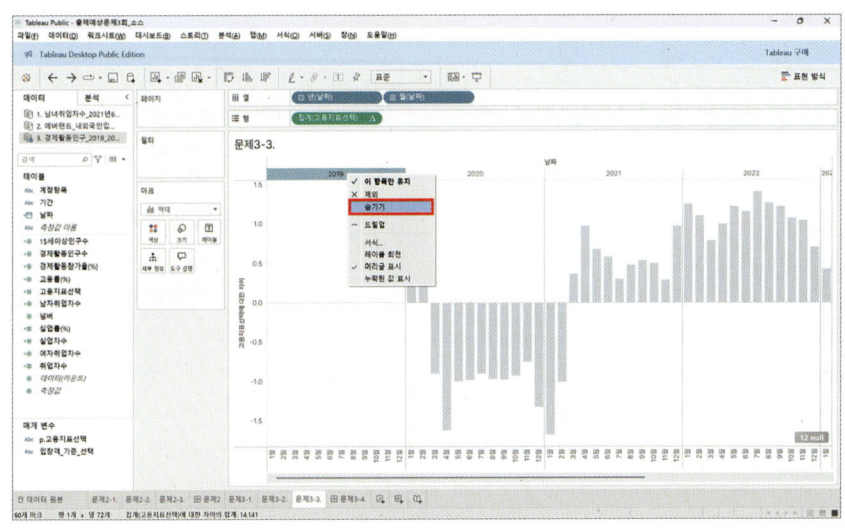

3. 행 선반의 [고용지표선택] 필드를 Ctrl 키를 누른 상태에서 드래그해 색상 마크에 놓는다.
4. 연도 머리글에 우클릭 → 서식을 선택한다.

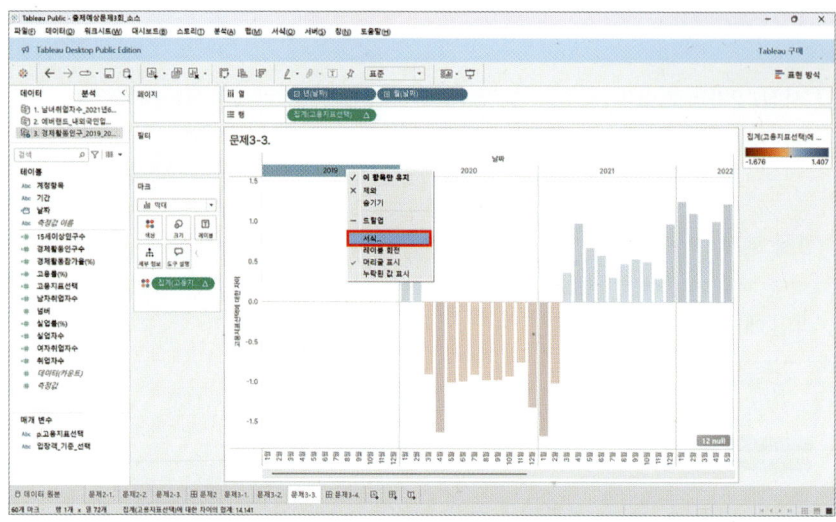

5. 년(날짜) 서식 메뉴에서 머리글 → 기본값 → 날짜를 2자리로 변경하고 서식 메뉴 닫는다.

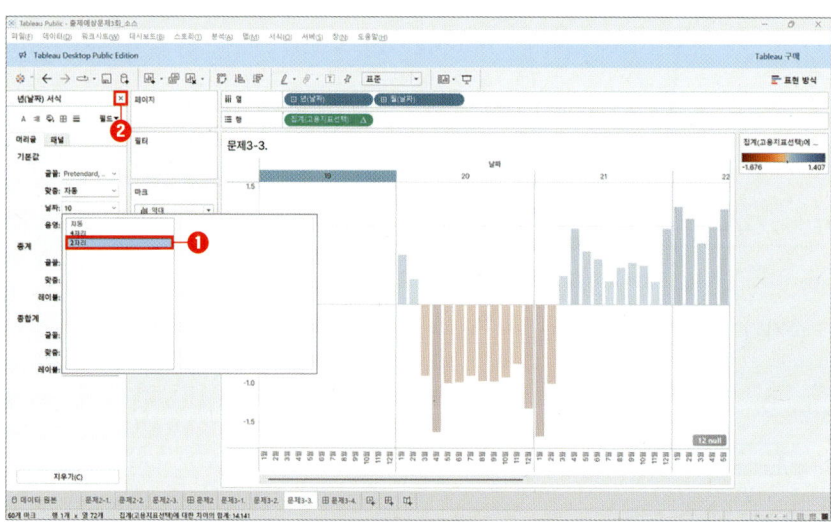

6. 하단 월(날짜) 머리글에 우클릭 → 서식을 선택한다.

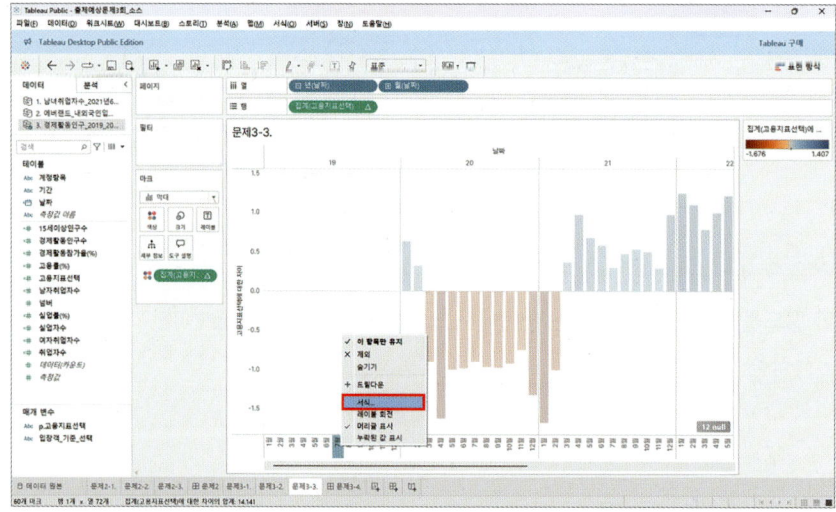

7. 월(날짜) 서식 메뉴에서 머리글 → 기본값 → 날짜를 숫자로 변경하고 서식 메뉴 닫는다.

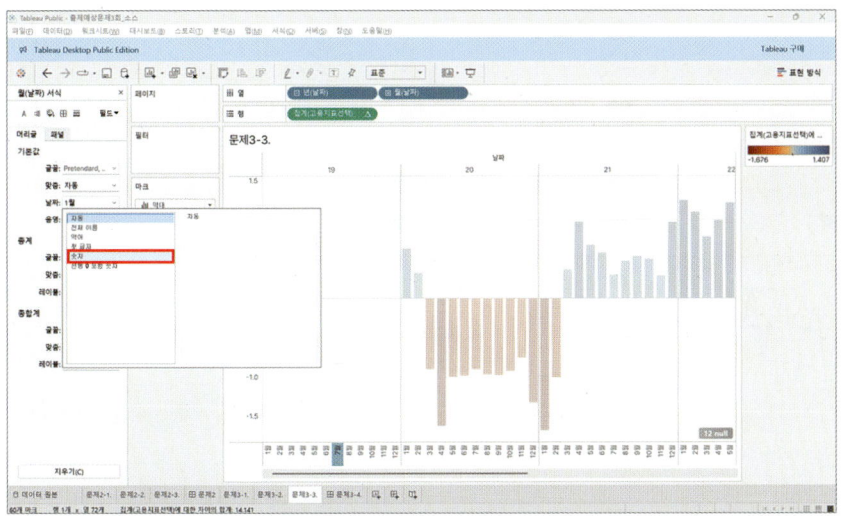

8. 툴바의 맞춤을 전체 보기로 변경한다.

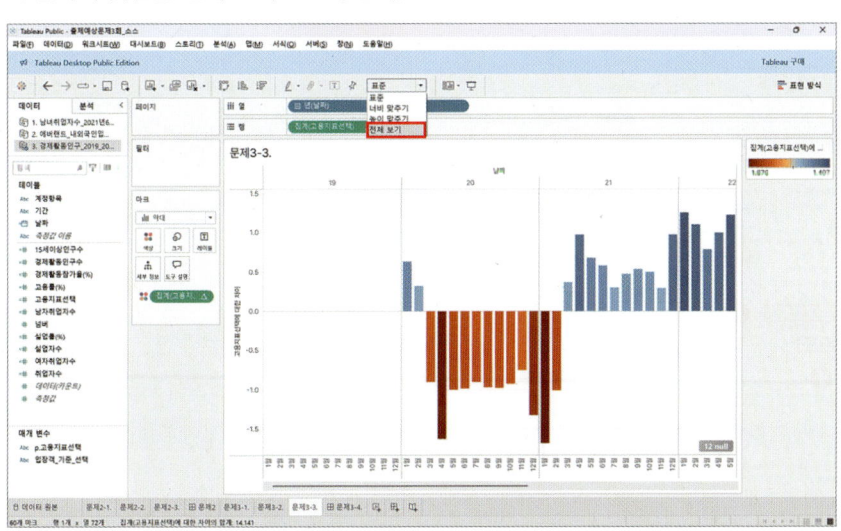

4. '문제3-4' 대시보드에서 대시보드 매개 변수 동작 및 콘텐츠 편집을 하시오. (10점)

❶ '문제3-1' 시트에 임의의 주요 고용 지표를 선택하면 '문제3-2'와 '문제3-3' 시트에 해당 지표 기준으로 변경되도록 대시보드 동작을 설정하시오. (4점)

• 매개 변수 동작 이름: p.고용지표선택_동작
  - 원본 시트: 문제3-1
  - 동작 실행 조건: 선택
  - 대상 매개 변수: p.고용지표선택
  - 원본 필드: 측정값 이름
  - 선택을 해제할 경우의 결과: 현재 값 유지

1. 상단 '대시보드'에서 메뉴 → 동작을 선택한다.

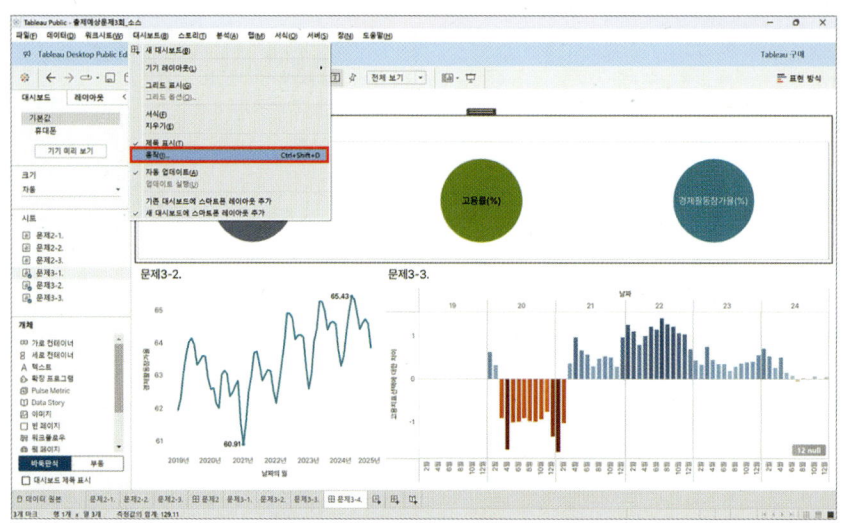

2. 동작 추가 → '매개 변수 변경'을 클릭한다.

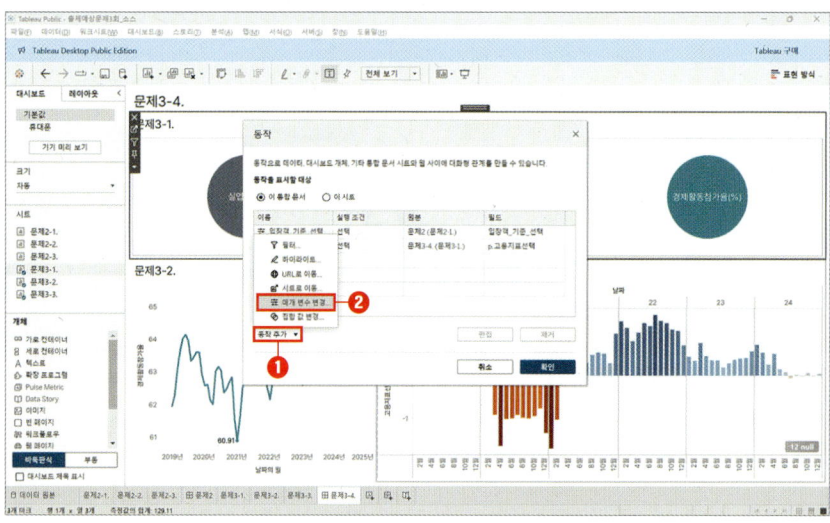

3. 다음과 같이 매개 변수 동작을 추가하고 확인 버튼 선택한다.

- 매개 변수 동작 이름: p.고용지표선택_동작
  - 원본 시트: 문제3-1
  - 동작 실행 조건: 선택
  - 대상 매개 변수: p.고용지표선택
  - 원본 필드: 측정값 이름

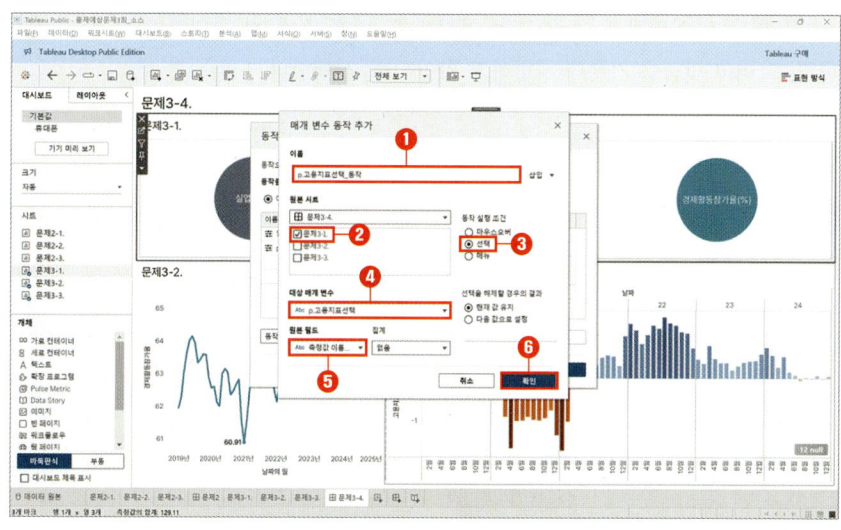

> ❷ 각 시트의 제목을 변경하시오. (3점)
>
> • '문제3-1' 시트의 제목은 다음과 같이 편집
>   - 첫 번째 줄: 필터 설정한 최근 '년월(날짜)'이 나오고 '주요 고용 지표' 추가함
>   - 두 번째 줄: '▼ 클릭하면 상세 추이를 볼 수 있습니다.'
>   - 제목 모두 가운데 정렬
> • '문제3-2' 시트의 제목은 다음과 같이 편집
>   - '월별 추이 ([p.고용지표선택] 기준)'
>   - 가운데 정렬
> • '문제3-3' 시트의 제목은 다음과 같이 편집
>   - '전년 동월 대비 ([p.고용지표선택] 기준)'
>   - 가운데 정렬

1. 문제3-1 시트 제목을 더블 클릭한 후 제목 편집 대화 상자에서 기존의 〈시트 이름〉을 삭제한다.
2. 같은 대화 상자에서 우측 상단의 삽입 버튼을 눌러 '년월(날짜)'을 선택한다.

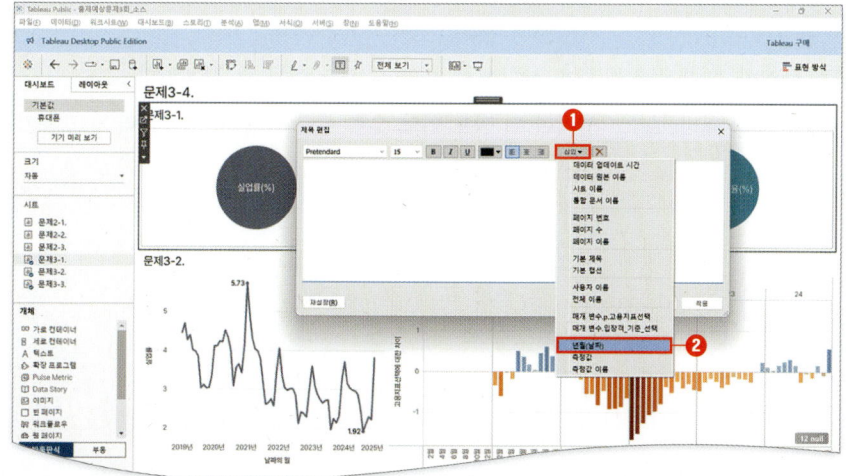

3. 〈년월(날짜)〉 뒤에 '주요 고용 지표'라 입력하고 Enter 키 입력해 두 번째 줄에 '▼ 클릭하면 상세 추이를 볼 수 있습니다.'로 작성한다. 그리고 맞춤을 가운데 정렬하고 확인 버튼 선택한다.

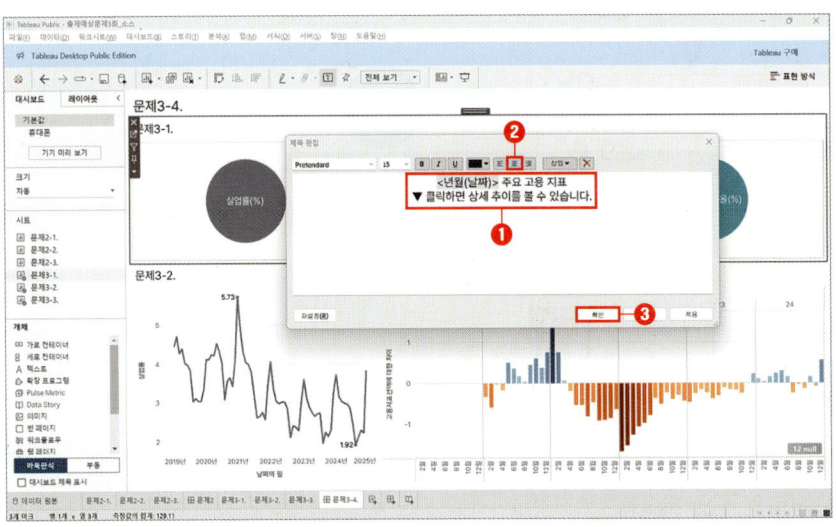

4. 문제3-2 시트 제목을 더블 클릭한 후 제목 편집 대화 상자에서 기존의 〈시트 이름〉을 삭제한다.
5. 가운데 정렬을 적용하고 '월별 추이( )'라고 입력한 뒤 괄호 안에 우측 상단 삽입 버튼을 눌러 'p.고용지표선택'을 선택하고 확인 버튼을 클릭한다.

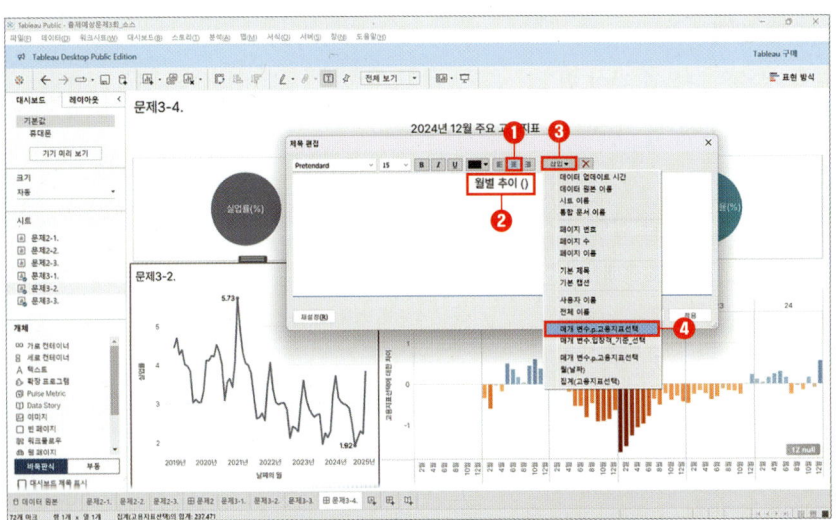

6. 문제3-3 시트 제목을 더블 클릭한 후 제목 편집 대화 상자에서 기존의 〈시트 이름〉을 삭제한다.
7. 가운데 정렬을 적용하고 '전년 동월 대비( )'라고 입력한 뒤 괄호 안에 우측 상단 삽입 버튼을 눌러 'p.고용지표선택'을 선택하고 확인 버튼을 클릭한다.

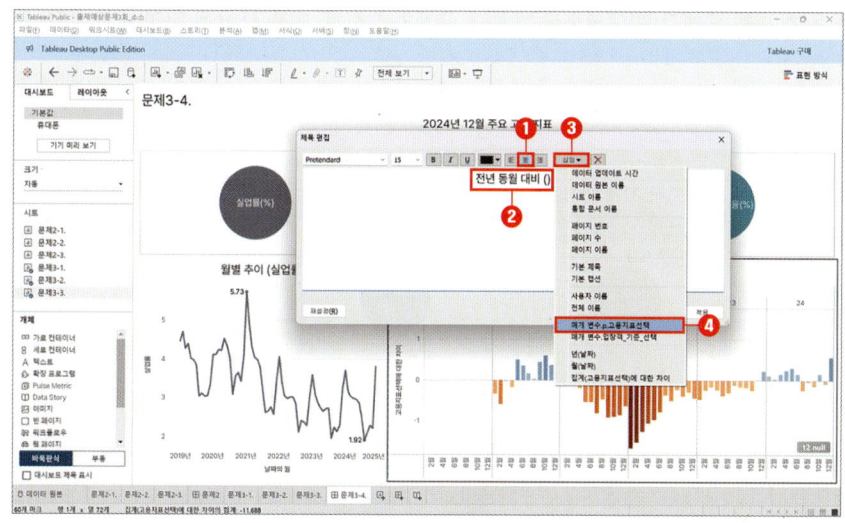

❸ '문제3-4' 제목과 제목 아래 언더라인을 추가하시오. (3점)

- 대시보드의 제목을 "주요 고용 지표 대시보드"로 편집
  - 글꼴: 28pt
  - 정렬: 가운데
- 대시보드 제목 아래 언더라인 추가
  - 대시보드 개체 중 '텍스트' 개체를 대시보드 제목과 '문제2-1' 제목 사이에 배치하면 텍스트 편집창이 나오는데 그냥 닫기
  - 대신 '레이아웃' 패널에서 백그라운드를 '#c0c0c0' 색상으로 편집
  - 텍스트 개체 높이를 '12px'로 변경

1. 문제3-4 대시보드 제목을 더블 클릭한 후 제목 편집 대화 상자에서 기존의 〈시트 이름〉을 삭제한다.
2. 제목을 '주요 고용 지표 대시보드'로 입력한 뒤 가운데 정렬을 적용하고 폰트 크기를 28pt로 변경한다.

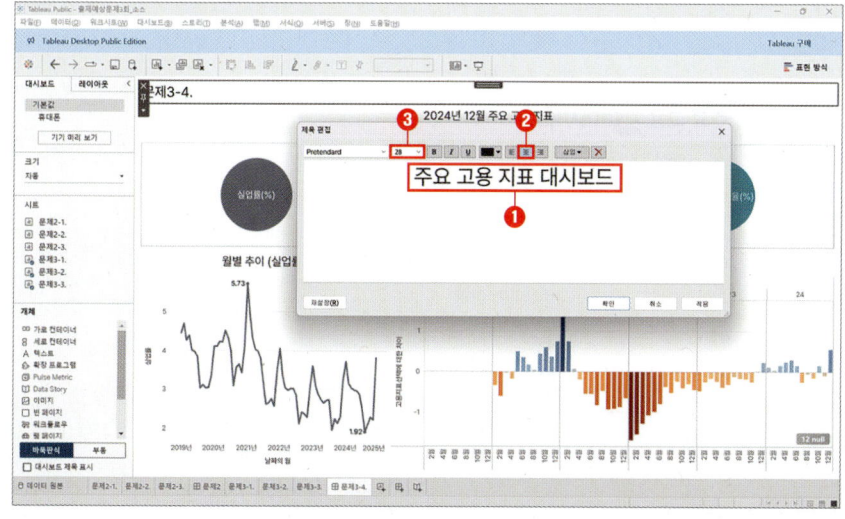

3. 좌측 하단 개체에서 텍스트 개체를 드래그해 대시보드 제목과 문제3-1 시트 제목 사이에 점선이 표시될 때 놓는다.

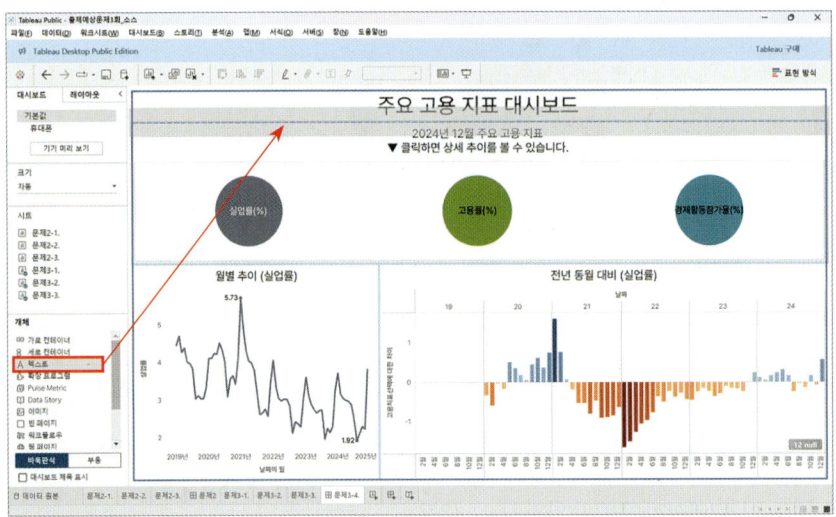

4. 텍스트 편집 대화 상자가 나타나면 별도의 입력 없이 바로 확인 버튼을 클릭한다.

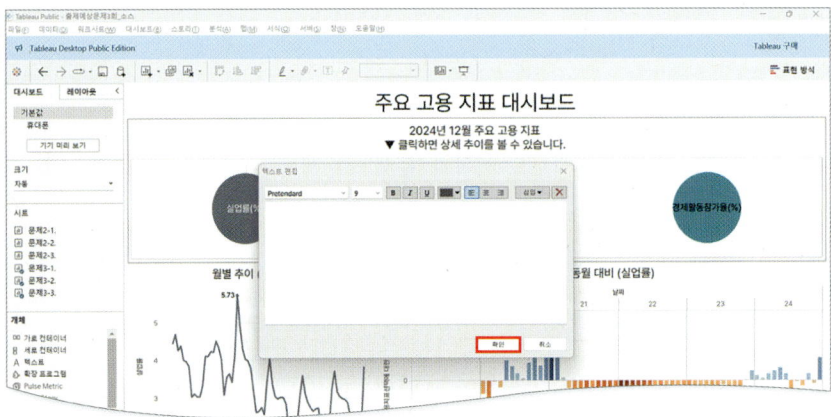

5. 좌측 사이드 바를 레이아웃 패널로 변경하고 백그라운드 → 색상 추가를 선택한다.

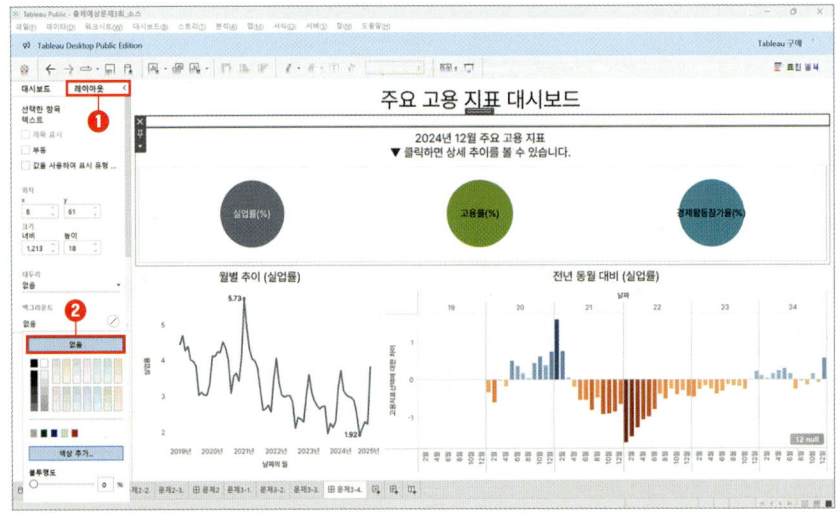

6. 색 선택 편집 대화 상자에서 HTML의 값을 '#c0c0c0' 입력하고 확인 버튼 선택한다.

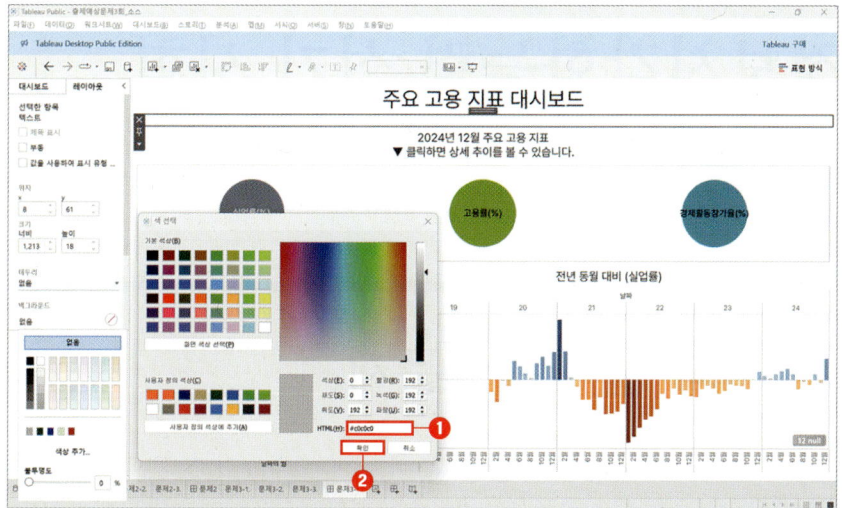

7. 텍스트 개체에 [▼] 누른 후 '높이 편집'을 선택한 후, 높이를 12로 변경하고 확인 버튼 선택한다.

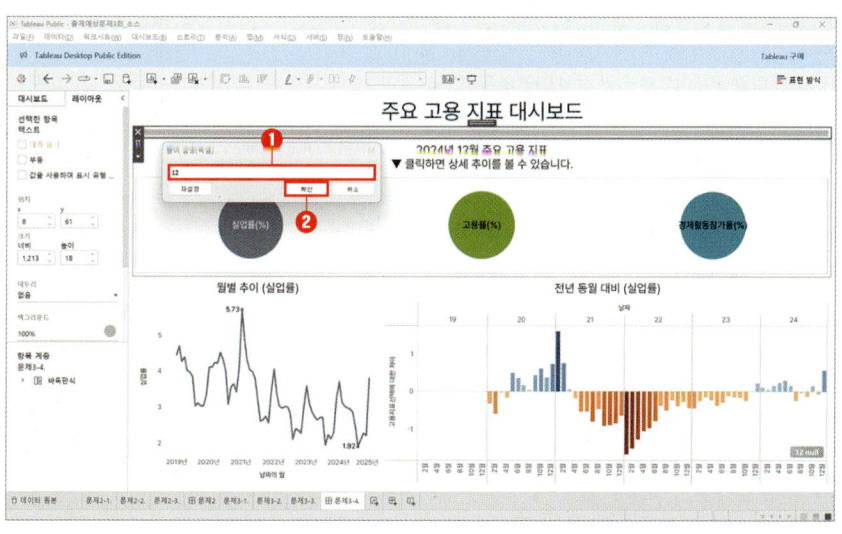

국 가 기 술 자 격 검 정
경영정보시각화능력 실기 시험

프로그램명	제한시간
태블로	70분

수험번호: _____

성   명: _____

4회 출제예상문제

< 유의사항 >

◆ '문제 및 데이터 안내'에 따라 시험에 응시하여야 하며, 이를 소홀히 하여 발생한 불이익과 책임은 수험자 본인에게 있습니다.
◆ 데이터 추출이 안 된 상태에서 응시프로그램을 종료하는 경우 작성 답안이 훼손될 수 있으므로 데이터 추출 확인 후 응시프로그램을 종료하여야 합니다.
◆ 수험자의 올바르지 않은 작업으로 인하여 작성 답안 파일이 훼손된 경우 그에 대한 책임은 수험자 본인에게 있으며, 새 답안 작성 파일은 제공되지 않습니다.
◆ 시험이 시작되면 즉시 문제 데이터 파일 존재여부와 답안 작성 파일의 문제3-4 대시 보드에 차트, 표, 데이터가 보이는지 확인하시기 바랍니다.
  - 문제 데이터 파일 위치: [문제1] C:\TB\문제1_데이터 폴더/ [문제2,3] C:\TB\문제2,3_데이터 폴더
  - 문제 데이터파일은 존재여부만 확인하며 엑셀 등으로 열어보면 실격 처리
  - 답안작성 파일 위치: C:\TB\수험자번호.twbx
  - 화면에 띄워진 답안작성 파일의 문제3-4 대시보드 확인
◆ 시험 중 인터넷 통신 오류 팝업 메시지가 발생할 경우 엑스(X)를 클릭하여 팝업 메시지 창을 닫고 진행하시기 바랍니다.
◆ 아래는 답안의 저장 및 시험종료 관련 안내입니다.
  - 메뉴 '파일'-'저장'으로 저장(툴바 저장 아이콘(📄) 또는 'Ctrl+S' 사용금지)
  - 엑셀 데이터 추출 확인 메시지 창이 나올 경우 반드시 '추출 만들기' 버튼 누름
  - 데이터원본 화면에서는 저장이 안 되니 시트화면으로 전환하여 저장
  - 시험 진행 중 작성 답안은 수시로 저장
  - 시험종료 전 반드시 메뉴 '파일'-'저장'으로 저장하고 프로그램을 종료해야 합니다. 이외 방법으로 시험종료하여 발생하는 문제 [오류발생/저장불가]에 대한 책임은 수험자에게 있습니다.
◆ 별도의 지시사항이 없는 경우, 다음과 같이 처리할 때 [실격 처리]됩니다.
  - 제시된 파일, 페이지/대시보드, 데이터 원본의 이름, 차원/측정값 속성을 임의로 변경한 경우
  - 제시된 파일, 데이터 원본을 임의로 삭제, 추가, 변경한 경우
  - 시트/워크시트/대시보드를 임의로 삭제, 추가하거나 명칭을 변경한 경우
  - 제시된 작성 답안 파일의 경로 또는 파일명을 변경한 경우
  - 문제 데이터를 시험 시작 전에 열어보는 경우
  - 실시험 프로그램 이외의 프로그램(엑셀 등)으로 데이터를 열어보는 경우
  - 작성한 답안 파일이 훼손되어 열리지 않거나 문제 풀이가 불가능한 경우
◆ 반드시 답안작성은 문제에서 지시한 위치에 작업해야 하며 다음과 같이 처리 시 해당 작업 또는 그 작업에 영향을 미치는 문제, 개체, 시트 등은 [오답 처리]됩니다.
  - 제시된 함수가 있으면 제시된 함수만을 사용해야 하며 그 외 함수를 사용해 풀이한 경우
  - 지시하지 않은 차트, 컨테이너, 매개변수 등을 임의로 이동, 수정(변경), 삭제 등으로 인해 위치 및 내용이 변경된 경우
  - 임의로 기본 설정값(Default)을 변경한 경우
  - 숫자데이터를 임의로 문자화하여 처리한 경우
  - 개체가 해당 영역을 벗어난 경우
  - 작업한 개체가 너무 작아 정보 확인이 어려운 경우
  - 지시사항과 띄어쓰기, 대소문자 등을 다르게 작업한 경우(계산식 제외)
◆ 문제지에 제시된 [완성화면] 그림 관련입니다.
  - 문제 상단에 있는 [완성화면] 그림은 각 문제의 세부문제 전체를 풀이했을 때 도출되는 것으로 개별 세부문제를 풀이한 후의 [완성화면] 그림과 다를 수 있음
  - 문제풀이 순서 또는 시각적 개체 작성 순서, PC 환경 등의 이유로 수험자가 작성한 개체의 모니터 화면과 모양, 색상, 위치 등이 다를 수 있음
◆ 본 문제와 용어는 태블로 데스크톱 퍼블릭 에디션(Tableau Desktop Public Edition) 2024.3.0 버전을 기준으로 작성되었습니다.

문제 및 데이터 안내

1. 수험자가 작성할 답안파일은 1개입니다. 문제1, 문제2, 문제3의 답을 하나의 답안파일(.twbx)로 저장하십시오.
2. 문제1, 문제2, 문제3은 각각 독립적으로 구성되어 앞 문제를 풀지 않아도 다음 문제 풀이가 가능합니다.
3. 문제1은 데이터 불러오기를 통해 문제를 풀이하고, 문제2와 문제3은 답안에 이미 데이터가 포함되어 있어 다시 데이터를 불러오지 말고 바로 문제 풀이를 하십시오.
   - 데이터 파일은 문제1을 위한 데이터 파일과 문제2, 3을 위한 데이터 파일로 구성되어 있습니다.
   - 엑셀 데이터 불러오기는 메뉴 → 데이터 → 새 데이터 원본을 선택하여 작업하시기 바랍니다.
4. 문제2와 문제3 풀이를 위해 필요한 일부 측정값, 필터가 답안파일에 미리 적용되어 있을 수 있습니다.
   - 지시사항에 제시되지 않은 것은 변경하지 마십시오.
   - 사전에 적용된 필터 등이 삭제되지 않도록 '시트 지우기' 기능을 절대 사용하지 마십시오.
5. 문제는 문제(문제1~3) - 세부문제(1~4) - 지시사항(①~③) - 세부지시사항(▶, –) 단위로 구성됩니다.
6. 지시사항(①~③)별로 점수가 부여되며, 지시사항의 전체 세부지시사항(▶, –)을 작업하지 않을 경우 점수가 부여되지 않습니다. ※부분 점수 없음
7. 본 시험에서 사용되는 데이터 파일 수와 데이터명은 아래와 같습니다.
   - [문제1] 데이터 파일 수: 2개 / 데이터명: 서울날씨_최고기온.xlsx, 여름가전종목.xlsx

파일명	서울날씨_최고기온.xlsx					
테이블(25개)	구조					
2024	일	1월	2월	...	11월	12월
⋮	1일	7.3	8.2	...	18.7	8.2
2000	2일	4.3	7.9	...	25.1	13

파일명	여름가전종목.xlsx	
테이블(2개)	구조	
A종목	Date	Close
	1-2-2020 15:30:00	1855
	⋮	⋮
B종목	12-30-2024 15:30:00	1410

- [문제2, 3] 데이터 파일 수: 1개 / 데이터명: SEILOneCompany_Sales데이터.xlsx

파일명	SEILOneCompany_Sales데이터.xlsx								
테이블(2개)	구조								
결제내역	구매순서	구매ID	구매일자	완료일자	배송타입	고객넘버	...	이익	할인율
	1	2022-0001	2022-01-01	2022-01-01	당일배송	88287587	...	49525.85	0.1
고객정보	고객넘버		고객명		성별		생년월일		
	811166978		가종희		남		1962-03-08		

문제 1   작업준비 [20점]

이름
날씨&주가데이터

필드

유형	필드명	물리적 테이블	원격 필드명
Abc	일	2020!2024최고기온	일
Abc	경로	2020!2024최고기온	Path
Abc	연도	2020!2024최고기온	Sheet
=📅	날짜	계산	Calculation_170...
=Abc	계절	계산	Calculation_170...
Abc	월	피벗	피벗 필드명
#	기온	피벗	피벗 필드 값
=#	최고기온	계산	Calculation_170...
=Abc	폭염일수	계산	Calculation_170...
📅	Date	A종목+	Date
#	Close	A종목+	Close
Abc	시트	A종목+	Sheet (A종목+)
Abc	테이블 이	A종목+	Table Name

1. 답안파일을 열고 다음의 지시사항에 따라 데이터 원본 페이지 내에서 작업을 수행하시오. (20점)

    ❶ 연결 패널을 이용하여 데이터 파일을 열고 데이터를 연결하시오. (3점)
    - 데이터 원본 추가: 서울날씨_최고기온.xlsx
    - 서울날씨_최고기온 데이터에서 "2020", "2021", "2022", "2023", "2024" 시트 와일드카드 유니온 연결
        – 일치 패턴: 202*
    - 유니온한 물리적 테이블 이름을 "2020_2024최고기온"으로 변경

    ❷ 데이터 그리드에 있는 데이터를 변형하시오. (3점)
    - [1월]부터 [12월]까지 피벗을 적용하시오.
    - 필드 이름을 각각 변경하시오.
        – [시트] → "연도"
        – [피벗 필드명] → "월"
        – [피벗 필드 값] → "기온"

    ❸ 데이터 그리드에 있는 데이터를 활용해 추가 계산식을 생성하시오. (4점)
    - [연도], [월], [일] 필드를 조합해 새로운 필드 생성
        – 필드명: 날짜
        – 사용 필드: [연도], [월], [일]

- 유형: 날짜
- 함수: DATEPARSE, DATE
- [기온] 필드 유형 변경을 위한 새로운 필드 생성
  - 필드명: 최고기온
  - 사용 필드: [기온]
  - 함수: FLOAT
- [최고기온] 중 33 이상인 경우 "폭염일수", 미만이면 "." 표시하는 필드 생성
  - 필드명: 폭염일수
  - 사용 필드: [최고기온]
  - 유형: 문자열
  - 함수: IF, THEN, ELSE, END

❹ 연결 패널을 이용하여 데이터 파일을 열고 데이터를 연결하시오. (4점)
- 데이터 원본 추가: 여름가전종목.xlsx
- "여름가전종목" 데이터인 "A종목"과 "B종목"을 유니온하면서, '2020_2024최고기온' 테이블과 안쪽 조인으로 테이블 결합
  - 2020_2024최고기온 유니온 테이블 조인 절 계산: DATE(DATEPARSE('yyyyM월d일',[연도]+[월]+[일]))
  - A종목 + 유니온 테이블 조인 절 계산: DATE([Date])

❺ 데이터를 편집, 정리하시오. (4점)
- 데이터 원본 필터 추가
  - 날짜: 특수 〉 "Null이 아닌 날짜" 추가
  - 최고기온: 특수 〉 "Null이 아닌 값" 추가
- 논리적 테이블 이름을 "날씨&주가데이터"로 변경
- 데이터 원본 이름을 "2020년대_날씨및주가데이터"로 변경

❻ 새로운 필드를 생성하시오. (2점)
- [계절] 필드 생성
  - 필드명: 계절
  - 사용 필드: [날짜]
  - 유형: 문자열
  - 함수: CASE, DATEPART, WHEN, IN, THEN, ELSE, END
  - [날짜]의 월 중 3, 4, 5는 "봄", 6, 7, 8은 "여름", 9, 10, 11은 "가을", 그 외 나머지는 "겨울"

문제 2 단순요소 구현 (30점)

〈시각화 완성화면〉 각 세부문제 풀이 후 아래와 같은 결과가 도출되어야 합니다.

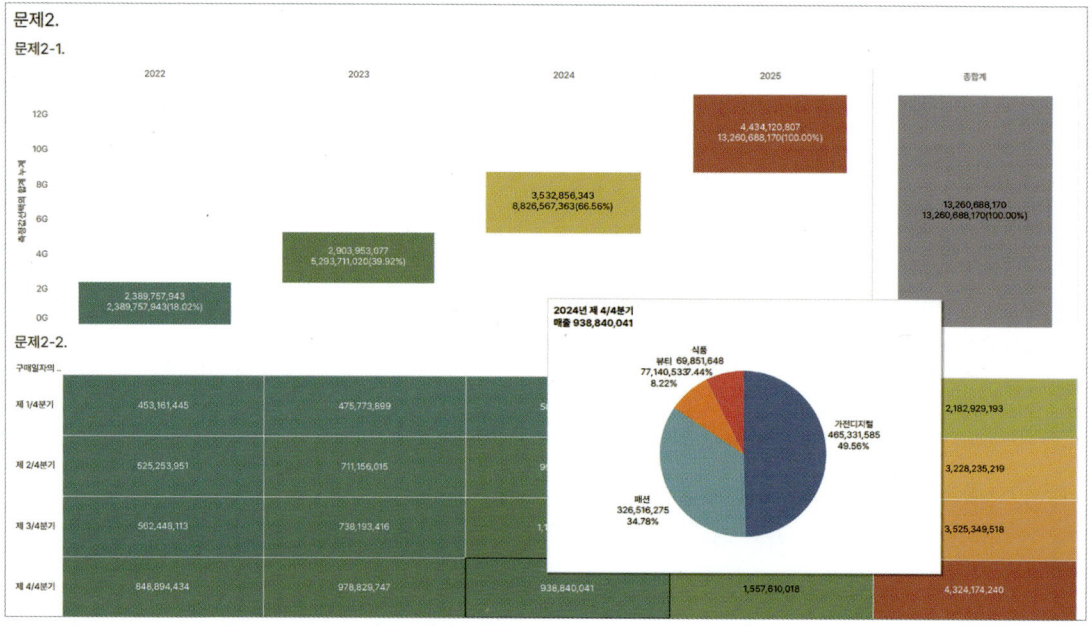

1. '문제2-1' 시트에서 연도별 매출, 수량, 이익이라는 측정값 매개 변수를 활용한 워터폴 차트를 제작하시오. (10점)

   ❶ 측정값인 [매출], [수량], [이익] 필드를 활용한 매개 변수를 생성하시오. (3점)
   - [p.측정값선택] 매개 변수 만들기
     - 사용 필드: [매출], [수량], [이익]
     - 매개 변수 이름: p.측정값_선택
     - 데이터 유형: 문자열
     - 허용 가능한 값: 목록
     - 현재 값: 매출
   - 생성된 [p.측정값선택] 매개 변수 표시

   ❷ [p.측정값_선택] 매개 변수와 연동하는 계산식을 만드시오. (2점)
   - [p.측정값_선택]에서 "매출"을 선택하면 [매출] 필드를, "수량"을 선택하면 [수량] 필드를, "이익"을 선택하면 [이익] 필드와 연동하는 계산식 생성
     - 필드명: 측정값선택
     - 사용 매개 변수: [p.측정값_선택]
     - 사용 함수: CASE, WHEN, THEN, ELSE, END
     - 필드 유형: 숫자(실수)

❸ 앞에서 만든 [p.측정값_선택]과 [측정값선택] 계산식을 활용해 워터폴 차트를 만드시오. (5점)
- 계산식 생성
  - 필드명: 측정값선택_워터폴
  - [측정값선택] 필드 앞에 '-'만 추가
- 워터폴 차트 생성
  - 열 선반: 불연속형 년(구매일자)
  - 행 선반: 합계(측정값선택)의 누계
  - 마크: Gantt 차트
  - 크기: [측정값선택_워터폴] 필드 활용, 크기 슬라이더: 최대 설정(우측 맨 끝까지 늘림)
  - 색상: [측정값선택], 색상표: 온도 다중
  - 레이블: [측정값선택]
- 총계 추가
  - 행 총합계 표시
- 맞춤 변경
  - 전체 보기
- 레이블 추가 및 편집
  - 1열: 합계(측정값선택)
  - 2열: 합계(측정값선택)의 누계
  - 3열: (합계(측정값선택)의 누계 기준 구성 비율), 백분율 소수 자릿수1 [p.측정값_선택]의 값이 "매출"인 경우 2024년 측정값선택(매출)의 누적 합계는 3,532,856,343으로 전체 누계 13,260,688,170의 66.56%임
  - 레이블 맞춤: 가로, 세로 모두 가운데 정렬
- 연도 머리글을 하단이 아닌 상단으로 위치 변경

2. '문제2-2' 시트에서 구매일자 년, 분기 기준으로 측정값선택의 합계에 따라 색상의 강도를 다르게 보여주는 하이라이트 테이블을 제작하시오. (10점)

❶ 다음 필드들을 활용해 하이라이트 테이블을 구현하시오. (5점)
- 구매일자 년, 분기 기준 하이라이트 테이블 제작
  - 열 선반: 년(구매일자)
  - 행 선반: 분기(구매일자)
  - 마크: 사각형
  - 색상 마크: 합계(측정값선택), 색상표: 온도 다중
  - 레이블 마크: 합계(측정값선택), 맞춤: 가로, 세로 모두 가운데 정렬

❷ 총계 추가 및 총계에도 색상을 추가하시오. (5점)
- 행 총합계 추가
  - 행 총합계 표시
- 총계에 색상 추가
  - 색상 편집: 총계 포함 체크
  - 색상 마크 효과 테두리: #ffffff 색상
- 행 머리글 업데이트
  - 구매일자의 분기 날짜 머리글을 '전체 이름'으로 서식 변경

변경 전	변경 후 (전체 이름)
1분기	제1/4분기
2분기	제2/4분기
3분기	제3/4분기
4분기	제4/4분기

  - 맞춤: 가로, 세로 모두 가운데 정렬
  - 테두리: 행 구분선 → 패널: 없음
- 열 머리글 업데이트
  - 연도 머리글: 표시 해제
- 행에 대한 필드 레이블 업데이트
  - '구매일자의 분기'라는 행에 대한 필드 레이블 숨기기

3. '문제2-3' 시트에서 카테고리별 측정값의 비중을 볼 수 있는 부분 전체 분석 차트를 제작하시오. (10점)
❶ '문제2-3' 시트에 카테고리별 측정값선택 값에 따른 비중을 볼 수 있는 파이 차트를 생성하시오. (5점)
- 표현 방식에 있는 파이 차트 생성
  - 마크: 파이
  - 색상 마크: 카테고리
  - 각도 마크: [측정값선택]의 합계
  - 크기 마크: [측정값선택]의 합계
  - 레이블 마크: 다음과 같이 3줄로 가운데 정렬
    〈카테고리〉
    〈합계(측정값선택)〉
    〈합계(측정값선택)에 대한 총계 %〉
  - 레이블 옵션: 레이블이 다른 마크와 겹치도록 허용
- 툴바 맞춤 편집
  - 전체 보기로 변경

- [카테고리] 색상 마크 색상 편집
  - 색상표: 천사의 돌
  - 가전디지털: 회색(#959c9e)
  - 뷰티: 자주색(#8175aa)
  - 식품: 연한 청록(#94d0c0)
  - 패션: 연두색(#9f8f12)
- 측정값선택 합계에 따른 내림차순 정렬

❷ '문제2-3' 시트의 파이 차트를 '문제2-2' 시트의 하이라이트 테이블의 도구 설명에 뷰를 추가하시오. (5점)
- '문제2-2' 시트의 하이라이트 테이블에 마우스 오버하면 '문제2-3' 시트가 노출되는 도구 설명 비주얼리제이션이 나오도록 다음과 같이 설정
  - 도구설명 내 글꼴 색상 #000000
    〈년(구매일자)〉년 〈분기(구매일자)〉
    〈매개 변수.p.측정값선택〉 〈합계(측정값선택)〉
    〈Sheet name="문제2-3." maxwidth="500" maxheight="300" filter="〈모든 필드〉"〉

문제 3 복합요소 구현 (50점)

〈시각화 완성화면〉 각 세부문제 풀이 후 아래와 같은 결과가 도출되어야 합니다.

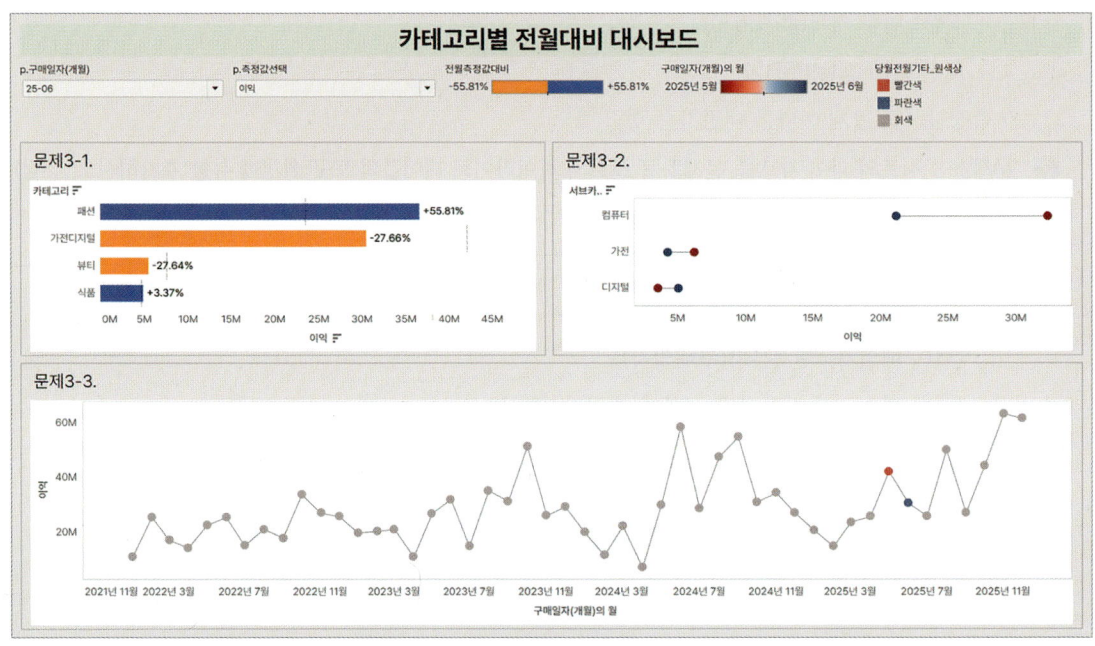

1. 〈SEILOneCompany_Sales데이터〉 데이터를 활용하여 '문제3-1' 시트에서 [당월측정값]과 [전월측정값]을 활용한 불릿 차트를 제작하시오. (10점)

   ❶ 당월에 대한 사용자 지정 날짜와 매개 변수를 만드시오. (2점)
   - 사용자 지정 날짜 만들기
     - 사용 필드: [구매일자]
     - 사용자 지정 날짜 이름: 구매일자_월
     - 사용자 지정 날짜 세부 정보: 개월
     - 사용자 지정 날짜 형태: 날짜 값
   - 매개 변수 만들기
     - 사용 필드: [구매일자_월]
     - 매개 변수 이름: p.월_선택
     - 데이터 유형: 날짜
     - 허용 가능한 값: 목록
     - 우측 옵션: 통합 문서가 열릴 때, 연동 필드: [구매일자_월]
     - 표시 형식: yy.MM
     - 현재 값: 2025-06-01
   - [p.월_선택] 매개 변수 표시

❷ [f.당월], [f.전월], [당월측정값], [전월측정값]이라는 계산식을 생성하시오. (3점)
- [f.당월] 계산식
  - 당월이란, [구매일자_월] 필드와 매개 변수인 [p.월_선택]이 동일한 경우
  - 필드 유형: 부울
- [f.전월] 계산식
  - 전월이란, [구매일자_월] 필드와 매개 변수인 [p.월_선택]의 '월' 차이가 1인 경우
  - 필드 유형: 부울
  - 사용 함수: DATEDIFF
- [당월측정값] 계산식
  - 당월측정값이란, [f.당월]이 참인 경우 [측정값선택] 값 반환
  - 필드 유형: 숫자(실수)
  - 사용 함수: IF, THEN, END
- [전월측정값] 계산식
  - 전월측정값이란, [f.전월]이 참인 경우 [측정값선택] 값 반환
  - 필드 유형: 숫자(실수)
  - 사용 함수: IF, THEN, END

❸ [당월측정값]과 [전월측정값]을 활용한 불릿 차트를 생성하시오. (3점)
- [카테고리] 기준으로 당월측정값과 전월측정값 활용 막대 차트 제작
  - 열 선반: [당월측정값] 합계
  - 행 선반: [카테고리]
  - 마크: 막대
  - 정렬: [당월측정값] 합계 기준 내림 차순 정렬
  - 세부정보마크: [전월측정값] 합계
- 참조선을 활용해 불릿 차트 제작(이중 축으로 불릿 차트 제작 시 오답)
  - 라인 값: 합계(전월측정값)
  - 레이블: 없음
  - 서식 지정 → 라인: 파선, 가장 얇게, #b4b4b4

❹ [당월측정값] 합계와 [전월측정값] 합계를 비교하는 계산식을 만들고 막대 색상으로 구분하시오. (2점)
- 당월측정값 합계와 전월측정값 합계의 차이는 분자에, 전월측정값 합계를 분모로 설정하는 전월측정값대비 필드 생성
  - 필드명: 전월측정값대비
  - 사용 필드: [당월측정값], [전월측정값]
  - 사용 함수: SUM
  - 필드 유형: 숫자(실수)

- [전월측정값대비] 색상 마크에 배치 및 색상 편집
  - 색상표: 사용자 지정 다중
  - 최댓값 색상: #ff9900
  - 최솟값 색상: #1877f2
  - 단계별 색상: 2단계
- [전월측정값대비] 레이블 마크에 표시
  - 측정값에 있는 [전월측정값대비]의 기본 숫자 형식 백분율 소수 자릿수 2로 변경
- 툴바 맞춤 설정
  - '전체 보기'로 변경

2. '문제3-2' 시트에서 당월과 전월 측정값을 비교하는 덤벨 차트를 만드시오. (10점)

❶ [f.당월] 또는 [f.전월] 중 해당하는 월만 비교하는 필드를 생성하시오. (2점)
  - 당월과 전월만 필터 설정하는 계산식 생성
    - 필드명: [f.당월OR전월]
    - 사용필드: [f.당월], [f.전월]
    - 필드 유형: 부울
  - [f.당월] 필터 선반에 놓고 "참"만 선택

❷ 당월측정값과 전월측정값을 비교하는 덤벨 차트를 제작하시오. (5점)
  - 서브카테고리 기준 덤벨 차트 제작
    - 열 선반: [측정값선택](1), [측정값선택](2)
    - 행 선반: 서브카테고리
    - 합계([측정값선택]) (1)번 마크: 원
    - 합계([측정값선택]) (1)번 색상 마크: [구매일자_월]
    - 합계([측정값선택]) (1)번 색상 편집: 색상표 → 빨간색 – 파란색 다중
    - 합계([측정값선택]) (2)번 마크: 라인
    - 합계([측정값선택]) (2)번 경로 마크: [구매일자_월]

❸ 측정값선택(1)과 측정값선택(2) 축을 편집하시오. (3점)
  - 이중 축
    - 이중 축 적용
    - 축 동기화
  - 측정값선택(2) 편집
    - 측정값선택(2)의 축 머리글 표시 해제
    - 측정값선택(2) 크기 마크를 가장 얇게 설정

- 측정값 선택 합계 기준 내림차순 정렬
  - 툴바에 있는 내림차순 정렬 버튼 클릭
- 측정값선택(1) 편집
  - 측정값선택(1)의 축의 제목을 매개 변수인 [p.측정값_선택]으로 설정한 항목이 나오도록 설정

3. '문제3-3' 시트에서 매개 변수에 기준이 달라지는 월간 측정값 선택 라인 차트를 생성하시오. (10점)

   ❶ 월간 측정값선택 추이를 볼 수 있는 라인 차트를 제작하시오. (5점)
   - 월간 라인 차트
     - 열 선반: 월(구매일자_월)
     - 행 선반: 측정값선택(1), 측정값선택(2)
     - 합계([측정값선택]) (1)번 마크: 라인
     - 합계([측정값선택]) (2)번 마크: 원
     - 이중 축 적용
     - 축 동기화

   ❷ 원 마크 중 당월과 전월은 별도 색상을 입히는 필드 생성 및 색상을 편집하시오. (5점)
   - [f.당월]이면 "파란색", [f.전월]이면 "빨간색", 기타 "회색"인 새로운 필드 생성
     - 필드명: 당월전월기타_원색상
     - 사용 함수: IF, THEN, ELSEIF, ELSE, END
     - 필드 유형: 문자열
   - [당월전월기타_원색상] 필드를 색상 마크에 배치하고 색상 편집
     - 빨간색: #e15759
     - 파란색: #4e79a7
     - 회색(밝은 회색): #bab0ac

4. '문제3' 시트에서 대시보드 서식을 수정하시오. (10점)

   ❶ 제목을 다음과 같이 편집하시오. (4점)
   - 대시보드 제목: 카테고리별 전월대비 대시보드
   - 글꼴: 20pt, 굵게
   - 맞춤: 가운데 정렬
   - 대시보드 제목 음영 서식: #dfedeb
   - 대시보드 제목 테두리 → 파선, 가장 얇게: #b3b3b3

❷ 시트마다 테두리 및 여백을 추가하시오. (4점)
- 문제3-1, 문제3-2, 문제3-3 시트 서식 변경
  - 테두리 → 실선: #b3b3b3
  - 바깥쪽 여백: 왼쪽, 위쪽, 오른쪽, 아래쪽 모두 5
  - 안쪽 여백: 왼쪽 10, 오른쪽 10, 위쪽 4, 아래쪽 4

❸ '문제3' 대시보드에 음영을 적용하시오. (2점)
- 대시보드 음영 기본값: #f0eae8

5. '문제3-4' 대시보드에서 다음의 작업을 수행하여 동적(interactive) 대시보드를 구현하시오. (10점)

❶ '문제3-4' 대시보드에서 집합에 포함되지 않은 "카테고리▶"를 선택하면 해당 서브카테고리가 표현되는 집합 값 변경에 대해 동작을 구현하시오. (5점)
- 대시보드 동작: 집합 값 변경
  - 집합 동작 이름: s.카테고리↔서브카테고리
  - 원본 시트: 문제3-4-2.
  - 동작 실행 조건: 선택
  - 대상 집합: 카테고리집합(1)
  - 동작 실행 결과: 집합에 값 할당
  - 선택을 해제할 경우의 결과: 집합 값 유지

❷ '문제3-4-2' 워크시트에서 집합에 포함된 서브카테고리를 클릭하면 '문제3-4-1'과 '문제3-4-3'에 영향을 주는 필터 동작을 구현하시오. (5점)
- 대시보드 동작: 필터
  - 필터 동작 이름: f.서브카테고리 → 전체
  - 원본 시트: 문제3-4-2
  - 동작 실행 조건: 선택
  - 대상 시트: 문제3-4-1, 문제3-4-3
  - 선택을 해제할 경우의 결과: 모두 값 표시

출제예상문제 4회 정답 및 해설

문제 1   작업준비 (20점)

이름
날씨&주가데이터

필드

유형	필드명	물리적 테이블	원격 필드명
Abc	일	2020!2024최고기온	일
Abc	경로	2020!2024최고기온	Path
Abc	연도	2020!2024최고기온	Sheet
📅	날짜	계산	Calculation_170...
Abc	계절	계산	Calculation_170...
Abc	월	피벗	피벗 필드명
#	기온	피벗	피벗 필드 값
#	최고기온	계산	Calculation_170...
Abc	폭염일수	계산	Calculation_170...
📅	Date	A종목+	Date
#	Close	A종목+	Close
Abc	시트	A종목+	Sheet (A종목+)
Abc	테이블 이	A종목+	Table Name

1. 답안파일을 열고 다음의 지시사항에 따라 데이터 원본 페이지 내에서 작업을 수행하시오. (20점)

   ① 연결 패널을 이용하여 데이터 파일을 열고 데이터를 연결하시오. (3점)
   - 데이터 원본 추가: 서울날씨_최고기온.xlsx
   - 서울날씨_최고기온 데이터에서 "2020", "2021", "2022", "2023", "2024" 시트 와일드카드 유니온 연결
     – 일치 패턴: 202*
   - 유니온한 물리적 테이블 이름을 "2020_2024최고기온"으로 변경

1. Tableau Public Edition을 열고 워크시트 상단 툴바에서 새 데이터 원본 → 파일에 연결 → Microsoft Excel 커넥터를 선택한 뒤, 데이터 원본 폴더에서 '서울날씨_최고기온.xlsx' 파일을 연결한다.
2. 데이터 원본 페이지에서 시트가 2000부터 2024까지 있는 것을 확인할 수 있다.

3. 왼쪽 패널 맨 하단의 '새 유니온'을 드래그해 캔버스에 놓고, 상단 탭을 '와일드카드(자동)'으로 변경한다.

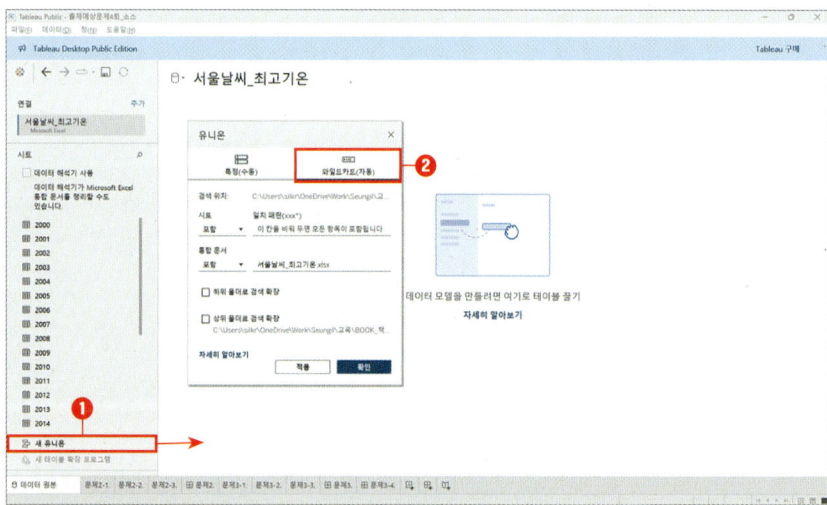

4. 시트의 일치 패턴에 '202*'을 입력한 뒤 확인 버튼을 클릭한다.

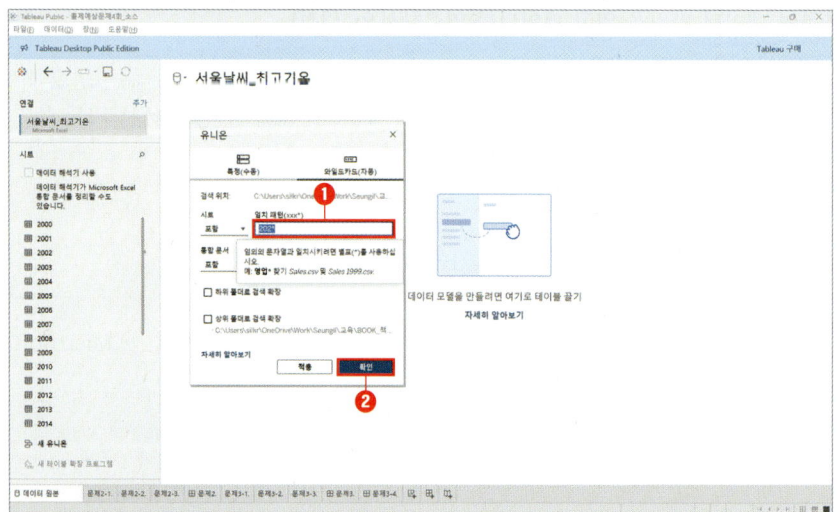

5. 캔버스에 있는 '유니온' 논리적 테이블의 [▼] 버튼을 클릭한 후 열기를 선택한다.

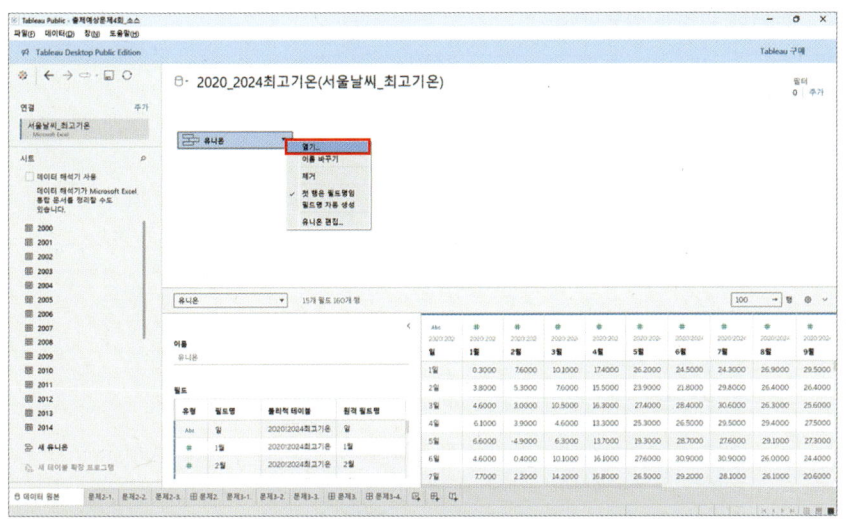

6. 물리적 테이블의 이름을 더블 클릭해 '2020_2024최고기온'으로 변경한다.

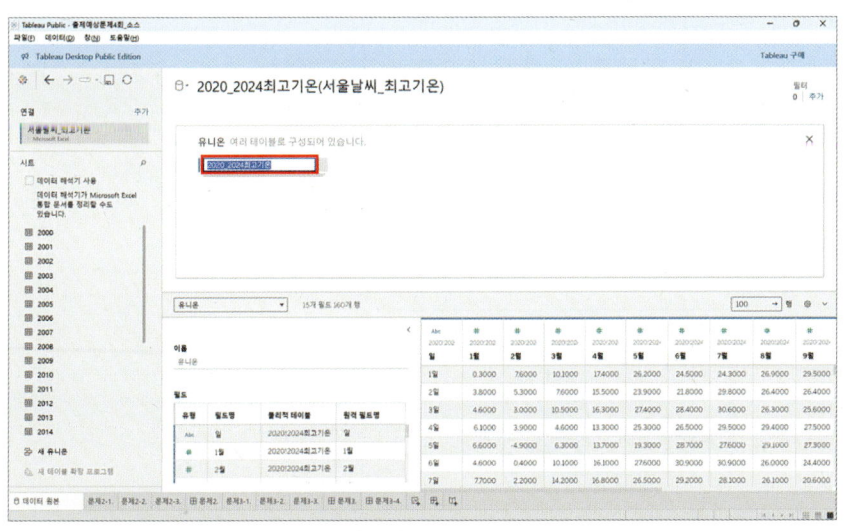

❷ 데이터 그리드에 있는 데이터를 변형하시오. (3점)
- [1월]부터 [12월]까지 피벗을 적용하시오.
- 필드 이름을 각각 변경하시오.
  - [시트] → "연도"
  - [피벗 필드명] → "월"
  - [피벗 필드 값] → "기온"

1. 1월을 선택한 뒤 Shift 키를 누른 상태에서 12월까지 지정해 12개 컬럼을 선택하고, 선택된 필드 중 하나를 마우스 오른쪽 버튼으로 클릭해 피벗을 선택한다.

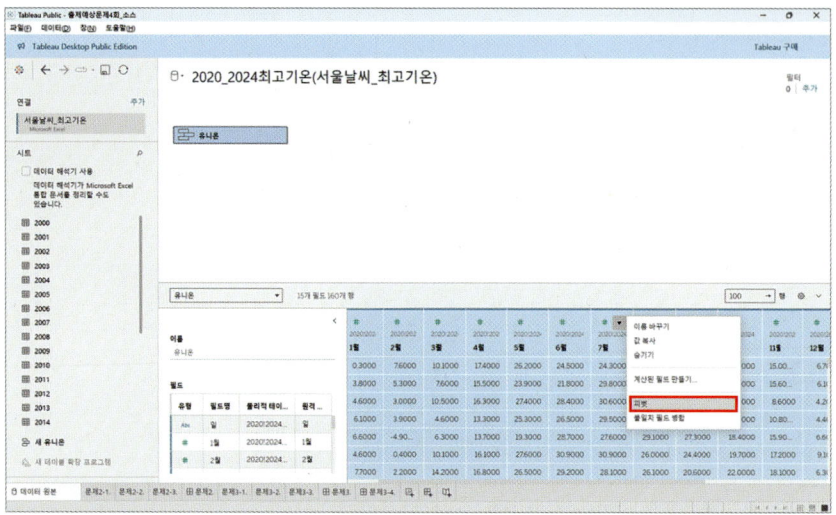

2. '시트'를 더블 클릭해서 이름을 '연도'로 변경한다.

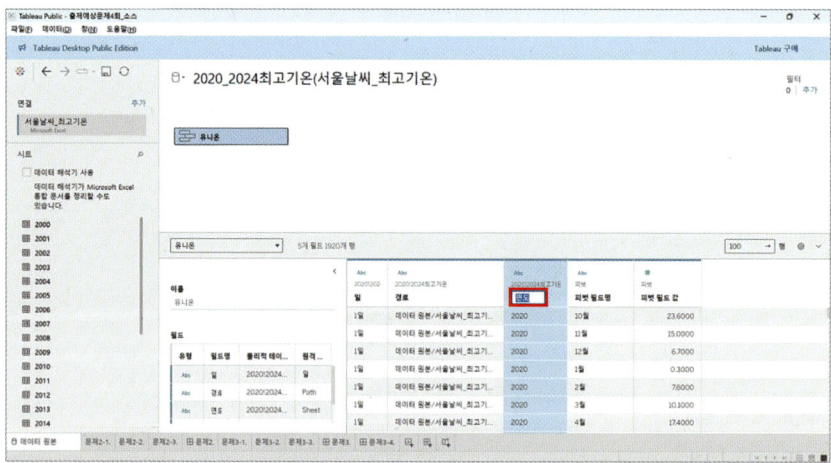

3. 피벗 필드명을 더블 클릭해서 이름을 '월'로 변경한다.

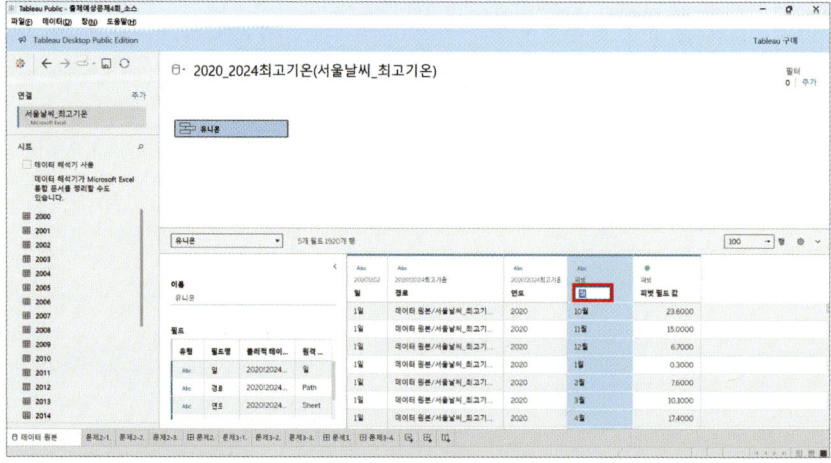

4. 피벗 필드 값을 더블 클릭해서 이름을 '기온'으로 변경한다.

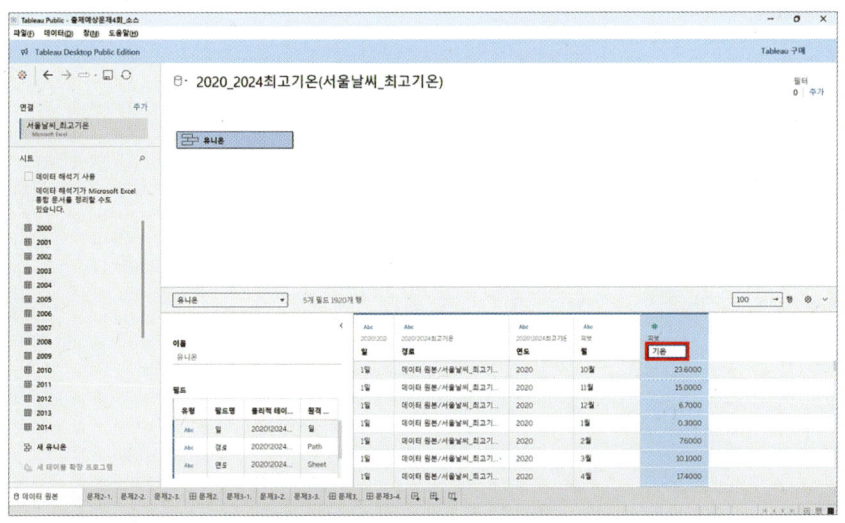

> ❸ 데이터 그리드에 있는 데이터를 활용해 추가 계산식을 생성하시오. (4점)
> • [연도], [월], [일] 필드를 조합해 새로운 필드 생성
>   – 필드명: 날짜
>   – 사용 필드: [연도], [월], [일]
>   – 유형: 날짜
>   – 함수: DATEPARSE, DATE
> • [기온] 필드 유형 변경을 위한 새로운 필드 생성
>   – 필드명: 최고기온
>   – 사용 필드: [기온]
>   – 함수: FLOAT
> • [최고기온] 중 33 이상인 경우 "폭염일수", 미만이면 "." 표시하는 필드 생성
>   – 필드명: 폭염일수
>   – 사용 필드: [최고기온]
>   – 유형: 문자열
>   – 함수: IF, THEN, ELSE, END

1. [연도] 필드를 마우스 오른쪽 버튼으로 클릭한 뒤 계산된 필드 만들기를 선택한다.
2. 다음과 같이 계산식을 만든다.

필드명 – 날짜
DATE(DATEPARSE('yyyyM월d일',[연도] + [월] + [일]))

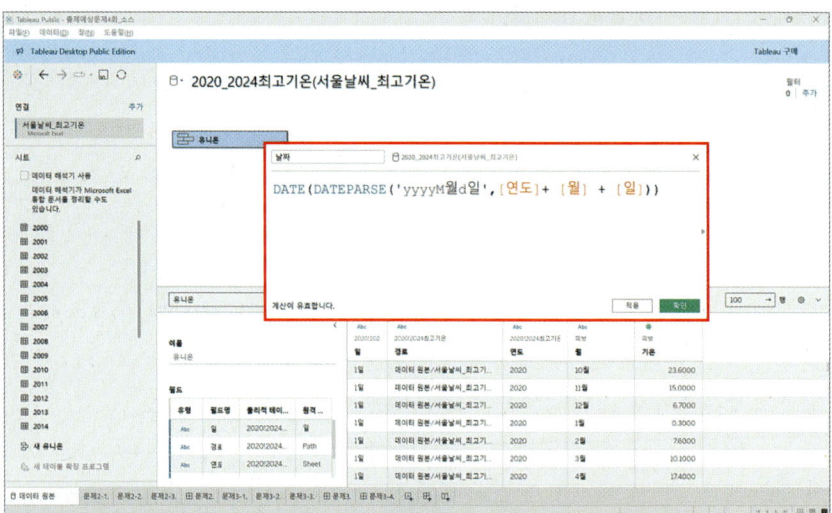

3. 다음과 같이 계산식을 만든다.

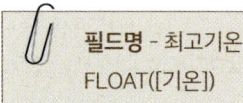

필드명 - 최고기온
FLOAT([기온])

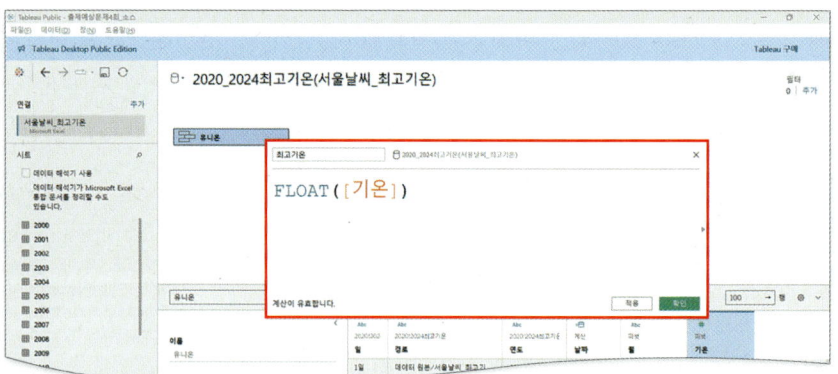

4. 다음과 같이 계산식을 만든다.

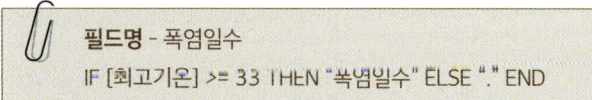

필드명 - 폭염일수
IF [최고기온] >= 33 THEN "폭염일수" ELSE "." END

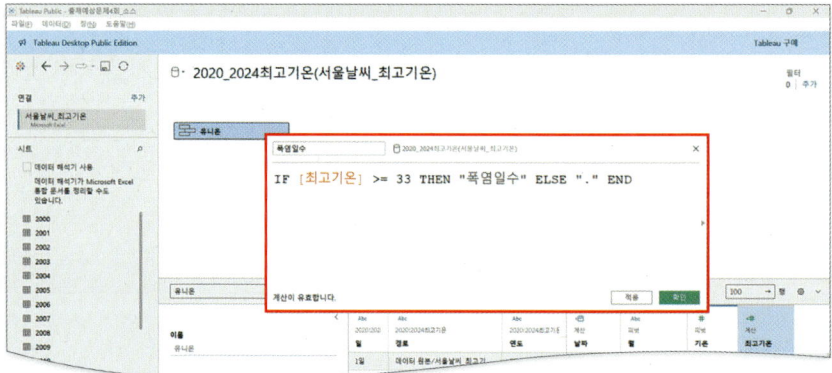

5. [폭염일수] 필드 내 '폭염일수' 텍스트를 확인하기 위해 행 개수를 100에서 1000으로 변경한 뒤 스크롤을 내려보면 폭염일수 컬럼에 '폭염일수'가 표시된 것을 확인할 수 있다.

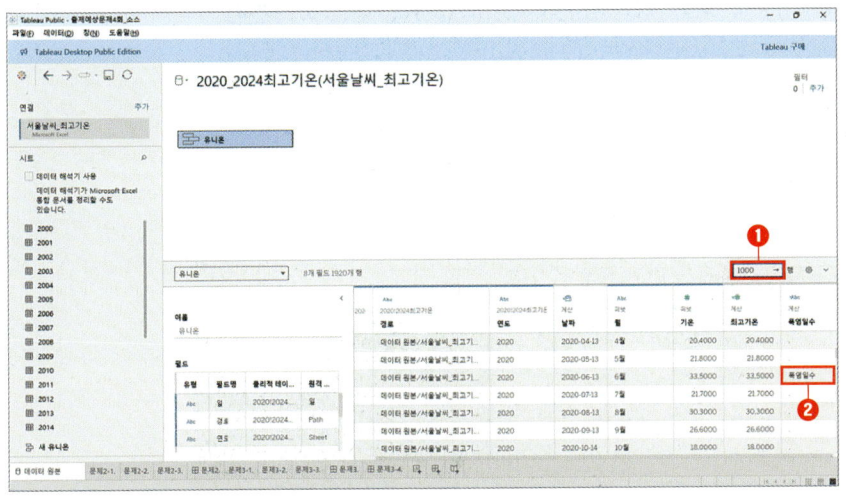

> ④ 연결 패널을 이용하여 데이터 파일을 열고 데이터를 연결하시오. (4점)
> - 데이터 원본 추가: 여름가전종목.xlsx
> - "여름가전종목" 메이디인 "A종목"과 "B종목"을 유니온하면서, "2020_2024최고기온" 테이블과 안쪽 조인으로 테이블 결합
>   - 2020_2024최고기온 유니온 테이블 조인 절 계산: DATE(DATEPARSE('yyyyM월d일',[연도]+[월]+[일]))
>   - A종목 + 유니온 테이블 조인 절 계산: DATE([Date])

1. 왼쪽 패널의 연결 오른쪽에 있는 '추가' 링크를 클릭한 후, 데이터 원본 폴더에서 '여름가전종목.xlsx' 파일을 선택한다.
2. 캔버스에 있는 '유니온' 논리적 테이블에서 [▼] 클릭 → 열기 선택한다.

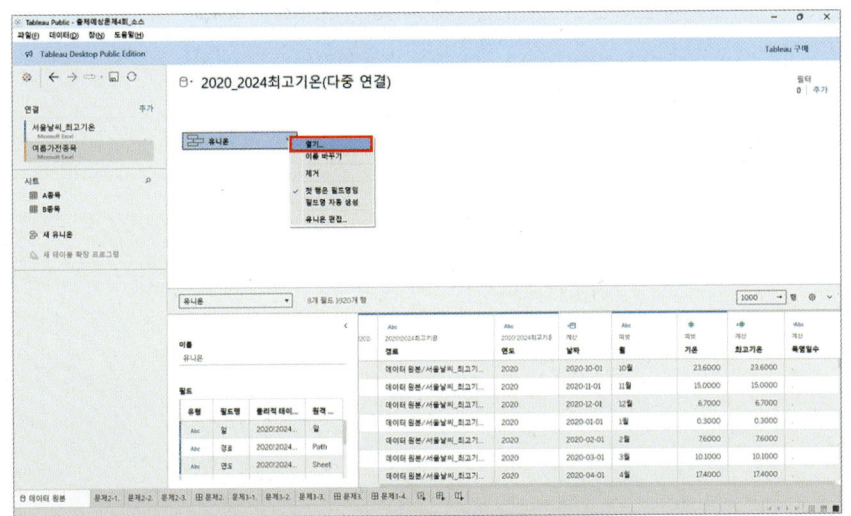

3. 왼쪽 패널에서 여름가전종목 파일의 'A종목'과 'B종목'을 Ctrl 키로 동시에 선택한 뒤 드래그해 유니온 테이블 오른쪽에 배치한다.

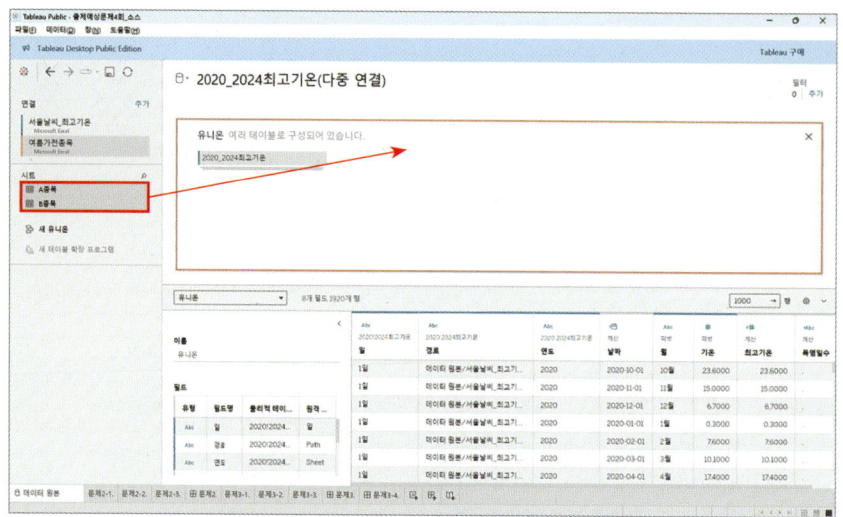

4. '2020_2024최고기온' 데이터에서 '조인 계산 만들기' 선택한다.

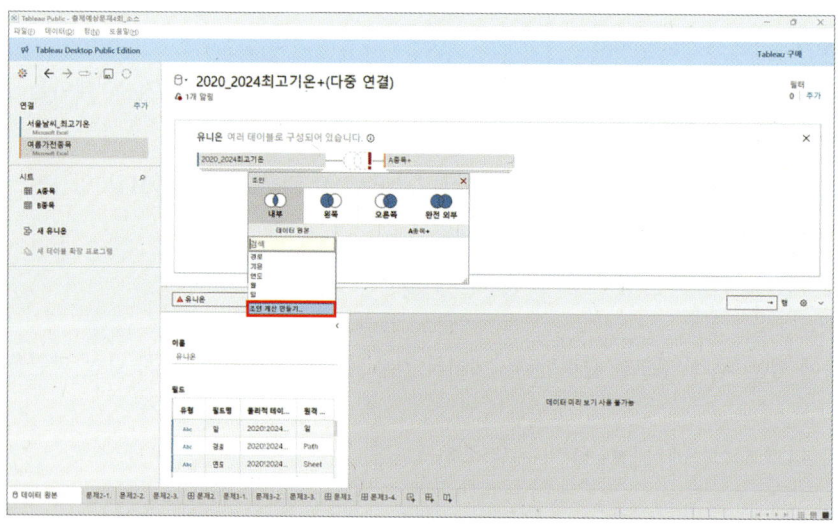

5. 조인 계산을 다음과 같이 작성하고 확인 버튼 선택한다.

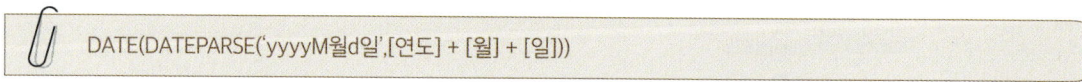

DATE(DATEPARSE('yyyyM월d일',[연도] + [월] + [일]))

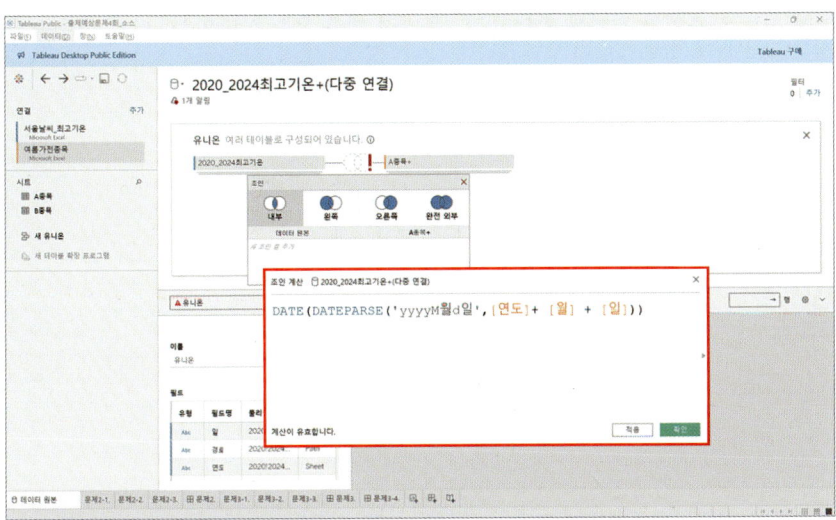

6. A종목+ 유니온에서 '조인 계산 만들기' 선택한다.

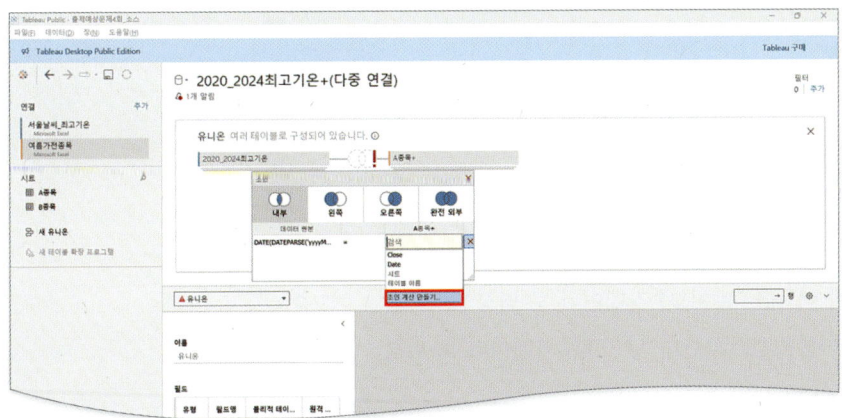

7. '날짜 및 시간' 유형인 [Date] 필드의 유형을 '날짜'로 변경해 조인 연결하기 위해 다음과 같이 계산식을 작성한다.

DATE([Date])

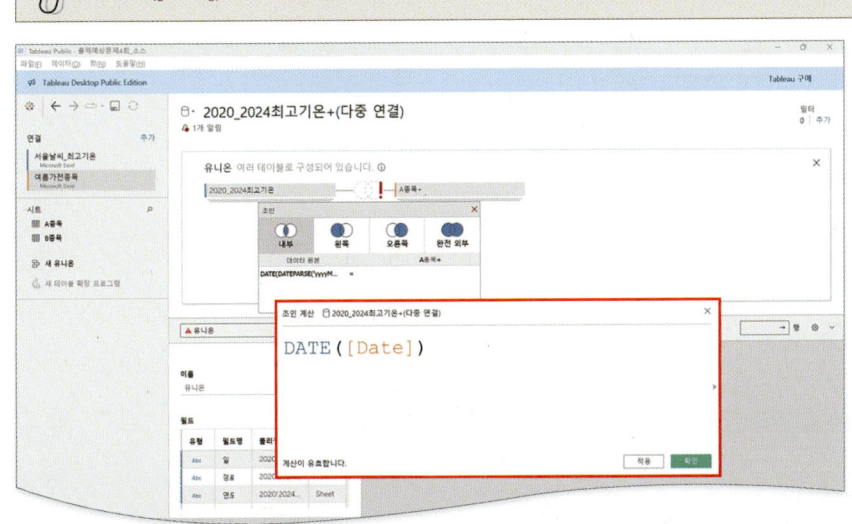

8. 유니온 테이블을 날짜 유형 필드로 조인한 결과를 확인한 후, 물리적 계층 우측 상단의 'X' 닫기 버튼을 클릭해 계층을 닫는다.

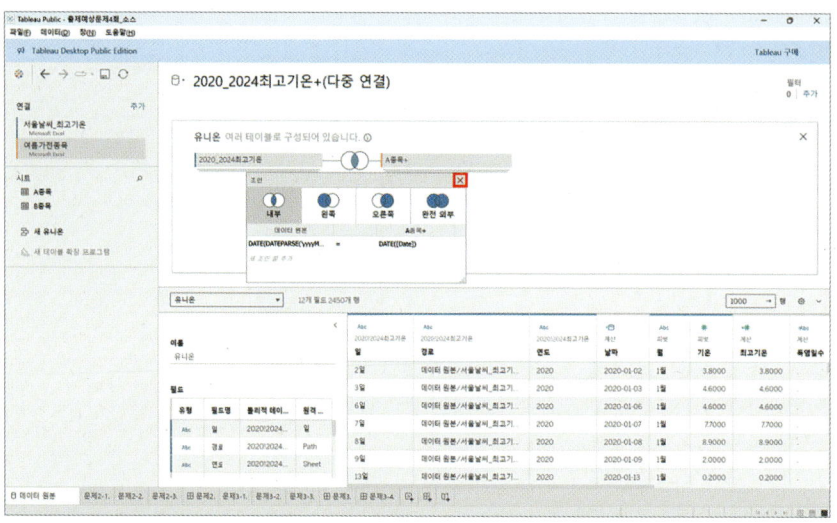

⑤ 데이터를 편집, 정리하시오. (4점)

- 데이터 원본 필터 추가
  - 날짜: 특수 〉 "Null이 아닌 날짜" 추가
  - 최고기온: 특수 〉 "Null이 아닌 값" 추가
- 논리적 테이블 이름을 "날씨&추가데이터"로 변경
- 데이터 원본 이름을 "2020년대_날씨및추가데이터"로 변경

1. 데이터 원본 페이지 우측 상단의 데이터 원본 필터에서 '추가' 링크를 선택한 뒤, 데이터 원본 필터 편집 대화 상자에서 추가 버튼을 눌러 '날짜' 필드를 더블 클릭한다.

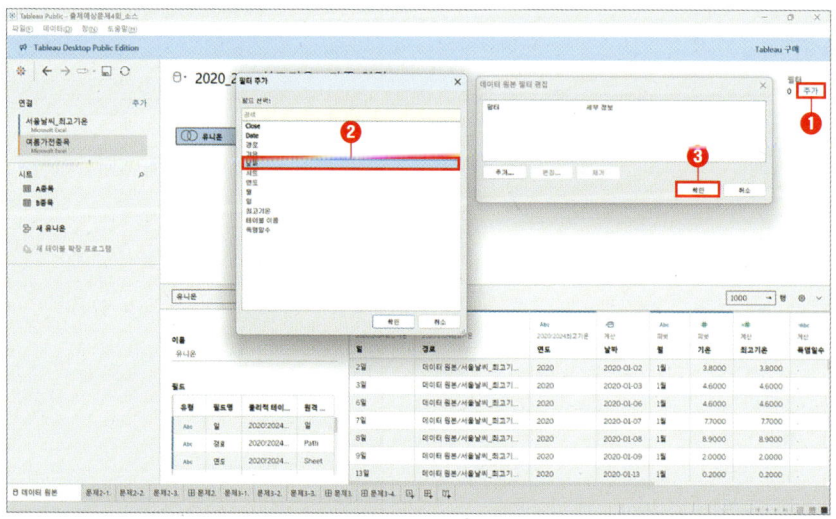

2. 필터 필드 대화 상자에서 '날짜 범위'를 선택한다.

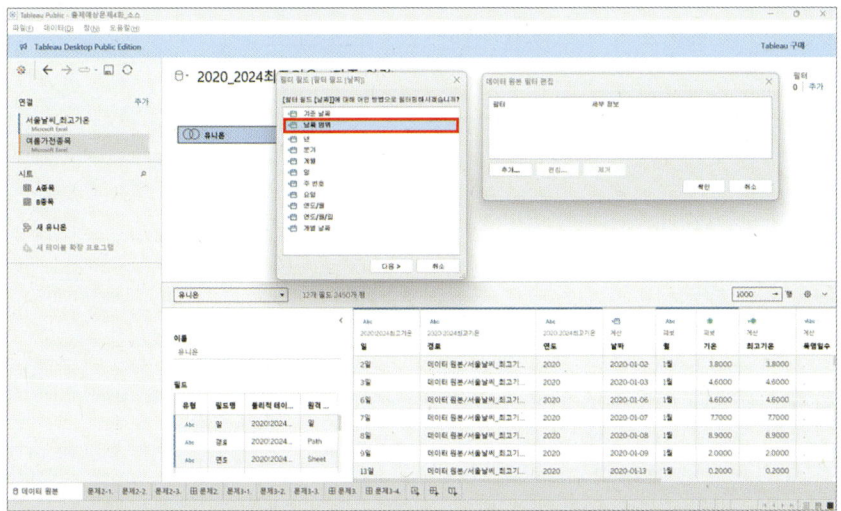

3. 특수 탭에서 'Null이 아닌 날짜'를 선택하고 확인 버튼 선택한다.

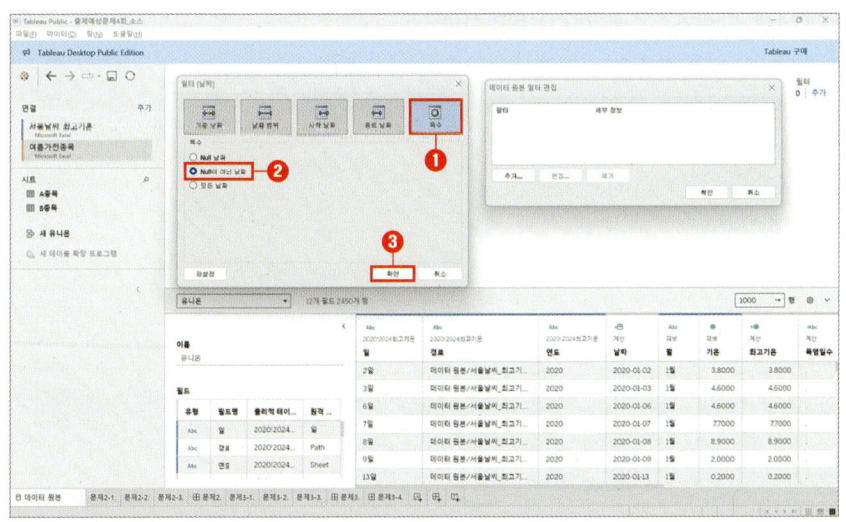

4. 데이터 원본 필터 편집 대화 상자에서 다시 추가 버튼을 선택한 뒤, 필터 추가에서 '최고기온'을 더블 클릭한다.

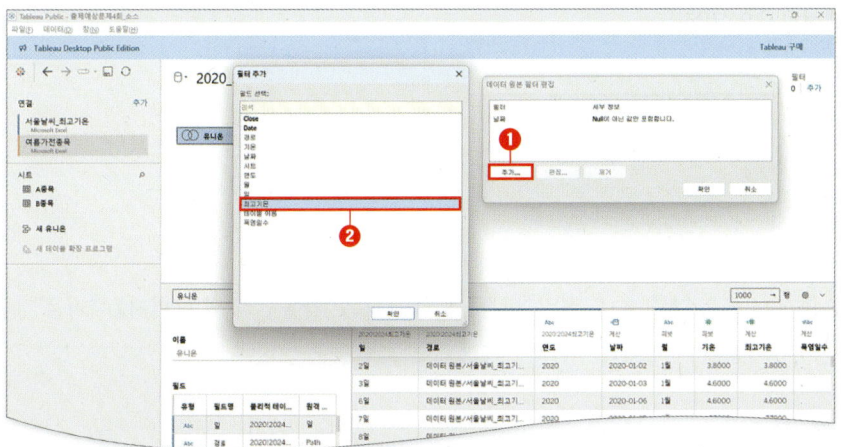

5. 특수 탭에서 'Null이 아닌 값'을 선택하고 확인 버튼 선택한다.

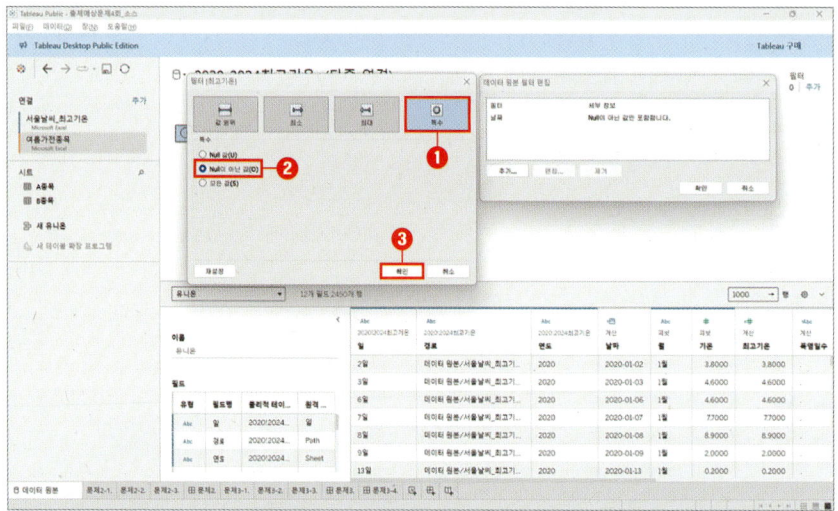

6. 논리적 테이블의 이름을 '날씨&주가데이터'로 변경한다.

7. 데이터 원본의 이름을 '2020년대_날씨및주가데이터'로 변경한다.

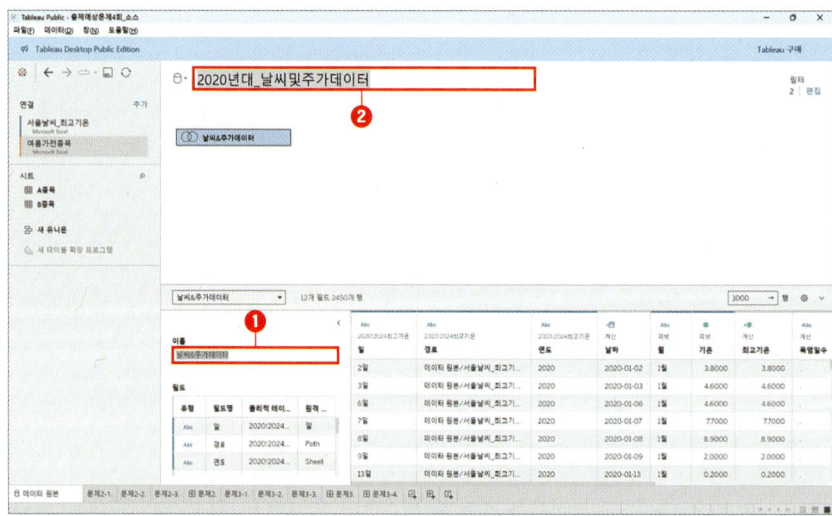

❻ 새로운 필드를 생성하시오. (2점)

- [계절] 필드 생성

  – 필드명: 계절

  – 사용 필드: [날짜]

  – 유형: 문자열

  – 함수: CASE, DATEPART, WHEN, IN, THEN, ELSE, END

  – [날짜]의 월 중 3, 4, 5는 "봄", 6, 7, 8은 "여름", 9, 10, 11은 "가을", 그 외 나머지는 "겨울"

1. [날짜] 필드를 마우스 오른쪽 버튼으로 클릭해 계산된 필드 만들기를 선택한 후, 새로운 계산식을 작성하고 확인 버튼을 클릭한다.

필드명 - 계절
CASE DATEPART("month",[날짜])
WHEN IN (3,4,5) THEN "봄"
WHEN IN (6,7,8) THEN "여름"
WHEN IN (9,10,11) THEN "가을"
ELSE "겨울"
END

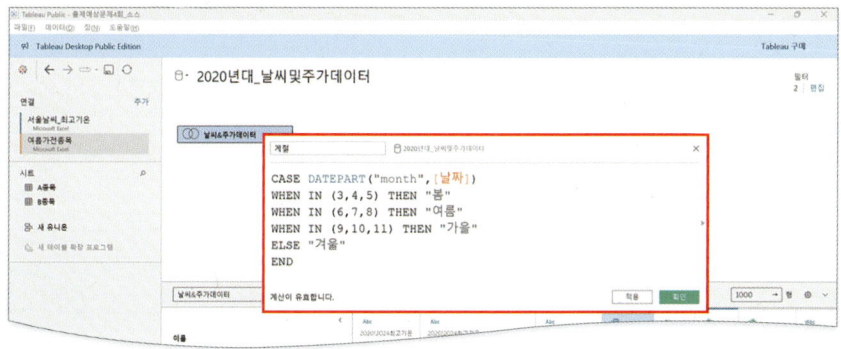

문제 2 단순요소 구현 (30점)

〈시각화 완성화면〉 각 세부문제 풀이 후 아래와 같은 결과가 도출되어야 합니다.

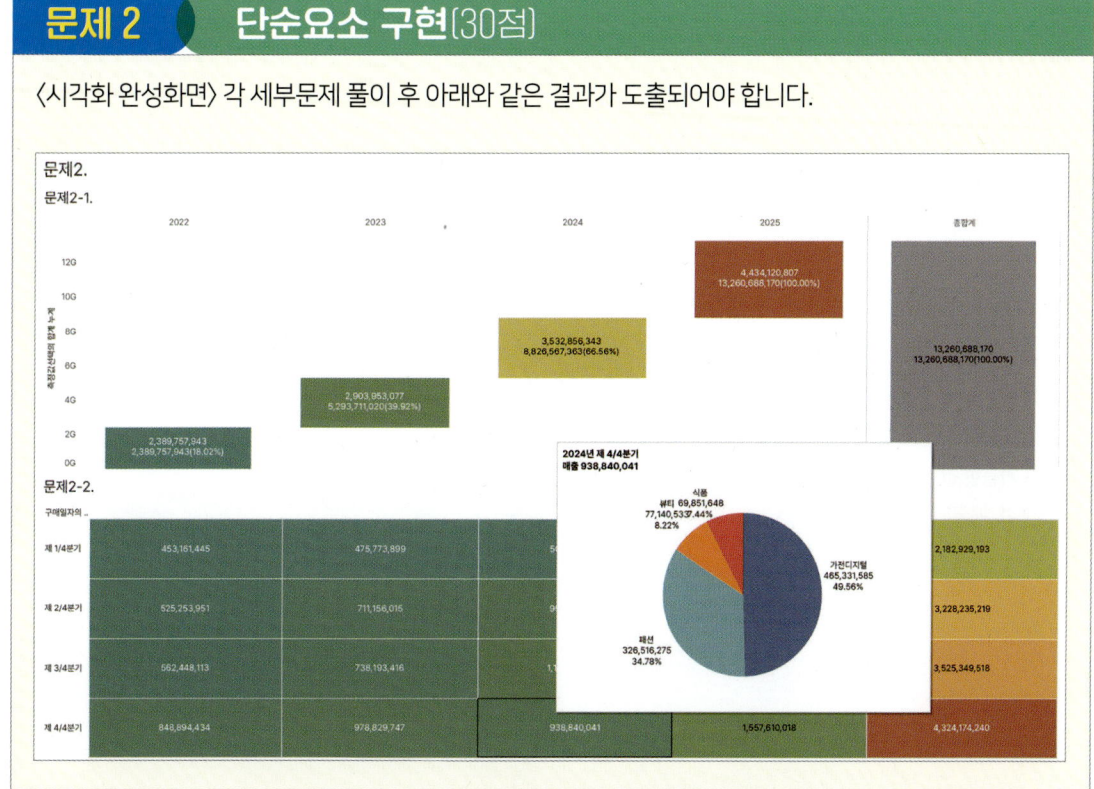

1. '문제2-1' 시트에서 연도별 매출, 수량, 이익이라는 측정값 매개 변수를 활용한 워터폴 차트를 제작하시오. (10점)

    ❶ 측정값인 [매출], [수량], [이익] 필드를 활용한 매개 변수를 생성하시오. (3점)

    • [p.측정값선택] 매개 변수 만들기
        - 사용 필드: [매출], [수량], [이익]
        - 매개 변수 이름: p.측정값_선택
        - 데이터 유형: 문자열
        - 허용 가능한 값: 목록
        - 현재 값: 매출
    • 생성된 [p.측정값선택] 매개 변수 표시

1. '문제2-1' 시트로 이동한 뒤 좌측 사이드 바 검색창 오른쪽 끝의 [▼] 버튼을 클릭해 매개 변수 만들기를 선택한다.

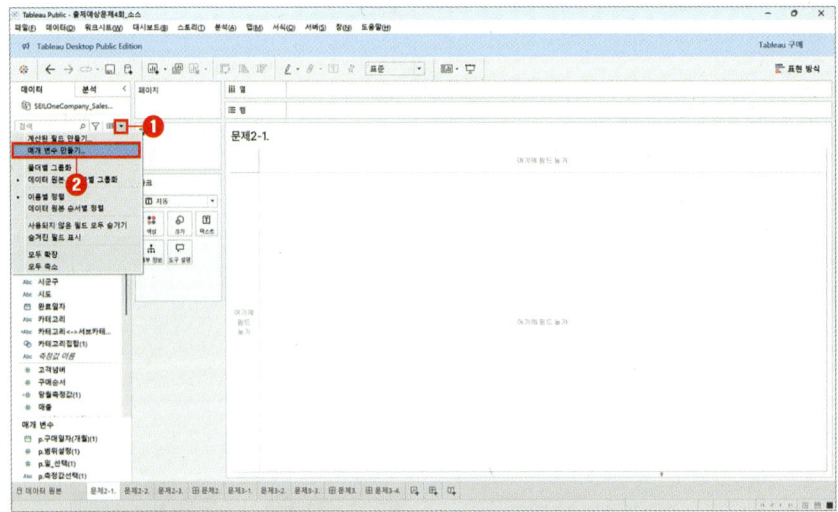

2. 다음과 같이 문자열 기반의 매개 변수를 제작하고 확인 버튼 선택한다.

- **사용 필드**: [매출], [수량], [이익]
- **매개 변수 이름**: p.측정값_선택
- **데이터 유형**: 문자열
- **허용 가능한 값**: 목록
- **현재 값**: 매출

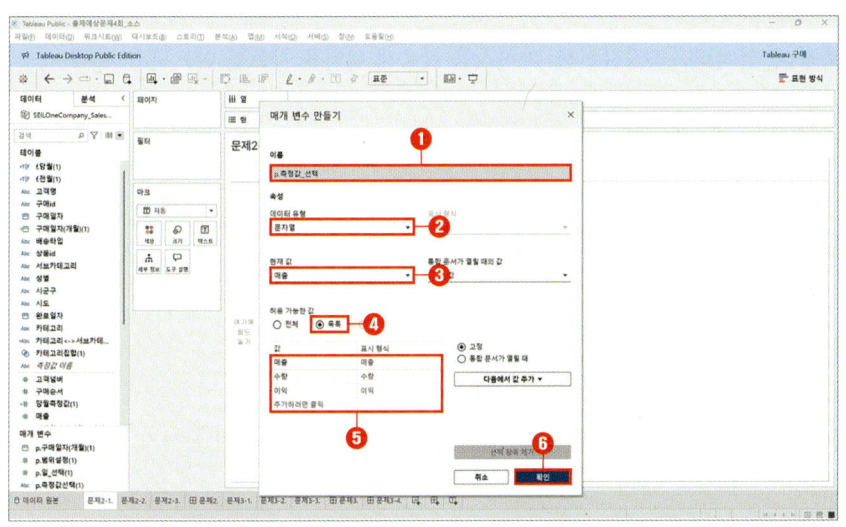

3. 매개 변수 섹션에 추가된 [p.측정값_선택]을 마우스 오른쪽 버튼으로 클릭해 매개 변수 표시를 선택한다.

> ❷ [p.측정값_선택] 매개 변수와 연동하는 계산식을 만드시오. (2점)
> - [p.측정값_선택]에서 "매출"을 선택하면 [매출] 필드를, "수량"을 선택하면 [수량] 필드를, "이익"을 선택하면 [이익] 필드와 연동하는 계산식 생성
> - 필드명: 측정값선택
> - 사용 매개 변수: [p.측정값_선택]
> - 사용 함수: CASE, WHEN, THEN, ELSE, END
> - 필드 유형: 숫자(실수)

1. 상단 분석 메뉴에서 계산된 필드 만들기를 선택한 후, [p.측정값_선택] 매개 변수와 연계된 [측정값선택]이라는 계산식을 작성하고 확인 버튼을 클릭한다.

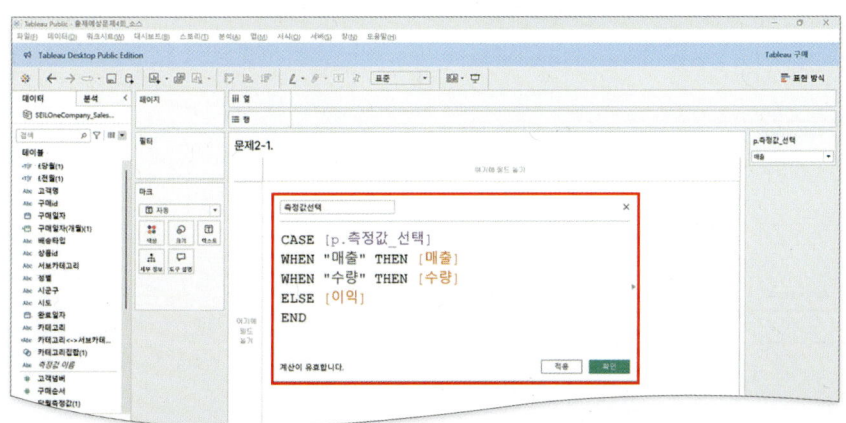

❸ 앞에서 만든 [p.측정값_선택]과 [측정값선택] 계산식을 활용해 워터폴 차트를 만드시오. (5점)
- 계산식 생성
  - 필드명: 측정값선택_워터폴
  - [측정값선택] 필드 앞에 '-'만 추가
- 워터폴 차트 생성
  - 열 선반: 불연속형 년(구매일자)
  - 행 선반: 합계(측정값선택)의 누계
  - 마크: Gantt 차트
  - 크기: [측정값선택_워터폴] 필드 활용, 크기 슬라이더: 최대 설정(우측 맨 끝까지 늘림)
  - 색상: [측정값선택], 색상표: 온도 다중
  - 레이블: [측정값선택]
- 총계 추가
  - 행 총합계 표시
- 맞춤 변경
  - 전체 보기
- 레이블 추가 및 편집
  - 1열: 합계(측정값선택)
  - 2열: 합계(측정값선택)의 누계
  - 3열: (합계(측정값선택)의 누계 기준 구성 비율), 백분율 소수 자릿수1 [p.측정값_선택]의 값이 "매출"인 경우 2024년 측정값선택(매출)의 누적 합계는 3,532,856,343으로 전체 누계 13,260,688,170의 66.56%임
  - 레이블 맞춤: 가로, 세로 모두 가운데 정렬
- 연도 머리글을 하단이 아닌 상단으로 위치 변경

1. 상단 분석 메뉴에서 계산된 필드 만들기를 선택한 후, [측정값선택] 앞에 '-'를 추가한 '측정값선택_워터폴' 필드를 만든다.

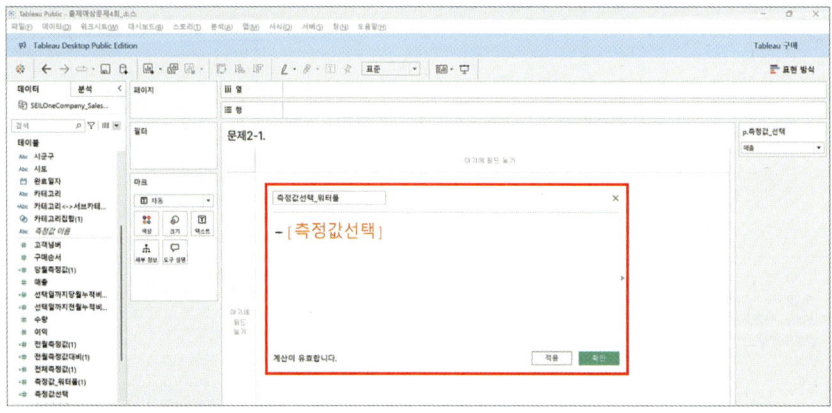

2. 차원에 있는 [구매일자] 필드를 열 선반에 놓는다.
3. 측정값에 있는 [측정값선택]을 드래그해서 행 선반에 놓는다.

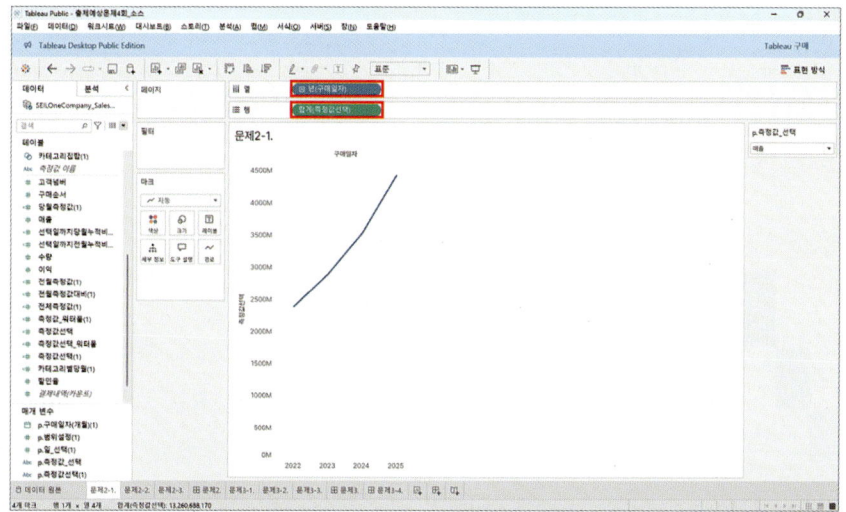

4. 행 선반에 있는 [합계(측정값선택)]에 우클릭 → 퀵 테이블 계산 → 누계를 선택한다.

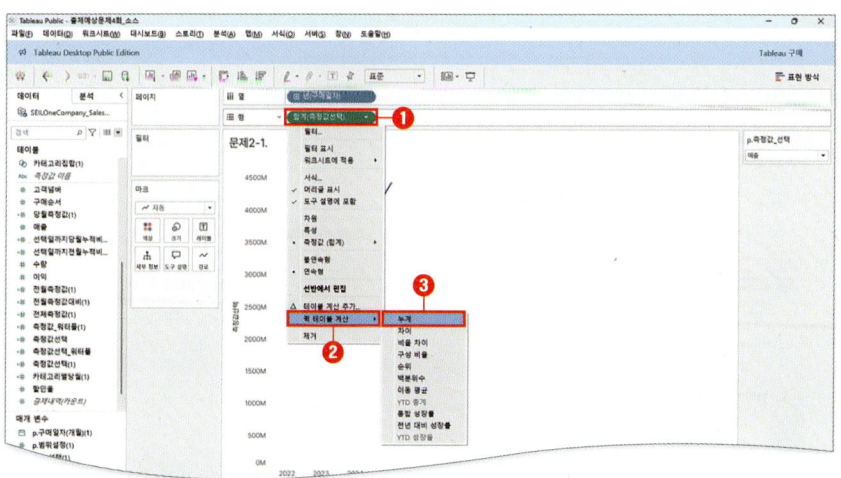

5. 마크를 Gantt 차트로 변경한다.

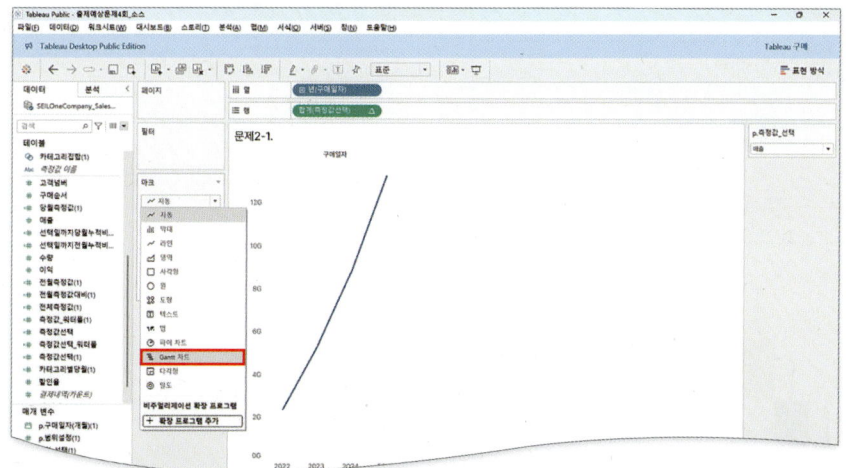

4회 출제예상문제 **475**

6. [측정값선택_워터폴] 필드를 크기 마크에 놓고, 크기 슬라이더를 맨 오른쪽으로 이동한다.
7. [측정값선택] 필드를 드래그해서 색상 마크에 놓는다.

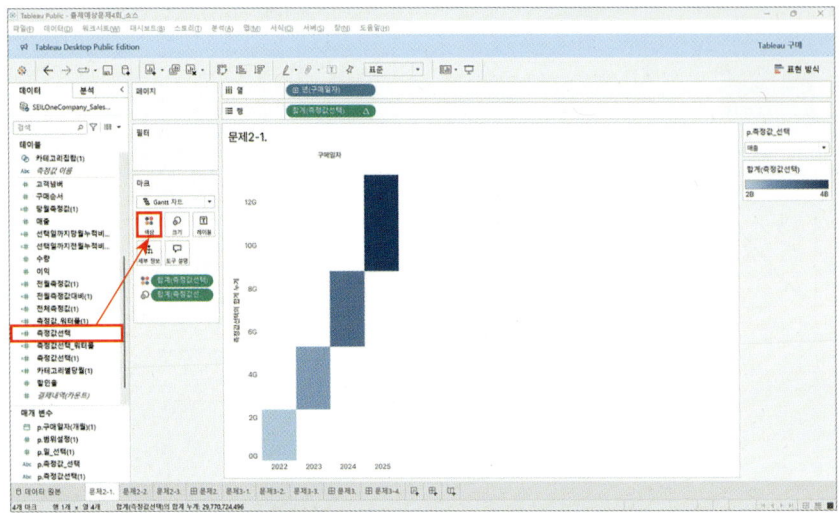

8. 색상 마크에서 색상 편집 버튼을 선택한 후, 색상 편집 대화 상자에서 색상표를 '온도 다중'으로 변경하고 확인 버튼 클릭한다.

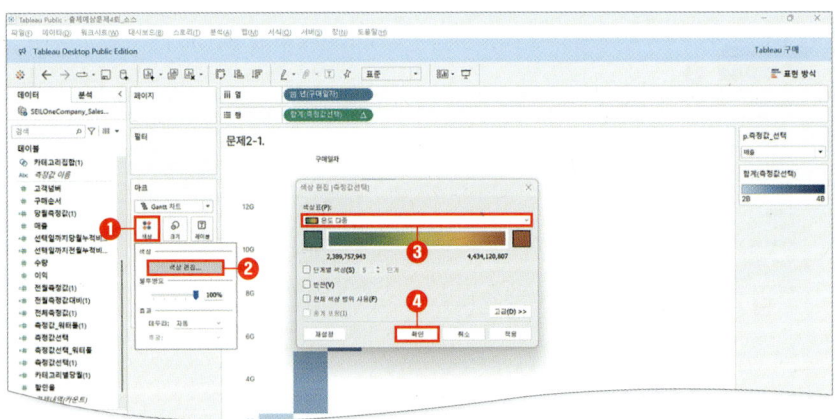

9. [측정값선택] 필드를 드래그해서 레이블 마크에 놓는다.
10. 좌측 사이드 바를 분석 패널로 변경한 뒤 요약 → 총계를 드래그해 '행 총합계' 위에 놓는다.

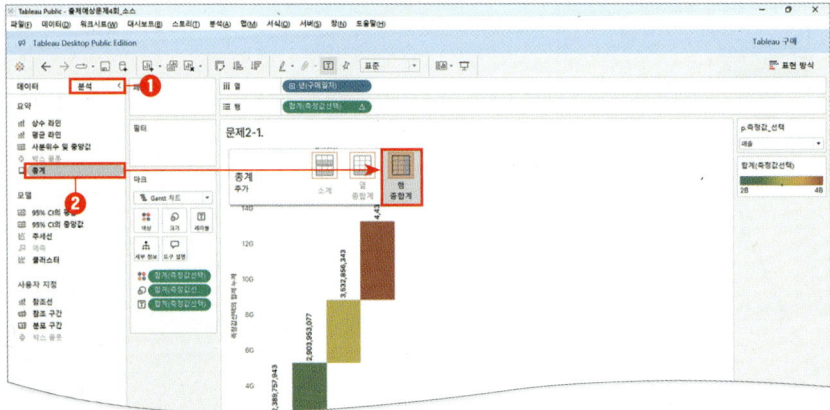

11. 툴바의 맞춤을 '전체 보기'로 변경한다.

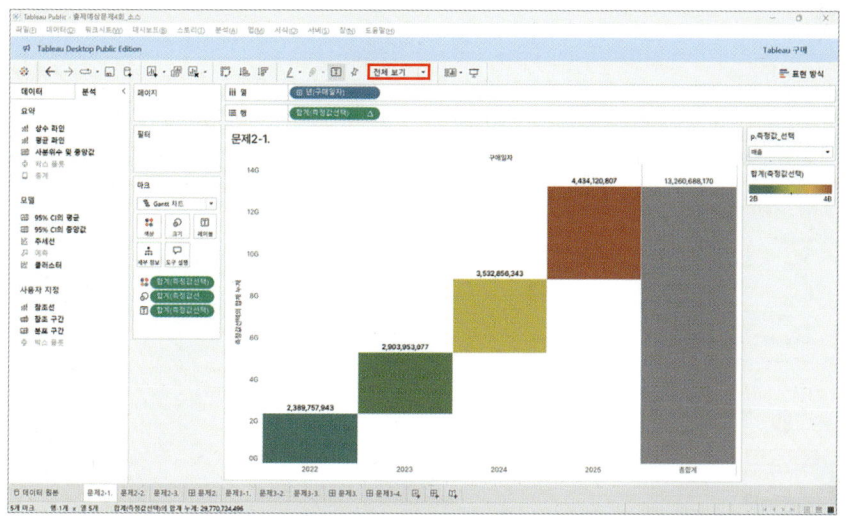

12. 좌측 사이드 바를 다시 데이터 패널로 변경한 후, 행 선반의 [합계(측정값선택)▲] 누계 필드를 Ctrl 키를 누른 상태에서 드래그해 레이블 마크에 놓는다.

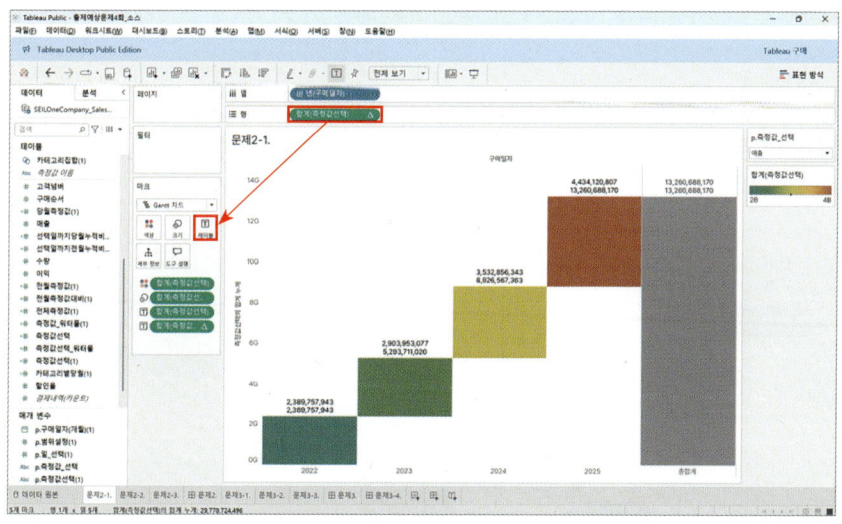

13. 레이블 마크에 있는 [합계(측정값선택)△] 누계 필드에 우클릭 → 테이블 계산 편집을 선택한다.

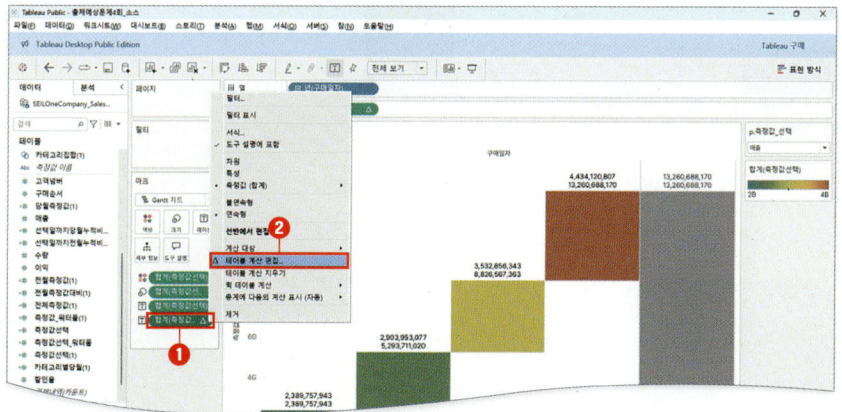

4회 출제예상문제 477

14. 테이블 계산 편집 대화 상자에서 좌측 하단의 보조 계산을 추가한 뒤, 보조 계산 유형을 구성 비율로 지정하고 대화 상자를 닫는다.

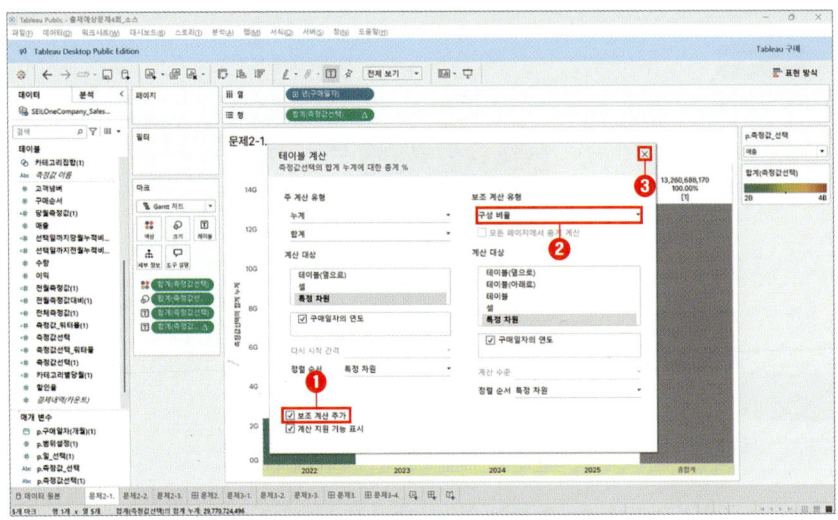

15. 행 선반의 [합계(측정값선택)△] 누계 필드를 Ctrl 키를 누른 상태에서 드래그해 레이블 마크에 놓는다. 그리고 레이블에 각 연도별 측정값선택(매출 기준), 누적 구성 비율(매출 기준), 누적 측정값선택(매출 기준)으로 표시된다.

16. 레이블 마크에서 텍스트(…) 옵션을 선택해 레이블 편집 창을 열고, 1열에는 합계(측정값선택), 2열에는 합계(측정값선택)의 누계, 3열에는 (합계(측정값선택))의 누계 기준 구성 비율)을 배치한 뒤 확인 버튼을 클릭한다.

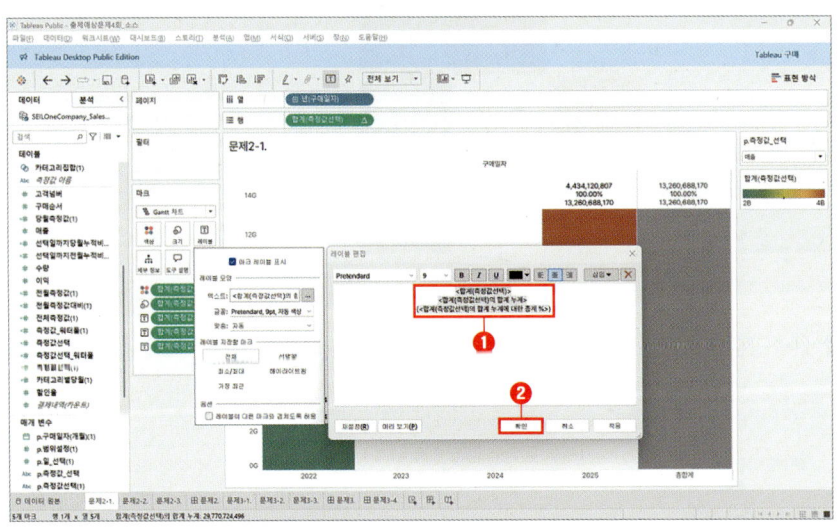

17. 레이블 마크에서 맞춤을 선택해 가로와 세로 모두 가운데 정렬로 설정한다.

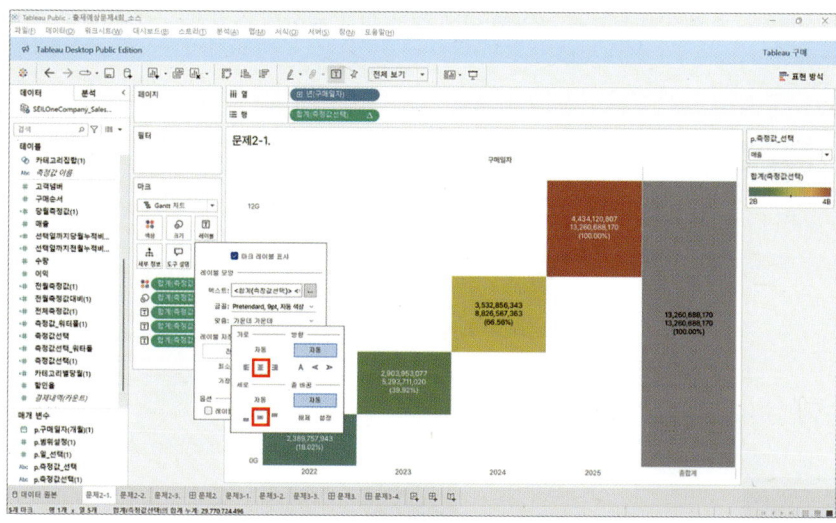

18. 상단 분석 메뉴에서 테이블 레이아웃 → 고급을 선택한다.

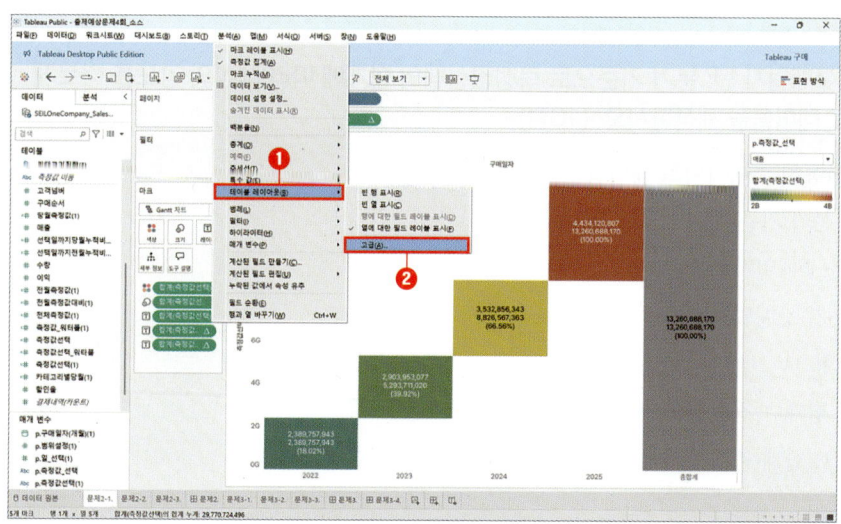

19. 테이블 옵션 편집 대화 상자에서 '세로 축이 있을 때 보기 하단에 가장 안쪽 수준 표시' 옵션의 체크를 해제한다.

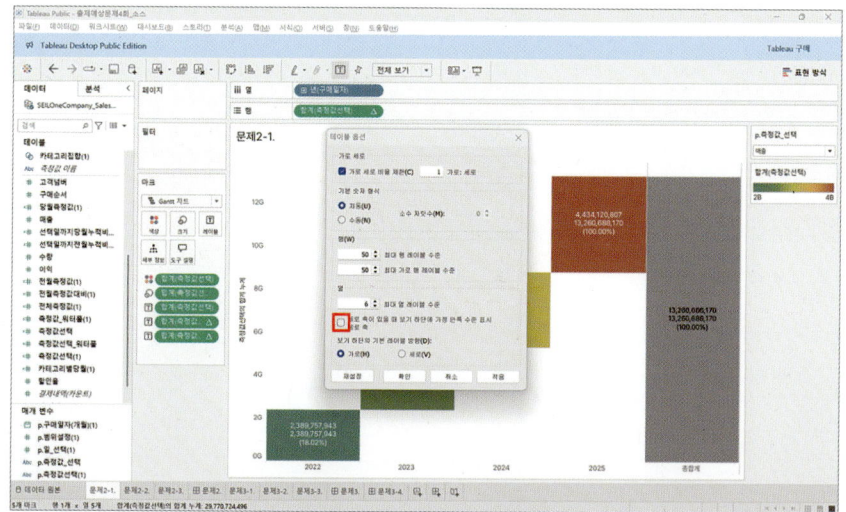

20. '구매일자' 필드 레이블을 마우스 오른쪽 버튼으로 클릭해 열에 대한 필드 레이블 숨기기를 선택한다.

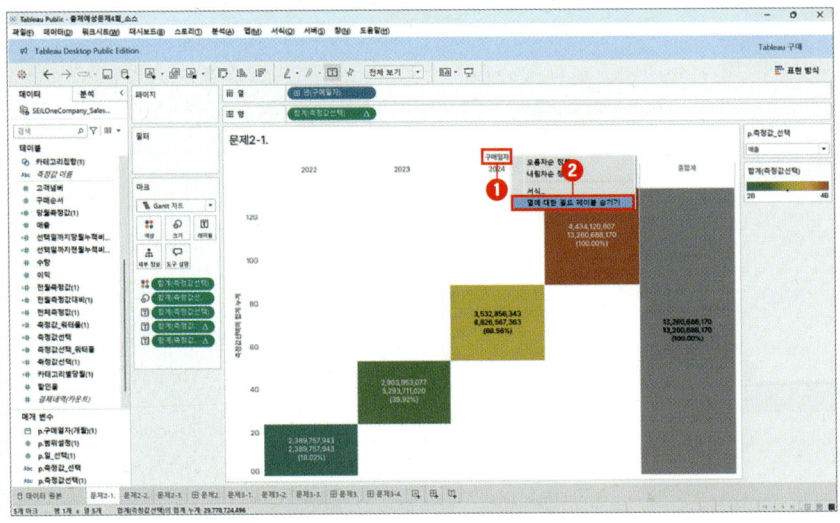

> 2. '문제2-2' 시트에서 구매일자 년, 분기 기준으로 측정값선택의 합계에 따라 색상의 강도를 다르게 보여주는 하이라이트 테이블을 제작하시오. (10점)
>
> ❶ 다음 필드들을 활용해 하이라이트 테이블을 구현하시오. (5점)
>
> • 구매일자 년, 분기 기준 하이라이트 테이블 제작
>
>   - 열 선반: 년(구매일자)
>
>   - 행 선반: 분기(구매일자)
>
>   - 마크: 사각형
>
>   - 색상 마크: 합계(측정값선택), 색상표: 온도 다중
>
>   - 레이블 마크: 합계(측정값선택), 맞춤: 가로, 세로 모두 가운데 정렬

1. '문제2-2' 시트로 이동한 뒤 차원에 있는 [구매일자] 필드를 드래그해 열 선반에 놓는다.
2. 열 선반의 [년(구매일자)] 앞 [+] 아이콘을 눌러 [분기(구매일자)]를 표시한 후, 이를 드래그해 행 선반으로 옮긴다.

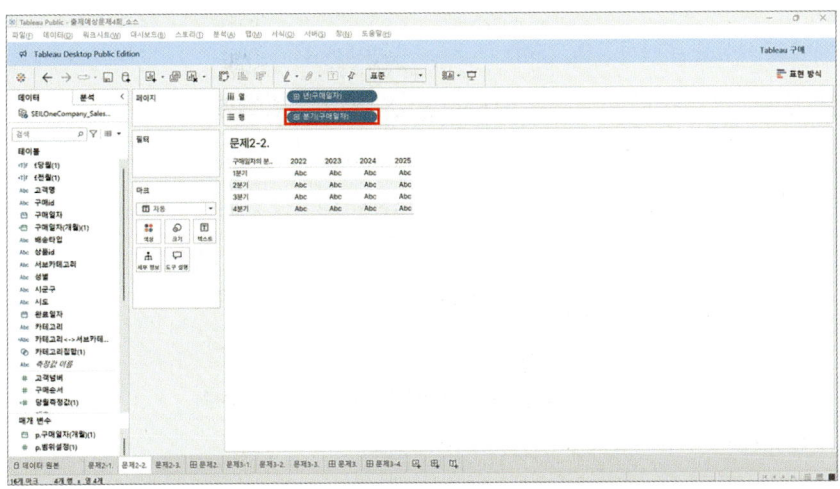

3. 마크를 사각형으로 변경한 뒤 [측정값선택] 필드를 색상 마크에 놓는다.

4. 색상 마크에서 색상 편집을 선택하고, 색상 편집 대화 상자에서 색상표를 '온도 다중'으로 변경한 후 확인 버튼을 클릭한다.

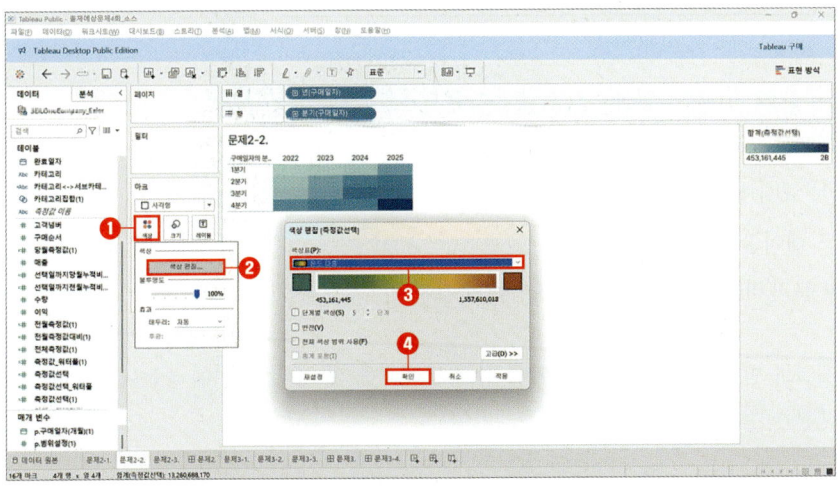

5. [측정값선택] 필드를 레이블 마크에 놓고, 레이블 마크에서 맞춤을 가로와 세로 모두 가운데 정렬로 설정한다.

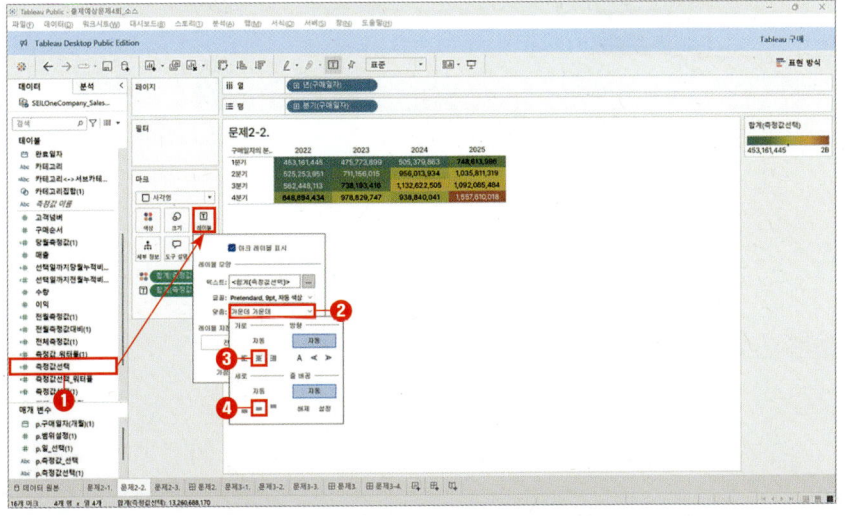

❷ 총계 추가 및 총계에도 색상을 추가하시오. (5점)

- 행 총합계 추가
    - 행 총합계 표시
- 총계에 색상 추가
    - 색상 편집: 총계 포함 체크
    - 색상 마크 효과 테두리: #ffffff 색상
- 행 머리글 업데이트
    - 구매일자의 분기 날짜 머리글을 '전체 이름'으로 서식 변경

변경 전	변경 후 (전체 이름)
1분기	제1/4분기
2분기	제2/4분기
3분기	제3/4분기
4분기	제4/4분기

    - 맞춤: 가로, 세로 모두 가운데 정렬
    - 테두리: 행 구분선 → 패널: 없음
- 열 머리글 업데이트
    - 연도 머리글: 표시 해제
- 행에 대한 필드 레이블 업데이트
    - '구매일자의 분기'라는 행에 대한 필드 레이블 숨기기

1. 좌측 사이드 바를 분석 패널로 변경한 뒤, 요약 → 총계를 뷰로 드래그해 '행 총합계' 위에 놓는다.

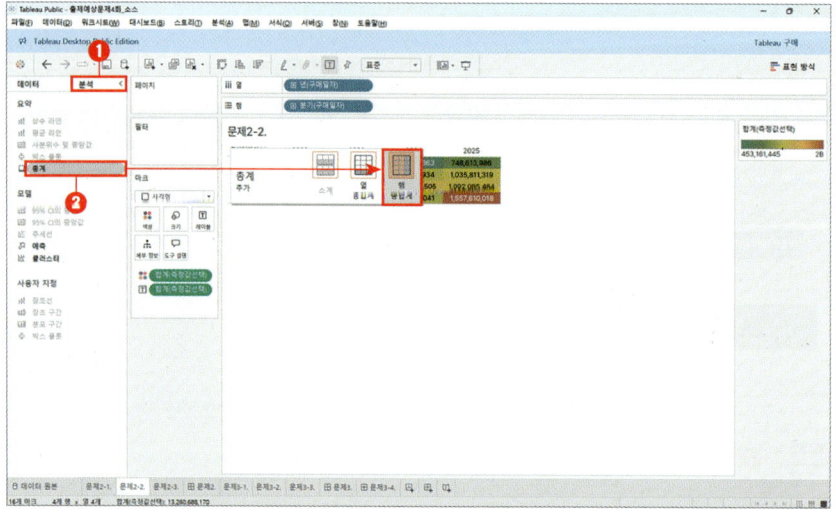

2. 색상 마크에서 색상 편집을 선택한 후, 색상 편집 대화 상자 좌측 하단의 '총계 포함'을 체크하고 확인 버튼을 클릭한다.

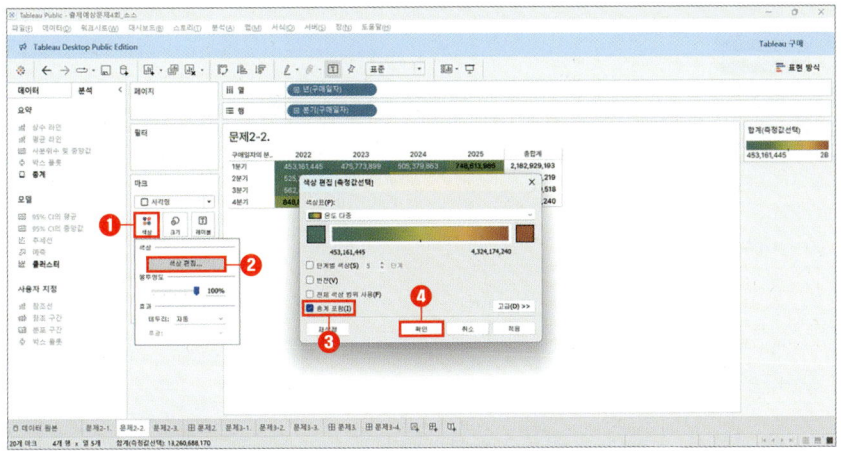

3. 색상 마크 → 효과 → 테두리 → HTML: #ffffff 입력하고 확인 버튼을 클릭한다.

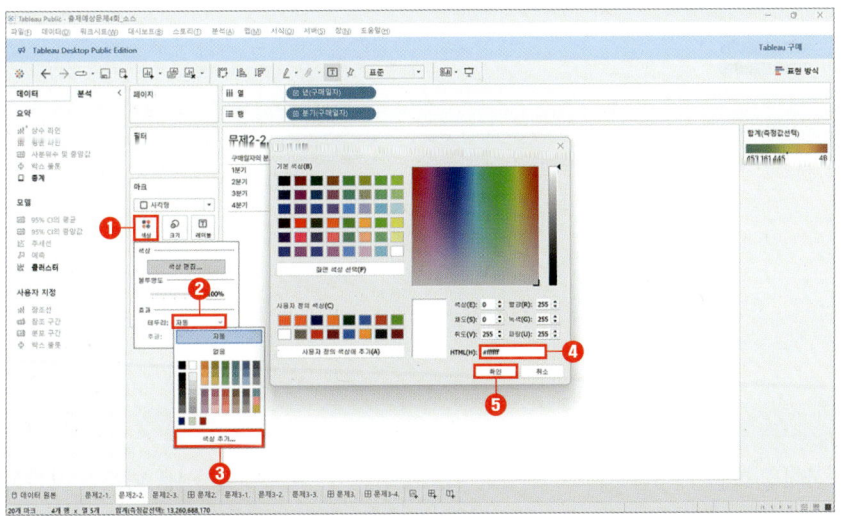

4. 행에 있는 [구매일자]의 분기 중 하나를 마우스 오른쪽 버튼으로 클릭해 서식을 선택한 뒤, 머리글의 기본 값 날짜 형식을 전체 이름으로 지정하면 머리글이 '제4/4분기'와 같이 표시된다.

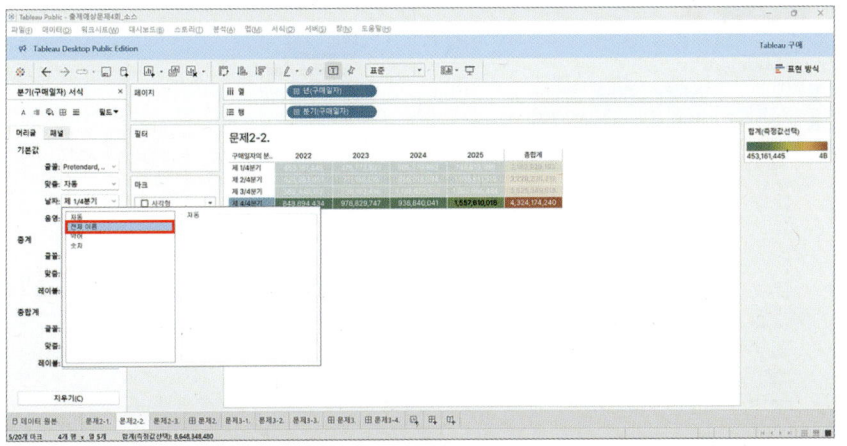

5. 머리글의 기본값 맞춤을 가로: 가운데, 세로: 가운데로 설정한다.

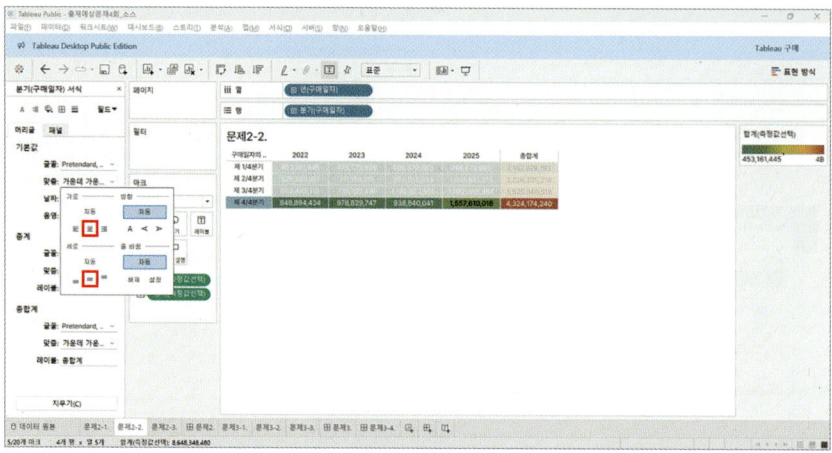

6. 테두리 서식에서 시트 탭 → 행 구분선 → 패널 → 없음으로 설정한다.

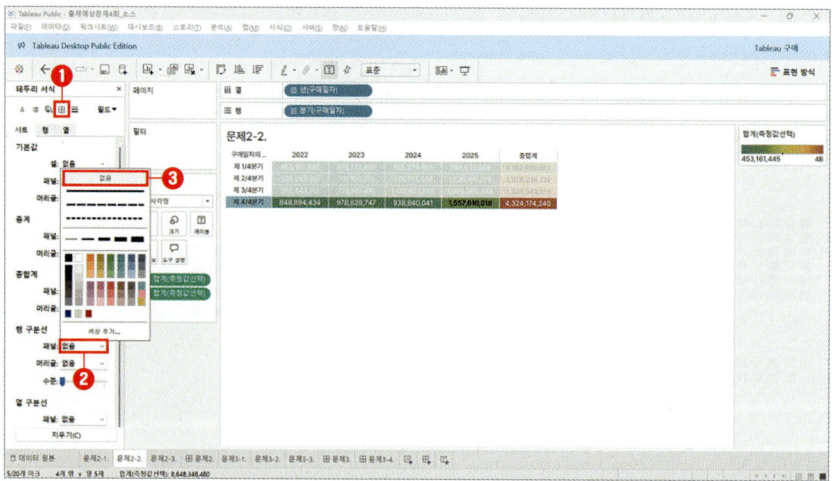

7. 서식 메뉴를 닫고 좌측 사이드 바를 데이터 패널로 변경한 뒤, 열 선반의 [년(구매일자)]을 마우스 오른쪽 버튼으로 클릭해 머리글 표시를 해제한다.

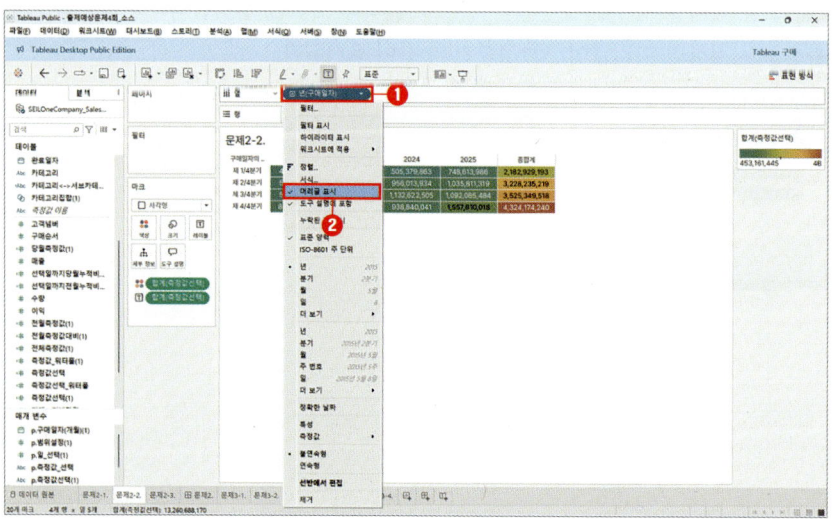

8. 구매일자의 분기 필드 레이블에 우클릭 → 행에 대한 필드 레이블 숨기기 선택한다.

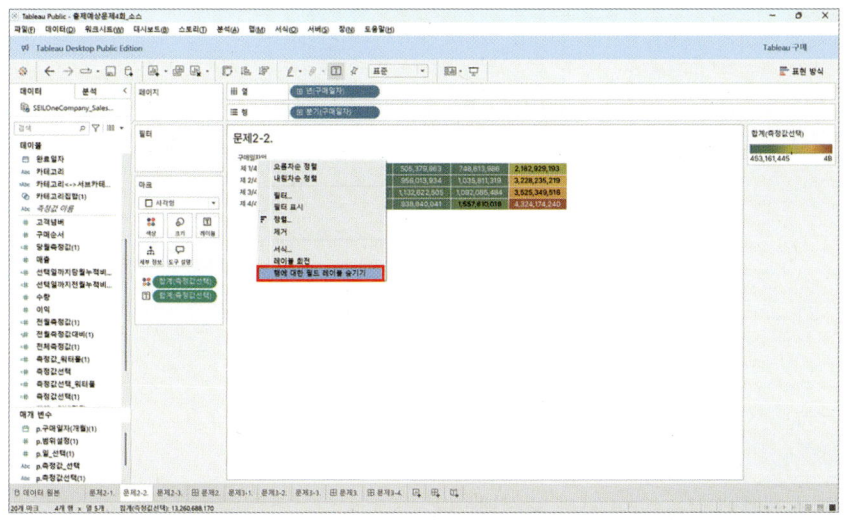

3. '문제2-3' 시트에서 카테고리별 측정값의 비중을 볼 수 있는 부분 전체 분석 차트를 제작하시오. (10점)

   ❶ '문제2-3' 시트에 카테고리별 측정값선택 값에 따른 비중을 볼 수 있는 파이 차트를 생성하시오. (5점)

   • 표현 방식에 있는 파이 차트 생성
     – 마크: 파이
     – 색상 마크: 카테고리
     – 각도 마크: [측정값선택]의 합계
     – 크기 마크: [측정값선택]의 합계
     – 레이블 마크: 다음과 같이 3줄로 가운데 정렬
       〈카테고리〉
       〈합계(측정값선택)〉
       〈합계(측정값선택)에 대한 총계 %〉
     – 레이블 옵션: 레이블이 다른 마크와 겹치도록 허용
   • 툴바 맞춤 편집
     – 전체 보기로 변경
   • [카테고리] 색상 마크 색상 편집
     – 색상표: 천사의 돌
     – 가전디지털: 회색(#959c9e)
     – 뷰티: 자주색(#8175aa)
     – 식품: 연한 청록(#94d0c0)
     – 패션: 연두색(#9f8f12)
   • 측정값선택 합계에 따른 내림차순 정렬

1. '문제2-3' 시트로 이동한 뒤 [카테고리] 필드를 색상 마크에 놓고, [측정값선택] 필드를 레이블 마크에 배치한다.

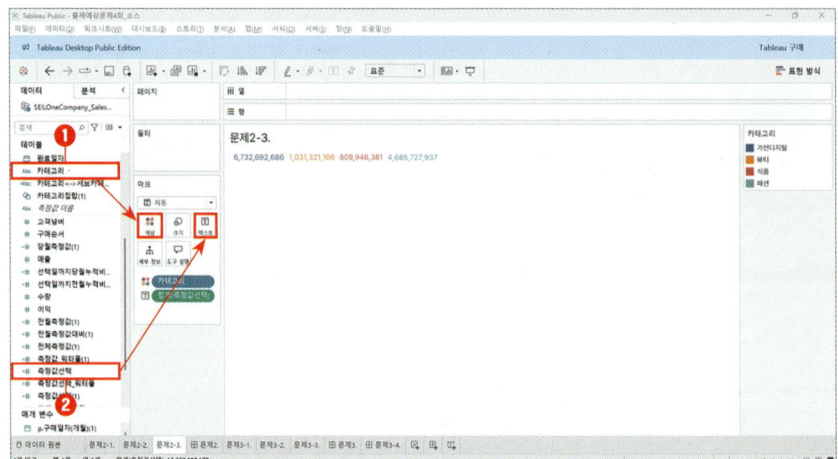

2. 표현 방식에서 두 번째 줄 세 번째에 있는 '파이 차트'를 선택한다.

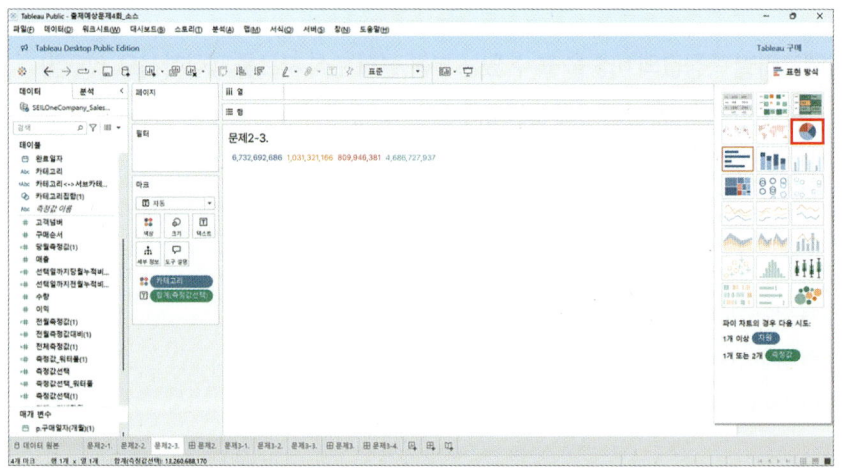

3. 표현 방식을 닫은 뒤 [카테고리] 필드와 [측정값선택] 필드를 각각 레이블 마크에 놓는다.

4. 레이블 마크에 있는 [측정값선택]에 우클릭 → 퀵 테이블 계산 → 구성 비율 선택한다.

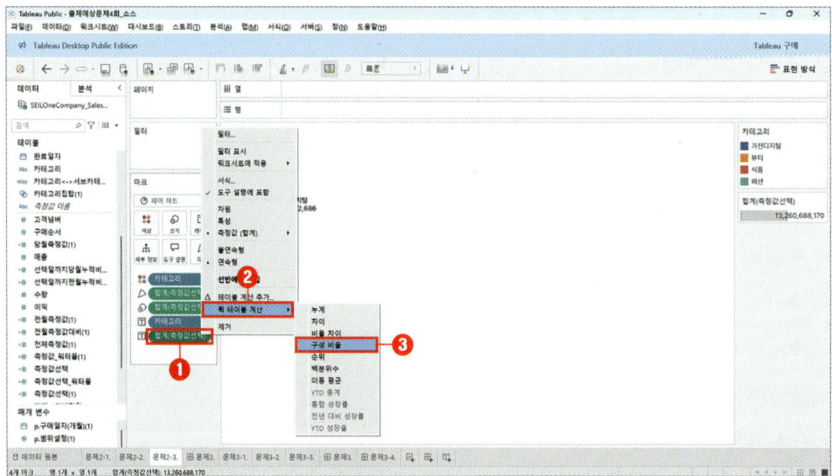

5. [측정값선택] 필드를 레이블 마크에 놓은 뒤, 레이블 마크에서 텍스트 → (…) 텍스트 옵션을 선택한다.

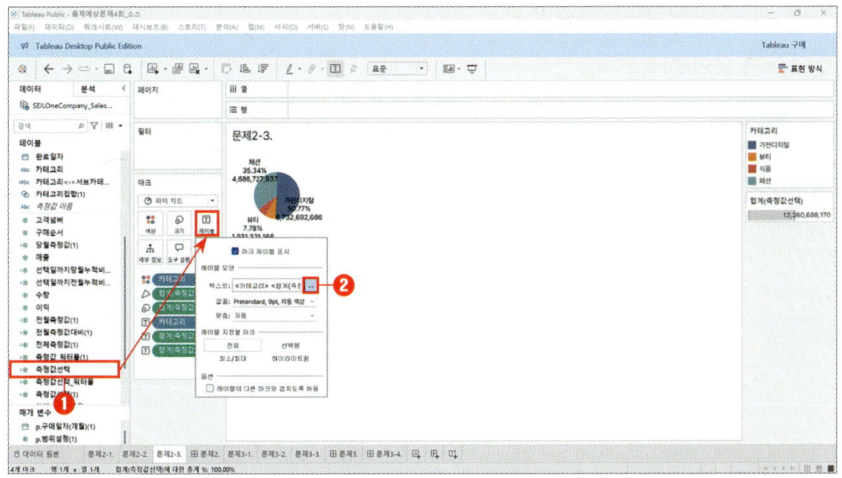

6. 레이블 마크에서 텍스트를 〈카테고리〉, 〈합계(측정값선택)〉, 〈합계(측정값선택)에 대한 총계 %〉 순서로 정렬하고 가운데 정렬한다.

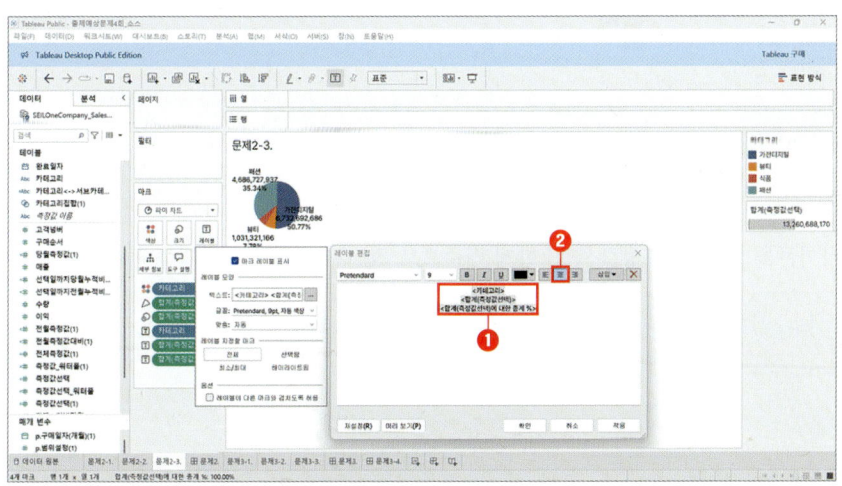

7. 레이블 마크에서 옵션을 선택하고 '레이블이 다른 마크와 겹치도록 허용'을 체크한다.

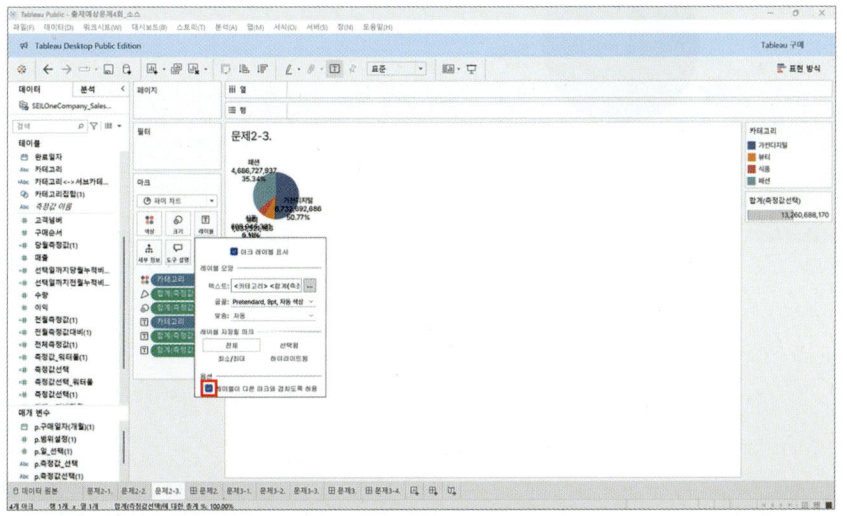

8. 툴바의 맞춤을 전체 보기로 변경한다.

9. 색상 마크에서 색상 편집을 선택하고 색상표를 '천사의 돌'로 지정한다.

10. 각 데이터 항목의 색상을 다음과 같이 지정한다.

- **가전디지털**: 회색(천사의 돌 2-2, #959c9e)
- **뷰티**: 자주색(천사의 돌 1-1, #8175aa)
- **식품**: 연한 청록(천사의 돌 1-2, #94d0c0)
- **패션**: 연두색(천사의 돌 4-2, #9f8f12)

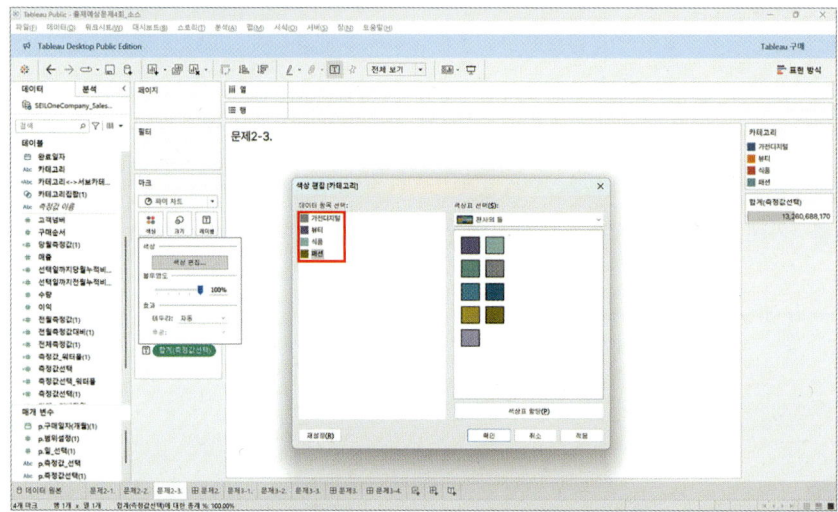

11. 툴바의 내림차순 정렬 아이콘을 클릭해 [측정값선택] 합계 기준으로 정렬된 내림차순 결과를 확인한다.

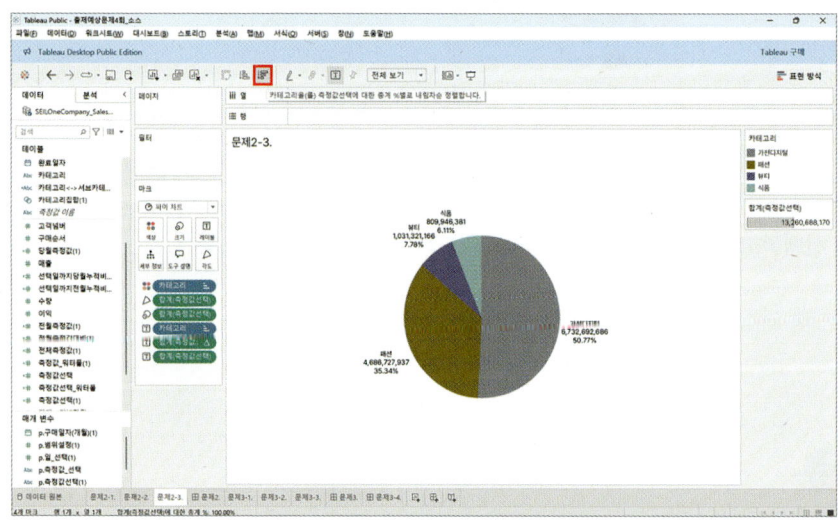

❷ '문제2-3' 시트의 파이 차트를 '문제2-2' 시트의 하이라이트 테이블의 도구 설명에 뷰를 추가하시오. (5점)

- '문제2-2' 시트의 하이라이트 테이블에 마우스 오버하면 '문제2-3' 시트가 노출되는 도구 설명 비주얼리제이션이 나오도록 다음과 같이 설정
- 도구설명 내 글꼴 색상 #000000

〈년(구매일자)〉년 〈분기(구매일자)〉

〈매개 변수.p.측정값선택〉 〈합계(측정값선택)〉

〈Sheet name="문제2-3." maxwidth="500" maxheight="300" filter="〈모든 필드〉"〉

1. 문제2-2 시트를 선택한 뒤 도구 설명 마크를 클릭한다
2. 도구 설명 편집 대화 상자에서 전체 영역을 선택한 다음 글꼴 색상 → 색상 추가 → HTML: #000000 입력한다.

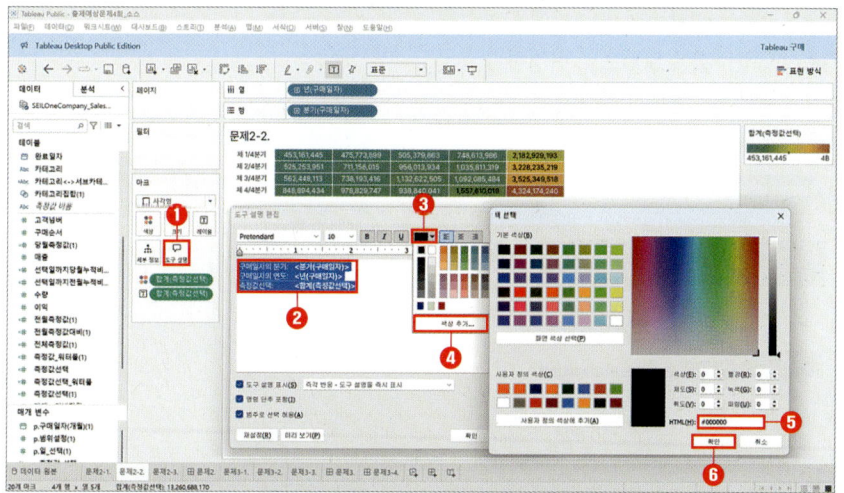

3. 도구 설명 편집 대화 상자에서 다음과 같이 2줄로 편집하고, 볼드 처리한다.

1열 - 〈년(구매일자)〉년 〈분기(구매일자)〉
2열 - 〈매개 변수.p.측정값선택〉 〈합계(측정값선택)〉

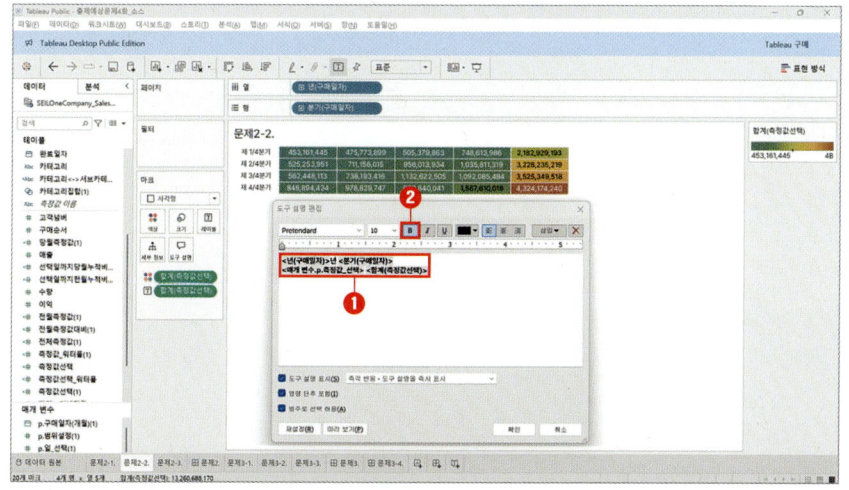

4. 도구 설명 편집 대화 상자의 3행에 커서를 놓고, 우측 상단의 삽입 → 시트 → 문제2-3을 선택한다.

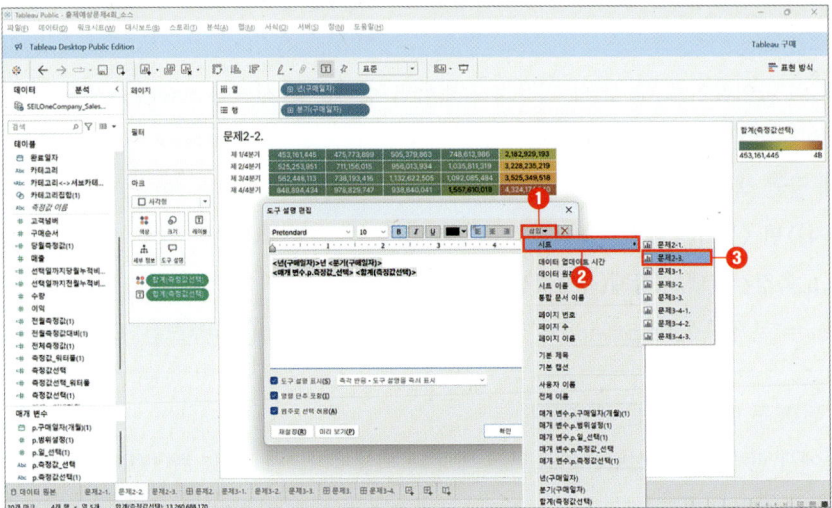

5. 삽입된 문제2-3 시트의 maxwidth 값을 500으로 변경한다.

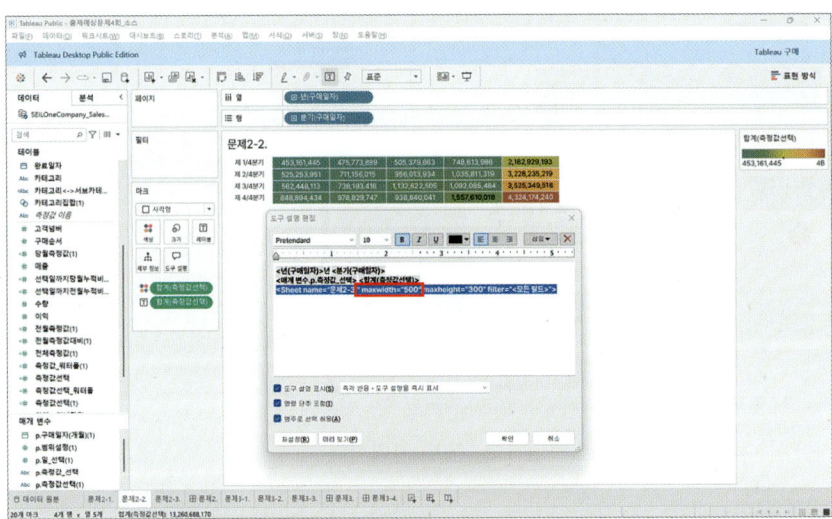

6. 문제2에서 문제2-2 시트에 마우스 오버하면 문제2-3 기준으로 값이 나오는지 확인한다.(단, 총계 영역은 마우스 오버해도 문제2-3이 나오지 않음)

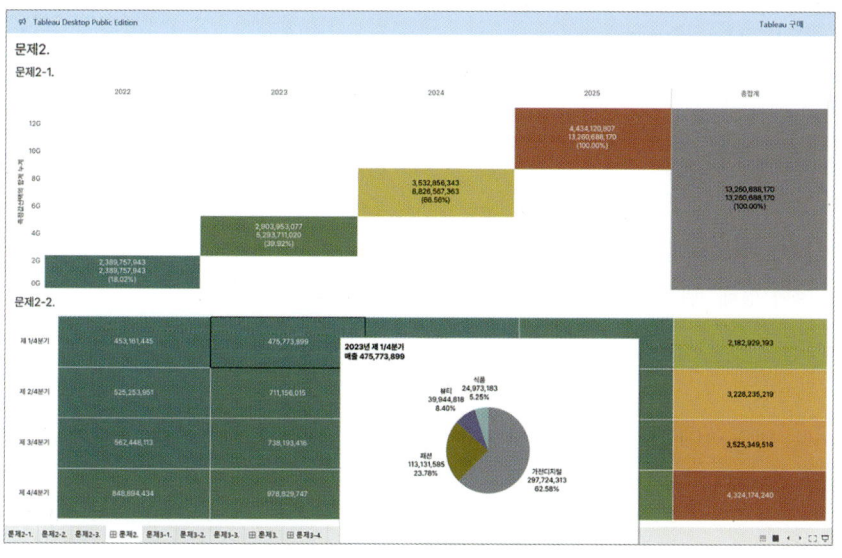

문제 3 복합요소 구현(50점)

〈시각화 완성화면〉 각 세부문제 풀이 후 아래와 같은 결과가 도출되어야 합니다.

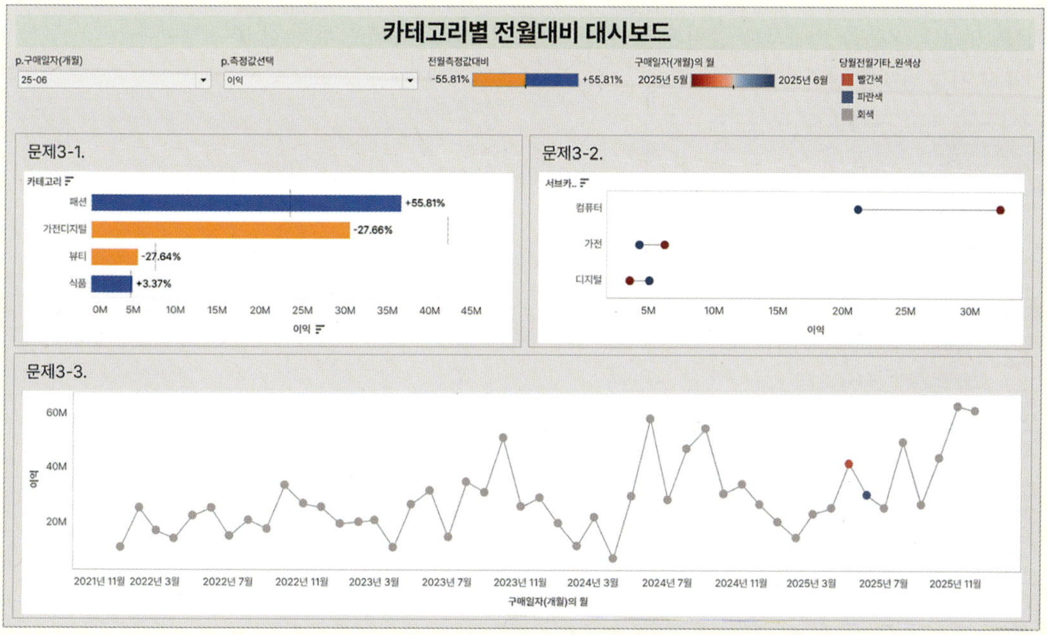

1. 〈SEILOneCompany_Sales데이터〉 데이터를 활용하여 '문제3-1' 시트에서 [당월측정값]과 [전월측정값]을 활용한 불릿 차트를 제작하시오. (10점)

   ❶ 당월에 대한 사용자 지정 날짜와 매개 변수를 만드시오. (2점)
   - 사용자 지정 날짜 만들기
     – 사용 필드: [구매일자]
     – 사용자 지정 날짜 이름: 구매일자_월
     – 사용자 지정 날짜 세부 정보: 개월
     – 사용자 지정 날짜 형태: 날짜 값
   - 매개 변수 만들기
     – 사용 필드: [구매일자_월]
     – 매개 변수 이름: p.월_선택
     – 데이터 유형: 날짜
     – 허용 가능한 값: 목록
     – 우측 옵션: 통합 문서가 열릴 때, 연동 필드: [구매일자_월]
     – 표시 형식: yy.MM
     – 현재 값: 2025-06-01
   - [p.월_선택] 매개 변수 표시

1. 문제3-1 시트를 선택한 뒤 차원에 있는 [구매일자]를 마우스 오른쪽 버튼으로 클릭해 만들기 → 사용자 지정 날짜를 선택한다.

2. 필드명은 '구매일자_월'로 입력하고, 세부 정보는 '개월', 옵션은 '날짜 값'을 선택한다.

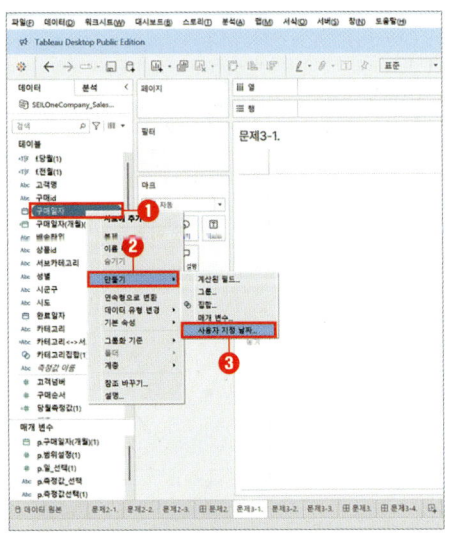

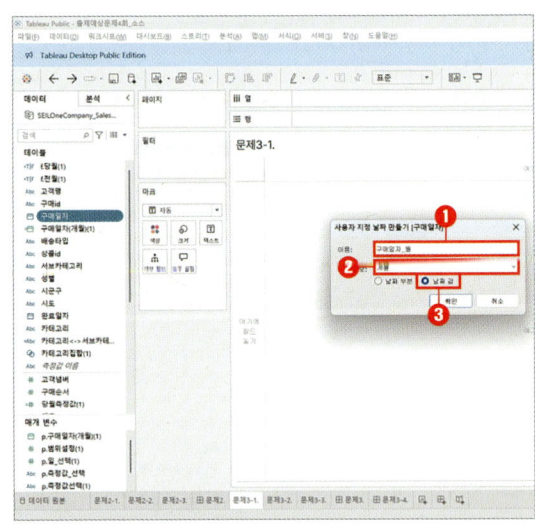

3. 측정값에 있는 [구매일자_월]에 우클릭 → 만들기 → 매개 변수를 선택한다.

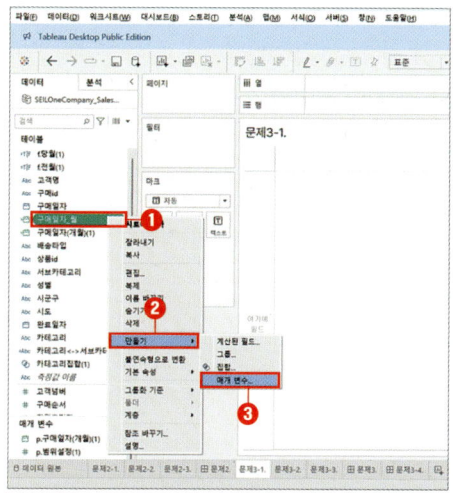

4. 매개 변수 이름은 'p.월_선택'으로 입력하고, 허용 가능한 값은 '목록'을 선택한다.

5. 우측에 있는 옵션은 '통합 문서가 열릴 때'를 선택하고, 필드는 '구매일자_월'을 선택한다.

6. 표시 형식을 사용자 지정으로 설정하고 서식에 yy.MM을 입력한다.

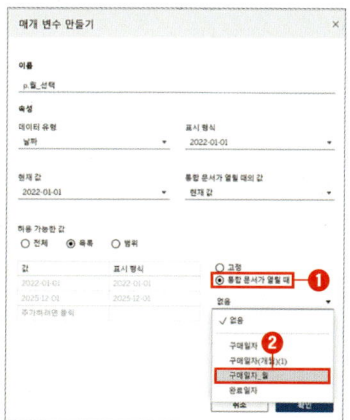

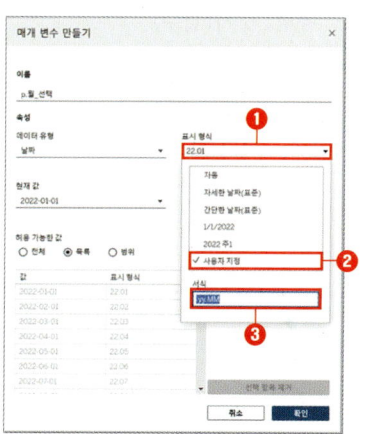

7. 현재 값을 '2025-06-01'로 설정하고 확인 버튼 선택해서 매개 변수 만들기 대화 상자는 닫는다.

8. 매개 변수 섹션에 추가된 [p.월_선택]에 우클릭 → 매개 변수 표시를 선택한다.

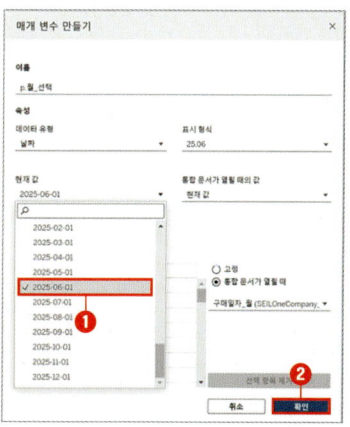

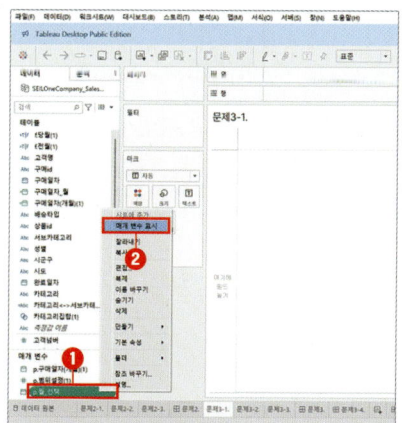

❷ [f.당월], [f.전월], [당월측정값], [전월측정값]이라는 계산식을 생성하시오. (3점)

- [f.당월] 계산식
  - 당월이란, [구매일자_월] 필드와 매개 변수인 [p.월_선택]이 동일한 경우
  - 필드 유형: 부울
- [f.전월] 계산식
  - 전월이란, [구매일자_월] 필드와 매개 변수인 [p.월_선택]의 '월' 차이가 1인 경우
  - 필드 유형: 부울
  - 사용 함수: DATEDIFF
- [당월측정값] 계산식
  - 당월측정값이란, [f.당월]이 참인 경우 [측정값선택] 값 반환
  - 필드 유형: 숫자(실수)
  - 사용 함수: IF, THEN, END
- [전월측정값] 계산식
  - 전월측정값이란, [f.전월]이 참인 경우 [측정값선택] 값 반환
  - 필드 유형: 숫자(실수)
  - 사용 함수: IF, THEN, END

1. [f.당월]이라는 새로운 계산식을 만들고 확인 버튼 선택한다.

> [구매일자_월] = [p.월_선택]

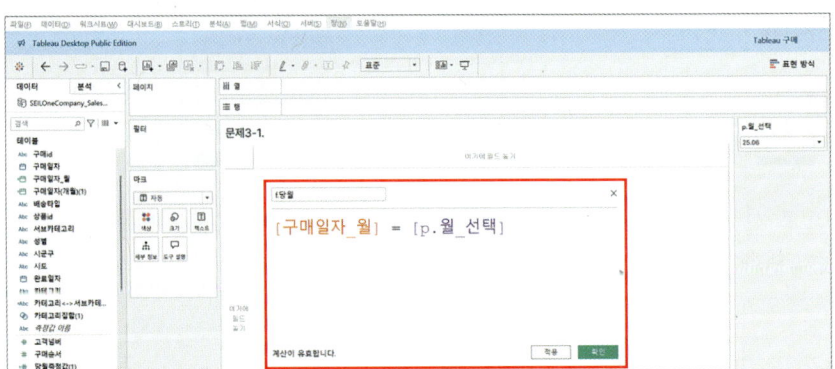

2. [f.전월]이라는 계산식을 만들고 확인 버튼 선택한다.

> DATEDIFF("month",[구매일자_월],[p.월_선택]) = 1

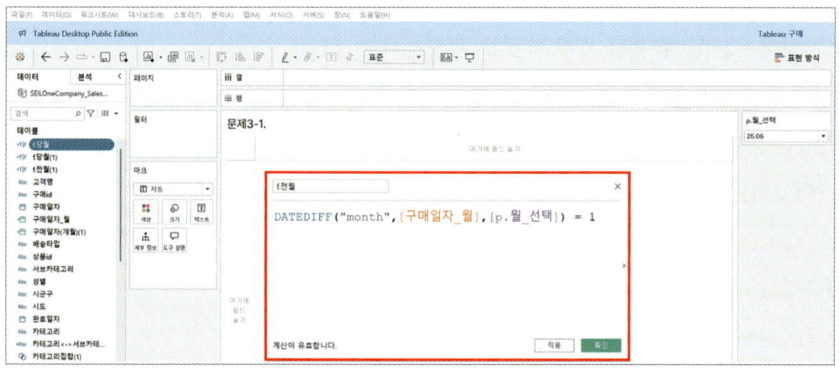

3. [당월측정값]이라는 계산식을 만들고 확인 버튼 선택한다.

> IF [f.당월] THEN [측정값선택] END

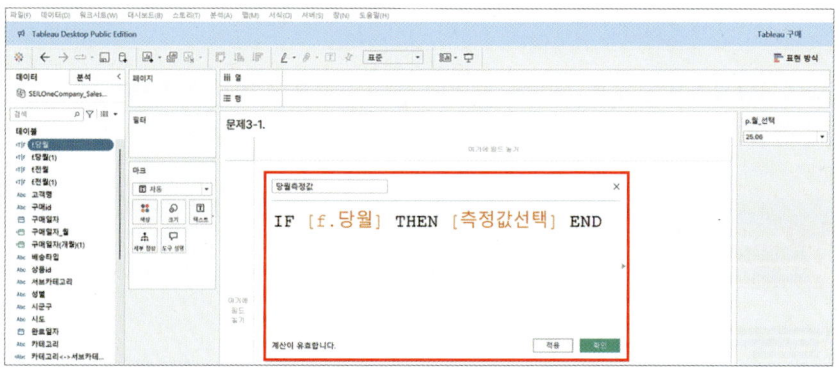

4. [전월측정값]이라는 계산식을 만들고 확인 버튼 선택한다.

> IF [f.전월] THEN [측정값선택] END

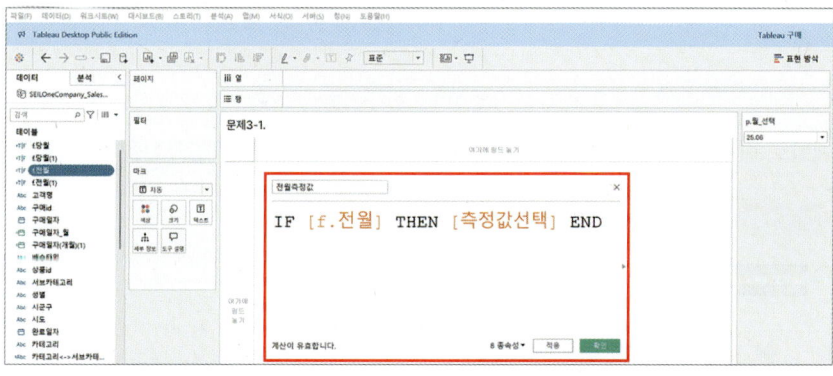

❸ [당월측정값]과 [전월측정값]을 활용한 불릿 차트를 생성하시오. (3점)

- [카테고리] 기준으로 당월측정값과 전월측정값 활용 막대 차트 제작
  - 열 선반: [당월측정값] 합계
  - 행 선반: [카테고리]
  - 마크: 막대
  - 정렬: [당월측정값] 합계 기준 내림 차순 정렬
  - 세부정보마크: [전월측정값] 합계
- 참조선을 활용해 불릿 차트 제작(이중 축으로 불릿 차트 제작 시 오답)
  - 라인 값: 합계(전월측정값)
  - 레이블: 없음
  - 서식 지정 → 라인: 파선, 가장 얇게, #b4b4b4

1. [카테고리] 필드를 행 선반에, [당월측정값]을 열 선반에, [전월측정값]을 세부 정보 마크에 놓은 뒤 툴바에서 내림차순 정렬 아이콘을 선택한다.

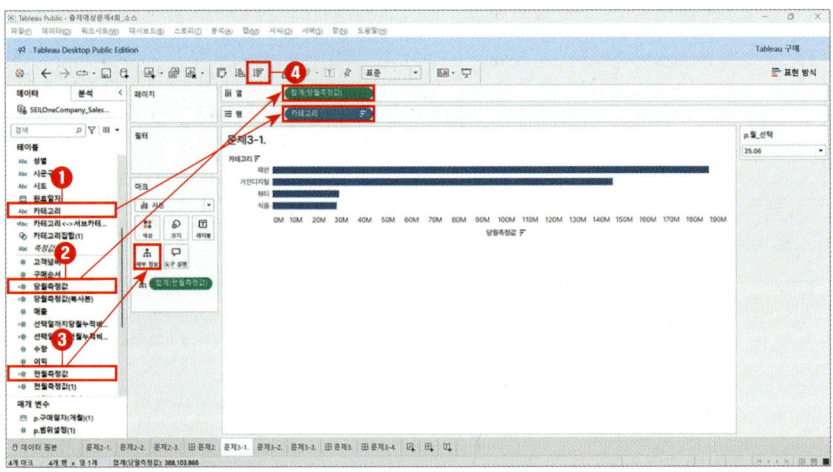

2. 좌측 사이드 바를 분석 패널로 변경한 뒤, 사용자 지정 → 참조선을 드래그해 뷰에 '셀' 참조선을 추가한다.

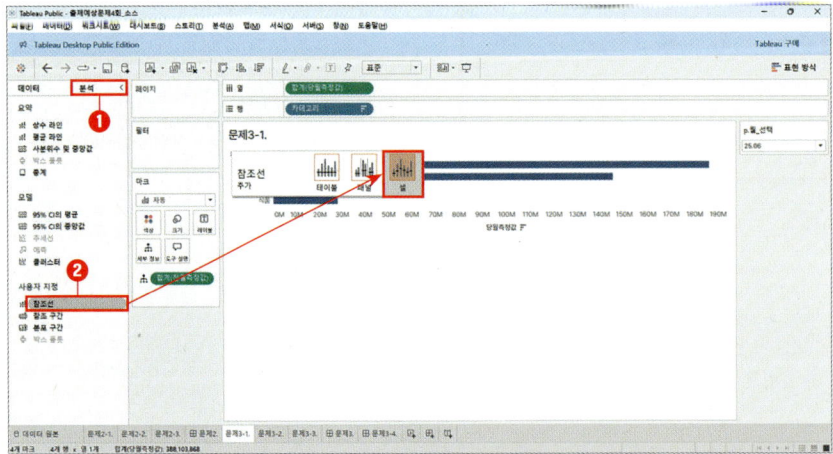

496　Part 4. 출제예상문제

3. 참조선, 구간 또는 플롯 편집 대화 상자에서 라인 → 값을 '합계(전월측정값)'로 선택한다.
4. 서식 지정에서 라인은 파선, 굵기는 1단계(가장 얇게)로 설정하고 색상은 #b4b4b4를 입력한다.

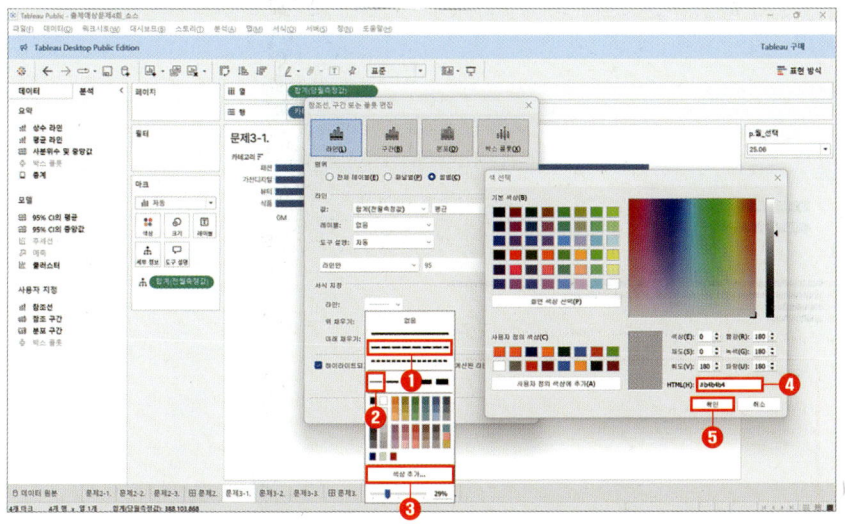

④ [당월측정값] 합계와 [전월측정값] 합계를 비교하는 계산식을 만들고 막대 색상으로 구분하시오. (2점)
- 당월측정값 합계와 전월측정값 합계의 차이는 분자에, 전월측정값 합계를 분모로 설정하는 전월측정값대비 필드 생성
  - 필드명: 전월측정값대비
  - 사용 필드: [당월측정값], [전월측정값]
  - 사용 함수: SUM
  - 필드 유형: 숫자(실수)
- [전월측정값대비] 색상 마크에 배치 및 색상 편집
  - 색상표: 사용자 지정 다중
  - 최댓값 색상: #ff9900
  - 최솟값 색상: #1877f2
  - 단계별 색상: 2단계
- [전월측정값대비] 레이블 마크에 표시
  - 측정값에 있는 [전월측정값대비]의 기본 숫자 형식 백분율 소수 자릿수 2로 변경
- 툴바 맞춤 설정
  - '전체 보기'로 변경

1. 좌측 사이드 바를 데이터 패널로 변경한 뒤 [전월측정값대비]라는 계산식을 작성하고 확인 버튼을 클릭한다.

(SUM([당월측정값]) - SUM([전월측정값]))
/
SUM([전월측정값])

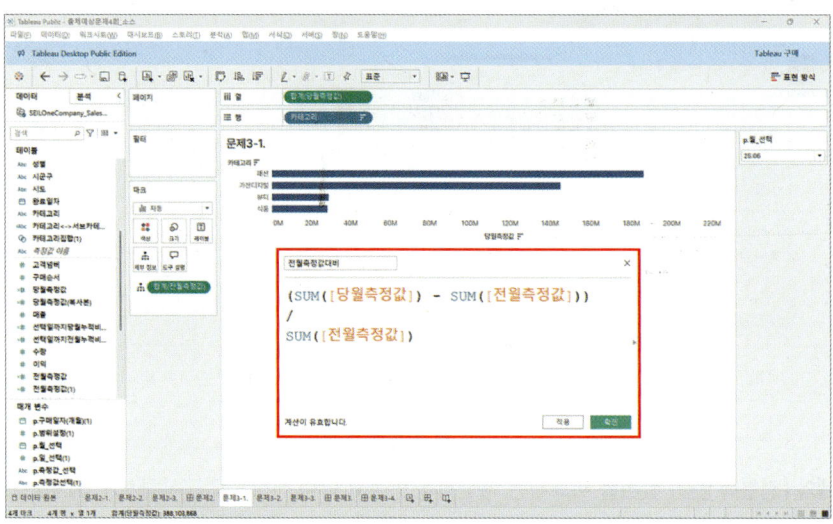

2. [전월측정값대비]를 드래그해서 색상 마크에 놓는다.

3. 색상 마크에서 색상 편집을 선택한 후 색상표를 사용자 지정 다중으로 지정하고, 최솟값 색상은 #1877f2, 최댓값 색상은 #ff9900, 단계별 색상은 2로 설정한다.

4. 고급 버튼을 눌러 가운데 값을 0으로 설정한다.

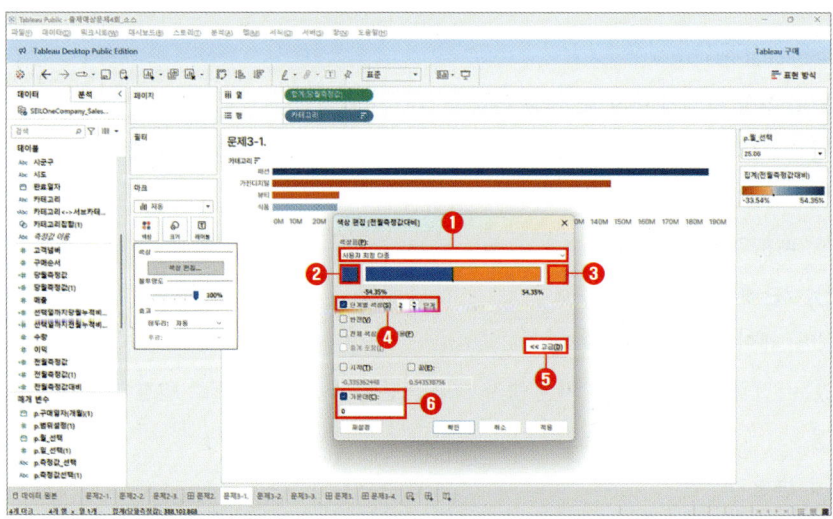

5. [전월측정값대비] 필드를 드래그해서 레이블 마크에 놓는다.

6. 측정값에 있는 [전월측정값대비]에 우클릭 → 기본 속성 → 숫자 형식을 선택한다.

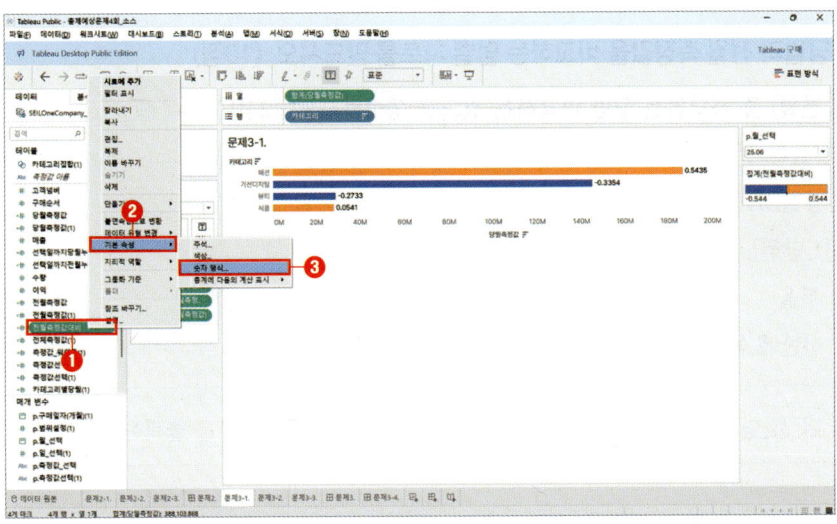

7. 기본 숫자 형식을 백분율로 지정하고 소수 자릿수를 2로 설정한 뒤 확인 버튼을 클릭한다.

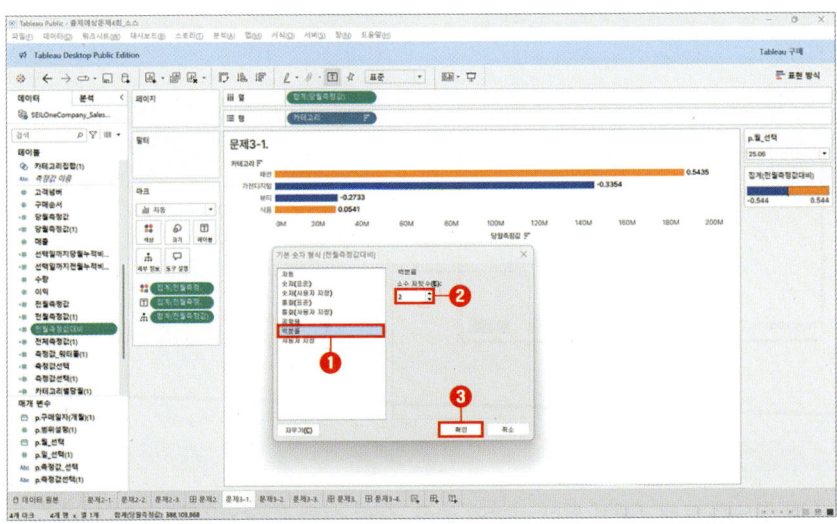

8. 툴바의 맞춤을 전체 보기로 변경한다.

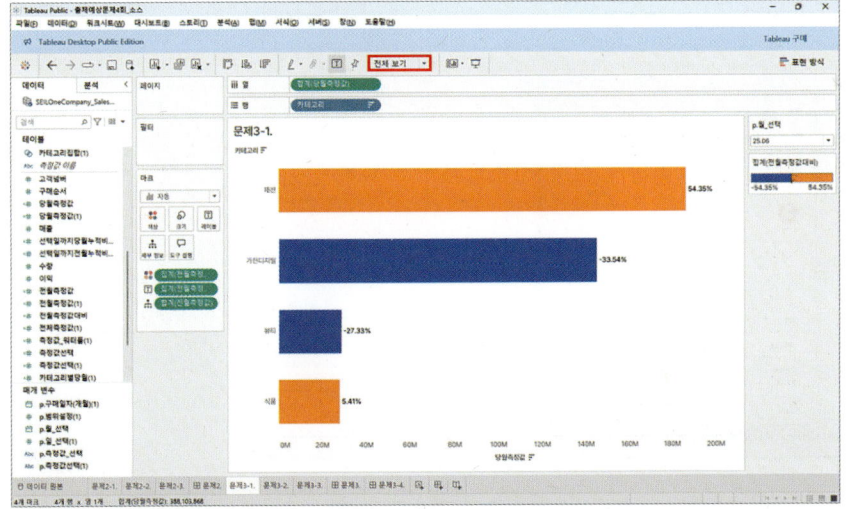

2. '문제3-2' 시트에서 당월과 전월 측정값을 비교하는 덤벨 차트를 만드시오. (10점)

❶ [f.당월] 또는 [f.전월] 중 해당하는 월만 비교하는 필드를 생성하시오. (2점)
- 당월과 전월만 필터 설정하는 계산식 생성
  - 필드명: [f.당월OR전월]
  - 사용필드: [f.당월], [f.전월]
  - 필드 유형: 부울
- [f.당월] 필터 선반에 놓고 "참"만 선택

1. 문제3-2 시트로 이동한 뒤, [f.당월OR전월]이라는 계산된 필드를 작성하고 확인 버튼을 클릭한다.

> [f.당월] OR [f.전월]

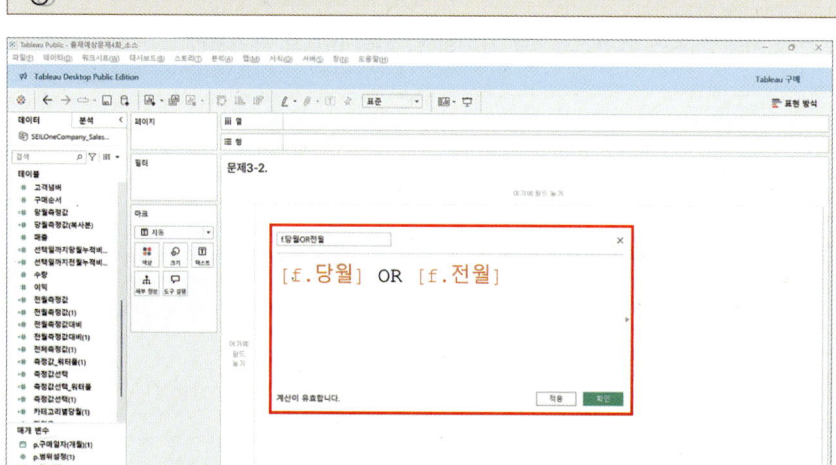

2. 앞에서 만든 [f.당월OR전월] 필드를 드래그해서 필터 선반에 놓고 '참'만 선택 후 확인 버튼 클릭한다.

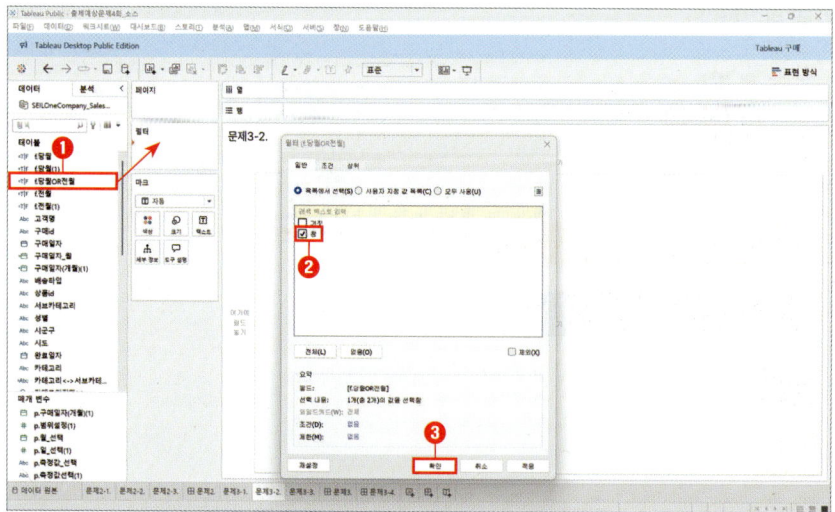

❷ 당월측정값과 전월측정값을 비교하는 덤벨 차트를 제작하시오. (5점)
- 서브카테고리 기준 덤벨 차트 제작
  - 열 선반: [측정값선택](1), [측정값선택](2)
  - 행 선반: 서브카테고리
  - 합계([측정값선택]) (1)번 마크: 원
  - 합계([측정값선택]) (1)번 색상 마크: [구매일자_월]
  - 합계([측정값선택]) (1)번 색상 편집: 색상표 → 빨간색 – 파란색 다중
  - 합계([측정값선택]) (2)번 마크: 라인
  - 합계([측정값선택]) (2)번 경로 마크: [구매일자_월]

1. [측정값선택] 필드를 열 선반에 두 개 배치하고, [서브카테고리] 필드를 행 선반에 놓는다.

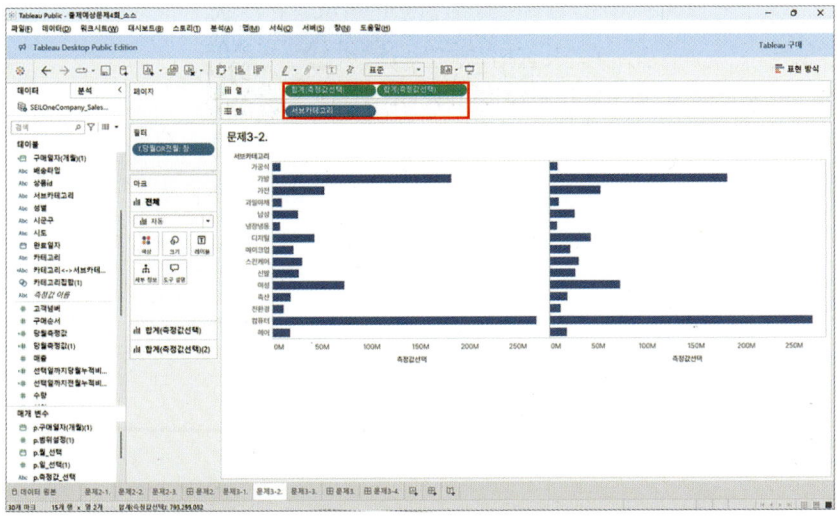

2. 합계(측정값선택)(이하 측정값선택(1)이라 함)의 마크는 '원'으로 변경한다.

3. [구매일자_월] 필드를 드래그해서 측정값선택(1) 색상 마크에 놓는다.

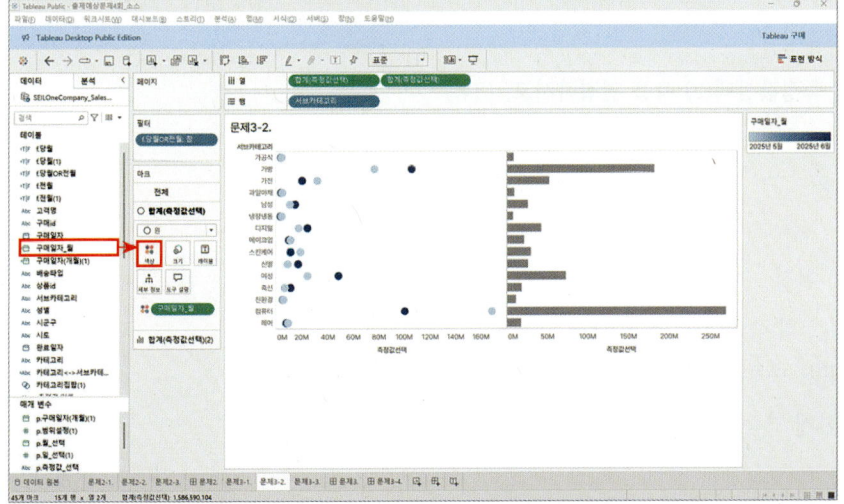

4. [측정값선택(1)]의 색상 마크에서 색상 편집을 선택한 뒤 색상표를 '빨간색-파란색 다중'으로 지정하고 확인 버튼을 클릭한다.

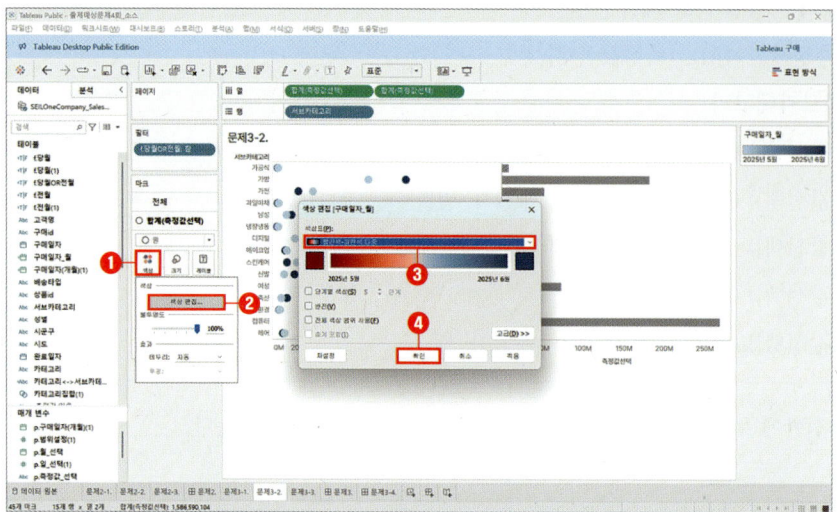

5. [측정값선택(2)]의 마크를 라인으로 변경하고, 경로에 [구매일자_월] 필드를 놓는다.

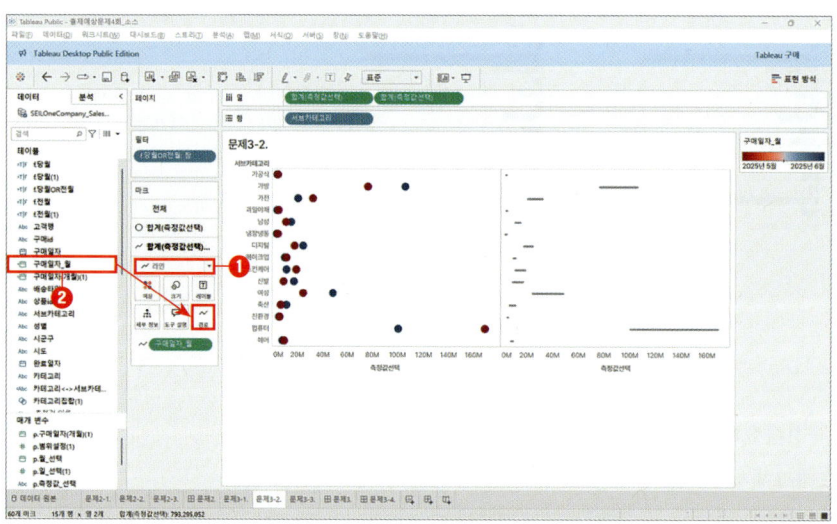

❸ 측정값선택(1)과 측정값선택(2) 축을 편집하시오. (3점)
- 이중 축
  - 이중 축 적용
  - 축 동기화
- 측정값선택(2) 편집
  - 측정값선택(2)의 축 머리글 표시 해제
  - 측정값선택(2) 크기 마크를 가장 얇게 설정
- 측정값 선택 합계 기준 내림차순 정렬

- 툴바에 있는 내림차순 정렬 버튼 클릭
• 측정값선택(1) 편집
- 측정값선택(1)의 축의 제목을 매개 변수인 [p.측정값_선택]으로 설정한 항목이 나오도록 설정

1. 열 선반의 오른쪽 [측정값선택]을 마우스 오른쪽 버튼으로 클릭해 이중 축을 선택한다.

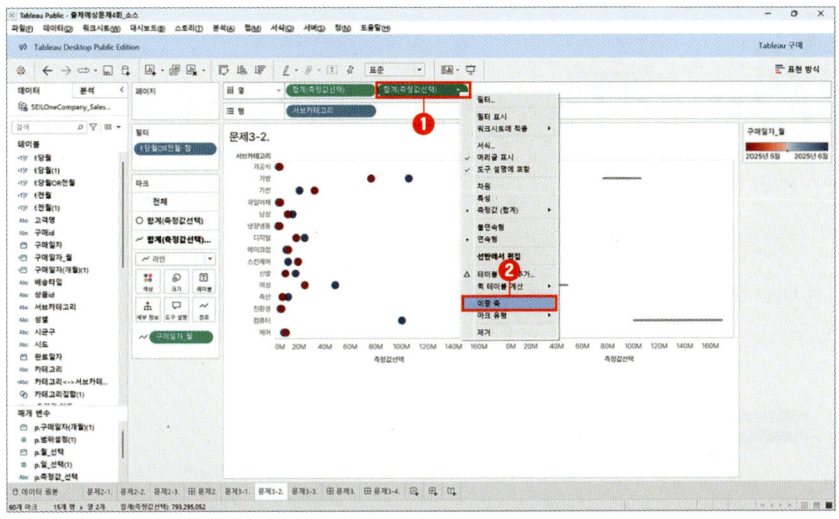

2. 축 동기화를 위해 하단에 있는 축에 마우스 우클릭 → 축 동기화 선택한다.

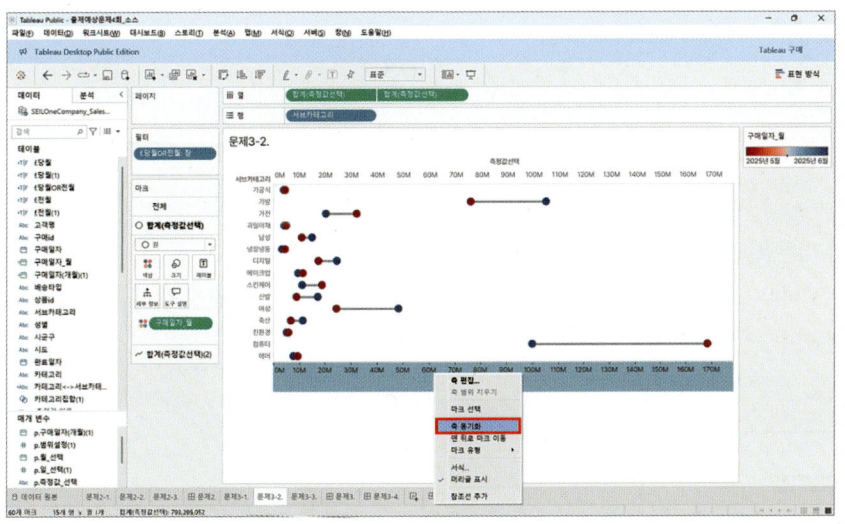

3. 상단에 있는 측정값선택(2)의 축에 마우스 우클릭 → 머리글 표시를 클릭해 해제한다.

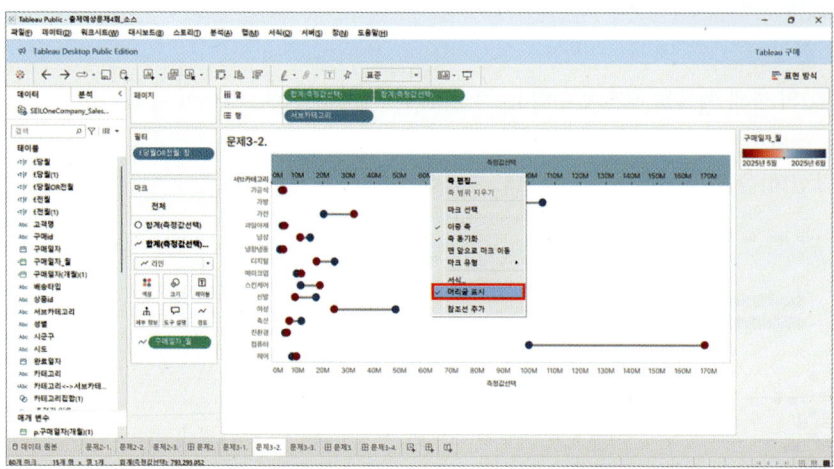

4. 라인 마크로 되어 있는 [합계(측정값선택)(2)]의 마크에서 크기 마크를 가장 얇게 설정한다.

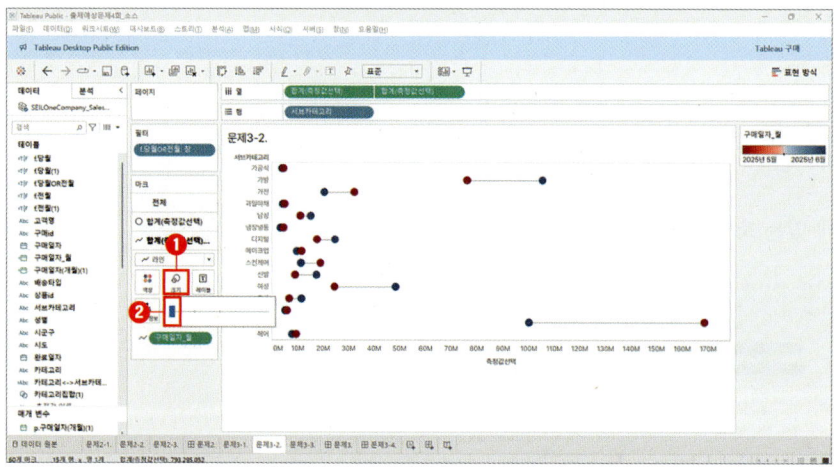

5. 툴바에서 내림차순 정렬 버튼을 클릭한다.

6. 하단의 [측정값선택] 축을 마우스 오른쪽 버튼으로 클릭해 축 편집을 선택한 뒤, 축 편집 대화 상자에서 축 제목 → 값 사용 → 매개 변수 → 'p.측정값_선택'을 지정하고 확인 버튼을 클릭한다.

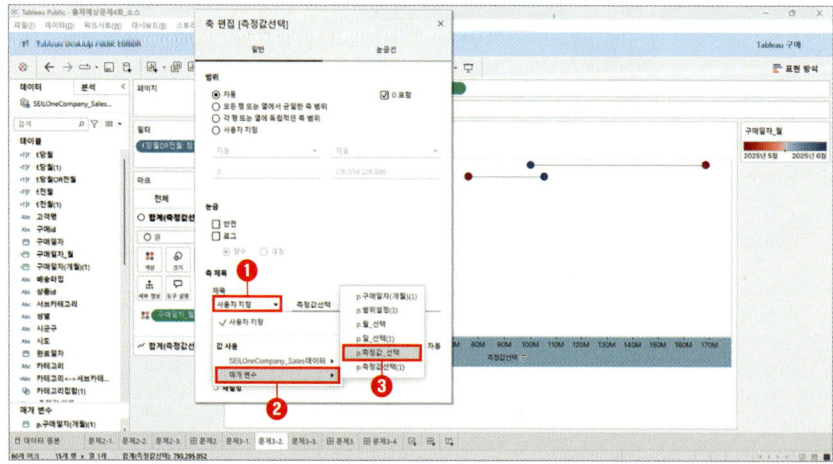

3. '문제3-3' 시트에서 매개 변수에 기준이 달라지는 월간 측정값 선택 라인 차트를 생성하시오. (10점)

❶ 월간 측정값선택 추이를 볼 수 있는 라인 차트를 제작하시오. (5점)
- 월간 라인 차트
  - 열 선반: 월(구매일자_월)
  - 행 선반: 측정값선택(1), 측정값선택(2)
  - 합계([측정값선택]) (1)번 마크: 라인
  - 합계([측정값선택]) (2)번 마크: 원
  - 이중 축 적용
  - 축 동기화

1. 문제3-3 시트로 이동한 뒤 차원에 있는 [구매일자_월] 필드를 마우스 오른쪽으로 드래그해 열 선반에 놓고, 필드 놓기 대화 상자에서 초록색 연속형 월(구매일자_월)을 선택한다.

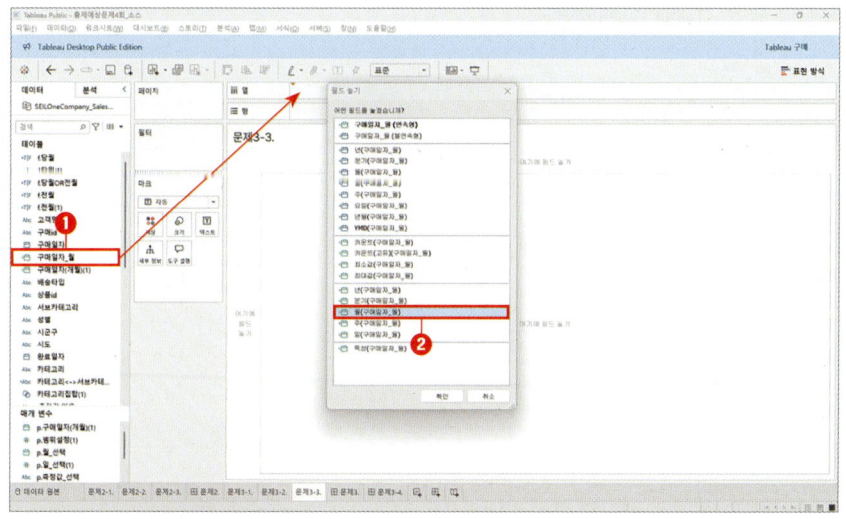

2. [측정값선택] 필드를 행 선반에 2개 배치한다.
3. 측정값선택(1) 마크는 라인, (2)는 원으로 각각 변경한다.

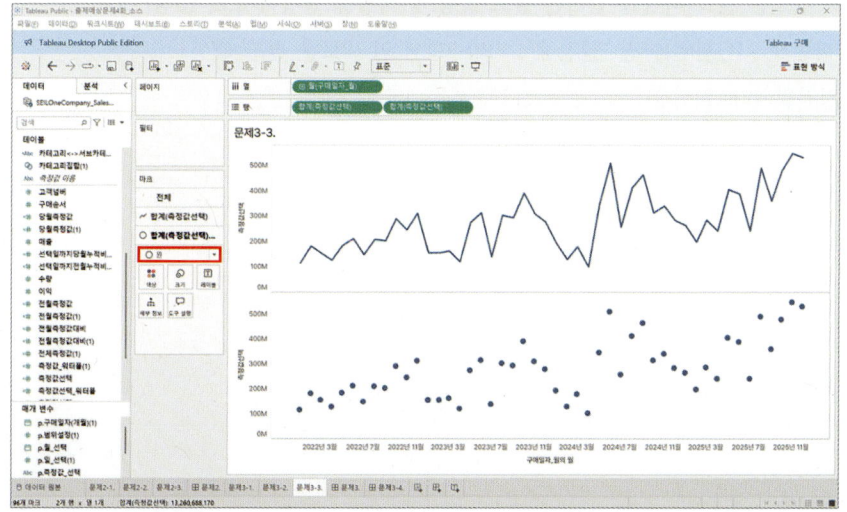

4. 행 선반에서 오른쪽에 있는 [측정값선택]에 마우스 우클릭 → 이중 축을 선택한다.

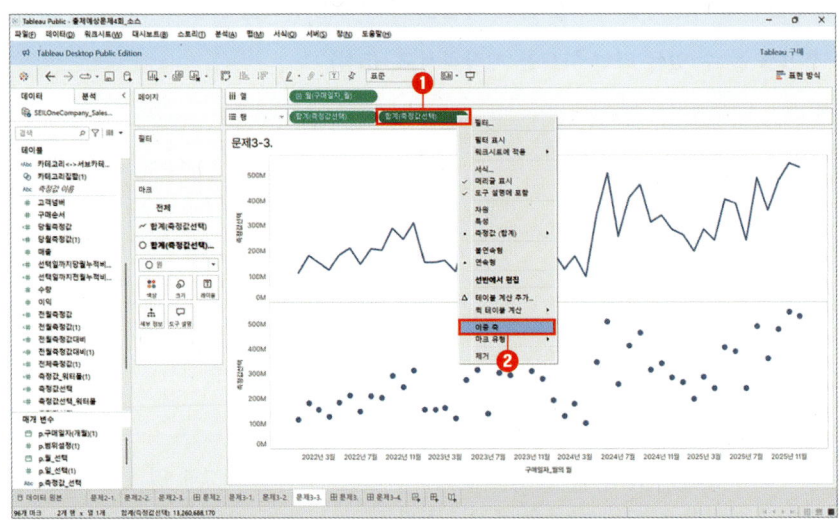

5. 왼쪽 축에서 마우스 우클릭 → 축 동기화를 선택한다.

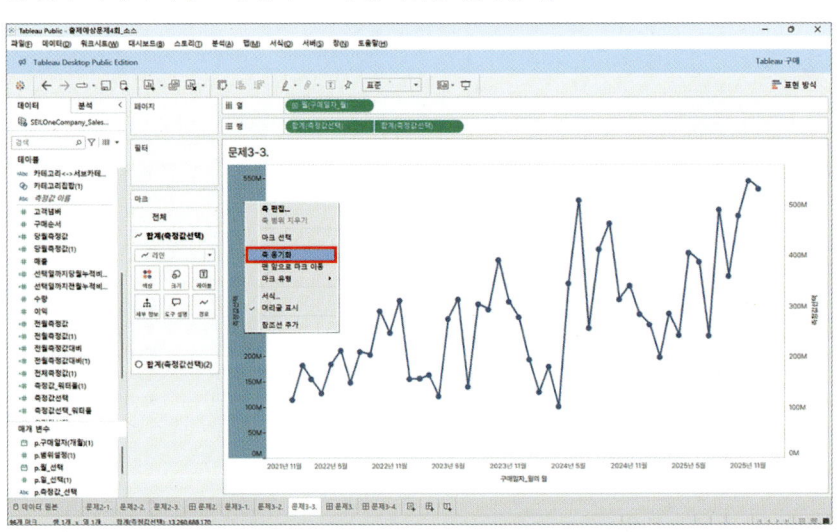

❷ 원 마크 중 당월과 전월은 별도 색상을 입히는 필드 생성 및 색상을 편집하시오. (5점)

- [f.당월]이면 "파란색", [f.전월]이면 "빨간색", 기타 "회색"인 새로운 필드 생성
  - 필드명: 당월전월기타_원색상
  - 사용 함수: IF, THEN, ELSEIF, ELSE, END
  - 필드 유형: 문자열
- [당월전월기타_원색상] 필드를 색상 마크에 배치하고 색상 편집
  - 빨간색: #e15759
  - 파란색: #4e79a7
  - 회색(밝은 회색): #bab0ac

1. [당월전월기타_원색상]이라는 계산된 필드를 만들고 확인 버튼 선택한다.

IF [f.당월] THEN "파란색"
ELSEIF [f.전월] THEN "빨간색"
ELSE "회색"
END

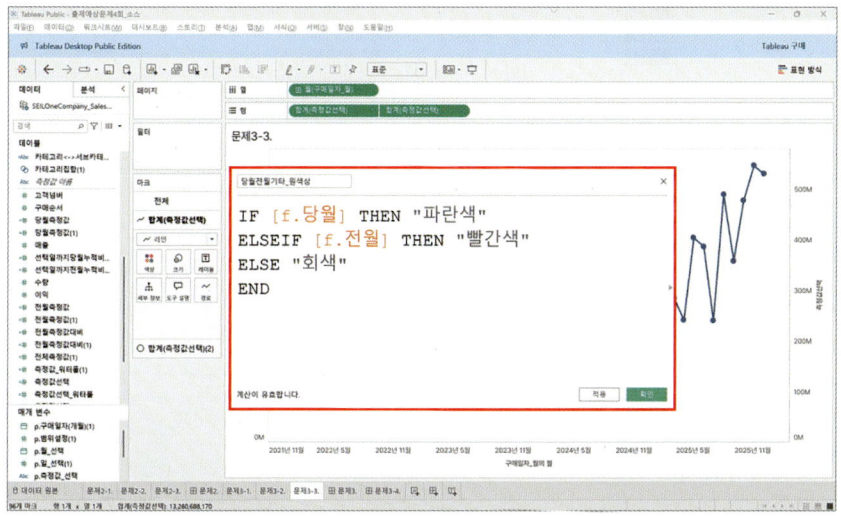

2. 원 마크에 해당하는 [측정값선택(2)] 마크를 클릭해 연 뒤, 차원에 있는 [당월전월기타_원색상] 필드를 드래그해 [측정값선택(2)]의 색상 마크에 놓는다.

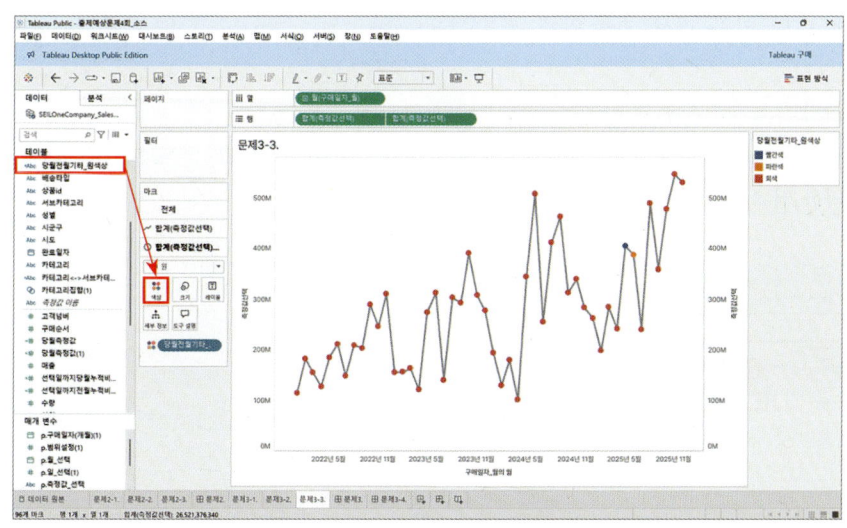

3. [측정값선택(2)]의 색상 마크에서 색상 편집을 선택한다.
4. 색상 편집 대화 상자에서 각 데이터 항목을 자동 색상표에서 하나씩 지정해 선택한 뒤 확인 버튼을 클릭한다.

- 빨간색: #e15759
- 파란색: #4e79a7
- 회색(밝은 회색): #bab0ac

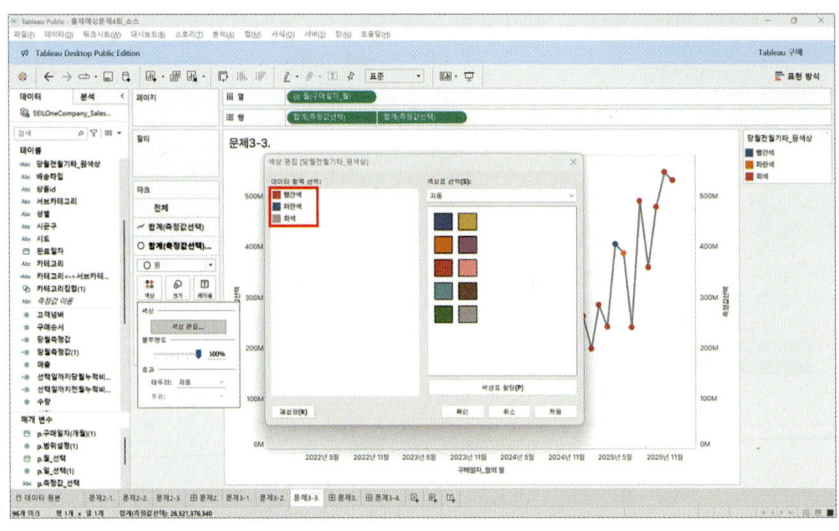

> **4. '문제3' 시트에서 대시보드 서식을 수정하시오. (10점)**
>
> ❶ 제목을 다음과 같이 편집하시오. (4점)
>   - 대시보드 제목: 카테고리별 전월대비 대시보드
>   - 글꼴: 20pt, 굵게
>   - 맞춤: 가운데 정렬
>   - 대시보드 제목 음영 서식: #dfedeb
>   - 대시보드 제목 테두리 → 파선, 가장 얇게: #b3b3b3

1. 문제3. 대시보드로 이동한다.
2. 상단 대시보드 제목(문제3.)을 더블 클릭해 '카테고리별 전월대비 대시보드'로 변경하고, 폰트 크기를 20pt, 굵기(B)를 눌러 볼드 처리한 뒤 가운데 정렬을 적용하고 확인 버튼을 클릭한다.

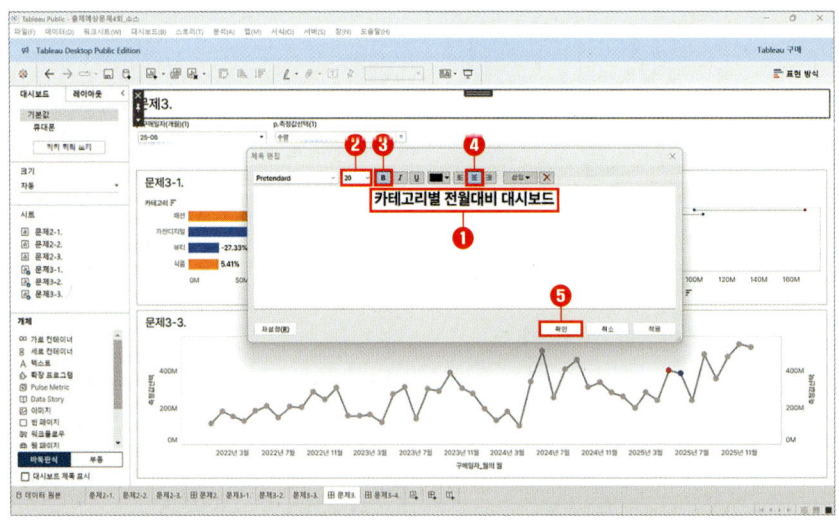

3. 상단 제목을 마우스 오른쪽 버튼으로 클릭해 제목 서식을 선택한다.

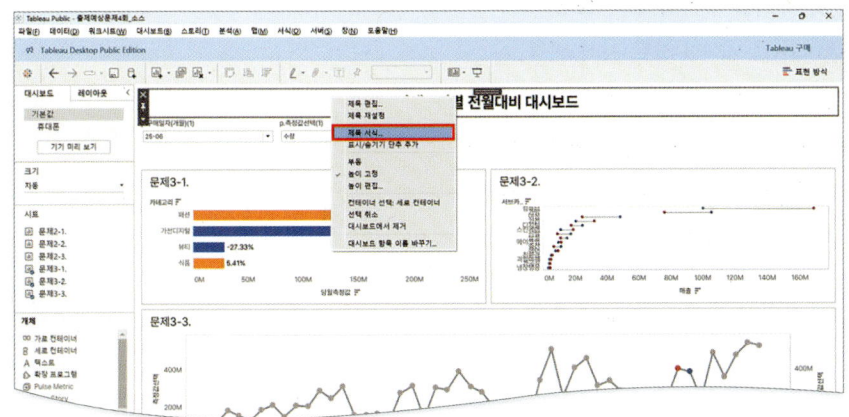

4. 대시보드 서식에서 대시보드 제목 → 음영 → 색상 추가를 선택하고 HTML 코드 #dfedeb를 입력한 뒤 확인 버튼을 클릭한다.

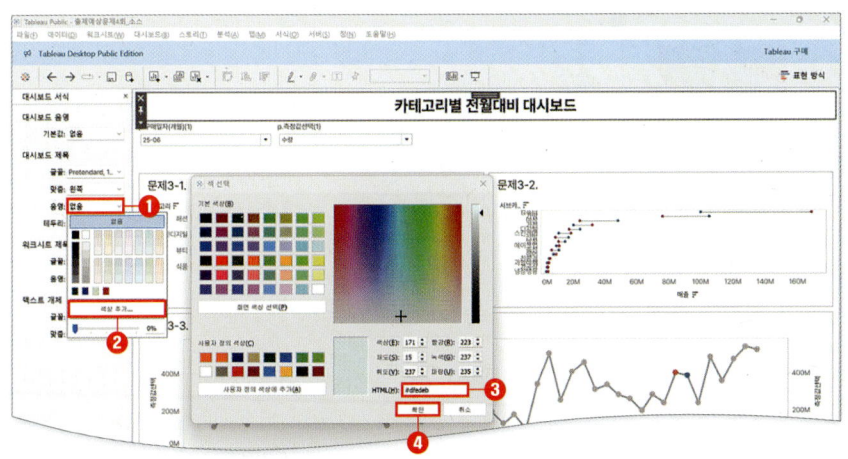

5. 대시보드 서식에서 대시보드 제목 → 테두리를 파선, 굵기를 1단계(가장 얇게)로 설정하고 색상 추가에 HTML 코드 #b3b3b3를 입력한 뒤 확인 버튼을 클릭한다.

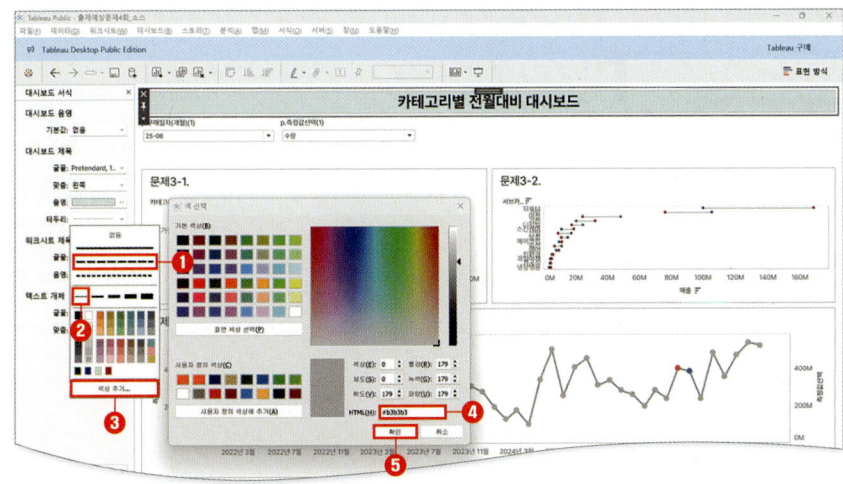

6. 좌측 사이드 바에 있는 대시보드 서식 메뉴는 닫는다.

❷ 시트마다 테두리 및 여백을 추가하시오. (4점)
- 문제3-1, 문제3-2, 문제3-3 시트 서식 변경
  - 테두리 → 실선: #b3b3b3
  - 바깥쪽 여백: 왼쪽, 위쪽, 오른쪽, 아래쪽 모두 5
  - 안쪽 여백: 왼쪽 10, 오른쪽 10, 위쪽 4, 아래쪽 4

1. 대시보드에서 문제3-1 시트를 선택한 뒤 좌측 사이드 바를 레이아웃 패널로 변경한다.
2. 레이아웃 패널에서 테두리 → 색상 추가를 선택하고 HTML 코드 #b3b3b3로 변경한 후 확인 버튼을 클릭한다.

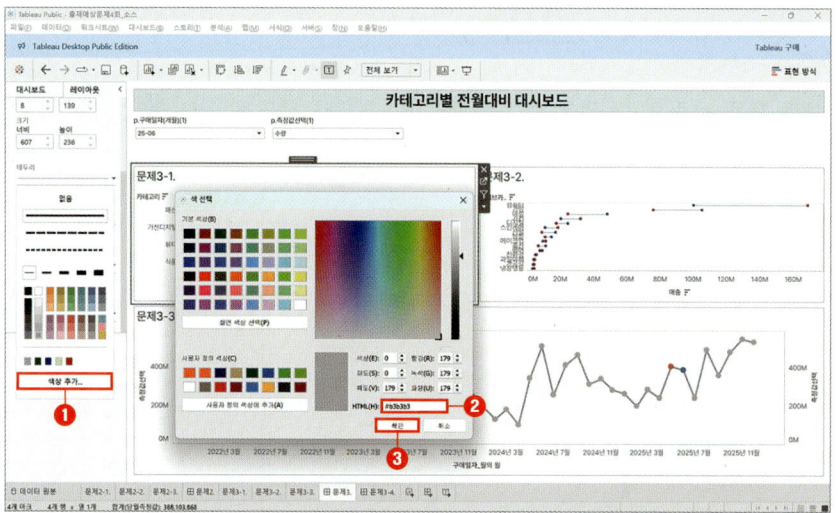

3. 바깥쪽 여백은 '모든 변이 동일'이 체크되어 있는 상태에서 위쪽: 5로 설정하면 모든 변이 5픽셀만큼 여백이 적용된다.

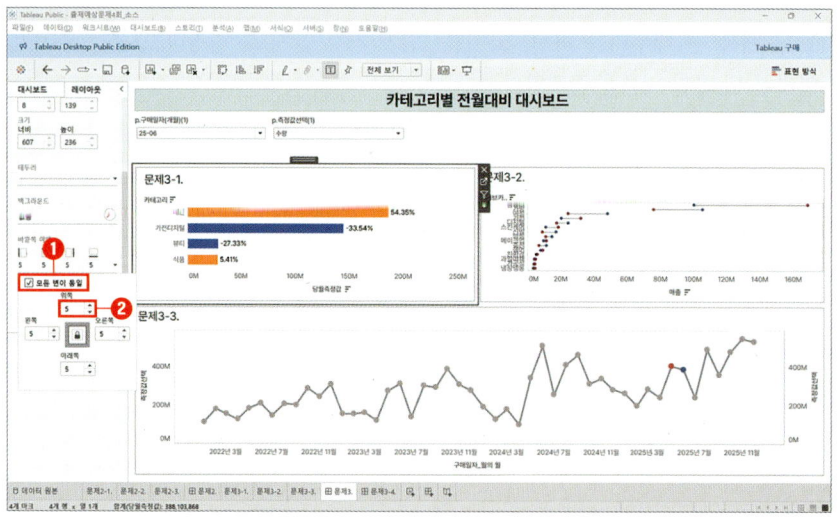

4. 안쪽 여백은 '모든 변이 동일'을 체크 해제한 후에 각각 위쪽과 아래쪽은 4, 왼쪽과 오른쪽은 10을 설정한다.

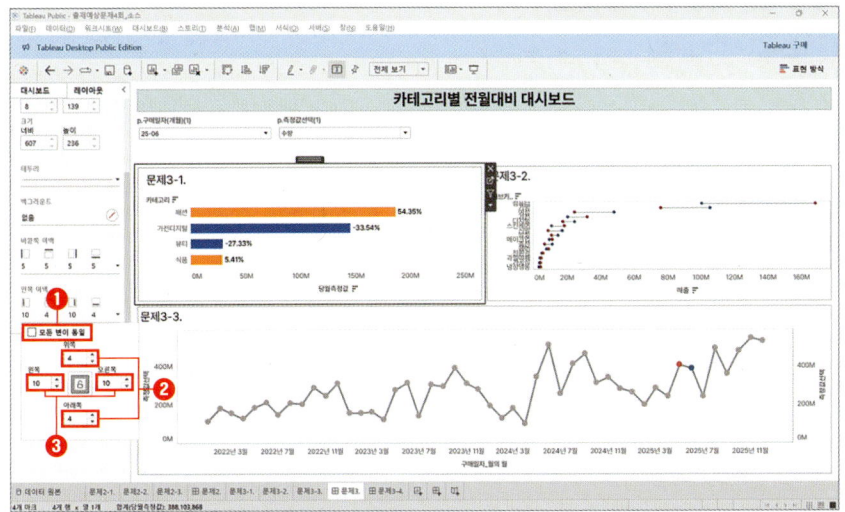

5. 문제3-2와 문제3-3 시트도 테두리와 여백 모두 문제3-1과 동일하게 적용한다.

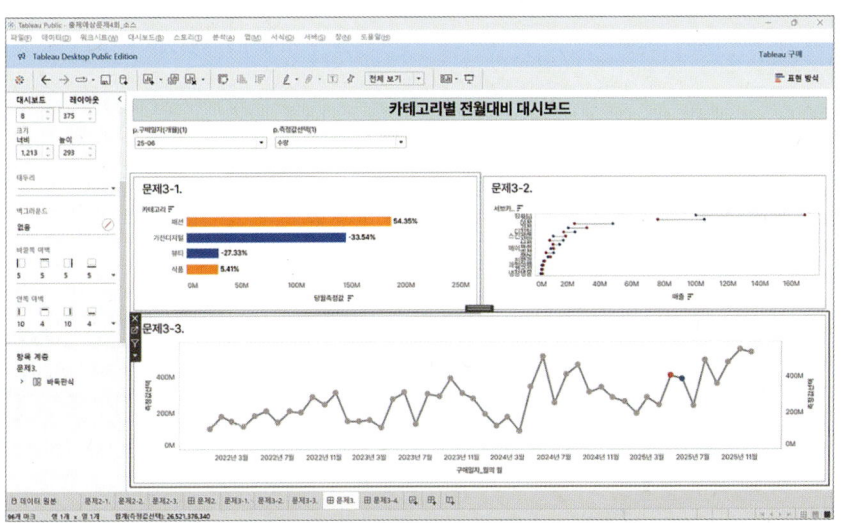

❸ '문제3' 대시보드에 음영을 적용하시오. (2점)
- 대시보드 음영 기본값: #f0eae8

1. 상단 '서식' 메뉴에서 대시보드를 선택한다.

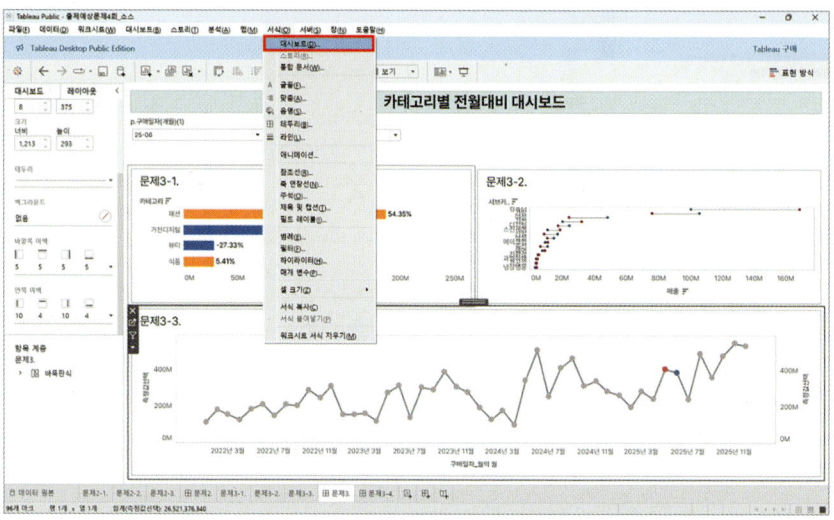

2. 대시보드 서식에서 대시보드 음영 → 기본값 → 색상 추가를 선택하고 HTML 코드 #f0eae8을 입력한 뒤 확인 버튼을 클릭한다.

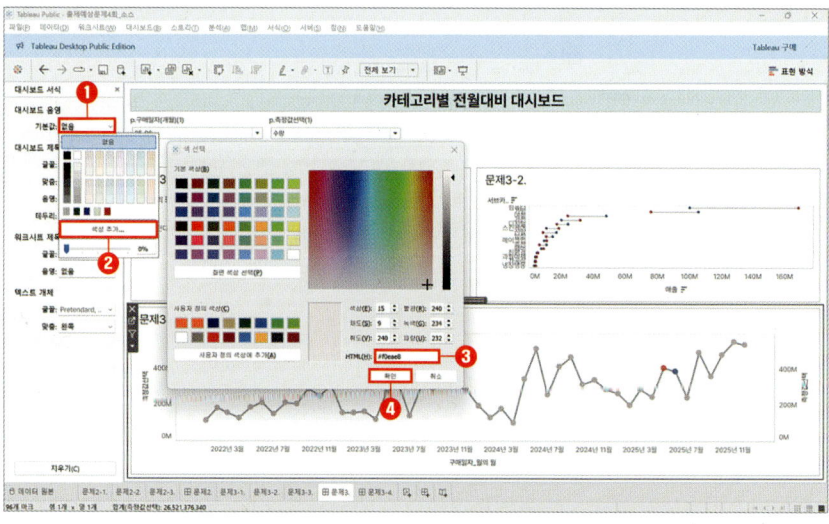

5. '문제3-4' 대시보드에서 다음의 작업을 수행하여 동적(interactive) 대시보드를 구현하시오. (10점)

> ❶ '문제3-4' 대시보드에서 집합에 포함되지 않은 "카테고리▶"를 선택하면 해당 서브카테고리가 표현되는 집합 값 변경에 대해 동작을 구현하시오. (5점)
>
> • 대시보드 동작: 집합 값 변경
>   - 집합 동작 이름: s.카테고리↔서브카테고리
>   - 원본 시트: 문제3-4-2.
>   - 동작 실행 조건: 선택
>   - 대상 집합: 카테고리집합(1)
>   - 동작 실행 결과: 집합에 값 할당
>   - 선택을 해제할 경우의 결과: 집합 값 유지

1. 문제3-4 대시보드로 이동한 뒤 상단 대시보드 메뉴 → 동작을 선택한다.

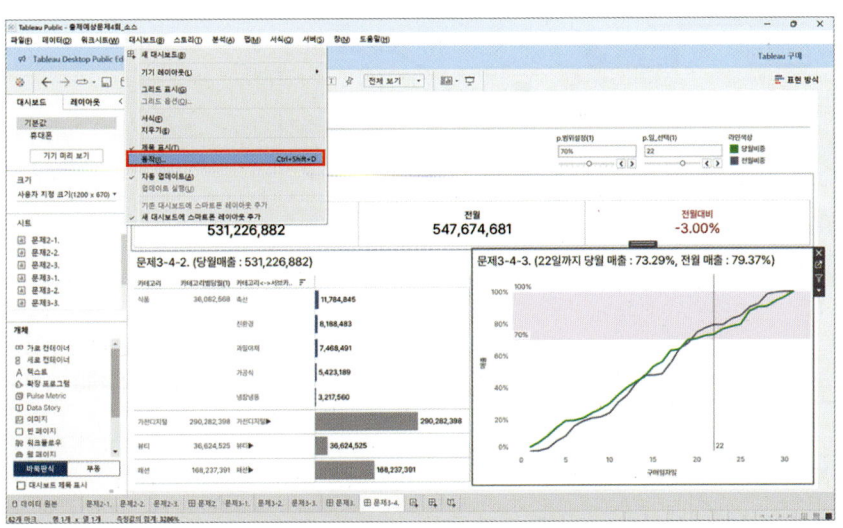

2. 동작 메뉴에서 '집합 값 변경' 선택한다.

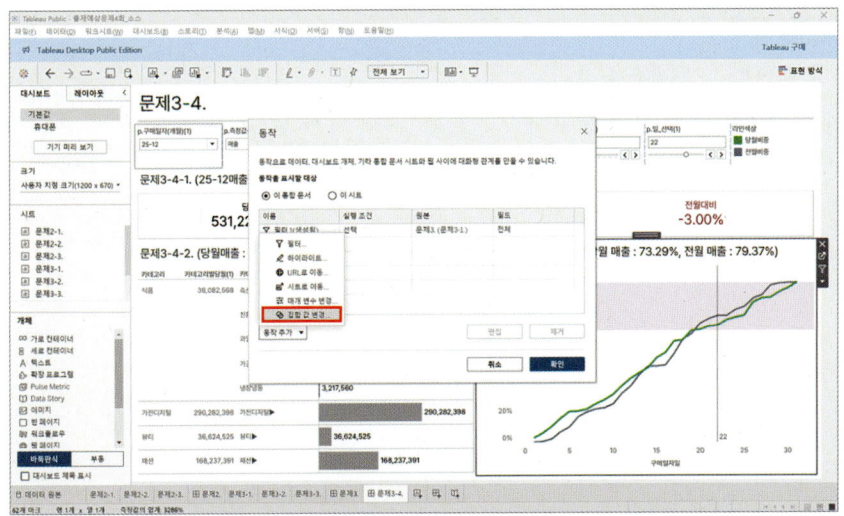

3. 다음과 같이 집합 동작을 추가하고 확인 버튼 선택한다.

- 집합 동작 이름: s.카테고리↔서브카테고리
- 원본 시트: 문제3-4-2.
- 동작 실행 조건: 선택
- 대상 집합: 카테고리집합(1)
- 동작 실행 결과: 집합에 값 할당
- 선택을 해제할 경우의 결과: 집합 값 유지

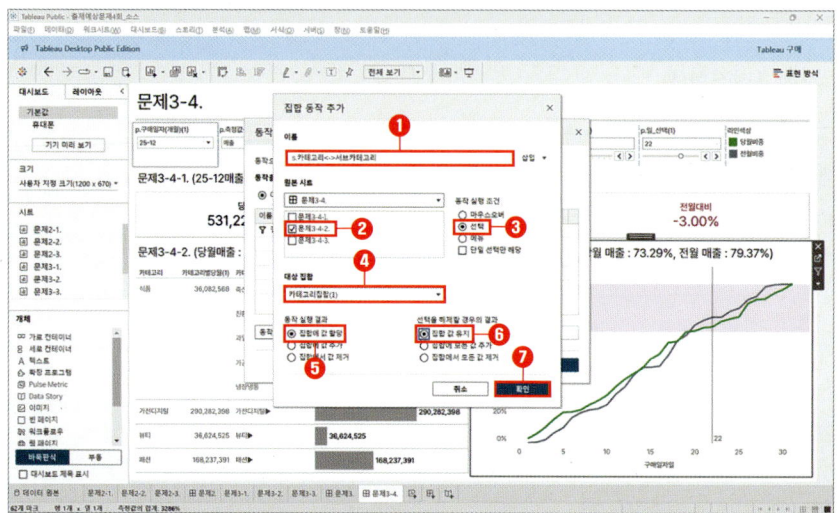

4. 문제 3-4-2 시트에서 임의의 카테고리를 선택하면 하위 서브카테고리 기준으로 변경되는지 확인한다.

❷ '문제3-4-2' 워크시트에서 집합에 포함된 서브카테고리를 클릭하면 '문제3-4-1'과 '문제3-4-3'에 영향을 주는 필터 동작을 구현하시오. (5점)
  • 대시보드 동작: 필터
    – 필터 동작 이름: f.서브카테고리 → 전체
    – 원본 시트: 문제3-4-2
    – 동작 실행 조건: 선택
    – 대상 시트: 문제3-4-1, 문제3-4-3
    – 선택을 해제할 경우의 결과: 모든 값 표시

1. 상단 '대시보드' 메뉴에서 동작을 선택한 뒤, 동작에서 '필터' 선택한다.

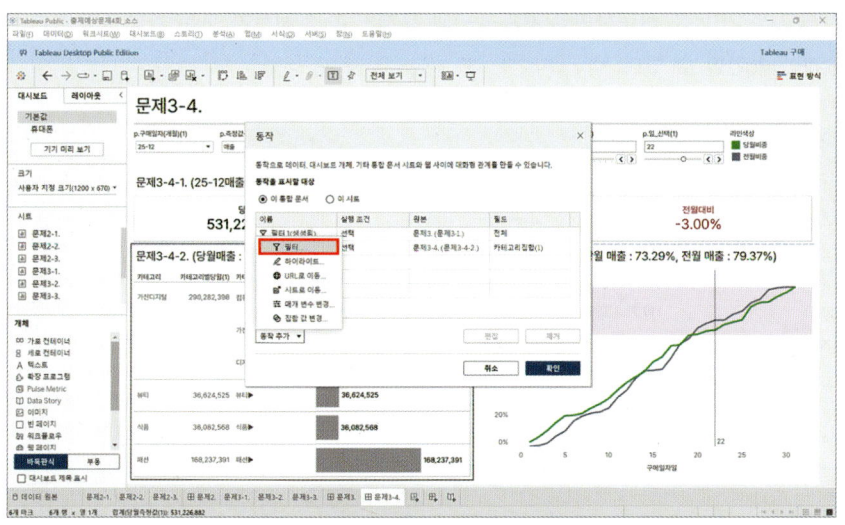

2. 다음과 같이 필터 동작을 추가하고 확인 버튼 선택한다.

- 필터 동작 이름: f.서브카테고리 → 전체
- 원본 시트: 문제3-4-2
- 동작 실행 조건: 선택
- 대상 시트: 문제3-4-1, 문제3-4-3
- 선택을 해제할 경우의 결과: 모든 값 표시

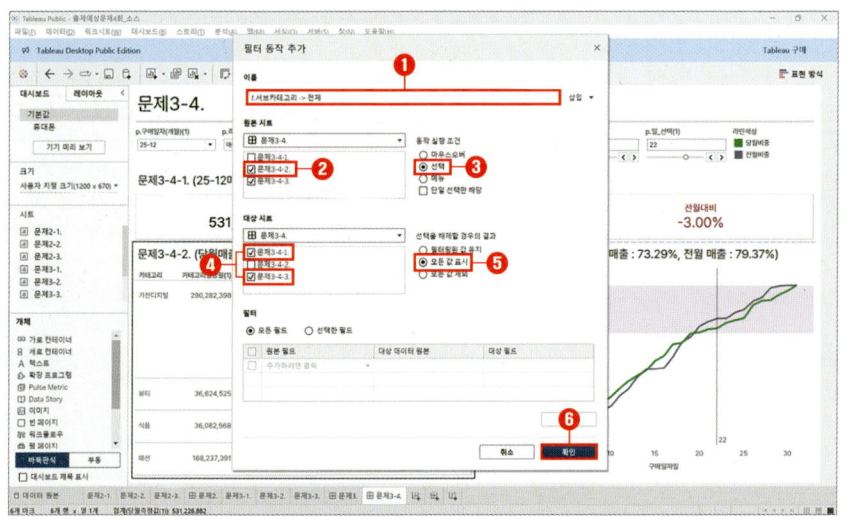

3. 문제3-4-2 시트에서 카테고리 '패션'을 선택하면 해당 카테고리의 하위 서브카테고리들이 파란색 막대로 표시되고, 이어서 서브카테고리 '가방'을 선택하면 문제3-4-1과 문제3-4-3 시트가 모두 가방 서브카테고리 기준으로 필터링되는 것을 확인할 수 있다.

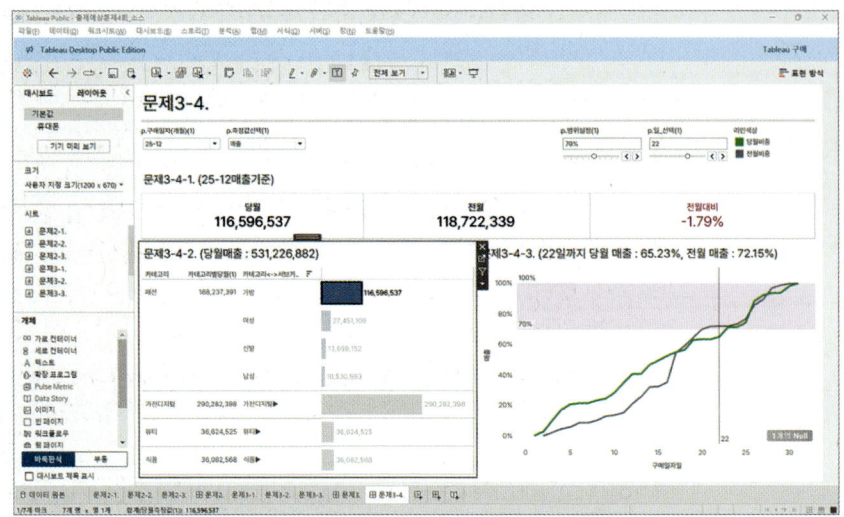